R. G. D. ALLEN

Mathematische Wirtschaftstheorie

R. G. D. ALLEN

Mathematische Wirtschaftstheorie

Aus dem Englischen übersetzt von

Gerhard Kade

DUNCKER & HUMBLOT / BERLIN

Aus dem Englischen übertragen von Prof. Dr. Gerhard Kade. Die Originalausgabe „Mathematical Economics" erschien 1956 bei McMillan & Co., Ltd., London. Weitere Auflagen folgten 1957, 1959, 1960 und 1963. Vorlage für diese Übersetzung war die Auflage von 1963.

Gedruckt 1971 bei
Berliner Buchdruckerei Union GmbH, Berlin 61.
Printed in Germany

Vorwort

Dieses Buch ist aus drei Gedankengängen heraus entwickelt worden. Als ich mich das erste Mal in den frühen dreißiger Jahren für mathematische Wirtschaftstheorie interessierte, schien es mir vor allem notwendig zu sein, die Grundlagen der Differentialrechnung darzustellen, und ich schrieb dafür mein Buch „Mathematical Analysis for Economists“ (1938). Ich wagte mich nicht in die höheren Bereiche der Algebra und verwendete keine komplexen Zahlen. Das überließ ich denjenigen, die an speziellen Fragen der Wirtschaftstheorie interessiert waren. Später ist die Anwendung der Matrixalgebra, der Vektoren, der komplexen Zahlen, der operationalen Prozesse und anderer mathematischer Methoden in vielen Teilen der mathematischen Wirtschaftstheorie stark vorangetrieben worden. Es gibt meiner Ansicht nach kein mathematisches Buch über höhere Algebra und operationale Methoden, das wirklich für Wirtschaftswissenschaftler geeignet ist.

Eine zweite Entwicklung der letzten zwanzig Jahre liegt im Wachstum der Ökonometrie. Das hat sich so schnell vollzogen, daß die notwendige Entwicklung der Wirtschaftstheorie, die in ihrer Darstellung dem Statistiker ökonometrisches Gedankengut nahebringen sollte, hinterherhinken könnte. Eine adäquate Formulierung der Wirtschaftstheorie muß mit Hilfe mathematischer Ausdrücke erfolgen, aber so einfach wie möglich sein.

Schließlich hat die veränderte Richtung des ökonomischen Denkens in den letzten zwanzig Jahren eine beträchtliche Umwälzung der Struktur der ökonomischen Theorie mit sich gebracht. Dies ist teilweise — wenn auch keinesfalls vollständig — das Ergebnis des Keynesschen Werkes. Ich glaube, daß es jetzt wirklich notwendig ist, diese „neue“ Ökonometrie zusammenzufassen und einen Überblick über die Form und den Anwendungsbereich der Wirtschaftstheorie zu geben.

Wenn ich diese Überlegungen zugrundelege, halte ich es für das beste, mein Buch aus dem Jahre 1938 nicht zu erweitern, sondern ein vollkommen neues zu schreiben, eine Abhandlung über Wirtschaftstheorie in mathematischer Terminologie. Die vorliegende Arbeit ist keine Mathematik für Wirtschaftswissenschaftler und auch kein Werk über Ökonometrie. Sie hat das Ziel, eine einigermaßen systematische Abhandlung einiger der wichtigeren und einfacheren Teile der mathematischen

Wirtschaftstheorie zu liefern. Besonders problematisch erscheint mir, was aus dem weiten Bereich der wirtschaftlichen Gebiete auszuwählen ist, wie die neuesten Entwicklungen zu berücksichtigen sind und wie der Umfang des Buches sinnvoll begrenzt werden soll. Selbst wenn ich nur das aufnehme, was mich ganz persönlich interessiert, wäre es noch viel zu viel. Jenen Lesern, die nach anderen Gebieten oder unterschiedlichen Methoden der Behandlung suchen, kann ich nur die üblichen Entschuldigungen eines Autors vortragen, der eine Art Anthologie herausbringt.

Ich bin sicher, daß das Buch ganz anders aussähe, wenn ich es vor fünf Jahren geschrieben hätte. Wie lange es wenigstens annähernd up-to-date bleiben wird, wage ich nicht zu sagen. Ich glaube jedoch, daß viele der Techniken, die ich hier zu beschreiben versuche, für eine ganze Zeit relevant bleiben werden; sie sind jetzt relativ neu und müssen erst konsolidiert und in die ökonomische Theorie integriert werden. Darüber hinaus habe ich mich von dem Prinzip leiten lassen, mit ökonomischen Problemen der wirklichen Welt zu beginnen und mich nicht zu weit von ihnen zu entfernen. Ich habe sie so vereinfacht, wie es Ökonomen tun, und wenn ich sie in mathematische Ausdrücke übersetzt habe, waren diese nur von mittlerem Schwierigkeitsgrad. Ich hoffe, daß dieser Ansatz heute und in der Zukunft die Zustimmung vieler Wirtschaftswissenschaftler finden wird.

Ich konnte kein Buch dieser Art ohne Hilfe schreiben, und für diese Hilfe reicht mein Dank kaum aus. Für die ständige Mitarbeit und den ständigen Rat meiner Kollegen bin ich dankbar, besonders wären hier Professor Lionel Robbins, Professor James Meade, Mr. David Knox und Mr. Ralph Turvey zu nennen. Mr. W. M. Gorman und Dr. F. H. Hahn von der Universität Birmingham haben das Manuskript sorgfältig gelesen; sie haben ebenfalls die Notwendigkeit eines Buches in dieser Form gesehen, sie wären qualifiziert gewesen, es zu schreiben, und dennoch haben sie davon Abstand genommen und mir erlaubt, den Markt zu monopolisieren. Darüber hinaus bin ich in der Schuld von Dr. Helen Makower, Dr. G. Morton und Dr. A. W. Phillips, das ist jedem klar, der die mittleren und letzten Kapitel, so wie sie nun geschrieben sind, liest.

London School of Economics *R. G. D. Allen*

Vorwort zur zweiten Auflage

Ich bin froh, einige Veränderungen im Text vornehmen zu können. Erstens habe ich einige Fehler und Druckfehler berichtigt, die ich beim ersten Korrekturlesen viel zu oft übersehen habe. Zweitens habe ich überall im Text zahlreiche Verbesserungen im Stil und in der Darstellung vorgenommen. Ich hoffe, daß dies meine Argumentation klarer und präziser macht.

Drittens habe ich einige zusätzliche Literaturangaben — hauptsächlich von Büchern und Artikeln, die seit 1956 veröffentlicht worden sind — aufgenommen. Es hat sich gezeigt, daß in den Jahren 1957 und 1958 ein halbes Dutzend außergewöhnlicher Bücher erschienen sind. Dies sind: Goldberg, Introduction to Difference Equations (1958); Murdoch, Linear Algebra for Undergraduates (1957); Kemeny, Snell und Thompson, Introduction to Finite Mathematics (1957); Thrall und Tornheim, Vector Spaces and Matrices (1957); Luce und Raiffa, Games and Decisions (1957) und Dorfman, Samuelson und Solow, Linear Programming and Economics Analysis (1958). Keines dieser Bücher kann man als mathematisch sehr einfach bezeichnen; sie reichen von einem mittleren bis zu einem recht hohen Schwierigkeitsgrad. Aber keines von ihnen kann bei der Ausbildung mathematischer Wirtschaftswissenschaftler vernachlässigt werden.

Schließlich habe ich einige wichtige Abschnitte vollständig umgeschrieben: 1.9 und 5.8 über Lags in dynamischen Modellen; 2.3, 10.3, 17.1 und 17.9 über allgemeines wirtschaftliches Gleichgewicht und 16.2 über das duale Problem der Linearen Programmierung. Wesentliche Teile des Kapitels über Vektoren und Matrizen sind drastisch umgearbeitet worden. Ich habe den Anhang A erweitert, in dem die „praktische" Mathematik der Operatoren und linearen Systeme behandelt wird. Ich habe einen neuen Anhang B über „moderne" Algebra hinzugefügt, der als Einleitung zu der strengen und axiomatischen Entwicklung der Algebra dienen soll. In diesem Sinne ist er eine Vervollständigung des Anhanges A. Die strenge axiomatische Methode der modernen Algebra sollte die ökonomischen Theoretiker, die sich mit der Modellbildung befassen, ganz besonders interessieren. In jedem Falle hoffe ich, daß der neue Anhang einen Unterbau für die Algebra im Text liefert, wo aus Gründen der Einfachheit die mathematische Darstellung etwas knapp gehalten ist.

Ich habe für eine Zahl von Zuschriften zu danken. Ich bin besonders dankbar für die Vorschläge, die Sven Danø von der Universität Kopenhagen gemacht hat, ferner für die Anregungen von Lucien Foldes von der London School of Economics, von Maurice McManus von der Universität Birmingham und der School of Business Administration, Minnesota, von Peter Newman vom University College of the West Indies und von Ciro Tognetti vom Centro per la Ricora Economica ed Econometrica, Genua.

University of California, Berkeley *R. G. D. Allen*

Januar 1959

Inhaltsverzeichnis

Einleitung

Ob mathematische Techniken in den Wirtschaftswissenschaften angewendet werden können oder sollen, ist eine vieldiskutierte Frage. Ob der Pudding gut ist, erweist sich erst beim Essen. Man muß es dem Wirtschaftswissenschaftler, der die folgenden Kapitel liest, selbst überlassen, ob ihm die Darstellung einiger wichtiger ökonomischer Theorien in einer mathematischen Terminologie dabei hilft, die Theorien zu beurteilen und ihre Implikationen herauszuarbeiten.

Das Ziel dieser Arbeit ist es, einen Überblick und in einigen Bereichen eine Synthese von dem zu geben, was mathematische Wirtschaftswissenschaftler über gewisse ökonomische Theorien geschrieben haben. Sie ist einführend, aber nicht elementar. Sie ist für Wirtschaftswissenschaftler und nicht für Mathematiker bestimmt, erfordert aber einige mathematische Grundkenntnisse.

Die Reihenfolge der ökonomischen Themen mag ungewöhnlich erscheinen, entspricht sie doch nicht dem traditionellen Verfahren. Es geht darum, diejenigen ökonomischen Probleme in mathematischer Form zu behandeln, mit denen sich Studenten der Wirtschaftswissenschaften beschäftigen müssen und die einige Beziehungen zu den Tatsachen des ökonomischen Lebens haben. Es soll mit etwas ganz Einfachem begonnen werden und später zu mehr Schwierigem fortentwickelt werden. Die Einfachheit von dem, was man grob als makrodynamische Wirtschaftstheorie (die hier am Anfang steht) bezeichnen kann, liegt in der Tatsache, daß nur einige große Aggregate betrachtet werden; die Beziehung zu den realen Problemen ergibt sich durch die dynamische Methode. Die Entscheidungsprobleme des Konsumenten, der Unternehmung oder des „Wirtschaftsplaners" schließen eine ganze Menge von Variablen ein und werden besser für die spätere Behandlung aufgehoben.

Die Reihenfolge entspricht auch nicht der wachsenden Komplexität der Mathematik. Dies ist ein ökonomisches und kein mathematisches Buch. Die Art der hier verwendeten mathematischen Techniken erlaubt es selten, eine bestimmte Reihenfolge einzuhalten.

Die bei Allen (1938) und Tintner (1954) dargestellte Mathematik wird auch hier zugrundegelegt; es handelt sich dabei um ziemlich viel Differentialrechnungen und etwas Algebra und Geometrie. Wir haben uns die Freiheit genommen, an geeigneten Stellen höhere mathematische Techniken einzuführen, auch auf die Gefahr hin, daß der Fluß der ökonomischen Darstellung unterbrochen wird.

Ferner handelt es sich hier um ein Buch über Wirtschaftstheorie und nicht über angewandte Wirtschaftstheorie oder über Ökonomie. Es ist unvermeidlich, daß sich die Darstellung manchmal der Ökonometrie nähert, da wir uns immer auf die Wirtschaftstheorie mit einigen Beziehungen zu aktuellen Problemen konzentrieren. Wir haben versucht, die Wirtschaftstheorie so darzustellen, daß sie anhand empirischer Daten überprüft werden kann, obwohl der Statistiker keinesfalls immer gleich an die Arbeit gehen könnte. Einige der hier dargestellten ökonomischen Analysen wurden in der Tat ursprünglich durch die Autoren für eine sofortige ökonometrische Anwendung entworfen; dies ist der Fall bei den Arbeiten von Leontief (1951, 1953) und Koopmans (1951) und vielleicht auch für die Kreislauftheorien von Hicks (1950). Die behandelten Modelle sind jedoch vollständig *deterministisch;* ökonometrische Arbeit erfordert im allgemeinen, daß *stochastische* Elemente in die Modelle eingebaut werden.

Die Darstellungsmethode ist innerhalb des so abgegrenzten allgemeinen Bereiches wohl ziemlich unkompliziert. Die Elemente der makrodynamischen Wirtschaftstheorie (Kapitel 1, 2 und 3) zeigen die Notwendigkeit, Differential- und Differenzengleichungen einzuführen, die man zur Beschreibung der oszillatorischen Variationen, der komplexen Zahlen und Vektoren (Kapitel 4, 5 und 6) ebenfalls benötigt. Auf dieser Grundlage kann eine relativ vollständige Kreislauftheorie dargestellt werden, die zu den wichtigen Problemen der ökonomischen Steuerung führt (Kapitel 7, 8 und 9). Dann wird die allgemeine Gleichgewichtsanalyse, sowohl die von Walras als auch die von Leontief (Input-Output-Analyse), behandelt (Kapitel 10 und 11). Es zeigt sich, daß die Vektor- und Matrixalgebra in größerem Umfange gebraucht wird (Kapitel 12, 13 und 14) und daß die Theorie der Spiele von einiger Relevanz für ökonomische Probleme ist (Kapitel 15). Mit der Darstellung der Linearen Programmierung und der Entscheidungstheorie fahren wir dann fort (Kapitel 16 und 17), wobei wir besondere Anwendungen auf die Theorie der Unternehmung und des Verbraucherverhaltens behandeln (Kapitel 18 und 19). Das abschließende Kapitel nimmt einige Probleme der Aggregation und der Wohlfahrtsökonomie auf Kapitel 20).

Es wird in diesen Kapiteln klar werden, wie stark sie von den Arbeiten einiger weniger Wirtschaftswissenschaftler der anglo-amerikanischen Schulen beeinflußt sind, von Hicks und Samuelson, von Hansen und Harrod, von Leontief und Koopmans, und (unter den jüngeren Autoren) von Barna, Baumol, Domar, Dorfman, Duesenberry, Goodwin, Klein, Makower, Morton, Phillips, Solow und Turvey. Dies ist ein Ausdruck der Verpflichtung diesen Autoren gegenüber, keine Entschuldigung. Denn es ist das Werk dieser Wirtschaftswissenschaftler, das dem Autor vertraut ist; und es ist das Werk, an das die meisten Leser dieses Buches denken werden. Nur der Titel dieses Buches kann in Frage gezogen werden, weil diese Kapitel nicht so sehr die mathematische Wirtschaftstheorie im allgemeinen, sondern vielmehr ökonomische Theorien, die gegenwärtig von Interesse sind und die in mathematischer Terminologie durch die anglo-amerikanischen Wirtschaftswissenschaftler entwickelt worden sind, behandeln.

Die Kapitel vermitteln auch den Eindruck, daß es sich um einen sehr eng begrenzten Bereich der ökonomischen Theorie handelt. Sie werden wenig oder nichts über den Teil der Theorie, der sich auf Erwartungen, Außenhandel oder aber auf Sektorenanalyse im allgemeinen bezieht, bringen. Die weiteren Überlegungen mögen zeigen, daß die hier behandelten Gebiete zwar begrenzt, aber im allgemeinen Lehrgebäude der Wirtschaftstheorie von zentraler Bedeutung sind. Andere Gebiete, die sich mit Erwartungen oder internationalen Wirtschaftsbeziehungen beschäftigen, lassen sich auf der Grundlage des hier behandelten Stoffes erörtern. Weiterhin ist die Analyse der Konjunktur und der ökonomischen Regelung (Kapitel 7, 8 und 9) und der Linearen Programmierung und der Entscheidungstheorie (Kapitel 16, 17, 18 und 19) weitgehendst das Ergebnis von Arbeiten, die in den Jahrzehnten nach dem Zweiten Weltkrieg durchgeführt worden sind. Sie sind dabei, zu den zentralen Themenkreisen der Wirtschaftstheorie zu werden, und alle Wirtschaftswissenschaftler müssen wenigstens wissen, worum es dabei geht.

Zum Schluß muß betont werden, daß mathematische Wirtschaftstheorie angewandte Mathematik ist, daß hier eine Partnerschaft zwischen Mathematik und Wirtschaftswissenschaften vorliegt. Irgendwelche Ergebnisse können im Rahmen der mathematischen Wirtschaftstheorie durch einen Wirtschaftswissenschaftler nur mit Hilfe der Mathematik abgeleitet werden. Das gleiche gilt auch für andere Bereiche der angewandten Mathematik wie die Ingenieurwissenschaften; und tatsächlich kann der Wirtschaftswissenschaftler eine Menge vom Ingenieur lernen, sowohl was die Art der Anwendung der Mathematik, als auch was die Formulierung der technischen Probleme betrifft.

Man trifft immer wieder auf beträchtliche Mißverständnisse über das Wesen der Mathematik und ihrer Anwendungen. Reine Mathematik ist manchmal als eine „Sprache“ bezeichnet worden, für die gilt, daß sie leicht ins Englische übersetzt werden kann. Sie ist aber nicht derartiges; eher ist sie eine besondere Form der Logik, der Vernunft. Ein mathematischer Beweis braucht sich überhaupt nicht „übersetzen“ zu lassen, obwohl die Prämissen, die ihm zugrundegelegt werden und die Folgerungen, die man aus ihm zieht, in „literarische“ Form überführt werden können und sollten.

Ferner legt die Konzentration des Mathematikunterrichts auf „Beweise“, auf das “q.e.d.“ am Schluß, die Vermutung nahe, daß reine Mathematik Theorien beweist. Nichts von dem ist richtig; sie führt nur einfach Schlüsse aus Prämissen durch, und die Prämissen können ganz beliebige widerspruchsfreie Mengen von Axiomen sein. Theorien ergeben sich nur auf ganz besonderen Gebieten wie in der Wirtschaftstheorie oder der Elektrizitätslehre, also in der angewandten Mathematik. Bei diesen Theorien haben die Prämissen eine gewisse Beziehung zur Realität, und das gilt auch für die Interpretation der logischen und mathematischen Schlußfolgerungen. Man kann sagen, daß bei richtiger Beweisführung die Folgerungen richtig sind, wenn die Prämissen gültig sind. Das jedoch ist kein Beweis für eine Theorie in den Wirtschaftswissenschaften oder in einem anderen Bereich. Theorien müssen an Tatsachen geprüft werden, entweder die Prämissen oder (häufiger) die Folgerungen. Die Überprüfung einer Theorie kann zu ihrer Ablehnung führen, da sie mit den Tatsachen nicht verträglich ist; aber sie kann niemals zu einem „Beweis“ führen, sondern nur zu einer provisorischen Annahme, wenn sie den Tatsachen nicht widerspricht. Man betrachtet die mathematische Wirtschaftstheorie daher am besten als ein Verfahren, bei dem die Folgerungen aus einer bestimmten Menge von widerspruchsfreien Axiomen mit ökonomischem Inhalt untersucht werden. Der Beweis bezieht sich auf die Aufstellung der Schlußfolgerungen, nicht auf die Gültigkeit der Theorie.

Wenn Mathematik nicht mehr als eine Form der logischen Beweisführung ist, dann kann die Frage gestellt werden, warum man die Mathematik, die nur wenige verstehen, anstelle der Logik, die allen verständlich ist, verwendet. Das ist nun allein eine Frage der Effizienz, wie wenn ein Unternehmer entscheidet, mechanische Erdbewegungsmaschinen anstelle von Hacken und Schaufeln zu verwenden. Es ist oft einfacher, Hacken und Schaufeln zu verwenden, und immer denkbar, daß sie jede Arbeit tun werden, aber der Einsatz von Baggermaschinen stellt oft die ökonomisch bessere Entscheidung dar. Mathematik ist die Baggermaschine der logischen Argumente; es kann lohnend sein oder nicht, sie zu verwenden. Der springende Punkt ist der, daß die ökonomischen Verhältnisse außergewöhnlich kompliziert sind, so daß man erwarten kann, daß die Baggermaschinen der Mathematik das wirksamste Mittel sind, sich in sie hineinzugraben. Um die Beziehungen zwischen der Theorie und den Tatsachen möglichst eng zu gestalten, und um die Vereinfachungen, die von der Wirklichkeit wegführen, zu minimieren, ist es im allgemeinen sicherer, mit der Mathematik zu arbeiten. Ein Wirtschaftswissenschaftler, der es wagt, ein theoretisches Modell mit empirischem Gehalt aufzustellen, ist gut beraten, wenn er es in explizit mathematischer Form tut. Er riskiert Fehler, wenn er es nicht tut; jedenfalls kann er sehr viel leichter einige Fälle oder Möglichkeiten übersehen, die sehr wichtig sein können, und er macht die empirische Überprüfung seines Modells schwieriger.

Literatur

Allais (M.) (1954): „L'Utilisation de l'Outil Mathématique en Economique", Econometrica, **22,** 58 - 71.

Allen (R. G. D.) (1938): Mathematical Analysis for Economists (Macmillan, 1938).

Herstein (I. N.) (1953): „Some Mathematical Methods and Techniques in Economics", Quarterly of Applied Mathematics, **6,** 249 - 62.

Hicks (J. R.) (1950): A Contribution to the Theory of the Trade Cycle (Oxford, 1950).

Koopmans (T. C.) (1951): Activity Analysis of Produktion and Allocation (Wiley, 1951).

Leontief (W. W.) (1951): The Structure of American Economy, 1919 - 39 (Oxford Second Ed. 1951).

Leontief (W. W.) (Editor) (1953): Studies in the Structure of the American Economy (Oxford, 1953).

Leontief (W. W.) (1954): „Mathematics in Economics", Bulletin of the American Mathematical Society, **60,** 215 - 33.

Samuelson (P. A.) (1947): Foundations of Economic Analysis (Harvard, 1947).

Samuelson (P. A.) (1952): „Economic Theory and Mathematics — An Appraisal" American Economic Review, **42,** 56 - 66.

Samuelson (P. A.) *and others* (1954): „Mathematics in Economics", Review of Economics and Statistics, **36,** 359 - 86.

Stigler (G. J.) (1949): „The Mathematical Method in Economics", in Five Lectures on Economic Problems (Longmans, 1949).

Tintner (G.) (1954): Mathematics and Statistics for Economists (Constable, 1954).

Hinweis: in einer Literaturangabe zu einem Artikel in einer Zeitschrift bedeuten die fettgedruckten Zahlen die Bandnummern und die folgenden Zahlen die Seiten des Artikels.

Kapitel 1

Das Cobwebmodell und andere einfache dynamische Modelle

1.1 Begriffe und Beziehungen

Gegenstand der Wirtschaftstheorie sind Güter- oder Faktormengen und deren Preise. Güter oder Faktoren werden am Markt gekauft oder verkauft; auf jedem Markt tritt eine Gruppe von Personen oder Organisationen als Käufer und eine andere Gruppe als Verkäufer auf. In diesem Kapitel betrachten wir einen Markt für ein spezielles Gut oder einen Faktor; Käufer und Verkäufer werden jeweils zu einer Gruppe zusammengefaßt. Eine Aggregation verschiedener Güter oder Faktoren oder verschiedener Märkte behalten wir uns für spätere Kapitel vor. Bei einer derartigen Aggregation ergeben sich Probleme der Bewertung und der Summierung von Produkten aus Mengen und Preisen, denen man zunächst besser aus dem Wege geht.

Die Variablen im Modell eines Elementarmarktes sind die Preise und die Mengen der gekauften und verkauften oder der nachgefragten und angebotenen Güter. Preise und Mengen werden mit großen Buchstaben bezeichnet, P wäre also etwa der Preis eines Gutes. Meistens wird dann irgendein Gleichgewichtswert gesucht, den wir mit einem Strich über dem Buchstaben kennzeichnen, also etwa $\overline{P}$ für einen Gleichgewichtspreis. Abweichungen vom Gleichgewichtswert werden durch entsprechende kleine Buchstaben wiedergegeben; dabei bedeutet etwa $p = P - \overline{P}$ die Abweichung des Preises von seinem Gleichgewichtswert.

Die Variablen müssen datiert werden. In der *Periodenanalyse* werden aufeinanderfolgende Zeitabschnitte mit $t = 0, 1, 2, \ldots t \ldots$ bezeichnet; die entsprechenden Werte der Variablen erhalten dann Subskripta, also etwa $P_0, P_1, P_2, \ldots P_t, \ldots$ für den Preis. Bei dieser Notierung blickt man von einer Anfangsperiode aus über den ganzen betrachteten Zeitablauf. Diese Blickrichtung läßt sich leicht umkehren; bezeichnet t die laufende Periode, so bedeutet $(t-1)$ die vorhergehende Periode, $(t-2)$ die davor liegende, usw., bis man wieder bei der Anfangsperiode 0 angekommen ist. Der laufende Preis heißt P_t, der Preis der vorhergehenden Periode P_{t-1}, usw., bis zum Preis der Anfangsperiode P_0.

Im Gegensatz zur Periodenanalyse geht man bei der *stetigen Analyse* von kontinuierlichen Veränderungen aus. Eine Variable t bezeichne die Zeit; im Anfangspunkt gelte $t = 0$, im weiteren Verlauf $t > 0$. Eine Variable erscheint dann als Funktion der Zeit, etwa $P(t)$ für den Preis im Zeitpunkt t $(t \geqq 0)$; wobei $P(0)$ der Anfangswert im Punkt $t = 0$ ist. Funktionen wie $P(t)$ betrachtet man oft als stetig, doch muß dies nicht der Fall sein; es kann sich auch um eine Treppenfunktion handeln. Der Unterschied zwischen Periodenanalyse und stetiger Analyse ergibt sich daraus, daß im ersten Falle die Zeit in diskontinuierliche Abschnitte zerlegt wird, im zweiten Fall jedoch eine stetige Veränderung angenommen wird. In keinem der beiden Fälle steckt die zwingende Annahme, daß eine Variable wie der Preis stetig variieren muß.

Die Variablen werden miteinander durch funktionale Beziehungen verbunden, in welchen im allgemeinen gewisse Konstante oder Parameter vorkommen, auf die man sorgfältig achten muß. Die Parameter können beispielsweise Wachstumsraten r oder ϱ sein; und diese können wiederum konstant oder variabel sein, je nach dem Zweck der Untersuchung. Die Konstanten werden durchweg als fest betrachtet. In diesem wie auch in den folgenden Kapiteln werden gewöhnlich lineare Relationen betrachtet, zumindest annäherungsweise innerhalb gewisser Bereiche (etwa in der Umgebung des Gleichgewichtswertes). Die Notierung für Konstante in einer linearen Relation soll so einheitlich wie möglich sein; dabei benutzen wir kleine lateinische Buchstaben (mit Subskripta) für die Koeffizienten der Variablen und griechische Buchstaben für den absoluten Wert. Im Falle der Periodenanalyse, wo die Nachfrage vom Preis der laufenden Periode und vielleicht auch von den Preisen der vorhergehenden Perioden abhängt, soll die Nachfragerelation z. B. in linearer Form wiedergegeben werden:

$$D_t = \alpha + a\,P_t$$

oder

$$D_t = \alpha + a_0\,P_t + a_1\,P_{t-1}$$

oder

$$D_t = \alpha + a_0\,P_t + a_1\,P_{t-1} + a_2\,P_{t-2}$$

usw. Hierbei schreibt man im allgemeinen besser $D_t = \alpha + a\,P_t$, auch wenn a negativ ist, als $D_t = \alpha - a\,P_t$ mit einem positiven a. Eine ähnliche Notierung läßt sich im stetigen Fall verwenden:

$$D(t) = \alpha + a\,P(t)$$

$$D(t) = \alpha + a_0\,P(t) + a_1 \frac{d}{dt} P(t)$$

usw.

1.2 Das Cobwebmodell

Die Nachfragerelation für einen Elementarmarkt lautet $D = D(P)$ und die Angebotsrelation $S = S(P)$. Angebot und Nachfrage am Markt müssen sich im Gleichgewicht über den Preis ausgleichen:

$$D(P) = S(P)$$

Diese Gleichung liefert einen Gleichgewichtspreis $\overline{P}$ (der auch mehrdeutig sein kann), wie auch die Angabe über die entsprechenden gekauften und verkauften Mengen, die mit $\overline{X}$ bezeichnet werden:

$$\overline{X} = D(\overline{P}) = S(\overline{P})$$

Ein dynamisches Modell ergibt sich, wenn auf der Nachfrage- oder Angebotsseite „Lags" auftreten. Das einfachste Modell in der Periodenanalyse unterstellt einen festen „Lag" oder eine Verzögerung von einer Periode auf der Angebotsseite:

$$D_t = D(P_t) \text{ und } S_t = S(P_{t-1})$$

Dieser Fall kann eintreten, wenn die Produktion des Gutes eine bestimmte Zeit in Anspruch nimmt, die wir für die Analyse als Periode definieren. Das Modell erfaßt dann folgenden Ablauf: Ist P_{t-1} aus der vorhergehenden Periode gegeben, so beträgt die am Markt angebotene Menge der laufenden Periode $S(P_{t-1})$; dabei soll bei P_t das gesamte Angebot gekauft werden, d. h. P_t wie auch die gekaufte und verkaufte Menge X_t werden durch die Beziehung

$$X_t = D(P_t) = S(P_{t-1})$$

gegeben.

Beginnt man also mit einem Ausgangspreis P_0, so erhält man aus den Gleichungen P_1 und X_1; ist dann P_1 gegeben, so erhält man aus den Gleichungen P_2 und X_2, usw. Allgemein wird der Verlauf von P_t durch eine *Differenzengleichung* erster Ordnung (bei einem Lag) wiedergegeben:

$$D(P_t) = S(P_{t-1})$$

Die Lösung läßt sich in einem Diagramm veranschaulichen (Abb. 1). D und S sind die Nachfrage- und Angebotskurven; die Gleichgewichtswerte ($\overline{P}$ und $\overline{X}$) entsprechen den Koordinaten des Schnittpunktes Q. Im dynamischen Modell wird D wie im statischen Modell interpretiert, während die jeweilige Ordinate von S das Angebot angibt, das in einer Periode — abhängig vom Marktpreis der vorhergehenden Periode — auf den Markt kommt. Der Ausgangspreis sei P_0. Der entsprechende

Punkt Q_0 auf S gibt das Angebot in der Periode 1 an. Gekauft wird das gesamte Angebot zum Preis P_1, der sich durch Q_1 auf D in der gleichen

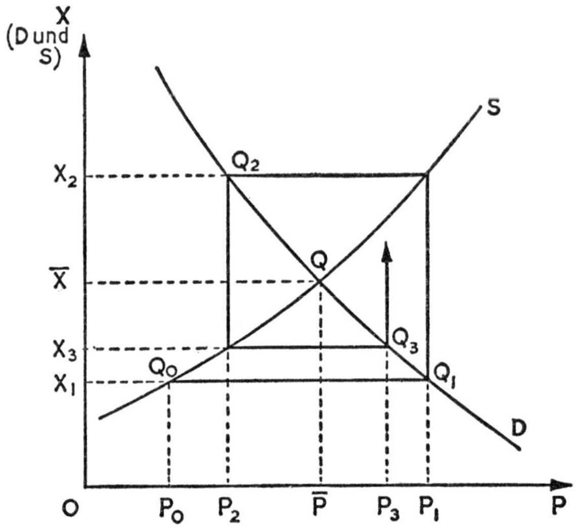

Abb. 1

Höhe (X_1) wie Q_0 ergibt. In der Periode 2 geht die Bewegung von Q_1 zunächst zum senkrecht darüberliegenden Punkt auf S (man erhält X_2) und anschließend horizontal zum Punkt Q_2 auf D (man erhält P_2). Setzt man den Prozeß fort, so erhält man die in Abb. 1 dargestellte Spinnwebe. Die Preise und die (gekauften wie verkauften) Mengen in den aufeinanderfolgenden Perioden sind die Koordinaten der Punkte Q_1, Q_2, Q_3, ... auf der Nachfragekurve D. In dem dargestellten Fall konvergiert die Folge der Punkte gegen Q, wechselt dabei jedoch von der einen Seite von Q zur anderen. Folglich alterniert auch der Preis P_t, strebt jedoch gegen $\bar{P}$; ähnliches gilt für die gekauften und verkauften Mengen (X_t). Angenommen, D habe eine negative und S eine positive Steigung, dann ist intuitiv klar, daß sich eine gedämpfte Schwingung ergibt, wenn D in der Umgebung des Gleichgewichtspunktes im Verhältnis zur Achse OP steiler verläuft als S. Eine explosive Schwingung ergibt sich, wenn D im Verhältnis zur Achse OP weniger steil ist als S, und eine regelmäßige — weder gedämpfte noch explosive — Oszillation entsteht, wenn D und S gleich steil verlaufen.

Die Lösung kann algebraisch bestimmt werden, wenn Nachfrage- und Angebotsrelationen linear sind:

$D = \alpha + a P$, $S = \beta + b P$. Die Gleichgewichtswerte $\overline{P}$ und $\overline{X}$ werden gegeben durch:

$$\overline{X} = \alpha + a \overline{P} = \beta + b \overline{P}$$

$$\overline{P} = \frac{\alpha - \beta}{b - a} \quad ; \quad \overline{X} = \frac{b \alpha - a \beta}{b - a} . \tag{1}$$

Das dynamische (periodisierte) Modell ist bestimmt durch die Gleichungen:

$$X_t = \alpha + a P_t = \beta + b P_{t-1} \tag{2}$$

Zunächst wird eine Gleichgewichtslösung gesucht; man setze $P_t = \overline{P}$ für alle t und dementsprechend $X_t = \overline{X}$ für alle t:

$$\overline{X} = \alpha + a \overline{P} = \beta + b \overline{P} \tag{3}$$

Damit erhält man $\overline{P}$ und $\overline{X}$ wie in (1). Wenn somit Gleichgewichtspreis wie Gleichgewichtsmenge in einer beliebigen Periode realisiert sind, so bleiben sie auch in allen aufeinanderfolgenden Perioden des dynamischen Modells (2) erhalten; das statische Gleichgewicht ist mit dem Modell verträglich. Subtrahiert man (3) von (2) und setzt $p_t = P_t - \overline{P}$, $x_t = X_t - \overline{X}$, so erhält man:

$$x_t = a p_t = b p_{t-1} \tag{4}$$

Die Gleichungen (4) stimmen mit (2) überein, nur daß sie eben für Abweichungen vom Gleichgewicht (dessen Existenz bestimmt ist) gelten. Beide Male handelt es sich um Differenzengleichungen erster Ordnung. Setzt man $c = \frac{b}{a}$, so wird aus der Differenzengleichung für p_t in (4):

$$p_t = c p_{t-1}$$

Die Lösung ist einfach, wenn p_0 an der Stelle $t = 0$ gegeben ist; durch Iteration erhält man:

$$p_t = p_0 c^t$$

oder

$$P_t = \overline{P} + (P_0 - \overline{P}) c^t$$

Die in jeder Periode gekauften und verkauften Mengen ergeben sich aus (4).

Normalerweise fällt die Nachfragekurve ($a < 0$), während die Angebotskurve steigt ($b > 0$). Es gilt also $c = \frac{b}{a} < 0$. Für diesen Fall setze man $r = |c| = \frac{b}{(-a)}$, so daß r positiv ist. Dann gilt:

$$p_t = p_0 (-1)^t r^t \ .$$

Aufeinanderfolgende Werte von p_t für $t = 0, 1, 2, 3, \ldots$ sind dann

$$p_0, -p_0 r, p_0 r^2, -p_0 r^3, \ldots ,$$

so daß sich p_t um Null bewegt. Folglich alterniert auch P_t in der Weise, daß er abwechselnd oberhalb und unterhalb von $\overline{P}$ liegt. Es gibt drei Möglichkeiten:

(i) $b > (-a)$, S steiler als D (bezogen auf OP). Hierbei gilt $r > 1$, so daß p_t, absolut gesehen, allmählich wächst. Also $P_t \to \pm \infty$; es liegt also eine explosive Oszillation vor.

(ii) $b = (-a)$, D und S haben gleiche Steigung. Hier gilt $r = 1$, so daß p_t im Verlauf lediglich zwischen p_0 und $(-p_0)$ alterniert. Folglich liegt auch P_t um einen festen Betrag — nämlich den ursprünglichen Unterschied $(P_0 - \overline{P})$ — einmal oberhalb und einmal unterhalb von $\overline{P}$. Es liegt eine reguläre Oszillation vor.

(iii) $b < (-a)$, D steiler als S (bezogen auf OP). Hier gilt $r < 1$, so daß p_t im Verlauf — absolut gesehen — abnimmt. Somit gilt $P_t \to \overline{P}$; die Annäherung erfolgt abwechselnd von beiden Seiten. Es liegt eine gedämpfte Schwingung gegen den Gleichgewichtswert vor.

Je größer in (iii) $(-a)$ im Verhältnis zu b ist, d. h. je steiler D im Verhältnis zu S ist, desto stärker wird die Schwingung gedämpft und desto stärker tendiert P_t gegen $\overline{P}$. Die anfängliche Störung wirkt sich auch auf die Amplitude der Schwingung aus; je weiter P_0 von $\overline{P}$ entfernt ist, desto größer sind die Schwingungen, so daß ihr Ende immer mehr hinausgezögert wird.

Der Fall (ii) mit seiner andauernden und regelmäßigen Oszillation ist — und das muß man erkennen — ungewöhnlich und schon fast trivial; eine Theorie zyklischer Bewegungen läßt sich darauf nicht aufbauen. Interessant ist der Fall (iii), obgleich man einwenden kann, daß abflauende Schwingungen „unrealistisch" sind. Jedoch läßt sich das Modell einer gedämpften Oszillation (iii) in einer einfachen Weise derart bestimmen, daß man für P_t eine andauernde Schwingung erhält. Anstelle von zeitlich fixierten Nachfrage- und Angebotskurven betrachte man Kurven, die sich mit der Zeit auf Grund exogener Faktoren verlagern; es sei dahingestellt, ob diese Bewegung regelmäßig, zyklisch, zufallsbedingt oder sonstwie verläuft. Bevor die Oszillation der Abb. 1 ausläuft, wird sie erst einmal gestört und beginnt dann nach einer Verschiebung von D oder S von neuem. Wir nehmen etwa an, Q_0 habe in der Nähe oder in dem Punkte selbst gelegen, der das Gleichgewicht bezeichnete, bevor sich D nach oben auf die in Abb. 1 bezeichnete Stelle verlagerte. Dann beginnt die Oszillation wie gezeigt und bewegt sich (etwa) gegen Q_3, wenn sie durch die Aufwärtsbewegung von S gestört wird. Es beginnen dann verstärkte Schwingungen, die sich jedoch allmählich verlieren, bis eine weitere Störung auftritt. Ein lineares Modell, in dem die jeweils neuen Nachfrage- und Angebotskurven durch Parallelverschiebung auseinander hervorgehen, läßt sich algebraisch behandeln. Aus den Gleichungen (2) wird dann:

$$X_t = \alpha_t + a\,P_t = \beta_t + b\,P_{t-1}$$

Hierbei bedeuten α_t und β_t das Ausmaß der Verschiebung für $t = 0, 1, 2, \ldots$ Die Differenzengleichung für den Preis lautet:

$$P_t = \frac{b}{a}\,P_{t-1} + \frac{\beta_t - \alpha_t}{a} \tag{5}$$

In (5) muß lediglich die Differenz $(\beta_t - \alpha_t)$ der Beträge angegeben werden, um die sich Angebots- und Nachfragekurve im Zeitablauf verschieben. In diesem Zusammenhang wurden verschiedene Fälle von Goodwin (1947) untersucht.

Übungsaufgaben 1.2

1. Bestimmen Sie (4) auf Grund von (2) durch Verwendung von (1), so daß sich α und β als Funktion von $\overline{X}$ und $\overline{P}$ ergeben. Was bedeuten in diesem Modell α und β? Wie müßte man die Größe von β eingrenzen, wenn $\alpha > 0$, $a < 0$, $b > 0$ gegeben sind?
2. Untersuchen Sie den Verlauf von P_t in dem weniger üblichen Fall, daß sowohl Nachfrage- wie auch Angebotskurven negative Steigungen haben; stellen Sie den Fall erst graphisch wie in Abb. 1 und dann algebraisch für den linearen Fall ($a < 0$, $b < 0$) dar.
3. Konstruieren und untersuchen Sie ein dynamisches Modell vom Cobwebtyp, das auf der Nachfrageseite einen Lag von einer Periode hat, auf der Angebotsseite jedoch keinen aufweist. Mathematisch unterscheidet sich dieser Fall nicht von einem Modell, in dem der Lag auf der Angebotsseite liegt; wird man eines der beiden Modelle auf Grund ökonomischer Erwägungen vorziehen?
4. Die Nachfrage- und Angebotskurven werden im Laufe der Zeit regelmäßig (und linear) verschoben, so daß für Gleichung (5) gilt: $\alpha_t = \alpha_0 + \alpha_1 t$ und $\beta_t = \beta_0 + \beta_1 t$ ($t = 0, 1, 2, \ldots$). Gibt es für den Preis eine mögliche Lösung der Form $P_t = \lambda_0 + \lambda_1 t$, also ein regelmäßiges lineares Wachstum in der Zeit?

1.3 Ein einfaches kontinuierliches Modell

In einem kontinuierlichen Modell ist der Preis eine Funktion der Zeit $P(t)$; ebenso sind Nachfrage und Angebot (Mengen pro Zeiteinheit)

Funktionen der Zeit. In dem oben beschriebenen Spinnwebmodell 1.2 liegt der Lag auf der Angebotsseite; dem würde in etwa entsprechen, wenn man auf der Nachfrageseite, jedoch nicht auf der Angebotsseite eine Veränderung des Preises berücksichtigte. Es würde sich dann um ein Modell handeln, in dem auf der Angebotsseite ein stetiger Lag angenommen wird, der, wie in 1.9 beschrieben, eine einfache exponentielle Form hat (vgl. 1.9, Aufg. 2 unten). $D(t)$ hängt von P und $\frac{dP}{dt}$ ab, $S(t)$ jedoch nur von P. Das Modell zeigt dann wie bisher, daß P zu jedem Zeitpunkt so fixiert wird, daß das gesamte Angebot aufgenommen wird, d. h. $X(t)$ und $P(t)$ genügen der Bedingung

$$X = D\left(P, \frac{dP}{dt}\right) = S(P)$$

Für ein lineares Modell gilt dann:

$$X = \alpha + aP + a_1 \frac{dP}{dt} = \beta + bP \tag{1}$$

Man setze $P(t) = \overline{P}$ und $X(t) = \overline{X}$ für alle t; als Gleichgewichtsbedingung gilt dann

$$\overline{X} = \alpha + a\overline{P} = \beta + b\overline{P} \tag{2}$$

Somit sind die Gleichgewichtswerte, die durch (1) in 1.2 gegeben werden, wiederum mit dem Modell verträglich. Nun subtrahiere man (2) von (1) und setze $p = P - \overline{P}$ und $x = X - \overline{X}$. Wegen $\frac{dp}{dt} = \frac{dP}{dt}$ gilt:

$$x = ap + a_1 \frac{dp}{dt} = bp \tag{3}$$

Die Gleichungen (1) und (3) sind Differentialgleichungen erster Ordnung. Man setze $c = \frac{b-a}{a_1}$; damit lautet die Differentialgleichung für $p(t)$:

$$\frac{dp}{dt} = cp$$

Bei der Lösung beachte man, daß $\frac{1}{p}\frac{dp}{dt} = \frac{d}{dt}(\log p)$. Also:

$$\frac{d}{dt}(\log p) = c$$

d. h. $\log p = \text{Konstante} + ct$

d. h. $p = p_0\, e^{ct}$

oder $P = \overline{P} + (P_0 - \overline{P})\, e^{ct}$

Im Normalfall gilt $a < 0$, $a_1 < 0$, $b > 0$, und damit $c < 0$. Somit bewegt sich der Preis als Funktion der Zeit $P(t)$ in stetiger Annäherung gegen den Gleichgewichtswert $\overline{P}$, da $p \to 0$ wie e^{-t}. Auch im weniger üblichen Fall $b < 0$ kommt man zum gleichen Ergebnis, allerdings unter der Voraussetzung, daß $(-b) < (-a)$, daß also D bezüglich der Achse OP in der Ebene OPX (siehe Aufg. 1 unten) steiler verläuft als S. Die Differentialgleichung dieses Modells hat weniger Lösungen als die entsprechende Differenzengleichung in 1.2.

Übungsaufgaben 1.3

1. Zeigen Sie, daß es unter den Bedingungen $a < 0$, $a_1 < 0$, $b < 0$ für $P(t)$ in diesem Modell zwei Möglichkeiten gibt: wenn $(-b) > (-a)$, dann gilt $P \to \infty$ stetig, und wenn $(-b) < (-a)$, dann gilt $P \to \overline{P}$ stetig. Man gebe hierfür eine graphische Darstellung.
2. Konstruieren und untersuchen Sie ein ähnliches dynamisches Modell, in dem eine Veränderung des Preises auf der Angebotsseite und nicht auf der Nachfrageseite angenommen wird.
3. Verallgemeinern Sie das Modell derart, daß D wie auch S von P und von $\frac{dP}{dt}$ abhängen; lösen Sie dann das Modell für den linearen Fall $D = \alpha + a_0 P + a_1 \frac{dP}{dt}$, $S = \beta + b_0 P + b_1 \frac{dP}{dt}$. Wie läßt sich dieses Modell ökonomisch interpretieren? Vgl. hierzu Evans (1930), Kapitel IV.

1.4 Allgemeine Eigenschaften der Modelle

Das Cobwebmodell in 1.2 wie auch das kontinuierliche Modell in 1.3 sind sehr einfach und auch hinreichend bekannt. Sie gehören insofern in das Gebiet der dynamischen Partialanalyse, als sie sich auf den Markt eines einzelnen Gutes beziehen und dabei auch nur den Preis dieses Gutes, nicht aber andere Preise oder das Einkommen, berücksichtigen. Es handelt sich jedoch um grundlegende dynamische Darstellungen, die bereits einige der Haupteigenschaften aller dynamischen Modelle erkennen lassen. Bei einer genaueren Untersuchung dieser Eigenschaften werden sich schon Hinweise für die Behandlung schwieriger dynamischer Modelle ergeben. Die folgenden Bemerkungen betreffen besonders das (periodische) Cobwebmodell in 1.2; im Anschluß daran wird noch gesondert etwas über das kontinuierliche Modell in 1.3 ausgesagt werden.

Zunächst werden im Modell bestimmte funktionale Beziehungen angenommen, und zwar die Nachfrage von Käufern am Markt und das Angebot der Verkäufer als Funktion des Preises. Bei diesen Funktionen handelt es sich im wesentlichen um ex-ante-Beziehungen. Entweder ist der Preis für Käufer und Verkäufer gegeben, oder er wird von ihnen in der betreffenden Höhe erwartet. Die Nachfragemenge ergibt sich dann in Höhe der geplanten oder beabsichtigten Käufe und das Angebot in Höhe der geplanten oder beabsichtigten Verkäufe; dabei beziehen sich die jeweiligen Erwartungen auf den Beginn der Periode t. Die Verkäufer erwarten, daß sich der Preis auf der Höhe der vergangenen Periode P_{t-1} hält und planen entsprechend $S_t = S(P_{t-1})$ zu verkaufen. Die Käufer nehmen den Preis P_t wie er ist und planen, ihre Käufe in Höhe von $D_t = D(P_t)$ zu realisieren.

Zweitens liegt die Form der Funktionen fest. Man kann das Problem vereinfachen, indem man den speziellen Fall unterstellt, daß die Funktionen eine bestimmte Form haben (etwa linear verlaufen: $D = \alpha + a\,P$), oder indem man eine Angleichung an einen bestimmten Funktionsverlauf vornimmt, etwa an einen annähernd linearen Verlauf in einem begrenzten Bereich in der Nähe der Gleichgewichtslage. Dies läßt sich mit einer Taylorschen Entwicklung

$$D(P) = D(\overline{P}) + D'(\overline{P})(P - \overline{P}) = \alpha + a\,P$$

für eine Nachfragefunktion erreichen, wobei $(P - \overline{P})$ klein ist. Bei der Annahme eines linearen (oder anders gearteten) Verlaufs handelt es sich entweder um eine zweckmäßige Vereinfachung oder auch um eine Näherung. Beispielsweise kann der Faktor a oben *entweder* der Koeffizient von P in einem linearen Nachfragegesetz *oder* der Anstieg der Nachfragekurve im Gleichgewichtspunkt sein und näherungsweise für kleine Veränderungen von P um $\overline{P}$ verwendet werden.

Drittens müssen auch die Bedingungen, unter denen das Modell funktioniert, sorgfältig beschrieben werden. Damit ergibt sich das Problem, wie man von ex-ante-Erwartungen zur ex-post-Realisierung übergehen kann. Dazu muß die Form der ex-post-Relationen zwischen den Variablen genau angegeben werden, darüberhinaus auch die Art und Weise, wie ex-ante-Variable zu ex-post-Variablen werden. Da es sich hier um ein Modell eines einzelnen Marktes handelt, auf dem ein gegebenes Gut den Besitzer wechselt, beinhaltet die ex-post-Relation eine Gleichheit von Käufen und Verkäufen (X_t per definitionem). Ferner halten wir uns im vorliegenden Beispiel beim Übergang von ex-ante- zu ex-post-Relationen an die „Gleichgewichtsmethode“, wobei hier der Preis diejenige Variable ist, welche das Gleichgewicht herbeiführt. Zu Beginn der Periode t erwarten die Verkäufer einen Preis P_{t-1} und bringen ein Angebot S_t auf den Markt. Läger sollen sich nicht bilden dürfen (es handele sich um ein leicht verderbliches Gut), so daß also dieses Angebot gleich X_t werden muß (Verkauf = Kauf). Durch den Prozeß der

Gleichgewichtsbildung am Markt wird somit die Nachfrage dem Angebot (= Verkauf = Kauf) gleichgesetzt; dabei wird der Preis so festgesetzt, daß das ganze Angebot aufgenommen wird. Alle Erwartungen werden realisiert, mit einer Ausnahme: der von den Verkäufern erwartete Preis (P_{t-1}) wird durch den in der Periode herrschenden Preis (P_t) nicht realisiert.

Dieses periodisierte Modell braucht man nur leicht zu verändern, um ein ganz anderes Verfahren, nämlich die schrittweise (oder Ungleichgewichts-) Methode, anzuwenden. In der Periode $(t-1)$ stellen die Produzenten eine Gütermenge her, die dem in dieser Periode herrschenden Preis P_{t-1} entspricht; diese Menge geht am Ende der Periode in die Hände von Händlern über und steht in der nächsten Periode t (in Höhe von S_t) zum Verkauf zur Verfügung. Zu Beginn der Periode t setzen die Händler angesichts aller ihnen bekannten Daten ihren Verkaufspreis P_t fest. Dann entscheiden die Käufer, wieviel (D_t) sie zu diesem Preis abnehmen wollen. Im Modell von 1.2 wird nun die Annahme gemacht, daß die Händler stets richtig vorhersehen und ihren Preis auch so festsetzen, daß ihr gesamtes Angebot aufgenommen wird: $S_t = D_t$ = gekaufte und verkaufte Menge. Nun muß das Modell modifiziert werden, um die Möglichkeit einer falschen Voraussicht der Händler zu berücksichtigen. Angenommen, sie hätten den Preis P_t so festgesetzt, daß D_t das zum Verkauf verfügbare Angebot S_t übersteigt. Falls die Händler Läger unterhalten, so kann die Nachfrage durch Abbau der Bestände befriedigt werden (= Verkäufe = Käufe). Somit ist das ex-ante-Angebot S_t geringer als der ex-post-Verkauf; die Lücke wird durch Lagerbestände ausgefüllt, d. h. also: die Käufer realisieren ihre Pläne (ex-ante-Nachfrage = ex-post-Kauf), doch müssen die Verkäufer einen unbeabsichtigten Abbau ihrer Lagerbestände in Kauf nehmen. Werden andererseits keine Läger gehalten oder nicht in ausreichendem Umfang (etwa bei leicht verderblichen Gütern), so kann der Nachfrage nicht entsprochen werden; der Verkauf muß also rationiert oder auf irgendeine andere Weise beschränkt werden. Damit wird die ex-ante-Nachfrage auf die ex-post-Käufe reduziert; deswegen müssen die Käufer gegen ihre Absicht sparen, wogegen die Verkäufer ihre Pläne realisieren können. Üblicherweise nimmt man in den meisten Modellen an, daß die Einkaufspläne realisiert werden (ex-ante-Nachfrage = ex-post-Kauf); irgendwelche auftretenden Differenzen werden dabei zu Investitionen. Diese Annahme mag vernünftig oder zweckmäßig sein, ist jedoch, wie die Beispiele zeigen, sicherlich nicht zwingend; vgl. auch Bent Hansen (1951).

Viertens wird die Bedingung, unter der das Modell arbeitet — eine Bedingung, die ex post erfüllt sein muß — in Form einer Gleichung der entsprechenden Variablen wiedergegeben; hier ist der Preis die

Variable, die das Gleichgewicht bewirkt. Man versucht, andere Variable (D_t, S_t und der gemeinsame ex-post-Wert X_t) zu eliminieren und sich auf eine einzige Variable (P_t), die am meisten interessiert, zu konzentrieren. Andere Variable (etwa X_t) lassen sich immer bestimmen, wenn man die wesentliche Variable (P_t) herausgefunden hat. Das Cobwebmodell besteht aus einer einfachen *Differenzengleichung* mit nur einem Lag; dabei treten P_t und P_{t-1} als Variable auf. Man sucht die Lösung dieser Gleichung. Für ein Gleichgewicht ohne Lags bedeutet dies, einen Wert von P (oder mehrere) zu finden, der mit der Gleichgewichtsbedingung verträglich ist. Zur Lösung einer Differenzengleichung mit Lag müssen irgendwelche Ausgangswerte oder -bedingungen, hier der Ausgangspreis P_0, angegeben sein. Dann stellt die Gleichung dar, wie das Modell von Periode zu Periode arbeitet; doch hängt das endgültige Ergebnis von der Ausgangskonstellation ab, also von der Situation, bevor man den Groschen eingeworfen hat, der das Modell in Gang setzt. „Anlaufen“ kann das Modell nur von einer bestimmten Anfangsposition aus. In der Sprache der Wirtschaftstheorie bedeutet das, daß sich die Bewegung des Preises im Zeitablauf nur bestimmen läßt, wenn eine anfängliche Störung oder Abweichung vom Gleichgewicht angegeben wird. Daß im vorliegenden Beispiel nur ein einziger Ausgangswert erforderlich ist, ist zufällig und beruht auf der Tatsache, daß hier nur ein einziger Lag vorliegt, also eine Differenzengleichung erster Ordnung zu lösen ist. Bei mehrfachen oder verteilten Lags erhält man eine Differenzengleichung höherer Ordnung, zu deren Lösung mehr als ein Ausgangswert benötigt wird.

Fünftens: Die Technik der Lösung einer Differenzengleichung ist Sache der Mathematik. Im betrachteten Fall wie auch in vielen anderen Fällen ist die Lösung deshalb unproblematisch, weil das Modell, wie Wold (1951) gesagt hat, *rekursiv* ist, d. h., es müssen alle Variablen bis zur Periode $(t-1)$ gegeben sein, dann liefert das Modell die Werte der Variablen der Periode t, und zwar eine nach der anderen. Hier ist P_{t-1} gegeben, daraus folgen X_t $(= S_t)$ und dann P_t.

Es lassen sich jedoch über die Lösungsprozesse einige allgemeine Bemerkungen machen, die nicht nur mathematisch, sondern auch ökonomisch von Bedeutung sind. Zunächst ist die Frage zu stellen: Gibt es ein Gleichgewichtsniveau, das mit der Gleichung verträglich ist? Man stellt diese Frage, indem man die Gleichung mit $P_t = \overline{P}$ für alle t überprüft. Im vorliegenden Fall existiert ein $\overline{P}$, nämlich der statische Gleichgewichtswert; in anderen Fällen existiert u. U. kein $\overline{P}$. Hat man ein $\overline{P}$ gefunden, so besteht der nächste Schritt im Übergang von der ursprünglichen Variablen P_t zur Abweichung vom Gleichgewichtswert, $p_t = P_t - \overline{P}$. Dieser Schritt hat auch ökonomische Bedeutung, da er zur

Abweichung vom Gleichgewicht führt, wofür man sich ja interessiert. Mathematisch erreicht man diesen Übergang am leichtesten, wenn man die Gleichung für $\overline{P}$ von der für P_t subtrahiert, wenn man also in 1.2 (3) von (2) abzieht.

Schließlich geht aus dem Modell noch klar hervor, daß statische und dynamische Wirtschaftstheorie nicht völlig getrennt nebeneinander stehen. Ein dynamisches Modell, wie etwa das Cobwebmodell, beschäftigt sich mit Abweichungen vom Gleichgewicht oder mit Bewegungen um das Gleichgewicht. Jedoch beachte man, daß aus der Existenz einer mit dem Modell verträglichen Gleichgewichtslage (die bestehen bleibt, wenn sie einmal erreicht ist) noch nicht hervorgeht, daß auf jede Abweichung eine Bewegung zur statischen Gleichgewichtslage hin folgt. Die Bewegung kann auch von der statischen Position wegführen oder zu einer anderen, von der statischen Position verschiedenen Situation, hinführen. Umgekehrt muß man auch die Frage nach der „Stabilität“ einer Gleichgewichtslage im statischen Fall im Lichte eines dynamischen Modells betrachten — anders geht es gar nicht. Eine Gleichgewichtslage heißt stabil, wenn eine anfängliche Störung eine (dynamische) Bewegung auslöst, die zum Gleichgewicht zurückführt, nicht aber von ihm weg oder gar zu einer anderen Lage hin. Doch wollen wir diese Frage erst in 1.8 betrachten.

Das kontinuierliche Modell in 1.3 hat die gleichen allgemeinen Eigenschaften, nur daß einige Einzelheiten anders sind oder etwas besonders hervorgehoben wird. Die Funktionen des Modells beschreiben die Abhängigkeit der Nachfrage und des Angebotes vom Preis und der Veränderungsrate des Preises. Sie stellen die Pläne oder Absichten der Käufer und Verkäufer dar, die sich den zeitlichen Bewegungen der Preise stetig anpassen. Diese Absichten müssen — wie auch bisher — derart verknüpft werden, daß sie miteinander verträglich sind. Weiterhin funktioniert das Modell, das erwartete Nachfrage und erwartetes Angebot in Beziehung setzt, nach der Gleichgewichtsmethode; der Marktmechanismus bewirkt eine stetige Anpassung der Preise, so daß das gesamte Angebot aufgenommen wird. Der Preis ist diejenige Variable, die das Gleichgewicht herbeiführt. Er ändert sich ständig, um Nachfrage und Angebot auszugleichen und im Gleichgewicht zu halten; Käufe und Verkäufe (Stromgrößen im jeweiligen Zeitpunkt) sind die übereinstimmenden Größen. Der Hauptunterschied liegt in der Art, wie die Entscheidungen der Käufer und Verkäufer zu interpretieren sind. Bei der Periodenanalyse werden in der betrachteten Periode Entscheidungen getroffen oder Pläne revidiert; wesentlich ist dabei der Unterschied zwischen ex ante (Absichten) und ex post (Realisationen). Das alles geht in einer kontinuierlichen Analyse weitgehend verloren, da man hier annimmt, daß sich Entscheidungen, Revisionen und Anpassungen stetig vollziehen. Jedoch lassen sich viele Eigenarten der Periodenanalyse, etwa Verzögerungen (Lags) oder Lagerbestandsänderungen, auch in die kontinuierliche Analyse übernehmen.

Mathematisch führen die Bedingungen des stetigen Modells auf eine Differentialgleichung für entsprechende Variable, hier $P(t)$, nicht zu einer Differenzengleichung. Die allgemeine Lösungstechnik ist im Grunde die gleiche, doch weichen die Methoden im einzelnen beträchtlich voneinander ab. Beispielsweise kommt in der Lösung in 1.3 die Exponentialfunktion e^{ct} und nicht die Potenzfunktion c^t von 1.2 vor; folglich zeigt die Lösung auch nicht eine so große Menge verschiedener Möglichkeiten. Die beiden Verfahren zur Lösung von Differenzen- und Differentialgleichungen werden in den folgenden Kapiteln untersucht; ebenso die ökonomische Bedeutung periodischer und kontinuierlicher Untersuchungsmethoden für verschiedene Problemstellungen.

1.5 Das ökonometrische Problem

Der Gegenstand dieses Lehrbuches besteht nicht darin, ökonometrische Probleme zu untersuchen, jedoch lassen sich anhand des einfachen Cobwebmodells die wesentlichen Probleme herausstellen, wie sie von Leontief (1948) beschrieben worden sind. Diese Fragen sind einen kleinen Exkurs wert. Zunächst betrachte man das Marktgleichgewicht ohne Lag. Mit Hilfe eines Diagramms in der Ebene *OPX* lassen sich im Gleichgewicht Preise und (gekaufte und verkaufte) Mengen durch den Schnittpunkt der Angebots- und Nachfragekurven wiedergeben. Verlagern sich die Kurven in der Zeit, so verändern sich auch Preis und Menge des Gleichgewichtspunktes im Zeitablauf. Nun ist die Frage, ob sich die Steigungskoeffizienten (oder Parameter) der Angebots- und Nachfragekurven ableiten lassen, wenn Zeitreihen für Preis und Menge vorliegen. Im allgemeinen muß man mit nein antworten; der zeitliche Verlauf hängt im wesentlichen von den Verlagerungen der Kurven ab, gleichgültig, ob diese regelmäßig oder zufallsbedingt sind. Sind die Funktionen linear und gehen die Verlagerungen in Form von Parallelverschiebungen vor sich, so gilt:

$$X_t = \alpha + a\,P_t + u_t = \beta + b\,P_t + v_t$$

Das Ausmaß der Verlagerungen bezeichnen hierbei u_t und v_t, die in Abhängigkeit von der Zeit gegeben (jedoch nicht bekannt) sind. Sie können regelmäßig (z. B. $u_t = \alpha_0\,t$, $v_t = \beta_0\,t$) oder auch stochastische Variable mit einer kombinierten Wahrscheinlichkeitsverteilung sein. Ohne Verzicht auf Allgemeinheit können wir für u_t und v_t im Mittel

Null annehmen; p_t und x_t seien dann innerhalb eines Bereiches von Beobachtungen die Abweichungen vom Mittel. Dann gilt:

$$x_t = a\,p_t + u_t = b\,p_t + v_t$$

folglich:
$$p_t = \frac{u_t - v_t}{b - a}\ ; \quad x_t = \frac{b\,u_t - a\,v_t}{b - a} \tag{1}$$

Dies sind die beobachteten Verläufe von p_t und x_t in Abhängigkeit von u_t und v_t, die in ihrer Form gegeben, aber nicht bekannt sind. Um a und b zu bestimmen, müßte man u_t und v_t kennen. Der Versuch, u_t und v_t zu eliminieren, indem man (z. B.) eine Regressionsbeziehung zwischen x_t und p_t aufstellt, führt im allgemeinen zu keinem Ergebnis. Nur in ganz speziellen und somit fast trivialen Fällen kann man ein sinnvolles ökonomisches Ergebnis erhalten. Ein solcher Fall ist etwa gegeben, wenn $u_t = 0$ ist (bei gegebener Nachfragekurve); dann gilt:

$$p_t = -\frac{v_t}{b - a}\ ; \quad x_t = -\frac{a\,v_t}{b - a}$$

d. h.
$$x_t = a\,p_t$$

Dann läßt sich a (die Steigung der gegebenen Nachfragekurve) bestimmen.

Ein anderes Problem entsteht, wenn man wie im Cobwebmodell auf der Angebotsseite — aber nicht auf der Nachfrageseite — einen Lag einführt. Dann wird aus den Beziehungen (1):

$$x_t = a\,p_t + u_t = b\,p_{t-1} + v_t \tag{2}$$

Diese Gleichungen lassen sich umformen:

$$x_t = b\,p_{t-1} + v_t\ ; \quad p_t = \frac{b}{a}\,p_{t-1} + \frac{v_t - u_t}{a} \tag{3}$$

Die beobachteten Werte x_t und p_t haben jeweils einen „determinierten" Teil, der von p_{t-1} abhängt, und einen auf „Irrtum" oder „Verschiebung" beruhenden Teil, der von u_t und v_t abhängt. Sind letztere zufallsbedingt, so liefert die Regressionsgleichung für x_t bezogen auf p_{t-1} den Wert b und die Regressionsgleichung für p_t bezogen auf p_{t-1} den Wert $\frac{b}{a}$. Folglich lassen sich sowohl a als auch b mit Hilfe der Beobachtungen schätzen.

Zusammenfassend läßt sich sagen, daß das Modell (1) nicht identifizierbar ist; a und b lassen sich auf Grund der Beobachtungen nicht schätzen. Das Modell (2) ist eine Variante zu (1), insofern als in der einen Beziehung p_t auftritt und in der zweiten Beziehung eine andere

Variable p_{t-1}. Darin besteht der ganze Unterschied. Die Gleichungen (2) werden in (3), die sogenannte „reduzierte Form“, überführt; dann lassen sich die Koeffizienten in (3) abhängig von den gesuchten Parametern a und b schätzen und identifizieren. Möchte man darüberhinaus noch eine Voraussage über x_t und p_t machen, so braucht man dazu nichts weiter als die Regressionsgleichungen (3) in der reduzierten Form.

1.6 Erweiterungen des Cobwebmodells

Im Cobwebmodell von 1.2 hat die Nachfragekurve üblicherweise eine negative, die Angebotskurve eine positive Steigung; in der Lösung alterniert dann der Preis, d. h. er liegt in aufeinanderfolgenden Perioden einmal oberhalb und einmal unterhalb des Gleichgewichtspunktes. Diese Oszillation ist in zwei Perioden abgeschlossen, in einer Zeitspanne also, die doppelt so lang ist wie der Lag auf der Angebotsseite; die Anpassungsgeschwindigkeit ist umgekehrt proportional der Länge des time lags.

Auf der Angebotsseite erwartet man, daß der Preis dieselbe Höhe wie in der vergangenen Periode beibehält. Diese Erwartung wird laufend enttäuscht; liegt der Preis in der einen Periode über dem Gleichgewicht, so erwarten die Anbieter, daß er auch in der nächsten Periode darüber liegt; in Wirklichkeit liegt er dann aber unterhalb des Gleichgewichtspunktes. In der Tat unterstellt das Modell, daß die Anbieter hieraus nicht lernen. Jedoch läßt sich das Modell so erweitern, daß man auf der Angebotsseite Erwartungen berücksichtigen kann, die sich — wie Goodwin (1947) das untersucht hat — auf Grund von Erfahrung ändern.

Der Preis in der Periode $(t-1)$ ist P_{t-1}. Der Preis, den die Anbieter in der Periode t erwarten, sei:

$$P_{t-1} - \varrho \Delta P_{t-2}$$

Dabei ist ΔP_{t-2} der Preiszuwachs gegenüber der Periode $(t-2)$, also $\Delta P_{t-2} = P_{t-1} - P_{t-2}$, wobei ϱ eine gegebene Konstante ist. Üblicherweise kann man in einer solchen Situation ϱ als positiven Bruch $(0 \leqq \varrho \leqq 1)$ sehen; der Preis wird sich dann gegenüber der vorhergehenden Periode in entgegengesetzter Richtung verändern; die Anbieter erwarten ein Auf und Ab in der Entwicklung des Preises. Weniger üblich ist der Fall, daß ϱ negativ ist; dann erwarten die Anbieter, daß sich der Preis weiterhin in gleicher Richtung bewegen wird. In der Größe von ϱ drückt sich aus, welche Bedeutung die Anbieter einer Änderung oder Fortsetzung der Richtung zuschreiben, in der sich der Preis bewegt. Ist $\varrho = 0$, so wird keine Preisbewegung erwartet. Für den

Fall $\varrho = 1$ erwartet man eine völlige Umkehrung. Dann nimmt die Gleichung des Cobwebmodells 1.2 bei linearen Funktionen folgende Form an:

$$X_t = \alpha + a\,P_t = \beta + b\,(P_{t-1} - \varrho\,\Delta\,P_{t-2})$$

d. h.

$$X_t = \alpha + a\,P_t = \beta + b\,(1-\varrho)\,P_{t-1} + b\,\varrho\,P_{t-2} \tag{1}$$

Man setze $P_t = \overline{P}$, $X_t = \overline{X}$ für alle t:

$$\overline{X} = \alpha + a\,\overline{P} = \beta + b\,(1-\varrho)\,\overline{P} + b\,\varrho\,\overline{P}$$

das ergibt

$$\overline{P} = \frac{\alpha-\beta}{b-a} \quad ; \quad \overline{X} = \frac{b\,\alpha - a\,\beta}{b-a} \tag{2}$$

Die statische Gleichgewichtsbedingung ist wiederum mit dem Modell verträglich. Man subtrahiere (2) von (1) und setze $p_t = P_t - \overline{P}$, $x_t = X_t - \overline{X}$ und $c = \dfrac{b}{a}$:

$$x_t = a\,p_t = b\,(1-\varrho)\,p_{t-1} + b\,\varrho\,p_{t-2} \tag{3}$$

Dies sind die Differenzengleichungen für die Abweichungen vom Gleichgewicht. Für den Preis erhält man:

$$p_t = c\,(1-\varrho)\,p_{t-1} + c\,\varrho\,p_{t-2}\;. \tag{4}$$

Das entsprechende x_t erhält man dann aus (3). Unter der Bedingung $\varrho = 0$ vereinfacht sich die Differenzengleichung (4), aus der der zeitliche Verlauf des Preises zu bestimmen ist, zu der einfachen Gleichung (erster Ordnung) von 1.2. Für $\varrho \neq 0$ ist (4) eine Differenzengleichung zweiter Ordnung mit einem zweifachen verteilten Lag. Dann müssen zwei Ausgangswerte, etwa P_0 und P_1, an den Stellen $t = 0, 1$ gegeben sein, um das mit (4) gegebene System „in Gang zu bringen“; alle dann folgenden Werte $P_2, P_3, P_4, \ldots$ ergeben sich durch schrittweise Lösung. Um die allgemeine Lösung für p_t oder P_t in expliziter Form angeben zu können, muß man die Theorie der Differenzengleichungen kennen. Die Gleichung (4) wird später genauer untersucht werden (Kapitel 6).

Übungsaufgaben 1.6

1. In der Differenzengleichung (4) setze man $c = -\frac{3}{4}$, $\varrho = \frac{1}{2}$. Mit Hilfe der Ausgangswerte $p_0 = 0$, $p_1 = 1$ ist der weitere Verlauf der Preisabweichungen $p_2, p_3, p_4, \ldots$ zu bestimmen; dafür ist immer wieder (4) zu benutzen, und zwar so lange bis sich die Art der Veränderung erkennen läßt. Interpretieren Sie das Ergebnis.

2. Setzen Sie in der vorhergehenden Aufgabe $\varrho = -\frac{1}{2}$ statt $\varrho = \frac{1}{2}$. Bestimmen

Sie nunmehr p_2, p_3, p_4, ... Interpretieren Sie das Ergebnis und stellen Sie Sie es der vorherigen Lösung gegenüber.

1.7 Modelle mit Lagerhaltung

In den Modellen von 1.2 und 1.3 wird der Preis so bestimmt, daß das gesamte Angebot aufgenommen wird. Entweder ist für (z. B. leicht verderbliche) Güter keine Lagerhaltung möglich, oder die Läger werden in konstanter Höhe gehalten. Die Modelle lassen sich aber derart erweitern, daß auch Lagerveränderungen berücksichtigt werden können.

(*A*) In der Periodenanalyse mit der Notation von 1.2 sollen Q_t die Lagerbestände am Ende der Periode t bedeuten. Dann bedeutet:

$$\Delta Q_t = Q_t - Q_{t-1} = S_t - D_t$$

den Zuwachs der Lagerbestände während der Periode t. Bei dieser Betrachtung brauchen wir Lagerbestände nur in der ex-post-Bedeutung realisierter Bestände (wie etwa realisierte Käufe und Verkäufe) zu behandeln. Ex ante können geplantes Angebot S_t und geplante Nachfrage D_t verschieden sein. Ex post können S_t und D_t ebenfalls verschieden sein. Realisiertes Angebot füllt die Läger auf, realisierte Nachfrage wird aus den Lägern befriedigt. Käufe und Verkäufe am Markt sind (definitionsgemäß) immer noch gleich; der gemeinsame Wert ist die realisierte Nachfrage, d. h. $X_t = D_t$ ex post. Die Absichten der Käufer werden in Käufen (= Verkäufen) verwirklicht; die Pläne der Anbieter werden ebenfalls in Verkäufen an die Händler realisiert, die, wie wir annehmen, Läger unterhalten und die Ware an Käufer weiterveräußern. Man muß also noch die dritte Gruppe der Händler betrachten, welche die Läger unterhalten und daraus verkaufen; ihrer Funktion nach müssen sie von Käufern und Verkäufern unterschieden werden. (Die Händler können auch Anbieter sein; in diesem Falle hat die Gruppe zwei Funktionen.) Das Modell erfaßt jetzt die Absatzpolitik der Händler, also die Festsetzung der Preise in Abhängigkeit von der Höhe der Lagerbestände. Zwei Fälle werden betrachtet: In einem Fall werden die Preise entsprechend der Lagerbestandsänderung festgesetzt, im anderen entsprechend der Höhe der Lagerbestände. In beiden Fällen betrachten wir lineare Nachfrage- und Angebotsfunktionen ohne Lags; zur Vereinfachung nehmen wir noch an, daß die Händler stets zum gleichen Preis kaufen und verkaufen.

Modell I: Die Händler setzen den Preis P_t in der Periode t nach folgender Bedingung fest: der Preis wird erhöht, wenn die Lagerbestände in der vorhergehenden Periode abnehmen; dabei soll sich der Zuwachs des Preises proportional zur Abnahme der Lagerbestände verhalten. Also:

$$P_t = P_{t-1} - \lambda \Delta Q_{t-1} \tag{1}$$

Hierbei ist λ ein gegebener positiver Wert. Dann:

$$D_t = \alpha + a P_t\,; \quad S_t = \beta + b P_t$$

und $\Delta Q_{t-1} = Q_{t-1} - Q_{t-2} = S_{t-1} - D_{t-1} = (\beta - \alpha) + (b - a) P_{t-1}$

Die Gleichung (1) wird reduziert auf:

$$P_t = P_{t-1} + \lambda(\alpha - \beta) - \lambda(b - a) P_{t-1}$$

d. h. $$P_t = \lambda(\alpha - \beta) + \{1 - \lambda(b - a)\} P_{t-1} \tag{2}$$

Man setze $P_t = \overline{P}$ für alle t:

$$\overline{P} = \lambda(\alpha - \beta) + \{1 - \lambda(b - a)\} \overline{P} \tag{3}$$

d. h. $\overline{P} = \dfrac{\alpha - \beta}{b - a}$ ist das übliche Gleichgewichtsniveau.

Man subtrahiere (3) von (2) und setze: $p_t = P_t - \overline{P}$, $c = 1 - \lambda(b - a)$; dann ist

$$p_t = c\, p_{t-1}$$

Die Lösung lautet dann:

$$p_t = p_0\, c^t$$

oder $$P_t = \overline{P} + (P_0 - \overline{P})\, c^t \tag{4}$$

Die gekaufte (und von den Händlern verkaufte) Menge beträgt dann $X_t = \alpha + a P_t$.

Im Normalfall gilt $a < 0$, $b > 0$, so daß $(b - a) > 0$. Für λ gibt es dann drei Möglichkeiten, desgleichen für die entsprechende durch (4) gegebene Veränderung von P_t:

(i) $\lambda < \dfrac{1}{b - a}$, so daß $0 < c < 1$; P_t geht stetig gegen $\overline{P}$.

(ii) $\dfrac{1}{b - a} < \lambda < \dfrac{2}{b - a}$, so daß $-1 < c < 0$; P_t alterniert und strebt gegen $\overline{P}$: der Fall einer gedämpften Schwingung.

(iii) $\lambda > \dfrac{2}{b - a}$, so daß $c < -1$; P_t alterniert und strebt gegen $\pm \infty$: der Fall einer explosiven Schwingung.

Durch die Größe von λ wird der Verlauf von P_t festgelegt; je größer der Wert von λ wird, desto instabiler wird auch der Verlauf. Zunächst ist die Schwingung gedämpft, doch dann explosiv. Das Modell wird instabil, wenn die Händler bei der Festsetzung des Preises besonders stark auf die Lagerbestandsveränderungen reagieren.

Modell II: Die Händler setzen in der Periode t den Preis P_t fest und erhöhen den Preis, wenn die Lagerbestände in der vergangenen Periode unter ein gegebenes Niveau $\overline{Q}$ gefallen sind, und zwar proportional zu dem Betrag, um den die Lagerbestände unter $\overline{Q}$ fallen. Also:

$$P_t = P_{t-1} - \lambda\,(Q_{t-1} - \overline{Q}) \tag{5}$$

wobei λ eine positive Konstante ist.

Wie vorher gilt

$$D_t = \alpha + a\,P_t; \quad S_t = \beta + b\,P_t\,.$$

Zur Bestimmung des Lagerbestandes Q_t bedarf es der Summierung in umgekehrter Richtung bis zur Ausgangsperiode ($t = 0$); d. h.

$$Q_t = Q_0 + \sum_{i=1}^{t} \Delta\,Q_i = Q_0 + \sum_{i=1}^{t} (S_i - D_i)$$

$$= Q_0 + \sum_{i=1}^{t} \{(\beta - \alpha) + (b - a)\,P_i\}$$

Die Gleichung (5) enthält also alle Preise bis hin zur Ausgangsperiode. Doch läßt sich diese Abhängigkeit von der gesamten Bewegung früherer Preise auch noch anders formulieren:

$$P_t = P_{t-1} - \lambda\,(Q_{t-1} - \overline{Q})$$

und

$$P_{t-1} = P_{t-2} - \lambda\,(Q_{t-2} - \overline{Q})$$

Man subtrahiere

$$(P_t - P_{t-1}) = (P_{t-1} - P_{t-2}) - \lambda\,(Q_{t-1} - Q_{t-2}) \tag{6}$$

Entwickelt man die Gleichung (6) und stellt entsprechend um, so läßt sich (5) auch noch in der Form schreiben:

$$P_t = 2\,P_{t-1} - P_{t-2} - \lambda\,(S_{t-1} - D_{t-1})$$

d. h.

$$P_t = \lambda\,(\alpha - \beta) + \{2 - \lambda\,(b - a)\}\,P_{t-1} - P_{t-2} \tag{7}$$

Damit hat man die Differenzengleichung des Modells; es ist eine Gleichung zweiter Ordnung, da die Preise zweier vorhergehender Perioden berücksichtigt werden.

Mit Hilfe von (6) läßt sich das Modell interpretieren. Die Preisänderung, für die sich die Kaufleute entscheiden, hängt von der Höhe der Lagerbestände ab. Die Veränderungsrate des Preises selbst ändert sich in Abhängigkeit von der Veränderung der Lagerbestände, also der Differenz zwischen Angebot und Nachfrage. Lagerbestandsänderungen führen zu einer „Beschleunigung" der Preisbewegung. Die Preise steigen, da die Lagerbestände niedrig sind; auf eine Abnahme der Lagerbestände folgt ein beschleunigter Preisanstieg.

Zur Lösung der Differenzengleichung (7) setze man $P_t = \overline{P}$ für alle t:

$$\overline{P} = \lambda\,(\alpha-\beta) + \{2-\lambda\,(b-a)\}\,\overline{P}-\overline{P} \tag{8}$$

d. h. $\overline{P} = \dfrac{\alpha-\beta}{b-a}$; das ist wieder das normale Gleichgewichtsniveau. Man subtrahiere (8) von (7) und setze $p_t = P_t-\overline{P}$.

Dann erhält die Differenzengleichung die Form:

$$p_t = \{2-\lambda\,(b-a)\}\,p_{t-1}-p_{t-2} \tag{9}$$

Die allgemeine Lösung von (9) mit zwei Ausgangswerten (etwa P_0 und P_1) bleibt wiederum einer späteren Analyse überlassen (vgl. Kapitel 6).

(B) In einem *kontinuierlichen Modell* verändern sich die Lagerbestände wie auch die anderen Variablen D, S und P stetig mit der Zeit. Sind im Zeitpunkt t die Lagerbestände $Q\,(t)$, so gilt per definitionem

$$\frac{dQ}{dt} = S-D$$

und

$$Q = Q_0 + \int_0^t (S-D)\,dt$$

Modell III: Zu jedem Zeitpunkt setzen die Händler P so fest, daß die Zuwachsrate des Preises der Abnahmerate der Lagerbestände proportional ist:

$$\frac{dP}{dt} = -\lambda\,\frac{dQ}{dt} = -\lambda\,(S-D)$$

Dabei ist λ eine positive Konstante. Für lineare Funktionen ohne Lag gilt: $D = \alpha + a\,P$, $S = \beta + b\,P$. Also:

$$\frac{dP}{dt} = \lambda\,(\alpha-\beta)-\lambda\,(b-a)\,P$$

Man setze $P\,(t) = \overline{P}$ für alle t:

$$0 = \lambda\,(\alpha-\beta)-\lambda\,(b-a)\,\overline{P}$$

d. h. $\overline{P} = \dfrac{\alpha-\beta}{b-a}$, und das ist wiederum das bekannte Gleichgewichtsniveau.

Man subtrahiere und setze $p(t) = P(t) - \bar{P}$.

$$\frac{dp}{dt} = -\lambda (b-a) p$$

Damit hat man die Differentialgleichung des Modells. Die Lösung ergibt sich genau so wie in 1.3 oben:

$$p = p_0 \, e^{-\lambda (b-a) t}$$

oder

$$P = \bar{P} + (P_0 - \bar{P}) \, e^{-\lambda (b-a) t}$$

Im Normalfall gilt $a < 0$, $b > 0$, so daß $(b-a) > 0$. Folglich bewegt sich $P(t)$, der Preis in Abhängigkeit von der Zeit, in stetiger Progression gegen den Gleichgewichtswert $\bar{P}$, da $p \to 0$ ebenso wie e^{-t}. Dies gilt für alle (positiven) Werte von λ. Die Größe von λ bestimmt lediglich die Reaktions- oder Anpassungsgeschwindigkeit. Je größer der Wert von λ ist, desto schneller entwickelt sich P gegen $\bar{P}$.

Modell IV: Die Händler setzen P in jedem Augenblick so fest, daß die Zuwachsrate des Preises demjenigen Wert proportional ist, um den die Lagerbestände unter ein bestimmtes Niveau $\bar{Q}$ fallen:

$$\frac{dP}{dt} = -\lambda (Q - \bar{Q}) = -\lambda \left\{ Q_0 - \bar{Q} + \int_0^t (S-D) \, dt \right\}$$

wobei λ wieder eine positive Konstante ist. Somit:

$$\frac{d^2 P}{dt^2} = -\lambda \frac{dQ}{dt} = -\lambda (S-D)$$

Damit wird der Preisanstieg proportional zur Abnahmerate der Lagerbestände beschleunigt. Für lineare Funktionen ohne Lag gilt:

$$\frac{d^2 P}{dt^2} = \lambda (\alpha - \beta) - \lambda (b-a) P$$

Man setze $P(t) = \bar{P}$ für alle t:

$$0 = \lambda (\alpha - \beta) - \lambda (b-a) \bar{P}$$

d. h. $\bar{P} = \frac{\alpha - \beta}{b-a}$; das ist wiederum das übliche Gleichgewichtsniveau. Nun subtrahiere man und setze $p(t) = P(t) - \bar{P}$.

$$\frac{d^2 p}{dt^2} = -\lambda (b-a) p$$

Damit hat man die Differentialgleichung des Modells; es ist eine Gleichung zweiter Ordnung, für die zwei Ausgangsbedingungen angegeben werden müssen, etwa die Werte von P und $\frac{dP}{dt}$ für $t = 0$. Gleichungen dieser Art untersuchen wir später (Kapitel 5).

Übungsaufgaben 1.7

1. Untersuchen Sie im Modell I den Verlauf von P_t für den Fall, daß Angebots- und Nachfragekurve negative Steigungen haben, wobei die Nachfragekurve steiler sein soll als die Angebotskurve, d. h. unter Voraussetzung linearer Funktionen gilt $a < 0$, $b < 0$ und $(-b) < (-a)$.
   Zeigen Sie, daß sich die gleichen Ergebnisse wie für den üblichen Fall ($a < 0$, $b > 0$) ableiten lassen. Ändert sich das, wenn die Angebotskurve steiler ist, wenn also $(-b) > (-a)$?

2. Konstruieren Sie die den Modellen I und II oben entsprechenden dynamischen Modelle für den Fall, daß auf der Angebotsseite ein Lag von einer Periode ($S_t = \beta + b\,P_{t-1}$), auf der Nachfrageseite dagegen kein Lag ($D_t = \alpha + a\,P_t$) auftritt. Zeigen Sie, daß beide Differenzengleichungen für die Preisabweichungen p_t zweiter Ordnung sind, daß also

$$\text{I.}\quad p_t = (1 + \lambda\, a)\, p_{t-1} - \lambda\, b\, p_{t-2}$$

$$\text{II.}\quad p_t = (2 + \lambda\, a)\, p_{t-1} - (1 + \lambda\, b)\, p_{t-2}$$

3. Wie werden die Modelle I und II der vorhergehenden Aufgabe eingeschränkt, wenn $\lambda = 0$ und $\lambda \to \infty$?

4. Untersuchen Sie im Modell III den Verlauf von $P(t)$ unter den Bedingungen $a < 0$ und $b < 0$. Zeigen Sie, daß P ständig gegen $\bar{P}$ wächst, wenn $(-b) < (-a)$, und daß sich eine explosive Bewegung für P nur ergibt, wenn $(-b) > (-a)$. Interpretieren Sie dieses Ergebnis unter Berücksichtigung der Angebots- und Nachfragekurven.

5. Konstruieren Sie die den Modellen III und IV oben entsprechenden dynamischen Modelle für den Fall, daß die Nachfragefunktion die Form $D = \alpha + a\left(P + \frac{dP}{dt}\right)$ und die Angebotsfunktion die Form $S = \beta + b\,P$ hat.
   Zeigen Sie, daß die Differentialgleichungen für die Preisabweichungen $p(t)$ lauten:

$$\text{III.}\quad (1 - \lambda\, a)\frac{dp}{dt} + \lambda\,(b - a)\, p = 0$$

$$\text{IV.}\quad \frac{d^2 p}{dt^2} - \lambda\, a\,\frac{dp}{dt} + \lambda\,(b - a)\, p = 0$$

6. Wie werden die Modelle der vorherigen Aufgabe für den Fall $\lambda = 0$ eingeschränkt? Zeigen Sie, daß im Falle $\lambda \to \infty$ beide Modelle die Form $\frac{dp}{dt} = \left(\frac{b - a}{a}\right) p$ annehmen; lösen Sie nach p auf, und interpretieren Sie das Ergebnis!

1.8 Die Stabilität des Marktgleichgewichts

Preis und Menge eines (gekauften und verkauften) Gutes werden im Marktgleichgewicht durch die Gleichsetzung von Nachfrage und Angebot, durch den Schnittpunkt von Angebots- und Nachfragekurve bestimmt. Fragt man nicht nach der Existenz des Gleichgewichts, sondern nach seiner Stabilität, so muß man dynamische Prozesse einführen. Die Frage muß etwa folgendermaßen formuliert werden: Es existiert ein Gleichgewichtspreis; wird dieser Preis einmal am Markt festgesetzt, so bewirkt er, daß stets das gesamte Angebot aufgenommen wird. Wird aber zufällig ein anderer Preis festgesetzt, führt dann die Bewegung des Preises im Zeitablauf zum Gleichgewichtswert und wie schnell vollzieht sich die Anpassung? Es braucht jedoch nicht nur *einen* Gleichgewichtspreis zu geben, und durch eine bedeutende Störung kann das ganze System von einem Gleichgewicht zu einem anderen schwingen. Um diese Möglichkeit auszuschließen, kann man bei der Frage nach der Stabilität nur eine *kleine* Störung zulassen.

Eine kleine Abweichung von der Gleichgewichtslage bildet also den Ausgangspunkt. Zur Beurteilung des weiteren Verlaufs reicht aber die Kenntnis des Gleichgewichts nicht aus; es muß vielmehr ein geeignetes dynamisches Modell konstruiert werden, das unter bestimmten angenommenen Bedingungen funktioniert; im besonderen muß vorgesehen sein, daß entweder ex ante oder ex post Angebot und Nachfrage nicht übereinzustimmen brauchen. Man kann im Modell annehmen, daß die Anbieter oder Händler Läger für das Gut unterhalten und daß Änderungen in den Lagerbeständen die Preisfestsetzung beeinflussen (so etwa bei den Modellen 1.7). Man kann im Modell aber auch annehmen, daß auf der Angebots- oder Nachfrageseite Lags auftreten (so etwa die Modelle 1.2 und 1.3). Damit hat man erst zwei Möglichkeiten berücksichtigt; es gibt aber noch eine ganze Reihe mehr. Die Frage nach der Stabilität führt also, kurz gesagt, zu einem dynamischen Problem und ist nicht eindeutig zu beantworten. Wir müssen damit rechnen, daß ein bestimmtes Marktgleichgewicht unter gewissen (dynamischen) Bedingungen als stabil, unter anderen Bedingungen aber als instabil anzusehen ist.

Da nur geringe Bewegungen oder Abweichungen vom Gleichgewicht betrachtet werden, verliert die Darstellung kaum an Allgemeinheit, wenn wir Angebots- und Nachfragefunktionen als linear annehmen, d. h. näherungsweise linear innerhalb eines kleinen Bereiches um den Gleichgewichtspunkt. Wir setzen also $D = \alpha + a\,P$, $S = \beta + b\,P$; die Gleichgewichtswerte sind dann $\overline{P} = \frac{\alpha - \beta}{b - a}$, $\overline{X} = \frac{b\,\alpha - a\,\beta}{b - a}$. Die Konstanten a und b sind die Steigungen (bezogen auf OP) im Schnittpunkt

(Gleichgewichtspunkt) von Angebots- und Nachfragekurve. Wir nehmen an, daß a negativ ist; b kann entweder positiv oder negativ sein. Die Nachfragekurve soll also eine negative Steigung haben, während die Steigung der Angebotskurve entweder positiv oder negativ sein kann.

Das Stabilitätsproblem wird häufig sehr oberflächlich formuliert: Wird der Preis zu niedrig angesetzt, so übersteigt die Nachfrage das Angebot, und der Preis steigt, bis wieder ein Gleichgewicht herrscht; oder wenn die zum Verkauf angebotene Menge zu niedrig ist, bieten die Käufer höhere Preise als die Verkäufer anzunehmen bereit sind, so daß das Angebot steigt, bis wieder Gleichgewicht herrscht. Solche Aussagen müssen genauer und ausführlicher formuliert werden. Sie sind, so wie sie gefaßt sind, nicht nur oberflächlich, sie sind auch verschiedener Art. Das erste Argument stammt von Walras, das zweite von Marshall. Sie führen zu ganz verschiedenen Folgerungen über die Stabilität.

Das Argument von Walras läßt sich mit Hilfe eines kontinuierlichen dynamischen Modells ausdrücken. Wenn zu einem beliebigen Zeitpunkt der Preis vom Gleichgewicht abweicht, $p = P - \overline{P} \neq 0$, dann sind ex ante Nachfrage und Angebot nicht gleich. Angenommen, im dynamischen Modell steigt der Preis, wenn das Angebot geringer ist als die Nachfrage, und zwar proportional zur Differenz. Die treibende Kraft kann hier ein Abnehmen der Lagerbestände sein (vgl. Modell III in 1.7). Dann ist

$$D = \alpha + a P, \quad S = \beta + b P$$

und

$$\frac{dP}{dt} = -\lambda (S - D) = \lambda (\alpha - \beta) - \lambda (b - a) P$$

Hier bezeichnet λ die *Reaktionsgeschwindigkeit*. Je größer λ ist, desto schneller reagiert der Preis auf einen gegebenen Nachfrageüberhang. Wir wissen (Abschnitt 1.7, Modell III), daß P ununterbrochen gegen $\overline{P}$ tendiert, wenn $(b - a)$ positiv ist, und daß dann das Gleichgewicht stabil ist. P bewegt sich ständig von $\overline{P}$ weg, wenn $(b - a)$ negativ ist; das Gleichgewicht ist dann instabil.

Marshall argumentiert anders: Wenn zu irgendeinem Zeitpunkt die angebotene Menge von der Gleichgewichtsmenge abweicht, $x = X - \overline{X} \neq 0$, so unterscheidet sich der Preis, den die Käufer ex ante zu zahlen bereit sind, von dem Preis, der den Verkäufern annehmbar erscheint. Wir betrachten ein dynamisches Modell, in dem die Angebotsmenge steigt, wenn der von den Anbietern geforderte Preis (Verkäuferpreis) geringer ist als der Preis, den die Käufer zu zahlen bereit sind (Käuferpreis); dabei sei die Zuwachsrate der Preisdifferenz proportional.

Also:

Käuferpreis $= \frac{X-\alpha}{a}$, Verkäuferpreis $= \frac{X-\beta}{b}$ und $\frac{dX}{dt} = -\lambda$ (Verkäuferpreis − Käuferpreis) $= \lambda\left(\frac{\beta}{b}-\frac{\alpha}{a}\right) - \lambda\left(\frac{1}{b}-\frac{1}{a}\right)X$, wobei λ wiederum die Reaktionsgeschwindigkeit ist. Die Lösung erhält man wie im vorhergehenden Fall. X tendiert ständig gegen $\overline{X}$, wenn $\left(\frac{1}{b}-\frac{1}{a}\right)$ positiv ist (stabiles Gleichgewicht), und X entfernt sich ständig von $\overline{X}$, wenn $\left(\frac{1}{b}-\frac{1}{a}\right)$ negativ ist (instabiles Gleichgewicht).

Die Ergebnisse sind verschieden. Bei Walras ist das System stabil, wenn $(b-a) > 0$; bei Marshall, wenn $\left(\frac{1}{b}-\frac{1}{a}\right) > 0$. Bezieht man die Steigungen auf die Achse *OP*, so lauten die Möglichkeiten:

	S hat eine positive Steigung $(b > 0)$	S hat eine negative Steigung $(b < 0)$	
		D ist steiler $(-b) < (-a)$	S ist steiler $(-b) > (-a)$
Walras-Modell	stabil	stabil	instabil
Marshall-Modell	stabil	instabil	stabil

Für die Nachfragekurve wird durchweg eine negative Steigung angenommen $(a < 0)$.

Die Ergebnisse werden in Abb. 2 veranschaulicht. Hier entspricht die Ausgangsposition Q_0 der ehemaligen Gleichgewichtslage, bevor die Nachfragekurve nach oben in die Position D verschoben wurde, so daß Q den neuen Gleichgewichtspunkt bezeichnet. Soll das neue Gleichgewicht stabil sein, so müßten sich auch Preis und Menge von Werten in Q_0 zu den entsprechenden Werten an der Stelle Q verändern. Bei einem Preis P_0 (an der Stelle Q_0) übersteigt die Nachfrage das Angebot ex ante, d. h. $X'_0 > X_0$; im Walras-Modell steigt dann der Preis.

Bei einer Angebotsmenge X_0 (an der Stelle Q_0) liegt der Käuferpreis über dem Verkäuferpreis, d. h. $P'_0 > P_0$, so daß im Marshall-Modell die Menge erhöht wird. In Abb. 2 a verläuft die Bewegung in jedem Falle gegen Q; das Gleichgewicht ist also im Sinne von Walras und auch von Marshall stabil. In Abb. 2 b erhöht sich der Preis bis zum Gleichgewichtsniveau Q, während sich die Menge von Q wegbewegt; bei Walras wäre diese Gleichgewichtslage dann stabil, bei Marshall jedoch instabil. In Abb. 2 c gilt das Gegenteil.

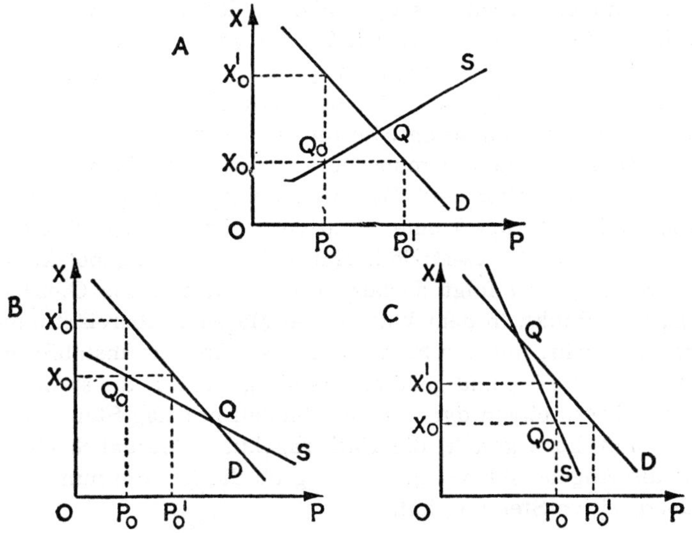

Abb. 2

In einem dritten dynamischen Modell zur Analyse des Stabilitätsproblems werden auch Lagerbestände berücksichtigt (die Modelle von Walras und Marshall tun das implizit auch), doch geschieht das in anderer Form. Beispielsweise nimmt man an, daß die Zuwachsrate des Preises jederzeit einem Überhang in den Lagerbeständen über das „normale" Niveau $\overline{Q}$ hinaus proportional ist. Das ist die Annahme im Modell IV in 1.7. Wir nehmen die Lösung der Differentialgleichung dieses Modells vorweg, wenn wir schon jetzt sagen, daß sich P in regelmäßiger (unveränderter) Oszillation um $\overline{P}$ herum bewegt, wenn $(b-a)$ positiv ist. Man kann das als Stabilität bezeichnen, jedoch in einem anderen Sinne. Die Gleichgewichtsposition ist nicht instabil, da sich P nicht von $\overline{P}$ wegbewegt. Aber P bewegt sich auch nicht auf $\overline{P}$ zu; er oszilliert regelmäßig und stetig um $\overline{P}$ herum. Darüber hinaus sind die Ergebnisse die gleichen wie im Modell von Walras.

Die Eigenart dieser dynamischen Modelle besteht darin, daß sich Nachfrage und Angebot nicht ausgleichen müssen, sondern Lagerbestandsänderungen möglich sind; zudem handelt es sich um kontinuierliche Modelle. Ein ganz anders geartetes Modell läßt sich mit Hilfe von Lags und einer periodischen Analyse aufbauen. Hierbei wird die Anpassungsgeschwindigkeit nicht mehr durch eine multiplikative Konstante λ ausgedrückt, sondern als Verzögerung größeren oder geringeren Ausmaßes, mit der Angebot oder Nachfrage auf Veränderungen reagieren. Angenommen, auf der Angebotsseite besteht ein Lag von einer

Periode; dann entspricht das dynamische Modell dem Cobwebmodell in 1.2, das in Abb. 1 dargestellt ist. Wiederum sei Q_0 die Ausgangsstellung, die der Gleichgewichtslage entspricht, bevor sich die Nachfragekurve nach oben verlagert. In 1.2 wird dann beschrieben, wie sich P_t und X_t nach der anfänglichen Störung in den nachfolgenden Perioden bewegen. Dieses Modell demonstriert vielfältigere Möglichkeiten als die Modelle von Walras und Marshall. Zeigt die Angebotskurve (wie auch die Nachfragekurve) eine negative Steigung, so ergibt sich eine Situation wie im Walras-Modell. Hat jedoch die Angebotskurve eine positive Steigung, so folgt daraus noch *nicht*, daß das Gleichgewicht stabil ist (der Punkt, in dem Walras und Marshall übereinstimmen). P_t schwingt vielmehr, und die Schwingung ist explosiv (instabil), wenn S die steilere Kurve ist, und gedämpft (stabil), wenn D die steilere Kurve ist. Damit also in einem dynamischen Modell mit Lag Stabilität garantiert ist, muß, kurz gesagt, die Nachfragekurve (bezüglich OP) steiler sein als die Angebotskurve, gleichgültig ob die letztere nun eine negative oder positive Steigung hat.

1.9 Lags in dynamischen Modellen

Wir wissen bereits, daß die Beziehungen eines dynamischen Modells grundsätzlich time lags enthalten müssen. Im allgemeinen neigt man zu der Ansicht, daß Lags vorkommen, weniger oft jedoch dazu, daß auch die Formen, in denen sie auftreten, von Bedeutung sind. Die zeitliche Entwicklung der Variablen im Modell hängt nicht nur von der Tatsache ab, daß Lags existieren, sondern auch noch von den spezifischen Formen dieser Lags; vgl. Koyck (1954) und Philipps (1956). Bereits jetzt können wir einige nützliche Hinweise auf die verschiedenen Typen und Formen geben, in denen Lags auftreten.

(A) Periodenanalyse. Es ist zweckmäßig, als Zeiteinheit die Periode der Untersuchung zu nehmen; dann lassen sich zwei Variable X und Y mit Hilfe eines Subskriptums t $(t = 0, 1, 2, \ldots)$ datieren. Y sei linear abhängig von X, dann gilt:

$$Y_t = \alpha + a\,X_t$$

wenn kein Lag vorliegt. Ein Lag besteht in einer *gegebenen zeitlichen Verzögerung* von T Perioden; hierbei ist die *Zeitkonstante* des Lags T eine gegebene positive ganze Zahl:

$$Y_t = \alpha + a\,X_{t-T} \tag{1}$$

In dieser Gleichung ist Y von einem X abhängig, das T Perioden zurückliegt. Im besonderen Fall $(T = 1)$ kann der Lag auch in der Verzögerung von einer Periode bestehen: $Y_t = \alpha + a\,X_{t-1}$.

Ein allgemeiner Fall liegt vor, wenn es sich um einen *verteilten Lag* handelt:

$$\left.\begin{aligned} Y_t &= \alpha + a_1 X_{t-1} + a_2 X_{t-2} + a_3 X_{t-3} + \ldots \\ \text{mit} \quad a &= a_1 + a_2 + a_3 + \ldots \end{aligned}\right\} \qquad (2)$$

Hierbei ist Y nicht nur von einem einzigen früheren Wert von X, sondern von einer ganzen Folge solcher Werte abhängig. Die feste zeitliche Verzögerung wäre dann der Sonderfall $a_T = a$, während alle anderen a gleich Null sind. Man beachte, daß in (2) wie auch in (1) der Fall $X_t = \text{const.}$ (für alle t) der Gleichung $Y_t = \alpha + a X_t = \text{const.}$ (für alle t), also der ursprünglichen Beziehung ohne Lag entspricht.

Die festen Koeffizienten $a_1, a_2, a_3, \ldots$ in der linearen Beziehung, die sich zu a aufsummieren, stellen die *Zeitform* des Lags (2) dar. Diese Koeffizienten lassen sich auch als *Gewichte* beschreiben. Ihre Anzahl kann endlich oder auch unendlich sein.

Ein wichtiger Fall des verteilten Lags ist der *geometrische Lag*.

$$Y_t = \alpha + a(1-r)(X_{t-1} + r X_{t-2} + r^2 X_{t-3} + \ldots) \qquad (3)$$

Hierbei nehmen die Gewichte (Koeffizienten) in einem gegebenen Verhältnis r $(0 < r < 1)$ in Form einer unendlichen geometrischen Reihe ab. Der erste Koeffizient wird so festgesetzt: $a(1-r)$, so daß die Summe der unendlichen geometrischen Reihe von Koeffizienten gleich a ist:

$$a(1-r)(1 + r + r^2 + \ldots) = a(1-r)\frac{1}{1-r} = a$$

Es kann auch ganz zweckmäßig sein, eine Hilfsvariable einzuführen:

$$Z_t = \alpha + a X_t$$

Sie stellt den *potentiellen Wert* der abhängigen Variablen dar, der sich ohne Lag einstellen würde. Der tatsächliche Wert Y_t entsteht, wenn sich die X erst über einen Lag auswirken. In der Tat ist Z_t diejenige Variable, hinter der Y_t zurückbleibt. Ist X konstant über die Zeit, so gilt $Y_t = Z_t = \text{const.}$ Variiert jedoch X_t, so bleibt Y_t hinter Z_t zurück. Eine einfache Lineartransformation bezieht Y_t auf Z_t und nicht mehr auf X_t. Im einzelnen sieht man leicht, daß:

bei fester zeitlicher Verzögerung (1) $Y_t = Z_{t-T}$

bei einem verteilten Lag (2) $Y_t = \lambda_1 Z_{t-1} + \lambda_2 Z_{t-2} + \lambda_3 Z_{t-3} + \ldots$

wobei $\lambda_1 + \lambda_2 + \lambda_3 + \ldots = 1$

bei einem geometrischen Lag (3) $Y_t = (1-r)(Z_{t-1} + r Z_{t-2} + r^2 Z_{t-3} + \ldots)$

Geometrische Lags lassen sich weiter entwickeln: Setzt man die erste Differenz $\Delta Y_t = Y_{t+1} - Y_t$, so gilt:

$$\frac{\Delta Y_t}{1-r} = (Z_t + r Z_{t-1} + r^2 Z_{t-2} + r^3 Z_{t-3} + \ldots) - (Z_{t-1} + r Z_{t-2} + r^2 Z_{t-3} + \ldots)$$

$$= Z_t - (1-r)(Z_{t-1} + r Z_{t-2} + r^2 Z_{t-3} + \ldots) = Z_t - Y_t$$

Nun setze man $\lambda = 1-r$ mit $0 < \lambda < 1$; dann gilt:

$$\Delta Y_t = -\lambda (Y_t - Z_t) \text{ oder } (\Delta + \lambda) Y_t = \lambda Z_t$$

wenn Δ als Operator behandelt wird (vgl. Anhang A).

Folglich wird auch (3):

$$\Delta Y_t = -\lambda (Y_t - Z_t) \text{ oder } Y_t = \frac{\lambda}{\Delta + \lambda} Z_t \tag{4}$$

mit

$$Z_t = \alpha + a X_t$$

Dies gilt für eine feste Periode, die man als Zeiteinheit wählt. Damit auch die Periode variieren kann, betrachte man Δt anstelle der Zeiteinheit; dann gilt:

$$\frac{\Delta Y_t}{\Delta t} = -\lambda (Y_t - Z_t) \text{ mit } Z_t = \alpha + a X_t \tag{5}$$

Dies ist der *geometrische Lag mit der Periode* Δt und dem Periodenzuwachs $\Delta Y_t = Y_{t+\Delta t} - Y_t$.

Der geometrische Lag in den Formen (4) oder (5) ist sehr einfach zu interpretieren. Er ist als Spezialfall eines verteilten Lags definiert, in dem die Gewichte (die Koeffizienten) in Form einer geometrischen Reihe (mit festem Quotienten r) abnehmen. Weiterhin sieht man, daß der Zuwachs ΔY_t in der Einheitsperiode oder die durchschnittlichen Zuwachsraten $\Delta Y_t / \Delta t$ in der Periode Δt stets der negativen Differenz $-(Y_t - Z_t)$ zwischen dem tatsächlichen und dem potentiellen Wert zu Beginn der Periode proportional sind. Der verzögerte Wert von Y_t hat die Tendenz, den potentiellen (nicht verzögerten) Wert von Z_t einzuholen, und zwar schrittweise im Verhältnis zur jeweils verbleibenden Differenz.

Der Proportionalitätsfaktor $\lambda = 1-r$ stellt die *Reaktionsgeschwindigkeit* dar.

(B) *Kontinuierliche Analyse.* Die Variablen sind hier $X(t)$ und $Y(t)$, beide Funktionen der Zeit. Für eine lineare Beziehung ohne Lag gilt:

$$Y = \alpha + a X$$

Soll ein Lag berücksichtigt werden, so bezeichne man mit $Z = \alpha + a X$ den potentiellen Wert der abhängigen Variablen; dann bleibt Y hinter Z zurück, und zwar entsprechend dem gewählten Lag.

Der einfachste Fall einer *festen zeitlichen Verzögerung* läßt sich sofort entwickeln:

$$Y(t) = Z(t-T) = \alpha + a X(t-T) \tag{6}$$

Hierbei ist die *Zeitkonstante* T ein beliebiger gegebener positiver (nicht notwendig ganzzahliger) Wert. Überlegungen, die schon zum verteilten (periodischen) Lag (2) geführt haben, führen analog auch auf den allgemeineren Fall eines *stetig verteilten Lags*. Die unendliche Reihe der Koeffizienten $a_1, a_2, a_3, \ldots$ wird im Grenzfall durch eine stetige Menge von Ordinaten irgendeiner Funktion $f(\tau)$ einer stetigen Variablen ersetzt. Desgleichen wird die Summe durch ein Integral ersetzt. Es gilt also:

$$\left.\begin{aligned} Y(t) &= \alpha + a \int_0^\infty f(\tau)\, X(t-\tau)\, d\tau \\ \text{mit} \quad & \int_0^\infty f(\tau)\, d\tau = 1 \end{aligned}\right\} \tag{7}$$

Dies ist ein stetiger Lag, in dem $f(\tau)$ die *Zeitform* oder die *gewichtende Funktion* ist. Folglich hängt auch Y nicht von X-Werten in diskreten früheren Zeitpunkten ab, sondern von den X-Werten des gesamten (kontinuierlichen) Zeitablaufs. Mit der Funktion $f(\tau)$ wird dargestellt, wie Y zum Zeitpunkt t von dem Wert X zum Zeitpunkt $(t-\tau)$ abhängt, von einem Wert also, der um eine Periode τ zurückliegt. Bildet man $Z = \alpha + a X$, so wird aus (7):

$$Y(t) = \int_0^\infty f(\tau)\, Z(t-\tau)\, d\tau \quad \text{wobei} \quad \int_0^\infty f(\tau)\, d\tau = 1 \tag{8}$$

Die feste zeitliche Verzögerung (6) ist ein Spezialfall von (7) oder (8), wo $f(\tau) = 1$ an der Stelle $\tau = T$ und $f(\tau) = 0$ an allen anderen Stellen gilt.

Die Behandlung der Integrale in (7) oder (8) ist recht schwierig. Jedoch läßt sich zeigen, daß (8) unter bestimmten Bedingungen auf eine Differentialgleichung mit dem Operator D (vgl. Anhang A) hinausläuft:

$$Y = \frac{F(D)}{G(D)} Z \text{ mit } Z = \alpha + a X \tag{9}$$

Hierin sind F und G Polynome. F ist von niedrigerer Ordnung als G (vgl. 5.8 unten). Die Differentialgleichung (9) läßt sich im allgemeinen leichter behandeln.

Ein wichtiger Fall eines stetigen Lags ist der *exponentielle Lag*. Einem solchen stetigen Lag entspräche in der Periodenanalyse der geometrische Lag, dessen Zeitform eine absteigende geometrische Reihe ist. Für den exponentiellen Lag gilt entsprechend:

$$f(\tau) = \lambda e^{-\lambda \tau} \quad (\lambda \text{ ist eine positive Konstante}).$$

Hier ist die Zeitform also eine stetige Menge von Ordinaten einer absteigenden Exponentialfunktion. Es läßt sich nachprüfen, daß $\int_0^\infty f(\tau)\, d\tau$ (wie gefordert) gleich eins ist:

$$\int_0^\infty \lambda e^{-\lambda \tau}\, d\tau = \Big[-e^{-\lambda \tau}\Big]_0^\infty = -(0-1) = 1$$

Folglich hat in (8) unter Berücksichtigung von $Z = \alpha + a X$ der exponentielle Lag die Form:

$$Y(t) = \lambda \int_0^\infty e^{-\lambda \tau} Z(t-\tau)\, d\tau \tag{10}$$

Für diesen Sonderfall erhält man die Differentialgleichung (9) ohne Schwierigkeiten. Man transformiert in einfacher Weise die Integrationsvariable $x = t-\tau$:

$$Y(t) = \lambda \int_{-\infty}^{t} e^{-\lambda(t-x)} Z(x)\, dx = \lambda e^{-\lambda t} \int_{-\infty}^{t} e^{\lambda x} Z(x)\, dx$$

Folglich:

$$Y(t)\, e^{\lambda t} = \lambda \int_{-\infty}^{t} e^{\lambda x} Z(x)\, dx$$

und nach Differentiation:

$$\lambda Y e^{\lambda t} + \frac{dY}{dt} e^{\lambda t} = \lambda \frac{d}{dt}\left\{\int_{-\infty}^{t} e^{\lambda x} Z(x)\, dx\right\} = \lambda e^{\lambda t} Z(t)$$

d. h.

$$\frac{dY}{dt} = -\lambda(Y-Z) \quad \text{oder} \quad (D+\lambda)\, Y = \lambda Z$$

Damit lautet die Differentialgleichung des exponentiellen Lags:

$$\frac{dY}{dt} = -\lambda(Y-Z) \quad \text{oder} \quad Y = \frac{\lambda}{D+\lambda} Z \quad \text{mit} \quad Z = \alpha + a X \tag{11}$$

Dabei wird der Operator D benutzt. Die Parallele zum geometrischen Lag (4) oder (5) liegt auf der Hand. In der Tat ergibt sich (11) aus (5), wenn man $\Delta t \to 0$ setzt.

Die Gleichung (11) für den exponentiellen Lag wird genau so interpretiert wie die Gleichungen (4) oder (5) für den geometrischen Lag. Die Zuwachsrate von Y ist stets der negativen Differenz $-(Y-Z)$ zwischen dem tatsächlichen und dem potentiellen Wert von Y proportional. Der Proportionalitätsfaktor λ bezeichnet die *Reaktionsgeschwindigkeit.*

Als Alternative zur Reaktionsgeschwindigkeit λ kann man sowohl für den geometrischen als auch für den exponentiellen Lag den reziproken Wert $T = 1/\lambda$, also die *Zeitkonstante* des Lags betrachten. Es liegt kein Widerspruch vor, wenn man denselben Ausdruck wie für die feste zeitliche Verzögerung verwendet. In diesem Falle bezeichnet der Parameter T die Länge der Verzögerung. Zwei Grenzfälle interessieren: Im Falle $T = 0$ $(\lambda \to \infty)$ wird aus (11) $Y = Z = \alpha + a X$; dann gibt es keinen Lag. Im Falle $T \to \infty$ $(\lambda = 0)$ gilt $\frac{dY}{dt} = 0$, Y ist also konstant, eine Reaktion liegt dann nicht vor.

(C) *Die Reaktion von Y auf eine schrittweise Veränderung von X.* Angenommen, X verändert sich an der Stelle $t = 0$ in einem einzigen Sprung; dabei sind die Einheiten so zu wählen, daß $Z = \alpha + a X$ von der Stelle $Z = 0$ bei Werten $t < 0$ auf die Stelle $Z = Z_0$ für Werte $t \geqq 0$ springt. In Abb. 3 werden dann drei typische Fälle einer verzögerten Reaktion von Y veranschaulicht:

(i) *Feste zeitliche Verzögerung* in Höhe der Zeitkonstanten T:

$$Y(t) = Z(t-T) = 0 \text{ für } t < T \text{ und } = Z_0 \text{ für } t \geqslant T$$

(ii) *Geometrischer Lag* mit der Reaktionsgeschwindigkeit $\lambda = \frac{1}{T}$ und der Periode $\Delta t = \frac{1}{3} T$:

$$\Delta Y_t = -\frac{1}{3}(Y_t - Z_0) \quad \text{für alle} \quad t \geqslant 0 \quad \text{aufgrund von (5)}$$

d. h.

$$Y_{t+(T/3)} - \frac{2}{3} Y_t = \frac{1}{3} Z_0 \quad \text{und} \quad Y_t = 0 \text{ für } t = 0$$

Durch Iteration erhält man:

$$Y_{n(T/3)} = \left\{1 - \left(\frac{2}{3}\right)^n\right\} Z_0 \text{ für } n = 0, 1, 2, \ldots$$

(iii) *Exponentieller Lag* mit der Reaktionsgeschwindigkeit $\lambda = \frac{1}{T}$:

$$Y(t) = \lambda \int_0^\infty e^{-\lambda\tau} Z(t-\tau)\, d\tau = \lambda \int_0^t e^{-\lambda\tau} Z(t-\tau)\, d\tau + \lambda \int_t^\infty e^{-\lambda\tau} Z(t-\tau)\, d\tau$$

mit

$$Z(t-\tau) = Z_0 \text{ für } \tau \leqslant t \text{ und } Z(t-\tau) = 0 \text{ für } \tau > t$$

Also

$$Y(t) = \lambda Z_0 \int_0^t e^{-\lambda\tau}\, d\tau = Z_0 \Big[- e^{-\lambda\tau} \Big]_0^t$$

d. h.

$$Y(t) = (1 - e^{-\lambda t}) Z_0$$

Für den exponentiellen Lag ergibt sich der gleiche zeitliche Verlauf, $Y(t) = (1 - e^{-\lambda t}) Z_0$, wenn man (vgl. 5.8 unten) die Differentialgleichung (11) löst, die nunmehr die Form erhält:

$$\frac{dY}{dt} + \lambda Y = \lambda Z_0 \quad \text{unter der Bedingung } Y = 0 \text{ an der Stelle } t = 0$$

Die drei speziellen Typen der Reaktion von Y, also die Fälle (i), (ii) und (iii), werden durch die drei Linienzüge der Abb. 3 dargestellt. Als Ausgangspunkt kann man den Fall (ii) ansehen, einen diskreten verteilten Lag (in der geometrischen Form). Y ist hier eine Treppenfunktion, die erst im Grenzwert $t \to \infty$ den potentiellen Wert Z_0 erreicht. Die Anzahl der Stufen, die Y steigt, hängt von der Periode des geometrischen Lags ab. Diese ist hier $T/3$ mit T als der Zeitkonstanten des Lags. Den stetigen Verlauf im Fall (iii) kann man als Grenzfall des Falles (ii) ansehen; es handelt sich um einen stetig verteilten (exponentiellen) Lag, in dem sich Y wiederum asymptotisch dem Wert Z_0 nähert. Der Fall (i) ist ein Sonderfall der Treppenfunktion (ii); hier erreicht Y den Wert Z_0 in einem Schritt an der Stelle $t = T$.

Formulieren wir allgemeiner, so kann man (i) als repräsentativ für jede feste zeitliche Verzögerung ansehen, (ii) repräsentativ für jeden verteilten (periodischen) Lag, dessen Zeitform durch eine Koeffizientenreihe $a_1, a_2, a_3, \ldots$ wiedergegeben ist, und (iii) als repräsentativ für jeden stetigen, verteilten Lag, dessen Zeitform durch eine Funktion $f(\tau)$ gegeben ist. Der Verlauf der Kurve (iii) wird beschrieben durch $Y = Z_0 \int_0^t f(\tau)\, d\tau$ oder $\frac{dY}{dt} = f(t) Z_0$, wenn man von der speziellen Exponentialkurve der Abbildung absieht (vgl. Aufg. 5 unten).

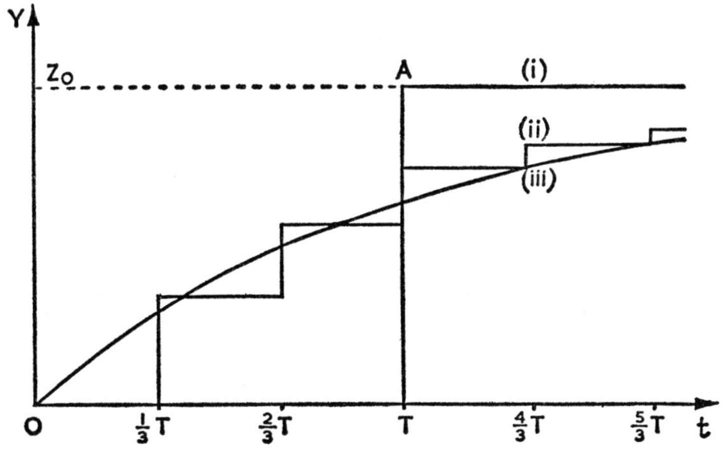

Abb. 3

Nun bleibt noch die Frage, welche Art von Lag in einem ökonomischen Modell als „realistisch" anzusehen wäre. Eine feste zeitliche Verzögerung kann z. B. angebracht sein, wenn man die Reaktionen einer einzelnen Unternehmung in einer Entscheidungsperiode von der Länge T betrachtet. Dagegen wäre sie weniger geeignet, wenn sich die Variablen auf den gesamten Markt eines Gutes oder die gesamte Wirtschaft beziehen. Im übrigen gibt es spezielle Eigenarten fester zeitlicher Verzögerungen, die einen Mangel an Realismus erkennen lassen, z. B. kann eine ganze Reihe von Oszillationen mit kurzen Perioden entstehen, welche alle innerhalb der Periode T der Verzögerung liegen (Kapitel 9).

Entscheidet man sich für einen verteilten Lag, so kann man sagen, daß eine Reaktion in Form einer Treppenfunktion realistisch ist, wie etwa der Fall (ii) der Abb. 3 für eine Periodenanalyse angebracht ist. Doch ist es keineswegs selbstverständlich, daß ein stetiger Verlauf, etwa die exponentielle Reaktion im Falle (iii) der Abb. 3, unangemessen ist. Der für den Mathematiker so bequeme stetige Lag kann sehr wohl in ein makroökonomisches Modell hineinpassen, wo es viele Wirtschaftssubjekte und Unternehmungen gibt, deren Entscheidungsperioden nicht zusammenfallen; makroökonomische Variable weisen dann wahrscheinlich eine annähernd stetige Reaktion auf.

Übungsaufgaben 1.9

1. Zeigen Sie in Abb. 3, daß die Linie OA die Tangente zur Kurve (iii) im Punkte O darstellt. Interpretieren Sie die Zeitkonstante T des exponentiellen Lags.

2. Setzen Sie im Problem von 1.3 oben die Nachfrage $= \alpha + a P$ ohne Lag und das Angebot $= \frac{\lambda}{D+\lambda} (\beta + b P)$ mit einem exponentiellen Lag. Zeigen Sie, daß P der Beziehung

$$\alpha + a P + \frac{a}{\lambda} \frac{d P}{d t} = \beta + b P$$

genügt, und daß die „ungefähr entsprechende Annahme" von 1.3 tatsächlich bedeutet, daß man einen exponentiellen Lag auf der Angebotsseite annimmt.

3. Y_1 ist von seinem potentiellen Wert Z mit einer exponentiellen Verzögerung (Reaktionsgeschwindigkeit λ) und Y_2 von seinem potentiellen Wert Y_1 mit einer anderen exponentiellen Verzögerung (Reaktionsgeschwindigkeit μ) abhängig. Setzen Sie $\frac{d Y_1}{d t} = -\lambda (Y_1 - Z)$ und $\frac{d Y_2}{d t} = -\mu (Y_2 - Y_1)$, dann erhält man: $\frac{d^2 Y_2}{d t^2} + (\lambda + \mu) \frac{d Y_2}{d t} + \lambda \mu Y_2 = \lambda \mu Z$

wenn man Y_1 eliminiert. Die gleiche Differentialgleichung ist zu bilden aus:

$$Y_1 = \frac{\lambda}{D + \lambda} Z, \quad Y_2 = \frac{\mu}{D + \mu} Y_1 , \quad \text{so daß} \quad Y_2 = \frac{\lambda \mu}{(D + \lambda)(D + \mu)} Z .$$

4. Als Sonderfall des doppelten exponentiellen Lags der vorhergehenden Aufgabe betrachte man

$$Y = \left(\frac{2 \lambda}{D + 2 \lambda}\right)^2 Z \quad \text{mit} \quad Z = Z_0 \quad \text{für alle} \quad t \geqslant 0 \quad \text{und} \quad Y = \frac{d Y}{d t} = 0$$

an der Stelle $t = 0$. Zeichnen Sie die Reaktion von Y und vergleichen Sie das Ergebnis mit dem einfachen exponentiellen Lag, Kurve (iii), Abb. 3. Zeigen Sie, daß alle aufeinanderfolgenden Lags die Zeitkonstante $1/2 \lambda$ haben, so daß die Gesamtzeitkonstante des doppelten Lags wiederum $T = 1/\lambda$ beträgt. Verallgemeinern Sie das Ergebnis anhand der verzögerten Variablen $Y = \left(\frac{n \lambda}{D + n \lambda}\right)^n Z$.

5. Setzen Sie für die verzögerte Variable Y in (8) oben $Z(t) = 0 \; (t < 0)$ und $Z(t) = Z_0 \; (t \geqslant 0)$. Zeigen Sie, daß

$$Y = Z_0 \int_0^t f(\tau)\, d\tau \quad \text{und} \quad \frac{d Y}{d t} = f(t) Z_0 .$$

Literatur

Baumol (W. J.) (1951): Economic Dynamics (Macmillan, 1951) Kapitel 7.

Evans (G. C.) (1930): Mathematical Introduction to Economics (McGraw-Hill, 1930), Kapitel IV.

Ezekiel (M.) (1938): „The Cobweb Theorem", Quarterly Journal of Economics, **52**, 255 - 80.

Goodwin (R. M.) (1947): „Dynamical Coupling with Especial Reference to Markets Having Production Lags", Econometrica, **15**, 181 - 204.

Hansen (Bent) (1951): A Study in the Theory of Inflation (Allen und Unwin, 1951).

Hooton (F. G.) (1950): „Risk and the Cobweb Theorem", Economic Journal, **60**, 69 - 80.

Koyck (L. M.) (1954): Distributed Lags and Investment Analysis (North-Holland, Amsterdam, 1954), Kapitel II.

Leontief (W. W.) (1934): „Verzögerte Angebotsanpassung und partielles Gleichgewicht", Zeitschr. für Nationalökonomie, **5**, 670 - 76.

Leontief (W. W.) (1948): „Econometrics" in: A Survey of Contemporary Economics (hrsg. von Howard S. Ellis) (Vol. I, Blakiston, 1948).

Phillips (A. W.) (1954): „Stabilisation Policy in a Closed Economy", Economic Journal, **64**, 290 - 323.

Phillips (A. W.) (1956): „Some Notes on the Estimation of Time-Forms of Reactions in Interdependent Dynamic Systems", Economica, **23**, 99 - 113.

Samuelson (P. A.) (1941): „The Stability of Equilibrium: Comparative Statics and Dynamics", Econometrica, **9**, 97 - 120.

Samuelson (P. A.) (1947): Foundations of Economic Analysis (Harvard, 1947), Kapitel IX.

Wold (H. O. A.) (1951): „Dynamic Systems of the Recursive Type", Sankhyā, **11**, 205 - 16.

Wold (H. O. A.) und *Jureen* (L.) (1953): Demand Analysis (Wiley, 1953).

Kapitel 2

Keynes und die Klassiker: Der Multiplikator

2.1 Makroökonomische Variable und Relationen

Die dynamischen Modelle des vorhergehenden Kapitels sind zwar einfach, aber doch nach grundsätzlichen Erwägungen aufgebaut. Einfach sind sie, weil sie zur *partiellen dynamischen Theorie* gehören. Man betrachtet den Markt für ein einzelnes Gut; die Relationen des Modells, mit denen Verhaltensweisen oder Entscheidungen beschrieben werden, betreffen die Preisbildung — also die Fixierung eines Preises für das Gut. Nicht berücksichtigt werden die Preise anderer Güter, die Einkommen der Konsumenten und die Produktionstechniken der Unternehmungen. Verschiedene Märkte oder verschiedene Güter werden nicht aggregiert. Nur die Beschränkung auf die Partialanalyse, bei der man die vielfältigen Relationen zwischen den Variablen wie auch deren Aggregation unbeachtet läßt, führt unmittelbar zu Ergebnissen, also etwa auf die zeitliche Veränderung der Preise oder der am Markt gekauften und verkauften Mengen.

Man hat zwei Möglichkeiten diese Modelle zu verallgemeinern. In eine Angebots- oder Nachfragerelation lassen sich noch mehr Variable einführen; in die Nachfragefunktion z. B. die Preise anderer Güter und das Konsumenteneinkommen. Auch lassen sich noch mehr Güter und Märkte in ihren wechselseitigen Beziehungen betrachten. Durch diese Art Verallgemeinerung gewinnt man ein System mikroökonomischer Beziehungen, das sehr detailliert und sehr kompliziert aufgebaut ist. Andererseits lassen sich die Variablen und Relationen durch einen Aggregationsprozeß zusammenfassen, indem man Relationen zwischen größeren Aggregaten annimmt. Diese Art der Verallgemeinerung führt zur makroökonomischen Theorie. An die zweite Methode halten wir uns auch in diesem und den folgenden Kapiteln. Am besten nähert man sich der Realität erst einmal durch konsequente Aggregation; andererseits kann man aber auch derart ins Detail gehen, daß man vor lauter Bäumen den Wald nicht mehr sieht.

Das Methodenproblem der Makroökonomie liegt jedoch in der Schwierigkeit, mit Aggregaten umzugehen. Man kann natürlich einfach die Angebots- und Nachfragefunktionen des vorhergehenden Kapitels nehmen und unterstellen, sie bezögen sich auf ein Aggregat aller Güter als Funktion eines allgemeinen Preisniveaus. Doch dann ist die einfache Preis-Mengen-Relation verschwunden. Angebotene oder nachgefragte, gekaufte oder verkaufte Mengen lassen sich nicht sinnvoll zu quantitativen Einheiten aggregieren. Grundsätzlich kann man nur Wertausdrücke, also mit Geld bewertete Mengen, aggregieren. Bewertet man jeweils zu laufenden Preisen, so werden „reale" und „monetäre" Bewegungen nicht getrennt, sondern kombiniert ausgewiesen. Man kann versuchen, die Bewegungen durch Einführung von Indexzahlen zu trennen, doch erreicht man damit keine eindeutige Trennung. Beispielsweise lassen sich „reale" Nachfrage oder „realer" Konsum als Wert der Nachfrage oder des Konsums zu bestimmten festen Preisen wiedergeben. Die Preisbasis läßt sich beliebig wählen, und es wird dann ein mit der Basis gewichteter Index für die Nachfrage oder den Konsum verwendet. Der entsprechende Preisindex, der die jeweiligen Wertänderungen wiedergibt, ist dann ein mit dem Berichtsjahr gewichteter Index. Es ergibt sich tatsächlich die „reale" Variable, wenn man die laufenden Werte mit einem mit dem Berichtsjahr gewichteten Preisindex deflationiert. Man könnte auch umgekehrt verfahren; dann bestimmt man die „reale" Variable, indem man die Werte mit Hilfe eines Preisindex herabsetzt, der auf die Basis bezogen ist.

Mit der Aggregation vermindert sich die Anzahl von Variablen und Relationen. Doch soll man dabei nicht übertreiben. Man kann zwar Gesamtnachfrage, -angebot oder -produktion als Geldaggregate betrachten und diese durch die Division mit einem Preisindex auf ihre „realen" Werte zurückführen, doch würde damit die Makroökonomie reichlich uninteressant. Zumindest muß zwischen Konsum und Sparen wie auch zwischen der Produktion für Verbrauch und für Investition unterschieden werden. Dann stellt sich ein weiteres Problem, wenn man zu „realen" Werten kommen möchte: Kann man die zur Konsumtion bestimmte Produktion mit dem gleichen Preisindex deflationieren wie die zur Investition bestimmte Produktion, oder muß man einen anderen Preisindex wählen? In vielen Modellen benutzt man der Einfachheit halber denselben Index. In einem solchen Falle werden also relative Preisänderungen, d. h. die „terms of trade" zwischen dem Konsumgütersektor und dem Investitionsgütersektor, nicht beachtet.

Immerhin müssen auch die gröbsten makroökonomischen Modelle noch zwischen Konsum, Sparen und Investition unterscheiden. Darüber hinaus wird — vom einfachen Keynesschen Modell einmal abgesehen — mehr als ein Markt berücksichtigt, beispielsweise ein Markt für Güter und einer für Faktoren. Dadurch wird die Frage, welche Variablen ex post und definitorisch gleich sind, kompliziert, und zwar in einer Form, die oft nicht genügend berücksichtigt wird. Richtet man seine Aufmerksamkeit auf den Markt, und die ausgetauschten Güter und Faktoren, so sind gekaufte und verkaufte Mengen ex post gleich. Andererseits gibt es an jedem Markt zwei Gruppen (Personen, Unternehmungen, usw.); die eine kauft und die andere verkauft; eine gegebene Gruppe erscheint zweimal, als Käufer auf dem einen, als Verkäufer auf einem anderen Markt. Eine ex-post-Gleichheit der auf den verschiedenen Märkten gekauften und verkauften Mengen bedeutet aber noch nicht notwendig, daß die Einnahmen eines Wirtschaftssubjektes auf dem einen Markt gleich seinen Ausgaben auf einem anderen Markt sind.

Dieses Kapitel befaßt sich mit Periodenanalyse; die entsprechende kontinuierliche Betrachtung folgt später. Die grundlegende Variable der Makroökonomie ist das Einkommen als eine monetäre Gesamtgröße für die ganze Volkswirtschaft und als Stromgröße oder Zuwachsrate für eine Periode. Dieses Aggregat stellt man sich am besten so vor, wie es auch in der volkswirtschaftlichen Gesamtrechnung für eine geschlossene Wirtschaft verwendet wird. Folglich gehören zum Einkommen sämtliche in Form von Löhnen, Gehältern, Gewinnen und sonstigen Einkünften tatsächlich an Produktionsfaktoren gezahlten Beträge und nicht entnommene Gewinne, die sich, auch wenn sie nicht an Faktoren ausgezahlt und von diesen dann gespart wurden, doch unschwer dem Einkommen zurechnen lassen. Darüber mehr in 2.9 unten.

Das Volkseinkommen ist auch – nach den üblichen Definitionen – gleich dem Sozialprodukt, also der Summe des Geldwertes der Netto-Produktion aller der Industrien, die Güter produzieren und Dienstleistungen bereitstellen. Vom Unternehmer aus gesehen wird die Produktion sowohl hergestellt als auch an die Faktoren verteilt (oder diesen zugerechnet). Betrachtet man — wie in der makroökonomischen Theorie — die Wirtschaft nur in großen Zügen, so kann man mit gutem Recht Einkommen und Ausstoß ex post wie auch definitorisch als gleich ansehen. Derselbe Buchstabe Y wird hier für das Volkseinkommen und für das Sozialprodukt benutzt.

Obwohl von niemandem eine ex-post-Gleichheit von Einkommen und Produktion geplant wird, kann man doch ein bestimmtes Einkommen *erwarten*. Das geht im betreffenden Fall schon aus der Notierung hervor; das erwartete Einkommen sei etwa Y_{t-1} (tatsächliches Einkommen der vorhergehenden Periode), wogegen das tatsächliche Einkommen der Periode t gleich Y_t ist. Das ist eine Möglichkeit, wie Lags zustandekommen können. Eine andere Art Lag ergibt sich zwischen verdientem Einkommen (die Variable Y, die ex post der Produktion gleich ist) und einem Einkommen, das von den Empfängern ausgegeben wird. Beträgt der Lag etwa eine Periode, so ergibt sich eine Produktion und ein verdientes Einkommen in Höhe von Y_t, während das in der Periode t auszugebende Einkommen gleich Y_{t-1} ist. Die Notierung ist flexibel genug, um solche unterschiedlichen Interpretationen zuzulassen.

Neben dem Verhalten der Wirtschaftssubjekte ist der Zinsfuß i eine weitere Variable. Er wird verwendet und gedeutet als ein Preis, als eine Verhältniszahl, die in einem beliebigen Zeitpunkt gilt oder für eine beliebige Periode festgesetzt wird. Es handelt sich hier nicht um eine Aggregation von Geldausdrücken oder Größen in anderen Dimensionen; andererseits abstrahiert man aber von der Wirklichkeit, wenn man nur einen einzigen Zinsfuß i annimmt. Dieser Satz wird dann für einen ganzen Komplex oder ein System unterschiedlicher Zinssätze, die Erträge aller auf Kapitalrechnung verkauften Gegenstände, als repräsentativ angesehen.

Die wichtigsten Relationen der Makroökonomie beziehen sich auf Konsumenten und auf Produzenten als Wirtschaftsgruppen. Die Konsumenten, deren verfügbares Einkommen in einer Periode gleich Y ist, entscheiden darüber, in welcher Weise Y in einen Betrag (C) für den Konsum und in einem Restbetrag $(Y-C)$ zum Sparen aufgeteilt werden soll. Der beabsichtigte oder geplante Konsum ist eine Funktion des Einkommens; diese ex-ante-Konsumfunktion schreibt man in der Form $C = C(Y)$. Das Sparen ist ex definitione dann gleichfalls eine ex-ante-Funktion des Einkommens:

$$S = Y - C(Y)$$

Obwohl zwei Funktionen (für Konsum und für Sparen) auftreten, braucht man nur eine Funktion anzugeben, aus der dann die andere aufgrund der Definition folgt. In der folgenden Untersuchung wollen wir die übliche Annahme treffen, daß der geplante Konsum realisiert wird; dann ist C sowohl der ex-ante- als auch der ex-post-Konsum, während sich das Sparen jeweils als Differenz ergibt. Aus diesem Grunde tritt üblicherweise die Konsumfunktion auf. Man kann aber auch die Untersuchung auf der umgekehrten Annahme aufbauen, daß das geplante Sparen realisiert wird. Dann läßt sich die Sparfunktion in der Form $S = S(Y)$ schreiben, woraus sich dann der Konsum als Differenz ergibt: $C = Y - S(Y)$.

Die Produzenten interessieren sich in der Hauptsache für die Aufteilung der Produktion Y auf Investitionen (I) und auf die Restgröße $(Y-I)$, in deren Höhe Konsumgüter produziert oder verkauft werden. Die beabsichtigte oder geplante Investition ist eine Funktion des Zinssatzes; man schreibt diese ex-ante-Funktion in der Form $I = I(i)$. Die geplante Investition hängt ebenfalls von der Höhe der Produktion oder deren Veränderung ab; das soll jedoch zunächst unberücksichtigt bleiben, damit man sich auf die Beziehung zwischen I und i konzentrieren kann. Diese Funktion bezeichnet die Grenzleistungsfähigkeit des Kapitals.

Alle Variablen (mit Ausnahme von i) sind Geldaggregate: Y, C, S und I. Sie lassen sich am besten aus der volkswirtschaftlichen Gesamtrechnung heraus deuten. Sie bezeichnen Stromgrößen für Einnahmen oder Ausgaben, bezogen auf eine Periode oder Zeiteinheit. C stellt also die *Ausgaben* für den Konsum dar und nicht etwa Verbrauchsentscheidungen und auch keine Lieferung von Konsumgütern; ähnliches gilt für I. Zunächst soll noch mit den laufenden Werten gearbeitet werden, so daß also „reale" und „monetäre" Änderungen kombiniert auftreten. Später werden dann ohne Änderung der Notierung die „realen" Werte von Produktion, Konsum, Sparen und Investition behandelt. Dabei geht man von der Annahme aus, daß die Geldaggregate zu festen Preisen gerechnet werden oder durch irgendeinen Preisindex korrigiert worden sind.

Andere Variable und ihre entsprechenden Relationen werden weiter unten im Anschluß an das jeweilige Problem eingeführt. Die wichtigsten Variablen der Makroökonomie sind jedoch Y, C, S, I und i, und die wichtigsten Beziehungen sind Funktionen zwischen diesen Variablen.

2.2 Die Keynessche Liquiditätspräferenz

Unter den Nationalökonomen herrscht über die Theorie des Zinses trotz (oder vielleicht auch wegen) der Arbeiten von Keynes keine Einigkeit. Sehr gut behandelt Hahn (1955) den gegenwärtigen Stand der Untersuchungen. Ein großer Teil der Auseinandersetzungen rührt daher, daß man sich weitgehend auf die Partialanalyse beschränkt; aus einem ganzen System von Angebots- und Nachfragerelationen greift man eine ganz spezielle Beziehung als Bestimmungsgröße des Zinses heraus. Es fragt sich eben nur, welche Relation dies sein soll.

Nach einer sehr einfachen Theorie wird der Zinsfuß durch die Übereinstimmung von Angebot und Nachfrage am Geldmarkt bestimmt. Neben der Transaktionskasse, die so lange konstant ist, wie sich der Geldwert des Einkommens und der Produktion nicht ändert, bestimmt das Spekulationsmotiv die Nachfrage nach Geld, d. h. Geld wird als Vermögensbestandteil nachgefragt. Die Nachfrage hängt vom Zinssatz ab, einer Belohnung für die Vermeidung von Kassenhaltung bzw. dem Preis für die Kassenhaltung. Das ist die Liquiditätspräferenz. Nehmen wir ein festes Geldangebot an, so bestimmt die Liquiditätspräferenz den Zinsfuß in der Höhe, daß sich Geldangebot und -nachfrage ausgleichen.

Dieser Ansatz ist zu einfach. Nach der Leihfondtheorie lassen sich Geldangebot und -nachfrage nur als ein Teil des gesamten Kapitalmarktes betrachten, zu dem Geld, Wertpapiere und die Investitionen gehören. Das Wesentliche ist dann das Finanzierungsgleichgewicht. Sämtliche Transaktionen am Kapitalmarkt müssen sich in jeder Periode das Gleichgewicht halten. Darin steckt das Gesetz von Walras; es läßt sich mit Hilfe der Begriffe Angebot und Nachfrage formulieren, wenn man sämtliche Stromgrößen beider Seiten beachtet (vorausgesetzt, daß der Faktormarkt schon im Gleichgewicht ist):

Nachfrage nach Geld + Nachfrage nach Wertpapieren + Investitionen = Angebot von Geld + Angebot von Wertpapieren + Sparen. (1)

Angebot und Nachfrage erscheinen dann als Teil einer Identitätsbeziehung, die sowohl ex ante als auch ex post gilt.

Der Zinsfuß ist nicht so sehr eine Belohnung für den Verzicht auf Kassenhaltung — was bestenfalls eine negative Definition ist — als vielmehr der Ertrag für alle auf Kapitalrechnung gekauften Güter. Tatsächlich ist es nicht ein einzelner Satz, sondern eine Menge von verschiedenen Sätzen. Als repräsentativ kann man — wie Keynes — den Zinsfuß für festverzinsliche Wertpapiere ansehen. Ein festverzinsliches Wertpapier kann man als Anrecht auf eine wiederkehrende Auszahlung eines festen Betrages (etwa 1 £ pro Jahr) betrachten, und ihr Preis (P) ist der reziproke Wert des Zinsfußes (i). Der Kaufpreis des Wertpapiers $P = \frac{1}{i}$ und somit auch der Zinsfuß wird durch Angebot und Nachfrage nach Wertpapieren, allgemeiner durch die Verhältnisse am Kapitalmarkt, bestimmt.

Die Identität (1) ermöglicht es, die wesentlichen Zusammenhänge zu erkennen. Angenommen, der Zinsfuß habe sich in der Höhe eingespielt, daß sich Angebot und Nachfrage von Wertpapieren (für welche die festverzinslichen Papiere repräsentativ sein sollen) ausgleichen. Daraus folgt aber noch nicht, daß derselbe Zinsfuß Angebot und Nachfrage von Geld ausgleicht, denn Sparen braucht nicht gleich Investieren zu sein. Es ist z. B. möglich, einen Teil der Investitionen durch Abbau von Kassenhaltung zu finanzieren. Man kann auch die umgekehrte Überlegung anstellen und annehmen, daß Sparen und Investitionen bei einem bestimmten Zinsfuß in (1) nicht gleich sind. Dann steht einem Nachfrageüberhang nach Geld nicht ein gleich hoher Angebotsüberhang von festverzinslichen Wertpapieren gegenüber; keine Anpassung des Zinsfußes wird beide Überhänge gleichzeitig beseitigen.

Daraus folgt, daß man zur Bestimmung des Zinsfußes über die Gleichheit von Angebot und Nachfrage von Geld das Denkschema der Liquiditätspräferenz nur dann verwenden kann, wenn Sparen und Investition ex ante gleich sind. Dann besagt die Identität (1): Nachfrageüberhang nach Geld = Angebotsüberhang an Wertpapieren. Ein und derselbe Zinsfuß bringt Angebot und Nachfrage von Wertpapieren wie auch von Geld zum Ausgleich. Deswegen soll im folgenden zunächst die Bedingung festgelegt werden, unter der Sparen und Investieren sich das Gleichgewicht halten; dann erst wird die Liquiditätspräferenz eingeführt.

Das Sparen ist eine Funktion des Einkommens: $S = Y - C(Y)$. Die Grenzleistungsfähigkeit des Kapitals bestimmt die Investitionen als eine Funktion des Zinsfußes: $I = I(i)$. Folglich müssen alle Veränderungen von Y und i stets die Bedingung erfüllen:

$$Y - C(Y) = I(i) \tag{2}$$

Die möglichen Werte von Y und i liegen auf einer Kurve in der Ebene OYi; es ist die Kurve SI in Abb. 4 b. Man kann für diese Kurve eine negative Steigung annehmen; ein *Steigen* von Y ruft zusätzliches Sparen hervor, dem nach (2) eine Zunahme der Investitionen gegenübersteht, die mit einem *Sinken* des Zinsfußes i verbunden ist. Nach Hicks (1950) läßt sich die SI-Kurve, wie in Abb. 4 b, für hohe und niedrige Werte von Y abflachen.

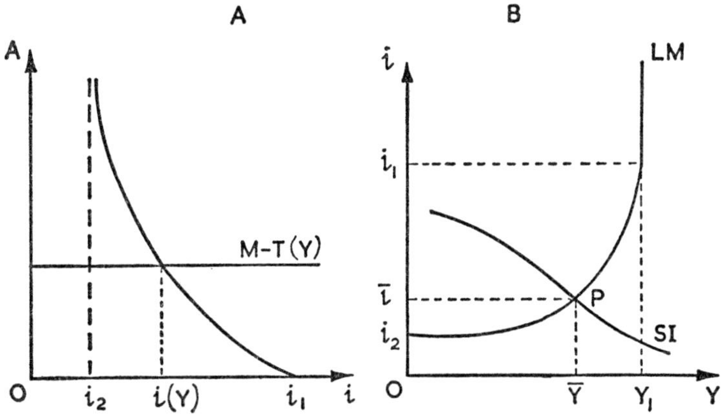

Abb. 4

Man betrachte nun das Geldangebot M als konstant. Die Nachfrage nach Geld ergibt sich aus dem Transaktions- wie auch aus dem Spekulationsmotiv. Die Nachfrage aufgrund des Transaktionsmotivs hängt vom Einkommen oder vom Sozialprodukt ab: $T(Y)$. Die Nachfrage nach Spekulationskasse, nach Geld anstelle von Wertpapieren oder anderen

Vermögensformen soll aus bereits angeführten Gründen vom Zinsfuß abhängig sein: $A(i)$. Ohne merkbaren Verzicht auf Allgemeinheit kann man annehmen, daß diese beiden Größen voneinander unabhängig sind und sich addieren. Die Nachfrage nach Geld bzw. die Liquiditätspräferenz lautet dann:

$$L(i, Y) = T(Y) + A(i)$$

Im Gleichgewicht müssen sich Nachfrage und gegebenes Angebot M ausgleichen:

$$L(i, Y) = M$$

d. h.

$$A(i) \quad = M - T(Y) \tag{3}$$

Die Gleichung (3) wird in dieser Form geschrieben, um zu zeigen, daß i bestimmt ist, wenn Y (wie auch M) gegeben sind. Sie ist die einfachste Formulierung der Liquiditätspräferenz. Verschiedene Erweiterungen und Änderungen sind möglich; z. B. möchte Smithies (1942) die Nachfrage A aus dem Spekulationsmotiv nicht nur in Abhängigkeit vom Zinsfuß i, sondern auch vom Sparen S sehen.

Die allgemeine Form der Nachfrage aus dem Spekulationsmotiv $A(i)$ geht aus der Kurve der Abb. 4 a hervor. Man nimmt an, daß $A(i) = 0$ bei hohem Zinsfuß ($i \geqslant i_1$) ist und daß es aufgrund institutioneller Gegebenheiten einen effektiven Mindestzins $i = i_2$ gibt. Für verschiedene Werte von Y läßt sich, wie in Abb. 4 a, der durch (3) festgelegte Zinsfuß in der Form schreiben $i = i(Y)$. Wenn Y steigt, fällt $M - T(Y)$, und $i(Y)$ steigt im Bereich $i_2 \leqslant i \leqslant i_1$. Im Bereich $i > i_1$ kann das gegebene Geldangebot keinen Zuwachs von Y mehr finanzieren, wenn der Wert Y_1 an der Stelle $i = i_1$ erreicht ist. Folglich wird durch die Kurve LM in der Ebene OYi (Abb. 4 b) gezeigt, wie i aufgrund von (3) von Y abhängt.

Mit Hilfe der Bedingungen (2) und (3) lassen sich die Werte für Y und i im Gleichgewicht bestimmen; es sind die Koordinaten des Schnittpunktes (P) der SI-Kurve mit der LM-Kurve der Abb. 4 b. Zwei Grenzfälle sind von besonderem Interesse:

Der „klassische" Fall: Y liegt auf einem hohen Niveau, in der Nähe des Maximums oder im Maximum Y_1 selbst, das durch das Kreditangebot noch ermöglicht wird. Steigt die Investitionsneigung $I(i)$, wodurch sich die SI-Kurve nach rechts oben verlagert, so steigt der Zinsfuß, während Einkommen (und Beschäftigung) nur noch wenig oder gar nicht mehr wachsen. Die „Klassiker" würden auch sagen, daß sich das gleiche Ergebnis bei niedrigerem Einkommens- und Beschäftigungsniveau einstellen würde, wenn Preise und Löhne frei beweglich wären.

Der „Spezialfall" von Keynes: Y ist niedrig und der Zinsfuß liegt in der Nähe des Minimums oder im Minimum i_2. Eine höhere Investitionsneigung entspricht einer Bewegung des Punktes (*P*) nach rechts auf dem fast horizontal verlaufenden Teil der *LM*-Kurve in der Abb. 4 b. Einkommen (und Beschäftigung) wachsen, während der Zinsfuß wenig oder gar nicht beeinflußt wird.

Übungsaufgaben 2.2

1. Betrachten Sie die linearen Funktionen: $C = \gamma + cY$, $I = \beta + bi$ und $L = \lambda_1 Y + \lambda_2 i$. Zeigen Sie, daß die Gleichgewichtswerte lauten:

$$Y = \frac{bM + \lambda_2 (\beta + \gamma)}{\lambda_1 b + \lambda_2 (1-c)} \quad \text{und} \quad i = \frac{(1-c)\, M - \lambda_1 (\beta + \gamma)}{\lambda_1 b + \lambda_2 (1-c)}$$

Interpretieren Sie die Konstanten b, c, λ_1 und λ_2 (im Normalfall gilt $b < 0$, $0 < c < 1$, $\lambda_1 > 0$ und $\lambda_2 < 0$).

2. Zeigen Sie für den linearen Fall der vorhergehenden Aufgabe, daß eine erhöhte Investitionsneigung einem höheren Wert von β entspricht, wobei dann Y und i im Verhältnis $\frac{dY}{di} = \frac{-\lambda_2}{\lambda_1}$ steigen. Deuten Sie dies für den „klassischen" Fall und den „Spezialfall" von Keynes.

3. Ändern Sie die Gleichungen und nehmen Sie ein Geldangebot $M = M(i, Y)$ an; dabei sollen die Kredite ausgeweitet werden, wenn Y und i ansteigen. Zeigen Sie, daß die *LM*-Kurve der Abb. 4 b nach rechts hin „gestreckt" wird. Was läßt sich nun über den „klassischen" Fall sagen? Untersuchen Sie auch noch die Möglichkeit einer Inflation, wenn die *SI*-Kurve horizontal wird. Vgl. Hicks (1950) und Modigliani (1944).

2.3 Das allgemeine Gleichgewicht: Das Modigliani-Modell

Die partielle Analyse in 2.2 läßt sich in einen größeren Zusammenhang einordnen. Der Grundgedanke dabei ist, daß man die Determinanten der „realen" Produktion und Beschäftigung mit berücksichtigt und über das Preisniveau mit den Geldgrößen in Beziehung setzt. Dieser Ansatz stammt im wesentlichen von Modigliani (1944); zu berücksichtigen sind ferner die Einwände von Patinkin — dargestellt von Hahn (1955) — sowie auch einige unveröffentlichte Arbeiten von Papandreou.

Das Modell besteht aus sieben Variablen: das Sozialprodukt Y als Geldgröße und y als „reale" Größe; die Beschäftigung n in Arbeitsstunden; der Zinsfuß i; das Preisniveau P; der Stundenlohn W als Geldgröße und w als „reale" Größe. Daten sind das Geldangebot wie auch der minimale Lohnsatz W_0 als Geldgröße oder w_0 als „reale" Größe. Praktisch handelt es sich bei den Variablen meist um Indexzahlen. So ist y etwa ein mit dem Basisjahr gewichteter Index des Sozialprodukts, und P und W sind entsprechende mit dem Berichtsjahr gewichtete Indices für Preise und Löhne. Die Indexzahlen müssen den einfachen Relationen genügen: $y = Y/P$ und $w = W/P$.

Das klassische Modell. Es besteht aus sieben Relationen, die in der Tabelle unten zusammengestellt sind. In (1) werden Sparen und Investieren, in (2) Nachfrage nach Geld und gegebenes Geldangebot M_0 gleichgesetzt. Diese Relationen sind bekannt, doch werden sie jetzt so verallgemeinert, daß in jeder Funktion sowohl i als auch Y auftritt (ob sie elastisch oder unelastisch sind, braucht uns hier nicht zu interessieren). (3) stellt eine Produktionsfunktion dar, in welcher das Sozialprodukt als Funktion der Beschäftigungshöhe aufgefaßt wird; in (4) und (5) werden „reale" und monetäre Werte miteinander verknüpft. Die Bestimmung der Nachfrage auf dem Arbeitsmarkt ist einfach: Arbeit wird so lange nachgefragt, bis das Grenzprodukt $y'(n)$ gleich dem „realen" Lohnsatz w ist. Die Schwierigkeit bei Modellen dieser Art liegt in der Bestimmung des Arbeitsangebotes.

Das klassische Modell: Modigliani

Geld:	(1)	$S(i, Y) = I(i, Y)$
	(2)	$L(i, Y) = M_0$
Technik:	(3)	$y = y(n)$
	(4)	$Y = Py$
	(5)	$W = Pw$
Arbeitsmarkt:	(6)	$w = y'(n)$
	(7)	$w - w_0 = w(n)$

In diesem klassischen Fall kann man ein gegebenes Minimum w_0 für den Reallohn annehmen, unter dem keine Arbeit mehr angeboten wird, und über dem der „reale" Lohnsatz w das Angebot n bestimmt. Man setze $w - w_0 = w(n)$; dabei hat $w(n)$ folgende Form: für einen Wert n unter irgendeinem Wert n_0 nimmt die Funktion den Wert Null an, wächst dann und strebt gegen unendlich, wenn n gegen irgendeinen höheren Wert n_1 geht. Die Angebotskurve, welche die Beziehung zwischen w und n zeigt, hat die gleiche Gestalt wie die *LM*-Kurve der Abb. 4 b.

Das System ist determiniert, zeigt jedoch eine vollständige Dichotomie zwischen der „realen" und monetären Seite. Auf der „realen" Seite bestimmen (6) und (7) am Arbeitsmarkt die Größen w und n, während die Produktionsfunktion (3) y liefert. Die monetären Gleichungen (1) und (2) bestimmen i und Y. Da also das „reale" Einkommen durch „reale" Größen bestimmt wird, dient das Geldeinkommen der monetären Seite dazu, P so zu bestimmen, daß $Y = Py$. In diesem klassischen Modell wird also das Beschäftigungsniveau auf dem Arbeitsmarkt bestimmt, während das Geldangebot das Preisniveau festlegt.

Das Keynessche Modell. Die Modiglianische Version, die in der Tabelle unten dargestellt ist, unterscheidet sich vom klassischen Fall nur durch die Bestimmung des Arbeitsangebotes. Das institutionelle Minimum W_0 wird nunmehr für *Geldlöhne* angegeben. Dann lautet das Arbeitsangebot bei gleichem $w(n)$ wie vorher:

$$w - \frac{W_0}{P} = w(n) \quad \text{oder} \quad W - W_0 = Pw(n)$$

Zwar gibt es immer noch sieben Gleichungen, doch ist die einfache Dichotomie des klassischen Modells aufgehoben. Auf der monetären Seite bestimmen (1) und (2) genau wie in der Abb. 4 b die Größen i und Y. Substituiert man in den Beziehungen (6) und (7) für den Arbeitsmarkt die Größe W durch (5), so erhält man in Verbindung mit der Produktionsfunktion (3) die Größen w, n und y — jedoch nur in Abhängigkeit von P. Somit wird also Y mit Hilfe von (4) als Ausdruck von P wiedergegeben; dabei muß P mit dem aus den monetären Beziehungen gewonnenen Y konsistent sein. In diesem Keynesschen Modell ist noch nicht ganz klar, wie das Preisniveau bestimmt wird, doch liegen die Bestimmungsgründe sicherlich nicht nur auf der Geldseite.

Ein von Papandreou vorgeschlagenes Modell, das auch in der Tabelle aufgeführt wird, stellt vielleicht die Keynessche Theorie genauer dar; mit Sicherheit bringt es eine schärfere Unterscheidung vom klassischen Fall. Es bestehen zwei Unterschiede: Zunächst werden Grenzleistungsfähigkeit des Kapitals und Liquiditätsneigung auf das „reale" Sozialprodukt in (1) und (2) bezogen. Als gegebenes Geldangebot kann man weiterhin M_0 betrachten, wobei auf der rechten Seite von (2) M_0/P steht. Oder man macht hier die andere Annahme, daß das Geldangebot institutionell auf einer „realen" Höhe m_0 festgelegt wird. Zweitens wird angenommen, daß das Arbeitsangebot nur durch den *monetären* Lohnsatz (oberhalb eines Minimums W_0) beeinflußt wird. Die Angebotskurve $W(n)$, in welcher die Beziehung zwischen $W - W_0$ und n ausgedrückt werden soll, hat die gleiche J-förmige Gestalt wie $w(n)$. Diese Version des Keynesschen Systems liefert i und y aus den Beziehungen (1) und (2) und n aus (3). Somit werden Beschäftigung und Sozialprodukt auf den Geld- und Gütermärkten ohne Beziehung zum Arbeitsmarkt determiniert. Dem Arbeitsmarkt, d. h. den Gleichungen (6) und (7), in welche (5) eingesetzt wird, bleibt nur noch die Aufgabe,

Keynessches Modell		Modigliani	Papandreou
Geld:	(1)	$S(i, Y) = I(i, Y)$	$S(i, y) = I(i, y)$
	(2)	$L(i, Y) = M_0$	$L(i, y) = m_0$
Technik:	(3)	$y = y(n)$	$y = y(n)$
	(4)	$Y = Py$	$Y = Py$
	(5)	$W = Pw$	$W = Pw$
Arbeitsmarkt:	(6)	$w = y'(n)$	$w = y'(n)$
	(7)	$W - W_0 = Pw(n)$	$W - W_0 = W(n)$

W und P zu ermitteln. Der Arbeitsmarkt bestimmt die monetären Lohnsätze und das Preisniveau.

Eingeschränkt werden diese Modelle dadurch, daß es sich in einem bestimmten Sinne um kurzfristige Modelle handelt. In der Produktionsfunktion $y = y(n)$ nimmt man die Kapitalausstattung als unverändert an, die Investitionen sind also arbeitendes Kapital. Man kann die Modelle zwar erweitern, wie Fort (1945) das vorgeschlagen hat, doch lassen sich die Schwierigkeiten damit nicht vollständig überwinden.

2.4 Ein dynamisches monetäres Modell

Bis jetzt wurden nur die Bedingungen für ein makroökonomisches Gleichgewicht angegeben, es bleibt also die Aufgabe, dynamische Modelle nach den allgemeinen Richtlinien des Kapitels 1 zu entwickeln. Mit der Lösung derartiger Modelle erhält man den zeitlichen Verlauf einer Variablen, wie etwa des Einkommens Y, wenn man bei einer bestimmten Ausgangslage oder einer anfänglichen Störung beginnt. Man kann erwarten, daß sich auf ein und derselben Gleichgewichtslage viele verschiedene dynamische Modelle aufbauen lassen; diese Modelle variieren, je nachdem, welche Annahmen man über die dynamische Struktur des Systems macht, also je nach den Annahmen über die Reaktion auf Störungen oder Abweichungen. Im besonderen kann man sich mit derartigen dynamischen Modellen der Frage nach Stabilität oder Instabilität der ursprünglichen Gleichgewichtslage zuwenden. Dabei ergeben sich für Stabilität und Instabilität so viele Deutungen, wie es Modelle gibt.

In den folgenden Kapiteln soll eine dynamische Wirtschaftstheorie hauptsächlich auf realen Größen aufgebaut werden; dabei wird der Zinssatz genau so vernachlässigt wie die Preise für Güter und Faktoren. Als Variante — wenn auch vielleicht keine sehr zufriedenstellende — sei zu Beginn ein dynamisches Modell entworfen, das auf den monetären Gleichgewichtsbedingungen aufbaut, die bereits in 2.2 und 2.3 oben wiedergegeben worden sind. Diese betreffen die Grenzleistungsfähigkeit des Kapitals und die Liquiditätspräferenz; weiterhin setzen sie bei allen betrachteten Zinssätzen ex ante Sparen gleich Investieren. Für das Einkommen Y und den Zinssatz i ergibt sich die Gleichgewichtslage als Schnittpunkt der *SI*- mit der *LM*-Kurve der Abb. 4 b. Die Gleichgewichtsbedingungen werden in ziemlich allgemeiner Form wiedergegeben:

$$Y - C(Y) = I(i) \quad \text{und} \quad L(i, Y) = M(i, Y) \tag{1}$$

Das Geld- oder Kreditangebot M muß nicht unbedingt feststehen; es kann durch die Geldpolitik den Einkommens- und Zinssatzänderungen entsprechend angepaßt werden.

Es wird eine dynamische Form der Perioden-Analyse angewendet, wobei das Subskriptum t die Periode angibt ($t = 1, 2 \ldots$). Die erste Gleichgewichtsbedingung, daß Sparen gleich Investieren sein soll, gilt für jede Periode, so daß man nur die erste Gleichung von (1) noch einmal entsprechend zu schreiben braucht:

$$Y_t - C(Y_t) = I(i_t) \tag{2}$$

Die Variablen Y_t und i_t laufen ohne Lag oder Vorsprung nebeneinander her. Dies kann dadurch zustandekommen, daß sich Lags gegenseitig ausgleichen, wenn das Sparen dem Einkommen und die Investitionen dem Zinsfuß mit einer Verzögerung folgen wie es etwa bei Hicks (1950) angedeutet wird. Die zweite Gleichung von (1) für die Nachfrage und das Angebot an Krediten soll jedoch in der dynamischen Form Lags enthalten. Man nimmt an, daß Nachfrage wie auch Angebot zwar vom laufenden Zinsfuß beeinflußt werden, aber doch vom Einkommen der vorhergehenden Periode abhängen. Beispielsweise hängt die Nachfrage nach Transaktionskasse von den Transaktionen der vorhergehenden Periode ab, und die geldpolitischen Institutionen dehnen dann das Kreditvolumen in Abhängigkeit von den Einkommensänderungen der vorhergehenden Periode aus. Dann lautet die Gleichung:

$$L(i_t, Y_{t-1}) = M(i_t, Y_{t-1}) \tag{3}$$

Die Funktionsweise des dynamischen Modells wird durch die Gleichungen (2) und (3) bestimmt. Bei gegebenem Y_{t-1} determiniert (3) i_t, während Y_t sich dann aus (2) ergibt. Eliminiert man i_t in (2) und (3), so erhält man eine Differenzengleichung erster Ordnung mit Y_t und Y_{t-1}. Daraus ergibt sich sofort der zeitliche Verlauf von Y_t. Graphisch wird dies in Abb. 5 in Form des bekannten Spinnwebmodells dargestellt. Die Ausgangsposition ist P_0, etwa eine Gleichgewichtslage vor

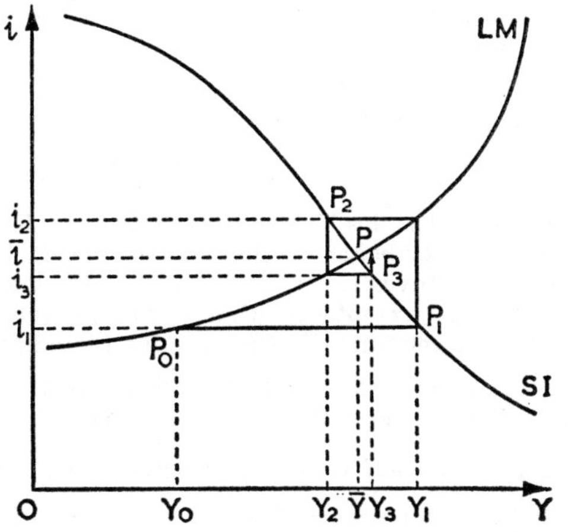

Abb. 5

einer geringen Steigerung der Investitionsneigung (also einer Verschiebung der *SI*-Kurve nach oben). Die neue Gleichgewichtslage ist *P*. Ist Y_0 an der Stelle P_0 gegeben, so wird i_1 in der ersten Periode durch die *LM*-Kurve an der Stelle P_0, Y_1 durch die *SI*-Kurve in gleicher Höhe bestimmt (die Gleichheit von Sparen und Investieren bleibt also stets bestehen). In der zweiten Periode paßt sich i_1 auf der *LM*-Kurve an i_2 an, und die zyklische Bewegung wiederholt sich. Y_t (und i_t) oszilliert oder alterniert in der Zeit; die Bewegung wird gedämpft und tendiert zum Gleichgewichtswert, sofern *SI* im Punkte *P* bezogen auf *OY* steiler als *LM* ist.

Bei diesem Modell ist das monetäre Gleichgewicht der Abb. 4 b in jedem Punkt *P* stabil, wenn die *SI*-Kurve die *LM*-Kurve in einem steileren Winkel zu *OY* schneidet. Bei niedrigen Einkommens- und Beschäftigungshöhen kann man das erwarten, also im Keynesschen „Spezialfall", bei höheren Niveaus aber nur noch dann, wenn durch die geldpolitischen Institutionen das Kreditangebot erweitert wird. Die *LM*-Kurve wird dann nach rechts hin „gestreckt" (siehe 2.2 Aufg. 3 oben). Dieses Ergebnis ist nicht allzu „realistisch"; man sieht, daß dieses dynamische Modell nicht ganz angemessen oder vollständig ist. Die Schwierigkeit liegt vielleicht darin, daß bei Verwendung des Begriffes der Liquiditätspräferenz auch Erwartungen mit in die dynamischen Bedingungen einbezogen werden müßten.

Übungsaufgaben 2.4

1. Betrachten Sie $Y_t - C(Y_{t-1}) = I(i_t)$ und $L(i_t, Y_{t-1}) = M$ als ein mögliches dynamisches Modell, wobei die Verbraucher erwarten, daß das Einkommen

in der Periode t auf dem Niveau Y_{t-1} bleibt. Zeigen Sie, daß Sparen und Investieren ex ante nicht gleich sind, und daß deswegen eine Modellkonstruktion mit Hilfe der Liquiditätspräferenz nicht brauchbar ist.

2. Gelten die einschränkenden Bemerkungen der vorhergehenden Aufgabe auch für das folgende mögliche dynamische Modell:

$$Y_t - C(Y_t) = I(i_{t-1}) \text{ und } L(i_{t-1}, Y_t) = M$$

3. Zeigen Sie, daß im Modell des Textes unbeabsichtigte Kassenhaltung auftritt, in den Modellen der beiden vorhergehenden Aufgaben aber unbeabsichtigtes Sparen und Investieren. Erläutern Sie zugleich die Bedeutung der Tatsache, daß die ex-ante-Gleichheit von Sparen und Investieren wesentlich für die Verwendung des Begriffs der Liquiditätspräferenz ist.

4. Betrachten Sie im Modell des Textes ein konstantes M und lineare Funktionen wie in 2.2 Aufg. 1 oben. Zeigen Sie, daß SI und LM Geraden sind, deren Steigung (bezogen auf OY) $\left(\frac{1-c}{b}\right)$ bzw. $\left(-\frac{\lambda_1}{\lambda_2}\right)$ beträgt. Zeigen Sie ferner, daß die Bedingungen des Modells zu einer Differenzengleichung $y_t = Y_t - \overline{Y}$ führen (wo $\overline{Y}$ der Gleichgewichtswert ist): $\left(\frac{1-c}{b}\right) y_t + \left(\frac{\lambda_1}{\lambda_2}\right) y_{t-1} = 0$. Zeigen Sie daran, daß als Bedingung für ein stabiles Gleichgewicht SI steiler als LM verlaufen muß.

2.5 Makroökonomische Modelle in „realen" Größen

In 2.3 oben wurden der „reale" und auch der monetäre Aspekt des makroökonomischen Systems betrachtet. Die „reale" Seite, d. h. die Produktionsfunktion und die Bedingung, daß das Grenzprodukt dem „realen" Lohnsatz gleich sein muß, wurde jedoch nicht besonders hervorgehoben. Die „reale" Seite wurde nur zur Ergänzung der monetären eingeführt, um in groben Zügen ein allgemeines Gleichgewicht zu beschreiben. Darin besteht aber nicht der einzige „reale" Beitrag der Keynesschen Theorie, und es ist auch nicht der Hauptbeitrag. Die Gleichgewichtsbedingung in 2.3 oben vernachlässigt gerade die Wechselwirkung zwischen Sozialprodukt und Investition, bzw. zwischen Kapitalausstattung und Menge der produzierten Güter. Eben diese Wechselwirkung über „Multiplikator" und „Akzelerator" beherrscht alle dynamischen makroökonomischen Modelle, die auf „realen" Größen aufbauen.

In diesem wie auch in den folgenden Kapiteln sollen dynamische Modelle mit „realen" Größen entwickelt werden; monetäre Faktoren, auch der Zinsfuß, sollen unberücksichtigt bleiben. Sie lassen sich nachträglich allerdings wieder einführen, wenn man z. B. dem „realen" Modell noch einen dynamischen Geldmechanismus hinzufügt, etwa wie in 2.4 oben; bei Hicks (1950) wird das so gemacht. Doch wird sich noch herausstellen, daß in makroökonomischen dynamischen Theorien der Zins über „reale" (und nicht über monetäre) Faktoren wirkt, insbesondere über Multiplikator und Akzelerator.

Nunmehr gibt es folgende Variable: (*i*) Einkommen und Output (Y), (*ii*) Konsum (C) und als Komplement Sparen (S) und (*iii*) die Investitionen (I). In allen Fällen handelt es sich um eine „reale" Gesamtgröße für die ganze Volkswirtschaft. Wie schon in der volkswirtschaftlichen Gesamtrechnung läßt sich jedes Aggregat durch eine Neubewertung der entsprechenden Geldaggregate mit bestimmten Festpreisen bestimmen; ein gleichwertiges Verfahren liegt vor, wenn man die Geldaggregate mit einem Preisindex (oder einem ganzen Komplex solcher Indizes) deflationiert. Genau genommen müßte jedes Aggregat — und sogar noch verschiedene Unteraggregate — mit einem jeweils anderen Preisindex deflationiert werden, also etwa der Konsum mit verschiedenen Preisindizes für Konsumgüter und Dienstleistungen und die Investitionen mit verschiedenen Preisindizes für Kapitalgüter. In diesem Falle müßte man in der Analyse die relativen Preisbewegungen berücksichtigen, die Änderungen in den „terms of trade" zwischen verschiedenen Sektoren. Ohne die wesentlichen Züge des Modells zu ändern, kann man zur Vereinfachung annehmen, daß sich die Preise aller Sektoren parallel bewegen, so daß jedes Aggregat nur mit einem einzigen Preisindex deflationiert zu werden braucht. Außerdem wird eine geschlossene Wirtschaft ohne staatliche Aktivität angenommen; weiter soll es noch genügend ungenutzte Produktionsfaktoren (Arbeit und andere Faktoren) geben, damit die notwendigen Änderungen des Sozialprodukts möglich sind.

Folglich kann Y wie auch schon in der volkswirtschaftlichen Gesamtrechnung Einkommen und Sozialprodukt darstellen, welche definitorisch gleich sind. Dies gilt für die „reale" wie auch für die monetäre Fassung, da der Effekt der „terms of trade" aufgrund der Annahme unberücksichtigt bleibt. Das Einkommen Y ist eine nicht geplante Variable. Die folgenden ex-post-Bedingungen gelten:

$$Y = C + S \quad \text{und} \quad Y = C + I \tag{1}$$

Die erste Bedingung besagt, daß das Einkommen ex post definitorisch in Konsum und Sparen aufgeteilt wird; alles, was nicht verbraucht wird, wird gespart. Die zweite Bedingung stellt eine ähnliche ex-post-Aufteilung des Sozialprodukts in Produktion für Konsumzwecke und für Investitionszwecke dar. Verbunden sind beide Beziehungen über den Konsum C, der mit einem Teil des Einkommens gekauft und als ein Teil des Sozialprodukts verkauft wird. Daraus folgt definitorisch, daß ex post Sparen gleich Investieren ist: $S = I$.

In den folgenden Modellen wird normalerweise die Bedingung $Y = C + I$ zur Formulierung der Gleichheit und zur Bestimmung der

Lösung des Modells verwendet. Die andere Bedingung (1) wird nur gelegentlich benutzt, um die Auswirkungen auf das Sparen zu bestimmen.

Die ex-ante-Fassung sieht anders aus. Denn es gibt keinerlei Grund, daß Bedingungen wie (1) ex ante gelten sollten, daß also ex-ante-Sparen und -Investieren gleich oder überhaupt in irgendeiner Weise aufeinander bezogen sein sollten. Es müssen die grundlegenden Relationen oder Funktionen angegeben werden, die ex ante gelten. Die erste Beziehung dieser Art ist die Konsumfunktion:

$$C = C(Y) = \gamma + cY$$

wenn man einen linearen Verlauf annimmt. Das Komplement dazu ist die Sparfunktion:

$$S = Y - C(Y) = (1 - c)\,Y - \gamma$$

Beide Relationen gelten ex ante und geben den geplanten oder beabsichtigten Konsum (oder das Sparen) in Abhängigkeit vom laufenden oder erwarteten Einkommen wieder. Die zweite ex-ante-Relation enthält die Bestimmungsgrößen der Investitionen. Die ex-ante-Investitionen werden nicht mehr über die Grenzleistungsfähigkeit des Kapitals als eine Funktion des Zinsfußes betrachtet. Weiterhin muß für jedes Modell noch angegeben werden, welche Einflüsse auf die Investition unterstellt sind. Hier werden sie als fest und gegeben betrachtet:

$$I = A \text{ (autonome Investition)}$$

sei die angenommene ex-ante-Relation. Man kann das Modell erweitern und annehmen, daß die autonomen Investitionen zwar gegeben sind, aber auf bestimmte Weise (etwa oszillatorisch) in der Zeit variieren. Dann ist A eine gegebene Funktion der Zeit, doch handelt es sich weiterhin um eine autonome Investition.

Der vorliegende Modelltyp ist vollständig formuliert, wenn man noch die Annahme macht, daß die Konsumtions- wie auch die Investitionspläne realisiert werden, daß also die ex-post- und die ex-ante-Werte übereinstimmen. Man kann deshalb C und A als ex-post- und als ex-ante-Größen auffassen. Das gleiche gilt aber nicht unbedingt für das Sparen; das ex-post-Sparen tritt im Modell (als Residualgröße) auf und ist der ex-post- wie auch der ex-ante-Investition gleich, ist aber nicht notwendig auf das ex-ante-Sparen bezogen. In einem solchen Modell kann also auch unbeabsichtigtes Sparen auftreten. Man kann auch ein Modell formulieren, in dem die Spar- und nicht die Konsumtionspläne realisiert werden, so daß sich unbeabsichtigter Konsum ergibt; nur wäre das dann ein anderes Modell.

2.6 Der statische Multiplikator

Legt man den allgemeinen Typus des oben formulierten Modells zugrunde, so ergibt sich der statische Multiplikator sofort aus der Gleichgewichtsbedingung:

$$Y = C + I$$

d. h.

$$Y - C(Y) = A \; (A \text{ gegeben}) \qquad (1)$$

In dieser Gleichung wird Y als Funktion von A wiedergegeben; die Gleichgewichtswerte für Einkommen und Sozialprodukt werden angegeben, wobei der Möglichkeit mehrfacher Lösungen Rechnung getragen wird. Nun soll sich A — genau wie in der komperativ-statischen Theorie — verlagern und damit eine entsprechende Änderung des Gleichgewichtseinkommens hervorrufen. Durch Differenzierung von (1) erhält man:

$$\frac{dY}{dA} - \frac{dC}{dY}\frac{dY}{dA} = 1$$

d. h.

$$\frac{dY}{dA} = \frac{1}{1-c} = \frac{1}{s}$$

Hierbei gilt $c = c(Y) = \frac{dC}{dY}$ und $s = s(Y) = \frac{dS}{dY}$ mit $s = 1-c$.

Für einen kleinen endlichen Zuwachs gilt annähernd die Relation:

$$\Delta Y = \frac{\Delta A}{1-c} = \frac{\Delta A}{s} \qquad (2)$$

Dies ist der Multiplikator.

Definitionsgemäß ist c der *Grenzhang zum Konsum* $\left(\frac{dC}{dY}\right)$; dieser variiert im allgemeinen mit der Höhe von Einkommen und Konsum. In gleicher Weise stellt entsprechend s den *Grenzhang zum Sparen* dar $\left(\frac{dS}{dY}\right)$; auch dieser variiert mit dem Einkommen. Die beiden Ausdrücke sind komplementär zueinander, da für jedes Einkommen $s = 1-c$ und $c = 1-s$ gilt. Sofern C und S wachsende Funktionen des Einkommens sind, haben c wie auch s positive Vorzeichen und sind somit beide kleiner als eins (denn aus $s = 1-c > 0$ folgt $c < 1$). Die folgende Annahme soll also stets gelten:

$$0 < c < 1 \quad \text{und} \quad 0 < s < 1$$

Nun läßt sich die Relation (2) so interpretieren: *Wenn sich die autonome Investition um einen kleinen Betrag ΔA ändert, dann ändert sich* *das Gleichgewichtseinkommen, um ein Vielfaches von ΔA, und dieses Vielfache ist größer als eins,* also:

$$\Delta Y = \frac{1}{1-c} \Delta A$$

Hierbei ist c der Grenzhang zum Konsum $\frac{dC}{dY}$.

Der Sachverhalt ist noch einfacher, wenn man lineare Konsum- und Sparfunktionen annimmt. Die Grenzneigungen (c und s) werden dann zu Konstanten, die sich auf keinem Einkommensniveau mehr ändern; sie werden also durch die Koeffizienten von Y in den linearen Relationen dargestellt:

$$C = \gamma + cY \qquad S = (1-c)\,Y - \gamma = -\gamma + sY$$

Die Konstante γ muß noch interpretiert werden; man kann annehmen, daß es sich dabei um eine positive Größe handelt ($\gamma > 0$), die denjenigen Teil des Konsums darstellt, welcher durch das Einkommen nicht beeinflußt wird. Wegen der Konstanten γ kann das Sparen bei niedrigen Einkommen auch negative Werte annehmen. Weiterhin kann man das Modell erweitern und annehmen, daß γ in bestimmter Weise mit der Zeit variieren darf, so daß sich für den Konsum „Trends" ergeben. Dann verschiebt sich die Kurve $C = cY + \gamma_t$ in der OYC-Ebene im Zeitablauf parallel zu sich selbst.

Die Gleichgewichtsbedingung (1) lautet nunmehr:

$$Y - (\gamma + cY) = A$$

d. h.

$$Y = \frac{A+\gamma}{1-c} = \frac{A+\gamma}{s} \qquad (3)$$

Dies ist der Multiplikator für den linearen Fall.

Der lineare Multiplikator (3) ähnelt dem allgemeinen Fall (2). Der Unterschied liegt darin, daß man im linearen Fall eine Relation zwischen Einkommen und Investition erhält, im allgemeinen Fall jedoch nur eine Relation zwischen Einkommens- und Investitionsänderungen. Hinzu kommt noch die Tatsache, daß c und s in (3) Konstanten sind, in (2) jedoch nicht.

Im linearen Modell ergibt sich noch ein weiterer Punkt. In der Multiplikatorrelation (3) treten A und γ zusammen auf, und zwar additiv. Dies entspricht auch der Erwartung; denn A stellt die autonomen Ausgaben für Investitionen dar, die ja vom Einkommen unabhängig sind, während γ denjenigen Teil der Konsumausgaben darstellt, der nicht vom Einkommen abhängt. Unter dem Gesichtspunkt der Einkommensbestimmung ergänzen sich diese beiden Ausgabenströme. Aus diesem Grunde ist es mitunter zweckmäßig, γ und A zusammenzufassen, und nur noch von den gesamten *autonomen Ausgaben* zu sprechen. Die Konsumfunktion lautet dann $C = cY$ (die Sparfunktion $S = sY$) und stellt denjenigen Teil des Konsums (des Sparens) dar, der vom Einkommen abhängt. Dann läßt sich der Multiplikator folgendermaßen formulieren. Die Gleichgewichtsbedingung lautet:

$$Y = C + I + A$$

C und I stellen hier Konsum- und Investitionsausgaben dar, die nicht autonom sind, während A autonome Ausgaben jeder Art bezeichnet. Hier gilt dann $C = cY$ und $I = O$:

$$Y = cY + A$$

d. h.

$$Y = \frac{A}{1-c} = \frac{A}{s} \tag{4}$$

Der Multiplikator (4), in dem γ und A zusammengefaßt sind, ist lediglich eine Variante von (3). Das lineare Modell ist dann so zu interpretieren:

> *Wenn der Grenzhang zum Konsum konstant ist* $(0 < c < 1)$, *dann ist das Gleichgewichtseinkommen ein Vielfaches (größer als eins) der autonomen Ausgaben für Konsum und Investition, also:*

$$Y = \frac{1}{1-c} A$$

Man muß sich darüber klar sein, daß der Multiplikator über eine „Multiplikation" der autonomen Ausgaben wie auch jeder Art von Investitionen zur Entstehung von Einkommen führt.

Der statische Multiplikator wird in Abb. 6 veranschaulicht. Der Geraden OS in der Ebene OAY entspricht die Gleichung $Y = \frac{A}{1-c}$; man kann sie als S-Gerade bezeichnen, da sie einem Gleichgewicht entspricht, in welchem Sparen gleich Investieren ist.

Die Darstellung enthält auch die Gerade $Y = A$, die das Einkommen ohne den Multiplikatoreffekt darstellen würde, wie auch die Gerade $Y = A - \gamma$, welche nur die autonome Investition darstellt. Ist eine beliebige Höhe der autonomen Ausgaben vorgegeben (OM), so ist das „Multiplikator"-Einkommen (MP) im Gleichgewicht, wobei P auf der S-Geraden liegt. Sind O und R die entsprechenden Punkte auf den beiden anderen Geraden, so wird das Einkommen in Sparen (gleich der autonomen Investition MR) plus autonomer Konsum (RQ) plus vom Einkommen abhängiger Konsum (QP) aufgeteilt.

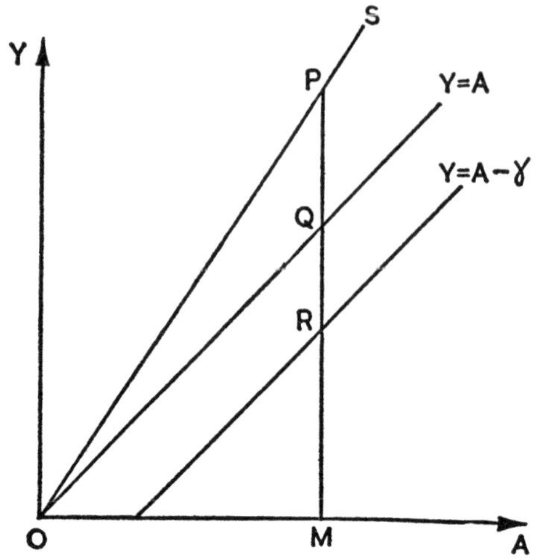

Abb. 6

Übungsaufgaben 2.6

1. Y sei das Gleichgewichtseinkommen, das den autonomen Ausgaben A entspricht und durch $Y - C(Y) = A$ bestimmt ist; Y_0 sei ein anfängliches Gleichgewichtseinkommen, das A_0 entspricht. Zeigen Sie dann, daß

$$(Y - Y_0) - (A - A_0) = \left(\frac{dC}{dY}\right)_0 (Y - Y_0) + \frac{1}{2}\left(\frac{d^2 C}{dY^2}\right)_0 (Y - Y_0)^2 + \ldots$$

und leiten Sie die Beziehung ab: $Y - Y_0 = \frac{1}{1-c}(A - A_0)$, wobei annäherungsweise $c = \left(\frac{dC}{dY}\right)_0$, wenn $(Y - Y_0)$ klein ist. Zeigen Sie die Übereinstimmung mit dem Multiplikator (2) oben.

2. Definieren Sie die durchschnittliche Konsumneigung (Sparneigung) als Konsum (Sparen) im Verhältnis zum Einkommen. Zeigen Sie, daß im linearen Fall die durchschnittliche Konsumneigung gleich $c + \frac{\gamma}{Y}$ ist und mit steigendem Einkommen abnimmt; zeigen Sie auch, daß die durchschnittliche Sparneigung gleich $s - \frac{\gamma}{Y}$ ist und mit dem Einkommen wächst. Das Ergebnis gilt nur, wenn $\gamma > 0$ ist; ist es überhaupt „realistisch“, $\gamma < 0$ anzunehmen?

2.7 Ein dynamisches Multiplikatormodell

Es müssen nun noch Lags und Erwartungen in die Analyse eingeführt werden; dabei sind die in 2.5 oben beschriebenen Eigenschaften des dynamischen Modells zu berücksichtigen, womit sich unter anderem zeigen läßt, ob ein statisches Multiplikator-Gleichgewicht stabil ist.

In dem hier entwickelten, speziellen Modell soll angenommen werden, daß die Konsumenten keine Änderung des Einkommens von einer Periode zur anderen erwarten. In der Periode t betrage das erwartete Einkommen Y_{t-1}; dann lauten die Konsumentenpläne in der Periode t:

$$\text{Konsum ex ante} = C(Y_{t-1}); \quad \text{Sparen ex ante} = Y_{t-1} - C(Y_{t-1}) \qquad (1)$$

Weiterhin soll angenommen werden, daß die Pläne der Konsumenten realisiert werden:

$$\text{Konsum ex post } C_t = C(Y_{t-1})$$

und daß die Investitionspläne realisiert werden, wobei die autonome Investition gegeben ist und im Zeitablauf konstant sein soll:

$$\text{Investition } I_t = A$$

Das Modell genügt der Bedingung, daß in jeder Periode:

$$Y_t = C_t + I_t$$

Damit erhält man eine Differenzengleichung erster Ordnung:

$$Y_t - C(Y_{t-1}) = A \qquad (2)$$

Ist ein Einkommen Y_0 der Ausgangsperiode angegeben, so läßt sich aus (2) durch Iteration der weitere Verlauf von Y_t für $t = 1, 2, 3, \ldots$ bestimmen.

Konsum und Investition werden realisiert; wie aber steht es mit dem Sparen? Das ex-ante-Sparen wird durch (1) wiedergegeben; bei der Ableitung von (2) und der Bestimmung des Pfades von Y_t wurde (1) jedoch nicht benutzt. Wenn aber Y_t einmal festliegt, dann ergibt sich das realisierte Sparen aus $Y_t = C_t + S_t$:

$$\text{Sparen ex post } S_t = Y_t - C(Y_{t-1}) \qquad (3)$$

Vergleicht man (1) und (3) miteinander, so sieht man, daß Sparen ex ante und Sparen ex post nicht übereinstimmen, es sei denn, daß sich das Einkommen von einer Periode zur anderen zufällig nicht ändert. In dem Modell mit der Differenzengleichung (2) variiert aber das Einkommen mit der Zeit, und es kann ungeplantes Sparen geben.

Im linearen Fall kann man den autonomen Konsum wieder mit den Investitionen A zusammenfassen und für den Konsum in Abhängigkeit vom Einkommen wieder $C = cY$ setzen. Dann gilt:

$$Y_t = C_t + I_t + A_t$$

wo $C_t = cY_{t-1}$, $I_t = 0$ und $A_t = A$ (die gegebenen autonomen Ausgaben sowohl im Konsum- wie auch im Investitionsbereich).

Die Differenzengleichung lautet:

$$Y_t - cY_{t-1} = A \tag{4}$$

Man setze $Y_t = \bar{Y}$ für alle t:

$$\bar{Y} - c\bar{Y} = A, \quad \text{d. h.} \quad \bar{Y} = \frac{A}{1-c}$$

Dies ist das Gleichgewichtseinkommen aufgrund des statischen Multiplikators. Man setze

$$y_t = Y_t - \bar{Y}$$

Somit erhält (4) die Form:

$$y_t = cy_{t-1}$$

Die Lösung ist

$$y_t = y_0 c^t$$

oder

$$Y_t = \bar{Y} + (Y_0 - \bar{Y})\, c^t \tag{5}$$

Da $0 < c < 1$, ist die Lösung (5) ein Pfad für Y_t, der stetig zum Gleichgewichtsniveau $\bar{Y}$ hinführt. Folglich ist das Gleichgewichtsniveau aufgrund des statischen Multiplikators stabil; wird das anfängliche Gleichgewicht irgendwie gestört, so hat das Einkommen die Tendenz, zum Gleichgewichtsniveau zurückzukehren. Die *Reaktionsgeschwindigkeit* oder das Maß, mit dem Y_t mit der Zeit gegen $\bar{Y}$ strebt, hängt von zwei Faktoren ab; der Länge des Periodenlags und der Größe des Grenzhanges zum Sparen $s = 1 - c$. Wenn der Lag kürzer wird (etwa von 6 auf 3 Monate schrumpft), so erfordert jeder Schritt auf dem Wege von Y_t nach $\bar{Y}$ weniger Zeit. Wenn s größer wird, so bedeutet der kleinere Wert von c in (5), daß sich Y_t von einer Periode zur nächsten stärker verändert.

Das hier dargestellte Modell zeigt die dynamische Variante des einfachen oder Kahnschen Multiplikators. Dieser läßt sich in vielfacher Weise entwickeln und erweitern. Einige Möglichkeiten sollen hier dargestellt werden; sie werden im nächsten Kapitel wieder aufgenommen. Eine graphische Darstellung des Kahnschen Multiplikators in der linearen Form (4) und (5) oben findet sich bei Hicks (1950). Dies läßt sich mit Hilfe der S-Geraden in Abb. 7 zeigen. Das Anfangseinkommen beträgt $Y_0 = MP_0 = M'Q_0$; es könnte ein Gleichgewichtseinkommen bei autonomen Ausgaben OM' gewesen sein. Nunmehr verschieben sich die autonomen Ausgaben nach OM, und das neue Gleichgewichtseinkommen ist $\bar{Y} = MP$. In der Periode 1 wird das Einkommen zu $Y_1 = MP_1$, so daß wegen (4):

$$Y_1 - \overline{Y} = c\,(Y_0 - \overline{Y})$$

d. h.
$$Y_1 - Y_0 = (1-c)\,(\overline{Y} - Y_0)$$

d. h.
$$P_0 P_1 = (1-c)\,P_0 P$$

Die Steigung der S-Geraden beträgt $\frac{1}{1-c}$, so daß $\frac{P_0 P}{Q_0 P_0} = \frac{1}{1-c}$, oder $Q_0P_0 = (1-c)\,P_0P$.

Folglich gilt $P_0P_1 = Q_0P_0$, so daß die Gerade Q_0P_1 in einem Winkel von 45° zur Abszisse verläuft. Das gleiche Ergebnis gilt für die folgenden Perioden, so daß Q_1P_2, Q_2P_3, ... alle in einem Winkel von 45° zur Abszisse verlaufen. Damit erhält man eine einleuchtende graphische Methode zur Konstruktion der Schritte von P_0 nach P_1, nach P_2, nach P_3, ... , die alle nach P tendieren.

In dem linearen Modell (4) wird A als konstant im Zeitablauf angenommen. Man kann das Modell aber erweitern und annehmen, daß die autonomen Ausgaben mit der Zeit variieren; nur muß die Variation fest vorgegeben sein. Dann braucht man nur A durch A_t, eine vorgegebene Variation in der Zeit, zu ersetzen. Dabei kann es sich beispiels-

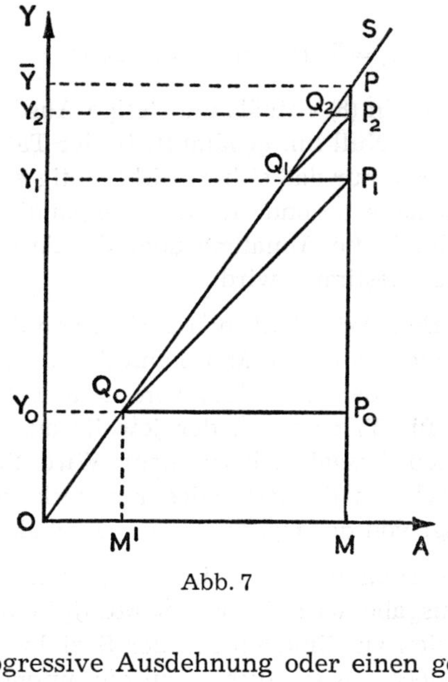

Abb. 7

weise um eine progressive Ausdehnung oder einen gegebenen Oszillationstyp handeln. Man kann etwa den Fall betrachten, daß sich die autonomen Ausgaben progressiv um einen Satz r ($r > 0$) erhöhen:

$$A_t = A_0\,(1 + r)^t$$

Die Differenzengleichung lautet:

$$Y_t - cY_{t-1} = A_0 (1 + r)^t \tag{6}$$

Nun ist keine statische Gleichgewichtslage mehr möglich, man kann auch mit keiner rechnen; nachprüfen läßt sich dies, wenn man in (6) $Y_t = \overline{Y}$ für alle t setzt. Zum anderen nehme man an, daß sich das Einkommen *mit der gleichen Veränderungsrate* wie die autonomen Investitionen erhöht; dann setze man in (6) $Y_t = \overline{Y}_0 (1 + r)^t$:

$$\overline{Y}_0 (1 + r)^t - c\overline{Y}_0 (1 + r)^{t-1} = A_0 (1 + r)^t$$

d. h.

$$\overline{Y}_0 = A_0 \Big/ \left(1 - \frac{c}{1+r}\right) \tag{7}$$

Sofern also das Einkommen in bestimmter Höhe (7) einsetzt, ist der Wachstumspfad des Einkommens $\overline{Y}_0 (1 + r)^t$ mit dem Modell verträglich.

Doch damit nicht genug. Noch bleibt der Pfad zu bestimmen, den Y_t von einem beliebigen anderen Ausgangsniveau (oder einer Störung) $Y_0 \neq \overline{Y}_0$ aus nimmt. Man erhält, wie in 6.6 unten, ohne Schwierigkeiten die Form:

$$Y_t = \overline{Y}_0 (1 + r)^t + (Y_0 - \overline{Y}_0)\, c^t \tag{8}$$

Der erste Ausdruck in (8) enthält die stetige Ausdehnung; der zweite Teil wird stetig gegen Null hin gedämpft. In der Tat ist die Lösung die gleiche wie in (5) oben, nur daß sich Y_t nicht stetig einem festen Gleichgewichtsniveau $\overline{Y}_0$ nähert, sondern einem expandierenden Niveau $\overline{Y}_0$ $(1 + r)^t$, welches durch die Annahme über die Ausdehnung der autonomen Investitionen bestimmt wird.

Ergebnisse ähnlicher Art erhält man auch, wenn der zeitliche Verlauf von A_t andere Formen annimmt. Man kann daraus allgemein schließen, daß zu jedem vorgegebenen Verlauf von A_t auch ein entsprechender zeitlicher Verlauf für Y_t existiert, der jeweils aus einer „Multiplikation“ der autonomen Ausgaben hervorgeht. Wird Y_t von diesem Pfad abgedrängt, so strebt es dennoch wieder zurück; die Anpassungsgeschwindigkeit hängt von der Größe von $s = 1 - c$ ab.

Diese Schlußfolgerung verdient ein gewisses Interesse. Jede beliebige autonome Ausgabe wird über den Multiplikator durch entsprechende Multiplikation zu Einkommen oder Sozialprodukt. Ökonomisch betrachtet fehlt jedoch etwas. Auch wenn die autonomen Investitionen progressiv wachsen, ist es doch nicht ökonomisch sinnvoll, zu erwarten, daß das Einkommen mit genau der gleichen Rate wächst. Dieser Fall mag wohl einige Bedeutung für das Bevölkerungswachstum haben —

was sich aber auch anders und einfacher darstellen läßt —, doch legt Alexander (1951) dar, daß ein progressives Wachstum der autonomen Ausgaben ökonomisch unrealistisch ist. Wahrscheinlicher ist schon, daß sich die autonomen Investitionen — wie etwa bei Schumpeter — „sprunghaft" entwickeln. Folglich läßt sich auch ein entsprechender Pfad für A_t, wie er in (4) einzusetzen wäre, nicht durch eine der normalen mathematischen Formeln erfassen, sondern allenfalls durch eine empirische Zeitreihe. Der einfache Multiplikator besagt lediglich, daß zur Bestimmung von Einkommen oder Sozialprodukt jede beliebige autonome Ausgabe mit dem Faktor $\frac{1}{1-c}$ zu „multiplizieren" ist, und daß man in einem dynamischen Modell eine stabile Lösung erhält.

Eine Erweiterung des einfachen Multiplikators läßt sich sofort vornehmen. Bis jetzt wurde eine Konsumfunktion der Form $C_t = C(Y_{t-1})$ angenommen, in der der Konsum nur vom Einkommen der vorhergehenden Periode abhängig war; als Lag wird eine einfache *Verzögerung* von einer Periode unterstellt. Eine allgemeinere Form stellt der *verteilte Lag* dar, bei welchem C_t vom Einkommen einer Reihe vergangener Perioden abhängt (1.9 oben). Dann wird das lineare Modell $C_t = \gamma + cY_{t-1}$ durch die Form ersetzt:

$$C_t = \gamma + c_1 Y_{t-1} + c_2 Y_{t-2} + c_3 Y_{t-3} + \dots \tag{9}$$

mit

$$c_1 + c_2 + c_3 + \dots = c$$

Man erhält eine Reihe von Grenzneigungen zum Konsum (c_1, c_2, c_3, ...), deren Summe c, die totale Grenzneigung zum Konsum, bildet. Ein Spezialfall wäre der geometrische Lag, wo die Koeffizienten in geometrischer Reihe abnehmen.

Mit diesem Modell werden noch sehr viel mehr Möglichkeiten erfaßt. Zu beachten ist, daß sich C_t auf die Konsum*ausgaben* in der Periode t bezieht, und nicht auf Konsumentscheidungen und auch nicht auf gelieferte Mengen von Konsumgütern. In der Beziehung (9) steckt auch die Möglichkeit, daß das Einkommen zeitlich fluktuiert und die Konsumenten dann in bestimmter Weise ihre Ausgaben „ausgleichen". Noch wichtiger ist die Tatsache, daß sich die Konsumausgaben auf eine Mischung von Gütern und Dienstleistungen beziehen; die Kaufentscheidungen (durch das laufende oder vergangene Einkommen beeinflußt) können in beliebigen künftigen Perioden zu Ausgaben führen. Abzahlungskäufe sind nur ein Beispiel. Entscheidet man sich jetzt auf der Grundlage des laufenden Einkommens zu einem Abzahlungskauf, so folgen Zahlungen erst in einer Reihe zukünftiger Perioden; die Lieferung der Güter ist irrelevant, denn nur die Ausgaben spielen eine Rolle.

Wie flexibel das Multiplikatormodell sein kann, erkennt man am Fall eines über zwei Perioden verteilten Lags. Für das Modell $C_t = c_1 Y_{t-1} + c_2 Y_{t-2}$ mit $c_1 + c_2 = c$ wird die Differenzengleichung (4) zu:

$$Y_t - c_1 Y_{t-1} - c_2 Y_{t-2} = A$$

Die Lösung ist wie beim statischen Multiplikator wieder $Y_t = \overline{Y} = \frac{A}{1-c}$. Setzt man $y_t = Y_t - \overline{Y}$, so wird aus der Gleichung

$$y_t = c_1 y_{t-1} + c_2 y_{t-2} \ ;$$

Dies ist eine Differenzengleichung zweiter Ordnung. Die vollständige und allgemeine Lösung wird in 6.7 unten angegeben. Daß es jedoch mehrere Lösungsmöglichkeiten gibt, auch Schwingungen oder Alternierungen, läßt sich mit der „trial-and-error“-Methode nachprüfen, wenn man verschiedene Paare von Ausgangswerten y_t einsetzt und dann aufgrund der Differenzengleichung die aufeinanderfolgenden Werte ermittelt.

Übungsaufgabe 2.7

1. Betrachten Sie ein anderes Modell, in welchem das Sparen und nicht der Konsum realisiert wird. Das Sparen in der Periode t sei ex ante $S(Y_{t-1})$; zeigen Sie, daß sich dann als Bedingung des Modells $S(Y_{t-1})$ = Investitionen ex post ergibt. Wenn die Investitionspläne realisiert werden (z. B. nur die gegebenen autonomen Investitionen), gilt $S(Y_{t-1}) = A$. Zeigen Sie, daß sich kein dynamisches Modell ergibt; einzig das Gleichgewichtseinkommen $\frac{A}{1-c}$ ist mit dem System verträglich. Warum ist die Annahme, daß die Spar- *und* Investitionspläne realisiert werden, so streng?

2. Betrachten Sie im dynamischen Modell der Gleichung (2) oben einen tatsächlichen Lag zwischen Einkommen und Ausgaben derart, daß genau Y_{t-1} in der Periode t ausgegeben werden kann. Zeigen Sie, daß dieselbe Gleichung (2) paßt und daß der einzige Unterschied in der Interpretation darin liegt, daß sich das ex-post-Sparen aufteilen läßt in:

$$Y_t - C(Y_{t-1}) = (Y_t - Y_{t-1}) + [Y_{t-1} - C(Y_{t-1})]$$

   Interpretieren Sie die beiden Ausdrücke.

3. Erläutern Sie anhand der Abb. 7, daß bei gegebenem Periodenlag die Reaktionsgeschwindigkeit, mit der sich Y_t an das Gleichgewicht $\overline{Y}$ anpaßt, mit $s = 1 - c$ variiert.

4. Zeigen Sie für das dynamische Modell des Textes, daß die ex-ante-Differenz Investition minus Sparen gleich $(Y_t - Y_{t-1})$ ist. Interpretieren Sie das Ergebnis. Benutzen Sie dieses Ergebnis zur Formulierung eines entsprechenden stetigen Modells:

$$\frac{dY}{dt} = (\text{Investition} - \text{Sparen}) = A - Y + C(Y)$$

Zeigen Sie, daß sich im linearen Fall für $y = Y - \bar{Y}$ die Lösung ergibt:

$$y = y_0 e^{-(1-c)t}$$

Hierbei konvergiert Y gegen $\bar{Y}$; die Geschwindigkeit ist von $s = 1 - c$ abhängig.

5. Für die Gleichung (6) einer progressiven Expansion kann man die Lösung $Y_t = \frac{A_0}{1-c}(1+r)^t$ erwarten; als Koeffizient erscheint ein „multipliziertes" A_0. Der tatsächliche Koeffizient lautet $\bar{Y}_0 = A_0 \Big/ \left(1 - \frac{c}{1+r}\right)$. Zeigen Sie, daß für $0 < c < 1$ und $r > 0$ gilt: $\bar{Y}_0 < \frac{A_0}{1-c}$. Vgl. Abb. 3 bei Hicks (1950).

2.8 Die Beziehung zwischen Sparen und Investieren

Zu einer dynamischen Periodenanalyse gehören sowohl die ex-ante- wie auch die ex-post-Relationen zwischen Sparen und Investieren. Bei der Interpretation dynamischer Modelle ist diese Beziehung mitunter ein Anlaß für Unklarheiten. Im folgenden ist vielleicht der klarste Ansatz zur Beantwortung dieser Frage gefunden.

Definitorisch sind Sparen und Investieren ex post gleich, was aus der Identität von Einkommen und Sozialprodukt folgt. Diese Identität bildet für die vorliegende Analyse genau so die Grundlage wie für die volkswirtschaftliche Gesamtrechnung. Jedoch müssen weder für Sparen noch für Investieren die ex-ante-Werte den ex-post-Werten gleich sein oder auch nur in irgendeiner Beziehung zu ihnen stehen. Eine dynamische Analyse muß auch die Möglichkeit nicht geplanten Sparens berücksichtigen, etwa in Form ungeplanter Kassenhaltung bei Konsumenten oder Unternehmungen. Gleichfalls müssen unbeabsichtigte Investitionen vorgesehen sein, etwa als ungeplante Lagerhaltung. Gibt es kein unbeabsichtigtes Sparen (oder Investieren), so muß das dynamische Modell notwendig auf der explizit getroffenen *Annahme* aufbauen, daß die Pläne für das Sparen (oder Investieren) realisiert werden, so daß die ex-post- den ex-ante-Werten gleich sind. Beispielsweise wurde im Modell von 2.7 oben angenommen, daß die Investitionspläne realisiert wurden; doch unbeabsichtigtes Sparen war möglich.

Ebensogut kann man Sparen und Investieren sowohl ex ante als auch ex post (definitorisch) gleichsetzen, also ein Bindeglied für die Gleichheit von Sparen und Investieren von Anfang an *annehmen*. Dieses Bindeglied ist überhaupt nicht notwendig; es hängt alles davon ab, ob die Annahme in dem Sinn „realistisch" ist, daß ein ökonomisch sinnvolles dynamisches Modell entsteht. Es mag sorgfältig ausgearbeitete Modelle geben, in denen die Annahme einer ex-ante-Gleichung von Sparen und

Investieren eine große Vereinfachung bedeutet, etwa bei Modellen mit monetären Größen, in denen es angebracht ist, den Begriff der Liquiditätspräferenz zu benutzen (vgl. 2.2 oben). Die ex-ante-Gleichheit von Sparen und Investieren mag dann eine notwendige wie auch nützliche Annahme sein; unbeabsichtigtes Sparen und unbeabsichtigtes Investieren werden dann aber nur deswegen ausgeschlossen, weil nur eine ungeplante Liquidität von Interesse ist. Das dynamische Element im Spinnwebmodell der Abb. 5 oben liegt nicht in der *SI*-Kurve (welche ja eine Gleichgewichtsrelation zwischen Sparen und Investieren bedeutet), sondern in der *LM*-Kurve.

Eine solche Begründung kann für relativ einfache Multiplikatormodelle wie in 2.7 oben nicht gegeben werden. Hier kann man sagen, daß mit der ex-ante-Gleichsetzung von Sparen und Investieren das eigentliche Problem ausgeklammert wird. Entweder haben die interessanten Variablen stets genau die richtigen Werte — und in diesem Fall werden sie nicht erklärt — oder man hat den reichlich trivialen oder zufälligen Fall, daß zwei Größen gleich sind (etwa Angebot = Nachfrage bei allen Preisen).

Man betrachte die ex-ante-Relationen, die einem Multiplikator- (und Akzelerator-)Modell, wie es in 2.5 oben dargestellt wurde, angemessen sind. Konsum und Sparen sind jeweils eine Funktion des Einkommens Y, derart, daß die eine Funktion das Komplement der anderen ist. Die Investitionen werden durch beliebig festgesetzte Faktoren bestimmt. Hierbei geht es um Pläne oder Präferenzskalen, die den Nachfrage- und Angebotskurven sehr ähnlich sind. Nun fragt sich, welche Pläne realisiert werden. Das hängt von der getroffenen Annahme ab, die allerdings ökonomisch sinnvoll sein sollte. Normalerweise nimmt man an (was auch, um es noch einmal zu sagen, ökonomisch am sinnvollsten ist), daß die Konsum- und Investitionspläne realisiert werden. Folglich sind ex-post- und ex-ante-Konsum (und Investition) gleich. In dieser Überlegung steckt implizit der Übergang von einer Präferenzskala zu einem bestimmten Wert. Wenn z. B. Konsumpläne realisiert werden, dann bedeutet dies, daß das Einkommen antizipiert wird und daß die dem Einkommen (aufgrund der Präferenzskala) entsprechenden Käufe auch tatsächlich durchgeführt werden, gleichgültig ob die Einkommenserwartung zutreffend ist oder nicht. Für das Sparen macht man keine derartige Annahme — das unbeabsichtigte Sparen führt zu einer gewissen Flexibilität der Modelle. Zusammenfassend läßt sich sagen, daß

$$S_t^a \mp S_t = I_t = I_t^a \, .$$

Dabei bedeutet das Superskriptum *a* ex-ante-Werte, während die anderen Variablen ex-post-Werte darstellen.

Als Alternative kann das Modell gelten, in welchem die Spar- *und* Investitionspläne als realisiert angenommen werden, so daß es nur noch ungeplanten Konsum geben kann. Dann ergibt sich:

$$S_t^a = S_t = I_t = I_t^a$$

Hierin steckt die Annahme, daß Sparen und Investieren von Anfang an gleich sind, daß also die getrennt aufgestellten Pläne für Sparen und Investieren verträglich sind. Ungeachtet der Zusammenhänge in komplizierteren Modellen kann man doch sagen, daß eine solche Annahme zu wenig Spielraum für ein dynamisches Multiplikatormodell läßt (vgl. 2.7 Aufg. 1 oben). Hierin liegt auch die Schwierigkeit der speziellen Formulierung, die Harrod und Domar für ihre Wachstumstheorie verwenden (vgl. 3.6 unten).

Neben dem ungeplanten Sparen gibt es noch eine weitere Möglichkeit, die Flexibilität des Modells zu erhalten: man kann auch unbeabsichtigte Investitionen zulassen, wenn man die Annahme aufgibt, daß die Investitionspläne realisiert werden. Dann erhält man

$$S_t^a = S_t = I_t + I_t^a$$

In einem derartigen Modell kann auch unbeabsichtigter Konsum auftreten. Jedoch wären kompliziertere Investitionspläne als in 2.7 erforderlich (dort wurden nur die autonomen Investitionen betrachtet), um auf dieser Grundlage Modelle zu konstruieren.

Überlegungen dieser Art kehren im Verlauf der folgenden Analyse wieder. Was hier als die „übliche" Annahme beschrieben wurde (daß die Konsum- und Investitionspläne realisiert werden), soll dann praktisch ausprobiert werden. Später (in Kapitel 9 unten) werden verschiedene dynamische Modelle schematisch dargestellt; dort wird sich dann zeigen, daß die Investitionen, und nicht das Sparen, das wesentliche Bindeglied in den ex-ante-Relationen sind. Vielleicht nicht ganz zufällig neigt man in der volkswirtschaftlichen Gesamtrechnung dazu, das Sparen als Residualgröße zu betrachten; es scheint so, als sei das Sparen für die Struktur einer Wirtschaft kein lebenswichtiges Bindeglied.

2.9 Die Märkte für Güter und Faktoren

Bis jetzt wurde angenommen, daß der Konsum — und folglich auch das Sparen — vom Einkommen direkt abhängig ist. Dabei bleibt aber die Tatsache unberücksichtigt, daß nur ein Teil der gesamten Sparsumme von Individuen (d. h. Konsumenten) stammt, während der Rest die unverteilten Gewinne der Unternehmungen sind. Entsprechend liegt der einzige Lag in dem dynamischen Modell von 2.7 zwischen Verdienst und Ausgabe des Einkommens der Verbraucher. Zwei weitere Arten von Lags wurden nicht berücksichtigt: die Lags zwischen den Ausgaben und der Produktion der Unternehmungen und zwischen der Produktion und dem Einkommen, welches von den Faktoren verdient wird. Durch eine einfache Erweiterung kann man auch diesen Tatbeständen Rechnung tragen; man muß lediglich zwei Märkte auseinanderhalten, einen für Güter und einen für Produktionsfaktoren. Dann gibt es zwei Sektoren; der eine umfaßt Individuen (Konsumenten), der andere Unternehmungen (Produzenten).

Eine weitere Variable muß noch berücksichtigt werden, nämlich das persönliche Einkommen — also das Einkommen, welches von den Produktionsfaktoren verdient und ausgegeben wird; es wird mit F bezeichnet. F wird hier wie alle anderen Variablen als reale Größe betrachtet. Die Konsumfunktion lautet nunmehr $C = C(F)$; der Konsum ist also ex ante vom persönlichen Einkommen abhängig. Darüber hinaus ist eine zweite ex-ante-Funktion für den Unternehmenssektor erforderlich. In ihr kommt die Nachfrage der Unternehmer nach Faktoren in Abhängigkeit vom Sozialprodukt zum Ausdruck: $F = F(Y)$. Dies ist lediglich die inverse Form einer einfachen Produktionsfunktion; in der Abhängigkeit des Sozialprodukts Y von F drücken sich die technischen Produktionsbedingungen aus, während die inverse Funktion F als Ausdruck von Y wiedergibt. Folglich gilt $C = C(F)$ mit $F = F(Y)$; der Konsum hängt direkt vom Sozialprodukt ab.

Die Gleichgewichtsbedingung bei gegebener autonomer Investition A ändert sich nicht:

$$Y = C + A \quad \text{mit} \quad C = C(F) \quad \text{und} \quad F = F(Y)$$

Durch Substitution läßt sich diese Bedingung auf eine einzige Gleichung für Y reduzieren, in der dann Y als Ausdruck von A erscheint. Das Sparen läßt sich nunmehr in zwei Größen aufteilen: das Unternehmersparen $(Y-F)$ und das persönliche Sparen $(F-C)$. Folglich läßt sich die Gleichgewichtsbedingung in der Form schreiben:

$$(Y-F) + (F-C) = A \quad \text{mit} \quad C = C(F) \quad \text{und} \quad F = F(Y)$$

Y ist dann eine Funktion von A; durch Differentiation erhält man:

$$dY - \frac{dC}{dF}\,\frac{dF}{dY}\,dY = dA$$

d. h.

$$dY = \frac{1}{1 - \dfrac{dC}{dF}\,\dfrac{dF}{dY}}\,dA$$

Der Multiplikator steht nun als Faktor auf der rechten Seite; er enthält die marginale Ausgabenneigung der Konsumenten $\left(\frac{dC}{dF}\right)$ und die marginale Ausgabenneigung der Unternehmer $\left(\frac{dF}{dY}\right)$. Im linearen Modell gilt:

$$C = \gamma + cF \quad \text{für Konsumentenausgaben}$$

$$F = \beta + bY \quad \text{für die Unternehmerausgaben,}$$

so daß

$$C = (\beta c + \gamma) + bcY$$

Diese Konsumfunktion entspricht der Keynesschen Form. Im Gleichgewicht gilt dann:

$$Y = \frac{A + \beta c + \gamma}{1 - bc}$$

Der Hauptunterschied liegt darin, daß der Keynessche Grenzhang zum Konsum nunmehr als Produkt zweier marginaler Ausgabenneigungen erscheint, nämlich der marginalen Ausgabenneigung der Unternehmer (b) und der marginalen Ausgabenneigung der Konsumenten (c). Darüber hinaus bestehen die autonomen Ausgaben aus drei Bestandteilen: Investitionsausgaben, Unternehmerausgaben und Verbraucherausgaben.

In ein dynamisches Modell lassen sich drei Lags einfügen, und zwar (jeweils Lags von einer Periode):

(1) *der Lag zwischen Produktion und Einkommen:* $F_t = F(Y_{t-1})$;
hierbei werden die Einnahmen aus der Produktion Y_{t-1} in der Periode $(t-1)$ von den Unternehmern dazu verwendet, Faktoreinkommen in der Periode t zu schaffen.

(2) *der Lag zwischen Einkommen und Ausgaben:* $C_t = C(F_{t-1})$;
hier ist das persönliche Einkommen F_{t-1} in der Periode $(t-1)$ die Grundlage für die Verbraucherausgaben in der Periode t.

(3) *der Lag zwischen Ausgaben und Produktion:* $Y_t = C_{t-1} + A$;
hier wird in der Periode t in Höhe der autonomen Investition A und des Konsums produziert, der sich auf die tatsächlichen Verbraucherausgaben C_{t-1} in der Periode $(t-1)$ stützt.

Die Bedingung (3) liefert zusammen mit den Funktionen (1) und (2), welche die Lags enthalten, eine Relation zwischen Y_t und Y_{t-3}, also eine Differenzengleichung erster Ordnung mit einem Lag von drei Perioden. Man erkennt also, daß der Lag von 2.7 dreifache Gestalt hat: er stellt die Summe dreier getrennter Lags dar, welche hier unterschieden werden. Für den linearen Fall gilt:

$$Y_t = C_{t-1} + A$$

mit

$$C_t = \gamma + cF_{t-1} \quad \text{und} \quad F_t = \beta + bY_{t-1}$$

Durch Substitution erhält man:

$$Y_t = \gamma + cF_{t-2} + A = c\,(\beta + bY_{t-3}) + A + \gamma$$

d. h.
$$Y_t - bcY_{t-3} = A + \beta\,c + \gamma$$

Diese Gleichung entspricht der Beziehung (4) in 2.7 oben; nur liegen hier ein dreifacher Lag und Konstanten in der erweiterten Form vor.

Die Lags lassen sich vollständig auf Erwartungen zurückführen. In (1) erwarten die Unternehmen in der Periode t die Einnahmen Y_{t-1}, während sich herausstellt, daß die Einnahmen Y_t sind. In (2) erwarten die Konsumenten ein Einkommen F_{t-1} und nicht das tatsächliche Einkommen F_t in der Periode t. In (3) erwarten die Unternehmen in der Periode t einen Absatz C_{t-1}, während der tatsächliche Absatz C_t ist. Die erwarteten oder die ex-ante-Werte seien durch ein Superskriptum a gekennzeichnet, während die tatsächlichen oder ex-post-Werte kein Superskriptum erhalten. Dann gilt:

$$Y_t^a = Y_{t-1}\;; \tag{1}$$

$$F_t^a = F_{t-1}\;; \tag{2}$$

$$C_t^a = C_{t-1} \tag{3}$$

Den Aufbau des Modells erkennt man aus einer Zusammenstellung der Beziehungen zwischen Sparen und Investieren (hier A).

	erwartet	realisiert
Unternehmersparen	$Y_t^a - F_t$	$Y_t - F_t$
persönliches Sparen	$F_t^a - C_t$	$F_t - C_t$
gesamtes Sparen	$Y_t^a + (F_t^a - F_t) - C_t$	$Y_t - C_t$
Investitionen	$Y_t - C_t$	$Y_t - C_t$
Sparen – Investieren	$(Y_t^a - Y_t) + (F_t^a - F_t) + (C_t^a - C_t)$	Null

Folglich beträgt die ex-ante-Differenz zwischen Sparen und Investieren:

$$(Y_t^a - Y_t) \;+\; (F_t^a - F_t) \;+\; (C_t^a - C_t)$$
$$= \text{Output-Lücke} + \text{Faktor-Lücke} + \text{Güter-Lücke}$$

Jede Differenz stellt einen Nachfrageüberhang dar, d. h. diejenige Größe, um die der erwartete Wert den tatsächlichen Wert übersteigt. So ist die Faktor-Lücke etwa der Betrag, um den das von den Konsumenten erwartete Einkommen das tatsächlich erhaltene Einkommen übersteigt ($F_t^a - F_t = F_{t-1} - F_t$).

Es gibt also drei Lags im Einkommenskreislauf: Produktion – Einkommen – Ausgaben – Produktion. Dazu muß es statt der einen möglichen Differenz zwischen der Produktion aufeinanderfolgender Perioden ($Y_t^a - Y_t = Y_{t-1} - Y_t$) drei Differenzen geben. Die beiden zusätzlichen Differenzen ergeben sich am Faktormarkt und am Markt für Konsumgüter. Die Lags lassen sich aus den Eigenheiten der betreffenden Sektoren erklären (Individuen oder Unternehmungen), die Differenzen aufgrund der Eigenheiten der Märkte, auf denen sich ein Nachfrageüberhang gebildet hat. Das Ergebnis läßt sich zusammenfassen:

(1) *Der Lag zwischen Produktion und Einkommen:* Die Zahlung an die Faktoren (F_t) hinkt hinter der Produktion (Y_{t-1}) her, die die Einnahmen der Unternehmungen bestimmt; der Lag entsteht aufgrund der Output-Lücke $Y_t^a - Y_t = Y_{t-1} - Y_t$. Stellen sich die Erwartungen wie bei Robertson ein, so wäre die Differenz gleich Null, da erwartete und tatsächliche Produktion gleich wären.

(2) *Der Lag zwischen Einkommen und Ausgaben:* Die Ausgaben für Konsum (C_t) hinken hinter dem persönlichen Einkommen (F_{t-1}) her, welches diese Ausgaben möglich macht; dieser Lag entspricht der Faktor-Lücke $F_t^a - F_t = F_{t-1} - F_t$. Er entspricht dem Robertson-Lag und ist auf die individuellen Erwartungen (der Konsumenten) zurückzuführen.

(3) *Der Lag zwischen Ausgaben und Produktion:* Die Produktion von Konsumgütern hinkt hinter den tatsächlichen Käufen der Konsumenten her; dieser Lag entspricht der Güter-Lücke $C_t^a - C_t = C_{t-1} - C_t$. Dies ist der Lundberg-Lag, der die Erwartungen der Unternehmen darstellt.

Bei einem Lag von der Länge einer Periode, wie er hier verwendet wird, benötigt der Einkommenskreislauf drei Perioden. Die gesamte Produktion in einer Periode Y_{t-3} wird als Unternehmereinnahme betrachtet, die in der nächsten Periode (zum Teil) als Zahlungen an die Faktoren (F_{t-2}) wieder verauslagt wird. Dann werden die persönlichen Einkommen der Konsumenten (F_{t-2}) (teilweise) zum Kauf von Konsumgütern in der folgenden Periode (C_{t-1}) ausgegeben. Schließlich führen in der dritten Periode die Verkäufe an Konsumenten (C_{t-1}) zur Produktion von Konsumgütern seitens der Unternehmungen und damit zur gesamten Produktion (Y_t).

Übungsaufgaben 2.9

1. Das obige Modell mit allen drei Lags impliziert, daß keine Spar- oder Investitionspläne realisiert werden. Zeigen Sie, daß das Unternehmersparen

in der geplanten Höhe realisiert wird, wenn es keinen Lag zwischen Produktion und Einkommen gibt, wenn also die Unternehmungen ihre Produktion in der richtigen Höhe planen. Zeigen Sie weiterhin, daß die geplanten Investitionen realisiert werden, wenn der Lag zwischen Ausgaben und Produktion verschwindet, wenn also die Unternehmen ihre Vorstellungen über die Nachfrage nach Konsumgütern nicht zu revidieren brauchen.

2. Im obigen Modell soll kein Lag zwischen Produktion und Einkommen bestehen. Zeigen Sie, daß auch die Investitionen in der geplanten Höhe realisiert werden, dagegen aber unbeabsichtigtes persönliches Sparen entsteht, wenn die Unternehmen die Verkäufe von Gütern richtig antizipieren; zeigen Sie, daß der Multiplikator die Form wie bei Robertson hat. Zeigen Sie andererseits, daß auch das persönliche Sparen in der geplanten Höhe realisiert wird, daß es unbeabsichtigte Investitionen gibt und daß der Multiplikator eine Form wie bei Lundberg hat, wenn die Konsumenten ihr Einkommen richtig antizipieren. Siehe Turvey und Brems (1951).

3. Das Modell mit dem dreifachen Lag enthält eine Differenzengleichung für die Beziehung zwischen Y_t und Y_{t-3}. Zeigen Sie, daß *ein* einziger Ausgangswert Y_0 jeden dritten darauf folgenden Wert von Y_t bestimmt, daß jedoch zu einer vollständigen Lösung *drei* Ausgangswerte erforderlich sind.

Literatur

Alexander (S. S.) (1951): „Issues of Business Cycle Theory Raised by Mr. Hicks", American Economic Review, **41**, 861 - 78.

Fort (D. M.) (1945): „A Theory of General Short-run Equilibrium", Econometrica, **13**, 293 - 310.

Hahn (F. H.) (1955): "The Rate of Interest and General Equilibrium Analysis", Economic Journal, **65**, 52 - 66.

Hicks (J. R.) (1937): „Mr. Keynes and the ‚Classics'", Econometrica, **5**, 147 - 59.

Hicks (J. R.) (1950): A Contribution to the Theory of the Trade Cycle (Oxford, 1950), Kapitel II, III und XI.

Lange (O.) (1943): „The Theory of the Multiplier", Econometrica, **11**, 227 - 45.

Metzler (L. A) (1948): „Three Lags in the Circular Flow of Income", in Income, Employment and Public Policy (Essays in Honor of Alvin H. Hansen) (Norton, 1948).

Modigliani (F.) (1944): „Liquidity Preference and the Theory of Interest and Money", Econometrica, **12**, 45 - 88.

Smithies (A.) (1942): „Process Analysis and Equilibrium Analysis", Econometrica, **10**, 26 - 38.

Solow (R.) (1951): „A Note on Dynamic Multipliers", Econometrica, **19**, 306 - 16.

Turvey (R.) und *Brems* (H.) (1951): „The Factor and Goods Markets", Economica, **18**, 57 - 68.

Turvey (R.) (1953): "Some Notes on Multiplier Theory", American Economic Review, **43**, 275 - 95.

Kapitel 3

Das Akzelerationsprinzip

3.1 Autonome und induzierte Investitionen

Im letzten Kapitel wurden die Investitionen als gegeben angenommen, d. h. es wurden nur die mit A bezeichneten *autonomen Investitionen* behandelt. Mit Hilfe des Multiplikators wurde die Wirkung einer gegebenen Investitionsrate untersucht. Doch diese einseitige Darstellung vernachlässigt die Wechselbeziehung zwischen Investitionen und Sozialprodukt. Zwar beeinflussen die Investitionen das Sozialprodukt, aber das Sozialprodukt wirkt auch auf die Investitionen. Genauer gesagt beeinflußt die zeitliche Veränderung des Sozialprodukts von einer Periode zur anderen die Nettoinvestitionen als Zuwachs zum Kapitalstock einer Periode. Investitionen, die aufgrund einer Änderung des Sozialprodukts entstehen, bezeichnet man als *induzierte Investitionen* I. Eine Reihe von einführenden Überlegungen ist erforderlich; die Beziehung zwischen Sozialprodukt und induzierten Investitionen ist indirekt und kompliziert, auch lassen sich induzierte und autonome Investitionen nie ganz klar trennen.

Zunächst müssen dynamische Modelle so formuliert sein, daß sie sowohl die autonomen wie auch die induzierten Investitionen berücksichtigen. Will man ganz exakt formulieren, so kann man natürlich sagen, daß alle Investitionen durch Änderungen des Sozialprodukts induziert werden, sofern man nur weit genug zurückgeht. Praktisch muß jedoch die im Modell betrachtete Zeitspanne begrenzt sein, und es muß Investitionen geben, die durch Änderungen des Sozialprodukts so wenig beeinflußt werden, daß man sie tatsächlich als autonom bezeichnen kann. Beispielsweise sind die öffentlichen Investitionen für Straßen und Gebäude autonome Investitionen; Investitionen aufgrund von Erfindungen und Neuerungen bilden ein weiteres Beispiel.

Zweitens unterscheidet man zwischen immobilem und mobilem Sachvermögen. Das immobile Sachvermögen besteht aus Boden, Gebäuden, Anlagen und Betriebsausstattung; das mobile Sachvermögen umfaßt sowohl den Bestand an Endprodukten wie auch den Bestand an Zwischenprodukten und angefangenen Arbeiten. Eine Nachfragesteigerung führt zu einer Steigerung des Sozialprodukts und induziert Investitionen. Die erste Reaktion kann aber auch sein, daß das mobile Sachvermögen (der Bestand an Endprodukten) *abgebaut* wird, worauf dann eine mehr oder minder rasche Aufstockung des mobilen Sachvermögens, zunächst der Zwischenprodukte und dann der Endprodukte, folgen könnte. In der Zwischenzeit werden Aufträge für Kapitalausstattung vergeben, deren Lieferung oder Installation Zeit erfordert. Der Nachdruck soll hier auf der Kapitalausstattung liegen, während die Zwischenperiode, in der sich das mobile Sachvermögen verändert, unberücksichtigt bleiben soll. Für eine Periodenanalyse ist die Darstellung relativ einfach; man wählt eine hinreichend lange Periode, die alle unmittelbaren Wirkungen eines Sozialproduktzuwachses auf das mobile Sachvermögen umfaßt.

Drittens sind nur die *Netto*investitionen für Kapitalausstattung zu betrachten, d. h. die Bruttoinvestitionen vermindert um die Abschreibungen. Grundsätzlich werden Nettoinvestitionen, positiver oder negativer Art, durch eine Änderung des Sozialprodukts induziert. Auch hier können sich Komplikationen einstellen, da eine Sozialproduktsteigerung schnellere Ersatzinvestitionen begünstigen kann. Darüber hinaus kommen die neuen Kapitalausstattungen von Industrien, die Kapitalgüter herstellen, und deren Produktion wird brutto erfaßt. Damit wird ein wesentlicher Mangel an Symmetrie deutlich, der im Prozeß einer Anlageinvestition besteht. Als Folge eines Sozialprodukt*zuwachses* können Aufträge vergeben und neue Kapitalgüter geliefert werden, bis die Kapazitätsgrenze der Kapitalgüterindustrien erreicht ist. Die Ausdehnung der Nettoinvestitionen wird nur durch diese Kapazitätsgrenze beschränkt; allerdings kann man diese Beschränkung eher als eine Verlängerung der Lieferfristen ansehen und weniger als eine Einschränkung der Investitionen. Andererseits kann ein *Rückgang* des Sozialprodukts auch nicht dazu führen, daß die Investitionen unmittelbar und in großem Umfang schrumpfen, daß sich also für die Nettoinvestitionen beträchtliche negative Werte ergeben. Aufträge für Kapitalgüter lassen sich stornieren oder hinausschieben, doch kann der Ausstoß der Kapitalgüterindustrien nie unter Null sinken. Somit können die Nettoinvestitionen einen bestimmten negativen Wert nicht unterschreiten; diese Zahl stellt dann den effektiven Verschrottungskoeffizienten dar.

Schließlich sind die Nettoinvestitionen eine Ableitung des Kapitalstocks (des mobilen und immobilen Sachvermögens). Der Kapitalstock wird zu einem bestimmten Zeitpunkt gemessen; die Nettoinvestitionen stellen die Wachstumsrate des Kapitalstocks oder den Zuwachs in einer Periode dar. Die Höhe des Sozialprodukts beeinflußt den erforderlichen Kapitalbestand, Änderungen des Sozialprodukts bewirken Änderungen des erforderlichen Kapitalstocks und damit der Nettoinvestitionen. Erst später (Kapitel 8, unten) sollen Überlegungen angestellt werden, die zur Unterscheidung zwischen autonomen und induzierten Investitionen in Bezug auf den Kapitalbestand besser geeignet sind; zunächst soll der Nachdruck auf den Nettoinvestitionen ohne besondere Berücksichtigung des Bestandes an Kapitalgütern liegen. Die Ausgangsposition ist jedoch klar. Bleibt die Produktion pro Zeiteinheit (wie eine Geschwindigkeit) konstant, dann bleibt auch der Kapitalstock konstant und die Nettoinvestitionen sind Null. Ändert sich die Produktion pro Zeiteinheit (wie bei einer Beschleunigung), so ändert sich auch der erforderliche Kapitalstock; dann entstehen (positive oder negative) induzierte Nettoinvestitionen. Darin besteht das Akzeleratorprinzip — ein Sozialproduktszuwachs pro Zeiteinheit erfordert einen größeren Kapitalstock und induziert Investitionen.

Der Multiplikator stellt eine Relation zwischen Sozialprodukt und Investition dar. Sogar in seiner dynamischen Form (2.7 oben) versagt er offensichtlich bei der Beschreibung der ökonomischen Realität. Das Sozialprodukt kann den Verlauf der autonomen Investition widerspiegeln, wenn diese in geeigneter Weise „aufmultipliziert" werden; sonst aber strebt es stetig seinem Gleichgewichtsniveau zu. In der Multiplikatoranalyse wird nämlich nur die eine ex-ante-Relation, die Konsumfunktion, verwendet, während die anderen ex-ante-Erwägungen auf der Investitionsseite vollständig vernachlässigt werden. Die verschiedenartigen Bestimmungsgründe der Investitionen müssen angegeben und in das Multiplikatormodell eingebaut werden. Die Investitionsrelation kann verschiedene Formen annehmen, doch soll hier nur eine spezielle Version im einzelnen betrachtet werden, nämlich diejenige, die mit dem Akzelerationsprinzip arbeitet, das die induzierten Investitionen mit den Sozialproduktsänderungen verbindet.

Das Akzelerationsprinzip — die „Relation" von Harrod — wurde schon seit langem in der Investitions- und Konjunkturtheorie verwendet; vgl. Knox (1952). Frühere Autoren sind J. M. Clark (1917), Frisch (1931), Harrod (1936) und Lundberg (1937). Präzisiert wird die Wechselwirkung zwischen Multiplikator und Akzelerator in der Nachfolge von Hansen bei Samuelson (1939 a, b) und weiterentwickelt von Hicks (1950) und anderen. Die Kombination von Multiplikator und Akzelerator führt zu recht eleganten mathematischen Modellen. Der Nachdruck liegt hier mehr auf den Eigenarten solcher Modelle und weniger auf den verschiedenen Einwendungen, welche sich vom ökonomischen Standpunkt aus gegen den Akzelerator machen lassen. Die Modelle neigen beispielsweise dazu, die Tatsache zu übersehen, daß Überschußkapazitäten eingesetzt werden können, bevor eine Sozialproduktsteigerung neue Investitionen erfordert. Viele dieser Einwendungen gipfeln in der Frage nach „Nichtlinearitäten" des Systems, einer Frage, die späteren Erörterungen vorbehalten bleibt.

3.2 Der Akzelerator

Die Formulierung des Akzelerators richtet sich danach, ob man eine kontinuierliche Analyse oder eine Periodenanalyse verwendet; das gilt besonders für die Einführung von time lags (vgl. 1.9 oben). Beide Arten der Analyse werden angewendet — sie sind verschiedene Wege zum ökonomischen „Realismus" —, während sich das vorhergehende Kapitel auf die Periodenanalyse beschränkte. Wie schon vorher wird die allgemeine funktionelle Beziehung zwischen Investitionen und Sozialproduktänderungen gewöhnlich durch die spezielle lineare Form ersetzt, zumindest als Annäherung für begrenzte Bereiche der Variablen.

Am einfachsten läßt sich der Akzelerator in stetiger Form ohne Lags ausdrücken:

$$I(t) = I\left\{\frac{d}{dt} Y(t)\right\} \tag{1}$$

Hierbei bedeutet $\frac{d}{dt} Y(t)$ die Wachstumsrate des Sozialprodukts (Einkommen) und $I(t)$ den Verlauf der induzierten Investitionen; beide sind Stromgrößen in der Zeiteinheit t. In der linearen Form:

$$I(t) = v \frac{d}{dt} Y(t) \tag{2}$$

wo v eine positive Konstante, der *Investitionskoeffizient*, ist, der die *Stärke des Akzelerators* widergibt. Eine additive Konstante ist nicht notwendig, da eine solche Größe bereits in den autonomen Investitionen enthalten wäre. Somit stehen hier die induzierten Investitionen in einem konstanten Verhältnis zur laufenden Veränderungsrate des Sozialprodukts.

Bei stetiger Analyse lassen sich Lags am einfachsten einführen, wenn man einen stetig verteilten exponentiellen Lag unterstellt (1.9 oben). Beträgt die Reaktionsgeschwindigkeit $\varkappa$, so daß die Zeitkonstante des Lags $T = \frac{1}{\varkappa}$ ist, so zeigt die folgende Relation, wie die Rate der induzierten Investitionen vom Sozialprodukt abhängt.

$$\frac{d}{dt} I(t) = -\varkappa \left\{I(t) - v \frac{d}{dt} Y(t)\right\} \tag{3}$$

Diese Beziehung ist folgendermaßen zu interpretieren: Die potentielle Investitionsrate zum Zeitpunkt t wird durch den Akzelerator ohne Lag $J(t) = v \frac{d}{dt} Y(t)$ bestimmt. Die tatsächliche Investitionsrate $I(t)$ hinkt um einen Lag hinterher; ihr Zuwachs $\frac{d}{dt} I(t)$ ist der Differenz $-\{I(t)-J(t)\} = -\left\{I(t)-v\frac{d}{dt}Y(t)\right\}$ proportional. Die Proportionalitätskonstante $\varkappa$ bezeichnet die Reaktionsgeschwindigkeit.

Die Relation (3) in Exponentialform mit Lag drückt man am bequemsten mit dem Differentialoperator $D = \frac{d}{dt}$ aus (vgl. Anhang A). Es ist

$$DI = -\varkappa\,(I - vDY)$$

d. h.

$$I = \frac{\varkappa}{D + \varkappa}\,vDY \tag{4}$$

ist der Ausdruck für den Akzelerator.

Hält man die einfache Exponentialform für zu speziell, so kann man diese durch zwei oder mehr nacheinander wirkende Lags ersetzen. Im Falle zweier Lags mit einer Reaktionsgeschwindigkeit von jeweils $2\varkappa$ $\left(\text{oder der Zeitkonstanten } \frac{1}{2}T\right)$ wird der Akzelerator (4) ersetzt durch:

$$I = \left(\frac{2\varkappa}{D + 2\varkappa}\right)^2 vDY$$

Vgl. 1.9, Aufg. 4 oben.

In einer Periodenanalyse wird der Akzelerator ohne Lags in der Form geschrieben:

$$I_t = I\,\{(Y_t - Y_{t-1})\} = v\,(Y_t - Y_{t-1}) \tag{5}$$

Das ist die lineare Form. Sie entspricht (2) oben; die induzierten Investitionen hängen von den laufenden Sozialproduktänderungen ab. Die einfachste Form eines Akzelerators mit Lag wäre dann:

$$I_t = I\,\{(Y_{t-1} - Y_{t-2})\} = v\,(Y_{t-1} - Y_{t-2}) \tag{6}$$

Hier gibt es nur einen einzigen Lag von einer Periode. Damit wird der Tatsache Rechnung getragen, daß in der ex-ante-Relation für die Investitionspläne die letzte Sozialproduktänderung, die üblicherweise berücksichtigt werden kann, aus der vorhergehenden Periode $(Y_{t-1} - Y_{t-2})$ stammt. Mit der Konsumfunktion $C_t = C\,(Y_{t-1})$ mit Lag von 2.7 oben scheint die Beziehung (6) eher verträglich zu sein als (5). Betrachtet man den geplanten Konsum nicht als vom laufenden Einkommensniveau, sondern von dem der vorhergehenden Periode abhängig, so muß man eben auch die geplanten Investitionen von den Sozialproduktänderungen der vergangenen Periode und nicht von den laufenden Änderungen abhängig machen.

Man kann den periodisierten Akzelerator (6) ohne Schwierigkeiten auf den Fall eines über beliebig viele Perioden verteilten Lags ausdehnen. Für den linearen Fall gilt:

$$I_t = v_1 (Y_{t-1} - Y_{t-2}) + v_2 (Y_{t-2} - Y_{t-3}) + \dots \tag{7}$$

mit

$$v_1 + v_2 + \dots = v$$

Nunmehr gibt es eine Reihe von Investitionskoeffizienten (v_1, v_2, ...), die sich zur Gesamtstärke v des Akzelerators aufaddieren. Für den Spezialfall des geometrischen Lags und auch für den Fall, der am ehesten dem exponentiellen Lag von (4) entspricht, können die Koeffizienten auch in geometrischer Reihe abnehmen.

Bei der Interpretation des verteilten Lags in (7) wie auch in (3) oder (4) ist zu beachten, daß mit I die Investitionsausgaben und nicht die Investitionsentscheidungen oder die Lieferungen von Anlagen gemeint sind. Statt zu sagen, daß die Investitionsausgaben in der Periode t von Sozialproduktänderungen einer Reihe zurückliegender Perioden abhängen, kann man auch sagen, daß die Sozialproduktänderung in der Periode t zu Investitionsausgaben in einer Reihe zukünftiger Perioden führt. Zwar kann zwischen der Sozialproduktänderung und der Investitionsentscheidung ein Lag liegen, doch ist die Entscheidung einmal gefallen, wird in jedem Fall noch Zeit vergehen, bis die Aufträge vergeben und die Zahlungen geleistet sind; dabei kann es sich dann um Zahlungen bei Lieferung oder um Vorauszahlungen handeln. Hinzu kommt die Tatsache, daß die durch ein gegebenes Sozialprodukt induzierten Investitionen aus einer „Mischung" verschiedener Anlagen, Maschinen und einzelner Ausrüstungsgegenstände bestehen, so daß es sehr sinnvoll wird, auch für die Ausgaben eine Verteilung über eine Reihe von Perioden anzunehmen.

3.3 Die Wachstumstheorie von Harrod und Domar

Der statische Multiplikator ist eine stabile Relation; das Akzeleratorprinzip wird aber eine explosive Tendenz haben. Dann fragt sich, was aus einer Kombination dieser beiden Prinzipien wird. Zunächst wird die Frage an Hand eines Modells beantwortet, in dem weder für den Multiplikator noch für den Akzelerator Lags angenommen werden. Dabei werden Multiplikator und Akzelerator so zusammenwirken, daß sich ein zeitlich stetiges und progressives Wachstum von Einkommen und Sozialprodukt ergibt. Dieser Ansatz findet sich bei Lundberg (1937); weiter entwickelt wurde er von Harrod (1936, 1948) und Domar (1946).

Die zugrundeliegende Idee läßt sich leicht wiedergeben. Wenn die autonomen Investitionen A etwa infolge „sprunghafter" Erfindungen wachsen, so liefert der Multiplikator einen entsprechenden Sozialproduktzuwachs $\frac{A}{1-c}$, wobei c $(0 < c < 1)$ die marginale Konsumquote bedeutet. Die Ausdehnung des Sozialprodukts bringt dann den Akzelerator ins Spiel, welcher zu weiteren (induzierten) Investitionen führt. Diese neue Investition wird ihrerseits wieder mit dem Multiplikator „aufmultipliziert", und das Spiel beginnt von neuem. Im Endeffekt wird das Sozialprodukt progressiv zunehmen.

Eine stetige Analyse ist besser als eine periodisierte geeignet, die Multiplikator-Akzelerator-Wechselwirkung ohne Lags zu entwickeln; dabei soll der Akzelerator in seiner einfachsten Form von 3.2 oben verwendet werden. Alle Variablen werden als stetige Funktionen der Zeit betrachtet, und die Relationen werden als linear angesehen. Werden die autonomen Ausgaben für Konsum und Investition getrennt ausgewiesen, so lautet die fundamentale Bedingung:

$$Y = C + I + A$$

mit $$C = cY \quad \text{und} \quad I = v\frac{dY}{dt}$$

als Konsumfunktion bzw. Akzeleratorbeziehung $(0 < c < 1, \quad v > 0)$.

Folglich:

$$Y = cY + v\frac{dY}{dt} + A \tag{1}$$

d. h. $$\frac{dY}{dt} = \varrho\left(Y - \frac{A}{s}\right)$$

ist die Differentialgleichung für den zeitlichen Verlauf des Sozialprodukts $Y(t)$. Dabei bedeutet $\varrho = \frac{s}{v}$ und $s = 1 - c$ den Grenzhang zum Sparen.

Die Lösung von (1) hängt von den Annahmen ab, die man über den zeitlichen Verlauf der autonomen Ausgaben A macht. Dabei verdienen zwei Fälle besondere Aufmerksamkeit.

1. *Fall:* A = constant. Feste autonome Ausgaben. y sei die Abweichung des Einkommens von einer gegebenen Höhe $\frac{A}{s}$, d. h. $y = Y - \frac{A}{s}$ und $\frac{dy}{dt} = \frac{dY}{dt}$. Dann wird aus (1):

$$\frac{dy}{dt} = \varrho\, y \quad \text{mit} \quad \varrho = \frac{s}{v} > 0 \tag{2}$$

Da $\frac{d}{dt}(\log y) = \frac{1}{y}\frac{dy}{dt}$, wird aus (2) $\frac{d}{dt}(\log y) = \varrho$ und damit:

$$\log y = \varrho\, t + \text{constant}$$

$$y = Be^{\varrho t}$$

Dabei ist B eine Konstante, die aus der Einkommenshöhe der Ausgangsperiode zu bestimmen ist. Setzt man $y = y_0$ im Zeitpunkt $t = 0$, dann gilt $B = y_0$.

Dann lautet die Lösung für (2):

$$y = y_0\, e^{\varrho t} \tag{3}$$

Damit ist eine stetige und progressive Ausdehnung von Einkommen und Sozialprodukt in der Zeit gegeben; die konstante Wachstumsrate beträgt $\varrho = \frac{s}{v} > 0$. Im allgemeinen ist die marginale Sparquote $s = 1 - c$ im Vergleich zum Investitionskoeffizienten v recht klein; in diesem Falle ist ϱ ein positiver Bruch, der ziemlich klein sein kann. Betrachtet man beispielsweise ein Jahr als Zeiteinheit und setzt $s = 0{,}05$ (Grenzneigung zum Sparen 5 %) und $v = 2{,}5$, dann ist $\varrho = 0{,}02$ und das Einkommen wächst stetig um 2 % pro Jahr.

Das Ergebnis läßt die Wirkung des Akzelerators gut erkennen. Auch wenn die autonomen Ausgaben festliegen, läßt doch die Multiplikator-Akzelerator-Reaktion das Sozialprodukt progressiv wachsen. Die Wachstumsrate wird durch die strukturellen Konstanten s und v des Systems festgelegt. Der Akzelerator ist offensichtlich der explosive Faktor.

2. Fall: $A = A_0 e^{rt}$; progressives Wachstum der autonomen Ausgaben. Die Wachstumsrate von A ist eine gegebene Konstante r ($r > 0$). Aus der Gleichung (1) wird:

$$\frac{d\mathrm{Y}}{dt} = \varrho\left(\mathrm{Y} - \frac{A_0}{s}\, e^{rt}\right) \tag{4}$$

Hier gilt wie vorher $\varrho = \frac{s}{v} > 0$. Man setze $\mathrm{Y} = \overline{\mathrm{Y}}_0 e^{rt}$ als Lösung von (4); Y wachse also progressiv mit der gleichen Rate wie A. Durch Substitution in (4) ergibt sich:

$$r\overline{\mathrm{Y}}_0\, e^{rt} = \varrho\left(\overline{\mathrm{Y}}_0\, e^{rt} - \frac{A_0}{s}\, e^{rt}\right) \tag{5}$$

d. h. $$\overline{\mathrm{Y}}_0 = A_0/v\,(\varrho - r)$$

Also ist unter der Voraussetzung, daß $\overline{Y}_0$ diesen speziellen Wert annimmt (der durch die Struktur des Systems festgelegt ist), eine progressive Ausdehnung von Y mit der Rate r möglich.

Zu bestimmen bleibt noch der Pfad, den Y von einem *beliebigen* Anfangswert oder einer beliebigen Anfangsstörung $Y_0 \neq \overline{Y}_0$ aus nimmt. Man setze $y = Y - \overline{Y}_0 e^{rt}$, so daß im Anfangspunkt $t = 0$ gilt: $y_0 = Y_0 - \overline{Y}_0$. Dann muß man (5) von (4) subtrahieren und beachten, daß $\frac{dy}{dt} = \frac{dY}{dt} - r\overline{Y}_0 e^{rt}$. Dann gilt:

$$\frac{dy}{dt} = \varrho\, y$$

Die Lösung lautet wie zuvor:

$$y = y_0\, e^{\varrho t}$$

Diese Beziehung hat Ähnlichkeiten mit (3) im Falle fester autonomer Ausgaben. Der Unterschied besteht darin, daß y kein gegebenes Einkommensniveau darstellt, sondern die Abweichung des Sozialprodukts vom Pfad des progressiven Wachstums. Daraus folgt, daß auch die Lösung von (4) eine progressive Abweichung vom progressiven Wachstumspfad des Sozialprodukts darstellt. Die vollständige Lösung lautet:

$$Y = \overline{Y}_0\, e^{rt} + (Y_0 - \overline{Y}_0)\, e^{\varrho t} \qquad (6)$$

mit

$$\overline{Y}_0 = A_0/v\,(\varrho - r)$$

Die Lösung (6) muß sorgfältig interpretiert werden. Man könnte von einer „gleichgewichtigen" Wachstumsrate des Sozialprodukts sprechen, $Y = \overline{Y}_0 e^{rt}$, von einer Expansionsrate, die auch für die autonomen Ausgaben gilt. Wenn das Sozialprodukt auf dem richtigen Niveau $\overline{Y}_0$ einsetzt, so entspricht der weitere Verlauf dem „Gleichgewichts"-Pfad. Dieses Ergebnis ist bereits bekannt, denn dieser „Gleichgewichts"-Pfad ähnelt genau dem Gleichgewichtspfad bei einem dynamischen Multiplikator unter denselben Umständen (2.7 oben). Ist das anfängliche Sozialproduktniveau nicht richtig, also $Y_0 \neq \overline{Y}_0$, so entfernt sich das Sozialprodukt in seinem weiteren Verlauf stetig und progressiv vom „Gleichgewichts"-Pfad. Die Stärke der Abweichung ist gegeben durch die Strukturkonstante $\varrho = \frac{s}{v}$. Dieses Ergebnis läßt sich mit dem entsprechenden Ergebnis für den dynamischen Multiplikator (2.7 oben) vergleichen, wo eine stetige Rückkehr zum „Gleichgewichts"-Pfad vorliegt. Wiederum sorgt der Akzelerator für das dynamische Element.

Unabhängig vom jeweils betrachteten Fall liegt für das Sozialprodukt ein progressives Wachstum vor, dessen Rate $\varrho = \frac{s}{v}$ vom System bestimmt wird. In ihr kommt die nicht-dämpfende oder explosive Wirkung des Akzelerators (bei konstantem v) zum Ausdruck; diese Wirkung wird jedoch durch den Multiplikator wieder gedämpft (bei konstantem $s = 1 - c$). Dies ist Harrods „gleichgewichtige" Wachstumsrate (warranted rate of growth); diese Rate ist insofern gleichgewichtig, als sie sich aus einer im Zeitablauf nicht unterbrochenen Übereinstimmung von Sparen und Investieren ergibt. Im Modell gibt es keine Lags, so daß sich die grundlegende Beziehung (1) aus der Bedingung $Y = C + I + A$ ableiten läßt; das aber bedeutet die Gleichheit von Sparen und Investieren. Nirgends divergieren Sparen und Investieren; unbeabsichtigtes Sparen und unbeabsichtigtes Investieren werden gleicherweise ausgeschaltet.

In der grundlegenden Gleichung (1) ist $v \frac{dY}{dt}$ der Akzelerator, der die induzierten Investitionen zu den Sozialproduktänderungen in Beziehung setzt. Auf der anderen Seite der Gleichung steht der Ausdruck $(Y - C - A)$, d. h. das Sparen vermindert um die autonomen Investitionen. Diese Darstellung folgt Harrod. Domar erhält die gleiche Relation (1), doch interpretiert er sie anders; oder zumindest gibt er noch andere Interpretationen. In Domars Hauptwerk (1946) (S. 141) wird die Konstante v als der reziproke Wert der durchschnittlichen Kapitalproduktivität bezeichnet. Folglich stellt $1/v$ das Verhältnis des durch die Investitionen bewirkten Sozialproduktzuwachses zu den Investitionen dar:

$$\frac{1}{v} = \frac{dY}{dt} \Big/ I$$

Diese Gleichung schreibt man besser $\frac{dY}{dt} = \frac{1}{v} I$ und nicht in der formal äquivalenten Form $I = v \frac{dY}{dt}$. I betrachtet man nicht wie im Akzelerationsprinzip in Abhängigkeit von $\frac{dY}{dt}$; vielmehr hängt $\frac{dY}{dt}$ über die Kapitalproduktivität von I ab. Domars Theorie läßt sich als Bedingung für Vollbeschäftigung oder volle Kapazitätsauslastung verstehen; dazu müssen Sozialprodukt und Investitionen mit progressiver (oder „gleichgewichtiger") Rate wachsen. Yeager (1954) formuliert dies so: die Relation $\frac{dY}{dt} = \frac{1}{v} I$ besagt, daß „der zu voller Ausnutzung der zusätzlich geschaffenen Kapazitäten notwendige Einkommenszuwachs proportional ist einer geplanten Investition, die dieses zusätzliche Einkommen möglich macht."

Bei dem anderen Ansatz verfährt Domar (1946) (S. 145) umgekehrt. Wenn das Sozialprodukt mit progressiver Rate wächst, dann erhebt sich die Frage, ob hinreichende Investitionen induziert werden; die Antwort lautet „ja", wenn die Wachstumsrate die „gleichgewichtige" Rate ist. Bei diesem Ansatz führt Domar nun tatsächlich den Akzelerator ein.

Gegen die Wachstumstheorie von Harrod und Domar lassen sich viele Einwände machen, nicht so sehr, weil die Theorie unzulässige Vereinfachungen macht — diese Kritik trifft alle dynamischen Modelle der makroökonomischen Theorie —, sondern eher, weil die Theorie mit einem „unzulässigen Anspruch auf Exaktheit" auftritt, um noch einmal Yeager (1954) zu zitieren. Hinnehmen kann man zunächst die Vereinfachung, daß es nur zwei einfache Konstanten (c und v) im System gibt, daß also der Konsum dem Sozialprodukt und die Investitionen der Veränderung des Sozialprodukts proportional sind. Nicht hinnehmen kann man dagegen, daß Lags vollständig fehlen; und damit ist die Annahme verbunden, daß nicht nur ex post, sondern auch ex ante Sparen gleich Investieren ist.

Tatsächlich ist diese Theorie nur in begrenztem Maße dynamisch. Aus 2.7 oben ist bereits bekannt, daß der Multiplikator allein stabilisierend oder dämpfend wirkt; über ihn läßt sich erreichen, daß das Sozialprodukt der zeitlichen Entwicklung der autonomen Ausgaben folgt, ob diese nun progressiv, oszillatorisch oder „sprunghaft" verläuft. Die Theorie von Harrod und Domar fügt dem nur noch hinzu, was schon allgemein zu erwarten war, daß nämlich der Akzelerator explosiv wirkt. Wesentlich ist die Feststellung, daß das Multiplikator-Akzelerator-System aus sich heraus zu Schwingungen führt. Eine Konjunkturtheorie kann sich nicht damit begnügen, daß sich eine Schwingung der autonomen Ausgaben in einer Schwingung von Einkommen und Sozialprodukt auswirkt. Gerade der Akzelerator ist erforderlich, damit eine strukturelle Schwingung hervorgerufen wird, und zwar dadurch, daß er die dämpfende Wirkung des Multiplikators wieder zu einer Schwingung um das Gleichgewicht „explodieren" läßt. Die Wirkung kann natürlich dadurch übertrieben werden, daß er aus sich heraus die Schwingung explosiv gestaltet; doch wir wollen nicht vorgreifen. Die Theorie von Harrod und Domar hat nicht oszillatorischen Charakter, denn sie enthält keine Lags und ist damit auch nicht völlig dynamisch.

Übungsaufgaben 3.3

1. Vergleichen Sie die durch (1) gegebenen Pfade von Y, wenn die autonomen Investitionen (i) durch $A(t)$ und (ii) durch $A(t) + a_0$ gegeben sind, wobei a_0 eine Konstante ist. Zeigen Sie, daß aufgrund von $\frac{a_0}{1-c}$, der durch den Multiplikator gegebenen Größe, der Pfad (ii) höher als der Pfad (i) verläuft.

2. Für die Gleichung (1) gelte $A = at$, also ein stetiges (doch nicht progressives) Wachstum. Zeigen Sie, daß $Y = \overline{Y}_0 + \frac{at}{1-c}$ ein stetiges Wachstum des Sozialproduktes darstellt, das der Gleichung genügt, sofern $\overline{Y}_0 = \frac{av}{(1-c)^2}$ gilt. Interpretieren Sie dieses Ergebnis.

3. Die Beziehung $A = A_0\, e^{rt} + a_0$ soll beispielsweise progressive autonome Investitionen und konstante autonome Konsumausgaben wiedergeben. Zeigen Sie, daß sich die Lösung der Gleichung (1) nicht verändert (verglichen mit $a_0 = 0$), sofern man $\left(Y - \frac{a_0}{1-c}\right)$ für Y setzt. Vgl. Aufg. 1 oben.

4. Zeigen Sie, daß für den Fall $A = A_0\, e^{rt}$ mit der Lösung $Y = \overline{Y}_0\, e^{rt}$ gilt: $\overline{Y}_0 = \frac{A_0}{s - rv} > \frac{A_0}{s}$ $(s = 1 - c)$. Inwiefern bedeutet dies, daß Y oberhalb des durch den Multiplikator bestimmten Niveaus liegt?

5. Betrachten Sie die Gleichung (4) für den Fall $A = A_0\, e^{rt}$, setzen Sie $\eta = \frac{Y - \overline{Y}_0\, e^{rt}}{\overline{Y}_0\, e^{rt}}$ und zeigen Sie, daß die Gleichung die Form $\frac{d\eta}{dt} = (\varrho - r)\, \eta$ mit der Lösung $\eta = \eta_0\, e^{(\varrho - r)t}$ annimmt. Zeigen Sie, daß diese Lösung mit der Lösung (6) des Textes identisch ist. Interpretieren Sie das Ergebnis mit Hilfe des Begriffes einer *proportionalen* Abweichung vom „Gleichgewicht“. Zeigen Sie die Brauchbarkeit der Lösung für η anhand einer halblogarithmischen graphischen Darstellung der Lösung von Y als Funktion der Zeit.

3.4 Das Multiplikatormodell von Phillips

Als nächstes sollen in das Multiplikator-Akzelerator-Modell Lags eingeführt werden. Soll die stetige Analyse mit Differentialgleichungen beibehalten werden, arbeitet man zweckmäßigerweise mit einem stetig verteilten Lag in exponentieller Form. Ein solches Modell wurde von Philipps (1954) konstruiert.

Man könnte annehmen, daß die Einführung einer oder mehrerer Verzögerungen an Stelle stetig verteilter Lags zu einfacheren Modellen führen müßte. Das ist aber nicht der Fall, da sich unangenehme gemischte Gleichungen ergeben, die sowohl Differentiale wie auch Differenzen enthalten. Dies wird aus Aufg. 1 unten deutlich und anhand einiger Modelle von Kapitel 8 unten noch genauer erläutert.

Der Akzelerator wird zunächst vernachlässigt; die Analyse beschränkt sich auf den dynamischen Multiplikator mit stetigem (exponentiellen) Lag. Daraus ergibt sich in der Tat eine stetige Variante des vorhergehenden Modells aus 2.7 oben. Alle Variablen sind stetige Funktionen der Zeit, so daß etwa Einkommen oder Sozialprodukt Y in der Form $Y(t)$ erscheint. Durchweg werden lineare Relationen angenommen.

Auf der Nachfrageseite werden keine Lags berücksichtigt; der geplante Konsum ist $C = cY$, die autonomen Ausgaben (Investitionen und Konsum) sind A; damit beträgt die gesamte Nachfrage ohne Lags:

$$Z = C + A = cY + A$$

Man betrachte A als gegeben und konstant und verwende statt des Grenzhangs zum Konsum den Grenzhang zum Sparen $s = 1 - c$. In der Tat läßt sich s im Anschluß an Phillips viel allgemeiner als „marginale Sickerquote" (marginal leakage) interpretieren; vgl. Aufg. 2 unten. In beiden Fällen ist die Gesamtnachfrage ohne Lags

$$Z = (1 - s)\,Y + A \tag{1}$$

Auf der Angebotsseite soll das Sozialprodukt Y nicht unmittelbar (wie in 3.3 oben) auf die Nachfrage Z reagieren, sondern mit einem stetigen (exponentiellen) Lag. Dabei sei λ die Reaktionsgeschwindigkeit oder $T = \frac{1}{\lambda}$ die Zeitkonstante des Lags, so daß

$$\frac{dY}{dt} = -\lambda\,(Y - Z) \tag{2}$$

die Änderung des Sozialprodukts in der Zeit angibt. (1) und (2) sind die Beziehungen des Modells; aus ihnen wird eine Differentialgleichung für das Sozialprodukt Y *abgeleitet:*

$$\frac{dY}{dt} + \lambda\,Y = \lambda\,Z = \lambda\,(1 - s)\,Y + \lambda\,A$$

also

$$\frac{dY}{dt} + \lambda\,sY = \lambda\,A \tag{3}$$

Wiederum ist das Gleichgewichtsniveau $Y = \overline{Y} = \frac{A}{s}$ des statischen Multiplikators eine Lösung für (3). Man setze $y = Y - \overline{Y}$, so daß aus (3)

$$\frac{dy}{dt} + \lambda\,sy = 0 \tag{4}$$

wird.

Benutzt man wie zuvor $\frac{1}{y}\frac{yd}{dt} = \frac{d}{dt}$ (log y), so erhält man die Lösung für (4):

$$\frac{d}{dt}(\log\,y) = -\lambda\,s$$

d. h.

$$\log\,y = -\lambda\,st + \text{constant}$$

d. h.

$$y = y_0\,e^{-\lambda st}$$

Die vollständige Lösung lautet:

$$Y = \overline{Y} + (Y_0 - \overline{Y})\, e^{-\lambda s t} \tag{5}$$

Ist ein Sozialprodukt Y_0 im Zeitpunkt $t = 0$ vorgegeben, so wird der zeitliche Verlauf des Sozialprodukts durch (5) in Form einer stetigen und progressiven Annäherung an das Gleichgewichtsniveau $\overline{Y} = \frac{A}{s}$ wiedergegeben. Die Annäherung verläuft ähnlich wie bei e^{-t}, angenommen wird nur, daß λ und s positiv sind. Die Anpassungsgeschwindigkeit wird durch λs, eine Kombination der marginalen Sparquote (wie in 2.7 oben) und der Anpassungsgeschwindigkeit des Produktionslags, wiedergegeben.

Phillips behandelt einen speziellen Fall mit speziellen Ausgangsbedingungen. Man nehme für den Anfang ein Gleichgewicht an und messe Y bei diesem Gleichgewichtsniveau ($Y = 0$, $t = 0$). Dann soll eine einmalige Änderung der Nachfrage stattfinden, die durch A repräsentiert wird und etwa aufgrund eines Zuwachses der autonomen Investitionen erfolgt. Das neue Gleichgewichtsniveau liegt bei $\overline{Y} = \frac{A}{s}$. Der Pfad von Y in Richtung auf das neue Gleichgewichtsniveau wird durch die Gleichung (3) mit $Y = 0$ an der Stelle $t = 0$ wiedergegeben; für die Lösung (5) gilt $Y_0 = 0$. Infolge einer Verlagerung A der Nachfrage nimmt dann der Pfad des Sozialprodukts von einem Gleichgewichtsniveau ($Y = 0$) zum anderen $\left(Y = \frac{A}{s}\right)$ folgende Form an:

$$Y = \frac{A}{s}\,(1 - e^{-\lambda s t}) \tag{6}$$

Die graphische Darstellung liefert die Kurve (iii) der Abb. 3 oben; hier gilt $T = \frac{1}{\lambda s}$ und $Z_0 = \frac{A}{s}$. In der Tat ist der Pfad von Y bei dieser Form des dynamischen Multiplikators derselbe wie bei einem exponentiellen Lag, dessen Reaktionsgeschwindigkeit λs beträgt (vgl. Aufg. 3 unten). Er muß mit dem dynamischen Multiplikator mit einem Lag von einer einzigen Periode (2.7 oben) verglichen werden. Die Lösung (5) von 2.7 mit $Y_0 = 0$ und $\overline{Y} = \frac{A}{1-c}$ lautet:

$$Y_t = \frac{A}{1-c}\,(1 - c^t)$$

d. h.

$$Y_t = \frac{A}{s}\,\{1 - (1-s)^t\} \tag{7}$$

Diese Lösung läßt sich direkt mit (6) oben vergleichen. Die stetige Lösung enthält eine Exponentialfunktion der Zeit von der Form e^{-at} (wobei hier $a = \lambda s$), während die periodisierte Lösung eine Potenzfunktion der Form a^t (wobei hier $a = c = 1-s$) enthält; dies ist charakteristisch für diese beiden Arten der Analyse, wie noch aus den Kapiteln 5 und 6 unten hervorgehen wird. Noch wichtiger ist der Unterschied, der sich aus den jeweiligen Eigenarten der konstruierten Modelle ergibt, daß nämlich die Reaktionsgeschwindigkeit in (6) von λs, in (7) jedoch nur von s abhängt.

Übungsaufgaben 3.4

1. Die Differentialgleichung (1) in 3.3 oben stellt den Multiplikator-Akzelerator ohne Lags dar. Man betrachte Verzögerungen von der Länge ϑ_1 in der Konsumfunktion und von der Länge ϑ_2 im Akzelerator und zeige, daß die Gleichung folgende Form annimmt:

$$v \frac{d}{dt} Y(t-\vartheta_2) = Y(t) - cY(t-\vartheta_1) - A$$

Auch für den einfachsten Fall ($\vartheta_1 = \vartheta_2 = 1$) ist das eine gemischte Gleichung. Man zeige aber, daß $Y = \overline{Y}$ = const. für jeden Zeitpunkt noch eine Lösung ist, wenn $\overline{Y} = \frac{A}{1-c}$ wie beim statischen Multiplikator gilt.

2. Die Gesamtnachfrage sei $Z = C + A$, wo C *wie auch* A vom Einkommen Y linear abhängig sind. Man zeige, daß sich diese Beziehung in der Form $Z = (1-l)\,Y + \delta$ schreiben läßt, wobei sich l als „marginale Abgangsquote" und δ als autonome Nachfrage interpretieren lassen. Man zeige dann, daß der dynamische Multiplikator in der gleichen Form wie im Text oben erhalten bleibt.

3. Die Differentialgleichung für den dynamischen Multiplikator hat die Form (3) oben. Man schreibe sie in der Form $\frac{dY}{dt} = -\lambda s \left(Y - \frac{A}{s}\right)$ und interpretiere sie so, als ob ein stetiger Lag wirksam ist.

4. Im dynamischen Modell des Textes wird Sparen nicht erwähnt. Man zeige, daß der ex-ante-Konsum $(1-s)\,Y$ beträgt, wobei das Sparen gleich sY und die Investitionen gleich A sind (autonome Konsumausgaben werden nicht angenommen); man zeige somit, daß sich Konsum und Sparen zu Y und Konsum und Investitionen zu Z als ex-ante-Werte addieren. Dann leite man die Existenz ungeplanter Investitionen ab, die nur dann nicht auftreten, wenn die Konsumpläne nicht realisiert und durch unbeabsichtigtes Sparen genau ausgeglichen werden.

5. Man zeige, daß an der Stelle $t = 0$ für den Pfad (6) von einem Gleichgewicht zu einem anderen die Beziehung gilt: $\frac{dY}{dt} = \lambda A$; man interpretiere dieses Ergebnis anhand der Kurve (iii) der Abb. 3 oben.

3.5 Das Multiplikator-Akzelerator-Modell von Phillips

Das Modell in 3.4 oben enthält nur die autonomen Investitionen, ein Akzelerator tritt nicht auf. Nunmehr soll ein verzögerter Akzelerator hinzutreten, dessen Lag die stetige, exponentielle Form (3) in 3.2 oben hat; dabei sei der Investitionskoeffizient v und die Reaktionsgeschwindigkeit $\varkappa$. Die tatsächlich induzierten Investitionen I zum Zeitpunkt t als Reaktion auf Sozialproduktänderungen werden dann durch folgenden Ausdruck wiedergegeben:

$$\frac{dI}{dt} = -\varkappa\left(I - v\,\frac{dY}{dt}\right) \tag{1}$$

Die Gesamtnachfrage beträgt nunmehr $Z = C + I + A$, wobei wie zuvor $C = cY = (1-s)\,Y$ ohne Lags gelten soll; d. h. also:

$$Z = (1-s)\,Y + I + A \tag{2}$$

Auf der Angebotsseite soll wie zuvor ein stetiger Lag angenommen werden, dessen Reaktionsgeschwindigkeit gleich λ ist:

$$\frac{dY}{dt} = -\lambda\,(Y - Z) \tag{3}$$

Das Modell enthält die Relationen (1), (2) und (3). Zwei stetig verteilte Lags liegen vor, der eine auf der Angebotsseite (wo das Sozialprodukt mit der Geschwindigkeit λ auf die Nachfrage reagiert) und der andere auf der Seite des Akzelerators (wo die Investitionen mit der Geschwindigkeit $\varkappa$ auf Sozialproduktänderungen reagieren). Für Y erhält man eine Differentialgleichung, wenn man Z und I aus (1), (2) und (3) eliminiert. Zunächst setze man (2) in (3) ein:

$$\frac{dY}{dt} = -\lambda Y + \lambda\,\{(1-s)\,Y + I + A\}$$

d. h.

$$I = \frac{1}{\lambda}\,\frac{dY}{dt} + sY - A$$

und somit

$$\frac{dI}{dt} = \frac{1}{\lambda}\,\frac{d^2Y}{dt^2} + s\,\frac{dY}{dt}$$

Diesen Ausdruck setze man in (1) ein:

$$\frac{1}{\lambda}\,\frac{d^2Y}{dt^2} + s\,\frac{dY}{dt} = -\varkappa\left(\frac{1}{\lambda}\,\frac{dY}{dt} + sY - A\right) + \varkappa v\,\frac{dY}{dt}$$

d. h.

$$\frac{1}{\lambda}\,\frac{d^2Y}{dt^2} + \left(s + \frac{\varkappa}{\lambda} - \varkappa v\right)\frac{dY}{dt} + \varkappa s Y = \varkappa A$$

Man erhält für Y eine Differentialgleichung zweiter Ordnung:

$$\left.\begin{aligned} &\frac{d^2Y}{dt^2} + a\frac{dY}{dt} + bY = \varkappa\lambda A \\ \text{mit} \quad &a = \lambda s + \varkappa - \varkappa\lambda v \quad \text{und} \quad b = \varkappa\lambda s \end{aligned}\right\} \quad (4)$$

Eine Lösung für (4) lautet $Y = \overline{Y} = \text{const.}$ für jeden Zeitpunkt t und $\overline{Y} = \frac{A}{s}$. Das statische Multiplikatorniveau ist wiederum mit dem Modell konsistent. Man setze $y = Y - \overline{Y}$; dann wird aus (4):

$$\frac{d^2y}{dt^2} + a\frac{dy}{dt} + by = 0 \quad (5)$$

Die Werte für a und b bleiben gleich. Mit der Lösung von (5) erhält man den zeitlichen Pfad von y und damit auch von Y. Dieser Fall wird im Kapitel 8 unten besprochen; es wird sich herausstellen, daß man grundsätzlich einen oszillatorischen Verlauf (der sehr wohl auch explosiv sein kann) um das Niveau $Y = \overline{Y} = \frac{A}{s}$ erhält.

Wählt man geeignete Ausgangsbedingungen, so kann die Differentialgleichung (4) den Pfad des Sozialprodukts von einem Gleichgewichtsniveau zu einem anderen wiedergeben. An der Stelle $t = 0$ sei $Y = 0$ das erste Gleichgewichtsniveau unmittelbar vor einer Verlagerung A der Nachfrage. Der Pfad von $Y = 0$ zum neuen Gleichgewichtsniveau $\overline{Y} = \frac{A}{s}$ wird durch (4) wiedergegeben, nur mit dem Unterschied, daß jetzt *zwei* Ausgangsbedingungen benötigt werden (siehe 5.2 unten). Die eine Bedingung lautet $Y = 0$ an der Stelle $t = 0$. Die zweite Bedingung soll lauten, daß der Ausgangswert von $\frac{dY}{dt}$ (an der Stelle $t = 0$) genau dem durch den Multiplikator gegebenen Wert entspricht, da der Akzelerator bis dahin noch nicht wirksam geworden ist. Dieser Wert beträgt $\frac{dY}{dt} = \lambda A$, vgl. 3.4 Aufg. 5 oben. Dann wird unter den Bedingungen $Y = 0$, $\frac{dY}{dt} = \lambda A$ an der Stelle $t = 0$ der Pfad von einem Gleichgewicht zum anderen durch die Differentialgleichung (4) bestimmt.

Übungsaufgaben 3.5

1. Für den Fall, daß die Konsumpläne realisiert werden, zeige man, daß im Multiplikator-Akzelerator-Modell kein ungeplantes Sparen auftritt; wenn überhaupt Pläne aufgrund der Lags im Modell nicht realisiert werden, so handelt es sich um ungeplante Investitionen.

2. Man veranschauliche die Tatsache, daß bei Verwendung der Differentialgleichung (4) zwei Ausgangsbedingungen notwendig sind, durch den Beweis, daß unter den Bedingungen $Y = 0$ und $\frac{dY}{dt} = \lambda A$ an der Stelle $t = 0$ auch $\frac{d^2Y}{dt^2}$ an der Stelle $t = 0$ bekannt ist. Wie groß ist der Wert von $\frac{d^2Y}{dt^2}$ und welche Bedeutung hat er im Rahmen der graphischen Darstellung des zeitlichen Pfades von Y?

3. Man zeige, daß sich die Gleichungen (1), (2) und (3) des Modells auch mit Hilfe des Operators $D = \frac{d}{dt}$ schreiben lassen: $Y = \frac{\lambda}{D + \lambda} Z$,

   mit $\quad Z = C + I + A, \quad C = (1-s)\,Y, \quad I = \frac{\varkappa}{D + \varkappa} vDY.$

   Man leite ab, daß

$$Y = \frac{\lambda}{(D + \varkappa)(D + \lambda)} \{(\varkappa v + 1 - s)\,DY + \varkappa\,(1-s)\,Y + \varkappa A\}$$

   ist und zeige, daß sich diese Gleichung auf die Differentialgleichung (4) des Textes reduzieren läßt.

4. Im Modell des Textes wird für die Konsumentennachfrage kein Lag angenommen. Man führe einen stetig verteilten Konsumtionslag der Form $\frac{dC}{dt} = -\gamma\,(C - cY)$ ein, wobei γ die Reaktionsgeschwindigkeit ist. Man zeige, daß sich das Modell nur insofern verändert, als $C = cY$ in der Gleichung (2) hier durch den Wert von C ersetzt wird; dann zeige man weiter, daß sich eine Differentialgleichung dritter Ordnung ergibt. Man zeige, daß sich in der Notation der vorhergehenden Aufgabe die Beziehungen ergeben:

$$Y = \frac{\lambda}{D + \lambda} Z \quad \text{mit} \quad Z = C + I + A, \quad C = \frac{\gamma}{D + \gamma} cY, \quad I = \frac{\varkappa}{D + \varkappa} vDY$$

   Daraus leite man die Differentialgleichung dritter Ordnung für Y ab.

3.6. Die Wachstumstheorie von Harrod und Domar als Periodenanalyse

In 3.3 oben wurde die stetige Version der Theorie von Harrod und Domar wiedergegeben; hier gab es weder für Konsum und Sparen noch für die Investitionen einen Lag. Man erhält ein gleichgewichtiges progressives Wachstum für das Sozialprodukt, dessen Wachstumsrate $\varrho = \frac{s}{v}$ ist. Gegen diese Theorie läßt sich einwenden, daß sie nicht vollständig dynamisch ist, weil sie keine Lags enthält. Das Modell arbeitet unter der Bedingung, daß Sparen und Investieren stets die gleiche Höhe haben, auch wenn man die ex-ante-Pläne betrachtet.

Es soll nun versucht werden, die Theorie zu periodisieren; dadurch kommen dann auch die ex-ante- und ex-post-Werte, die Pläne und der Umfang, in dem sie realisiert werden, besser zur Geltung. Führt man keine Lags ein, so erhält man das gleiche einfache und formal dynamische Ergebnis wie in 3.3 oben (vgl. Aufg. 1 unten). Realistischer ist es, Lags einzuführen, und so dem Modell seine Starrheit zu nehmen und eine dynamische Form im eigentlichen Sinne erst zu ermöglichen. Zunächst soll der einfachste Fall betrachtet werden, daß man einen Lag von einer Periode in die Konsum- und Sparrelationen einfügt; auf der Investitionsseite für den Akzelerator soll kein Lag angenommen werden. Dieser Fall scheint Harrods eigener Ausgangsposition am nächsten zu liegen. Die folgende Analyse stützt sich auf die Arbeiten von Baumol (1948, 1949) und Alexander (1950).

Zu Beginn können die beiden Schlußfolgerungen von Harrod genannt werden. Die erste besagt, daß es für das Sozialprodukt eine gleichgewichtige Wachstumsrate gibt, welche, einmal erreicht, auch erhalten bleibt. Die zweite besagt, daß bei irgendeiner anderen Wachstumsrate die Anpassungsbewegung innerhalb des Systems nicht auf die gleichgewichtige Rate hinführt, sondern sich weiter von ihr entfernt.

Die wichtigste Annahme von Harrod besagt, daß die Sparpläne und nicht die Konsumpläne realisiert werden sollen. Das ist *eine* mögliche Annahme, wenn ein Lag eingeführt wird. Im linearen Modell ohne jede autonomen Ausgaben lautet die Sparrelation $S_t = sY_{t-1}$; dabei ist s die konstante marginale Sparquote. Dies ist zwar eine ex-ante-Relation, doch wenn die Sparpläne realisiert werden, ist S_t auch eine ex-post-Größe. Der Konsum ist $(1-s)\,Y_{t-1}$ ex ante, ex post jedoch $C_t = Y_t - S_t = Y_t - sY_{t-1}$; ungeplanter Konsum ist möglich.

Die ex-post-Bedingung lautet wie zuvor $Y_t = C_t + I_t + A_t$, wobei I_t die induzierten und A_t die autonomen Investitionen bezeichnet. Also ist

$$S_t = I_t + A_t$$

die ex-post-Gleichheit von Sparen und Investieren. In der Hauptsache soll der Fall betrachtet werden, daß keine autonomen Investitionen vorkommen. Bei $A_t = 0$ betragen die (nur induzierten) Investitionen ex post:

$$I_t = S_t = sY_{t-1}$$

Die induzierten Investitionen ex ante ergeben sich aus der Akzeleration ohne Lags:

$$I_t' = v\,(Y_t - Y_{t-1})$$

Bei der Entwicklung des Modells kommt es nun auf die Beziehung zwischen Investitionen ex ante und ex post an, also zwischen I_t' und I_t.

Die gleichgewichtige Wachstumsrate für Y_t wird durch die Gleichgewichtsbedingung gegeben, daß die Investitionspläne stets realisiert werden, daß also $I_t' = I_t$ für alle t gilt. Da zunächst angenommen wird, daß die Sparpläne realisiert werden, erhält man den Spezialfall, daß hier einmal Sparen und Investieren ex ante wie auch ex post gleich sind. Die Bedingung lautet:

$$v\,(Y_t - Y_{t-1}) = sY_{t-1}$$

d. h.

$$Y_t = \left(1 + \frac{s}{v}\right) Y_{t-1}$$

Setzt man $\varrho = \frac{s}{v}$, so ergibt sich (durch Iteration) für diese einfache Differenzengleichung die Lösung:

$$Y_t = Y_0\,(1 + \varrho)^t$$

Folglich wächst Y progressiv mit der gleichgewichtigen Rate $\varrho = \frac{s}{v}$.

Nun nehme man eine Störung an, daß sich etwa in der Periode $t-1$ irgendeine andere Wachstumsrate als ϱ eingestellt hat. In dieser Periode werden die ex-ante-Investitionen nicht durch die ex-post-Investitionen realisiert; $I'_{t-1} \neq I_{t-1}$. Nun fragt sich, wie sich in der Periode t die Anpassung vollzieht. Zu diesem Zweck muß eine weitere Annahme oder Bedingung über die Funktionsweise des Modells eingeführt werden. Man setze:

$$\overline{U}_t = I_t' - I_t = v\,(Y_t - Y_{t-1}) - sY_{t-1} = vY_t - (v + s)\,Y_{t-1} \tag{1}$$

als Überschuß der geplanten Investitionen über die realisierten in der Periode t. Im Falle $\overline{U}_t > 0$ gibt es geplante Investitionen, die nicht realisiert werden; im Falle $\overline{U}_t < 0$ gibt es ungeplante Investitionen. Weiterhin braucht man noch eine Bedingung dafür, wie sich ein gegebenes $\overline{U}_{t-1} \neq 0$ in der Periode $(t-1)$ auf das Sozialprodukt Y_t der Periode t auswirken soll.

Als erstes kann man annehmen, daß das Sozialprodukt in der Periode t genau um den Betrag anwächst, mit dem sich ein Fehlbetrag U_{t-1} (oder ein Überschuß, wenn $\overline{U}_{t-1}$ negativ ist) ausgleichen ließe.

$$Y_t = Y_{t-1} + \overline{U}_{t-1} \tag{2}$$

Aus (1) erhält man:

$$Y_t = Y_{t-1} + vY_{t-1} - (v + s)\,Y_{t-2}$$

Damit ergibt sich eine Differenzengleichung zweiter Ordnung

$$Y_t = (1 + v) Y_{t-1} - (v + s) Y_{t-2} \tag{3}$$

Die Lösung wird in 6.6 unten angegeben. Bei gegebenem s (im allgemeinen ein kleiner positiver Bruch) hängt die Gestalt des Pfades von Y_t von der Größe des Investitionskoeffizienten v ab. Für die wahrscheinlichen Werte von v, welche zwischen $1-s$ und $1 + 2\sqrt{s}$ liegen, ist der durch (3) wiedergegebene Verlauf von Y_t eine explosive Schwingung. Beispielweise erhält man für $s = \frac{1}{4}$ und v zwischen $\frac{3}{4}$ und 2 einen explosiven oszillatorischen Verlauf. Schwierig ist an diesem offensichtlich sinnvollen Ergebnis – das dem Samuelson-Hicks-Modell in 3.7 unten entspricht –, daß die Bedingung (2) mit der Aufrechterhaltung einer gleichgewichtigen Wachstumsrate nicht mehr konsistent ist. Beträgt in der Periode $(t-1)$ die Wachstumsrate $\varrho = \frac{s}{v}$, so daß $\overline{U}_{t-1} = 0$, so ergibt sich aus (2) $Y_t = Y_{t-1}$, d. h. also, daß sich das Sozialprodukt nicht ändert und damit auch die gleichgewichtige Wachstumsrate nicht beibehält.

Gerade das wird mit der zweiten Annahme wieder möglich; und zwar soll als Bedingung unterstellt werden, daß das Sozialprodukt in der Periode t um die gleichgewichtige Rate zunimmt und sich an den Fehlbetrag $\overline{U}_{t-1}$ anpaßt:

$$Y_t = (1 + \varrho) Y_{t-1} + \overline{U}_{t-1} \tag{4}$$

Aus (1) und $\varrho = \frac{s}{v}$ ergibt sich:

$$Y_t = Y_{t-1} + \frac{s}{v} Y_{t-1} + vY_{t-1} - (v + s) Y_{t-2}$$

Man erhält wiederum eine Differenzengleichung zweiter Ordnung:

$$Y_t = \left(1 + v + \frac{s}{v}\right) Y_{t-1} - (v + s) Y_{t-2} \tag{5}$$

Im Unterschied zu (3) enthält hier der Koeffizient von Y_{t-1} noch den zusätzlichen Ausdruck $\frac{s}{v}$. Der durch (5) wiedergegebene Pfad von Y_t definiert nunmehr ein stetiges und unbegrenztes Wachstum mindestens für alle wahrscheinlichen Werte von $v > 1-s$ (vgl. 6.6 unten). In diesem Falle variiert Y_t explosiv und nicht oszillatorisch. Damit kommt man in der Tat wieder zu den beiden Schlußfolgerungen von Harrod.

Ist die gleichgewichtige Wachstumsrate einmal erreicht, und gilt damit $\bar{U}_{t-1} = 0$, dann impliziert die Bedingung (4), daß dieser Zustand fortdauert. Gilt jedoch irgendeine andere Rate, so weicht mindestens für $v > 1 - s$ der durch (5) wiedergegebene Pfad von Y_t progressiv von der gleichgewichtigen Rate ab.

Man kann eine noch allgemeinere Bedingung annehmen. r_{t-1} sei die Wachstumsrate in der Periode $(t-1)$, für die der Fehlbetrag der Investitionspläne gleich $\bar{U}_{t-1}$ ist. Dann gilt $Y_{t-1} = Y_{t-2}(1 + r_{t-1})$. r_t sei die entsprechende, für die Periode t gegebene Wachstumsrate: $Y_t = Y_{t-1}$ $(1 + r_t)$. Nunmehr soll als Bedingung angenommen werden, daß die Wachstumsrate zunimmt, wenn für die Investitionen ein Fehlbetrag besteht ($\bar{U}_{t-1} > 0$), und daß sie im umgekehrten Fall abnimmt. Die Wachstumsrate des Sozialprodukts erhöht sich schrittweise, solange geplante Investitionen nicht realisiert werden. Somit lautet die Bedingung:

$$\left.\begin{array}{ll} r_t > r_{t-1} & \text{wenn } \bar{U}_{t-1} > 0 \\ r_t = r_{t-1} & \text{wenn } \bar{U}_{t-1} = 0 \\ r_t < r_{t-1} & \text{wenn } \bar{U}_{t-1} < 0 \end{array}\right\} \qquad (6)$$

Aus (6) folgt, daß die gleichgewichtige Rate, wenn sie einmal erreicht ist ($\bar{U}_{t-1} = 0$), auch aufrechterhalten bleibt ($r_t = r_{t-1}$); damit hat man die erste Schlußfolgerung von Harrod. Als nächstes nehme man an, daß eine Wachstumsrate erreicht wird, die größer als die gleichgewichtige Rate ist: $r_{t-1} = \frac{s}{v} + \varepsilon$ mit $\varepsilon > 0$. Dann gilt $Y_{t-1} = Y_{t-2}\left(1 + \frac{s}{v} + \varepsilon\right)$ und wegen (1)

$$\bar{U}_{t-1} = v\left(1 + \frac{s}{v} + \varepsilon\right) Y_{t-2} - (v + s)\, Y_{t-2} = v\,\varepsilon\, Y_{t-2} > 0$$

Folglich gilt wegen (6): $r_t > r_{t-1} > \frac{s}{v}$.

Somit wendet sich die Wachstumsrate weiter von der gleichgewichtigen Rate ab. Damit hat man die zweite Schlußfolgerung von Harrod.

Nunmehr sind die Gründe klar, weshalb die Wachstumstheorie vom Harrod-Domar-Typ kein zufriedenstellendes dynamisches Modell liefert. Im besonderen liegen diese Gründe in der Annahme von Harrod, daß die Sparpläne realisiert werden. Nimmt man weiter an, daß die Investitionspläne ebenfalls realisiert werden, so stellt das gesamte System im wesentlichen nur ein Gleichgewicht in Bewegung dar. Das Sozialprodukt wächst progressiv mit der gleichgewichtigen Rate $\varrho = \frac{s}{v}$. Solange die Investitionspläne weiterhin realisiert werden, erschöpfen sich darin die Möglichkeiten. Das System stellt nicht im wahren Sinne ein dynamisches Modell dar, denn z. B. legt es nicht den zeitlichen Pfad einer Variablen von einem Gleichgewicht zum anderen als Folge irgendeiner Störung fest. Die Schwierigkeit liegt darin, daß die doppelte Annahme realisierter Spar- und Investitionspläne sehr weit geht; sie impliziert, daß ex ante Sparen gleich Investieren ist, daß die Pläne also stets aufeinander abgestimmt sind.

Hier wurde die Alternative untersucht, daß zwar die Annahme realisierter Sparpläne beibehalten wird, daß sich die Investitionspläne jedoch nicht zu erfüllen brauchen. Dann wird für das Modell eine zusätzliche Bedingung erforderlich, die die Reaktion des Sozialprodukts auf einen Fehlbetrag der Investitionen wiedergibt. Dafür lassen sich eine ganze Reihe von Bedingungen annehmen, für welche (2), (4) und (6) oben nur Beispiele sind. Der entsprechende Pfad von Y_t kann verschiedene Formen annehmen. Das Hauptergebnis besagt nun, daß die gleichgewichtige Wachstumsrate $\varrho = \frac{s}{v}$ aufhört, überhaupt irgendeine Bedeutung zu haben; sie tritt nur auf, wenn man die Gleichgewichtsbedingung (Sparen = Investieren ex ante) vorgibt, nicht jedoch in solchen dynamischen Modellen, wie sie eben betrachtet wurden. Der Pfad von Y_t, welcher sich beispielsweise aufgrund der Bedingungen (2) oder (4) einstellt, muß für sich selbst beurteilt werden; er kann oszillatorisch oder explosiv oder auch beides sein. Er ist ein Ausdruck für die Wechselwirkung zwischen Multiplikator und Akzelerator in einem speziellen dynamischen Modell. Gemeinsam ist diesen Modellen, daß zwar unbeabsichtigtes Investieren (das zu Anpassungen führt), jedoch kein unbeabsichtigtes Sparen auftreten kann. Keines dieser Modelle scheint befriedigend, da es sich ökonomisch kaum rechtfertigen läßt, daß Bedingungen wie etwa (2) oder (4) unterstellt werden.

Man kommt hier also zu dem Schluß, daß die gleichgewichtige Wachstumsrate, wenn überhaupt, dann nur wenig mit einem makroökonomischen, dynamischen Modell zu tun hat. Weiterhin sind dynamische Modelle mit einfachen Lags in Verbindung mit der Annahme, daß die Sparpläne realisiert werden, auch dann ökonomisch wohl nicht sehr brauchbar, wenn man sich vom Begriff der gleichgewichtigen Wachstumsrate freimacht. Ergiebiger ist schon, ganz von vorn anzufangen und andere Grundannahmen zu treffen, etwa daß die Konsumpläne realisiert werden, wobei auch noch die Möglichkeit unbeabsichtigten Sparens offen bleibt. Im periodisierten Modell von Samuelson-Hicks, welches als nächstes betrachtet werden soll, wird angenommen, daß sowohl der Konsum wie auch die Investitionen realisiert werden. Damit wird das Modell nicht so starr wie in der Theorie von Harrod, wo die doppelte Annahme von Spar- und Investitionsplänen getroffen wird; das Modell wird dann insofern hinreichend flexibel, als auch unbeabsichtigtes Sparen möglich wird.

Übungsaufgaben 3.6

1. Man zeige, daß man ohne Annahme von Lags im Modell des Textes auf die Gleichungen kommt:

$$I_t = sY_t \quad \text{und} \quad I_t' = v\,(Y_t - Y_{t-1}) \;,$$

und daß die Konsum- wie auch die Sparpläne realisiert werden. Werden auch noch die Investitionspläne realisiert, so zeige man, daß $Y_t = \frac{v}{v-s} Y_{t-1}$ ist und daß Y_t progressiv mit der Rate $\varrho' = \frac{s}{v-s}$ wächst. Warum ist diese „gleichgewichtige" Wachstumsrate größer als Harrods $\varrho = \frac{s}{v}$ (vorausgesetzt, daß $v > s$)?

2. Wie wirkt in dem Modell des Textes mit Lag und dem Modell der vorhergehenden Aufgabe ohne Lag ein Akzelerator, der so schwach ist, daß $v < s$ gilt? Man erörtere die weiteren Schwierigkeiten, die in diesem Falle bei einem Harrod-Domar-Modell klar erkennbar werden.

3.7 Das Multiplikator-Akzelerator-Modell nach Samuelson-Hicks

In periodisierter Form wird die Wechselwirkung zwischen Multiplikator und Akzelerator am umfassendsten bei Samuelson (1939 a, b) und später bei Hicks (1950) entwickelt. Grundlage ist die Annahme, daß die Konsumpläne realisiert werden; die ex-ante-Funktionen für Konsum und Sparen enthalten Lags, so daß auch unbeabsichtigtes Sparen möglich wird. Als Bedingung, unter der das Modell arbeiten soll, wird dann festgesetzt, daß die Investitionspläne derart realisiert werden, daß die ex-ante-Investitionen dem gemeinsamen ex-post-Wert für Sparen und Investieren gleich sind. Die ex-ante-Relation für die Investitionen wird durch den Akzelerator mit Lags dargestellt. Diese Formulierung unterscheidet sich von der bei Harrod (3.6 oben) in zwei Punkten; einmal werden die Konsum- (und nicht die Spar-)pläne realisiert, und zum anderen bilden die Lags ein wesentliches Kennzeichen der ex-ante-Relationen für den Konsum und die Investitionen.

Im allgemeinen wird, wie schon am Ende von 2.7 oben, für das Modell eine lineare Konsumfunktion mit einem verteilten Lag angenommen:

$$C_t = \gamma + c_1 Y_{t-1} + c_2 Y_{t-2} + c_3 Y_{t-3} + \ldots \qquad (1)$$

mit $$c_1 + c_2 + c_3 + \ldots = c$$

Die gesamte marginale Konsumquote soll ein positiver Bruch sein ($0 < c < 1$), desgleichen jeder einzelne Wert der Koeffizientenreihe ($c_1, c_2, c_3, \ldots$). In ähnlicher Weise wird auch ein linearer Akzelerator mit einem verteilten Lag (wie in 3.2 oben) angenommen:

$$I_t = v_1 (Y_{t-1} - Y_{t-2}) + v_2 (Y_{t-2} - Y_{t-3}) + \ldots \qquad (2)$$

mit $$v_1 + v_2 + \ldots = v$$

Der gesamte Investitionskoeffizient v soll positiv sein; auch jeder einzelne Koeffizient der Reihe ($v_1, v_2, \ldots$) kann als positiv angenommen werden.

Die durch (1) und (2) wiedergegebenen ex-ante-Pläne erfassen alle Möglichkeiten. Das laufende Einkommensniveau führt bei den Konsumenten zu Ausgabeentscheidungen, und die entsprechenden Ausgaben werden dann über die verschiedenen zukünftigen Perioden verteilt, etwa bei Teilzahlungskäufen. Noch wichtiger ist, daß auf die laufende Sozialproduktänderung Investitionsentscheidungen folgen und die notwendigen Ausgaben über zukünftige Perioden hin geplant werden. Die Relationen (1) und (2) stellen für den Konsum und die Investitionen die Ausgaben oder die Zahlungen dar. Sie können wieder von früheren Konsum- oder Investitionsentscheidungen abhängen; die tatsächliche Anlieferung von Konsum- und Kapitalgütern kann auf die Zahlungen folgen, sie begleiten oder ihnen sogar vorangehen. Hier geht es nur darum, daß die Zahlungen zeitlich festgelegt werden. Die tatsächliche Verteilung der Lags in (1) und (2) kann verschiedene Formen annehmen, z. B. kann sie „stoßweise" oder stetig verteilt sein, was später betrachtet werden soll.

Dieses Modell von Samuelson-Hicks soll nun mit dem entsprechenden stetigen Modell von Phillips (3.5) verglichen werden. Beide Modelle benutzen in vollem Umfang Lags, oder können sie doch benutzen. Phillips betrachtet stetig verteilte Lags in der Nachfrage nach Konsum- und Investitionsgütern; lediglich zur Vereinfachung des mathematischen Ableitungszusammenhanges werden in der Konsumgüternachfrage keine Lags berücksichtigt (vgl. 3.5 Aufg. 4 oben). Das Modell von Samuelson-Hicks enthält verteilte Lags für die geplanten Ausgaben für Konsum und Investitionen; diese entsprechen den Lags bei Phillips, wenn die Koeffizienten geometrisch abnehmen; andernfalls sind sie sehr viel allgemeiner formuliert. Der Unterschied zwischen den Modellen von Phillips und Samuelson-Hicks liegt in den Bedingungen, unter denen sie funktionieren. Phillips betrachtet Angebot und Nachfrage getrennt; die um einen Lag nachhinkenden Konsum- und Investitionspläne addieren sich zur Gesamtnachfrage, an welche sich das Angebot über einen weiteren Lag anpaßt. Der Nachdruck liegt auf den ungeplanten Investitionen, da das Angebot um einen Lag zurückbleibt; Konsum und Sparen können gleichermaßen realisiert werden. Im Modell von Samuelson-Hicks werden wiederum geplanter Konsum und geplante Investitionen aufaddiert, doch wird angenommen, daß beide realisiert werden. Folglich werden die um einen Lag nachhinkenden ex-ante-Pläne für Konsum und Investitionen zu tatsächlichen ex-post-Ausgaben, die addiert das gesamte Sozialprodukt bilden. Ungeplante Investitionen (oder ungeplanten Konsum) gibt es nicht; der Nachdruck liegt auf dem ungeplanten Sparen. Alle diese Annahmen sind teils eine Folge des mathematischen Ansatzes (stetiger oder Periodenanalyse) und zum anderen eine Folge der ökonomischen Interpretation. Bei Phillips folgt auf den Lag im Akzelerator (welcher die Nachfrage nach Investitionsgütern bestimmt) ein weiterer Lag in der Anpassung des Angebots an Kapitalgütern. Bei Samuelson-Hicks sind alle Lags auf der Investitionsseite in der einen Relation für den Akzelerator (2) zusammengefaßt; es ist deshalb um so wichtiger, bei der Formulierung und Interpretation dieser Relation flexibel zu sein.

Zunächst soll im Modell von Samuelson-Hicks der einfachste Fall betrachtet werden, daß sich alle Ausgaben für Investitionen auf die Periode unmittelbar nach der vollzogenen Sozialproduktänderung konzentrieren oder verlagern. Man kann eine hinreichend lange Periode dafür wählen, so daß anfängliche Wirkungen auf das mobile Sachvermögen absorbiert werden; doch soll die Periode nicht so lang sein, daß sie auch Angaben für neue Anlagen enthält. Die durch Sozialproduktänderungen induzierten Investitionen sind Nettogrößen (ohne Ersatzinvestitionen). Der „Echoeffekt" soll nicht berücksichtigt werden, d. h. also, daß das Anlagekapital, das zuvor „stoßweise" in einer einzigen Periode investiert wurde, nicht später nach etwa gleichlangen Zeitspannen ersetzt wird.

Nur der erste Ausdruck im Akzelerator (2) wird betrachtet. Doch darin stecken zwei zurückliegende Perioden von Y_{t-1} und Y_{t-2}. Folglich läßt sich das Modell kaum vereinfachen, wenn man einen Multiplikator in der Kahnschen Form wählt und in die Konsumfunktion (1) nur den einen Ausdruck (Y_{t-1}) einsetzt. Man nimmt also zwei Ausdrücke Y_{t-1} und Y_{t-2}; für den Konsum liegt ein verteilter Lag vor. Später kann man den Spezialfall betrachten und c_2 gleich Null setzen, so daß man einen Multiplikator der Kahnschen Form erhält und damit den „Elementarfall" von Hicks (1950).

Die Bedingung des Modells lautet:

$$Y_t = C_t + I_t + A_t$$

Hierbei gilt für den Konsum $C_t = \gamma + c_1 Y_{t-1} + c_2 Y_{t-2}$, für die induzierten Investitionen $I_t = v\,(Y_{t-1} - Y_{t-2})$; A_t sind die autonomen Investitionen; in allen Fällen handelt es sich um ex post realisierte Größen. Statt dieser Bedingung kann man auch sagen, daß die ex-ante-Investitionen den ex-post-Werten von Sparen und Investieren gleich sein sollen. Über das Sparen ex ante, das nicht notwendigerweise oder üblicherweise dem Sparen bzw. der Investition ex post gleich ist, wird keine Aussage gemacht; unbeabsichtigtes Sparen kann sich ergeben.

Die Bedingung läßt sich auf eine Differenzengleichung zweiter Ordnung für Y_t zurückführen:

$$Y_t = \gamma + c_1 Y_{t-1} + c_2 Y_{t-2} + v(Y_{t-1} - Y_{t-2}) + A_t$$

d. h. $$Y_t = (v + c_1) Y_{t-1} - (v - c_2) Y_{t-2} + (A_t + \gamma)$$

Nun addiere man γ zu A_t und bezeichne A_t insgesamt als autonome Ausgaben. Man setze $c = c_1 + c_2$, verwende aber nur c und c_2; daß $c_1 = c - c_2$ gilt, behalte man im Gedächtnis. Dann gilt:

$$Y_t = (v + c - c_2) Y_{t-1} - (v - c_2) Y_{t-2} + A_t$$

d. h. $$Y_t = cY_{t-1} + (v - c_2)(Y_{t-1} - Y_{t-2}) + A_t \qquad (3)$$

Diese Gleichung muß gelöst werden, damit man den Pfad von Y_t erhält, wenn A_t zu jedem Zeitpunkt gegeben ist. Gilt $A_t = A$ (= const.), so lautet eine Lösung $Y_t = \overline{Y}$ (const.) mit $\overline{Y} = A/(1-c)$, was man aus einer Substitution in (3) erkennt. Das Niveau aufgrund des statischen Multiplikators ist mit dem Modell verträglich. Setzt man $y_t = Y_t - \overline{Y}$, so wird aus (3):

$$Y_t = cy_{t-1} + (v - c_2)(y_{t-1} - y_{t-2}) \qquad (4)$$

Eine allgemeine Lösung für (4) wird später gegeben (Kapitel 7); man sieht dann, daß der Pfad von Y_t normalerweise aus einer explosiven Oszillation um das Niveau $\overline{Y} = A/(1-c)$ besteht.

Der *Elementarfall* von Hicks enthält die einfachsten Relationen: $C_t = cY_{t-1}$ und $I_t = v(Y_{t-1} - Y_{t-2})$. Als Differenzengleichung erhält man (4) mit $c_2 = 0$:

$$y_t = cy_{t-1} + v(y_{t-1} - y_{t-2}) \qquad (5)$$

Darin ist c die Grenzneigung zum Konsum und v die Stärke des Akzelerators. Ein verteilter Lag auf der Konsumtionsseite wirkt sich, wie man an c_2 sieht, dahingehend aus, daß einfach die Stärke des Akzelerators von y in (5) auf $(v - c_2)$ in (4) verringert wird. Wie ein verteilter Lag auf der Investitionsseite wirkt, kann man erkennen, wenn man in der Relation (2) von Null verschiedene Werte von v_2 betrachtet. Ein besonders interessanter, von Hicks nicht bearbeiteter Fall ergibt sich bei einem *geometrischen Lag* der Investitionen. Wenn $Z_t = v\,(Y_t - Y_{t-1})$ die Investitionen ohne Lag sind, gilt:

$$I_t = \lambda\,\{Z_{t-1} + (1-\lambda)\,Z_{t-2} + (1-\lambda)^2\,Z_{t-3} + \ldots\}$$

Hierbei ist λ die Reaktionsgeschwindigkeit ($0 < \lambda < 1$). Wie in 1.9 oben kann man schreiben:

$$I_t = \frac{\lambda}{\Delta + \lambda}\,Z_t = \frac{\lambda}{\Delta + \lambda}\,(v\Delta Y_{t-1})$$

Dann setze man diesen Ausdruck und den Ausdruck $C_t = cY_{t-1}$ in $Y_t = C_t + I_t + A$ ein (A ist konstant):

$$Y_t = cY_{t-1} + \frac{\lambda}{\Delta + \lambda}\,(v\Delta Y_{t-1}) + A$$

d. h.

$$\Delta Y_t + \lambda Y_t = c\Delta Y_{t-1} + c\lambda Y_{t-1} + \lambda v\Delta Y_{t-1} + \lambda A \qquad (\text{da } \Delta A = 0)$$

Man setze $\Delta Y_t = Y_{t+1} - Y_t$ und $\Delta Y_{t-1} = Y_t - Y_{t-1}$ und fasse zusammen:

$$Y_{t+1} = (1 + c - \lambda + \lambda v)\,Y_t - (c - \lambda c + \lambda v)\,Y_{t-1} + \lambda A$$

Wiederum ist das Niveau $Y_t = \overline{Y} = A/(1-c)$ eine Lösung. Man setze $y_t = Y_t - \overline{Y}$ und transformiere aus Bequemlichkeitsgründen von $(t + 1)$ nach t:

$$y_t = (1 + c - \lambda + \lambda v)\,y_{t-1} - (c - \lambda c + \lambda v)\,y_{t-2}$$

d. h.

$$\left.\begin{aligned} y_t &= c'\,y_{t-1} + v'\,(y_{t-1} - y_{t-2}) \\ c' &= (1-\lambda) + \lambda c \quad \text{und} \quad v' = (1-\lambda)\,c + \lambda v \end{aligned}\right\} \qquad (6)$$

mit

Man beachte, daß c' ein gewogenes Mittel aus 1 und c ist; die Gewichte sind $(1-\lambda)$ und λ mit $0 < \lambda < 1$; v' ist ein ähnlich gewogenes Mittel aus c und v. Folglich gilt für den Normalfall $c < v$: $c < c' < 1$ und $c < v' < v$. Vergleicht man (6) mit (5), so sieht man, daß sich ein verteilter (geometrischer) Lag auf der Investitionsseite wiederum in einer verminderten Stärke des Akzelerators auswirkt.

Der Akzelerator des einfachen Modells von Hicks hat bei den Differenzengleichungen (4) oder (5) die Form $I_t = v\,(Y_{t-1} - Y_{t-2})$. Die hier gegebene Interpretation entspricht im wesentlichen der von Hicks (1950): eine Änderung des Sozialprodukts der Periode $(t-1)$ führt zu Investitionen, die aufgrund der erhaltenen Lags in der Periode t *geplant und realisiert* werden. Samuelson (1939 a) interpretiert das Modell ganz anders; er bezieht die induzierten Investitionen nur auf Änderungen der Produktion von Konsumgütern (Aufg. 1 unten). Smithies (1942) erhält die gleiche Differenzengleichung noch auf eine andere Weise, in dem er nämlich den variablen Zinssatz in seiner Leihfondstheorie eliminiert. (2.2 oben).

Übungsaufgaben 3.7

1. Man vernachlässige die autonomen Ausgaben und setze für die Investitionen $I_t = k\,(C_t - C_{t-1})$; diese Investitionen sollen ohne Lags durch die Änderung der Produktion von Konsumgütern induziert werden. Dann betrachte man eine Konsumfunktion mit Lag $C_t = cY_{t-1}$ und leite einen Akzelerator der Form $I_t = kc\,(Y_{t-1} - Y_{t-2})$ ab. Man interpretiere den Investitionskoeffizienten $v = kc$. So verfährt Samuelson (1939a).

2. Man betrachte den „Elementarfall" mit $s = 0$ und zeige, daß die Differenzengleichung dann lautet: $Z_t = vZ_{t-1} + A_t$ mit $Z_t = Y_t - Y_{t-1}$. Man löse die Gleichung nach Z_t auf, wenn $A_t = A$ (= const.) gegeben ist und interpretiere das Ergebnis. Warum gibt es kein Gleichgewichtsniveau $Y_t = \overline{Y}$?

3. Man erweitere die vorhergehende Aufgabe dahingehend, daß auch ein verteilter Konsumtionslag ($c_2 \neq 0$) möglich wird, daß jedoch immer noch $s = 0$ gilt. Was läßt sich für den Fall eines ungewöhnlich schwachen Akzelerators $v < c_2$ sagen?

3.8 Die Möglichkeit eines fortschreitenden Gleichgewichts

Es wurde bereits gezeigt, daß unter bestimmten Umständen eine progressive Ausweitung von Einkommen und Sozialprodukt in der Form $Y_t = \overline{Y}\,(1 + \varrho)^t$ möglich ist; hierbei bedeutete ϱ die Wachstumsrate. Dies galt für das Multiplikatormodell 2.7 oben, wenn die autonomen Ausgaben mit der Rate ϱ wachsen; die Wirkung besteht einfach im „Aufmultiplizieren" der autonomen Ausgaben. Dies gilt gleichermaßen für das Multiplikator-Akzelerator-Modell, auch wenn die autonomen Ausgaben festliegen; der Satz ϱ entspricht dann der gleichgewichtigen Wachstumsrate $\frac{s}{v}$ von Harrod (3.6 oben). Damit läßt sich die explosive Wirkung des Akzelerators veranschaulichen. In beiden Fällen ist der Pfad von Y_t eine Gleichgewichtsbedingung; er entspricht nicht einer vollständigen dynamischen Lösung eines dynamischen Modells, d. h. wenn sich Y_t einmal entlang dieses Pfades bewegt, so wird diese Bewegung aufgrund der Struktur des Modells aufrechterhalten.

Die gleiche Möglichkeit für ein progressives Wachstum des Einkommens besteht im Modell von Samuelson-Hicks. Wieder erhält man nur eine spezielle Lösung, die nicht dynamisch ist, sondern auf dem Gleichgewichtsbegriff aufbaut; sie zeigt die Stärke des Akzelerators. In der

Differenzengleichung (4) des Modells von 3.7 oben mit festen autonomen Ausgaben A

$$y_t = cy_{t-1} + (v - c_2)(y_{t-1} - y_{t-2})$$

setze man $y_t = \bar{y}_0 (1 + r)^t$ als spezielle Lösung. Dann muß

$$\bar{y}_0 (1 + r)^t = c\bar{y}_0 (1 + r)^{t-1} + (v - c_2) \{\bar{y}_0 (1 + r)^{t-1} - \bar{y}_0 (1 + r)^{t-2}\}$$

für alle t erfüllt sein. Jeder Wert von y_0 ist hier möglich, vorausgesetzt, daß r die Bedingung erfüllt:

$$(1 + r)^2 = c (1 + r) + (v - c_2)(1 + r - 1)$$

Diese Bedingung erhält man, wenn man durch $\bar{y}_0 (1 + r)^{t-2}$ dividiert. Folglich erhält man mit jedem Wert $r = \varrho$, der eine zulässige (reelle und positive) Wurzel der quadratischen Gleichung

$$R = r^2 - (v - c_2 - s - 1) r + s = 0 \qquad (s = 1 - c)$$

ist, ein progressives Wachstum des Einkommens $y_t = \bar{y}_0 (1 + \varrho)^t$ mit der Wachstumsrate ϱ.

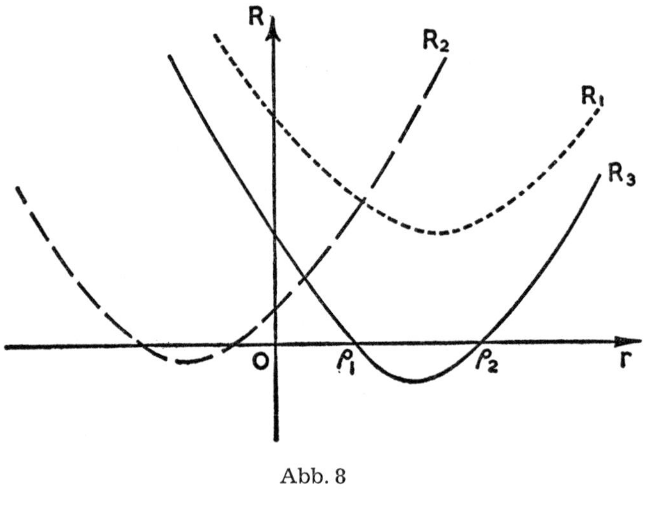

Abb. 8

Die Wurzeln der quadratischen Gleichung $R = 0$ lassen sich graphisch untersuchen (Abb. 8). Da der konstante Ausdruck s in R positiv ist, schneidet die Kurve der Abb. 8 die Achse OR oberhalb O. Folglich sind die beiden Wurzeln *entweder* nicht reell (R_1), *oder* reell und negativ (R_2) *oder* reell und positiv (R_3). Hier ist nur der letzte Fall von Bedeutung; es gibt dann zwei mögliche Wachstumsraten ϱ_1 und ϱ_2. Algebraisch ist die Lösung einer quadratischen Gleichung einfach. Hier sind die Wurzeln von $R = 0$ reell, wenn

$$(v - c_2 - s - 1)^2 \geqq 4\,s$$

sie sind dann positiv, wenn

$$(v - c_2 - s - 1) \geqq 2\sqrt{s}$$

d. h. wenn
$$v - c_2 \geqq (1 + \sqrt{s})^2$$

Somit ist ein progressives Wachstum des Sozialprodukts mit einer geeigneten Wachstumsrate ϱ möglich, sofern der Akzelerator stark genug ist; notwendig ist nur, daß $v \geqslant c_2 + (1 + \sqrt{s})^2$ ist. Dann gibt es für ϱ zwei geeignete Werte; aber nur einen für den Fall, daß $v = c_2 + (1 + vs)^2$:

$$\varrho_1, \varrho_2 = \frac{1}{2} \{(v - c_2 - s - 1) \pm \sqrt{(v - c_2 - s - 1)^2 - 4\,s}\}$$

Beide Werte liefern eine geeignete Wachstumsrate, welche nur noch von den Strukturkonstanten des Systems abhängt. Der eine Wert ist im allgemeinen recht klein (nämlich die Wurzel mit dem Minuszeichen, nicht die mit dem Pluszeichen); diese Wurzel kann man als die „realistische" annehmen.

Mit diesen Überlegungen läßt sich noch einmal die explosive Wirkung des Akzelerators veranschaulichen. Auch wenn die autonomen Investitionen festliegen, kann ein Akzelerator von nur mäßiger Stärke (vgl. Aufg. 1 unten) zu induzierten Investitionen führen, die groß genug sind, um ein progressives Wirtschaftswachstum zu ermöglichen. Wenn sich weiterhin auch noch die autonomen Ausgaben verstärken, liefert schon der Multiplikator allein eine Expansion des Sozialprodukts; der Akzelerator tritt dann nur noch hinzu; er wirkt dann ganz ähnlich wie schon in 3.3 oben dargestellt (vgl. auch Aufg. 3 und 4 unten).

Hicks (1950) widmet sich ganz besonders der Möglichkeit eines progressiven Wachstums und wurde deswegen — z. B. von Alexander (1951) — kritisiert. Es stimmt, daß ökonomisches Wachstum mit einem dynamischen Modell verträglich sein sollte. Doch bleibt, wie zuvor in 2.7 und 3.6 oben, ein progressives Wachstum nur eine spezielle Lösung eines dynamischen Modells. Das Interessanteste am Modell bleibt die vollständige dynamische Lösung der Differenzengleichung des Systems; im besonderen geht es um die Frage, ob der zeitliche Verlauf des Sozialprodukts Y_t eine Schwingung zeigt oder nicht, und, wenn ja, ob sie gedämpft oder explosiv ist. Diese Frage soll später geprüft werden (Kapitel 7 unten).

Übungsaufgaben 3.8

1. Man zeige, daß der kritische Wert von v im Fall eines progressiven Wachstums um so kleiner ist, je niedriger die Grenzneigung zum Sparen liegt. Man veranschauliche dies anhand des Beispieles, daß (im Fall $c_2 = 0$) sich ein progressives Wachstum bei $v > 1{,}44$ ergibt, wenn $s = 0{,}04$ ist, jedoch erst bei $v > 2{,}25$, wenn s immerhin 0,25 ist. Wie beeinflußt c_2 dieses Ergebnis?

2. Man zeige, daß es für den Fall $s = 0$ nur eine geeignete Wachstumsrate gibt, sofern nur $v > 1 + c_2$ gilt.

3. Man betrachte den Fall eines progressiven Wachstums der autonomen Ausgaben. Man setze $A_t = A_0 (1 + r)^t$ in der Gleichung (3) in 3.7 oben und betrachte $Y_t = \overline{Y}_0 (1 + r)^t$. Man zeige, daß dieser Pfad von Y_t eine Lösung ist, sofern $\overline{Y}_0 = \frac{A_0 (1 + r)^2}{R}$ gilt; hierbei hat R den oben ermittelten Wert.

4. Das Ergebnis der vorhergehenden Aufgabe wird durch eine Tatsache eingeschränkt: r muß so groß sein, daß $R > 0$. Untersuchen Sie dieses Problem anhand der Abb. 8. Sind v, s und c_2 gegeben, so zeige man, daß bei den Kurven R_1 und R_2 jeder beliebige Wert von r möglich ist, bei der Kurve R_3 jedoch nur noch ein kleiner Wert $r < \varrho_1$ (oder ein großes $r > \varrho_2$). Daraus ist für den Fall eines starken Akzelerators zu schließen, daß r klein genug sein muß ($r < \varrho_1$), um ein progressives Wachstum des Sozialprodukts zu ermöglichen, wenn die autonomen Ausgaben mit der gegebenen Rate r progressiv wachsen.

5. Man interpretiere die Bedingung $R > 0$ der vorhergehenden Aufgabe für den Fall $c_2 = 0$ anhand des Beweises, daß die äquivalente Bedingung dazu lautet: $s > r \left(\frac{v}{1+r} - 1\right)$. Wenn $v > 0$ gegeben und r ein gegebener positiver Bruch ist, leite man ab, daß dies dann gilt, wenn das Sparen groß genug ist, um die Investitionen auszugleichen. Siehe Hicks (1950), Seite 184.

3.9 Verteilte Investitionen; periodisierte und stetige Analyse

In 3.7 oben wurde nur der einfachste Fall $I_t = v (Y_{t-1} - Y_{t-2})$ entwickelt, bei dem alle induzierten Investitionen auf die erste Periode nach dem Eintritt der Sozialproduktänderungen „zusammengedrängt" waren. Dieses Modell muß nun zum allgemeineren Fall eines verteilten Lags für die Investitionen erweitert werden, wie es bereits in (2) von 3.7 oben gezeigt wurde. Gleichzeitig läßt sich eine weitere Streuung der Konsumtionslags nach (1) in 3.7 oben betrachten.

Wie diese Erweiterung aussieht, läßt sich durch die folgenden Annahmen hinreichend veranschaulichen:

$$C_t = c_1 Y_{t-1} + c_2 Y_{t-2} + c_3 Y_{t-3} \qquad \text{mit } c_1 + c_2 + c_3 = c \tag{1}$$

und

$$I_t = v_1 (Y_{t-1} - Y_{t-2}) + v_2 (Y_{t-2} - Y_{t-3}) \qquad \text{mit } v_1 + v_2 = v \tag{2}$$

Dann liefert die Bedingung des Modells $Y_t = C_t + I_t + A_t$ eine Differenzengleichung dritter Ordnung:

$$Y_t = (v_1 + c_1) Y_{t-1} - (v_1 - v_2 - c_2) Y_{t-2} - (v_2 - c_3) Y_{t-3} + A_t$$

Diese Gleichung läßt sich durch Umstellung auch so schreiben:

$$Y_t = cY_{t-1} + (v_1 - c') (Y_{t-1} - Y_{t-2}) + (v_2 - c'')(Y_{t-2} - Y_{t-3}) + A_t \quad (3)$$

mit $c = c_1 + c_2 + c_3, \quad c' = c_2 + c_3$ und $c'' = c_3$

was als kumulative Grenzneigungen zum Konsum im verteilten Konsumtionslag (1) bezeichnet werden kann.

Die wichtigsten Eigenschaften dieses Modells sind die des Akzelerators (2). Nunmehr gibt es einen verteilten Lag; die Ausgaben für Investitionen in der Periode t hängen von Sozialproduktänderungen in den Perioden $(t-1)$ und $(t-2)$ ab, also etwa von zwei früheren Investitionsentscheidungen. Umgekehrt betrachtet, führt jede Investitionsentscheidung zu Ausgaben in zwei künftigen Perioden. Die beiden Extremfälle sind: $v_1 = v$, $v_2 = 0$, wenn die Ausgaben für Investitionen auf die nächstfolgende Periode „zusammengedrängt" werden; und $v_1 = 0$ und $v_2 = v$, wenn die Ausgaben weiter in die Zukunft verlagert werden, so daß sie in der zweiten folgenden Periode „zusammengedrängt" sind. Dazwischen gibt es die verschiedenen Fälle mit $v_1 > 0$ und $v_2 > 0$, wo also die Ausgaben in beide Perioden fallen und gleichmäßig verteilt oder mehr oder weniger in eine der beiden Perioden „zusammengedrängt" sind. Der Akzelerator-Lag läßt sich, wie auch ein Durchschnitt oder eine Streuung, durch zwei Konstanten beschreiben: v, die Gesamtstärke des Akzelerators, und die Größe von v_2 (im Verhältnis zu v_1 oder v), die angibt, wie der Lag verteilt ist.

Die Wirkung des verteilten Konsumtionslags läßt sich noch leichter angeben. Die Lags werden durch die kumulierten Grenzneigungen c, c' und c'' beschrieben. Die Wirkung von c zeigt sich auch als Grenzneigung zum Sparen $s = 1 - c$. Die beiden anderen Größen, die die Verteilung der Lags wiedergeben, dienen lediglich zur Abschwächung des Akzelerators. In der Differenzengleichung (3) werden v_1 durch c' und v_2 durch c'' reduziert.

Wie zuvor lassen sich verschiedene spezielle Lösungen für (3) ableiten. Ist A_t konstant (A), dann ist $Y_t = \overline{Y}$ eine Lösung; hier gilt wie beim statischen Multiplikator $\overline{Y} = \frac{A}{1-c}$. Dann setze man $y_t = Y_t - \overline{Y}$, so daß aus (3) wird:

$$y_t = cy_{t-1} + (v_1 - c') (y_{t-1} - y_{t-2}) + (v_2 - c'') (y_{t-2} - y_{t-3}) \quad (4)$$

Mit der Lösung dieser Gleichung erhält man den Pfad von y_t, d. h. die Bewegung von Y_t um $\overline{Y}$.

Betrachtet man wiederum konstante autonome Ausgaben, so wird für das Einkommen ein progressives Wachstum möglich. In (4) setze man $y_t = \bar{y}_0 (1 + r)^t$; eine geeignete Wachstumsrate r läßt sich dann als positive reelle Wurzel der folgenden Gleichung bestimmen:

$$(1 + r)^3 = c\,(1 + r)^2 + (v_1 - c')\,r\,(1 + r) + (v_2 - c'')\,r$$

Damit erhält man eine kubische Gleichung in r:

$$R = r^3 - (v - v_2 - s - c' - 2)\,r^2 - (v - 2\,s - c' - c'' - 1)\,r + s = 0 \qquad (5)$$

Aus einer graphischen Veranschaulichung wie Abb. 8 oben erkennt man, daß von drei Möglichkeiten nur eine interessiert, d. h. die, in der alle drei Wurzeln von (5) reell sind; davon muß eine noch negativ sein, die beiden anderen positiv. In diesem Falle gibt es wiederum zwei mögliche progressive Wachstumsraten für Y_t.

Die allgemeine Lösung der Differenzengleichung muß auf später verschoben werden. Jedoch läßt sich schon jetzt sagen, daß es bei einer Gleichung dritten Grades mehr Variationsmöglichkeiten für den zeitlichen Pfad von Y_t gibt als bei einer Gleichung zweiten Grades wie in 3.7 oben. Wenn man darüber hinaus in die Konsum- und Investitionsfunktionen (also im Multiplikator und Akzelerator) Lags einführt, die über noch mehr Perioden verteilt sind, so wächst die Ordnung der entsprechenden Differenzengleichung und damit die Variationsbreite der möglichen Pfade von Y_t als Lösung.

Daraus folgt, daß in einem „realistischen" periodisierten Modell, das alle möglichen Verzögerungen und Lags, welche sich praktisch ergeben können, berücksichtigt, der Pfad von Y_t aus einer Differenzengleichung hoher Ordnung zu bestimmen ist. Dann gibt es eine Vielzahl von Möglichkeiten. Diese Fülle von Lösungen hat einerseits Vorteile, bringt aber auch den in Verlegenheit, der das Ergebnis ökonomisch interpretieren will. Es ist äußerst schwierig, bei der Vielfalt von Lösungen einer Gleichung auch von relativ niedriger Ordnung zu erkennen, wo die üblichen oder wichtigen Fälle liegen und wo man unsinnige, aber mögliche Lösungen vernachlässigen kann. Hierbei geht es um eine mathematische Entsprechung der ökonomischen Realität bei einer Periodenanalyse. Wenn beispielsweise der Konsum schon nach kurzer Verzögerung reagiert, während Investitionsentscheidungen zu ihrer Ausreifung längere und variable Perioden benötigen, dann können auf kurze Sicht höchst unsinnige Dinge mit dem Sozialprodukt, dem Kapitalstock und dem mobilen Sachvermögen geschehen; darüber hinaus haben diese seltsamen Dinge in den nachfolgenden Perioden eine „Echowirkung“ und verschleiern somit die eigentliche Wirkung des Akzelerators.

Eine Möglichkeit der Vereinfachung liegt in strengen Annahmen über Länge und Gleichförmigkeit der im System auftretenden Lags; diese Methode wurde auch im vorliegenden Kapitel angewendet. Die Gefahr liegt hier darin, daß die — stets etwas willkürlich gewählte — Einheitsperiode so lang wird, daß viele interessante Dinge, etwa kurzfristige Veränderungen des Kapitalstocks oder des mobilen Sachvermögens, in ihr untergehen.

Das Charakteristische für eine periodisierte Analyse ist die unangenehme Wahl zwischen willkürlicher Vereinfachung im Interesse mathematischer Bequemlichkeit und den komplexen Erscheinungen eines „realistischen“ Modells mit weit verteilten Lags und einer Vielzahl von Lösungen, unter denen dann die mehr oder weniger wichtigen auszuwählen sind. Noch eine andere Möglichkeit bleibt: Da „Realismus“ mit vielen und verschiedenartigen Lags verbunden ist, scheint die stetige Analyse, wie im Modell von Phillips in 3.5 oben, angebrachter zu sein. Dann wird ein weit verteilter Lag (etwa im Akzelerator) im Grenzfall zum stetig verteilten Lag, der sich dann mit Differentialgleichungen und nicht mehr mit Differenzengleichungen behandeln läßt. Man könnte erwarten, daß die stetige Analyse, zu der die periodisierte im Grenzfall tendiert, wenn die Lags mehr und mehr verteilt sind, Gleichungen noch höherer Ordnung impliziert, für die es dann noch mehr Lösungen gibt. Das trifft aber, wie die Analyse 3.5 gezeigt hat, zumindest dann nicht zu, wenn stetige Lags in der speziellen exponentiellen Form betrachtet werden. Der Vorteil einer stetigen Analyse liegt darin, daß man mit Differentialgleichungen relativ niedriger Ordnung arbeitet, welche weniger Lösungen haben als die entsprechenden Differenzengleichungen und sich mit gut ausgearbeiteten Rechentechniken auch besser lösen lassen. Verschiedene Modelltypen sollen später noch untersucht werden (Kapitel 7, 8 und 9 unten); dann wird sich auch zeigen, daß die größere Anzahl von Lösungen in einer periodisierten Analyse im Vergleich mit einem stetigen Modell nicht etwa einem größeren ökonomischen „Realismus“ entspricht. Als Lösungen werden sich vielfach Schwingungen ergeben, die *innerhalb* der angenommenen festen Lags oder Verzögerungen liegen; sie interessieren aber kaum, wenn sie nicht sogar vollständig belanglos sind.

Übungsaufgaben 3.9

1. Man zeige, daß man, solange für den Akzelerator ein verteilter Lag angenommen wird, keine wirkliche Vereinfachung erreicht, wenn man auf der Konsumseite einen kurzen oder überhaupt keinen Lag annimmt, sofern man mit einer periodisierten Analyse arbeitet. Wie vereinfacht sich demgegenüber das Modell, wenn man bei stetiger Analyse keine Konsumtionslags annimmt (siehe 3.5 und besonders Aufg. 4 oben)?

2. Man betrachte die kubische Gleichung $R = 0$ von (5) oben in ihrer graphischen Darstellung als eine Funktion von r. Zunächst zeige man, daß die Kurve die Achse OR oberhalb von 0 schneidet. Dann leite man ab, daß es für die Wurzeln von $R = 0$ nur drei Möglichkeiten gibt: (i) nur eine reelle Wurzel, welche negativ ist, (ii) drei reelle und negative Wurzeln und (iii) drei reelle Wurzeln, von denen zwei positiv sind und eine negativ ist.

Literatur

Alexander (S. S.) (1950): „Mr. Harrod's Dynamic Model", Economic Journal, **60**, 724 - 39.

Alexander (S. S.) (1951): „Issues of Business Cycle Theory Raised by Mr. Hicks", American Economic Review, **41**, 861 - 78.

Baumol (W. J.) (1948): „Notes on Some Dynamic Models", Economic Journal, **58**, 506 - 21.

Baumol (W. J.) (1949): „Formalisation of Mr. Harrod's Model", Economic Journal, **59**, 625 - 29.

Baumol (W. J.) (1951): Economic Dynamics (Macmillan, 1951), Kapitel 4, 10, 12.

Clark (J. M.) (1917): „Business Acceleration and the Law of Demand", Journal of Political Economy, **25**, 217 - 35.

Domar (E. D.) (1946): „Capital Expansion, Rate of Growth, and Employment", Econometrica, **14**, 137 - 47.

Frisch (R.) (1931): „The Interrelation between Capital Production and Consumer-Taking", Journal of Political Economy, **39**, 646 - 54.

Goodwin (R. M.) (1948): „Secular and Cyclical Aspects of the Multiplier and the Accelerator", in Income, Employment and Public Policy (Essays in Honor of Alvin H. Hansen), (Norton, 1948).

Hamberg (D.) (1952): „Full Capacity vs. Full Employment Growth", Quarterly Journal of Economics, **66**, 444 - 49.

Harrod (R. F.) (1936): The Trade Cycle (Oxford, 1936), Kapitel 2.

Harrod (R. F.) (1948): Towards a Dynamic Economics (Macmillan, 1948), Lecture Three.

Hicks (J. R.) (1950): A Contribution to the Theory of the Trade Cycle (Oxford, 1950), Kapitel IV, V, VI.

Knox (A. D.) (1952): „The Acceleration Principle and the Theory of Investment: A Survey", Economica, **19**, 269 - 97.

Lundberg (E.) (1937): Studies in the Theory of Economic Expansion (King, 1937), Kapitel IX.

Phillips (A. W.) (1954): „Stabilisation Policy in a Closed Economy", Economic Journal, **64**, 290 - 323.

Pilvin (H.) (1953): „Full Capacity vs. Full Employment Growth", Quarterly Journal of Economics, **67**, 545 - 52.

Samuelson (P. A.) (1939 a): „Interactions between the Multiplier Analysis and the Principle of Acceleration", Review of Economic Statistics, **21**, 75 - 8.

Samuelson (P. A.) (1939 b): „A Synthesis of the Principle of Acceleration and the Multiplier", Journal of Political Economy, **47**, 786 - 97.

Smithies (A.) (1942): „Process Analysis and Equilibrium Analysis", Econometrica, **10**, 26 - 38.

Yeager, (L. B.) (1954): „Some Questions about Growth Economics" American Economic Review, **44**, 53 - 63.

Kapitel 4

Mathematische Analyse: Komplexe Zahlen

4.1 Beschreibung von Schwingungen

Das Zahlensystem der gewöhnlichen Algebra mit den sogenannten „reellen Zahlen" reicht nicht aus, um oszillatorische Bewegungen von Variablen zu beschreiben. Insbesondere liefert es, von Spezialfällen abgesehen, auch keine Lösungen für Differenzen- oder Differentialgleichungen. Das Zahlensystem muß erweitert werden, um auch die sogenannten komplexen Zahlen mit einbeziehen zu können.

Der Begriff „komplexe Zahl" ist unglücklich gebildet; noch mehr gilt dies von dem anderen Ausdruck „imaginäre Zahl", den man mitunter auch antrifft. Sicherlich sind die komplexen Zahlen weniger bekannt als die reellen Zahlen. Doch sind sie mathematisch keineswegs komplizierter, wenn man sich einmal klargemacht hat, daß komplexe Zahlen *Paare* reeller Zahlen sind. Auch sind sie nicht irrealer oder mysteriöser als die reellen Zahlen, wenn man erst einmal eine Methode angegeben hat, wie die Quadratwurzel von (-1) darzustellen ist. Das Geheimnis liegt im Zufall der historischen Entwicklung; da (-1) zugleich mit $(+1)$ auftaucht und $(+1)$ eine Quadratwurzel hat, *stellte* man sich bequemerweise *vor,* daß (-1) auch eine Quadratwurzel hat. Ist $\sqrt{1}$ auch ein einfacher Ausdruck, so steckt hinter $\sqrt{2}$ doch schon erheblich mehr, hinter $\sqrt{-1}$ aber auch nicht weniger. Die meisten sind zwar bereit, $\sqrt{2}$ als selbstverständlich hinzunehmen, $\sqrt{-1}$ jedoch nicht mehr. Sie haben aber beide Male unrecht; in der Algebra ist $\sqrt{-1}$ leichter zu verstehen als $\sqrt{2}$.

Die Algebra der komplexen Zahlen beruht zwar auf Konventionen, ist in ihrer Entwicklung aber einfach und in der Praxis äußerst brauchbar. Ihre formale Begründung stützt sich auf gewisse Verhaltensregeln, die man den komplexen Zahlen zuschreibt. Doch wird sich herausstellen, daß die gebräuchlichen Regeln der Algebra meistenteils auch in der üblichen Art für komplexe wie für reelle Zahlen gelten.

Die komplexen Zahlen haben einen sehr weiten Anwendungsbereich. Sogar bei sehr elementaren Problemen treten sie auf, etwa bei der Lösung einer quadratischen Gleichung. Hier werden sie hauptsächlich zur Beschreibung von Schwingungen verwendet. Soweit sich die makroökonomische Theorie mit oszillatorischen Bewegungen von Einkommen,

Sozialprodukt und anderen Variablen befaßt, was in großem Umfang der Fall ist, muß in die mathematische Formulierung auch die Algebra der komplexen Zahlen eingehen.

Die bekanntesten Arten von Schwingungen sind diejenigen, die sich mit Hilfe der trigonometrischen Funktionen darstellen lassen. Schon in der elementaren Trigonometrie hat man bei ihrer Definition und Behandlung eine Reihe von Verwendungsmöglichkeiten im Sinn, etwa die Vermessungstechnik. Um diese Funktionen zur Beschreibung von Schwingungen zu verwenden, müssen sie in einem bestimmten Sinn erweitert oder entwickelt werden. Dieses Kapitel beschäftigt sich mit ihrer Entwicklung, wobei wir die Funktionen vielleicht besser als Kreis- oder Sinusfunktionen bezeichnen. Sie müssen mit Exponentialfunktionen in Verbindung gebracht werden; ihre Variablen sind sowohl komplexe als auch reelle Zahlen. Die Darstellung in diesem Kapitel beginnt folglich mit den trigonometrischen Funktionen, führt dann die komplexen Zahlen ein und entwickelt endlich die Kreis- oder Sinusfunktionen, die zur Analyse von Oszillationen so nützlich sind.

4.2 Trigonometrische Funktionen

Man definiert die trigonometrischen Funktionen am besten mit Hilfe des Einheitskreises, des Kreises also, dessen Radius, wie Abb. 9 zeigt, 1 ist. Alle Winkel werden von einem bestimmten festen Radius OA des Einheitskreises aus in Graden gemessen. Der Radius OA bildet mit OP einen Winkel $\vartheta°$ und mit OP' einen Winkel $\vartheta'°$. Wenn sich P dann im umgekehrten Uhrzeigersinn oder in positiver Richtung auf dem Kreis bewegt, nimmt der Winkel alle Werte zwischen 0° und 360° an. In B ist der Winkel beispielsweise 90°, in A' 180°, in B' 270° und schließlich in A, nach einer vollständigen Drehung, 360°.

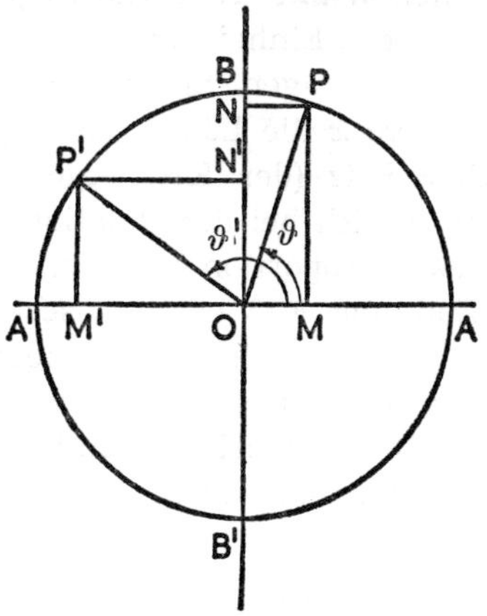

Abb. 9

Fällt man von P aus das Lot auf die beiden festen Durchmesser $A'OA$ und $B'OB$, so erhält man die Punkte M und N. In ähnlicher Weise gewinnt man von P' aus die Punkte M' und N'. Nun messe man alle Entfernungen auf $A'OA$ oder $B'OB$ und einige sich darauf, daß alle Entfernungen auf der rechten Hälfte von $A'OA$ und auf der oberen Hälfte von $B'OB$ positiv und in den entgegengesetzten Richtungen negativ seien (vgl. Abb. 9). So ist etwa in Abb. 9 OM positiv und OM' negativ.

Sinus und *Kosinus* des Winkels ϑ° sind dann definiert:

Definition:

$$\sin \vartheta^\circ = \frac{ON}{OP} = ON \quad \cos \vartheta^\circ = \frac{OM}{OP} = OM$$

Da OP hier gleich 1 gesetzt ist. Dann muß man nach der oben getroffenen Konvention noch die Vorzeichen von OM und ON in Betracht ziehen. So sind in Abb. 9 sin ϑ° und cos ϑ° jeweils positiv, wogegen sin ϑ'° zwar positiv, cos ϑ'° aber negativ ist. Noch eine dritte trigonometrische Relation ist nützlich, der *Tangens* des Winkels ϑ°, der als Verhältnis von Sinus und Kosinus definiert ist:

Definition:

$$\operatorname{tg} \vartheta^\circ = \frac{\sin \vartheta^\circ}{\cos \vartheta^\circ} = \frac{ON}{OM}$$

Diese Begriffe sollen nun in zweifacher Hinsicht weiter entwickelt werden; zunächst messen wir die Winkel nicht mehr in Grad, sondern in Einheiten, die wir Bogenmaß nennen und die vom theoretischen Standpunkt aus zweckmäßiger sind; und zweitens führen wir über die Winkel zwischen Null und 360° hinaus noch Winkel beliebiger Größe ein. Das neue Maß für den Winkel AOP (im Bogenmaß) ist die Entfernung AP, d. h. der Bogen des Einheitskreises, den wir von A aus entgegen dem Uhrzeigersinn abtragen. So wird der Winkel ϑ° auch gemessen als x Radianten, wo x die Länge des Bogens AP ist. Ein sehr bekannter geometrischer Satz (der Kreisbogen ist proportional zum Innenwinkel) zeigt, daß es sich bei der Relation zwischen Graden und Radianten um eine direkte Proportion handelt; das gilt genauso für die Relationen zwischen Zoll und Fuß oder zwischen Sekunden und Minuten. Der numerische Wert der Proportion liegt fest, da definitionsgemäß der gesamte Umfang des Einheitskreises mit einer Länge 2π vier rechten Winkeln (360°) entspricht. Somit ergibt sich als Transformation von den Winkelgeraden zu den Radianten oder umgekehrt:

$$2\pi \text{ Radianten} = 360^\circ$$

Also

$$x \text{ Radianten} = \frac{180}{\pi} x^\circ \quad \vartheta = \frac{\pi}{180} \vartheta \text{ Radianten}$$

Zur Erleichterung denke man an bestimmte Winkel, etwa:

$45° = \frac{\pi}{4}$ Radianten; $90° = \frac{\pi}{2}$ Radianten;

$180° = \pi$ Radianten; $360° = 2\pi$ Radianten.

Als nächstes sollen Winkel, die über $360° = 2\pi$ Radianten hinausgehen, so definiert sein, daß man OP sich mehr als einmal im Kreise drehen läßt. Der Position OP entsprechen also die Winkel $\vartheta°$, $(360 + \vartheta)°$, $(720 + \vartheta)°$, ... je nachdem, ob sich der Radius in der ersten, zweiten oder dritten Runde befindet. In Radianten ausgedrückt betragen die Winkel x, $(2\pi + x)$, $(4\pi + x)$, ... wobei $AP = x$ gilt. Weiterhin lassen sich aufgrund der Konvention, daß eine Drehung von OP im

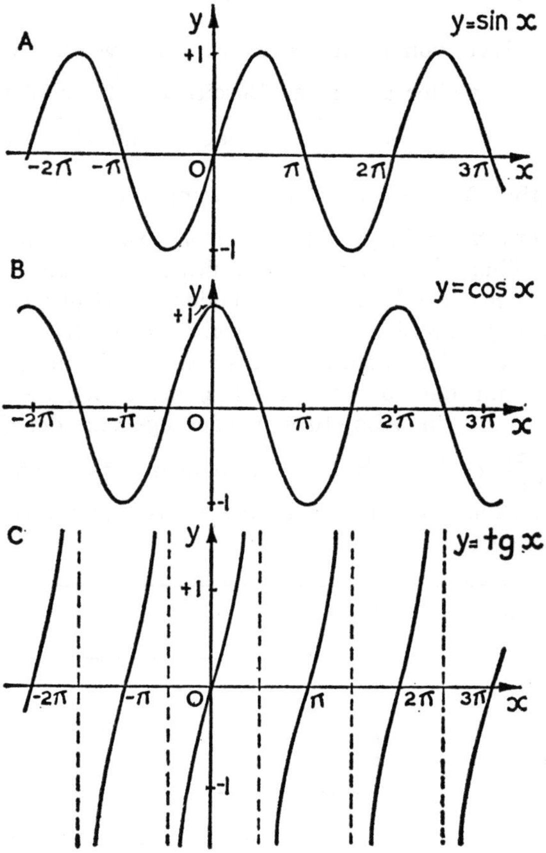

Abb. 10

Uhrzeigersinn negativ sei, auch negative Werte denken. Erreicht man also die Position *OP* von *OA* aus durch eine Drehung im Uhrzeigersinn, so betragen die Winkel $(\vartheta-360)^\circ$, $(\vartheta-720)^\circ$, ... oder $(x-2\pi)$, $(x-4\pi)$, ... Radianten je nachdem, ob sich der Radius in der ersten, zweiten ... Runde in negativer Richtung (im Uhrzeigersinn) befindet.

In allen theoretischen Arbeiten benutzt man das Radiantenmaß für die Winkel und wählt als Bezeichnung eine Variable (etwa x), ohne daß man die Einheit besonders angibt. Die trigonometrischen Funktionen lauten dann $\sin x$, $\cos x$, $\operatorname{tg} x = \frac{\sin x}{\cos x}$. Als nächstes müssen wir die Werte aufzeichnen, die diese Funktionen annehmen, und sie dann graphisch wie in Abb. 10 darstellen. Die Werte ergeben sich aus Abb. 9, wo $\sin x$ gleich *ON* und $\cos x$ gleich *OM* ist. Folglich wächst für $y = \sin x = ON$ der Wert von y von 0 auf 1 an, wenn x von 0 nach $\frac{\pi}{2}$ geht; dann fällt der Wert von 1 wieder zurück auf 0, wenn x von $\frac{\pi}{2}$ nach π verläuft; er fällt weiter ab in den Bereich negativer Werte von 0 bis -1, wenn sich x von π nach $\frac{3\pi}{2}$ bewegt; dann wächst er wieder im Bereich negativer Werte von -1 bis 0, wenn x von $\frac{3\pi}{2}$ auf 2π zugeht. Im Bereich der x von 0 bis 2π gibt es für $y = \sin x$ einen vollständigen Zyklus von 0 über 1, 0, -1 wieder zurück auf 0. Nach der Definition positiver und negativer Winkel jeder beliebigen Größe wiederholt sich dieser Zyklus in jedem Längenbereich von 2π. Der Verlauf von $y = \sin x$ wird in Abb. 10 A dargestellt. $y = \cos x$ (also *OM* in Abb. 9) variiert ganz ähnlich; nur daß hier für $x = 0$ y bei 1 beginnt. Der Verlauf von $y = \cos x$ ist in Abb. 10 B wiedergegeben; der Verlauf von $y = \operatorname{tg} x = \frac{\sin x}{\cos x}$ ergibt sich aus den beiden ersten; die Darstellung findet sich in Abb. 10 C. Ein paar besondere Funktionswerte wollen wir einzeln angeben:

Winkel x	0	$\frac{\pi}{2}$	π	$\frac{3}{2}\pi$	2π
$\sin x$	0	1	0	-1	0
$\cos x$	1	0	-1	0	1
$\operatorname{tg} x$	0	∞	0	∞	0

Für die anderen Werte stehen Tabellen für den Bereich von 0 bis $\frac{\pi}{2}$ zur Verfügung. Beachtet man die entsprechenden Vorzeichen, so wiederholen sich diese Werte in den anderen Bereichen von x. Im besonderen gilt

$$\begin{aligned} \sin(-x) &= -\sin x & \cos(-x) &= \cos x \\ \sin(\pi-x) &= \sin x & \cos(\pi-x) &= -\cos x \\ \sin(\pi+x) &= -\sin x & \cos(\pi+x) &= -\cos x \end{aligned}$$

Derartige Beziehungen lassen sich aus den geometrischen Bildern der Abb. 10 ablesen.

Trigonometrische Funktionen haben eine Reihe von Eigenschaften, die man in den Standardwerken nachlesen kann. Die folgenden Eigenschaften, die zu den wichtigsten gehören, seien hier ohne Beweis lediglich aufgezählt:

(i) *Beziehung zwischen sin x und cos x:*

$$\sin^2 x + \cos^2 x = 1$$

(ii) *Additionsgesetze:*

$$\sin(x+y) = \sin x \cos y + \cos x \sin y$$

$$\cos(x+y) = \cos x \cos y - \sin x \sin y$$

Ist im besonderen x gleich y, so gilt:

$$\sin 2x = 2 \sin x \cos x$$

$$\cos 2x = \cos^2 x - \sin^2 x$$

(iii) Ableitungen:

$$\frac{d}{dx}(\sin x) = \cos x$$

$$\frac{d}{dx}(\cos x) = -\sin x$$

$$\frac{d}{dx}(\operatorname{tg} x) = 1 + \operatorname{tg}^2 x$$

Man achte darauf, daß der bequemeren Schreibweise wegen $(\sin x)^2$ gleich $\sin^2 x$ gesetzt wird. Ähnlich gilt $(\sin x)^3 = \sin^3 x$, usw.; ähnliche Notierungen werden für Potenzen der anderen Funktionen gewählt.

Übungsaufgaben 4.2

1. Wie lautet das Bogenmaß für 45°? Zeigen Sie, daß für diesen Winkel gilt:

$$\sin x = \cos x = \frac{1}{\sqrt{2}} = 0{,}7071$$

Prüfen Sie diese Werte in den Tafeln für trigonometrische Funktionen nach.

2. Zeigen Sie, daß für $x = 60° = \frac{\pi}{3}$ Radianten gilt:

$$\sin x = \frac{\sqrt{3}}{2} = 0{,}8660; \quad \cos x = \frac{1}{2} = 0{,}5; \quad \operatorname{tg} x = \sqrt{3} = 1{,}7321$$

und prüfen Sie die Werte anhand der Tafeln nach. Zeigen Sie, daß man die gleichen Werte für $x = 120° = \frac{2\pi}{3}$ Radianten erhält, nur daß $\cos x$ und $\operatorname{tg} x$ negativ sind. Wie lauten die Werte für $x = \frac{4\pi}{3}, \frac{5\pi}{3}, \frac{7\pi}{3}$ Radianten?

3. Wenden Sie den Lehrsatz des Pythagoras auf das rechtwinklige Dreieck *OPM* der Abb. 9 an und zeigen Sie, daß $\sin^2 x + \cos^2 x = 1$. Ist $\cos x$ gegeben, so zeigen Sie, daß $\sin x = \pm\sqrt{1-\cos^2 x}$ und $\operatorname{tg} x = \pm\sqrt{\frac{1}{\cos^2 x} - 1}$ gilt. Wie sind die Vorzeichen $\pm$ zu interpretieren?

4. Benutzen Sie die Beziehungen $\sin(-x) = -\sin x$ und $\cos(-x) = \cos x$ und die Additionsgesetze (ii), um zu zeigen, daß

$$\sin(x-y) = \sin x \cos y - \cos x \sin y \;;$$

$$\cos(x-y) = \cos x \cos y + \sin x \sin y \;.$$

Untersuchen Sie den Fall für $x = y$.

5. Geben Sie eine graphische Interpretation der Ableitungen von $\sin x$ und $\cos x$, und überprüfen Sie die Formeln (iii) oben anhand der graphischen Darstellungen in Abb. 10.

6. Zeigen Sie, daß sich aus den Ableitungen von $\sin x$ und $\cos x$ ergibt:

$$\frac{d}{dx}(\operatorname{tg} x) = 1 + \operatorname{tg}^2 x = \frac{1}{\cos^2 x}\,.$$

Zeigen Sie, daß bei $x = \frac{\pi}{2}$ sowohl $\operatorname{tg} x$ als auch $\frac{d}{dx}\operatorname{tg} x$ unendlich sind. Interpretieren Sie dies anhand der Abb. 10c.

4.3 Vektoren und komplexe Zahlen

Der Begriff der komplexen Zahlen tritt in vielfacher Verkleidung auf, so daß man unter mehreren möglichen Definitionen wählen kann. Hat man sich einmal für eine Definition entschieden, so lassen sich die anderen als Eigenschaften herleiten. Am zweckmäßigsten definiert man die komplexe Zahl z als ein *geordnetes Paar* reeller Zahlen (x, y), in dem die reelle Zahl x an erster und y an zweiter Stelle auftritt. Folglich ist (y, x) ebenfalls eine komplexe Zahl, doch eine andere, da die Reihenfolge der reellen Zahlen vertauscht ist. Zweckmäßig ist diese

Definition deshalb, weil sich die komplexe Zahl z als ein *Punkt P* in der Ebene Oxy darstellen läßt, der die Koordinaten (x, y) hat. Besser noch läßt sich z als Vektor OP darstellen, der 0 und P mit den Koordinaten (x, y) in der Ebene Oxy verbindet (vgl. Abb. 11). Folglich:

Definition:

Die komplexe Zahl z ist das geordnete Paar der reellen Zahlen (x, y), welches in der Ebene Oxy durch den Vektor OP dargestellt wird; dabei ist P der Punkt mit den Koordinaten (x, y).

Eine komplexe Zahl ist als einheitliches Gebilde zu betrachten; es ist das *Paar* von reellen Zahlen, nicht die reellen Zahlen selbst. Damit setzt der Begriff natürlich zwei Dimensionen voraus. Die komplexe Zahl kann einen festen Wert haben, d. h. x und y wären dann Konstanten. Es kann auch eine Variable sein, wenn x und y variable reelle Zahlen sind. Der zweidimensionale Aspekt von z soll durch (uneingeschränkte) Variation veranschaulicht werden; der entsprechende Punkt P bewegt sich dann über die ganze Ebene Oxy. Bequem ist an dieser vektoriellen Darstellung, daß die Tatsache betont wird, daß die komplexe Zahl ein einheitliches Gebilde ist (die Linie OP) und daß diese Darstellung die einfachste Form einer Variation in zwei Dimensionen veranschaulicht. Der Vektor OP hat eine *Länge* und eine *Richtung;* beide können, zusammen oder einzeln, variieren. Dies alles wird aus Abb. 11 klar; eine derartige Darstellung bezeichnet man als *Argand-*

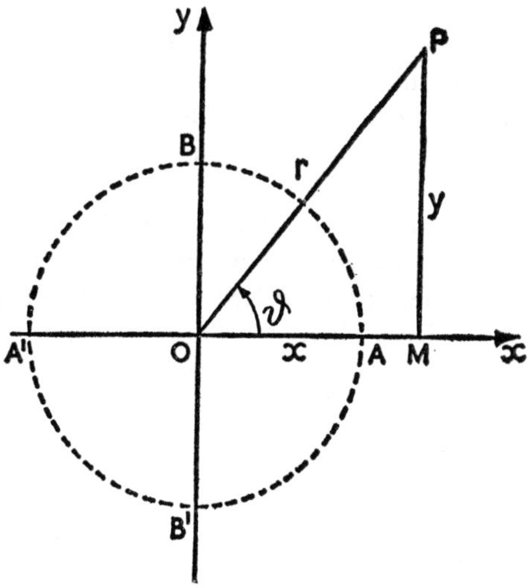

Abb. 11

Diagramm. Der Einheitskreis ist in die Abb. 11 eingezeichnet, um einen Maßstab festzulegen. Die speziellen Vektoren OA und OB sind äußerst wichtig; es sind die *Einheitsvektoren,* die auf Ox bzw. Oy gemessen werden.

Als nächstes konstruieren wir eine Algebra, um mit komplexen Zahlen auch operieren zu können. Eine Algebra besteht aus einer Menge von Regeln (Definitionen und Axiomen), die willkürlich sind, wenn man davon absieht, daß sie in sich konsistent sein müssen. Mit diesen Regeln werden gewisse Operationen wie „Addition" oder „Multiplikation" festgelegt, die mit den Elementen — hier den komplexen Zahlen — durchgeführt werden. Der praktische Trick beim Entwurf einer neuen Algebra liegt darin, daß man die Operationen sinnvoll gestaltet und sich dabei so eng wie möglich an die vertrauten Regeln der üblichen Algebra hält. Die Operationen der neuen Algebra werden dann in Analogie mit den üblichen Namen bezeichnet, etwa als „Addition" und „Multiplikation". Dies kann Verwirrung hervorrufen, da es sich um unterschiedliche Operationen handelt und einige Eigenschaften der gewöhnlichen Algebra in der Tat für die neue Algebra nicht gelten. Näher erläutert wird dieses Problem später im Zusammenhang mit Vektoren und Matrizen im Kapitel 13 und (in sehr allgemeiner Form) im Anhang B. Bemüht man sich jedoch um eine angemessene Interpretation, so benutzt man für die neuen Operationen doch besser die vertrauten Ausdrücke, bevor man eine fremde Terminologie einführt.

In den nun folgenden Regeln der neuen Algebra stellen $z = (x, y)$, $z_1 = (x_1, y_1)$ und $z_2 = (x_2, y_2)$ jeweils komplexe Zahlen dar; OP, OP_1 und OP_2 sind dann die entsprechenden Vektoren. Zunächst brauchen wir eine *Null,* da noch nicht klar ist, was $z = 0$ bedeutet. Durch Definition gelte $z = 0$, wenn $x = y = 0$ und der Vektor OP auf den Punkt O zusammenschrumpft. Als nächstes definieren wir die *Gleichheit* für komplexe Zahlen: $z_1 = z_2$, wenn $x_1 = x_2$ *und* $y_1 = y_2$; die Vektoren OP_1 und OP_2 fallen genau zusammen. Dann definieren wir die beiden wichtigsten Regeln, nämlich die für die Addition und die für die Multiplikation. Wir werden sehen, daß die Regeln zwar willkürlich, doch praktisch brauchbar sind. Dem Nicht-Mathematiker kann man nur raten: abwarten! Doch läßt sich zumindest die Regel für die Addition vektoriell in einer Weise formulieren, die bestimmt jedem einleuchten wird, der nur einige Kenntnisse in der angewandten Mathematik hat (in der elementaren Mechanik).

Die *Addition* wird in Abb. 12 A veranschaulicht. Dabei sind die beiden komplexen Zahlen z_1 und z_2 oder die Vektoren OP_1 und OP_2 zu addieren. Man vervollständige das Parallelogramm und bezeichne den Diagonalvektor als Summe. Genau dasselbe macht man in der Mecha-

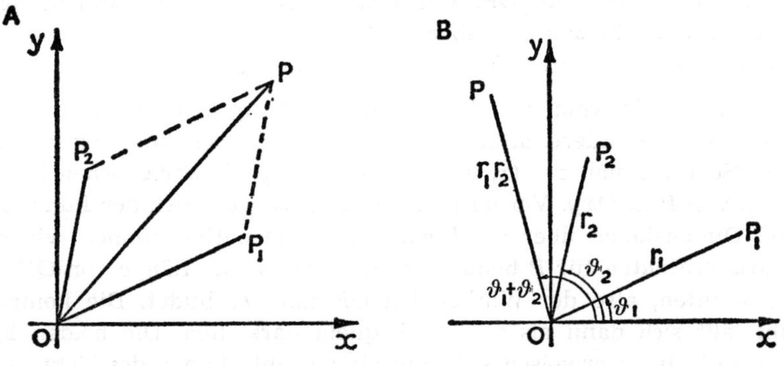

Abb. 12

nik, wenn man die Resultierende zweier Kräfte betrachtet. Nun ist es leicht, dies anhand von Abb. 12 A auf (x_1, y_1) und (x_2, y_2), die Koordinaten von P_1 und P_2, zu übertragen:

$$z = z_1 + z_2 = (x_1 + x_2, y_1 + y_2) \tag{1}$$

Die *Multiplikation* ist schon weniger einfach. Sie läßt sich in zwei Stufen vornehmen:

(i) Bei der *skalaren Multiplikation* bildet man das Produkt einer komplexen Zahl z_1 mit einem Skalar (einer reellen Zahl) a, was als Produkt wiederum eine komplexe Zahl $z = az_1$ ergibt. Definitionsgemäß muß man dazu den Vektor OP_1 um den Faktor a „vergrößern", d. h. seine Länge im Verhältnis $a : 1$ verändern, dabei aber seine Richtung unverändert lassen. Auch dies läßt sich sofort auf die x und y übertragen

$$z = az_1 = (ax_1, ay_1) \tag{2}$$

(ii) Die *allgemeine Multiplikation* bildet das Produkt einer komplexen Zahl z_1 mit einer anderen komplexen Zahl z_2, was die komplexe Zahl $z = z_1 z_2$ ergibt. Die Definition wird in Abb. 12 B veranschaulicht. Man erhält den Produktvektor OP derart, daß $OP = OP_1 \times \times OP_2$ für die Länge und für die Richtung

$$\sphericalangle POx = \sphericalangle P_1Ox + \sphericalangle P_2Ox$$

gilt. Für die Länge bildet man das Produkt genau wie bei der skalaren Multiplikation (2). Neu ist an der Definition die Regel für den Richtungswechsel: Die Winkel, die die Vektoren OP_1 und OP_2 mit der Horizontalen (Ox) bilden, werden *addiert* und ergeben damit den Winkel für den Produktvektor OP. Wie sich die Definition in Anlehnung an (1) und (2) auf die x und y übertragen läßt, soll zunächst zurückgestellt werden, bis ein anderes Verfahren eingeführt wird.

Sprechen wir schon von Länge und Richtung eines Vektors, so legt dies noch eine andere, alternative Beschreibung der komplexen Zahl z nahe. Schreibt man $z = (x, y)$, so sind x und y die kartesischen Koordinaten von P in Oxy. Variieren x und y, so bewegt sich der Punkt P in zwei Dimensionen über die Ebene. Als Alternative können wir auch *Polarkoordinaten* für P benutzen; diese sind r, die *Länge* von OP, und ϑ Radianten, also der *Winkel* den OP mit Ox bildet. Die komplexe Zahl läßt sich dann als $z = r/\vartheta$ bequem darstellen. Die beiden Freiheitsgrade für z erweisen sich nun als variable Länge des Vektors OP und als variable Richtung. Variiert r (und bleibt ϑ fest), so verlängert oder verkürzt sich die Länge OP. Variiert ϑ (und bleibt r fest), so dreht sich der Vektor OP um O. Das ist z. B. deswegen sehr bequem, weil damit die komplexen Zahlen und die trigonometrischen Funktionen miteinander verknüpft werden. Für die komplexe Zahl $z = (x, y) = r/\vartheta$ sieht die Beziehung zwischen den beiden Betrachtungsweisen so aus:

$$x = r \cos \vartheta, \quad y = r \sin \vartheta \tag{3}$$

Dies folgt sofort aus dem Argand-Diagramm (Abb. 11).

Die Additionsregel (1) läßt sich durch Einführung von Polarkoordinaten nicht vereinfachen. Nach (1) und (3) läßt sich für $z = z_1 + z_2$ nur schreiben:

$$r \cos \vartheta = r_1 \cos \vartheta_1 + r_2 \cos \vartheta_2 \text{ und } r \sin \vartheta = r_1 \sin \vartheta_1 + r_2 \sin \vartheta_2$$

Doch ist die Multiplikationsregel, wie sie in Abb. 12 b für Vektoren formuliert ist, in Polarkoordinaten erheblich einfacher als in kartesischen Koordinaten. Für $z = z_1 z_2$ ergibt sich die Definition:

$$r = r_1 r_2 \text{ und } \vartheta = \vartheta_1 + \vartheta_2$$

Somit ist das Produkt von r_1/ϑ_1 und r_2/ϑ_2 gleich $r_1 r_2/(\vartheta_1 + \vartheta_2)$. Dies ist einfach und auch einleuchtend.

Nunmehr können wir die Multiplikationsregel auf die x und y übertragen. Für $z = z_1 z_2$ gilt:

$$x = r_1 r_2 \cos (\vartheta_1 + \vartheta_2) = r_1 r_2 (\cos \vartheta_1 \cos \vartheta_2 - \sin \vartheta_1 \sin \vartheta_2)$$
$$= x_1 x_2 - y_1 y_2$$

und

$$y = r_1 r_2 \sin (\vartheta_1 + \vartheta_2) = r_1 r_2 (\cos \vartheta_1 \sin \vartheta_2 + \sin \vartheta_1 \cos \vartheta_2)$$
$$= x_1 y_2 + x_2 y_1$$

Hierbei sind die Relationen (3) sowohl für das Produkt $r_1 r_2 / (\vartheta_1 + \vartheta_2)$ wie auch für die einzelnen komplexen Zahlen r_1/ϑ_1 und r_2/ϑ_2 verwendet worden. Die *allgemeine Multiplikationsregel* lautet:

$$z = z_1 z_2 = (x_1 x_2 - y_1 y_2, x_1 y_2 + x_2 y_1) \quad (4)$$

Diese Schreibweise läßt sich noch vereinfachen, so daß (4) nicht mehr so kompliziert und künstlich aussieht. Nun müssen einige Sonderfälle untersucht werden. Zwei spezielle komplexe Zahlen sind:

$$(1,0) = 1/0 = \text{Einheitsvektor } OA \text{ in Abb. 11}$$

$$(0,1) = 1/\frac{\pi}{2} = \text{Einheitsvektor } OB \text{ in Abb. 11}$$

Man bezeichne die erste komplexe Zahl als 1 (die Einheit), so daß diese nunmehr als reelle Zahl betrachtet wird. Die andere komplexe Zahl bezeichnet man mit i; hierbei ist i nichts anderes als eine Schreibweise für eine bestimmte komplexe Zahl, nämlich den Einheitsvektor OB entlang Oy. Die skalare Multiplikation mit beliebigen reellen Zahlen a und b ergibt aufgrund von (2)

$$a \times 1 = (a, 0) \quad \text{und} \quad b \times i = (0, b)$$

Die Ergebnisse kann man mit a bzw. ib bezeichnen; beides sind bestimmte komplexe Zahlen oder Vektoren (der eine auf Ox, der andere auf Oy). Nun benutze man (1) zur Addition:

$$a + ib = (a, 0) + (0, b) = (a, b)$$

Hierbei sind a und b beliebige reelle Zahlen; somit ist (a, b) der allgemeine Ausdruck für eine komplexe Zahl. Das Ergebnis läßt sich in der Form schreiben:

$$z = (x, y) = x + iy \quad (5)$$

Die Beziehung (5) ist so zu interpretieren, daß sich jede komplexe Zahl $z = (x, y)$ als Summe zweier komplexer Zahlen schreiben läßt; dabei ist die erste die komplexe Zahl 1 (der Vektor OA) im „Maßstab" x und die andere die komplexe Zahl i (der Vektor OB) im „Maßstab" y.

Die Notierung (5) ist neu; eine komplexe Zahl läßt sich als $x + iy$ darstellen. Hierbei sind x und y reelle Zahlen (Skalare); die Zeichen „+" und „i" beziehen sich auf komplexe Zahlen oder Vektoren. Zu zeigen bleibt noch, daß sich „+" und „i" mit Verfahren der elementaren Algebra behandeln lassen. Man nehme eine beliebige komplexe Zahl z und multipliziere sie zuerst mit 1 und dann mit i nach Regel (4):

$$1 \times z = (1, 0) \times (x, y) = (x, y) = z$$

$$i \times z = (0, 1) \times (x, y) = (-y, x)$$

Die erste Operation zeigt, daß der Vektor 1 tatsächlich die Einheit ist, und identifiziert ihn als eine reelle Zahl. Die zweite Operation liefert eine Interpretation für i, den Vektor OB. Das Ergebnis sieht man in Abb. 13, in der OP den Vektor $z = (x, y)$ darstellt. Der Vektor OQ steht im rechten Winkel auf OP und hat die gleiche Länge; folglich ist OQ

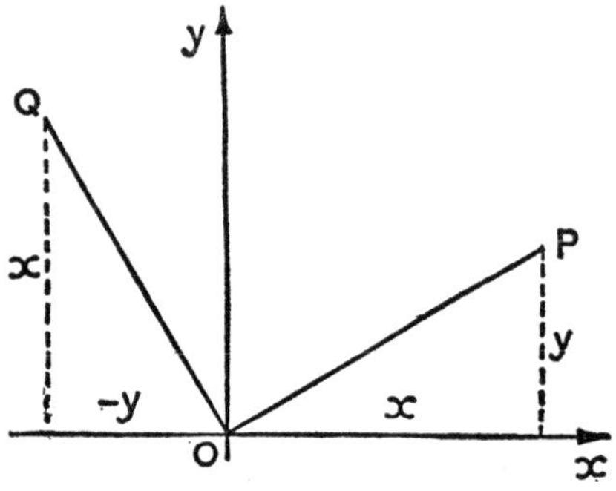

Abb. 13

der Vektor $(-y, x)$, der dann als $i \times z$ dargestellt werden kann. Das Ergebnis ist wesentlich: Die Multiplikation mit i dreht den Vektor der komplexen Zahl im rechten Winkel. Dies sieht man daraus, daß i die komplexe Zahl $1/\frac{\pi}{2}$ ist und daß Multiplikation die Addition der Winkel bedeutet, hier die Addition von $\frac{\pi}{2}$ oder eines rechten Winkels.

Als letzten Sonderfall wollen wir i mit $\sqrt{-1}$, oder besser noch i^2 mit -1 identifizieren, eine Festsetzung, die so oft der Grund zu Mißverständnissen ist. Man multipliziere die komplexe Zahl i, wiederum nach (4) mit sich selbst:

$$i^2 = (0,1) \times (0, 1) = (-1, 0) = (-1) \times 1$$

hierbei ist (-1) der Skalar und 1 die Einheit der (komplexen) Zahl. Folglich gilt $i^2 = -1$. Eine vektorielle Darstellung wird hier zur Klärung beitragen. Man beginne mit der komplexen Zahl 1, dem Einheitsvektor OA. Bei der Multiplikation mit i ergibt sich eine Drehung um einen rechten Winkel, d. h. wir erreichen den Einheitsvektor OB, der gleich i ist. Durch nochmalige Multiplikation mit i erreichen wir mit einer weiteren Drehung um einen rechten Winkel den negativen Einheitsvektor OA' der Abb. 11. Folglich ist i^2 eine komplexe Zahl; als Vektor ist dies OA' und dieser ist -1. Jetzt können wir zusammenfassen, was wir über i alles wissen müssen:

Definitionsgemäß ist i eine komplexe Zahl, die durch den Einheitsvektor OB entlang Oy im Argand-Diagramm dargestellt wird; die Multiplikation irgendeiner komplexen Zahl (eines Vektors) mit i dreht den Vektor um einen rechten Winkel; i selbst genügt der algebraischen Regel $i^2 = -1$.

Die komplexe Zahl $z = (x, y) = r/\vartheta$ läßt sich nunmehr als $z = x + iy$ bezeichnen. Nach unseren Ausführungen läßt sich im Bereich $x + iy$ jeder Ausdruck den Operationen der elementaren Algebra gemäß behandeln, vorausgesetzt allerdings, daß i^2 überall als -1 geschrieben wird. Daß diese Notierung praktisch brauchbar ist, wird an Hand der Additions- und Multiplikationsregeln, (1) und (4) oben, veranschaulicht. Es seien $z_1 = x_1 + iy_1$ und $z_2 = x_2 + iy_2$ zwei komplexe Zahlen; dann gilt:

$$z_1 + z_2 = (x_1 + iy_1) + (x_2 + iy_2) = (x_1 + x_2) + i\,(y_1 + y_2)\ ,$$

hierin steckt die Regel (1),

und

$$\begin{aligned} z_1\, z_2 = (x_1 + iy_1)\,(x_2 + iy_2) &= x_1\, x_2 + x_1\, iy_2 + iy_1\, x_2 + i^2\, y_1\, y_2 \\ &= x_1\, x_2 + ix_1\, y_2 + ix_2\, y_1 - y_1\, y_2 \\ &= (x_1\, x_2 - y_1\, y_2) + i\,(x_1\, y_2 + x_2\, y_1)\ , \end{aligned}$$

hierin steckt die Regel (4). Diese Regeln kann man nun vergessen; man braucht lediglich mit $(x + iy)$ nach den Gesetzen der elementaren Algebra umzugehen und $i^2 = -1$ zu setzen.

Übungsaufgaben 4.3

1. Benutzen Sie die Relationen $x = r\cos\vartheta$, $y = r\sin\vartheta$, um zu zeigen, daß $1 = (1, 0) = 1/0$ und daß $i = (0, 1) = 1/\frac{\pi}{2}$ gilt.

2. Zeigen Sie, daß $(1, \sqrt{3} = 2/\frac{\pi}{3}$ und $(-1, -\sqrt{3}) = 2/\frac{4\pi}{3}$ gilt. Stellen Sie dies in einem Argand-Diagramm dar.

3. Zeigen Sie, daß in den Ausdrücken $z_1 + z_2$ und $z_1\, z_2$, der Summe und dem Produkt komplexer Zahlen, die Reihenfolge von z_1 und z_2 unwesentlich ist. Warum bedarf ein derartiges Ergebnis überhaupt eines Beweises?

4. Definieren Sie die Division als die inverse Operation zur Multiplikation, d. h. $z = \frac{z_1}{z_2}$, wenn $z_1 = z \times z_2$. Zeigen Sie also, daß

$$\frac{z_1}{z_2} = \frac{(x_1, y_1)}{(x_2, y_2)} = \left(\frac{x_1\, x_2 + y_1\, y_2}{x_2^2 + y_2^2}\ \ \frac{x_2\, y_1 - x_1\, y_2}{x_2^2 + y_2^2}\right)$$

und daß dies dem Ausdruck

$$\frac{z_1}{z_2} = \frac{r_1/\vartheta_1}{r_2/\vartheta_2} = \frac{r_1}{r_2} \Big/ (\vartheta_1 - \vartheta_2)$$

äquivalent ist.

5. Wie erhält man durch die Verwendung von $z_1 = x_1 + iy_1$ und $z_2 = x_2 + iy_2$ das Ergebnis der Division der vorhergehenden Aufgabe?

6. Zeigen Sie, daß $\sqrt{x^2 - y^2 + 2\,ixy} = \pm\,(x + iy)$ ist.

4.4 Polar- und Exponentialformen komplexer Zahlen

Mit Hilfe der Transformationen $x = r\cos\vartheta$, $y = r\sin\vartheta$ aus dem Argand-Diagramm läßt sich die komplexe Zahl $z = x + iy$ in Polarkoordinaten (r und ϑ) schreiben. Man setze also:

$$z = r/\vartheta = r\,(\cos\vartheta + i\sin\vartheta) \tag{1}$$

Um z durch die Länge (r) und die Richtung (ϑ) des entsprechenden Vektors anzugeben, brauchen wir die Schreibweise r/ϑ nicht mehr; sie läßt sich durch (1) ersetzen oder auch noch durch eine andere Darstellung, die wir jetzt entwickeln wollen. In dieser neuen Form für z benutzt man Exponentialfunktionen; sie werden sich als besonders nützlich erweisen, um etwa Oszillationen zu beschreiben.

Die Exponentialfunktion $y = e^{ax}$ enthält die Konstante a und

$$e = \lim_{n \to \infty} \left(1 + \frac{1}{n}\right)^n = 2{,}71828 \ldots$$

Die Entwicklung der Taylorschen Reihe lautet:

$$e^{ax} = 1 + ax + \frac{(ax)^2}{2!} + \frac{(ax)^3}{3!} + \ldots \tag{2}$$

Wesentlich ist das Vorzeichen von a: ist $a > 0$, dann gilt $e^{ax} \to \infty$, und ist $a < 0$, dann gilt $e^{ax} \to 0$, wenn $x \to \infty$. Die „Geschwindigkeit" dieser Prozesse ist ebenfalls sehr wichtig. Aus der Entwicklung (2) geht hervor, daß $e^x \to \infty$ schneller verläuft als jede positive Potenz von x, so daß

$$\frac{e^x}{x}, \frac{e^x}{x^2}, \frac{e^x}{x^3}, \ldots \text{ alle} \to \infty, \text{ wenn } x \to \infty$$

In gleicher Weise verläuft auch der Prozeß $e^{-x} \to 0$ schneller als jede negative Potenz von x, d. h.

$$xe^{-x}, x^2 e^{-x}, x^3 e^{-x}, \ldots \text{ alle} \to 0, \text{ wenn } x \to \infty$$

Ähnliches läßt sich auch von e^{ax} in den beiden Fällen $a > 0$ bzw. $a < 0$ sagen.

Die Exponentialfunktion und ihre Entwicklung (2) lassen sich mit komplexen Zahlen schreiben. Zwei besondere Fälle sind von großem Interesse:

$$e^{ix} = 1 + ix - \frac{x^2}{2!} - i\frac{x^3}{3!} + \dots$$

$$e^{-ix} = 1 - ix - \frac{x^2}{2!} + i\frac{x^3}{3!} + \dots$$

Hierbei bedeutet wieder $i^2 = -1$. Addiert und subtrahiert man diese Ergebnisse in der Form mit den komplexen Zahlen, so ergeben sich zwei Resultate mit nur noch reellen Zahlen

$$\left.\begin{aligned} \frac{1}{2}\,(e^{ix} + e^{-ix}) &= 1 - \frac{x^2}{2!} + \frac{x^4}{4!} - \frac{x^6}{6!} + \dots \\ \frac{1}{2i}\,(e^{ix} - e^{-ix}) &= x - \frac{x^3}{3!} + \frac{x^5}{5!} - \frac{x^7}{7!} + \dots \end{aligned}\right\} \quad (3)$$

Die Ausdrücke auf der linken Seite von (3) sind zwar in komplexer Form mit i geschrieben, haben aber in Wirklichkeit reelle Werte. Diese sollen nunmehr als Oszillationen identifiziert werden, d. h. mit den trigonometrischen Funktionen $\cos x$ und $\sin x$.

Man kann die Taylorsche Reihe verwenden, um $y = \cos x$ und $y = \sin x$ zu entwickeln. Die Ableitungen für $y = \cos x$ lauten der Reihe nach:

$$\frac{dy}{dx} = -\sin x \qquad \frac{d^2y}{dx^2} = -\cos x \qquad \frac{d^3y}{dx^3} = \sin x \quad \dots$$

Die Werte an der Stelle $x = 0$ sind:

$$y = 1 \quad \frac{dy}{dx} = 0 \qquad \frac{d^2y}{dx^2} = -1 \qquad \frac{d^3y}{dx^3} = 0 \quad \dots$$

so daß aufgrund der Taylorschen Reihe gilt:

$$\cos x = 1 - \frac{x^2}{2!} + \frac{x^4}{4!} - \frac{x^6}{6!} + \dots$$

und entsprechend

$$\sin x = x - \frac{x^3}{3!} + \frac{x^5}{5!} - \frac{x^7}{7!} + \dots$$

Das aber sind genau die Entwicklungen (3) oben. Folglich lauten die grundlegenden Relationen zwischen den Exponentialfunktionen und den trigonometrischen Funktionen:

$$\left.\begin{array}{l} \cos x = \frac{1}{2}(e^{ix} + e^{-ix})\ ;\ \sin x = \frac{1}{2i}(e^{ix} - e^{-ix}) \\ \text{oder} \\ \cos x + i \sin x = e^{ix}\ ;\ \cos x - i \sin x = e^{-ix} \end{array}\right\} \quad (4)$$

nach Addition und Subtraktion. In den hier wiedergegebenen Ableitungen von (4) ist (ohne Beweis) angenommen worden, daß alle entwickelten Reihen konvergent und somit gültig sind.

Die Polarform (1) einer komplexen Zahl läßt sich mit Hilfe von Exponentialfunktionen schreiben:

$$z = r(\cos\vartheta + i \sin\vartheta) = re^{i\vartheta} \quad (5)$$

Dies gilt bei negativem wie auch bei positivem ϑ. Die Notierung $z = re^{i\vartheta}$ ersetzt die Form r/ϑ. Ihre Verwendung in der Multiplikationsregel für komplexe Zahlen (Vektoren) ist einleuchtend:

$$z_1 z_2 = r_1 e^{i\vartheta_1} \times r_2 e^{i\vartheta_2} = r_1 r_2 e^{i(\vartheta_1 + \vartheta_2)}$$

Das Produkt der r-Werte und die Summe der ϑ-Werte ergeben sich wie üblich; bei der Multiplikation von Potenzen werden die Exponenten addiert. Der Vektordrehung, die der Addition der ϑ-Komponenten entspricht, wird durch die Exponenten in $z = re^{i\vartheta}$ Rechnung getragen.

Der Einheitsvektor OA oder die komplexe Zahl $1 = (1{,}0) = 1/0$ wird als $z = re^{i\vartheta}$ mit $r = 1$ und $\vartheta = 0$ dargestellt, d. h. es ist $z = 1$. Der andere Einheitsvektor OB oder die komplexe Zahl $i = (0{,}1) = 1/\frac{\pi}{2}$ lautet jetzt:

$$i = re^{i\vartheta} \quad \text{mit } r = 1 \text{ und } \vartheta = \frac{\pi}{2}$$

d. h.

$$e^{i\pi/2} = i \quad (6)$$

Das Ergebnis (6) muß man im Gedächtnis behalten; es wird oft benutzt. Prüfen läßt es sich anhand von (5), $re^{i\vartheta} = r(\cos\vartheta + i \sin\vartheta)$, wobei $r = 1$ und $\vartheta = \frac{\pi}{2}$. Gleichfalls beachte man, daß $e^{-i\pi/2} = -i$ gilt, so daß $e^{i\pi/2} + e^{-i\pi/2} = 0$; dies läßt sich auch daran prüfen, daß $\cos\frac{\pi}{2} = \frac{1}{2}(e^{i\pi/2} + e^{-i\pi/2})$ und $\cos\frac{\pi}{2} = 0$.

Ein anderer Sonderfall von (5) wäre mit $r = 1$ und $\vartheta = \pm\pi$ gegeben:

$$e^{i\pi} = e^{-i\pi} = -1 \quad (7)$$

Aus (6) und (7) ergibt sich nun eine andere Fassung für $i^2 = -1$, da

$$(e^{i\pi/2})^2 = e^{i\pi} \quad \text{d. h. } i^2 = -1$$

Zum Schluß wollen wir noch die Wirkung einer Multiplikation mit i, was einer Drehung eines Vektors um einen rechten Winkel $\left(\frac{\pi}{2}\right)$ gleichkommt, in der Exponentialform darstellen. Für eine beliebige komplexe Zahl (einen Vektor) z gilt:

$$iz = e^{i\pi/2}\, re^{i\vartheta} = re^{i(\vartheta + \pi/2)} \tag{8}$$

Die Drehung um einen rechten Winkel stellt sich als eine Addition von $\frac{\pi}{2}$ im Exponenten von (8) dar. Beispielsweise bezeichnen (6) und (7) zwei solche Drehungen, wenn man vom Einheitsvektor OA ausgeht, von dem man zuerst nach OB und dann nach OA' (Abb. 11 oben) gelangt:

$$1 \times i = e^{i0} \times e^{i\pi/2} = e^{i\pi/2} = i$$

$$1 \times i \times i = i \times i = e^{i\pi/2} \times e^{i\pi/2} = e^{i\pi} = -1$$

Zu dieser Entwicklung sei noch angemerkt, daß die Ergebnisse (3) und (4) oben ähnliche Ergebnisse mit ausschließlich reellen Variablen nahelegen. Zwei Sonderfälle der Exponentialentwicklung lauten:

$$e^x = 1 + x + \frac{x^2}{2!} + \frac{x^3}{3!} + \ldots$$

und

$$e^{-x} = 1 - x + \frac{x^2}{2!} - \frac{x^3}{3!} + \ldots$$

Folglich

$$\frac{1}{2}(e^x + e^{-x}) = 1 + \frac{x^2}{2!} + \frac{x^4}{4!} + \ldots$$

und

$$\frac{1}{2}(e^x - e^{-x}) = 1 + \frac{x^3}{3!} + \frac{x^5}{5!} + \ldots$$

Es empfiehlt sich, für diese Entwicklungen eine Schreibweise zu benutzen, die der Beziehung (3) oben ähnelt. Die trigonometrischen Funktionen $\cos x$ und $\sin x$ werden in (4) benutzt. In der neuen Notierung schreiben wir analog $\cosh x$ und $\sinh x$:

$$\cosh x = \frac{1}{2}(e^x + e^{-x})\,; \qquad \sinh x = \frac{1}{2}(e^x - e^{-x})$$

Diese Ausdrücke nennt man *hyperbolische Funktionen.* Zu beachten ist jedoch, daß $\cosh x$ und $\sinh x$ keine solche Verbindung zu den trigonometrischen Funktionen haben, wie wir sie vorher feststellen konnten; es handelt sich nur um eine bequeme Kurzform für die angeführten Exponentialausdrücke, also nur um eine Schreibweise.

Übungsaufgaben 4.4

1. Prüfen Sie aufgrund der Gleichungen (4), daß $\cos x = 1$ und $\sin x = 0$ an der Stelle $x = 0$ gilt.
2. In der Notierung $z = re^{i\vartheta}$ sei der Vektor $OA = 1$ (mit $\vartheta = 0$), $OB = e^{i\pi/2}$ und $OA' = e^{i\pi}$ (Abb. 11). Was gilt für den Vektor OB'? Was wird durch den Ausdruck $e^{2i\pi}$ bezeichnet?
3. Prüfen Sie unter Verwendung von (4) die Gültigkeit der Beziehung $\cos^2 x + \sin^2 x = 1$ und zeigen Sie, daß bei hyperbolischen Funktionen das entsprechende Ergebnis lautet:
$$\cosh^2 x - \sinh^2 x = 1$$
4. Schreiben Sie in Anlehnung an die Exponentialform für $\cos x$ jetzt $\cos\left(\frac{\pi}{2} - x\right)$ und benutzen Sie dabei $e^{i\pi/2} = i$ und $i^2 = -1$; zeigen Sie, daß dann die Beziehung $\cos\left(\frac{\pi}{2} - x\right) = \frac{1}{2i}(e^{ix} - e^{-ix}) = \sin x$ gilt.

4.5 Die Algebra der komplexen Zahlen

Die analytischen Ergebnisse für die komplexen Zahlen, die wir als Gegenstück zur vektoriellen Darstellungsweise erhalten haben, lassen sich nun zusammenfassen, anwenden und zu einer Algebra der komplexen Zahlen ausbauen. Zunächst setzen wir für die komplexe Zahl z drei gleichwertige *Schreibweisen* fest: die Darstellung mit Hilfe kartesischer Koordinaten, Polarkoordinaten und die exponentielle Darstellung:

$$z = x + iy = r(\cos\vartheta + i\sin\vartheta) = re^{i\vartheta} \tag{1}$$

Als nächstes brauchen wir in (1) die *Transformation* aus x und y in r und ϑ bzw. umgekehrt; die direkte Transformation ist hierbei einfach:

$$x = r\cos\vartheta \quad \text{und} \quad y = r\sin\vartheta \tag{2}$$

Die inverse Transformation bezieht r und ϑ auf x und y; sie dient bei gegebenen x und y zur Festlegung von r und ϑ für eine komplexe Zahl. Den Wert für r gewinnt man leicht, da sich aus (2) ergibt:

$$x^2 + y^2 = r^2(\cos^2\vartheta + \sin^2\vartheta) = r^2$$

Aus $r > 0$ folgt weiterhin, daß $r = +\sqrt{x^2 + y^2}$. Schwierig wird die Ableitung für den Winkel ϑ. Aus (2) ergibt sich der Tangens des Winkels:

$$\operatorname{tg} \vartheta = \frac{y}{x}$$

Bei gegebenem x und y kennt man also $\operatorname{tg}\vartheta$ und sucht ϑ.

Man betrachte die Funktion $\tau = \operatorname{tg}\vartheta$. Die graphische Darstellung dieser Funktion (vgl. Abb. 10 c) zeigt, daß es nur einen Wert von τ für jedes gegebene ϑ gibt, daß es jedoch viele Werte für ϑ gibt, die einem gegebenen Wert für τ entsprechen. Folglich ist die inverse Funktion $\vartheta = \operatorname{tg}^{-1} \tau$ nicht eindeutig. Auch wenn man ϑ auf den Bereich $0 \leqslant \vartheta < 2\pi$ begrenzt, gibt es immer noch *zwei* Werte von ϑ für jedes τ. Gilt $\tau > 0$, so liegen die beiden Werte für ϑ zwischen 0 und $\frac{\pi}{2}$ und zwischen π und $3\pi/2$. Gilt $\tau < 0$, so liegen sie zwischen $\frac{\pi}{2}$ und π und zwischen $3\pi/2$ und 2π. Verfügt man nicht über zusätzliche Information, so gibt es keine Unterscheidungsmöglichkeit. Der Wert $\vartheta = \operatorname{tg}^{-1} \tau$ wird in den Tabellen üblicherweise für den Bereich $-\pi/2$ bis $\pi/2$ angegeben und ist dort eindeutig. Um die beiden Werte von ϑ für den Bereich 0 bis 2π zu bekommen, wird man entweder ϑ, $(\vartheta + \pi)$ oder $(\vartheta + 2\pi)$ benutzen müssen.

Um aus (2) den Wert für ϑ im Bereich 0 bis 2π zu erhalten, reicht die Beziehung $\operatorname{tg}\vartheta = \frac{y}{x}$ nicht aus. Bei gegebenem $\frac{y}{x}$ gibt es zwei Werte für ϑ. Sind jedoch x und y getrennt gegeben, so gibt es nur ein ϑ. Denn das eine ϑ ergibt sich aus x und y, das zweite aus $(-x)$ und $(-y)$, das Verhältnis $\frac{y}{x}$ aber ist jeweils das gleiche. Folglich muß man ϑ aus der Beziehung $\operatorname{tg}\vartheta = \frac{y}{x}$ zusammen mit dem Vorzeichen von $x = r \cos \vartheta$ (oder $y = r \sin \vartheta$) ermitteln. Anders formuliert: in der Beziehung $\vartheta = \operatorname{tg}^{-1} \frac{y}{x}$ stecken zwei Werte für ϑ $(0 \leqslant \vartheta < 2\pi)$, doch nur einer liefert das richtige Vorzeichen für x oder $\cos \vartheta$. Das ist dann der eine gesuchte Wert. Hat man $\operatorname{tg}^{-1} \frac{y}{x}$ für den Bereich von $-\frac{\pi}{2}$ bis $\frac{\pi}{2}$ aus den Tabellen gefunden, so wird man je nach den Vorzeichen von x und y (vgl. Aufg. 1 unten) noch π oder 2π addieren müssen. Wir fassen also die inverse Transformation so zusammen:

$$r = \sqrt{x^2 + y^2} \quad \text{und} \quad \vartheta = \operatorname{tg}^{-1} \frac{y}{x} \tag{3}$$

Hierbei nehmen wir für r die positive Quadratwurzel; zu dem Wert für $\mathrm{tg}^{-1}\,\frac{y}{x}$ aus den Tabellen muß noch, je nach den Vorzeichen von x und y, etwas hinzugefügt werden (0, π oder $2\,\pi$). Dies gilt für ϑ im Bereich von 0 bis $2\,\pi$; man kann aber auch ein beliebiges Vielfaches von $2\,\pi$ addieren.

In der Polarform für z, die durch (3) wiedergegeben wird, lauten die oft verwendeten Formulierungen:

$$r = |\,z\,| = \text{Modulus von } z$$

$$\vartheta = \arg z = \text{Argument von } z$$

Der Modulus kann auch als *absoluter Wert* von z bezeichnet werden.

Als nächstes geben wir die algebraischen *Regeln* an, denen die komplexe Zahl (1) genügt. Dabei handelt es sich um die üblichen Regeln der elementaren Algebra, vorausgesetzt, daß i^2 stets als (-1) geschrieben wird. Dann sind noch einige Besonderheiten zu beachten: Zunächst die *Gleichheit* zweier komplexer Zahlen $z_1 = z_2$. Die beiden reellen Komponenten müssen getrennt gleichgesetzt werden, d. h.

$$x_1 = x_2 \quad \text{und} \quad y_1 = y_2$$

oder

$$r_1 \cos \vartheta_1 = r_2 \cos \vartheta_2 \quad \text{und} \quad r_1 \sin \vartheta_1 = r_2 \sin \vartheta_2$$

denn eine komplexe Zahl ist zweidimensional. Diesen Prozeß nennt man mitunter auch „Gleichsetzung der reellen und der imaginären Teile". In dem Ausdruck $x + iy$ wird x manchmal als „reeller Teil" und y als „imaginärer Teil" bezeichnet; dem entspräche im Argand-Diagramm Ox als die „reelle" Achse (auf der reelle Zahlen x erscheinen) und Oy als „imaginäre" Achse (auf der Zahlen iy erscheinen).

Für die Form $x + iy$ beruhen die *Additions-* und *Multiplikationsregeln* grundsätzlich auf der gewöhnlichen Algebra (mit $i^2 = -1$):

$$(x_1 + iy_1) + (x_2 + iy_2) = (x_1 + x_2) + i\,(y_1 + y_2)$$

$$\begin{aligned}(x_1 + iy_1)\,(x_2 + iy_2) &= x_1\,x_2 + i\,(x_1\,y_2 + x_2\,y_1) + i^2\,y_1\,y_2 \\ &= (x_1\,x_2 - y_1\,y_2) + i\,(x_1\,y_2 + x_2\,y_1)\end{aligned}$$

Doch ist die Multiplikation in der Polar- und Exponentialform sehr viel einfacher:

$$r_1\,e^{i\vartheta_1} \times r_2\,e^{i\vartheta_2} = r_1\,r_2\,e^{i(\vartheta_1 + \vartheta_2)}$$

d. h.

$$r_1\,(\cos \vartheta_1 + i \sin \vartheta_1) \times r_2\,(\cos \vartheta_2 + i \sin \vartheta_2) = r_1\,r_2\,(\cos \overline{\vartheta_1 + \vartheta_2} + i \sin \overline{\vartheta_1 + \vartheta_2})$$

Übrig bleiben die Verfahren der *Subtraktion* und *Division*. Doch sie bringen nichts Neues, da sie inverse Operationen zur Addition und

Multiplikation sind. Die Subtraktion kehrt die Addition um oder macht sie „ungeschehen"; ähnliches gilt für Division und Multiplikation. Zunächst ist $(-z)$, der negative Wert von z, so definiert, daß $z + (-z) = 0$ ergibt; daraus folgt:

$$-z = -(x + iy) = (-x) + i(-y)$$

Weiterhin ist die Differenz zwischen z_1 und z_2 so definiert, daß sich $z + z_2 = z_1$ ergibt; daraus folgt

$$z = z_1 - z_2 = (x_1 - x_2) + i(y_1 - y_2)$$

Schließlich ist der Quotient $z = \frac{z_1}{z_2}$ (mit $z_2 \neq 0$) so definiert, daß $z \times z_2 = z_1$. Man sieht leicht, daß als Folge dieser Definition die üblichen algebraischen Prozesse gelten müssen. In der kartesischen Schreibweise gilt, wenn x_2 und y_2 von Null verschieden sind:

$$\frac{z_1}{z_2} = \frac{x_1 + iy_1}{x_2 + iy_2} = \frac{(x_1 + iy_1)(x_2 - iy_2)}{(x_2 + iy_2)(x_2 - iy_2)} = \frac{x_1 x_2 - i(x_1 y_2 - x_2 y_1) - i^2 y_1 y_2}{x_2^2 - i^2 y_2^2}$$

$$= \frac{(x_1 x_2 + y_1 y_2)}{x_2^2 + y_2^2} - i\,\frac{x_1 y_2 - x_2 y_1}{x_2^2 + y_2^2}$$

Daraus könnte man unter Umständen eine Divisions„regel" machen. Doch ist es gewöhnlich am besten, sie jeweils so abzuleiten, wie es hier gezeigt wurde. Man achte auf den ersten Schritt, in dem beide Teile des Bruches mit $(x_2 - iy_2)$ multipliziert werden; dies ist der Standardweg, um den „imaginären" Teil aus dem Nenner herauszubekommen. Doch ist — wie schon bei der Multiplikation — die Division bei der Verwendung von r und ϑ viel einfacher:

$$\frac{z_1}{z_2} = \frac{r_1 e^{i\vartheta_1}}{r_2 e^{i\vartheta_2}} = \frac{r_1}{r_2} e^{i(\vartheta_1 - \vartheta_2)}$$

Die Moduli (oder absoluten Werte) werden geteilt; die Argumente werden subtrahiert. Man vergleiche mit der Multiplikation, wo die Moduli multipliziert und die Argumente addiert wurden.

Die beiden verwandten Zahlen $x + iy$ und $x - iy$ werden als *konjugiert komplexe Zahlen* bezeichnet; häufig treten sie zusammen auf. Besonders nützlich sind sie in der Polar- und Exponentialform:

$$r(\cos\vartheta + i\sin\vartheta) = re^{i\vartheta}$$

und

$$r(\cos\vartheta - i\sin\vartheta) = re^{-i\vartheta}$$

Als wichtigste Eigenschaft der konjugiert komplexen Zahlen stellen wir fest, daß sie sich zu reellen Zahlen addieren und multiplizieren:

$$\text{Summe} = r\,(e^{i\vartheta} + e^{-i\vartheta}) = 2\,r\cos\vartheta = 2\,x$$

$$\text{Produkt} = r^2 = x^2 + y^2$$

Auch Differenz und Quotient haben relativ einfache Formen (vgl. Aufg. 3 unten).

Die Exponentialform der komplexen Zahlen gestattet es, auch Potenzen von z sehr leicht zu behandeln:

$$z^n = (re^{i\vartheta})^n = r^n\,e^{in\vartheta} = r^n\,(\cos n\,\vartheta + i\sin n\,\vartheta)$$

Ähnliches gilt für konjugiert komplexe Zahlen. Das Ergebnis ist als *Theorem von de Moivre* bekannt:

$$\{r\,(\cos\vartheta \pm i\sin\vartheta)\}^n = r^n\,(\cos n\,\vartheta \pm i\sin n\,\vartheta)$$

Es gilt für jeden Wert von n – etwa für $n = \frac{1}{2}$ oder $-\frac{3}{2}$ – und auch für ganzzahlige Werte.

Die Algebra der komplexen Zahlen benutzt man oft auch dann, wenn sich das Interesse auf die reellen Zahlen beschränkt. Denn bei Operationen mit reellen Zahlen erweist es sich als ein Vorteil, die zusätzliche Dimension der komplexen Zahlen zur Verfügung zu haben; dadurch erweitert sich der Operationsbereich. Mit Hilfe des Argand-Diagramms ausgedrückt liegen die reellen Zahlen allein auf der Achse Ox, doch empfiehlt es sich, bei ihrer Behandlung in die Ebene der komplexen Zahlen Oxy überzugehen. Beispielsweise ergibt eine zweimalige Multiplikation von x mit i den Wert $(-x)$; am Beginn wie am Ende stehen dabei reelle Zahlen. Die Hauptbeispiele für Paare komplexer Zahlen, deren additive oder multiplikative Verknüpfung eine reelle Zahl liefert, sind die konjugiert komplexen Zahlen wie auch die Exponentialformen e^{ix} und e^{-ix}. Beispielsweise ist das Produkt aus $(x + iy)$ und $(x - iy)$ gleich $r^2 = x^2 + y^2$; die Summe von e^{ix} und e^{-ix} ist $2\cos x$. Von derartigen Eigenschaften hängt die Formulierung von Oszillationen ab; deshalb benutzt man komplexe Variable in einer Theorie über oszillatorische Bewegungen.

Übungsaufgaben 4.5

1. Zeigen Sie, daß $\operatorname{tg}^{-1}\frac{y}{x}$ in den Tabellen negativ ist $\left(-\frac{\pi}{2}\text{ bis }0\right)$, wenn $\frac{y}{x} < 0$, jedoch positiv $\left(0\text{ bis }\frac{\pi}{2}\right)$, wenn $\frac{y}{x} > 0$. Zeigen Sie weiterhin, daß man

$\vartheta = \arg z$ in den vier verschiedenen Fällen wie folgt erhält:

Vorzeichen von x und y		Bereich von ϑ	Wert von ϑ
$x > 0$	$y > 0$	0 bis $\frac{\pi}{2}$	$\mathrm{tg}^{-1}\frac{y}{x}$
$x < 0$	$y > 0$	$\frac{\pi}{2}$ bis π	$\pi + \mathrm{tg}^{-1}\frac{y}{x}$
$x < 0$	$y < 0$	π bis $\frac{3\pi}{2}$	$\pi + \mathrm{tg}^{-1}\frac{y}{x}$
$x > 0$	$y < 0$	$\frac{3\pi}{2}$ bis π	$2\pi + \mathrm{tg}^{-1}\frac{y}{x}$

2. Zeigen Sie, daß sich $z = 0$ als Sonderfall durch Gleichsetzung von z_1 und z_2 ergibt und daß der „Realteil" und der „Imaginärteil" von z einzeln gleich Null zu setzen sind.

3. Zeigen Sie, daß für die konjugiert komplexen Zahlen $r(\cos\vartheta \pm i\sin\vartheta)$ die Differenz $2\,ir\sin\vartheta$ und der Quotient $\cos 2\,\vartheta + i\sin 2\,\vartheta$ beträgt.

4. Ist eine reale Zahl die Summe der Quadrate zweier anderer reeller Zahlen, so zeigen Sie, daß sie sich als Produkt zweier konjugiert komplexer Zahlen darstellen läßt. Erläutern Sie, inwiefern dies eine Möglichkeit zur „Faktorisierung" von einigen Primzahlen ist; zeigen Sie anhand des Beispiels

$$13 = (2 + 3\,i)(2 - 3\,i) = (3 + 2\,i)(3 - 2\,i)$$

daß der Prozeß jedoch nicht eindeutig ist.

5. Zeigen Sie durch einfache Multiplikation, daß für $r(\cos\vartheta + i\sin\vartheta)$ das Quadrat $r^2(\cos 2\,\vartheta + i\sin 2\,\vartheta)$ ist; leiten Sie hieraus einen Beweis des Theorems von de Moivre ab für den Fall, daß n eine positive ganze Zahl ist. Erläutern Sie, inwiefern in diesem Fall das Theorem von de Moivre ein weiterer Beleg für die Tatsache ist, daß sich die Argumente komplexer Zahlen bei der Multiplikation akkumulieren.

4.6 Polynome und Gleichungen

Ein Polynom ist die Summe ganzzahliger Potenzen einer Variablen x mit konstanten Koeffizienten; die höchste Potenz bezeichnet dann den *Grad* des Polynoms. Eine Gleichung entsteht, wenn man das Polynom gleich Null setzt; man sucht dann die Werte von x, die die Gleichung erfüllen; diese nennt man *Wurzeln* der Gleichung. In der allgemeinen Form eines Polynoms n-ten Grades kann man als Koeffizienten von x^n die Einheit setzen (da dieser Koeffizient nicht Null sein kann):

$$f(x) = x^n + a_1 x^{n-1} + a_2 x^{n-2} + \ldots + a_{n-1} x + a_n \tag{1}$$

Die entsprechende Gleichung n-ten Grades lautet: $f(x) = 0$. Für einige Wurzeln einer solchen Gleichung kann x reelle Werte annehmen; doch andere Werte können komplex sein; sie treten dann, wie wir sehen werden, in konjugierten Paaren auf.

Es gibt nur wenige strenge und schnell zum Ziel führende Regeln, die bei der Lösung einer Gleichung helfen können; dies ist weitgehend eine Sache der Erfahrung, des Versuchs und Irrtums. Doch bedeutet die graphische Darstellung eine große Hilfe; das Prinzip läßt sich anhand der Abb. 14 erklären, die das geometrische Bild einer angenommenen Polynomfunktion $y = f(x)$ darstellt. Zunächst sind die reellen Wurzeln von $f(x) = 0$ diejenigen Werte von x, an deren Stelle die Kurve die Abszisse Ox schneidet, also Werte wie x_1, x_2, x_3, ... in Abb. 14.

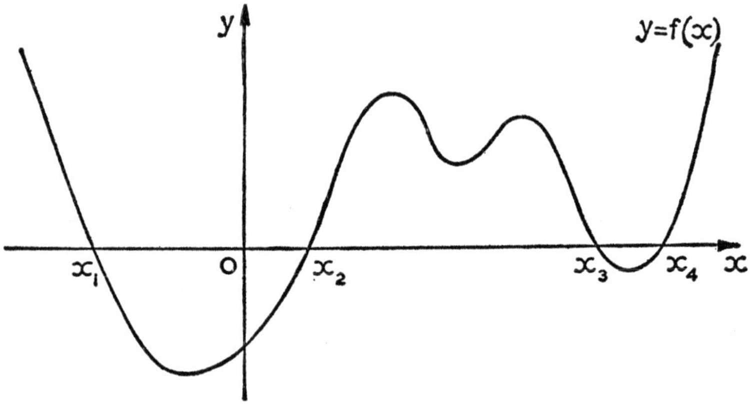

Abb. 14

Gibt man zweitens den Koeffizienten von $f(x)$ numerische Werte und zeichnet dann den genauen Verlauf der Kurve, so lassen sich mit großer Genauigkeit Anzahl und tatsächliche numerische Werte der reellen Wurzeln finden. Aber auch wenn in $f(x)$ mehrere nicht näher angegebene Parameter auftreten, läßt sich doch, drittens, aus der Zeichnung die allgemeine Form von $y = f(x)$ hinreichend bestimmen, so daß man angeben kann, wie viele reelle Wurzeln es gibt und wo sie in verschiedenen Fällen liegen. Hat man endlich die reellen Wurzeln (x_1, x_2, x_3, ...) von $f(x) = 0$ gefunden oder lokalisiert, dann folgen daraus sofort die Bereiche von x, für die das Polynom $f(x)$ positiv ist, wie auch jene, für die es negativ ist. Die Funktion $y = f(x)$ ist stetig und schneidet Ox (d. h. y wechselt dann sein Vorzeichen) *nur* an der Stelle einer Wurzel für $f(x) = 0$. Zwischen je zwei aufeinanderfolgenden

Wurzeln bleibt das Vorzeichen für $f(x)$ konstant, etwa zwischen x_2 und x_3 in Abb. 14, wo $f(x) > 0$ ist.

Nun stellt sich häufig das mathematische Problem (z. B. in 3.8 oben), daß die verschiedenen Möglichkeiten der Lage der Wurzeln von $f(x) = 0$ bei verschiedenen Werten der Parameter von $f(x)$ zu untersuchen sind; oder umgekehrt, daß die Wertebereiche von x zu suchen sind, für die $f(x) > 0$ gilt. Ein derartiges Problem betrachten wir nun mit Hilfe einer graphischen Darstellung wie in Abb. 14.

Zunächst untersuchen wir die einfachsten Fälle linearer, quadratischer und kubischer Polynome und Gleichungen. Die *lineare Gleichung* lautet $x + a_1 = 0$; sie hat immer nur eine reelle Wurzel $x = -a_1$. Die quadratische Gleichung läßt sich in Anlehnung an (1) formulieren:

$$x^2 + a_1 x + a_2 = 0$$

Doch ist es üblicher, sie mit einem Koeffizienten für x^2 in der Form darzustellen:

$$ax^2 + bx + c = 0 \tag{2}$$

Hierbei kann man stets erreichen, daß $a > 0$. Die Kurve $y = ax^2 + bx + c$ (mit $a > 0$) hat die in Abb. 15 a gezeigte Gestalt; $y \to +\infty$ wenn $x \to \pm\infty$.

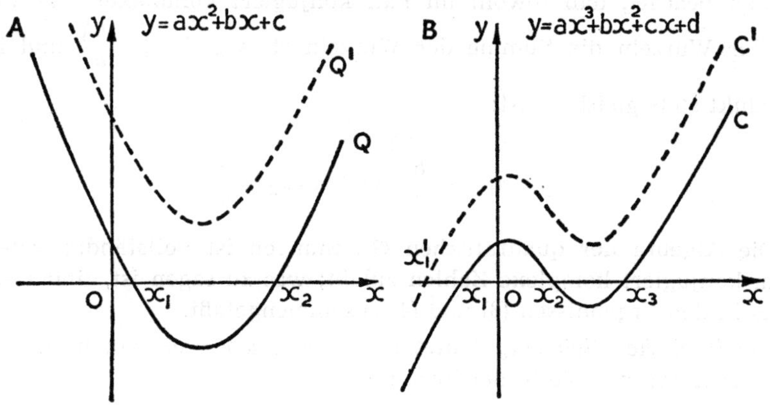

Abb. 15

Es gibt zwei Hauptfälle: entweder hat die quadratische Gleichung, wie die Kurve Q zeigt, zwei reelle Wurzeln (x_1 und x_2) oder sie hat, wie die Kurve Q' zeigt, überhaupt keine reellen Wurzeln. In der Abb. 15 a ist Q lediglich durch eine Veränderung der Konstanten c (den

Abschnitt auf Oy) nach oben auf Q' verschoben worden. Es ist noch ein Fall dazwischen denkbar, wenn die Kurve Ox berührt und es kann zwar immer noch zwei reelle Wurzeln geben, die aber in ihrem Wert zusammenfallen. Die Lage ist nicht gerade klar; es können zwei Wurzeln existieren, aber auch gar keine. Klarer wird die Sache bei der Verwendung komplexer Zahlen.

Die algebraische Lösung der quadratischen Gleichung (2) ist einfach; durch „die Bildung der quadratischen Ergänzung" findet man zwei Wurzeln:

$$x_1, x_2 = \frac{1}{2a}\left(-b \pm \sqrt{b^2-4ac}\right) \tag{3}$$

Gilt $b^2 > 4ac$, so sind x_1 und x_2 reell und verschieden. Gilt $b^2 = 4ac$, sind x_1 und x_2 zwar reell, fallen aber zu einem einzigen Wert zusammen $x_1 = x_2 = -\frac{b}{2a}$. Gilt $b^2 < 4ac$, existieren x_1 und x_2 nicht (als reelle Wurzeln), da der Wert unter der Quadratwurzel in (3) negativ ist. Läßt man jedoch auch komplexe Werte für x gelten, so gibt es auch im dritten Fall zwei verschiedene Wurzeln; sie sind konjugiert komplex:

$$x_1, x_2 = \frac{1}{2a}\left(-b \pm i\sqrt{4ac-b^2}\right)$$

Man beachte, daß sowohl im Fall konjugiert komplexer wie auch reeller Wurzeln die Summe der Wurzeln stets gleich $\left(-\frac{b}{a}\right)$ und ihr Produkt stets gleich $\frac{c}{a}$ ist:

$$x_1 + x_2 = -\frac{b}{a} \quad \text{und} \quad x_1 x_2 = \frac{c}{a} \tag{4}$$

Die Algebra der quadratischen Gleichungen ist vollständig, sofern man konjugiert komplexe Zahlen zuläßt; was zu sagen ist, findet sich alles in den Ergebnissen (3) und (4) zusammengefaßt.

Die *kubische Gleichung* lautet $x^3 + a_1x^2 + a_2x + a_3 = 0$; noch häufiger schreibt man sie in der Form:

$$ax^3 + bx^2 + cx + d = 0 \tag{5}$$

wo wiederum $a > 0$ gesetzt werden kann. Die Form der entsprechenden Kurve zeigt Abb. 15 b; $y \to +\infty$, wenn $x \to +\infty$, und $y \to -\infty$, wenn $x \to -\infty$. Wieder gibt es zwei Hauptfälle: drei reelle Wurzeln (x_1, x_2, und x_3) wie bei der Kurve C; oder eine reelle Wurzel (x_1'), wie bei der Kurve C', die wiederum nur eine Verschiebung von C nach oben darstellt. Dazwischen liegende Fälle existieren, wenn beim ersten Hauptfall zwei oder alle drei Wurzeln zusammenfallen. Die Lage klärt sich wiederum auf, wenn man im zweiten Hauptfall zwei (konjugiert) komplexe Wurzeln vorsieht.

Eine vollständige algebraische Lösung der kubischen Gleichung (5) läßt sich in allgemeiner Form nicht angeben. Der Ansatz läßt sich jedoch leicht beschreiben. Eine reelle Wurzel *muß* es geben, sagen wir $x = x_1$. Sie läßt sich graphisch bestimmen oder durch numerische Approximation, etwa durch die Newtonsche oder Hornersche Methode; siehe dazu Durell und Robson (1937) (S. 164). Da $(x-x_1)$ ein Faktor von (5) ist, gilt:

$$(x-x_1)\,(ax^2 + b'\,x + c') = 0\ .$$

Die beiden anderen Wurzeln ergeben sich dann aus der quadratischen Gleichung $ax^2 + b'x + c' = 0$; dies sind dann entweder zwei reelle oder konjugiert komplexe Wurzeln. Die Lösung einer kubischen Gleichung liefert folglich *entweder* drei reelle Wurzeln *oder* eine reelle und zwei (konjugiert) komplexe Wurzeln. Zwei oder auch drei Wurzeln können in ihrem Wert zusammenfallen. Folglich läßt sich die Gleichung stets in der Form schreiben $(x-x_1)\,(x-x_2)\,(x-x_3) = 0$. Nur müssen x_2 und x_3 auch als konjugiert komplex zugelassen sein. Multipliziert man diese Form aus und vergleicht sie mit (5), so folgt stets, daß

$$x_1 + x_2 + x_3 = -\frac{b}{a}\ ;\ x_1\,x_2 + x_2\,x_3 + x_3\,x_1 = \frac{c}{a} \quad \text{und} \quad x_1\,x_2\,x_3 = -\frac{d}{a} \tag{6}$$

(6) ist eine Erweiterung des Ergebnisses (4) für quadratische Gleichungen.

Vollständig können wir den allgemeinen Fall (1) hier nicht zu behandeln versuchen; denn eine strenge Algebra der Polynome ist in der Tat alles andere als einfach (vgl. Anhang B). Die Grundsätze sind jedoch hinreichend bestimmt. Gilt in (1) $a_n = 0$, so ist zunächst $x = 0$ eine Wurzel von $f(x) = 0$. Durch den Faktor x läßt sich dann kürzen, so daß für die anderen Wurzeln eine Gleichung vom Grad $(n-1)$ übrig bleibt. Folglich kann man $a_n \neq 0$ annehmen, d. h. die Kurve $y = f(x)$ der Abb. 14 geht nicht durch den Ursprung 0. Das Problem besteht in der Bestimmung der Wurzeln für $f(x) = 0$; dabei ist an reelle wie auch an komplexe Wurzeln zu denken. Das grundlegende Ergebnis besagt, daß es genau n Wurzeln gibt, und daß, wenn $x_1, x_2, \ldots, x_k$ die reellen Wurzeln sind, gilt:

$$f(x) = (x-x_1)\,(x-x_2)\,\ldots\,(x-x_k)\,g(x)$$

Dabei ist *entweder* $k = n$ und $g(x) = 1$ *oder* $k = n-2$ und $g(x)$ ein quadratischer Faktor *oder* $k = n-4$ und $g(x)$ das Produkt zweier quadratischer Faktoren, usw. Sind folglich $x_1, x_2, \ldots, x_k$ alle die reellen Wurzeln von $f(x) = 0$, so ergibt jeder quadratische Faktor in $g(x)$ zwei (konjugiert) komplexe Wurzeln; andere Möglichkeiten gibt es nicht. Die komplexen Wurzeln, die die Lösungen vervollständigen, treten stets in konjugierten Paaren auf. Möglich sind in $f(x) = 0$ vom Grad n *entweder* n reelle Wurzeln *oder* $(n-2)$ reelle Wurzeln und ein konjugiert komplexes Paar *oder* $(n-4)$ reelle Wurzeln und zwei konjugiert komplexe Paare, usw. Ist n geradzahlig, so gibt es unter Umständen überhaupt keine reellen Wurzeln; ist n ungeradzahlig, so muß es mindestens eine reelle Wurzel geben.

Als Nächstes zeigen wir, wie sich die Wurzeln bestimmen lassen, und im besonderen, wie sich die Anzahl der positiven reellen und die der negativen reellen Wurzeln bestimmen läßt. Ein Blick auf die Abb. 14 weist uns wieder den Weg. Man betrachte zwei Punkte auf der Kurve $y = f(x)$, wobei der eine oberhalb, der andere unterhalb von Ox liege; dann muß die Kurve die Achse Ox zwischen den Punkten zumindest einmal schneiden, und allgemein ist die Anzahl der Schnitte ungerade. Liegen beide Punkte oberhalb (oder beide unterhalb) von Ox, dann braucht die Kurve zwischen den Punkten die Achse Ox überhaupt nicht zu schneiden; tut sie es doch, so ist die Anzahl der Schnitte gerade. Für die Wurzeln von $f(x) = 0$ besagt dieses Ergebnis bei beliebigen Werten $x = a$ und $x = b$:

> Haben $f(a)$ und $f(b)$ *entgegengesetzte Vorzeichen*, so liegt zwischen $x = a$ und $x = b$ eine *ungerade Anzahl* von reellen Wurzeln für $f(x) = 0$.
>
> Haben $f(a)$ und $f(b)$ das *gleiche Vorzeichen*, so liegt zwischen $x = a$ und $x = b$ eine *gerade Anzahl* von reellen Wurzeln für $f(x) = 0$.

Eine ungerade Anzahl bedeutet mindestens eine reelle Wurzel; eine gerade Anzahl schließt auch den Fall ein, daß keine reelle Wurzel existiert.

Am einfachsten läßt sich das Ergebnis anwenden, wenn man a und b als $\pm\infty$ und Null annimmt. Dann wird das Vorzeichen von $f(\infty)$ und $f(-\infty)$ durch den Grad der Gleichung festgelegt; da $f(0) = a_n$, wird das Vorzeichen für $f(0)$ durch a_n bestimmt. Nun betrachte man eine *Gleichung mit geradzahligem n;* der umgekehrte Fall ist ähnlich (vgl. Aufgabe 1 unten).

Die Vorzeichen lauten:

$$f(-\infty) > 0 \quad f(0) = \text{Vorzeichen von } a_n \quad f(\infty) > 0$$

Folglich:

Fall	Anzahl der	
	positiven Wurzeln	negativen Wurzeln
$a_n > 0$	geradzahlig	geradzahlig
$a_n < 0$	ungeradzahlig	ungeradzahlig

Ist beispielsweise a_n negativ, so muß es mindestens eine negative reelle Wurzel und mindestens eine positive reelle Wurzel von $f(x) = 0$ geben. Es gibt auch noch andere derartige Tricks, auf die wir in den Aufg. 3 und 5 unten eingehen.

Zum Schluß erwähnen wir noch, daß die Beziehung zwischen dem *Vorzeichen* des Polynoms $f(x)$ und den *Wurzeln* von $f(x) = 0$ aus der Abb. 14 klar hervorgeht. Da das Vorzeichen von $f(x)$ nur an der Stelle einer reellen Wurzel von $f(x) = 0$ wechseln kann, bleibt das Vorzeichen von $f(x)$ zwischen zwei aufeinanderfolgenden reellen Wurzeln von $f(x) = 0$ gleich. Der Grad eines Polynoms und bestimmte Werte reichen gewöhnlich zur Bestimmung des Vorzeichens aus. Ist beispielsweise n für $f(x)$ geradzahlig, so ist $f(x)$ für sehr große x (positive oder negative) positiv; lauten die Wurzeln in aufsteigender Ordnung x_1, x_2, x_3 ..., so ist $f(x)$ nur negativ zwischen x_1 und x_2, zwischen x_3 und x_4, ... Gibt es überhaupt keine reellen Wurzeln (was bei geradzahligen n möglich wäre), so gilt $f(x) > 0$ für alle x. Ist n für $f(x)$ ungerade, so liegt der Fall ganz ähnlich (vgl. Aufg. 2 unten). Die quadratischen und kubischen Gleichungen der Abb. 15 veranschaulichen beide Fälle.

Übungsaufgaben 4.6

1. Ist n für $f(x) = 0$ ungerade, so zeige man, daß folgendes gilt:

Fall	Anzahl der	
	positiven Wurzeln	negativen Wurzeln
$a_n > 0$	gerade	ungerade
$a_n < 0$	ungerade	gerade

Wann läßt sich sagen, daß es mindestens eine positive, eine negative Wurzel gibt?

2. Ist n für $f(x) = 0$ ungerade, so gibt es mindestens eine reelle Wurzel. Die Wurzeln seien in aufsteigender Reihenfolge $x_1, x_2, x_3, \ldots$ Zeigen Sie, daß

$f(x)$ nur negativ ist unterhalb von x_1, zwischen x_2 und x_3, usw. und daß $f(x) > 0$ für große x gilt.

3. Zeigen sie anhand von Abb. 14, daß $f'(x) = 0$ mindestens eine reelle Wurzel zwischen a und b besitzt, wenn a und b aufeinanderfolgende reelle Wurzeln von $f(x) = 0$ sind (Theorem von Rolle). Geben Sie an, inwiefern man die reellen Wurzeln von $f(x) = 0$ vom Grade n besser bestimmen kann, wenn man die reellen Wurzeln von $f'(x) = 0$ vom Grad $(n-1)$ kennt.

4. Verwenden Sie das Ergebnis der vorhergehenden Aufgabe, um diejenigen Werte von k zu bestimmen, für die $x^3 - 3x + k = 0$ drei ungleiche reelle Wurzeln hat. Kontrollieren Sie das Ergebnis anhand einer Zeichnung.

5. Betrachten Sie die Koeffizientenreihe $(1, a_1, a_2, \ldots, a_n)$ in $f(x)$. Ändert sich das Vorzeichen in dieser Reihe genau k-mal, so zeige man, daß die Anzahl der reellen positiven Wurzeln von $f(x) = 0$ entweder k oder $(k-2)$ oder $(k-4)\ldots$ beträgt (Vorzeichenregel von Descartes). Leiten Sie ab, daß k bei $a_n < 0$ ungeradzahlig ist und $f(x) = 0$ mindestens eine reelle positive Wurzel hat, was andernfalls selbstverständlich wäre.

4.7 Sinusfunktionen und Schwingungen

Die trigonometrischen Funktionen $y = \cos x$ und $y = \sin x$ weisen reguläre Schwingungen in x auf, deren Länge jeweils 2π beträgt (vgl. Abb. 10 oben). So gesehen sind beide Funktionen gleich, wenn man von der „Phase" oder der Wahl des Ursprungs absieht. $y = \sin x$ verläuft von der Stelle $x = \frac{\pi}{2}$ an genau so wie $y = \cos x$ von der Stelle $x = 0$ an; die eine Funktion folgt der anderen in einem Abstand von $x = \frac{\pi}{2}$. Folglich braucht man zur Analyse von Schwingungen nur eine der beiden Funktionen zu betrachten. Wir ziehen $y = \cos x$ vor, da diese Funktion bezüglich positiver und negativer Werte für x symmetrisch ist und an der Stelle $x = 0$ ein Maximum aufweist.

Die Funktion $y = \cos x$ läßt sich so erweitern, daß man mit ihrer Hilfe auch noch eine Reihe anderer regulärer Schwingungen darstellen kann. Man bezeichnet sie dann aber besser als *Kreisfunktion oder sinusförmige Funktion.* In diesem Zusammenhang verstehen wir unter regulären Schwingungen nur solche, die sich in stets gleichem Abstand (von x) wiederholen, die nach oben und unten in jedem Zyklus symmetrisch wie die Kosinusfunktion verlaufen. Folglich muß man also für reguläre Schwingungen drei Merkmale unterscheiden und angeben. Das erste wäre die *Periode* oder der Bereich von x für eine vollständige Schwingung; dieses Merkmal läßt sich auch durch die *Frequenz* beschreiben, den reziproken Wert der Periode, als Anzahl von Schwingungen pro Einheit von x. Das zweite Charakteristikum ist die *Amplitude,* bzw. der Wellenberg (und das Wellental) der Schwingung, vom Durchschnittsniveau aus gemessen. Das dritte ist dann die *Phase*, die durch den x-Wert für einen Wellenberg bestimmt wird.

Für $y = \cos x$ beträgt die Periode 2π, die Amplitude ist ± 1, und die Phase wird durch einen Wellenberg an der Stelle $x = 0$ bestimmt. Das sind spezielle Werte; wir suchen aber eine allgemeinere Funktion, bei der Periode, Amplitude und Phase beliebig bestimmbare Werte annehmen können. Für die drei Merkmale muß sie drei Parameter enthalten; als geeignete Form dafür erweist sich

$$y = A \cos(\omega x + \varepsilon) \tag{1}$$

wobei dann ω, A und ε die drei Parameter sind.

Um zu zeigen, daß (1) die allgemeine sinusförmige Funktion für reguläre Schwingungen darstellt, braucht man nur die Reihe der Wellenberge und -täler zu bestimmen. Die Wellenberge liegen bei jedem x-Wert, für den $\cos(\omega x + \varepsilon) = 1$ gilt, also überall da, wo $(\omega x + \varepsilon)$ Null oder plus bzw. minus irgendein Vielfaches von 2π beträgt. Sämtliche Wellenberge liegen dann in der Reihe:

$$x = \ldots -\frac{4\pi + \varepsilon}{\omega}, -\frac{2\pi + \varepsilon}{\omega}, -\frac{\varepsilon}{\omega}, \frac{2\pi - \varepsilon}{\omega}, \frac{4\pi - \varepsilon}{\omega}, \ldots$$

Die Wellentäler liegen jeweils genau dazwischen. Die Periode ist also fest bestimmt und hat den Wert $\frac{2\pi}{\omega}$, der durch ω gegeben ist. Die Phase wird dann durch ε bestimmt, da ein Wellenberg an der Stelle $x = -\frac{\varepsilon}{\omega}$ liegt. In einer jeden Periode hat die Schwingung von y die Gestalt der Kosinusfunktion; die Amplitude liegt mit $\pm A$ fest. Folglich ist $y = A \cos(\omega x + \varepsilon)$ eine reguläre, sinusförmige Schwingung, deren Periode $\left(\frac{2\pi}{\omega}\right)$, Amplitude $(\pm A)$ und Phase $\left(\text{Wellenberg bei } x = -\frac{\varepsilon}{\omega}\right)$ durch die drei Parameter festgelegt werden.

Eine brauchbare Variante zu (1) entsteht, wenn man die beiden Parameter A und ε durch ein anderes Paar ersetzt:

$$y = A \cos(\omega x + \varepsilon) = A(\cos\varepsilon \cos\omega x - \sin\varepsilon \sin\omega x)$$

d. h.

$$y = a \cos\omega x + b \sin\omega x$$

wobei $a = A \cos\varepsilon$ und $b = -A \sin\varepsilon$. Umgekehrt läßt sich $y = a \cos\omega x + b \sin\omega x$, wobei a und b beliebige Konstanten sind, stets auf die Form:

$$y = A \cos(\omega x + \varepsilon)$$

mit $a = A \cos \varepsilon$ und $(-b) = A \sin \varepsilon$ bringen; hierbei handelt es sich um einen allgemeinen Kunstgriff, der stets durchführbar ist. In der Tat bedeutet die Transformation von a und $(-b)$ nach A und ε lediglich den Übergang von einer komplexen Zahl $a - ib$ in kartesischen Koordinaten nach $Ae^{i\varepsilon} = A \ (\cos \varepsilon + i \sin \varepsilon)$ in Polarkoordinaten. Dann gilt:

$$y = a \cos \omega x + b \sin \omega x = A \cos \varepsilon \cos \omega x - A \sin \varepsilon \sin \omega x = A \cos (\omega x + \varepsilon)$$

Es gibt also die folgende äquivalente Schreibweise für regelmäßige, sinusähnliche Funktionen:

$$y = A \cos (\omega x + \varepsilon) = a \cos \omega x + b \sin \omega x \tag{2}$$

wobei

$$a = A \cos \varepsilon \quad \text{und} \quad b = -A \sin \varepsilon$$

Um A und ε mit Hilfe von a und b auszudrücken, benutzt man die inverse Transformation von 4.5.

In (1) wird A als fest angenommen; die Oszillation ist dann also in dem Sinne regelmäßig, daß die Amplitude festliegt. Diese Annahme ist aber nicht notwendig. Man kann den Wert von A mit x beliebig variieren lassen und dementsprechend eine bestimmte Funktion $A(x)$ annehmen. Die Schwingung verläuft genau so wie bisher, nur daß sich die Amplitude über verschiedene Perioden auf bestimmte Weise ändert; sie kann z. B. abnehmen (gedämpft werden), anwachsen (explosiv verlaufen), sich auf und ab bewegen oder sogar ganz beliebig variieren. Besonderes Interesse verdient der Fall $A(x) = Ae^{\alpha x}$ für eine beliebige Konstante α, dann wird die Amplitude gedämpft, wenn $\alpha < 0$; dagegen verläuft sie explosiv, wenn $\alpha > 0$. Somit hat eine sinusförmige Funktion mit gedämpften, regelmäßigen oder explosiven Schwingungen die Form:

$$y = Ae^{\alpha x} \cos (\omega x + \varepsilon) \tag{3}$$

Nunmehr haben wir es mit vier Parametern zu tun, den drei vorherigen (ω, A und ε) und dem vierten (α), der den Grad der Dämpfung oder „Explosivität" angibt. Die drei typischen Fälle ($\alpha < 0$, $\alpha = 0$, $\alpha > 0$) der allgemeinen Form der Oszillation (3) sind in Abb. 16 dargestellt. Man beachte, daß die Schwingung der Abb. 16 B ($\alpha = 0$) die Form (1) hat und folglich mit der Darstellung der Abb. 10 B für $y = \cos x$ zu vergleichen ist.

Die unabhängige Variable x in (1) oder (3) kann etwas ganz Beliebiges bedeuten; y hängt von irgendeiner Variablen x ab dergestalt, daß es sich mit wachsenden x-Werten oszillatorisch weiterbewegt. Am wichtigsten ist hier der Normalfall, daß x die Zeit bedeutet. Mit diesem Fall einer Schwingung über die Zeit beschäftigen wir uns in der folgenden Untersuchung. Für x schreiben wir t, betrachten $t = 0$ als Ausgangslage und wählen $t > 0$ für die folgenden Oszillationen. Gelegentlich werden wir auch „zurückliegende" Perioden betrachten, für die $t < 0$ gilt. Als *Periode* der Schwingung $T = \frac{2\pi}{\omega}$ wählen wir nun die Länge der vollständigen Schwingung in Zeiteinheiten, z. B. $T = 3$ Monate oder 10 Jahre. Auch der reziproke Wert ist gut brauchbar, die *Frequenz* der Schwingung $f = \frac{\omega}{2\pi}$, d. h. die Zahl der vollständigen Schwingungen pro Zeiteinheit, z. B. vier pro Jahr, wenn $T = 3$ Monate $= \frac{1}{4}$ Jahr beträgt. Die Begriffe Periode und Frequenz einer Schwingung lassen sich alternativ verwenden; je nach den Umständen mag der eine zweckmäßiger als der andere erscheinen. Im allgemeinen zieht man bei langen Perioden T und bei kurzen f vor (hohe Frequenz).

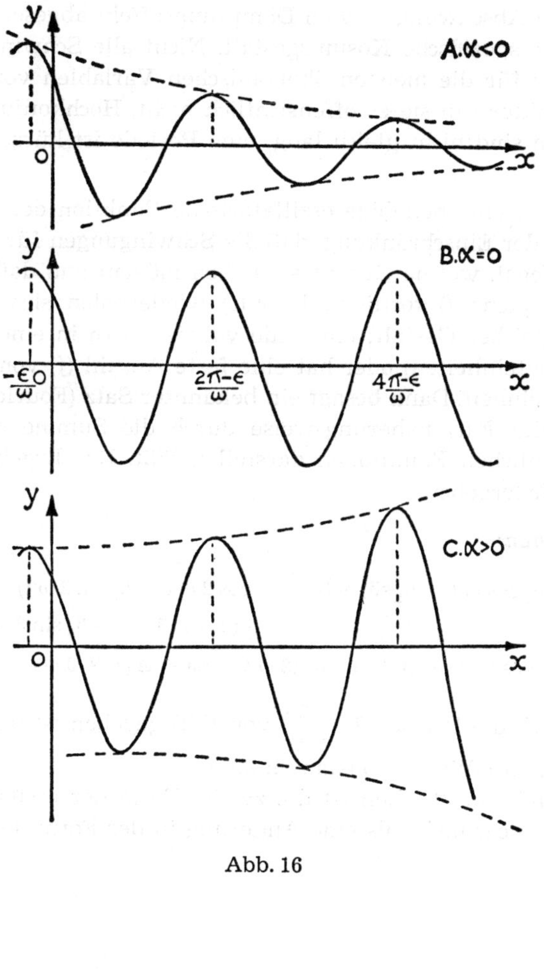

Abb. 16

Somit lassen sich die allgemeinen Eigenschaften einer sinusförmigen Variation vom Kosinustyp wie folgt beschreiben:

Die sinusförmige Funktion $y = Ae^{\alpha t} \cos (\omega t + \varepsilon)$ *stellt in der symmetrischen (Kosinus)Form gedämpfte, regelmäßige oder explosive Schwingungen über die Zeit dar. Ihre Eigenschaften sind durch die vier Parameter* ω, A, α *und* ε *bestimmt:*

Periode $T = \frac{2\pi}{\omega}$ oder *Frequenz* $f = \frac{\omega}{2\pi}$

Ausgangsamplitude $= A$

Dämpfungsfaktor für die nachfolgenden Amplituden $= \alpha$

Phase gegeben durch den Wellenberg in $t = -\frac{\varepsilon}{\omega}$.

Durch die sinusförmige Funktion ist die Schwingung auf eine Kosinusform beschränkt. Innerhalb einer beliebigen Periode sind Aufschwung und Abschwung — vom Dämpfungseffekt abgesehen — gleich; sie haben die spezifische Kosinusgestalt. Nicht alle Schwingungen aber verlaufen so; für die meisten ökonomischen Variablen von oszillatorischem Charakter tun sie es offensichtlich nicht. Hochkonjunkturen und Depressionen sind nicht gleich lang, eine Periode ist kürzer als die andere.

$F(t)$ sei nun eine beliebige oszillatorische Funktion der Zeit; sie unterliege nur der Einschränkung, daß die Schwingungen für jede Periode gleich sind (egal, welche Gestalt sie haben mögen) und daß die Periode T (oder Frequenz f) festliegt. In $F(t)$ wiederholen sich die Schwingungen in gleicher Gestalt; eine jede vollzieht sich in einem festen Intervall (T Zeiteinheiten) oder hat eine feste Anzahl (f) von Schwingungen pro Zeiteinheit. Dann besagt ein bekannter Satz (Fouriersches Theorem), daß sich $F(t)$ näherungsweise durch die Summe einer Anzahl von sinusähnlichen Funktionen darstellen läßt. Das Ergebnis läßt sich wie folgt wiedergeben.

Fourier-Reihen:

$$\left.\begin{aligned} F(t) &= a_0 + (a_1 \cos \omega t + b_1 \sin \omega t) + (a_2 \cos 2\,\omega t + b_2 \sin 2\,\omega t) \\ &\qquad + (a_3 \cos 3\,\omega t + b_3 \sin 3\,\omega t) + \ldots \\ &= a_0 + A_1 \cos (\omega t + \varepsilon_1) + A_2 \cos (2\,\omega t + \varepsilon_2) + A_3 \cos (3\,\omega t + \varepsilon_3) + \ldots \end{aligned}\right\} \quad (4)$$

wenn ω durch die Periode $T = \frac{2\pi}{\omega}$ von $F(t)$ gegeben ist und die a- und b- oder A- und ε-Werte Konstanten sind.

Aufgrund von (2) oben ist die zweite Form der ersten äquivalent; es liegt hier nicht mehr als eine Änderung in der Form der Konstanten vor.

Der Beweis für die Konvergenz der hier angegebenen Reihe wird nicht gegeben. Ist jedoch die Reihe konvergent, so lassen sich die Werte für die Konstanten finden, die notwendig sind, um $F(t)$ als Summe der Reihe zu erhalten. Dazu braucht man die Integrale der Sinus- und Kosinusfunktionen wie die ihrer Quadrate und das ihres Produktes über den Bereich ihrer Periode. Aus der Form der vollständigen Schwingung folgt ohne weiteres, daß

$$\int_0^{2\pi} \sin t\, dt = \int_0^{2\pi} \cos t\, dt = \int_0^{2\pi} \sin t \cos t\, dt = 0$$

Aber $$\int \sin^2 t\, dt = \int \frac{1}{2}(1-\cos 2t)\, dt = \frac{1}{2} t - \frac{1}{4} \sin 2t$$

so daß $$\int_0^{2\pi} \sin^2 t\, dt = \left[\frac{1}{2} t - \frac{1}{4} \sin 2t\right]_0^{2\pi} = \pi$$

und entsprechend $$\int_0^{2\pi} \cos^2 t\, dt = \pi$$

Dazu benutzt man die Eigenschaft: $\cos 2t = \cos^2 t - \sin^2 t = 1 - 2\sin^2 t = 2\cos^2 t - 1$. Die Beziehungen (4) multipliziere man mit $\cos \omega t$ und integriere von 0 bis $T = \frac{2\pi}{\omega}$:

$$\int_0^T F(t) \cos \omega t\, dt = a_0 \int_0^T \cos \omega t\, dt + a_1 \int_0^T \cos^2 \omega t\, dt + b_1 \int_0^T \sin \omega t \cos \omega t\, dt + \ldots$$

$$= a_1 \int_0^T \cos^2 \omega t\, dt$$

da alle anderen Integrale Null sind.

Nun gilt:

$$\int_0^T \cos^2 \omega t\, dt = \frac{1}{\omega} \int_0^{2\pi} \cos^2 \tau\, d\tau \quad \text{wobei} \quad \tau = \omega t$$

$$= \frac{\pi}{\omega} \text{ aufgrund des obigen Ergebnisses.}$$

Folglich $$\int_0^T F(t) \cos \omega t\, dt = a_1 \frac{\pi}{\omega}$$

d. h. $$a_1 = \frac{\omega}{\pi} \int_0^T F(t) \cos \omega t\, dt$$

Die anderen Konstanten findet man auf ähnlichem Wege; allgemein gilt:

$$a_n = \frac{\omega}{\pi} \int_0^T F(t) \cos n\,\omega\, t\, dt, \quad b_n = \frac{\omega}{\pi} \int_0^T F(t) \sin n\,\omega\, t\, dt$$

Fourier-Reihen lassen sich so interpretieren, daß sich jede Schwingung mit gegebener Periode $\frac{2\pi}{\omega}$ durch die Summe *sinusförmiger* Schwingungen approximieren läßt, wenn man nur eine hinreichende Anzahl von Gliedern in die Reihe (4) einbezieht. Die erste der sinusförmigen Schwingungen hat die *gleiche* Periode oder Frequenz wie $F(t)$, die Grundfrequenz. Die folgenden sinusförmigen Schwingungen in der Summe haben kürzere Perioden oder höhere Frequenzen, ausgedrückt in Vielfachen der Grundfrequenz. Um also $F(t)$ als Summe sinusförmiger Funktionen auszudrücken, verwendet man einen Bereich abnehmender Perioden $\left(\frac{2\pi}{n\omega}\right)$ oder aufsteigender Frequenzen $\left(\frac{n\omega}{2\pi}\right)$ für $n = 1, 2, 3, \ldots$ Dabei hängt es nur von der Zweckmäßigkeit oder der Genauigkeit der Approximation ab, wo man die Reihen abbrechen will. Zu beachten ist noch, daß sich neue Ausdrücke beliebig addieren lassen, ohne daß die bereits geschriebenen geändert werden müssen.

Wir ziehen den allgemeinen Schluß, daß sich die Untersuchung sinusförmiger Funktionen weit nützlicher erweist, als man annehmen sollte. Die sinusförmige Schwingung ist eine besondere Art der Schwingung. Doch lassen sich Reihen solcher Schwingungen mit steigender Frequenz zur Approximation einer beliebig gearteten Schwingung mit gegebener Frequenz verwenden.

Übungsaufgaben 4.7

1. Zeigen Sie, daß sich $y = A \sin(\omega t + \varepsilon)$ nur in der Phase von $y = A \cos(\omega t + \varepsilon)$ unterscheidet und daß $y = A \sin(\omega t + \varepsilon) = A \cos\left(\omega t + \varepsilon - \frac{\pi}{2}\right)$.

2. Zeigen Sie, daß

$$\cos \omega x + \sin \omega x = \sqrt{2} \cos\left(\omega x - \frac{\pi}{4}\right)$$

$$\cos \omega x - \sin \omega x = \sqrt{2} \cos\left(\omega x + \frac{\pi}{4}\right)$$

$$\cos \omega x + \sqrt{3} \sin \omega x = 2 \cos\left(\omega x - \frac{\pi}{3}\right)$$

$$\cos \omega x - \sqrt{3} \sin \omega x = 2 \cos\left(\omega x + \frac{\pi}{3}\right)$$

und prüfen Sie das Ergebnis anhand von (2).

3. Inwiefern ist $y = \operatorname{tg} t$ eine oszillatorische Variable? Zeigen Sie, daß hier π die Periode bezeichnet. Untersuchen Sie $y = A \operatorname{tg}(\omega t + \varepsilon)$ und stellen Sie sie graphisch dar.

4.8 Vektorkomponenten einer sinusförmigen Funktion

Man betrachte zunächst die reguläre sinusförmige Funktion ohne Dämpfungsfaktor:

$$y = A \cos(\omega t + \varepsilon)$$

Der Anfangswert für y an der Stelle $t = 0$ ist:

$$y_0 = A \cos \varepsilon$$

Hier gibt es drei Parameter, ω für die Periode oder Frequenz der Schwingung, A für die Amplitude und ε für die Phase. Die beiden letzten gehören zusammen; von ihnen *bestimmen A und ε die Ausgangsposition* für y. Der andere Parameter unterscheidet sich davon; *ω bestimmt die nachfolgende Bewegung* von y.

Man betrachte die Ausgangsposition und die Parameter A und ε und vernachlässige ω zunächst. A und ε lassen sich zu einem Vektor oder einer komplexen Zahl $Ae^{i\varepsilon}$ zusammenfassen; der Vektor hat eine Länge A und eine Richtung ε; dies sind dann die Polarkoordinaten der komplexen Zahl. Die Ausgangsposition y_0 ergibt die reelle Komponente von $Ae^{i\varepsilon} = A(\cos \varepsilon + i \sin \varepsilon)$. Folglich läßt sich zur Beschreibung des Ausgangspunktes der Vektor $Ae^{i\varepsilon}$ verwenden; man muß nur daran denken, daß y_0 dessen Realteil ist.

Der Vektor $Ae^{i\varepsilon}$ kann durch OP in dem üblichen Argand-Diagramm dargestellt werden (linke Seite von Abb. 17).

Später werden wir noch einsehen, warum in dem Argand-Diagramm der Abb. 17 die „reelle" Achse $A'OA$ in die Vertikale und nicht in die

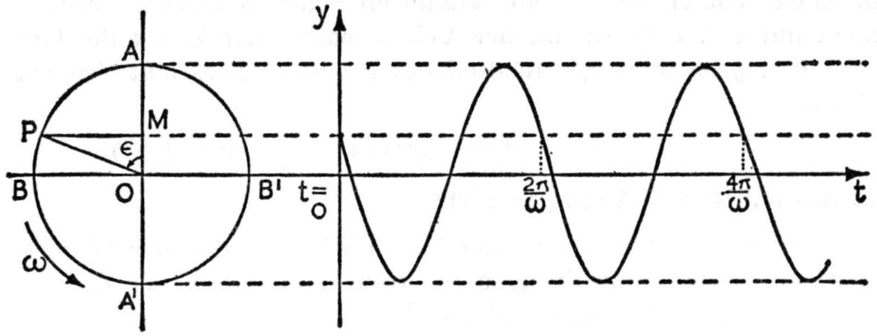

Abb. 17

Horizontale gelegt ist; der Kreis hat dort den Radius A. Der Ausgangsvektor OP hat die Länge A und mit OA (im umgekehrten Uhrzeigersinn gemessen) einen Winkel ε. Der Ausgangswert y_0 wird durch die Länge von OM auf der „rellen" Achse dargestellt.

Nun lassen wir OP in Abhängigkeit von der Zeit sich mit der *Winkelgeschwindigkeit* ω entgegen dem Uhrzeigersinn um 0 drehen; ω ist in Bogenmaßeinheiten definiert, die OP in der Zeiteinheit durchläuft. Das bedeutet $\frac{\omega}{2\pi}$ vollständige Umdrehungen in der Zeiteinheit oder eine vollständige Umdrehung in der Zeit $\frac{2\pi}{\omega}$. Die Länge von OM oszilliert dann zwischen A und A' auf der „reellen" Achse. Nach einer Zeit t beträgt der durchlaufene Winkel ωt; OP bildet dann mit OA einen Winkel $(\omega t + \varepsilon)$. Folglich läßt sich aus der Lage von OP nach der Zeit t der Wert für y zu dieser Zeit ablesen; der tatsächliche Wert von y ist dann die Länge $OM = A \cos(\omega t + \varepsilon)$ in der betreffenden Zeit. Die Schwingung von OM auf der „reellen" Achse $A'OA$ gibt dann die Schwingung von y wieder. Wie die Länge OM über die Zeit variiert, läßt sich auch explizit als Funktion der Zeit angeben, so wie es der rechte Teil der Abb. 17 zeigt; man muß lediglich die Höhe OM zum Zeitpunkt t über dem entsprechenden Punkt t auf der Zeitachse abtragen. In Abb. 17 wird auf der linken Seite die Schwingung von y als Aufundabbewegung auf $A'OA$ abgetragen, auf der rechten Seite erscheint das Bild der Bewegung als Funktion über die Zeit. Die beiden Darstellungsweisen entsprechen einander, wie es durch die gestrichelten horizontalen Linien angedeutet wird. Will man auf der rechten Seite der Abbildung auch einen Maßstab für t festlegen, muß man nur darauf achten, daß y nach einer Zeitspanne von $t = \frac{2\pi}{\omega}$ (dies ist die Periode der Schwingung) zu seinem Ausgangswert y_0 zurückkehrt.

Der Ausgangsvektor OP beträgt $Ae^{i\varepsilon}$; nach einer Zeit t hat er sich um einen Winkel ωt gedreht. Vektoriell bedeutet das eine Multiplikation mit $e^{i\omega t}$. Folglich hat der Vektor nach einer Zeit t die Größe $Ae^{i\varepsilon} \times e^{i\omega t}$; y ist dann der Realteil des Produkts. Dies läßt sich nachprüfen:

$$Ae^{i\varepsilon} \times e^{i\omega t} = Ae^{i(\omega t + \varepsilon)} = A\{\cos(\omega t + \varepsilon) + i \sin(\omega t + \varepsilon)\}$$

Der Realteil ist $y = A \cos(\omega t + \varepsilon)$.

Als Ergebnis der Untersuchung halten wir fest, daß der Wert $y = A \cos(\omega t + \varepsilon)$ der sinusförmigen Funktion nach Ablauf der Zeit t der „reelle" Teil eines Vektorproduktes ist:

$$Ae^{i\varepsilon} \times e^{i\omega t}$$

Der erste Vektor $Ae^{i\varepsilon}$ bestimmt die Ausgangsposition; in ihm stecken die Parameter A für die Amplitude und ε für die Phase; das alles geht aus dem Vektor OP der Abb. 17 hervor. Der zweite Vektor $e^{i\omega t}$ gibt die anschließende Bewegung über die Zeit wieder; in ihm steckt die Frequenz ω. Das wird in Abb. 17 durch die Drehung von OP mit der Winkelgeschwindigkeit ω erfaßt, da $e^{i\omega t}$ als Vektor eine in Winkel gemessene Weiterbewegung um ωt darstellt. Als Folge unserer Schreibweise und Terminologie müssen wir aber darauf achten, daß ω auch richtig interpretiert wird. Die Winkelfrequenz, also die Winkelgeschwindigkeit der Drehung von OP, ist ω; von ihr werden die Frequenz pro Zeiteinheit $f = \frac{\omega}{2\pi}$ und $T = \frac{2\pi}{\omega}$, die Periode der Schwingung in Zeiteinheiten, abgeleitet. So ist es zu verstehen, wenn einfach von einer „Frequenz ω" gesprochen wird.

Dieses Ergebnis läßt sich nun leicht auf den Fall einer gedämpften (oder nicht-gedämpften) sinusförmigen Funktion

$$y = Ae^{\alpha t} \cos (\omega t + \varepsilon)$$

ausweiten. Aus Abb. 17 erkennt man dann, daß der Vektor OP bei seiner Drehung in dem Maße schrumpft oder sich streckt (je nach dem Faktor $e^{\alpha t}$), wie dies die Länge OM tut, die ja y darstellt. Man erreicht dies durch die Multiplikation mit $e^{\alpha t}$, einem reellen Vektor. $e^{\alpha t}$ bezieht sich aber auf die nachfolgende Bewegung und muß folglich mit dem Vektor $e^{i\omega t}$ kombiniert werden, den wir für die Bewegung oben benutzt haben; somit ergibt sich für den Vektor die erweiterte Form $e^{\alpha t} e^{i\omega t} = e^{(\alpha + i\omega)t}$. Dann sei

$$p = \alpha + i \omega$$

die komplexe Zahl, welche die beiden Parameter der Bewegung (α und ω) zusammenfaßt. Der Vektor der Bewegung lautet e^{pt}. Der Wert $y = Ae^{\alpha t} \cos (\omega t + \varepsilon)$ ist der Realteil des Vektorprodukts:

$$Ae^{i\varepsilon} \times e^{pt}$$

Dies läßt sich nachprüfen:

$$\begin{aligned} Ae^{i\varepsilon} \times e^{pt} &= Ae^{i\varepsilon} \times e^{\alpha t + i\omega t} = Ae^{\alpha t} e^{i(\omega t + \varepsilon)} \\ &= Ae^{\alpha t} \{\cos (\omega t + \varepsilon) + i \sin (\omega t + \varepsilon)\} \end{aligned}$$

Der Realteil davon lautet: $y = Ae^{\alpha t} \cos (\omega t + \varepsilon)$.

Das vollständige Ergebnis läßt sich nun zusammenfassen und wie folgt interpretieren:

Der Wert, den die sinusförmige Funktion $y = Ae^{\alpha t} \cos(\omega t + \varepsilon)$ nach einer Zeit t annimmt, ergibt sich aus dem Realteil des Vektorproduktes $Ae^{i\varepsilon} \times e^{pt}$; hierbei stellt der Vektor $Ae^{i\varepsilon}$ die Ausgangsposition dar, und der Vektor e^{pt} beschreibt dann die anschließende Bewegung ($p = \alpha + i\omega$).

Eine Darstellung wie Abb. 17 läßt sich dann so interpretieren, daß $Ae^{i\varepsilon}$ der Ausgangsvektor OP ist (A und ε als Polarkoordinaten von P) und daß in e^{pt} (oder $e^{\alpha t} \times e^{i\omega t}$) die Wirkung einer Expansion oder Kontraktion von OP (je nach dem Dämpfungsfaktor) und die Wirkung einer Drehung von OP mit der Winkelgeschwindigkeit ω über die Zeit zusammengefaßt werden. Projiziert man OP als OM auf die reelle Achse, so ergibt sich y. Eine ähnliche sinusartige Funktion $y = Ae^{\alpha t} \sin(\omega t + \varepsilon)$ ergibt sich als der Imaginärteil von $Ae^{i\varepsilon} \times e^{pt}$; auch das läßt sich an Abb. 17 entsprechend interpretieren (vgl. Aufg. 1 und 2 unten).

Wichtig ist, zu erkennen, wie sich die vier Parameter in zwei Paare gliedern; A und ε gehören nämlich zum Ausgangswert y_0, während sich α und ω auf die folgende Bewegung von y beziehen. Dabei liegen also zwei völlig getrennte Vektoren vor, die multipliziert den Wert für y ergeben. Die *Ausgangslage* wird durch A und ε (Amplitude und Phase) im ursprünglichen Vektor $OP = Ae^{i\varepsilon}$ bestimmt. Die *folgende Bewegung* wird durch α und ω (Dämpfungsfaktor und Frequenz der Schwingung) im Vektorprodukt $e^{pt} = e^{\alpha t} \times e^{i\omega t}$ beschrieben. Hierbei kommt in $e^{\alpha t}$, je nach dem Dämpfungsfaktor, die Erweiterung oder Schrumpfung von OP (und folglich von y) zum Ausdruck; und $e^{i\omega t}$ hat dann die Aufgabe, OP (und damit y) mit der Geschwindigkeit ω weiterzubewegen.

Übungsaufgaben 4.8

1. Zeigen Sie, daß $\sin(\omega t + \varepsilon) = \cos\left(\omega t + \varepsilon - \frac{\pi}{2}\right)$ und leiten Sie ab, daß $y = Ae^{\alpha t} \sin(\omega t + \varepsilon)$ diejenige sinusförmige Funktion ist, die zeitlich genau so verläuft wie die Kosinusfunktion des Textes, nur daß die Phasen um $\frac{\pi}{2}$ differieren.

2. Veranschaulichen Sie die sinusförmige Variation von $y = Ae^{\alpha t} \sin(\omega t + \varepsilon)$ anhand von Vektoren und der Abb. 17. Zeigen Sie, daß y der „Imaginärteil von $y = Ae^{i\varepsilon} e^{pt}$ und die Projektion des Bewegungsvektors der Abb. 17 auf die Achse $B'OB$ ist. Nun sei OP' der Vektor, den man durch Drehung von OP im rechten Winkel erhält; prüfen Sie nach, ob dann der sinusförmige Verlauf von OP' aus identisch ist mit dem kosinusförmigen Verlauf von OP aus.

4.9 Ableitungen, Integrale und Kombinationen sinusförmiger Variablen

Das Ergebnis, daß nämlich die Funktion $y = Ae^{\alpha t} \cos(\omega t + \varepsilon)$ den Realteil des Vektorproduktes $Ae^{i\varepsilon} \times e^{pt}$ mit $p = \alpha + i\omega$ darstellt, ist von grundlegender Bedeutung, wenn man mit Schwingungen umgehen will, die gerade die symmetrische Gestalt der trigonometrischen (sinusförmigen) Funktionen haben. Die Dämpfung der Schwingung (durch α dargestellt) und ihre Frequenz (ω) oder Periode $\left(\frac{2\pi}{\omega}\right)$ können jeden beliebigen Wert annehmen. Durch den Sonderfall $\omega = \varepsilon = 0$ erhält man die stetige (gedämpfte oder explosive) Exponentialfunktion $y = Ae^{\alpha t}$. Mit einer sinusförmigen Variation sind dann sowohl stetiges exponentielles Wachstum als auch ein oszillatorischer Verlauf gemeint.

Aus der Grundform der sinusförmigen Variablen $y = Ae^{\alpha t} \cos(\omega t + \varepsilon)$ lassen sich viele andere Variable ähnlicher Form ableiten. Zunächst die Ableitungen und Integrale von y. Die üblichen Verfahren der Differenzierung und Integration können verwendet werden; die Berechnung ist zwar mühevoll, doch lohnt sich die Übung. Später geben wir mit Hilfe der vektoriellen Schreibweise einen sehr viel einfacheren Weg an.

Wir betrachten zunächst den Sonderfall einer regulären Oszillation ($\alpha = 0$):

$$y = A \cos(\omega t + \varepsilon)$$

so daß
$$\frac{dy}{dt} = -\omega A \sin(\omega t + \varepsilon) = \omega A \cos\left(\omega t + \varepsilon + \frac{\pi}{2}\right)$$

und
$$\int y\, dt = \frac{1}{\omega} A \sin(\omega t + \varepsilon) = \frac{1}{\omega} A \cos\left(\omega t + \varepsilon - \frac{\pi}{2}\right)$$

Folglich sind Ableitung wie auch Integral von y wiederum sinusförmige Variable, die die gleiche Frequenz (ω) wie y haben. Der Unterschied liegt nur in der Amplitude und Phase am Ausgangspunkt. Die Amplitude der Ableitung $\frac{dy}{dt}$ ist A multipliziert mit ω, ihre Phase ist um $\frac{\pi}{2}$ vorverlegt; die Amplitude des Integrals $\int y\, dt$ ist gleich A multipliziert mit $\frac{1}{\omega}$ und seine Phase ist um $\frac{\pi}{2}$ verzögert. Ähnliche Ergebnisse lassen sich für die weitere Integration oder Differentiation von y gewinnen (vgl. Aufg. 1 unten).

Schwieriger ist schon die Behandlung des allgemeinen Falls einer Schwingung ($\alpha \neq 0$), da diese gedämpft oder explosiv sein kann. Es sei

$$y = Ae^{\alpha t} \cos(\omega t + \varepsilon)$$

so daß

$$\frac{dy}{dt} = Ae^{\alpha t}\{\alpha\cos(\omega t+\varepsilon) - \omega\sin(\omega t+\varepsilon)\}$$

$$= A\sqrt{\alpha^2+\omega^2}\,e^{\alpha t}\left\{\frac{\alpha}{\sqrt{\alpha^2+\omega^2}}\cos(\omega t+\varepsilon) - \frac{\omega}{\sqrt{\alpha^2+\omega^2}}\sin(\omega t+\varepsilon)\right\}$$

$$= \varrho\, Ae^{\alpha t}\{\cos\eta\cos(\omega t+\varepsilon) - \sin\eta\sin(\omega t+\varepsilon)\}$$

$$= \varrho\, Ae^{\alpha t}\cos(\omega t+\varepsilon+\eta)$$

wobei

$$\varrho = \sqrt{\alpha^2+\omega^2} \quad \text{und} \quad \operatorname{tg}\eta = \frac{\omega}{\alpha}$$

Wiederum ist $\frac{dy}{dt}$ eine sinusähnliche Variable, die die gleiche Frequenz (ω) und die gleiche Dämpfung (α) wie y hat; doch muß man ihre Amplitude A mit ϱ multiplizieren und ihre Phase um η vorverlegen. Das Vielfache ϱ der Amplitude und die Phasenverschiebung η hat man aus α und ω abzuleiten; trägt man den Punkt P mit seinen kartesischen Koordinaten (α, ω) in ein Argand-Diagramm ein, so bedeuten ϱ und η dann die Polarkoordinaten von P, d. h. ϱ ist die Länge OP und η der Winkel POx.

Das Integral von y erhält man durch Anwendung der Regel über die „partielle Integration". Die beiden Integrale sind:

$$\int e^{\alpha t}\cos(\omega t+\varepsilon)\,dt = \frac{1}{\alpha}e^{\alpha t}\cos(\omega t+\varepsilon) + \frac{\omega}{\alpha}\int e^{\alpha t}\sin(\omega t+\varepsilon)\,dt$$

und

$$\int e^{\alpha t}\sin(\omega t+\varepsilon)\,dt = \frac{1}{\alpha}e^{\alpha t}\sin(\omega t+\varepsilon) - \frac{\omega}{\alpha}\int e^{\alpha t}\cos(\omega t+\varepsilon)\,dt$$

Man eliminiere das Integral mit der Sinusfunktion und fasse dann die entsprechenden Ausdrücke zusammen:

$$\left(1+\frac{\omega^2}{\alpha^2}\right)\int e^{\alpha t}\cos(\omega t+\varepsilon)\,dt = \frac{1}{\alpha}e^{\alpha t}\left\{\cos(\omega t+\varepsilon) + \frac{\omega}{\alpha}\sin(\omega t+\varepsilon)\right\}$$

d. h.

$$\int y\,dt = A\int e^{\alpha t}\cos(\omega t+\varepsilon)\,dt$$

$$= \frac{A}{\sqrt{\alpha^2+\omega^2}}e^{\alpha t}\left\{\frac{\alpha}{\sqrt{\alpha^2+\omega^2}}\cos(\omega t+\varepsilon) + \frac{\omega}{\sqrt{\alpha^2+\omega^2}}\sin(\omega t+\varepsilon)\right\}$$

$$= \frac{1}{\varrho}Ae^{\alpha t}\cos(\omega t+\varepsilon-\eta)$$

Hierbei haben ϱ und η die gleichen Werte wie bisher. Die sinusförmige Variable $\int y\,dt$ hat, wie auch y, die Frequenz (ω) und die Dämpfung (α), doch ist die Amplitude A mit $\frac{1}{\varrho}$ multipliziert und die Phase um η verzögert.

Wiederholte Differentiationen und Integrationen liefern ähnliche Ergebnisse. Wie aus Aufg. 2 unten noch hervorgehen wird, lauten die zweite Ableitung und das zweite Integral folgendermaßen:

$$\frac{d^2y}{dt^2} = \varrho^2 A e^{\alpha t} \cos(\omega t + \varepsilon + 2\eta) \;; \quad \int\int y\,dt\,dt = \frac{1}{\varrho^2} A e^{\alpha t} \cos(\omega t + \varepsilon - 2\eta)$$

Das allgemeine Ergebnis ist nun hinreichend klar geworden. Mit Hilfe der Differentialoperationen $D = \frac{d}{dt}$ und $D^{-1} = \int$ werden Ableitung und Integral von $y = Ae^{\alpha t} \cos(\omega t + \varepsilon)$ beliebiger Ordnung durch folgenden Ausdruck wiedergegeben:

$$D^n y = \varrho^n A e^{\alpha t} \cos(\omega t + \varepsilon + n\eta) \tag{1}$$

Hierbei ist n eine beliebige (positive oder negative) ganze Zahl, $\varrho = \sqrt{\alpha^2 + \omega^2}$ und $\operatorname{tg}\eta = \frac{\omega}{\alpha}$.

Bis jetzt wurden die konventionellen Methoden angewendet; mit ihrer Hilfe läßt sich aber jetzt die folgende sehr viel einfachere Ableitung rechtfertigen. Die sinusähnliche Variable y sei der Realteil einer komplexen Variablen oder eines Vektorproduktes

$$z = Ae^{i\varepsilon} e^{pt} \quad \text{mit} \quad p = \alpha + i\omega \,.$$

Nun differenziere (oder integriere) man z nach den üblichen Regeln:

$$\frac{dz}{dt} = Ae^{i\varepsilon}(pe^{pt}) = pz$$

und

$$\int z\,dt = Ae^{i\varepsilon}\left(\frac{1}{p}e^{pt}\right) = \frac{1}{p}z$$

Allgemein gilt dann:

$$D^n z = p^n z \tag{2}$$

für eine beliebige (positive oder negative) ganze Zahl n. Die sinusähnliche Variable $y = Ae^{\alpha t} \cos(\omega t + \varepsilon)$ ist der Realteil von z; wir wollen nun aber den Ausdruck $D^n y$ (als sinusförmige Variable) als den Realteil von $D^n z = p^n z$ auffassen. Dies läßt sich nachprüfen, wenn man zeigt, daß sich (1) als Realteil von (2) darstellen läßt. Für $n = 1$ ist beispielsweise der Realteil von

$$Dz = pz = A\,(\alpha + i\,\omega)\,e^{i\varepsilon}\,e^{(\alpha + i\omega)t}$$
$$= Ae^{\alpha t}\,(\alpha + i\,\omega)\,\{\cos(\omega\,t + \varepsilon) + i\sin(\omega\,t + \varepsilon)\}$$

gleich

$$Ae^{\alpha t}\,\{\alpha\cos(\omega\,t + \varepsilon) - \omega\sin(\omega\,t + \varepsilon)\} = \varrho\,Ae^{\alpha t}\cos(\omega\,t + \varepsilon + \eta)$$

Dies ist gleichbedeutend mit (1) für $n = 1$.

Besonders einfach ist an dem Ergebnis (2), daß man den Operator D durch p ersetzen muß, wenn man diesen auf das Vektorprodukt z für eine sinusförmige Variable mit $p = \alpha + i\,\omega$ anwendet. Es ist also einfacher, (2) zu verwenden als (1); auch werden mit (2) alle Ableitungen und Integrale einer sinusförmigen Variablen erfaßt.

Ein weiteres ähnliches Ergebnis läßt sich für die Behandlung einer festen zeitlichen Verzögerung ϑ angeben. Ist $y\,(t) = Ae^{\alpha t}\cos(\omega\,t + \varepsilon)$ eine sinusförmige Variable, so lautet der Ausdruck mit zeitlicher Verzögerung:

$$y\,(t - \vartheta) = Ae^{\alpha(t-\vartheta)}\cos\{\omega\,(t - \vartheta) + \varepsilon\}$$

d. h.

$$y\,(t - \vartheta) = (e^{-\alpha\vartheta}A)\,e^{\alpha t}\cos(\omega\,t + \varepsilon - \omega\vartheta) \tag{3}$$

Frequenz und Dämpfung ändern sich dabei nicht; der Ausdruck mit zeitlicher Verzögerung ist nur insofern anders, als die Amplitude A mit $e^{-\alpha\vartheta}$ multipliziert wird und die Phase um $\omega\,\vartheta$ verzögert ist. Mit Hilfe von $z\,(t) = Ae^{i\varepsilon}\,e^{pt}$ läßt sich die Variable mit zeitlicher Verzögerung durch folgenden Ausdruck wiedergegeben:

$$z\,(t - \vartheta) = Ae^{i\varepsilon}\,e^{p(t-\vartheta)}$$

d. h.

$$z\,(t - \vartheta) = e^{-p\vartheta}\,z\,(t)\ . \tag{4}$$

Wiederum läßt sich leicht nachprüfen, daß (3) der Realteil von (4) ist. Einfacher ist es, (4) anstelle von (3) zu benutzen. Der Operator für die „zeitliche Verzögerung ϑ" ist für eine sinusähnliche Variable mit $p = \alpha + i\,\omega$ durch $e^{-p\vartheta}$ zu ersetzen.

Die Ergebnisse (2) und (4) lassen sich zu dem folgenden allgemeinen Satz zusammenfassen:

Ist $z = Ae^{i\varepsilon}\,e^{pt}$ (mit $p = \alpha + i\,\omega$) *eine komplexe Variable (Vektor), dann gilt:*

$D^n z = p^n z$ *(n ist eine beliebige positive oder negative ganze Zahl)* *und $z(t-\vartheta) = e^{-p\vartheta} z(t)$ (ϑ eine beliebig gegebene zeitliche Verzögerung)*

d. h. der Operator D wird gleich p und der Operator für die „zeitliche Verzögerung ϑ" wird gleich $e^{-p\vartheta}$ gesetzt. Die Realteile dieser Ergebnisse liefern die sinusförmige Variable $y = Ae^{\alpha t} \cos(\omega t + \varepsilon)$, ihre Ableitungen, Integrale wie auch ihre Werte bei einer zeitlichen Verzögerung; dabei handelt es sich stets um Schwingungen mit gleicher Dämpfung (α) und gleicher Frequenz (ω).

Damit ist zunächst gesagt, daß die Ableitungen, Integrale und die Werte bei zeitlicher Verzögerung einer sinusförmigen Variablen stets eine sinusförmige Schwingung von gleicher Frequenz und Dämpfung aufweisen; zweitens ist damit gesagt, daß sich die Beziehung zwischen den verschiedenen Schwingungen (d. h. ihre unterschiedliche Amplitude und Phase), am besten behandeln läßt, wenn man Operatoren auf die entsprechenden Vektorprodukte anwendet.

Angenommen nun, eine Anzahl sinusförmiger Variablen sei gegeben:

$$y_n = A_n e^{\alpha_n t} \cos(\omega_n t + \varepsilon_n) \qquad n = 1, 2, 3, \ldots$$

Aus ihnen läßt sich die Linearkombination

$$y = \Sigma \lambda_n y_n = \lambda_1 y_1 + \lambda_2 y_2 + \lambda_3 y_3 + \ldots$$

bilden, in der die λ's Konstanten sind. Da sich jedes λ in die entsprechende Amplitude A einbeziehen läßt, läßt sich ohne Beschränkung der Allgemeinheit schreiben:

$$y = \Sigma y_n = y_1 + y_2 + y_3 + \ldots$$

Wie sieht nun aber die Variable y aus? Anders formuliert: welches Ergebnis erhält man, wenn man verschiedene sinusförmige Variable addiert?

Die Antwort darauf ist nicht selbstverständlich. So lange die Frequenzen (ω_n) und die Dämpfungsfaktoren (α_n) unterschiedlich sind, kann durch die Addition in der Tat alles Mögliche herauskommen; und nur für den äußerst wichtigen Fall, daß alle Variablen gleiche Frequenz (ω) und gleiche Dämpfung (α) haben, erhält man ein brauchbares Ergebnis. Das ist dann aber sehr einfach zu formulieren. Die Summierung der Variablen liefert eine Schwingung, die die gleiche Frequenz und die gleiche Dämpfung aufweist wie die einzelnen Variablen. Zu bestimmen bleiben dann noch Amplitude und Phase von y, ausgedrückt durch Amplitude und Phase der y_n.

Dieses Ergebnis läßt sich mit Hilfe von Vektorprodukten anschaulich darstellen, deren Realteile die sinusförmigen Variablen liefern. Es gelte $p = \alpha + i\,\omega$ für die gemeinsame Schwingung mit der Frequenz (ω) und der Dämpfung (α), und ferner sollen die Variationen

$$z_n = A_n\, e^{i\varepsilon_n}\, e^{pt} \qquad (n = 1, 2, 3, \ldots)$$

addiert werden. Dann gilt:

$$z = \Sigma\, z_n = (\Sigma\, A_n\, e^{i\varepsilon_n})\, e^{pt}$$

Dabei hat z gleiches p, d. h. gleiche Frequenzen und gleiche Dämpfung. Amplitude und Phase werden durch folgenden Ausdruck wiedergegeben:

$$Ae^{i\varepsilon} = \Sigma\, A_n\, e^{i\varepsilon_n}$$

In diesem Prozeß werden lediglich die Ausgangsvektoren nach den üblichen Regeln addiert. Das ist gleichbedeutend mit:

$$A \cos \varepsilon = \Sigma\, A_n \cos \varepsilon_n \quad \text{und} \quad A \sin \varepsilon = \Sigma\, A_n \sin \varepsilon_n$$

Für den Fall, daß nur zwei Variable addiert werden, läßt sich das Ergebnis klarmachen und durch ein Diagramm veranschaulichen. Werden die sinusförmigen Variablen y_1 und y_2 durch die Ausdrücke

$$z_1 = A_1\, e^{i\varepsilon_1}\, e^{pt} \quad \text{und} \quad z_2 = A_2\, e^{i\varepsilon_2}\, e^{pt}$$

dargestellt, so läßt sich $y = y_1 + y_2$ durch folgenden Ausdruck darstellen:

$$z = z_1 + z_2 = (A_1\, e^{i\varepsilon_1} + A_2\, e^{i\varepsilon_2})\, e^{pt}\ .$$

Es sei $z = Ae^{i\varepsilon}\, e^{pt}$, so daß

$$Ae^{i\varepsilon} = A_1\, e^{i\varepsilon_1} + A_2\, e^{i\varepsilon_2}$$

d. h.

$$A\,(\cos \varepsilon + i \sin \varepsilon) = A_1\,(\cos \varepsilon_1 + i \sin \varepsilon_1) + A_2\,(\cos \varepsilon_2 + i \sin \varepsilon_2)$$

gilt. Folglich lassen sich A und ε für $y = y_1 + y_2$ aus den Ausdrücken

$$A \cos \varepsilon = A_1 \cos \varepsilon_1 + A_2 \cos \varepsilon_2$$

und

$$A \sin \varepsilon = A_1 \sin \varepsilon_1 + A_2 \sin \varepsilon_2$$

bestimmen.

Dahinter steckt lediglich die „Parallelogrammregel" der Vektoraddition, die in Abb. 18 für den Fall $\alpha = 0$ veranschaulicht wird. Auf der linken Seite des Diagramms werden die beiden Ausgangsvektoren OP_1 und OP_2 für y_1 und y_2 nach der „Parallelogrammregel" zu dem Vektor OP für $y = y_1 + y_2$ addiert. Die rechte Seite des Diagramms zeigt dann, wie die beiden gegebenen sinusförmigen Variablen y_1 und y_2 aus OP_1 und OP_2 und die sinusförmige Variable $y = y_1 + y_2$ aus OP

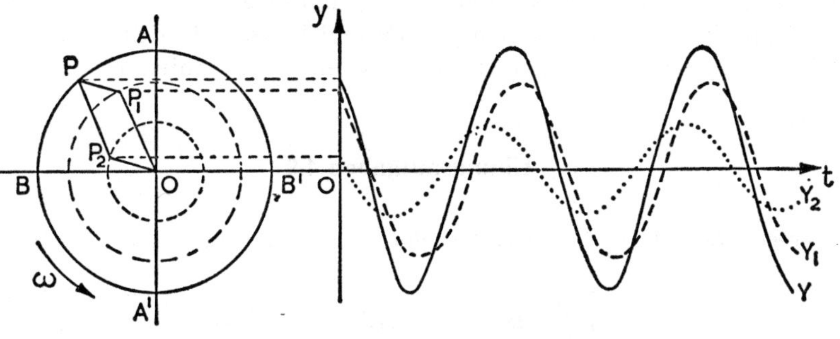

Abb. 18

erzeugt werden, wenn die Drehung (ω) jeweils gleich schnell erfolgt. Aus dem Diagramm läßt sich leicht ablesen, daß zu jedem Zeitpunkt die Ordinate y die Summe der jeweiligen Ordinaten y_1 und y_2 ist. Bei der Zusammenfassung zweier sinusförmiger Variablen wie auf der rechten Seite von Abb. 18 kommt es also lediglich darauf an, die Ausgangsvektoren wie auf der linken Seite der Abb. 18 zusammenzufassen.

Das Ergebnis läßt sich also mit folgenden Worten vollständig wiedergeben:

Eine Reihe sinusförmiger Variabler y_n mit gleicher Frequenz und Dämpfung ($p = \alpha + i\,\omega$) sei gegeben und die Summe $y = \Sigma\, y_n$ werde gebildet. Dann ist y eine sinusförmige Variable mit der gleichen Frequenz und der gleichen Dämpfung. Ist y_n der Realteil von $A_n\, e^{i\varepsilon_n}\, e^{pt}$, so ist y der Realteil von $Ae^{i\varepsilon}\, e^{pt}$, wobei in Vektor-Schreibweise

$$Ae^{i\varepsilon} = \Sigma\, A_n e^{i\varepsilon n}$$

gilt; oder voll ausgeschrieben:

$$A \cos \varepsilon = \Sigma\, A_n \cos \varepsilon_n \qquad A \sin \varepsilon = \Sigma\, A_n \sin \varepsilon_n$$

Das Ergebnis ist deswegen besonders wichtig, weil — wie bereits erwähnt — Ableitungen, Integrale und die Werte für zeitliche Verzögerungen einer beliebigen sinusförmigen Variablen alle die gleiche Frequenz und Dämpfung haben und sich somit zu einer zusammengefaßten Variablen addieren lassen, die ebenfalls sinusförmig ist und die gleiche Frequenz und Dämpfung hat. Ist also $y = Ae^{\alpha t} \cos(\omega t + \varepsilon)$ eine sinusförmige Variable, so variieren Ausdrücke wie

$$\frac{d^2y}{dt^2} + a\,\frac{dy}{dt} + by$$

oder

$$\lambda_1\, y\,(t) + \lambda_2\, \frac{d}{dt}\, y\,(t-\vartheta) + \lambda_3 \int y\,(t)\, dt$$

ebenfalls sinusförmig; ihre Frequenz (ω) und ihre Dämpfung (α) bleiben dabei gleich, wogegen aber Amplitude und Phase, wie sich bei der Addition entsprechender Vektoren herausstellt, unterschiedlich ausfallen.

Übungsaufgaben 4.9

1. Zeigen Sie für $y = A \cos(\omega t + \varepsilon)$, *daß* $\frac{d^2y}{dt^2} = \omega^2 A \cos(\omega t + \varepsilon + \pi)$ und daß

$$\int\int y \, dt \, dt = \frac{1}{\omega^2} A \cos(\omega t + \varepsilon - \pi)$$

2. Aus den Werten für $\frac{dy}{dt}$ und $\int y \, dt$, die wir im Text aus $y = Ae^{\alpha t} \cos(\omega t + \varepsilon)$ gewonnen haben, sind durch weitere Differentiation und Integration folgende Ausdrücke zu bilden:

$$\frac{d^2y}{dt^2} = \varrho^2 A e^{\alpha t} \cos(\omega t + \varepsilon + 2\eta)$$

$$\int\int y \, dt \, dt = \frac{1}{\varrho^2} A e^{\alpha t} \cos(\omega t + \varepsilon - 2\eta)$$

3. Für $y = Ae^{\alpha t} \cos(\omega t + \varepsilon)$ zeigt der Ausdruck $\frac{dy}{dt} = \varrho A e^{\alpha t} \cos(\omega t + \varepsilon + \eta)$ an, daß, wenn man von y auf $\frac{dy}{dt}$ übergeht, die Amplitude der Oszillation mit $\varrho = \sqrt{\alpha^2 + \omega^2}$ zu multiplizieren ist und daß die Phase um $\eta = \operatorname{tg}^{-1} \frac{\omega}{\alpha}$ vorverlegt wird. Zeigen sie für $\alpha = 0$, daß die Amplitude mit ω multipliziert und die Phase um $\frac{\pi}{2}$ vorverlegt wird, wenn die Oszillation regulär ist.

4. Bestimmen Sie aus $y = Ae^{\alpha t} \cos(\omega t + \varepsilon)$ den Ausdruck $\frac{d}{dt} y\,(t - \vartheta)$. Zeigen Sie, daß dies der Realteil von $pe^{-p\vartheta} z$ ist, wobei $z = Ae^{i\varepsilon} e^{pt}$ ist. Zeigen Sie für den Sonderfall

$$y = A \cos(\omega t + \varepsilon) \; ,$$

daß dann $\frac{d}{dt} y \left(t - \frac{\pi}{2\omega}\right)$ eine sinusförmige Variable ist, die bezüglich $y\,(t)$ weder verzögert noch beschleunigt ist.

5. Haben die sinusförmigen Variablen $y_1, y_2, y_3, \ldots y_n$ gleiche Frequenz, gleiche Dämpfung *und* gleiche Phase, so zeigen Sie, daß $y = \Sigma\, y_n$ eine ähnliche Variable ist, deren Amplitude gleich der Summe der Amplituden der y_n ist. Veranschaulichen Sie dies anhand von Abb. 18.

6. Die beiden sinusförmigen Variablen $y_1 = Ae^{\alpha t}\cos(\omega t + \varepsilon)$ und $y_2 = Ae^{\alpha t}$ $\cos\left(\omega t + \varepsilon + \frac{\pi}{2}\right)$ mögen sich nur darin unterscheiden, daß die eine gegenüber der anderen einen Vorsprung von $\frac{\pi}{2}$ hat. Zeigen Sie, daß dann für $y = y_1 + y_2$ gilt:

$$y = \sqrt{2}\,Ae^{\alpha t}\cos\left(\omega t + \varepsilon + \frac{\pi}{4}\right)$$

Interpretieren Sie das anhand von Abb. 18. Wie sieht $y = y_1 + y_2$ aus, wenn y_1 zwar seine obige Gestalt behält, für y_2 aber

$$y_2 = Ae^{\alpha t}\cos(\omega t + \varepsilon + \pi)$$

gilt?

Literatur

Allen (R. G. D.) (1938): Mathematical Analysis for Economists (Macmillan, 1938), Kapitel IX und XVII.

Courant (R.) und *Robbins* (H.) (1941): What is Mathematics? (Oxford, 1941), Kapitel II.

Durell (C. V.) und *Robson* (A.) (1937): Advanced Algebra (Bell, 1937), Kapitel VIII und XIII.

Littlewood (D. E.) (1949): The Skeleton Key of Mathematics (Hutchinson, 1949), Kapitel V und VI.

Titchmarsh (E. C.) (1949): Mathematics for the General Reader (Hutchinson, 1949), Kapitel IX.

Tustin (A.) (1953): The Mechanism of Economic Systems (Heinemann, 1953), Kapitel III.

Kapitel 5

Mathematische Analyse: Lineare Differentialgleichungen

5.1 Differentialgleichungen

Differentialgleichungen entstehen in der Praxis auf vielfältige Art, doch implizieren sie jedesmal eine stetige Variation. Unter den einfacheren Formen von Differentialgleichungen finden sich solche, die ein kumulatives Wachstum darstellen, sobald die Addition in einer bestimmten Weise stetig vorgenommen wird. Dabei ist die Stetigkeit ein Begriff, den man aus endlichen Prozessen beim Übergang zum Grenzwert erhält, genau so wie man die Definition der Ableitung einer Funktion durch endliche Änderungen (der Variablen) erhält. Dies läßt sich durch die Betrachtung einer Geldsumme veranschaulichen, die mit Zinsen und Zinseszinsen mit einer Jahresrate von $100r$ % wächst. £ Y_0 sei die Ausgangsumme, die am Ende von x Jahren auf £ Y_x angewachsen ist. Werden die Zinsen jährlich berechnet, dann gilt $Y_{x+1} = (1 + r)\, Y_x$, wobei x die Werte $x = 0, 1, 2, 3, \ldots$ annimmt; werden die Zinsen zweimal im Jahr berechnet, dann gilt $Y_{x+\frac{1}{2}} = \left(1 + \frac{1}{2}r\right) Y_x$, wobei $x = 0, \frac{1}{2}, 1, \frac{3}{2}, \ldots$ sein kann. Allgemein gilt, wenn die Zinsen n-mal pro Jahr berechnet werden und x die Werte $0, \frac{1}{n}, \frac{2}{n}, \frac{3}{n}, \ldots$ durchläuft:

$$Y_{x+\frac{1}{n}} = \left(1 + \frac{r}{n}\right) Y_x$$

d. h.
$$\frac{Y_{x+\frac{1}{n}} - Y_x}{1/n} = rY_x$$

d. h.
$$\frac{Y_{x+h} - Y_x}{h} = rY_x \quad \text{mit} \quad h = \frac{1}{n}$$

Hinter der Vorstellung einer stetigen Verzinsung steht der Begriff des Grenzwertes, bei dem n unbeschränkt zunimmt ($n \to \infty$, $h \to 0$). Das Wachstumsgesetz nimmt dann die Form eines Grenzwertes an:

$$\frac{dY_x}{dx} = rY_x$$

Dabei variiert x stetig; das Wachstumsgesetz wird durch eine Differentialgleichung in Gestalt der Ableitung der untersuchten Funktion Y_x dargestellt. Die Lösung der Differentialgleichung ist die explizite Angabe der Funktion Y_x mit Hilfe von x. Für unser Beispiel lautet die Lösung (siehe 5.3 unten):

$$Y_x = Y_0 \, e^{rx}$$

Eine *gewöhnliche Differentialgleichung* ist eine Beziehung, in der die Funktion einer Variablen und ihre verschiedenen Ableitungen auftreten. Die Gestalt der Funktion ist nicht angegeben; man erhält diese vielmehr als Lösung der Gleichung. Es gibt noch andere Arten von Differentialgleichungen, in denen Funktionen mehrerer Variabler auftreten, doch sollen diese hier nicht betrachtet werden. Die allgemeine Form einer gewöhnlichen Differentialgleichung einer Funktion Y mit einer unabhängigen Variablen x läßt sich schreiben:

$$\varphi\left(x, Y, \frac{dY}{dx}, \frac{d^2Y}{dx^2}, \ldots \frac{d^nY}{dx^n}\right) = 0 \qquad (1)$$

Die *Ordnung* der Gleichung richtet sich nach der höchsten in ihr vorkommenden Ableitung. Eine Gleichung erster Ordnung, die etwa ein Wachstum mit Zinsen und Zinseszinsen darstellt, enthält nur $\frac{dY}{dx}$, doch keine höheren Ableitungen. Eine Gleichung zweiter Ordnung enthält $\frac{d^2Y}{dx^2}$, doch keine höheren Abteilungen. Die allgemeine Form (1) hat die Ordnung n.

Die Lösung gewöhnlicher Differentialgleichungen verschiedener Ordnung und Art ist mehr eine technische Angelegenheit, auf die wir hier nicht eingehen. Darüber gibt es Lehrbücher wie das von Piaggio (1920); die Lösungen für bestimmte Gleichungsarten, die für die Ökonomen von Interesse sind (besonders diejenigen erster Ordnung), findet man bei Allen (1938). Es wurde dort eine spezielle Form von Differentialgleichungen ausführlicher behandelt, die als lineare Gleichung mit konstanten Koeffizienten bekannt ist.

Die gewöhnliche Differentialgleichung (1) ist *linear*, wenn Y und alle Ableitungen linear kombiniert sind; Quadrate und höhere Potenzen oder andere algebraische und analytische Formen sollen dabei nicht erscheinen. Die unabhängige Variable x kann jedoch an beliebiger Stelle auftreten, sowohl in den Koeffizienten von $Y, \frac{dY}{dx}, \frac{d^2Y}{dx^2}, \ldots$ als auch in dem Ausdruck, in dem die Funktion Y und ihre Ableitungen nicht vorkommen. Man nennt die Gleichung *linear mit konstanten Koeffizienten*, wenn darüber hinaus die Koeffizienten von $Y, \frac{dY}{dx}, \frac{d^2Y}{dx^2}, \ldots$ alle konstant sind und x nicht enthalten. Lediglich der Ausdruck, in dem Y und seine Ableitungen nicht vorkommen, enthält die Variable x; dieser Ausdruck darf jedoch jede beliebige Form annehmen.

Die allgemeine lineare Differentialgleichung der Ordnung n mit konstanten Koeffizienten lautet:

$$a_0 \frac{d^n Y}{dx^n} + a_1 \frac{d^{n-1} Y}{dx^{n-1}} + \ldots + a_{n-1} \frac{dY}{dx} + a_n Y = f(x) \qquad (2)$$

Dabei sind $a_0, a_1, a_2, \ldots a_{n-1}, a_n$ Konstante ($a_0 \neq 0$), und $f(x)$ ist irgendein Ausdruck in x. Der Sonderfall, bei dem $f(x)$ verschwindet, wird als die *homogene* Form bezeichnet:

$$a_0 \frac{d^n y}{dx^n} + a_1 \frac{d^{n-1} y}{dx^{n-1}} + \ldots + a_{n-1} \frac{dy}{dx} + a_n y = 0 \qquad (3)$$

Gleichungen der Form (2) oder (3) werden hier betrachtet. Die Ordnung n der Gleichungen sei unbegrenzt, wenngleich die von niedrigerer Ordnung, in denen z. B. $n = 1{,}2$ ist, im Vordergrund stehen sollen. Wie sich zeigen wird, ist es bei der ökonomischen Anwendung von Vorteil, in der nicht homogenen Form (2) die abhängige Variable oder Funktion mit Y, in der homogenen Form (3) dagegen mit y zu bezeichnen.

Beispiele für lineare Differentialgleichungen mit konstanten Koeffizienten sind:

(i) $$\frac{dY}{dx} = \frac{1}{ax + b}$$

(ii) $$\frac{dY}{dx} + Y = \sin x + \cos x$$

(iii) $$\frac{d^2 y}{dx^2} + \lambda (b - a) y = 0$$

(iv) $$\frac{d^2 Y}{dx^2} + 2 \frac{dY}{dx} + Y = x + 2$$

(v) $$4 \left(\frac{d^2 Y}{dx^2} + \frac{dY}{dx} - 1 \right) = 5 (x - Y)$$

(vi) $$\frac{d^3 y}{dx^3} - \frac{d^2 y}{dx^2} + 2 y = 0$$

Übungsaufgaben 5.1

1. Y sei die Entfernung, die ein Gegenstand in der Zeit x zurücklegt. Zeigen Sie, daß dann $\frac{dY}{dx} = \text{const.}$ und $\frac{d^2 Y}{dx^2} = \text{const.}$ eine konstante Geschwindigkeit bzw. eine konstante Beschleunigung darstellen. Geben Sie eine Interpretation für den Fall, daß Y das Volkseinkommen oder das Sozialprodukt zur Zeit x ist.

2. Zeigen Sie, daß der Betrag von £ Y_0 am Ende von x Jahren bei einem Zins von 100 r% pro Jahr auf £ Y_x angewachsen ist, wenn n-mal im Jahr Zinsen berechnet werden; Y_x bedeutet dabei

$$Y_x = Y_0 \left(1 + \frac{r}{n}\right)^{nx}$$

Prüfen Sie das Ergebnis für $n = 1$, $n = 2$. Leiten Sie das Ergebnis für die stetige Verzinsung ab ($Y_x = Y_0\, e^{rx}$) und prüfen Sie, daß $\frac{dY_x}{dx} = rY_x$.

5.2 Grundlegende Ergebnisse; Ausgangsbedingungen und beliebige Konstanten

Die Lösung einer Differentialgleichung ist im wesentlichen eine praktische Angelegenheit. Irgendwie ist nach der „trial and error"-Methode eine Funktion zu finden, welche die gegebene Gleichung erfüllt. Man setzt voraus, daß es eine solche Funktion gibt, daß also eine Lösung existiert. So vermeidet man komplizierte Untersuchungen der Existenz, d. h. ob es überhaupt irgendeine Funktion in einem bestimmten Variationsbereich (der Algebra, Trigonometrie usw.) gibt, die die Gleichung erfüllt. Wenn der praktische Versuch mißlingt, so mag das daran liegen, daß man nicht genügend Ausdauer besaß — oder eben keine Lösung zu finden ist.

Als praktische Anweisung dienen ein paar grundlegende Ergebnisse, die sich recht einfach formulieren lassen. Die erste ist ein Theorem über gewöhnliche Differentialgleichungen im allgemeinen; es wird hier ohne formalen Beweis angegeben, aber mit einer Erklärung, die einsichtig genug ist.

Die allgemeine Lösung einer gewöhnlichen Differentialgleichung von der Ordnung n liefert Y als Funktion von x, in der genau n beliebige Konstanten auftreten:

$$Y = Y(x; A_1, A_2, \ldots A_n)$$

Die folgende Betrachtung soll dieses Ergebnis plausibel machen. Eine beliebige Konstante läßt sich stets durch einen Differentiationsprozeß zum Verschwinden bringen. Enthält also eine Funktion zwei beliebige Konstanten, so fällt durch die erste Ableitung die erste, durch die zweite Ableitung die zweite heraus. Die Lösung einer Differentialgleichung kehrt den Prozeß der Differentiation um, so daß die beliebigen Konstanten von neuem auftreten.

Dieses Theorem bezieht sich auf die *allgemeine Lösung* der Gleichung. Es gibt eine ganze Reihe *spezieller Lösungen* einer gegebenen Gleichung. Die Bedeutung des Theorems ist nun darin zu sehen, daß alle speziellen Lösungen in der allgemeinen Lösung enthalten sind, wobei jeder Lösung spezielle Werte der Konstanten A_1, A_2, ... A_n entsprechen. Andere Lösungen als jeweils bestimmte Beispiele der allgemeinen Lösung gibt es nicht. Spezielle Lösungen erhält man, wenn man die Konstanten einzeln angibt oder sie bestimmt; bei der normalen Methode, die Konstanten so zu interpretieren (und damit festzulegen), daß sie speziellen Fällen angepaßt sind, arbeitet man mit Anfangsbedingungen.

Die anderen grundlegenden Ergebnisse stellen Regeln für eine lineare Differentialgleichung mit konstanten Koeffizienten dar. Dazu lautet die nicht-homogene Form der Ordnung n:

$$a_0 \frac{d^n Y}{dx^n} + a_1 \frac{d^{n-1} Y}{dx^{n-1}} + \ldots + a_{n-1} \frac{dY}{dx} + a_n Y = f(x) \tag{1}$$

Die entsprechende homogene Form lautet:

$$a_0 \frac{d^n y}{dx^n} + a_1 \frac{d^{n-1} y}{dx^{n-1}} + \ldots + a_{n-1} \frac{dy}{dx} + a_n y = 0 \tag{2}$$

Regeln: (i) Besitzt die homogene Gleichung (2) Lösungen $y = y_1(x)$ und $y = y_2(x)$, dann ist $y = y_1(x) + y_2(x)$ ebenfalls eine Lösung.

(ii) Besitzt die homogene Gleichung (2) eine Lösung $y = y(x)$, so ist $y = Ay(x)$ für eine beliebige Konstante A ebenfalls eine Lösung.

(iii) Ist $Y = \bar{Y}(x)$ eine beliebige Partikularlösung der allgemeinen Gleichung (1) und ist $y = y(x; A_1, A_2, \ldots A_n)$ die allgemeine Lösung der entsprechenden homogenen Form (2), so lautet die allgemeine Lösung von (1): $Y = \bar{Y}(x) + y(x; A_1, A_2, \ldots, A_n)$.

Diese Regeln lassen sich recht einfach beweisen; man muß nur die angenommenen Lösungen in die Gleichung einsetzen und prüfen, ob sie diese erfüllen.

Mit Hilfe dieser Regeln läßt sich eine beliebige Gleichung der Form (1) praktisch lösen. Die homogene Form (2) wird unter gleichzeitiger Verwendung der Regeln (i) und (ii) als erste behandelt. Man versucht, n spezielle und verschiedene Lösungen von (2) zu finden; sie seien $y_1(x)$, $y_2(x)$, ... $y_n(x)$. Dann stellt nach den Regeln die Gleichung

$$y = A_1 y_1(x) + A_2 y_2(x) + \ldots A_n y_n(x) \tag{3}$$

ebenfalls eine Lösung dar. Da diese genau n beliebige Konstanten A_1, A_2, ... A_n enthält, ist sie die allgemeine Lösung von (2). Die Regel (iii) liefert dann die allgemeine Lösung der ursprünglichen Gleichung (1), sobald man irgendeine Partikularlösung der Gleichung gefunden hat. Die allgemeine Lösung lautet:

$$Y = \overline{Y}(x) + A_1 y_1(x) + A_2 y_2(x) + \ldots + A_n y_n(x) \quad (4)$$

In (4) bezeichnet $\overline{Y}(x)$ das Partikularintegral, und der Rest bildet die *Komplementärfunktion*, die allgemeine Lösung (3) der entsprechenden homogenen Form. Dieser praktische Weg liefert kein Ergebnis, falls sich die n speziellen, voneinander verschiedenen Lösungen von (2) nicht finden und damit nicht in (3) und (4) angeben lassen. Dieser Fall kommt in der Praxis vor; ein Weg zur Umgehung dieser Schwierigkeit wird sich finden lassen, wenn dieser Fall auftritt.

Bei der Lösungsmethode sucht man zuerst eine allgemeine Lösung der homogenen Form und addiert dann eine Partikularlösung der ursprünglichen Gleichung, um die allgemeine Lösung der gegebenen nichthomogenen Form zu erhalten. Oft empfiehlt sich der umgekehrte Prozeß, der sich normalerweise auch besser auf die Lösung von Differentialgleichungen anwenden läßt, die sich aus ökonomischen Problemen ergeben. Praktisch hat man dann folgende Schritte zu tun. Die gegebene Gleichung (1) wird mit Hilfe der zu untersuchenden Funktion Y (z. B. das Einkommen oder das Sozialprodukt) ausgedrückt. Dann sucht man zunächst irgendeine Partikularlösung $Y = \overline{Y}(x)$. Jede beliebige Partikularlösung erfüllt den Zweck, doch bringt, wenn man das Ergebnis interpretieren will, die Lösung den größten Vorteil, die die *Richtungs*-oder Gleichgewichtsveränderung von Y darstellt. Normalerweise konzentriert sich das Interesse auf den Pfad von Y, wenn x unbeschränkt wächst, z. B. auf den zeitlichen Weg von Y, wobei x die Zeit ist. Die gesuchte Partikularlösung $Y = \overline{Y}(x)$ beschreibt dann den Weg, der der gegebenen Gleichung (1) entspricht und der gewissermaßen eine Norm oder einen Gleichgewichtszustand darstellt. Beim nächsten Schritt schreibt man $y = Y - \overline{Y}$ als die Abweichung von Y vom Richtungs- oder Gleichgewichtswert. Daraus folgt, daß y die homogene Form (2) erfüllen muß; dies erkennt man, wenn man Y und $\overline{Y}$ — die jeweils Lösungen sind — in (1) einsetzt und subtrahiert. Durch den letzten Schritt erhält man die allgemeine Lösung der homogenen Form (2) auf die in (3) angegebene Weise. Die Lösung ist nunmehr vollständig und läßt sich in dieser Form auch interpretieren. Die Abweichungen y der Funktion Y von $\overline{Y}$ wird durch (3) angegeben; geht man zurück zu den ursprünglichen Variablen, so erhält man die Lösung (4). Unter den beiden Ausdrücken in dieser Lösung bedeutet der eine die Richtung oder den Verlauf des Gleichgewichts (das Partikularintegral) und der andere die Abweichung von der Richtung oder dem Gleichgewicht (die Komplementärfunktion). Ein Beispiel für diesen praktischen Rechenvorgang wurde bereits anhand eines ökonomischen Problems ausgearbeitet (siehe die Gleichung (4) in 3.3 oben).

Die beliebigen Konstanten, die in der allgemeinen Lösung (4) auftreten (ihre Anzahl ist gleich der Ordnung der Gleichung), geben Anlaß zu einiger Verwirrung. Ein Grund dafür ist, daß die Konstanten, die beliebig gewählt sind, in mannigfaltiger Form auftreten können. Die allgemeine Lösung läßt sich auf zwei oder mehr Arten schreiben, die scheinbar unterschiedlich oder widersprüchlich sind; tatsächlich unterscheiden sie sich nur durch eine andere Anordnung und sind somit identisch. Die gleiche Schwierigkeit ergibt sich, wenn man, wie es oft üblich ist, die Lösung erst mit einer Menge beliebiger Konstanten und dann mit einer anderen Menge schreibt, wodurch die Lösung offensichtlich anders aussieht.

Beispielsweise ist die Lösung von $\frac{dY}{dx} = \frac{1}{ax + b}$ gleich $Y = \frac{1}{a} \log (ax + b)$ plus einer beliebigen Konstanten (siehe 5.3 unten). Dies läßt sich auf verschiedene Weise schreiben, wenn man beliebige Konstanten je nach Bedarf vertauscht:

$$Y = \frac{1}{a} \log (ax + b) + A$$

$$= \log A' (ax + b)^{\frac{1}{a}} \qquad \text{mit} \quad A = \log A'$$

$$= \frac{1}{a} \log A'' (ax + b) \qquad \text{mit} \quad A' = (A'')^{\frac{1}{a}}$$

Die beliebigen Konstanten können je nach Wunsch A, A', A'' sein.

Meistens interpretiert man die beliebigen Konstanten aufgrund von Anfangsbedingungen, die man für Y oder die Ableitungen festgelegt hat. Jeder beliebigen Konstanten kann eine Anfangsbedingung entsprechen, mit der die Konstante „festgelegt" wird. Die allgemeine Lösung einer Differentialgleichung erster Ordnung hat die Form $Y = Y(x; A)$ mit einer beliebigen Konstanten A. Nimmt man an, die Gleichung unterliege der einzigen Anfangsbedingung $Y = Y_0$ für $x = 0$, so gilt:

$$Y(0; A) = Y_0$$

Damit ergibt sich A als Ausdruck von Y_0. In der Tat ist $Y = Y(x; A) = F(x; Y_0)$ die Lösung, welche die beliebige Konstante von A zu Y_0 überleitet. Diese Form der allgemeinen Lösung ist sehr nützlich; ist Y_0 an der Stelle $x = 0$ gegeben, so liefert die Differentialgleichung dann den Wert von $\frac{dY}{dx}$ an der Stelle $x = 0$ und somit die Anfangs*variation* in Y vom Anfangswert Y_0 aus. Zugrunde liegt dabei die allgemeine Idee, daß die Lösung durch die Angabe eines Anfangswertes „gestartet“ werden muß.

In ähnlicher Weise lautet für eine Differentialgleichung zweiter Ordnung die allgemeine Lösung $Y = Y(x; A_1, A_2)$. Die Gleichung unterliege dann zwei Ausgangsbedingungen, z. B.

$$Y = Y_0 \text{ und } \frac{dY}{dx} = Y_0' \quad \text{an der Stelle } x = 0 \ .$$

Setzt man dann $Y = Y(x; A_1, A_2)$ ein, so erhält man zwei Gleichungen, die A_1 und A_2 auf Y_0 und Y_0' beziehen. Mit deren Hilfe können A_1 und A_2 durch Y_0 und Y_0' ausgedrückt werden und die beliebigen Konstanten lassen sich in die Lösung einfügen: $Y = F(x; Y_0, Y_0')$. Sind Y_0 und Y_0' an der Stelle $x = 0$ gegeben, so legt die Differentialgleichung den Wert von $\frac{d^2Y}{dx^2}$ an der Stelle $x = 0$ fest und gibt das „Startzeichen“ für die Variation von Y. Man braucht also zwei Ausgangsbedingungen zur Lösung einer Differentialgleichung zweiter Ordnung. Die Ausweitung auf Gleichungen höherer Ordnung ist klar.

In einer Hinsicht sind also Anfangswerte wie Y_0 und Y_0' beliebige Konstanten. Legt man jedoch spezielle Anfangsbedingungen fest, so nehmen auch die beliebigen Konstanten spezielle Werte an, so daß die allgemeine Lösung zu einer speziellen Lösung wird, die speziellen Anfangsbedingungen entspricht. Zwei Fälle sollen dies veranschaulichen:

Beispiel (a). $\frac{dY}{dx} = \frac{1}{ax+b}$ unter der Bedingung $Y = 0$ an der Stelle $x = 0$.

Die allgemeine Lösung lautet $Y = \frac{1}{a}\log(ax+b) + A$ (5.3 unten)

An der Stelle $x = 0$ $\qquad 0 = \frac{1}{a}\log b + A$

d. h. $\qquad A = -\frac{1}{a}\log b$

Die spezielle Lösung lautet

$$Y = \frac{1}{a}[\log(ax+b) - \log b] = \frac{1}{a}\log\frac{ax+b}{b} .$$

Beispiel (b). $\frac{d^2 Y}{dx^2} - a^2 y = 0$ unter den Bedingungen $y = y_0$ und $\frac{dy}{dx} = 0$ an an der Stelle $x = 0$.

Die allgemeine Lösung lautet: $y = A_1 e^{ax} + A_2 e^{-ax}$ (5.4 Aufg. 1 unten).

Also
$$\frac{dy}{dx} = a\,(A_1 e^{ax} - A_2 e^{-ax})\ .$$

Die Ausgangsbedingungen liefern dann an der Stelle $x = 0$:

$$y_0 = A_1 + A_2 \quad \text{und} \quad 0 = a\,(A_1 - A_2)$$

d. h.
$$A_1 = A_2 = \frac{1}{2}\, y_0$$

Die spezielle Lösung lautet $y = \frac{1}{2}\, y_0\, (e^{ax} + e^{-ax})$

Hierbei kann man y_0 als beliebig betrachten; doch handelt es sich immer noch um eine spezielle Lösung, da die andere beliebige Konstante einen festen Wert erhalten hat.

Übungsaufgabe 5.2

1. Beweisen Sie die Regeln (i), (ii), (iii) oben.
2. Betrachten Sie die Lösung (4) der Gleichung (1) so, als liefere sie die Variation von Y um eine Richtung oder ein Gleichgewicht $\overline{Y}$. Wenn x unbeschränkt wächst, so unterscheide man zwischen „explosiven" und „gedämpften" Variationen und zeige, daß ein einziges y_r von „explosiver" Form für ein „explosives" Y ausreicht. Was läßt sich für den gedämpften Fall sagen? Formulieren Sie das Ergebnis mit Hilfe des Begriffes eines unter den y_r $(r = 1, 2, 3, \ldots, n)$ „dominanten" Ausdruckes.

5.3 Lineare Differentialgleichungen erster Ordnung

Die Gleichung $\frac{dY}{dx} = f(x)$ ist die einfachste Form einer linearen Differentialgleichung mit konstanten Koeffizienten; es ist eine Gleichung erster Ordnung, in der ein Ausdruck mit Y allein nicht vorkommt. Ihre Lösung ist das unbestimmte Integral von $f(x)$ mit einer additiven Konstanten:

$$Y = \int f(x)\, dx + A$$

Die Integration ist hier einfach das Gegenteil der Differentiation. Die öfter vorkommenden und nützlichsten Fälle lassen sich in Verbindung mit den Standardformen der Differentiation in einer Tabelle aufstellen:

Ableitungen: Standardformen	Differentialgleichungen	
	Gleichung	Lösung
$\frac{d}{dx}\left(\frac{x^{n+1}}{n+1}\right) = x^n$	$\frac{dY}{dx} = x^n$	$Y = \frac{x^{n+1}}{n+1} + A \; (n \neq -1)$
$\frac{d}{dx}(e^x) = e^x$	$\frac{dY}{dx} = e^x$	$Y = e^x + A$
$\frac{d}{dx}(\log x) = \frac{1}{x}$	$\frac{dY}{dx} = \frac{1}{x}$	$Y = \log x + A$
$\frac{d}{dx}(\sin x) = \cos x$	$\frac{dY}{dx} = \cos x$	$Y = \sin x + A$

Diese Ergebnisse lassen sich leicht auf den Fall ausdehnen, in dem $(ax + b)$ anstelle von x in der Funktion $f(x)$ auftritt. Dann hat der Ausdruck $\frac{dY}{dx} = e^{ax+b}$ die Lösung $Y = \frac{1}{a} e^{ax+b} + A$, und $\frac{dY}{dx} = \frac{1}{ax+b}$ hat die Lösung $Y = \frac{1}{a} \log(ax + b) + A$.

Eine Eigenart dieser Lösung ist, daß man die beliebige Konstante zu addieren hat. Später werden wir sehen (5.5 unten), daß jede beliebige lineare Differentialgleichung mit konstanten Koeffizienten eine Lösung mit einer additiven Konstanten besitzt, wenn in der Gleichung der Ausdruck mit Y (allein) fehlt, wie dies in $\frac{dY}{dx} = f(x)$ der Fall ist.

Aufgrund der Gleichung (1) von 5.2 oben hat die allgemeine lineare Differentialgleichung erster Ordnung (mit konstanten Koeffizienten) die Form:

$$a_0 \frac{dY}{dx} + a_1 Y = f(x)$$

Da $a_0 \neq 0$, läßt sich die Gleichung in anderer Form schreiben:

$$\frac{dY}{dx} - aY = f(x) \tag{1}$$

Die entsprechende homogene Form lautet:

$$\frac{dy}{dx} = ay \tag{2}$$

Entsprechend dem praktischen Verfahren in 5.2 sind nun zwei Schritte auszuführen. Zunächst gilt es, für die Gleichung (1) eine Partikularlösung $Y = \overline{Y}(x)$ zu finden. Dies geschieht im allgemeinen durch Ausprobieren, je nachdem, welche spezielle Form für $f(x)$ angegeben ist. Dann setzt man $y = Y - \bar{Y}$ und beachtet, daß sowohl Y als auch $\bar{Y}$ die Gleichung (1) erfüllen:

$$\frac{dY}{dx} - aY = f(x) \quad und \quad \frac{d\bar{Y}}{dx} - a\bar{Y} = f(x)$$

Man subtrahiere: $\frac{dy}{dx} = ay$

d. h. $y = Y - \bar{Y}$ erfüllt die homogene Form (2). Man muß nun eine allgemeine Lösung von (2) finden, aus der y bestimmt werden kann. Ein solches Problem aber kann man in allgemeiner Form angeben.

Die Gleichung (2) läßt sich schreiben:

$$\frac{d}{dx}(\log y) = \frac{1}{y}\frac{dy}{dx} = a$$

Die Lösung lautet

$$\log y = ax + A' \qquad (A' \text{ beliebige Konstante})$$

d. h. $y = e^{ax + A'}$

d. h. $y = Ae^{ax} \qquad (A = e^{A'} \text{ beliebige Konstante})$

Die allgemeine Lösung von (1) lautet dann:

$$Y = \bar{Y}(x) + Ae^{ax} \tag{3}$$

Die beliebige Konstante kann aus einer einzigen Anfangsbedingung gefunden werden, z. B. $Y = Y_0$ für $x = 0$. Es gibt noch eine andere Lösungsmöglichkeit von (2), die sich wie sich zeigen wird, wesentlich leichter auf den Fall von Gleichungen höherer Ordnung erweitern läßt. Man setze $y = e^{px}$ als eine Lösung von (2), wobei p irgendeine noch zu bestimmende Konstante darstellt. Dann gilt:

$$\frac{d}{dx}(e^{px}) = ae^{px}$$

d. h. $pe^{px} = ae^{px}$

d. h. $p = a \quad (\text{da } e^{px} \neq 0)$

Folglich ist $y = e^{ax}$ eine Lösung von (2). Nach 5.2 lautet die allgemeine Lösung

$$y = Ae^{ax}$$

Dabei ist A eine beliebige Konstante. Das aber ist die Lösung, die wir bereits gewonnen hatten.

Die Konstante a ist gegeben; sie gibt die „Struktur" der Gleichung (1) wieder. Wie sich die Lösung (3) bei wachsendem x verhält, hängt von der Größe und besonders vom Vorzeichen von a ab. Ist $a > 0$, so nimmt der Ausdruck Ae^{ax} in (3) mit wachsendem x stetig zu — es liegt der „explosive" Fall vor. Ist aber $a < 0$, so nimmt der Ausdruck Ae^{ax} mit wachsendem x stetig gegen Null hin ab — dies ist der Fall einer Dämpfung. Der Ausdruck $\overline{Y}(x)$ stellt unabhängig von seiner jeweiligen Form die Richtung oder den Gleichgewichtsverlauf dar, dem eine explosive oder gedämpfte Variation überlagert ist. Der Verlauf der Variation hängt ab von der Anfangsstörung (durch welche A festgelegt wird) und von der Größe von a. Je größer der numerische Wert von a ist, desto explosiver oder gedämpfter verläuft die Variation.

In der Lösung von linearen Differentialgleichungen kommen im allgemeinen Exponentialfunktionen vor, deren Eigenschaften man kennen muß. Siehe Allen (1938), Kapitel IX, und 4.4 oben. Mit den folgenden Eigenschaften wird häufig gearbeitet:

(i) $e^x = 1$ für $x = 0$ (ii) $\frac{d}{dx}(e^{ax+b}) = ae^{ax+b}$

(iii) e^{ax+b} variiert in einem konstanten proportionalen Verhältnis a; der Ausdruck wächst dabei gegen unendlich, wenn x zunimmt und $a > 0$, und strebt gegen Null, wenn x zunimmt und $a < 0$.

Der Ausdruck $\overline{Y}(x)$ in der Lösung (3) hängt von der Form von $f(x)$ in (1) ab. Wichtig ist der Fall $f(x) = \alpha$ (konstant). Eine spezielle Lösung wird für den Ausdruck

$$\frac{dY}{dx} - aY = \alpha$$

gesucht. Man versucht es mit $Y = \mu$, wobei μ irgendeine noch zu bestimmende Konstante ist. Dann gilt:

$$-a\mu = \alpha \qquad \text{d. h. } \mu = -\frac{\alpha}{a}$$

Die allgemeine Lösung von $\frac{dY}{dx} - aY = \alpha$ lautet: $Y = Ae^{ax} - \frac{\alpha}{a}$. Die Variation ($Ae^{ax}$) geht von einem konstanten Niveau $\overline{Y} = -\frac{\alpha}{a}$ aus. Andere Formen von $f(x)$ sollen in Aufg. 6 unten untersucht werden.

Lineare Differentialgleichungen erster Ordnung treten in einfachen ökonomischen Modellen der stetigen Analyse auf. Sie ergaben sich oben aus der Veränderung des Preises P mit der Zeit in einem Cobweb-Modell. In 1.3 lautete die Gleichung:

$$\frac{dP}{dt} = \left(\frac{b-a}{a_1}\right)P - \frac{\alpha-\beta}{a_1} \tag{4}$$

Und in 1.7 Modell III ist sie:

$$\frac{dP}{dt} = -\lambda(b-a)P + \lambda(\alpha-\beta) \tag{5}$$

wobei $D = \alpha + aP$ und $S = \beta + bP$ die statischen Nachfrage- und Angebotsrelationen und λ eine Reaktionsgeschwindigkeit (wie schnell der Preis auf Lageränderungen reagiert) bedeuten. Unter der Voraussetzung, daß die Koeffizienten von P in den Differentialgleichungen (4) und (5) negativ sind, pendeln sich die Preise stetig auf ein Gleichgewicht $\left(\overline{P} = \frac{\alpha-\beta}{b-a}\right)$ ein. Im Normalfall ist das auch so, d. h. es gilt $a < 0$, $a_1 < 0$, $b > 0$, $\lambda > 0$. In dem Cobweb-Modell von 1.3 lautet der numerische Wert des Koeffizienten $\frac{b+(-a)}{(-a_1)}$; das Gleichgewicht ist schnell erreicht, wenn a_1 klein ist. Im Lagerhaltungsmodell von 1.7 hängt die Annäherungsgeschwindigkeit von λ ab.

Die einfachsten Versionen makroökonomischer Modelle liefern gleichfalls lineare Differentialgleichungen erster Ordnung für die Veränderung des Einkommens oder des Sozialprodukts Y mit der Zeit. Im einfachen Multiplikatormodell von 3.4 lautet die Gleichung:

$$\frac{1}{\lambda}\frac{dY}{dt} = -sY + A$$

Sie stellt dar, wie Y stetig zum Gleichgewicht $\overline{Y} = \frac{A}{s}$ zurückkehrt; die Annäherungsgeschwindigkeit hängt dabei von s, dem Grenzhang zum Sparen, ab. In der Wachstumstheorie von Harrod und Domar (3.3) bewirkt der Akzelerator ein progressives Wachstum von Y nach der Gleichung:

$$\frac{dY}{dt} = \varrho\left(Y - \frac{A}{s}\right)$$

Hierbei ist der Koeffizient von Y nun $\varrho = \frac{s}{v} > 0$.

Betrachten wir das Problem, daß das Einkommen Y in einem konstanten (proportionalen) Verhältnis ϱ wächst und daß die defizitären Ausgaben der Regierung ein konstanter Anteil k von Y sind. Die staatliche Verschuldung D wächst mit den defizitären Ausgaben. Folglich gilt bei stetiger Bewegung:

$$\frac{dY}{dt} = \varrho Y \quad \text{und} \quad \frac{dD}{dt} = kY$$

Die Ausgangswerte sind dabei $Y = Y_0$ und $D = D_0$ an der Stelle $t = 0$. Die Lösung für Y liefert das konstante (proportionale) Wachstum:

$$Y = Y_0 e^{\varrho t}$$

und
$$\frac{dD}{dt} = kY_0 e^{\varrho t}$$

Folglich gilt:
$$D = \frac{k}{\varrho} Y_0 e^{\varrho t} + A$$

Die Konstante A ergibt sich hierbei aus den Ausgangswerten:

$$D_0 = \frac{k}{\varrho} Y_0 + A$$

Setzt man A in die Ausgangsgleichung ein, so ergibt sich, daß die nationale Verschuldung im gleichen Verhältnis ϱ wie das Volkseinkommen wächst:

$$D = D_0 + \frac{k}{\varrho} Y_0 (e^{\varrho t} - 1)$$

und

$$\frac{D}{Y} = \left(\frac{D_0}{Y_0} - \frac{k}{\varrho}\right) e^{-\varrho t} + \frac{k}{\varrho} \rightarrow \frac{k}{\varrho} \text{ wenn } t \rightarrow \infty$$

Daraus läßt sich schließen, daß die staatliche Verschuldung danach strebt, in einem festen Verhältnis zum Einkommen zu stehen. Dieses Problem geht, einem Hinweis bei Baumol (1951) zufolge, auf Domar (1944) zurück.

Übungsaufgaben 5.3

1. Unter der Voraussetzung, daß $\frac{dY}{dx} = a^x$ gilt, ist zu zeigen, daß bei positivem a $(a \neq 1)$ die Beziehung gilt: $Y = \frac{a^x}{\log a} + A$. Untersuchen Sie den Fall $a = 1$.

2. Unter der Voraussetzung, daß $\frac{dY}{dx} = \sin(ax + b)$ gilt, ist zu zeigen, daß $Y = -\frac{1}{a} \cos(ax + b) + A$.

3. Unter der Voraussetzung, daß $\frac{dY}{dx} = \sin(ax + b)$ gilt, ist zu zeigen, daß $Y = \frac{1}{a} \sin\left(ax + b - \frac{\pi}{2}\right) + A$ gilt; prüfen Sie nach, ob das Ergebnis das gleiche wie in der vorherigen Aufgabe ist.

4. Zeigen Sie, daß die homogene Differentialgleichung $\frac{dy}{dx} = 0$ als spezielle Lösung $y = 1$ und als allgemeine Lösung $y = A$ hat. Lösen Sie somit $\frac{dY}{dx} = f(x)$ nach der Methode von 5.2 oben.

5. Zeigen Sie, daß die Lösung von $\frac{dy}{dx} + y = 0$ lautet: $y = Ae^{-x}$.

6. Veranschaulichen Sie die Bestimmung der Partikularintegrale durch den Nachweis, daß die Lösungen von (i) $\frac{dY}{dx} + Y = 1 + x$, (ii) $\frac{dY}{dx} + Y = \sin x + \cos x$ folgendermaßen lauten: (i) $Y = x + Ae^{-x}$ und (ii) $Y = \sin x + Ae^{-x}$. Stellen Sie die Lösungen graphisch dar (für $x \geqslant 0$) und beschreiben Sie ihren Verlauf.

7. Zeigen Sie, daß sich unter der Bedingung $a = 0$ die Lösung (3) oben auf die Form $Y = \int f(x)\, dx + A$ reduziert. Was läßt sich dann über die Richtung und die Abweichung für die Funktion Y sagen?

8. Kombinieren Sie die durch (4) und (5) wiedergegebenen Modelle nach der in 1.7 Aufg. 5 oben angegebenen Art und zeigen Sie, daß der Koeffizient von P in der Differentialgleichung die Form $-\lambda \frac{b-a}{1-\lambda a}$ hat. Was läßt sich über die Geschwindigkeit sagen, mit der P sich $\bar{P}$ nähert?

5.4 Lineare Differentialgleichungen zweiter Ordnung

Ohne Beschränkung der Allgemeinheit lassen sich die Differentialgleichung zweiter Ordnung und die ihr entsprechende homogene Form auf folgende Weise schreiben:

$$\frac{d^2Y}{dx^2} + a\frac{dY}{dx} + bY = f(x) \tag{1}$$

$$\frac{d^2y}{dx^2} + a\frac{dy}{dx} + by = 0 \tag{2}$$

Die beiden Konstanten a und b können irgendwelche bestimmten Werte (einschließlich Null) annehmen; sie geben die „Struktur" der Gleichung wieder.

Wir müssen nun genau dieselben beiden Schritte gehen: Für (1) muß eine Partikularlösung $Y = \overline{Y}(x)$ gefunden werden. Es sei $y = Y - \overline{Y}$, so daß y die Gleichung (2)erfüllt. Das Grundproblem liegt dann im Aufsuchen der allgemeinen Lösung von (2). In diesem Fall hilft wieder der Hinweis, den wir uns bereits in 5.3 zunutze gemacht haben. Man setze $y = e^{px}$ als eine Lösung von (2). Setzt man in (2) ein und beachtet, daß $\frac{dy}{dx} = pe^{px}$ und $\frac{d^2y}{dx^2} = p^2e^{px}$, so ergibt sich:

$$(p^2 + ap + b)\, e^{pa} = 0$$

Da $e^{px} \neq 0$, ergeben sich die entsprechenden Werte von p durch die *Hilfsgleichung:*

$$p^2 + ap + b = 0 \tag{3}$$

Dies ist eine quadratische Gleichung in p, mit den Wurzeln

$$p_1, p_2 = \frac{1}{2}\left(-a \pm \sqrt{a^2 - 4\,b)}\right) \tag{4}$$

Die Wurzeln können reell und verschieden sein ($a^2 > 4\,b$), reell und gleich ($a^2 = 4\,b$) oder, wie in 4.6 oben dargestellt, konjugiert komplex ($a^2 < 4\,b$). In jedem Falle aber hat man für (2) die allgemeine Lösung gefunden, welche mit $\overline{Y}\,(x)$ die allgemeine Lösung von (1) liefert.

1. Fall: $a^2 > 4\,b$. Die durch (4) wiedergegebenen Wurzeln von (3) sind reell und verschieden. Dann lautet die allgemeineLösung von (1):

$$Y = \overline{Y}\,(x) + A_1\,e^{p_1 x} + A_2\,e^{p_2 x} \tag{5}$$

Hierbei sind A_1 und A_2 beliebige Konstanten, die sich aufgrund von zwei Ausgangsbedingungen bestimmen lassen, z. B. $Y = Y_0$ und $\frac{dY}{dx} = Y_0'$ an der Stelle $x = 0$. Diese Lösung ist analog zur Lösung der Gleichung erster Ordnung aus Abschnitt 5.3.

Wie die Lösung nun aussieht, hängt von den Vorzeichen und den Größen von p_1 und p_2 ab, die ihrerseits wieder von den Werten a und b der ursprünglichen Gleichung abhängen. Gewöhnlich konzentriert sich das Interesse darauf, wie Y vom Gleichgewichtstrend $\overline{Y}$ abweicht, und darauf, wie sich diese Abweichung mit wachsendem x gestaltet. Falls die Abweichung für positive oder negative Werte unbegrenzt zunimmt, dann ist die Variation von Y von der Richtung $\overline{Y}$ aus „explosiv". Nimmt andererseits die Abweichung gegen Null hin ab (mit oder ohne Schwingung), so weist Y eine „gedämpfte" Variation um $\overline{Y}$ auf. In diesem Fall wird die Abweichung durch zwei Ausdrücke $A_1 e^{p_1 x}$ und $A_2 e^{p_2 x}$ bestimmt. Die Frage lautet dann: welcher Ausdruck ist *dominant*, d. h. welcher Ausdruck bestimmt nun tatsächlich den Verlauf von $y = Y - \overline{Y}$ bei wachsendem x.

Für diesen Fall ist die Antwort leicht: die größere der beiden Wurzeln der Hilfsgleichung liefert den Ausdruck, der in der Lösung dominiert. Angenommen, die größere oder *dominante Wurzel* sei p_1. Ist p_1 positiv, so nimmt $A_1 e^{p_1 x}$ unbegrenzt zu, und die Variation von Y ist „explosiv". Der andere Ausdruck hat wenig Einfluß; er kann wachsen ($p_2 > 0$) oder auch abnehmen ($p_2 < 0$), ohne auf den „explosiven" Verlauf von Y bei wachsendem x einzuwirken. Ist p_1 negativ, so muß p_2 gleichfalls negativ sein; beide Ausdrücke $A_1 e^{p_1 x}$ und $A_2 e^{p_2 x}$ nehmen gegen Null hin ab, und die Variation Y ist in Richtung $\overline{Y}$ „gedämpft".

2. Fall: $a^2 = 4\,b$. Die Wurzeln von (3) sind reell, aber gleich; aufgrund von (4) lautet dann der gemeinsame Wert $p_1 = p_2 = -\frac{1}{2}\,a$. Die homogene Gleichung lautet dann:

$$\frac{d^2y}{dx^2} + a\frac{dy}{dx} + \frac{1}{4}a^2 y = 0 \tag{6}$$

Die Hilfsgleichung hat dann die Form: $p^2 + ap + \frac{1}{4}a^2 = \left(p + \frac{1}{2}a\right)^2 = 0$.

Eine Lösung von (6) liegt vor: $y = e^{-\frac{1}{2}ax}$. Die Methode von 5.2 versagt aber, wenn sich nicht noch eine zweite, unterschiedliche Lösung von (6) finden läßt. Hier hilft der „Trick", daß wir es mit $y = xe^{px}$ $\left(p = -\frac{1}{2}a\right)$ als Lösung für (6) versuchen. Man setzt ein:

$$y = xe^{px}\,;\quad \frac{dy}{dx} = (1 + px)\,e^{px}\,;\quad \frac{d^2y}{dx^2} = (2\,p + p^2\,x)\,e^{px}:$$

und erhält

$$\{2\,p + p^2\,x + a\,(1 + px) + \frac{1}{4}\,a^2x\}\,e^{px} = \{2\left(p + \frac{1}{2}a\right)2x\}\,e^{px} = 0$$

da $p = -\frac{1}{2}a$. Folglich ist $y = xe^{-\frac{1}{2}ax}$ ebensogut eine Lösung von (6) wie $y = e^{-\frac{1}{2}ax}$. Die allgemeine Lösung von (6) lautet $y = (A_1 + A_2x)\,e^{-\frac{1}{2}ax}$, wobei A_1 und A_2 beliebige Konstanten sind. Die allgemeine Lösung der ursprünglichen Gleichung (1) lautet dann:

$$Y = \overline{Y}\,(x) + (A_1 + A_2\,x)\,e^{-\frac{1}{2}ax} \tag{7}$$

A_1 und A_2 lassen sich wiederum durch Anfangsbedingungen bestimmen.

Die Lösung ist also fast die gleiche wie die der Gleichung erster Ordnung in 5.3. Der Unterschied ist, daß es nunmehr statt einer einzigen beliebigen Konstanten zwei beliebige Konstanten gibt, die in dem Faktor $(A_1 + A_2x)$ zusammengefaßt werden, mit dem der Exponential-Ausdruck $e^{-\frac{1}{2}ax}$ in (7) multipliziert wird. Bei kleinen Werten von x ist der Unterschied beträchtlich; er wird jedoch unbedeutend, wenn x ins Unendliche wächst; denn der Ausdruck $e^{-\frac{1}{2}ax}$ unterdrückt den Faktor $(A_1 + A_2x)$. Die Exponentialfunktion nimmt stärker zu oder ab als jede Potenz von x; beispielsweise wächst xe^x wie e^x, und xe^{-x} nimmt ab gegen Null wie e^{-x}, wenn x nach unendlich strebt. Die Abweichung der Funktion Y von $\overline{Y}$ wird durch den Ausdruck $(A_1 + A_2x)\,e^{-\frac{1}{2}ax}$ wiedergegeben; der *dominierende Teil* ist $e^{-\frac{1}{2}ax}$. Ist $a < 0$, so verläuft die Variation „explosiv"; ist $a > 0$, so wird die Variation nach Null hin „gedämpft".

3. Fall: $a^2 < 4\,b$. Die Wurzeln von (3) sind konjugiert komplexe Zahlen, die sich in der Form schreiben lassen:

$$p_1, p_2 = \alpha \pm i\,\omega = \frac{1}{2}\,(-a \pm i\,\sqrt{4\,b - a^2})$$

so daß

$$\alpha = -\frac{1}{2}\,a \quad \text{und} \quad \omega = \frac{1}{2}\,\sqrt{4\,b - a^2}$$

Die allgemeine Lösung von (1) lautet dann:

$$Y = \overline{Y}\,(x) + B_1\,e^{p_1 x} + B_2\,e^{p_2 x}$$

d. h.

$$Y = \overline{Y}\,(x) + B_1\,e^{(\alpha + i\omega)x} + B_2\,e^{(\alpha - i\omega)x}$$

Dabei sind B_1 und B_2 beliebige Konstanten. Aufgrund der Eigenschaften der komplexen Zahlen (Kapitel 4 oben) läßt sich die Lösung auf folgende Weise entwickeln:

$$\begin{aligned} Y - \overline{Y}\,(x) &= e^{\alpha x}\,(B_1\,e^{i\omega x} + B_2\,e^{-i\omega x}) \\ &= e^{\alpha x}\,\{B_1\,(\cos\omega\,x + i\sin\omega\,x) + B_2\,(\cos\omega\,x - i\sin\omega\,x)\} \\ &= e^{\alpha x}\,(A_1\cos\omega\,x + A_2\sin\omega\,x) \end{aligned}$$

Hierbei sind $A_1 = B_1 + B_2$ und $A_2 = i\,(B_1 - B_2)$ gleichfalls beliebige Konstanten. Die beiden ersten beliebigen Konstanten (B_1 und B_2) müssen konjugiert komplex sein, um reelle A_1 und A_2 zu liefern. Die beliebigen Konstanten lassen sich noch anders deuten. Es gelte

$$A_1 = A\cos\varepsilon \quad \text{und} \quad A_2 = A\sin\varepsilon$$

Dies ist gleichbedeutend mit einer Transformation der kartesischen Koordinaten (A_1, A_2) in Polarkoordinaten (A, ε). Die beiden Konstanten A und ε sind beliebig und werden auf folgende Weise durch A_1 und A_2 wiedergegeben:

$$A = +\sqrt{A_1^2 + A_2^2} \quad \text{und} \quad \operatorname{tg}\varepsilon = \frac{A_2}{A_1}$$

Dabei erhält man ε aus tg ε unter Berücksichtigung der Vorzeichen von A_1 und A_2 und deren Quotienten (siehe 4.5 und 4.7 oben). Die Lösung erscheint nunmehr in der Form:

$$\begin{aligned} Y - \overline{Y}\,(x) &= e^{\alpha x}\,(A\cos\omega\,x\cos\varepsilon + A\sin\omega\,x\sin\varepsilon) \\ &= A e^{\alpha x}\cos(\omega\,x - \varepsilon) \end{aligned}$$

Folglich läßt sich die allgemeine Lösung von (1) gleichfalls in der Form schreiben:

$$Y = \overline{Y}\,(x) + e^{\alpha x}\,(A_1\cos\omega\,x + A_2\sin\omega\,x)$$

oder

$$Y = \overline{Y}\,(x) + A e^{\alpha x}\cos(\omega\,x - \varepsilon) \qquad (8)$$

Die „strukturbestimmenden" Konstanten sind α und ω, die sich aus a und b der Gleichung (1) ergeben. Die beliebigen Konstanten sind A_1, A_2 oder A und ε. Der Ausdruck $\overline{Y}(x)$ ist irgendeine Partikularlösung von (1), die von der Form von $f(x)$ abhängt; sie läßt sich so bestimmen, daß sie die Richtung oder den Gleichgewichtsverlauf von Y darstellt. Darüber lagert eine Variation $y = Y - \overline{Y}$, die durch den zweiten Teil von (8) wiedergegeben wird.

Die Variation $y = Y - \overline{Y}$ nimmt nun die Form der allgemeinen sinusförmigen Funktion $Ae^{\alpha x} \cos(\omega x - \varepsilon)$ an und hat die Gestalt einer Schwingung (siehe 4.7 oben). *Amplitude* und *Dämpfungsfaktor* der Schwingung werden durch $Ae^{\alpha x}$ wiedergegeben; die Höhe wird durch die beliebige Konstante A, d. h. durch Anfangsbedingungen festgelegt, doch hängt die Veränderung der Amplitude bei wachsendem x von der „strukturbestimmenden" Konstanten $\alpha = -\frac{1}{2} a$ ab. Die *Periode* der Schwingung ist $\frac{2\pi}{\omega}$, welche von der anderen „strukturbestimmenden" Konstanten $\omega = \frac{1}{2} \sqrt{4b - \alpha^2}$ abhängt. Die Phase der Schwingung — oder ihr spezieller Anfangspunkt — hängt von der beliebigen Konstanten ε ab, die durch Anfangsbedingungen festgelegt wird. Folglich ändert sich mit wachsendem x die Amplitude der Schwingung (in Abhängigkeit von α), doch bleibt die Periode (gegeben durch ω) stets gleich. Von den beiden beliebigen Konstanten legt die eine (A) die Anfangsamplitude und die andere (ε) die Anfangsphase der Schwingung fest.

Da sich die Amplitude verändert, kann die oszillatorische Variation Y explosiv, regelmäßig oder gedämpft um $\overline{Y}$ verlaufen. Dies richtet sich einzig und allein nach dem Vorzeichen von $\alpha = -\frac{1}{2} a$. Ist $\alpha > 0$, so verläuft die Variation mit wachsendem x explosiv; ist $\alpha = 0$, so handelt es sich um eine reguläre Schwingung mit fester Amplitude A; ist $\alpha < 0$, so wird die Schwingung gedämpft. Die drei Fälle sind in der Abb. 16 oben veranschaulicht. Auch hier in der Lösung (8) hat es wiederum Sinn, von einem *dominierenden Ausdruck* zu sprechen. Dabei handelt es sich um $e^{\alpha x}$, so daß für $\alpha > 0$ die Variation von Y explosiv und die Schwingung unwichtig wird, für $\alpha < 0$ die Variation gedämpft verläuft und hauptsächlich die Schwingung zum Ausdruck kommt.

In allen Fällen hängt der Ausdruck $\overline{Y}(x)$ in der Lösung von (1) von der Form von $f(x)$ ab. Der Fall $f(x) = \beta$ (const.) läßt sich leicht behandeln. Gesucht wird eine Partikularlösung für:

$$\frac{d^2Y}{dx^2} + a\frac{dY}{dx} + bY = \beta$$

Man versuche es mit $Y = \mu$, wobei μ eine noch zu bestimmende Konstante ist. Dann gilt $b\,\mu = \beta$ oder $\mu = \frac{\beta}{b}$. Die allgemeine Lösung der Gleichung lautet nunmehr:

$$Y = \frac{\beta}{b} + y\,(x; A_1, A_2)$$

Hierbei ist $y\,(x;\ A_1,\ A_2)$ die allgemeine Lösung der entsprechenden homogenen Gleichung und enthält zwei beliebige Konstanten. Y selbst variiert um ein konstantes Niveau $\overline{Y} = \frac{\beta}{b}$ (herum). Andere Möglichkeiten für $f\,(x)$ werden in den Übungsaufgaben unten betrachtet.

Eine einfache Anwendung der linearen Differentialgleichungen zweiter Ordnung in der Wirtschaftstheorie liefert das Cobweb-Modell mit Lagerbeständen (1.7, Modell IV oben), worin sich die Änderungsrate des Preises P nach der Höhe des Warenlagers richtet. Unter der Voraussetzung linearer Nachfrage- und Angebotsrelationen ($D = \alpha + aP$ und $S = \beta + bP$) lautet die Gleichung, wenn λ die Reaktionsgeschwindigkeit der Preisveränderungen darstellt:

$$\frac{d^2P}{dt^2} + \lambda\,(b-a)\,P = \lambda\,(\alpha-\beta)$$

Man gewinnt die Partikularlösung $P = \overline{P} = \frac{\alpha-\beta}{b-a}$ (Gleichgewichtspreis), und $p = P - \overline{P}$ erfüllt dann die Gleichung:

$$\frac{d^2p}{dt^2} + \lambda\,(b-a)\,p = 0 \tag{9}$$

Mit einer Lösung von (9) ist die Untersuchung des Problems abgeschlossen. Die Hilfsgleichung lautet (unter der Verwendung von q, da p bereits für die Preise benutzt wird):

$$q^2 + \lambda\,(b-a) = 0$$

Im Normalfall ($a < 0$, $b > 0$, $\lambda > 0$) ist der Ausdruck $\lambda\,(b-a)$ positiv. Es sei $\omega = \sqrt{\lambda\,(b-a)}$, so daß die Wurzeln der Hilfsgleichung lauten:

$$q_1, q_2, = \pm\, i\,\omega$$

Die allgemeine Lösung von (9) lautet dann:

$$p = A \cos\,(\omega\, t - \varepsilon)$$

Hierbei sind A und ε Konstanten, die durch Anfangsbedingungen gegeben werden müssen. Somit erhält man den Weg von P über die Zeit durch Addition von $\bar{P}$:

$$P = \overline{P} + A \cos\,(\omega\, t - \varepsilon) \tag{10}$$

Man beachte, daß der Dämpfungsfaktor (α), der im allgemeinen Fall (8) oben bei der Lösung mit Schwingungen auftritt, hier gleich Null ist.

Der durch (10) gegebene Verlauf von P in Abhängigkeit von der Zeit stellt eine reguläre Schwingung um das Gleichgewichtsniveau dar. Die Schwingungsperiode beträgt $\frac{2\pi}{\omega} = \frac{2\pi}{\sqrt{\lambda(b-a)}}$, sie wird durch die Struktur des Systems festgelegt. Amplitude und Phase (A und ε) werden durch Anfangsbedingungen bestimmt. Daraus schließen wir für dieses Modell, daß eine anfängliche Störung eine reguläre Schwingung des Preises um ein Gleichgewicht mit einer Periode von $\frac{2\pi}{\omega}$ bewirkt; und diese Schwingung ist unabhängig von der Art der Störung. Das Gleichgewichtsniveau der Preise kann nicht als instabil bezeichnet werden, da keine progressive Bewegung vom Gleichgewicht weg vorliegt; auf der anderen Seite besteht keine Tendenz, zum Gleichgewicht zurückzukehren, sondern vielmehr, um das Gleichgewicht zu schwingen. Die Periode der Schwingung ist kurz, wenn λ und $(b-a)$ groß sind, also bei schneller Reaktion der Preise auf Mengenänderung und steilen Nachfrage- und Angebotskurven mit der Steigung $(-a)$ bzw. b.

Übungsaufgaben 5.4

1. Zeigen Sie für $\frac{d^2y}{dx^2} = a^2 y$, daß $y = A_1 e^{ax} + A_2 e^{-ax}$ ist. Erläutern Sie, inwiefern das Vorzeichen von a unwesentlich und der dominante Ausdruck in der Lösung stets explosiv ist ($a \neq 0$).

2. Prüfen Sie nach, daß $Y = x + A_1 e^{ax} + A_2 e^{-ax}$ die allgemeine Lösung von $\frac{d^2Y}{dx^2} + a^2 (x-Y) = 0$ und $Y = e^{-x} + A_1 e^{ax} + A_2 e^{-ax}$ die allgemeine Lösung von $\frac{d^2Y}{dx^2} = a^2 Y + (1-a^2) e^{-x}$ ist.

3. Lösen Sie $\frac{d^2y}{dx^2} + 2\frac{dy}{dx} + y = 0$ unter den Bedingungen $y = 1$ und $\frac{dy}{dx} = 0$ für $x = 0$. Stellen Sie die Lösung graphisch dar und erläutern Sie sie.

4. Zeigen Sie, daß die Lösung von $\frac{d^2Y}{dx^2} + 2\frac{dY}{dx} + Y = x + 2$ unter den Bedingungen $Y = Y_0$ und $\frac{dY}{dx} = 0$ für $x = 0$ folgendermaßen lautet:

$$Y = x(1-e^{-x}) + Y_0 (1+x) e^{-x}$$

5. Bestimmen Sie durch Differentiation und Eliminierung von A und ε die beiden Differentialgleichungen, deren Lösungen (i) $y = Ae^{x} \cos(x-\varepsilon)$ und (ii) $y = Ae^{-x} \cos(x-\varepsilon)$ lauten. Prüfen Sie das Ergebnis durch Lösung

dieser Gleichungen nach den Methoden 5.4. Stellen Sie die Lösungen graphisch dar und erörtern Sie ihre Haupteigenschaften.

6. Prüfen Sie nach, daß $Y = x + Ae^{-\frac{1}{2}x} \cos (x-\varepsilon)$ die allgemeine Lösung der Gleichung

$$4\left(\frac{d^2Y}{dx^2} + \frac{dY}{dx} - 1\right) = 5\,(x-Y)$$

ist. Bestimmen Sie A und ε unter den Anfangsbedingungen (i) $Y = 1$, $\frac{dY}{dx} = \frac{1}{2}$ an der Stelle $x = 0$, (ii) $Y = 1$ an der Stelle $x = 0$, $Y = \frac{\pi}{2}$ an der Stelle $x = \frac{\pi}{2}$. Warum sind die Bedingungen gleich?

7. Versuchen Sie es für den Fall $a^2 = 4\,b$ aus dem Text mit $y = ue^{-\frac{1}{2}ax}$ als Lösung der homogenen Gleichung (6), wobei u irgendeine noch zu bestimmende Funktion von x ist. Zeigen Sie, daß $u = A_1 + A_2\,x$ genau wie in der Lösung (7) lautet.

8. In dem ökonomischen Problem, das durch die Gleichung (9) und die Lösung (10) oben dargestellt wird, sind sowohl Nachfrage als auch Angebot als Geraden mit negativer Steigung aufzufassen ($a < 0$, $b < 0$). Zeigen Sie, daß die Preise immer noch regulär schwingen, wenn $(-a) > (-b)$, daß die Abweichung vom Gleichgewicht jedoch explosiv verläuft, wenn $(-a) < (-b)$ ist. Deuten Sie diese Bedingungen. Was passiert, wenn Angebots- und Nachfragekurve den gleichen Anstieg haben?

9. Erweitern Sie das ökonomische Problem dadurch, daß anstelle von (9) wie in 1.7, Aufg. 5 oben gesetzt wird:

$$\frac{d^2p}{dt^2} - \lambda\, a\,\frac{dp}{dt} + \lambda\,(b-a)\,p = 0$$

Bestimmen Sie die Lösung und interpretieren Sie sie.

10. Eliminieren Sie in dem Problem, bei dem es um die staatliche Verschuldung und das Volkseinkommen (am Ende von Abschnitt 5.3 oben) geht Y, so daß man $\frac{d^2D}{dt^2} - \varrho\frac{dD}{dt} = 0$ unter den Bedingungen $D = D_0$, $\frac{dD}{dt} = kY_0$ an der Stelle $t = 0$ erhält. Zeigen Sie, daß wie bisher die Lösung $D = D_0 + \frac{k}{\varrho}\,Y_0\,(e^{\varrho t}-1)$ lautet.

5.5 Lineare Differentialgleichungen im allgemeinen

Die Methoden des Abschnittes 5.4 zeigen mit hinreichender Klarheit, wie jede beliebige lineare Differentialgleichung mit konstanten Koeffizienten zu lösen ist. Die Gleichung n-ter Ordnung und die entsprechende homogene Form lauten:

$$a_0\frac{d^n Y}{dx^n} + a_1\frac{d^{n-1} Y}{dx^{n-1}} + \ldots + a_{n-1}\frac{dY}{dx} + a_n Y = f(x)\,. \tag{1}$$

$$a_0\frac{d^n y}{dx^n} + a_1\frac{d^{n-1} y}{dx^{n-1}} + \ldots + a_{n-1}\frac{dy}{dx} + a_n y = 0\,. \tag{2}$$

Irgendeine Partikularlösung $Y = \overline{Y}(x)$ von (1) ist zu suchen; das kann man so tun, wie man die Richtung oder den Gleichgewichtsverlauf von Y bei wachsendem x festlegt. Die Abweichung $y = Y - \overline{Y}$ erfüllt dann (2); anschließend ist die allgemeine Lösung

$$y = y(x;\ A_1, A_2, \ldots An)$$

zu bestimmen. Die vollständige Lösung von (1) lautet dann:

$$Y = \overline{Y}(x) + y(x;\ A_1, A_2, \ldots A_n)$$

Der entscheidende Schritt besteht in der allgemeinen Lösung von (2); dafür läßt sich ein Verfahren angeben. Man versuche es mit $Y = e^{px}$, wobei p eine noch zu bestimmende Konstante bedeutet. Dann gilt:

$$\frac{dy}{dx} = pe^{px}\,;\quad \frac{d^2y}{dx^2} = p^2\,e^{px}\,;\ \ldots\ \frac{d^n y}{dx^n} = p^n\,e^{px}$$

Setzt man die Ausdrücke in (2) ein, so stellt sich heraus, daß die entsprechenden Werte von p die *Hilfsgleichung*

$$a_0\,p^n + a_1\,p^{n-1} + \ldots + a_{n-1}\,p + a_n = 0 \tag{3}$$

erfüllen. Diese Gleichung hat stets genau n Wurzeln $p_1, p_2, \ldots p_n$, die entweder reell oder paarweise konjugiert komplex sind (4.6 oben). Die allgemeine Lösung von (2) lautet dann:

$$y = A_1\,e^{p_1x} + A_2\,e^{p_2x} + \ \ldots\ + A_n\,e^{p_nx} \tag{4}$$

Die Lösung kann in einer zweiten Form entwickelt werden, wobei sich sinusähnliche Funktionen ergeben, falls Paare komplexer Wurzeln in der Gleichung (3) auftreten.

Die Lösung ist umfassend, wenn man voraussetzt, daß keinesfalls die Werte zweier oder mehrerer Wurzeln von (3) zusammenfallen. Andernfalls läßt sich mit (4) nicht mehr die allgemeine Lösung angeben, weil dann dort die Ausdrücke nicht mehr in ihrem vollen Umfang erscheinen. Um diese Schwierigkeiten zu umgehen, kann man sich der Methoden bedienen, die für den zweiten Fall des Abschnittes 5.4 oben angegeben worden sind.

Sind alle Wurzeln von (3) reell, so steckt der *dominante Ausdruck* der Lösung (4) in der größten Wurzel p_1. Ist $p_1 > 0$, so variiert y mit wachsendem x explosiv. Ist $p_1 < 0$ (wie alle anderen p_r), so wird y gegen Null hin gedämpft. Obwohl y Wendepunkte haben kann, gibt es in beiden Fällen keine regulären Schwingungen.

Liegen komplexe Wurzeln von (3) vor, so treten sie in Paaren $p = \alpha \pm i\,\omega$ auf; jeweils zwei Ausdrücke von (4) vereinfachen sich für solch ein Paar komplexer Wurzeln zu der Form $Ae^{\alpha x} \cos(\omega x - \varepsilon)$; dabei sind A und ε beliebige Konstanten. Der dominierende Ausdruck in (4) richtet sich nun nach der relativen Größe von p_1, der größten reellen Wurzel, und α_1, dem größten Wert von α unter den komplexen Paaren $p = \alpha \pm i\,\omega$. Dann gibt es in der Variation von y stets Schwingungen. Die Schwingungen können in sich explosiv verlaufen ($\alpha_1 > 0$), oder sie lassen sich zu einem stetig explosiven Ausdruck addieren ($p_1 > 0$). Sind jedoch α_1 wie auch p_1 negativ, so liegt kein explosives Moment vor; die Hauptkomponente der Lösung (4) stellt eine gedämpfte Schwingung dar. Die Möglichkeit, daß in (3) auch gleiche Wurzeln auftreten können, kompliziert die Untersuchung ein wenig.

Die Wurzeln der Hilfsgleichung (3) sind bei einer Ordnung größer 2 niemals leicht zu bestimmen. Handelt es sich beispielsweise um eine Gleichung dritter Ordnung, so ist die Hilfsgleichung kubisch:

$$a_0\,p^3 + a_1\,p^2 + a_2\,p + + a_3 = 0$$

Entweder sind alle drei Wurzeln (p_1, p_2, p_3) reell, wobei die Werte zweier oder mehrerer Wurzeln übereinstimmen können; oder eine Wurzel ist reell und die beiden anderen sind konjugiert komplex (p_1, $\alpha \pm i\,\omega$). In allen Fällen aber muß es zumindest eine reelle Wurzel p_1 geben; läßt sich diese bestimmen, so ist $(p - p_1)$ ein Faktor der kubischen Hilfsgleichung, die sich auf die Form

$$a_0\,(p - p_1)\,(p^2 + ap + b) = 0$$

reduzieren läßt. Die Koeffizienten a und b werden aufgrund der Koeffizienten der ursprünglichen Hilfsgleichungen bestimmt. Die beiden anderen Wurzeln, die entweder reell oder konjugiert komplex sind, lassen sich ohne Schwierigkeiten als Wurzeln der quadratischen Gleichung $p^2 + ap + b = 0$ ableiten. Hat man einmal eine reelle Wurzel der kubischen Hilfsgleichung bestimmt, so ergeben sich sofort die beiden anderen Wurzeln. Um die notwendige erste Wurzel zu bestimmen, benutzt man zahlreiche Methoden der graphischen oder der numerischen Approximation (siehe 4.6 oben).

Einen Sonderfall gibt es, bei dem sich eine Wurzel der Hilfsgleichung stets bestimmen läßt; dies ist der Fall, wenn in der Differentialgleichung der Ausdruck mit Y fehlt. Eine solche Gleichung erster Ordnung wurde in 5.3 untersucht. Die entsprechende Gleichung zweiter Ordnung lautet in der homogenen Form: $\frac{d^2y}{dx^2} + a\frac{dy}{dx} = 0$. Die Hilfsgleichung $p^2 + ap = 0$ hat die Wurzeln $p = -a$ und $p = 0$; die allgemeine Lösung lautet dann:

$$y = A_1\,e^{-ax} + A_2$$

Die entsprechende Gleichung dritter Ordnung lautet: $\frac{d^3y}{dx^3} + a\,\frac{d^2y}{dx^2} + b\,\frac{dy}{dx} = 0$; die Hilfsgleichung $p^3 + ap^2 + bp = 0$ hat die Wurzeln $p_1, p_2 = \frac{1}{2}\,(-a \pm \sqrt{a^2 - 4\,b})$ und $p_3 = 0$. Die allgemeine Lösung lautet:

$$y = A_1\, e^{p_1 x} + A_2\, e^{p_2 x} + A_3$$

In jedem Fall existiert eine *additive Konstante*, die einer Nullwurzel der Hilfsgleichung entspricht. Hierbei handelt es sich offensichtlich um eine allgemeine Eigenschaft (siehe Aufg. 2 unten).

Diese „klassische" Methode der Lösung linearer Differentialgleichungen (mit konstanten Koeffizienten) läßt sich auf folgende Weise zusammenfassen. Die allgemeine Lösung von (1) lautet:

$$Y = \overline{Y}\,(x) + A_1\, e^{p_1 x} + A_2\, e^{p_2 x} + \ldots + A_n\, e^{p_n x} \tag{5}$$

Dabei sind die A_r beliebige Konstanten, die sich durch Anfangsbedingungen ergeben; die p_r sind die Wurzeln der Hilfsgleichung:

$$a_0\, p^n + a_1\, p^{n-1} + \ldots + a_{n-1}\, p + a_n = 0 \tag{6}$$

Die n Wurzeln von (6) können reelle oder konjugiert komplexe Werte annehmen; sie müssen nicht alle verschieden sein.

Für eine reelle Wurzel ist der entsprechende Ausdruck in (5) eine einfache Potenz. Bei einem konjugiert komplexen Paar $p = \alpha \pm i\,\omega$ verschmelzen zwei Ausdrücke in (5) zu einem Ausdruck $Ae^{\alpha x} \cos\,(\omega\, x - \varepsilon)$; hierbei sind A und ε beliebige Konstanten, die jeweils zwei A_r in (5) ersetzen. Die Behandlung zweier oder mehrerer gleicher Wurzeln wird durch das Paar der reellen Wurzeln $p_1 = p_2 = p$ veranschaulicht, bei dem zwei Ausdrücke in (5) durch den Ausdruck $(A_1 + A_2\, x)\, e^{px}$ ersetzt werden.

Über das Partikularintegral $\overline{Y}\,(x)$ in (5) wurde noch nicht gesprochen; da jede Lösung von (1) brauchbar ist, kann man den allgemeinen Rat geben, nach einem speziellen $\overline{Y}\,(x)$ einfach „herumzufischen". Zur einfachen Erläuterung sei $f\,(x) = \beta$ (konstant) in (1); dann versuche man es mit $y = \overline{Y}$ (konstant) als Lösung. Dann ist $a_n\, \overline{Y} = \beta$, d. h. $\overline{Y} = \frac{\beta}{a_n}$ ist ein Partikularintegral, das sich in (5) einsetzen läßt. In diesem Fall variiert Y um ein konstantes Niveau.

Ein weiterer Hinweis zur Erleichterung der „klassischen" Lösungsmethode bleibt noch hinzuzufügen; er betrifft die Verwendung des Operators $D = \frac{d}{dx}$ (siehe Anhang A). Er hilft nicht viel beim Auffinden der komplementären Funktion. Die homogene Form (2) lautet:

$$(a_0 D^n + a_1 D^{n-1} + \dots + a_{n-1} D + a_n)\, y = 0$$

Man versuche es mit $y = e^{px}$, wofür $Dy = pe^{px} = py$, d. h. $D = p$.

Setzt man p anstelle von D und läßt die y fallen, so erhält man die Hilfsgleichung (6). Der Operator D ist jedoch äußerst nützlich beim Aufsuchen des Partikularintegrals $\overline{Y}(x)$. Es sei:

$$F(D) = a_0 D^n + a_1 D^{n-1} + \dots + a_{n-1} D + a_n$$

so daß (1) lautet: $F(D)\, Y = f(x)$. Dies legt die Vermutung nahe, daß

$$Y = \frac{1}{F(D)} f(x)$$

beim Aufsuchen des Partikularintegrals helfen könnte. Dies trifft auch zu – unter der Voraussetzung einer algebraischen Behandlung von D nach bestimmten Regeln, die im Anhang A dargelegt werden. Zwei Beispiele mit Gleichungen zweiter und dritter Ordnung sollen das veranschaulichen.

Beispiel (a)
$$\frac{d^2 Y}{dx^2} - Y = -x \tag{7}$$

Die komplementäre Funktion lautet aufgrund der Hilfsgleichung $p^2 - 1 = 0$ mit $p_1, p_2 = \pm 1$:

$$y = A_1 e^x + A_2 e^{-x} \; (A_1 \text{ und } A_2 \text{ beliebig})$$

Dann bestimmt man ein Partikularintegral aufgrund der Beziehung:

$$\begin{aligned} Y = \frac{1}{D^2 - 1}(-x) &= (1 - D^2)^{-1} x \\ &= (1 + D^2 + D^4 + \dots)x \\ &= x \end{aligned}$$

Die vollständige Lösung von (7) lautet: $Y = x + A_1 e^x + A_2 e^{-x}$ (siehe 5.4, Aufg. 2 oben)

Beispiel (b)
$$\frac{d^3 Y}{dx^3} - \frac{d^2 Y}{dx^2} + 2Y = xe^x \tag{8}$$

Die Hilfsgleichung $p^3 - p^2 + 2 = 0$ oder $(p + 1)(p^2 - 2p + 2) = 0$ hat die Wurzeln $(1 \pm i)$ und -1. Folglich lautet die komplementäre Funktion:

$$y = Ae^x \cos(x - \varepsilon) + Be^{-x} \; (A, B \text{ und } \varepsilon \text{ beliebig})$$

Ein Partikularintegral läßt sich bestimmen aus

$$Y = \frac{1}{D^3 - D^2 + 2}(xe^x)$$

Nunmehr gilt

$$\frac{1}{D^3 - D^2 + 2} = \frac{1}{(D+1)(D^2 - 2D + 2)} - \frac{1}{5}\left(\frac{1}{D+1} \quad \frac{D-3}{D^2 - 2D + 2}\right)$$

ausgedrückt in Partialbrüchen. Folglich gilt für das Partikularintegral Y:

$$5Y = \frac{1}{D+1}(xe^x) - \frac{D-3}{D^2 - 2D + 2}(xe^x)$$

$$= e^x \frac{1}{(D+1)+1}(x) - e^x \frac{(D+1)-3}{(D+1)^2 - 2(D+1) + 2}(x) \qquad \text{(siehe Anhang A)}$$

$$\therefore \frac{5}{e^x} Y = \frac{1}{2}\left(1 + \frac{1}{2}D\right)^{-1}(x) + (2-D)(1+D^2)^{-1}(x)$$

$$= \frac{1}{2}\left(1 - \frac{1}{2}D + \frac{1}{4}D^2 + \ldots\right)x + (2-D)(1 - D^2 + D^4 + \ldots)x$$

$$= \frac{1}{2}\left(x - \frac{1}{2}\right) + (2-D)x$$

$$= \frac{2x-1}{4} + 2x - 1 = \frac{5}{4}(2x-1)$$

$$\therefore \quad Y = \frac{1}{4}(2x-1)e^x$$

Es läßt sich nachprüfen, daß dies ein Partikularintegral ist. Man substituiert:

$$Y = \frac{1}{4}(2x-1)e^x, \quad \frac{dY}{dx} = \frac{1}{4}(2x+1)e^x, \quad \frac{d^2Y}{dx^2} = \frac{1}{4}(2x+3)e^x \text{ und}$$

$$\frac{d^3Y}{dx^3} = \frac{1}{4}(2x+5)e^x$$

und setzt die Ausdrücke in die linke Seite von (8) ein:

$$\frac{1}{4}(2x+5)e^x - \frac{1}{4}(2x+3)e^x + \frac{1}{2}(2x-1)e^x = xe^x \quad = \text{rechte Seite von (8)}$$

Folglich lautet die vollständige Lösung von (8): $Y = \left[A \cos(x - \varepsilon) + \frac{1}{4}(2x-1)\right]e^x + Be^{-x}$; hierbei handelt es sich um eine explosive Schwingung, die einem progressiven Trend $\frac{1}{4}(2x-1)e^x$ überlagert ist.

Übungsaufgaben 5.5

1. Zeigen Sie, daß sich die Lösung von $\frac{d^2 y}{dx^2} = a \frac{dy}{dx}$ unter den Bedingungen $y = y_0$ und $\frac{dy}{dx} = k$ an der Stelle $x = 0$ in der Form $y = y_0 + \frac{k}{a}(e^{ax} - 1)$ ausdrücken läßt.

2. Zeigen Sie, daß die homogene Gleichung n-ter Ordnung, bei der der Ausdruck mit y *fehlt*,

$$a_0 \frac{d^n y}{dx^n} + a_1 \frac{d^{n-1} y}{dx^{n-1}} + \ldots + a_{n-1} \frac{dy}{dx} = 0 \qquad \text{(i)}$$

eine allgemeine Lösung der Form $y = \int z(x)\, dx + A$ hat; hierbei ist $z(x)$ die allgemeine Lösung der Gleichung von der Ordnung $(n-1)$:

$$a_0 \frac{d^{n-1} z}{dx^{n-1}} + a_1 \frac{d^{n-2} z}{dx^{n-2}} + \ldots + a_{n-1} z = 0 \qquad \text{(ii)}$$

A ist hierbei eine beliebige additive Konstante.

3. Als Ersatz für die Operatorenmethode setze man $Y = (ax + b)\, e^x$ in die Differentialgleichung (8) ein und bestimme a und b. Zeigen Sie, daß $Y = \frac{1}{4}(2x - 1)\, e^x$ ein Partikularintegral ist.

4. Zeigen Sie, daß unter der Voraussetzung $\frac{d^3 y}{dx^3} - 3\frac{d^2 y}{dx^2} + 4\frac{dy}{dx} - 2y = 0$ folgendes gilt: $y = [A \cos(x - \varepsilon) + B]\, e^x$; hierbei sind A, B und ε beliebige Konstanten. Gibt es hier einen dominanten Ausdruck?

5. Was läßt sich angesichts der vorhergehenden Aufgabe und des Beispiels im Text allgemein über die Lösung (und im besonderen über den dominanten Ausdruck) einer Differentialgleichung dritter Ordnung sagen, wenn in der Hilfsgleichung ein Paar konjugiert komplexer Wurzeln auftritt?

5.6 Die Laplace-Transformation

Die Lösung von Differentialgleichungen und im besonderen die Bestimmung der Partikularintegrale wird durch die Anwendung eines der wichtigsten „Tricks“ der Mathematiker erheblich vereinfacht. Die zugrundeliegende Idee läßt sich leicht erklären; in einer einfachen Form wurde die Methode tatsächlich bereits verwendet. Läßt sich die Lösung eines Problems mit einer bestimmten Variablen nicht leicht und direkt finden, so besteht eben der „Trick“ darin, die Variable in eine andere zu transformieren und zu versuchen, ob sich eine Lösung für die neue Variable ergibt, um anschließend durch die inverse Transformation auf die ursprüngliche Variable zurückzukommen. Ein bekanntes Beispiel ist die bereits benutzte logarithmische Transformation. Die Differentialgleichung erster Ordnung $\frac{dy}{dx} = cy$ läßt sich am einfachsten lösen, wenn man $z = \log y$ setzt, so daß sich $\frac{dz}{dx} = \frac{1}{y}\frac{dy}{dx}$ ergibt; die Gleichung lautet dann $\frac{dz}{dx} = c$ und besitzt die Lösung: $z = cx + \text{const.}$ Die inverse Transformation lautet $y = e^z$, so daß sich als Lösung für die ursprüngliche Variable $y = Ae^{cx}$ ergibt, wobei A eine beliebige Konstante ist (siehe 5.3 oben).

Der gleiche Gedankengang liegt der Laplace-Transformation zugrunde, obwohl die Transformation sehr viel komplizierter ist und in viel umfassenderen Zusammenhängen auftritt. Über die Anwendung zur Lösung von Differentialgleichungen hinaus — für diese Problemstellung ist die Laplace-Transformation die bedeutsamste Methode — dient sie weiterhin zur Verknüpfung vieler Ergebnisse, die äußerlich in keinem Zusammenhang stehen. Vor allem ergeben sich Beziehungen zu der sinusähnlichen Variablen $y = Ae^{\alpha t} \cos(\omega t + \varepsilon)$ und zum Vektorprodukt $Ae^{i\varepsilon} e^{pt}$ $(p = \alpha \pm i\omega)$, das wir in 4.8 und 4.9 oben untersucht haben. Das „p" der Laplace-Transformation läßt sich mit dem $p = \alpha + i\omega$ der sinusähnlichen Variablen identifizieren.

Die Laplace-Transformation läßt sich auf eine Funktion $y = y(x)$ einer beliebigen unabhängigen Variablen x anwenden. Da man sie jedoch hauptsächlich bei zeitlichen Veränderungen anwendet, wird sie hier in Verbindung mit einer Funktion einer stetigen, variablen Zeit t definiert und verwendet werden. $y = y(t)$ sei eine Funktion der Zeit $(t \geqslant 0)$, die den Anfangswert y_0 an der Stelle $t = 0$ besitzt. Man nimmt an, daß y und alle seine Ableitungen bis zu jeder gewünschten Ordnung stetig seien; die Untersuchung läßt sich allerdings auch so ausweiten, daß sich auch unstetige Funktionen (z. B. stufenförmige Funktionen) behandeln lassen, doch werden diese hier nicht betrachtet. Ableitungen sollen folgende Bezeichnungen tragen:

$$\frac{dy}{dt} = y'(t)\,; \ \frac{d^2y}{dt^2} = y''(t)\,; \quad \ldots \frac{d^ny}{dt^n} = y^{(n)}(t) \ldots$$

mit den Anfangswerten an der Stelle $t = 0$:

$$y_0'\,; \quad y_0''\,; \quad \ldots\, y_0^{(n)} \ldots$$

Man betrachte das Integral

$$\int_0^\infty e^{-pt}\, y(t)\, dt = \lim_{T \to \infty} \int_0^T e^{-pt}\, y(t)\, dt \tag{1}$$

Hierbei ist p irgendeine gegebene reelle oder komplexe Zahl. Als erstes ist zu untersuchen, ob der Grenzwert (und damit das Integral) überhaupt existiert. Das ist nicht einfach und wir gehen nicht weiter darauf ein. Zwei Dinge lassen sich feststellen. Zunächst konvergiert e^{-pt} für $t \to \infty$ sehr stark gegen Null (siehe 4.4 oben), so daß entweder p sehr klein sein oder $y(t)$ sehr schnell anwachsen muß, wenn (1) nicht existieren soll; zum anderen gibt es immerhin Funktionen $y(t)$, für die (1) bei kleinem p oder überhaupt für alle p (z. B. die Funktion e^{t^2}) nicht existiert. Wir nehmen hier der Einfachheit halber an, daß für die Funktion $y(t)$ und die betrachteten Werte von p der Grenzwert und das Integral von (1) existieren. Mit Sicherheit gilt dies für gewöhnliche Funktionen, also etwa für Polynome in t.

Weiterhin hängt der Wert des Integrals (1) von dem gegebenen Wert von p wie auch von der Form von $y(t)$ ab. Anders ausgedrückt: (1) definiert eine Funktion von p, welches eine reelle oder komplexe Variable ist. Man bezeichne die Gleichung mit $\bar{y}(p)$, um anzudeuten, daß sie sich aus $y(t)$ für verschiedene Werte von p ergibt. Folglich handelt es sich um eine Transformation einer gegebenen Funktion der Zeit $y(t)$ in eine neue Funktion $\bar{y}(p)$ einer reellen oder komplexen Variablen p.

Definition: Die Laplace-Transformation von $y(t)$ nach $\bar{y}(p)$ lautet:

$$\bar{y}(p) = \int_0^\infty e^{-pt}\, y(t)\, dt$$

Die Laplace-Transformation hat zwar viele Eigenschaften, doch werden hier nur drei benötigt. Als erstes bringen wir das grundlegende Resultat, daß die Beziehung zwischen $y(t)$ und $\bar{y}(p)$ eindeutig ist. Bei gegebenem $y(t)$ wird $\bar{y}(p)$ eindeutig bestimmt; der Beweis der Umkehrung, daß einem gegebenen $\bar{y}(p)$ auch eindeutig ein $y(t)$ entspricht, ist allerdings schwierig. Wir bringen das Ergebnis hier ohne Beweis; näheres bei Carslaw und Jaeger (1914, 1948), Anhang I über das Theorem von Lerch. Die beiden anderen Eigenschaften betreffen die Laplace-Transformation der Ableitungen von $y(t)$; sie lassen sich ohne viel Schwierigkeiten beweisen.

Eigenschaft (i): Einem gegebenen $y(t)$ entspricht nach der Definition eindeutig ein $\bar{y}(p)$; umgekehrt gibt es bei gegebenem $\bar{y}(p)$, wenn überhaupt, nur ein einziges stetiges $y(t)$, welches die Laplace-Transformation erfüllt.

Eigenschaft (ii): Lautet für $y(t)$ die Laplace-Transformation $\bar{y}(p)$, so lautet die Laplace-Transformation der n-ten Ableitung $y^{(n)}(t)$:

$$\int_0^\infty e^{-pt}\, y^{(n)}(t)\, dt = p^n\, \bar{y}(p) - (p^{n-1} y_0 + p^{n-2} y_0' + \ldots + p y_0^{(n-2)} + y_0^{(n-1)})$$

Eigenschaft (iii): Erfüllt $y(t)$ die lineare Differentialgleichung

$$a_0 \frac{d^n y}{dt^n} + a_1 \frac{d^{n-1} y}{dt^{n-1}} + \ldots + a_{n-1} \frac{dy}{dt} + a_n y = f(t) \tag{2}$$

unter der Bedingung

$$y = y_0, \ \frac{dy}{dt} = y'_0, \ \frac{d^2 y}{dt^2} = y''_0, \ \ldots \frac{d^{n-1} y}{dt^{n-1}} = y_0^{(n-1)} \text{ an der Stelle } t = 0$$

und ist $\bar{f}(p)$ die Laplace-Transformation von $f(t)$, so wird die Laplace-Transformation $\bar{y}(p)$ von $y(t)$ durch folgende *Hilfsgleichung* wiedergegeben:

$$\left.\begin{aligned} &(a_0 p^n + a_1 p^{n-1} + \ldots + a_{n-1} p + a_n) \bar{y}(p) \\ &\quad = \bar{f}(p) + a_0 (p^{n-1} y_0 + p^{n-2} y'_0 + \ldots + p y_0^{(n-2)} + y_0^{(n-1)}) \\ &\qquad + a_1 (p^{n-2} y_0 + p^{n-3} y'_0 + \ldots + p y_0^{(n-3)} + y_0^{(n-2)}) \\ &\qquad + \ldots \\ &\qquad + a_{n-2} (p y_0 + y'_0) \\ &\qquad + a_{n-1} y_0 \end{aligned}\right\} \tag{3}$$

Die Eigenschaft (i) stellt das grundlegende Ergebnis dar, das die Umkehrung der Laplace-Transformation erlaubt. Diese Umkehrung ist — falls man dabei die Stetigkeit voraussetzt — eindeutig. Ein triftiger Grund dafür liegt vor: die Laplace-Transformation von $y(t)$ nach $\bar{y}(p)$ führt ein Integral ein, so daß die inverse Operation von $\bar{y}(p)$ nach $y(t)$ eine Umkehrung der Integration darstellt, bei der keine additiven oder sonstigen Konstanten „wieder auftreten". Eine Integration als Umkehrung einer Differentiation liefert additive Konstanten; bei einer Differentiation als Umkehrung einer Integration ist dies aber nicht der Fall. Eigenschaft (ii) stellt die „Regel" für die Laplace-Transformationen der Ableitungen von $y(t)$ dar, die sich leicht anhand der Definition Schritt für Schritt beweisen läßt (siehe Aufg. 1 und 2 unten). Für die aufeinanderfolgenden Ableitungen lautet die „Regel":

$$\left.\begin{aligned} &\int_0^\infty e^{-pt} y'(t)\, dt = p\bar{y}(p) - y_0 \\ &\int_0^\infty e^{-pt} y''(t)\, dt = p^2 \bar{y}(p) - (p y_0 + y'_0) \\ &\int_0^\infty e^{-pt} y'''(t)\, dt = p^3 \bar{y}(p) - (p^2 y_0 + p y'_0 + y''_0) \end{aligned}\right\} \tag{4}$$

usw. Der zweite Ausdruck in jeder Laplace-Transformation ist ein Polynom in p, dessen Koeffizienten durch die Reihe der Ausgangswerte

(y_0, y'_0, y''_0, ...) gegeben sind und dessen Ordnung um eins niedriger liegt als die der betreffenden Ableitungen.

Auf der Eigenschaft (iii) beruht die Lösung von Differentialgleichungen mit Hilfe der Laplace-Transformationen. Benutzt werden dabei die „Regeln“ für die Ableitungen aus der Eigenschaft (ii), um die Laplace-Transformation einer Funktion $y(t)$ zu gewinnen, die eine lineare Differentialgleichung erfüllt. Die Hilfsgleichung (3), welche die Laplace-Transformation $\bar{y}(p)$ liefert, wird wie folgt abgeleitet: man multipliziert (2) mit e^{-pt} und integriert dann:

$$a_0 \int_0^\infty e^{-pt} y^{(n)} \, dt + a_1 \int_0^\infty e^{-pt} y^{(n-1)} \, dt + \ldots + a_{n-1} \int_0^\infty e^{-pt} y' \, dt + $$

$$+ a_n \int_0^\infty e^{-pt} y \, dt = \int_0^\infty e^{-pt} f(t) \, dt$$

Aufgrund der Eigenschaft (ii) gilt für beliebiges $n = 1, 2, 3, \ldots$:

$$\int_0^\infty e^{-pt} y^{(n)} \, dt = p^n \bar{y}(p) - (p^{n-1} y_0 + p^{n-2} y'_0 + \ldots + p y_0^{(n-2)} + y_0^{(n-1)})$$

Die speziellen Ausdrücke für niedrige Werte von n sind in (4) angegeben. Weiterhin gilt:

$$\int_0^\infty e^{-pt} y \, dt = \bar{y}(p) \quad \text{und} \quad \int_0^\infty e^{-pt} f(t) \, dt = f(p)$$

Durch Substitution und Zusammenfassung ergibt sich die Hilfsgleichung (3).

Zwei Gesichtspunkte sind bei der Eigenschaft (iii) noch zu beachten. Erstens wird die Lösung $y(t)$ zwar für die Differentialgleichung (2) gesucht, *jedoch liegen spezielle Anfangsbedingungen vor,* durch welche die Werte von y und seinen ersten $(n-1)$ Ableitungen an der Stelle $t = 0$ bestimmt werden. Die Eigenschaft beschränkt sich also auf diesen speziellen, wenn auch recht häufigen Fall. Hat man jedoch die Lösung gefunden, so sind die Anfangsbedingungen bereits einbezogen. Man braucht sich also nicht mehr den Kopf zu zerbrechen über eine Lösung mit n beliebigen Konstanten, die mit großer Mühe aus den Ausgangsbedingungen durch „Anpassung“ oder Berechnung zu bestimmen wären.

Zweitens liefert die Hilfsgleichung (3) nicht direkt (wie verlangt) $y(t)$, sondern $\bar{y}(p)$. Sieht man von dem Ausdruck $\bar{f}(p)$ ab, so hat der Ausdruck für $\bar{y}(p)$ die Form eines Bruches, in dessen Zähler ein Polynom in p (im allgemeinen von der Ordnung $n-1$) und in dessen Nenner ein anderes Polynom in p (von der Ordnung n) steht. $\bar{y}(p)$ wird also vollständig durch die Konstanten der Differentialgleichung (a_0, a_1, $\ldots$ a_n), die Ausgangswerte (y_0, y_0', y_0'', $\ldots$ $y_0^{(n-1)}$) und die Laplace-Transformation der gegebenen Funktion $f(t)$ bestimmt. Die Form der Gleichung (3) sieht ein wenig kompliziert aus, doch ist es nicht so schlimm, wie es scheint. An der Form der Laplace-Transformation einer Ableitung, wie sie in (4) für $n = 1, 2, 3, \ldots$ und allgemein durch die Eigenschaft (ii) dargestellt ist, braucht man nichts zu verändern; man muß sie nachlesen oder im Gedächtnis behalten. Die rechte Seite von (3) enthält (von unten angefangen) die aufeinanderfolgenden Polynome (4) der Laplace-Transformationen der Ableitungen, die jeweils mit a_{n-1}, a_{n-2} $\ldots$ multipliziert sind.

Folglich ist die Differentialgleichung (2) unter diesen speziellen Ausgangsbedingungen beinahe gelöst, wenn auch nicht ganz. Durch (3) erhält man nämlich erst $\bar{y}(p)$, und noch nicht, wie verlangt, $y(t)$. Die Laplace-Transformation der Lösung einer Differentialgleichung liegt vor. Um die endgültige Lösung zu erhalten, braucht man nur noch die Umkehrung der Laplace-Transformation, die $y(t)$ aus $\bar{y}(p)$ ergibt. Hier wird nun die Eigenschaft (i) wichtig; läßt sich irgendein (stetiges) $y(t)$ finden, für das $\bar{y}(p) = \int_0^\infty e^{-pt}\, y(t)\, dt$ gilt, so ist dies die eindeutige Lösung der Differentialgleichung bezüglich ihrer Anfangsbedingungen. Als letztes muß man noch eine Reihe von *Standardformen* der Verknüpfung spezieller $y(t)$ mit $\bar{y}(p)$ angeben, wie auch eine Reihe von *Regeln*, die Kombinationen verschiedener $y(t)$ oder $\bar{y}(p)$ ergeben; in einem ähnlichen Vorgang wurden bereits die Standardformen und Regeln für Ableitungen oder Integrale hergeleitet. Aufgrund dieser Standardformen und Regeln lassen sich die $\bar{y}(p)$ von (3) in die Lösung $y(t)$ von (2) umwandeln; sie ermöglichen ebenso die Umwandlung der gegebenen $f(t)$ von (2) in die $\bar{f}(p)$, die in (3) auftreten.

Für die *Standardformen* läßt sich eine kurze Aufstellung angeben:

	$\bar{y}(p)$	$y(t)$
(1)	$1/p$	1
(2)	$1/p^2$	t
(3)	$1/p^{n+1}$	$t^n/n!$
(4)	$1/(p+\omega)$	$e^{-\omega t}$
(5)	$\omega/(p^2+\omega^2)$	$\sin \omega t = \frac{1}{2i}(e^{i\omega t} - e^{-i\omega t})$
(6)	$p/(p^2+\omega^2)$	$\cos \omega t = \frac{1}{2}(e^{i\omega t} + e^{-i\omega t})$
(7)	$\omega/(p^2-\omega^2)$	$\sinh \omega t = \frac{1}{2}(e^{\omega t} - e^{-\omega t})$
(8)	$p/(p^2-\omega^2)$	$\cosh \omega t = \frac{1}{2}(e^{\omega t} + e^{-\omega t})$

Die Ausdrücke sind in dieser Reihenfolge angegeben, d. h. bei gegebenem $\bar{y}(p)$ ist $y(t)$ zu bestimmen, da dies der übliche Weg ist. Weitere Standardformen finden sich in Lehrbüchern, etwa bei Carslaw und Jaeger (1941, 1948), Anhang III. Zu ihrem Beweis substituiere man $y(t)$ in $\int_0^\infty e^{-pt}\, y(t)\, dt$ und berechne den Ausdruck, so daß sich $\bar{y}(p)$ ergibt; siehe Aufg. 3 und 4 unten.

Weitere Standardformen lassen sich gewinnen, falls man Formen wie (4) - (8) oben nach ω differenziert; zum Beispiel:

Hat man (6) $\int_0^\infty e^{-pt} \cos \omega t \, dt = \frac{p}{p^2 + \omega^2}$

so gilt $$\frac{d}{d\omega} \int_0^\infty e^{-pt} \cos \omega t \, dt = \int_0^\infty e^{-pt} \left(\frac{d}{d\omega} \cos \omega t \right) dt = - \int_0^\infty e^{-pt}\, t \sin \omega t \, dt$$

und $$\frac{d}{d\omega} \left(\frac{p}{p^2 + \omega^2} \right) = - \frac{2\omega p}{(p^2 + \omega^2)^2}$$

Folglich erhält man als Laplace-Transformation von ($t \sin \omega t$) den Ausdruck $\frac{2\omega p}{(p^2 + \omega^2)^2}$, d. h. für $\bar{y}(p) = \frac{p}{(p^2 + \omega^2)^2}$ ist $y(t) = \frac{t}{2\omega} \sin \omega t$.

Es lassen sich leicht die folgenden vier *Regeln* aufstellen:

Regeln:

(i) Ist $\bar{y}(p)$ die Laplace-Transformation von $y(t)$ und a eine Konstante, so ist $a\bar{y}(p)$ die Laplace-Transformation von $a y(t)$.

(ii) Sind $\bar{y}_1(p)$, $\bar{y}_2(p)$ ... die Laplace-Transformationen von $y_1(t)$, $y_2(t)$, ... und sind $a_1, a_2, \ldots$ Konstanten, so ist $a_1 \bar{y}_1(p) + a_2 \bar{y}_2(p) + \ldots$ die Laplace-Transformation von $a_1 y_1(t) + a_2 y_2(t) + \ldots$

(iii) Ist $\bar{y}(p)$ die Laplace-Transformation von $y(t)$ und ist ω eine Konstante, so ist $\frac{1}{\omega} \bar{y}\left(\frac{p}{\omega}\right)$ die Laplace-Transformation von $y(\omega t)$.

(iv) Ist $\bar{y}(p)$ die Laplace-Transformation von $y(t)$ und ist α eine Konstante, so ist $\bar{y}(-\alpha)$ die Laplace-Transformation von $e^{\alpha t} y(t)$ und $\bar{y}(p + \alpha)$ von $e^{-\alpha t} y(t)$.

Die Beweise folgen direkt durch Anwendung der Definition, siehe Aufg. 6 und 8 unten.

Die Regel (iv) ist äußerst nützlich. Mit ihrer Hilfe lassen sich die Standardformen auch auf die Fälle erweitern, in denen irgendein Ausdruck $y(t)$ mit $e^{\alpha t}$ multipliziert ist. Im besonderen beachte man:

	$\bar{y}(p)$	$y(t)$
(2a)	$1/(p-\alpha)^2$	$te^{\alpha t}$
(5a)	$\omega/(p-\alpha)^2+\omega^2$	$e^{\alpha t}\sin\omega t$
(6a)	$(p-\alpha)/(p-\alpha)^2+\omega^2$	$e^{\alpha t}\cos\omega t$

Eine einfache Entwicklung dieser und vieler anderer Eigenschaften und Anwendungsmöglichkeiten der Laplace-Transformation findet sich bei Jaeger (1949), besonders im Kapitel I.

Übungsaufgaben 5.6

1. Durch Differenzierung beider Seiten nach t bilde man folgenden Sonderfall der „partiellen Integration":

$$e^{-pt}\,y'(t)\,dt = y(t)\,e^{-pt} + p\int y(t)\,e^{-pt}\,dt$$

Leiten Sie für $y'(t)$ die Laplace-Transformation $p\bar{y}(p)-y_0$ ab.

2. Erweitern Sie das Ergebnis der vorhergehenden Aufgabe, um zu zeigen, daß die Laplace-Transformationen von $y''(t)$ und $y'''(t)$ die Form $p^2\bar{y}(p)-(py_0+y_0')$ und $p^3\bar{y}(p)-(p^2y_0+py_0'+y_0'')$ haben.

3. Zeigen Sie mit Hilfe einer Entwicklung der Integrale, daß

$$\int_0^\infty e^{-pt}\,dt = \frac{1}{p}, \qquad \int_0^\infty e^{-pt}\,t\,dt = \frac{1}{p^2},$$

$$\int_0^\infty e^{-pt}\,t^n\,dt = \frac{n!}{p^{n+1}} \quad \text{und} \quad \int_0^\infty e^{-pt}\,e^{-\omega t}\,dt = \frac{1}{p+\omega} \quad \text{ist.}$$

Beweisen Sie damit die Standardformen (1) bis (4) oben.

4. Zeigen Sie, daß

$$\int e^{-pt}\sin\omega t\,dt = -\frac{1}{\omega}e^{-pt}\cos\omega t - \frac{p}{\omega}\int e^{-pt}\cos\omega t\,dt$$

$$\text{und} \quad \int e^{-pt}\cos\omega t\,dt = \frac{1}{\omega}e^{-pt}\sin\omega t + \frac{p}{\omega}\int e^{-pt}\sin\omega t\,dt \quad \text{ist.}$$

Leiten Sie damit die Standardformen (5) und (6) oben ab.

5. Betrachten Sie die Standardform (5) oben: $\int\limits_0^\infty e^{-pt} \sin \omega t \, dt = \frac{\omega}{p^2 + \omega^2}$.
Differenzieren Sie nach ω und zeigen Sie, daß die Laplace-Transformation von $(\sin \omega t - \omega t \cos \omega t)$ die Form $2 \omega^3/(p^2 + \omega^2)^2$ hat.

6. Begründen Sie aus der Definition die Regeln (i) und (ii) oben.

7. Zeigen Sie mit Hilfe der Gleichung $\tau = \omega t$, daß die Beziehung

$$\int\limits_0^\infty e^{-pt} y(\omega t) \, dt = \frac{1}{\omega} \int\limits_0^\infty e^{-\frac{p}{\omega}\tau} y(\tau) \, d\tau \quad \text{gilt.}$$

Leiten Sie ab, daß für $y(\omega t)$ die Laplace-Transformation $\frac{1}{\omega} \bar{y}\left(\frac{p}{\omega}\right)$ lautet, daß also Regel (iii) gilt.

8. Zeigen Sie, daß

$$\int\limits_0^\infty e^{-pt} e^{-\alpha t} y(t) \, dt = \int\limits_0^\infty e^{-(p-\alpha)t} y(t) \, dt = \bar{y}(p-\alpha) \quad \text{ist.}$$

Leiten Sie ab, daß für $e^{\alpha t} y(t)$ die Laplace-Transformation $\bar{y}(p-\alpha)$ lautet, also Regel (iv) gilt. Zeigen Sie, daß sich die Standardform (4) dann aus der Standardform (1) oben ableiten läßt. Zeigen Sie auch, daß für $\frac{t^n}{n!} e^{\alpha t}$ die Laplace-Transformation $\frac{1}{(p-\alpha)^{n+1}}$ lautet.

5.7 Lösung von Differentialgleichungen mit Hilfe der Laplace-Transformationen

Die gegebene Differentialgleichung für $y(t)$ lautet:

$$\left.\begin{array}{l} a_0 \frac{d^n y}{dt^n} + a_1 \frac{d^{n-1} y}{dt^{n-1}} + \ldots + a_{n-1} \frac{dy}{dt} + a_n y = f(t) \\ \text{unter der Bedingung } y = y_0, \frac{dy}{dt} = y_0', \frac{d^2 y}{dt^2} = y_0'', \ldots \frac{d^{n-1} y}{dt^{n-1}} = y_0^{(n-1)} \\ \text{an der Stelle } t = 0 \end{array}\right\} \quad (1)$$

Die Lösung mit Hilfe der Laplace-Transformationen gewinnt man in zwei Schritten. Als *erstes* schreibt man die Laplace-Transformation der Lösung $y(t)$ aufgrund der *Hilfsgleichung* hin, wie sie oben in 5.6 dargestellt worden ist. Sie hat die Form:

$$\bar{y}(p) = \frac{\bar{f}(p) + \text{Polynom in } p \text{ von niedrigerer Ordnung als } n}{a_0 p^n + a_1 p^{n-1} + \ldots + a_{n-1} p + a_n} \quad (2)$$

Als *zweites* sucht man die Umkehrung der Laplace-Transformation, um $y(t)$ aus dem Ausdruck für $\bar{y}(p)$ in (2) zu ermitteln. Der erste

Schritt kann als erledigt betrachtet werden. Hier geht es um das Problem, in dem die ganzen praktischen Schwierigkeiten stecken, nämlich darum, wie man die endgültige Lösung durch den Übergang von $\bar{y}(p)$ nach $y(t)$ gewinnt.

Das Problem ist zwar nicht leicht zu lösen, doch sind die Schwierigkeiten alle praktischer, nicht theoretischer Art. Es ist dem praktischen Problem der Berechnung von Integralen sehr ähnlich, bei der man Standardformen, eine Reihe von Regeln und vielfach auch Tricks verwendet. Standardformen und Regeln für die Laplace-Transformation existieren; einige haben wir bereits in 5.6 oben erwähnt, andere lassen sich noch angeben. Gleichfalls gibt es auch hier eine Reihe von Tricks, von denen der wichtigste in der Einführung der Partialbruchzerlegung eines Polynomialbruches besteht, wie es in den Lehrbüchern über elementare Algebra erklärt ist.

Hat man jedoch das praktische Problem gelöst und $y(t)$ gefunden, so hat man auch die eindeutige Lösung für die Differentialgleichung (1) bezüglich der angegebenen Anfangsbedingungen. Die Lösung $y(t)$ enthält automatisch die Anfangswerte (y_0, y_0', y_0'', ...), so daß keine weitere Arbeit nötig ist. Im Gegensatz zur „klassischen" Lösungsmethode von 5.5 oben braucht man keine beliebigen Konstanten den Anfangsbedingungen anzupassen.

Einige einfache Beobachtungen genügen, um den Grund dafür aufzuzeigen. Aus den Standardformen in 5.6 ersieht man, daß sich für viele der gebräuchlichsten Funktionen von $y(t)$ die Laplace-Transformation $\bar{y}(p)$ als ein Bruch von Polynomen in p von niedriger Ordnung darstellen läßt, etwa als Verhältnis von $(\alpha p + \beta)$ zu $(ap^2 + bp + c)$. Das hat zwei Folgen. Erstens erhält man in dem Ausdruck (2) für $\bar{y}(p)$ das Element $\bar{f}(p)$ gewöhnlich aus dem gegebenen $f(t)$ in der Form eines Polynomialbruches. Es läßt sich daher mit Hilfe der anderen Polynome von (2) ausdrücken, so daß $\bar{y}(p)$ selbst als Bruch zweier Polynome dargestellt werden kann. Zweitens sind die Standardformen und ihre verschiedenen Kombinationen gut geeignet, $\bar{y}(p)$ als Polynomialbruch in verschiedene übliche Formen von $y(t)$ zurückzuverwandeln, wie t^n, $e^{\alpha t}$, oder $\cos \omega t$. Man kann sich das Verfahren erleichtern, wenn man $\bar{y}(p)$ in einfachere Faktoren aufspaltet, etwa in die Summe ganz einfacher Polynomialbrüche, auf die sich die Standardformen jeweils direkt anwenden lassen. Genau das ist der Weg, um $\bar{y}(p)$ in der Form von Partialbrüchen zu schreiben.

Angenommen also, (2) ließe sich in der Form schreiben:

$$\bar{y}(p) = \frac{F(p)}{G(p)} \tag{3}$$

Hierbei bedeuten $F(p)$ und $G(p)$ zwei Polynome in p; die Ordnung von F ist niedriger als die von G. Im besonderen ist zu beachten, daß $G(p)$ *entweder* mit dem Polynom $(a_0 p^n + a_1 p^{n-1} + \ldots + a_{n-1} p + a_n)$ identisch ist *oder* das Produkt dieses Polynoms mit anderen Faktoren darstellt:

$$G(p) = (a_0 p^n + a_1 p^{n-1} + \ldots + a_{n-1} p + a_n)\, g(p) \tag{4}$$

Hierbei ist $g(p)$ entweder die Einheit oder ein anderes Polynom in p. Die Gleichung (4) ist deswegen wichtig, weil das dargestellte Polynom von der Ordnung n die Hilfsgleichung der Differentialgleichung (1) liefert, wenn man es gleich Null setzt. Seine Faktoren entsprechen also den Wurzeln der Hilfsgleichung, die nicht nur benötigt werden, sondern auch bekannt sind.

Die auf (3) angewandte Methode der „Partialbruchzerlegung" beruht auf der Bestimmung aller Wurzeln von $G(p) = 0$, also der $p_1, p_2, p_3 \ldots$, die reelle oder konjugiert komplexe Werte annehmen können. Darunter fallen alle Wurzeln der Hilfsgleichung. Also:

$$G(p) = a_0 (p-p_1)(p-p_2)(p-p_3) \tag{5}$$

Man setze also (5) in (3) ein und spalte den Ausdruck in eine Summe von Brüchen wie $A_1/(p-p_1)$, $A_2/(p-p_2) \ldots$ auf; dann läßt sich (3) in $y(t)$ umwandeln. Jedoch gibt es zwei Möglichkeiten für komplexe Werte, z. B. $p_1, p_2 = \alpha \pm i\omega$. Man kann sie in (5) als zwei Faktoren stehen lassen $(p-\alpha-i\omega)(p-\alpha+i\omega)$; in diesem Falle sind dann auch die Konstanten $A_1, A_2 \ldots$ der Partialbrüche komplex. Oder man kann sie in (5) zu einem quadratischen Ausdruck zusammenfassen $[(p-\alpha)^2 + \omega^2]$; in diesem Fall tritt einer der Partialbrüche in der Form $\dfrac{A_1(p-\alpha)+B_1}{(p-\alpha)^2+\omega^2}$ auf.

Schreibt man $G(p)$ in der Form (5) und läßt alle Wurzeln ($p_1, p_2, p_3, \ldots$) als reelle oder auch komplexe Werte stehen, so erhält man als allgemeines Ergebnis der Partialbruchzerlegung:

$$\bar{y}(p) = \frac{F(p)}{G(p)} = \sum_r \frac{F(p_r)}{G'(p_r)} \frac{1}{p-p_r} \tag{6}$$

Hierbei geht $\sum_r$ über alle Wurzeln $p_1, p_2, p_3 \ldots$. Es gilt $G'(p) = \dfrac{d}{dp} G(p)$; $F(p_r)$ und $G'(p_r)$ ergeben sich, wenn man $p = p_r$ in $F(p)$ und $G'(p)$ einsetzt. In (6) steht also lediglich, daß der Koeffizient der speziellen Partialbruchlegung $\dfrac{1}{p-p_r}$ gleich $\dfrac{F(p_r)}{G'(p_r)}$ ist. Ist p_r eine komplexe Wurzel, so ist auch der Koeffizient komplex; für ein Paar konjugiert komplexer Wurzeln gibt es also tatsächlich auch ein Paar komplexer Koeffizienten, die ebenfalls zueinander konjugiert sind.

Ist die Beziehung 6 zusammen mit der Standardform (4) und der Regel (ii) aus 5.6 gegeben, so folgt die Inversion von $\bar{y}(p)$ nach $y(t)$ unmittelbar:

$$y(t) = \sum_r \frac{F(p_r)}{G'(p_r)} e^{p_r t} \tag{7}$$

Solange sich $\bar{y}(p)$ aus (2) in der Form von (3) schreiben läßt, läßt sich auch die Inversion nach $y(t)$ stets mit Hilfe der Formel durchführen. Die Formel ist (7).

In der Praxis ist es jedoch im allgemeinen vorzuziehen, die komplexe Größe p_r und die entsprechenden komplexen Koeffizienten, die bei der Verwendung von (7) entstehen, zu vermeiden. Als Alternative kann man die komplexen Wurzeln paarweise nehmen und sich mit folgender Partialbruchzerlegung befassen:

$$\frac{A_1(p-\alpha) + B_1}{(p-\alpha)^2 + \omega^2}$$

Denn in dieser Form läßt sich $\bar{y}(p)$ leicht mit Hilfe der Standardformen (5a) und (6a) von 5.6 oben nach $y(t)$ zurückverwandeln. Das entsprechende $y(t)$ lautet dann:

$$e^{\alpha t}(A_1 \cos \omega t + \frac{B_1}{\omega} \sin \omega t) = A e^{\alpha t} \cos(\omega t + \varepsilon)$$

Hier tritt wieder die bekannte sinusförmige Komponente auf, die den zwei miteinander verknüpften Exponentialausdrücken in (7) (mit konjugiert komplexen Indizes) äquivalent ist.

Um die Methode praktisch zu zeigen, geben wir zwei Beispiele an. Gilt $f(t) = 0$ und ist die Gleichung (1) homogen, so sieht man, daß die Lösung von (7) äquivalent ist zu der, die man mit Hilfe der „klassischen" Methode nach 5.5 oben erhielt (siehe Aufg. 1 unten). Deswegen werden die beiden Beispiele an speziellen Formen von $f(t)$ dargestellt; die Methode liefert die komplementäre Funktion und das Partikularintegral und berücksichtigt die Anfangsbedingungen. Gerade hierin ist die „klassische" Methode, auch wenn man den Operator $D = \frac{d}{dt}$ zu Hilfe nimmt, etwas unzulänglich.

Beisp. (a): $\frac{d^2y}{dt^2} - y + t = 0$

unter der Bedingung $y = \frac{dy}{dt} = 0$,

an der Stelle $t = 0$.

Die Hilfsgleichung lautet:

$$(p^2-1)\,\bar{y}\,(p) = -\text{Laplace-Transformation von } t = -\frac{1}{p^2}.$$

Die einfache Form dieser Gleichung ergibt sich zum Teil daraus, daß aufgrund der Beziehung $y_0 = y_0' = 0$ sehr viele Ausdrücke wegfallen. Folglich gilt:

$$\bar{y}\,(p) = -\frac{1}{p^2\,(p^2-1)} = \frac{1}{p^2} - \frac{1}{2}\left(\frac{1}{p-1} - \frac{1}{p+1}\right)$$

als Partialbruchzerlegung. Aufgrund der Standardformen (2) und (4) von 5.6 ergibt sich:

$$y\,(t) = t - \frac{1}{2}\,(e^t - e^{-t})$$

als Lösung der Differentialgleichung. Es läßt sich zeigen (Aufgabe (2) unten), daß sie äquivalent zu der Lösung ist, die sich aus der „klassischen" Methode ergibt:

$$y\,(t) = t + A_1\,e^t + A_2\,e^{-t} \quad \text{(siehe 5.5 Bsp. (a) oben)},$$

wenn A_1 und A_2 den Anfangsbedingungen $y = \frac{dy}{dt} = 0$ für $t = 0$ genügen.

Beisp. (b): $\frac{d^3y}{dt^3} - \frac{d^2y}{dt^2} + 2\,y = te^t$

unter der Bedingung $y = 4,\ \frac{dy}{dt} = \frac{d^2y}{dt^2} = 7$

an der Stelle t = 0.

Da für $f\,(t) = te^t$ wegen der Standardform (2a) von 5.6 $\bar{f}\,(p) = \frac{1}{(p-1)^2}$ gilt, lautet die Hilfsgleichung:

$$(p^3-p^2+2)\,\bar{y}\,(p) = \frac{1}{(p-1)^2} + (4\,p^2 + 7\,p + 7) - (4\,p + 7)$$

$$= \frac{1 + p\,(p-1)^2\,(4\,p+3)}{(p-1)^2}$$

d. h. $$\bar{y}(p) = \frac{1 + p\,(p-1)^2\,(4\,p + 3)}{(p-1)^2\,(p+1)\,(p^2 - 2\,p + 2)}$$

$$= \frac{4\,p-1}{p^2 - 2\,p + 2} - \frac{p-3}{4\,(p-1)^2} + \frac{1}{4\,(p+1)} \quad \text{in Partialbrüchen}$$

$$= \frac{4\,(p-1) + 3}{(p-1)^2 + 1} - \frac{1}{4}\,\frac{(p-1) - 2}{(p-1)^2} + \frac{1}{4}\,\frac{1}{p+1}$$

$$= 4\,\frac{(p-1)}{(p-1)^2 + 1} + 3\,\frac{1}{(p-1)^2 + 1} - \frac{1}{4}\,\frac{1}{p-1} + \frac{1}{2}\,\frac{1}{(p-1)^2} + \frac{1}{4}\,\frac{1}{p+1}$$

Folglich erhalten wir mit Hilfe verschiedener Standardformen:

$$y(t) = 4\,e^t \cos t + 3\,e^t \sin t - \frac{1}{4}\,e^t + \frac{1}{2}\,te^t + \frac{1}{4}\,e^{-t}$$

$$= e^t\,(4 \cos t + 3 \sin t) + \frac{2t-1}{4}\,e^t + \frac{1}{4}\,e^{-t}$$

d. h. $$y(t) = \{5 \cos (t - \varepsilon) + \frac{1}{4}\,(2\,t - 1)\}\,e^t + \frac{1}{4}\,e^{-t} \qquad \text{wobei} \ \operatorname{tg} \varepsilon = \frac{3}{4}$$

Dies ist die Lösung der Differentialgleichung bezüglich der speziellen Anfangsbedingungen. Gleichbedeutend damit ist das Ergebnis der „klassischen" Methode von 5.5 Bsp. (b) oben:

$$y(t) = \{A \cos (t - \varepsilon) + \frac{1}{4}\,(2\,t - 1)\}\,e^t + Be^{-t}$$

sobald die Konstanten A, B und ε die gegebenen Anfangsbedingungen erfüllen.

Übungsaufgaben 5.7

1. Setzen Sie in der Differentialgleichung (1) $f(t) = 0$ und zeigen Sie, daß

$$\bar{y}(p) = \frac{F(p)}{a_0\,(p - p_1)\,(p - p_2) \ldots (p - p_n)}$$

wobei $p_1, p_2, \ldots p_n$ die n Wurzeln der Hilfsgleichung von (1) sind. Leiten Sie daraus die Lösung von (1) ab:

$$y(t) = \frac{F(p_1)}{a_0\,(p_1 - p_2) \ldots (p_1 - p_n)}\,e^{p_1 t} + \frac{F(p_2)}{a_0\,(p_2 - p_1) \ldots (p_2 - p_n)}\,e^{p_2 t} + \ldots$$

Deuten Sie diesen Ausdruck als die allgemeine Lösung der (homogenen) Gleichung (1), wie sie sich aufgrund der „klassischen" Methode in (4) von

5.5 oben ergeben hat, sofern man die entsprechenden Anfangsbedingungen hinzunimmt.

2. Bestimmen Sie in der Lösung $y(t) = t + A_1 e^t + A_2 e^{-t}$ von 5.4 Aufg. 2 oben A_1 und A_2 mit den Anfangsbedingungen $y = \frac{dy}{dt} = 0$ für $t = 0$. Versuchen Sie, eine Lösung wie in Bsp. (a) oben zu ermitteln.

3. Ist $\frac{d^2y}{dt^2} + 2\frac{dy}{dt} + y = t + 2$, so zeige man, daß

(i) $y = t(1-e^{-t})$ wenn $y = \frac{dy}{dt} = 0$ an der Stelle $t = 0$

und

(ii) $y = t-(1+2t)e^{-t}$ wenn $y = -1$, $\frac{dy}{dt} = 0$ an der Stelle $t = 0$.

4. Lösen Sie die Gleichung $\frac{d^2y}{dt^2} + \frac{dy}{yt} + \frac{5}{4}y = 1 + \frac{5}{4}t$

unter der Bedingung $y = 1$, $\frac{dy}{dt} = \frac{1}{2}$ an der Stelle $t = 0$ (siehe 5.4, Aufg. 6 oben).

5.8 Stetig verteilte (exponentielle) Lags

Eine Variable $Y(t)$ ist linear und mit einem stetig verteilten Lag auf eine andere Variable $X(t)$ bezogen. Es ist üblich, $Y(t)$ auf den potentiellen Wert

$$Z(t) = \alpha + aX(t) \qquad \text{(siehe 1.9 oben)}$$

zu beziehen. Eine stetig verteilte Verzögerung besitzt im allgemeinen Fall eine Zeit- oder Gewichtsfunktion $f(\tau)$ mit $\int_0^\infty f(\tau)\, d\tau = 1$.

Sie lautet:

$$Y(t) = \int_0^\infty f(\tau)\, Z(t-\tau)\, d\tau \qquad (1)$$

Angesichts der Schwierigkeiten bei der Lösung von Integralen wäre es nützlich, (1) in einer anderen Form auszudrücken, z. B. als Differentialgleichung.

$Z(t)$ sei eine sinusförmige Variable mit $p = \alpha + i\omega$ (siehe 4.8 oben):

$Z(t) = Ae^{\alpha t} \cos(\omega t + \varepsilon)$ = reeller Teil des Vektorproduktes $Ae^{i\varepsilon} e^{pt}$.

Dieser Ausdruck schließt die Fälle einer ungedämpften Variation ($\alpha = 0$) und eines stetigen exponentiellen Wachstums ($\omega = 0$) ein.

Nunmehr können wir die Ergebnisse von 4.9 oben anwenden:

$$Z(t-\tau) = e^{-p\tau} Z(t) \qquad \text{(Verzögerung } \tau = e^{-p\tau}\text{)}$$

Also:

$$Y(t) = \int_0^\infty f(\tau)\, e^{-p\tau} Z(t)\, d\tau = Z(t) \int_0^\infty e^{-p\tau} f(\tau)\, d\tau = \bar{f}(p)\, Z(t)$$

Dabei ist $\bar{f}(p)$ die Laplace-Transformation der Zeitfunktion $f(\tau)$. Schließlich ersetze man p durch den Operator $D = \frac{d}{dt}$ (denn $D = p$ nach 4.9 oben); dann ist der Ausdruck

$$\left.\begin{aligned} &Y(t) = \bar{f}(D)\, Z(t) \\ \text{mit}\quad &\bar{f}(p) \text{ als Laplace-Transformation von } f(\tau) \end{aligned}\right\} \tag{2}$$

die Differentialgleichung, auf welche die stetige Verzögerung zurückgeführt ist. $\bar{f}(p)$ ist ebenfalls die „Transfer-Funktion" der Verzögerung (9.3 unten).

Im Normalfall (siehe 5.7 oben) gilt $\bar{f}(p) = F(p)/G(p)$; dabei sind F und G zwei Polynome, bei denen die Ordnung von F niedriger ist als die von G. Dann entspricht die stetige Verzögerung (1) einer linearen Differentialgleichung mit konstanten Koeffizienten:

$$Y(t) = \frac{F(D)}{G(D)} Z(t) \quad \text{oder} \quad G(D)\, Y(t) = F(D)\, Z(t) \tag{3}$$

Die Differentialgleichung für Y hat die Ordnung des Polynoms G. Die Lösung von (3) erhält man nach der „klassischen" Methode von 5.5 oder mit Hilfe der Laplace-Transformationen wie in 5.7. Sie ergibt den zeitlichen Verlauf von $Y(t)$ bei vorgegebenem $Z(t)$.

Nun kann der Fall der *exponentiellen Verzögerung* untersucht werden. Die Zeitfunktion lautet $f(\tau) = \lambda e^{-\lambda\tau}$ mit der Laplace-Transformation $\bar{f}(p) = \lambda/p + \lambda$. Folglich hat die Differentialgleichung des exponentiellen Lags die bereits (1.9 oben) angegebene Form:

$$Y(t) = \frac{\lambda}{D+\lambda} Z(t) \tag{4}$$

Weiterhin interessiert der Fall der *doppelten exponentiellen Verzögerung* mit der Zeitfunktion

$$f(\tau) = 4\lambda^2 \tau\, e^{-2\lambda\tau} \quad \text{und} \quad \bar{f}(p) = \left(\frac{2\lambda}{p+2\lambda}\right)$$

In diesem Fall lautet die Differentialgleichung des Lags:

$$Y(t) = \left(\frac{2\lambda}{D + 2\lambda}\right)^2 Z(t) \tag{5}$$

Vergleicht man (4) und (5) miteinander, so sieht man, daß sich die doppelte exponentielle Verzögerung aus zwei einfachen exponentiellen Verzögerungen ergibt, die jeweils eine Reaktionsgeschwindigkeit von 2λ haben, jedoch nacheinander einsetzen. Die Zeitkonstante der doppelten Verzögerung ist gleich der Summe der Zeitkonstanten (jeweils $\frac{1}{2}T$ mit $T = 1/\lambda$) der einfachen Verzögerungen. Damit haben (4) und (5) die gleiche Zeitkonstante T. Zahlreiche andere Fälle vielfacher Verzögerungen lassen sich definieren (siehe Aufg. 1 und 2 unten).

Die Veränderung von Y bei einer schrittweisen Änderung der Funktion Z von Null nach Z_0 an der Stelle $t = 0$ kann man ermitteln, wenn man die Differentialgleichung (2) oder (3) auflöst und dabei $Z(t) = Z_0$ für $t \geqslant 0$ setzt und Anfangsbedingungen angibt:

$$Y = \frac{dY}{dt} = \frac{d^2Y}{dt^2} = \ldots = 0 \quad \text{an der Stelle} \quad t = 0$$

Für die einfache *exponentielle Verzögerung* (4) gilt:

$$\frac{dY}{dt} + \lambda Y = \lambda Z_0 \quad \text{mit} \quad Y = 0 \quad \text{an der Stelle} \quad t = 0$$

und die Lösung nach der „klassischen“ Methode lautet:

$$\left.\begin{aligned} Y(t) &= (1 - e^{-\lambda t}) Z_0 \\ \text{und damit} \qquad Y'(t) &= (\lambda e^{-\lambda t}) Z_0 \end{aligned}\right\} \tag{6}$$

Für die *doppelte exponentielle Verzögerung* (5) gilt wiederum:

$$\frac{d^2Y}{dt^2} + 4\lambda \frac{dY}{dt} + 4\lambda^2 Y = 4\lambda^2 Z_0 \quad \text{mit} \quad Y = \frac{dY}{dt} = 0 \quad \text{an der Stelle} \quad t = 0$$

Nach der „klassischen“ Methode ergibt sich als Partikularintegral $Y = Z_0$; die komplementäre Funktion gewinnt man aus der Hilfsgleichung $p^2 + 4\lambda p + 4\lambda^2 = 0$, deren Wurzeln $p_1 = p_2 = -2\lambda$ gleich sind. Folglich gilt:

$$Y(t) = Z_0 + (A + Bt)e^{-2\lambda t}$$

Die Konstanten lauten aufgrund der Ausgangsbedingungen $A = -Z_0$ und $B = -2\lambda Z_0$.

Folglich gilt:

$$\left.\begin{aligned} Y(t) &= \{1-(1+2\lambda t)\,e^{-2\lambda t}\}\,Z_0 \\ \text{und damit}\qquad Y'(t) &= 4\lambda^2 t e^{-2\lambda t} Z_0 \end{aligned}\right\} \tag{7}$$

Sowohl in (6) als auch in (7) ist die Zeitfunktion der Verzögerung in $Y'(t)$ wiedergegeben. Diese Eigenschaft gilt allgemein (siehe 1.9 Aufg. 5 oben). Graphisch läßt sich die Reaktion von Y entweder *kumulativ* darstellen in der Form $Y(t) = \left(\int_0^t f(\tau)\,d\tau\right) Z_0$ oder in der *Zeitform* $Y'(t) = f(t)\,Z_0$ wie in Abb. 19. Dabei stellt der Fall (i) den einfachen exponentiellen Lag von 6 und (ii) die doppelte exponentielle Verzögerung nach (7) dar. „Realistischer“ ist offensichtlich der Fall (ii); noch „realistischere“ Formen lassen sich aus multiplen Lags gewinnen.

A
kumulative Verteilung des Lags

B
Häufigkeitsverteilung des Lags

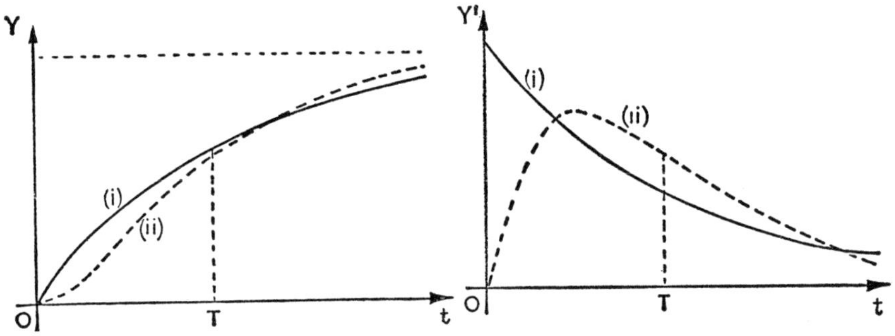

Abb. 19

Ähnlich läßt sich ermitteln, wie Y auf andere Arten einer (vorgegebenen) Veränderung von Z reagiert. Zur Veranschaulichung betrachte man eine sinusförmige Variation $Z(t) = e^{\alpha t} \cos \omega t$. Die möglichen Werte von Y besitzen einen oszillierenden Zeitverlauf; wie steht es mit dem tatsächlichen (verzögerten) Wert von Y? Man kann annehmen, daß Y die gleiche Frequenz (ω) und die gleiche Dämpfung (α) wie Z hat, daß jedoch Amplitude und Phase verschieden sind. Dies läßt sich untersuchen, wenn man die Differentialgleichung der Verzögerung auflöst. Für die einfache *exponentielle* Verzögerung (4) gilt:

$$\frac{dY}{dt} + \lambda Y = \lambda e^{\alpha t} \cos \omega t \quad \text{mit} \quad Y = 0 \quad \text{an der Stelle} \quad t = 0 \tag{8}$$

Obwohl sich diese Gleichung leicht nach der „klassischen“ Methode lösen läßt (siehe Aufg. 4 unten), ist es doch lehrreich, hier die Laplace-Transformation zu benutzen. Für die Funktion $e^{\alpha t} \cos \omega t$ lautet die Laplace-Transformation:

$$\frac{p-\alpha}{(p-\alpha)^2+\omega^2} \quad \text{(Standardform (6a) von 5.6 oben)}$$

Folglich gehört zur Differentialgleichung (8) die Hilfsgleichung (da $Y = 0$ an der Stelle $t = 0$):

$$(p+\lambda)\,\bar{Y}(p) = \lambda \frac{p-\alpha}{(p-\alpha)^2+\omega^2}$$

d. h.

$$\bar{Y}(p) = \lambda \frac{p-\alpha}{(p+\lambda)\{(p-\alpha)^2+\omega^2\}} \tag{9}$$

ist die Laplace-Transformation der Lösung von (8). Drückt man (9) in Partialbrüchen aus:

$$\bar{Y}(p) = \frac{\lambda}{(\lambda+\alpha)^2+\omega^2} \frac{(\lambda+\alpha)(p-\alpha)+\omega^2}{(p-\alpha)^2+\omega^2} - \frac{\lambda(\lambda+\alpha)}{(\lambda+\alpha)^2+\omega^2} \frac{1}{p+\lambda}$$

und benutzt man die Standardformen der Laplace-Transformationen, so erhält man:

$$\left.\begin{aligned} &Y(t) = \frac{\lambda}{(\lambda+\alpha)^2+\omega^2} e^{\alpha t}\{(\lambda+\alpha)\cos\omega t + \omega \sin \omega t\} - \frac{\lambda(\lambda+\alpha)}{(\lambda+\alpha)^2+\omega^2} e^{-\lambda t} \\ &\text{d. h.} \qquad Y(t) = \varrho\, e^{\alpha t} \cos(\omega t - \varphi) - \varrho \cos\varphi\, e^{-\lambda t} \\ &\text{mit} \qquad \varrho = \frac{\lambda}{\sqrt{(\lambda+\alpha)^2+\omega^2}} \quad \text{und} \quad tg\,\varphi = \frac{\omega}{\lambda+\alpha} \end{aligned}\right\} \tag{10}$$

Auf zweierlei Arten erhält man also eine Lösung für den zeitlichen Verlauf von $Y(t)$: sowohl explizit als Funktion von t in (10), wie auch indirekt als Laplace-Transformation (eine Funktion von p) in (9). Der zeitliche Verlauf von $Y(t)$ enthält in (10) zwei Ausdrücke. Der eine gibt eine gedämpfte Variation an, die zu $e^{-\lambda t}$ proportional ist; das ergibt sich daraus, daß der Anfangswert $Y = 0$ mit dem Anfangswert $Z = 1$ an der Stelle $t = 0$ nicht im Zusammenhang steht. Der zweite Ausdruck ist wichtiger: er lautet $\varrho\, e^{\alpha t} \cos(\omega t - \varphi)$, d. h. eine Schwingung in Y, die der gegebenen Schwingung in $Z = e^{\alpha t} \cos \omega t$ folgt. Die Frequenz (ω) und der Dämpfungsfaktor (α) sind gleichgeblieben. Nur die Amplitude, die mit dem Faktor ϱ multipliziert ist, und die Phase, gegeben durch $\frac{\varphi}{\omega}$, sind verschieden.

Übungsaufgaben 5.8

1. Zeigen Sie, daß $Y = \left(\frac{3\lambda}{D+3\lambda}\right)^3 Z$ eine dreifache exponentielle Verzögerung von Y bezüglich Z als Folge dreier gleichlanger Verzögerungen mit der Gesamtzeitkonstanten $T = \frac{1}{\lambda}$ darstellt. Ist Z_0 als Konstante Z gegeben und gilt an der Stelle $t = 0$ $Y = \frac{dY}{dt} = \frac{d^2 Y}{dt^2} = 0$, so zeige man, daß

$$Y = \left\{1 - \left(1 + 3\lambda t + 9\lambda^2 \frac{t^2}{2}\right) e^{-3\lambda t}\right\} Z_0$$

Stellen Sie das Ergebnis anhand der Abb. 19 graphisch dar.

2. Verallgemeinern Sie das Ergebnis für die doppelte Verzögerung (5) oben, so daß auch verschiedene Reaktionsgeschwindigkeiten in den einzelnen Verzögerungen zugelassen werden, und zeigen Sie, daß es sich durch folgende Beziehung darstellen läßt:

$$Y = \frac{\lambda_1 \lambda_2}{(D + \lambda_1)(D + \lambda_2)} Z$$

Lösen Sie die Gleichung für $Z = Z_0$ (const.) bei gegebenem $Y = \frac{dY}{dt} = 0$ an der Stelle $t = 0$.

3. Geben Sie die Differentialgleichung an, die eine n-fache exponentielle Verzögerung definiert, (a) wenn alle Verzögerungen die gleiche Reaktionsgeschwindigkeit haben $\left(\text{Gesamt-Zeitkonstante } T = \frac{1}{\lambda}\right)$ und (b) allgemein, wenn die Verzögerungen verschiedene Reaktionsgeschwindigkeiten besitzen.

4. Bestimmen Sie die Lösung (10) von (8) mit Hilfe der „klassischen" Methoden; verwenden Sie dabei den Operator D, um — wie am Ende von 5.5 oben — ein Partikularintegral zu ermitteln.

5.9 Die Verwendung von $p = \alpha + i\omega$

Die Variable p, welche allgemein die komplexe Zahl $\alpha + i\omega$ darstellen soll, ist uns bereits in vielen Formen begegnet, die scheinbar nichts miteinander zu tun haben. Dies trifft aber nicht zu; in Wirklichkeit hängen alle Verwendungsmöglichkeiten von $p = \alpha + i\omega$ miteinander zusammen. Es ist an der Zeit, das klarzumachen. Die verschiedenen Verwendungsmöglichkeiten lassen sich in der folgenden Weise zusammenstellen.

(i) *$p = \alpha + i\omega$ verbunden mit sinusförmigen Variablen.* Die allgemeine sinusförmige Funktion lautet $y = Ae^{\alpha t} \cos(\omega t + \varepsilon)$; sie stellt den „reellen" Teil der komplexen Variablen $z = Ae^{i\varepsilon} e^{pt}$ dar mit $p = \alpha + i\omega$; und z läßt sich als Vektorprodukt auffassen. Von den vier Parametern betreffen A und ε (Amplitude und Phase) die Anfangslage an der Stelle $t = 0$ und treten als erster Ausdruck $Ae^{i\varepsilon}$ von der anderen getrennt auf, d. h. als erster Faktor des Vektorproduktes von z. Die beiden anderen Parameter sind ω und α (Periode und Dämpfung); sie dienen zur Beschreibung der sinusförmigen Variation über die Zeit. Mit der Verwendung von $p = \alpha + i\omega$ will man sie miteinander verknüpfen, so daß dann p, oder genauer die komplexe Zahl bzw. der Vektor e^{pt}, die Bewegung über die Zeit beschreibt. Näheres darüber siehe 4.7 bis 4.9 oben.

(ii) *p als Variable, die in der Hilfsgleichung einer linearen Differentialgleichung benutzt wird.* Für die allgemeine, lineare Differentialgleichung (n-ter Ordnung) mit konstanten Koeffizienten lautet die Hilfsgleichung

$$a_0 p^n + a_1 p^{n-1} + \ldots + a_{n-1} p + a_n = 0$$

Sind $p_1, p_2, p_3, \ldots, p_n$ die Wurzeln, so lautet die komplementäre Funktion, die einen Teil der Lösung der Differentialgleichung bildet,

$$A_1 e^{p_1 t} + A_2 e^{p_2 t} + \ldots + A_n e^{p_n t} .$$

Angenommen, p_1 und p_2 seien konjugiert komplex zueinander ($\alpha \pm i\omega$). Dann ergibt sich in der Lösung durch Kombination der beiden ersten Ausdrücke $Ae^{\alpha t} \cos(\omega t + \varepsilon)$, wobei A und ε beliebig gewählt sind. Somit hat $p = \alpha + i\omega$ wieder die gleiche Bedeutung einer sinusförmigen Variation über die Zeit, wie sie in einer Differentialgleichung zum Ausdruck kommt. Eine reelle Wurzel der Hilfsgleichung ist lediglich ein Sonderfall, $\omega = 0$. Die Verwendung von p in der Hilfsgleichung ist gerechtfertigt; falls Schwingungen auftreten, gilt $p = \alpha + i\omega$ mit der in (i) oben gegebenen Interpretation.

(iii) *p steht als Operator $D = \frac{d}{dt}$, angewendet auf sinusförmige Variable.* Darstellung und Beweis dafür findet sich in Abschnitt 4.9 oben. Dabei handelt es sich um genau *dasselbe* $p = \alpha + i\omega$ wie in (i), d. h. ω und α sind die beiden Parameter der sinusförmigen Variablen, die sich auf eine Bewegung über die Zeit beziehen und daher mit $\frac{d}{dt}$ in Verbindung stehen. Um mit $y = Ae^{\alpha t} \cos(\omega t + \varepsilon)$ zu arbeiten, schreibt man $z = Ae^{i\varepsilon} e^{pt}$ mit $Dz = pz$; Dy ergibt sich dann, wenn man den Realteil von pz betrachtet.

(iv) *p ist die Variable der Laplace-Transformation:* $\bar{y}(p) = \int_0^\infty e^{-pt}\, y(t)\, dt$. Dieser Fall scheint ganz anders zu sein. Tatsächlich ist p irgendeine reelle oder komplexe Zahl, die sich als unabhängige Variable in $\bar{y}(p)$ aus $y(t)$ ergibt, sofern man nur voraussetzt, daß das Integral konvergiert. Das Entscheidende ist jedoch, daß in den meisten Fällen p wieder die Form $\alpha + i\,\omega$ hat, wobei α und ω als Dämpfungsfaktor und Frequenz einer sinusförmigen Komponenten von $y(t)$ zu interpretieren sind. Darauf müssen wir nun näher eingehen, denn dies ist die kritische Stelle.

Eine lineare Differentialgleichung definiert $y(t)$:

$$a_0 \frac{d^n y}{dt^n} + a_1 \frac{d^{n-1} y}{dt^{n-1}} + \dots + a_{n-1} \frac{dy}{dt} + a_n y = f(t) \tag{1}$$

wobei $f(t)$ oder eine Komponente von $f(t)$ als sinusförmige Variable aufgefaßt wird:

$$f(t) = A e^{\alpha t} \cos(\omega\, t + \varepsilon) \tag{2}$$

Man nimmt weiterhin an, daß die Struktur der Differentialgleichung (die a's) so beschaffen ist, daß $y(t)$ eine eigene sinusförmige Oszillation besitzt. Folglich ist ein Teil von $y(t)$, in der Form (1) ohne $f(t)$, eine sinusförmige Variable:

$$\text{Schwingung in } y(t) = A'\, e^{\alpha' t} \cos(\omega'\, t + \varepsilon') \tag{3}$$

Nunmehr sind zwei sinusförmige Variationen zu betrachten; sie werden durch (2) und (3) wiedergegeben. Ihre Bewegung über die Zeit (Dämpfungsfaktor und Periode) wird durch die Ausdrücke

$p = \alpha + i\,\omega$ und $p' = \alpha' + i\,\omega'$ beschrieben.

Nun betrachte man (1). Will man die inhärente Schwingung untersuchen, so läßt man $f(t)$ fort und schreibt (1) in der Form $(a_0 D^n + a_1 D^{n-1} + \dots + a_{n-1} D + a_n)\, y = 0$. Da für die in (3) betrachtete Variation die Beziehung $D = p' = \alpha' + i\,\omega'$ gilt, erhält man

$$(a_0\, p'^n + a_1\, p'^{n-1} + \dots + a_{n-1}\, p' + a_n) = 0\ .$$

Dies ist genau die Hilfsgleichung, von der wir bereits wissen, daß sie eine Wurzel $p' = \alpha' + i\,\omega'$ mit dem entsprechenden konjugierten Wert $\alpha' - i\,\omega'$ besitzt. Hieran ist nichts Neues. Betrachtet man jedoch die Schwingung (2), so stellt man sich die Frage, ob $y(t)$ wie $f(t)$ schwingen kann. Wenn ja, so lautet die Gleichung (1) unter Berücksichtigung von $D = p = \alpha + i\,\omega$:

$$(a_0\, p^n + a_1\, p^{n-1} + \dots + a_{n-1}\, p + a_n)\, Y = Z$$

Z ist hierbei gleich $Ae^{i\varepsilon} e^{pt}$, oder $f(t)$ als komplexe Veränderliche geschrieben. Y stellt dann die entsprechende komplexe Variable für $y(t)$ dar. Damit betreten wir Neuland, in dem wir uns weiter umsehen müssen. Die Gleichung steht ebenfalls in recht engem Zusammenhang mit der Hilfsgleichung von (1) in der Laplace-Transformation, in der Y und Z durch die transformierten Ausdrücke $\bar{y}(p)$ und $\bar{f}(p)$ ersetzt sind.

Die Gleichung (1) besitzt eine Hilfsgleichung, welche die Laplace-Transformation der Lösung $y(t)$ angibt:

$$\bar{y}(p) = \frac{\bar{f}(p) + \text{Polynom in } p}{a_0 p^n + a_1 p^{n-1} + \ldots + a_{n-1} p + a_n}$$

Hierbei enthält das Polynom im Zähler die Anfangsbedingungen. In diesem Falle ist $\bar{f}(p)$ die Laplace-Transformation von (2); läßt man die Phase ε außer acht, so lautet sie

$$\bar{f}(p) = \frac{p-\alpha}{(p-\alpha)^2 + \omega^2}$$

Durch Substitution erhält man:

$$\left.\begin{aligned} \bar{y}(p) &= \frac{\text{Polynom in } p}{(a_0 p^n + a_1 p^{n-1} + \ldots + a_{n-1} p + a_n)\,[(p-\alpha)^2 + \omega^2]} \\ &= \sum_{r=1}^{n+2} A_r \frac{1}{p-p_r} \quad \text{in Partialbrüchen} \end{aligned}\right\} \quad (4)$$

Hierbei bedeuten die A_r bestimmte Koeffizienten, und die Werte p_1, $p_2, \ldots p_n, p_{n+1}, p_{n+2}$ (die alle als verschieden angenommen werden) umfassen die Wurzeln, die man gewinnt, wenn man den Nenner von $\bar{y}(p)$ gleich Null setzt. Setzt man die beiden Faktoren – die Hilfsgleichung und den Ausdruck $(p-\alpha)^2 + \omega^2$ – gleich Null, so folgt daraus, daß p_1, $p_2, \ldots, p_n$ die Wurzeln der Hilfsgleichung von (1) sind und daß die Beziehung $p_{n+1}, p_{n+2} = \alpha \pm i\,\omega$ gilt. Folglich enthalten die p_r von (4) *sowohl* $p = \alpha + i\,\omega$ (und den konjugierten Wert) *als auch* $p' = \alpha' + i\,\omega'$ (und den konjugierten Wert), da p' aus der Hilfsgleichung stammt.

Nun gewinnt man durch die Umkehrung des Ergebnisses (4) direkt die vollständige Lösung von (1):

$$y(t) = \sum_{r=1}^{n+1} A_r e^{p_r t} \quad (5)$$

Zwei Paare von Ausdrücken in (5), die $p = \alpha \pm i\omega$ und $p' = \alpha' \pm i\omega'$ (p und p' enthalten in p_r) entsprechen, verschmelzen zu zwei sinusförmigen Komponenten von $y(t)$:

$$y(t) = Be^{\alpha t} \cos(\omega\, t + \eta) + B' e^{\alpha' t} \cos(\omega' t + \eta') + \ldots \quad (6)$$

Hierbei sind B, B', η und η' bestimmte Konstanten. Daraus folgt, daß $y(t)$ in additiver Form sowohl die *aufgezwungene* Schwingung von (2) als auch die *inhärente* Schwingung von (3) enthält. Das entspricht der Erwartung; als erstes steht das Partikularintegral von $f(t)$, als zweites eine der strukturellen Schwingungen der komplementären Funktion. Geklärt ist nun, auf welche Weise die Laplace-Transformation diese Ergebnisse liefert, wie auch die Tatsache, daß $p = \alpha + i\,\omega$ und $p' = \alpha' + i\,\omega'$ die Werte von p der Laplace-Transformation sind.

Da die Laplace-Transformationen ein Überwechseln von $y(t)$ auf $\bar{y}(p)$ und umgekehrt erlauben, lassen sie sich äußerst flexibel interpretieren und verwenden. Untersucht man aufgezwungene oder inhärente Schwingungen, so läßt sich die Lösung der Differentialgleichung mit (4) genau so gut wiedergeben wie mit (6). Im letzten Fall ist $y(t)$ die Funktion der Zeit oder die Lösung selbst. Im ersten Fall ist $\bar{y}(p)$ eine entsprechende Funktion von p, das als $\alpha + i\,\omega$ zu interpretieren ist; die Funktion der Zeit wurde in eine Funktion der Frequenz (ω) und der Dämpfung (α) einer Schwingung transformiert.

Dies veranschaulicht der einfache Fall einer exponentiellen Verzögerung, wie er am Ende von 5.8 oben betrachtet wurde. Die Differentialgleichung lautet:

$$Y = \frac{\lambda}{D + \lambda} Z \quad \text{mit} \quad Z = e^{\alpha t} \cos \omega t$$

Die Laplace-Transformation der Lösung, (9) von 5.8, lautet:

$$\bar{Y}(p) = \lambda \frac{p - \alpha}{(p + \lambda)(\overline{p - \alpha}^2 + \omega^2)}$$

Dies ist eine Funktion von Frequenz und Dämpfung. Die Lösung als Funktion der Zeit, (10) aus 5.8, lautet:

$$Y(t) = \varrho\, e^{\alpha t} \cos(\omega\, t - \varphi) - \varrho \cos \varphi\, e^{-\lambda t}$$

Die *aufgezwungene Schwingung* ist die von Z, $p = \alpha + i\omega$. Sie ist in $\bar{Y}(p)$ in dem quadratischen Faktor $(p - \alpha)^2 + \omega^2$ zu sehen, der $p = \alpha \pm i\omega$ ergibt, wenn man ihn gleich Null setzt. In diesem Fall gibt es *keine inhärente Schwingung,* sondern nur eine stetige Dämpfung, die durch den Ausdruck $e^{-\lambda t}$ in $Y(t)$ und durch den Wert $p = -\lambda$ oder den Faktor $(p + \lambda)$ in $\bar{Y}(p)$ angedeutet wird.

Eine Lösung wie (6) oben läßt sich je nach Art des Problems interpretieren. Mitunter liegt der Nachdruck auf den *inhärenten Schwingungen,* welche auf Grund der Struktur des Systems (1) Frequenzen wie ω' haben und unabhängig von dem äußeren Einfluß $f(t)$ sind. Andere, durch $f(t)$ bedingte Schwingungen wären zufällig. In anderen Fällen liegt der Nachdruck auf den *aufgezwungenen Schwingungen,* die in $y(t)$ durch die gegebenen Schwingungen in $f(t)$ entstehen und die Frequenz ω haben. In diesem Falle wäre jede inhärente Schwingung zufällig. Sie sind wirklich nicht nur zufällig, sondern können bei geeigneten Anfangsbedingungen sogar eliminiert werden. Hier zeigt sich der Unterschied zwischen den aufgezwungenen Schwingungen, die in $y(t)$ auftreten *müssen,* falls sie durch $f(t)$ induziert werden, und den inhärenten Schwingungen, die nie aufzutreten *brauchen,* wenn am Anfangspunkt keine Störung vorliegt.

Dies veranschaulicht der Fall der exponentiellen Verzögerung. Die inhärente Variation von Y kommt in der stetigen und gedämpften Komponente mit $e^{-\lambda t}$ zum Ausdruck; dieser kann das Hauptinteresse gelten, wenn z. B. Z als Konstante gegeben ist. Wird jedoch eine Schwingung ausgelöst, indem man $Z = e^{\alpha t} \cos \omega t$ setzt, so richtet sich die Aufmerksamkeit auf die entsprechende Variation in Y, auf die Komponente $\varrho\, e^{\alpha t} \cos(\omega t - \varphi)$. Von der anderen Komponente $e^{-\lambda t}$, die die inhärente Variation einführt, können wir annehmen, daß sie mit der Zeit immer kleiner wird und verschwindet. Sie kann auch überhaupt nicht auftreten. Nun setze man $\alpha = -\lambda$, so daß $\varphi = \frac{\pi}{2}$ und $\cos \varphi = 0$. Dann verschwindet der zweite Ausdruck in $Y(t)$, und die Lösung lautet einfach:

$$Y(t) = \frac{\lambda}{\omega} e^{-\lambda t} \cos\left(\omega t - \frac{\pi}{2}\right)$$

Dem entspricht:

$$Z(t) = e^{-\lambda t} \cos \omega t\ .$$

Die Schwingung in Z induziert eine entsprechende Schwingung in Y, wobei die Amplitude um den Faktor $\frac{\lambda}{\omega}$ verändert wird und die Phasenverschiebung $\frac{\pi}{2}$ beträgt.

Übungsaufgaben 5.9

1. In der doppelten exponentiellen Verzögerung $Y = \left(\frac{\lambda}{D+\lambda}\right)^2 Z$ sei $Z = \cos \omega t$. Lösen Sie die Gleichung für Y und zeigen Sie, daß die Verzögerung von Y zu Z durch $\varphi = tg^{-1} \frac{2\,\omega\lambda}{\lambda^2 - \omega^2}$ wiedergegeben wird.

2. Die Entwicklung von $\bar{y}(p)$ in Partialbrüche in (4) oben hängt von den p_r ab, die alle verschieden sind. Was ist daran zu modifizieren, wenn $p_1 = p_2$? Wie ist die Reaktion, wenn die aufgezwungene Schwingung in Frequenz und Dämpfung mit einer der inhärenten Schwingungen übereinstimmt?

3. Veranschaulichen Sie die Resonanz durch die Lösung der Gleichung, $\frac{d^2y}{dt^2} + y = \cos \omega t$, wobei ω annähernd gleich der Eins sein soll.

Literatur

Allen (R. G. D.) (1938): Mathematical Analysis for Economists (Macmillan, 1938), Kapitel XVI.

Baumol (W. J.) (1951): Economic Dynamics (Macmillan, 1951), Kapitel 12.

Carslaw (H. S.) und *Jaeger* (J. C.) (1941, 1948): Operational Methods in Applied Mathematics (Oxford, First Ed. 1941, Second Ed. 1948), Kapitel I.

Domar (E. D.) (1944): „The ‚Burden of the Debt' and the National Income", American Economic Review, **34**, 798 - 827.

Gardner (M. F.) und *Barnes* (J. L.) (1942): Transients in Linear Systems (Wiley, 1942).

Jaeger (J. C.) (1949): An Introduction to the Laplace Transformation (Methuen, 1949), Kapitel I.

Piaggio (H. T. H.) (1920): An Elementary Treatise on Differential Equations (Bell, 1920), Kapitel III.

Kapitel 6

Mathematische Analyse: Lineare Differenzengleichungen

6.1 Differenzengleichungen

In der Praxis ergeben sich einfache Formen von Differenzengleichungen aus der Definition einer speziellen Häufungsvorschrift für eine kumulative Gesamtheit Y_x ($x = 0, 1, 2, \ldots$), etwa aufgrund der Vorschrift, daß Y_x auf jeder Stufe um einen bestimmten Betrag anwachsen soll. Veranschaulichen läßt sich dies anhand einer Geldsumme, die mit Hilfe von Zinseszinsen kumulativ anwächst. In Höhe von 100r % werden jährlich Zinsen hinzugeschlagen, so daß eine ursprüngliche Summe £ Y_0 am Ende von x Jahren ($x = 0, 1, 2, \ldots$) £ Y_x beträgt. Dann gilt:

$$Y_x = (1 + r)\, Y_{x-1} \text{ unter der Bedingung } Y_x = Y_0 \text{ für } x = 0$$

Diese Differenzengleichung enthält sowohl den Wert Y_x wie auch den zurückliegenden Wert Y_{x-1}. Die Lösung der Gleichung besteht in einem expliziten Ausdruck für Y_x als Funktion von x, wobei $x = 0, 1, 2, \ldots$ gilt. In unserem Falle erhalten wir $Y_x = Y_0 (1 + r)^x$ (siehe 6.3 unten).

Als weitere Möglichkeit nehme man an, pro Jahr werden £ Y_0 investiert. Dann gilt

$$Y_x = (1 + r)\, Y_{x-1} + Y_0 \text{ unter der Bedingung } Y_x = Y_0 \text{ für } x = 0\ .$$

Die Lösung dieser leicht veränderten Gleichung lautet (siehe 6.3 Aufgabe 10 unten):

$$Y_x = \frac{Y_0}{r} \{(1 + r)^{x+1} - 1\}$$

Sehr viel allgemeiner formuliert erfüllt die Summe S_x der ersten x Ausdrücke einer Reihe eine Differenzengleichung, die den allgemeinen Ausdruck der Reihe darstellt. Der x-te Ausdruck u_x der Reihe stellt denjenigen Betrag dar, den man zu S_{x-1} addieren muß, um S_x zu erhalten: $S_x - S_{x-1} = u_x$. Ist u_x bereits als Ausdruck von x ($x = 0, 1, 2, \ldots$) wiedergegeben, so liegt eine Differenzengleichung vor, in deren Lösung

S_x als Ausdruck von x angegeben wird. Ein Beispiel dafür findet sich in 6.3 Aufg. 5 unten.

Allgemein bezieht sich eine *gewöhnliche Differenzengleichung* auf eine Funktion $Y = Y(x)$, welche als eine Reihe betrachtet wird, in der Werte von x in *gleichem Abstand* hintereinander auftreten. Ohne Einschränkung der Allgemeinheit läßt sich das Intervall zwischen aufeinanderfolgenden Werten von x als Maßeinheit von x annehmen. Beginnt man bei einem beliebigen Wert für x, so lautet eine Reihe äquidistanter Werte x, $(x+1)$, $(x+2)$, ... Auch in der anderen Richtung läßt sich die Reihe lesen: x, $(x-1)$, $(x-2)$, ... Die entsprechenden Werte für Y lauten:

$$Y(x),\ Y(x+1),\ Y(x+2),\ \ldots \text{ oder } Y(x),\ Y(x-1),\ Y(x-2),\ \ldots .$$

Eine leicht veränderte Schreibweise wird hier vorgezogen:

$$Y_x,\ Y_{x+1},\ Y_{x+2},\ \ldots \text{ oder } Y_x,\ Y_{x-1},\ Y_{x-2},\ \ldots$$

In dieser gedrängten und bequemen Schreibweise kommt hinreichend klar zum Ausdruck, daß nur isolierte und äquidistante Werte von x in Betracht kommen.

Aufeinanderfolgende *Differenzen* von Y sind folgendermaßen definiert:

Erste Differenzen

$$\begin{aligned} \Delta Y_x &= Y_{x+1} - Y_x \\ \Delta Y_{x+1} &= Y_{x+2} - Y_{x+1} \\ \Delta Y_{x+2} &= Y_{x+3} - Y_{x+2} \\ \Delta Y_{x+3} &= Y_{x+4} - Y_{x+3} \\ &\ldots\ldots\ldots\ldots \end{aligned}$$

Zweite Differenzen

$$\begin{aligned} \Delta^2 Y_x &= \Delta Y_{x+1} - \Delta Y_x \\ \Delta^2 Y_{x+1} &= \Delta Y_{x+2} - \Delta Y_{x+1} \\ \Delta^2 Y_{x+2} &= \Delta Y_{x+3} - \Delta Y_{x+2} \\ &\ldots\ldots\ldots\ldots \end{aligned}$$

Dritte Differenzen ...

$$\begin{aligned} \Delta^3 Y_x &= \Delta^2 Y_{x+1} - \Delta^2 Y_{\mathrm{x}} \ \ldots \\ \Delta^3 Y_{x+1} &= \Delta^2 Y_{x+2} - \Delta Y_{x+1} \ \ldots \\ &\ldots\ldots\ldots\ldots \end{aligned}$$

Vom Wert x aus gesehen ist also ΔY_x die erste Differenz, $\Delta^2 Y_x$ die zweite Differenz, $\Delta^3 Y_x$ die dritte Differenz, usw. Entsprechend den Differentialgleichungen stellt eine gewöhnliche Differenzengleichung eine Beziehung zwischen x, Y_x und aufeinanderfolgende Differenzen ΔY_x, $\Delta^2 Y_x$, $\Delta^3 Y_x$ ... dar. Allgemein läßt sich eine Differenzengleichung in der Form schreiben:

$$\varphi(x, Y_x, \Delta Y_{\mathrm{x}}, \Delta^2 Y_x, \ldots \Delta^n Y_x) = 0 \tag{1}$$

Die *Ordnung* der Gleichung richtet sich nach der höchsten in ihr vorkommenden Differenz. Eine Gleichung erster Ordnung enthält nur ΔY_x, jedoch keine höheren Differenzen; eine Gleichung zweiter Ordnung enthält $\Delta^2 Y_x$, jedoch keine höheren Differenzen. Die allgemeine Form (1) hat die Ordnung n.

Obwohl die Differenzengleichung (1) in strenger Analogie zu einer Differentialgleichung aufgebaut ist, drückt man sie doch oft zweckmäßigerweise in anderer Form aus. Die Gleichung erster Ordnung $\varphi(x, Y_x, \Delta Y_x) = 0$ läßt sich in der Form $\psi(x, Y_x, Y_{x+1}) = 0$ schreiben, wenn man $\Delta Y_x = Y_{x+1} - Y_x$ einsetzt. In die Gleichung zweiter Ordnung $\varphi(x, Y_x, \Delta Y_x, \Delta^2 Y_x) = 0$ setzt man ein:

$$\Delta Y_x = Y_{x+1} - Y_x$$

und

$$\Delta^2 Y_x = \Delta Y_{x+1} - \Delta Y_x = (Y_{x+2} - Y_{x+1}) - (Y_{x+1} - Y_x) = Y_{x+2} - 2\,Y_{x+1} + Y_x\,,$$

und man erhält $\psi(x, Y_x, Y_{x+1}, Y_{x+2}) = 0$. Entsprechend ist $\chi(x, Y_x, Y_{x-1}) = 0$ eine Differenzengleichung erster Ordnung und $\chi(x, Y_x, Y_{x-1}, Y_{x-2}) = 0$ eine Differenzengleichung zweiter Ordnung, nur daß die äquidistanten Werte von x rückwärts statt vorwärts laufen. Allgemein gilt:

$$\psi(x, Y_x, Y_{x+1}, Y_{x+2}, \ldots Y_{x+n}) = 0 \qquad (2)$$

und

$$\chi(x, Y_x, Y_{x-1}, Y_{x-2}, \ldots Y_{x-n}) = 0 \qquad (3)$$

sind zwei zu (1) alternative Formen einer Differenzengleichung von der Ordnung n.

Daß sich ein und dieselbe Differenzengleichung in den Formen (1), (2) und (3) wiedergeben läßt, kann man an folgendem einfachen Fall veranschaulichen. Eine Gleichung erster Ordnung läßt sich durch $\Delta Y_x = Y_x + x + 1$ definieren. Setzt man $\Delta Y_x = Y_{x+1} - Y_x$, so erhält man die Gleichung $Y_{x+1} = 2\,Y_x + x + 1$. Ersetzt man $(x + 1)$ durch x und x durch $(x - 1)$, so lautet die Gleichung $Y_x = 2\,Y_{x-1} + x$. Folglich sind

$$(1)\quad \Delta Y_x = Y_x + x + 1 \qquad (2)\quad Y_{x+1} = 2\,Y_x + x + 1$$

$$(3)\quad Y_x = 2\,Y_{x-1} + x$$

drei Formen ein und derselben Beziehung.

Benutzt wird die jeweils zweckmäßigste Form. Hier wird im allgemeinen die dritte Form verwendet, da sich bei ökonomischen Problemen die Differenzengleichungen auf diese Weise ergeben; dies zeigt auch das Beispiel mit den Gleichungen erster Ordnung, welche ein zinseszinsliches Wachstum wiedergeben. Der allgemeine Fall wird in dieser Form durch (3) dargestellt, wo Y_x wie auch alle seine um 1, 2, ... n Perioden zurückliegenden Werte vorkommen. Der höchste zurückliegende Wert bestimmt die Ordnung der Differenzengleichung.

Wie in Kapitel 5 beschränken wir uns auch hier auf die Behandlung eines besonderen Typs, nämlich auf die *lineare Differenzengleichung mit konstanten Koeffizienten.* Eine solche Differenzengleichung der Ordnung n läßt sich in der Form schreiben:

$$a_0 Y_x + a_1 Y_{x-1} + \ldots + a_{n-1} Y_{x-n+1} + a_n Y_{x-n} = f(x) \tag{4}$$

Die entsprechende *homogene* Form lautet:

$$a_0 y_x + a_1 y_{x-1} + \ldots + a_{n-1} y_{x-n+1} + a_n y_{x-n} = 0 \tag{5}$$

Die Koeffizienten der linken Seite sind alles Konstanten, die mit der unabhängigen Variablen x nichts zu tun haben; weiter gilt $a_n \neq 0$, wenn die Gleichung von der Ordnung n sein soll. In der allgemeinen Form (4) bezeichnet $f(x)$ einen beliebigen Ausdruck der Variablen x; x erscheint folglich explizit nur in einem Ausdruck, der von der abhängigen Variablen getrennt ist. In der homogenen Form (5) tritt x überhaupt nicht explizit auf.

Im folgenden werden Beispiele linearer Differenzengleichungen mit konstanten Koeffizienten in der Form (4) oder (5) angegeben; daneben für jeden Fall die äquivalente Form als Ausdruck von Differenzen:

(i) $Y_x - Y_{x-1} = \alpha^{x-1}$ oder $\Delta Y_x = \alpha^x$

(ii) $Y_x - aY_{x-1} = \alpha^{x-1}$ oder $\Delta Y_x - (a-1) Y_x = \alpha^x$

(iii) $y_x = y_{x-1} - y_{x-2}$ oder $\Delta^2 y_x + \Delta y_x + y_x = 0$

(iv) $8 y_x - 6 y_{x-1} + y_{x-2} = 0$ oder $8 \Delta^2 y_x + 10 \Delta y_x + 3 y_x = 0$

(v) $Y_x - a^2 Y_{x-2} = \alpha x + \beta$ oder $\Delta^2 Y_x + 2 \Delta Y_x - (a^2-1) Y_x = \alpha (x+2) + \beta$

(vi) $y_x - 3 y_{x-1} + 4 y_{x-2} - 2 y_{x-3} = 0$ oder $\Delta^3 y_x + \Delta y_x = 0$

Übungsaufgaben 6.1

1. Zeigen Sie, daß die aufeinanderfolgenden Differenzen von $y = x^3$ für $x = 0, 1, 2, \ldots$ folgendermaßen lauten

x	y_x	Δy_x	$\Delta^2 y_x$	$\Delta^3 y_x$	$\Delta^4 y_x$
0	0	1	6	6	0
1	1	7	12	6	0
2	8	19	18	6	...
3	27	37	24	...	
4	64	61	...		
5	125	...			
...	...				

Geben Sie die entsprechende Tabelle für $y = x^4$ an.

2. Verallgemeinern Sie die Ergebnisse der vorhergehenden Aufgabe durch den Nachweis, daß die n-ten Differenzen eines Polynoms vom Grade n alle gleich sind und alle höheren Differenzen gleich Null sind.

3. Geben Sie für $x = 0, \pi, 2\pi, 3\pi, \ldots$ die Tabelle der aufeinanderfolgenden Differenzen von $y = \cos x$ an und zeigen Sie, daß die Differenzen einer beliebigen Ordnung die ganze Tabelle hindurch konstant sind und nur im Vorzeichen abwechseln.

4. Drücken Sie Δy_x, $\Delta^2 y_x$ und $\Delta^3 y_x$ mit Hilfe von y_x, y_{x+1}, y_{x+2} und y_{x+3} aus. Drücken Sie auch umgekehrt y_{x+1}, y_{x+2} und y_{x+3} mit Hilfe von y_x, Δy_x, $\Delta^2 y_x$ und $\Delta^3 y_x$ aus. Übertragen Sie in den Beispielen (i) bis (vi) oben für jeden Fall die erste Form in die zweite; prüfen Sie das Ergebnis durch eine Rückübertragung der zweiten Form in die erste.

6.2 Diskrete Lösungen; Grundlegende Ergebnisse

Über die Art der Lösung einer Differentialgleichung bestehen keine Zweifel; die Lösung stellt eine Funktion der unabhängigen Variablen dar, die selbst einer stetigen Veränderung unterliegt. Bei der Lösung einer Differenzengleichung aber wird die Sache etwas schwieriger. Die Gleichung bezieht sich auf eine Funktion $Y = Y(x)$ einer Variablen x, die sich nicht stetig, sondern in äquidistanten Intervallen sprunghaft verändert. Aus der Formulierung der Differenzengleichung kann man jedoch erkennen, daß die Reihe äquidistanter Werte bei jedem beliebigen x-Wert beginnen kann, wobei dieser Anfangswert variieren, sogar stetig variieren kann. In diesem Sinne ist es also, wie in 6.8 unten noch aufgeführt werden wird, durchaus angebracht, nach einer stetigen Lösung einer Differenzengleichung zu suchen.

Es empfiehlt sich, das Verfahren zunächst und in erster Linie anhand eines speziellen Lösungstyps zu entwickeln. Man nimmt an, daß die Reihe der äquidistanten Werte von x von einem bestimmten Punkt aus beginnt, so daß die hier betrachteten Werte von x die spezielle äquidistante Reihe bilden, die von einem festen Punkt ausgeht. Andere Werte von x werden nicht berücksichtigt; auch auf eine stetige Veränderung gehen wir nicht ein. Unter diesen Bedingungen stellt eine jede Lösung eine *diskrete Lösung* der Differenzengleichung dar. Sich auf diskrete Lösungen zu konzentrieren, ist nicht nur deswegen wichtig, weil sie leichter zu gewinnen und zu interpretieren sind, sondern auch deswegen, weil sie für sehr viele Problemstellungen, auch ökonomische, durchaus hinreichen. Solch eine diskrete Lösung läßt sich etwa auf die zeitliche Entwicklung von Preisen und Produkten anwenden, wenn man nur Jahresendwerte oder Jahresdurchschnitte betrachtet. Dabei berücksichtigt man nicht die Ereignisse innerhalb des Jahres, etwa die saisonbedingten Preis- oder Produktionsschwankungen.

Da die Maßeinheit von x bereits als Intervall zwischen äquidistanten Werten festliegt, ist es nur noch notwendig, den Anfangspunkt zu bestimmen; dabei kann man ohne Einschränkung der Allgemeinheit $x = 0$ setzen. Die spezielle Reihe für eine diskrete Lösung lautet dann:

$$x = 0, 1, 2, 3, \ldots, n \ldots$$

Folglich beginnt x mit Null und nimmt nur positive, ganzzahlige Werte an.

Die Methoden zur Gewinnung diskreter Lösungen von Differenzengleichungen ähneln sehr stark den Methoden, die bereits auf Differentialgleichungen angewandt wurden. Doch gibt es einige Unterschiede, die später zusammengestellt werden. Einer der wichtigsten Unterschiede ergibt sich bereits im Ansatz; er verdient eine eingehende Untersuchung. Löst man eine Differentialgleichung, so sucht man üblicherweise erst nach der allgemeinen Lösung und leitet dann durch Angabe z. B. bestimmter Anfangsbedingungen spezielle Lösungen ab. Bei Differenzengleichungen verfährt man umgekehrt. Ohne Mühe bestimmt man eine spezielle (diskrete) Lösung; sie ergibt sich sogar automatisch. Die allgemeine Lösung dann abzuleiten, ist schwieriger.

Dies läßt sich an einer Differenzengleichung erster Ordnung veranschaulichen; allgemein geschrieben als $\chi(x, Y_x, Y_{x-1}) = 0$, für $x = 0, 1, 2, \ldots$. Y_0 sei der Anfangswert Y_x an der Stelle $x = 0$. Ist somit Y_0 gegeben, so erhält man durch Einsetzen von $x = 1$ in die Differenzengleichung Y_1. Ist Y_1 gegeben, so erhält man Y_2 durch Einsetzen von $x = 2$, usw. Die gesamte Reihe $Y_0, Y_1, Y_2, \ldots$ erhält man numerisch durch einen Iterationsprozeß, in welchem man die Differenzengleichung wiederholt verwendet, nur unter der Voraussetzung, daß der Anfangswert Y_0 festliegt. Man erhält somit eine spezielle, diskrete Lösung der Gleichung.

Man betrachte z. B. die Gleichung erster Ordnung $Y_x = 2\,Y_{x-1} + x$ unter der Bedingung $Y_0 = \frac{1}{2}$. Für Y_x findet man die aufeinanderfolgenden Werte:

$$\begin{aligned} Y_1 &= 2 \cdot \tfrac{1}{2} + 1 = 2 \\ Y_2 &= 2 \cdot 2 + 2 = 6 \\ Y_3 &= 2 \cdot 6 + 3 = 15 \end{aligned}$$

Eine spezielle, diskrete Lösung lautet $Y_x = \frac{1}{2}, 2, 6, 15, \ldots$ für $x = 0, 1, 2, 3, \ldots$. Andere spezielle Lösungen lassen sich genau so einfach gewinnen, z. B.:

$$Y_x = 1, 3, 8, 19, \ldots \quad \text{oder} \quad Y_x = 2, 5, 12, 27, \ldots$$

Man könnte sagen, daß die allgemeine diskrete Lösung einem *beliebigen* Anfangswert Y_0 entspricht – und es ist auch in der Tat so. Schwierig ist nur, die Lösung auch explizit als einen Ausdruck der x für $x = 0, 1, 2, \ldots$ zu formulieren. Beginnt man in diesem Falle mit Y_0 als Anfangspunkt, so erhält man aufeinanderfolgende Werte von Y_x aus der Differenzengleichung:

$$Y_x = Y_0, (2\,Y_0 + 1), (4\,Y_0 + 4), (8\,Y_0 + 11), (16\,Y_0 + 26), \ldots$$

Dies ist die allgemeine diskrete Lösung, die automatisch aus der Gleichung hervorgeht. Doch wie sieht Y_x explizit als Ausdruck von x aus? Hinreichend klar ist, daß der erste Ausdruck in Y_x die Form $2^x\,Y_0$ hat; der zweite Ausdruck ist schon schwieriger (siehe unten).

Differenzengleichungen zweiter (oder höherer) Ordnung behandelt man ähnlich. Spezielle, diskrete Lösungen gewinnt man, sobald zwei (oder mehr) Anfangswerte von Y_x festliegen, mit denen die gesamte Reihe „anlaufen" soll, z. B. Y_0 und Y_1 für eine Gleichung zweiter Ordnung. Der Lösungsprozeß verläuft automatisch; Schwierigkeiten ergeben sich nur aufgrund der vielen numerischen Berechnungen. Das Hauptproblem besteht wiederum darin, eine allgemeine, diskrete Lösung zu bestimmen und diese explizit als Ausdruck von x zu formulieren.

Wie bei den Differentialgleichungen soll das Problem von einem ganz praktischen Gesichtspunkt aus behandelt werden. Komplizierte Fragestellungen, ob überhaupt eine Lösung innerhalb eines bestimmten Bereiches von Funktionstypen besteht, werden vermieden; wir nehmen an, daß eine Lösung gefunden werden kann. Die praktischen Richtlinien ergeben sich wiederum aus einigen grundlegenden Ergebnissen in der Form eines Theorems über diskrete Lösungen von Differenzengleichungen im allgemeinen und aus Regeln für die Lösungen von linearen Differenzengleichungen mit konstanten Koeffizienten. Das grundlegende Theorem lautet:

Die allgemeine diskrete Lösung einer gewöhnlichen Differenzengleichung der Ordnung n liefert Y_x als Funktion von x ($x = 0, 1, 2, \ldots$) mit genau n beliebigen Konstanten:

$$Y_x = Y\,(x; A_1, A_2, A_3, \ldots A_n)$$

Aus den vorangegangenen Überlegungen ist das Ergebnis zumindest einleuchtend. Man benötigt eine beliebige Konstante (z. B. den Anfangswert Y_0), um die Lösung einer Gleichung erster Ordnung „anlaufen" zu lassen; man braucht zwei beliebige Konstanten (z. B. Y_0 und Y_1), um eine Gleichung zweiter Ordnung „anlaufen" zu lassen, usw. In der *allgemeinen Lösung* sind die Konstanten oder Anfangswerte beliebig, bei einer *speziellen Lösung* stellen sie bestimmte, genau angegebene Werte dar. Alle speziellen Lösungen sind jedoch in der allgemeinen Lösung enthalten.

Die Rechenregeln für die praktische Aufgabe, eine allgemeine Lösung explizit als Ausdruck von x zu erhalten, werden hier für lineare Differenzengleichungen mit konstanten Koeffizienten angegeben. Die allgemeine Form der Ordnung n und die entsprechende homogene Form lauten:

$$a_0 Y_x + a_1 Y_{x-1} + \ldots + a_{n-1} Y_{x-n+1} + a_n Y_{x-n} = f(x) \tag{1}$$

$$a_0 y_x + a_1 y_{x-1} + \ldots + a_{n-1} y_{x-n+1} + a_n y_{x-n} = 0 \tag{2}$$

Regeln:

(i) Besitzt die homogene Gleichung (2) diskrete Lösungen $y_1(x)$ und $y_2(x)$, so ist auch $y_1(x) + y_2(x)$ eine diskrete Lösung.

(ii) Hat die homogene Gleichung (2) eine diskrete Lösung $y(x)$, so ist $Ay(x)$ gleichfalls eine diskrete Lösung für jede beliebige Konstante A.

(iii) Ist $\overline{Y}(x)$ irgendeine diskrete Partikularlösung für die allgemeine Gleichung (1) und ist $y(x;\, A_1, A_2, \ldots A_n)$ die allgemeine diskrete Lösung der entsprechenden homogenen Form (2), so lautet die allgemeine diskrete Lösung von (1):

$$\overline{Y}(x) + y(x; A_1, A_2, \ldots A_n)$$

Die Regeln sind denen für Differentialgleichungen ähnlich; und ihr Beweis ergibt sich auf dieselbe Weise.

Nun folgt noch die praktische Methode, wie eine diskrete Lösung von (1) zu finden ist. Man kann zunächst versuchen, n spezielle und verschiedene Lösungen der homogenen Form (2) zu finden und diese sodann zusammenzufassen in:

$$y_x = A_1 y_1(x) + A_2 y_2(x) + \ldots + A_n y_n(x) \tag{3}$$

Da hierin genau n beliebige Konstanten vorkommen, $A_1, A_2, \ldots A_n$, handelt es sich um die allgemeine diskrete Lösung von (2). Hat man schließlich irgendeine Partikularlösung $\overline{Y}(x)$ für (1) gefunden, so folgt daraus die allgemeine diskrete Lösung von (1):

$$Y_x = \overline{Y}(x) + A_1 y_1(x) + A_2 y_2(x) + \ldots + A_n y_n(x) \tag{4}$$

In dieser Gleichung nennt man $\overline{Y}(x)$ das *Partikularintegral* und den Rest die *Komplementärfunktion,* welche die allgemeine Lösung (3) der entsprechenden homogenen Form darstellt. Es ist nicht immer leicht, n

verschiedene Lösungen zu finden und sie zur Komplementärfunktion zu kombinieren; es wird sich zeigen, daß man zahlreiche „Tricks" anwenden muß.

Wie schon bei den Differentialgleichungen ist es auch hier — besonders bei den Differenzengleichungen, die sich aus ökonomischen Problemstellungen ergeben — oft vorteilhafter, die Hauptschritte des Lösungsvorganges in ihrer Reihenfolge umzukehren. Die ursprünglich betrachtete Variable Y_x (etwa Einkommen oder Sozialprodukt) erfüllt die Differenzengleichung (1). Nun versuche man zuerst, eine Partikularlösung $\bar{Y}_x$ zu finden; jede beliebige Partikularlösung würde dafür hinreichen, doch läßt sich am leichtesten eine Lösung interpretieren, welche die *Richtungs-* oder *Gleichgewichts*veränderung von Y_x darstellt, wenn x gegen unendlich wächst. Ist x beispielsweise die Zeit, so stellt $\bar{Y}(x)$ eine Zeitfunktion von Y_x in Übereinstimmung mit (1) dar und gleichzeitig eine Norm oder Gleichgewichtsveränderung über die Zeit. Als nächstes setze man $y_x = Y_x - \bar{Y}(x)$ als die Abweichung von Y von der Richtung oder dem Gleichgewicht. Sowohl Y_x als auch $\bar{Y}(x)$ erfüllen (1); nach Substitution und Subtraktion erkennt man, daß y_x der homogenen Form (2) genügt. Zum Schluß ergibt sich, wie aus (3) folgt, y_x als die allgemeine Lösung von (2). Die Methode ist nunmehr vollständig und das Ergebnis leicht zu interpretieren. Die Variation y_x von der Richtung oder dem Gleichgewicht wird durch (3) wiedergegeben; geht man wieder zur ursprünglichen Variablen Y_x über, so erhält man die Lösung (4). Ein Beispiel für den praktischen Vorgang wurde bereits mit dem ökonomischen Problem von 2.7 oben angegeben.

Die Bemerkungen über beliebige Konstanten und Anfangsbedingungen in 5.2 oben gelten in gleicher Weise für Differenzengleichungen. Anfangsbedingungen für die diskrete Lösung einer Differenzengleichung sind (fast immer) eine hinreichende Anzahl der ersten Werte von Y_x; $Y_0, Y_1, Y_2, \ldots$. Die erforderliche Anzahl entspricht der Ordnung der Gleichung, d. h. Y_0 ist hinreichend, um die Lösung einer Gleichung erster Ordnung „einzuleiten", Y_0 und Y_1 sind notwendig für eine Gleichung zweiter Ordnung, usw.

Als Beispiel betrachte man die bereits untersuchte Gleichung erster Ordnung: $Y_x = 2\,Y_{x-1} + x$. Befolgt man den hier wiedergegebenen praktischen Lösungsvorgang, so lautet die allgemeine Lösung:

$$Y_x = A\,2^x - (x+2) \qquad \text{(6.3, Aufgabe 9, unten)}$$

wobei A eine beliebige Konstante ist. Die Anfangsbedingung lautet $Y_x = Y_0$ an der Stelle $x = 0$. Also:

$$Y_0 = A - 2, \quad \text{d. h.} \quad A = Y_0 + 2$$

Die allgemeine diskrete Lösung lautet nun:

$$Y_x = Y_0\, 2^x + (2^{x+1} - x - 2)$$

Dabei handelt es sich immer noch um eine *allgemeine* Lösung, da der Anfangswert Y_0 beliebig ist. Eine *spezielle* Lösung ergibt sich, wenn man für Y_0 einen festen Wert einsetzt, etwa $Y_0 = \frac{1}{2}$; dann ist

$$Y_x = \frac{5}{2}\, 2^x - x - 2$$

d. h. $$Y_x = \frac{1}{2}, 2, 6, 15, \ldots \text{ für } x = 0, 1, 2, 3, \ldots$$

Dies ist eine der speziellen Lösungen, die bereits aus der Gleichung selbst gebildet wurde. Nun erkennt man auch, daß sie in eine allgemeine Lösung hineinpaßt, in welcher Y_x explizit als Ausdruck von x formuliert wird.

Übungsaufgaben 6.2

1. Beweisen Sie die Regeln (i), (ii) und (iii) oben.

2. Bestimmen Sie durch wiederholte Anwendung der Gleichung die spezielle Lösung von $y_x = \frac{1}{2} y_{x-1}$ unter der Bedingung $y_x = 1$ an der Stelle $x = 0$; ebenso die allgemeine Lösung für $y_x = y_0$ an der Stelle $x = 0$ (y_0 ist dabei beliebig). Raten Sie in beiden Fällen die Form von y_x als expliziten Ausdruck von x.

3. Lösen Sie auf die gleiche Weise $y_x = y_{x-1} - y_{x-2}$, wenn die Anfangswerte $y_0 = y_1$ gegeben sind. Bestimmen Sie die spezielle Lösung für $y_0 = y_1 = 1$. Zeigen Sie, daß bei wachsendem x der Verlauf von y_x eine reguläre Oszillation mit einer Periode von sechs Intervallen von x darstellt, derart, daß sich y_0 jeweils an den Stellen $x = 6, 12, \ldots$ wiederholt und ähnliches für y_1, y_2, y_3, y_4 und y_5 gilt.

4. Die Lösung (3) der Gleichung (2) oben liefert die Abweichung y_x von der Richtung oder dem Gleichgewicht. Zeigen Sie, daß bei wachsendem x der Verlauf von y_x „explosiv“ ist, wenn mindestens ein y_r von „explosiver“ Form ist. Wann hat der Verlauf von y_x eine „gedämpfte“ Form? Führen Sie das unter der Vorstellung eines „dominanten“ Ausdrucks unter den y_r ($r = 1, 2, \ldots n$) aus.

6.3 Lineare Differenzengleichungen erster Ordnung

Als Lösung der Differentialgleichung $\frac{dY}{dx} = f(x)$ erhält man das unbestimmte Integral von $f(x)$ zusammen mit einer additiven Konstanten;

der Lösungsprozeß entspricht also der Umkehrung einer Standardform der Differentiation (5.3 oben). In gleicher Weise besitzt $\Delta Y_x = f(x)$ eine diskrete Lösung, welche die Standardformen von Differenzen umkehrt; hinzukommt gleichfalls eine additive und beliebige Konstante (welche beim Prozeß der Differenzenbildung verschwindet). Die Standarddifferenzen für spezielle Funktionen sind nicht so bekannt wie Standardableitungen und müssen von Anfang an entwickelt werden.

Zu den Funktionen mit den einfachsten Ableitungen gehören x^n und e^{ax}:

$$\frac{d}{dx}(x^n) = nx^{n-1} \quad \text{und} \quad \frac{d}{dx}(e^{ax}) = ae^{ax}$$

Für die Differenzen trifft dies nicht zu. Vielmehr erkennt man, daß an Stelle von x^n der „Faktor"-Ausdruck $x^{(n)} = x(x-1)(x-2)\ldots(x-n+1)$ bei der Differenzenbildung leicht zu handhaben ist:

$$\begin{aligned}\Delta x^{(n)} &= (x+1)^{(n)} - x^{(n)}\\ &= (x+1)\,x\,(x-1)\ldots+(x+1-n+1) - x\,(x-1)\ldots(x-n+2)\,(x-n+1)\\ &= x\,(x-1)\,\ldots\,(x-\overline{n-1}+1)\,\{(x+1)-(x-n+1)\}\\ &= nx^{(n-1)}\end{aligned}$$

Ebenso besitzt a^x an Stelle von e^{ax} eine einfache Differenz:

$$\begin{aligned}\Delta a^x &= a^{x+1} - a^x\\ &= (a-1)\,a^x\end{aligned}$$

Grob ausgedrückt spielen $x^{(n)}$ und a^x für die Differenzenbildung die Rolle, welche x^n und e^{ax} für die Differentiation spielen.

Regeln für die Differenzenbildung von Summen und Produkten von Funktionen gewinnt man in gleicher Weise wie die wohlbekannten Regeln für die Ableitungen. Die einfachsten Regeln lauten:

$$\Delta a = 0\,; \quad \Delta(ay_x + bz_x) = a\,\Delta y_x + b\,\Delta z_x\,; \quad \Delta(y_x z_x) = z_{x+1}\,\Delta y_x + y_x\,\Delta z_x$$

Dabei sind a und b Konstanten und y_x und z_x Funktionen von x. Die Beweise ergeben sich ganz von selbst (sind trivial).

Auf dieser Grundlage lassen sich die Standarddifferenzen in einer Tabelle zusammenstellen, desgleichen auch die diskreten Lösungen von $\Delta Y_x = f(x)$ für verschiedene Formen von $f(x)$:

Differenzen: Standardformen	Differenzengleichungen	
	Gleichungen	Lösungen
$\Delta \frac{x^{(n+1)}}{n+1} = x^{(n)}$	$\Delta Y_x = x^{(n)}$	$Y_x = \frac{x^{(n+1)}}{n+1} + A \; (n \neq -1)$
$\Delta \left(\frac{a^x}{a-1}\right) = a^x$	$\Delta Y_x = a_x$	$Y_x = \frac{a^x}{a-1} + A \quad (a \neq 1)$
$\Delta (\log x) = \log\left(1 + \frac{1}{x}\right)$	$\Delta Y_x = \log\left(1 + \frac{1}{x}\right)$	$Y_x = \log x + A$
$\Delta \left(\frac{\sin ax}{2 \sin \frac{1}{2} a}\right) = \cos a\left(x + \frac{1}{2}\right)$	$\Delta Y_x = \cos a \left(x + \frac{1}{2}\right)$	$Y_x = \frac{\sin ax}{2 \sin \frac{1}{2} a} + A$

In allen Fällen tritt eine beliebige additive Konstante A auf.

Eine lineare Differenzengleichung erster Ordnung mit konstanten Koeffizienten läßt sich stets in der Form schreiben:

$$Y_x - aY_{x-1} = f(x) \tag{1}$$

Die entsprechende homogene Form lautet:

$$y_x = ay_{x-1} \tag{2}$$

Zur Bestimmung der allgemeinen diskreten Lösung benutzt man die praktische Methode von 6.2; es ergeben sich folgende Schritte: zunächst muß für (1) irgendeine Partikularlösung $Y_x = \overline{Y}(x)$ gefunden werden; das ist eine Sache des Ausprobierens und hängt von der Form von $f(x)$ ab. Als nächstes setze man $y_x = Y_x - \overline{Y}(x)$. Da Y_x und $\overline{Y}$ beide der Gleichung (1) genügen, folgt:

$$Y_x - aY_{x-1} = f(x) \quad \text{und} \quad \overline{Y}(x) - a\overline{Y}(x-1) = f(x)$$

Subtrahiert man: $\qquad y_x = ay_{x-1}$

d. h. $y_x = Y_x - \overline{Y}(x)$ genügt der Gleichung (2). Schließlich muß eine allgemeine diskrete Lösung von (2) gefunden werden, um einen Ausdruck für y_x zu erhalten. Dies geschieht durch wiederholte Anwendung der Gleichung:

$$y_x = ay_{x-1} = a^2 y_{x-2} = \ldots$$

d. h. $\qquad y_x = Aa^x$

Hierbei ist A ein beliebiger Anfangswert. Die allgemeine diskrete Lösung von (1) lautet dann:

$$Y_x = \overline{Y}(x) + Aa^x \tag{3}$$

Es gibt noch einen anderen Weg, um (2) zu lösen, ein Verfahren, das sich auch zur Lösung von Differenzengleichungen höherer Ordnung eignet. Man setzt $y_x = \lambda^x$, wobei λ eine noch zu bestimmende Konstante ist. Dann gilt:

$$\lambda^x = a\,\lambda^{x-1}$$

Mit $\lambda = a$ ist $y_x = a^x$ eine Lösung von (2), und $y_x = Aa^x$ ist wie zuvor die allgemeine diskrete Lösung. Man beachte auch die Möglichkeit $\lambda = 0$, doch führt dies nur auf die Partikularlösung $Y_x = \overline{Y}(x)$ mit $y_x = 0$ für alle x.

Die „Struktur“ der Gleichung (1) wird durch die Konstante a dargestellt, und die Veränderung der Lösung (3) bei wachsendem x hängt von Vorzeichen und Größe von a ab. Für die Veränderung von $y_x = Y_x - \overline{Y}(x)$ bei wachsendem x gibt es vier Möglichkeiten:

$1 < a$	y_x wächst stetig und unbegrenzt
$0 < a < 1$	y_x nimmt stetig nach Null hin ab
$-1 < a < 0$	y_x nimmt alternierend gegen Null hin ab
$a < -1$	y_x wächst alternierend und unbegrenzt

Der Bereich der Möglichkeiten ist weiter gesteckt als der für die entsprechende Differentialgleichung (siehe 5.3 oben). Neu ist hier die Möglichkeit des Alternierens. Wenn a negativ ist, nimmt y_x alternierend positive und negative Werte an, wenn x die Werte $x = 0, 1, 2, \ldots$ durchläuft. Ist a positiv, so nimmt y_x stetig zu. In beiden Fällen entscheidet die numerische Größe von a, ob eine „explosive“ Variation ($a > 1$ numerisch) oder eine „gedämpfte“ Variation ($a < 1$ numerisch) vorliegen wird.

Der Ausdruck $\overline{Y}(x)$ in der Lösung (3) hängt von der Form von $f(x)$ in der ursprünglichen Gleichung ab. Für den Fall $f(x) = \alpha$ (const.) läßt sich $\overline{Y}$ leicht bestimmen. Man erhält es als eine Partikularlösung von $Y_x - aY_{x-1} = \alpha$. Man setzt $Y_x = \mu$, wobei μ eine noch zu bestimmende Konstante ist:

$$\mu - a\,\mu = \alpha \quad \text{d. h.} \quad \mu = \frac{\alpha}{1-a}$$

Die allgemeine diskrete Lösung von $Y_x - aY_{x-1} = \alpha$ lautet dann $Y_x = \frac{\alpha}{1-a} + Aa^x$. Nunmehr variiert die Funktion um oder von einem konstanten Wert $\overline{Y} = \frac{\alpha}{1-a}$ aus. Weitere Formen von $f(x)$ werden in den Aufgaben 7 und 8 unten betrachtet.

Übungsaufgaben 6.3

1. Zeigen Sie, daß $\Delta\,(y_x z_x) = z_{x+1}\,\Delta\,y_x + y_x\,\Delta\,z_x$. Zeigen Sie gleichfalls, daß sich die Differenz auch noch in der Form $y_{x+1}\,\Delta\,z_x + z_x\,\Delta\,y_x$ ausdrücken läßt.

2. Zeigen Sie, daß $\Delta\,(\log x) = \log\left(1 + \frac{1}{x}\right)$.

3. Leiten Sie die Beziehung ab: $\Delta\,(\sin ax) = 2\sin\frac{a}{2}\cos a\left(x + \frac{1}{2}\right)$. Zeigen Sie dafür zuerst, daß

$$\sin x - \sin y = 2\sin\frac{x-y}{2}\cos\frac{x+y}{2}$$

4. Zeigen Sie für den Ausdruck $\Delta\,Y_x = a_0\,x^{(n)} + a_1\,x^{(n-1)} + \ldots + a_{n-1}\,x^{(1)} + a_n$, daß

$$Y_x = \frac{a_0}{n+1}\,x^{(n+1)} + \frac{a_1}{n}\,x^{(n)} + \ldots + \frac{a_{n-1}}{2}\,x^{(2)} + a_n\,x^{(1)} + A$$

Geben Sie an, inwiefern dieses Ergebnis die Lösung von $\Delta\,Y_x$ = Polynom in x liefert, wobei zu zeigen ist, daß sich ein Polynom in x in „Faktorausdrücken" schreiben läßt, z. B.

$$x^2 + 2\,x + 1 = x^{(2)} + 3\,x^{(1)} + 1$$

Gilt also $\Delta Y_x = x_2 + 2\,x + 1$, so zeige man, daß

$$Y_x = \frac{1}{6}\,x\,(x+1)\,(2\,x+1) + A \text{ ist.}$$

5. Y_x sei die Summe der Quadrate der ersten x ganzen Zahlen. Zeigen Sie, daß

$$\Delta\,Y_x = (x+1)^2 \text{ unter der Bedingung } Y_0 = 0$$

Zeigen Sie also, daß

$$Y_x = \frac{1}{6}\,x\,(x+1)\,(2\,x+1)$$

6. Zeigen Sie, daß für die lineare Gleichung (1) $a = 0$ der triviale Fall ist, daß jedoch der Fall $a = 1$ eine Lösung $Y_x = \overline{Y}\,(x) + A$ liefert und daß dies tatsächlich der Fall $\Delta\,Y_x = f\,(x)$ ist. Inwiefern läßt sich $a = 1$ als Trennungslinie zwischen dem „explosiven" und dem „gedämpften" Fall betrachten?

7. Zeigen Sie für den Fall $Y_x - aY_{x-1} = \alpha^x$ (α const.), daß $Y_x = \dfrac{\alpha^{x+1}}{\alpha - a} + Aa^x$. Warum ist $\alpha = a$ nicht möglich?

8. Zeigen Sie für den Fall $Y_x - aY_{x-1} = \alpha\,x + \beta$ (α und β const.), daß

$$Y_x = \frac{\alpha\,x + \beta}{1-a} - \frac{a\,\alpha}{(1-a)^2} + Aa^x$$

9. Benutzen Sie das Ergebnis der vorhergehenden Aufgabe, um zu zeigen, daß die allgemeine diskrete Lösung von $Y_x = 2\,Y_{x-1} + x$ lautet: $Y_x = A\,2^x - (x+2)$ (siehe 6.2 oben).

10. Zeigen Sie, daß für einen Sonderfall von Aufgabe 8 die allgemeine diskrete Lösung von $Y_x - aY_{x-1} = \alpha$ (α const.)

$$Y_x = \frac{\alpha}{1-a} + Aa^x \quad \text{ist.}$$

Lösen Sie somit die Gleichung $Y_x = aY_{x-1} + Y_0$ unter der Bedingung $Y_x = Y_0$ an der Stelle $x = 0$; dieses Problem stellte sich bei einer zinseszinslichen Kapitalanhäufung (siehe 6.1 oben).

6.4 Lineare Differenzengleichungen zweiter Ordnung

Die Differenzengleichung und die zugeordnete homogene Form lauten nun:

$$Y_x + aY_{x-1} + bY_{x-2} = f(x) \tag{1}$$

$$y_x + ay_{x-1} + by_{x-2} = 0 \tag{2}$$

Hierbei sind a und b „Struktur"-Konstanten ($b \neq 0$).

Man geht nach der gleichen Lösungsmethode vor. Für (1) ist eine Partikularlösung $Y_x = \overline{Y}(x)$ zu finden. Es sei $y_x = Y_x - \overline{Y}(x)$; y_x erfüllt dann (2). Das Problem besteht nun in der Bestimmung der allgemeinen diskreten Lösung von (2); dafür eignet sich wiederum das in 6.3 oben eingeführte Verfahren. Man setzt $y_x = \lambda^x$ in (2):

$$\lambda^x + a\,\lambda^{x-1} + b\,\lambda^{x-2} = 0$$

Da λ nicht gleich Null ist (die Partikularlösung $Y_x = Y$ ausgenommen), dividiert man durch λ^{x-2}; die entsprechenden Werte von λ sind die Wurzeln der *Hilfsgleichung:*

$$\lambda^2 + a\,\lambda + b = 0 \tag{3}$$

d. h.

$$\lambda_1, \lambda_2 = \frac{1}{2}\left(-a \pm \sqrt{a^2 - 4\,b}\right) \tag{4}$$

Die Wurzeln können reell und verschieden sein ($a^2 > 4\,b$) reell und gleich ($a^2 = 4\,b$) oder auch konjugiert komplex ($a^2 < 4\,b$), wie in 4.6 oben gezeigt wurde. In jedem Falle läßt sich die allgemeine Lösung von (2) angeben und somit auch die allgemeine Lösung von (1).

Fall: $a^2 > 4\,b$. Die Wurzeln von (3) sind reell und verschieden; man erhält sie aus (4). Die allgemeine diskrete Lösung von (1) lautet dann:

$$Y_x = \overline{Y}(x) + A_1\,\lambda_1{}^x + A_2\,\lambda_2{}^x \tag{5}$$

Hierbei sind A_1 und A_2 beliebige Konstanten, die sich mit Hilfe der Anfangswerte Y_0 und Y_1 bestimmen lassen. Die Lösung ähnelt sehr stark dem Ergebnis für die Gleichung erster Ordnung von 6.3.

Die Lösung (5) hängt von den Vorzeichen und den Größen von λ_1 und λ_2 ab; in ihnen treten die „strukturellen" Konstanten a und b der Differenzengleichung auf. Die Abweichung $y_x = Y_x - \overline{Y}$ von der Richtung oder dem Gleichgewicht wird durch zwei Ausdrücke gebildet, $A_1 \lambda_1^x$ und $A_2 \lambda_2^x$; von besonderem Interesse ist der Verlauf der Abweichung, wenn x unbegrenzt wächst ($x = 0, 1, 2, \ldots$). Jeder Ausdruck kann „explosiv" oder „gedämpft" sein (je nachdem, ob λ numerisch größer oder kleiner als eins ist), und jeder Ausdruck kann sich stetig ändern oder alternieren (je nachdem, ob λ positiv oder negativ ist). Der Bereich der Möglichkeiten ist groß. Worauf es jedoch ankommt, ist die *dominante Wurzel* λ_1 oder λ_2 und der entsprechende *dominante Ausdruck* in (5), wenn man die Abweichung nicht für die ersten Werte der Reihe $x = 0, 1, 2, \ldots$ betrachtet, sondern x unbeschränkt diese ganzzahligen Werte durchlaufen läßt. Der numerisch größere Wert λ_1 unter den beiden in (4) angegebenen Ausdrücken ist die dominante Wurzel. Gilt numerisch $\lambda_1 > 1$, so verläuft die Variation von y_x „explosiv"; dabei kann diese entweder stetig oder auch alternierend sein. Gilt numerisch $\lambda_1 < 1$ (und für λ_2 gleichfalls), so wird die Variation von y_x gegen Null „gedämpft", und dies entweder stetig oder alternierend, d. h. Y_x wird gegen $\overline{Y}$ „gedämpft".

Fall: $a^2 = 4\,b$. Die Wurzeln von (3) sind reell, aber gleich mit $\lambda_1 = \lambda_2 = -\frac{1}{2}\,a$. Die homogene Gleichung lautet nunmehr:

$$y_x + a y_{x-1} + \frac{1}{4}\,a^2\,y_{x-2} = 0 \tag{6}$$

Die Hilfsgleichung dazu lautet: $\lambda^2 + a\,\lambda + \frac{1}{4}\,a^2 = \left(\lambda + \frac{1}{2}\,a\right)^2 = 0.$

Eine Lösung von (6) ist $y_x = \lambda^x \left(\lambda = \frac{1}{2}\,a\right)$. Man braucht eine zweite Lösung; der Trick dabei ist, $y_x = x\,\lambda^x \left(\lambda = \frac{1}{2}\,a\right)$ in (6) einzusetzen:

$$\begin{aligned} & x\lambda^x + a\,(x-1)\,\lambda^{x-1} + \frac{1}{4}\,a^2\,(x-2)\,\lambda^{x-2} \\ & = \left(-\frac{1}{2}\,a\right)^{x-2} \left\{\frac{1}{4}\,a^2\,x + a\left(-\frac{1}{2}\,a\right)(x-1) + \frac{1}{4}\,a^2\,(x-2)\right\} \\ & = \frac{1}{4}\,a^2 \left(-\frac{1}{2}\,a\right)^{x-2} \{x - 2\,(x-1) + x - 2\} \\ & = 0 \end{aligned}$$

Folglich sind λ^x und $x\,\lambda^x$ $\left(\lambda = -\frac{1}{2}a\right)$ beides Lösungen von (6) und die allgemeine diskrete Lösung ist $y_x = (A_1 + A_2\,x)\left(-\frac{1}{2}a\right)^x$.

Die allgemeine diskrete Lösung von (1) lautet:

$$\mathrm{Y}_x = \overline{\mathrm{Y}}(x) + (A_1 + A_2\,x)\left(-\frac{1}{2}a\right)^x \tag{7}$$

Dabei sind A_1 und A_2 beliebige Konstanten, die sich durch die Anfangswerte Y_0 und Y_1 ausdrücken lassen.

Die Lösung (7) unterscheidet sich nur wenig von der einer Differenzengleichung erster Ordnung von 6.3. Die einzelne beliebige Konstante der Form erster Ordnung wird nunmehr durch den Ausdruck $(A_1 + A_2\,x)$ mit zwei beliebigen Konstanten ersetzt; doch dieser Faktor wird durch den Ausdruck $\left(-\frac{1}{2}a\right)^x$ unterdrückt, sobald x unbeschränkt die ganzzahligen Werte durchläuft. Die Variation von $y_x = \mathrm{Y}_x - \overline{\mathrm{Y}}$ wird durch den Ausdruck $(A_1 + A_2\,x)\left(-\frac{1}{2}a\right)^x$ wiedergegeben; der dominante Ausdruck ist $\left(-\frac{1}{2}a\right)^x$. Wiederum sind die vier Möglichkeiten von 6.3 zu unterscheiden. Für $a < 0$ ist die Variation stetig; für $a > 0$ alterniert die Variation zwischen positiven und negativen Werten. Dann bestimmt die numerische Größe von a, ob die Variation „explosiv“ ($a > 2$ numerisch) verläuft oder gegen Null „gedämpft“ wird ($a < 2$ numerisch).

Fall: $a^2 < 4\,b$. Die Wurzeln von (3) sind konjugiert komplex:

$$\alpha \pm i\,\beta = \frac{1}{2}\left(-a \pm i\sqrt{4\,b - a^2}\right)$$

so daß
$$\alpha = -\frac{1}{2}\,a \quad \text{und} \quad \beta = \frac{1}{2}\sqrt{4\,b - a^2}$$

Die allgemeine diskrete Lösung von (1) lautet dann:

$$\mathrm{Y}_x = \overline{\mathrm{Y}}(x) + B_1(\alpha + i\,\beta)^x + B_2(\alpha - i\,\beta)^x$$

Hierbei sind B_1 und B_2 beliebige Konstanten. Mit Hilfe der Eigenschaften der komplexen Zahlen (Kapitel 4 oben) kann man die Lösung zu einer zweckmäßigeren Form entwickeln.

Es sei $\alpha \pm i\beta = r\,(\cos\vartheta \pm i\sin\vartheta) = re^{\pm i\vartheta}$, so daß

$$\begin{aligned} \mathrm{Y}_x - \overline{\mathrm{Y}}(x) &= r^x\,(B_1\,e^{i\vartheta x} + B_2\,e^{-i\vartheta x}) \\ &= r^x\,\{B_1(\cos\vartheta\,x + i\sin\vartheta\,x) + B_2(\cos\vartheta\,x - i\sin\vartheta\,x)\} \\ &= r^x\,(A_1\cos\vartheta\,x + A_2\sin\vartheta\,x) \end{aligned}$$

wobei $A_1 = B_1 + B_2$ und $A_2 = i\,(B_1 - B_2)$ gleichfalls beliebige Konstanten sind. A_1 und A_2 müssen allgemein als reellwertig angenommen werden (darstellbar als Ausdrücke der Anfangswerte Y_0 und Y_1), so daß die ersten beliebigen Konstanten B_1 und B_2 konjugiert komplex sein müssen.

Die beliebigen Konstanten lassen sich noch weiter umformen:

$$A_1 = A \cos \varepsilon \text{ und } A_2 = A \sin \varepsilon$$

oder

$$A = +\sqrt{A_1^2 + A_2^2} \quad \text{und} \quad tg\, \varepsilon = \frac{A_2}{A_1}$$

Hierbei ist entsprechend auf die Vorzeichen von $\cos \varepsilon$ und $\sin \varepsilon$ (d. h. auf diejenigen von A_1 und A_2) zu achten. Diesem Vorgang entspricht eine Transformation von kartesischen Koordinaten (A_1, A_2) in Polarkoordinaten (A, ε), siehe 4.5 oben. Dann lautet die Lösung:

$$\begin{aligned} Y_x - \bar{Y}(x) &= A r^x (\cos \vartheta x \cos \varepsilon + \sin \vartheta x \sin \varepsilon) \\ &= A r^x \cos (\vartheta x - \varepsilon) \quad (5.2 \text{ oben}) \end{aligned}$$

Somit läßt sich die allgemeine diskrete Lösung von (1) auch noch in der Form schreiben:

$$\left.\begin{aligned} Y_x &= \bar{Y}(x) + r^x (A_1 \cos \vartheta x + A_2 \sin \vartheta x) \\ \text{oder} \quad Y_x &= \bar{Y}(x) + A r^x \cos (\vartheta x - \varepsilon) \end{aligned}\right\} \tag{8}$$

Die beliebigen Konstanten sind A_1 und A_2 oder A und ε; sie lassen sich mit Hilfe der Anfangswerte Y_0 und Y_1 bestimmen. Die „Struktur“-Konstanten sind r und ϑ, welche durch a und b der ursprünglichen Gleichung gegeben sind:

$$r \cos \vartheta = \alpha = -\frac{1}{2} a \quad \text{und} \quad r \sin \vartheta = \beta = \frac{1}{2} \sqrt{4\, b - a^2} \tag{9}$$

oder

$$r^2 = \alpha^2 + \beta^2 = b \quad \text{und} \quad tg\, \vartheta = \frac{\beta}{\alpha} = -\frac{\sqrt{4b - a^2}}{a} \tag{10}$$

Bei der Bestimmung von ϑ aus (10) müssen zur Erfüllung der Gleichung (9) die Vorzeichen von $\sin \vartheta$ und $\cos \vartheta$ berücksichtigt werden. Da r positiv ist, muß $\sin \vartheta$ stets positiv sein, während das Vorzeichen von $\cos \vartheta$ vom Vorzeichen von a abhängt. Folglich liegt ϑ zwischen 0 und π, und zwar zwischen 0 und $\frac{\pi}{2}$ für $a < 0$, und zwischen $\frac{\pi}{2}$ und π für $a > 0$.

Die Variation von $y_x = Y_x - \bar{Y}$ wird durch die allgemeine sinusförmige Funktion $A r^x \cos (\vartheta x - \varepsilon)$ beschrieben; sie verläuft oszillatorisch

(4.7 oben). *Amplitude* und *Dämpfung* der Schwingung werden durch $Ar^x = Ae^{\gamma x}$ angegeben (mit $r = e^{\gamma}$; $\gamma = \log r$). In diesem Falle legt A die Anfangsamplitude fest (in Abhängigkeit von den Ausgangsbedingungen); die Größe der (positiven) „Struktur"-Konstanten $r = \sqrt{b}$ bestimmt, ob mit wachsendem x die Amplitude zu- ($r > 1$) oder abnimmt ($r < 1$). Im „explosiven" Fall gilt $r > 1$, im Fall einer „Dämpfung" $r < 1$; der Grenzfall $r = 1$ entspricht einer regulären Schwingung mit konstanter Amplitude. Die *Periode* der Schwingung beträgt $\frac{2\pi}{\vartheta}$; dabei ist ϑ die andere durch (10) gegebene „Struktur"-Konstante. Da ϑ zwischen 0 und π liegt, beträgt die Periode zumindest zwei Intervalle von x. Folglich ist die Periode — anders als die Amplitude — für immer durch die Struktur der ursprünglichen Gleichung festgelegt; sie ändert sich mit wachsendem x von Schwingung zu Schwingung nicht. Der Wert von y_x beschreibt stets eine vollständige Schwingung mit der gleichen Anzahl von Intervallen von x. Die kleinstmögliche Anzahl beträgt 2 Intervalle (für $\vartheta = \pi$); dann wird aus der Schwingung eine Alternation. Je kleiner der Wert von ϑ ist, desto länger wird die Periode; nähert sich ϑ dem Wert 0, so wird die Periode sehr lang und die Schwingung fast vollständig geglättet. Die *Phase* der Schwingung, d. h. der spezielle Anfangspunkt an der Stelle $x = 0$, hängt von der beliebigen Konstanten ε ab, welche durch die Anfangsbedingungen festgelegt wird.

Die oszillierende Variation von y_x wird durch zwei Anfangswerte (Y_0 und Y_1) „ausgelöst", durch die Anfangs-Amplitude und Phase der Schwingung festgelegt werden. Der weitere Verlauf der Schwingung bei wachsendem x richtet sich nach der Struktur der Differenzengleichung; er hängt nur noch von r und ϑ ab, die sich aus a und b durch (10) ergeben. Die Periode ergibt sich aus ϑ; sie wird desto größer, je kleiner der Wert von ϑ wird. Die Schwingung kann explosiv, regulär oder gedämpft verlaufen, je nachdem, ob r größer, kleiner oder gleich eins ist. Der *dominante Ausdruck* in der Lösung (8) ist r^x; nach ihm richtet es sich, ob gedämpfte oder explosive Schwingungen vorliegen.

Der Richtungs- oder Gleichgewichtsausdruck $\overline{Y}(x)$ in der Lösung hängt von der Form von $f(x)$ in (1) ab. Ein wichtiger Fall ergibt sich, wenn $f(x)$ konstant ist:

$$Y_x + a\,Y_{x-1} + b\,Y_{x-2} = \alpha$$

Als Partikularlösung setzt man $Y_x = \mu$, wobei μ eine noch zu bestimmende Konstante ist. Dann gilt $(1 + a + b)\,\mu = \alpha$ oder $\mu = \frac{\alpha}{1 + a + b}$.

Die allgemeine diskrete Lösung lautet:

$$Y_x = \frac{\alpha}{1+a+b} + y\,(x; A_1, A_2)$$

Hierbei bedeutet $y\,(x; A_1, A_2)$ die bereits im einzelnen untersuchte allgemeine Lösung von (2). Y_x variiert dabei um einen konstanten Richtungs- oder Gleichgewichtswert $\frac{\alpha}{1+a+b}$. Andere Formen von $f\,(x)$ ergeben sich noch aus Aufgabe 7 unten.

Übungsaufgaben 6.4

1. Lösen Sie $y_x - \frac{1}{4} y_{x-2} = 0$ unter der Bedingung $y_0 = 1$, $y_1 = 0$. Bringen Sie die Lösung auf die Form $y_x = \{1 + (-1)^x\} \left(\frac{1}{2}\right)^{x+1}$ und zeigen Sie, daß y_x zwischen einem positiven (wenn auch abnehmenden) Wert und Null alterniert. Veranschaulichen Sie das Ergebnis mit Hilfe einer Zeichnung.

2. Verallgemeinern Sie das Ergebnis durch den Beweis, daß $y_x - a^2 y_{x-2} = 0$ die alternierende Lösung hat:

$$y_x = \{A_1 + (-1)^x A_2\}\, a^x \ .$$

Wann verläuft die Variation von y_x gedämpft?

3. Stellen Sie die Lösungen folgender Aufgaben gegenüber und vergleichen Sie:

$$\text{(i)}\quad y_x - \frac{5}{2} y_{x-1} + y_{x-2} = 0\ , \qquad \text{(ii)}\quad y_x - y_{x-1} + \frac{1}{4} y_{x-2} = 0$$

$$\text{und} \qquad \text{(iii)}\quad y_x - \frac{3}{4} y_{x-1} + \frac{1}{8} y_{x-2} = 0$$

4. Zeigen Sie, daß die Lösung von $y_x - y_{x-1} + \frac{1}{2} y_{x-2} = 0$ auf eine gedämpfte Schwingung von y_x mit einer Periode von 8 Intervallen von x führt. Zeigen Sie, daß $y_x + y_{x-1} + \frac{1}{2} y_{x-2} = 0$ die gleiche Lösung hat, nur daß die Periode kürzer ist.

5. Zeigen Sie, daß y_x für $y_x = y_{x-1} - y_{x-2}$ eine reguläre Schwingung mit einer Periode von 6 Intervallen von x besitzt (siehe 6.2, Aufg. 3).

6. Zeigen Sie, daß die Differenzengleichung zweiter Ordnung mit $b = 1$:

$$y_x + a y_{x-1} + y_{x-2} = 0$$

so etwas wie eine Trennungslinie oder Grenzfälle einer Lösung liefert. Zeigen Sie im besonderen für $a^2 = 4$, daß y_x linear wächst, und zwar entweder stetig ($a = -2$) oder alternierend ($a = 2$). Zeigen Sie für $a^2 < 4$, daß y_x regulär oszilliert, und beweisen Sie, daß die Gleichung der vorhergehenden Aufgabe ein spezielles Beispiel war. Was läßt sich über den Fall $a^2 > 4$ sagen.

7. Wenn $Y_x = \overline{Y}(x) + y(x; A_1, A_2)$ die allgemeine Lösung von $Y_x + aY_{x-1} + bY_{x-2} = f(x)$ ist, so zeigen Sie, daß

(i) $\overline{Y}(x) = \dfrac{\alpha^2}{\alpha^2 + a\alpha + b} \alpha^x$ für $f(x) = \alpha^x$ und

(ii) $\overline{Y}(x) = \dfrac{\alpha x + \beta}{1 + a + b} + \alpha \dfrac{a + 2b}{(1 + a + b)^2}$ für $f(x) = \alpha x + \beta$.

8. Warum kann die Hilfsgleichung einer Differenzengleichung zweiter Ordnung niemals eine Wurzel $\lambda = 0$ haben? Sehen Sie nach, was mit der Lösung (5) oben passiert, wenn man einen der Werte λ_1, λ_2 gleich Null setzt. Eine Wurzel $\lambda = 1$ ist durchaus möglich; wie sieht dann die Lösung aus?

9. Eine Zeitreihe u_t wird mit Hilfe eines *autoregressiven Schemas* erzeugt, welches sich durch die Differenzengleichung zweiter Ordnung darstellen läßt:

$$u_t = \alpha u_{t-1} + \beta u_{t-2} + \varepsilon_t$$

Dabei sind α und β Konstanten; ε_t ist eine gegebene Reihe von Zufallswerten mit dem Mittelwert Null. Untersuchen Sie die Lösung, und geben Sie mit Hilfe von α und β die Bedingungen für echte Schwingungen in u_t an. Wie ist der Verlauf der „Richtung" in u_t definiert, und in welchem Sinne ist er eine Zufallsgröße?

10. Untersuchen Sie in der vorhergehenden Aufgabe den Fall $\beta = 0$, wenn die Autoregression einen einfachen *Markoffprozeß* darstellt; zeigen Sie, daß u_t dann nicht oszillieren kann.

11. Für welche Werte von a und b oszilliert die autoregressive Zeitreihe u_t, wenn ihr Bildungsgesetz lautet:

$$u_t = au_{t-1} + b(u_{t-1} - u_{t-2}) + \varepsilon_t$$

Zeigen Sie für den Fall $a = 1$, daß die ersten Differenzen $v_t = u_t - u_{t-1}$ durch einen einfachen Markoffprozeß erzeugt werden. Untersuchen Sie die spezielle Form

$$u_t = 1{,}3\, u_{t-1} - 0{,}3\, u_{t-2} + \varepsilon_t\ ,$$

die nach der Darstellung von Orcutt (1948) ein autoregressives Schema ist, welches auf viele wirtschaftliche Zeitreihen paßt.

6.5 Lineare Differenzengleichungen im allgemeinen

Die allgemeine Methode zur Bestimmung diskreter Lösungen liegt nunmehr auf der Hand. Die lineare Differenzengleichung n-ter Ordnung mit konstanten Koeffizienten und ihre entsprechende homogene Form lauten:

$$a_0 Y_x + a_1 Y_{x-1} + \ldots + a_{n-1} Y_{x-n+1} + a_n Y_{x-n} = f(x) \quad (1)$$

$$a_0 y_x + a_1 y_{x-1} + \ldots + a_{n-1} y_{x-n+1} + a_n y_{x-n} = 0 \quad (2)$$

Zunächst sucht man irgendeine Partikularlösung $Y_x = \overline{Y}(x)$ für (1); im allgemeinen wählt man denjenigen Ausdruck, welcher den Richtungs- oder Gleichgewichtsverlauf von Y_x bei wachsendem x liefert. Die Abweichung $y_x = Y_x - \overline{Y}$ erfüllt (2); dann sucht man nach der allgemeinen diskreten Lösung

$$y_x = y(x; A_1, A_2, A_3, \ldots A_n)$$

Schließlich lautet die vollständige Lösung von (1)

$$Y_x = \overline{Y}(x) + y(x; A_1, A_2, \ldots, A_n)$$

Zur Lösung von (2) dient der Hinweis, $y_x = \lambda^x$ zu setzen, wobei λ als eine Konstante bestimmt wird, welche die *Hilfsgleichung*

$$a_0 \lambda^n + a_1 \lambda^{n-1} + \ldots + a_{n-1} \lambda + a_n = 0 \quad (3)$$

erfüllt. Es gibt n Wurzeln für (3), $\lambda_1, \lambda_2, \ldots \lambda_n$, welche reell oder paarweise konjugiert komplex sein können (siehe 4.6 oben). Die allgemeine diskrete Lösung von (2) lautet dann:

$$y_x = A_1 \lambda_1^x + A_2 \lambda_2^x + \ldots + A_n \lambda_n^x \quad (4)$$

Hat (3) paarweise konjugiert komplexe Wurzeln, so lassen sich die entsprechenden Ausdrücke der Lösung (4) auch noch in anderer Form mit Hilfe sinusförmiger Funktionen entwickeln. Es kann vorkommen, daß zwei oder mehr unter den Wurzeln von (3) den gleichen Wert haben; in diesem Falle ist die Lösung (4) unvollständig, da nicht die erforderliche Anzahl unterschiedlicher Ausdrücke vorhanden ist. Dann muß man sich an den für den zweiten Fall in 6.4 gegebenen Hinweis halten.

Sind alle Wurzeln von (3) reell, so ist derjenige Wert in der Lösung (4) *dominant,* welcher die numerisch größte Wurzel enthält, etwa $A_1 \lambda_1^x$. Gilt $\lambda_1 > 1$ numerisch, so ist die Lösung für y_x bei wachsendem x explosiv; gilt $\lambda_1 < 1$ numerisch, so wird die Variation gegen Null hin gedämpft. In beiden Fällen kann die Variation y_x im Vorzeichen alternieren, jedoch oszilliert y_x nicht im üblichen Sinne (d. h. in einer Periode, welche größer als zwei Intervalle von x ist).

Sind in (3) komplexe Wurzeln vorhanden, so treten sie paarweise auf in der Form $r(\cos\vartheta \pm i \sin\vartheta)$. Für jedes derartige Paar lassen sich zwei

Ausdrücke aus (4) zu der Form $Ar^x \cos(\vartheta x - \varepsilon)$ kombinieren, worin A und ε beliebige Konstanten sind. Der *dominante Ausdruck* in (4) hängt dann von dem größten Wert von r (etwa r_1) bei komplexen Wurzeln und dem numerisch größten Wert von λ (etwa λ_1) bei reellen Wurzeln ab. Der Verlauf von y_x enthält eine Schwingung mit der Periode $\frac{2\pi}{\vartheta}$ oder mehrere solcher Schwingungen. Die Schwingung kann in sich explosiv sein (wenn $r_1 > 1$); sie kann zu einem besonderen, nicht-oszillierenden und explosiven Ausdruck hinzukommen (wenn $\lambda_1 > 1$ numerisch). Gilt jedoch r_1, $\lambda_1 < 1$ numerisch, so gibt es nur gedämpfte Schwingungen und kein explosives Element. Komplikationen ergeben sich noch, wenn Wurzeln von (3) gleich sind.

Wie in 5.5 oben ist es nicht leicht, die Wurzeln der Hilfsgleichung von der Ordnung $n > 2$ zu bestimmen. Sogar bei einer Gleichung dritten Grades muß man eine Wurzel erst (z. B. graphisch) bestimmen, bevor sich die beiden anderen ableiten lassen. In einigen Sonderfällen ist es möglich, eine oder mehrere spezielle Wurzeln der Hilfsgleichung (3) zu raten. Angenommen, die Koeffizienten der Differenzengleichung addieren sich zu Null:

$$a_0 + a_1 + \ldots + a_n = 0$$

Dann ist $\lambda = 1$ eine Wurzel von (3) und einer unter den Ausdrücken in der Lösung (4) ist eine additive Konstante. Dies entspricht dem Fall einer Differentialgleichung, in der die Ausdrücke mit Y fehlen (5.5 oben). Weiterhin kann man annehmen, daß die Koeffizienten der Bedingung genügen

$$a_0 - a_1 + a_2 - a_3 + \ldots = 0$$

Dann ist $\lambda = -1$ eine Wurzel von (3), und in der Lösung (4) steht eine additive, jedoch alternierende Konstante $(-1)^x A_1$.

Noch nichts wurde über das Partikularintegral $\overline{Y}(x)$ gesagt, welches in der vollständigen Lösung von (1) auftritt. Es hängt von der Form von $f(x)$ ab und läßt sich durch Ausprobieren ermitteln, da *jede* Partikularlösung von (1) für $\overline{Y}(x)$ ausreicht. Als Beispiel betrachtet man den einfachsten Fall $f(x) = \alpha$ (const.). Man setze $Y_x = \overline{Y}$ (const.) als eine Lösung von (1) derart, daß $(a_0 + a_1 + \ldots + a_n) \cdot \overline{Y} = \alpha$. Folglich lautet das Partikularintegral:

$$\overline{Y} = \frac{\alpha}{a_0 + a_1 + \ldots + a_n}$$

Und die vollständige Lösung von (1) stellt eine Variation um diesen konstanten Wert dar.

Noch ein weiterer Hinweis läßt sich praktisch erproben: er gründet sich, wie schon der entsprechende Hinweis für Differentialgleichungen, auf die Verwendung von Operatoren (siehe Anhang A). Hier benutzt man den Verschiebungsoperator E mit der Eigenschaft $EY_x = Y_{x+1}$ oder den entsprechenden Differenzenoperator Δ, derart, daß $\Delta Y_x = Y_{x+1} - Y_x$ mit $\Delta = E - 1$. Der eine oder andere dieser Operatoren hilft bei der Bestimmung des Partikularintegrals $\overline{Y}(x)$ von (1). Es sei

$$F(E) = a_0 E^n + a_1 E^{n-1} + \dots + a_{n-1} E + a_n$$

Die Gleichung (1) mit $E^{-1} Y_x = Y_{x-1}$, $E^{-2} Y_x = Y_{x-2}$, usw. lautet:

$$(a_0 + a_1 E^{-1} + \dots + a_{n-1} E^{-(n-1)} + a_n E^{-n}) Y_x = f(x)$$

d. h.

$$\frac{1}{E^n} F(E) Y_x = f(x)$$

Dies legt die Schreibweise $Y_x = \frac{E^n}{F(E)} f(x)$ für das Partikularintegral nahe. Im Anhang A wird beschrieben, auf welche Weise sich dieses E, so wie es etwa in diesem Ausdruck für das Partikularintegral auftritt, algebraisch behandeln läßt.

Zwei Beispiele sollen das Verfahren bei konkreten Differenzengleichungen veranschaulichen.

Beispiel (a)

$$Y_x - a^2 Y_{x-2} = \alpha^x$$

Aus der Hilfsgleichung $\lambda^2 - a^2 = 0$ erhält man die Komplementärfunktion:

$$y_x = \{A_1 + (-1)^x A_2\} a^x \qquad (A_1 \text{ und } A_2 \text{ beliebig})$$

Für das Partikularintegral:

$$Y_x = \frac{E^2}{E^2 - a^2} \alpha^x$$

$$= \frac{\alpha^2}{\alpha^2 - a^2} \alpha^x \qquad \text{(Anhang A, (4))}$$

Die vollständige Lösung lautet:

$$Y_x = \{A_1 + (-1)^x A_2\} a^x + \frac{\alpha^{x+2}}{\alpha^2 - a^2}$$

Sie besitzt in dem Ausdruck $(-1)^x$ ein alternierendes Element; dieses wirkt dämpfend oder explosiv, je nach den Größen von a und α.

Beispiel (b)

$$Y_x - Y_{x-1} + 2\,Y_{x-3} = x + 2^x$$

In der Hilfsgleichung $\lambda^3 - \lambda^2 + 2 = 0$ gibt es eine Wurzel $\lambda = -1$.

Also $$(\lambda + 1)(\lambda^2 - 2\,\lambda + 2) = 0$$

mit den Wurzeln $$\lambda = 1 \pm i \quad \text{und} \quad -1$$

Die komplexen Wurzeln lauten $re^{\pm i\vartheta} = r(\cos\vartheta \pm i \sin\vartheta)$, wo $r = \sqrt{2}$ und $\vartheta = \frac{\pi}{4}$, wegen (10) in 6.4 oben. Somit lautet die Komplementärfunktion

$$y_x = A\,(\sqrt{2})^x \cos\left(\frac{\pi}{4}\,x - \varepsilon\right) + (-1)^x B \quad (A,\ B \text{ und } \varepsilon \text{ beliebig})$$

Das Partikularintegral ist

$$Y_x = \frac{E^3}{E^3 - E^2 + 2}\,(x + 2^x)$$

$$= \frac{E^3}{E^3 - E^2 + 2}\,(x) + \frac{2^3}{2^3 - 2^2 + 2}\,2^x \quad \text{(Anhang A, (4))}$$

Der zweite Ausdruck lautet einfach $\frac{4}{3}\,2^x$. Den ersten Ausdruck behandelt man durch Übergang von E nach $\Delta = E - 1$. Man substituiere $E = \Delta + 1$:

$$\frac{E^3}{E^3 - E^2 + 2} = \frac{(\Delta + 1)^3}{(\Delta + 1)^3 - (\Delta + 1)^2 + 2} = \frac{(\Delta + 1)^3}{(\Delta + 2)(\Delta^2 + 1)}$$

$$= \frac{(\Delta + 1)^3}{5}\left(\frac{1}{\Delta + 2} - \frac{\Delta - 2}{\Delta^2 + 1}\right) \quad \text{in Partialbrüchen.}$$

Dieser Ausdruck läßt sich in Potenzen von Δ entwickeln. Also:

$$\frac{1}{\Delta + 2} = \frac{1}{2}\left(1 + \frac{1}{2}\,\Delta\right)^{-1} = \frac{1}{2}\left(1 - \frac{1}{2}\,\Delta + \frac{1}{4}\,\Delta^2 - \ldots\right)$$

$$-\frac{\Delta - 2}{\Delta^2 + 1} = (2 - \Delta)(1 + \Delta^2)^{-1} = (2 - \Delta)(1 - \Delta^2 + \ldots) = 2 - \Delta - 2\Delta^2 + \ldots$$

und $$\text{Summe} = \frac{5}{2}\left(1 - \frac{1}{2}\,\Delta - \frac{3}{4}\,\Delta^2 + \ldots\right)$$

Der erste Ausdruck in Y_x heißt dann:

$$\frac{1}{2}\,(1 + \Delta)^3\left(1 - \frac{1}{2}\,\Delta - \frac{3}{4}\,\Delta^2 + \ldots\right)x = \frac{1}{2}\,(1 + 3\,\Delta + 3\,\Delta^2 + \Delta^3)\left(x - \frac{1}{2}\right)$$

$$= \frac{1}{2}\left(x - \frac{1}{2} + 3\right) = \frac{1}{4}\,(2\,x + 5)$$

wegen $\Delta\,x = 1$ und $\Delta^2\,x = \Delta^3\,x = \ldots = 0$.

Das Partikularintegral lautet

$$Y_x = \frac{1}{4}(2x + 5) + \frac{4}{3}2^x$$

und die vollständige Lösung:

$$Y_x = A(\sqrt{2})^x \cos\left(\frac{\pi}{4}x - \varepsilon\right) + (-1)^x B + \frac{1}{4}(2x + 5) + \frac{4}{3}2^x$$

Übungsaufgaben 6.5

1. Prüfen Sie, daß $y_x = A(\sqrt{2})^x \cos\left(\frac{\pi}{4}x - \varepsilon\right) + B$ die Lösung von

$$y_x - 3y_{x-1} + 4y_{x-2} - 2y_{x-3} = 0 \quad \text{ist.}$$

Zeigen Sie, daß y_x in diesem Fall wie auch in Bsp. (b) oben explosive Schwingungen der Periode 8 aufweist. Worin liegt der Unterschied zwischen den beiden Lösungen?

2. Eine lineare Differenzengleichung wird mit Hilfe aufeinanderfolgender Differenzen ausgedrückt, Y_x, ΔY_x, $\Delta^2 Y_x$, ... Untersuchen Sie den Fall, in dem der Ausdruck mit Y_x fehlt, z. B. $\Delta Y_x = f(x)$; $\Delta^2 Y_x + a\Delta Y_x = f(x)$; usw. Übertragen Sie dies in Gleichungen mit Y_x, Y_{x-1}, Y_{x-2}, ... usw. und zeigen Sie, daß $\lambda = 1$ eine Wurzel der Hilfsgleichung ist und daß die Lösung für Y_x in jedem Falle eine additive Konstante besitzt. (Vgl. das Ergebnis für Differentialgleichungen, 5.5 oben.)

3. Die Gleichung $a_0 Y_x + a_1 Y_{x-1} + \ldots + a_n Y_{x-n} = \alpha$ hat die Partikularlösung

$$\overline{Y} = \frac{\alpha}{a_0 + a_1 + \ldots + a_n}$$

Zeigen Sie, daß diese Lösung unter der Bedingung $a_0 + a_1 + \ldots + a_n = 0$ nicht gilt, sondern die Partikularlösung $\overline{Y} = -\frac{\alpha x}{a_1 + 2a_2 + \ldots + na_n}$.
Wie lautet die Lösung, wenn auch noch $a_1 + 2a_2 + \ldots + na_n = 0$?

4. Zeigen Sie, daß für $y_x - 3\alpha y_{x-1} + 3\alpha^2 y_{x-2} - \alpha^3 y_{x-3} = 0$ eine Lösung $y_x = \alpha^x$ existiert und daß zwei weitere Lösungen $x\alpha^x$ und $x^{(2)}\alpha^x$ lauten. Geben Sie somit die allgemeine Lösung an, und zeigen Sie, wie sich das Verfahren auf Differenzengleichungen höherer Ordnung von diesem Typ ausweiten läßt.

5. Die Hilfsgleichung einer Differenzengleichung hat zwei konjugiert komplexe Wurzeln $r(\cos\vartheta \pm i\sin\vartheta)$. Was passiert, wenn $\vartheta = \pi$ und wenn sich die Periode der Lösung auf 2 reduziert? Zeigen Sie, daß die Lösung gegen $(A_1 + A_2 x)(-r)^x$ tendiert, d. h., daß die kleinste Periode einer Schwingung (2 Intervalle von x) gleichbedeutend mit einer Alternation ist.

6. Eine lineare Differenzengleichung vierter Ordnung besitzt eine Hilfsgleichung mit zwei *gleichen* Paaren konjugiert komplexer Wurzeln $r(\cos\vartheta \pm i\sin\vartheta)$. Zeigen Sie, daß dann die Lösung lautet:

$$y_x = r^x\{(A_1 + A_2 x)\cos x\vartheta + B_1 + B_2 x)\sin x\vartheta\}$$

6.6 Beispiele aus der Wirtschaftstheorie

Im Cobweb-Modell von 1.2 oben lautet die Differenzengleichung für den Preis (als Abweichung vom Gleichgewichtswert): $p_t = \frac{b}{a} p_{t-1}$. Die Lösung ist: $p_t = p_0 \left(\frac{b}{a}\right)^t$, worin p_0 die anfängliche Störung bedeutet. Der kritische Faktor ist $\frac{b}{a}$, das Anstiegsverhältnis von Nachfrage- und Angebotskurve. Eine ähnliche Gleichung erhält man in 1.7, Modell I, in welchem die Preisänderungen von Änderungen im Lagerbestand abhängen (das Ausmaß der Reaktion wurde durch λ angegeben); der kritische Faktor ist dann $1-\lambda\,(b-a)$.

Im erweiterten Cobweb-Modell von 1.6 oben wurde die Abweichung des Preises vom statischen Gleichgewicht $p_t = P_t - \bar{P}$ durch die Beziehung wiedergegeben:

$$p_t = c\,(1-\varrho)\,p_{t-1} + c\varrho p_{t-2} \tag{1}$$

Dabei stellt $c = \frac{b}{a}$ das Anstiegsverhältnis von Angebots- und Nachfragekurven dar; und ϱ (gewöhnlich $0 \leqslant \varrho \leqslant 1$) gibt die Erwartung der Anbieter bezüglich des Preisumschwungs wieder. Man betrachte den üblichen Fall mit $a < 0$ und $b > 0$, derart, daß $c < 0$.

Es sei $\gamma = (-c) = \frac{b}{(-a)}$. Die Hilfsgleichung lautet:

$$\lambda^2 + \gamma\,(1-\varrho)\,\lambda + \gamma\varrho = 0$$

Die Wurzeln sind konjugiert komplex $\lambda_1, \lambda_2 = r\,(\cos\vartheta \pm i \sin\vartheta)$, wenn

$$\gamma < \frac{4\,\varrho}{(1-\varrho)^2} \tag{2}$$

Diese Bedingung ist erfüllt, wenn ϱ von beschränkter Größe ist $\left(\text{etwa } \frac{1}{2}\right)$ und wenn der Anstieg der Angebotskurve im Vergleich zu dem der Nachfragekurve nicht allzu groß ist. Gilt beispielsweise $\varrho = \frac{1}{2}$, so lautet die Bedingung $\gamma < 8$, d. h. $b < 8\,(-a)$. Ist (2) erfüllt, so ergibt sich aus 6.4 oben:

$$r = \sqrt{\gamma\varrho} \quad \text{und} \quad \operatorname{tg}\vartheta = -\sqrt{\frac{4\,\varrho}{\gamma\,(1-\varrho)^2} - 1} \tag{3}$$

Die Lösung von (1) lautet dann:

$$p_t = A r^t \cos (\vartheta t - \varepsilon) \tag{4}$$

Hierbei werden A und ε durch die Anfangsbedingungen festgelegt.

Für den Normalfall einer Angebotskurve mit positiver Steigung und einer Nachfragekurve mit negativer Steigung ist es, sofern auch ϱ von mittlerer Größe ist, praktisch gesichert, daß die Bedingung (2) erfüllt ist und daß sich folglich auch die Preise oszillatorisch entwickeln. Es ist nicht notwendig, daß die Angebotskurve weniger steil verlaufen muß als die Nachfragekurve (wie das beim einfachen Cobweb-Modell der gedämpften Form der Fall war); die Angebotskurve kann erheblich steiler sein als die Nachfragekurve, ohne daß die Bedingung (2) verletzt wird.

Für die Schwingung der Lösung (4) beträgt die Periode $\frac{2\pi}{\vartheta}$; die Schwingung ist gedämpft, wenn $r < 1$, wobei r und ϑ durch (3) gegeben sind. Interessant ist der Vergleich mit dem einfachen Cobweb-Modell, in dem der Preis alterniert (mit einer Schwingung von der Periode 2) und gedämpft ist, wenn $b < (-a)$.

Da tg ϑ negativ ist, liegt ϱ zwischen $\frac{\pi}{2}$ und π; dabei liegt es näher an der unteren Grenze $\frac{\pi}{2}$, wenn γ klein ist, und näher an der oberen Grenze π, wenn γ groß ist. Folglich liegt die Periode der Schwingung zwischen 2 und 4; sie wächst und nähert sich 4, wenn γ kleiner wird (bei gegebenem ϱ). Ist also die Angebotskurve im Vergleich zur Nachfragekurve steil, so liegt die Periode der Schwingung wenig über 2, und die Preisänderung unterscheidet sich nur wenig vom einfachen Spinnweb-Modell. Bei weniger steilen Angebotskurven verlängert sich die Periode, dabei kann sie an 4 herankommen und den doppelten Wert des einfachen Cobweb-Modells erreichen. Weiterhin gilt für eine gedämpfte Oszillation $r^2 = \gamma \varrho < 1$, d. h. γ muß kleiner sein als $\frac{1}{\varrho}$, dessen Wert über eins liegt. Daher kann sich eine gedämpfte Schwingung auch dann ergeben, wenn b größer als $(-a)$ ist, d. h. also auch dann, wenn die Angebotskurve steiler als die Nachfragekurve verläuft. Der Fall einer gedämpften Oszillation tritt häufiger auf als in dem einfachen Cobweb-Modell. Das hier vorliegende Modell hat im Vergleich zum einfachen Cobweb-Modell größere Dämpfung und eine längere Schwingungsperiode.

In dem Problem einer Preisveränderung mit Lagerhaltung (1.7, Modell II oben) wird die Abweichung des Preises vom Gleichgewicht durch den Ausdruck wiedergegeben:

$$p_t = \{2 - \lambda\,(b-a)\}\, p_{t-1} - p_{t-2} \tag{5}$$

mit $\lambda > 0$. Man setzt den üblichen Fall einer Angebotskurve mit positivem Anstieg und einer Nachfragekurve mit negativem Anstieg voraus mit $a < 0$, $b > 0$ und $(b-a) > 0$. Es sei $c = 1 - \frac{1}{2}\lambda\,(b-a)$, so daß $c < 1$.

Die Differenzengleichung (5) ist von dem Typ, der zu Grenzlösungen hinführt (siehe 6.4, Aufg. 6 oben). Die Hilfsgleichung lautet unter Verwendung von μ:

$$\mu^2 - 2\,c\mu + 1 = 0$$

mit den Wurzeln $$\mu_1, \mu_2 = c \pm \sqrt{c^2 - 1}$$

Der Wert von λ ist der bestimmende Faktor; es ergeben sich die Fälle:

(i) $\lambda > \frac{4}{b-a}$, $c < -1$; (ii) $\frac{2}{b-a} < \lambda < \frac{4}{b-a}$, $-1 < c < 0$;

(iii) $\lambda < \frac{2}{b-a}$, $0 < c < 1$

Wenn λ nicht groß ist $\left(\text{nicht größer als } \frac{4}{b-a}\right)$, stellt der Wert von c einen positiven oder negativen echten Bruch dar; die Wurzeln der Hilfsgleichung sind konjugiert komplex:

$$r\,(\cos\vartheta \pm i \sin\vartheta) = c \pm i\sqrt{1-c^2}$$

so daß $$r = 1 \quad \text{und} \quad \operatorname{tg}\vartheta = \pm\sqrt{\frac{1}{c^2} - 1} \tag{6}$$

Die Lösung von (5) aus 6.4 oben lautet:

$$p_t = A \cos\,(\vartheta t - \varepsilon) \tag{7}$$

Dabei sind A und ε durch Anfangsbedingungen festgelegt.

Der Preis verläuft bei $\lambda < \frac{4}{b-a}$ stets in einer regulären Schwingung mit der Periode $\frac{2\pi}{\vartheta}$. In der Gleichung (6), welche ϑ liefert, ist das positive Vorzeichen von tg ϑ zu wählen, wenn $\lambda < \frac{2}{b-a}$ gilt und c positiv ist;

dann liegt ϑ zwischen 0 und $\frac{\pi}{2}$. Für tg ϑ ist das negative Vorzeichen zu wählen, wenn $\frac{2}{b-a} < \lambda < \frac{4}{b-a}$ gilt und c negativ ist; ϑ liegt dann zwischen $\frac{\pi}{2}$ und π. Wachsen also die Werte von λ von 0 über $\frac{2}{b-a}$ bis $\frac{4}{b-a}$ an, so wächst auch ϑ von 0 über $\frac{\pi}{2}$ bis π; dabei schrumpft die Periode von einer unendlichen Länge über 4 auf 2 zusammen. Wenn auch die Schwingung stets regulär verläuft, hängt ihre Periode doch von dem Wert von λ ab. Mit wachsendem λ verkürzt sich die Periode und geht schließlich bis auf 2 heran (d. h. die Preise alternieren dann), wenn λ den kritischen Wert $\frac{4}{b-a}$ erreicht.

Differenzengleichungen treten auch im Zuge einer dynamischen Periodenanalyse von Multiplikator und Akzelerator auf (siehe 2.7, 3.6 und 3.7 oben). Bei dem dynamischen Multiplikatormodell in 2.7 oben tritt die Differenzengleichung im Einkommen Y auf: $Y_t - c\,Y_{t-1} = A_t$ mit c als konstanter Grenzneigung zum Verbrauch. A_t stellt die autonomen Ausgaben dar; diese sollen progressiv über die Zeit wachsen, so daß die folgende Differenzengleichung gilt:

$$Y_t - cY_{t-1} = A_0\,(1+r)^t \tag{8}$$

Die Komplementärfunktion zu (8) lautet $y_t = Ac^t$; das Partikularintegral heißt:

$$Y_t = \overline{Y}_0\,(1+r)^t \quad \text{mit} \quad \overline{Y}_0 = A_0 \Big/ \left(1 - \frac{c}{1+r}\right)$$

wie sich durch Substitution in (8) nachprüfen läßt. Die vollständige Lösung für den Fall progressiven Wachstums heißt:

$$Y_t = \overline{Y}_0\,(1+r)^t + Ac^t$$

Dann gilt für die beliebige Konstante $A = Y_0 - \overline{Y}_0$ unter der Bedingung $Y_t = Y_0$ an der Stelle $t = 0$.

Bei der Entwicklung der Harrod-Domarschen Wachstumstheorie in 3.6 oben wurden verschiedene dynamische Versionen vorgeschlagen. Die eine führt in (3) von 3.6 zu einer Differenzengleichung:

$$Y_t = (1+v)\,Y_{t-1} - (v+s)\,Y_{t-2}$$

Hierbei waren $s = 1 - c$ = Grenzneigung zum Sparen und v die Potenz des Akzelerators. Die Hilfsgleichung lautet:

$$\lambda^2 - (1+v)\,\lambda + (v+s) = 0 \tag{9}$$

Der zeitliche Verlauf von Y_t oszilliert, wenn die Wurzeln von (9) konjugiert komplex sind; die Bedingung lautet: $(1 + v)^2 - 4(v + s) < 0$. Folglich gilt $(1-v)^2 < 4s$, woraus sich ergibt:

$$1 - 2\sqrt{s} < v < 1 + 2\sqrt{s}$$

oder

$$(1-\sqrt{s})^2 < v + s < (1 + \sqrt{s})^2$$

Das ist üblicherweise der Fall, wenn v ungefähr den Wert eins hat und s klein ist. Sind die Wurzeln von (9) $re^{\pm i\vartheta}$, dann gilt $r^2 = (v + s)$ wegen (10) von 6.4 oben; die Größe von r legt fest, ob die Schwingung gedämpft oder explosiv verläuft. Man kann $v + s > 1$ annehmen, so daß man einen explosiven Verlauf erwarten kann. Genau lautet die Bedingung für eine explosive Schwingung $1 < v + s < (1 + \sqrt{s})^2$ oder $1 - s < v < 1 + 2\sqrt{s}$ (siehe Aufg. 5 unten).

Eine zweite dynamische Version führt auf (5) von 3.6 oben:

$$Y_t = \left(v + \frac{v + s}{v}\right) Y_{t-1} - (v + s) = Y_{t-2}$$

mit der Hilfsgleichung

$$\lambda^2 - \left(v + \frac{v + s}{v}\right)\lambda + (v + s) = 0 \tag{10}$$

Der Unterschied zu (9) beruht nur in dem Zusatz von $\frac{s}{v}$ im Koeffizienten von λ; doch reicht dieser Unterschied, um das Bild zu verändern. Die Wurzeln von (10) sind reell, wenn folgender Ausdruck einen positiven Wert annimmt:

$$\begin{aligned}\left(v + \frac{v + s}{v}\right)^2 - 4(v + s) &= v^2 + 2(v + s) + \left(\frac{v + s}{v}\right)^2 - 4(v + s)\\ &= v^2 - 2(v + s) + \left(\frac{v + s}{v}\right)^2\\ &= \left(v - \frac{v + s}{v}\right)^2\end{aligned}$$

Dies trifft für alle v und s zu. Daraus folgt, daß der zeitliche Verlauf von Y_t *nicht* oszilliert. Es bleibt nur noch zu untersuchen, ob der Verlauf gedämpft oder explosiv ist. In 4.6 oben wurde gezeigt, daß die beiden reellen Wurzeln λ_1 und λ_2 von (10) den Bedingungen genügen:

$$\lambda_1 + \lambda_2 = v + \frac{v + s}{v} > 0\,; \quad \lambda_1 \lambda_2 = v + s > 0$$

Folglich sind beide Werte positiv und $Y_t = A_1 \lambda_1{}^t + A_2 \lambda_2{}^t$ nimmt stetig zu. Für den wahrscheinlichen Fall von $v + s > 1$ ist $\lambda_1 \lambda_2 > 1$ und zumindest eine der beiden Wurzeln größer als eins. In diesem Falle entwickelt sich Y_t explosiv.

Übungsaufgaben 6.6

1. Untersuchen Sie die Lösung des erweiterten Cobweb-Problems — Gleichung (1) oben — für den Fall, daß $\varrho < 0$ und die Anbieter erwarten, daß sich der Preis in der gleichen Richtung weiterbewegt. Zeigen Sie für den üblichen Fall ($a < 0$, $b > 0$), daß die Hilfsgleichung reelle Wurzeln besitzt, unter denen die numerisch größere negativ ist. Zeigen Sie, daß die dominierende Bewegung von p_t alterniert wie schon im einfachen Cobweb-Modell, daß dies jedoch noch durch die Erwartungen der Anbieter verstärkt wird.

2. Untersuchen Sie im erweiterten Cobweb-Modell den Fall, daß $a < 0$ und $b < 0$, derart, daß $(-a) > (-b)$. Was läßt sich bei den Grenzfällen $\varrho = 0$ und $\varrho = 1$ über dieses Modell sagen?

3. Betrachten Sie in dem Problem mit Lagerhaltung — Gleichung (5) oben — weiterhin den Fall $(b-a) > 0$. Wählen Sie jedoch λ groß, jedenfalls größer als $\frac{4}{b-a}$. Zeigen Sie, daß $p_t = A_1 \mu_1{}^t + A_2 \mu_2{}^t$ gilt, wo $\mu_1, \mu_2 = c \pm \sqrt{c^2-1}$. Zeigen Sie gleichfalls, daß im dominanten Ausdruck μ_1 negativ und numerisch größer als eins ist. Beschreiben Sie den Verlauf von p_t. Untersuchen Sie dann den Fall $(b-a) < 0$; ist dieser Fall im ökonomischen Sinne überhaupt möglich?

4. Erweitern Sie das Problem mit Lagerhaltung — Gleichung (5) oben — auf die in 1.7 Aufgabe 2 angegebene Weise. Lösen und deuten Sie das Modell für den Normalfall $a < 0$, $b > 0$.

5. Vervollständigen Sie die Untersuchung der Möglichkeiten der Gleichung (9) und zeigen Sie, daß

Wert von $v + s$	Verlauf von Y_t
$v + s < (1-\sqrt{s})^2$	gedämpft, nicht-oszillatorisch
$(1-\sqrt{s})^2 < v + s < 1$	gedämpfte Schwingung
$1 < v + s < (1+\sqrt{s})^2$	explosive Schwingung
$(1+\sqrt{s})^2 < v + s$	explosiv, nicht-oszillatorisch

Deuten Sie bei (üblicherweise kleinem) gegebenem s das Modell mit Hilfe der Potenz des Akzelerators. Ziehen Sie den Vergleich mit den Ergebnissen für das Samuelson-Hicks-Modell für ein Zusammenwirken von Multiplikator und Akzelerator (7.1 und Abb. 21 unten).

6. Setzen Sie in der vorhergehenden Aufgabe $s = 0$ und zeigen Sie, daß Y_t nicht weiterhin oszillieren kann. Zeigen Sie, daß mit $v < 1$ eine gedämpfte Veränderung und mit $v > 1$ eine explosive Veränderung von Y_t gegeben ist.

6.7 Verzögerungen, verteilte Lags und die Multiplikator-Akzelerator-Beziehung

Ein stetiger Lag hat den Vorteil, daß er sich bei speziellen Fällen seiner Zeitform $f(\tau)$ (z. B. einfache oder mehrfache exponentielle Verzögerung) durch eine Differentialgleichung der Form (3) in 5.8 oben darstellen läßt, die u. U. von niedriger Ordnung ist und leicht gelöst werden kann. Der Nachteil beruht darin, daß er sich im Falle eines „realistischen" oder empirischen Verlaufs nicht leicht handhaben läßt. Bei der Periodenanalyse eines verteilten Lags liegt der Fall umgekehrt (siehe 3.9 oben). Er läßt sich leicht in jeder beliebigen Form darstellen, wie dies auch für die Multiplikator-Akzelerator-Beziehung in 3.7 oben geschehen ist. Darüber hinaus läßt sich auch die Wirkung von Änderungen der Form des Lags in der Lösung eines Verzögerungs-Problems leicht erkennen (anhand der entsprechenden Koeffizienten). Andererseits entstehen bei weit verteilten und somit „realistischen" Lags (wie etwa bei denen der Abb. 19), aber mit Periodengrößen Differenzengleichungen hoher Ordnung, die sich nicht leicht lösen und deuten lassen.

Die einfachste Form eines Lags ist die *Verzögerung*, d. h. ein einziger Lag von ϑ Zeit- oder Periodeneinheiten, wobei sich oft durch geeignete Wahl der Zeiteinheit $\vartheta = 1$ setzen läßt. Eine Verzögerung läßt sich gleicherweise in periodischer oder stetiger Analyse benutzen. In der *Periodenanalyse* ist dies tatsächlich sehr einfach; eine Verzögerung ist der Sonderfall eines verteilten Lags, in welchem nur der erste Ausdruck verwendet wird. Setzt man etwa $C_t = C(Y_{t-1})$ als Konsumfunktion des Multiplikators, so bedeutet dies eine Verzögerung um eine Periode, also einen Sonderfall des verteilten Lags $C_t = C(Y_{t-1}, Y_{t-2}, Y_{t-3}, \ldots)$. In der *stetigen Analyse* geschieht die formale Einführung einer Verzögerung von ϑ Zeiteinheiten dadurch, daß in der entsprechenden Funktion oder Relation t durch $(t-\vartheta)$ ersetzt wird; doch dieser einfache Schritt dient dazu, den gesamten Prozeß „zusammenzuziehen". Als Ergebnis erhält man gewöhnlich nicht eine Differentialgleichung, sondern eine Mischung aus Differenzen- und Differentialgleichung. Beispielsweise wird die Multiplikator-Akzelerator-Relation ohne Lag (ohne autonome Ausgaben) durch den Ausdruck wiedergegeben:

$$Y = cY + v\frac{dY}{dt}$$

Daraus erhält man die Differentialgleichung von Harrod-Domar:

$$\frac{dY}{dt} = \frac{1-c}{v} Y$$

Führt man eine Verzögerung von einer Periode in die Konsum- und Investitionsfunktionen ein, so wird aus der Gleichung:

$$Y(t) = cY(t-1) + v \frac{d}{dt} Y(t-1)$$

Daraus erhält man die gemischte Differenzen- und Differentialgleichung: chung:

$$\frac{d}{dt} Y(t-1) = \frac{1}{v} \{Y(t) - cY(t-1)\}$$

Verzögerungen können in der stetigen Analyse untersucht werden (siehe Kap. 8 und 9 unten), doch bereitet dies Schwierigkeiten. Man betrachte eine sinusförmige Variable mit der Dämpfung α und der Frequenz ω, definiert durch die komplexe Variable $z = Ae^{i\varepsilon} e^{pt}$ $(p = \alpha + i\,\omega)$. Dann ist $D^n z = p^n z$ eine ähnliche sinusförmige Variation (5.9 oben). Nun führe man eine Variable mit einer Verzögerung ein: $u(t) = z(t-\vartheta)$

$$u(t) = Ae^{i\varepsilon} e^{p(t-\vartheta)} = e^{-p\vartheta} z(t)$$

Mit Hilfe des Faktors $e^{-p\vartheta}$ wird die Amplitude modifiziert und in die Phase von z ein Lag hineingebracht:

$$u(t) = Ae^{i\varepsilon} e^{-\alpha\vartheta} e^{-i\omega\vartheta} e^{pt}$$

$$= (Ae^{-\alpha\vartheta}) e^{i(\varepsilon-\omega\vartheta)} e^{pt}$$

Dabei wird die Amplitude durch $e^{-\alpha\vartheta}$ modifiziert, während die Phase ε um $(-\omega\,\vartheta)$ reduziert wird. Trotzdem bleibt $u(t)$ sicherlich eine sinusförmige Variable mit der gleichen Dämpfung und Frequenz wie $z(t)$; denn der Ausdruck e^{pt} bleibt unverändert. Das gleiche gilt für $D^n u = p^n u = p^n e^{-p\vartheta} z$.

Der allgemeine *verteilte Lag* in der *Periodenanalyse* wird voll und ganz veranschaulicht, wenn man ihn in das Multiplikator-Akzelerator-Modell einführt. Hierbei bedeuten

$$C_t = c_1 Y_{t-1} + c_2 Y_{t-2} + c_3 Y_{t-3} + \dots \quad \text{mit} \quad c = c_1 + c_2 + c_3 + \dots$$

$$I_t = v_1 (Y_{t-1} - Y_{t-2}) + v_2 (Y_{t-2} - Y_{t-3}) + \dots \quad \text{mit} \quad v = v_1 + v_2 + \dots$$

die Konsum(Multiplikator)- und Investitions(Akzelerator)-Relationen, die in die Bedingungsgleichung des Modells einzusetzen sind: $Y_t = C_t + I_t + A_t$ (A_t stellt die autonomen Ausgaben dar).

Im verteilten Konsumlag können die Koeffizienten ($c_1, c_2, c_3, \ldots$) jeden beliebigen Wert annehmen; nur müssen sie sich zu c, dem totalen Grenzhang zum Konsum, addieren. Auch die Gestalt des Lags läßt sich beliebig variieren, da sie durch die Koeffizienten beschrieben wird. Beispielsweise müssen die $c_1, c_2, c_3, \ldots$ nicht in einer geometrischen Reihe abnehmen – diese Annahme betraf nur den stetigen exponentiellen Lag. Ähnliches läßt sich über den Investitionslag sagen. Substituiert man in der Bedingung des Modells die mit einem Lag versehenen Ausdrücke C_t und I_t, so wird die entstehende Differenzengleichung für Y_t gelöst, so daß man die Wirkung der Koeffizienten des Lags (die c_r und die v_r) in der Lösung erkennen kann. Im Multiplikator-Akzelerator-Problem kommt es mehr auf den Lag bei den Investitionen an; eine einführende Behandlung dieses Themas findet sich in 3.7 - 3.9 oben, doch soll das Problem in seiner allgemeinen Form erst im Kapitel 7 behandelt werden.

Unterdessen soll, auch zur Klärung der Grundlagen, die Wirkung des Konsumlags an dem einfacheren Multiplikator-Modell von 2.7 oben studiert werden, also an einem Multiplikator-Akzelerator-Modell mit $I_t = 0$. Die Differenzengleichung lautet:

$$Y_t = C_t + A_t \quad \text{mit} \quad C_t = c_1 Y_{t-1} + c_2 Y_{t-2} + c_3 Y_{t-3} + \ldots$$

Bei einem *einfachen Lag* (Verzögerung) $C_t = c\,Y_{t-1}$ und mit A_t als Konstanten lautet die Gleichung:

$$Y_t - cY_{t-1} = A$$

Ihre Lösung ist:

$$y_t = y_0\, c^t \left(y_t = Y_t - \bar{Y}, \bar{Y} = \frac{A}{1-c}\right)$$

Die entsprechende Gleichung mit *einem über zwei Perioden verteilten Lag* lautet:

$$Y_t - c_1 Y_{t-1} - c_2 Y_{t-2} = A$$

Das Partikularintegral lautet wiederum $\bar{Y} = \frac{A}{1-c}$, so daß mit $y_t = Y_t - \bar{Y} =$ gilt:

$$y_t - c_1 y_{t-1} - c_2 y_{t-2} = 0$$

Wegen $c = c_1 + c_2$ setzt man $c_1 = c - c_2$ und bildet die Gleichung:

$$y_t - (c - c_2)\, y_{t-1} - c_2\, y_{t-2} = 0 \tag{1}$$

Die Lösung lautet

$$y_t = A_1 \lambda_1^t + A_2 \lambda_2^t \quad (A_1 \text{ und } A_2 \text{ beliebig}) \tag{2}$$

Hierbei sind λ_1 und λ_2 die Wurzeln der Hilfsgleichung

$$\lambda^2 - (c - c_2)\,\lambda - c_2 = 0 \tag{3}$$

Sind für die c und ebenso für die Anfangsstörung y_0 und y_1 spezielle Werte angegeben, so läßt sich für (1) eine numerische Lösung bestimmen.

Beispiel: Man betrachte

$$c = \frac{3}{4}\,,\ c_2 = \frac{1}{4} \text{ d. h. } C_t = \frac{1}{2}\,Y_{t-1} + \frac{1}{4}\,Y_{t-2}$$

Die Hilfsgleichung (3) lautet:

$$\lambda^2 - \frac{1}{2}\,\lambda - \frac{1}{4} = 0$$

mit den Wurzeln

$$\lambda_1, \lambda_2 = \frac{1}{4}\,(1 \pm \sqrt{5}\,) = 0{,}809,\ -0{,}309$$

Die Lösung von (2) ist

$$y_t = A_1\,(0{,}809)^t + A_2\,(-0{,}309)^t\ .$$

Lauten die Anfangswerte $y_0 = 0$ und $y_1 = 1$, so gewinnt man durch Substitution von $t = 0$ und $t = 1$ die Werte $A_1 = 0{,}895$ und $A_2 = -0{,}895$.

Die Lösung ist dann:

$$y_t = 0{,}895\,(0{,}895)^t - 0{,}895\,(-0{,}309)^t$$

Der erste Ausdruck ist der dominante, von ihm wird der zweite bald überlagert. Somit gilt $y_t \to 0$ durch positive Werte.

Das allgemeine Problem besteht darin, λ_1 und λ_2 von (3) bei beliebigen Werten c und c_2 des Konsumlags zu bestimmen. Ihre Wurzeln sind:

$$\lambda_1, \lambda_2 = \frac{1}{2}\,\{c - c_2 \pm \sqrt{(c - c_2)^2 + 4\,c_2}\}$$

Für die c nimmt man allgemein $0 \leqslant c_2 \leqslant c \leqslant 1$ an, da alle Koeffizienten (c_1, c_2 und $c = c_1 + c_2$) als positive echte Brüche betrachtet werden. Folglich sind λ_1 und λ_2 reell; ein λ (etwa λ_1) ist positiv, das andere (λ_2) negativ; dabei ist die positive Wurzel numerisch größer. Um die Wurzeln genauer festzulegen, untersucht man nach der Methode von 4.6 die Vorzeichenänderungen der Funktion $f(\lambda) = \lambda^2 - (c - c_2)\,\lambda - c_2$. Durch Substitution erhält man:

$\lambda =$	-1	$-c_2$	0	c	1
$f(\lambda) =$	$1 + c - 2\,c_2$	$-c_2\,(1 - c)$	$-c_2$	$-c_2\,(1 - c)$	$1 - c$
	$+\,ve$	$-\,ve$	$-\,ve$	$-\,ve$	$+\,ve$

Der Verlauf von $f(\lambda)$ wird in Abb. 20 veranschaulicht. Offensichtlich liegt die positive Wurzel λ_1 zwischen c und 1, die negative λ_2 zwischen -1 und $-c_2$.

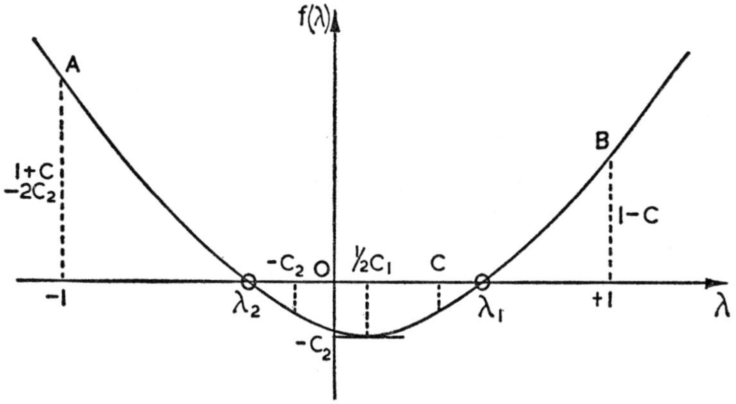

Abb. 20

Die numerisch größere Wurzel (λ_1) ist ein positiver echter Bruch; die andere Wurzel (λ_2) ist ein negativer Bruch.

Daraus läßt sich schließen, daß unabhängig von den tatsächlichen Werten von c und c_2 $(0 \leqslant c_2 \leqslant c \leqslant 1)$ die in (2) für y_t wiedergegebene Lösung einen dominanten Ausdruck $A_1 \lambda_1^t$ besitzt, welcher stetig gegen Null konvergiert. Der andere Ausdruck $A_2 \lambda_2^t$ führt ein alternierendes Element ein, das jedoch überlagert wird.

Einige etwas extreme Fälle seien noch erwähnt. Zunächst kann man die Größe von c, den gesamten Grenzhang zum Verbrauch, betrachten. Ist c klein (und somit auch c_1 und c_2), so verläuft die Kurve der Abb. 20 nur etwas unterhalb des Nullpunktes; folglich sind λ_1 und λ_2 klein und die Konvergenz von y_t gegen Null stark. Ist c groß, so liegt der Punkt B auf der Kurve der Abb. 20 etwas über dem Nullpunkt; folglich liegt die dominante Wurzel λ_1 nahe bei 1, und die Konvergenz von y_t ist schwach. Je größer der Wert von c (bzw. je kleiner der Wert $s = 1 - c$, die Grenzneigung zum Sparen) ist, desto schwächer konvergiert y_t. Ist zweitens der Wert von c gegeben, so wird die Größe von c_2 (welche die Verteilung des Lags festlegt) wichtig; diese beeinflußt die Konvergenz von y_t durch die zweite (negative) Wurzel λ_2. Ist c_2 klein, so liegt der Punkt A auf der Kurve der Abb. 20 beträchtlich über dem Nullpunkt und $(-\lambda_2)$ ist klein; der alternierende Ausdruck in y_t wird schnell überlagert. Ist c_2 groß, so liegt A nur knapp über dem Nullpunkt, und $(-\lambda_2)$ liegt ebenfalls in der Nähe von 1; der alternierende Ausdruck wie auch der dominante nehmen schnell ab. Es liegt eine sehr weite

Verteilung der Verzögerung vor, und der durchschnittliche Lag ist groß, wenn c_2 groß ist. Folglich konvergiert y_t um so schwächer, je größer der durchschnittliche Lag ist.

Für den *allgemeinen Fall* eines verteilten Lags lautet die Differenzengleichung:

$$Y_t - (c_1 Y_{t-1} + c_2 Y_{t-2} + \ldots + c_n Y_{t-n}) = A$$

in der alle c_r und auch $c = c_1 + c_2 + \ldots + c_n$ positive echte Brüche sind. Das Partikularintegral ist wiederum $= \frac{A}{1-c}$; mit $y_t = Y_t - \overline{Y}$ lautet die Differenzengleichung:

$$y_t = c_1 y_{t-1} + c_2 y_{t-2} + \ldots + c_n y_{t-n}$$

und die allgemeine diskrete Lösung

$$y_t = A_1 \lambda_1^t + A_2 \lambda_2^t + \ldots + A_n \lambda_n^t$$

Hierbei sind $\lambda_1, \lambda_2, \ldots, \lambda_n$ die n Wurzeln der Hilfsgleichung

$$f(\lambda) = \lambda^n - c_1 \lambda^{n-1} - c_2 \lambda^{n-1} - \ldots - c_n = 0$$

Die $A_1, A_2, \ldots, A_n$ sind beliebige Konstanten, die sich mit Hilfe von n Anfangsstörungen bestimmen lassen.

Die Hilfsgleichung muß eine reelle Wurzel (λ_1) haben, die positiv ist und in ihrem Wert zwischen c und 1 liegt. Durch Substitution in $f(\lambda)$ erhält man:

$$\begin{aligned} f(c) &= c^n - c_1 c^{n-1} - c_2 c^{n-2} - \ldots - c_n \\ &= c^{n-1}(c - c_1) - c_2 c^{n-2} - \ldots - c_n \\ &= c_2 c^{n-2}(c-1) + c_3 c^{n-3}(c^2-1) + \ldots + c_n (c^{n-1}-1) < 0 \end{aligned}$$

da $$c - c_1 = c_2 + c_3 + \ldots + c_n \quad \text{und} \quad c < 1$$

und $$f(1) = 1 - c_1 - c_2 - \ldots - c_n = 1 - c > 0, \text{ wegen } c < 1.$$

Folglich wechselt $f(\lambda)$ das Vorzeichen zwischen $\lambda = c$ und $\lambda = 1$; und in diesem Bereich gibt es eine Wurzel λ_1 der Hilfsgleichung.

Man kann ebenfalls nachweisen, wenn auch mit einiger Schwierigkeit, wie es Hicks (1950) vorgeführt hat, daß die Wurzel λ_1 die einzige positive Wurzel ist und zugleich die absolut größte. Unter den anderen $(n-1)$ Wurzeln können einige reell und negativ sein, während andere paarweise konjugiert komplexe Werte liefern. Jede negative Wurzel ist jedoch numerisch kleiner als λ_1. Gibt es ein Paar konjugiert komplexer Wurzeln $r(\cos\vartheta \pm i \sin\vartheta)$, so muß der Modul r (oder die absolute

Größe) kleiner als λ_1 sein. Folglich ist λ_1 die dominante Wurzel, und der dominante Ausdruck in y_t ist $A_1 \lambda_1^t$. Wegen $c < \lambda_1 < 1$ konvergiert y_t im Verlauf der Funktion gegen Null. Die Konvergenzgeschwindigkeit hängt in erster Linie von λ_1 ab; allgemein gilt, daß die Geschwindigkeit der Konvergenz mit wachsendem c abnimmt.

Wenn auch der Ausdruck $A_1 \lambda_1^t$ in y_t dominiert, so sind doch auch die anderen interessant. Da $\lambda_2, \lambda_3, \ldots \lambda_n$ entweder negative oder konjugiert komplexe Werte annehmen, führen diese Ausdrücke entweder zu Alternationen oder Schwingungen in y_t (oder zu beidem). Folglich konvergiert y_t im allgemeinen gegen Null und Y_t gegen $\bar{Y}$, allerdings mit alternierendem Vorzeichen und mit Schwingungen, die dem Hauptverlauf überlagert sind. Diese zusätzlichen Bewegungen verlangsamen (oder beschleunigen) die Konvergenz. Dabei ist, wie Solow (1951) gezeigt hat, die durch $c_1 : c_2 : c_3 : \ldots : c_n$ wiedergegebene Verteilung der Lags im Gegensatz zum Gesamtgrenzhang c von Bedeutung. Allgemein nimmt, unter sonst gleichen Bedingungen, die Geschwindigkeit der Konvergenz von Y_t gegen $\bar{Y}$ ab, je größer der durchschnittliche Lag und je weiter die Streuung des verteilten Lags ist.

Übungsaufgaben 6.7

1. Untersuchen Sie das Multiplikator-Modell mit einem Lag von zwei Perioden für den Fall $c_1 = 0$. Inwiefern unterscheidet sich diese Lösung von einem Fall mit einfachem Lag?

2. Im Multiplikator-Modell mit einem Lag von zwei Perioden gelte $c \to 1$; c_1 und c_2 seien weiterhin positive Brüche. Welche Form nimmt dann y_t in der Lösung an? Was läßt sich in diesem Fall über das Sparen sagen (ex ante und ex post)?

3. In der durch (2) oben gegebenen Lösung für y_t seien die Anfangswerte y_0 an der Stelle $t = 0$ und y_1 an der Stelle $t = 1$. Zeigen Sie, daß

$$A_1 = \frac{-\lambda_2 y_0 + y_1}{\lambda_1 - \lambda_2} \quad \text{und} \quad A_2 = \frac{\lambda_1 y_0 - y_1}{\lambda_1 - \lambda_2}$$

Wie wirken verschiedene Werte und Vorzeichen von y_0 und y_1 auf den Verlauf von y_t?

6.8 Stetige Lösungen von Differenzengleichungen

Eine Differenzengleichung Y_x bezieht sich auf eine beliebige Reihe äquidistanter Werte einer unabhängigen Variablen x. Die diskreten Lösungen, die bisher betrachtet wurden, gehören zu einer speziellen Reihe von x-Werten, die mit $x = 0, 1, 2, \ldots$ bezeichnet wurden. Doch ist die Differenzengleichung in dieser Weise nicht beschränkt; der Ausgangspunkt ist beliebig. Ist $x = 0$ der Ausgangspunkt, so erzeugt die Differenzengleichung die diskrete Lösung Y_0, Y_1, Y_2, ... Wählt man $x = \frac{1}{2}$, so erhält man eine vollständig andere diskrete Lösung $Y_{\frac{1}{2}}$, $Y_{\frac{2}{3}}$, $Y_{\frac{5}{2}}$, ... Offensichtlich läßt sich die Anzahl verschiedener diskreter Lösungen zahlenmäßig nicht beschränken. Jeder Wert x zwischen Null und Eins kann als Ausgangspunkt dienen, man kann x stetig variieren lassen. Nun fragt sich, ob sich alle diskreten Lösungen in einer einzigen stetigen Lösung vereinigen lassen, die Y_x als Ausdruck von x wiedergibt, wobei x irgendeiner Reihe gleichverteilter Werte entstammt und selber jeden beliebigen Wert annehmen kann.

Beispielsweise nehme man an, die Differenzengleichung beziehe sich auf das Preisniveau Y_x zu verschiedenen Zeitpunkten x, wobei das Intervall von x ein Jahr betragen soll. Dann soll $x = 0, 1, 2, \ldots$ das Ende eines jeden Jahres bezeichnen. Somit zeigt die Lösung Y_x, wie der Preis von einem Jahresende zu anderen variiert. Doch ist mit $x = \frac{1}{2}, \frac{3}{2}, \frac{5}{2}, \ldots$ eine weitere diskrete Lösung gegeben, welche die Veränderung der Preise zur Jahresmitte zeigt. In beiden Fällen, wie auch in allen anderen ähnlich gelagerten Fällen, wird die Veränderung des Preises innerhalb des Jahres selbst (etwa die Saisonschwankung) ignoriert. Nun fragt sich eben, ob man für Y_x eine stetige Lösung finden kann, mit der sich die gesamte Variation des Preises während der Zeit zeigen läßt, und zwar sowohl innerhalb des Jahres wie auch von Jahr zu Jahr.

Eine Gleichung erster Ordnung $\chi\,(x;\, Y_x,\, Y_{x-1}) = 0$ besitzt eine diskrete Lösung $Y_x = Y\,(x;\, A)$ mit einer beliebigen Konstanten A. Unabhängig von der speziellen betrachteten Reihe x läßt sich A durch den Anfangswert von Y bestimmen. Ist Y_0 gegeben, so bezieht sich die Lösung auf Y_x mit $x = 0, 1, 2, 3, \ldots$; ist $Y_{\frac{1}{2}}$ gegeben, so ergibt sich Y_x für $x = \frac{1}{2}, \frac{3}{2}, \frac{5}{2}, \ldots$; usw. für jedes beliebige gegebene Y_x mit $0 \leqslant x < 1$. Nun erweitere man das beliebige Element von *einem* gegebenen Y_x, etwa Y_0 oder $Y_{\frac{1}{2}}$, auf den *ganzen Bereich* gegebener Y_x für $0 \leqslant x < 1$. Genauer gesagt soll nunmehr anstelle eines beliebig gegebenen Anfangswertes eine beliebige *Funktion* im Intervall $0 \leqslant x < 1$ festgelegt werden; die Funktion kann bei jedem beliebigen Wert Y_0 beginnen und in jeder beliebigen Form von $x = 0$ bis $x = 1$ variieren, doch soll sie an der Stelle $x = 1$ zum Ausgangswert zurückkehren. Diese beliebige Funktion hat die Periode 1. Im Rahmen des Beispiels, in welchem Y_x das Preisniveau bedeutet, wäre das beliebig zu bestimmende Element der gesamte Bereich der Preise über ein Jahr, diese ausgedrückt in Form von Saisonschwankungen, welche auf gleichem Niveau beginnen und enden. Unter diesen Bedingungen liefert die Differenzengleichung den Ausdruck Y_x für jeden beliebigen, stetig variierenden Wert von x.

Mit $W(x)$ sei eine beliebige Funktion mit der Periode 1 bezeichnet, so daß alle Funktionswerte, die um Einheitsintervalle von x auseinanderliegen, gleich sind. Folglich gilt $\Delta W = 0$ für Einheitsintervalle. Genau wie die Ableitung einer Konstanten Null ist, ist auch die Differenz einer Funktion der Periode 1 Null. Die Konstante verschwindet bei der Differentiation, die Funktion mit der Periode 1 verschwindet bei der Differenzenbildung. Die allgemeine stetige Lösung von $\chi(x, Y_x, Y_{x-1}) = 0$ lautet dann $Y_x = Y(x; W)$. Hier ist W eine beliebige Funktion der Periode 1, die sich mit Hilfe der Anfangsbedingungen für Y_x im Intervall $0 \leqslant x < 1$ bestimmen läßt.

Das Konzept einer stetigen Lösung läßt sich leicht vereinfachen. Eine Differenzengleichung zweiter Ordnung $\chi(x, Y_x, Y_{x-1}, Y_{x-2})$ besitzt die diskrete Lösung $Y_x = Y(x; A_1, A_2)$ für $x = 0, 1, 2, \ldots$; hierbei sind A_1 und A_2 beliebige Werte, welche sich aus Y_0 und Y_1 bestimmen lassen. Ihre stetige Lösung lautet $Y_x = Y(x; W_1, W_2)$ für beliebige x; W_1 und W_2 sind beliebige Funktionen mit der Periode 1, welche sich mit Hilfe der Anfangsbedingungen von Y_x für die beiden Intervalle $0 \leqslant x < 1$ und $1 \leqslant x < 2$ ausdrücken lassen. Die Ausweitung auf jede beliebige Differenzengleichung ist klar. Alles, was oben über beliebige Konstanten oder Anfangswerte in einer diskreten Lösung gesagt wurde, gilt in gleicher Weise für beliebige Funktionen der Periode 1 in einer stetigen Lösung.

Die Lösungen von Differenzen- und Differentialgleichungen haben verschiedene Eigenschaften; beispielsweise ist der Bereich der Möglichkeiten für die Lösung einer linearen Differenzengleichung (in Abhängigkeit von einer Potenzfunktion wie etwa a^x) im allgemeinen erheblich weiter und ertragreicher als bei einer linearen Differentialgleichung (in Abhängigkeit von einer Exponentialfunktion e^{ax}). Dies geht aus der Untersuchung 6.3 bis 6.5 oben hervor. Vergleicht man jedoch dieses Kapitel mit dem vorhergehenden, so sieht man, daß die Methoden zur Behandlung von Differential- und Differenzengleichungen so ziemlich die gleichen sind; nur sind sie für Differentialgleichungen zufällig weiter entwickelt und auch bekannter.

Schließlich lassen sich Differenzengleichungen auch noch mit Methoden lösen, die denen der Laplace-Transformation bei Differentialgleichungen (5.7 oben) analog sind. Die spezielle diskrete Lösung Y_x $(x = 0, 1, 2, \ldots)$ wird zu einer speziellen stetigen Lösung, wenn man für das ganze Intervall $0 \leqslant x < 1$ den Ausdruck $Y_x = Y_0$ setzt. Die Lösung liefert dann eine Stufenfunktion einer stetigen Variablen:

$$Y(x) = Y_0 \, (0 \leqslant x < 1); \quad = Y_1 \, (1 \leqslant x < 2); \quad \ldots$$

Darauf läßt sich die Methode der Laplace-Transformation anwenden; siehe Gardner und Barnes (1942). Als Alternative dazu läßt sich für die diskrete Reihe Y_x eine Transformation mit Hilfe einer Summe bilden, analog zu dem Integral der Laplace-Transformation einer Funktion einer stetigen Variablen. Eine einfache Transformation dieser Art ist die *erzeugende Funktion*

$$\overline{Y}(s) = \sum_{x=0}^{\infty} Y_x s^x = Y_0 + Y_1 s + Y_2 s^2 + \ldots$$

in welcher die Koeffizienten aufeinanderfolgender Potenzen von s die Folge Y_x erzeugen. Die Lösung von Differenzengleichungen durch eine Transformation von Y_x in $\overline{Y}(s)$ ähnelt sehr stark der Lösung einer Differentialgleichung mit Hilfe der Laplace-Transformation. Siehe Goldberg (1958), im besonderen sein Beispiel (S. 194).

Literatur

Baumol (W. J.) (1951): Economic Dynamics (Macmillan, 1951), Kapitel 9 - 11.

Baumol (W. J.) (1958): „Topology of Second Order Linear Difference Equations with Constant Coefficients", Econometrica, **26**, 258 - 85.

Durell (C. V.) und *Robson* (A.) 1937): Advanced Algebra (Bell, 1937), Kapitel XI.

Gardner (M. F.) und *Barnes* (J. L.) (1942): Transients in Linear Systems (Wiley 1942), Kapitel IX.

Goldberg (S.) (1958): Introduction to Difference Equations (Wiley, 1958).

Hicks (J. R.) (1950): A Contribution to Theory of the Trade Cycle (Oxford, 1950).

Milne (W. E.) (1949): Numerical Calculus (Princeton, 1949), Kapitel XI.

Orcutt (G. H.) (1948): „A Study of the Autoregressive Nature of the Time Series used for Tinbergen's Model of the Economic System of the United States, 1919 - 1932", Journal Royal Statistical Society, Series B, **10**, 1 - 45.

Solow (R.) (1951): „A Note on Dynamic Multipliers", Econometrica, **19**, 306 - 16.

Kapitel 7

Konjunkturtheorie: Samuelson – Hicks

7.1 Das einfache Multiplikator-Akzeleratormodell mit einem Investitions-Lag von einer Periode

Es seien für aufeinanderfolgende Perioden $t = 0, 1, 2, \ldots$ die autonomen Konsum- und Investitionsausgaben (A_t) bestimmt. Bezüglich der zeitlichen Entwicklung von A_t bestehen keine Restriktionen. Diese wird als Datum behandelt. Das Einkommen oder der Output in der Periode t sei Y_t. Eine Veränderung des Outputs von Periode $(t-2)$ zu Periode $(t-1)$ induziert Investitionen, die sich in irgendeiner Weise auf Periode t und die folgenden Perioden verteilen. In dem einfachen Modell (wie in 3.7 oben) wird angenommen, daß die induzierte Investition in der Periode t realisiert wird, die der Outputänderung unmittelbar folgt. Die Beziehung wird als proportional angesetzt, so daß die

induzierte Investition $\quad I_t = v\,(Y_{t-1} - Y_{t-2})$ ist.

Eine lineare Konsumfunktion mit einem verteilten Lag wird zugrunde gelegt:

Konsum $\quad C_t = c_1\,Y_{t-1} + c_2\,Y_{t-2}$.

Bedingung für das Modell ist, daß Investitions- und Konsumpläne so realisiert werden, daß $Y_t = C_t + I_t + A_t$ ergibt. Diese Bedingung impliziert, daß Sparen und Investieren *ex post* gleich sind, also $(Y_t - C_t) = (I_t + A_t)$. Es wird nichts über das Sparen *ex ante* ausgesagt, das davon abhängt, welches Y_t von dem Konsumenten antizipiert wird; das Modell läßt ungeplantes Sparen, nicht aber ungeplantes Investieren zu.

Die Bedingung des Modells führt zu einer Differenzengleichung zweiter Ordnung (2.7 oben), die folgendermaßen geschrieben werden kann:

$$\left.\begin{aligned} & Y_t = (v + c_1)\,Y_{t-1} - (v - c_2)\,Y_{t-2} + A_t \\ \text{oder}\quad & Y_t = cY_{t-1} + (v - c_2)\,(Y_{t-1} - Y_{t-2}) + A_t \end{aligned}\right\} \qquad (1)$$

Die strukturellen Konstanten sind v, c_1 und c_2; $c = c_1 + c_2$ ist die gesamte marginale Konsumquote und $s = 1 - c$ die gesamte marginale Sparquote. Die einzigen Restriktionen sind $v > 0$, $0 < c_1, c_2, c, s < 1$.

Der erste Schritt besteht darin, ein Partikularintegral von (1) zu finden, das, wenn möglich, den Trendverlauf oder das Gleichgewichtsniveau von Y_t im Zeitverlauf darstellen soll. Das wird davon abhängen, welche Annahmen über die Entwicklung der autonomen Ausgaben A_t gemacht werden.

Die Möglichkeit für ein progressives Gleichgewicht $\overline{Y}_t = \overline{Y}_0 (1 + \varrho)^t$, wobei ϱ eine bestimmte Wachstumsrate ist, wurde bereits untersucht (3.8 oben). Wenn die autonomen Ausgaben gegeben sind, d. h. $A_t = A$ für alle t, dann existiert ein progressives Gleichgewicht mit einer Wachstumsrate ϱ unter der Voraussetzung, daß $r = \varrho$ eine Wurzel von

$$R = r^2 - (v - c_2 - s - 1)\, r + s = 0 \quad \text{ist.}$$

Im allgemeinen gibt es einen solchen mit dem Modell verträglichen progressiven Trend auch für den Fall, daß die autonomen Ausgaben konstant sind.

Wenn ein exponentielles Wachstum der autonomen Ausgaben gegeben ist, d. h. wenn $A_t = A_0 (1 + r)^t$ für ein gegebenes r ist, dann ist $\overline{Y}_t = \overline{Y}_0 (1 + r)^t$ eine Partikularlösung (Gleichgewicht) von (1), wenn

$$\overline{Y}_0 = \frac{A_0 (1 + r)^2}{R} \quad \text{ist (vorausgesetzt, daß } R > 0 \text{ ist).}$$

Hier ist r gegeben und $\overline{Y}_t$ muß mit der gleichen Rate (r) wachsen wie A_t (siehe 3.8, Aufg. 3 und 4 oben). Im allgemeinen existiert ein Wachstumstrend des Output, und die Zuwachsrate ist so groß wie diejenige der autonomen Investitionen. Im Spezialfall ($r = 0$) ist $A_t = A = \text{const.}$ (für alle t), und das Gleichgewichtsniveau ist

$\overline{Y} = \dfrac{A}{1 - c}$, wie es sich aus dem Multiplikator ergibt.

Andere gegebene Verläufe der autonomen Investitionen bewirken andersartige Gleichgewichtsbewegungen für den Output $\overline{Y}_t$. Zum Beispiel kann A_t im zeitlichen Verlauf in vorgegebener Weise oszillieren, dann verläuft der Gleichgewichtspfad $\overline{Y}_t$ auch in Schwingungen (s. 7.6 unten).

Setzen wir voraus, daß bei gegebenem Verlauf der autonomen Investitionen A_t ein entsprechender Trend oder Gleichgewichtspfad des Output Y_t ermittelt sei. Es wird $y_t = Y_t - \overline{Y}_t$ als Abweichung des Output vom Gleichgewichtspfad gesetzt. Da sowohl Y_t als auch $\overline{Y}_t$ (1) erfüllen, nimmt die Differenzengleichung folgende Gestalt an:

$$y_t = (v + c_1)\, y_{t-1} - (v - c_2)\, y_{t-2}$$

d. h.

$$\left.\begin{aligned} y_t &= c y_{t-1} + w\,(y_{t-1} - y_{t-2}) \\ \text{wobei} \quad w &= v - c_2 \end{aligned}\right\} \quad (2)$$

Der letzte und wichtigste Schritt besteht dann darin, (2) zu lösen, um den zeitlichen Verlauf von Y_t zu erhalten und zwar bei jeder anfänglichen Abweichung vom Gleichgewicht. Diese Lösung kann dann Fragen beantworten wie: Oszilliert Y_t um $\overline{Y}_t$, und, wenn das der Fall ist, sind die Schwingungen explosiv oder gedämpft, wenn t gegen unendlich geht?

Die Strukturkonstanten sind der Investitionskoeffizient v, die gesamte marginale Konsumquote c und c_2, die zweite partielle marginale Konsumquote. Es ist im allgemeinen nicht erforderlich, die andere partielle marginale Konsumquote $c_1 = c - c_2$ zu betrachten. Wenn der Wert von c gegeben ist, dann wird die Verteilung des Konsumlags durch c_2 bestimmt.

Aus (2) geht jedoch hervor, daß es tatsächlich nur zwei Strukturkonstanten gibt: c und $w = v - c_2$. Die Wirkung des verteilten Lags der Konsumausgaben liegt einfach in der Verkleinerung von v, d. h. der Akzelerator wirkt weniger stark. Die Konstante $w = v - c_2$ kann als *verringerter Investitionskoeffizient* bezeichnet werden. Im „einfachen Fall" von Hicks ($c_2 = 0$) ist w der Investitionskoeffizient v. Wenn der Konsumlag größer wird, nimmt der Wert von w für jeden gegebenen Investitionsfoeffizienten v ab, oder stärker wirkende Akzeleratoren entsprechen einem gegebenen Wert von w. Die andere Konstante c wird üblicherweise durch $s = 1 - c$ = marginale Sparquote ersetzt, wenn die Lösung von (2) interpretiert werden soll.

Es wird gezeigt werden, daß man vier Fälle unterscheiden kann (7.2 unten):

Strukturkonstanten s und $w = v - c_2$	Verlauf von y_t
(i) $w < (1-\sqrt{s})^2$	ohne Schwingungen und gedämpft
(ii) $(1-\sqrt{s})^2 < w < 1$	gedämpfte Schwingungen
(iii) $1 < w < (1+\sqrt{s})^2$	explosive Schwingungen
(iv) $(1+\sqrt{s})^2 < w$	ohne Schwingungen und explosiv

Abb. 21 zeigt die Art der Lösung für alle Kombinationen von s und w. Die Kurve AB ist $w = (1-\sqrt{s})^2$ und BC ist $w = (1+\sqrt{s})^2$.

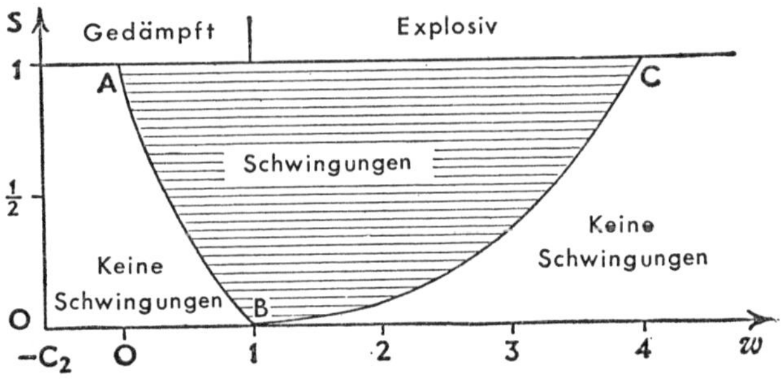

Abb. 21

Ob der Pfad von y_t gedämpft ($w < 1$) oder explosiv ($w > 1$) ist, hängt nur von w ab. Die Bedeutung von s liegt darin, den Wertebereich von w zu bestimmen, innerhalb dessen y_t oszilliert. Wenn s sehr klein ist, kommen Schwingungen nur dann vor, wenn w nahe bei 1 liegt. Wenn s größere Werte annimmt, gibt es einen größeren Bereich, in dem Lösungen mit Schwingungen auftreten. Oder – was auf dasselbe hinausläuft – wenn s klein ist, führt jeder Wert von w, der beträchtlich größer als 1 ist, zu einem stetigen explosiven Verlauf; wenn s zunimmt, sind größere Werte von w notwendig.

Genauer gesagt, wie es in Aufg. 4 unten gezeigt wird, ist die Voraussetzung für Schwingungen, daß $s > (1 - \sqrt{w})^2$ ist. Daher gibt es, wenn w zwischen 0 und 4 liegt, immer einen Wert s (zwischen 0 und 1), der groß genug ist, um Schwingungen von y_t hervorzurufen.

Der Einfluß von c_2, dem Indikator der zeitlichen Verteilung der Konsumaufgaben, besteht immer darin, die Wirkung des Akzelerators abzuschwächen. Im „einfachen Fall" ($c_2 = 0$) ist der Wertebereich von v, der zu Schwingungen führt $(1 - \sqrt{s})^2 < v < (1 + \sqrt{s})^2$, und $v = 1$ entspricht einer gleichmäßigen Schwingung. Mit einem zeitlich verteilten Lag der Konsumausgaben wird der Bereich nach oben verschoben, wenn c_2 zunimmt; er umfaßt $(1 - \sqrt{s})^2 + c_2 < v < (1 + \sqrt{s})^2 + c_2$, und $v = 1 + c_2$ ist der Fall der gleichmäßigen Schwingungen. Ein Akzelerator von gegebener Größe wirkt weniger stark, je größer der Wert von c_2 und je länger der durchschnittliche Lag ist. Für explosive Verläufe von y_t ist ein stärkerer Akzelerator erforderlich; gedämpfte Schwingungen ergeben sich über einem größeren Bereich für die Stärke des Akzeleators. Das Vorhandensein eines zeitlich verteilten Lags der Konsumausgaben entscheidet über Konvergenz und Stabilität von y_t.

Übungsaufgaben 7.1

1. Wenn A_t mit einer gegebenen Wachstumsrate r zunimmt, so daß unter der Voraussetzung $R > 0$ ein wachsendes Gleichgewicht $\overline{Y}_t$ existiert, ist zu zeigen, daß dieses für alle Werte von r gilt, wenn:

$$(1-\sqrt{s})^2 < v-c_2 < (1+\sqrt{s})^2$$

d. h. für den Fall der Lösung mit Schwingungen. Zeigen Sie weiter, daß nur bei $v-c_2 > (1+\sqrt{s})^2$ Probleme auftreten und daß in diesem Falle eines stark wirkenden Akzelerators noch ein Gleichgewichtspfad existiert, wenn nur r hinreichend klein ist (s. 3.8 Aufg. 4, oben).

2. Ermitteln Sie den Bereich von Werten für v für eine Lösung mit Schwingungen, wenn (i) $s = c_2 = 0{,}25$ und wenn (ii) $s = 0{,}04$ und $c_2 = 0{,}06$ ist.

3. Zeigen Sie für den Spezialfall $v = c_2$, daß die Differenzengleichung für y_t eine Gleichung erster Ordnung ist und eine auf Null gedämpfte Lösung hat. Kann man das unter die Fälle (i) - (iv) oben einordnen?

4. Gegeben sei $w = v-c_2$, zu prüfen ist die Wirkung von s auf die Art der Lösung von y_t. Zeigen Sie, daß der Dämpfungsgrad von der Größe $\sqrt{w}$ abhängt, welchen Wert s auch immer haben mag, daß Schwingungen auftreten, wenn $s > (1-\sqrt{w})^2$ und Lösungen ohne Schwingungen auftreten, wenn $s < (1-\sqrt{w})^2$ ist. Erläutern und veranschaulichen Sie den Fall für $v = 1$ und $c_2 = 0{,}25$.

5. Wird $s = 0$ gesetzt, was nicht bedeutet, daß das Sparen ex post $= 0$ ist, so ist zu zeigen, daß y_t nicht oszillieren kann. Zeigen Sie, daß die Differenzengleichung dann

$$(y_t-y_{t-1}) = w\,(y_{t-1}-y_{t-2})$$

lautet, und lösen Sie die Gleichung für $z_t = y_t-y_{t-1}$. Paßt dieses Ergebnis zu den Resultaten der vorhergehenden Übung? Erläutern und vergleichen Sie mit 3.7, Aufg. 3 und 4 oben.

7.2 Ausführliche Lösung des einfachen Modells

Die allgemeine Lösung für

$$y_t = c y_{t-1} + w\,(y_{t-1}-y_{t-2}) \tag{1}$$

wird gesucht, wobei $w = v-c_2$ ist.

Sie hängt ab von den Wurzeln von λ_1 und λ_2 der Hilfsgleichung:

$$f(\lambda) = \lambda^2-(w-s+1)\,\lambda + w = 0 \tag{2}$$

$$\text{wobei} \quad s = 1-c \quad \text{ist.}$$

Die Lösung ist dann:

$$y_t = A_1\,\lambda_1{}^t + A_2\,\lambda_2{}^t \tag{3}$$

Darin sind A_1 und A_2 willkürlich gewählte Konstanten, die durch anfängliche Abweichungen bestimmt sind. Die Wurzeln von (2) können reell sein, dann hat die Lösung von (3) keine Schwingungen; wenn die Wurzeln von (2) konjugiert komplex sind, hat die Lösung von (3) Schwingungen. In beiden Fällen kann die Lösung gedämpft oder explosiv sein, je nach der Größe der dominierenden Wurzel und des entsprechenden Gliedes in (3). Die angewandte Methode ist aus 6.4 oben bekannt.

Die Lage der Wurzeln von (2) erhält man, wenn man das Vorzeichen von $f(\lambda)$ für verschiedene spezielle Werte von λ betrachtet:

$\lambda =$	$-\infty$	-1	0	1	∞
$f(\lambda) =$	positiv	$2(v + c_1) + s$ positiv	w	s positiv	positiv

(4)

Dabei ist zu berücksichtigen, daß

$$\lambda_1 + \lambda_2 = w - s + 1 = v + c_1 > 0 \tag{5}$$

ist. Es ergibt sich daher für $w < 0$, daß eine Wurzel (λ_1) positiv und eine Wurzel (λ_2) negativ ist, da der Wert von $f(\lambda)$ in (4) für $\lambda = 0$ negativ ist. In dem häufigeren Fall $w > 0$ jedoch sind in (4) alle Vorzeichen von $f(\lambda)$ positiv, so daß

$$f(\lambda) = \lambda^2 - (w - s + 1)\lambda + w$$

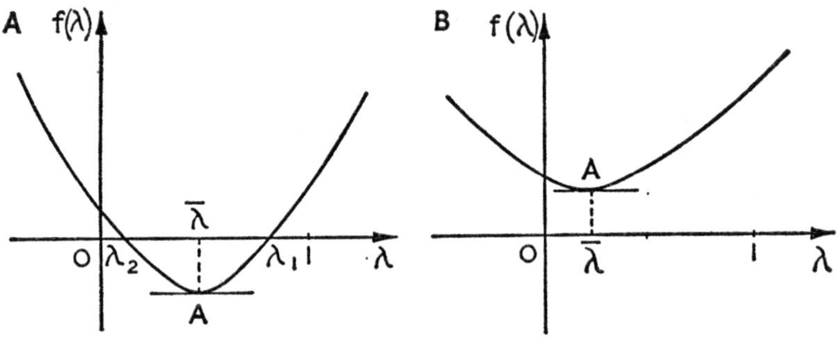

Abb. 22

Fall: $0 < w < (1 - \sqrt{s})^2$

$s < (1 - \sqrt{w})^2$

$\sqrt{w} < \bar{\lambda} < 1$

Fall: $(1 - \sqrt{s})^2 < w < 1$

$s > (1 - \sqrt{w})^2$

$0 < \bar{\lambda} < \sqrt{w})$

beide Wurzeln, wenn sie reell sind, in einen der 4 Bereiche fallen: $(-\infty, -1)$, $(-1,0)$, $(0,1)$ und $(1, \infty)$. Wegen (5) jedoch können sie nur in einem der beiden positiven Bereiche liegen.

Ein besserer Überblick ist möglich, wenn das Diagramm von $f(\lambda)$ gezeichnet wird. Abb. 22 illustriert zwei dieser Fälle. Wenn $\frac{d}{d\lambda} f(\lambda) = 2\lambda - (w - s + 1) = 0$ ist, dann gilt

$$\lambda = \frac{1}{2}(w - s + 1) = \frac{1}{2}(v + c_1) > 0 .$$

Die Kurve hat also ein Minimum in A, wo $\bar{\lambda} = \frac{1}{2}(w - s + 1)$ und

$$f(\bar{\lambda}) = -\frac{1}{4}\{w - (1 + \sqrt{s})^2\}\{w - (1 - \sqrt{s})^2\}$$

ist.

Daher liegt das Minimum *über* der Achse 0λ, wenn $(1 - \sqrt{s})^2 < w < (1 + \sqrt{s})^2$ ist, wobei es keine reellen Wurzeln von (2) gibt. Im anderen Falle gibt es zwei reelle Wurzeln und ($w > 0$) beide liegen *entweder* im Bereich (0,1) *oder* beide im Bereich $(1, \infty)$. Der Wert von $\lambda_1 + \lambda_2$ in (5) genügt, um das zu entscheiden. Wenn $w < (1 - \sqrt{s})^2$ gilt, dann ist $\lambda_1 + \lambda_2 = w - s + 1 < 2(1 - \sqrt{s}) < 2$, d. h. λ_1 und λ_2 liegen im Bereich (0,1). Entsprechendes gilt bei

$$w > (1 + \sqrt{s})^2, \quad \lambda_1 + \lambda_2 = w - s + 1 > 2(1 + \sqrt{s}) > 2 ,$$

d. h. λ_1 und λ_2 liegen im Bereich $(1, \infty)$.

Die verschiedenen Fälle können wie in 7.1 oben zusammengefaßt werden:

(i) (a) $w < 0$. λ_1 ist positiv, λ_2 negativ und λ_1 absolut größer; wegen (3) strebt also y_t gegen 0, die Lösung hat keine Schwingungen, aber alternierende Vorzeichen sind möglich.

(b) $0 < w < (1 - \sqrt{s})^2$. λ_1 und λ_2 sind positiv, d. h. y_t strebt gegen 0 ohne zu oszillieren.

(ii), (iii) $(1 - \sqrt{s})^2 < w < (1 + \sqrt{s})^2$. λ_1 und λ_2 sind konjugiert komplex, das bedeutet, daß y_t oszilliert.

(iv) $(1 + \sqrt{s})^2 < w$. λ_1 und λ_2 sind positiv und größer als 1, d. h. y_t verläuft explosiv und ohne Schwingungen.

Die Fälle (ii) und (iii) sind noch eingehender zu untersuchen. Dabei liegt w im Bereich

$$(1-\sqrt{s})^2 < w < (1+\sqrt{s})^2 \tag{6}$$

und die Wurzeln von (2) sind konjugiert komplex. Sie seien $r(\cos\vartheta \pm i\sin\vartheta)$, so daß

$$r\cos\vartheta = \frac{1}{2}(w-s+1) \quad \text{und} \quad r\sin\vartheta = \frac{1}{2}\sqrt{4w-(w-s+1)^2} \tag{7}$$

ist,

$$\text{d. h. } r = \sqrt{w} \qquad \text{und} \qquad \cos\vartheta = \frac{w-s+1}{2\sqrt{w}} \tag{8}$$

In diesem Falle sind sowohl $\cos\vartheta$ als auch $\sin\vartheta$ positiv, so daß für ϑ ein Wert zwischen 0 und $\frac{\pi}{2}$ angenommen werden kann. Die Strukturkonstanten sind jetzt r und ϑ, deren Abhängigkeit von w und s durch (7) und (8) gegeben ist.

Die allgemeine Lösung von (1) lautet nun:

$$y_t = A\, r^t \cos(\vartheta t - \varepsilon) \tag{9}$$

worin A und ε willkürlich gewählte Konstanten sind, die durch anfängliche Abweichungen bestimmt werden.

Die Schwingungen von (9) sind *gedämpft*, wenn $r < 1$ und explosiv, wenn $r > 1$ ist, bzw. wenn $w < 1$ oder $w > 1$ ist. Der Grenzfall regulärer Schwingungen tritt für $w = 1$ ein. Daher unterscheiden sich die beiden Fälle (ii) und (iii) im Bereich von (6) wie folgt:

(ii) $(1-\sqrt{s})^2 < w < 1$; gedämpfte Schwingungen

(iii) $1 < w < (1+\sqrt{s})^2$ explosive Schwingungen.

Die Schwingungsperiode von (9) ist $\frac{2\pi}{\vartheta}$, wobei $\cos\vartheta$ durch (8) bestimmt ist und zwischen 0 und $\frac{\pi}{2}$ liegt. Die Periode ist zumindest 4 Zeitintervalle lang und hat keine obere Grenze. Ist s gegeben, so hängt die Periodenlänge von der Größe von w im Bereich von (6) ab. Differenzieren wir in (8) $\cos\vartheta$ nach w:

$$\frac{d}{dw}(\cos\vartheta) = \frac{w+s-1}{4w\sqrt{w}}\,.$$

Daher ist

$$\frac{d}{dw}(\cos\vartheta) \begin{array}{ll} < 0 & \text{für } w < 1-s \\ = 0 & \text{für } w = 1-s \\ > 0 & \text{für } w > 1-s\,, \end{array}$$

d. h. der Wert von $\cos\vartheta$ ist ein Minimum, wenn $w = 1-s$ ist. An der unteren Grenze des Bereiches (6) ist $w = 1-\sqrt{s})^2$ und $\cos\vartheta = \frac{w-s+1}{2\sqrt{w}} = 1$. An der Stelle $w = 1-s$ innerhalb des Bereiches (6) ist $\cos\vartheta = 1-s$, und das ist das Minimum. An der oberen Bereichsgrenze von (6) ist $w = (1+\sqrt{s})^2$ und $\cos\vartheta$ wieder gleich 1. Da $\cos\vartheta$ von 1 nach 0 hin abnimmt, wenn ϑ von 0 bis $\frac{\pi}{2}$ zunimmt, ergibt sich, daß ϑ von 0 bis zum Maximum ϑ_m (wo $\cos\vartheta_m = \sqrt{1-s}$ ist) wächst und dann wieder nach 0 hin abnimmt, wenn w den Bereich von (6) durchläuft. Die Schwingungsperiode ist daher an der unteren Grenze des Bereiches von w unendlich groß, verkleinert sich zu einem Minimum von $\frac{2\pi}{\vartheta_m}$ im Punkt $w = 1-s$ und nimmt wieder zu, bis sie an der oberen Grenze des Bereiches von w wieder unendlich lang wird.

Die anfängliche *Amplitude* und der *Anfangspunkt innerhalb der Phase* hängen von den zwei willkürlichen Konstanten A und ε ab. Sie bestimmen diejenigen Eigenschaften der Schwingung, die durch die Anfangsbedingungen festgelegt werden. Daher ergibt sich bei gegebenem s die Lösung (9) mit Schwingungen, wenn $w = v-c_2$ zwischen $(1-\sqrt{s})^2$ und $(1+\sqrt{s})^2$ liegt. Für niedrige Werte von w sind die Schwingungen gedämpft; ist $w = 1$ sind die Schwingungen regulär; höhere Werte von w bewirken explosive Schwingungen. Innerhalb des Bereiches gibt es einen Punkt $w = 1-s$, in dem die Schwingungen gedämpft sind und die Periode ihren kleinsten Wert $\frac{2\pi}{\vartheta_m}$ annimmt (wobei $\cos\vartheta_m = \sqrt{1-s}$ ist). Die Länge dieser Minimalperiode hängt nur von s ab. Im üblichen Fall, in dem s klein ist, ist ϑ_m klein und selbst die kürzeste Periode ist lang. Ein kleiner Wert von s bewirkt, daß der Schwingungsbereich von w klein ist und daß die Schwingungsperiode lang ist, falls Schwingungen auftreten.

Übungsaufgaben 7.2

1. Notieren und erläutern Sie die Lösung für y_t, wenn $v = 0{,}05$, $s = 0{,}04$ und $c_2 = 0{,}06$ ist.

2. Zeigen Sie, da s ein positiver Bruch ist, daß $(1-\sqrt{s})^2 < 1-s < 1$ und beweisen Sie, daß der Wert w der kürzesten Periode in den Bereich gedämpfter Schwingungen fällt. Zeigen Sie für $s = c_2 = 0{,}25$, daß die kürzeste Periode 12 Zeitintervalle umfaßt und auftritt, wenn $v = 1$ ist.

3. Zeigen Sie für $s = 0$, daß die Lösung $y_t = A_1 + A_2 w^t$ ist, die gegen eine Konstante konvergiert ($w < 1$) oder ohne Schwingungen explodiert ($w > 1$).

4. Zeigen Sie, daß in den Grenzfällen $w = (1 \pm \sqrt{s})^2$ die Lösung $y_t = (A_1 + A_2 t)(1 \pm \sqrt{s})^t$ ist, wobei A_1 und A_2 willkürlich gewählt werden.

5. Die Grenzfälle $w = (1 \pm \sqrt{s})^2$ entsprechen auch den Bereichsgrenzen von (6) oben, d. h. Schwingungen mit unendlich langen Perioden. Besteht ein Widerspruch zwischen diesem Ergebnis und dem der vorhergehenden Aufgabe? Zeigen Sie, daß bei jeder der beiden Lösungsmethoden die Lösung für y_t gegen 0 strebt, wenn $w = (1-\sqrt{s})^2$ ist und explosiv ist, wenn $w = (1+\sqrt{s})^2$ ist.

6. Es sei der Gleichgewichtspfad des Output $\overline{Y}_t = \overline{Y}_0 (1+\varrho)^t$; ϱ ist gegeben und positiv. Setzen Sie

$$\eta_t = \frac{Y_t - \overline{Y}_t}{\overline{Y}_t}, \quad \text{so daß} \quad \eta_t = \frac{c}{1+\varrho}\eta_{t-1} + \frac{w}{1+\varrho}\left(\eta_{t-1} - \frac{\eta_{t-2}}{1+\varrho}\right) \text{ gilt.}$$

Untersuchen Sie die Lösung für die Differenzengleichung für η_t. Zeigen Sie, daß sie im selben Bereich von w (bei gegebenen $s = 1-c$) oszilliert wie für y_t, aber daß bei regulären Schwingungen $w = (1+\varrho)^2$ ist. Warum sind die Bereichsgrenzen zwischen gedämpften, regulären und explodierenden Schwingungen für η_t und y_t unterschiedlich?

7.3 Interpretation der Lösung

An die Lösung des Multiplikator-Akzelerator-Modells können zwei vollkommen verschiedene Forderungen gestellt werden. Es kann verlangt werden, daß y_t gegen Null konvergiert, bzw. Y_t gegen $\overline{Y}_t$ strebt, sei es mit oder ohne Schwingungen. Dieser Fall tritt bereits ein, wenn der Akzelerator genügend klein ist, $w = v - c_2 < 1$. Diese Bedingung hängt nicht von der gesamten marginalen Konsum- oder Sparquote ab.

Andererseits kann gefordert werden, daß y_t um Null und Y_t um $\overline{Y}_t$ entweder gedämpft oder explosiv *oszilliert*. Die Bedingung hängt von dem Größenverhältnis der Werte w und s ab. Sie kann so ausgedrückt werden: bei gegebenem s muß w im Bereich $(1-\sqrt{s})^2$ und $(1+\sqrt{s})^2$ liegen, der eng oder weit ist, je nachdem ob s klein oder groß ist. Sie kann auch so formuliert werden: s muß bei gegebenen w einen bestimmten Wert $(1-\sqrt{w})^2$ überschreiten. Es ist gerade diese mehr komplexe Beziehung, die in der Konjunkturtheorie von größerer Bedeutung ist.

Einige numerische Angaben sind wichtig, um eine Vorstellung von den Größenordnungen der Strukturkonstanten zu bekommen, die für Schwingungen erforderlich sind. Üblicherweise kann s als ziemlich klein angenommen werden. Wenn $s = 0{,}04$ ist, dann liegt der Wertebereich von w für Schwingungen zwischen 0,64 und 1,44, so daß ein Wert von w nahe 1 brauchbar erscheint. Hat s den Wert 0,25, weitet sich der Bereich für w aus und liegt zwischen 0,25 und 2,25, und fast jeder nicht allzu große Wert von w führt zu Schwingungen. Dies sind die Bereiche für den verminderten Investitionskoeffizienten w; um entsprechende Werte für v, die Größe des Akzelerators zu erhalten, müssen diese um den Wert c_2 nach oben verschoben werden. Wenn z. B. $w = 0{,}04$ und $c = 0{,}96$ ist, dann verschiebt sich der Bereich für v von $0{,}64 < v < 1{,}44$ (für $c_2 = 0$) nach $1{,}6 < v < 2{,}4$, für den $c_2 = 0{,}96$ ist und der gesamte Konsum zurückgestellt wird. Wenn sich der durchschnittliche Lag der Konsumausgaben vergrößert, sind, wenn Schwingungen auftreten sollen, stärker wirkende Akzeleratoren notwendig.

Die Größe des reduzierten Akzelerators $w = v - c_2$ ist entscheidend. Wenn er nahe bei 1 liegt, dann werden beinahe immer unabhängig von der Größe von s Schwingungen auftreten. Sie werden schwach gedämpft oder explosiv sein, je nachdem ob $w < 1$ oder $w > 1$ ist. Werte von w, die weiter von 1 entfernt liegen, werden nur dann zu Schwingungen führen, wenn s genügend groß ist, und die Schwingungen werden stärker gedämpft oder explosiv sein. Jede Überlegung führt zu der Vermutung, daß w in der Realität wahrscheinlich eher unter 1 als über 1 liegt; dies ist das Ergebnis von Fisher (1952) für die USA. Für das Multiplikator-Akzelerator-Modell sind Schwingungen wahrscheinlich; diese werden meist gedämpft sein, obwohl explosive Fälle keineswegs ausgeschlossen sind.

Der Wert der marginalen Sparquote s hat keine Bedeutung hinsichtlich der Frage, ob die Lösung gedämpft ist, und hinsichtlich der Frage, ob die Lösung Schwingungen hat, nur dann, wenn sich w von 1 unterscheidet. Doch s ist wichtig für die Länge der Schwingungsperioden. Die Periode hängt von den beiden Strukturkonstanten w und s ab, aber die kürzest mögliche Schwingungsperiode des Modells $\frac{2\pi}{\vartheta_m}$, wobei $\cos \vartheta_m = \sqrt{1-s}$ ist, hängt nur von s ab. Wenn s klein ist, gibt es nur einen ziemlich kleinen Wertebereich für w mit Schwingungen, und sogar die kürzeste Periode ist ziemlich lang. Wenn s größere Werte annimmt, werden kurze Schwingungsperioden möglich. Eine alternierende Variable (wie im Spinnweb-Modell) hat eine Periodenlänge von zwei Zeiteinheiten. Im Multiplikator-Akzelerator-Modell sind, selbst wenn s den Wert 0,25 annimmt, keine Perioden möglich, die kürzer als 12 Zeitintervalle sind. Wenn s nur gleich 0,04 ist, muß die Schwingungsperiode größer als 30 Zeiteinheiten sein.

Der oszillatorische Verlauf von Y_t ist endogen oder dem Modell immanent. Schwingungen treten wegen der Struktur des Modells als Folge des Zusammenwirkens von Akzelerator und Multiplikator auf. Der Grundverlauf der Schwingungen wird durch die Strukturkonstanten $w = v - c_2$ und s bestimmt. Im einzelnen wird der Grad der Dämpfung oder Explosivität der Schwingungen durch die Größe von $r = \sqrt{w}$ bestimmt, also durch die Größe des Akzelerators, reduziert um die verteilten Lags der Konsumausgaben. Die Schwingungsperiode wird durch ϑ bestimmt, das sowohl von w als auch von s abhängt. Die kürzest mögliche Periode des Modells hängt jedoch allein von s, von der gesamten Konsum- oder Sparneigung, ab. Diese dem Modell immanente Grundgestalt der Schwingungen bleibt unverändert und wird von exogenen Faktoren nicht beeinflußt. Sie ist insbesondere unabhängig von den Anfangsabweichungen, die die Schwingungen in Gang bringen und von jeglichen folgenden Störungen, die diese aufrechterhalten.

Auf der anderen Seite darf der Einfluß der exogenen Faktoren nicht vernachlässigt werden. Um eine schwingende Bewegung von Y_t um seinen Trend herum zu erzeugen, muß es eine „anfängliche" Störung geben, d. h., ein von außen kommender Einfluß auf das Modell. Diese Störungen bestimmen den Anfangszustand oder die Phase der Schwingung; und, was sogar noch wichtiger ist, sie bestimmen die Amplitude der ersten Schwingung, die dann je nach den immanenten Eigenschaften des Modells gedämpft oder verstärkt wird. Besonders wenn die Struktur des Modells zu einer annähernd regulären Schwingung für Y_t führt (wenn also w annähernd gleich 1 ist), dann ist die Amplitude der Schwingung keine immanente Größe, vielmehr hängt sie allein von den Störungen ab, die die Schwingungen in Gang setzen.

7.4 Anwendung in der Konjunkturtheorie

Das Multiplikator-Akzelerator-Modell, das oben beschrieben wurde, ist selbst noch keine Konjunkturtheorie, noch kann es etwa einfach und mechanisch angewendet werden. Die Frage ist vielmehr, ob es ein nützlicher Bestandteil der Konjunkturtheorie ist. Zuerst muß gesagt werden, daß das Modell das Zusammenwirken von Multiplikator und Akzelerator darstellt; aber das Zusammenwirken kann sich auf verschiedene Weise abspielen (3.7 oben). Jedenfalls erklärt das Multiplikator-Akzelerator-Modell immanente Schwingungen von Y_t, vorausgesetzt, daß die Konstanten w und s in einer entsprechenden Kombination auftreten. Die Tatbestände, die in der Konjunkturtheorie erklärt werden sollen, sind ebenfalls durch Schwingungen des Einkommens oder des Output gekennzeichnet. Diese formale Ähnlichkeit impliziert keine kausale oder anderweitige Beziehungen zwischen diesen Schwingungen. Im Gegenteil, es bestehen wichtige Unterschiede:

(i) Konjunkturzyklen sind mehr oder weniger regulär nicht offenkundig gedämpft oder explosiv. Die Schwingungen des Modells sind nur im Grenzfall $w = v - c_2 = 1$ regulär. Eine Theorie kann nicht darauf beruhen, daß der Akzelerator zufällig gerade die richtige Größe hat.

(ii) Konjunkturzyklen, auch wenn sie regulär sind, sind nicht symmetrisch. Der Aufschwung unterscheidet sich in Form und Art vom Abschwung, z. B. tendiert der Boom dazu, länger zu dauern als die Depression. Im Modell sind die Schwingungen, abgesehen von ihrer gedämpften oder explosiven Gestalt, notwendigerweise symmetrisch, wie es durch die Sinuskurve dargestellt wird.

(iii) Konjukturzyklen haben eine Amplitude, die als dem Modell immanent erscheint oder wenigstens eine Erklärung erfordert. Im Modell wird die Amplitude der Schwingung nicht durch endogene Größen bestimmt; sie ist willkürlich in dem Sinne, daß sie auf exogenen Faktoren oder bestimmten Anfangsbedingungen beruht.

Als Grundlage für eine Konjunkturtheorie muß das Multiplikator-Akzelerator-Modell daher modifiziert oder ergänzt werden. Es sind mehrere Möglichkeiten in Betracht zu ziehen. Die *Periodenanalyse* des Modells kann zu wenig flexibel sein, und es mag besser sein, stetige Verläufe zugrunde zu legen. Die *Linearitätsannahmen* können der Grund für die „unrealistischen" Eigenschaften sein, und ein nichtlinearer Akzelerator kann Verbesserungen bewirken.

Es kann hier erwähnt werden, daß die Bedingungen für eine lineare dynamische Relation nicht so selbstverständlich sind; sie sind nicht so einfach wie z. B. in der statischen Analyse bei Annahme linearer Nachfrage- und Angebotskurven. Eine dynamische Relation kann Ableitungen, Integrale, Lags und Verzögerungen aller Art enthalten und doch noch linear sein. Wie in Anhang A (9) definiert, ist ein *lineares Modell* dadurch gekennzeichnet, daß jede Modellvariable Y einen Verlauf zeigt, bei dem nur der Dämpfungsgrad und die Schwingungsfrequenz durch die Struktur des Modells bestimmt werden. Die Amplitude und die Phase von Y werden durch exogene Faktoren, z. B. durch Anfangsbedingungen bestimmt. Daher sind, falls ein lineares System Schwingungen aufweist, Periode und Dämpfungsgrad strukturell determiniert. Amplitude und Phase sind es nicht. Weiterhin gilt, wenn Y der „Output" ist, der sich aus einem bestimmten „Input" ergibt, daß dann eine stärkere Schwingung des „Input" eine Schwingung des „Output" derselben Periode hervorrufen wird, und zwar mit gleicher Periode und Dämpfung aber anderer Amplitude und Phase (entsprechend den Anfangsbedingungen). So hängt z. B. der „Output" Y_t im hier untersuchten Fall von den autonomen Ausgaben A_t als „Input" ab. Eine verstärkte Schwingung von A_t zieht eine Schwingung von Y_t in derselben Periode und von gleicher Dämpfung nach sich; Amplitude und Phase sind jedoch durch exogene Faktoren bestimmt (siehe 7.6 unten). Das Samuelson-Hicks-Modell, wie es bisher entwickelt wurde, ist eindeutig linear. Goodwins Akzelerator-Modell ist es nicht (s. 8.3 und Abb. 28 unten). Diese Probleme werden in Kapitel 8 und 9 unten behandelt.

Inzwischen kann ein kurzer Überblick über die Möglichkeiten der Ergänzung des Samuelson-Hicks-Modells zu einer Konjunkturtheorie gegeben werden. Eine entscheidende Frage ist, ob die Konstante v des Akzelerator ziemlich klein ist und die Schwingungen von Y_t gedämpft sind, oder ob v ziemlich groß und ein explosives Y_t dem Modell immanent ist. Selbst wenn die Dämpfung oder Explosivität schwach ist, werden die Schwingungen im Zeitablauf „unrealistisch". Die immanente Schwingung muß durch exogene Einflüsse aufrechterhalten werden. Eine an sich gedämpfte Schwingung kann durch äußere Störungen aufrechterhalten werden, oder eine explosive Schwingung kann durch exogene Faktoren beschränkt werden.

Eine andere Frage ist, wie man die notwendige Asymmetrie in die Schwingungen des Modells einbauen kann. Das mag vielleicht nur eine Frage der entsprechenden „Schocks" oder passender „ceilings" (Obergrenzen) und „floors" (Untergrenzen) sein. Es kann auch eine grundlegende Symmetrie-Annahme bestehen, die abgeschwächt werden muß, z. B. die Annahme, daß der Akzelerator in gleicher Weise wirkt, wenn der Output hoch oder niedrig, wachsend oder schrumpfend ist.

Hicks wählte (1950) zur Ergänzung des Multiplikator-Akzelerator-Modells exogene Faktoren vom Typ der „Ober- und Untergrenzen", um die Annahme eines umkehrbaren Akzelerators abzuschwächen. Er nimmt an, daß v groß genug für Schwingungen ist, die nach dem Modell explosiv, aber symmetrisch verlaufen. Die anderen Bestimmungsfaktoren wirken nicht symmetrisch. Der Output wird durch eine „Untergrenze" beschränkt, so daß der Output konstant bleibt und der Akzelerator zu wirken aufhört, wenn sie erreicht wird. Es gibt keine Akzeleratorwirkung, wenn keine Outputveränderungen auftreten. Andererseits hört die Akzeleratorwirkung beim Abschwung ganz auf, wenn der Output sich einer „Untergrenze"nähert, weil Überkapazität entsteht und weil die Desinvestition durch die Abnutzungsrate begrenzt ist. Der Akzelerator in der Form $I_t = v\,(Y_{t-1} - Y_{t-2})$ ist umkehrbar, diese Annahme wird im Abschwung aufgegeben.

Es bleibt die Schwierigkeit, daß, obwohl der Grad der Dämpfung oder Explosivität dem Modell immanent ist, die Amplitude der Schwingungen in diesem wie in jedem linearen Modell nur durch exogene oder Anfangsbedingungen bestimmt ist. Aber, wenn es zulässig ist, daß der Akzelerator bei jedem Abschwung aussetzt, dann sind diese Anfangsbedingungen nicht durch weit zurückliegende Ereignisse bestimmt. Sie werden nach jedem Abschwung in jedem einzelnen Zyklus wieder neu festgelegt. Wenn der Akzelerator erneut zu wirken beginnt, sobald die Überkapazitäten verschwunden sind, geschieht das auf Grund von neuen Anfangsbedingungen, und eine neue Schwingung mit eigener Amplitude fängt an. In dem Ausmaß, in dem die Anfangsbedingungen, die von der tatsächlichen Desinvestition im Abschwung abhängen, mehr oder weniger gleich sind, tendiert die Amplitude dazu, konstant zu sein.

Wenn man diesem Gesichtspunkt nachgeht, wie das Duesenberry 1950 tat, zeigt sich, daß die explosive Gestalt der Schwingungen ziemlich irrelevant ist und daß keine „Obergrenze" gebraucht wird. Wenn eine erste endogene Schwingung auftritt, tritt der Akzelerator im „Abschwung" außer Funktion und eine zweite Schwingung beginnt, wenn der Akzelerator wieder mit neuen Ausgangsbedingungen zu wirken beginnt. Das explosive Element kann sich wegen zu kurzer Zeiträume nicht auswirken und die Schwingungen erreichen nicht notwendig eine Obergrenze, weil jede Schwingung isoliert ist und vom unteren Umkehrpunkt jedes Abschwunges an neu beginnt. Die Amplitude kann ziemlich konstant sein, nicht wegen irgendwelcher Eigenschaften des Zusammenwirkens von Multiplikator und Akzelerator, sondern wegen ähnlicher Ausgangslagen der aufeinanderfolgenden Schwingungen.

Bei dieser Interpretation weist die Hickssche Verwendung des Multiplikator-Akzelerator-Modells zwei wichtige Eigenschaften auf. Zunächst kann die Größe des Akzelerators innerhalb eines ziemlich großen Bereiches variieren, jeder Wert von v ist so lange verwendbar, wie er Schwingungen entspricht; vielleicht mit der Einschränkung, daß diese nicht allzu stark gedämpft oder explosiv sein sollten. Dann tritt zweitens, obwohl das Modell linear formuliert ist, durch den Bruch in der Akzeleratorwirkung im Abschwung ein nichtlineares Element auf. In der Tat ist, wenn $I_t = v\,(Y_{t-1} - Y_{t-2})$ für einige Bereiche gilt, während I_t für andere Bereiche eine willkürlich gewählte (negative) Größe ist, der Akzelerator nichtlinear. Kurz gesagt, Hicks Konjunkturtheorie ist ein Beispiel für einen nichtlinearen Akzelerator. Siehe Baumol (1958), S. 281 - 4.

Dieser kurze Überblick genügt, um zu zeigen, welche Rolle ein Multiplikator-Akzelerator-Modell im Rahmen der Konjunkturtheorie spielen kann. Es gibt jedoch noch einige weitere relevante Eigenschaften des Modells, die zu untersuchen sind.

7.5 Lagerhaltungszyklen

Ein Multiplikator-Akzelerator-Modell des Typs 7.1 oben kann auch für Lagerinvestitionen (also Umlaufkapital) konstruiert werden. Im folgenden wird eine einfache Version von Lundberg (1937) und Metzler (1941) dargestellt.

Investitionsausgaben sind gegeben und für aufeinanderfolgende Perioden $t = 0, 1, 2, \ldots$ festgelegt. Die Konsumgüterkäufe der Periode t werden mit C_t bezeichnet und die Höhe der Lagerhaltung bei den Produzenten ist K_t am Ende der Periode t. Es wird angenommen, daß die Produzenten beabsichtigen, ihren Vorrat zu ihrem Absatz in eine proportionale Beziehung zu bringen. Für die Periode t wird angenommen, daß die Produzenten Käufe in Höhe C_{t-1} (wie in der vorhergehenden Periode) erwarten. Daher ist kC_{t-1} die geplante Höhe der Lagerhaltung für die Periode t. Die realisierte Höhe der Lagerhaltung K_t differiert dann von der geplanten Höhe um den Betrag, um den sich die realisierten Käufe C_t von den erwarteten Käufen C_{t-1} unterscheiden.

Somit ist:

$$K_t = kC_{t-1} - (C_t - C_{t-1}) \tag{1}$$

Die Konsumfunktion für C_t wird als lineare Funktion des Einkommens oder des Output Y_t ohne Lag angenommen:

$$C_t = cY_t \tag{2}$$

Der Output Y_t in Periode t setzt sich aus drei von den Produzenten geplanten Größen zusammen, aus der Produktion zum Verkauf C_{t-1}, der Produktion zur Aufstockung der Läger $(kC_{t-1} - K_{t-1})$ und den autonomen Investitionen A_t. Dann gilt:

$$Y_t = C_{t-1} + (kC_{t-1} - K_{t-1}) + A_t \tag{3}$$

Durch Einsetzen von (1) und (2) in (3) werden die Bedingungen des Modells durch eine Differenzengleichung zweiter Ordnung für Y_t ausgedrückt:

$$Y_t = cY_{t-1} + c\,(1 + k)\,(Y_{t-1} - Y_{t-2}) + A_t \tag{4}$$

Der Multiplikator dieses Modells wirkt durch eine Konsumfunktion ohne Lag. Sowohl Konsum als auch Sparen werden wie geplant realisiert. Die Akzeleratorwirkung tritt wegen der sich verändernden Verkäufe vom Lager und der geplanten Lagerinvestitionen auf. Die Pläne für die Lagerinvestition werden jedoch nicht realisiert, was aus (1) hervorgeht. Das Modell läßt ungeplante Lagerinvestition oder -desinvestition zu.

Die Differenzengleichung (4) stimmt formal genau mit derjenigen des Samuelson-Hicks-Modells 7.1 oben überein, bei dem im „einfachen Fall" kein verteilter Konsumlag auftritt. Dieses Modell ist $Y_t = cY_{t-1} + v (Y_{t-1} - Y_{t-2}) + A_t$. Das Lagerhaltungsmodell (4) ist das gleiche, wobei die Konstante für den Akzelerator v die Form $c\,(1 + k)$ annimmt. Hier ist c ein positiver Bruch und $k > 0$. Daher ist die Akzelerationskonstante $c\,(1 + k)$ positiv, aber sie kann größer oder kleiner als 1 sein.

Die Lösung für (4) ergibt sich so wie in 7.2 oben. $\overline{Y}_t$ sei ein Partikularintegral von (4), das von der Form von A_t abhängt. Ist z. B. $A_t = A = \text{const.}$, so ist $\overline{Y} = \frac{A}{1-c}$ die Größe, die durch den Multiplikator gegeben ist. Dann erfüllt $y_t = Y_t - \overline{Y}_t$ die Gleichung:

$$y_t = cy_{t-1} + c\,(1 + k)\,(y_{t-1} - y_{t-2})$$

Die Lösung weist Schwingungen für y_t auf, wenn

$$(1 - \sqrt{s})^2 < c\,(1 + k) < (1 + \sqrt{s})^2$$

also

$$\frac{(1-\sqrt{s})^2}{1-s} < 1 + k < \frac{(1+\sqrt{s})^2}{1-s} \tag{5}$$

ist.

Die Schwingungen sind gedämpft, wenn $c\,(1 + k) < 1$, also wenn

$$1 + k < \frac{1}{1-s} \tag{6}$$

ist.

Sie sind regulär, wenn $1 + k = \frac{1}{1-s}$ und explosiv, wenn $1 + k > \frac{1}{1-s}$ ist.

Für die gewöhnlich auftretenden Werte von s ist die Bedingung (5) für Werte von k erfüllt, die üblicherweise zu erwarten sind. Die Bedingung (6) impliziert jedoch, daß k klein ist. Wenn z. B. $s = 0{,}04$ ist, genügt $k < \frac{1}{2}$, um Schwingungen hervorzurufen (wegen (5)), aber diese sind nur dann gedämpft, wenn $k < \frac{1}{24}$ ist (wegen (6)).

Es kann gefolgert werden, daß Schwingungen des Output Y_t um einen Gleichgewichtspfad herum (der von den autonomen Investitionen abhängt) erwartet werden können; das sind die Lagerhaltungszyklen. Die Zyklen können gedämpft oder explosiv sein, je nachdem, ob die Konstante k, die die gewünschten Läger mit den Verkäufen in Beziehung setzt, klein oder groß ist.

Dieses Modell kann mit dem aus 7.1 oben kombiniert werden, indem der Akzelerator der induzierten Anlageinvestition im Sinne von Hicks mit dem hier erörterten der induzierten Lagerinvestitionen kombiniert wird. Wie von Baumol (1948) gezeigt wurde, wird das Modell dann wesentlich schwieriger und enthält dann eine Differenzengleichung dritter oder höherer Ordnung.

Übungsaufgaben 7.5

1. Es sei $s = 0{,}25$; zeigen Sie für das obige Lagerhaltungsmodell, daß $k < 2$ zu Schwingungen und $k < \frac{1}{3}$ zu Dämpfungen führt.

2. Bei gegebenem k ist der Wert von s zu ermitteln, der für konvergierende Werte von y_t nötig ist, und es ist zu zeigen, wie mit zunehmendem s das Modell stabiler wird.

3. Deuten Sie das Modell für den Fall $k = 0$; zeigen Sie, daß y_t die folgende Gleichung erfüllt:

$$y_t = 2\,cy_{t-1} - cy_{t-2}$$

und daß für y_t immer gedämpfte Schwingungen auftreten.

4. Für die Periode t sei das Einkommen oder der Output Y_t, die Konsumnachfrage cY_t und die geplante Investion $v\,(Y_t - Y_{t-1}) + kY_t + A$, alle ohne Lags. Die Erwartungen der Produzenten über die Konsumnachfrage C_t und die Investitionsnachfrage I_t implizieren Lags und stützen sich auf Erfahrungen der vorhergehenden Periode:

$$C_t = cY_{t-1} \quad \text{und}$$

$$I_t = v\,(Y_{t-1} - Y_{t-2}) + kY_{t-1} + A + R_t\,.$$

worin R_t die Investitionsnachfrage ist, die am Ende der Periode $(t-1)$ nicht befriedigt ist (wegen der Lagerveränderungen). Die Bedingung für das Modell ist $Y_t = C_t + I_t$. Es ist zu zeigen, daß

$R_t - R_{t-1}$ = beabsichtigte Investitionshöhe abzüglich der realisierten Investition der Periode $(t-1)$

$$= v\,(Y_{t-1} - Y_{t-2}) + kY_{t-1} - (1-c)\,Y_{t-1} + A$$

ist.

Leiten Sie daraus die Differenzengleichung dritter Ordnung für Y_t ab:

$$Y_t = (k + c)\,(2\,Y_{t-1} - Y_{t-2}) + v\,(2Y_{t-1} - 3Y_{t-2} + Y_{t-3}) + A$$

5. Zeigen Sie für das Modell der vorhergehenden Aufgabe, daß es zwar ungeplante Investitionen, aber kein ungeplantes Sparen gibt. Setzen Sie für die Konsumnachfrage cY_{t-1} und weisen Sie nach, daß die Differenzengleichung immer noch von dritter Ordnung ist, daß aber ungeplantes Sparen ebenso wie ungeplante Investitionen auftreten. Siehe Baumol (1948).

7.6 Schwingungen der autonomen Investition

Über die autonomen Ausgaben A_t können jetzt einige weitere Betrachtungen angestellt werden, wobei angenommen wird, daß A_t in der Zeit gegeben ist. Die bisher untersuchten Fälle enthielten entweder konstante oder mit einer festen Wachstumsrate zunehmende Ausgaben A_t.

Gleich wichtig ist der Fall, daß A_t einer gegebenen Schwingung im Zeitverlauf folgt. Für diesen Fall ist der Trendverlauf von Y_t und seine Beziehung zu den dem Modell immanenten Schwingungen zu untersuchen.

Die Differenzengleichung für jedes Modell mit einem einfachen Akzelerator kann wie folgt geschrieben werden:

$$Y_t - aY_{t-1} + bY_{t-2} = A_t \tag{1}$$

wobei a und b Konstanten sind, die allgemein als positiv angenommen werden können. Für das einfache Modell von 7.1 ist $a = w + c$ und $b = w$. Für das Lagerhaltungsmodell von 7.5 ist $a = c(2 + k)$ und $b = c(1 + k)$.

Es soll nun der wichtige Fall betrachtet werden, bei dem die Lösung für Y_t (die durch (1) bestimmt ist) immanente schwach gedämpfte (oder schwach explosive) Schwingungen aufweist, deren Periode größer als 4 Zeiteinheiten ist. Also ist $a^2 < 4b$ und der Schwingungsausdruck in der Lösung ist $Ar^t \cos(\vartheta t - \varepsilon)$, wobei r und ϑ durch a und b ausgedrückt werden können:

$$r \cos \vartheta = \frac{1}{2} a \quad \text{und} \quad r \sin \vartheta = \frac{1}{2} \sqrt{4b - a^2}$$

oder

$$r = \sqrt{b} \quad \text{und} \quad \cos \vartheta = \frac{a}{2\sqrt{b}}$$

Umgekehrt können a und b durch r und ϑ ausgedrückt werden:

$$a = 2r \cos \vartheta \quad \text{und} \quad b = r^2 \tag{2}$$

Es wird angenommen, daß der Dämpfungsfaktor r in der Nähe von 1 liegt. Weiterhin liegt ϑ für eine Periode $\frac{2\pi}{\vartheta} > 4$ zwischen 0 und $\frac{\pi}{2}$, so daß $\sin \vartheta$, $\cos \vartheta$ und $\operatorname{tg} \vartheta$ alle positiv sind. Die Beschränkungen für a und b sind

$$a^2 < 4b;\ a > 0 \quad \text{und} \quad b \text{ etwa gleich } 1. \tag{3}$$

Diese Bedingungen sind im Normalfall der Modelle 7.1 und 7.5 oben erfüllt.

Soviel zu den dem Modell immanenten Schwingungen. Nun sei angenommen, daß die autonomen Ausgaben A_t regulär entsprechend einer gegebenen Sinusfunktion schwingen:

$$A_t = A_0 \cos(kt - k_0) \tag{4}$$

Dieses ist eine erzwungene (oder exogene) Schwingung mit einer festen Periode $\frac{2\pi}{k}$; sie ist regulär, weder gedämpft noch explosiv und hat eine gegebene Amplitude A_0. Die Phase wird durch die Konstante k_0 bestimmt, also tritt ein Scheitelpunkt der Schwingung bei $t = \frac{k_0}{k}$ auf.

Um diese Gedanken festzuhalten und um sich auf den für die Realität wichtigeren Fall zu konzentrieren, sei $k < \vartheta$ angenommen. Die Periode der erzwungenen Schwingung $\left(\frac{2\pi}{k}\right)$ ist länger als die dem Modell immanente Schwingung $\left(\frac{2\pi}{\vartheta}\right)$. Zu bestimmen ist der Trendverlauf von Y_t, der der exogenen Schwingung entspricht. Dieser ist ein Partikularintegral von (1), der naheliegende Ansatz ist:

$$Y_t = \overline{Y}_0 \cos(kt - \varkappa_0) \ , \tag{5}$$

hat also eine Schwingung derselben Periodenlänge $\frac{2\pi}{k}$ wie die der exogenen Schwingung. Amplitude und Phase der Schwingung von Y_t, die durch $\varkappa_0$ und $\overline{Y}_0$ bestimmt sind, haben andere Werte und müssen noch bestimmt werden. Der Ausdruck (5) für Y_t muß der Differenzengleichung für alle t genügen.

Wenn man diese Bedingung mit Sinusfunktionen darstellt, dann können dabei Methoden verwendet werden, die komplexe Variable und Vektoren einschließen, wie in 4.8 und 4.9 oben beschrieben wurde. Jedoch ist es bei dieser Periodenanalyse besser, sich an elementare Methoden zu halten und trigonometrische Beziehungen zu verwenden, z. B.:

$$\cos(\varphi_1 - \varphi_2) = \cos\varphi_1 \cos\varphi_2 + \sin\varphi_1 \sin\varphi_2$$

Dann gilt

$$\begin{aligned}
&\cos(kt - \varkappa_0) && = \cos(kt - \varkappa_0)\\
&\cos(k\overline{t-1} - \varkappa_0) = \cos(kt - \varkappa_0 - k) && = \cos(kt - \varkappa_0)\cos k\\
& && \quad + \sin(kt - \varkappa_0)\sin k\\
&\cos(k\overline{t-2} - \varkappa_0) = \cos(kt - \varkappa_0 - 2k) && = \cos(kt - \varkappa_0)\cos 2k\\
& && \quad + \sin(kt - \varkappa_0)\sin 2k\\
&\cos(kt - k_0) \quad = \cos(kt - \varkappa_0 - \overline{k_0 - \varkappa_0}) && = \cos(kt - \varkappa_0)\cos(k_0 - \varkappa_0)\\
& && \quad + \sin(kt - \varkappa_0)\sin(k_0 - \varkappa_0)
\end{aligned}$$

Man setzt (5) in (1) ein, wobei A_t durch (4) gegeben ist und verwendet die obigen Ergebnisse. Da das Ergebnis für alle t richtig ist, müssen die Koeffizienten von $\cos(kt-\varkappa_0)$ und $\sin(kt-\varkappa_0)$ in der sich ergebenden Gleichung für sich einzeln Null sein. Daher ist:

$$\left.\begin{aligned}\overline{Y}_0\,(1-a\cos k+b\cos 2k)&=A_0\cos(k_0-\varkappa_0)\\ \overline{Y}_0\,(-a\sin k+b\sin 2k)&=A_0\sin(k_0-\varkappa_0)\end{aligned}\right\}\qquad(6)$$

Die Gleichungen (6) dienen dazu, Y_0 und $\varkappa_0$ zu bestimmen; dabei müssen die in (2) angeführten Strukturkonstanten a und b gegeben sein und den Bedingungen (3) genügen. Ferner müssen die Konstanten A_0, k und k_0 für die exogene Schwingung von A_t, die durch (4) ausgedrückt wird, bekannt sein.

Die vollständige Lösung der Differenzengleichung (1) ist dann:

$$Y_t=\overline{Y}_0\cos(kt-\varkappa_0)+Ar^t\cos(\vartheta t-\varepsilon)\qquad(7)$$

Der zeitliche Verlauf von Y_t ist durch eine dem Modell immanente Schwingung bestimmt, die von einer zweiten durch die gegebenen autonomen Ausgaben bewirkten Schwingung überlagert wird. Wenn die Anfangsbedingungen entsprechend sind ($A=0$), schwingt der „Output" Y_t einfach im Gleichschritt mit der exogenen Schwingung des „Input" A_t, also mit der gleichen Frequenz, aber unterschiedlicher Amplitude und Phase. Allgemeiner ausgedrückt: die endogene Schwingung hat eine Periodenlänge von $\frac{2\pi}{\vartheta}$, und sie wird als schwach gedämpft oder schwach explosiv angenommen (der Wert von r liegt nahe bei 1); sie wird durch einige Anfangsstörungen in Bewegung gesetzt, welche Amplitude und Phase der Schwingung über die willkürlich gewählten Konstanten A und ε bestimmen. Die exogene Schwingung für Y_t ist regulär (nicht gedämpft) und hat dieselbe Periodenlänge $\frac{2\pi}{k}$ wie die vorgegebene Schwingung von A_t; es wird angenommen, daß diese Periode länger ist als die dem Modell immanente Periode. Wenn jedoch die exogene Schwingung von A_t in eine entsprechende Schwingung von Y_t umgewandelt wird, sind Amplitude und Phase anders und durch (6) bestimmbar. Im allgemeinen hängen sie von der Art der endogenen Schwingung ebenso ab wie von der erzwungenen (exogenen) Schwingung. Alles konzentriert sich daher auf die Werte von $\overline{Y}_0$ und $\varkappa_0$, die die Amplitude und Phase der exogenen Oszillation von Y_t bestimmen.

Die Gleichungen (6) können einfach gelöst werden, wenn r genau gleich 1 und die immanente Schwingung regulär (ungedämpft) ist. Aus

(2) ergibt sich $a = 2 \cos \vartheta > 0$ und $b = 1$. In diesem besonderen Fall lauten die Gleichungen (6):

$$\left.\begin{aligned} \overline{Y}_0\,(1-2\cos k\cos\vartheta+\cos 2k) &= A_0\cos(k_0-\varkappa_0) \\ \text{und}\qquad \overline{Y}_0\,(-2\sin k\cos\vartheta+\sin 2k) &= A_0\sin(k_0-\varkappa_0) \end{aligned}\right\} \tag{8}$$

Setzt man $\cos 2k = 2\cos^2 k - 1$ und $\sin 2k = 2 \sin k \cos k$ in (8) ein, so ist:

$$\overline{Y}_0 \cos k = \frac{A_0}{2(\cos k - \cos\vartheta)} \cos(k_0 - \varkappa_0)$$

und

$$\overline{Y}_0 \sin k = \frac{A_0}{2(\cos k - \cos\vartheta)} \sin(k_0 - \varkappa_0)$$

Da k und ϑ beide zwischen 0 und $\frac{\pi}{2}$ und $k < \vartheta$ ist:

$$\text{(i)}\quad k_0 - \varkappa_0 = k > 0$$

$$\text{(ii)}\quad \overline{Y}_0 = \frac{A_0}{2(\cos k - \cos\vartheta)} > 0$$

Die ökonomischen Gesichtspunkte des Modells erfordern es, daß die erzwungene Schwingung in Y_t mit einem Lag hinter derjenigen von A_t folgt. Die Schwingung von A_t hat einen Scheitelpunkt bei $t = k_0/k$. Y_t hat aufeinanderfolgende Scheitelpunkte bei $t = \frac{\varkappa_0}{k}, \frac{\varkappa_0 + 2\pi}{k}, \ldots = \frac{k_0}{k} - 1, \frac{k_0}{k} + \left(\frac{2\pi}{k} - 1\right), \ldots$ aufgrund von Ergebnis (i). Der zweite davon ist der früheste, der auf den Scheitelpunkt $t = \frac{k_0}{k}$ in A_t folgt, d. h. die Scheitelpunkte in Y_t sind $[(2\pi/k) - 1] > 3$ Zeitintervalle später als die in A_t. Das Ergebnis (ii) zeigt, daß die Amplitude der erzwungenen Schwingung in Y_t ein vielfaches λ derjenigen in A_t ist, wo $1/\lambda = 2(\cos k - \cos\vartheta)$ und λ wächst, wenn k von 0 nach ϑ geht. Ist $k = 0$, dann ist die A_t-Schwingung unendlich lang und es gilt $\lambda = \frac{1}{2(1-\cos\vartheta)}$. Im Modell 7.1 ist $\lambda = \frac{1}{1-c}$ bei $a = 2\cos\vartheta = 1 + c$. Die Amplitude der Y_t-Schwingung ist annähernd $\frac{A_0}{1-c}$, wie sie sich über den Multiplikator bestimmt, wenn k klein ist und die exogene Schwingung eine lange Periode hat. Andererseits gilt, wenn k gegen ϑ strebt und sowohl exogene als auch endogene Schwingungen zur gleichen Periodenlänge tendieren, daß der Wert von λ dann gegen ∞ strebt. Daher wird die Amplitude der Y_t-Schwingung unendlich, wenn die Periode der exogenen und der endogenen Schwingung übereinstimmen. Sie verstärken sich gegenseitig und erzeugen starke Schwankungen von Y_t; dabei handelt es sich um den in der Physik wohlbekannten „Resonanzeffekt".

Die hier erreichten Ergebnisse gelten exakt für den Fall, daß r gleich 1 ist, also für den Fall, in dem der verminderte Akzelerationskoeffizient im Modell 7.1 genau gleich 1 ist. Es kann gezeigt werden (siehe Aufg. 3 unten), daß im wesentlichen das gleiche Ergebnis erzielt werden kann, wenn r nur geringfügig von 1 abweicht und die dem Modell immanente Schwingung schwach gedämpft oder schwach explosiv ist. Die Amplitude $\bar{Y}_0$ der exogenen Schwingung von Y wird dann etwas gedämpft. Die Ergebnisse beziehen sich auch auf exogene Schwingungen der partikulären bzw. Sinusform (4). Bennion (1945) untersuchte die Auswirkung exogener Schwingungen, die keinen Sinusverlauf haben.

Die Analyse eröffnet für eine Konjunkturtheorie die Möglichkeit, Schwingungen verschiedener Länge zu berücksichtigen. Eine relativ lange reguläre Schwingung im Output von Trendcharakter kann mit Schwingungen derselben Periode in den autonomen Ausgaben verbunden werden. Diese können von einer oder mehreren Schwingungen des Output überlagert sein, die strukturell bedingt und dem Modell immanent sind und die sich z. B. als Ergebnis des Zusammenwirkens von Multiplikator und Akzelerator oder auf Grund von Lagerbewegungen ergeben. Die kürzeren Schwingungen können — durch das Modell bedingt — gedämpft oder explosiv sein, und sie werden durch anfängliche Störungen in Gang gesetzt. Die Amplitude der langen Schwingung des Output ist jedoch nicht unabhängig von den endogenen Schwingungen. Wenn die Periodenlänge der gegebenen Schwingung der autonomen Ausgaben sich derjenigen der endogenen Schwingungen des Output annähert, ergibt sich der „Resonanzeffekt", und der Output ist durch immer größer werdende Schwankungen gekennzeichnet.

Übungsaufgaben 7.6

1. Zeigen Sie, daß im Multiplikator-Akzelerator-Modell von 7.1 der spezielle Fall $v = 1$ auftritt, wenn $w = 1$ ist, so daß $a = 2 - s$ und $b = 1$ gilt. Zeigen Sie auch, daß $\cos \vartheta = 1 - \frac{1}{2} s$ ist, so daß die Periode der immanenten Schwingung von s bestimmt wird.

2. Die Konstruktion der Abbildung 23 ist eine geometrische Veranschaulichung des speziellen Falles der vorhergehenden Aufgabe. Zeigen Sie, daß

$$\text{die Projektion von } OP \text{ auf } OX = 1 - (2-s) \cos k + \cos 2k$$

und

$$\text{die Projektion von } OP \text{ auf } OY = -(2-s) \sin k + \sin 2k$$

ist. Leiten Sie aus Gleichung (8) oben ab, daß, wenn der Winkel POX mit α bezeichnet wird,

$$OP \cos \alpha = \frac{A_0}{\overline{Y}_0} \cos (k_0 - \varkappa_0) \text{ und } OP \sin \alpha = \frac{A_0}{\overline{Y}_0} \sin (k_0 - \varkappa_0)$$

und daher

$$\alpha = k_0 - \varkappa_0 \qquad \text{und} \qquad OP = \frac{A_0}{\overline{Y}_0} \quad \text{ist.}$$

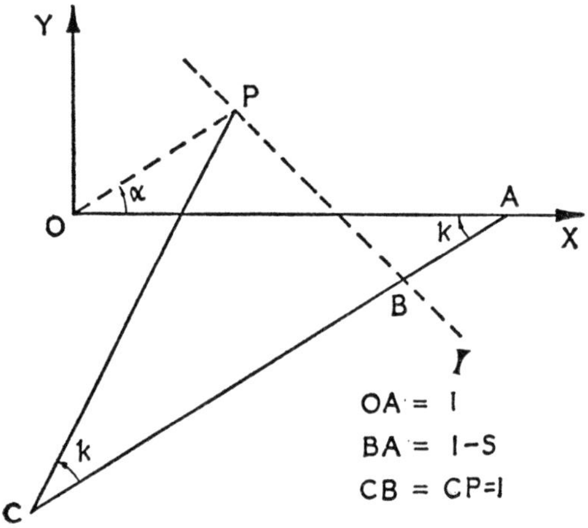

Abb. 23

Beachten Sie, daß in dieser Darstellung $\alpha = k$ ist. Interpretieren Sie also die im Text oben (für $r = 1$) gewonnenen Ergebnisse, im besonderen die Wirkung der immanenten Periode (die durch s bestimmt wird) auf $\overline{Y}_0$.

3. Im Modell von 7.1 oben ($w = 1$) ist $a = w - s + 1$ und $b = w$; im Fall von Schwingungen $a = 2\, r \cos \vartheta$ und $b = r^2$. Verallgemeinern Sie die Abb. 23 der vorhergehenden Aufgabe dadurch, daß $BC = CP = w$ gesetzt wird, und zeigen Sie, daß die Ergebnisse noch gelten. Zeigen Sie, daß der Punkt P mit sich in einer von beiden Richtungen von 1 entfernendem w auf der Linie BP der Abbildung 23 entlangwandert. Leiten Sie daraus ab, was sich für den Wert von Y_0 ergibt. Siehe Hicks (1950), Anhang S. 197 - 9.

7.7 Ein allgemeineres Modell mit verteilten Investitionen

Eine Verallgemeinerung des Multiplikator-Akzelerator-Modells von 7.1 ermöglicht die Verteilung der induzierten Investitionen über mehrere Perioden und erlaubt gleichzeitig, den Konsumlag auf eine größere Zeitspanne auszudehnen.

Allgemein sind die Funktionen in linearer Form:

Induzierte Investitionen

$$I_t = v_1 (Y_{t-1} - Y_{t-2}) + v_2 (Y_{t-2} - Y_{t-3}) + v_3 (Y_{t-3} - Y_{t-4}) + \dots$$

Konsum

$$C_t = c_1 Y_{t-1} + c_2 Y_{t-2} + c_3 Y_{t-3} + c_4 Y_{t-4} + \dots$$

Die autonomen Ausgaben A_t werden wieder für aufeinanderfolgende Perioden $t = 0, 1, 2, \dots$ festgelegt. Die Bedingung des Modells ist unverändert $Y_t = C_t + I_t + A_t$. Die Ordnung der sich ergebenden Differenzengleichungen hängt von der Verteilung der Lags von Investition und Konsum ab.

Die strukturellen Konstanten sind $v_1, v_2, v_3, \dots$ und $c_1, c_2, c_3 \dots$ Als nützlich stellen sich wieder einige Umformungen der Konstanten heraus. Der globale Investitionskoeffizient oder die Größe des Akzelerators ist $v = v_1 + v_2 + v_3 + \dots$ Es ist oft angebracht, v (anstelle von v_1) als eine strukturelle Konstante anzusehen und es $v_2, v_3, \dots$ zu überlassen, die Verteilung des Investitionslags zu bestimmen. Die verschiedenen c können kumuliert werden:

$$\begin{aligned} c &= c_1 + c_2 + c_3 + c_4 \dots; \\ c' &= c_2 + c_3 + c_4 + \dots \quad ; \\ c'' &= c_3 + c_4 + \dots \quad ; \\ &\dots\dots\dots\dots \end{aligned}$$

Die globale marginale Konsumquote ist c und die marginale Sparquote ist $s = 1 - c$. Die anderen kumulierten Quoten bestimmen die Verteilung des Konsumlags. Die einzigen Einschränkungen liegen darin, daß alle v positiv und alle c positive Brüche sein müssen.

Ein Modell, das für die meisten Zwecke ausreicht, ergibt sich mit einem Lag über zwei Perioden für die Investitionen und einem Lag über drei Perioden für den Konsum. Man erhält (siehe 3.9 oben) die Differenzengleichung dritter Ordnung:

$$Y_t = cY_{t-1} + (v_1 - c')(Y_{t-1} - Y_{t-2}) + (v_2 - c'')(Y_{t-2} - Y_{t-3}) + A_t \qquad (1)$$

Sie läßt sich auf eine homogene Form zurückführen und entsprechend ordnen. Ein Partikularintegral $\overline{Y}_t$ wird aus der gegebenen Form der autonomen Ausgaben A_t abgeleitet und als Trendverlauf interpretiert. Indem man $y_t = \overline{Y}_t - Y_t$ schreibt, wird die Gleichung (1) in y_t homogen und der Ausdruck A_t fällt weg. Die Auswirkung des verteilten Lags des Konsums liegt darin, daß er die Größe des Akzelerators verringert. Es werden $w_1 = v_1 - c'$ und $w_2 = v_2 - c''$ als die *reduzierten Investi-*

tionskoeffizienten und $w = w_1 + w_2 = v - c' - c''$ als die *reduzierte Größe* des Akzelerators geschrieben. Die Gleichung (1) lautet dann:

$$y_t = c y_{t-1} + w_1 (y_{t-1} - y_{t-2}) + w_2 (y_{t-2} - y_{t-3}) \tag{2}$$

Es ist möglich, daß w_1 und w_2 und auch w negative Werte annehmen. Die strukturellen Konstanten in (2) lauten c, w_1 und w_2. Es ist oft angebracht, $c = 1 - s$ und $w_1 = w - w_2$ zu schreiben, so daß die strukturellen Konstanten s und w (für die marginale Sparquote und die Größe des Akzelerators) und w_2 (für die verteilten Investitionen) lauten.

Die Lösung von (2) erfordert die Wurzeln λ_1, λ_2 und λ_3 der Hilfsgleichung

$$\lambda^3 - (w_1 + c)\,\lambda^2 + (w_1 - w_2)\,\lambda + w_2 = 0$$

oder

$$\lambda^3 - (w - w_2 - s + 1)\,\lambda^2 + (w - 2\,w_2)\,\lambda + w_2 = 0 \tag{3}$$

Die Lösung ist:

$$y_t = A_1 \lambda_1^t + A_2 \lambda_2^t + A_3 \lambda_3^t \tag{4}$$

wobei A_1, A_2 und A_3 beliebige Konstanten sind, die durch anfängliche Abweichungen bestimmt werden.

Vergleicht man dieses Modell mit dem einfachen Modell, ergibt sich als Besonderheit, daß hier die Konstante w_2 auftritt. Neben dem allgemeinen Fall lassen sich zwei extreme Fälle unterscheiden:

(i) Extremfall: $w_1 = w$, $w_2 = 0$. Die Investition *weist einen Lag von einer Periode auf,* genau wie im einfachen Modell, mit der Ausnahme, daß gerade so viel Investitionen verteilt werden ($v_3 = c_3$), daß eine Wirkung des verteilten Konsumlags ermöglicht wird.

(ii) Extremfall: $w_1 = 0$, $w_2 = w$. Die Investition *weist einen Lag auf* und ist bis zur zweiten Periode *zurückgestellt,* abgesehen von der Wirkung ($v_1 = c_2 + c_3$) des Konsumlags.

(iii) Allgemeiner Fall: $w_1 \neq 0$, $w_2 \neq 0$. Die Investition ist *verteilt,* ein Teil fällt in die erste Periode, ein Teil wird in die zweite Periode verlagert.

In der folgenden Untersuchung wird w als gegeben und kleiner als 1 angenommen, das entspricht dem Fall gedämpfter oder konvergierender Lösungen im einfachen Modell. Die Möglichkeit explosiver Schwingungen mit $w > 1$ wird analog behandelt. Der Wert von s, der anderen Komponente des einfachen Modells, ist gewöhnlich recht klein, doch wird seinem Einfluß auf die Lösung (4) einige Beachtung geschenkt. Es bleibt die Wirkung von w_2 als neuer Konstanter, die verteilte Investitionen anzeigt, auf die Lösung zu untersuchen.

7.8 Untersuchung verlagerter Investitionen

Da der vorliegende Ansatz recht inhomogen ist, erscheint es angebracht, die Art der Lösung im Fall (i) bei verlagerten Investitionen wie im einfachen Fall ($w_2 = 0$) zusammenzufassen. Es sei $s = 0$, so daß die marginale Sparquote Null ist (obwohl nicht die ex-post-Ersparnisse). die Lösung ist dann $y_t = A_1 + A_2 w^t$, die gegen eine Konstante (siehe 7.2, Aufg. 4) konvergiert. Ein Schwingungselement ist in unüblichen ($w < 0$) Fällen möglich, aber die Konvergenz ist im allgemeinen regelmäßig ($0 < w < 1$). Wenn s größere Werte annimmt, werden oszillatorische Lösungen wahrscheinlicher. Schwingungen treten auf, wenn s bei gegebenem w ausreichend groß wird; die Bedingung ist $s > (1 - \sqrt{w})^2$ (siehe 7.1, Aufg. 5). Ob die Lösung oszilliert oder nicht, der Verlauf von Y_t ist konvergent, und der Dämpfungsgrad wird von w bestimmt.

Der Fall (ii), durch einen Lag und verlagerte Investitionen gekennzeichnet, ist neu. Die Hilfsgleichung (3) von 7.7 wird mit $w_1 = 0$, und $w_2 = w$ zu:

$$\lambda^3 - (1-s)\,\lambda^2 - w\lambda + w = 0$$

oder

$$(\lambda - 1)\,(\lambda^2 - w) + s\lambda^2 = 0 \tag{1}$$

Wenn $s = 0$ und wenn $0 < w < 1$ gilt, sind die Wurzeln von (1) in fallender Ordnung:

$$\lambda_1 = 1, \qquad \lambda_2 = \sqrt{w}, \qquad \lambda_3 = -\sqrt{w}$$

Die erste ist die dominante Wurzel, und die Lösung von 7.7 wird zu:

$$y_t = A_1 + A_2\,(\sqrt{w})^t + A_3\,(-\sqrt{w})^t \tag{2}$$

die wie im Fall (i) gegen eine Konstante konvergiert. Der Unterschied liegt im Vorhandensein eines alternierenden Ausdrucks $(-\sqrt{w})^t$. Obwohl keine entscheidende, ist es eine wichtige Ergänzung. Weiterhin stellt sich bei $s = 0$ und $w < 0$ (einem schwachen Akzelerator) heraus, daß die Wurzeln λ_2 und λ_3 komplex sind und y_t ein oszillatorisches Element aufweist, das als sehr stark gedämpft angesehen werden kann (siehe Aufg. 1 unten).

Wenn s im Fall (ii) größere Werte annimmt, kann die Wirkung auf die drei Wurzeln von (1) am leichtesten an der graphischen Darstellung der Abb. 24 beurteilt werden.

Die Wurzeln werden durch die Schnittpunkte der Kurven $f(\lambda)$ und $g(\lambda)$ gegeben:

$$f(\lambda) = (\lambda - 1)\,(\lambda^2 - w) \quad \text{und} \quad g(\lambda) = -s\lambda^2$$

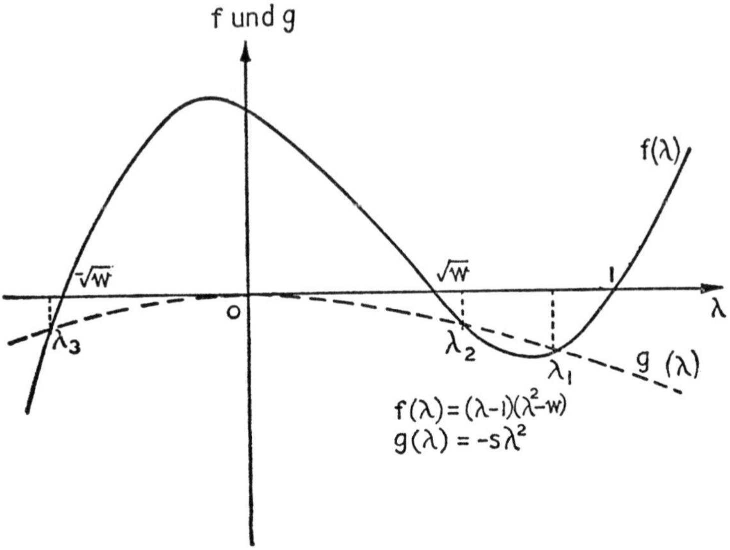

Abb. 24

Die Darstellung der Abb. 24 läßt sich benutzen, wenn $0 < w < 1$ ist. (Der unübliche Fall, $w < 0$, wird in der Aufgabe 2 unten behandelt.) Die Kurve $f(\lambda)$ schneidet 0λ in den Punkten $\lambda = 1$, $\sqrt{w}$ und $-\sqrt{w}$, die bei $s = 0$ den Wurzeln entsprechen. Die Kurve $g(\lambda)$ ist eine Parabel, die ihr Maximum in 0 hat, sie ist flach, wenn s klein ist und konvexer, wenn s größer ist. Es folgt aus Abb. 24, daß sich für wachsende (aber ausreichend kleine) Werte von s die positiven Wurzeln λ_1 und λ_2 zusammenziehen und zwischen $\sqrt{w}$ und 1 liegen, während die negative Wurzel λ_3 numerisch größer wird. Solange wie $(-\lambda_3) < 1$ gilt, sind alle drei Wurzeln Brüche, von denen zwei positiv sind und einer negativ ist. Die Lösung konvergiert dann gegen Null mit einem gedämpften alternierenden Glied, das durch λ_3 repräsentiert wird.

Der Wert von s wächst bis zu bestimmten kritischen Punkten, wobei zwei Dinge passieren. Die erste Möglichkeit ist, daß die Kurve $g(\lambda)$ die Kurve $f(\lambda)$ im Bereich positiver λ-Werte nicht schneidet. Die Wurzeln λ_1 und λ_2 werden komplex, und die Lösung enthält ein oszillatorisches Element. Das kommt bei recht kleinem s vor, bestimmt bei eher kleinerem s als die Bedingung $s > (1 - \sqrt{w})^2$ für das einfache Modell angibt (siehe Aufgabe 3 unten). Für zwei konjugiert komplexe Wurzeln,

$\lambda_1, \lambda_2 = r(\cos\vartheta \pm i \sin\vartheta)$ bleibt das Produkt reell, d. h. $\lambda_1 \lambda_2 = r^2$. Aus der Hilfsgleichung (1) ergibt sich:

$$\lambda_1 \lambda_2 \lambda_3 = - w, \quad \text{d. h.} \quad \lambda_1 \lambda_2 = \frac{w}{(-\lambda_3)}$$

wie die Wurzeln auch immer lauten mögen. Mit wachsendem s wächst $(-\lambda_3)$ vom Wert w an, wie in Abb. 24 gezeigt, und dementsprechend fällt λ_1, λ_2 vom Wert $\sqrt{w}$ ab. Werden die Wurzeln komplex ($\lambda_1 \lambda_2 = r^2$), folgt, daß r^2 kleiner als $\sqrt{w}$ ist und daß r^2 mit wachsendem s fällt. Die Schwingungen in der Lösung y_t sind gedämpft, und die Dämpfung ist für größere s größer.

Die andere Möglichkeit ist ebenso interessant; sie besteht darin, daß die negative Wurzel λ_3 im numerischen Wert größer als 1 wird: $(-\lambda_3) > 1$. Der kritische Wert von s ergibt sich nun daraus, daß $f(\lambda) = g(\lambda)$ bei $\lambda = -1$ ist, nach Einsetzen gilt also $s = 2(1-w)$. Daraus ergibt sich, daß $(-\lambda_3) > 1$, wenn $s > 2(1-w)$ ist. Das ist möglich, wenn s ausreichend groß ist (und noch ein positiver Bruch ist), unter der Bedingung $\frac{1}{2} < w < 1$. In den recht üblichen Fällen, in denen w nicht sehr von 1 differiert, reicht im allgemeinen ein mittlerer Wert von s für $(-\lambda_3) > 1$ aus. Das dominante Glied in der Lösung y_t alterniert dann; das entspricht einem kurzen Zyklus von der Periode 2, der explosiv ist.

Die Lösung für y_t ergibt sich bei $s = 0$ aus Gleichung (2) oben. Für sehr kleine Werte von s ändert sich die Lösung etwas zu:

$$y_t = A_1 \lambda_1^t + A_2 \lambda_2^t + A_3 \lambda_3^t \tag{3}$$

wenn λ_1 und λ_2 positive Brüche sind und λ_3 ein negativer Bruch ist. Die Form (3) entspricht einer Konvergenz gegen Null ohne Schwingungen. Für größere Werte von s wird die Lösung zu:

$$y_t = A\, r^t \cos(\vartheta t - \varepsilon) + B\,(-\lambda)^t \tag{4}$$

wobei A, B und ε die beliebigen Konstanten sind. Die Form (4) ergibt sich, wenn zwei der Wurzeln der Hilfsgleichung komplex sind $r(\cos\vartheta \pm i \sin\vartheta)$ und die dritte den negativen Wert $(-\lambda)$ annimmt. Die Lösung (4) besteht aus einem gedämpften oszillatorischen Element mit der Periode $\frac{2\pi}{\vartheta}$, einem durch r bestimmten Dämpfungsfaktor und einem durch $(-\lambda)$ gegebenem alternierenden Element. Mit wachsendem s sind die Schwingungen in zunehmendem Maße gedämpft, aber die Alternationen können vergrößert werden, bis sie schließlich dominieren und explosiv werden. Wenn die Investitionen zurückgestellt werden, w nicht stark von 1 differiert und s ziemlich groß ist, kann es einen dominierenden und explosiven kurzen Zyklus (von der Periode 2) im Output y_t geben.

Von diesem kurzen Zyklus abgesehen, beinhaltet die Lösung gedämpfte Schwingungen. Das ergibt sich daraus, daß die untersuchten Fälle solche mit $0 < w < 1$ sind. Die Analyse verläuft ähnlich für die Fälle, bei denen w gegeben und größer als 1 ist; die Schwingungen sind dann explosiv. Es ist immer noch richtig, daß der Wert von w, die reduzierte Größe des Akzelerators, die Konvergenz oder den Dämpfungsgrad in der Lösung bestimmt. Die sich ergebende Modifikation ist die, daß sich bei irgendeinem in der Nähe von 1 liegenden Wert von w ein kurzer Zyklus oder eine Alternation mit explosivem Charakter ergeben kann.

Die neuen Möglichkeiten und besonders die eines explosiven kurzen Zyklus sollen nicht auf die leichte Schulter genommen werden. Verlagerte Investitionen könnten eher die Regel als die Ausnahme bilden. Wenn die Einheitsperiode so gewählt wird, daß sie mit dem (kürzesten) Konsumlag zusammenfällt, könnte die für die Entscheidung zur Investition benötigte Periode länger sein. Die Lags der tatsächlichen Investitionsausgaben und der Produktion der Kapitalausrüstung könnten noch länger sein. Es muß daher erwartet werden, daß induzierte Investitionsausgaben nicht vor der zweiten Periode nach einer Outputänderung getätigt werden. Eine einigermaßen große marginale Sparquote kann dann eine explosive Alternation oder einen kurzen Zyklus im Output hervorrufen.

Übungsaufgaben 7.8

1. Untersuchen Sie den Fall (ii) mit $w_1 = 0$, $w_2 = w$ und $s = 0$ für $w < 0$. Zeigen Sie, daß die Wurzeln der Hilfsgleichung, die nicht gleich 1 sind, komplex sind, $r(\cos \vartheta \pm i \sin \vartheta)$, wobei $r = \sqrt{-w}$ und $\vartheta = \frac{\pi}{2}$ ist.

   Leiten Sie ab, daß die Schwingungen in y_t von der Periode 4 und üblicherweise stark gedämpft sind.

2. Arbeiten Sie der vorhergehenden Aufgabe entsprechend ($w < 0$), wobei aber größere Werte ($\neq 0$) von s betrachtet werden. Zeichnen Sie Abb. 24 neu, um der veränderten Situation gerecht zu werden, und zeigen Sie, daß die Hilfsgleichung im allgemeinen eine reelle Wurzel (einen positiven Bruch) und zwei komplexe Wurzeln hat.

3. Zeigen Sie, daß $f(\lambda)$ einen minimalen Wert $-\frac{2}{27}\{(1 + 3w)^{3/2} + 1 - 9w\}$ bei $\lambda = \frac{1}{3}(\sqrt{1 + 3\omega} + 1)$ hat. Zeigen Sie, daß das Minimum $-\frac{16}{(27)^2}$ beträgt, wenn $w = \frac{16}{27}$ ist und daß $g(\lambda) = -\frac{16}{27}s$ am unteren Ende des Bereiches

($\lambda = \sqrt{w}$), in dem $f(\lambda)$ negativ ist, liegt (siehe Abb. 24). Leiten Sie für dieses w ab, daß es mit Sicherheit Schwingungen in y_t im Modell mit zurückgestellten Investitionen gibt, wenn $s > \frac{1}{27} = 0{,}037$ ist. Vergleichen Sie das mit dem einfachen Modell, wo für Schwingungen $s > (1 - \sqrt{w})^2 = 0{,}044$ gilt.

4. Analysieren Sie den Fall $w > 1$ wie im Text oben und zeigen Sie, daß der Fall zurückgestellter Investitionen dann (für ausreichend große s) durch eine Schwingung in y_t charakterisiert ist, die mit einer Alternation oder einem kurzen Zyklus, die beide explosiv sind, kombiniert ist.

7.9 Analyse verteilter Investitionen

Der allgemeine Fall verteilter Investitionen bei zwei Lags und $w_1 \neq 0$ und $w_2 \neq 0$ kann vom Ausgangspunkt $s = 0$ so wie in 7.8 oben untersucht werden. Das wurde von Hicks (1950) getan. Es gibt jedoch eine alternative Methode, die mit Erfolg angewandt werden kann. Die Differenzengleichung lautet:

$$y_t = cy_{t-1} + w_1 (y_{t-1} - y_{t-2}) + w_2 (y_{t-1} - y_{t-3}) \tag{1}$$

wenn $w_1 \neq 0$ und $w_2 \neq 0$. Der Fall, der hier im einzelnen untersucht wird, ist der, bei dem $w = w_1 + w_2$ gegeben und $0 < w < 1$ ist. Allgemein gesprochen ist dies der Fall der Konvergenz oder Dämpfung von y_t. Die anderen Fälle, in denen der Akzelerator so schwach ist, daß $w < 0$ oder so stark, daß $w > 1$ gilt, können leicht auf gleiche Art untersucht werden.

Selbst wenn $w = w_1 + w_2$ positiv ist, ist es immer noch möglich, daß entweder w_1 oder w_2 negativ ist, da beide Koeffizienten vom „reduzierten" Typ sind. Wenn die Investitionen hauptsächlich in die erste Periode verlagert werden, kann w_2 negativ und $w_1 > w$ sein; wenn die Investitionen hauptsächlich in die zweite Periode verlagert werden, dann kann w_1 negativ und $w_2 > w$ sein. Die hier benutzten Koeffizienten sind w und w_2, im allgemeinen ist $0 < w_2 < w$, aber ausnahmsweise kann $w_2 < 0$ oder $w_2 > w$ gelten.

Die Lösung für den Fall verteilter Investitionen lautet $y_t = A_1 \lambda_1^t + A_2 \lambda_2^t + A_3 \lambda_3^t$ wobei λ_1, λ_2 und λ_3 die Wurzeln von

$$\lambda^3 - (w - w_2 - s + 1) \lambda^2 + (w - 2 w_2) \lambda + w_2 = 0 \tag{2}$$

sind. Das muß mit der Lösung des entsprechenden einfachen Modells (7.1 oben) mit gleichen s und w aber ohne Verteilung der Investitionen verglichen werden. Als entsprechende Gleichung ergibt sich $y_t = A_1 \lambda_1^t + A_2 \lambda_2^t$ wobei λ_1 und λ_2 die Wurzeln von

$$\lambda^2 - (w - s + 1) \lambda + w = 0 \tag{3}$$

sind. Da $\lambda \neq 0$ gilt, so lange w_2 nicht Null ist, kann die Gleichung (2) umgeformt werden:

$$\left.\begin{array}{ll} & \lambda^2 - (w - s + 1)\,\lambda + w = -\,w_2 \dfrac{(\lambda - 1)^2}{\lambda} \\ \text{d. h.,} & \\ & f(\lambda) = g(\lambda) \end{array}\right\} \quad (4)$$

Hierbei ist $f(\lambda) = \lambda^2 - (w - s + 1)\,\lambda + w$ gleich Null gesetzt die Hilfsgleichung (3) des einfachen Modells; $g(\lambda) = -w_2 \dfrac{(\lambda - 1)^2}{\lambda}$ führt die Konstante w_2 der verteilten Investitionen ein.

Die Wurzeln von (4) lassen sich graphisch ermitteln, indem man die Schnittpunkte der in dieselben Achsen gezeichneten Kurven $f(\lambda)$ und $g(\lambda)$ ermittelt. Die Kurve $f(\lambda)$ ist für den vorliegenden Fall von $0 < w < 1$ in Abb. 22 gezeichnet. Ihre Schnittpunkte mit $0\,\lambda$ ergeben die Wurzeln von (3) für die Lösung des einfachen Modells. Die Kurve läuft mit wachsendem s bei gegebenem w nach links oben. Wenn s klein ist und $s < (1 - \sqrt{w})^2$ gilt, ist die Kurve die in Abb. 22 a gezeichnete und das einfache Modell hat eine gedämpfte, aber nicht oszillatorische Lösung. Wenn s größer ist und $s > (1 - \sqrt{w})^2$ gilt, ist die Kurve die in Abb. 22 b gezeichnete und das einfache Modell hat eine gedämpfte Lösung in y_t.

Die graphische Darstellung von $g(\lambda)$ ist die in Abb. 25 gezeichnete Hyperbel für $w_2 > 0$. (Für $w_2 < 0$ siehe Aufgabe 2 unten). Die Kurve hängt von dem Wert von w_2 ab, und zwei Fälle sind veranschaulicht. Der Punkt A des Minimums hat den Wert $4\,w_2$ bei $\lambda = -1$; der Punkt B des Maximums hat den Wert 0 bei $\lambda = 1$. Mit wachsendem w_2 wird die Kurve an jedem Punkt steiler, links von 0 wird sie nach oben verlagert, rechts von 0 bleibt sie im Punkt B verankert.

In Abb. 26 sind die Kurven von $f(\lambda)$ und $g(\lambda)$ zusammen eingezeichnet. Obwohl w als fest angenommen wird, können s und w_2 verschiedene Werte annehmen. Steigende Werte von s verlagern $f(\lambda)$ nach oben und nach links; steigende Werte von w_2 verändern $g(\lambda)$ so, wie die Abb. 25 zeigt. Für kleine Werte von s fällt die Kurve $f(\lambda)$ (beinahe unabhängig von w_2) zwischen 0 und 1 unter $0\,\lambda$ und schneidet $g(\lambda)$ in diesem Bereich in zwei Punkten und in einem anderen Punkt zwischen 0 und -1. Die Gleichung (4) hat drei Brüche als Wurzeln, von denen zwei (λ_1 und λ_2) positiv sind, und von denen einer (λ_3) negativ ist. Die Lösung y_t ist auf Null gedämpft und weist keine Schwingungen auf.

Mit wachsendem s oder w_2 verlagern sich die Kurven jedoch so, daß sie einander im Bereich $(0, 1)$ für λ nicht schneiden. Die positiven Brü-

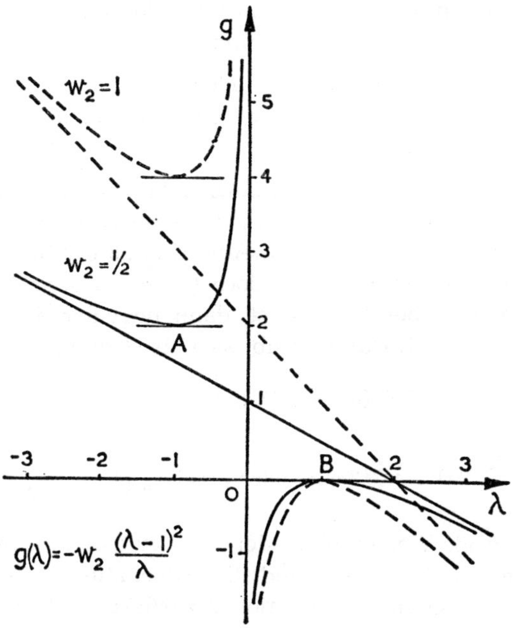
g
$w_2 = 1$
$w_2 = 1/2$
A
B
5
4
3
2
1
-1
-3 -2 -1 0 2 3
λ
$g(\lambda) = -w_2 \frac{(\lambda-1)^2}{\lambda}$

Abb. 25

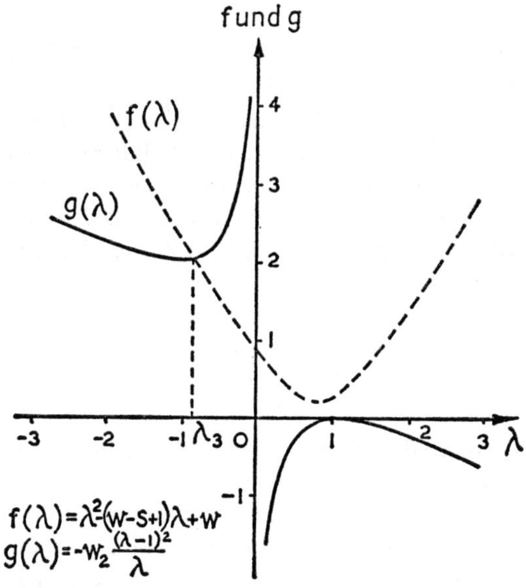
f und g
f(λ)
g(λ)
4
3
2
1
-1
-3 -2 -1 λ_3 0 1 2 3 λ
$f(\lambda) = \lambda^2 - (w - s + 1)\lambda + w$
$g(\lambda) = -w_2 \frac{(\lambda-1)^2}{\lambda}$

Abb. 26

che als Lösungen von (4) werden dann durch komplexe Wurzeln ersetzt und die Lösung y_t weist dann ein oszillatorisches Glied auf.

Wieder wird mit wachsendem s oder w_2 die negative Wurzel λ_3 numerisch größer. Die Lösung y_t hat einen Ausdruck in $\lambda_3{}^t$, der von größerer Bedeutung ist.

Bei einem Vergleich mit dem einfachen Modell ist das neue Merkmal der Lösung y_t der Ausdruck $\lambda_3{}^t$, der eine Alternation oder einen kurzen Zyklus der Periode 2 ergibt. Aus Abb. 26 ergibt sich, daß $(-\lambda_3)$ wohl ein Bruch sein könnte, daß jedoch $(-\lambda_3) > 1$ sehr wahrscheinlich ist. Wenn $f(\lambda) < g(\lambda)$ bei $\lambda = -1$ ist, dann liegt der negative Schnittpunkt links von $\lambda = -1$. Daher ergibt sich als Bedingung für $(-\lambda_3) > 1$:

$$1 + (w - s + 1) + w < 4\, w_2$$

und damit

$$s > 2\,(1 + w - 2\, w_2) \quad \text{oder} \quad w_2 > \frac{1}{2}\left(1 + w - \frac{1}{2}\, s\right)$$

Ausreichend große Werte von s oder w_2 oder eine brauchbare Kombination beider ergibt $(-\lambda_3) > 1$, und die Alternation in y_t ist explosiv. Wenn insbesondere so viele Investitionen zurückgestellt werden, daß w_2 nicht nur größer ist als w, sondern auch größer als $w + \frac{1}{2}(1 - w)$ ist, dann ist die Bedingung $(-\lambda_3) > 1$ für alle s erfüllt. Für kleinere Werte von w_2 sind immer noch größere Werte von s möglich, so daß dann $(-\lambda_3) > 1$ gilt.

Im einfachen wie im Modell mit verteilten Investitionen treten dann Schwingungen in y_t auf, wenn s bei gegebenem w ausreichend groß ist. Im einfachen Modell ergeben sich aus $s > (1 - \sqrt{w})^2$ Schwingungen und die Kurve $f(\lambda)$ liegt oberhalb von $0\,\lambda$. Im Modell mit verteilten Investitionen ergibt ein eher niedrigerer Bereich von s Schwingungen, da es für die Kurve $f(\lambda)$ möglich ist, unter 0 zu fallen und dennoch $g(\lambda)$ nicht zu schneiden. Aus der Hilfsgleichung (2) ergibt sich das Produkt der drei Wurzeln λ_1, λ_2 und λ_3 zu $(-w_2)$, also

$$\lambda_1\, \lambda_2 = \frac{w_2}{(-\lambda_3)}\,,$$

ob nun λ_1 und λ_2 reell oder komplex sind. Mit steigendem s wächst $(-\lambda_3)$ und $\lambda_1\, \lambda_2$ fällt. Wenn diese beiden Wurzeln reell sind, dann sind sie beide positive Brüche. Wenn sie komplex sind, $r(\cos\vartheta \pm i \sin\vartheta)$, ist der Wert von $\lambda_1\, \lambda_2$ gleich r^2. Daher ist r^2 kleiner als 1 und fällt mit steigendem s. Die Schwingungen sind für größere Werte von s in zunehmendem Maße gedämpft.

Daher hat die Lösung von y_t für verteilte Investitionen bei gegebenem w ($0 < w < 1$) und bei nicht zu kleinem s folgende Form:

$$y_t = Ar^t \cos(\vartheta t - \varepsilon) + B(-\lambda)^t$$

wobei A, B, und ε beliebige Konstanten sind und wobei λ für den numerischen Wert der negativen Wurzel λ_3 steht. Es gibt ein oszillatorisches Glied gedämpfter Art wie im einfachen Modell mit verzögerten Investitionen, mit der Ausnahme, daß es eher bei kleinerem s auftritt und daß der Dämpfungsgrad mit wachsendem s zunimmt (anstatt konstant zu bleiben). Zusätzlich gibt es einen alternierenden (oder einen kurzen Zyklus hervorrufenden) Ausdruck, der aufgrund der Verlagerung eines Teils der Investitionen auftritt. Je mehr Investitionen verlagert werden und je größer der Wert von s ist, desto mehr Bedeutung kommt dem alternierenden Glied zu und desto wahrscheinlicher ist der Fall, bei dem der kurze Zyklus explosiv ist und die Lösung dominiert. Ein kleiner oder negativer Wert von w_1 (und damit ein nahe bei 1 liegender oder größerer Wert von w_2) trägt zu einem kurzen dominierenden Zyklus bei. Während ein großer Wert der marginalen Sparquote s die Schwingung in y_t dämpft, verstärkt er gleichzeitig die Möglichkeit eines kurzen dominierenden Zyklus. All dies ist den in 7.8 oben erreichten Ergebnissen für zurückgestellte Investitionen ganz ähnlich und erweitert sie.

Übungsaufgaben 7.9

1. Weisen Sie nach, daß $g(\lambda) = -w_2 \frac{(\lambda-1)^2}{\lambda}$ für $w_2 > 0$ das Maximum 0 bei $\lambda = 1$ und das Minimum $4\,w_2$ bei $\lambda = -1$ erreicht. Beachten Sie die Kurven in Abb. 25. Wie lauten die entsprechenden Resultate, wenn $w_2 < 0$ ist?

2. Zeigen Sie, daß die Kurve von $g(\lambda)$ bei $w_2 < 0$ und $0 < w < 1$ so wie in Abb. 25 gezeigt verläuft, allerdings an $0\,\lambda$ gespiegelt ist. Ändern Sie also Abb. 26 und zeigen Sie, daß die Lösung y_t allgemein ein zu einem oszillatorischen Glied addiertes stetig gedämpftes Glied aufweist. Vergleichen Sie mit dem einfachen Modell ($w_2 = 0$)!

3. Zeigen Sie, daß die Hilfsgleichung (2) oben eine Wurzel $\lambda = -1$ hat, wenn $w_2 = \frac{1}{2}(1 + w - \frac{1}{2}s)$ ist und daß sich die anderen beiden Wurzeln aus der Hilfsgleichung

$$\lambda^2 + (w - 3\,w_2)\,\lambda + w_2 = 0$$

ergeben. Deuten Sie diesen Fall entsprechend Abb. 26 und zeigen Sie, daß der „kurze Zyklus" nun ein konstanter aber alternierender Ausdruck ist.

4. Zeigen Sie, daß der Fall $s = 0$ einer Wurzel $\lambda = 1$ der Hilfsgleichung (2) entspricht und umgekehrt. Wie erscheint diese Wurzel in der Lösung y_t? Zeigen Sie weiterhin, daß sich die anderen beiden Wurzeln aus

$\lambda^2 - w_1 \lambda - w_2 = 0$ ergeben, und untersuchen Sie diese Gleichung, wenn w_1 und w_2 positiv sind.

5. Zeigen Sie wieder für den Fall $s = 0$ $(\lambda = 1)$, daß sich die Differenzengleichung (1) auf eine Gleichung zweiter Ordnung in $z_t = y_t - y_{t-1}$ zurückführen läßt, lösen Sie die Gleichung für z_t und überprüfen Sie das Ergebnis an den Resultaten der vorhergehenden Aufgabe.

6. Formen Sie die Hilfsgleichung (2) so um, daß $f(\lambda) = g(\lambda)$ ist, wobei $f(\lambda) = \lambda^2 - (w_1 - s + 1)\lambda + w_1$ und $g(\lambda) = w_2\left(1 - \frac{1}{\lambda}\right)$ ist, und bestimmen Sie die Wurzeln aus den Kurven von $f(\lambda)$ und $g(\lambda)$. Vergleichen Sie mit Abb. 26!

7. Schreiben Sie die Hilfsgleichung (2) in der Form
$$(\lambda - 1)(\lambda^2 - w_1 \lambda - w_2) = -s\lambda^2 \ .$$
Untersuchen Sie zuerst den Fall $s = 0$ (s. Aufg. 4 und 5 oben). Dann notieren Sie für $s \neq 0$ und $\lambda \neq 1$ die Gleichung in der Form $f(\lambda) = g(\lambda)$ mit $f(\lambda) = \lambda^2 - w_1 \lambda - w_2$ und $g(\lambda) = -s \frac{\lambda^2}{\lambda - 1}$, und ermitteln Sie die Wurzeln durch eine graphische Methode analog zu Abb. 26. Leiten Sie die Wirkung eines vom Wert Null ansteigenden s ab.

8. Untersuchen Sie den Fall $w_1 = w_2 = \frac{1}{2} w$, also eine Gleichverteilung der Investitionen über zwei Perioden. Zeigen Sie, daß die Differenzengleichung (1) zu
$$y_t = c y_{t-1} + \frac{1}{2} w (y_{t-1} - y_{t-3})$$
wird, wobei die Hilfsgleichung
$$F(\lambda) = \lambda^3 - \left(\frac{1}{2} w + c\right)\lambda^2 + \frac{1}{2} w = 0$$
lautet. Zeigen Sie, daß *entweder* (a) zwei reelle Wurzeln von λ, die größer als 1 sind (und eine negative Wurzel) *oder* (b) zwei reelle Wurzeln, die positive Brüche sind, *oder* (c) keine reellen und positiven Wurzeln von λ auftreten. Deuten Sie (a) als nicht-oszillatorisches explosives Wachstum und (c) als oszillatorischen Verlauf des Einkommens über die Zeit. Wie läßt sich der Fall (b) interpretieren?

9. Zeigen Sie für die vorhergehende Aufgabe, daß $F(\lambda)$ einen minimalen Wert bei $\bar{\lambda} = \frac{2}{3}\left(\frac{1}{2} w + c\right)$ besitzt. Untersuchen Sie das Vorzeichen von $F(\lambda)$ bei $\lambda = 1$, $\bar{\lambda}$ und $\left(\frac{1}{2} w + c\right)$ und zeigen Sie, daß der explosive Fall (a) der Aufgabe 8 dann auftritt, wenn $\frac{2}{3}\left(\frac{1}{2} w + c\right)$ sowohl größer als 1 wie auch größer als $\sqrt[3]{w}$ ist. *Veranschaulichen* Sie das durch den Nachweis, daß c bei $w = 2$ größer als 0,9 für explosives Wachstum sein muß, aber daß es kein explosives Wachstum geben kann, wenn $w = 1$ gilt.

10. Erweitern Sie den Fall der beiden vorhergehenden Aufgaben dadurch, daß gleiche Investitionen für n Perioden mit $w_1 = w_2 = w_3 = \ldots = w_n = \frac{1}{n} w$ zugelassen werden, wobei die Differenzengleichung

$$y_t = cy_{t-1} + \frac{1}{n} w \,(y_{t-1} - y_{t-n-1})$$

lautet (siehe Alexander [1949]).

Literatur

Alexander (S. S.) (1949): „The Accelerator as a Generator of Steady Growth", Quarterly Journal of Economics, **63,** 174 - 97.

Alexander (S. S.) (1951): „Issues of Business Cycle Theory Raised by Mr. Hicks", American Economic Review, **41,** 861 - 78.

Baumol (W. J.) (1948): „Notes on Some Dynamic Models", Economic Journal, **58,** 506 - 21.

Baumol (W. J.) (1958): „Topology of Second Order Linear Difference Equations with Constant Coefficients", Econometrica, **26,** 258 - 85.

Bennion (E. G.) (1945): „The Multiplier, the Acceleration Principle, and Fluctuating Autonomous Investment", Review of Economic Statistics, **27,** 85 - 92.

Duesenberry (J. S.) (1950): „Hicks on the Trade Cycle", Quarterly Journal of Economics, **64,** 464 - 76.

Fisher (G. H.) (1952): „Hicks' Elementary Case Economic Model for the United States, 1929 - 1941", Journal of the American Statistical Association, **47,** 541 - 49.

Hansen (A. H.) (1941): Fiscal Policy and Business Cycles (Norton, 1941) Chapter 12.

Hansen (A. H.) (1951): Business Cycles and National Income (Norton, 1951) Kapitel 11.

Hicks (J. R.) (1950): A Contribution to the Theory of the Trade Cycle (Oxford, 1950), Kapitel VI und Anhang.

Lundberg (E.) (1937): Studies in the Theory of Economic Expansion (King, 1937), Kapitel IX.

Metzler (L. A.) (1941): „The Nature and Stability of Inventory Cycles", Review of Economic Statistics, **23,** 113 - 29.

Samuelson (P. A.) (1939): „Interactions between the Multiplier Analysis and the Principle of Acceleration", Review of Economic Statistics, **21,** 75 - 8.

Samuelson (P. A.) (1947): Foundations of Economic Analysis (Harvard, 1947), Kapitel XI.

Kapitel 8

Konjunkturtheorie: Goodwin, Kalecki und Phillips

8.1 Einführung

Die Theorie von Samuelson und Hicks im Kapitel 7 ist ein Beispiel dafür, wie sich Schwingungen makroökonomischer Größen in periodisierter Form behandeln lassen. In diesem Modell ist die Periodenanalyse besonders gut entwickelt; dabei wird von den verschiedenen Arten verteilter Lags, welche beim Multiplikator und Akzelerator entstehen können, in vollem Umfang Gebrauch gemacht, oder zumindest besteht die Möglichkeit dazu. Der Ansatz enthält aber auch gewisse Nachteile. Die Ausgaben für Konsum und Investitionen werden auf die absolute Höhe und auf Änderungen des Einkommens in vergangenen Perioden bezogen, wobei sich die Verteilung nach der Art des Lags richtet, den man angenommen hat. Diese beiden Ausgaben liefern dann zusammen mit allen autonomen Ausgaben den gesamten Ausstoß und das gesamte Einkommen (als Modellbedingung). Es gibt einen (verteilten) Lag auf der Konsumtionsseite und einen auf der Investitionsseite. Aber so einfach liegen die Dinge nicht. Auf der Investitionsseite gibt es beispielsweise einen Lag zwischen Einkommensänderung und der Entscheidung zur Investition (oder der Nachfrage nach Investitionsgütern) und noch einen weiteren Lag zwischen Investitionsentscheidung und der Bezahlung der produzierten Kapitalausstattung (oder dem Angebot an Investitionsgütern). Es können auch noch weitere Lags oder Leads (Voreilungen) zwischen den Ausgaben für Investitionen und der tatsächlichen Lieferung oder Aufstellung von Ausrüstungen auftreten; so lange jedoch die Ausgaben wie in der volkswirtschaftlichen Gesamtrechnung behandelt werden, werden die Unterschiede in der zeitlichen Fixierung zwischen Verauslagung und Lieferung entweder unbeachtet gelassen oder als zusätzliches oder nebensächliches Problem behandelt. Der Akzelerator der Periodenanalyse faßt jedoch alle Lags, unabhängig von der Art ihrer Verteilung, in einer einzigen Relation zusammen. Die verschiedenen Lags lassen sich zwar trennen, doch läßt sich dies in einer Periodenanalyse nur schwer erreichen.

Im Rahmen einer stetigen Analyse ist es recht einfach, zwischen Lags auf der Nachfrage- und auf der Angebotsseite zu unterscheiden, obwohl hier die Lags eine speziellere (exponentielle) Form annehmen. Dies läßt sich an der Theorie von Phillips, 3.4 und 3.5 oben, gut erkennen. Die Nachfrage setzt sich aus einer Nachfrage nach Konsum und einer Nachfrage nach Investitionsgütern (einschließlich der autonomen Ausgaben) zusammen. Die Nachfrage nach Konsumgütern kann hinter der sie bestimmenden Einkommenshöhe nachhinken, die Entscheidung zum Konsum kann von früheren Einkommensniveaus abhängen. Ganz ähnlich kann, was noch wichtiger ist, die Nachfrage nach Investitionsgütern oder die Entscheidung zur Investition einen Lag gegenüber der Outputänderung, auf die sie zurückgehen, aufweisen. Demgegenüber kann das Angebot an Konsum- und Investitionsgütern mit einem ganz anderen und eigenständigen Lag auf die Nachfrage reagieren. Aber auch, wenn man auf der Konsumtionsseite keine Lags annimmt (wie Phillips dies der Einfachheit halber tut), gibt es immer noch zwei Lags; die Nachfrage nach Investitionsgütern reagiert mit einem Lag auf Outputänderungen und das Angebot mit einem Lag auf die Nachfrage.

In diesem Kapitel sollen einige Modelle für dynamische Prozesse entwickelt werden, in denen die Zeit als stetig variierend angenommen wird. Die ökonomischen Größen, wie etwa das Einkommen oder der Ausstoß Y, variieren dann als Funktionen der Zeit. Damit ist nicht unbedingt gesagt, daß die Funktionen stetig sind. Obwohl Y normalerweise eine stetige Funktion der Zeit ist, sind immer noch Unstetigkeiten wie etwa Sprünge im Niveau oder in der Richtung von Y möglich; weiterhin sind auch Nichtlinearitäten wie etwa „Ober- und Untergrenzen" für Y möglich. Lags werden eingeführt — vielleicht ohne die Vielseitigkeit der verteilten Periodenlags — doch hat man immerhin noch Auswahlmöglichkeiten. Besonders wichtig ist die Unterscheidung zwischen einer *festen zeitlichen Verzögerung* und einem *stetig verteilten Lag*. Bei einer Verzögerung um eine Zeitspanne ϑ beeinflußt die eine Variable erst nach genau ϑ Zeiteinheiten die andere. Beispielsweise können Aufträge wie auch Zahlungen für Schiffe stetig über die Zeit variieren, aber das heute bestellte Schiff kann auch bei Ablieferung nach einer Zeitspanne von genau 15 Monaten bezahlt werden. In den meisten Fällen mit einer verzögerten Reaktion ist es „realistischer", einen stetig verteilten Lag anzunehmen; die Reaktion kommt nach und nach zustande, wenn die verschiedenen Abschlagszahlungen zwischen Auftrag und Ablieferung des Schiffes geleistet werden. Wenn Y durch Z bestimmt wird, die Reaktion jedoch einen Lag aufweist, dann reagiert Y auch dann im Zeitablauf, wenn sich Z nur einmal verlagert. Wenn sich Z auch ändert, dann variiert Y über die Zeit aus zwei Gründen: einmal um die Reaktion auf vergangene Änderungen von Z wieder einzuholen und zum anderen, um mit den laufenden Änderungen gleichzuziehen. Ob man für den stetig verteilten Lag nun eine Exponentialform annimmt — was die Analyse sehr erleichtern würde — oder irgendeine „realistischere“ Form wie etwa mehrere aufeinanderfolgende Exponentiallags, hängt zum Teil davon ab, wieweit man den mathematischen Teil der Analyse vereinfachen will.

Die hier behandelten Modelle stellen nur eine Auswahl aus den verschiedenen Modelltypen dar, die seit den dreißiger Jahren in der Literatur aufgetaucht sind. Hier sollen drei spezielle Modelle untersucht werden, zum Teil deswegen, weil sie verschiedene Möglichkeiten veranschaulichen, wie sich die ökonomischen Probleme des Konjunkturzyklus behandeln lassen.

Da ist zunächst das von Goodwin (1951) entwickelte Modell, das der Theorie von Samuelson und Hicks in vielen Zügen ähnelt, jedoch unabhängig davon entwickelt wurde und auch ein paar Eigenheiten des Modells von Phillips enthält. Charakteristisch ist, wie Goodwin das nichtlineare Element in der Wechselwirkung zwischen Akzelerator und Multiplikator behandelt. Bei Samuelson und Hicks ist die Konstruktion einer Schwingung grundlegend, welche im allgemeinen eine mäßig explosive Form aufweist; später wird dann noch ein nichtlineares Element eingeführt. Dies kann in Form von „Unter- und Obergrenzen“ geschehen oder mit Hilfe der Annahme, daß im Aufschwung und der Depression jeweils verschiedene Nachfragerelationen für Investitionsgüter vorliegen. Der Vorteil des Modells von Goodwin liegt darin, daß das nichtlineare Element gleich zu Beginn „eingebaut“ wird; daraus ergibt sich eine Schwingung, welche sich selbst erhält, ohne irgendwie von äußeren Faktoren oder speziellen Ausgangsbedingungen (oder Daten der Vergangenheit) abhängig zu sein. Goodwin unterscheidet zwei Arten von Lags; es gibt eine feste zeitliche Verzögerung in der Wirkungsweise des Akzelerators auf der Seite der Nachfrage nach Investitionsgütern und eine stetig verteilte Reaktion auf der Seite des Angebots.

Weiterhin gibt es das Modell von Kalecki (1935) und dessen verschiedene spätere Weiterentwicklungen (1943, 1954). Dieses Modell wurde schon diskutiert, bevor die Arbeit von Keynes ihre tiefe Wirkung auf die Richtung ausüben konnte, in welcher die Konjunkturtheorie weiterentwickelt wurde. Folglich enthält das Modell eine Reihe unterschiedlicher Eigenheiten, besonders dort, wo es um die Relation zwischen den Investitionen und dem Kapitalgüterstock geht. Genau wie das Modell von Goodwin enthält auch das von Kalecki inhomogene Komponenten, da dieser sich für die Einführung einer festen zeitlichen Verzögerung (zwischen der Entscheidung zur Investition und der Ablieferung der Ausrüstungsgüter) wie auch für stetige, durch Ableitungen und Integrale dargestellte Veränderungen entschieden hat. Daraus ergibt sich zwar für das Modell eine recht einfache Gleichung, doch handelt es sich um eine Differenzen-Differentialgleichung, also eine Gleichung gemischten Typs. Eine derartige Gleichung läßt sich mathematisch nicht leicht lösen und selbst wenn sie gelöst ist, läßt sie sich nicht leicht interpretieren. Insbesondere stellt sich für die möglichen Oszillationen heraus, daß zu ihnen eine ganze Reihe von Zyklen mit zunehmender Frequenz (abnehmender Periode) gehören. Der Grund dafür ist in der Annahme einer festen Verzögerung zu suchen, welche in der Periodenanalyse von Samuelson und Hicks schon genug Schwierigkeiten macht, aber noch mehr Probleme aufwirft, wenn sie mit einer stetigen zeitlichen Entwicklung kombiniert wird.

Diese Schwierigkeiten legen die Vermutung nahe, daß es am ergiebigsten ist, auf das Multiplikator-Akzelerator-Modell von Phillips (1954) näher einzugehen. Der grundlegende Aufbau des Modells wurde bereits in 3.4 und 3.5 oben beschrieben. Alle Lags sind stetig verteilt und führen zu Differentialgleichungen niedriger Ordnung; das Modell enthält in sich eine explosive Bewegung, welche mit Hilfe anderer Faktoren unter Kontrolle gehalten werden muß, dafür sorgt allein schon der Akzelerator. In die Modelle von Samuelson und Hicks und von Goodwin werden zu diesem Zweck nichtlineare Elemente eingeführt, während Kalecki einen „Dämpfungsfaktor“ in Form des Wachstums der Kapitalausrüstungen bringt; demgegenüber betrachtet Phillips ökonomische Regulierung und Stabilisierung in einem größeren Zusammenhang.

8.2 Das Modell von Goodwin: Die einfache Form

Die nichtlineare Form des Akzelerators von Goodwin läßt sich am leichtesten in seinem einfachsten Modell als „grundsätzliche Möglichkeit für technischen Fortschritt“ interpretieren; siehe Goodwin (1951) S. 4 - 8. Alle Variablen sind Funktionen der stetig variierenden Zeit; die Bedingung des Modells ist die vertraute Relation für Einkommen und Output Y:

$$Y = C + I + A$$

Dabei gilt $C = cY$ für die Konsumfunktion ohne Lags, I sind alle Nettoinvestitionen und A sind autonome Konsumausgaben. Diese Relation entspricht dem Multiplikator ohne Lags:

$$Y = \frac{I + A}{1 - c} \tag{1}$$

wenn man den Ausdruck für C einsetzt. A wird als über die Zeit konstant angenommen.

Der Akzelerator wird in nichtlinearer Form eingeführt, um die Nettoinvestitionen I zu erklären. Zu jedem Zeitpunkt sei K der tatsächliche und $\bar{K}$ der gewünschte Kapitalgüterstock. Dann gilt definitorisch $I = \frac{dK}{dt}$.

Es gelte:

$$\left.\begin{aligned} \bar{K} &= vY + at \\ \text{also} \qquad \frac{d\bar{K}}{dt} &= v\frac{dY}{dt} + a \end{aligned}\right\} \tag{2}$$

Hierbei ist a eine positive Konstante, welche den technischen Fortschritt in der Zeit darstellt; der positive Wert v ist als angestrebter marginaler Kapitalkoeffizient zu interpretieren; er wird als konstant angenommen.

Nun müssen noch der angestrebte und der tatsächliche Kapitalstock miteinander verknüpft werden. Den tatsächlichen Investitionen sind zwei Grenzen gesetzt, die eine aufgrund der (konstanten) Wiederbeschaffungs- oder Verschrottungsrate M der existierenden Kapitalausstattung und die andere aufgrund der (konstanten) Kapazität $L + M$ der Kapitalgüterindustrien. Der Bruttoausstoß an Kapitalgütern muß zwischen 0 und $(L + M)$ und der Nettoausstoß $\left(I = \frac{dK}{dt}\right)$ zwischen $-M$ und L liegen. Eine nichtlineare Relation wird unterstellt, nämlich daß die Investitionen so lange an ihrer Obergrenze liegen, wie $K < \bar{K}$ gilt, daß sie dem Trendwert (a) gleich werden, wenn $K = \bar{K}$ ist, und daß sie an ihrer unteren Grenze liegen, wenn $K > \bar{K}$ gilt:

$$\left.\begin{aligned} & I = \frac{dK}{dt} = L, \text{ a} \quad \text{oder} \quad -M \\ & \text{je nachdem ob} \\ & K <, = \text{ oder } > \bar{K} \text{ ist.} \end{aligned}\right\} \tag{3}$$

Aufgrund des in (2) und (3) angenommenen nichtlinearen Akzelerators ergibt sich eine indirekte Abhängigkeit der Investitionen I von den Outputänderungen $\left(\frac{dY}{dt}\right)$. Eine Outputänderung verändert nach (2) auch den angestrebten Kapitalstock $\bar{K}$ und dieser wiederum bestimmt nach (3) die tatsächliche Investitionsrate.

Die Gleichungen (1), (2) und (3) beschreiben das System. Mit $I = \frac{dK}{dt}$ wird aus den beiden ersten Gleichungen

$$Y = \frac{1}{1-c}\left(\frac{dK}{dt} + A\right) \quad \text{und} \quad \bar{K} = \frac{v}{1-c}\left(\frac{dK}{dt} + A\right) + at \tag{4}$$

In *jeder beliebigen Phase* von (3) bleibt $I = \frac{dK}{dt}$ konstant (also gleich L, a oder $-M$); folglich lassen sich dann aufgrund von (4) die verschiedenen Phasen genau angeben:

Phase	$\frac{dK}{dt}$	Y	$\overline{K}$	$\frac{d\overline{K}}{dt}$	$\frac{d(K-\overline{K})}{dt}$
$K-\overline{K}<0$	L	$\frac{A+L}{1-c}$	$\frac{v}{1-c}(A+L)+at$	a	$L-a$
$K-\overline{K}=0$	a	$\frac{A+a}{1-c}$	$\frac{v}{1-c}(A+a)+at$	a	0
$K-\overline{K}>0$	$-M$	$\frac{A-M}{1-c}$	$\frac{v}{1-c}(A-M)+at$	a	$-(M+a)$

(5)

Sieht man vom Trendglied (a) einmal ab, so ergeben sich Änderungen nur dann, wenn das System von einer Phase zur anderen überwechselt. Wie das System arbeitet, erkennt man am besten in dem Phasendiagramm der Abb. 27, in welcher $\frac{d(K-\overline{K})}{dt}$ und $(K-\overline{K})$ auf zwei Koordinaten einander gegenübergestellt sind.

Es gibt eine (nicht stationäre) Gleichgewichtslage, die durch den Punkt O der Abb. 27 dargestellt wird, wenn $\frac{dK}{dt} = \frac{d\overline{K}}{dt} = a$ und $Y = \frac{A+a}{1-c}$ (wie durch den Multiplikator bestimmt) ist.

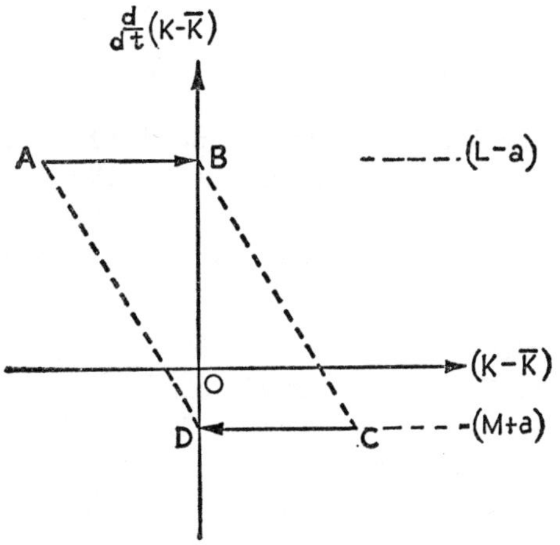

Abb. 27

Die Investitionen entwickeln sich nach der gewünschten Trendrate; wenn diese einmal erreicht ist, bleibt das Gleichgewicht auch erhalten. Es ist jedoch unstabil. Ist irgendeine anfängliche Störung vorgegeben, so strebt das System nicht wieder zum Gleichgewicht; stattdessen ergibt sich eine reguläre Schwingung, die durch die zyklische Bewegung *ABCDA* in der Abb. 27 beschrieben wird. Bei den folgenden Ausführungen beziehen wir uns auf die Eigenschaften der verschiedenen, in (5) beschriebenen Phasen.

Für die Ausgangslage sei $K > \bar{K}$ angenommen, so daß $\frac{d(K-\bar{K})}{dt} = -(M + a) < 0$ gilt. Folglich ist $(K-\bar{K})$ positiv, nimmt jedoch mit der Zeit gegen Null hin ab; dies entspricht in der Abb. 27 einer Bewegung von C nach D. Wenn D erreicht ist, gilt $K = \bar{K} = \frac{v}{1-c}(A-M) + at$; doch dann wird $\frac{d(K-\bar{K})}{dt}$ Null und $\bar{K}$ wächst bis $\frac{v}{1-c}(A + a) + at$. Mit einem Mal gilt $K < \bar{K}$, so daß $\frac{d(K-\bar{K})}{dt}$ gleich $(L-a) > 0$ wird und $\bar{K}$ wächst bis $\frac{v}{1-c}(A + L) + at$. Wenn D also einmal erreicht ist, hört die Bewegung nicht bei 0 auf, sondern ein plötzlicher Sprung nach A setzt ein. Dann wird die Phase, in der $(K-\bar{K})$, negativ ist, aber mit der Zeit gegen Null wächst, wirksam; sie entspricht einer Bewegung von A nach B. Ist B erreicht, so folgt ein plötzlicher Rückgang nach D in einem umgekehrten Prozeß, womit der Zyklus von neuem beginnt.

Die reguläre Schwingung besteht aus einem Zyklus, in dem sich Boom (AB) und Depression (CD) abwechseln. Wichtig ist, daß Boom und Depression nicht gleich lange dauern. Während des Booms gilt:

$$\frac{dK}{dt} = L, \quad \frac{d\bar{K}}{dt} = a \quad \text{und} \quad \bar{K} = \frac{v}{1-c}(L + A) + at$$

$\bar{K}$ steigt, so daß das Wachstum von K (mit der Rate L) so lange andauern muß, bis K das wachsende $\bar{K}$ erreicht hat. Für die Depression gilt:

$$\frac{dK}{dt} = -M, \quad \frac{d\bar{K}}{dt} = a \quad \text{und} \quad \bar{K} = \frac{v}{1-c}(-M + A) + at$$

$\bar{K}$ liegt also auf niedrigerem Niveau, wächst jedoch wie zuvor; dagegen nimmt K (mit der Rate M) weiter ab, bis das abnehmende K und das zunehmende $\bar{K}$ einander gleich werden. Booms sind tendenziell länger als Depressionen, wie aus dem zeitlichen Verlauf von K und $\bar{K}$ (Abb. 28) und aus dem entsprechenden Verlauf von Y (Abb. 30 a unten) hervorgeht. Aus (5) erkennt man, daß der Wert von Y zwischen $\frac{A + L}{1-c}$ und

$\frac{A-M}{1-c}$ pendelt, während $I = \frac{dK}{dt}$ zwischen L und $-M$ pendelt. Solche Schwankungen bedeuten unstetige Variationen von Y und I und sind recht unrealistisch. Sie ergeben sich aus der Annahme eines ganz speziellen Akzelerators, der keine Lags enthält; eine allgemeinere und „realistischere“ Version des Modells findet sich in 8.3 unten.

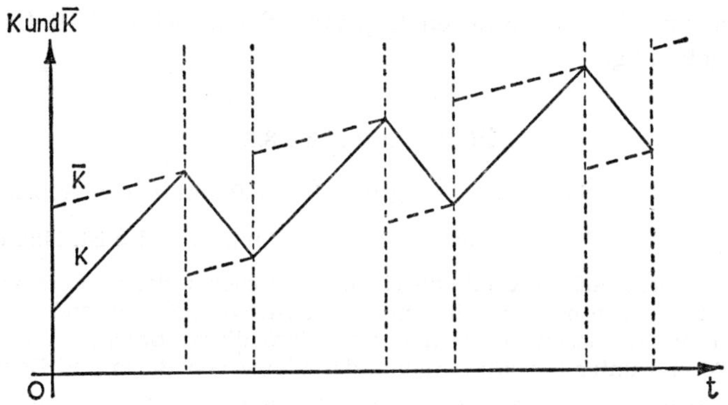

Abb. 28

Das Modell ist zwar recht grob, hat aber drei wünschenswerte Eigenschaften. *Erstens* steckt in dem System eine Schwingung, die sich selbst aufrechterhält. Die explosive Natur des Akzelerators wird durch die indirekte (oder nichtlineare) Abhängigkeit der Investitionen $\left(\frac{dK}{dt}\right)$ von Outputänderungen $\left(\frac{dY}{dt}\right)$ in Schach gehalten. Man benötigt weder die „Obergrenze“ des Modells von Samuelson und Hicks noch eine Reihe „erratischer Schocks“, um zu einer gedämpften Schwingung zu kommen. Darüber hinaus ist die Schwingung in keiner Weise von Ausgangsbedingungen (siehe Aufg. 2 unten) abhängig. *Zweitens* können Boom und Depression nur durch Zufall gleich lang sein. In der Abb. 28 wächst der angestrebte Kapitalstock $\overline{K}$ (obwohl Sprünge auftreten) mit einer festen Rate a; der tatsächliche Kapitalstock K wächst während des Booms mit der Rate L und nimmt während der Depression mit der Rate M ab. Im Verhältnis zur Depression dauert der Boom bei hohen Raten des technischen Fortschritts (a) und bei einer hohen Kapitalverschrottungsrate im Verhältnis zur Kapazität des Kapitalgüteraustausches länger. *Drittens* wird zwischen induzierten und autonomen Änderungen des angestrebten Kapitalstocks unterschieden. Die Veränderung des angestrebten Kapitalstocks ergibt sich aus der Summe der induzierten Änderung (vY) und den kumulativen Änderungen, die aus dem technologischen oder autonomen Fortschritt resultieren. Auf diese Weise vermeidet man viele Einwände gegen diese Unterscheidung; gleichzeitig läßt sich das Modell auch ohne Schwierigkeiten an die Theorie der technischen Neuerungen von Schumpeter anpassen. Technische Verbesserungen können einigermaßen regelmäßig über die Zeit verteilt sein, wie es in dem stetigen Wachstum des angestrebten Kapitalstocks zum Ausdruck kommt; die Bewegung des tatsächlichen Kapitalstocks jedoch enthält Lags und ist unregelmäßig.

Übungsaufgaben 8.2

1. Man zeige, daß die Verringerung von $\bar{K}$ im Punkt B der Abb. 27, nämlich $\frac{v}{1-c}(L+M)$, dem Anstieg von $\bar{K}$ im Punkt D gleich ist. Man leite ab, daß der Überschuß an Kapitalausrüstung, welcher in der Depression „abgearbeitet" werden muß, gleich dem Defizit ist, welches während des Booms wieder auszugleichen ist. Man interpretiere dieses Ergebnis anhand der Abb. 28 und unter Berücksichtigung der Länge von Boom und Depression.
2. Man verwende Abb. 27 für den Beweis, daß man den gleichen Zyklus erhält, wenn im Anfang $K < \bar{K}$ (und nicht $K > \bar{K}$) gilt, und daß der Zyklus nicht von der Höhe der anfänglichen Differenz zwischen K und $\bar{K}$ abhängt.
3. Man zeige, daß die autonomen Konsumausgaben stetig mit der Zeit wachsen können, ohne daß sich die Struktur des Modells ändert.

8.3 Erweiterung des Modells von Goodwin

Die einfache Form des Modells von Goodwin, die in 8.2 oben analysiert wurde, stellt die Wechselwirkung zwischen dem Multiplikator und einem nichtlinearen Akzelerator dar, wobei allerdings keine Lags berücksichtigt werden. Das Modell läßt sich auf zwei Arten erweitern. Man kann eine allgemeinere Form des nichtlinearen Akzelerators einführen und mit einem Lag arbeiten, der bei Goodwin als feste zeitliche Verzögerung auftritt. Der Multiplikator wird dann mit Hilfe eines Lags auf der Angebotsseite dynamisiert; man nimmt also ganz im Sinne des Multiplikators von Phillips (3.4 oben) eine verzögerte Reaktion auf die Nachfrage an.

Die Nachfrageseite wird durch folgende Gleichung dargestellt:

$$Z = C + I + A \tag{1}$$

Hierbei bedeutet Z die gesamte Nachfrage, die aus der Nachfrage nach Konsum- (C) und Investitionsgütern (I) und aus den autonomen Ausgaben besteht; alle Größen sollen Ausgaben darstellen. Die Konsumfunktion wird wie zuvor in ihrer einfachen Form $C = cY$ ohne Lag verwendet. Die Investitionsausgaben sollen nach einer Verzögerung um ein festes Intervall von ϑ Zeiteinheiten auf die Investitionsentscheidungen folgen: $I(t) = B(t-\vartheta)$. Der Akzelerator ergibt sich als eine Relation zwischen den Entscheidungen zur Investition $B(t)$ und der laufenden Veränderungsrate des Outputs. Allgemein läßt er sich in der Form

$$B(t) = \varphi\left\{\frac{d}{dt}Y(t)\right\}$$

schreiben. Dabei sei φ irgendeine nichtlineare Funktion. Eine geeignete Form

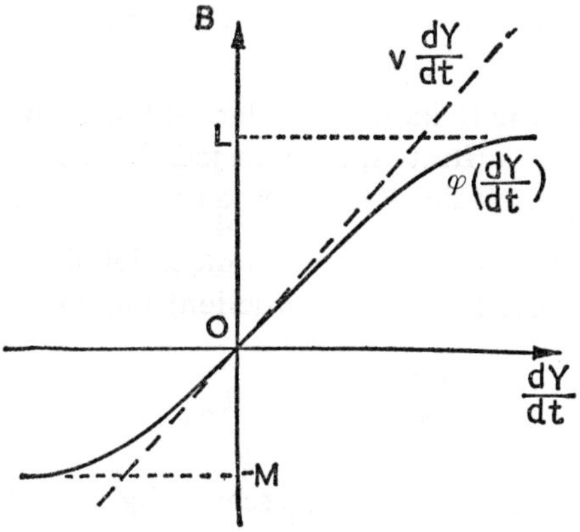

Abb. 29

für die Funktion φ wird in der Abb. 29 angegeben. Für kleine Outputänderungen, welche entweder Zunahmen oder Abnahmen sein können, wird die übliche Akzeleratorrelation $B = v\frac{dY}{dt}$ für brauchbar gehalten. Bei großer Outputzunahme steigt B bis an eine Grenze (L), die durch die Kapazität der Kapitalgüterindustrien gesetzt ist. Bei großem Outputrückgang fällt B auf eine negative Grenze zurück ($-M$), die durch die Verschrottungsrate bestimmt wird.

Im Vergleich zu dem „groben“ Akzelerator der Relationen (2) und (3) von 8.2 oben erscheint hier nunmehr ein Lag zwischen den Investitionen $\left(I = \frac{dK}{dt}\right)$ und den Entscheidungen zur Investition; dabei variieren die Investitionsentscheidungen stetig mit den Outputänderungen $\left(\frac{dY}{dt}\right)$, doch bestehen wie zuvor die beiden gleichen Grenzen (L und $-M$). Bei den Relationen (2) und (3) von 8.2 oben konnte $I = \frac{dK}{dt} = B$ nur die Werte L und $-M$ annehmen (von einer unstabilen Zwischenposition abgesehen) und somit nur zwischen diesen Werten hin- und herpendeln.

Für die Nachfrageseite gilt $C = cY$ und

$$I\,(t) = B\,(t-\vartheta) = \varphi \left\{ \frac{d}{dt}\, Y\,(t-\vartheta) \right\}$$

Diese beiden Relationen sind zusammen mit den gegebenen autonomen Ausgaben A in (1) einzusetzen:

$$Z\,(t) = cY\,(t) + \varphi \left\{ \frac{d}{dt}\, Y\,(t-\vartheta) \right\} + A \qquad (2)$$

Technischer Fortschritt kann bei allen autonomen Konsumausgaben in der Größe A in (2) auftreten; A kann jede beliebige Form annehmen, also z. B. auch stetig mit der Zeit wachsen ($A = at$).

Auf der Angebotsseite wird angenommen, daß der Output Y entsprechend dem stetig verteilten (exponentiellen) Lag der Nachfrage Z folgt:

$$\frac{dY}{dt} = -\lambda\,(Y-Z) \qquad (3)$$

Dabei bedeutet λ die Reaktionsgeschwindigkeit und $\frac{1}{\lambda}$ die Zeitkonstante des Lags. Goodwin selbt setzt den Output Y dem Ausdruck (2) für Konsum und Investitionen gleich, fügt aber noch einen Ausdruck $\left(-\varepsilon \frac{dY}{dt}\right)$ hinzu, über den er sagt, er „entspräche dem Lag bei der üblichen zeitlichen Analyse"; Goodwin (1951), S. 9. Im Endeffekt ergibt sich bei ihm also:

$$Y = Z - \varepsilon \frac{dY}{dt}$$

oder

$$\frac{dY}{dt} = \frac{1}{\varepsilon}\,(Y-Z)$$

Dabei bedeutet ε die Zeitkonstante des üblichen exponentiellen Lags (3). Aus einer Kombination der Gleichungen (2) und (3) für die Angebots- und Nachfrageseite erhält man:

$$\frac{1}{\lambda}\,\frac{d}{dt}\, Y\,(t) = -Y\,(t) + cY\,(t) + \varphi \left\{ \frac{d}{dt}\, Y\,(t-\vartheta) \right\} + A$$

also

$$Y(t) = \frac{1}{1-c}\left[\vartheta\left\{\frac{d}{dt}Y(t-\vartheta)\right\} - \frac{1}{\lambda}\frac{d}{dt}Y(t)\right] + \frac{A}{1-c} \tag{4}$$

Dies ist die Gleichung des allgemeinen Modells von Goodwin; sie enthält sowohl Differenzen als auch Differentiale. Bleiben die autonomen Ausgaben in der Zeit konstant, so ist $Y(t) = Y$ (const.) unter der Bedingung mit (4) konsistent, daß $\bar{Y} = \frac{A}{1-c}$ gilt. Das mit (4) beschriebene Modell besitzt ein Gleichgewichtsniveau, das durch den statischen Multiplikator bestimmt wird. Nun ist noch der Verlauf von $Y(t)$ bei einer anfänglichen Störung zu bestimmen; er ergibt sich als Lösung von (4).

Für den Sonderfall $\vartheta = 0$ und einer Akzeleratorwirkung ohne Lag läßt sich dieses Modell mit dem anderen Modell vergleichen, das sich aus dem „groben" Akzelerator von 8.2 oben ergibt. Dann wird aus der Gleichung (4) eine Differentialgleichung:

$$Y = \frac{1}{1-c}\left\{\varphi\left(\frac{dY}{dt}\right) - \frac{1}{\lambda}\frac{dY}{dt}\right\} + \frac{A}{1-c} \tag{5}$$

die sich analytisch oder auch graphisch lösen läßt, wenn für die Funktion φ eine spezielle Form angegeben wird, also entweder ein analytischer Ausdruck oder ein empirischer (graphischer) Verlauf. Dann lautet aufgrund der Tabelle (5) des vorhergehenden Abschnittes die entsprechende Gleichung des Modells:

$$Y = \frac{1}{1-c}\frac{dK}{dt} + \frac{A}{1-c} \tag{6}$$

Hierbei gilt $\frac{dK}{dt} = L$ während des Booms und $\frac{dK}{dt} = -M$ während der Depression. Ein Vergleich zwischen (6) und (5) zeigt deutlich die besondere Form des nichtlinearen Akzelerators von 8.2 oben. Aufgrund von (6) variiert Y dann (bei konstantem A) entsprechend der Treppenfunktion der Abb. 30 A. Goodwin zeigt, daß der durch (5) bestimmte Pfad von Y wie in Abb. 30 B verläuft, wenn A konstant ist und die Funktion φ wie in Abb. 29 verläuft. Das Einkommen Y entwickelt sich nicht weiter sprunghaft; der Pfad verläuft zwar stetig, weist aber an den Krisenanfängen unstetige Richtungsänderungen auf. Der Boom dauert im Vergleich zur Depression länger; der Einkommenszuwachs ist zu Beginn des Booms besonders stark, nimmt aber später ab; ähnliches gilt für den Rückgang während der Depression.

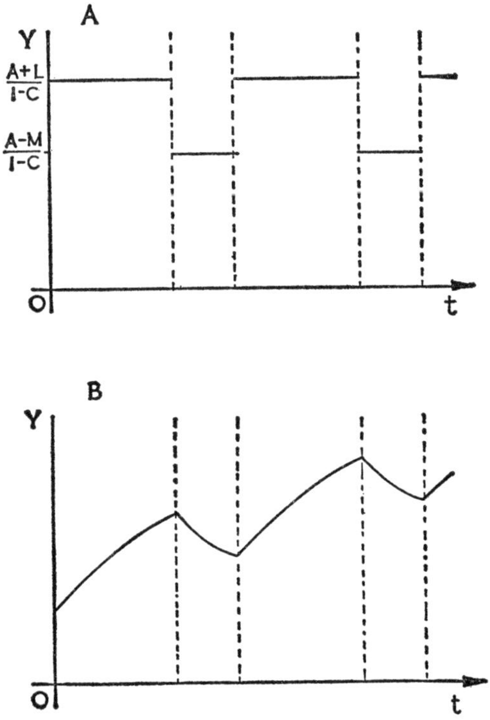

Abb. 30

Die gemischte Gleichung (4) mit Differenzen und Differentialen ergibt sich aufgrund der Annahme einer festen zeitlichen Verzögerung in der Funktion für den Akzelerator. Diese Annahme wird bei Goodwin als Vereinfachung und nicht als Ausdruck ökonomischen „Realismus" eingeführt. In der Tat ist ϑ ein Lag, wie er sich im *Durchschnitt* zwischen den Investitionsentscheidungen und den Ausgaben für die Investitionen einstellt; seine Größe entspricht „ungefähr der Hälfte der für die Produktion erforderlichen Zeit", Goodwin (1951) S. 12. Die Verzögerung würde man besser durch einen stetigen (exponentiellen) Lag ersetzen — dieser wäre vom ökonomischen Standpunkt her wahrscheinlich und aus Gründen einer leichteren mathematischen Behandlung (siehe 3.5 oben) sicherlich vorzuziehen.

Goodwin gibt für die (4) eine graphische Integration (oder Lösung) an; dabei verwendet er Methoden, die von Ingenieuren bei ähnlichen Problemen der Elektrotechnik entwickelt und von Le Corbeiller (1936) beschrieben wurden.

Dieser Gedanke soll in Kapitel 9 unten wieder aufgenommen werden, allerdings unter einem ganz anderen Gesichtspunkt; dort wird dann auch von dem Ansatz von Tustin (1953) Gebrauch gemacht. Goodwins graphische Darstellung läßt sich mit analogen und analytischen Lösungen vergleichen, die von Strotz, McAnulty und Naines (1953) ausgearbeitet und bei Tustin (1953) angeführt werden. Abgesehen davon, daß sich eine Reihe von Schwingungen mit hohen Frequenzen (kurzen Perioden) ergibt, die innerhalb der festen zeitlichen Verzögerung (siehe 8.5 unten) auftreten, besagt das wesentliche Ergebnis, daß sich die durch (4) bestimmten Schwingungen für $Y(t)$ einem bestimmten Typ zuordnen lassen. Dieser „begrenzte Zyklus" hängt von den Grenzen L und M ab, in deren Bereich sich der Akzelerator (Abb. 29) auswirken kann; sinusförmig ist diese Bewegung jedoch nicht. Folglich haben Aufschwung und Abstieg nicht dieselbe Form und dieselbe Dauer; insbesondere halten sich (im Boom) hohe Einkommensniveaus und (in einer Depression) niedrigere Einkommensniveaus länger als bei einer einfachen Sinusschwingung.

8.4 Das Modell von Kalecki: die frühere Version

Das dynamische Modell von Kalecki (1935, 1943 und 1954) wurde zum ersten Mal in der Zeit von Keynes entwickelt und danach erheblich verfeinert. Das Modell führt auf eine Gleichung vom gemischten Typ mit Differentialen und Differenzen; die allgemeine Form dieser Gleichung hat sich in den nachfolgenden Versionen nur wenig geändert, dafür aber ihre Interpretation. Dieser Abschnitt hier basiert — bei kleinen Änderungen — im wesentlichen auf Kalecki (1935).

Die Variablen sind wiederum stetige Funktionen der Zeit. Für den Multiplikator, also die Konsumfunktion bzw. die Angebotsseite, werden keine Lags angenommen. Die Aufmerksamkeit konzentriert sich auf die Determinanten der Investitionsentscheidungen und -ausgaben.

Die Bedingung des Modells wird durch die bekannte Aufspaltung von Einkommen und Output Y in Konsum (C), Investitionen (I) und autonome Ausgaben (A) formuliert

$$Y = C + I + A$$

Hierbei sind $C = cY$ und A gegeben. Folglich wird auch das Einkommen durch die Investitionen entsprechend dem Multiplikator ohne Lag bestimmt:

$$Y = \frac{I + A}{1 - c} \qquad (1)$$

Auf der Investitionsseite bildet die Entscheidung zur Investition $B(t)$ zum Zeitpunkt t die zentrale Variable. Man nimmt an, daß nach der Investitionsentscheidung (wenn also Kapitalgüter bestellt sind) die Lieferungen erst nach einer festen Zeitspanne ϑ erfolgen und die Zahlungen dann auf die ganze Periode der Produktion und Installation der Kapitalgüter verteilt werden. Die Größe $I(t)$, die keine Ersatzinvestitionen umfaßt, stellt die Ausgaben für Investitionen oder die Abzahlungen dar. Für die Liefermengen, die wiederum als Nettogrößen ohne Ersatzinvestitionen anzusehen sind, schreiben wir $K(t)$ für den Kapitalstock zum Zeitpunkt t, so daß also $\frac{dK}{dt}$ die Veränderungsrate neu gelieferter Kapitalgüter ist. Aufgrund der Annahme über die Lags auf der Investitionsseite erhält man:

$$I(t) = \frac{1}{\vartheta} \int_{t-\vartheta}^{t} B(t)\, dt \tag{2}$$

und

$$\frac{d}{dt} K(t) = B(t-\vartheta) \tag{3}$$

$B(t)$ wird durch eine Relation bestimmt, die dem Akzelerator in anderen Modellen ähnelt, hier jedoch anders formuliert wird. Man nimmt nämlich an, daß $B(t)$ direkt durch die *Sparrate* $S(t) = (1-c)\,Y(t)$ und in entgegengesetzter Richtung durch den bestehenden *Kapitalstock* $K(t)$ beeinflußt wird. Nimmt man proportionale Relationen ohne Lags an, so gilt

$$B = aS - kK + \varepsilon \; .$$

Dabei sind a und k positive Konstanten; ε ist ein Trendausdruck, der hier konstant ist, sich langfristig jedoch auch ändern kann. Folglich gilt:

$$B = a(1-c)\,Y - kK + \varepsilon \tag{4}$$

Es scheint also, daß die Entscheidungen zur Investition nicht wie beim Akzelerator von der Einkommensänderung $\frac{dY}{dt}$, sondern vom Niveau des Einkommens Y abhängen. Wenn der Koeffizient a groß ist, kann diese Art der Abhängigkeit einen unstabilen Einfluß ausüben. Doch hängt die Investitionsentscheidung auch vom Kapitalstock ab, und bei einem großen Koeffizienten k macht sich eine abschwächende Wirkung bemerkbar, die im System ein beträchtliches Gewicht hat. Tatsächlich wird man also erwarten können, daß die kombinierte Wirkung von Y und K auf die Investitionsentscheidungen B einem Akzelerator, und zwar einem ziemlich schwachen, gleicht.

Man muß erkennen, daß ohne Verzögerung ϑ im System (wie in den Gleichungen (2), (3) und (4) oben) auch die Beziehung zwischen Investition und Einkommen genau einem Akzelerator ohne Lag entspricht. Für $\vartheta = 0$ lauten diese Gleichungen:

$$I = B, \quad \frac{dK}{dt} = B \quad \text{und} \quad B = a\,(1-c)\,Y - kK + \varepsilon$$

Differenziert man die letzte Gleichung und setzt die beiden anderen in sie ein, so erhält man:

$$\frac{dB}{dt} = a\,(1-c)\,\frac{dY}{dt} - k\,\frac{dK}{dt}$$

also

$$\frac{dI}{dt} + kI = kv\,\frac{dY}{dt} \qquad \text{mit} \quad v = \frac{a\,(1-c)}{k}$$

Verwendet man den Operator $D = \frac{d}{dt}$, so ergibt sich

$$I = \frac{k}{D+k}\,vDY$$

Dieser Ausdruck aber ist ein Akzelerator mit stetigem exponentiellen Lag. Die Stärke des Akzelerators beträgt $v = \frac{a\,(1-c)}{k}$, die Zeitkonstante des Lags ist $T = \frac{1}{k}$.

Die Konstante k hängt von der gewählten Zeiteinheit ab; sie ergibt sich aus der Beziehung zwischen der Investitionsentscheidung und dem Kapitalstock. Sie bestimmt die Zeitkonstante des Lags im Akzelerator. Die Konstante a ist von der Zeiteinheit unabhängig. Gewöhnlich wird sie durch einen Bruch wiedergegeben; ist dieser klein, so ist die Akzeleratorrelation im Modell von Kalecki schwach. Für einen kleinen Wert von a spricht, daß im Modell die Investitionen in der Hauptsache aus dem internen Unternehmenssparen gespeist werden, die beträchtlich unter den Gesamtersparnissen der Wirtschaft liegen.

Das System wird durch die Relationen (1), (2), (3), und (4) vollständig beschrieben. Es gibt vier variable Größen: $Y(t)$, $I(t)$, $K(t)$ und $B(t)$. Die Relationen reichen aus, um drei dieser Größen zu eliminieren und eine einzige Gleichung für die vierte Größe abzuleiten. Hier soll zu diesem Zweck die Variable $K(t)$, der Kapitalstock zum Zeitpunkt t ausgewählt werden, eine ähnliche Gleichung läßt sich auch für eine der anderen Variablen, etwa $Y(t)$ oder $I(t)$ ableiten. Aus (2) und (3) ergibt sich:

$$I(t) = \frac{1}{\vartheta} \int_{t-\vartheta}^{t} \frac{d}{dt} K(t+\vartheta)\, dt = \frac{1}{\vartheta} \int_{t}^{t+\vartheta} \frac{d}{d\tau} K(\tau)\, d\tau \qquad (\tau = t + \vartheta)$$

$$= \frac{1}{\vartheta} \Big[K(\tau) \Big]_{t}^{t+\vartheta}$$

und damit

$$I(t) = \frac{1}{\vartheta} \{K(t+\vartheta) - K(t)\} \tag{5}$$

Dann ergibt sich aus (1):

$$Y(t) = \frac{I(t) + A}{1-c} = \frac{1}{\vartheta(1-c)} \{K(t+\vartheta) - K(t)\} + \frac{A}{1-c} \tag{6}$$

Setzt man diesen Ausdruck und $B(t) = \frac{d}{dt} K(t+\vartheta)$ in (4) ein, so erhält man:

$$\frac{d}{dt} K(t+\vartheta) = \frac{a}{\vartheta} \{K(t+\vartheta) - K(t)\} - kK(t) + (aA + \varepsilon)$$

also
$$\frac{d}{dt} K(t+\vartheta) = \frac{a}{\vartheta} K(t+\vartheta) - \left(k| + \frac{a}{\vartheta}\right) K(t) + (aA + \varepsilon)$$

Das ist die Gleichung für $K(t)$; es ist eine gemischte Gleichung mit Differenzen und Differentialen. Nimmt man A und ε als zeitlich konstant an, so existiert ein Gleichgewichtsniveau $\bar{K} = \frac{aA + \varepsilon}{k}$. Mißt man K als Abweichung von $\bar{K}$ und ändert man t in $(t - \vartheta)$, so erhält die Gleichung die Form:

$$\frac{dK(t)}{dt} = \frac{a}{\vartheta} K(t) - \left(k + \frac{a}{\vartheta}\right) K(t-\vartheta) \tag{7}$$

Der zeitliche Verlauf von $K(t)$ ergibt sich aus der Lösung von (7). Die anderen Variablen ergeben sich aus (3), (5) und (6); wird auch $Y(t)$ von seinem Gleichgewichtsniveau $\bar{Y} = \frac{A}{1-c}$ aus gemessen, dann gilt:

$$A(t) = \frac{K(t+\vartheta) - K(t)}{\vartheta(1-c)}$$

Übungsaufgaben 8.4

1. Man betrachte den Fall, daß Sparen und Kapitalstock die Brutto- (und nicht die Netto-) Investitionen derart beeinflussen, daß die Gleichung (4) oben die Entscheidung zur Bruttoinvestition wiedergibt. Man zeige, daß sich das Modell unter der Bedingung nicht ändert, daß sich die Reinvestitionsrate $R(t)$ innerhalb eines Zyklus als konstant ansehen läßt. Läßt sich diese Annahme rechtfertigen? Wenn nicht, welche Schwierigkeiten ergeben sich, wenn man $R(t)$ als proportional zu $K(t)$ annimmt?

2. Man zeige, daß $Y(t)$ genau dieselbe Gleichung (7) wie $K(t)$ erfüllt und daß sich folglich der Pfad von $Y(t)$ nur durch die Ausgangsbedingungen vom Verlauf für $K(t)$ unterscheidet.

3. Man untersuche die Auswirkungen auf die Gleichung (7), wenn man zusätzlich zu den in (4) angegebenen Determinanten für die Investitionsentscheidung noch einen Ausdruck $\left(+v\frac{dY}{dt}\right)$ einführt. Interpretieren Sie das Ergebnis mit Hilfe des Akzelerators und dessen explosiver Wirkung.

8.5 Die Lösung der Differenzen-Differential-Gleichung

Ohne Einschränkung der Allgemeinheit läßt sich die Zeiteinheit so wählen, daß $\vartheta = 1$ gilt, daß also ϑ gleich dem festen zeitlichen Intervall zwischen Auftrag und Lieferung der Kapitalgüter ist. Dann lautet im Modell von Kalecki die Gleichung für die Veränderung des Kapitalstocks, die wir zu lösen haben:

$$\frac{dK(t)}{dt} = aK(t) - bK(t-1) \tag{1}$$

Hierbei gilt $0 < a < 1$ und $b = a + k > 0$. Die Lösung für $Y(t)$ ergibt sich sofort aus:

$$Y(t) = \frac{K(t+1) - K(t)}{1-c}$$

Eine vollständige Lösung einer gemischten Gleichung vom Typ (1) mit Differenzen und Differentialen wird bei Frisch und Holme (1935) mit Hilfe eines unten angegebenen Verfahrens vorgeführt.

Bei der Lösung versuche man es mit $K = K_0\, e^{\varrho t}$, $\frac{dK}{dt} = \varrho \cdot K_0\, e^{\varrho t}$; dabei bedeutet ϱ irgendwelche noch zu bestimmenden Werte.

Durch Substitution in (1) erhält man:

$$\varrho = a - be^{-\varrho} \tag{2}$$

Jeder Wert von ϱ, der (2) erfüllt, liefert eine Lösung $K = K_0\, e^{\varrho t}$ von (1). Ist ϱ ein reeller Wert, so liegt eine stetige (exponentielle) Variation von K vor, die explosiv ($\varrho > 0$) oder gegen Null hin gedämpft verlaufen kann ($\varrho < 0$). Ist ϱ ein komplexer Wert, so prüft man leicht nach, daß auch die konjugierten Werte (2) erfüllen. Die beiden Lösungen von der Form $K = K_0\, e^{\varrho t}$ ergeben zusammen dann eine einzige Lösung:

$$K = K_0 e^{\alpha t} \cos(\omega t + \varepsilon) \tag{3}$$

Hierbei ist $\varrho = \alpha \pm i\omega$ eine Lösung von (2), und K_0 und ε sind beliebige, durch die Ausgangswerte bestimmte Konstanten. Für K liegt dann eine Schwingung mit der Frequenz ω vor, die explosiv ($\alpha > 0$) oder gedämpft verlaufen kann ($\alpha < 0$).

Zunächst muß die Möglichkeit reeller Wurzeln von (2) untersucht werden. Hierfür empfiehlt sich ein graphisches Verfahren (Abb. 31), bei dem die beiden Funktionen $z_1 = e^{-\varrho}$ und $z_2 = \frac{a-\varrho}{b}$ als Exponentialkurve und Gerade in der Ebene $0\varrho z$ eingetragen werden. Reelle Wurzeln von (2) entsprechen Schnittpunkten der Geraden und der Kurve. Die Kurve z_1 schneidet $0z$ an der Stelle Q, wo $OQ = 1$ gilt. Die Gerade ist BC; die Achsenabschnitte $OB = \frac{a}{b}$ und $OC = a$ sind beide positiv und kleiner als Eins. Folglich gibt es an einer Stelle mit positivem ϱ mit Sicherheit keinen Schnittpunkt und wahrscheinlich auch an keiner Stelle mit negativem ϱ. Doch muß die zweite Aussage noch genau geklärt werden.

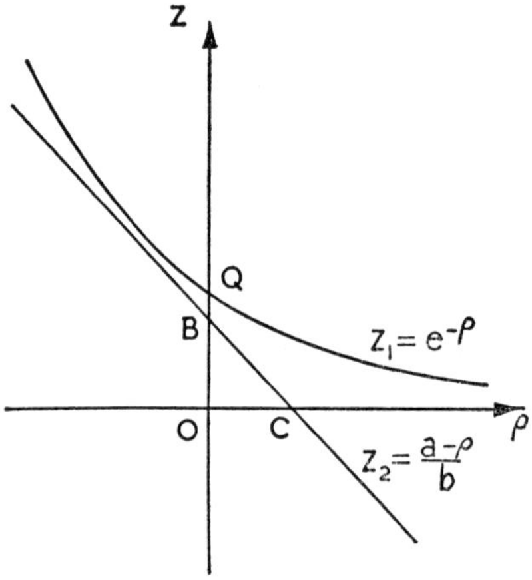

Abb. 31

Man betrachte die Bedingung, unter der die Linie BC die Exponentialkurve an irgendeinem Punkt P *berührt*, für den $\varrho > 0$ gilt (und nur ein solcher Punkt ist möglich). Im Punkt P sind die beiden Ordinaten und Steigungen einander gleich, also ist

$$e^{-\varrho} = \frac{a-\varrho}{b} \quad \text{und} \quad -e^{-\varrho} = -\frac{1}{b}$$

Folglich gilt aufgrund der zweiten Bedingung $\varrho = \log b$. Diesen Ausdruck setze man in die erste Bedingung ein und setze $A = a - \log b$. Dann lautet die Tangentenbedingung $A = 1$. Nun nehme man an, a liege fest und b verringere sich so, daß sich die Gerade im Uhrzeigersinn um c dreht und B zunimmt, jedoch noch unterhalb von Q bleibt. Bildet zu Beginn die Gerade BC eine Tangente an die Kurve ($A = a - \log b = 1$), so ergeben sich bei der Drehung zwei Schnittpunkte. Dreht sich umgekehrt die Gerade aber so, daß a festbleibt und b zunimmt, so ergeben sich überhaupt keine Schnittpunkte. Des weiteren nimmt $A = a - \log b$ zu, wenn b abnimmt (und somit $A > 1$ gilt), während A abnimmt wenn b zunimmt ($A < 1$). Daraus folgt, daß (2) zwei reelle und unterschiedliche Wurzeln, zwei reelle und gleiche Wurzeln oder überhaupt keine reellen Wurzeln hat, je nachdem, ob $A > 1$, $A = 1$ oder $A < 1$ gilt. Die Bedingung dafür, daß keine reellen Wurzeln existieren, lautet:

$$A = a - \log b < 1 \tag{4}$$

Das ist der Normalfall; a ist ein Bruch, während k normalerweise so groß ist, daß $b = a + k > 1$ (oder zumindest nahe bei 1 liegt) bzw., daß $\log b$ positiv (oder zumindest klein und negativ) wird. Hier wird der Fall (4) unterstellt, es gibt für (2) keine reellen Wurzeln und für (1) keine Lösungen ohne Schwingung.

Als nächstes soll die Möglichkeit konjugiert komplexer Wurzeln von (2) untersucht werden. Es gelte $\varrho = \alpha \pm i\omega$, so daß sich als Lösung für (1) eine Schwingung der Form (3) ergibt. Durch Einsetzen in (2) erhält man:

$$\begin{aligned} \alpha \pm i\omega &= a - be^{-\alpha} e^{\mp i\omega} \\ &= a - be^{-\alpha} (\cos \omega \mp i \sin \omega) \\ &= (a - be^{-\alpha} \cos \omega) \pm ibe^{-\alpha} \sin \omega \end{aligned}$$

Setzt man die reellen und imaginären Teile einander gleich, so erhält man

$$\left.\begin{aligned} \alpha &= a - be^{-\alpha} \cos \omega \\ \omega &= be^{-\alpha} \sin \omega \end{aligned}\right\} \tag{5}$$

Die durch (3) bestimmte Dämpfung von K hängt von α ab , einer Größe, die auch noch für die durch ω bestimmte Frequenz der Schwingung von Interesse ist. Man eliminiert also α aus (5) und beachtet vor allem ω. Aus der zweiten Gleichung von (5) erhält man:

$$e^{\alpha} = b \frac{\sin \omega}{\omega}$$

und damit

$$\alpha = \log b + \log \frac{\sin \omega}{\omega} \tag{6}$$

Diesen Ausdruck setze man in die erste Gleichung von (5) ein:

$$\log b + \log \frac{\sin \omega}{\omega} = a - \omega \frac{\cos \omega}{\sin \omega}$$

Folglich ergibt sich ω aus dem Ausdruck:

$$\frac{\omega}{\operatorname{tg} \omega} + \log \frac{\sin \omega}{\omega} = a - \log b = A < 1 \quad \text{aufgrund von (4)}$$

Man setze

$$f(\omega) = \frac{\omega}{\operatorname{tg} \omega} + \log \frac{\sin \omega}{\omega}$$

so daß ω als Lösung der Funktion $f(\omega) = A < 1$ zu bestimmen ist. Die Funktion $f(\omega)$, in welcher die „strukturellen" Konstanten a und b nicht auftreten, läßt sich in Anlehnung an die trigonometrischen Funktionen graphisch darstellen. Ihre Form wird (für $\omega > 0$) — wie bei Frisch und Holme (1935) — in der Abb. 32 dargestellt.

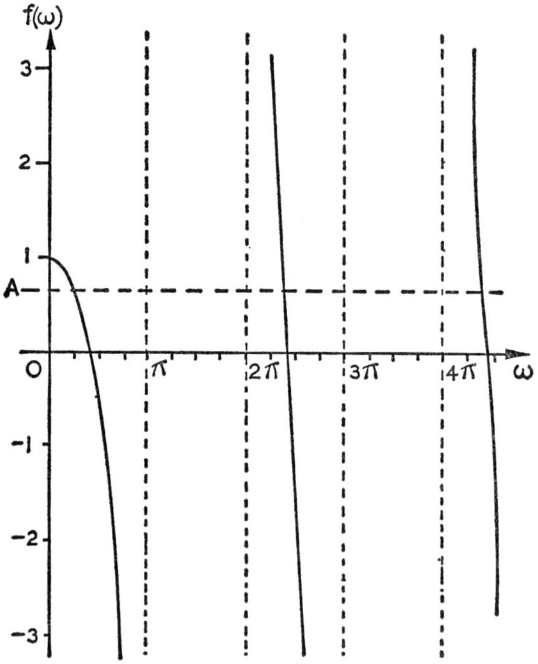

Abb. 32

Man sieht, daß es neben einem kleinen Wert von ω $(0 < \omega < \pi)$ eine ganze Reihe höherer Werte von ω gibt, welche in den Bereichen $(2\pi, 3\pi)$, $(4\pi, 5\pi)$ ... liegen.

Der kleinste Wert von ω ist der interessanteste, da er einer Schwingung von K mit geringer Frequenz und langer Periode entspricht. Die Periode beträgt $\frac{2\pi}{\omega} > 2$, sie ist also mehr als doppelt so lang wie die Verzögerung $(\vartheta = 1)$ der Investitionen. Die anderen Werte von ω sind alle größer als 2π und entsprechen Schwingungen steigender Frequenz oder abnehmender Perioden (die alle kleiner als eins sind). Alle Schwingungen von K mit hoher Frequenz vollenden ihre Zyklen innerhalb der Verzögerung der Investitionen und sind nur von begrenztem Interesse.

Ist der einzige lange Zyklus (mit einer Periode > 2) für $0 < \omega < \pi$ erst einmal bestimmt, so wird der Dämpfungsfaktor (α) der Schwingung durch (6) bestimmt. Je nach den Werten von a und $b = a + k$ kann auch $\alpha > 0$ gelten und damit die Schwingung explosiv verlaufen. Für normale Werte von a und k stellt sich jedoch heraus, daß $\alpha < 0$ ist und somit die Schwingung gedämpft wird. Ein typischer Fall ergibt sich für $k = 1 - a$ $(0 < a < 1)$, so daß $b = 1$ ist. Dann gilt:

$$A = a - \log b = a < 1$$

und

$$\alpha = \log b + \log \frac{\sin \omega}{\omega} = \log \frac{\sin \omega}{\omega} < 0$$

In diesem Fall verläuft die Schwingung stets (mehr oder weniger leicht) gedämpft. Liegt a in der Nähe von 1 und ist k klein, so liegt A in der Nähe von 1 und ω ist klein (Abb. 32); ist ω klein, so ist $\frac{\sin \omega}{\omega}$ annähernd gleich 1 und folglich auch ungefähr $\alpha = 0$. Damit erhält man einen langen Zyklus mit fast regelmäßiger Amplitude. Ist andererseits a klein und liegt k in der Nähe von 1, dann ist A klein und ω liegt in der Nähe von $\frac{\pi}{2}$; bei einem solchen ω liegt $\frac{\sin \omega}{\omega}$ beträchtlich unter 1, während α mit Sicherheit negativ ist. Damit erhält man einen kurzen Zyklus (der etwa viermal so lang wie die Verzögerung bei den Investitionen ist); ein solcher Zyklus könnte sehr stark gedämpft sein.

Aus dem Modell von Kalecki von 8.4 oben läßt sich schließen, daß — abgesehen wiederum von einer Reihe von Schwingungen mit hoher Frequenz (und kurzen Perioden) innerhalb der Verzögerungsperiode für die Investitionen — eine einmalige sinusförmige Schwingung vorliegt, in der der Kapitalstock $K(t)$ zeitlich variiert. Wahrscheinlich ist, daß die

Schwingungsperiode ein Mehrfaches der Länge der Verzögerung der Investitionen beträgt. Die Schwingung kann annähernd regelmäßig verlaufen oder mehr oder weniger stark gedämpft sein, je nachdem, wie die Werte der Koeffizienten (a und k) derjenigen Faktoren ausfallen, die die Investitionen bestimmen.

Übungsaufgaben 8.5

1. Für den Fall, daß a und k beide klein sind, zeige man, daß ein Wert $A = a - \log b > 1$ möglich ist. Daraus ist dann abzuleiten, daß $K(t)$ einen Ausdruck enthält, der stetig gegen Null hin gedämpft ist.

2. Man zeige für die vorhergehende Aufgabe, daß für $K(t)$ keine größere Schwingung möglich ist, daß es jedoch immer noch eine Reihe von Schwingungen mit hoher Frequenz gibt.

3. Man setze $a = 0{,}5$ und $k = 0{,}6$ und prüfe nach, ob $A < 1$ gilt. Man zeige, daß $\omega = \frac{\pi}{3}$ annähernd $f(\omega) = A$ erfüllt und daß die längste Schwingung für $K(t)$ eine Periode hat, welche ungefähr sechsmal so lang ist wie die Investitionsverzögerung. Man zeige, daß bei dieser Schwingung $\alpha = -0{,}1$ gilt und daß die Schwingung somit gedämpft verläuft.

4. Wie ändert sich das Ergebnis der vorhergehenden Aufgabe, wenn $a = 0{,}5$ und $k = 0{,}2$ gilt? Man zeige, daß die längste Schwingung nunmehr eine längere Periode hat und stärker gedämpft ist.

8.6 Die spätere Version des Modells von Kalecki

Das Modell von 8.4 oben wurde von Kalecki mehrfach variiert (1943, 1954). Von Feinheiten abgesehen, die teilweise in der Aufg. 2 unten erwähnt werden sollen, läßt sich die letzte Version der Theorie von Kalecki wie folgt wiedergegeben.

Wie zuvor wird der einfache Multiplikator verwendet:

$$Y = \frac{I + A}{1 - c} \tag{1}$$

Doch die Faktoren, die die Investitionsentscheidung und die anschließenden Ausgaben für Investitionen und Lieferungen von Kapitalgütern beeinflussen, werden weiter ausgearbeitet und abgeändert. Man nimmt an, daß sowohl in Form von Anlagen und Ausrüstungen wie auch in Lägern, Halbfabrikaten und Endprodukten investiert wird. I_k seien die Ausgaben für Investitionen in Form von Anlagen und I_s in Form von Lägern, so daß $I = I_k + I_s$ gilt. Die Ausgaben für Lagerhaltung seien von Outputänderungen abhängig, denen sie mit einer festen zeitlichen Verzögerung folgen sollen:

$$I_s(t) = v_1 \frac{d}{dt} Y(t - \tau') \qquad (2)$$

Hierbei ist v_1 ein Investitionskoeffizient und τ' die Verzögerung. Die Ausgaben für Anlagen sollen gleichzeitig mit deren Installation (also Bezahlung bei Lieferung) getätigt werden und hinter der entsprechenden Entscheidung zur Investition um eine feste Verzögerung τ herhinken:

$$I_k(t) = \frac{dK(t)}{dt} = B(t - \tau) \qquad (3)$$

Dabei bedeutet $K(t)$ der Kapitalstock und $B(t)$ die Entscheidung, in Anlagen und Ausrüstungen jeweils zum Zeitpunkt t zu investieren.

Die Größe $B(t)$, von welcher die Abschreibungen auf die Anlagen bereits abgesetzt sein sollen, sei nunmehr von den Ersparnissen, den *Änderungen* des Outputs (die beide direkt auf B wirken) und den *Änderungen* des Kapitalgüterstocks (die B in umgekehrter Richtung beeinflussen) abhängig. Folglich gilt dann, wenn keine Lags und ein Trend, der als konstant angesehen wird, vorliegen:

$$B = aS + v_2 \frac{dY}{dt} - k \frac{dK}{dt} + \varepsilon$$

und damit

$$B = a(1 - c) Y + v_2 \frac{dY}{dt} - k \frac{dK}{dt} + \varepsilon \qquad (4)$$

Die Relationen (1), (2), (3), und (4) beschreiben zusammen mit $I = I_k + I_s$ das System.

Kalecki schlägt dann die folgende Vereinfachung vor. Aus (3) und (4) erhält man:

$$I_k(t + \tau) = a(1 - c) Y(t) + v_2 \frac{d}{dt} Y(t) - kI_k(t) + \varepsilon$$

ϑ sei irgendein (mit k gewichteter) durchschnittlicher Lag:

$$\frac{I_k(t + \tau) + kI_k(t)}{1 + k} = I_k(t + \vartheta) \qquad (0 < \vartheta < \tau)$$

Nimmt man ϑ als konstant an, so gilt weiter:

$$I_k(t + \vartheta) = \frac{1}{1 + k} \left\{ a(1 - c) Y(t) + v_2 \frac{d}{dt} Y(t) + \varepsilon \right\}$$

Als nächstes nehme man an, daß die Verzögerung beim Aufbau der Läger gleich dem durchschnittlichen Lag der Investitionen für die Kapitalausrüstung ($\tau' = \vartheta$) ist. Somit ergibt sich aus (2):

$$I_s(t+\vartheta) = v_1 \frac{d}{dt} Y(t)$$

und

$$I(t+\vartheta) = I_k(t+\vartheta) + I_s(t+\vartheta)$$

$$= \frac{a(1-c)}{1+k} Y(t) + \left(v_1 \frac{v_2}{1+k}\right) \frac{d}{dt} Y(t) + \frac{\varepsilon}{1+k}$$

Schließlich läßt sich mit Hilfe von (1) die ganze Gleichung so schreiben, daß entweder nur die Investitionen $I(t)$ oder nur das Einkommen $Y(t)$ auftreten. Kalecki wählt die erste Möglichkeit und erhält:

$$I(t+\vartheta) = \frac{a(1-c)}{1+k} \frac{I(t)+A}{1-c} + \left(v_1 + \frac{v_2}{1+k}\right) \frac{1}{1-c} \frac{dI(t)}{dt} + \frac{\varepsilon}{1+k}$$

$$= \frac{a}{1+k} I(t) + \frac{1}{1-c}\left(v_1 + \frac{v_2}{1+k}\right) \frac{dI(t)}{dt} + \frac{aA+\varepsilon}{1+k}$$

Es existiert ein konstantes Gleichgewichtsniveau $I = \frac{aA+\varepsilon}{1+k}$, das mit dieser Gleichung kompatibel ist; mißt man nunmehr $I(t)$ von diesem Niveau aus, so lautet die Relation:

$$I(t+\vartheta) = \frac{a}{1+k} I(t) + \frac{1}{1-c}\left(v_1 + \frac{v_2}{1+k}\right) \frac{dI(t)}{dt}$$

Man wähle die Zeiteinheit so, daß $\vartheta = 1$ gilt, daß sie also gleich der Zeiteinheit der durchschnittlichen Verzögerung der Investitionen für die Anlagen und Ausrüstungen ist. Dann erhält man für das System eine gemischte Gleichung mit Differenzen und Differentialen:

$$\frac{dI(t)}{dt} = \alpha I(t+1) - \beta I(t) \tag{5}$$

mit

$$\alpha = \frac{1-c}{v_1 + \frac{v_2}{1+k}} \quad \text{und} \quad \beta = \frac{\frac{a(1-c)}{1+k}}{v_1 + \frac{v_2}{1+k}}$$

Beide Konstanten α und β sind positiv. Weiterhin gilt $\frac{\beta}{\alpha} = \frac{a}{1+k}$; man kann annehmen, daß dieser Bruch positiv ist, da aufgrund der gleichen

Annahme wie in 8.4 oben $\frac{a}{1+k} < a < 1$ gilt. Folglich nimmt man für (5) $\alpha > \beta > 0$ an.

Die Gleichung (5) ist vom gleichen Typ wie in 8.4 oben, und die Lösung von 8.4 oben gilt auch hier, nur liegt der Lag in der anderen Richtung.

Auf der rechten Seite von (5) stehen $(t + 1)$ und t anstelle von t und $(t-1)$ bei der in 8.5 oben gelösten Gleichung. Die Lösung (siehe Aufg. 1 unten) ist genau so allgemein, es gibt also neben einer Reihe von Schwingungen mit hoher Frequenz, die alle innerhalb der durchschnittlichen Investitionsverzögerung liegen, eine längere Schwingung für $I(t)$.

Die späteren Versionen des Modells von Kalecki sollten die frühere Version auf verschiedene Arten verallgemeinern. Kalecki (1954) zeigt, daß die frühe Version ein Spezialfall des letzten Modells ist, das aber auch (als weitere Sonderfälle) Multiplikator-Akzelerator-Modelle vom üblichen linearen Typus enthält.

Jedoch ist das frühe Modell von Kalecki, wie aus Kapitel 9 hervorgeht, immer noch von Interesse. Es besitzt einige sehr charakteristische Eigentümlichkeiten und läßt sich auch bequem und einfach behandeln. Auf einen Punkt soll noch hingewiesen werden: Die zeitliche Dimension der Konstanten ist in allen Modellen von Kalecki sorgfältig anzugeben. In der frühen Version hängt k (doch nicht a) von der gewählten Zeiteinheit ab; der reziproke Wert ist dann tatsächlich die Zeitkonstante des Akzeleratorlags. Bei der Lösung von 8.5 oben ($\vartheta = 1$) bedeutet der reziproke Wert von k die Länge des Akzeleratorlags im Verhältnis zum festen Intervall zwischen Auftrag und Lieferung der Anlagen. Somit impliziert $k > 1$ insofern einen kurzen Akzeleratorlag, als dieser Lag kleiner als dieses feste Intervall für die Investitionen ist.

Übungsaufgaben 8.6

1. In der Gleichung (5) oben setze man versuchsweise $I = I_0 e^{\varrho t}$ und zeige dann, daß ϱ eine Wurzel von $\varrho = \alpha e^{\varrho} - \beta$ sein muß. Man zeige mit Hilfe eines ähnlichen Diagramms wie Abb. 31, daß man für ϱ normalerweise keinen reellen Wert annehmen kann (wenn $\alpha > \beta$ gegeben ist). Dann zeige man, daß die Möglichkeiten für das Auftreten konjugiert komplexer Wurzeln ganz ähnlich wie in 8.5 oben bestehen.

2. Man nehme (im Sinne von Kalecki) an, daß alles Sparen und Investieren nur auf das Einkommen von „Kapitalisten" also auf P = Gewinne nach der Besteuerung bezogen ist und ersetze Y in (1) und im ersten Ausdruck von (4) durch P. Jedoch soll das gesamte Einkommen Y (einschließlich des Einkommens der „Arbeiter", das ganz ausgegeben wird) im „Akzeleratorausdruck" in $\frac{dY}{dt}$ in (2) und (4) enthalten sein. Dann zeige man, daß sich das

Modell tatsächlich nicht ändert, sofern in Y die Gewinne vor der Besteuerung und die Löhne in einem festen Verhältnis zueinander stehen und das Besteuerungssystem so organisiert ist, daß P mit den Gewinnen vor der Besteuerung in linearer Beziehung steht.

3. Man wähle im Multiplikator eine feste zeitliche Verzögerung ψ und zeige, daß (1) durch den Ausdruck

$$Y(t) - cY(t-\psi) = I + A$$

ersetzt wird.

Dann setze man die linke Seite gleich $(1-c)\,Y(t-\varphi)$, deute den Lag φ und bestimme die entsprechende Gleichung des Modells, wie sie ähnlich in (5) oben formuliert ist. Worin liegt der Unterschied, wenn man einen Multiplikator mit Lag einführt?

8.7 Das Modell von Phillips: Wirtschaftliche Regelung

Das Modell von Phillips wurde bereits in 3.4 und 3.5 oben wiedergegeben; hier soll es mit Hilfe des Operators $D = \frac{d}{dt}$ noch einmal zusammenfassend dargestellt und anschließend zur Erörterung wirtschaftlicher Regelungsvorgänge verwendet werden. Charakteristisch für das Modell ist, daß die Nachfrage Z und der Output Y gesondert behandelt werden und daß die eine Größe der anderen mit einem Lag folgt. Die autonomen Ausgaben A für Investitions- und Konsumgüter werden als gegeben betrachtet; diese Größe ist dann entweder konstant oder variiert auf bestimmte Weise mit der Zeit.

Das *Multiplikatormodell* lautet:

Nachfrage $\quad Z = C + A \quad \text{mit} \quad C = (1-s)\,Y$

Angebot $\quad Y = \dfrac{\lambda}{D+\lambda} Z$

Auf die Nachfrage reagiert das Angebot erst nach einem Lag von stetig exponentieller Form, dessen Reaktionsgeschwindigkeit λ bzw. dessen Zeitkonstante $T = \frac{1}{\lambda}$ betrage. Durch Einsetzen erhält man:

$$Y = \frac{\lambda}{D+\lambda}\{(1-s)\,Y + A\}$$

und damit

$$DY + \lambda s Y = \lambda A \tag{1}$$

Sind $Y = Y_0$ im Zeitpunkt $t = 0$ und $A = \text{const.}$ gegeben, so lautet die Lösung:

$$Y = \frac{A}{s}(1 - e^{-\lambda s t}) + Y_0\, e^{-\lambda s t} \tag{2}$$

Diese Lösung zeigt, wie der Pfad für Y vom Ausgangswert Y_0 zum statischen Multiplikatorniveau $Y = \frac{A}{s}$ hin verläuft.

Beispiel (a) $s = 0{,}25, \quad \lambda = 4, \quad Y = 0$ im Zeitpunkt $t = 0, \quad A = \text{const.}$

Gleichung (1): $DY + Y = 4\,A$ unter der Bedingung $Y = 0$ im Zeitpunkt $t = 0$

Lösung (2): $Y = 4\,A\,(1 - e^{-t})$

Diese Lösung entspricht der Kurve (*i*) der Abb. 33 ($A = -1$). Das *Multiplikator-Akzelerator-Modell* lautet:

Nachfrage $Z = C + I + A$ mit $C = (1-s)\,Y$

und $I = \dfrac{\varkappa}{D + \varkappa}\,vDY$

Angebot $Y = \dfrac{\lambda}{D + \lambda}\,Z$

Der Akzelerator habe die Stärke v und wirke erst nach einem Lag (mit der Geschwindigkeit $\varkappa$ der stetigen, exponentiellen Form. Durch Einsetzen erhält man:

$$Y = \frac{\lambda}{(D + \varkappa)\,(D + \lambda)}\,\{(1-s)\,(D + \varkappa)\,Y + \varkappa vDY + (D + \varkappa)\,A\}$$

also $(D + \varkappa)\,(D + \lambda)\,Y = \lambda\,\{(\varkappa v + 1 - s)\,DY + \varkappa\,(1-s)\,Y + (D + \varkappa)\,A\}$

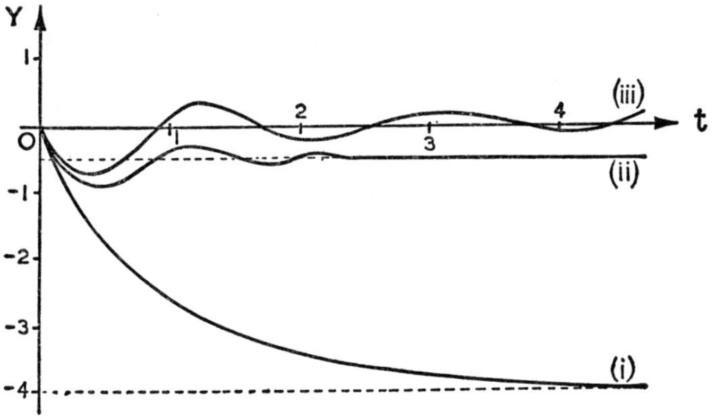

Abb. 33

Durch Zusammenfassen der Ausdrücke erhält man die Differentialgleichung

$$\left.\begin{aligned} D^2 Y + aDY + bY &= \lambda (D + \varkappa) A \\ \text{mit} \quad a = \lambda s + \varkappa (1 - \lambda v), &\quad b = \varkappa \lambda s \end{aligned}\right\} \quad (3)$$

Gilt $A = \text{const.}$, so wird aus der rechten Seite $\varkappa\lambda A$, da $DA = 0$ ist. Das statische Multiplikatorniveau $Y = \frac{A}{s}$ ist dann mit der Gleichung konsistent. Die Lösung (5.4 oben) lautet:

$$Y = \frac{A}{s} + B_1 e^{p_1 t} + B_2 e^{p_2 t} \quad (4)$$

Dabei bedeuten p_1 und p_2 die Wurzeln der quadratischen Gleichung $p^2 + ap + b = 0$; B_1 und B_2 sind beliebige Konstanten. Die Konstanten sind aus zwei Ausgangswerten, etwa $Y = Y_0$ und $DY = Y_0'$ im Zeitpunkt $t = 0$ zu bestimmen.

Für numerische Werte läßt sich die Lösung von (3) in der Form (4) mit Hilfe dieser „klassischen" Methode gewinnen. Sie läßt sich aber auch mit Hilfe der Laplace-Transformation (5.7 oben) gewinnen, wobei das Partikularintegral und bestimmte Ausgangswerte auftreten. Da es später bei der Lösung numerischer Gleichungen von höherer Ordnung als zwei noch besonders nützlich sein wird, mit der Laplace-Transformation zu arbeiten, soll diese Methode hier an einem speziellen Beispiel für (3) erläutert werden.

Beispiel (b) $s = 0{,}25$; $v = 0{,}6$; $\varkappa = 1$, $\lambda = 4$

$Y = 0$ und $DY = 4\,A$ im Zeitpunkt $t = 0$; $A = \text{const.}$

Gleichung (3): $D^2 Y - 0{,}4\,DY + Y = 4\,A$ unter der Nebenbedingung $Y = 0$ und $DY = 4\,A$ im Zeitpunkt $t = 0$.

Die Hilfsgleichung lautet:

$$(p^2 - 0{,}4\,p + 1)\,\overline{Y}(p) = \frac{4\,A}{p} + 4\,A$$

Folglich gilt:

$$\begin{aligned} \overline{Y}(p) &= 4\,A \frac{p+1}{p\,(p^2 - 0{,}4\,p + 1)} = 4\,A \left(\frac{1}{p} - \frac{p - 1{,}4}{p^2 - 0{,}4\,p + 1}\right) \\ &= 4\,A \left\{\frac{1}{p} - \frac{(p - 0{,}2)}{(p - 0{,}2)^2 + (0{,}98)^2} + 1{,}225 \frac{0{,}98}{(p - 0{,}2)^2 + (0{,}98)^2}\right\} \end{aligned}$$

da $p^2 - 0{,}4\,p + 1 = (p - 0{,}2)^2 + 0{,}96 = (p - 0{,}2)^2 + (0{,}98)^2$ ist, hat $p^2 - 0{,}4\,p + 1 = 0$ die Wurzeln $p = 0{,}2 \pm i\,0{,}98$.

Unter Verwendung der Standardformen der Laplace-Transformation erhält man:

$$Y(t) = 4A(1 - e^{0,2t}\cos 0,98\,t + 1,225\,e^{0,2t}\sin 0,98\,t)$$
$$= 4A\{1 - r\cdot e^{0,2t}\cos(0,98\,t + \varepsilon)\}$$

mit $r = \sqrt{1 + (1,225)^2} = 1,58$

und $\varepsilon = \mathrm{tg}^{-1}\,1,225 = 0,89 \text{ rad } (51^0)$

Folglich erhält man als Lösung der Gleichung eine explosive Schwingung.

$$Y(t) = 4A\{1 - 1,58\,e^{0,2t}\cos(0,98\,t + 0,89)\}$$

Ein solcher Fall wird u. a. bei Phillips (1954) betrachtet; die Lösung wird bei ihm graphisch durch die Kurve (*a*) der Abb. 9 dargestellt, sie wird hier für den Fall $A = -1$ als Kurve (*i*) der Abb. 34 wiedergegeben.

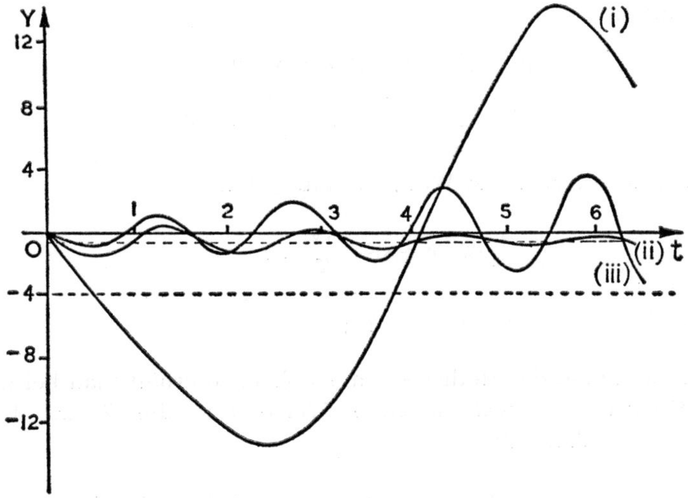

Abb. 34

Aber zurück zur Lösung (4) des allgemeinen Multiplikator-Akzelerator-Modells. Der Verlauf von $Y(t)$ hängt von der Art der Wurzeln (p_1 und p_2) der Hilfsgleichung ab. Man erhält eine stetige oder oszillatorische Bewegung, je nachdem, ob p_1 und p_2 reell oder komplex sind; die Bewegung verläuft explosiv oder gedämpft, je nachdem, ob p_1 und p_2 (oder deren reeller Bestandteil) positiv oder negativ sind. Je nach den Werten der strukturellen Konstanten s, v, $\varkappa$ und λ sind alle Fälle möglich. Im folgenden sollen s und v als gegeben angenommen werden, während $\varkappa$ gleich Eins gesetzt wird. Wir interessieren uns jetzt vor allem dafür, wie der Verlauf von $Y(t)$ von der Reaktionsgeschwindigkeit λ $\left(\text{oder der Zeitkonstanten } T = \frac{1}{\lambda}\right)$ des Lags auf der Angebotsseite abhängt.

Man kann zwar den Größen s und v beliebige Werte geben, die nur in den Grenzen $0 < s < 1$ und $v > 0$ liegen müssen, doch ist es angebracht, nur solche Werte zu diskutieren, die auch praktisch möglich sind, also einen Wert für s bis etwa 0,25 und einen Wert für v in der Nähe von 1. In Kapitel 7 wurde darauf hingewiesen, daß die Stärke des Akzelerators (v) in den Bereich zwischen $(1 - \sqrt{s})^2$ und $(1 + \sqrt{s})^2$ fällt. Diese Annahme soll auch hier getroffen werden:

$$1 - \sqrt{s} < \sqrt{v} < 1 + \sqrt{s} \tag{5}$$

$Y(t)$ beschreibt aufgrund von (4) eine Schwingung, wenn die Wurzeln der Hilfsgleichung (p_1 und p_2) konjugiert komplex sind. Die Gleichung lautet:

$$p^2 + \{1 - \lambda(v - s)\}\, p + \lambda s = 0$$

bzw.

$$p^2 + \frac{1}{T}(T - v + s)\, p + \frac{s}{T} = 0 \quad \left(T = \frac{1}{\lambda}\right) \tag{6}$$

Bei konjugiert-komplexen Wurzeln muß gelten:

$$\frac{1}{T^2}(T - v + s)^2 - \frac{4s}{T} < 0$$

und damit

$$T^2 - 2(v + s)\, T + (v - s)^2 < 0$$

Verwendet man die Methode von 4.6 oben, so erhält man bei diesem quadratischen Ausdruck negative Werte für alle T im Bereich $T_1 < T < T_2$; dabei gilt:

$$T_1, T_2 = (v + s) \mp \sqrt{(v + s)^2 - (v - s)^2} = (\sqrt{v} \pm \sqrt{s})^2$$

Also weist $Y(t)$ im Bereich

$$(\sqrt{v} - \sqrt{s})^2 < T < (\sqrt{v} + \sqrt{s})^2$$

Schwingungen auf. Man beachte, daß in (5) die untere Grenze kleiner und die obere Grenze größer als 1 ist. Den Ausdruck, der die Schwingungen für $Y(t)$ erzeugt, gewinnt man durch eine Kombination der beiden Exponentialausdrücke von (4); er hat die Form $re^{\alpha t} \cos(\omega t + \varepsilon)$, wobei $p = \alpha \pm i\omega$ die Wurzeln von (6) sind. Der Unterschied zwischen einer explosiven ($\alpha > 0$) und einer gedämpften ($\alpha < 0$) Schwingung ergibt sich aus:

$$\alpha = -\frac{1}{2T}(T - v + s) \qquad \text{aufgrund von (6)}$$

Folglich verläuft die Schwingung explosiv, wenn $T < v - s$ und gedämpft, wenn $T > v - s$ ist. Die Bedingungen dafür, daß $Y(t)$ stetig variiert, daß also p_1 und p_2 reelle Wurzeln von (6) sind, lassen sich noch leicht angeben (siehe Aufg. 5 unten). Die vollständige Darstellung der Möglichkeiten sieht so aus:

Werte von T	Wurzeln (p_1 und p_2)	Verlauf von $Y(t)$
$T < (\sqrt{v} - \sqrt{s})^2$	Reell und positiv	Keine Schwingungen, explosiv
$(\sqrt{v} - \sqrt{s})^2 < T < v - s$	Komplex ($\alpha \pm i\omega$) mit $\alpha > 0$	explosive Schwingungen
$v - s < T < (\sqrt{v} + \sqrt{s})^2$	mit $\alpha < 0$	gedämpfte Schwingungen
$(\sqrt{v} + \sqrt{s})^2 < T$	Reell und negativ	Keine Schwingungen, gedämpft

In dieser Tabelle sind die Werte der Zeitkonstanten $\left(T = \frac{1}{\lambda}\right)$ des Angebotslags für verschiedene Verläufe von $Y(t)$ zusammengestellt. Bei der Interpretation ist daran zu denken, daß die Zeiteinheit gleich der Zeitkonstanten des Lags im Akzelerator ($\varkappa = 1$) ist. Folglich bedeutet $T < 1$, daß der Angebotslag kürzer als der Akzeleratorlag ist (eine schnellere Reaktion zeigt); für $T > 1$ gilt das Umgekehrte. Die drei kritischen Werte für T lauten:

$$(\sqrt{v} - \sqrt{s})^2; \; v - s; \; (\sqrt{v} + \sqrt{s})^2$$

Der erste und der letzte Wert ist aufgrund von (5) kleiner bzw. größer als 1; der mittlere Wert kann sehr wohl kleiner als 1 sein. Beispielsweise lauten für $s = 0{,}04$ und $v = 1$ die entsprechenden Werte für T:

$$0{,}64; \quad 0{,}96; \quad 1{,}44;$$

Für $s = 0{,}25$ und $v = 0{,}6$ lauten sie:

$$0{,}08; \quad 0{,}35; \quad 1{,}62;$$

Somit kann man für $Y(t)$ Schwingungen erwarten, wenn der Angebotslag nicht erheblich kürzer (oder länger) als der Akzeleratorlag ist. Der Verlauf wird wahrscheinlich explosiv sein, wenn der Angebotslag der kürzere ist; einen gedämpften Verlauf kann man nur erwarten, wenn der Angebotslag mindestens genau so lang wie der Akzeleratorlag ist (wenn die Reaktion also mindestens genau so schwerfällig erfolgt). Am wahrscheinlichsten ist die Möglichkeit, die dazwischen liegt, daß nämlich in diesem Multiplikator-Akzelerator-Modell $Y(t)$ einen explosiven Verlauf mit Schwingungen aufweist.

Das Modell von Phillips, wie es hier dargestellt wurde, enthält die Beschränkung, daß auf der Angebotsseite und im Akzelerator nur ein *einziger* exponentieller Lag auftritt. Das läßt sich bei der Formulierung des Modells aber leicht ändern, indem man *multiple* exponentielle Lags „realistischer" Art einbaut. Gleichungen wie etwa (1) und (3) weisen dann eine höhere Ordnung auf, und ihre Lösung wird komplizierter. Sicherlich sind Schwingungen von $Y(t)$ eher möglich, wenn multiple Lags vorliegen (siehe Aufg. 6 unten). Man kann das Multiplikatormodell mit der Gleichung (1) oder das Multiplikator-Akzelerator-Modell mit der Gleichung (3) auch verwenden, wenn man die Anpassung des Ausstoßes Y an eine plötzliche Verschiebung der Nachfrage um einen Betrag A im Zeitpunkt $t = 0$ darstellen will. Angenommen, das System befindet sich bis zum Zeitpunkt $t = 0$ im Gleichgewicht. Mit $A = 0$ und $Y = 0$ sei das Gleichgewichtsniveau bezeichnet ($t < 0$). Im Zeitpunkt $t = 0$ verlagert sich die Nachfrage plötzlich um den Betrag A, die Erhöhung oder Verringerung der autonomen Ausgaben. Im Multiplikatormodell ergibt sich dann der Verlauf von $Y(t > 0)$ aufgrund von (1) unter der Nebenbedingung $Y = 0$ im Zeitpunkt $t = 0$. Aufgrund von (2) gilt:

$$Y = \frac{A}{s}(1 - e^{-\lambda st})$$

Hieraus geht hervor, daß sich Y stetig an das neue Gleichgewichtsniveau $Y = \frac{A}{s}$ annähert.

Im Multiplikator-Akzelerator-Modell ergibt sich für $t > 0$ der Verlauf von Y aufgrund von (3) unter der Nebenbedingung $A = \text{const.}$ Zur Lösung von (3) braucht man zwei Ausgangswerte. Der eine lautet $Y = 0$ im Zeitpunkt $t = 0$. Der andere Wert ergibt sich daraus, daß sich im Zeitpunkt der Nachfrageverlagerung $t = 0$ die Anpassung des Systems allein aufgrund des Multiplikators vollzieht, ohne daß der Akzelerator zur Wirkung kommt. Folglich gilt wie in 3.5 oben entsprechend dem Multiplikator $DY = \lambda A$. Der Verlauf von Y vom ursprünglichen Gleichgewicht $Y = 0$ an ergibt sich aus (3) unter der Nebenbedingung $Y = 0$ und $DY = \lambda A$ im Zeitpunkt $t = 0$. Am wahrscheinlichsten ist als Lösung eine explosive Schwingung um einen Wert $Y = \frac{A}{s}$, der das statische Multiplikatorniveau nach der Nachfrageverlagerung darstellt.

Folglich stellt sich mit der Nachfrageverlagerung ein neues Gleichgewichtsniveau $Y = \frac{A}{s}$ ein; der tatsächliche Pfad von Y nähert sich diesem Niveau stetig an, wenn man den Multiplikator allein betrachtet; wahrscheinlicher ist jedoch eine explosive Schwingung um dieses neue Niveau, wenn der Akzelerator mit ins Spiel kommt. Damit kommt man auf zwei Probleme *wirtschaftlicher Regelungsvorgänge.* Betrachtet man zunächst den Fall, daß sich die Nachfrage nach unten verlagert ($A < 0$), so tendiert Y gegen ein Gleichgewichtsniveau $\left(Y = \frac{A}{s}\right)$ oder schwingt um dieses Niveau, das kleiner als das ursprüngliche Gleichgewichtsniveau ist ($Y = 0$). Es kann aber sein, daß man das alte Niveau wieder erreichen will, und dann erhebt sich die Frage, wie sich die Nachfrageverlagerung ausgleichen läßt und wie man wieder auf das alte Ausstoßniveau oder in dessen Nähe zurückkommen kann. Für den Fall, daß Y schwingt, und speziell wenn diese Schwingung explosiv verläuft, stellt sich zweitens die Frage, welches Gegengewicht sich gegen den unstabilen Einfluß des Akzelerators finden läßt und wie man die Schwingungen des Output herabdrücken kann. Derartigen Problemen geht Phillips (1954) in diesem Zusammenhang nach; sie sollen in den folgenden Abschnitten erörtert werden.

Übungsaufgaben 8.7

1. Man untersuche das Multiplikator-Akzelerator-Modell von (3) oben für den Fall $\lambda \to \infty$ (kein Angebotslag) und $A = \text{const.}$ Man zeige, daß dann $Y = \frac{A}{s}(1 - e^{\varrho t})$ mit $\varrho = \frac{\varkappa s}{\varkappa v - s}$ gilt. Man vergleiche dieses Modell auch mit der Theorie von Harrod und Domar (3.3 oben) für den Fall $\varkappa \to \infty$ (ohne Lag im Akzelerator).
2. Man zeige, daß der Verlauf von $Y(t)$, der sich für den Spezialfall des Beispiels b oben ergibt, mit der Lösung $Y = -4 - 6{,}32\, e^{0{,}2\, t} \sin(56^0\, t - 39^0)$ identisch ist, die von Phillips (1954) für den Fall $A = -1$ angegeben wurde.
3. Man zeige, daß der spezielle Verlauf $Y(t)$ im Beispiel b oben der Form (4) genau entspricht, die man mit Hilfe der „klassischen" Methoden gewinnt.
4. Man wende die Laplace-Transformation auf die Differentialgleichung (3) des allgemeinen Modells an, für das $A = \text{const.}$ und $Y = 0$, $DY = \lambda A$ an der Stelle $t = 0$ gilt. Man zeige, daß die Laplace-Transformation der Lösung

$$\bar{Y}(p) = \lambda A \frac{1 + p}{p(p^2 + ap + b)} = \frac{\lambda A}{b}\left(\frac{1}{p} + \frac{b + p_2}{p_1 - p_2}\frac{1}{p - p_1} - \frac{b + p_1}{p_1 - p_2}\frac{1}{p - p_2}\right)$$

mit $p^2 + ap + b = (p - p_1)(p - p_2)$ lautet.

Daraus leite man dann $Y(t)$ mit Hilfe der Standardformen der Laplace-Transformationen ab.

5. Man zeige, daß die Werte p_1 und p_2 in der Lösung (4) für Y unter der Bedingung reell sind, daß $T = \frac{1}{\lambda}$ entweder kleiner als $(\sqrt{v} - \sqrt{s})^2$ oder größer als $(\sqrt{v} + \sqrt{s})^2$ ist. Man verwende die Relationen

$$p_1 + p_2 = -a \quad \text{und} \quad p_1 p_2 = b$$

und zeige, daß im ersten Fall sowohl p_1 wie auch p_2 positiv, im zweiten Fall jedoch beide negativ sind. Man interpretiere das Ergebnis in Hinblick auf Y.

6. Für das Multiplikator-Modell unterstelle man einen doppelten exponentiellen Lag $Y = \left(\frac{2\lambda}{D + 2\lambda}\right)^2 Z$ auf der Angebotsseite und zeige, daß die Gleichung (1) durch

$$D^2 Y + 4\lambda DY + 4\lambda^2 sY = 4\lambda^2 A$$

ersetzt wird. Als Lösung erhält man eine Schwingung für $s > 0{,}25$. Man zeige weiterhin, daß die Gleichung (3) des Multiplikator-Akzelerator-Modells zu einer Gleichung dritter oder vierter Ordnung wird, wenn entweder auf der Angebotsseite oder im Akzelerator oder an beiden Stellen doppelte exponentielle Lags eingeführt werden.

8.8 Stabilisierungspolitik

Es gibt verschiedene Möglichkeiten für eine Stabilisierungspolitik, welcher sich der Staat zum Ausgleich einer Abwärtsbewegung der Nachfrage und zur Dämpfung der Schwingungen des Outputs bedienen kann. Zu den von Phillips (1954) untersuchten Möglichkeiten gehört die staatliche Nachfrage nach Gütern und Dienstleistungen, die vom Staat geplant und geschaffen werden und zur normalen Nachfrage der Wirtschaft nach Konsum- und Investitionsgütern hinzukommt. Phillips unterscheidet die folgenden Möglichkeiten:

(i) *Proportionale Stabilisierungspolitik:* Die staatliche Nachfrage sei $\bar{G} = -f_p Y$, so daß sich bei einem Rückgang des Outputs Y unter das erwünschte Niveau ($Y = 0$) die vom Staat geschaffene Nachfrage proportional zum Defizit verhält.

(ii) *Integrale Stabilisierungspolitik:* Die staatliche Nachfrage sei $\bar{G} = -f_i \int_0^t Y dt$, so daß die zusätzliche staatliche Nachfrage zum kumulativen Defizit des Outputs Y unterhalb des erwünschten Niveaus proportional ist.

(iii) *Abgeleitete Stabilisierungspolitik:* Die staatliche Nachfrage sei $\bar{G} = -f_d DY$, so daß sich die staatliche Nachfrage nicht nach dem Defizit im Output Y, sondern nach dessen Schrumpfungsrate $(-DY)$ richtet.

Hier bedeutet $\bar{G}$ die *geplante staatliche Nachfrage.* Die *tatsächliche Nachfrage,* die zu irgendeinem Zeitpunkt wirksam ist, wird mit G bezeichnet; man nimmt an, daß sie um einen stetigen exponentiellen Lag mit der Reaktionsgeschwindigkeit β hinter den Plänen herhinkt. Also:

$$\bar{G} = -\left(f_p Y + f_i \int_0^t Y dt + f_d DY\right)$$

und

$$G = \frac{\beta}{D+\beta} \bar{G}$$

wenn alle drei Möglichkeiten einer Stabilisierungspolitik zusammen angewendet werden.

Das *Multiplikatormodell* lautet unter Berücksichtigung der staatlichen Stabilisierungspolitik:

$$\text{Nachfrage} \qquad Z = (1-s)\, Y + G + A$$

$$\text{Angebot} \qquad Y = \frac{\lambda}{D+\lambda} Z$$

Damit kommt man auf die Differentialgleichung:

$$Y = \frac{\lambda}{D+\lambda}\left\{(1-s)\, Y + \frac{\beta}{D+\beta} \bar{G} + A\right\}$$

also

$$(D+\beta)(D+\lambda)\, Y$$

$$= \lambda \left\{(1-s)(D+\beta)\, Y - \beta\left(f_p Y + f_i \int_0^t Y\, dt + f_d DY\right) + (D+\beta)\, A\right\}$$

Hieraus ergibt sich durch Zusammenfassung entsprechender Ausdrücke:

$$\left.\begin{aligned} &D^2 Y + a\, DY + bY + c \int_0^t Y\, dt = \lambda (D+\beta)\, A \\ \text{mit} \quad &a = \beta + \lambda s + \beta\lambda f_d \\ &b = \beta\lambda (s + f_p), \quad c = \beta\lambda f_i \end{aligned}\right\} \qquad (1)$$

Gilt $f_i = 0$, so erhält man für Y eine Differentialgleichung zweiten Grades. Gilt jedoch $f_i \neq 0$, so muß (1) vollständig differenziert werden, wenn man das Integral loswerden möchte. Dann erhält man eine Differentialgleichung dritter Ordnung. Sie steht anstelle der Differentialgleichung erster Ordnung (1) in 8.7 oben, die sich für das Multiplikatormodell ohne Stabilisierungspolitik ergibt.

Das *Multiplikator-Akzelerator-Modell* mit staatlicher Nachfrage (zur Stabilisierung) lautet:

$$\text{Nachfrage} \qquad Z = (1-s)\,Y + \frac{\varkappa}{D+\varkappa}\, v\, DY + G + A$$

$$\text{Angebot} \qquad Y = \frac{\lambda}{D+\lambda}\, Z$$

Daraus ergibt sich:

$$Y = \frac{\lambda}{D+\lambda}\left\{(1-s)\,Y + \frac{\varkappa}{D+\varkappa}\, v\, DY + \frac{\beta}{D+\beta}\,\bar{G} + A\right\}$$

und damit

$$(D+\beta)(D+\varkappa)(D+\lambda)\,Y = \lambda\left\{(1-s)(D+\beta)(D+\varkappa)\,Y + \varkappa v\,(D+\beta)\,DY - \beta\,(D+\varkappa)\left(f_p Y + f_i \int_0^t Y\,dt + f_d\, DY\right) + (D+\beta)(D+\varkappa)\,A\right\}$$

Durch Zusammenfassen entsprechender Ausdrücke erhält man:

$$\left.\begin{aligned} &D^3 Y + aD^2 Y + bDY + cY + d\int_0^t Y\,dt = \lambda\,(D+\beta)(D+\varkappa)\,A \\ &\text{mit} \quad a = \beta + \lambda s + \varkappa\,(1-\lambda v) + \beta\lambda f_d \\ &\qquad\quad\; b = \varkappa\,(\beta + \lambda s) + \beta\lambda\,(s + f_p) + \beta\varkappa\lambda\,(f_d - v) \\ &\qquad\quad\; c = \beta\varkappa\lambda\,(s + f_p) + \beta\lambda f_i \\ &\qquad\quad\; d = \beta\varkappa\lambda f_i \end{aligned}\right\} \qquad (2)$$

Dies ist eine Differentialgleichung dritter Ordnung, wenn $f_i = 0$ gilt, und im Fall $f_i \neq 0$ eine Differentialgleichung vierter Ordnung, wenn man die Gleichung durchdifferenziert hat. Sie steht anstelle der Differentialgleichung zweiter Ordnung (3) von 8.7 oben, wo keine Stabilisierungspolitik betrieben wird.

Wir unterstellen, daß $Y = 0$ ein (gewünschtes) Gleichgewichtsniveau für den Output ist, das bis zum Zeitpunkt $t = 0$ aufrechterhalten wird, und daß die Nachfrage plötzlich um einen gegebenen Betrag fällt. Will man die Wirkung der Stabilisierungspolitik bestimmen, so kann man die Gleichung (1) oder (2) mit einer negativen Konstanten A (der Betrag, um den die Nachfrage absinkt) und entsprechenden Ausgangsbedingungen für $t = 0$ lösen. Bei der Rechnung ergeben sich jedoch zwei praktische Schwierigkeiten. Einmal hat man es im allgemeinen mit einer Gleichung dritter oder vierter Ordnung zu tun, die eine beträchtliche Anzahl von Parametern enthält — die strukturellen Konstanten v und s, die Reaktionsgeschwindigkeiten β, $\varkappa$ und λ für die verschiedenen Lags und die Parameter f_p, f_i und f_d der verwendeten Stabilisierungsmaßnahmen. Allgemeine Lösungen kann man deswegen nicht erwarten. Eher geht es um die Lösung numerischer Gleichungen in einer Reihe von Spezialfällen; solche Gleichungen löst man dann am besten mit Hilfe von Laplace-Transformationen.

Die andere Schwierigkeit entsteht, weil die autonomen Ausgaben nach der Nachfrageänderung als konstant angenommen werden. A ändert im Zeitpunkt $t = 0$ plötzlich seinen Wert; $A = \text{const.}$ gilt nur für $t > 0$. Folglich gelten die dem Problem angemessenen Ausgangsbedingungen für Y, DY, $D^2 Y$, ... Werte für die Zeit *kurz nach* $t = 0$. In 8.7 oben werden, wie es bei einer Differentialgleichung zweiter Ordnung erforderlich ist, zwei solcher Ausgangswerte angegeben, nämlich $Y = 0$ und $DY = \lambda A$. Bei einer Gleichung dritter Ordnung bedarf es zusätzlich noch eines Ausgangswertes für $D^2 Y$; eine Gleichung vierter Ordnung erfordert Ausgangswerte für $D^2 Y$ und $D^3 Y$. Diese Ausgangswerte für die Zeit kurz nach $t = 0$ sind aber schwer festzulegen, da sie von der Art des Systems und der Reaktion auf die Störung im Zeitpunkt $t = 0$ abhängen; siehe Phillips (1954), Fußnote S. 319.

Tizard (1956) hat ein anderes Verfahren vorgeschlagen, nämlich die Untersuchung auf den Zeitpunkt kurz vor $t = 0$ zu beziehen. Dann sind die Ausgangswerte recht einfach:

$$Y = DY = D^2 Y = \ldots = 0$$

Das Gleichgewichtsniveau $Y = 0$ wird ja bis zum Zeitpunkt $t = 0$ aufrechterhalten. Dieser Vereinfachung steht aber die Erschwernis gegenüber, daß die autonomen Ausgaben nicht länger konstant bleiben, sondern vielmehr eine Treppenfunktion $A(t)$ darstellen:

$$A(t) = 0 \quad (t < 0); \quad A(t) = \frac{1}{2} A \quad (t = 0); \quad A(t) = A \quad (t > 0) \tag{3}$$

Die rechten Seiten der Gleichungen (1) und (2) enthalten Ableitungen von A, die nicht mehr vernachlässigt werden können, da A nicht konstant ist. Um für die Treppenfunktion (3) Ableitungen angeben zu können, muß man diese Funktion zunächst durch eine stetige Funktion approximieren, die erst im Grenzfall die Treppenfunktion erreicht.

Verallgemeinert man das Problem, so sind folgende Differentialgleichungen zu lösen:

$$\left.\begin{aligned} & f(D)\,Y(t) = \varphi(D)\,A(t) \\ \text{mit}\quad & f(D) = a_0 D^n + a_1 D^{n-1} + \ldots + a_{n-1} D + a_n \\ \text{und}\quad & \varphi(D) = b_0 D^m + b_1 D^{m-1} + \ldots + b_{m-1} D + b_m \end{aligned}\right\} \tag{4}$$

Die Gleichungen (1) und (2) haben beide diese Form, wenn man das Integral durch Differentiation der Gleichungen, so wie sie dastehen, eliminiert hat. In (4) und bei der Lösung mit Hilfe der Laplace-Transformationen müssen noch die entsprechenden Ausgangsbedingungen berücksichtigt werden, etwa die Ausgangswerte $Y_0, Y_0', Y_0'', \ldots$ von Y und dessen Ableitungen.

Folgende Alternativen stehen offen:

Zunächst setzt man $A(t) = A = \text{const.}$ für den Zeitraum $t > 0$, so daß die rechte Seite der Gleichung (4) die Form $b_m A = \text{const.}$ annimmt. Die erforderlichen Ausgangswerte beziehen sich auf die Zeit kurz nach $t = 0$:

$$Y_0 = Y(0+) = \lim_{\varepsilon \to 0} Y(\varepsilon); \quad Y_0' = Y'(0+) = \lim_{\varepsilon \to 0} Y'(\varepsilon); \ldots$$

Die Hilfsgleichung (5.6 oben) lautet:

$$f(p)\,\bar{Y}(p) = \frac{b_m A}{p} + (\text{Ausdruck in } Y_0, Y_0', Y_0'', \ldots) \tag{5}$$

Damit erhält man $\bar{Y}(p)$, die Laplace-Transformation der Lösung $Y(t)$ von (4). Da in (5) der Zeitpunkt $t = 0$ ausgeschlossen ist, muß die Laplace-Transformation wie folgt interpretiert werden:

$$\bar{Y}(p) = \lim_{\varepsilon \to 0} \int_{\varepsilon}^{\infty} e^{-pt}\, Y(t)\, dt$$

Mit $\bar{Y}(p)$ ergeben sich so lange keine Schwierigkeiten, wie $Y(t)$ stetig verläuft. Schwierig bei dieser Lösung ist die Bestimmung geeigneter Werte für $Y_0, Y_0', Y_0'', \ldots$

Dann betrachte man $A(t)$ als Treppenfunktion (3) und die Ausgangswerte kurz vor dem Zeitpunkt $t = 0$:

$$Y_0 = Y(0-) = \lim_{\varepsilon \to 0} Y(-\varepsilon); \quad Y_0' = Y'(0-) = \lim_{\varepsilon \to 0} Y'(-\varepsilon); \ldots$$

Es ist $Y_0 = Y_0' = \ldots = 0$, da bis zum Zeitpunkt $t = 0$ stets $Y = 0$ gilt. Tizard (1956) zeigt dann, daß die Hilfsgleichung für (4) folgende Form annimmt:

$$f(p)\,\overline{Y}(p) = \frac{\varphi(p)}{p}\,A \tag{6}$$

Daraus erhält man wieder $\overline{Y}(p)$, die Laplace-Transformation der Lösung $Y(t)$. Die Laplace-Transformation muß hier neu interpretiert werden:

$$\overline{Y}(p) = \lim_{\varepsilon \to 0} \int_{-\varepsilon}^{\infty} e^{-pt}\,Y(t)\,dt$$

Auch $t = 0$ ist einbezogen und nicht mehr ausgeschlossen. So lange $Y(t)$ stetig verläuft, ergeben sich keine Schwierigkeiten.

Die beiden Anwendungsmöglichkeiten der Laplace-Transformation lassen sich miteinander vergleichen und in einem sehr einfachen Fall überprüfen. Man betrachte das Multiplikator-Akzelerator-Modell ohne Stabilisierungspolitik und mit den folgenden Parametern: $s = 0{,}25$; $v = 0{,}6$; $K = 1$; $\lambda = 4$. Dann lautet nach (3) von 8.7 oben die Gleichung für Y:

$$D^2 Y - 0{,}4\,DY + Y = 4\,(D + 1)\,A$$

Zunächst setze man $A = \text{const.}$ $(t > 0)$ und nehme Ausgangswerte an:

$$Y = 0 \quad \text{und} \quad DY = 4\,A \quad \text{im Zeitpunkt} \quad t = 0+$$

Damit folgt aus der Hilfsgleichung (5) oben:

$$(p^2 - 0{,}4\,p + 1)\,\overline{Y}(p) = \frac{4\,A}{p} + 4\,A$$

Dann betrachte man A als Treppenfunktion für $t = 0$ und unterstelle folgende Ausgangswerte:

$$Y = DY = 0 \quad \text{im Zeitpunkt } t = 0-$$

Die Hilfsgleichung (6) oben lautet dann:

$$(p^2 - 0{,}4\,p + 1)\,\overline{Y}(p) = \frac{4\,(p + 1)\,A}{p} = \frac{4\,A}{p} + 4\,A$$

Es ergibt sich also dieselbe Gleichung wie zuvor. Mit einer von beiden Methoden kommt man zur Lösung wie in Bsp. (b) von 8.7 oben:

$$Y(t) = 4\,A\,\{1 - 1{,}58\,e^{0{,}2\,t} \cos(0{,}98\,t + 0{,}89)\}$$

Im folgenden sollen an Hand der Lösungen verschiedener numerischer Gleichungen die Wirkungen von Stabilisierungsmaßnahmen erläutert werden. Jede der beiden Anwendungsmöglichkeiten der Laplace-Transformation kann verwendet werden, die zweite Möglichkeit ist jedoch im allgemeinen vorzuziehen.

8.9 Einige Beispiele zur Stabilisierungspolitik

Den einfachsten Fall bietet das *Multiplikatormodell,* wenn lediglich die *proportionale Stabilisierungspolitik* angewendet wird. In (1) von 8.8 oben setze man $f_i = f_d = 0$:

$$D^2 Y + (\beta + \lambda s) DY + \beta\lambda (s + f_p) Y = \lambda (D + \beta) A$$

ist die Differentialgleichung, welche zur Bestimmung des Verlaufs von $Y(t)$ (ausgehend von $Y = 0$ im Zeitpunkt $t = 0$) zu lösen ist. Dies läßt sich mit Hilfe der ersten Methode von 8.8 erreichen, indem man $A =$ const. $(t > 0)$ setzt und die Ausgangswerte $Y = 0$ und $DY = \lambda A$ im Zeitpunkt $t = 0 +$ annimmt. Die Lösung lautet:

$$Y = \frac{A}{s + f_p} + B_1 e^{p_1 t} + B_2 e^{p_2 t}$$

Dabei sind p_1 und p_2 die Wurzeln der quadratischen Gleichung

$$p^2 + (\beta + \lambda s) p + \beta\lambda (s + f_p) = 0$$

B_1 und B_2 sind mit Hilfe der Ausgangsbedingungen zu bestimmen. Die Gleichung und ihre Lösung ähneln dem Fall, der in 8.7 oben untersucht wurde. Aufgrund der Werte der Parameter, von denen man im allgemeinen ausgehen muß, kann man annehmen, daß Y um das Niveau $Y = \frac{A}{s + f_p}$ schwingt. Sind darüber hinaus Schwingungen p_1 und p_2 konjugiert komplex $(\alpha \pm i\omega)$, so gilt

$$\alpha = \frac{1}{2} (p_1 + p_2) = - \frac{1}{2} (\beta + \lambda s) < 0$$

aufgrund der quadratischen Gleichung. Die Schwingung muß gedämpft verlaufen $(\alpha < 0)$; explosiv kann sie nicht sein.

Im Multiplikatormodell ohne Regelvorgänge entwickelt sich Y stetig gegen das Niveau $Y = \frac{A}{s}$. Bei einer proportionalen Stabilisierung wird Y wahrscheinlich um das Niveau $Y = \frac{A}{s + f_p}$ schwingen. Ziel der Stabilisierungspolitik ist, Y ohne Schwingungen auf das frühere Niveau (Y

$= 0$) zurückzubringen. Die hier betrachtete Politik führt nur teilweise zum Erfolg. Zunächst liegt das neue Niveau von Y aufgrund von $0 < \frac{A}{s + f_p} < \frac{A}{s}$ zwischen dem gewünschten Niveau ($Y = 0$) und dem Niveau vor dem Eingriff $\left(Y = \frac{A}{s}\right)$. Zweitens erreicht man eine Korrektur (im allgemeinen) nur dadurch, daß man einen oszillatorischen (gedämpften) Verlauf für Y in Kauf nimmt. Der Koeffizient f_p, die Stärke der Stabilisierungsmaßnahme, wirkt als Erhöhung der marginalen Sparquote und dient dazu, das Gleichgewichtsniveau des Output in Richtung auf das gewünschte Niveau „zurückzuziehen". Doch bringt dieser Koeffizient gleichzeitig ein Element der Instabilität mit sich, nämlich eine Schwingung des Outputs, die vorher nicht da war.

Beispiel (a): $s = 0{,}25;\quad \beta = 2;\quad \lambda = 4;\quad f_p = 2.$

Gleichung: $D^2 Y + 3\,DY + 18\,Y = 4\,(D + 2)\,A$

Diese Gleichung löse man nach der zweiten Methode von 8.8 mit Hilfe der Laplace-Transformation; die Hilfsgleichung dazu lautet:

$$(p^2 + 3\,p + 18)\,\overline{Y}\,(p) = \frac{4\,(p + 2)\,A}{p}$$

Da $p^2 + 3\,p + 18 = 0$ die Wurzeln $-1{,}5 \pm i\,3{,}97$ hat, gilt:

$$\overline{Y}\,(p) = 4\,A\,\frac{p + 2}{p\,(p^2 + 3\,p + 18)}$$

$$= \frac{4\,A}{9}\left\{\frac{1}{p} - \frac{p + 1{,}5}{(p + 1{,}5)^2 + (3{,}97)^2} + 1{,}89\,\frac{3{,}97}{(p + 1{,}5)^2 + (3{,}97)^2}\right\}$$

also $$Y\,(t) = \frac{4\,A}{9}\,(1 - e^{-1{,}5t}\cos 3{,}97\,t + 1{,}89\,e^{-1{,}5t}\sin 3{,}97\,t)$$

und damit $$Y\,(t) = \frac{4\,A}{9}\,\{1 - 2{,}14\,e^{-1{,}5t}\cos\,(3{,}97\,t + 1{,}08)\}$$

Dieser Verlauf ist (für $A = -1$) in die Abb. 33 als Kurve (ii) eingezeichnet, sie ist mit der Kurve (i) für den Fall eines unregulierten Multiplikators zu vergleichen.

Die Reaktionsgeschwindigkeit der wirtschaftspolitischen Maßnahme ($\beta = 2$) ist hier nur halb so groß wie die des Angebotslags ($\lambda = 4$). Die Zeiteinheit ist so gewählt, daß der Lag der staatlichen Nachfrage eine Zeitkonstante von $1/2$ Einheit aufweist und der Angebotslag eine Zeitkonstante von $1/4$ Einheit; die Zeiteinheit kann z. B. ein Jahr betragen. Der korrigierte Verlauf von Y weist eine Schwingung auf, die jedoch sehr stark gedämpft ist; Y schwingt um ein Niveau $\left(Y = \frac{4\,A}{9}\right)$, das vom gewünschten Niveau nicht weit entfernt ist ($Y = 0$).

Als nächstes soll im *Multiplikatormodell* der Fall betrachtet werden, daß eine *gemischte Stabilisierungspolitik* betrieben wird. Die Differentialgleichung lautet wie (1) in 8.8 oben. Nach der Differentiation zur Eliminierung des Integrals gilt:

$$D^3 Y + aD^2 Y + bDY + cY = \lambda D (D + \beta) A$$

mit $$a = \beta + \lambda s + \beta\lambda f_d, \quad b = \beta\lambda (s + f_p), \quad c = \beta\lambda f_i$$

Man setze A = const. ($t > 0$); diese homogene Gleichung hat dann die Lösung

$$Y = B_1 e^{p_1 t} + B_2 e^{p_2 t} + B_3 e^{p_3 t}$$

mit p_1, p_2 und p_3 als den Wurzeln von $p^3 + ap^2 + bp + c = 0$; B_1, B_2 und B_3 sind aufgrund der Ausgangsbedingungen zu bestimmen.

Zwei allgemeine Gesichtspunkte lassen sich herausstellen. Zunächst gilt, solange man die integrale Stabilisierungspolitik einsetzt ($f_i \neq 0$), daß die Differentialgleichung mit A = const. homogen ist, so daß $Y = 0$, wie gewünscht, das stetige (gleichgewichtige) Niveau ist. Die Wirkung der integralen Stabilisierungspolitik besteht darin, daß eine vollständige Korrektur des stetigen Outputniveaus erreicht wird. Zweitens sind Schwingungen für Y immer noch möglich und sogar wahrscheinlich. Die Wurzeln p_1, p_2 und p_3 der kubischen Gleichung sind *entweder* alle reell, *oder* es ist nur eine reeell und die beiden anderen sind konjugiert komplex. Sind alle reell, so gilt:

$$p_1 + p_2 + p_3 = -a = -(\beta + \lambda s + \beta\lambda f_d) < 0$$

Ihre Summe ist negativ; auch einzeln können sie alle negativ sein (stetig gedämpfter Verlauf von Y); lauten die Wurzeln p_1 und p_2, $p_3 = \alpha \pm i\omega$, so gilt:

$$p_1 + 2\,\alpha = -\,a = -(\beta + \lambda s + \beta\lambda f_d) < 0$$

Wiederum können p_1 und α beide negativ sein. Das bedeutet, daß eine Schwingung von Y höchstwahrscheinlich gedämpft ist. Die Wahrscheinlichkeit dafür wächst, je größer der Koeffizient f_d der abgeleiteten Stabilisierungspolitik ist. Ein explosiver Verlauf von Y läßt sich niemals mit voller Sicherheit ausschließen. Doch mit einer kräftigen abgeleiteten Stabilisierungspolitik erreicht man eine starke Dämpfung der zeitlichen Bewegung des Outputs.

Aus all dem kann man, grob gesagt, schließen, daß man mit der proportionalen Stabilisierungspolitik nur eine teilweise Korrektur des Outputniveaus erreicht, daß aber eine vollständige Wirkung erreicht wird, wenn die integrale Stabilisierungspolitik hinzukommt. Doch kann es dabei sehr wohl passieren, daß man eine oszillatorische Bewegung des Outputs über die Zeit in Kauf nehmen muß. Wenn dies der Fall ist, kann man aber mit Hilfe einer abgeleiteten Stabilisierungspolitik tendenziell die Schwingung dämpfen.

Beispiel (b): $S = 0{,}25;\quad \beta = 2;\quad \lambda = 4;\quad f_p = f_i = 2;\quad f_d = 0$

Gleichung: $D^3 Y + 3\,D^2 Y + 18\,DY + 16\,Y = 4\,D\,(D + 2)\,A$

Die Hilfsgleichung lautet bei der zweiten Methode von 8.8

$$(p^3 + 3\,p^2 + 18\,p + 16)\,\overline{Y}\,(p) = \frac{4\,p\,(p + 2)\,A}{p} = 4\,A\,(p + 2)$$

Da $p^3 + 3\,p^2 + 18\,p + 16 = 0$ die Wurzeln $-1, -1 \pm i\,3{,}87$ hat, gilt:

$$\overline{Y}\,(p) = 4\,A\,\frac{p + 2}{p^3 + 3\,p^2 + 18\,p + 16}$$

$$= \frac{4\,A}{15}\left\{\frac{1}{p+1} - \frac{p+1}{(p+1)^2 + (3{,}87)^2} + 3{,}87\,\frac{3{,}87}{(p+1)^2 + (3{,}87)^2}\right\}$$

folglich $$Y\,(t) = \frac{4\,A}{15}\,(e^{-t} - e^{-t}\cos 3{,}87\,t + 3{,}87\,e^{-t}\sin 3{,}87\,t)$$

und damit $$Y\,(t) = \frac{4\,A}{15}\,e^{-t}\,\{1 - 4\cos\,(3{,}87\,t + 1{,}32)\}$$

Dieser Verlauf ist (für $A = -1$) in die Abb. 33 als Kurve (iii) eingezeichnet, die mit der Kurve (ii), die die Wirkung der proportionalen Stabilisierungspolitik wiedergibt, zu vergleichen ist.

Die Reaktionsgeschwindigkeit der wirtschaftspolitischen Korrektur und die Stärke der proportionalen Stabilisierung bleiben die gleichen wie zuvor. Neu ist dagegen, daß die integrale Stabilisierungspolitik eingeführt wird. Man erreicht damit die vollständige Korrektur bis auf das gewünschte Niveau hin ($Y = 0$), kommt aber gleichzeitig zu einer *schwächeren* Dämpfung der Schwingungen. Die integrale Stabilisierungspolitik gleicht den ersten Mangel (partielle Korrektur des Outputniveaus) der proportionalen Stabilisierungspolitik wieder aus, der zweite Fehler (die Schwingungen des Outputs im Zeitablauf) werden aber schlimmer und nicht besser.

Bei der integralen Stabilisierungspolitik brauchen sich keine Schwingungen im Output zu ergeben. Die Wurzeln der kubischen Gleichung für p können, wie in Aufg. 2 unten gezeigt wird, alle reell sein. Selbst dann tendiert der Output Y aber im allgemeinen zu starken Schwankungen (wenn er auch nicht schwingt), bevor er sich auf dem Niveau $Y = 0$ oder in dessen Nähe stabilisiert. In Aufg. 3 unten soll dargelegt werden, wie durch die Hinzunahme des dritten Typs der wirtschaftspolitischen Maßnahmen (der abgeleiteten Politik) sich jegliche Schwingungen des Outputs abdämpfen lassen, die sich bei den beiden anderen Typen einstellen.

Schließlich wird im *Multiplikator-Akzelerator-Modell* bei *gemischter Stabilisierungspolitik* die Differentialgleichung für Y durch (2) von 8.8 oben wiedergegeben. Liegt die Gleichung jedoch nur in dieser allgemeinen Form vor, läßt sich über die Art der Lösung kaum etwas aussagen. Doch eins läßt sich ohne weiteres feststellen. Setzt man die integrale Stabilisierungspolitik ein ($f_i \neq 0$), so muß die Gleichung (2) zur Eliminierung des Integrals differenziert werden. Man erhält eine homogene Gleichung vierten Grades. Somit liegt das Gleichgewichtsniveau bei $Y = 0$ und eine vollständige Korrektur wird erreicht. Die Wurzeln der Hilfsgleichung vierten Grades seien p_1, p_2, p_3 und p_4, so daß die Lösung die Form

$$Y = B_1 e^{p_1 t} + B_2 e^{p_2 t} + B_3 e^{p_3 t} + B_4 e^{p_4 t}$$

annimmt. Aus dem ersten Koeffizienten der Gleichung ergibt sich:

$$p_1 + p_2 + p_3 + p_4 = -\{\beta + \lambda s + \varkappa (1-v) + \beta\lambda f_d\}$$

Diese Beziehung gilt unabhängig davon, ob die Wurzeln reell oder konjugiert komplex sind. Y verläuft *mit Sicherheit* explosiv, wenn der Ausdruck auf der rechten Seite positiv ist. Ein Pfad mit explosivem Verlauf ist auch dann noch gut möglich, wenn dieser Ausdruck negativ ist. Nur dann, wenn dieser Ausdruck einen hohen negativen Wert annimmt, kann man einen gedämpften Verlauf für Y erwarten. Man erkennt, daß die Summe durch v, die Stärke des Akzelerators, tendenziell einen positiven und durch f_d tendenziell einen negativen Wert bekommt. Wiederum stellt sich heraus, daß der Koeffizient f_d, die Stärke der abgeleiteten Stabilisierungspolitik, einen dämpfenden Einfluß ausübt, der nunmehr zum Ausgleich der explosiven Wirkung des Akzelerators benötigt wird.

Das Modell wird noch verständlicher, wenn man verschiedene numerische Fälle betrachtet und mit Hilfe der Laplace-Transformation die entsprechenden Gleichungen löst. Zwei derartige Fälle sollen hier betrachtet werden; die Lösungen sind graphisch als die Kurven (ii) und (iii) in der Abb. 34 dargestellt. Diese Kurven sind dann mit der Kurve (i) zu vergleichen, welche die explosive Schwingung im entsprechenden Multiplikator-Akzelerator-Modell ohne Regelung darstellt; siehe 8.7 Bsp. (*b*) oben.

Beispiel (c): $s = 0{,}25$; $v = 0{,}6$; $\beta = 2$; $\varkappa = 1$; $\lambda = 4$; $f_p = 2$; $f_i = f_d = 0$

Gleichung: $D^3 Y + 1{,}6\, D^2 Y + 16{,}2\, DC + 18\, Y = 4\,(D+1)\,(D+2)\,A$

Diese Gleichung löst man wie zuvor nach der zweiten Methode von 8.8:

$$(p^3 + 1{,}6\, p^2 + 16{,}2\, p + 18)\, \overline{Y}\,(p) = \frac{4\,(p+1)\,(p+2)\,A}{p}$$

Da $p^3 + 1{,}6\,p^2 + 16{,}2\,p + 18 = 0$ die Wurzeln $-1{,}15$; $-0{,}225 \pm i\,3{,}89$ hat, gilt:

$$\bar{Y}(p) = 4\,A \frac{p^2 + 3\,p + 2}{p\,(p^3 + 1{,}6\,p^2 + 16{,}2\,p + 18)}$$

$$= \frac{4\,A}{9}\left\{\frac{1}{p} + \frac{0{,}056}{p + 1{,}15} - 1{,}056 \frac{p + 0{,}225}{(p + 0{,}225)^2 + (3{,}89)^2} + 2{,}266 \frac{3{,}89}{(p + 0{,}225)^2 + (3{,}89)^2}\right\}$$

also $$Y(t) = \frac{4\,A}{9}(1 + 0{,}056\,e^{-1{,}15t} - 1{,}056\,e^{-0{,}225t} \cos 3{,}89\,t + 2{,}266\,e^{-0{,}225t} \sin 3{,}89\,t)$$

und damit $$Y(t) = \frac{4\,A}{9}\{1 + 0{,}056\,e^{-1{,}15t} - 2{,}5\,e^{-0{,}225t} \cos (3{,}89\,t + 1{,}13)\}$$

Dieses Ergebnis wird (für $A = -1$) durch die Kurve (ii) der Abb. 34 dargestellt.

Hier liegt lediglich eine porportionale wirtschaftspolitische Strategie vor. Die Zeitkonstante des Lags der staatlichen Nachfrage beträgt eine halbe Zeiteinheit; demgegenüber hat der Akzeleratorlag die Dauer einer Zeiteinheit und der Angebotslag die einer viertel Zeiteinheit. Die wirtschaftspolitische Korrektur arbeitet schneller als der Akzelerator, doch reagiert das Angebot noch schneller.

Nach der Korrektur beträgt das stetige Niveau des Outputs $Y = \frac{4\,A}{9}$. Es liegt also eine partielle Änderung des unbeeinflußten Niveaus ($Y = 4\,A$) in Richtung auf das gewünschte Niveau ($Y = 0$) vor. Das wesentliche Element im zeitlichen Verlauf des Outputs ist eine gedämpfte Schwingung mit einer Periode von ungefähr $\frac{2\,\pi}{3{,}89} = \frac{3}{2}$ Zeiteinheiten, doch wird die Schwingung nur sehr schwach gedämpft. Die wirtschaftspolitische Korrektur hat bei der Beeinflussung des Outputniveaus und auch bei der Dämpfung der im ursprünglichen (ungeregelten) Modell vorliegenden Schwingungen nur teilweise Erfolg.

Beispiel (d) $s = 0{,}25$; $v = 0{,}6$; $\beta = 2$; $\varkappa = 1$; $\lambda = 4$; $f_p = f_i = 2$; $f_d = 0$

Gleichung: $D^4\,Y + 1{,}6\,D^3\,Y + 16{,}2\,D^2\,Y + 34\,DY + 16\,Y = 4\,D\,(D + 1)\,(D + 2)\,A$

Diese Gleichung gewinnt man aus (2) oben, wenn man durch Differentiation das Integral eliminiert. Die Hilfsgleichung lautet nunmehr:

$$(p^4 + 1{,}6\,p^3 + 16{,}2\,p^2 + 16)\,\bar{Y}(p) = \frac{4\,p\,(p + 1)\,(p + 2)\,A}{p}$$

Folglich:

$$\bar{Y}(p) = 4\,A \frac{p^2 + 3\,p + 2}{p^4 + 1{,}6\,p^3 + 16{,}2\,p^2 + 34\,p + 16}$$

$$= A\left\{\frac{0{,}13}{p + 0{,}69} + \frac{0{,}07}{p + 1{,}43} - 0{,}21 \frac{p - 0{,}26}{(p - 0{,}26)^2 + (4{,}03)^2} + 1{,}06 \frac{4{,}03}{(p - 0{,}26)^2 + (4{,}03)^2}\right\}$$

Da $-0{,}69$; $-1{,}43$; $0{,}26 \pm i\,4{,}03$ die Wurzeln der Gleichung vierten Grades für p sind, gilt:

$$p^4 + 1{,}6\,p^3 + 16{,}2\,p^2 + 34\,p + 16 = 0$$

Also ist

$$Y(t) = A\,(0{,}13\,e^{-0{,}69t} + 0{,}07\,e^{-1{,}43t} - 0{,}21\,e^{0{,}26t}\cos 4{,}03t + 1{,}06\,e^{0{,}26t}\sin 4{,}03\,t)$$

damit gilt:

$$Y(t) = A\,\{0{,}13\,e^{-0{,}69t} + 0{,}07\,e^{-1{,}43t} - 1{,}08\,e^{0{,}26t}\cos(4{,}03\,t + 1{,}38)\}$$

Diese Lösung wird (für $A = -1$) mit der Kurve (iii) der Abb. 34 dargestellt.

Dieses Ergebnis soll mit dem des Beispiels (c) verglichen werden. Der einzige Unterschied liegt darin, daß zur proportionalen Stabilisierungspolitik der vorhergehenden Aufgabe die integrale Stabilisierungpolitik hinzukommt. Das Outputniveau ist nunmehr vollständig auf das gewünschte Niveau $Y = 0$ gebracht. Y schwingt, sieht man von zwei gedämpften und nichtoszillatorischen Komponenten ab, um $Y = 0$; die Schwingung ist stärker als vorher. Die Periode beträgt ganz wie zuvor $\frac{2\pi}{4{,}03}$ = ungefähr $\frac{3}{2}$ Zeiteinheiten; doch ist die Schwingung explosiv, wenn auch nur schwach. Mit Hilfe der integralen Politik erreicht man zwar eine vollständige Korrektur des Outputniveaus, doch muß man wieder eine explosive Entwicklung in Kauf nehmen.

Auf der Grundlage des Multiplikator-Akzelerator-Modells von Phillips mit einfachen exponentiellen Lags wurde relativ vollständig dargestellt, wie sich wirtschaftliche Regelungsvorgänge auswirken. Fällt die Nachfrage um einen Betrag A, so fällt das Gleichgewichtsniveau des Outputs um $\frac{A}{s}$. Das Modell ohne Regelung zeigt, wie sich aufgrund des Akzelerators das Einkommen von der alten Gleichgewichtsposition aus entwickelt; dieser Verlauf stellt wahrscheinlich eine explosive Schwingung dar, wie aus der Kurve (i) der Abb. 34 hervorgeht. Mit einer wirtschaftlichen Regelung verfolgt man den doppelten Zweck, einmal den Abfall des Outputniveaus wieder auszugleichen und zum anderen die Schwingungen im zeitlichen Verlauf des Outputs zu dämpfen. Eine *proportionale Stabilisierungspolitik* führt bei der Lösung beider Probleme nur teilweise zum Erfolg. Nimmt man noch die *integrale Stabilisierungspolitik* hinzu, so gelingt zwar eine vollständige Korrektur des Outputrückgangs, doch muß man dabei in Kauf nehmen, daß sich die Schwingungen so verstärken, daß sie explosiv werden könnten. Das unterstreicht die Bedeutung des dritten Typs der wirtschaftlichen Regelung, der *abgeleiteten Stabilisierungspolitik*. Eine derartige Politik hat tendenziell einen dämpfenden Einfluß auf den zeitlichen Verlauf des Outputs und sie läßt sich zu diesem Zweck auch recht wirkungsvoll einsetzen. Sie wird besonders dann benötigt, wenn der Akzelerator eine starke (und somit explosive) Wirkung ausübt. Eine derivative Stabilisierungspolitik wird aber nicht nur benötgt, um die durch die proportionale und besonders durch die integrale Wirtschaftspolitik hervorgerufenen Schwingungen auszugleichen, vielmehr verwendet man sie auch als Gegengewicht zu den inhärenten Schwingungen, die sich durch die Wirkung des Akzelerators ergeben.

Diese Ergebnisse wurden im Rahmen eines Multiplikator-Akzelerator-Systems gewonnen, in dem nur einfache (exponentielle) Lags auftreten. Diese Ergebnisse müssen aber beträchtlich modifiziert werden, wenn kompliziertere und „realistischere" Lags aufgenommen werden, z. B. doppelte, dreifache oder noch höhere exponentielle Lags. Man erkennt dies bereits an den sehr vereinfachten Fällen der Aufgaben 4, 5 und 6 unten; im nächsten Kapitel soll dieser Gesichtspunkt dann eingehender untersucht werden. Im großen und ganzen läßt sich etwa sagen, daß multiple Lags die Schwingungen, welche sich durch die proportionale und die integrale Stabilisierungspolitik ergeben, verstärken; solche Schwingungen können dann sehr wohl explosiv verlaufen. Gleichzeitig verliert aber eine Regelung mit Hilfe der derivativen Stabilisierungspolitik an Wirksamkeit. Wenn man eine energische proportionale und integrale Stabilisierungspolitik betreibt, kann es passieren, daß sich mit keiner noch so starken derivativen Stabilisierungspolitik die sich ergebenden Schwingungen des Outputs ausmerzen lassen. Aus all dem Gesagten geht zumindest hervor, daß die *Form* der Lags in einem Multiplikator-Akzelerator-System und nicht nur deren bloße Existenz ein entscheidender Faktor für die dynamischen Abläufe im System ist; siehe Phillips (1957).

Übungsaufgaben 8.9

1. Man bestimme die Differentialgleichung für $s = 0{,}25$; $\beta = 8$; $\lambda = 4$; $f_p = 2$ (mit $f_i = f_d = 0$). Man leite folgende Lösung ab:

$$Y(t) = \frac{4A}{9}\{1 - 1{,}17\, e^{-4{,}5t} \cos(7{,}19\, t + 0{,}56)\}$$

Man vergleiche diese Aufgabe mit dem Beispiel (a) oben und zeige, daß sich eine schnellere Reaktion (kleinerer Lag) der staatlichen Maßnahmen in einer Dämpfung der Schwingungen von Y auswirkt. Dieser Fall, von Phillips (1954) untersucht, wird in der Kurve (c) der Abb. 4 veranschaulicht.

2. Man untersuche im Multiplikatormodell den Fall $s = 0{,}25$; $\beta = 2$; $\lambda = 4$; $f_p = f_i = 0{,}5$; $f_d = 0$ und zeige, daß

$$Y(t) = \frac{28A}{9}\{e^{-t} - (1 + 1{,}71\, t)\, e^{-4t}\}$$

ist. Man verfolge den (nicht oszillatorischen) Verlauf von Y in Richtung auf das korrigierte Niveau $Y = 0$. (Dies ist ein Beispiel für eine schwache proportionale und integrale Stabilisierungspolitik mit einem kürzeren Lag; der Fall findet sich bei Phillips (1954) und wird hier durch die Kurve (b) der Abb. 8 dargestellt).

3. Anhand des Beispiels $s = 0{,}25$; $\beta = 2$; $\lambda = 4$; $f_p = f_i = 8$; $f_d = 1$ erläutere man, wie sich im Multiplikatormodell eine abgeleitete Stabilisierungspolitik auswirkt. Man zeige, daß

$$Y(t) = 0{,}08\, A \,\{e^{-1{,}18t} - 8{,}5\, e^{-4{,}91t} \cos(5{,}50\, t + 1{,}47)\}$$

gilt und daß nunmehr die Schwingung von Y stark gedämpft ist.

4. Man betrachte das Multiplikatormodell mit Regelung, dem die Differentialgleichung (1) von 8.8 oben zugrunde liegt. Man ersetze den einfachen exponentiellen Lag auf der Angebotsseite durch den doppelten Lag

$$Y = \left(\frac{2\lambda}{D + 2\lambda}\right)^2 Z$$

Man zeige, daß die Differentialgleichung dann die Form

$$D^3 Y + aD^2 Y + bDY + cY + d \int_0^t Y\, dt = 4\lambda^2 (D + \beta) A$$

mit

$$a = \beta + 4\lambda, \qquad b = 4\beta\lambda + 4\lambda^2 (s + \beta f_d),$$
$$c = 4\beta\lambda^2 (s + f_p), \quad d = 4\beta\lambda^2 f_i$$

hat.

5. Man untersuche das Modell der vorhergehenden Aufgabe für folgendes Beispiel:

$$s = 0{,}25; \quad \beta = 2; \quad \lambda = 4; \quad f_p = 2; \quad f_i = f_d = 0$$

Man bestimme die Lösung für $Y(t)$ und vergleiche das Ergebnis mit dem des Beispiels (a) oben.

6. Man erweitere die vorhergehende Aufgabe durch Einführung von $f_i = 2$ anstelle von $f_i = 0$. Man vergleiche diese Lösung für $Y(t)$ mit derjenigen für das Beispiel (b) oben.

Literatur

Frisch (R.) und *Holme* (H.) (1935): „The Characteristic Solutions of Mixed Difference and Differential Equations“, Econometrica, **3**, 225 - 39.

Goodwin (R. M.) (1951): „The Non-linear Accelerator and the Persistence of Business Cycles“, Econometrica, **19**, 1 - 17.

Kalecki, (M.) (1935): „A Macrodynamic Theory of Business Cycles“, Econometrica, **3**, 327 - 44.

Kalecki (M.) (1943): Studies in Economic Dynamics (Allen and Unwin, 1943).

Kalecki (M.) (1954): Theory of Economic Dynamics (Allen and Unwin, 1954).

Le Corbeiller (Ph.) (1936): „The Non-linear Theory of the Maintenance of Oscillations", Journal of the Institution of Electrical Engineers, **79**, 361 - 78.

Phillips (A. W.) (1954): „Stabilisation Policy in a Closed Economy", Economic Journal, **64**, 290 - 323.

Phillips (A. W.) (1957): „Stabilisation Policy and the Time-Form of Lagged Responses", Economic Journal, **67**, 265 - 77.

Strotz (R. H.), *McAnulty* (J. C.) und *Naines* (J. B.) (1953): „Goodwin's Non-linear Theory of the Business Cycle: An Electro-Analog Solution", Econometrica, **21**, 390 - 411.

Tizard (R. H.) (1956): „Note on Initial Conditions in the Solution of Linear Differential Equations with Constant Coefficients", Econometrica, **24**, 192 - 7.

Tustin (A.) (1953): The Mechanism of Economic Systems (Heinemann, 1953).

Kapitel 9

Wirtschaftliche Steuerungssysteme mit Rückkopplung[1]

9.1 Schematische Darstellung

In der Theorie elektrischer Schaltkreise wie auch in anderen Anwendungsgebieten der Regelungstechnik arbeiten die Ingenieure mit Modellen, die den oben erörterten ökonomischen Modellen ähnlich sind. Es ist zweckmäßig, derartige Systeme in schematischer Form darzustellen, also die Gleichungen des Systems auch anschaulich wiederzugeben. Die Modelle werden durch die gegenseitige Abhängigkeit ihrer Variablen, die in zahlreichen und auch komplexen Gleichungen auftreten, charakterisiert. Das schematische Diagramm ist dann letztlich ein Hilfsmittel, um die Beziehungen zu entschlüsseln.

Die zugrunde liegende Idee eines Steuerungssystems mit Rückkopplung und dessen schematische Darstellung im Diagramm läßt sich leicht formulieren. Man betrachte ein System, in welchem drei Variable (Q_1, Q_2 und Q_3) in konstanten Proportionen aufeinander bezogen sind. Q_2 soll etwa, wenn man die dritte Variable außer Betracht läßt, von Q_1 in der Form $Q_2 = k_{12} Q_1$ abhängen. Nunmehr soll Q_3 noch hinzukommen und durch Q_2 (mit dem Faktor k_{23}) beeinflußt werden; andererseits aber soll Q_3 wiederum Q_2 (mit dem Faktor k_{32}) beeinflussen. Dann lautet das System:

$$Q_2 = k_{12} Q_1 + k_{32} Q_3 \quad \text{und} \quad Q_3 = k_{23} Q_2 \ ;$$

daraus ergibt sich

$$Q_2 = \frac{k_{12}}{1 - k_{23} k_{32}} Q_1$$

verglichen mit $Q_2 = k_{12} Q_1$, wenn Q_3 fehlt. Der Ökonom erkennt in diesem System den „Multiplikatoreffekt“, in der Sprache des Ingenieurs handelt es sich um eine „Rückkopplung“.

---

[1] Da sich im Rahmen der Wirtschaftskybernetik noch keine einheitliche Terminologie herausgebildet hat, scheint es angebracht zu sein, einige hier verwendete Begriffe zu erläutern. Der Begriff der (festen zeitlichen) Verzögerung entspricht dem technischen Terminus Totzeit und dem englischen Wort delay, Lag wurde durchgehend übernommen, geschlossene Teile der dargestellten Steuerungssysteme wurden auch als Schleifen oder Kreise bezeichnet und transferfunction mit Übertragungsfunktion übersetzt. (Anm. d. Übers.)

Das Schema wird in Abb. 35 dargestellt. In den Kreisen stehen die Variablen, die durch Linien verbunden sind. Die Pfeile geben die Richtung der Abhängigkeit an. Das konstante Vielfache einer jeden Abhängigkeit steht in einem Kästchen auf der entsprechenden Linie.

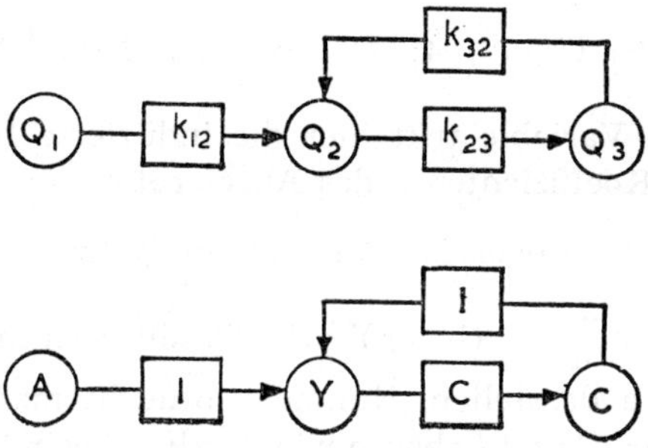

Abb. 35

Das Diagramm zeigt, wodurch jede Variable beeinflußt wird (Pfeile, die auf den Kreis gerichtet sind) und welchen Einfluß die Variable selbst auf andere Variable ausübt (Pfeile, die vom Kreis ausgehen). Zeigen zwei Pfeile auf den Kreis, so liegt eine doppelte Abhängigkeit vor: etwa $Q_2 = k_{12} Q_1 + k_{32} Q_3$. Verfolgt man zwei Abhängigkeiten in Pfeilrichtung, wirken die Koeffizienten zusammen, etwa $Q_3 = k_{23} Q_2 = k_{12} k_{23} Q_1$ (wenn k_{32} fehlt). Dieses Schema wird durch die Rückkopplung ($Q_2 \rightarrow Q_3 \rightarrow Q_2$) kompliziert. Q_2 wird durch sich selbst über Q_3 beeinflußt. Stellt das System in der Theorie der elektrischen Schaltkreise Stromflüsse dar, so führt die Rückkopplung bei Q_2 zu möglichen Eigenschwingungen innerhalb des Kreises, also zu einem instabilen Element.

In der Wirtschaftstheorie stellt der Multiplikator eine Rückkopplung dar. Der *statische Multiplikator* ohne Lags lautet:

$$Y = C + A \quad \text{und} \quad C = cY \;;$$

daraus ergibt sich:

$$Y = \frac{A}{1-c}$$

Damit kommt man wie in der Abb. 35 zu einer einfachen Form der Rückkopplung. Man muß nur noch die Variablen als A = autonome Ausgaben, Y = Einkommen und C = Konsum interpretieren. Die speziellen Werte der Vielfachen finden sich im unteren Teil der Abb. 35. Der Multiplikator oder die Rückkopplung entsteht, weil Y über C sich selbst beeinflußt.

Kompliziertere Systeme der Technik wie auch der Ökonomie lassen sich in Diagrammen schematisch darstellen. Mit einem solchen Diagramm läßt sich die Konsistenz eines Modells überprüfen, und die Eigenschaften der darin enthaltenen Relationen lassen sich anschaulich darstellen. Man betrachte das *Multiplikator-Akzelerator-Modell* vom Harrod-Domar-Typ ohne Lags:

$$Y = C + I + A; \quad C = cY \quad \text{und} \quad I = v\frac{dY}{dt}$$

Als zusätzliche Variable tritt hier die induzierte Investition (I) auf, welche mit dem Koeffizienten v des Akzelerators auf die Einkommensänderungen $\left(\frac{dY}{dt}\right)$ bezogen ist. Aus diesem System ergibt sich die Differentialgleichung: $v\frac{dY}{dt} = (1-c)\,Y - A$. Sie läßt sich mit Hilfe des Schemas der Abb. 36 a darstellen. Nunmehr braucht man zwei Rückkopplungen, da Y durch C und I ebenso wie durch A beeinflußt wird. Die eine Rückkopplung entspricht dem Multiplikator ($Y \rightarrow C \rightarrow Y$), die andere dem Akzelerator ($Y \rightarrow I \rightarrow Y$); beide treffen bei der Variablen Y zusammen. In den Kreis für Y gehen drei Pfeile ein, da sich $Y = C + I + A$ ergeben muß; zwei Pfeile verlassen aufgrund der Beziehungen $C = cY$ und $I = v\frac{dY}{dt}$ den Kreis. Neu ist, daß eine der beiden Relationen kein konstantes Vielfaches ist, sondern mit „$v\frac{d}{dt}$" in das entsprechende Kästchen einzutragen ist. Mit Hilfe von Operatoren kann man jedoch diese Relation so behandeln, als sei sie ein konstantes Vielfaches:

$$I = v\frac{dY}{dt} = \left(v\frac{d}{dt}\right)Y = (vD)\,Y$$

Hierbei wird der Operator $\frac{d}{dt}$ oder D bei algebraischen Operationen isoliert behandelt.

Charakteristisch für dynamische Modelle ist, daß in ihnen nicht nur Veränderungsraten, sondern auch Lags verschiedener Art auftreten. Auch diese lassen sich in das Schema einbauen; zweckmäßigerweise kennzeichnet man einen Lag gesondert in einem Kästchen, in das man die Art des Lags einträgt, etwa „Verzögerung ϑ" für eine feste zeitliche Verzögerung oder „L_λ" für einen Exponentiallag mit der Reaktionsgeschwindigkeit λ. Das einfache Multiplikator-Akzelerator-Modell mit einer Verzögerung im Akzelerator ist in der Abb. 36 b wiedergegeben, welcher die folgenden Gleichungen zugrunde liegen:

$$Y = C + I + A; \quad C = cY; \quad \text{und} \quad I = v\frac{d}{dt}Y(t-\vartheta)$$

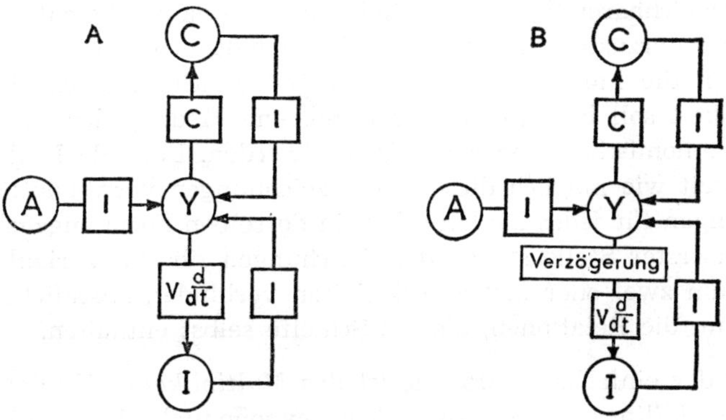

Abb. 36

Hier beziehen sich alle Variablen auf den Zeitpunkt *t*, es sei denn, etwas anderes ist angegeben. Das Schema der Abb. 36 b läßt sich natürlich abändern, indem man sowohl in den Multiplikator wie auch in den Akzelerator Lags einbaut, die jeweils verschiedene Formen annehmen können.

Schematische Diagramme sollen dazu dienen, die Eigenschaften eines Modells zu veranschaulichen. Im folgenden aber soll von diesen Diagrammen ein viel weitergehender Gebrauch gemacht werden, wobei Methoden auf ökonomische Systeme übertragen werden, die Ingenieure bei entsprechenden technischen Problemen als zweckmäßig ansahen. Eine Parallele zwischen einem technischen und einem ökonomischen Modell bedeutet noch nicht, daß deren Mechanismen die gleichen sind; eine Entscheidung zur Investition kann beispielsweise nicht als gleichbedeutend mit einem Spannungsunterschied angesehen werden. Es kommt lediglich auf die formale Ähnlichkeit an, und darauf, daß man erwarten kann, daß die von Ingenieuren verwendeten Techniken auch für ökonomische Modelle geeignet sind. Einige Ökonomen, wie etwa Goodwin (1951), haben ihre ökonomischen Modelle mit einem Seitenblick auf die Arbeit der Ingenieure entwickelt. Erst in jüngster Zeit ging man genauer auf die Verbindung zwischen ökonomischen und technischen Modellen ein, so etwa Tustin (1953), der sich als Techniker ökonomischer Probleme annahm, und Phillips (1954), der als Ökonom technische Erfahrung hatte.

9.2 Einige ökonomische Modelle in schematischer Form

Es ist aufschlußreich, verschiedene ökonomische Modelle auf der Grundlage der Multiplikator-Akzelerator-Relation in standardisierter und vergleichbarer Form aufzustellen und sie dann schematisch in Diagrammen darzustellen. Auf diese Weise läßt sich sehr genau zeigen, inwiefern die Modelle verwandt sind oder sich unterscheiden. Diese Möglichkeit soll hier für vier verschiedene Modelle der dynamischen makroökonomischen Theorie erläutert werden. Für alle Modelle werden soweit wie möglich dieselben Bezeichnungen verwendet; auch die Gleichungen für jedes Modell sollen in derselben Form angegeben werden. An erster Stelle stehen die Gleichungen für die Variable, die im Diagramm zwei oder mehrere Schleifen verbindet, anschließend kommen dann die Relationen, die die Schleife selbst enthalten.

Eines der einfachsten Modelle ist das *Multiplikator-Akzelerator-Modell von Phillips* aus 3.5 oben, welches exponentielle Lags enthält. Dort wird eine neue Variable eingeführt, Z = Nachfrage im Unterschied zu Y = Produktion (Einkommen). Die Gleichungen lauten:

$$Z = C + I + A$$

mit

$$C = cY; \quad I = \frac{\varkappa}{D + \varkappa} vDY \quad \text{und} \quad Y = \frac{\lambda}{D + \lambda} Z$$

Bei dieser Formulierung wird der Operator $D = \frac{d}{dt}$ verwendet; $\varkappa$ und λ sind die Reaktionsgeschwindigkeiten der beiden exponentiellen Lags. Aus den Gleichungen ergibt sich eine Differentialgleichung zweiter Ordnung in Y (3.5 oben). Das schematische Diagramm dazu enthält die Abb. 37 I; hier soll „L_λ“ den Lag zwischen Y und Z bezeichnen, welcher durch das Vielfache $\frac{\lambda}{D + \lambda}$ bestimmt wird; ähnliches gilt dann für „$L_\varkappa$“. Die Lags lassen sich variieren, wenn man die Reaktionsgeschwindigkeit ändert, dabei sind zwei Grenzfälle besonders interessant. Gilt $\varkappa = 0$ (unendlich große Zeitkonstante des Lags), so wird jede Wirkung des Akzelerators blockiert; er arbeitet nicht mehr, und die Rückkopplung kann eliminiert werden. Gilt $\lambda \to \infty$ (unendlich große Reaktionsgeschwindigkeit), so gibt es überhaupt keinen Lag mehr; Y und Z kann man als gleichwertig ansehen, so daß auch die beiden Punkte im Diagramm zusammenfallen.

Das *Multiplikator-Akzelerator-Modell* von *Samuelson* und *Hicks* stellt für den „Elementarfall“ von Hicks (3.7 oben) ein periodisiertes Modell mit folgenden Gleichungen dar:

$$Y_t = C_t + I_t + A_t$$

mit

$$C_t = cY_{t-1} \quad \text{und} \quad I_t = v\,(Y_{t-1} - Y_{t-2})$$

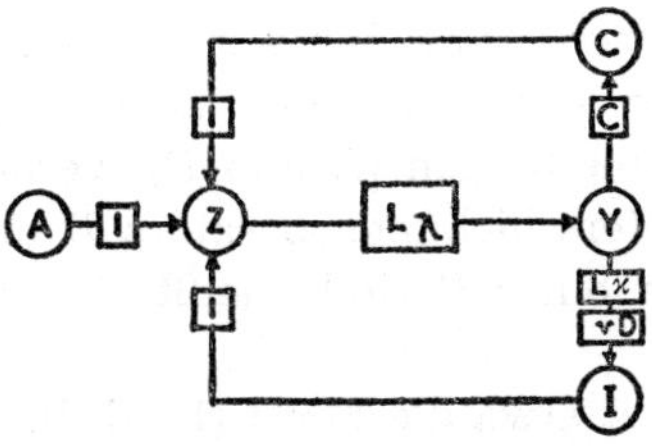

I Das Modell von Phillips

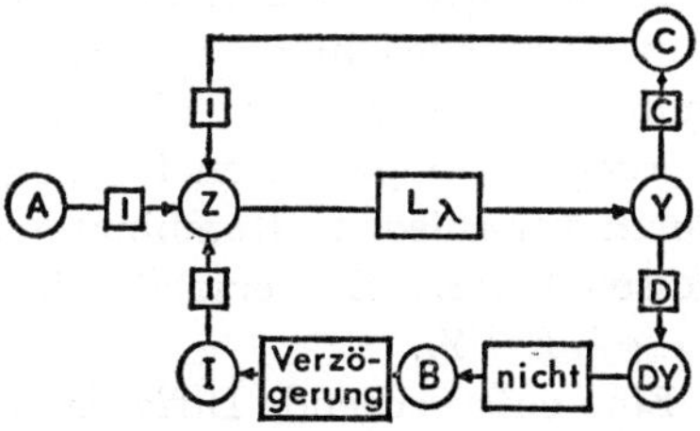

III Das Modell von Goodwin

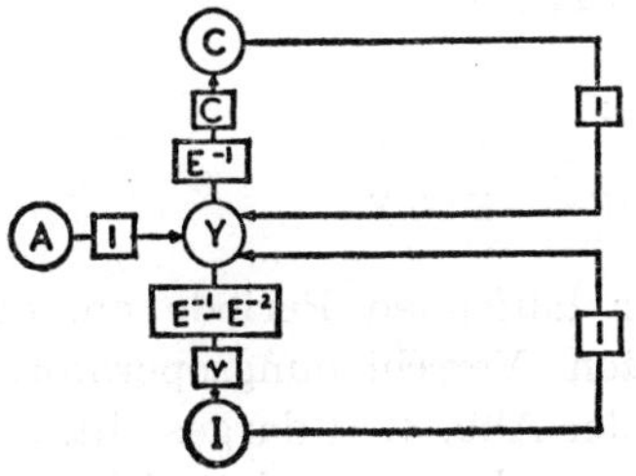

II Das Modell von Hicks

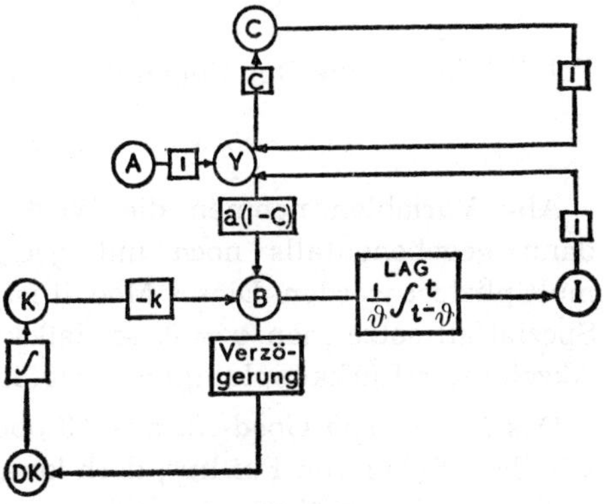

IV Das Modell von Kalecki

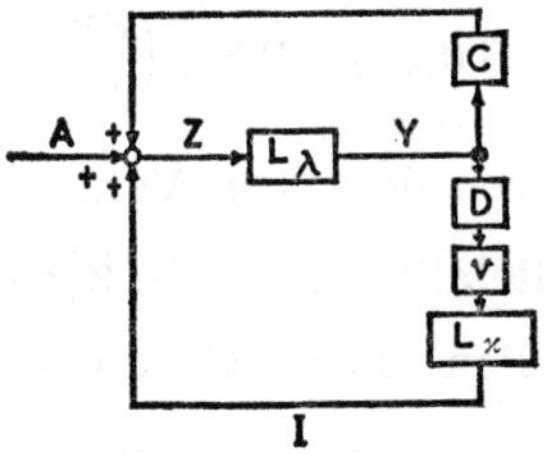

V Das Modell von Phillips
(Alternative Darstellung)

Die Variablen

A = autonome Ausgaben, B = Investitionsentscheidungen, K = Kapitalstock, Y = Output, C = Ausgaben für Konsum, I = Ausgaben für Investitionen, Z = Nachfrage.

Abb. 37

Diese Gleichungen liefern eine Differenzengleichung zweiter Ordnung. Um auch hier zu einer schematischen Darstellung zu kommen, muß das bisher verwendete Schema für stetige Modelle abgeändert werden. Die Operatoren für Lags und Ableitungen (L und D) werden durch verschiedene Kombinationen des Verschiebungsoperators E und dessen Inverse E^{-1} ersetzt. Ein Lag von einer Periode heißt E^{-1}, da $Y_{t-1} = E^{-1} Y_t$.

Eine entsprechende Differenz erhält jetzt etwa die Form $(1-E^{-1})$, da $Y_t - Y_{t-1} = (1-E^{-1}) Y_t$. Eine Differenz mit Lag wäre:

$$(E^{-1}-E^{-2}) \ ,$$

d. h.

$$Y_{t-1}-Y_{t-2} = (E^{-1}-E^{-2}) Y_t \ .$$

Folglich lauten die Relationen des Systems:

$$C_t = cE^{-1} Y_t \quad \text{und} \quad I_t = v\,(E^{-1}-E^{-2})\, Y_t$$

Alle Variablen nehmen die Werte der laufenden Periode an, die dann gegebenenfalls noch mit geeigneten Verschiebungsoperatoren multipliziert werden. Dieses Modell ist in der Abb. 37 II dargestellt. Als Spezialfall setze man $v = 0$, so daß kein Akzelerator mehr wirkt, die Akzelerator-Rückkopplung also wegfällt.

Das *Modell von Goodwin* aus 8.3 oben enthält die gleichen Variablen wie das Modell von Phillips, doch kommt noch eine Variable (B) hinzu, welche die Investitionsentscheidungen wiedergibt. Die Gleichungen lauten:

$$Z = C + I + A$$

$$\text{mit} \quad C = cY; \quad I = B\,(t-\vartheta); \quad B = \varphi\left(\frac{dY}{dt}\right) \quad \text{und} \quad Y = \frac{\lambda}{D+\lambda} Z$$

Alle Variablen sind, von der einen Verzögerung abgesehen, einheitlich datiert. Die letzte Relation $\left(Y = \frac{\lambda}{D+\lambda} Z\right)$ steht in der üblichen Form für einen exponentiellen Lag; Goodwin selbst schreibt jedoch $Y = Z - \varepsilon \frac{dY}{dt}$. Diese Schreibweise ist mit der ersten identisch, sofern $\varepsilon = \frac{1}{\lambda}$ die Zeitkonstante des Lags ist. Als Ergebnis erhält man die Gleichung (4) aus 8.3 oben, in der Differenzen und Differentiale auftreten. Das schematische Diagramm ist in der Abb. 37 III wiedergegeben; neu ist hier die nichtlineare Beziehung zwischen B und $\frac{dY}{dt}$, die durch eine üblicherweise empirisch zu gewinnende Funktion φ wiedergegeben wird.

Als letztes soll die frühe Version des *Modells von Kalecki*, 8.4 oben, erläutert werden. Im Vergleich zu den Modellen von Phillips und Goodwin tritt hier eine neue Variable (K) für den Kapitalgüterstock auf; andererseits wird die Nachfrage (Z) nicht von der Produktion oder dem Einkommen (Y) unterschieden; im Modell von Phillips oder Goodwin würde dies bedeuten, daß man $\lambda \to \infty$ gehen läßt. Wesentlich neu ist hier, daß zwei Relationen anstelle von einer auftreten, in der die verschiedenen Einflüsse zusammengefaßt werden. Folglich gibt es zwei „Verknüpfungsgleichungen" und einige direkte Relationen:

$$Y = C + I + A \quad \text{und} \quad B = a\,(1-c)\,Y - kK$$

mit
$$C = cY; \quad I = \frac{1}{\vartheta} \int_{t-\vartheta}^{t} B\,(t)\,dt \quad \text{und} \quad \frac{dK}{dt} = B\,(t-\vartheta)$$

Damit kommt man wieder auf eine gemischte Gleichung mit Differenzen und Differentialen, nämlich auf (7) aus 8.4 oben. Das Schema ist in Abb. 37 IV enthalten, man erkennt dort, daß drei Schleifen erforderlich sind, nämlich zwei, die ganz ähnlich wie zuvor über Y laufen, und eine neue Schleife, die über B läuft.

Die schematischen Diagramme der Abb. 37 I - IV wurden nach der von Tustin (1953) vorgeschlagenen Methode gezeichnet. Es gibt noch eine zweite Form, die von Technikern zur Darstellung elektrischer Schaltkreise und anderer Steuerungs- bzw. Regelungssysteme entwikkelt wurde. Sie wird in der Abb. 37 V zur Darstellung des Modells von Phillips (Abb. 37 I) verwendet. Die Variablen sind nunmehr über die Verbindungslinien des Diagramms gesetzt. Man kann sich vorstellen, daß sie (wie ein elektrischer Strom) die Linien entlangfließen. Das Diagramm verdeutlicht einen Vorgang, wo Linien auf einen offenen Kreis treffen (○); hier werden Variable addiert (positive Vorzeichen) oder subtrahiert (negative Vorzeichen). Das Diagramm verdeutlicht ebenso einen Vorgang, wo eine Linie auf einen Vollkreis trifft (●) und sich dann in eine Anzahl gesonderter Linien aufspaltet; hier fließt ein und dieselbe Variable in unveränderter Form auf allen Linien weiter, die den Kreis verlassen. Um darzustellen, wo und wie sich eine Variable in eine andere verwandelt — oder um die funktionale Abhängigkeit einer Variablen von der anderen wiederzugeben —, wird ein Kästchen in eine Linie eingefügt, in das man die betreffende Relation einträgt. In jedes Kästchen geht also eine Variable ein und eine verläßt es auch wieder; dabei wird die Abhängigkeit der zweiten Variablen von der ersten durch die in das Kästchen eingetragene Relation bestimmt.

Ein Diagramm in dieser zweiten Darstellungsweise ist vielleicht auf den ersten Blick für einen Ökonomen weniger verständlich, deshalb soll in diesem Kapitel die erste Version verwendet werden. Die zweite

Version hat jedoch den doppelten Vorteil, daß ihre Verwendung bei technischen Problemen üblich ist — auch Phillips verwendet diese Darstellungsweise (1954) für ein ökonomisches Modell — und daß sich mit ihrer Hilfe auch komplexere Modelle als die hier erörterten besser darstellen lassen.

Ein Vergleich der Modelle aus Abb. 37 ist in vielfacher Hinsicht interessant. Da ist beispielsweise das nichtlineare Element im Modell von Goodwin, auf der anderen Seite aber wieder dessen Ähnlichkeit mit dem Modell von Phillips. Das Schema für das Modell von Kalecki ist besonders aufschlußreich. Von den anderen Modellen unterscheidet es sich dadurch, daß die Investitionen zunächst auf das Outputniveau (und nicht dessen Veränderungsrate) und dann auf den bestehenden Kapitalgüterstock bezogen werden. Der erste Unterschied kommt im Schema als Modifikation des „Akzelerator"-Kreises zum Ausdruck. Der zweite Unterschied ist noch wichtiger, denn hier zeigt sich, daß noch eine dritte Schleife hinzukommen muß. Die Stelle, an welcher der neue Faktor (nämlich der Einfluß des Kapitalstocks auf die Investitionen) im Schema auftritt, liegt am Punkt *B* (den Investitionsentscheidungen) bei der Hauptschleife für die Investition. Vielleicht begreift ein Ingenieur die Bedeutung dieser Eigenheit besser, da ihm die Darstellung geschlossener Schaltkreise bereits vertraut ist. Tatsächlich eliminiert gerade Kalecki in den späteren Versionen seines Modells (8.6 oben) diese Eigenheiten.

Die betrachteten Modelle enthalten alle große Aggregate und lehnen sich eng an die Multiplikator-Akzelerator-Relation an; in engem Zusammenhang damit stehen die Betrachtungen über den Unterschied zwischen Investitionsentscheidungen, Ausgaben für Investitionen und Lieferung von Kapitalgütern. Auch innerhalb dieser Begrenzung kann das Modell recht kompliziert werden und zu Differentialgleichungen, Differenzengleichungen oder gemischten Gleichungen führen, die sich nicht leicht lösen lassen. Die Idee von Kalecki, daß Lieferungen von Kapitalgütern über den Kapitalstock und dessen Einfluß auf die Investitionsentscheidung zu einer weiteren Schleife innerhalb des Systems führen, läßt sich für die Theorie des Verbrauchs übernehmen und dort gleich gut anwenden. Wird dieser Vorschlag akzeptiert, so würde ein verallgemeinertes Modell auf der hier betrachteten schmalen Ausgangsbasis eine Gestalt wie in Abb. 38 annehmen.

Es gibt zwei Hauptschleifen, die eine betrifft den Multiplikator, die andere den Akzelerator. An der Stelle, wo jeweils die Entscheidungen zur Geldausgabe fallen (B_c und B_i), wird ein zusätzlicher Kreis eingefügt, um den Einfluß der Bestandsgrößen S und K darzustellen. Die Investitionsentscheidung hängt wie im Modell von Kalecki vom Kapitalstock (K) ab; in gleicher Weise kann die Entscheidung des Konsu-

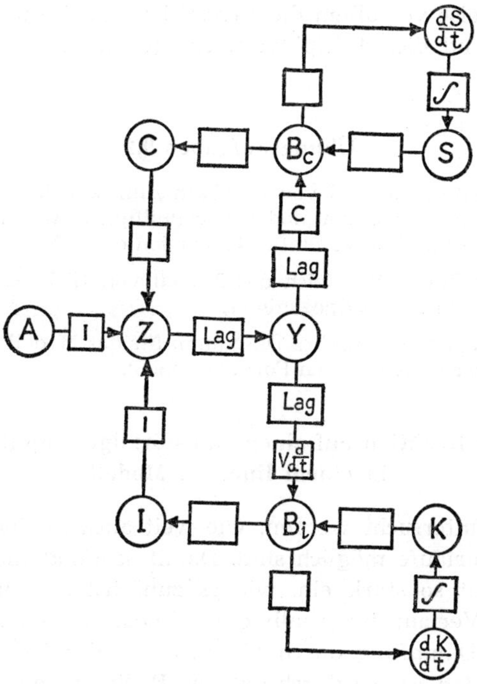

Abb. 38

menten zur Geldausgabe von Faktoren wie der Höhe der offenstehenden Teilzahlungskäufe (S) abhängen. Einige der Kästchen in Abb. 38 sind ausgefüllt, wenn das Vielfache offensichtlich oder üblich ist; andere sind leer gelassen; man kann sie nach Belieben ausfüllen, etwa mit „Standardgrößen“ der Vielfachen, Ableitungen, Integrale und Lags. Einige der leeren Kästchen müßte man eventuell sogar mit empirischen und nichtlinearen Relationen ausfüllen.

Man sieht jedenfalls, daß ein schematisches Modell auf der Grundlage von Multiplikator und Akzelerator schon komplex genug ist, bevor weitere Größen (etwa staatliche Aktivität, Außenhandel, Fiskalpolitik, Preise und Zinssätze) eingeführt werden; solche Faktoren müssen jedoch mit erwogen werden, wenn das Modell auf die Realität angewendet werden soll. Das schematische Diagramm kann immens wachsen. Folglich muß die Betrachtung zusätzlicher Faktoren an der einen Stelle des Systems stets durch drastische Vereinfachungen an anderen Stellen ausgeglichen werden, zumindest im ersten Augenblick, wenn zu untersuchen ist, welche Konsequenzen neue Einflußgrößen für altbekannte Systeme haben. Die Modelle von Goodwin und Kalecki behandeln beispielsweise vor allem die Investitionsschleife und deren Eigenschaften, während die Multiplikatorschleife auf ihre einfachste Form reduziert ist.

Übungsaufgaben 9.2

1. Zeigen Sie, daß das Modell von Goodwin zum Modell von Hicks weniger Beziehungen hat als zu dem Modell von Phillips. In welchem Sinne ist das Modell von Phillips eine vereinfachte Version davon?
2. Stellen Sie in einem Vergleich das Modell von Hicks den Modellen der Abb. 36 b und 37 I ($\lambda \to \infty$) gegenüber.
3. Zeichnen Sie ein schematisches Diagramm für das Modell von Harrod und Domar in seiner periodisierten Form (3.6 oben).

9.3 Die Reaktion auf einen sinusförmigen Inputverlauf in einem linearen Modell

Es soll nun untersucht werden, wie weit auch in linearen Modellen sinusförmige Verläufe möglich sind. Damit schränkt man die Betrachtungsweise nicht so stark ein, wie es zunächst scheinen könnte. Ein sinusförmiger Verlauf innerhalb eines linearen Modells erhält seine Frequenz und Dämpfung durch die Struktur des Modells, Amplitude und Phase werden jedoch durch externe Bedingungen festgelegt (siehe Anhang A, Abschnitt 9). Variiert eine Variable in Form einer Sinuskurve, so oszillieren alle Variablen mit der gleichen Frequenz und Dämpfung ($p = \alpha + i\omega$ bleibt überall gleich), doch unterscheiden sich die einzelnen Amplituden und Phasen. Darüber hinaus werden die Relationen eines linearen Modells nicht auf konstante Vielfache eingeschränkt. Wie schon die Ergebnisse in 4.9 oben zeigen, lassen Ableitungen, Integrale, Verzögerungen und auch exponentielle Lags die Frequenz und die Dämpfung einer Schwingung unverändert; derartige Ausdrücke lassen sich in lineare Relationen einbauen (was man ja auch merkt, wenn man die Operatorschreibweise verwendet).

Es stimmt, daß ein sinusförmiger Verlauf, der das ganze lineare System mit unverändertem $p = \alpha + i\omega$ passiert, nur eine sehr spezielle Form einer Schwingung mit symmetrischem Auf- und Abschwung ist. Andererseits ist hier auch die Möglichkeit eines stetigen exponentiellen Verlaufs enthalten, der gedämpft oder explosiv verlaufen kann; man muß nur $\omega = 0$ setzen. Weiterhin läßt sich eine Schwingung, welche nicht sinusförmig verläuft, aber doch eine feste Periode $\frac{2\pi}{\omega}$ aufweist, mit Hilfe von Fourierreihen (4.7 oben) „harmonisch" in eine sinusförmige Schwingung der Frequenz ω (der Grundfrequenz) plus „Harmonische" von immer höheren Frequenzen ($2\,\omega$, $3\,\omega$, ...) zerlegen.

Man betrachte eine beliebige Relation eines linearen Modells, also das eine „Bein" eines Steuerungssystems mit Rückkopplung. Dazu ist etwa die eine Variable Y als Output auf eine zweite Variable Z als gegebenen Input bezogen. Beispiele für einfache Relationen sind:

(i) $Y = v \dfrac{dZ}{dt}$ eine Akzeleratorrelation

(ii) $Y = \int\limits_0^t Z\, dt$ ein kumulativer Prozeß

(iii) $Y = Z\,(t - \vartheta)$ eine feste zeitliche Verzögerung von ϑ

(iv) $Y = \dfrac{\lambda}{D + \lambda} Z$ ein einzelner exponentieller Lag mit der Zeitkonstanten $\dfrac{1}{\lambda}$

(v) $Y = \left(\dfrac{2\lambda}{D + 2\lambda}\right)^2 Z$ zwei gleiche, aufeinanderfolgende exponentielle Lags mit einer Gesamtzeitkonstanten von $\dfrac{1}{\lambda}$

Man beachte, daß die beiden letzten Gleichungen spezielle Fälle einer Relation darstellen, die aus einer Differentialgleichung in Y mit Z als „Input" auf der rechten Seite besteht:

$$a \frac{dY}{dt} + bY = Z, \qquad a \frac{d^2 Y}{dt^2} + b \frac{dY}{dt} + cY = Z, \quad \ldots$$

Der Input soll sinusförmig sein, sein Verlauf sei durch das Vektorprodukt $Z = Ae^{i\varepsilon} e^{pt}$ $(p = \alpha + i\omega)$ dargestellt. Als tatsächlichen Verlauf der Variablen über die Zeit erhält man $Ae^{\alpha t} \cos(\omega t + \varepsilon)$, wenn man den Realteil von Z betrachtet. Da das System linear ist, wird der sinusförmige Verlauf von Y den gleichen Zeitvektor e^{pt}, jedoch einen anderen Vektor für Amplitude und Phase aufweisen. Man setze $Y = Be^{i\eta} e^{pt}$. Das Problem liegt in der Bestimmung von B und η aufgrund von A und ε; für $p = \alpha + i\omega$ ist ein beliebiger Wert gegeben. Gesucht wird also das Vektorverhältnis:

$$\frac{Y}{Z} = \frac{Be^{i\eta}}{Ae^{i\varepsilon}} = F(p) \tag{1}$$

das von der Zeit unabhängig, jedoch von dem speziellen p (der Frequenz und Dämpfung) der angenommenen Schwingung abhängig ist. Das Verhältnis (1) ist eine komplexe Zahl, deren Wert sich mit der komplexen Variablen $p = \alpha + i\omega$ ändert, folglich schreibt man diesen Ausdruck als eine Funktion $F(p)$ dieser komplexen Variablen. Angenommen, das Resultat sei bei gegebenem p die komplexe Zahl:

$$F(p) = \varrho\,(\cos\varphi + i \sin\varphi) = \varrho e^{i\varphi} \tag{2}$$

Man setze (2) in (1) ein:

$$Be^{i\eta} = (\varrho e^{i\varphi})\,(Ae^{i\varepsilon}) = \varrho A e^{i(\varepsilon+\varphi)}$$

Folglich gilt für die Outputvariable Y:

Amplitude	$B = \varrho A$
Phase	$\eta = \varepsilon + \varphi$

Anders ausgedrückt, stellt die komplexe Zahl $F(p) = \varrho e^{i\varphi}$ das Amplitudenverhältnis (durch die Länge des Vektors, ϱ) und die Phasenverschiebung (durch den Winkel des Vektors, φ) dar, wenn der sinusförmige Verlauf von Z auf Y übergeht. Aus diesem Grunde nennt man die Funktion $F(p)$ die *Übertragungsfunktion* der Relation von Y auf Z:

Für einen sinusförmigen Verlauf lautet in einem linearen System bei gegebenem $p = \alpha + i\omega$ die Relation einer Variablen Y zu einer zweiten Variablen Z:

$$Y = F(p)\,Z$$

Hierbei ist die Übertragungsfunktion $F(p)$ eine komplexe Zahl $\varrho e^{i\varphi}$, in der durch ϱ das Amplitudenverhältnis und durch φ die Phasenverschiebung von Z nach Y dargestellt wird.

Ist die Relation von Y auf Z in der normalen analytischen Form wie in den Beispielen (i) bis (v) oben gegeben, so läßt sich die Übertragungsfunktion $F(p)$ aufgrund der Ergebnisse in 4.9 oben sofort angeben. Man braucht nur noch $D = p$ (für Ableitungen), $D^{-1} = \frac{1}{p}$ (für Integrale) und ein Vielfaches von $e^{-p\vartheta}$ für eine Verzögerung ϑ zu schreiben. Für die Beispiele seien die Übertragungsfunktionen angegeben:

Relation	Übertragungsfunktion: $Y = F(p)Z$
(i) $Y = v\frac{dZ}{dt}$	$Y = vpZ$
(ii) $Y = \int_0^t Z\,dt$	$Y = \frac{1}{p}Z$
(iii) $Y = Z(t-\vartheta)$	$Y = e^{-p\vartheta}Z$
(iv) $Y = \frac{\lambda}{D+\lambda}Z$	$Y = \frac{\lambda}{p+\lambda}Z$
(v) $Y = \left(\frac{2\lambda}{D+2\lambda}\right)^2 Z$	$Y = \left(\frac{2\lambda}{p+2\lambda}\right)^2 Z$

Alle Funktionen lassen sich genau überprüfen. Beispielsweise lautet die Übertragungsfunktion (iv):

$$Y = \frac{\lambda}{p+\lambda} Z = \frac{\lambda}{(\lambda+\alpha)+i\omega} Z = \frac{\lambda}{(\lambda+\alpha)^2+\omega^2} (\lambda+\alpha-i\omega) Z$$

$$= \varrho e^{-i\varphi} Z$$

$$\text{mit} \quad \varrho = \frac{\lambda}{\sqrt{(\lambda+\alpha)^2+\omega^2}} \quad \text{und} \quad \operatorname{tg}\varphi = \frac{\omega}{\lambda+\alpha}$$

Folglich besagt die Übertragungsfunktion, daß der Inputverlauf $Z = e^{\alpha t} \cos \omega t$ in den Outputverlauf $Y = (\varrho e^{\alpha t}) \cos(\omega t - \varphi)$ überführt wird. Doch genau dieses Ergebnis wurde für den exponentiellen Lag $Y = \frac{\lambda}{D+\lambda} Z$ in 5.8 oben auf direktem Wege gewonnen.

Es läßt sich ein weiteres Beispiel für eine Übertragungsfunktion angeben, um zu veranschaulichen, wie eine solche Funktion von Grund auf abgeleitet wird.

Beispiel: Y sei der durchschnittliche (geglättete) Wert für Z innerhalb eines Intervalls der Länge $2\,T$ mit der Mitte bei t:

$$Y = \frac{1}{2\,T} \int_{t-T}^{t+T} Z\,dt$$

Dieser Wert entspricht nicht dem kumulativen Ausdruck $\int_0^t Z\,dt$; das aufgrund des Operators (für unbestimmte Integrale) gewonnene Ergebnis ist nicht brauchbar. Überhaupt läßt sich $F(p)$ für diese Relation nicht leicht ermitteln, es sei denn, es liegt keine Dämfung vor, $\alpha = 0$. Gilt $\alpha = 0$, so ist der Inputverlauf $A \cos(\omega t + \varepsilon)$; der entsprechende Verlauf für Y lautet:

$$\frac{A}{2T} \int_{t-T}^{t+T} \cos(\omega t + \varepsilon)\,dt = \frac{A}{2\omega T} \{\sin(\omega t + \varepsilon + \omega T) - \sin(\omega t + \varepsilon - \omega T)\}$$

$$= \frac{A}{\omega T} \cos(\omega t + \varepsilon) \sin \omega T$$

$$= \varrho A \cos(\omega t + \varepsilon) \quad \text{wobei} \quad \varrho = \frac{\sin \omega T}{\omega T}$$

Folglich lautet die Übertragungsfunktion für $p = i\omega$:

$$Y = \varrho Z \quad \text{mit} \quad \varrho = \frac{\sin \omega T}{\omega T}$$

Glättet man Z mit einem zentralen gleitenden Mittel der Länge $2\,T$, so ändert sich zwar die Phase nicht, doch wird die Amplitude im Verhältnis $\varrho = \frac{\sin \omega T}{\omega T}$ gekürzt. Bei einem hinreichend großen ω ist ϱ klein. Eine Schwingung mit hoher Frequenz (kleiner Periode) läßt sich leicht glätten.

Die Übertragungsfunktion $F(p)$ läßt sich für jedes $p = \alpha + i\omega$ mit Hilfe von (2) als Punkt in einem Arganddiagramm darstellen. Die kartesischen Koordinaten des Punktes P lauten ($\varrho \cos \varphi$, $\varrho \sin \varphi$), seine Polarkoordination (ϱ, φ). Bei einer Änderung von α und ω bewegt sich der Punkt P über die Ebene Oxy. Die Veränderung von P läßt sich mit einem Netzwerk von Kurven oder geometrischen Orten darstellen (ähnlich den Indifferenzkurven in der Theorie der Konsumentenentscheidung). Die eine Menge geometrischer Orte ergibt sich, wenn ω variiert (und α konstant bleibt); dabei entspricht eine Kurve dem jeweils festliegenden α. Die Kurven werden Ortskurven genannt. Auf einer solchen Ortskurve (für ein bestimmtes, festes α) kann man die Werte für $F(p)$ und somit für ϱ und φ bei variierendem ω ablesen. Für ein vorgegebenes α wird also eine bestimmte Ortskurve herausgegriffen; für ein vorgegebenes ω wird dann ein bestimmter Punkt auf dieser Kurve lokalisiert. Damit ist dann auch das Amplitudenverhältnis (ϱ = Länge von OP) und die Phasenverschiebung (φ = Winkel POx) für die Beziehung von Y auf Z bestimmt.

Zum Beispiel lautet die Übertragungsfunktion für einen einzelnen exponentiellen Lag (mit $\lambda = 1$):

$$F(p) = \frac{1}{p+1} = \frac{1}{(\alpha+1)+i\omega} = \frac{(\alpha+1)-i\omega}{(\alpha+1)^2+\omega^2},$$

dann hat der entsprechende Punkt P im Arganddiagramm die Koordination:

$$P\left(\frac{\alpha+1}{(\alpha+1)^2+\omega^2}, \; -\frac{\omega}{(\alpha+1)^2+\omega^2}\right)$$

Für $\alpha = 0$ erhält man dann als Ortskurve diejenige Kurve, welche der Punkt $P\left(\frac{1}{1+\omega^2}, -\frac{\omega}{1+\omega^2}\right)$ beschreibt, wenn ω zwischen Null und unendlich variiert. Es entsteht ein Halbkreis, die Kurve (i) in Abb. 39; in die Zeichnung sind für verschiedene Punkte die Werte von ω auf der Kurve eingetragen $\left(\omega = \frac{1}{2}, 1, 2, 3, 4\right)$.

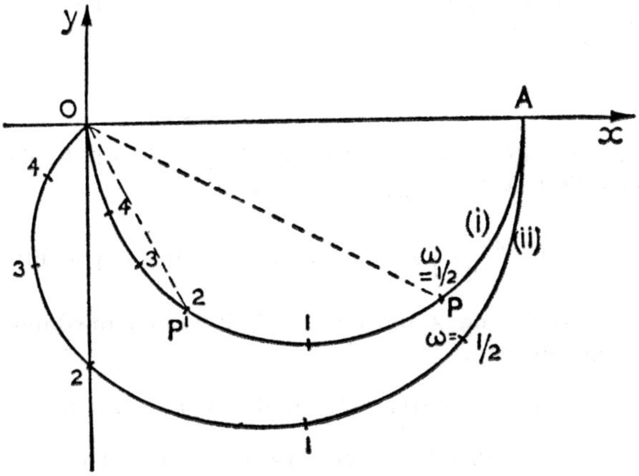

Abb. 39

Mit Hilfe der Ortskurve lassen sich Amplitudenverhältnis und Phasenverschiebung veranschaulichen, wenn eine reguläre Schwingung ($\alpha = 0$) mit verschiedenen Frequenzen den exponentiellen Lag von Y auf Z durchläuft. Der Input $A \cos(\omega t + \varepsilon)$ wird in einen Output der Form

$$\varrho A \cos(\omega t + \varepsilon - \varphi)$$

überführt; dabei bedeutet ϱ die Länge von OP und φ den Winkel POx. Liegt eine niedrige Frequenz (Schwingung mit langer Periode) vor, etwa $\omega = 1/2$, so wird die Amplitude nur wenig gedämpft und auch die Phase nur wenig verändert. Bei höheren Frequenzen (Schwingungen mit kurzer Periode), etwa $\omega = 2$, wird die Amplitude schon stärker gedämpft und der Phasenlag vergrößert. Siehe OP und OP' in der Abb. 39. Die Kurve (ii) der Abb. 39 stellt eine ähnliche Ortskurve ($\alpha = 0$) dar, diesmal für einen doppelten exponentiellen Lag der gleichen Gesamtzeitkonstanten $\left(\frac{1}{\lambda} = 1\right)$, siehe Aufg. 4 unten.

Schließlich läßt sich die Übertragungsfunktion auch noch als Laplace-Transformation (5.6 oben) interpretieren. Zur Erläuterung reichen zwei Spezialfälle:

Beispiel (a): $Y = \frac{\lambda}{D + \lambda} Z$, es liegt ein einfacher exponentieller Lag vor. Die Änderung von Z betrage eine Einheit; dann ist, wie in 5.8 oben, die Reaktion von Y herauszuarbeiten:

$Y(t) = 1 - e^{-\lambda t}$	in kumulativer Form
$Y'(t) = \lambda e^{-\lambda t}$	in Form einer zeitlichen Verteilung der Reaktion

$f(t)$ sei die Zeitform der Reaktion und $F(p)$ die entsprechende Laplace-Transformation. Hier gilt dann:

$$f(t) = \lambda e^{-\lambda t} \quad \text{und} \quad F(p) = \frac{\lambda}{p+\lambda}$$

aufgrund der Standardformen von 5.8 oben. Folglich ist die Laplace-Transformation von $f(t)$ die Übertragungsfunktion des Lags.

Beispiel (b): $Y = \left(\frac{2\lambda}{D + 2\lambda}\right)^2 Z$, es liegt ein doppelter exponentieller Lag vor.

Für eine Veränderung von Z um eine Einheit lauten die kumulativen und distributiven Reaktionen

$$Y(t) = 1-(1 + 2\lambda t)\, e^{-2\lambda t} \quad \text{und} \quad Y'(t) = 4\lambda^2 te^{-2\lambda t}$$

Für die Zeitform der Reaktion $f(t) = 4\lambda^2 te^{-2\lambda t}$ lautet die Laplace-Transformation

$$F(p) = \frac{4\lambda^2}{(p + 2\lambda)^2}$$

Das ist die Übertragungsfunktion für den Lag.

Mit Hilfe von 5.8 oben kommt man auf ein ziemlich allgemeines Ergebnis (man beachte, daß $D = p$):

Ist Y derart auf Z bezogen, daß $f(t)$ die Zeitform für die Reaktion von Y auf die Änderung von Z um eine Einheit ist, und lautet für $f(t)$ die Laplace-Transformation $F(p)$, so ist $F(p)$ bei einem sinusförmigen Verlauf ($p = \alpha + i\omega$) die Übertragungsfunktion der Relation.

Das Ergebnis ist unbrauchbar, wenn eine einfache Relation von Y auf Z vorliegt, da sich $F(p)$ sofort hinschreiben läßt, wenn man (z. B.) $D = p$ setzt. Für kompliziertere Relationen kann man unter Umständen $f(t)$ in analytischer Form gewinnen und dann $F(p)$ als deren Laplace-Transformation hinschreiben. Das Ergebnis dient jedoch in erster Linie der Behandlung von Fällen, die auch praktisch vorkommen können; dann ist die Reaktion eines Lags $f(t)$ empirisch gegeben. Dann kann man nämlich, wie Tustin (1953) gezeigt hat, $F(p)$ mit Hilfe numerischer oder graphischer Methoden aus $f(t)$ ableiten, also die Übertragungsfunktion auch für eine empirische Relation bestimmen.

Übungsaufgaben 9.3

1. Bestätigen Sie durch direkte Integration von $Ae^{\alpha t}\cos(\omega t + \varepsilon)$, daß $Y = \frac{1}{p} Z$ die Übertragungsfunktion für $Y = \int_0^t Z dt$ ist.

2. Betrachten Sie die Relation $\frac{d^2Y}{dt^2} + a\frac{dY}{dt} + bY = Z$. Zeigen Sie, daß die Lösung von

$$\frac{d^2Y}{dt^2} + a\frac{dY}{dt} + bY = 1$$

unter der Nebenbedingung $Y = \frac{dY}{dt} = 0$ an der Stelle $t = 0$

folgende Form annimmt:

$$Y(t) = \frac{1}{p_1 p_2} + \frac{1}{p_1 - p_2}\left(\frac{1}{p_1} e^{p_1 t} - \frac{1}{p_2} e^{p_2 t}\right)$$

mit p_1 und p_2 als den Wurzeln von $p^2 + ap + b = 0$. Bestimmen Sie daraus die Verteilung der Reaktion $f(t)$ und zeigen Sie, daß $F(p) = \frac{1}{p^2 + ap + b}$. Leiten Sie diese Übertragungsfunktion direkt aus der Relation ab.

3. Was läßt sich bei der Relation der vorhergehenden Aufgabe über die Übertragungsfunktion $F(p)$ sagen, wenn p eine Wurzel von $p^2 + ap + b = 0$ ist?

4. Zeichnen Sie die Ortskurve ($\alpha = 0$) für den doppelten exponentiellen Lag

$$Y = \frac{1}{(D+1)^2} Z$$

5. Zeigen Sie, daß sich andere Ortskurven definieren lassen, wenn nämlich α variiert (und ω festliegt). In welcher Beziehung stehen sie zu den Ortskurven des Textes? Inwiefern kann man erwarten, daß die beiden Mengen von Ortskurven orthogonal zueinander stehen (sich im rechten Winkel schneiden)?

6. Bestimmen Sie die Übertragungsfunktion $F(p)$ für $p = i\omega$ ($\alpha = 0$), wenn Y ein gleitendes Mittel der Länge $2T$ von Z ist, jedoch nicht zentral liegt, sondern aus der letzten Periode gewonnen wurde. Zeigen Sie, daß das Amplitudenverhältnis $\varrho = \frac{\sin \omega T}{\omega T}$ und der Phasenlag ωT *betragen.*

7. Zeigen Sie, daß bei einem sinusförmigen Verlauf von Z_t in der Periodenanalyse

$$Y_t = Z_{t-\vartheta} = e^{-p\vartheta} Z_t$$

bei einer Verzögerung ϑ gilt. Leiten Sie daraus ab, daß die Darstellung im Text auch für periodisierte Relationen gilt, wenn man den Verschiebungsoperator $E = e^p$ verwendet. Wie läßt sich dieses Verfahren auf ein Modell wie etwa das von Samuelson und Hicks anwenden?

9.4 Die Übertragungsfunktion bei Rückkopplung

Ausgangspunkt ist die Übertragungsfunktion $F(p)$ für die Relation zweier Variabler (Y in Abhängigkeit von Z) in einem linearen Modell. Dabei handelt es sich um eine *algebraische* Version der Relation, worin sinusförmiger Verlauf beim Übergang von einer Variablen Z auf eine

Ableitungen, Integrale, Verzögerungen und Lags jeder beliebigen Art vorkommen können. Die Übertragungsfunktion besagt, wie sich ein sinusförmiger Verlauf beim Übergang von einer Variablen Z auf eine andere Variable Y bei unveränderter Frequenz und Dämpfung ($p = \alpha + i\omega$) verändert. Wird, wie im folgenden, diese Betrachtung so erweitert, daß das gesamte Steuerungssystem mit Rückkopplung erfaßt wird, so lassen sich mit Hilfe der gewöhnlichen Algebra und der komplexen Zahlen sinusförmige Verläufe in einem linearen Modell behandeln.

Man betrachte nun ein vollständiges Steuerungssystem mit Rückkopplung und eine beliebige Variable Y darin. Die Rückkopplung von Y soll, nachdem ein sinusförmiger Verlauf das System passiert hat, auf die Eingangsgröße von Y an der gleichen Stelle und auf den gleichen Zeitpunkt bezogen werden. Gesucht wird also die Übertragungsfunktion für die Rückkopplung:

$$\text{Rückkopplung} = F(p)\ \text{Input}$$

Wie in 9.3 oben läßt sich $F(p)$ bestimmen, wenn die Gleichungen des Systems zur Eliminierung anderer Variabler verwendet werden, so daß man die Rückkopplung von Y auf die Eingangsgröße von Y beziehen kann. Eine Komplikation tritt ein, wenn Y an einer Stelle liegt, wo verschiedene Schleifen des Systems gekoppelt werden. Man muß angeben, welche der beiden (oder vielen) Rückkopplungen gemeint ist und auch die Wirkung der anderen Schleife (oder der anderen Schleifen) auf Y berücksichtigen. Für jede einzelne Rückkopplung erhält man ein anderes $F(p)$; es wird sich herausstellen, daß dieser Umstand für die Anwendung der Funktion unwesentlich ist (9.5 unten).

Es ist ebenfalls möglich, die Übertragungsfunktion bei Rückkopplung aus den gesonderten Übertragungsfunktionen für jeweils ein „Bein" des Rückkopplungsschemas neu abzuleiten bzw. mit diesem Verfahren das zuvor beschriebene zu kontrollieren. Es ist nützlich und aufschlußreich, wenn man bei speziellen Fällen auch diese zweite Methode anwenden kann. Die Abb. 40 a zeigt ein schematisches Diagramm für den einfachen Fall eines Systems mit einer Rückkopplung; der Punkt Y soll herausgegriffen werden, Z_1 und Z_2 sind dann zwei andere Punkte der Schleife. Die Relationen für jedes „Bein" sollen durch ihre algebraischen Versionen, also die Übertragungsfunktionen $F_1(p)$, $F_2(p)$ und $F_3(p)$ in der Form von 9.3 oben ersetzt werden. Dann lautet die Rückkopplung Y bei einem beliebigen sinusförmigen Verlauf innerhalb des Systems:

$$\begin{aligned}\text{Rückkoppelung}\quad Y &= F_3 Z_2 = F_3 (F_2 Z_1) = F_3 F_2 (F_1 Y)\\ &= (F_1 F_2 F_3)\ \text{Input}\ Y\end{aligned}$$

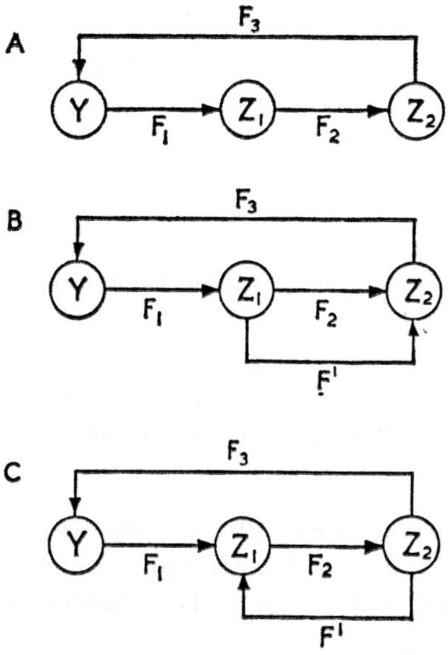

Abb. 40

Folglich lautet die Übertragungsfunktion bei Rückkopplung für das gesamte System

$$F = F_1 F_2 F_3$$

Die Relationen kumulieren in Richtung der Pfeile des Diagramms.

Als nächstes betrachte man eine zweite Rückkopplung, die sich über andere, nicht dargestellte Variable ergeben kann; sie wirke von Z_1 nach Z_2 und habe die Übertragungsfunktion F'; sie soll also in der gleichen Richtung laufen wie die Hauptschleife (Abb. 40 b). Dann gilt:

$$\text{Rückkoppelung} \quad Y = F_3 Z_2 = F_3 (F_2 Z_1 + F' Z_1) = F_3 (F_2 + F') (F_1 Y)$$
$$= F_1 (F_2 + F') F_3 \text{ Input } Y$$

Die Übertragungsfunktion bei Rückkopplung lautet dann:

$$F = F_1 (F_2 + F') F_3$$

Auch dieses Ergebnis war zu erwarten.

Schließlich soll die zweite Schleife auch noch in entgegengesetzter Richtung verlaufen, so daß sich eine Rückkopplung von Z_2 in Richtung auf Z_1 einstellt, deren Übertragungsfunktion F' sei (Abb. 40 c). Dann gilt:

Rückkoppelung $Y = F_3 Z_2$

mit $Z_2 = F_2 Z_1$ und $Z_1 = F_1 Y + F' Z_2$

d. h. mit $Z_2 = F_1 F_2 Y + F' F_2 Z_2$

d. h. mit $Z_2 = \frac{F_1 F_2}{1 - F' F_2} Y$

Die Übertragungsfunktion bei Rückkopplung lautet dann:

$$F = \frac{F_1 F_2 F_3}{1 - F' F_2}$$

Hierin steckt ein „Multiplikatoreffekt" aufgrund der zusätzlichen Rückkopplung F'.

Das letzte Ergebnis läßt sich auch noch allgemeiner formulieren, wenn man beachtet, daß $F' F_2$ die Übertragungsfunktion der gesamten zusätzlichen Schleife ($Z_1 \rightarrow Z_2 \rightarrow Z_1$) ist. Das Ergebnis lautet:

Ist die Übertragungsfunktion bei Rückkopplung in einem System $F_1(p)$ und nimmt man als Ergänzung noch eine Rückkopplung hinzu, deren Übertragungsfunktion für die gesamte Schleife $F_2(p)$ ist, so lautet die Übertragungsfunktion bei Rückkopplungen für das neue System

$$F(p) = \frac{F_1(p)}{1 - F_2(p)}$$

Dieses Ergebnis läßt sich z. B. auf das Modell von Phillips, Abb. 37 I oder V, anwenden, wenn keine autonomen Ausgaben berücksichtigt werden. Man betrachte etwa die Rückkopplung an der Stelle Z in der Akzelerator-Schleife. Bleibt die Multiplikator-Schleife gänzlich unbeachtet, so lautet die Übertragungsfunktion:

$$F_1(p) = v \frac{\varkappa \lambda p}{(p + \varkappa)(p + \lambda)}$$

Nun betrachte man auch noch die Multiplikatorschleife als eine zusätzliche Rückkopplung. Die Übertragungsfunktion der gesamten Schleife lautet:

$$F_2(p) = c \frac{\lambda}{p + \lambda}$$

Folglich lautet die Übertragungsfunktion bei Rückkopplung (an der Stelle Z in der Akzeleratorschleife):

$$F(p) = v \frac{\varkappa\lambda p}{(p+\varkappa)(p+\lambda)} \times \frac{1}{1-\frac{c\lambda}{p+\lambda}}$$

d. h.

$$F(p) = v \frac{\varkappa\lambda p}{(p+\varkappa)(p+\lambda s)}$$

Übungsaufgaben 9.4

1. Zeigen Sie, daß mit $F_1(p)$ als Übertragungsfunktion bei Rückkopplung an der Stelle Y in einer Akzeleratorschleife eine zusätzliche Multiplikatorschleife ohne Lag auf die neue Funktion

$$F(p) = \frac{F_1(p)}{1-c}$$

führt.

2. Zeigen Sie mit Hilfe der Ergebnisse der vorhergehenden Aufgabe, daß im einfachen Multiplikator-Akzelerator-Modell der Abb. 36 die Übertragungsfunktion bei Rückkopplung an der Stelle Y in der Akzeleratorschleife (a) ohne Lags lautet: $F(p) = \frac{vp}{1-c}$, (b) mit einer Verzögerung ϑ im Akzelerator: $F(p) = \frac{vpe^{-p\vartheta}}{1-c}$ und (c) bei einem exponentiellen Lag im Akzelerator: $F(p) = \frac{v}{1-c} \frac{\varkappa p}{p+\varkappa}$.

3. Zeigen Sie für das Modell von Phillips in Abb. 37 I, daß die Übertragungsfunktion bei Rückkopplung an der Stelle Z *in der Multilikatorschleife* lautet: $F(p) = \frac{F_2(p)}{1-F_1(p)}$; dabei seien F_1 und F_2 wie im Text oben. Warum unterscheidet sich dieses Ergebnis von $F(p)$ im Text?

9.5 Ungestörte Verläufe in einem linearen Steuerungssystem mit Rückkopplung

Übertragungsfunktionen werden in der Hauptsache zur Bestimmung von Frequenz und Dämpfung ($p = \alpha + i\omega$) des ungestörten oder inhärenten sinusförmigen Verlaufs angewendet, der Schwingung also, die in einem linearen System von selbst bestehen bleibt. Eine frühe Untersuchung freier Schwingungen findet sich bei Frisch (1933).

In 9.3 und 9.4 oben wird ein ganz beliebiger sinusförmiger Verlauf angenommen; $p = \alpha + i\omega$ kann jeden Wert annehmen. Zwischen erzwungenen und freien oder inhärenten Schwingungen wird nicht unterschieden; es ist recht unwesentlich. Im besonderen nimmt die Übertragungsfunktion $F(p)$ bei Rückkopplung an einem Punkt Y im vollständigen System verschiedene Werte an, je nachdem wie p variiert.

Für jedes p, das zu $F(p) \neq 1$ führt, unterscheiden sich Amplitude und Phase nach Berücksichtigung der Rückkopplung von den Werten, die vorher für den Input Y galten. Die Schwingung bei diesem speziellen p erhält sich nicht selbst. Nur solche Werte p, die zu $F(p) = 1$ führen, führen auch zu selbsterhaltenden, d. h. ungestörten Verläufen im System.

Die Bedingung für einen ungestörten Verlauf ist einfach: $F(p) = 1$. Algebraisch betrachtet handelt es sich um eine Gleichung für die komplexe Variable $p = \alpha + i\omega$. Aus ihr lassen sich ein oder mehrere Werte für p ableiten, und jeder dieser Werte führt auf einen ungestörten Verlauf im System. Der Verlauf kann stetig ($\omega = 0$) oder oszillatorisch ($\omega \neq 0$) verlaufen; er kann gedämpft ($\alpha < 0$), explosiv ($\alpha > 0$) oder regelmäßig ($\alpha = 0$) sein. Mit den üblichen algebraischen Methoden läßt sich die Gleichung lösen. Man kann den Realteil von $F(p)$ gleich eins und den Imaginärteil gleich Null setzen.

Für $F(p)$ lassen sich in einem Diagramm die Ortskurven einzeichnen, aus denen man dann für verschiedene feste α die Wirkung einer Änderung von ω ablesen kann. Läuft eine dieser Kurven durch den Punkt A (1,0), so gilt stets $F(p) = 1$; dann lassen sich die Werte von α und ω für einen ungestörten Verlauf aus der Kurve ablesen.

Um diese Methode zu veranschaulichen und gleichzeitig schon einigermaßen vertraute Ergebnisse zu gewinnen, sei die einfachste Form eines Multiplikator-Akzelerator-Modells, nämlich das Modell der Abb. 36 a, betrachtet. Dieses grundlegende Modell enthält keine Lags, und autonome Ausgaben werden nicht berücksichtigt ($A = 0$). Das System, das aus zwei an der Stelle Y (dem Einkommen) zusammentreffenden Rückkopplungen besteht, hat die Gleichungen:

$$Y = C + I \quad \text{mit} \quad C = cY \quad \text{und} \quad I = v\frac{dY}{dt}$$

Die ursprüngliche Größe und die Größen nach den Rückkopplungen werden gleichgesetzt:

$$Y = \frac{v}{1-c}\,\frac{dY}{dt}$$

Das Modell wird dann entwickelt, indem man in die Akzelerator- (und nicht in die Multiplikator-)Schleife Verzögerungen oder Lags verschiedener Art einfügt. Das Modell ist immer noch sehr einfach, wie man aus der Abb. 36 b sieht; doch läßt sich schon erkennen, welche Eigenschaften der Akzelerator hat und welche Bedeutung dem Typus des eingeführten Lags zukommt.

Das grundlegende Modell ist der Fall (i) unten. Dann werden drei verschiedene Arten von Lags eingeführt: im Fall (ii) ein einzelner exponentieller Lag, im Fall (iii) zwei gleiche exponentielle Lags hintereinander; im Fall (iv) eine feste zeitliche Verzögerung. In der folgenden Tabelle steht zunächst die Relation zwischen Eingangsgröße und Rückkopplung und dahinter die Übertragungsfunktion $F(p)$, welche aufgrund der üblichen Regeln gewonnen wurde (siehe auch 9.4, Aufg. 2 oben). Um die Schreibweise von $F(p)$ zu erleichtern, wurde der Operator $D = \frac{d}{dt}$ benutzt. Das skalare Vielfache der Rückkopplung sei mit $k = \frac{v}{1-c} = \frac{v}{s}$ bezeichnet, also des Verhältnisses des Akzelerators zur marginalen Sparquote. Folglich gilt $k > 0$; dieser Wert kann auch ziemlich groß sein.

Fall	Eingangsgröße/ Rückkopplung	$F(p)$
(i) Kein Lag	$Y = kDY$	kp
(ii) Einzelner exponentieller Lag	$Y = k\frac{\varkappa}{D+\varkappa}DY$	$k\frac{\varkappa p}{p+\varkappa}$
(iii) Zwei gleiche exponentielle Lags	$Y = k\left(\frac{2\varkappa}{D+2\varkappa}\right)^2 DY$	$k\left(\frac{2\varkappa}{p+2\varkappa}\right)^2 p$
(iv) Feste zeitliche Verzögerung	$Y = kDY(t-\vartheta)$	$kpe^{-p\vartheta}$

Bei der Analyse stetiger Lags läßt sich die Zeiteinheit so wählen, daß $\varkappa = 1$ gilt und damit für die Zeitkonstante des Lags $T = \frac{1}{\varkappa} = 1$. Die Zeiteinheit entspricht der Länge des Lags im Akzelerator. In ähnlicher Weise kann man bei der Analyse fester zeitlicher Verzögerungen $\vartheta = 1$ setzen, so daß die Zeiteinheit der Länge der festen zeitlichen Verzögerung im Akzelerator entspricht.

Fall (i): *Kein Lag*

Der ungestörte Verlauf ($p = \alpha + i\omega$) ergibt sich aus $F(p) = kp = 1$, d. h. $p = \frac{1}{k}$. Folglich gilt:

$$\alpha = \frac{1}{k} = \frac{s}{v} \quad \text{und} \quad \omega = 0$$

Der ungestörte Verlauf ist nicht oszillatorisch ($\omega = 0$). Man erkennt ihn an der stetigen Bewegung $e^{\alpha t}$ mit $\alpha = \frac{s}{v} > 0$. Der Verlauf ist, wie in der Wachstumstheorie von Harrod und Domar, stetig und explosiv.

Fall (ii): *Ein einzelner exponentieller Lag* ($\varkappa = 1$)

Der ungestörte Verlauf ergibt sich aus $F(p) = k \frac{p}{p+1} = 1$, d. h. $p = \frac{1}{k-1}$. Folglich

$$\alpha = \frac{1}{k-1} \quad \text{und} \quad \omega = 0$$

Wiederum ist der ungestörte Verlauf nicht oszillatorisch; er hat die Form $e^{\alpha t}$ mit $\alpha = \frac{1}{k-1}$. Normalerweise ist der Verlauf explosiv $\left(k = \frac{v}{s} > 1,\ \alpha > 0\right)$, doch verläuft die Bewegung möglicherweise gedämpft, wenn der Akzelerator sehr schwach ist

$$\left(k = \frac{v}{s} < 1,\ \alpha < 0\right).$$

Fall (iii): *Zwei gleiche exponentielle Lags* ($\varkappa - 1$)

Der ungestörte Verlauf ergibt sich aus $F(p) = k \frac{p}{\left(\frac{1}{2}p + 1\right)^2} = 1$,

d. h.

$$\frac{1}{4}p^2 - (k-1)\,p + 1 = 0$$

Daraus ergibt sich

$$p = 2\,(k-1) \pm 2\sqrt{k\,(k-2)}$$

Für den Fall $k = \frac{v}{s} > 2$, die häufiger auftretende Möglichkeit, sind die beiden Werte p reell und positiv. Wieder gilt $\omega = 0$ und $\alpha > 0$ für die beiden Arten eines ungestörten Verlaufs. Beide verlaufen stetig und explosiv.

Doch ist auch der Fall $k = \frac{v}{s} < 2$ sehr wohl möglich. Dann sind die Werte von p konjugiert komplex, d. h. $p = \alpha \pm i\omega$ mit:

$$\alpha = 2\,(k-1) \quad \text{und} \quad \omega = 2\sqrt{k\,(2-k)}$$

Der ungestörte Verlauf verläuft oszillatorisch mit der Frequenz ω $\left(\text{und der Periode } \frac{2\pi}{\omega}\right)$. Sie ist explosiv, wenn $1 < k = \frac{v}{s} < 2$, und gedämpft, wenn $k = \frac{v}{s} < 1$.

Ein doppelter Lag ermöglicht einen ungestörten Verlauf in oszillatorischer Form, der normalerweise explosiv verläuft, aber auch gedämpft sein kann. Aufgrund der Analyse in 5.8 oben läßt sich sagen, daß praktisch vorkommende Lags wahrscheinlich nicht die einfache (exponentielle) Form annehmen; ein doppelter Lag ist realistischer und mehr als zwei Lags hintereinander können sich der tatsächlich bestehenden Verteilung von $f(t)$ noch besser anpassen. Dreifache Lags und Lags höherer Ordnung lassen sich nach dem gleichen Verfahren untersuchen (siehe Aufg. 1 und 2 unten); dann wird es wahrscheinlicher, daß der ungestörte Verlauf in einem Multiplikator-Akzelerator-System oszillatorisch verläuft (u. U. allerdings explosiv).

Fall (iv): *Feste zeitliche Verzögerung* ($\vartheta = 1$)

Die Gleichung in p für den ungestörten Verlauf $F(p) = 1$ ist nun komplizierter:

$$kpe^{-p} = 1 \tag{1}$$

Man schreibe $p = \alpha + i\omega$, $e^{-i\omega} = \cos\omega - i\sin\omega$, und setze die Real- und Imaginärteile von (1) gleich:

$$(\alpha\cos\omega + \omega\sin\omega)\, e^{-\alpha} = \frac{1}{k} \quad \text{und} \quad \alpha\sin\omega - \omega\cos\omega = 0 \tag{2}$$

Aus der zweiten Gleichung von (2) ergibt sich $\alpha = \frac{\omega}{\operatorname{tg}\omega}$. Durch Einsetzen in die erste Gleichung erhält man:

$$-\frac{\omega}{\operatorname{tg}\omega} = \log\left(\frac{1}{k}\,\frac{\sin\omega}{\omega}\right)$$

Folglich erhält man ω als Ausdruck von k und α als Ausdruck von ω und somit auch als Ausdruck von k durch die beiden Gleichungen:

$$\frac{\omega}{\operatorname{tg}\omega} + \log\frac{\sin\omega}{\omega} = \log k \quad \text{und} \quad \alpha = \frac{\omega}{\operatorname{tg}\omega} \tag{3}$$

Man beachte, daß $\omega = 0$ eine mögliche Lösung ist, so daß die zweite Gleichung von (2) automatisch erfüllt ist; für die erste erhält man $k\alpha\, e^{-\alpha} = 1$; diese entspricht der Gleichung (1), in welche die reelle Wurzel $p = \alpha$ eingesetzt ist. Folglich werden zunächst reelle Lösungen von (1) gesucht (nicht-oszillatorischer ungestörter Verlauf), und dann sind Werte für α und ω, welche (3) erfüllen, für freie Schwingungen zu bestimmen.

Graphisch löst man die Aufgabe genau wie das Modell von Kalecki in 8.5 oben. Dieses Verfahren findet sich auch bei Tustin (1953), Abb. 24. Für kleinere Werte von $k = \frac{v}{s} < 2{,}7$ gibt es keine reelle Wurzel von (1); meistens erhält man als Lösung eine Schwingung mit niedriger Frequenz ($0 < \omega < \pi$), welche mäßig gedämpft oder explosiv verläuft, je nach der Größe von k. Die Periode der Schwingung beträgt $\frac{2\pi}{\omega} > 2$, also mehr als die doppelte Länge der Verzögerung. Für große Werte von $k = \frac{v}{s} > 2{,}7$ gibt es für (1) zwei reelle und positive Wurzeln; als Lösung erhält man dann meistens einen stetigen und explosiven ungestörten Verlauf. Diese Möglichkeiten bei wachsender Stärke des Akzelerators (und geringerer Grenzneigung zum Sparen) liegen im erwarteten Bereich. Doch kommt in jedem Fall zur Normallösung noch eine Reihe zusätzlicher Lösungen mit Schwingungen zunehmender Frequenz, also eine Reihe von Werten für ω. Der erste liegt im Bereich $2\pi < \omega < 3\pi$, die anderen in Intervallen von ungefähr 2π. Die Schwingungen verlaufen in zunehmendem Maße explosiv, wenn die Frequenz steigt und auch k höhere Werte annimmt. Diese zusätzlichen Schwingungen $\left(\text{mit der Periode } \frac{2\pi}{\omega} < 1\right)$ liegen alle innerhalb des zeitlichen Intervalls der Verzögerung im Akzelerator.

Dieser Bereich zunehmend explosiv verlaufender Schwingungen mit hoher Frequenz und kleiner Periode ist charakteristisch für die Lösung eines ökonomischen Modells, in welchem eine oder mehrere zeitliche Verzögerungen auftreten. Nunmehr ist klar, daß die Lösungen mit hohen Frequenzen im wesentlichen falsch sind; sie entstehen aufgrund der groben und unrealistischen Annahme einer festen zeitlichen Verzögerung. Führt man einen verteilten Lag ein, der z. B. nur durch ein paar hintereinander liegende exponentielle Lags angenähert ist, so bleibt der grundlegende ungestörte Verlauf (oszillatorisch oder stetig, explosiv oder gedämpft) erhalten, die „Obertöne" der Schwingungen hoher Frequenz verschwinden jedoch.

Übungsaufgaben 9.5

1. Zeigen Sie, daß bei einem dreifachen exponentiellen Lag mit der Gesamtzeitkonstanten $\frac{1}{\varkappa} = 1$ im Akzelerator des Modells aus dem Text die Übertragungsfunktion lautet: $F(p) = k \frac{p}{\left(\frac{1}{3}p+1\right)^3}$. Zeigen Sie sodann, daß sich der ungestörte Verlauf aus einer kubischen Gleichung für p ergibt und daß es nicht mehr als eine freie Schwingung geben kann.

2. Verallgemeinern Sie das Ergebnis der vorhergehenden Aufgabe auf den Fall eines mehrfachen exponentiellen Lags beliebiger Ordnung. Leiten Sie ab, daß noch weitere freie Schwingungen auftreten können, wenn vier (oder mehr) exponentielle Lags hintereinander betrachtet werden.

9.6 Der technische Ansatz: lineare und nichtlineare Systeme

Mit der oben dargestellten Methode, in der der technische Begriff einer Übertragungsfunktion verwendet wurde, kommt man schnell zur Lösung eines ökonomischen (oder technischen) Modells, welches durch ein *lineares* Rückkopplungsschema dargestellt ist. Frequenz und Dämpfung aller ungestörten Verläufe lassen sich bestimmen, *sofern sich nur* die Übertragungsfunktion $F(p)$ und einige Hilfsmittel zur algebraischen Lösung von $F(p) = 1$ angeben lassen. Alle Arten von Relationen (Ableitungen, Integrale, wie auch analytische und empirische Verzögerungen und Lags) können in einem linearen Modell auftreten; der operationale Ansatz dieser Methode überführt alle diese Relationen in ihre algebraischen Äquivalente und die Lösung hängt nur noch von der Anwendung algebraischer Verfahren ab (siehe Anhang A).

Man muß aber auch die Grenzen dieser Methode erkennen. Ist das Modell schon vielschichtig, so läßt sich die Gleichung $F(p) = 1$ nicht unmittelbar und auch nicht allgemein lösen. Die Methode eignet sich besser zur Lösung von Modellen, wenn Spezialfälle vorliegen und nicht die allgemeine Form mit nicht spezifizierten Parametern $\left(\text{wie etwa } k = \frac{v}{s}\right)$. Sogar bei Zahlenbeispielen muß man u. U. $F(p) = 1$ graphisch oder empirisch lösen. Weiterhin werden nur Frequenz und Dämpfung des ungestörten Verlaufs bestimmt, die für alle Variablen in einem linearen System gemeinsam gelten. Um auch Amplitude und Phase einer speziellen Variablen zu erhalten, braucht man ein gesondertes Rechenverfahren mit Ausgangsbedingungen.

Instruktiv ist ein Vergleich dieser Methode mit dem „klassischen" Ansatz, d. h. der Reduzierung der Gleichungen des Systems auf eine einzige Gleichung mit einer bestimmten Variablen. Das kann eine Differentialgleichung, eine Differenzengleichung oder eine gemischte Gleichung sein. Handelt es sich um eine Differentialgleichung, so bietet die Übertragungsfunktion keinen Vorteil; denn die Gleichung $F(p) = 1$ stimmt genau mit der Hilfsgleichung für die Differentialgleichung überein. Solche Gleichungen werden also auf dieselbe Weise gelöst, was einfach sein kann oder auch nicht. In der Tat braucht man die Laplace-Transformation — die gleichfalls von Technikern entwickelt wurde und mit diesem Ansatz hier in Verbindung steht —, um in speziellen Fällen zu einer vollständigen Lösung zu kommen, d. h. um eine vollständige

Lösung bei bestimmten Ausgangsbedingungen zu erhalten. Fast das gleiche gilt für Differenzengleichungen, nur daß man zur Lösung spezieller Fälle unter Umständen eine Iterationsrechnung aufgrund der Gleichung selbst vornehmen muß.

Der Vorteil der Übertragungsfunktion und des technischen Ansatzes liegt auf anderem Gebiet. Die Methode ist nämlich auch dann brauchbar, wenn man, wie im Fall (iv) des Beispiels von 9.5 oben auf eine Gleichung gemischter Form kommt. Man muß nicht unbedingt eine gemischte Gleichung erhalten; das schematische Diagramm und die Überführung der Relationen in einen algebraischen Ausdruck (mit Hilfe der Laplace-Transformation) der Form $F(p) = 1$ liefert die Grundlage zur Berechnung von Lösungen mit Hilfe numerischer oder graphischer Methoden. Darüber hinaus müssen die Relationen des Modells (etwa die Lags) nicht unbedingt, wie schon am Ende von 9.3 oben gesagt wurde, analytisch gegeben sein; sie können auch empirisch vorliegen und jedem speziellen Fall angepaßt sein.

Zwei Gesichtspunkte lassen sich herausstellen, die für einen Techniker, jedoch nicht so sehr für einen Ökonomen, selbstverständlich sind. Der Techniker baut keinerlei Lags (oder andere Relationen) in ein System ein; er weiß, daß Typus und Form eines analytischen oder empirischen Lags allein den Unterschied in der Lösung ausmachen. Der Ökonom geht mehr kasuistisch vor; er sieht, daß Lags existieren, kümmert sich aber wenig um die Form der Lags; der Grund liegt zum Teil darin, daß seine Daten oft in Form von Zeitreihen vorliegen, welche nur zum Umgang mit einfachen Lags von einer oder mehreren Perioden geeignet sind.

Zweitens sei gesagt, daß der Ingenieur nicht so oft allgemeine Lösungen anstrebt; er will (mit Hilfe numerischer oder graphischer Methoden) zu speziellen Lösungen kommen, normalerweise zu einer ganzen Reihe von Lösungen. Es geht um eine reine Rechenaufgabe, deren Lösung durch alle vorhandenen praktischen Hilfsmittel erleichtert werden soll. Ein solcher Ansatz ist nicht gerade Sache eines Ökonomen, der in der Tradition einer allgemeinen Lösung von Problemen aufgewachsen ist. Seine Fragen sind etwa folgender Art: Bei welchen Werten von v und s entstehen explosive Schwingungen des Einkommens? Wenn ökonomische Modelle vielschichtiger werden und mehr empirischen Gehalt bekommen, so daß sie auch auf die Realität anwendbar werden, wird es immer schwieriger, Antworten auf allgemeine Fragen zu bekommen. Der Ökonom müßte sich deswegen vom Allgemeinen aufs Spezielle verlegen und mehr auf die Methoden und Erfahrungen des Technikers eingehen.

Die Rechenaufgaben können nur mit den Werkzeugen des Ingenieurs gelöst werden — mit dem Zeichenbrett für graphische Arbeiten und besonders mit den verschiedenen zur Verfügung stehenden Arten mechanischer und elektronischer Analogrechner. Lösungen mit Analogrechnern wurden etwa für die ökonomischen Modelle von Goodwin und Kalecki gewonnen, siehe Smith und Erdley (1952) und Tustin (1953). Darüber hinaus haben Analogrechner und Simulatoren den Vorteil, daß sie zur Veranschaulichung ebenso wie zur schnellen Erprobung vieler alternativer Hypothesen (siehe Phillips, 1950, 1956) verwendet werden können.

Schließlich muß noch gesagt werden, wodurch die oben entwickelte Methode der Übertragungsfunktion grundlegend eingeschränkt wird. Bis jetzt wenigstens läßt sie sich nur auf sinusförmige Verläufe in einem linearen Modell (einschließlich eines stetigen exponentiellen Wachstums) anwenden. Lineare Modelle mögen im allgemeinen für technische Probleme geeignet sein, wo alles mehr unter Kontrolle steht. Mit Sicherheit gilt dies nicht in dem Maße für ökonomische Modelle. Ein Charakteristikum ökonomischer Verläufe, die durch ein Modell „erklärt“ werden sollen, ist darin zu sehen, daß die Schwingungen nicht symmetrisch (und noch nicht einmal annäherungsweise sinusförmig) verlaufen und daß ihre Amplitude nicht durch exogene Faktoren bestimmt wird. In einem linearen Modell wird die Amplitude einer Schwingung entweder durch zufällige, mehr oder weniger zurückliegende historische (Ausgangs-)Bedingungen oder durch exogene Faktoren bestimmt. Diese Faktoren sollen aber in das Modell selbst eingehen, damit es auch vollständig erklären kann.

In ökonomischen Modellen müssen auch nichtlineare Elemente auftreten; nur fragt sich, wo und wie man sie einbauen soll. Eine mögliche Methode ist, ein Grundmodell in linearer Form zu entwickeln — das auch leicht zu behandeln ist — und dieses dann in einem weiteren Rahmen zu verwenden, so daß auch nichtlineare Elemente eingeführt werden können (z. B. angenommene und empirische Unter- und Obergrenzen oder Mittelwerte). Samuelson und Hicks wie auch Phillips tun dies in ihren Modellen. Man kann auch ein nichtlineares Element bei der Aufstellung eines Modells, das in sich selbst sinnvoll sein soll, „einbauen“; so geht etwa Goodwin in seinem Modell vor, das in der Abb. 37 III veranschaulicht wird.

Die zweite Methode könnte man vorziehen, doch wird die Lösung dann sehr schwierig, wie man schon an den Methoden sieht, welche Goodwin zur Lösung seines eigenen Modells (1951) anwendet. Eine sich selbst tragende Schwingung in einem nichtlinearen Modell verläuft nicht sinusförmig (und auch nicht annäherungsweise so). Das würde noch nichts ausmachen, da sich jede Schwingung mit fester Periode in ihre sinusförmigen Komponenten zerlegen läßt (mit Hilfe von Fourierreihen, 4.5 oben), nur lassen sich diese sinusförmigen Komponenten nicht *getrennt* durch ein nichtlineares Modell hindurch verfolgen, da sich ihre Amplituden und Koeffizienten ändern. Nur unter gewissen Umständen läßt sich ein nichtlineares Steuerungssystem mit Rückkopplung zerlegen; in Frage kommen dabei etwa die Methoden, die Tustin (1947) entwickelt hat und von Bothwell (1952) auf das Modell von Goodwin angewendet wurden. Für weitere Entwicklungen bei technischen wie auch ökonomischen Problemen gibt es hier viele Möglichkeiten.

9.7 Regulierung in Steuersystemen mit Rückkopplung

Ein ökonomisches Modell muß erklären können, aber es muß auch ausdrücken können, wie bei Fehlentwicklungen entsprechende Korrekturen vorgenommen werden sollen. Beispielsweise kann aufgrund einer Nachfrageänderung das Volkseinkommen um ein Niveau pendeln, das — nach irgendwelchen Maßstäben — als „zu niedrig" angesehen wird und „unerwünschte" Fluktuationen aufweist. Durch eine „Korrektur" muß das Volkseinkommen wieder auf ein angemessenes Niveau angehoben und die Fluktuation beseitigt werden. Das gleiche Problem ergibt sich in der Technik, wenn beispielsweise elektrische Schaltkreise für eine automatische Anpassung an bestimmte Standardwerte entworfen werden. Die Frage der Steuerung stellt sich in technischen und ökonomischen Problemen in gleicher Weise.

Angenommen, in einem bestimmten System gäbe es einen ungestörten Verlauf, dessen Dämpfungsfaktor nicht hoch genug liegt, $\alpha < 0$ und klein (schwache Dämpfung) oder $\alpha > 0$ (explosiver Verlauf). Das System soll nun so reguliert werden, daß ein Dämpfungsfaktor bestimmter Höhe (etwa $\alpha = -0{,}5$) erreicht wird. Gleichzeitig sei gefordert, daß die Periode jeder Schwingung nicht kurz werden soll. Dann kann man einmal die Relationen des Systems verändern, etwa die Lags variieren; in der Ökonomie läßt sich das aber wohl kaum ausführen, in der Technik mag es anders sein. Zweitens kann man eine zusätzliche Rückkopplung in das System einführen, was (z. B.) bei elektrischen Schaltkreisen gemacht wird. Ist dann $F_1(p)$ die Übertragungsfunktion bei Rückkopplung im ursprünglichen System und ist $F_2(p)$ die Übertragungsfunktion der vollständigen zusätzlichen Rückkopplungsschleife, so zeigt das Ergebnis von 9.4 oben, daß sich im regulierten System eine Übertragungsfunktion bei Rückkopplung der Form $\frac{F_1(p)}{1-F_2(p)}$ ergibt. Die Wahl der zusätzlichen Rückkopplung, also von $F_2(p)$, könnte die neue Bedingung

$$\frac{F_1(p)}{1-F_2(p)} = 1$$

ermöglichen, so daß sich ein ungestörter Verlauf der gewünschten Form $p = \alpha + i\omega$ ergibt.

Zur Erläuterung soll unten ein einfaches ökonomisches Beispiel vorgeführt werden. Mit Absicht wurde eine Form gewählt, für die sich eine alternative Lösung direkt ergibt (siehe Aufg. 2 unten), so daß sich nachprüfen läßt, wie man bei dieser recht allgemeinen Methode vorgeht.

Das Multiplikator-Akzelerator-Modell aus 9.5 oben weist im Fall (iii) einen doppelten exponentiellen Lag im Akzelerator auf; der ungestörte Verlauf ergibt sich aus:

$$F_1(p) = k \frac{p}{\left(\frac{1}{2}p+1\right)^2} = 1 \tag{1}$$

Im Falle $1 < k = \frac{v}{s} < 2$ ergibt sich für den ungestörten Verlauf eine explosive Schwingung:

$$\alpha = 2(k-1) \quad \text{und} \quad \omega = 2\sqrt{k(2-k)} \tag{2}$$

Zur Regulierung wird eine zusätzliche staatliche Nachfrage (G) zum Einkommen (Y) vorgeschlagen; aufgrund der staatlichen Politik ist G dann mit einem negativen Vielfachen ($-g$) von der Veränderungsrate des Einkommens abhängig. Weiter sei angenommen, daß die staatliche Reaktion auf Einkommensänderungen den gleichen (doppelten exponentiellen) Lag wie die Nachfrage nach privaten Investitionen aufweist. Dann gilt:

$$G = -g \frac{p}{\left(\frac{1}{2}D+1\right)^2} DY$$

und die Übertragungsfunktion der zusätzlichen Rückkopplungsschleife (von Y nach G zurück zu Y unter Berücksichtigung des Multiplikators) lautet dann:

$$F_2(p) = -k' \frac{p}{\left(\frac{1}{2}p+1\right)^2} \quad \left(k' = \frac{g}{s}\right) \tag{3}$$

Aufgrund von (1) und (3) ergibt sich dann für den ungestörten Verlauf im regulierten System:

$$k \frac{p}{\left(\frac{1}{2}p+1\right)^2} \frac{1}{1+k' \frac{p}{\left(\frac{1}{2}p+1\right)^2}} = 1$$

d. h.

$$k \frac{p}{\left(\frac{1}{2}p+1\right)^2 + k'\,p} = 1$$

Daraus ergibt sich p als Wurzel von

$$\frac{1}{4}p^2 + (1-k+k')\,p + 1 = 0$$

d. h.

$$p = -2\,(1-k+k') \pm 2\,i\sqrt{1-(1-k+k')^2}$$

$k' = \frac{g}{s}$ liege im Bereich von $k-1 < k' < k$; p ist komplex mit:

$$\alpha = -2\,(1-k+k') \quad \text{und} \quad \omega = 2\sqrt{1-(1-k+k')^2} \tag{4}$$

Bei einem Vergleich des regulierten Systems mit dem ursprünglichen kommt es auf die Schwingungen von (4) und (2) oben an. Innerhalb der Grenzen kann k' natürlich so gewählt werden, daß α das geforderte Niveau erreicht (etwa $\alpha = -0{,}4$), ohne daß ω ungebührlich groß und die Periode der Schwingung $\left(\frac{2\pi}{\omega}\right)$ zu kurz wird.

Ein numerisches Beispiel sei $v = 0{,}4$, $s = 0{,}25$ und damit $k = 1{,}6$. Für die unregulierte (explosive) Schwingung (2) gilt dann:

$$\alpha = 1{,}2 \quad \text{und} \quad \omega = 1{,}6$$

Ist $\alpha = -0{,}4$ der Regulierungsmaßstab, so muß in (4) $k' = 0{,}8$ gelten, so daß sich die regulierte (gedämpfte) Schwingung ergibt:

$$\alpha = -0{,}4 \quad \text{und} \quad \omega = 1{,}96$$

Folglich lautet der für die staatliche Nachfrage notwendige Koeffizient $g = k's = 0{,}8 \times 0{,}25 = 0{,}2$, also 20 % der Änderung des zu korrigierenden Einkommens. Die ursprüngliche Periode der Schwingung $\left(\frac{2\pi}{1{,}6}\right)$ ist fast viermal so lang wie der Akzeleratorlag; die regulierte Periode $\left(\frac{2\pi}{1{,}96}\right)$ ist immer noch mehr als dreimal so lang.

Zeichnet man die regulierende Rückkopplungsschleife in das schematische Diagramm (Abb. 41) ein, so sieht man, daß aufgrund der angenommenen Form für die staatliche Nachfrage $G = -\frac{g}{v}I$ gilt und daß man die Rückkopplung zwischen I und Y mit dem Vielfachen $\left(-\frac{g}{v}\right)$ einsetzen darf. In der Tat wirkt sich diese spezielle staatliche Nachfrage in

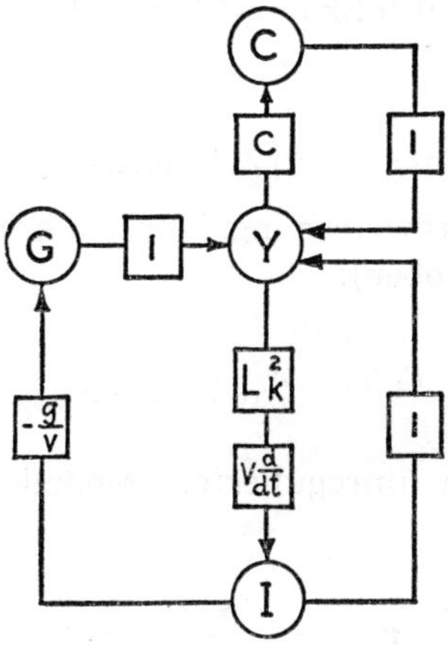

Abb. 41

einer Regulierung der induzierten privaten Investitionen I aus; fällt das Einkommen Y, so ist I negativ; die fehlenden Reinvestitionen werden dann durch die entsprechende staatliche Nachfrage (etwa öffentliche Arbeiten) ausgeglichen.

Übungsaufgaben 9.7

1. Zeigen Sie, daß es unwesentlich ist, ob man für die Übertragungsfunktion bei Rückkopplung im regulierten System die Form $\frac{F_1(p)}{1-F_2(p)}$ (also Rückkopplung in der ursprünglichen Schleife) oder $\frac{F_2(p)}{1-F_1(p)}$ (also Rückkopplung in der zusätzlichen Schleife) annimmt.

2. Zeigen Sie, daß eine Regulierung im Multiplikator-Akzelerator-Modell des Textes gleichbedeutend mit einer Reduzierung der Akzeleratorstärke von v auf $(v-g)$ ist. Ändern Sie in (1) k in $(k-k')$ und bestimmen Sie somit (4) direkt aus (2).

9.8 Wirtschaftliche Stabilisierungspolitik

Eine Regulierung mit Hilfe einer oder mehrerer zusätzlicher Rückkopplungsschleifen im System wurde für das Multiplikator-Akzelerator-Modell von Phillips in 8.8 und 8.9 verwendet. Die Ergebnisse der Regulierung in diesem Modell lassen sich nun gut noch einmal betrachten, wenn man den Ansatz mit der Übertragungsfunktion berücksichtigt.

Das grundlegende Multiplikator-Akzelerator-Modell ist sehr einfach; es enthält einfache exponentielle Lags im Akzelerator $\left(\text{Zeitkonstante} = \frac{1}{\varkappa}\right)$ und im Produktionsprozeß $\left(\text{Zeitkonstante} = \frac{1}{\lambda}\right)$. Das Schema enthält die Abb. 37 I. Die Übertragungsfunktion ergibt sich sofort aus dem Diagramm (wie in 9.4 oben):

$$F_1(p) = v \frac{\varkappa \lambda p}{(p+\varkappa)(p+\lambda s)}$$

Folglich ergibt sich im (unregulierten) Modell der ungestörte Verlauf aus p, und es gilt:

$$v \frac{\varkappa \lambda p}{(p+\varkappa)(p+\lambda s)} = 1$$

d. h.

$$p^2 + \{\varkappa - \lambda(v\varkappa - s)\}\, p + \varkappa \lambda s = 0$$

Je nach den Werten der Parameter v und s für die Multiplikator-Akzelerator-Struktur und $\varkappa$ und λ für die Lags sind die beiden Wurzeln reell oder konjugiert komplex. Der ungestörte Verlauf wird entweder durch ein Paar von stetigen exponentiellen Ausdrücken (gedämpft oder explosiv) oder durch eine sinusförmige Schwingung (ebenfalls gedämpft oder explosiv) dargestellt. Sämtliche Möglichkeiten wurden bereits in 8.7 oben untersucht; dort wurde auch gesagt, daß sich als wahrscheinliches Ergebnis eine explosive Schwingung ergibt. Für das Beispiel gilt:

Wenn

$$s = 0{,}25, \quad v = 0{,}6, \quad \varkappa = 1, \quad \lambda = 4,$$

dann

$$p^2 - 0{,}4\, p + 1 = 0;$$

daraus ergibt sich:

$$p = 0{,}2 \pm 0{,}98\, i$$

Diese Schwingung verläuft mäßig explosiv ($\alpha = 0{,}2$), ihre Periode ist $\frac{2\pi}{0{,}98}$ oder etwas mehr als die sechsfache Länge des Akzeleratorlags.

Zur Regulierung des Systems wird eine staatliche Nachfrage G angenommen, welche zur unregulierten Nachfrage Z des Systems noch hinzukommen soll. G kann in verschiedener Weise auf das Einkommen und dessen Änderungen bezogen werden; dazwischen soll ein einfacher exponentieller Lag liegen $\left(\text{Zeitkonstante} = \frac{1}{\beta}\right)$. Werden drei verschiedene Maßnahmen (proportionale, integrale und derivative) kombiniert angewendet so gilt:

$$G = -\frac{\beta}{D+\beta}\,(f_p\,Y + f_i \int Y\,dt + f_d\,DY)$$

Drei Rückkopplungsschleifen kommen hinzu, so daß sich das regulierte System der Abb. 42 ergibt. Die Übertragungsfunktion bei Rückkopplung (an der Stelle Z im Modell) mit sämtlichen zusätzlichen Rückkopplungen lautet $\left(\right.$unter Berücksichtigung der Multiplikatorschleife mit der Übertragungsfunktion $\left.\frac{c\lambda}{p+\lambda}\right)$:

$$F_2(p) = -\frac{\beta}{p+\beta}\,\frac{\lambda}{p+\lambda}\,\bar{G}\,\frac{1}{1-\frac{c\lambda}{p+\lambda}}$$

$$= -\frac{\beta\lambda\bar{G}}{(p+\beta)\,(p+\lambda s)}$$

Dabei gilt $\bar{G} = f_p + \frac{1}{p} f_i + p f_d$, wenn man $D = p$ und $\int = \frac{1}{p}$ im Ausdruck für G setzt.

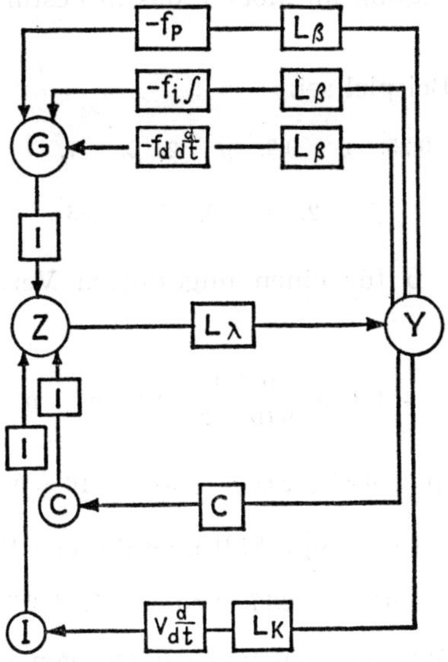

Abb. 42

Folglich hat das regulierte System die Übertragungsfunktion bei Rückkopplung:

$$F(p) = \frac{F_1(p)}{1-F_2(p)}$$

$$= \frac{\varkappa\lambda v p}{(p+\varkappa)\,(p+\lambda s)} \; \frac{1}{1+\dfrac{\beta\lambda\bar{G}}{(p+\beta)\,(p+\lambda s)}}$$

$$= \frac{\varkappa\lambda v p}{(p+\varkappa)\,(p+\lambda s)+\beta\lambda\,\dfrac{p+\varkappa}{p+\beta}\,\bar{G}}$$

Der Wert p für einen ungestörten Verlauf ergibt sich aus $F(p) = 1$; damit kommt man auf die Gleichung:

$$p^2 + \{\varkappa - \lambda\,(v\varkappa - s)\}\,p + \varkappa\lambda s + \beta\lambda\,\frac{p+\varkappa}{p+\beta}\,\bar{G} = 0$$

Bei dieser Schreibweise erkennt man die Wirkung einer Regulierung an dem zusätzlichen Ausdruck mit $\bar{G}$. Es ist nicht leicht, diese Gleichung allgemein zu lösen, wenn die Werte der zusätzlichen Parameter β, f_p, f_i und f_d des Regulierungsmechanismus nicht spezifiziert sind. Sind jedoch einmal die Werte für diese Parameter angegeben, so läßt sich die Gleichung mit der gewöhnlichen Algebra lösen (und üblicherweise mit numerischen und graphischen Methoden), so daß sich die Werte von p für eine freie Schwingung im Modell, das in bestimmter Weise gesteuert wird, ergeben.

Ein numerisches Beispiel sei:

$$s = 0{,}25, \quad v = 0{,}6, \quad \beta = 2, \quad \varkappa = 1, \quad \lambda = 4$$

und

$$f_p = 2, \quad f_i = 2, \quad f_d = 0{,}55$$

Folglich ergibt sich p für einen ungestörten Verlauf im regulierten System aus:

$$p^2 - 0{,}4\,p + 1 + 16\,\frac{p+1}{p\,(p+2)}\,(0{,}275\,p^2 + p + 1) = 0$$

d. h.

$$p^4 + 6\,p^3 + 20{,}6\,p^2 + 34\,p + 16 = 0$$

Aus einer graphischen Lösung erhält man die vier Wurzeln:

$$p = -0{,}74, \quad -2{,}17 \quad \text{und} \quad -1{,}55 \pm 2{,}76\,i$$

Die beiden ersten Wurzeln entsprechen stetigen exponentiellen Verläufen, welche beide stark gedämpft sind. Wichtiger ist im regulierten

System eine freie sinusförmige Schwingung, die sich aus den beiden anderen Wurzeln ergibt; sie verläuft stark gedämpft ($\alpha = -1{,}55$); ihre Periode ist $\frac{2\pi}{2{,}76}$ oder mehr als das Doppelte der Länge des Akzeleratorlags. Die ursprüngliche explosive Schwingung ($\alpha = 0{,}2$) wurde zu einer stark gedämpften Schwingung ($\alpha = -1{,}55$) reguliert.

Das hier betrachtete Modell hat *einfache* exponentielle Lags im Akzelerator und auf der Angebotsseite. Die Untersuchung läßt sich leicht ausweiten, so daß auch „realistischere", *mehrfache* Lags erfaßt werden können, etwa doppelte oder dreifache exponentielle Lags. Bei ungestörtem Verlauf erhält man für p eine Gleichung höherer Ordnung; sie enthält eine größere Anzahl von Wurzeln, so daß auch ein größerer Bereich von Möglichkeiten für ungestörte Verläufe betrachtet werden muß. Doch läßt sich die Gleichung mit algebraischen und graphischen Verfahren lösen, das Problem wird nach der gleichen Methode gelöst.

Wie schnell und wirkungsvoll sich mit Übertragungsfunktionen (und Laplace-Transformationen) arbeiten läßt, ist aus der Lösung des Problems klargeworden. Die Relationen des linearen Systems wie auch dessen Reguliermechanismus enthalten alle Arten *zeitlicher Veränderungen* (Ableitungen, Integrale, Lags). Die Methode ersetzt diese durch *algebraische Ausdrücke in der Variablen p,* welche Frequenz und Dämpfung des ungestörten Verlaufs darstellt. Funktionen der Zeit werden durch Funktionen der Frequenz ersetzt, die charakteristische Eigenschaft der Laplace-Transformation. Auf diese Weise wird das gesamte Problem auf die algebraische Lösung einer normalen Gleichung in einer Variablen zurückgeführt. Die Gleichung selbst läßt sich leicht und schnell hinschreiben. Ihre Lösung fällt in das Gebiet der Algebra, wobei man zur Behandlung spezieller Fälle die altbekannten numerischen oder graphischen Methoden zu Hilfe nehmen kann. Nach der ersten, schnell vorgenommenen Transformation in eine Funktion der Frequenz besteht die Lösung nur noch in der Durchführung von vertrauten Rechenoperationen.

Die Methode hat aber auch ihre Grenzen. Mit ihr lassen sich nur Frequenz und Dämpfung des ungestörten Verlaufs im System angeben, zwei Größen, die man meistens, jedoch nicht ausschließlich betrachtet. Offen bleibt immer noch das Problem, wie man Amplitude und Phase (und das endgültige Niveau) irgendeiner Variablen des Systems, etwa des Einkommens Y, bestimmt. In diesem *speziellen* Fall sind das Modell und dessen Regulierungsformen einfach; das gesamte System führt auf eine lineare Differentialgleichung für Y mit konstanten Koeffizienten. Folglich kommt man, wieder in diesem *speziellen* Fall, zu einer Lösung, wenn man die Differentialgleichung mit der Laplace-Transformation bei numerischen Fällen unter bestimmten Ausgangsbedingungen behandelt. So verfährt (siehe 8.9 oben) Phillips (1954). Eben dieser spezielle Fall der oben betrachteten Regulierung wird neben anderen von Phillips behandelt; die vollständige Lösung enthält die Kurve (*d*) seiner Abb. 9.

Auch der ökonomische Modelltyp — das Multiplikator-Akzelerator-Modell von Phillipps —, der hier als Beispiel ökonomischer Regulierung verwendet wird, hat seine Grenzen. Erstens ist das Modell sehr einfach, und zweitens ist es linear. Aus beiden Gründen läßt es sich nicht direkt auf die Realität anwenden. Folglich lassen sich die hier untersuchten Wirkungen einer Regulierung zwar angeben, doch haben sie für eine praktisch anzuwendende ökonomische Stabilisierungspolitik keinerlei operationale Bedeutung.

Das Modell muß in zwei Richtungen und möglicherweise auch in zwei Stufen weiterentwickelt werden. Zunächst kann man die Linearität des Modells beibehalten, während in die Relationen andere Faktoren, etwa Außenhandel, Faktorpreise und Zinssatz, eingebaut werden. Gleichzeitig lassen sich analytische (und vereinfachte) Formulierungen einiger Relationen durch empirische Ausdrücke ersetzen, was besonders für die Lags des Modells gilt, siehe Phillips (1956, 1957). Damit würde sich als Ergebnis nicht mehr weiterhin eine einfache Differentialgleichung für eine Variable (etwa das Einkommen) ergeben, und diese Gleichung ließe sich dann nicht länger vollständig mit Hilfe der Laplace-Transformation lösen. Wichtig ist jedoch, daß die Übertragungsfunktion $F(p)$ weiterhin brauchbar bleibt, so daß sich das Verfahren zur Berechnung von Frequenz und Dämpfung ungestörter Verläufe nicht wesentlich ändert.

Die zweite Möglichkeit einer Weiterentwicklung besteht darin, daß man wesentliche nicht-lineare Elemente in das Modell einführt; zu diesem Zweck kann man entweder empirische Unter- und Obergrenzen usw. annehmen oder nicht-lineare Elemente in die Relationen des Modells selbst einführen. Trägt ein Modell einmal nicht-lineare Züge, so nehmen die ungestörten Verläufe die „realistischere" Gestalt nicht-sinusförmiger Schwingungen an, deren Amplituden und Phasen durch das Modell selbst bestimmt werden. Mit den oben entwickelten Übertragungsfunktionen läßt sich nicht weiter arbeiten, statt dessen benötigt man andere Methoden. Einige geeignete Methoden wurden vor nicht allzu langer Zeit von Technikern entwickelt; gerade an dieser Stelle liegen die größten Möglichkeiten für weitere Untersuchungen.

Der Techniker verfügt über keine Patentrezepte, die der Ökonom übernehmen kann. Bestehen bleibt aber die Forderung, daß auch vom Ökonomen die Methoden, mit denen man in der Technik Rückkopplungssysteme reguliert, begriffen und teilweise auch übernommen werden müssen. Tustin (1953) bemerkt, daß „einer der hervorragenden Fortschritte in der modernen Technik in der Kombination von genauer Kontrolle und Stabilität bestand"; denn „dadurch ergaben sich neue und wirkungsvolle Kontrollmöglichkeiten in nahezu allen Industriezweigen, von der Radioindustrie bis zu den Ölraffinerien" (S. 72). Der Ökonom, der praktisch verwertbare Modelle entwickeln soll, muß viel vom Techniker lernen. Drei Dinge liegen zumindest klar: Es ist wichtig, für Lags und andere Relationen spezielle und angemessene Formen anzunehmen; man braucht nicht-lineare Elemente, die mit Sorgfalt und Zurückhaltung einzuführen sind; der Nachdruck der Betrachtungsweise muß sich konsequent vom Allgemeinen aufs Spezielle verlagern — von genereller Theorie zu praktischen Berechnungsverfahren.

Literatur

Allen (R. G. D.) (1955): „The Engineer's Approach to Economic Models", Economica, **22,** 158 - 68.

Bothwell (F. E.) (1952): „The Method of Equivalent Linearization", Econometrica, **20,** 269 - 83.

Brown (G. S.) and *Campbell* (D. P.) (1948): Principles of Servomechanisms (Wiley, 1948).

Carslaw (H. S.) and *Jaeger* (J. C.) (1941, 1948): Operational Methods in Applied Mathematics (Oxford. First Ed. 1941, Second Ed. 1948).

Frisch (R.) (1933): „Propagation Problems and Impulse Problems in Dynamic Economics", in Economic Essays in Honour of Gustav Cassel (Allen and Unwin, 1933).

Gardner (M. F.) and *Barnes* (J. L.) (1942): Transients in Linear Systems (Wiley, 1942).

Goodwin (R. M.) (1951): „The Non-linear Accelerator and the Persistence of Business Cycles", Econometrica, **19,** 1 - 17.

Phillips (A. W.) (1950): „Mechanical Models in Economic Dynamics", Economica, **17,** 283 - 305.

Phillips (A. W.) (1954): „Stabilisation Policy in a Closed Economy", Economic Journal, **64,** 290 - 323.

Phillips (A. W.) (1956): „Some notes on the Estimation of Time-Forms of Reactions in Interdependent Dynamics Systems", Economica, **23,** 99 - 113.

Phillips (A. W.) (1957): „Stabilisation Policy and the Time-Form of Lagged Responses", Economic Journal, **67,** 265 - 77.

Smith (O. J. M.) and *Erdley* (H. F.) (1952): „An Electronic Analogue for an Economic System", Electrical Engineering, **71,** 362 - 66.

Tustin (A.) (1947): „A Method of Analysing the Effect of Certain Kinds of Nonlinearity in Closed Cycle Control Systems", Journal of the Institution of Electrical Engineers, **94,** Part 2A, 152 - 60.

Tustin (A.) (1953): The Mechanism of Economic Systems (Heinemann, 1953).

Kapitel 10

Allgemeines wirtschaftliches Gleichgewicht

10.1 Tauschgleichgewicht

Das allgemeine Produktions- und Tauschgleichgewicht wird hier unter statischen Bedingungen „reinen Wettbewerbs" in dem Sinne entwickelt, daß kein Wirtschaftssubjekt (Verbraucher oder Unternehmer) in der Lage ist, die Preise direkt zu beeinflussen. Die Preise sind als Parameter für Verbraucher und Unternehmer gegeben und nur durch Marktbedingungen bestimmt. Reiner Wettbewerb bedeutet nicht, daß es „freien Marktzutritt" zu jeder Produzentengruppe gibt; das ist ein spezielles Konzept, und die Bedingungen für „freien Marktzutritt" können zu denen des reinen Wettbewerbs hinzutreten oder auch nicht.

Die Analyse baut auf dem Werk von Walras und Pareto auf und den Weiterentwicklungen späterer Autoren, wie Hicks (1939, 1946) und Samuelson (1947). Sie ist sehr verallgemeinert und umfassend; sie beschäftigt sich mit der Vielzahl einzelner Verbraucher und Produzenten in der Volkswirtschaft, und sie beschränkt in keiner Weise die Anzahl der behandelten Variablen. Die Gefahr liegt darin, daß die Analyse so allgemein wird, daß sie vollständig unfruchtbar ist. Das allgemeine Gleichgewichtssystem ist in dem Sinne geschlossen, daß alle Variablen gleichzeitig durch die gegebenen Bedingungen bestimmt werden. Die Zahl der Gleichungen kann mit der Zahl der Unbekannten verglichen werden, um zu bestimmen, ob das System gleichgewichtig ist; aber sonst kann wenig über das Gleichgewicht gesagt werden, nicht einmal, ob es überhaupt eines oder mehr als eines gibt. Auch folgt nicht daraus, daß ein Gleichgewicht im dynamischen Sinn stabil ist.

Erforderlich ist die Ableitung „allgemeiner Gesetze für das Funktionieren eines Preissystems mit vielen Märkten" (Hicks [1946], S. 6), „sinnvoller Theoreme ... über empirische Daten, von denen vorstellbar ist, daß sie widerlegt werden könnten, wenn auch nur unter idealen Bedingungen." (Samuelson [1947], S. 4). In dem System werden bestimmte Elemente verändert; in welche Richtung bewegen sich dann die Variablen? Um solche Fragen zu beantworten, ist es im allgemeinen notwendig, ein offenes System zu betrachten — einen Sektor des vollständig geschlossenen Systems, in dem einige der Variablen Parameter sind, denen willkürliche Werte beigelegt werden können. Ein offenes System kann nur zu partieller Analyse führen, es ist jedoch flexibel genug, um zu „sinnvollen Theoremen" zu führen.

Die Analyse des Tauschgleichgewichtes wurde von Walras so hinterlassen, daß nur wenige Bemerkungen hinzugefügt werden müssen. Zur Schreibweise, die bei der Behandlung großer Mengen von Variablen so wichtig ist: Es werden kleine Buchstaben wie x für die von einzelnen Verbrauchern oder Produzenten gekauften oder verkauften Mengen verwendet, große Buchstaben wie X für Marktaggregate. Zusätzliche Subskripte unterscheiden zwischen Gütern ($r = 1, 2, \ldots, m$) oder zwischen einzelnen Verbrauchern oder Produzenten ($i = 1, 2, \ldots, n$ oder $j = 1, 2, \ldots, N$). Es gibt m Güter (Subskript r), n einzelne Verbraucher (Subskript i) und später N Unternehmungen (Subskript j). So mag X_r das Marktaggregat für das r-te Gut und x_{ri} die Käufe des r-ten Gutes durch den i-ten Verbraucher sein.

Lassen wir in einer allgemeinen Tauschwirtschaft $\bar{x}_{ri}$ den gegebenen Bestand des r-ten Gutes, den das i-te Individuum anfänglich besitzt, und x_{ri} den entsprechenden, aber unbekannten Bestand nach dem Tausch sein. Der Preis, zu dem der Tausch des r-ten Gutes stattfindet, wird durch p_r bezeichnet. Nur die Preisverhältnisse müssen bestimmt werden, und es empfiehlt sich, das m-te Gut als „numéraire" zu nehmen und $p_m = 1$ zu setzen. Die Gesamtzahl der Variablen ist

$$m(n + 1) - 1$$

d. h. mn Variable x_{ri} für $r = 1, 2, \ldots, m$ und $i = 1, 2, \ldots, n$ und $(m - 1)$ Preise p_r *für* $r = 1, 2, \ldots, (m - 1)$.

Es gibt zwei Gruppen von Gleichgewichtsbedingungen, die einen sind auf die Käufe oder Verkäufe der Wirtschaftssubjekte, die anderen auf die Marktfaktoren bezogen.

(i) Jedes Wirtschaftssubjekt bestimmt seine Käufe oder Verkäufe, um seinen „Nutzen" unter Berücksichtigung des Ausgleichs seines Budgets bei gegebenen Marktpreisen zu maximieren. Für jedes Individuum wird eine ordinale Nutzenfunktion angenommen:

$$u_i = u_i(x_{1i}, x_{2i}, \ldots, x_{mi}) \qquad (i = 1, 2, \ldots, n)$$

mit stetigen partiellen Ableitungen:

$$u_{ri} = \frac{\partial u_i}{\partial x_{ir}} \qquad \begin{matrix}(r = 1, 2, \ldots, m)\\(i = 1, 2, \ldots, n)\end{matrix}$$

Die Verhältnisse u_{ri} für verschiedene r sind unabhängig von der ordinalen Eigenschaft der u_i. Die Bedingung u_i = Maximum unter der Nebenbedingung des Budget-Ausgleichs:

$$\sum_r p_r (x_{ri} - \bar{x}_{ri}) = 0$$

bedeutet, daß die Quotienten der „Grenznutzen" u_{ri} (oder der Grenzraten der Substitution) den gegebenen Verhältnissen der Preise p_r gleich sind. Da ja $p_m = 1$ gilt, lautet die Bedingung

$$\frac{u_{ri}}{p_r} = u_{mi}$$

für jedes r von 1 bis $(m-1)$ und für jedes i von 1 bis n.

(ii) Die Marktbedingung lautet, daß die Preise mit der Gleichheit von Nachfrage und Angebot (Käufen und Verkäufen) für jedes Gut in der Gesamtmenge verträglich sein müssen. Das bedeutet einfach, daß $\sum_i (x_{ri} - \bar{x}_{ri}) = 0$ für jedes r gelten muß. Eine dieser Beziehungen kann jedoch aus den anderen abgeleitet werden. Es sei

$$\sum_i (x_{ri} - \bar{x}_{ri}) = 0 \qquad \text{für} \quad r = 1, 2, \ldots, (m-1)$$

Durch Addition der Bedingungen des Budget-Ausgleichs für alle Individuen ergibt sich:

$$0 = \sum_i \sum_r p_r (x_{ri} - \bar{x}_{ri}) = \sum_r p_r \left\{ \sum_i (x_{ri} - \bar{x}_{ri}) \right\} = p_m \sum_i (x_{mi} - \bar{x}_{mi})$$

d. h.

$$\sum_i (x_{ri} - \bar{x}_{ri}) = 0 \qquad \text{auch für } r = m.$$

Die letzte Marktbedingung für $r = m$ kann also eliminiert werden.

Die Gleichgewichtsbedingungen lauten somit:

$$\text{(i)} \quad \text{(a)} \; \frac{u_{ri}}{p_r} = u_{mi} \qquad \begin{cases} r = 1, 2, \ldots (m-1) \\ i = 1, 2, \ldots n \end{cases}$$

$$\text{(b)} \; \sum_r p_r (x_{ri} - \bar{x}_{ri}) = 0 \qquad i = 1, 2, \ldots n$$

$$\text{(ii)} \quad \sum_i (x_{ri} - \bar{x}_{ri}) = 0 \qquad r = 1, 2, \ldots (m-1)$$

Die Anzahl der Gleichungen, $(m-1)\,n$ in (i) (a), n in (i) (b) und $(m-1)$ in (ii,), insgesamt $m\,(n+1)-1$, ist gleich der Anzahl der Variablen. Das System ist geschlossen und verträglich mit einem Tauschgleichgewicht.

Das vollständige System kann in offene Teilbereiche unterteilt und das Gleichgewicht stufenweise erreicht werden. Für die *individuelle Nachfrage* sind $(m-1)$ Gleichungen in (i) (a) und eine Gleichung in (i) (b) für das i-te Individuum vorhanden. Diese m Gleichungen genügen, um die Variablen x_{ri}, in Preisen ausgedrückt, für $r = 1, 2, \ldots, m$ und für gegebenes i zu bestimmen. Die Gleichung von Gesamtnachfrage und -angebot, d. h. die Gleichungen (ii), betreffen dann das *Marktgleichgewicht*. Setzen wir

$$X_r = \sum_i x_{ri} \quad \text{und} \quad \overline{X}_r = \sum_i \overline{x}_{ri} \ ,$$

so daß X_r die aggregierte Nachfrage und $\overline{X}_r$ das aggregierte Angebot des r-ten Gutes darstellen ($r = 1, 2, \ldots, m$). $\overline{X}_r$ ist ein Datum und X_r wird als Funktion der Preise p_r durch die Nachfrage der Individuen bestimmt. Damit lauten die Bedingungen (ii) einfach

$$X_r = \overline{X}_r \qquad\qquad r = 1, 2, \ldots, (m-1)$$

oder es liegen $(m-1)$ Gleichungen mit den $(m-1)$ Preisen p_r und $p_m = 1$ vor. Auf dem Markt trifft die Nachfrage der Individuen (bezogen auf das gegebene Anfangsangebot) zusammen und bestimmt Marktpreise, die mit dem Gleichgewicht verträglich sind.

Die Marktbedingungen (ii) beinhalten, daß „die Preise Nachfrage und Angebot ausgleichen müssen“. Dies schließt die Möglichkeit negativer Preise nicht aus. Können die Bedingungen strenger zu der Aussage „nicht-negative Preise sollen Nachfrage und Angebot ausgleichen“ umformuliert werden? Das geht nicht. Tatsächlich müssen die Bedingungen, wie Zeuthen (1942, 1955) betont, umgeformt werden: *entweder* die Nachfrage ist gleich dem Angebot (keine unbeschäftigten Resourcen), *oder* der Preis des Gutes ist Null. Diese Art der Formulierung wird am elegantesten durch die Verfahren der späteren Kapitel 16 und 17 behandelt.

Übungsaufgaben 10.1

1. Nehmen Sie für den Fall zweier Individuen ($i = 1, 2$) und zweier Güter X und Y quadratische Nutzen-Funktionen an:

$$u_1 = a_1 x_1^2 + 2 h_1 x_1 y_1 + b_1 y_1^2; \quad u_2 = a_2 x_2^2 + 2 h_2 x_2 y_2 + b_2 y_2^2$$

Schreiben Sie die Bedingungen für das Tauschgleichgewicht und drücken Sie die einzelnen Nachfrage-Mengen (x_1, y_1, x_2 und y_2) in Form des Preisverhältnisses p für die zwei Güter aus.

2. Zeigen Sie für den Fall der vorherigen Aufgabe, daß die Marktbedingungen sich in eine einzige kubische Gleichung für p verwandeln. Schreiben

Sie den Ausdruck für das Produkt der drei Wurzeln für p und zeigen Sie, daß, unter plausiblen Bedingungen für u_1 und u_2, das Produkt positiv ist. Zeigen Sie, daß es unter diesen Bedingungen mindestens einen mit dem Gleichgewicht verträglichen positiven Wert für p gibt.

3. Zeigen Sie, daß es, um zu einer dritten Potenz von p in der vorherigen Aufgabe zu kommen, notwendig ist, daß $(a_1 - 2\,h_1\,p + b_1\,p^2)$ und $(a_2 - 2\,h_2\,p + b_2\,p^2)$ nicht Null sind. Zeigen Sie, daß dies so ist, falls u_1 positiv für alle Werte von x_1 und y_1 (nicht beide gleich Null) ist; entsprechend für u_2. Warum kann dies mit Sicherheit angenommen werden?

10.2 Gleichgewicht mit festen Produktionskoeffizienten

Es wird weiterhin angenommen, daß es n Wirtschaftssubjekte ($i = 1, 2, \ldots, n$) gibt, die Anfangsbestände $\bar{x}_{ri}$ der m Güter ($r = 1, 2, \ldots, m$) besitzen und Endbestände x_{ri} der Güter zu gegebenen Preisrelationen p_r ($p_m = 1$ für den numéraire) nachfragen. Die Bedingungen für die Nachfrage der Wirtschaftssubjekte sind die Gleichungen (i) (a) und (i) (b) wie oben in 10.1 formuliert.

Es wird angenommen, daß zusätzlich zu dem Tausch der Güter neue Angebotsmengen durch Produktion oder Transformation der ursprünglichen Resourcen $\bar{x}_{ri}$ auf den Markt kommen. Zur Vereinfachung werden Güter der Zwischennachfrage und solche, die zugleich Verbrauchsgüter und Produktionsfaktoren sind vernachlässigt. Die Menge der m Güter zerfällt in zwei sich nicht überschneidende Gruppen: k Produktionsfaktoren ($s = 1, 2, \ldots, k$) und $(m-k)$ Verbrauchsgüter ($t = k+1, k+2, \ldots, m$). Das Subskript r wird für die ganze Gruppe der m Güter verwendet; wenn die Trennung berücksichtigt wird, bezieht sich das Subspript s auf die k Faktoren und t auf die $(m-k)$ Verbrauchsgüter.

Für die Marktaggregate schreiben wir

$$X_r = \sum_i x_{ri} \quad \text{und} \quad \bar{X}_r = \sum_i \bar{x}_{ri}$$

für die Nachfrage zu gegebenen Preisen und für das gegebene Angebot des r-ten Gutes. Folglich steht $\bar{X}_r$ entweder für den Tausch ($r = t$) oder für die Verwendung als Produktionsfaktor ($r = s$). X_r ist entweder die Nachfragemenge eines Verbrauchsgutes (aus Tausch oder Neuproduktion) oder die „reservierte" Nachfrage einer Faktorleistung. Für einige Güter (Subskript s) gilt $X_s < \bar{X}_s$ und der Saldo ist das Angebot eines Faktors. Für andere (Subskript t) gilt $X_t \geqslant \bar{X}_t$, und die zusätzliche Nachfrage stammt aus der Neuproduktion. Demnach sind:

$$\text{Marktangebot (Faktoren)} = -(X_s - \bar{X}_s) \qquad s = 1, 2, \ldots, k$$
$$\text{Marktnachfrage (Güter)} = X_t - \bar{X}_t \qquad t = k+1, k+2, \ldots, m$$

Beide sind als Funktionen der Preise p_r gegeben.

Es wird angenommen, daß die Neuproduktion unter den Bedingungen fester technischer Koeffizienten stattfindet (keine Kuppelprodukte, „constant returns to scale"). Lassen wir a_{st} die Verwendung des s-ten Faktors in der Produktion einer Einheitsmenge des t-ten Produktes (Verbrauchsgut) sein, wobei die a_{st} gegebene Kostanten für $s = 1, 2, \ldots, k$ und $t = k + 1, k + 2, \ldots, m$ sind. Schreiben wir Y_r als Output des r-ten Gutes in der Neuproduktion, so daß $Y_s \leqslant 0$ für Faktoren $(s = 1, 2, \ldots, k)$ und $Y_t \geqslant 0$ für Verbrauchsgüter $(t = k + 1, k + 2, \ldots, m)$ ist. Als erste technische Bedingung muß gelten, daß $(-Y_s) = \sum\limits_t a_{st} Y_t$ für die Gesamtverwendung des Faktors bei gegebenen technischen Koeffizienten ist. Also:

$$\sum_t a_{st} Y_t + Y_s = 0 \qquad s = 1, 2, \ldots, k$$

Weiterhin wird angenommen, daß es einen „freien Zugang" der Unternehmer zu den produzierenden Industrien gibt, so daß für Neuproduktion zu gegebenen Preisen die Erträge und Kosten gleich sind (Gewinne gleich Null). Für das t-te Verbrauchsgut sind die Erträge $p_t Y_t$ und die Kosten $(\sum\limits_s p_s a_{st}) Y_t$. Die zweite technische Bedingung lautet dann:

$$\sum_s p_s a_{st} - p_t = 0 \qquad t = k + 1,\ k + 2, \ldots, m$$

Zur Vervollständigung des Systems müssen noch die Marktbedingungen der Gleichheit von Angebot und Nachfrage hinzugefügt werden. Das Angebot für Faktoren ist $-(X_s - \overline{X}_s)$, die Nachfrage nach Neuproduktion $(-Y_s)$. Die Nachfrage der Wirtschaftssubjekte nach Verbrauchsgütern aus der Neuproduktion ist $(X_t - \overline{X}_t)$, und das Angebot ist Y_t. Dann sind die Marktbedingungen für Faktoren ebenso wie für Verbrauchsgüter

$$Y_r = X_r - \overline{X}_r \qquad r = 1, 2, \ldots, m$$

Wie oben in 10.1 kann eine dieser Bedingungen (z. B. die für $r = m$) aus den anderen Bedingungen abgeleitet werden (siehe Aufg. 1 unten). Die abhängige Bedingung muß eliminiert werden. Das vollständige System lautet dann:

$$\text{(i)} \quad \text{(a)} \quad \frac{u_{ri}}{p_r} = u_{mi} \qquad \begin{cases} r = 1, 2, \ldots (m-1) \\ i = 1, 2, \ldots n \end{cases}$$

$$\text{(b)} \quad \sum_r p_r (x_{ri} - \overline{x}_{ri}) = 0 \qquad i = 1, 2, \ldots n$$

$$\text{(ii)} \quad \text{(a)} \quad \sum_t a_{st} Y_t + Y_s = 0 \qquad s = 1, 2, \ldots k$$

$$\text{(b)} \quad \sum_s p_s a_{st} - p_t = 0 \qquad t = k + 1,\ k + 2, \ldots m$$

$$\text{(iii)} \quad Y_r = \sum_i (x_{ri} - \overline{x}_{ri}) \qquad r = 1, 2, \ldots (m-1)$$

Die Variablen sind x_{ri}, Y_r und p_r; ihre Zahl beträgt

$$mn + m + (m-1) = m(n+2)-1$$

Die Gleichungen sind von derselben Anzahl: $(m-1)n$ in (i) (a), n in (i) (b), k in (ii) (a), $(m-k)$ in (ii) (b) und $(m-1)$ in (iii). Das System ist geschlossen und verträglich mit einem Gleichgewicht.

Im folgenden wird ein Verfahren zur schrittweisen Ableitung eines Gleichgewichts dargestellt. Die Bedingungen (i) (a) und (i) (b) dienen dazu, die *individuellen Nachfragemengen* x_{ri} in Preisen auszudrücken. Die Bedingungen (ii) (a) beziehen sich auf die *Produktionstechnik* und drükken die Faktornachfrage $(-Y_s)$ in Outputgrößen Y_t aus. Die Bedingungen (ii) (b) besagen, daß *„freier Zugang“ „Wettbewerbs“-Preise impliziert,* und sie dienen dazu, die Preise p_t für die Verbrauchsgüter in Faktorpreisen p_s ausdrücken. Die *Marktbedingungen für Verbrauchsgüter,* d. h. die Gleichungen (iii) für $t = k+1, k+2, \ldots, (m-1)$, ergeben die Outputs Y_t zuerst als Ausdruck aller Preise und dann der Faktorpreise allein (da die p_t ja nun durch die p_s eliminiert werden können). Nun bleibt nur noch die Menge der *Marktbedingungen für Faktoren* oder die Gleichungen (iii) für $s = 1, 2, \ldots, k$ übrig. Wegen der vorherigen Beziehungen stellen diese Bedingungen einfach k Gleichungen mit k Faktorpreisen p_s dar. Auf dem Markt für Faktoren treffen alle anderen Beziehungen des Problems zusammen, um Marktpreise zu bestimmen, die mit dem Gleichgewicht verträglich sind.

Übungsaufgaben 10.2

1. Schreiben Sie $\sum_r p_r \{ \sum_i (x_{ri} - \bar{x}_{ri}) - Y_r\}$, summiert über $r = 1, 2, \ldots, m$. Zeigen Sie, daß die Bedingungen (i) (b), (ii) (a) und (ii) (b) diesen Ausdruck Null werden lassen. Leiten Sie ab, daß, wenn die Bedingungen (iii) für $r = 1, 2, \ldots, (m-1)$ gelten, sie dann auch für $r = m$ gelten.

2. Setzen Sie für ein beliebiges Verbrauchsgut $X_t = \overline{X}_t$, so daß die Nachfrage ganz durch Tausch befriedigt wird. Welchen Einfluß hat das auf die Gleichungen (i) - (iii)? Sind sie noch mit einem Gleichgewicht verträglich?

3. Fügen Sie ein weiteres Gut (Subskript u) dem System hinzu, ein Zwischenprodukt in der Produktion (d. h. keine Anfangsbestände und keine Nachfrage der Wirtschaftssubjekte). Es wird aus den Faktoren s mit den festen Koeffizienten a_{su} produziert, und es wird selbst wieder in der Produktion der Güter t mit festem Koeffizienten a_{ut} verwendet. Zeigen Sie, daß (ii) (b) durch eine weitere Gleichung $\sum_s p_s a_{su} - p_u = 0$ und (ii) (a) durch $\sum_t a_{ut} Y_t + Y_u = 0$ erweitert werden. Zeigen Sie, daß diese einfach den Preis und die produzierte (und verbrauchte) Menge des zusätzlichen Gutes bestimmen.

10.3 Allgemeines Marktgleichgewicht

Die Gleichgewichtsanalyse im vorigen Abschnitt gilt für Produktion und Tausch, ist aber begrenzt auf den Fall konstanter Skalenerträge in der Produktion. Diese Bedingung kann nun gelockert und das Problem verallgemeinert werden, so daß Produktion einzelner Unternehmungen mit verschiedenen möglichen Technologien zugelassen ist.

Es gibt n Wirtschaftssubjekte mit Anfangsbeständen $\bar{x}_{ri}$ und Nachfragemengen x_{ri} nach m Gütern ($r = 1, 2, \ldots, m$ und $i = 1, 2, \ldots, n$). Die Gleichgewichtsbedingungen werden wieder in der Form (i) (a) der vorherigen Abschnitte geschrieben. Weiterhin wird jetzt angenommen, daß einige der Wirtschaftssubjekte als *Unternehmer* in Unternehmungen auftreten. Dann muß die Budgetbeschränkung geändert werden, die zuvor als Gleichheit der Ausgaben $\sum_r p_r x_{ri}$ und Einkommen $\sum_r p_r \bar{x}_{ri}$ aus den Anfangsbeständen geschrieben wurde. Es ist wahr, daß dann, falls „freier Zugang" Nettogewinne von Null für alle Unternehmungen und Unternehmer einschließen soll, die Bedingungen (i) (b) der vorangegangenen Abschnitte noch gelten. Aber hier wird ein viel allgemeinerer Fall behandelt, und es wird angenommen, daß das i-te Wirtschaftssubjekt als Unternehmereinkommen einen festen und gegebenen, angemessenen Anteil π_i aller in der Gesamtproduktion verdienten Gewinne R hat. Sein Einkommen wird vermehrt um $\pi_i R$; diese Größe ist in bezug auf das Wirtschaftssubjekt fest, enthält aber einen Parameter R, der bestimmt werden muß. Die Budgetbeschränkungen der Wirtschaftssubjekte ersetzen die Bedingungen (i) (b) und lauten:

$$\sum_r p_r (x_{ri} - \bar{x}_{ri}) = \pi_i R \quad \left(\text{wobei } \sum_i \pi_i = 1\right) \qquad (i = 1, 2, \ldots, n)$$

Man beachte, daß dann, falls $\pi_i = 0$ gegeben ist, das i-te Wirtschaftssubjekt kein Unternehmer ist.

Die Produktion findet in N Unternehmungen statt, die durch das Subskript j bezeichnet werden und alle unter den durch die Produktionsfunktion gegebenen technischen Bedingungen arbeiten:

$$f_j (y_{1j}, y_{2j}, \ldots, y_{mj}) = 0 \qquad (j = 1, 2, \ldots, N)$$

wobei y_{rj} die Menge des r-ten produzierten Gutes (falls positiv) und die Menge des verwendeten Faktors (falls negativ) ist. Es kann auch Güter (entweder Faktoren oder Produkte) geben, für die $y_{rj} = 0$; sie werden in der jeweiligen j-ten Unternehmung weder verwendet noch produziert. Es wird angenommen, daß die f_j stetige partielle Ableitungen besitzen:

$$f_{rj} = \frac{\partial f_j}{\partial y_{rj}} \qquad \left\{ \begin{array}{l} r = 1, 2, \ldots, m \\ j = 1, 2, \ldots, N \end{array} \right.$$

Die Quotienten der f_{rj} stellen die Grenzraten der Substitution in der Produktion dar.

Jede Unternehmung organisiert ihre Produktion so, daß die Nettogewinne $R_j = \sum_r p_r y_{rj}$ unter Berücksichtigung der Beschränkungen ihrer Produktionsfunktion und der gegebenen Marktpreise maximiert werden sollen. Einige der Ausdrücke in R_j sind positiv (Erträge, $y_{rj} > 0$) und andere sind negativ (Kosten, $y_{rj} < 0$). Die Bedingungen für R_j = Maximum unter der Nebenbedingung $f_j = 0$ sind:

$$\frac{f_{rj}}{p_r} = f_{mj} \qquad \begin{cases} r = 1, 2, \ldots, (m-1) \\ j = 1, 2, \ldots, N \end{cases}$$

Die Verhältnisse $f_{1j} : f_{2j} : f_{3j} : \ldots : f_{mj}$ (j gegeben) stellen die Grenzraten der Substitution zwischen Faktoren und/oder Produkten für die Produktionsalternativen der j-ten Unternehmung dar.

Wie in 10.2 lauten die Marktbedingungen, daß die Nachfrage mit dem Angebot für alle Faktoren und Verbrauchsgüter übereinstimmt. Schreiben wir $Y_r = \sum_j y_{rj}$. Falls Y_r positiv ist, ist es die Nettomenge eines produzierten Gutes; falls Y_r negativ ist, ist sein absoluter Wert der Nettoverbrauch eines Faktors. Die Marktbedingungen sind in allen Fällen $Y_r = X_r - \overline{X}_r$, wobei $X_r = \sum_i x_{ri}$ und $\overline{X}_r = \sum_i \bar{x}_{ri}$. So gilt:

$$\sum_j y_{rj} = \sum_i (x_{ri} - \bar{x}_{ri}) \qquad (r = 1, 2, \ldots, m)$$

Zusätzlich müssen die maximierten Nettogewinne aller Unternehmungen R ergeben:

$$\sum_r \sum_j p_r y_{rj} = \sum_j R_j = R$$

Eine überzählige Gleichung muß nun eliminiert werden. Da

$$\begin{aligned} \sum_r \sum_j p_r y_{rj} &= \sum_r p_r \Big(\sum_j y_{rj}\Big) = \sum_r p_r \sum_i (x_{ri} - \bar{x}_{ri}) \\ &= \sum_i \sum_r p_r (x_{ri} - \bar{x}_{ri}) = \sum_i \pi_i R = R \ , \end{aligned}$$

folgt die zuletzt geschriebene Gleichung aus den anderen und kann weggelassen werden. Die Gleichung mit R ist jedoch nützlich und sollte beibehalten werden. Es ist daher besser, statt dessen eine der anderen Gleichungen zu eliminieren. Die Gleichung, die am zweckmäßigsten weggelassen wird, ist eine der Marktbedingungen, z. B. die für das letzte oder m-te Gut:

$$\sum_j y_{mj} = \sum_i (x_{mi} - \bar{x}_{mi})$$

Das vollständige System lautet dann:

$$\text{(i)}\quad \text{(a)}\ \frac{u_{ri}}{p_r} = u_{mi} \qquad \begin{cases} r = 1, 2, \ldots (m-1) \\ i = 1, 2, \ldots n \end{cases}$$

$$\text{(b)}\ \sum_r p_r (x_{ri} - \bar{x}_{ri}) = \pi_i R \qquad i = 1, 2, \ldots n$$

$$\text{(ii)}\quad \text{(a)}\ \frac{f_{rj}}{p_r} = f_{mj} \qquad \begin{cases} r = 1, 2, \ldots (m-1) \\ j = 1, 2, \ldots N \end{cases}$$

$$\text{(b)}\ f_j (y_{1j}, y_{2j}, \ldots y_{mj}) = 0 \qquad j = 1, 2, \ldots N$$

$$\text{(iii)}\quad \text{(a)}\ \sum_j y_{rj} = \sum_i (x_{ri} - \bar{x}_{ri}) \qquad r = 1, 2, \ldots (m-1)$$

$$\text{(b)}\ \sum_r \sum_j p_r y_{rj} = R$$

Die Variablen sind x_{ri}, y_{rj}, p_r und R, ihre Anzahl beträgt $mn + mN + (m-1) + 1$ also $m(n + N + 1)$. Die Gleichungen haben die gleiche Anzahl: mn in (i) (a) und (b), mN in (ii) (a) und (b) und m in (iii) (a) und (b). Das System ist geschlossen und besitzt ein Gleichgewicht.

Das allgemeine Marktgleichgewicht von Produktion und Tausch, wie es hier entwickelt wurde, ist das von Hicks (1939, 1946) dargestellte. Es beinhaltet ein vollständiges und geschlossenes Gleichungssystem zur Bestimmung aller Gütermengen, also der Faktoren und Verbrauchsgüter, die produziert, verbraucht oder getauscht werden, der Höhe der verdienten Gewinne und aller Marktpreise (bezogen auf den *numéraire*).

Die Gleichgewichtslage kann schrittweise erreicht werden, indem das vollständige geschlossene System in verschiedene offene Teilbereiche zerlegt wird. Im folgenden wird einer der möglichen Wege beschritten. Die Bedingungen (i) drücken die *Nachfragemengen der Wirtschaftssubjekte* x_{ri} durch die Preise und R aus. Entsprechend ergibt sich die aggregierte Nachfrage $(X_r - \overline{X}_r)$ für jedes Gut, egal ob Faktor oder Verbrauchsgut. Die Bedingungen (ii) ergeben als nächstes die *Produktion der Unternehmungen* y_{rj} in Preisen. Darauf folgt das aggregierte Angebot Y_r für jedes Gut in Preisen. Dann wird R in Preisen durch Einsetzen in (iii) (b) gefunden. Zuletzt bleiben die *Marktbedingungen* von (iii) (a) übrig; es sind $(m-1)$ Bedingungen, ausgedrückt in $(m-1)$ Preisverhältnissen. Sie drücken die Gleichheit von Nachfrage und Angebot auf den verschiedenen Märkten für Faktoren und Verbrauchsgüter aus; sie genügen zur Bestimmung der Preisverhältnisse auf den Märkten.

Übungsaufgaben 10.3

1. Teilen Sie die Menge der Güter in Faktoren $(s = 1, 2, \ldots, k)$ und Verbrauchsgüter $(t = k + 1, k + 2, \ldots, m)$. Für jedes Wirtschaftssubjekt soll angenommen werden, daß $x_{si} \geqslant 0$ $(s = 1, 2, \ldots, k)$ und daß $x_{ti} = 0$ $(t = k + 1, k + 2, \ldots, m)$. Erklären und zeigen Sie, daß das obige System der Gleichungen (i) - (iii) durch solche Annahme nicht wesentlich berührt wird.

2. Prüfen Sie den Einfluß auf das System (i) - (iii), wenn Sie R (und R_j) gleich Null setzen und wenn Sie annehmen, daß die Unternehmerleistungen in den gegebenen Resourcen $\bar{x}_{ri}$ der Wirtschaftssubjekte enthalten sind.

3. Eine einzelne Unternehmung produziert ein Verbrauchsgut Z unter Verwendung zweier Faktoren X und Y. Die Produktionsfunktion ist $f(x, y, z) = xy - az = 0$, wobei a eine positive Konstante ist, x und y negativ (verwendete Faktoren) sind und z positiv ist (Output). Zeigen Sie, daß die Produktionsbedingungen (die Gleichungen (ii) (a) und (ii) (b)) ergeben:

$$-xp_x = -yp_y = z = ap_x p_y$$

wobei die Preise p_x und p_y sind $(p_z = 1)$.

4. Fügen Sie den Produktionsbedingungen der vorigen Übung die Gleichungen (i) (a) und (i) (b) mit zwei Wirtschaftssubjekten und quadratischen Nutzenfunktionen hinzu. Das erste Wirtschaftssubjekt bietet den Faktor X an und hat keine Nachfrage nach Faktor Y; das zweite bietet den Faktor Y an, fragt aber X nicht nach. Das erste Wirtschaftssubjekt bietet auch die Unternehmerleistung an. Beide fragen das Gut Z nach, haben aber keine Anfangsbestände. Leiten Sie die Nachfrage der Wirtschaftssubjekte in Preisausdrücken ab. Vervollständigen Sie das System durch Einfügen der Marktbedingungen (iii) und zeigen Sie, wie die Preise bestimmt werden.

5. Nehmen Sie im Problem der vorherigen Aufgabe an, daß die Leistungen des Unternehmers (des ersten Wirtschaftssubjektes) frei veränderlich und mit dem Faktor X bezeichnet werden. Ersetzen Sie die Produktionsfunktion durch $f(x, y, z) = xy - az^2 = 0$. Zeigen Sie, daß die Produktionsbedingungen dann ergeben:

$$-xp_x = -yp_y = \frac{1}{2} z \quad \text{und} \quad p_x p_y = \frac{1}{4} a$$

Überprüfen Sie, daß $R = 0$.

6. Verallgemeinern Sie die vorherige Aufgabe (frei veränderliche Unternehmerleistungen) mit Hilfe einer Produktionsfunktion $f(y_1, y_2, \ldots, y_n) = 0$ und zeigen Sie, daß die Form der Funktion der Beschränkung

$$\sum_r f_r y_r = 0 \qquad \left(f_r = \frac{\partial f}{\partial y_r}\right)$$

unterliegt, falls die Gewinne Null sein sollen. Zeigen Sie dann, daß in der oben angegebenen Bestimmung des Gleichgewichts das Ausmaß der Produktion nicht auf der Stufe „Produktion der Unternehmungen" bestimmt wird, d. h. daß die Bedingungen (ii) nur die Verhältnisse der y_{rj} für jede Unternehmung j bestimmen. Vergleichen Sie das mit Aufg. 2 und mit dem partiellen Gleichgewicht in 10.2 oben.

10.4 Abzählen der Gleichungen

Das wesentliche Merkmal der oben beschriebenen wirtschaftlichen Gleichgewichtssysteme ist, daß die Anzahl der (unabhängigen) Bedingungen mit der Anzahl der zu bestimmenden Unbekannten identisch ist. Es geht darum, Gleichungen und Variable zu zählen und nachzuprüfen, ob sie der Zahl nach übereinstimmen. Es wird gefolgert, daß das System ein Gleichgewicht besitzt, wenn es weder unter- noch überbestimmt ist. Im allgemeinen beziehen die Bedingungen Größen ein, die zwar gegeben, aber der Form nach unbestimmt sind. Nur in besonderen Fällen können z. B. Gleichungen als linear oder quadratisch angenommen werden. Folglich ist es schwierig, mehr über ein allgemeines wirtschaftliches Gleichgewicht zu sagen, als festzustellen, daß es ein Gleichgewicht besitzt. In einigen besonderen Fällen könnte das System überhaupt keine (reale) Gleichgewichtslage aufweisen, d. h. die Gleichungen haben keine (reelle) Lösung. In anderen Fällen kann es zahlreiche Lösungen der Gleichungen geben.

Diese Sachlage wird durch Abb. 43 erläutert, die spezielle lineare, quadratische und kubische Gleichungen mit zwei Variablen X und Y zeigt. Das System besteht in jedem Fall aus zwei Gleichungen, die durch zwei Kurven in der OXY-Ebene dargestellt sind. Es besitzt ein Gleichgewicht, d. h. Gleichgewichtswerte von X und Y sind durch die Lösung der Gleichungen und den Schnittpunkt der Kurven gegeben. In einem speziellen Fall, wie in Abb. 43 A gibt es ein einziges Gleichgewicht, wie durch den einzelnen Punkt P als Schnittpunkt der Kurven gezeigt wird. In einem anderen speziellen Fall, wie in Abb. 43 B, gibt es überhaupt kein reelles Gleichgewicht; das System ist mit einem Gleichgewicht verträglich, aber eine reelle Lösung existiert nicht. Weitere Fälle existieren, wie in Abb. 43 C gezeigt ist, wo es viele Gleichgewichtspunkte gibt, wie durch eine Reihe von Schnittpunkten ($P_1, P_2, \ldots$) der Kurven gezeigt wird.

Erheblich mehr kann gesagt werden, wenn die Bedingungen des Problems beinhalten, daß alle Gleichungen linear sind oder wenn dies als Annäherung für bestimmte Bereiche der Variablen angenommen werden kann. Dieser Fall ist unter 14.2 ganz allgemein untersucht worden; im großen und ganzen zeigen sich folgende Ergebnisse: Wenn es weniger Gleichungen als Variable gibt, gibt es „überschüssige" Variable, und ihre Werte können nicht aus den Gleichungen bestimmt werden. Gibt es mehr Gleichungen als Variable, so gibt es „überschüssige" Gleichungen, die mit dem Rest verträglich sein können oder nicht. Falls sie verträglich sind, können sie aus anderen Gleichungen abgeleitet werden und eliminiert werden; ein Vorgang, wie wir ihn oben bereits erörtert haben. Falls sie nicht verträglich sind, ist etwas mit der Formulierung

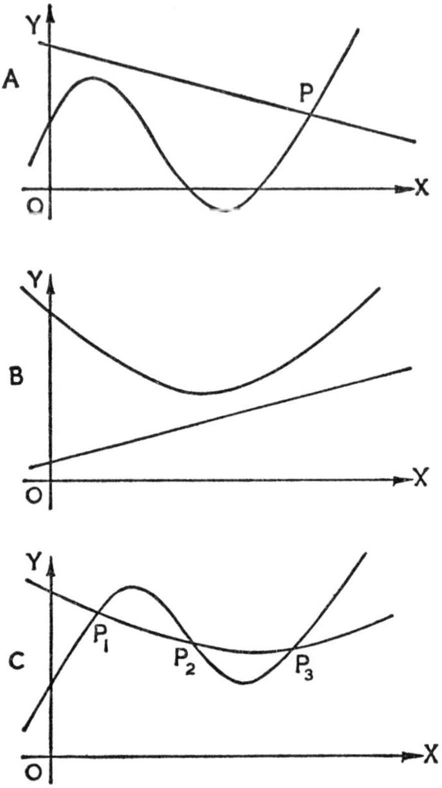

Abb. 43

des Problems schiefgegangen; dies muß richtiggestellt und die zusätzlichen Gleichungen müssen eliminiert werden.

Im allgemeinen hat ein System linearer Gleichungen Variable in der gleichen Anzahl wie Gleichungen, oder es ist auf diese Form reduzierbar. Der übliche oder „nichtsinguläre" Fall ist der, daß es eine eindeutige Lösung für die Variablen gibt. Jedoch gibt es noch spezielle („singuläre") Fälle, in denen die Situation die gleiche ist, wie wenn „überzählige" Gleichungen oder Variable vorliegen. Das tritt ein, wenn die aus den Koeffizienten der Gleichungen gebildete Determinante den Wert Null hat. Es ist immer notwendig, auf diesen Fall zu achten.

Zum Beispiel kann die Bestimmung der Marktpreise mit Hilfe eines Gleichungssystems erfolgen, in dem die Anzahl der Gleichungen mit der der Preise übereinstimmt. Sind die Gleichungen linear, so gibt es im allgemeinen eine eindeutige Menge von Gleichgewichtspreisen. Jedoch kann bei einer bestimmten Zusammensetzung der Konstanten in den Relationen der „singuläre" Fall eintreten, und es ist dann nicht möglich, alle Preise zu bestimmen oder sie eindeutig zu bestimmen. Bei der Betrachtung eines wirtschaftlichen Gleichgewichts ist es daher nötig, die Gleichungen zu zählen. Aber dies ist nicht hinreichend, um zu bestimmen, daß eine einzige Lösung — oder überhaupt irgendeine Lösung — existiert, selbst wenn die Gleichungen linear sind.

Wenn eine Gleichgewichtslage bekannt ist oder wenn angenommen wird, daß eine existiert, ist es schließlich noch notwendig, etwas über ihre Stabilität zu sagen und (in verschiedenen offenen Systemen) zu bestimmen, was mit einer Variablen passiert, wenn eine andere Variable geändert wird. Dies sind Probleme der komparativen Statik — in der Tat kann Stabilität nur in vollständig dynamischen Ausdrücken adäquat behandelt werden —, und sie müssen noch erörtert werden.

10.5 Stabilität des Marktgleichgewichtes

Im Problem des allgemeinen Marktgleichgewichtes werden die Marktpreise, der Anzahl nach $(m-1)$ mit $p_m = 1$ für den *numéraire,* durch $(m-1)$ Gleichungen folgender Form bestimmt:

$$Y_r = X_r - \overline{X}_r \quad r = 1, 2, \ldots, (m-1) \tag{1}$$

Hier gilt für das r-te Gut $Y_r = \sum_j y_{rj}$ = Nettoproduktion (oder Nettoverbrauch) für alle Unternehmungen und $X_r - \overline{X}_r = \sum_i (x_{ri} - \bar{x}_{ri})$ = Netto-Verbrauchernachfrage (oder Netto-Faktorangebot) für alle Wirtschaftssubjekte. Dies sind die Gleichungen (iii) aus 10.3 oben. Jede der Bedingungen stellt die Gleichheit von Markt-Nachfrage und -Angebot für ein Gut, d. h. einen Faktor oder ein Verbrauchsgut, dar.

Lassen wir S_r und D_r das Angebot und die Nachfrage für das r-te Gut auf dem r-ten Markt sein, so gilt:

Verbrauchsgut:	$S_r = Y_r$	$D_r = X_r - \overline{X}_r$
Faktor:	$S_r = \overline{X}_r - X_r$	$D_r = -Y_r$

In jedem Fall ist der Überschuß des Angebots über die Nachfrage der gleiche:

$$S_r - D_r = Y_r - (X_r - \overline{X}_r) \tag{2}$$

Die Marktgleichungen (1) besagen einfach, daß $S_r - D_r = 0$ für jedes Verbrauchsgut und jeden Faktor ist.

Die Gleichungen (1) sind Gleichungen für $(m-1)$ Preise, da ja angenommen wird, daß die Wahlakte der individuellen Verbraucher (Gleichungen (i) von 10.3) und die Entscheidungen der einzelnen Unternehmungen (Gleichungen (ii) von 10.3) die Aggregate X_r und Y_r als Funktionen der Preise ergeben. Mit diesen Wahlakten und Entscheidungen verbundene Fragen, z. B. nach ihrer Stabilität, werden hier einfach beiseite gelassen. Weiterhin wird die m-te Gleichung von Angebot und Nachfrage (für das m-te Gut, das als *numéraire* genommen wird) vernachlässigt; diese Gleichung ist automatisch erfüllt, falls alle anderen gelten. Ist eine der Gleichungen (1) nicht erfüllt, so daß ein Markt bei den gegebenen Preisen nicht im Gleichgewicht ist, gilt die Gleichung von Angebot und Nachfrage für den *numéraire* nicht mehr. Fehlendes Gleichgewicht auf einem Markt wird ausgeglichen durch einen Mangel an „Gleichgewicht" auf dem „Markt" für den *numéraire*. Hierdurch ist für Probleme der komparativen Statik die notwendige Flexibilität gesichert.

Jede Erörterung der Stabilität des Marktgleichgewichtes wirft Probleme der wirtschaftlichen Dynamik auf. Eine Gleichgewichtsposition der Preise ist stabil, wenn eine anfängliche Veränderung in irgendeinem Preis wieder zu einer Rückkehr des Preises auf das Gleichgewichtsniveau führt. Alles ist von den angenommenen dynamischen Bedingungen abhängig, wie wir es in 1.8 oben für einen einzelnen Markt, wo unterschiedliche Ergebnisse für verschiedene dynamische Modelle abgeleitet wurden, dargestellt haben. Wir behandeln jetzt das Walrasianische Modell; die dynamische Annahme ist die, daß ein Preis im Zeitablauf zunimmt, wenn die Nachfrage das Angebot zum herrschenden Preis überschreitet. Das Ergebnis (1.8 oben) lautet, daß das Preisgleichgewicht auf einem einzelnen Markt stabil ist, falls die Angebotskurve die Nachfragekurve von unten schneidet (vgl. Abb. 2). Wenn $S(p)$ und $D(p)$ die Angebots- und Nachfragefunktionen sind, lautet die Stabilitätsbedingung:

$$\frac{d}{dp}(S-D) > 0 \qquad \text{für } p, \text{ so daß } S-D=0$$

Der Überschuß des Angebots über die Nachfrage $(S-D)$ ist Null zum Gleichgewichtspreis und wird positiv, wenn der Preis steigt.

Hicks (1939, 1946) benutzt eine Erweiterung dieser Walrasianischen Bedingung, um die Stabilität eines Marktgleichgewichtes auf zusammenhängenden Märkten zu *definieren*. Wenn S_r und D_r das Angebot und die Nachfrage für das r-te Gut als Funktion aller Preise sind, gibt es eine Marktstabilität im Hicksschen Sinne, wenn

$$\frac{d}{dp_r}(S_r-D_r) > 0$$

für eine Bewegung aus dem Gleichgewicht auf jedem Markt ($r = 1, 2, \ldots, m-1$) ist. Jedoch kann diese Bedingung für den Fall zahlreicher Preise unterschiedlich interpretiert werden. In einem extremen Fall kann die Veränderung im Preis p_r vor sich gehen, während alle anderen Preise konstant gehalten werden. Dies bedeutet nicht nur, daß auf dem r-ten Markt das Gleichgewicht verlassen wird (durch die Veränderung von p_r), sondern auch, daß alle anderen Märkte ebenfalls aus der Gleichgewichtslage kommen. Im anderen Extremfall wird die Veränderung von p_r durch geeignete Veränderungen aller anderen Preise kompensiert, so daß alle Märkte (außer dem r-ten und dem für den numéraire) im Gleichgewicht bleiben. Dazwischen gibt es Fälle, in denen einige Preise konstant gehalten werden (und die entsprechenden Märkte aus dem Gleichgewicht sind) und andere angepaßt werden, um das Gleichgewicht auf den betreffenden Märkten zu erhalten. Nach Hicks gibt es eine *vollkommene Stabilität* eines Preisgleichgewichts, falls die Bedingung $\frac{d}{dp_r}(S_r - D_r) > 0$ unter allen Umständen gilt, ob nun alle Preise außer p_r konstant gehalten oder angepaßt werden, um das Gleichgewicht auf anderen Märkten zu erhalten, oder ob einige konstant gehalten und andere angepaßt werden. Wegen (2) lautet die Bedingung für das Hickssche vollkommene Gleichgewicht (da $\overline{X}_r$ ja gegeben ist):

$$\left.\begin{aligned} & Y_r - X_r = -\overline{X}_r \\ \text{und} \quad & \frac{d}{dp_r}(Y_r - X_r) > 0 \end{aligned}\right\} \quad r = 1, 2, \ldots, m-1 \tag{3}$$

in allen Fällen, ob nun andere Preise angepaßt werden oder nicht.

Dabei ist $\frac{d}{dp_r}(Y_r - X_r)$ eine totale Ableitung für eine Veränderung in p_r *und* in denjenigen anderen Preisen, die angepaßt werden. Sie ist aus den partiellen Ableitungen $\frac{\partial}{\partial p_r}(Y_r - X_r)$ zu ermitteln, wobei jede *in der Gleichgewichtslage* bestimmt wird und daher von *konstanter* Größe ist. Wir schreiben diese Konstanten als:

$$a_{rs} = \frac{\partial}{\partial p_s}(Y_r - X_r) = \frac{\partial Y_r}{\partial p_s} - \frac{\partial X_r}{\partial p_r} \qquad \text{zu Gleichgewichtspreisen}$$

Die Bedingungen (3) können dann durch die Konstanten a_{rs} ausgedrückt werden.

Es sei p_1 der veränderte Preis, so daß der erste Markt aus dem Gleichgewicht ist. Nehmen wir dann an, daß alle anderen Preise konstant gehalten werden, so sind ihre Märkte auch aus dem Gleichgewicht. Wegen (3) gilt:

$$\frac{d}{dp_1}(Y_1-X_1) = \frac{\partial}{\partial p_1}(Y_1-X_1) = a_{11} > 0$$

Ebenso müssen alle a_{22}, a_{33}, ... positiv sein, da ja freisteht, welcher Preis verändert werden soll. Nehmen wir nun an, daß es Anpassungen in p_2 gibt, um den zweiten Markt im Gleichgewicht zu halten, wenn p_1 verändert wird. Wieder sind die anderen Preise konstant und ihre Märkte aus dem Gleichgewicht. Daher ergibt sich aus (3):

$$\frac{d}{dp_1}(Y_1-X_1) > 0, \quad \text{wenn} \quad \frac{d}{dp_1}(Y_2-X_2) = 0$$

Nun ist

$$\frac{d}{dp_1}(Y_1-X_1) = \frac{\partial}{\partial p_1}(Y_1-X_1) + \frac{\partial}{\partial p_2}(Y_1-X_1)\frac{dp_2}{dp_1} = a_{11} + a_{12}\frac{dp_2}{dp_1}$$

und entsprechend

$$\frac{d}{dp_1}(Y_2-X_2) = a_{21} + a_{22}\frac{dp_2}{dp_1}$$

Die Gleichung für das zweite Gut, Null gesetzt, ergibt $\frac{dp_2}{dp_1} = -\frac{a_{21}}{a_{22}}$

und:

$$\frac{d}{dp_1}(Y_1-X_1) = a_{11} + a_{12}\left(-\frac{a_{21}}{a_{22}}\right) = \frac{a_{11}a_{22}-a_{12}a_{21}}{a_{22}} > 0$$

Da a_{22} positiv ist, gilt:

$$a_{11}a_{22}-a_{12}a_{21} = \begin{vmatrix} a_{11} & a_{12} \\ a_{21} & a_{22} \end{vmatrix} > 0$$

in Determinanten-Schreibweise (vgl. 12.9 unten). Die gleiche Bedingung gilt für jedes Paar von Preisen und Märkten, d. h. alle diese Determinanten zweiter Ordnung sind positiv. Falls angenommen wird, daß Anpassungen in p_2 und p_3 vorgenommen werden, wenn p_1 verändert wird, um zwei Märkte im Gleichgewicht zu halten, erhält man entsprechend (vgl. Aufg. 1 unten) weiterhin, daß

$$\begin{vmatrix} a_{11} & a_{12} & a_{13} \\ a_{21} & a_{22} & a_{23} \\ a_{31} & a_{32} & a_{33} \end{vmatrix} > 0$$

und ähnliches für andere Determinanten dritter Ordnung. Die Ergebnisse sind offensichtlich für Anpassungen in jeder beliebigen Anzahl von Preisen allgemein. Daher lauten die Bedingungen für die Hickssche vollkommene Stabilität des Marktgleichgewichtes:

$$a_{11} > 0; \quad \begin{bmatrix} a_{11} & a_{12} \\ a_{21} & a_{22} \end{bmatrix} > 0; \quad \begin{bmatrix} a_{11} & a_{12} & a_{13} \\ a_{21} & a_{22} & a_{23} \\ a_{31} & a_{32} & a_{33} \end{bmatrix} > 0; \ldots\ldots$$

und entsprechend für beliebig viele Güter.

Diese Hickssche Formulierung vollkommener Stabilität kann kritisiert werden, wie etwa Samuelson (1944, 1947) das getan hat, weil sie in Analogie zu dem Fall des einzelnen Marktes definiert ist. Nur für diesen einfachen Fall wird ein besonderes dynamisches Modell als Stabilitätskriterium konstruiert. Der allgemeine Fall mit vielen Märkten ist nicht, wenigstens nicht ausdrücklich, mit Hilfe eines dynamischen Modells, das die Bewegungen interdependenter Preise im Zeitablauf zeigt, behandelt worden. Die Analyse ist offensichtlich unvollständig und wird unten in 14.6 wieder aufgenommen. Eine unerwartete Schwierigkeit wird sich dann aus der Tatsache ergeben, daß a_{rs} und a_{sr} im allgemeinen verschieden sind, da ja weder angenommen werden kann, daß $\frac{\partial X_r}{\partial p_s} = \frac{\partial X_s}{\partial p_r}$, noch daß $\frac{\partial Y_s}{\partial p_r} = \frac{\partial Y_r}{\partial p_s}$. Dieser Mangel an Symmetrie ist lästig, und Hicks (1939, 1946) weiß es wohl. Er beseitigt ihn z. B. in der Konsumentennachfrage, indem er annimmt, die „Einkommenseffekte" könnten im Vergleich zu den „Substitutionseffekten" vernachlässigt werden.

Übungsaufgaben 10.5

1. Berücksichtigen Sie die Märkte für die ersten drei Güter; p_1 verändere sich bei Anpassung von p_2 und p_3, damit diese Märkte im Gleichgewicht bleiben. Zeigen Sie, daß für vollkommene Stabilität

$$\begin{bmatrix} a_{11} & a_{12} & a_{13} \\ a_{21} & a_{22} & a_{23} \\ a_{31} & a_{32} & a_{33} \end{bmatrix} > 0$$

gilt.

2. Hicks definiert *unvollkommene Stabilität* durch die Bedingungen (3) oben, wenn p_r verändert wird und alle anderen Preise sich anpassen. Diese Bedingungen können auch für einige, aber nicht für alle partiellen Anpassungen gelten. Welcher Unterschied ergibt sich daraus für die mit den a_{rs} ausgedrückten Stabilitätsbedingungen?

3. Prüfen Sie die Bedingungen für unvollkommene Stabilität, wenn es außer dem *numéraire* zwei Güter gibt. Zeigen Sie, daß

$$\frac{1}{a_{22}} \begin{bmatrix} a_{11} & a_{12} \\ a_{21} & a_{22} \end{bmatrix} > 0$$

ist, so daß a_{22} und die Determinante das gleiche Vorzeichen haben (das nicht positiv sein muß). Erweitern Sie diesen Fall so, daß außer dem *numéraire* drei Güter auftreten.

10.6 Einige Probleme der komparativen Statik

Das allgemeine Marktgleichgewicht, wie es oben in 10.3 analysiert wurde, ist ein geschlossenes und statisches System. Die Gleichungen können abgezählt werden, und man kann zeigen, daß das System ein Gleichgewicht besitzt; das ist ein wichtiges, aber nicht sehr fruchtbares Verfahren. Die interessanten Probleme liegen im Bereich der komparativen Statik und der Dynamik. Die typische Frage lautet: Finden näher bezeichnete Veränderungen in den Daten statt (z. B. im Konsumentengeschmack oder in den Produktionstechniken), wie verändern sich dann die Gleichgewichtswerte der Variablen (z. B. Preise oder Nachfragemengen)? Das Ziel in der komparativen Statik besteht darin, „sinnvolle Theoreme“ zu erlangen; sie lassen sich jedoch nicht leicht ableiten, auch sind sie nicht einfach zu interpretieren. Die komparative Statik besteht aus mehr als nüchternen Feststellungen wie „mit fallenden Preisen steigt die Nachfrage“.

Ein Teil der Schwierigkeit besteht darin, daß das System geschlossen ist, so daß z. B. alle Preise auf den Märkten gleichzeitig bestimmt werden. Es ist *nicht* zulässig, eine Preisveränderung zuzulassen und dann den Einfluß auf andere Variablen zu verfolgen. Die Preise stellen ein zusammenhängendes System dar, und einer von ihnen kann nur verändert werden, wenn zugelassen wird, daß der eine oder andere Markt aus dem Gleichgewicht gelangt. Eine oder mehrere Gleichgewichtsbedingungen werden fallengelassen; das System wird mehr zu einem offenen. Dies wurde bereits bei der Erörterung der Stabilität in 10.5 oben veranschaulicht.

Ein weiterer wichtiger Punkt ist der, daß brauchbare Ergebnisse in der komparativen Statik erreicht werden können, indem man die notwendigerweise dynamischen Stabilitätsbedingungen einführt, was Samuelson (1947) als das „Korrespondenzprinzip“ beschreibt. Dies kann in dem Falle eines einzelnen Marktes (1.8 oben) veranschaulicht werden. Der Preis P und die gekaufte und verkaufte Menge X sind im Gleichgewicht gegeben:

$$X = D(P) = S(P)$$

Die Angebotskurve verändere sich etwa wegen einer Veränderung der Produktionstechniken. $S(P, \alpha)$ sei das geplante Angebot, wobei der Parameter α die Veränderung darstellt, mit $\frac{\partial S}{\partial \alpha} > 0$; ein Zuwachs von α

bedeutet eine Verlagerung des Angebots nach oben. Die Gleichgewichtswerte von P und X sind dann in Abhängigkeit von α gegeben:

$$X = D(P) = S(P, \alpha) \tag{1}$$

Differenzieren wir (1) nach α:

$$\frac{dX}{d\alpha} = \frac{dD}{dP}\frac{dP}{d\alpha} = \frac{\partial S}{\partial P}\frac{dP}{d\alpha} + \frac{\partial S}{\partial \alpha}$$

d. h. $$\frac{dP}{d\alpha} = -\frac{\partial S}{\partial \alpha}\frac{1}{\frac{\partial}{\partial P}(S-D)} \quad \text{und} \quad \frac{dX}{d\alpha} = -\frac{\partial S}{\partial \alpha}\frac{\frac{dD}{dP}}{\frac{\partial}{\partial P}(S-D)}$$

Hier ist $\frac{\partial S}{\partial \alpha} > 0$, und es kann angenommen werden, daß $\frac{dD}{dP} < 0$. Das Vorzeichen von $\frac{\partial}{\partial P}(S-D)$ ist dann entscheidend. Jetzt kommen die Stabilitätsbedingungen ins Spiel, und im Walrasianischen Modell ergibt sich $\frac{\partial}{\partial P}(S-D) > 0$ für ein stabiles Gleichgewicht. Für eine stabile Situation gilt also:

$$\frac{dP}{d\alpha} < 0 \quad \text{und} \quad \frac{dX}{d\alpha} > 0$$

Eine Erhöhung des Angebotes verringert den Preis und vergrößert die gekaufte und verkaufte Menge. In diesem Sinne steigt die Nachfrage, wenn der Preis fällt. Ein ähnliches Ergebnis folgt aus einer Veränderung der Nachfrage (vgl. unten Aufg. 1).

Man kann denselben Ansatz zur Analyse des Gleichgewichts auf verbundenen Märkten mit Hilfe der Hicksschen Stabilitätsbedingungen machen. Falls es zwei Güter (außer dem *numéraire*) gibt, ergeben sich die zwei Bedingungen des Marktgleichgewichts als

$$Y_1 - X_1 = -\overline{X}_1 \quad \text{und} \quad Y_2 - X_2 = -\overline{X}_2 \tag{2}$$

wobei $\overline{X}_1$ und $\overline{X}_2$ gegeben sind. $(Y_1 - X_1)$ und $(Y_2 - X_2)$ stellen hier den Überschuß des Angebots über die Nachfrage dar, gleichgültig ob nun die Güter Faktoren oder Verbrauchsgüter sind. $(Y_1 - X_1)$ soll von einem Parameter α und von den beiden Preisen p_1 und p_2 abhängen, und ferner sei $\frac{\partial (Y_1 - X_1)}{\partial \alpha} > 0$, so daß eine Erhöhung von α einer Erhöhung des Angebotes oder einer Verringerung der Nachfrage entspricht. Die durch (2) bestimmten Gleichgewichtspreise hängen dann von α ab, d. h. von den Verlagerungen des Angebots oder der Nachfrage des ersten Gutes. Schreiben wir wie vorher für $r, s = 1, 2$:

$$a_{rs} = \frac{\partial}{\partial p_s}(Y_r - X_r) \qquad \text{zu Gleichgewichtspreisen}$$

Differenzieren wir (2) nach α:

$$a_{11}\frac{dp_1}{d\alpha} + a_{12}\frac{dp_2}{d\alpha} = -\frac{\partial}{d\alpha}(Y_1 - X_1)$$

und

$$a_{21}\frac{dp_1}{d\alpha} + a_{22}\frac{dp_2}{d\alpha} = 0$$

Folglich

$$\frac{dp_2}{d\alpha} = -\frac{a_{21}}{a_{22}}\frac{dp_1}{d\alpha}$$

und

$$\frac{dp_1}{d\alpha} = -a_{22}\frac{\partial(Y_1 - X_1)}{\partial\alpha} \Big/ \begin{vmatrix} a_{11} & a_{12} \\ a_{21} & a_{22} \end{vmatrix}$$

Falls das Gleichgewicht Stabilität im Sinne von Hicks besitzt, sind a_{22} und die obige Determinante beide positiv. Es folgt daraus, daß mit wachsendem α (Erhöhung des Angebots oder Verringerung der Nachfrage)

$$\frac{dp_1}{d\alpha} < 0 \text{ gilt und } \frac{dp_2}{d\alpha} \text{ das Vorzeichen von } a_{21} \text{ hat.}$$

Der Preis des Gutes fällt, wenn sein Angebot erhöht wird (oder seine Nachfrage verringert wird). Der Einfluß auf den Preis des zweiten Gutes hängt von der Beziehung zwischen beiden Gütern ab, also von

$$a_{21} = \frac{\partial}{\partial p_1}(Y_2 - X_2)$$

Falls der „Einkommenseffekt" vernachlässigt werden kann, ist für zwei substitutive Güter $a_{21} < 0$ und für komplementäre Güter $a_{21} > 0$. Damit führt eine Erhöhung des Angebotes eines Gutes zu einer Preissenkung bei einem substitutiven Gut, dagegen zu einer Preissteigerung bei einem komplementären Gut. Das gleiche Ergebnis ergibt sich bei einer Verlagerung der Nachfrage für das erste Gut nach unten.

Die Analyse kann auf Fälle mit mehreren Gütern erweitert werden, wobei alle Preise durch eine Veränderung der Nachfrage oder des Angebots eines Gutes berührt werden. Es gilt dann immer noch $\frac{dp_1}{d\alpha} < 0$, jedoch können die „Kreuzeffekte" $\frac{dp_2}{d\alpha}, \frac{dp_3}{d\alpha}, \ldots$ verwickelt sein. Darauf wird in den Aufgaben 2 und 3 unten noch eingegangen.

Übungsaufgaben 10.6

1. Für ein einzelnes Gut ergebe sich aus einem wachsenden α eine Erhöhung der Nachfrage: $D(P, \alpha)$ mit $\frac{\partial D}{\partial \alpha} > 0$. Zeigen Sie, daß die Veränderungen im Gleichgewichtspreis und in den Käufen bestimmt sind durch:

$$\frac{dP}{d\alpha} = \frac{\partial D}{\partial \alpha} \frac{1}{\frac{\partial}{\partial P}(S-D)} \quad \text{und} \quad \frac{dX}{d\alpha} = \frac{\partial D}{\partial \alpha} \frac{\frac{dS}{dP}}{\frac{\partial}{\partial P}(S-D)}$$

Leiten Sie ab, daß die Erhöhung der Nachfrage bei einem stabilen Gleichgewicht die Preise erhöht, daß sie die Käufe jedoch nur steigen läßt, wenn S eine positive Steigerung aufweist.

2. Gegeben sind drei Gütermärkte (außer dem numéraire); auf dem ersten weist die Angebotskurve positive Steigerung auf: $\frac{\partial}{\partial \alpha}(Y_1 - X_2) > 0$. Zeigen Sie, daß folgendes gilt:

$$a_{11}\frac{dp_1}{d\alpha} + a_{12}\frac{dp_2}{d\alpha} + a_{13}\frac{dp_3}{d\alpha} = -\frac{\partial}{\partial \alpha}(Y_1 - X_1)$$

$$a_{21}\frac{dp_1}{d\alpha} + a_{22}\frac{dp_2}{d\alpha} + a_{23}\frac{dp_3}{d\alpha} = 0$$

$$a_{31}\frac{dp_1}{d\alpha} + a_{32}\frac{dp_2}{d\alpha} + a_{33}\frac{dp_3}{d\alpha} = 0$$

Lösen Sie die drei Gleichungen nach den drei Preisveränderungen auf. Leiten Sie ab, daß $\frac{dp_1}{d\alpha} < 0$, daß $\frac{dp_2}{d\alpha}$ das Vorzeichen von $\begin{bmatrix} a_{21} & a_{23} \\ a_{31} & a_{33} \end{bmatrix}$ hat und entsprechendes für $\frac{dp_3}{d\alpha}$ gilt, wenn das Gleichgewicht Hickssche Stabilität besitzt.

3. Vernachlässigen Sie für den Fall der vorherigen Aufgabe die „Einkommenseffekte" und nehmen Sie an, daß das dritte Gut in keiner engen Beziehung zu den anderen steht (a_{23} und a_{31} sind klein). Leiten Sie ab, daß $\frac{dp_2}{d\alpha}$ das Vorzeichen von a_{12} hat, und erklären Sie dies. Untersuchen Sie den Effekt der „Substitution der Substitution", der dann auftritt, wenn a_{23} und a_{31} signifikant sind. Siehe Hicks (1946) S. 74 und 318.

10.7 Produktionsfunktionen

Die Analyse des allgemeinen wirtschaftlichen Gleichgewichts geht jetzt in eine Richtung, in der man sich entscheidet, die technischen Bedingungen für die Produktion oder für die Transformation der Güter zu formulieren. In 10.3 oben ist die Produktion in den Händen einer Anzahl von Einzelunternehmungen, und für jede von ihnen sind die technischen Möglichkeiten zusammengefaßt und dargestellt durch eine Produktionsfunktion der Form $f(x_1, x_2, \ldots, x_m) = 0$, wobei die x Faktoreinsatzmengen (negative Werte) und Produktionsmengen (positive Werte) sind. In 10.2 wird andererseits angenommen, daß die Produktion in der gesamten Wirtschaft unter der Bedingung konstanter Skalenerträge mit festen technischen Koeffizienten stattfindet, d. h. a_{rs} ist die Menge des r-ten Faktors, die gebraucht wird, um eine Einheit des s-ten Produktes (für verschiedene r und s) hervorzubringen. Keine zwei Formulierungen desselben allgemeinen Problems der Produktionstechnik könnten mehr differieren als diese; sie können verwendet werden, um den Bereich der vorhandenen Möglichkeiten zu veranschaulichen.

Aus Zweckmäßigkeitsgründen bezeichnen die x Inputmengen oder eingesetzte Faktoren und die y Outputmengen oder produzierte Güter. Alle Variablen sind positiv oder wenigstens nicht-negativ. Dann bestehen die beiden extremen Formulierungen der Produktionstechnik in einer Wirtschaft darin, *erstens*, für jede Unternehmung eine Produktionsfunktion anzunehmen:

$$f(x_1, x_2, \ldots, x_m, y_1, y_2, \ldots, y_n) = 0 \tag{1}$$

und *zweitens*, feste technische Koeffizienten für die Gesamtproduktion vorauszusetzen:

$$\left.\begin{array}{llll} x_{11} = a_{11}\, y_1 & x_{12} = a_{12}\, y_2 & \ldots & x_{1n} = a_{1n}\, y_n \\ x_{21} = a_{21}\, y_1 & x_{22} = a_{22}\, y_2 & \ldots & x_{2n} = a_{2n}\, y_n \\ \ldots\ldots & \ldots\ldots & \ldots & \ldots\ldots \\ x_{m1} = a_{m1}\, y_1 & x_{m2} = a_{m2}\, y_2 & \ldots & x_{mn} = a_{mn}\, y_n \end{array}\right\} \tag{2}$$

wobei a_{rs} die Menge des r-ten Inputs (Faktors) darstellt, der zur Produktion einer Einheit des s-ten Outputs (produzierten Gutes) gebraucht wird, so daß der Gesamtverbrauch

$$x_1 = \sum_{s=1}^{n} x_{1s} \quad x_2 = \sum_{s=1}^{n} x_{2s} \ \ldots \ x_m = \sum_{s=1}^{n} x_{ms}$$

beträgt. Die Unterschiede zwischen den Formulierungen liegen darin, daß (1) sich auf eine Unternehmung bezieht und (2) auf die gesamte Produktionswirtschaft; (1) setzt kontinuierliche Substitution zwischen Inputs und Outputs voraus, wohingegen (2) eine starre und feste Verbindung zwischen Inputs und Outputs annimmt; (1) läßt verschiedenartige Skalenerträge zu, während (2) konstante Skalenerträge aufweist.

Die Wahl zwischen den beiden Formulierungen oder irgendwelcher Varianten ist nicht eine Frage des Wählens zwischen richtig und falsch, noch kann sie allein im Hinblick auf die alltägliche Erfahrung getroffen werden. Technische Bedingungen sind in der realen Welt so komplex, daß jede Annahme für die Modellanalyse eine Vereinfachung einschließt. Welche vereinfachte „Produktionsfunktion" unterstellt wird, ist eine Frage der ökonomischen Zweckmäßigkeit und der mathematischen Annäherung. Produktionstechniken und die entsprechenden Entscheidungen der Produzenten haben im wirklichen Leben verschiedene Merkmale, und sie können von verschiedenen Gesichtspunkten aus betrachtet werden, je nach dem, welche Eigenschaften als wesentlich und welche als nebensächlich angesehen werden. Vom wirtschaftlichen Standpunkt aus ist es zweckmäßig, die Modellanalyse auf der einen oder anderen speziellen Annahme über die Technologie aufzubauen; manchmal mag es richtig sein, die Substitutionsmöglichkeiten zwischen Inputs und Outputs zu betonen und in anderem Zusammenhang, die Starrheit der Produktionsprozesse hervorzuheben. Die mathematische Formulierung ist dann eine Approximation; sie basiert auf bewußt vereinfachenden Annahmen, so etwa, daß Inputs und Outputs stetig veränderlich und stetig substituierbar sind.

Für die weitere Erörterung der Formulierung der Produktionsfunktion nehmen wir den einfachen Fall, daß es ein Produkt y und zwei Faktoren x_1 und x_2 gibt. Dies erlaubt eine Substitution zwischen Faktoren und zwischen einem Faktor und einem Produkt, aber nicht zwischen Produkten. Man könnte jedoch leicht eine Erweiterung auf den Fall jeder beliebigen Anzahl von Faktoren und Produkten mit Kuppelproduktion auf der Output- ebenso wie auf der Input-Seite durchführen.

Die erste Formulierung geht von der Unternehmung als Entscheidungseinheit aus. In der Praxis mag dies nicht eine „Unternehmung" im gewöhnlichen Sinne sein, sondern ein Unternehmungsteil, eine Abteilung oder eine Gruppe von Teilbetrieben. Inputs und Outputs sind als stetig variierbar und substituierbar angenommen, und die Produktionsfunktion (1) kann dargestellt werden als:

$$y = f(x_1, x_2)$$

mit stetigen partiellen Ableitungen:

$$\frac{\partial y}{\partial x_1} = f_1(x_1, x_2) \quad \text{und} \quad \frac{\partial y}{\partial x_2} = f_2(x_1, x_2)$$

die die Grenzprodukte darstellen. Um die Skalenerträge zu bestimmen, nehmen wir die Faktoren im festen Verhältnis $a_1 : a_2$, so daß

$$y = f(\lambda a_1, \lambda a_2) = \varphi(\lambda)$$

wobei die Variable λ die Produktionsskala bestimmt. Wenn $\frac{dy}{d\lambda}$ konstant ist, dann steigt der Output y im Verhältnis zum Einsatz der Faktoren; das ergibt konstante Skalenerträge. Verschiedene Skalenerträge werden durch steigendes (oder fallendes) $\frac{dy}{d\lambda}$ mit zunehmendem λ bestimmt.

In graphischer Darstellung ist die Produktionsfunktion $y = f(x_1, x_2)$ eine Fläche in drei Dimensionen, die zweckmäßigerweise als ein System von Höhenlinien oder Isoquanten in der Faktorfläche $Ox_1 x_2$ gezeichnet werden kann:

$$f(x_1, x_2) = y_1 ; \quad f(x_1, x_2) = y_2 ; \quad \ldots$$

für verschiedene feste Outputs $y_1, y_2 \ldots$ In Abb. 44 a sind drei spezielle Isoquanten dargestellt. In einem Punkt P_1 auf einer der Kurve (Produkt y_1), ist die Steigung der Tangente negativ und numerisch gleich $\left(-\frac{dx_2}{dx_1} = \frac{f_1}{f_2}\right)$, dem Verhältnis der Grenzprodukte oder der *Grenzrate der Substitution* zwischen x_1 und x_2. Die Skalenerträge werden durch die Quote dargestellt, mit welcher sich der Output y vermehrt, wenn die Inputs entlang des Fahrstrahls OP durch 0 vermehrt werden.

Ein besonders interessanter Fall entsteht, wenn die *Produktionsfunktion homogen vom Grade r* ist, so daß eine Zunahme des Einsatzes von Faktoren im gleichen Verhältnis eine Erhöhung des Produktes um das λ^r-fache ergibt:

$$f(\lambda x_1, \lambda x_2) = \lambda^r f(x_1, x_2)$$

Die Abhängigkeit der Produktmenge y von dem Produktionsniveau λ, wie oben durch $\varphi(\lambda)$ gegeben, ist dann ganz einfach und unabhängig von den festen, für die Faktoren gewählten Proportionen:

$$y = \varphi(\lambda) = \lambda^r y_1$$

wobei y_1 der Output entsprechend $\lambda = 1$ und dem ursprünglichen Einsatz der Faktoren (a_1 und a_2) ist.

Es liegen konstante Skalenerträge vor, wenn $r = 1$ ist, d. h. wenn die Produktionsfunktion linearhomogen ist. Die Skalenerträge steigen an für $r > 1$ und nehmen ab für $r < 1$. In der Darstellung der Isoquanten in Abb. 44 a ergibt eine homogene Produktionsfunktion ein System von solchen Kurven, von denen jede mit Hilfe von Fahrstrahlen aus 0 und entsprechenden Vergrößerungen (oder Verkleinerungen) abgeleitet werden kann. Wenn die Isoquante y_1 im Verhältnis λ vermehrt wird, erhält man eine andere Isoquante, bei der $y_2 = \lambda^r y_1$ ist. In dem besonderen Fall der linearen Homogenität ($r = 1$) wird das feste Produkt daher im gleichen Verhältnis ($y_2 = \lambda y_1$) vermehrt, d. h. es liegen konstante Skalenerträge vor.

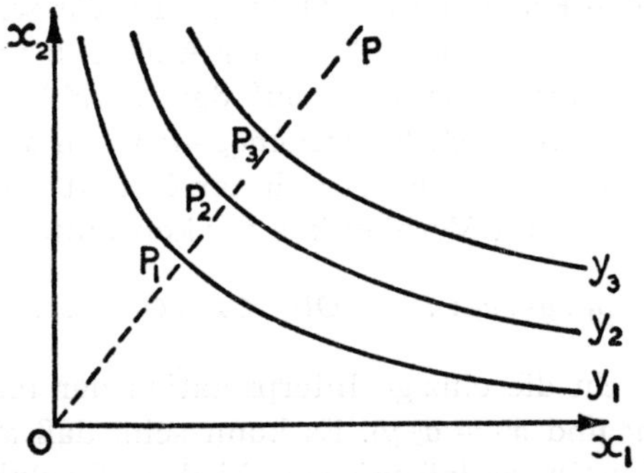

Abb. 44a

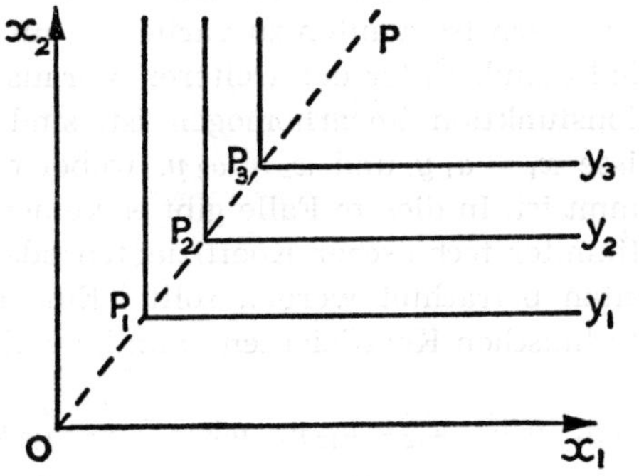

Abb. 44b

All dies setzt eine kontinuierliche Substitution von Faktoren in der Produktion eines einzigen Produktes voraus, ob nun bei konstanten oder variablen Skalenerträgen in der gegebenen Unternehmung. Eine andere Möglichkeit besteht darin, feste technische Koeffizienten zu nehmen, d. h. die Form (2) der „Produktionsfunktion", wieder für eine gegebene Unternehmung. Mit zwei Faktoren und nur einem Produkt lautet die „Produktionsfunktion":

$$x_1 \geqslant a_1\, y \quad \text{und} \quad x_2 \geqslant a_2\, y$$

wobei a_1 und a_2 konstante Koeffizienten sind, die die Mengen der beiden Faktoren pro Einheit des Produktes angeben. Dies kann als eine sehr spezielle Form der Produktionsfunktion $y = f(x_1, x_2)$ angesehen werden, wenn vorausgesetzt wird, daß die Inputs im Verhältnis $x_1 : x_2 = a_1 : a_2$ und in keinem anderen eingesetzt werden dürfen. Irgendein Überschuß des einen oder anderen Inputs ist geradezu verschwendet, da keine Erhöhung des Outputs erreicht wird. Die Isoquanten nehmen dann die besondere Form der Abb. 44 b an; der Output ist tatsächlich auf Inputkombinationen auf dem Strahl *OP* begrenzt. Die Produktionsfunktion ist auch linearhomogen; wenn x_1 und x_2 im Verhältnis λ erhöht werden, vermehrt sich der Output y auch im Verhältnis λ. In Abb. 44 b sind die Verhältnisse der konstanten Produkte

$$y_1 : y_2 : y_3 : \ldots = OP_1 : OP_2 : OP_3 : \ldots$$

Aber dies ist nicht die einzige Interpretation der technischen Bedingungen ($x_1 = a_1 y$ und $x_2 = a_2 y$). Es kann sein, daß x_1 und x_2 substituiert werden *könnten,* so daß sich verschiedene Produktmengen gemäß der Produktionsfunktion in Abb. 44 a ergeben würden, aber daß sich tatsächlich die Unternehmung *entscheidet,* die Inputs nur im gegebenen Verhältnis $a_1 : a_2$ einzusetzen. Das bedeutet, daß x_1 und x_2, statt in irgendeiner Weise auf den Isoquanten zu variieren, auf den besonderen Strahl *OP* beschränkt sind. Unter der weiteren Voraussetzung, daß die gesamte Produktionsfunktion linearhomogen ist, sind dann die technischen Verhältnisse $x_1 = a_1 y$ und $x_2 = a_2 y$, wobei die Richtung *OP* durch $a_1 : a_2$ bestimmt ist. In diesem Falle gibt es keinen Grund, warum nur ein Paar bestimmter technischer Koeffizienten oder ein Strahl *OP* durch die Isoquanten betrachtet werden sollte. Eine endliche Anzahl von alternativen technischen Koeffizienten kann betrachtet werden:

$$\left.\begin{array}{ccccc} x_{11} = a_{11}\,y; & \text{oder} & x_{12} = a_{12}\,y; & \text{oder} & x_{13} = a_{13}\,y; \ldots \\ \text{und} & & \text{und} & & \text{und} \\ x_{21} = a_{21}\,y & & x_{22} = a_{22}\,y & & x_{23} = a_{23}\,y \end{array}\right\} \quad (3)$$

Jede dieser technischen Alternativen kann als *„Produktionsprozeß"* bezeichnet werden, als ein Weg, das Produkt y aus einer bestimmten festen Kombination von Faktoren x_1 und x_2 zu erhalten. Dann bezeichnet $x_{rs} = a_{rs}\,y$ mit a_{rs} als festem technischen Koeffizienten die Verwendung des r-ten Inputs (hier $r = 1, 2$) in der Produktion von y im s-ten Prozeß. In Abb. 44 a entspricht jedem Prozeß ein einziger Strahl, wie *OP,* der durch die Isoquanten einer linearhomogenen Produktionsfunktion hindurchgeht. Die Annahme der technischen Bedingungen (3) für eine Unternehmung impliziert den linearhomogenen Fall (konstante Skalenerträge) und eine Auswahl unter einer endlichen Anzahl von Prozessen. Man kann nun noch weitergehen und annehmen, daß die Produktion mit Hilfe von zwei oder mehreren Prozessen gleichzeitig erfolgen kann und die Ergebnisse addiert werden können. Die Produktionsfunktion (3) ist nicht so starr, wie es auf den ersten Blick erscheinen mag. Man gewinnt an Flexibilität, wenn man die Kombination (durch Addition) verschiedener Prozesse unterstellt. Nach einer naheliegenden Erweiterung durch die Berücksichtigung vieler Faktoren und Produkte bildet dieses Konzept einer Reihe verschiedener Prozesse, die einzeln oder kombiniert benutzt werden können, die Grundlage der „Linearen Programmierung" (oder „Aktivitätsanalyse") in der Unternehmung, die später entwickelt werden soll. Es stellt eine wirkliche Alternative zu dem Typ (1) der stetigen Produktionsfunktion dar.

Zum Beispiel kann in dem Ein-Produkt-zwei-Faktoren-Fall das Produkt durch Benutzung von vier verschiedenen Maschinentypen hergestellt werden, wobei jede eine entsprechende Menge des Faktors Arbeit erfordert. Das ergibt dann vier Prozesse, mit festen technischen Koeffizienten (Arbeitsmenge pro Maschine), zwischen denen die Unternehmung wählt, oder die kombiniert benutzt werden können. Die Produktionsfunktion hat die Form (3) mit vier Paaren von Koeffizienten, und die Entscheidung der Unternehmung ist ein Problem der „Linearplanung".

10.8 Die Produktionsfunktion als Matrix

Eine Unternehmung hat einen Output (y) und zwei Inputs (x_1 und x_2). Nehmen wir an, daß die technischen Alternativen auf vier Prozesse begrenzt sind oder daß der Unternehmer seine Entscheidung darauf beschränken möchte. Jeder Prozeß ist durch ein Paar fester Koeffizienten, die Verhältnisse, in denen die Inputs kombiniert werden, bestimmt. Im linearhomogenen Falle (konstante Skalenerträge) ist die effektive Produktionsfunktion vom Typ (3) aus 10.7 oben oder in diesem besonderen Falle:

$$x_{11} = a_{11}\,y \quad x_{12} = a_{12}\,y \quad x_{13} = a_{13}\,y \quad x_{14} = a_{14}\,y$$

$$x_{21} = a_{21}\,y \quad x_{22} = a_{22}\,y \quad x_{23} = a_{23}\,y \quad x_{24} = a_{24}\,y$$

Es gibt acht feste Koeffizienten a_{rs} ($r = 1, 2$; $s = 1, 2, 3, 4$), die die Menge des r-ten Inputs pro Produktionseinheit des Outputs im s-ten Prozeß darstellen.

Jeder Prozeß wird vollständig, aber sehr einfach durch einen Vektor von drei Elementen ausgedrückt, d. h. $(1, -a_{1s}, -a_{2s})$ für den s-ten Prozeß, wobei 1 die Output-Einheit anzeigt, $-a_{1s}$ und $-a_{2s}$ die entsprechenden Inputs. Es ist üblich, daß $+$ einen Output und $-$ einen Input bezeichnet. Alle technischen Bedingungen dieser Unternehmung können dann in der „Matrix"

$$\begin{bmatrix} 1 & 1 & 1 & 1 \\ -a_{11} & -a_{12} & -a_{13} & -a_{14} \\ -a_{21} & -a_{22} & -a_{23} & -a_{24} \end{bmatrix}$$

zusammengefaßt werden, die als eine geordnete Menge gegebener Elemente, in den Zeilen für die Güter (ein Output und zwei Inputs) und in den Spalten für die Prozesse, aufzufassen ist. Solch eine Matrix kann als *Technologie* der Unternehmung bezeichnet werden. Hier kann zwischen vier Prozessen gewählt werden, die einzelnen oder kombiniert unter der Bedingung konstanter Skalenerträge eingesetzt werden.

Diese Technologie ist in dem Diagramm der Abb. 45 dargestellt. Der Einheitsoutput kann bei den vier Prozessen durch die Kombination (a_{1s}, a_{2s}) der Inputs für $s = 1, 2, 3$ und 4 erreicht werden, dargestellt durch die vier Punkte P_1, Q_1, R_1 und S_1 in der Ebene $Ox_1 x_2$. Der Output von zwei Einheiten wird mit einer der Kombinationen ($2\,a_{1s}$, $2\,a_{2s}$) erreicht; sie entsprechen den vier Punkten P_2, Q_2, R_2 und S_2. Durch die Eigenschaft der konstanten Skalenerträge liegen P_1 und P_2 auf einem Strahl OP so, daß $OP_2 = 2OP_1$ ist, entsprechendes gilt für die anderen Prozesse. Es gibt vier Strahlen, einen für jeden Prozeß, die das feste Verhältnis der betreffenden Inputs zeigen. Quer durch die Strahlen kann eine besondere Menge von Punkten P_1, Q_1, R_1, S_1 für das Einheitsprodukt aus-

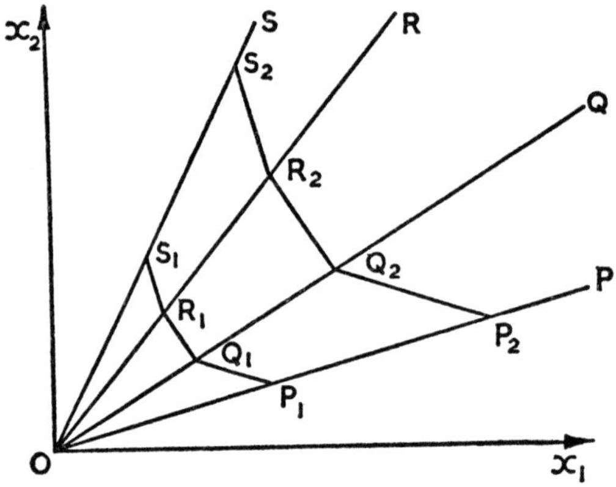

Abb. 45

gewählt werden; um irgendein anderes Produkt zu erhalten, ist nur eine proportionale Vergrößerung (oder Verkleinerung) notwendig. $P_1\,Q_1\,R_1\,S_1$ ist die „Isoquante" für das Einheitsprodukt, andere können durch Vergrößerung (oder Verkleinerung) bei konstanten Skalenerträgen erlangt werden. Die „Kurve" ist nicht stetig, sondern umfaßt vier Punkte, die mit geraden Linien verbunden sind, durch die die Kobinationsmöglichkeiten der Prozesse angedeutet werden.

Falls die vier Prozesse sowohl unabhängig als auch „effizient" sind — in dem Sinne, daß sie allein benutzt werden könnten —, sind die vier Punkte P_1, Q_1, R_1, S_1 zu O konvex, wie es in Abb. 45 dargestellt ist. Wenn z. B. Q_1 über und rechts von $P_1 R_1$ läge, wäre eine Kombination des ersten und dritten Prozesses (auf $P_1 R_1$) „effizienter" als Q_1, so daß man kleinere Inputs für den Einheitsoutput benötigte. Daraus folgt auch, daß die „effizienten" Kombinationen von Prozessen auf die im Diagramm gezeichneten beschränkt sind. P_1 und Q_1 können verbunden werden, nicht aber P_1, R_1 oder P_1, S_1, deren Punkte über und rechts von $P_1 Q_1$ liegen. Ferner ist jede Kombination von Inputs, die durch Punkte innerhalb des Kegels, definiert durch die Strahlen OP, OQ, OR und OS, dargestellt wird, eine mögliche Kombination der Prozesse — aber nicht eine Kombination außerhalb dieses Kegels.

Eine sehr große Zahl von Möglichkeiten entsteht bei der Spezifizierung der Technologie einer Unternehmung, sie hängen von der Anzahl der Faktoren und Produkte, der Anzahl der Prozesse und dem Umfang und der Art der Relationen zwischen Inputs und Outputs ab. Hier folgen einige einfache und anschauliche Beispiele für die Art von Matrizen, welche die Technologie einer Unternehmung ausdrücken, wenn nicht mehr als zwei Faktoren und zwei Produkte gegeben sind:

$$\text{(a)}\begin{bmatrix} 1 & 1 & 0 & 0 \\ 0 & 0 & 1 & 1 \\ -a_{11} & -a_{12} & -a_{13} & -a_{14} \\ -a_{21} & -a_{22} & -a_{23} & -a_{24} \end{bmatrix} \qquad \text{(b)}\begin{bmatrix} 1 & 1 & 1 & 0 \\ 0 & x_1 & x_2 & 1 \\ -a_{11} & -a_{12} & -a_{13} & -a_{14} \\ -a_{21} & -a_{22} & -a_{23} & -a_{24} \end{bmatrix}$$

$$\text{(c)}\begin{bmatrix} 1 & 1 & 1 & 0 \\ 0 & x_1 & -x_2 & 1 \\ -a_{11} & -a_{12} & -a_{13} & -a_{14} \\ -a_{21} & -a_{22} & -a_{23} & -a_{24} \end{bmatrix}$$

Im Fall (a) gibt es keine Kuppelproduktion, zwei Produkte werden in je zwei Prozessen produziert. Im Fall (b) gibt es zwei Prozesse, in denen die Produkte gleichzeitig produziert werden, x_1 und x_2 Einheiten des zweiten werden pro Einheit des ersten produziert. Der letzte Fall stellt noch eine andere Variante dar, da das zweite Gut in zwei Prozessen ein Output (in einem Prozeß als Kuppelprodukt) und ein Input in einem weiteren Prozeß ist. Die beiden Güter könnten z. B. Kühlschränke und Motoren für diese sein; die Motoren können gemeinsam mit den Kühlschränken oder getrennt (z. B. als Ersatzteile) produziert werden, oder sie können ein Input (beispielsweise vom Lager oder von einer anderen Firma) in einem dritten Prozeß sein.

Eine ganz allgemeine Form der Technologie einer Unternehmung kann leicht dargestellt werden:

$$\mathbf{A} = \begin{bmatrix} a_{11} & a_{12} & a_{13} & \cdots \\ a_{21} & a_{22} & a_{23} & \cdots \\ a_{31} & a_{32} & a_{33} & \cdots \\ \cdots & \cdots & \cdots & \cdots \end{bmatrix}$$

Die a_{rs} sind gegebene Konstanten, einige positiv, wenn das Gut ein Output des betreffenden Prozesses ist, und einige negativ, wenn es ein Input ist. Viele der a_{rs} können Null sein, die Güter erscheinen dann überhaupt nicht in dem betreffenden Prozeß. Wenn die Koeffizienten in einer Reihe gelesen werden, kann manchmal ein und dasselbe Gut als ein Input erscheinen, manchmal als ein Output und manchmal eben überhaupt nicht. Ähnlich kann — in den Spalten — eine gemeinsame Produktion von zwei oder mehr Gütern und eine gemeinsame Nutzung von Faktoren erscheinen.

Für eine Unternehmung kann es deshalb angenehm und nützlich sein, eine stetige Produktionsfunktion anzunehmen, die Inputs und Outputs verbindet, und sie in Grenzausdrücken zu analysieren. Das kann besonders in einer langfristigen Analyse angebracht sein. Andererseits muß bedacht werden, daß die Theorie der Unternehmung unvermeidlich kurzfristig ist, daß der Unternehmer einen begrenzten Zeithorizont hat und immer etwas als fest annimmt. Es ist in der Tat wenig wahrscheinlich, daß ein Unternehmer in Begriffen der Marginalanalyse denken möchte — noch weniger, daß er es tut. Es kann kaum von ihm erwartet werden, daß er all die notwendigen Daten rechtzeitig zusammenträgt, um Entscheidungen zu treffen; er wird wahrscheinlich mit einfachen und ziemlich starren Prozessen in klaren Alternativen operieren; siehe Hall und Hitch (1939) und Gordon (1948). In diesem Falle wird die geeignete Fassung einer Technologie die Form **A** wie oben sein, und es ist eine Untersuchung von Gesamtgrößen und nicht die Marginalanalyse angebracht.

Es könnte eingewendet werden, daß die Voraussetzung einer begrenzten Anzahl von Prozessen und festen technischen Koeffizienten zu starr und beschränkt ist. Es kann aber keine ersthaften Einwendungen hinsichtlich der vollständigen Teilbarkeit (von Inputs und Outputs) oder konstanter Skalenerträge in einem Prozeß geben. Die erste Annahme ist eine bequeme Vereinfachung und die zweite kann durch Einführung von zwei oder drei Prozessen überwunden werden, wenn sich die Skalenerträge zu ändern scheinen. Ernsthafter sind die Bedenken der Art zu nehmen, daß die Anzahl der verschiedenen Prozesse nicht klein gehalten werden kann und daß sie nicht durch Addition von Inputs und Outputs kombiniert werden können. Aber einige Vereinfachungen sind notwendig, und es wäre zu prüfen, welche schwerwiegender sind.

Eine weitere Entwicklung bleibt kurz zu betrachten. Analysen von einzelnen Unternehmungen (wie in 10.3) mögen für den verfolgten Zweck bei weitem zu detailliert sein. Die Alternative (wie in 10.2) besteht darin, große Wirtschaftssektoren oder die Produktionsprozesse als ein Ganzes zu behandeln. Wieder ist die Formulierung der Technologie einer Industrie, eines Komplexes von Industrien oder der „Industrie" als Ganzes vor allem eine Sache der ökonomischen oder mathematischen Zweckmäßigkeit. Langfristig und für einen großen Sektor der Wirtschaft mag die Voraussetzung einer vollkommen stetigen Variation und Substitution vernünftig erscheinen, die dann zur Marginalanalyse mit einer stetigen Produktionsfunktion führt. Andererseits kann eine einzige Produktionsfunktion, eine einzige Verbindung zwischen allen Inputs und Outputs, zu summarisch sein, um die gewünschten Resultate zu ergeben.

Folglich könnte es sogar für die Gesamtproduktion besser sein, eine Technologie der Form $\mathbf{A}$ (wie oben) vorauszusetzen, d. h. eine begrenzte Anzahl von „Aktivitäten" oder „Prozessen" anzunehmen, die die verschiedenen Güter als Inputs und Outputs verbinden, und die effektiven Entscheidungen auf diese Alternativen zu begrenzen. Die tatsächliche Form von $\mathbf{A}$ kann darüber hinaus in geeigneter Weise beschränkt werden. Eine besonders einfache und nützliche Form ist:

$$\mathbf{A} = \begin{bmatrix} 1 & -a_{12} & -a_{13} & \dots \\ -a_{21} & 1 & -a_{23} & \dots \\ -a_{31} & -a_{32} & 1 & \\ \dots & \dots & \dots & \dots \end{bmatrix}$$

Hier ist jede „Aktivität" durch eine Spalte in $\mathbf{A}$ repräsentiert, eine industrielle Produktion mit nur einem einzigen charakteristischen Output. Ferner kann, selbst wenn viele Nulleintragungen erlaubt sind, der Output einer Industrie als Input von mehreren anderen Industrien ebenso erscheinen wie als „endgültiges" Produkt. Das ist die Formulierung, die im folgenden Kapitel entwickelt wird. Sie hat offensichtlich Grenzen: die Zusammenfassung von verschiedenen Produkten zu einem einzigen und charakteristischen Output, die Annahme der konstanten Skalenerträge und fester technischer Koeffizienten, den deutlichen Mangel von Substitutionsmöglichkeiten. Wie ernst diese zu nehmen sind und ob sie durch die Vorteile einer klaren und einfachen Form mehr als ausgeglichen werden, kann nur entschieden werden, wenn einige Erfahrung in der Technik ihrer Anwendungen gewonnen ist. Später werden ausführlichere und detaillierte Formulierungen, sowohl für die Unternehmung als auch für große Sektoren der Volkswirtschaft, untersucht werden.

Zum Abschluß dieses methodischen Überblicks kann nur wieder die Bedeutung der ökonomischen Zweckmäßigkeit und der mathematischen Approximation betont werden. Es ist nicht nötig, daß irgendeine theoretische Konstruktion in dem Sinne „realistisch“ ist, daß sie streng auf dem basiert, was als wirkliches Verhalten der Unternehmer angesehen wird. Die Marginalanalyse kann zur Veranschaulichung sehr geeignet sein; sie könnte sicher in sehr aufschlußreicher Form zu den Hauptresultaten führen. Andererseits würde eine Konstruktion, die mit statistischen Daten gefüllt werden soll, um Unternehmungen bei ihren Entscheidungen in voller Kenntnis der Sachlage zu helfen, geeigneterweise auf der Alnativanalyse in Form einer technologischen Matrix basieren. Es ist gut, zwei Methoden zu haben — die Untersuchung von Gesamtgrößen und die Marginalanalyse — und sich jeweils unvoreingenommen für eine zu entscheiden.

Übungsaufgaben 10.8

1. Eine Unternehmung produziert einen Output (y) mit zwei Faktoren (x_1 und x_2). Die Produktionsfunktion ist $x_1 x_2 - ay = 0$. Zeigen Sie, daß y als Funktion von x_1 und x_2 homogen vom zweiten Grade ist.

2. Verwenden Sie die Produktionsfunktion der vorhergehenden Aufgabe in der Form $x_1 x_2 - ay^2 = 0$ und zeigen Sie, daß y eine linearhomogene Funktion der Faktoren ist. Zeigen Sie weiter, daß ein Prozeß, der die Faktoren im Verhältnis $a : 1$ benutzt, möglich ist, und daß er durch feste technische Koeffizienten, den Vektor (1, a, 1), beschrieben ist. Definieren Sie andere Prozesse, welche mit dieser Produktionsfunktion übereinstimmen, und stellen Sie weiter eine mögliche technologische Matrix für die Unternehmung auf.

3. Eine technologische Matrix basiert auf einer Produktionsfunktion der Form

$$f(x_1, x_2, \ldots, x_m, y_1, y_2, \ldots, y_n) = 0$$

Zeigen Sie, daß f homogen (aber von einem beliebigen Grade) sein muß.

Literatur

Bowley (A. L.) (1924): Mathematical Groundwork of Economics (Oxford, 1924), Kapitel II und V.

Gordon (R. A.) (1948): „Short Period Price Determination in Theory and Practice“, American Economic Review, **38,** 265 - 88.

Hall (R. L.) und *Hitch* (C. J.) (1939): „Price Theory and Business Behaviour“ Oxford Economic Papers, **2,** 12 - 45.

Hicks (J. R.) (1934): „Léon Walras“, Econometrica, **2,** 338 - 48.

Hicks (J. R.) (1937): Théorie mathématique de la Valeur (Hermann, 1937).

Hicks (J. R.) (1939, 1946): Value and Capital (Oxford, First Ed. 1939, Second Ed. 1946), Kapitel IV - VIII und Anhang.

Metzler (L. A.) (1945): „Stability of Multiple Markets: the Hicks Conditions", Econometrica, **13**, 277 - 92.

Pareto (V.) (1909): Manuel d'économie politique (Giard et Brière, Paris, 1909), Anhang.

Pareto (V.) (1911): „Économie mathématique", Encyclopédie des Sciences mathématiques (Librarie Gauthier-Villars, Paris, 1911).

Samuelson (P. A.) (1944): „The Relation between Hicksian Stability and True Dynamic Stability", Econometrica, **12**, 256 - 57.

Samuelson (P. A.) (1947): Foundations of Economic Analysis (Harvard, 1947), Kapitel IX.

Walras (L.) (1874): Éléments d'économie politique pure (Lausanne, 1874).

Zeuthen (F.) (1942, 1955): Economic Theory and Method (Longmans, 1955), Kapitel 10 - 13; Englische Übersetzung eines früheren Textes (1942) in Dänisch.

Kapitel 11

Input-Output-Analyse

11.1 Die technologischen Beziehungen der Industriezweige

Systeme des allgemeinen Marktgleichgewichts sind zu detailliert, als daß sie als Grundlage für eine Anwendung auf empirische Probleme dienen können. In diesem Kapitel werden sie zugunsten einer allgemeineren Analyse aufgegeben, die mit Industrien statt Unternehmungen arbeitet. Viele Schwierigkeiten werden dann vermieden; wenn z. B. die Zusammensetzung der Industrien aus einzelnen Entscheidungseinheiten nicht zu beachten ist, ist es ganz angemessen, reinen Wettbewerb (gegebene Preise) und freien Zugang (keine Gewinne) anzunehmen. Dies geschieht auf Kosten der Einführung eines Konzeptes — des Industriekonzeptes —, das zugleich ungenau und eine grobe Approximation ist. Industrien sind im wesentlichen auf einer statistischen Klassifikation aufgebaute empirische Aggregate; der Output einer Industrie z. B. besteht aus keinem einzelnen Produkt, wie zur Vereinfachung angenommen werden kann, sondern einem Komplex aus Haupt- und Nebenprodukten.

Die Formulierung eines allgemeinen wirtschaftlichen Gleichgewichts auf der Grundlage des Industriekonzeptes — mit wesentlichem empirischem Gehalt und für unmittelbare empirische Anwendung geeignet — ist auf Leontief (1941, 1951) zurückzuführen. Sie stellt eine Analyse der interindustriellen Verflechtungen dar, des Netzwerkes der von der einen zur anderen Industrie übergehenden Zwischenlieferungen und der für die Verbraucher bestimmten Endprodukte. Ihr Hauptmerkmal ist die Technologie einer Volkswirtschaft, die als gegeben und in der Form einer Produktionsfunktion, wie sie am Ende von 10.8 oben angedeutet wurde, angenommen wird. Jedoch wird die Analyse unter bestimmten vereinfachenden Annahmen durchgeführt. In einer allgemeinen Formulierung würde jede Industrie mehrere primäre Faktoren benutzen und eine Anzahl von Zwischen- oder Endnachfragegütern zusammen produzieren; es gäbe dann auch eine beträchtliche Menge von Überschneidungen zwischen den Outputs verschiedener Industrien. All dies wird als nicht vorhanden vorausgesetzt, indem man zur Vereinfachung nur einen primären Input (Arbeit) und nur einen unterschiedlichen Output für jede Industrie annimmt. Es gibt n Industrien und n Güter;

jedes davon wird von genau einer Industrie produziert, aber als Zwischenprodukt von einer beliebigen Anzahl von Industrien verwendet. Zusätzlich gibt es den primären Input (Arbeit) und die Endnachfrage (der Verbraucher), die sich beide „quer über die Tabelle", d. h. über alle Industrien, verteilen.

Das Hauptaugenmerk der Analyse richtet sich auf die Technologie, die durch eine Koeffizienten-Matrix der Art dargestellt wird, wie sie oben am Ende von 10.8 beschrieben worden ist. Diese Darstellung impliziert zusätzlich die Vereinfachungen, daß die Produktion durch „Prozesse" mit festen technischen Koeffizienten (an sich nicht sehr unrealistisch) stattfindet und daß es in jeder Industrie nur einen „Prozeß" und scheinbar keine Substitution gibt (etwas, das weiterer Nachprüfung wie unten in 17.4 bedarf). Die Input-Output-Beziehungen sind daher von der einfachsten Form — lineare Beziehungen mit direkter Proportionalität. Die Input-Output-Technik Leontiefs ist in der Tat ein sehr spezieller Fall der allgemeinen Methode des linearen Programmierens oder der Aktivitätsanalyse, die unten in den Kapiteln 16 und 17 entwickelt wird; die „Aktivitäten", die „programmiert" werden, sind eine gegebene Menge industrieller Prozesse.

Als Modell des allgemeinen wirtschaftlichen Gleichgewichts ist die Analyse der interindustriellen Verflechtung statisch. Sie wird jedoch leicht zur komparativen Statik erweitert, z. B. durch Variation der „Endnachfrage" und durch Einführung dynamischer Elemente in verschiedener Form, wie bei Leontief (1953 a) ausgeführt wurde.

Ein großer Teil der Analyse ist in monetären Größen formuliert; praktisch ist Geld die einzige gemeinsame Einheit zur Aggregation der Inputs und Outputs von Industrien. Aber der Geldausdruck besteht natürlich aus einem mengenmäßigen oder realen Bestandteil und dem entsprechenden Preissystem. Zur Schreibweise: Mengen-Aggregate werden als Großbuchstaben mit entsprechenden Subskripta geschrieben, und die entsprechenden Kleinbuchstaben bezeichnen Teile der Aggregate und können zwei Subskripte tragen. Güterpreise und der Lohnsatz für den einzigen primären Faktor (Arbeit) werden mit Kleinbuchstaben bezeichnet, mit p die Preise und w der Lohnsatz.

11.2 Die Transaktionsmatrix

Die Grundlage des Input-Output-Ansatzes ist eine Doppeltabelle oder Transaktionsmatrix (entweder in Mengen- oder in Geld-Größen), die die ganze Volkswirtschaft erfaßt. Da ja die Methode im wesentlichen empirisch und für eine praktische Anwendung entworfen ist, scheint es zweckmäßig zu sein, mit Beispielen aktueller Transaktionsmatrizen in monetären Größen zu beginnen.

Tabelle 1: **Transaktionsmatrizen für Großbritannien (1935) und die USA (1947)**

Die Industrien:
1. Landwirtschaft und Nahrungsmittel
2. Kohle und Energie
3. Bau, Baumaterial, Holz
4. Chemie und Kautschuk
5. Textil und Bekleidung
6. Papier, Druck und sonstiges
7. Metallerzeugung
8. Maschinenbau
9. Metallverarbeitung
10. Dienstleistungen

Großbritannien 1935; Werte in Millionen £

	Output an die Industrien												Endnachfrage				Gesamter Brutto-Output
	1	2	3	4	5	6	7	8	9	10	Nicht zugerechnet	Summe	Exporte	Kapitalbildung	Staat	Privater Verbrauch	
Input von den Industrien:																	
1	—	*	2	4	8	*	*	*	*	3	6	23	29	3	7	796	858
2	14	—	12	8	9	4	16	8	3	39	8	121	31	39	15	129	334
3	10	3	—	5	1	1	7	10	2	129	12	180	9	280	56	53	577
4	25	2	14	—	13	6	2	19	3	7	6	97	38	2	6	73	217
5	4	*	8	5	—	4	*	8	*	16	5	50	125	2	2	298	476
6	18	1	4	13	6	—	*	5	2	48	14	111	15	2	6	69	208
7	2	5	28	3	*	1	—	62	30	*	7	138	38	6	*	5	188
8	5	16	21	*	4	1	2	—	1	39	17	106	79	173	40	79	477
9	7	1	16	5	3	1	2	22	—	*	17	74	45	9	2	32	162
10	72	20	46	16	41	13	18	28	7	—	35	296	332	26	304	1 907	2 865
Nicht zugerechnet	13	8	7	5	18	5	20	10	6	30	—	122	15	—3	3	—5	132
Summe	170	56	158	64	104	36	67	172	54	311	127	1 318	756	544	441	3 436	6 494
Importe	130	5	41	48	102	23	30	16	37	19	9	460	52	18	8	266	804
Staat	176	5	10	7	13	4	2	7	2	256	13	495	—	7	2	85	587
Primärer Input ..	385	268	369	98	258	147	86	282	70	2 280	—18	4 225	—	—	—	—	4 225
Gesamter Brutto-Input ..	858	334	577	217	476	208	188	477	162	2 865	132	6 494	808	569	450	3 788	12 108

* = Weniger als 0,5 Millionen £.

USA 1947; Werte in 100 Millionen $

	Output an die Industrien												Endnachfrage				Gesamter Brutto-Output
	1	2	3	4	5	6	7	8	9	10	Nicht zugerechnet	Summe	Exporte	Kapitalbildung	Staat	Privater Verbrauch	
Input von den Industrien:																	
1	—	*	3	19	27	1	*	*	*	49	4	103	30	—13	13	334	467
2	3	—	3	8	2	2	3	2	1	49	*	72	4	*	2	1	79
3	9	3	—	4	1	5	4	10	3	67	14	121	5	169	56	24	375
4	30	5	17	—	12	6	11	12	2	28	20	142	17	3	4	51	217
5	3	*	4	5	—	2	*	4	1	2	11	31	13	1	2	135	183
6	6	*	4	5	4	—	*	3	3	41	26	92	4	4	3	38	141
7	*	1	22	2	*	2	—	47	18	2	14	108	8	1	*	*	117
8	2	1	15	*	1	1	1	—	5	19	44	89	34	125	17	51	316
9	6	*	10	2	*	1	*	20	—	4	15	60	6	8	2	18	94
10	80	4	67	23	14	12	13	16	5	—	70	304	35	40	63	915	1 358
Nicht zugerechnet	22	4	22	30	21	21	15	39	14	82	—	269	*	— 8	*	*	261
Summe	160	17	168	98	82	52	48	154	51	343	219	1 393	156	329	162	1 569	3 609
Importe	28	*	3	9	5	8	6	1	1	5	1	66	—	*	13	13	93
Staat	21	11	15	17	12	10	8	18	5	139	22	278	8	3	35	313	637
Primärer Input ..	258	51	189	94	84	72	55	143	38	871	18	1 872	8	2	301	21	2 205
Gesamter Brutto-Input ..	467	79	375	217	183	141	117	316	94	1 358	261	3 609	173	334	511	1 916	6 543

* = Weniger als 50 Millionen $.

Bemerkungen:

Großbritannien: Die Tabelle stammt, mit kleinen Änderungen, aus Barna (1952). — In der Zeile für den Staat sind nur die indirekten Steuern (netto) aufgeführt. In der Spalte steht nur der Verbrauch, nicht die Kapitalbildung des Staates. Die Kapitalbildung umfaßt das Anlagekapital, die Nettoänderungen der Lagerhaltung und die Kapitalbildung des Staates. — Die Lageränderungen wurden ungefähr geschätzt und aus der Spalte „nicht zugerechnet“ in der Quelle ausgesondert.

USA: Die Tabelle ist eine Zusammenfassung der Tabelle von Evans und Hoffenberg (1952). — Die Zeile für den Staat enthält alle Steuern und verschiedene andere Zahlungen, die Spalte enthält den Verbrauch und die Kapitalbildung. — Die Kapitalbildung umfaßt das Anlagekapital und die Nettoänderung der Lagerhaltung, nicht jedoch die Kapitalbildung des Staates.

Zwischen den Tabellen gibt es noch viele andere Unterschiede in bezug auf Abgrenzungen und Definitionen; es wird auf die beiden Quellen verwiesen. — In den Spalten und Zeilen können Rundungsfehler auftreten.

Tabelle 1 zeigt die Transaktionsmatrix für Großbritannien (1935), wie sie von Barna (1952) konstruiert wurde, und eine ähnliche Matrix für die USA von 1947, die auf detaillierten Berechnungen aufbaut, die im Bureau of Labor Statistics angestellt wurden und die sich bei Evans und Hoffenberg (1952) findet. Jede Matrix ist eine zusammengefaßte Form für nur zehn Industriegruppen; die ursprüngliche Matrix hat mehr Zeilen und Spalten und eine bessere industrielle Klassifikation.

Die Tabelle für Großbritannien wird zur Erläuterung verwendet. Der gesamte Brutto-Output der Landwirtschaft und der Nahrungsmittelindustrie betrug 1935 858 Mill. £ zu laufenden Marktpreisen. Die erste Zeile der Tabelle zeigt, wohin der Output ging. 23 Mill. £ war der Teil wert, der als Zwischenprodukt zu anderen Industrien ging, d. h. 2 Mill. £ in die Bauwirtschaft, 4 Mill. £ in die chemische Industrie, 8 Mill. £ in die Textilindustrie, 3 Mill. £ zu den Dienstleistungen; 6 Mill. £ waren bei der statistischen Schätzung aus den verfügbaren Daten nicht zuteilbar. Der Rest des Outputs umfaßt Endprodukte zur Befriedigung der Endnachfrage: 29 Mill. £ als Exporte, 3 Mill. £ für Kapitalbildung (hier Zuwachs der Bestände), 7 Mill. £ für den Staatsverbrauch und den größten Teil (796 Mill. £) für die Verbraucher. Die erste Zeile verbucht daher die Verteilung des Outputs vollständig. In diesem Falle war er hauptsächlich Privatverbrauch, aber auch die anderen Verwendungsarten sind von — wenn auch geringer — Bedeutung. Die übrigen Zeilen für die Industrien werden ähnlich interpretiert und die siebente kann als Beispiel genommen werden. Der gesamte Output der metallerzeugenden Industrie (Eisen, Stahl und Nichteisen-Metalle) betrug im Jahre 1935 188 Mill. £ und wurde hauptsächlich als Zwischenprodukt an die Investitionsgüterindustrie, die Metallverarbeitungs- und Bauindustrie verteilt, mit einigen Exporten und einem geringen Anteil des direkten Verbrauchs oder der Kapitalbildung.

Die gleichen Ziffern des gesamten Brutto-Outputs können von oben nach unten in den Spalten der Tabelle gelesen werden. Die erste Spalte enthält die Inputs von Landwirtschaft und Nahrungsmittelindustrie, wobei 170 Mill. £ in Form von Gütern und Diensten aus anderen Industrien und 130 Mill. £ aus Importgütern stammen. Indirekte Steuern (gegen Subventionen verrechnet) machen 176 Mill. £ aus. Übrig bleibt die „Wertschöpfung" dieser Industrien, auf 385 Mill. £ geschätzt, und stellen die primären Inputs oder die Entgelte der primären Faktoren (Löhne, Gehälter, Gewinne) dar. Bei dieser besonderen Konstruktion gibt es auch in dem primären Input Abschreibungen. Die Summe der ersten Spalte ist (abgesehen von Rundungsfehlern) gleich der Summe der ersten Zeile, da ja ex definitione der gesamte Brutto-Input von 858 Mill. £ gleich dem gesamten Brutto-Output ist. Das gleiche gilt für die Zeilen und Spalten der anderen Industrien; in jedem Fall ergibt die Zeile die Verteilung des Outputs und die Spalte die Inputs der betrachteten Industriegruppe.

Die Tabelle wird durch weitere Eintragungen in der rechten unteren Ecke vervollständigt. Diese Eintragungen ergeben sich durch Importe, die entweder re-exportiert werden oder direkt in den Verbrauch eingehen, und dadurch, daß es auf der Stufe der Endnachfrage entsprechende indirekte Steuern gibt.

Die Gesamtsumme der Tabelle entspricht dem aggregierten Wert aller Transaktionen zu laufenden Marktpreisen. Er ist umfassender als das Bruttosozialprodukt oder der Gesamtverbrauch, aber diese Volkseinkommensgrößen können abgeleitet und ihre Beziehungen zur Gesamtheit der Transaktionen können aus der Tabelle hergeleitet werden. Man braucht nur von der rechten unteren Ecke her aufwärts und rückwärts zu lesen. Wenn die Tabelle in der letzten Spalte aufwärts gelesen wird, ist das Bruttosozialprodukt die unterste Zahl, also die Zahlungen an die primären Faktoren, sie betragen 4 225 Mill. £. Die gesamten verfügbaren Resourcen (Bruttosozialprodukt plus Importe) zu Marktpreisen stellt die Summe der drei untersten Zahlen dar, also 12 108 Mill. £ − 6 494 Mill. £ = 5 614 Mill. £. Wird die Tabelle rückwärts entlang der letzten Zeile gelesen, so wird das gleiche Aggregat von 5 614 Mill. £ als Summe aus vier Posten erreicht, die die Verwendung der Resourcen oder den gesamten Verbrauch und die Exporte darstellen. Dieses Aggregat von 5 614 Mill. £ ist *zugleich* die Summe der Zahlungen an primäre Faktoren und der Importe *und* die Summe von Verbrauch, Kapitalbildung und Exporten, alle zu Marktpreisen. Dies ist die vertraute Identität der Entstehungs- und Verwendungsseite der Volkswirtschaftlichen Gesamtrechnung.

Die ganze Tabelle zerfällt in vier Bereiche. Der linke obere Teil faßt die interindustriellen Transaktionen zusammen: Die Produktion und Verwendung der Zwischengüter und Dienstleistungen im Werte von 1 318 Mill. £. Der untere rechte Teil zeigt die direkt durch Importe befriedigte Endnachfrage mit den entsprechenden indirekten Steuern, bewertet mit 438 Mill. £. Die anderen beiden Bereiche (oben rechts und unten links) enthalten je die gleiche Größe von 6 494 Mill. £ − 1 318 Mill. £ = 5 176 Mill. £, einmal für die Transaktionen zur Befriedigung der Endnachfrage aus dem Output der einheimischen Industrien (rechts oben) und einmal für diejenigen Transaktionen, die bei der Bezahlung der Faktoren und für in der Industrie verwendete Importe entstehen (unten links). Daher setzt sich die Gesamtsumme von 12 108 Mill. £ der Transaktion zusammen aus:

(i) Interindustriellen Transaktionen, die nicht in die Volkswirtschaftliche Gesamtrechnung eingehen: 1 318 Mill. £.

(ii) Transaktionen, die beim Reexport und beim direkten Verbrauch von Importen entstehen: 438 Mill. £.

(iii) Der Rest des Sozialproduktes und der Importe (alle Resourcen), zweimal gezählt, also zweimal 5 176 Mill. £: 10 352 Mill. £.

In einer geschlossenen Wirtschaft ohne Außenhandel wäre der Gesamtwert der Transaktionen in der Tabelle gleich dem doppelten Bruttosozialprodukt plus dem Wert der interindustriellen Transaktionen. Die letzte Größe wird von der verwendeten Industrieaufteilung abhängen und um so größer sein, je detaillierter die Klassifikation der Industrien ist.

11.3 Das offene Leontief-System

Es wird angenommen, daß es n Industrien oder Aktivitäten gibt, die so definiert sind, daß jede ein einziges und von den anderen verschiedenes Gut oder Produkt produziert und daß es keine staatliche Aktivität und keinen Außenhandel gibt. Das System ist statisch, und die mit Kapitalinvestitionen verbundenen Probleme werden nicht berücksichtigt.

Es gibt zwei Gruppen von Gleichgewichtsbedingungen, eine für die mengenmäßigen Inputs und Outputs, die andere für Preise, Erträge und Kosten. Die mengenmäßigen oder technischen Bedingungen der Produktion werden zuerst behandelt.

Das physische Produkt der r-ten Industrie wird mit X_r ($r = 1, 2, \ldots, n$) bezeichnet und teils als Zwischenprodukt an andere Industrien, teils als Endprodukt an Verbraucher geliefert. Wir bezeichnen mit x_{rs} die Menge X_r, die an die s-te Industrie weitergegeben wird, und mit x_r die an Endverbraucher verteilte Menge von X_r. Die Mengen x_{rs} für $s = 1, 2, \ldots, n$ ($s \neq r$) und x_r machen die r-te Zeile einer Transaktionsmatrix wie in Tabelle 1 aus, aber in Mengen- statt in Wertgrößen; die Gesamtsumme der Zeile ist der Brutto-Output X_r.

Entsprechend bezieht die s-te Industrie ihre Inputs als Zwischenprodukt von den anderen Industrien, in Mengen x_{rs} für $r = 1, 2, \ldots, n$ ($r \neq s$). Der übrige Input ist der primäre Faktor, also Arbeit aller Art, von der ungelernten Arbeit bis zu den Unternehmerleistungen, die aus Bequemlichkeit in einen Topf geworfen werden. Die Gesamtbeschäftigung der Arbeit wird mit Y bezeichnet und die Beschäftigung in der s-ten Industrie mit ξ_s. Die Mengen der Inputs x_{rs} für $r = 1, 2, \ldots, n$ ($r \neq s$) und ξ_s ergeben die s-te Spalte der Transaktionsmatrix.

Die Mengen x_{rs} für verschiedene r und s dienen einem doppelten Zweck; sie sind Elemente einer Matrix oder Doppeltabelle. Die Ordnung der Subskripta ist wesentlich; x_{rs} ist das Produkt der r-ten Industrie, das für die s-te bestimmt ist, und gleichermaßen der Input der s-ten Industrie, der aus der r-ten stammt. Die Elemente in der Matrix sind nicht symmetrisch, $x_{rs} = x_{sr}$ gilt nicht. Es gibt keinen Grund, weshalb x_{rs} und x_{sr} gleich sein sollten; das eine ist der Output der r-ten Industrie (für die s-te) und das andere ist der Output der s-ten Industrie (für die r-te), es sind also zwei verschiedene Güter.

In der Transaktionsmatrix (wie in Tabelle 1) ergeben die Mengen x_{rs} für $r, s = 1, 2, \ldots, n$ den oberen linken Bereich. Die Zeilen werden dann durch die Endnachfragemengen x_r für $r = 1, 2, \ldots, n$ vervollständigt. Die Spalten werden durch die primären Inputs ξ_s für $s = 1, 2, \ldots, n$ vervollständigt. In der Hauptdiagonalen stehen Nullen, d. h. wir treffen die Annahme, daß $x_{rr} = 0$ $(r = 1, 2, \ldots, n)$ und daß eine Null in der rechten unteren Ecke steht. Dann lautet die *Transaktionsmatrix:*

n Zeilen	x_{rs}	x_r	X_r
1 Zeile	ξ_s	0	Y
	n Spalten	1 Spalte	Summen-Spalte

Es gibt keine Summenzeile, weil in den Spalten verschiedene Größen bestehen. Daraus folgt sofort, daß die Zeilen sich zu den Gesamtgrößen addieren müssen:

$$\left.\begin{aligned} X_r &= x_r + \sum_s x_{rs} \quad (r = 1, 2, \ldots, n) \\ Y &= \sum_s \xi_s \end{aligned}\right\} \tag{1}$$

wobei $\sum_s$ die Summe über alle s $(s = 1, 2, \ldots, n)$ darstellt.

Nun muß etwas über die technischen Bedingungen der Produktion gesagt werden, über die Beziehungen zwischen Inputs und Outputs. Es wird angenommen, daß es feste Verhältnisse zwischen jedem Input und dem entsprechenden Output gibt:

$$x_{rs} = a_{rs} X_s \quad \text{und} \quad \xi_s = b_s X_s \tag{2}$$

für r und $s = 1, 2, \ldots, n$. Da $x_{rr} = 0$ gesetzt wurde, ist auch $a_{rr} = 0$.

Die konstanten a und b sind *Inputkoeffizienten.* Die Annahme, daß sie konstant sind, kann auf verschiedene Art interpretiert werden. Die

s-te Industrie hat den Output X_s und dieser kann gemäß einer „Produktionsfunktion“ produziert werden, die eine begrenzte Anzahl alternativer Prozesse mit festen technischen Koeffizienten umfaßt. Der spezielle ausgewählte oder verwendete Prozeß würde dann die Relationen (2) ergeben. Oder es kann eine stetige Produktionsfunktion der linear-homogenen Form vorliegen. Falls dann die Inputpreise gegeben sind und die Inputs so kombiniert werden, daß die Kosten auf jedem Outputniveau minimiert werden, sind die verwendeten Inputkombinationen wieder proportional zum Output (vgl. Aufg. 1 und 2 unten). In diesem Falle sind die a und b in (2) nur für gegebene Inputpreise konstant.

Durch Substitution von (2) in (1) ergibt sich die Zusammenfassung der technischen Produktionsbedingungen:

$$X_r = x_r + \sum_s a_{rs} X_s \qquad (r = 1, 2, \ldots, n)$$

$$Y = \sum_s b_s X_s$$

Bei der zweiten Gruppe von Gleichgewichtsbedingungen müssen Preise, Erträge und Kosten betrachtet werden. Bei vollkommenem Wettbewerb und freiem Zugang sind die Gewinne in jeder Industrie Null, d. h. die Erträge sind gleich den Kosten. Wenn die Produktpreise p_r $(r = 1, 2, \ldots, n)$ sind und die Lohnrate w ist, ergibt die Gleichheit von Erträgen und Kosten in der s-ten Industrie:

$$p_s X_s = \sum_r p_r x_{rs} + w\xi_s = (\sum_r p_r a_{rs}) X_s + w b_s X_s$$

d. h.

$$p_s = \sum_r p_r a_{rs} + w b_s \qquad (s = 1, 2, \ldots n)$$

Das ist die Zusammenfassung der Preisbedingungen für die Produktion.

Das vollständige System der Gleichgewichtsbedingungen lautet:

(i) (a) $$X_r - \sum_s a_{rs} X_s = x_r \qquad r = 1, 2, \ldots n$$

(b) $$Y = \sum_s b_s X_s$$

(ii) $$p_s - \sum_r p_r a_{rs} = w b_s \qquad s = 1, 2, \ldots n$$

Die Inputkoeffizienten (die a und b) sind alle gegebene Größen. Weiterhin ist das System offen, und bestimmte Parameter müssen gegeben und bestimmt sein. Zum Beispiel können alle Produktpreise p_r und die Lohnrate w als gegeben angenommen werden (siehe Aufg. 3 unten). Es ist jedoch zweckmäßiger, folgende Größen vorzugeben:

(a) die Endnachfrage oder das „Güterbündel“ x_r $(r = 1, 2, \ldots, n)$ und

(b) der Lohn w auf dem Arbeitsmarkt (primärer Input).

Das System (i) und (ii) umfaßt $(2n + 1)$ Gleichungen und hat $(2n + 1)$ Unbekannte, nämlich n Outputs X_r, die Beschäftigung Y und n Preise p_r. Das System besitzt ein Gleichgewicht.

Es gibt zwischen diesem offenen System und den im vorigen Kapitel erörterten allgemeineren Systemen des geschlossenen Typs einen Unterschied von einiger Bedeutung. Keine der Gleichungen (i) und (ii) ist aus den anderen ableitbar, und es gibt auch keinen Preis, der als *numéraire* angenommen und gleich Eins gesetzt werden könnte. In der Tat determiniert das System das tatsächliche Niveau der Preise und nicht nur die Preisverhältnisse — wenn die Lohnrate w gegeben ist. Die Ursache dieses Unterschiedes liegt darin, daß die Lohnrate gegeben sein muß und daß sich damit das Niveau aller Preise ergibt. Wenn irgendetwas als *numéraire* angenommen werden muß, dann ist es die Lohnrate.

Die beiden Gruppen von Bedingungen sind ganz unabhängig und unterschiedlich, (i) in Mengengrößen, (ii) in Geldwerten und jede kann ohne Bezug auf die andere verwendet werden. Ist die Lohnrate w gegeben, beträgt die Anzahl der Gleichungen (ii) n, und sie genügt zur Bestimmung der n Gleichgewichtspreise p_r. Diese stellen die Angebotspreise dar, die zusammen mit dem gegebenen „Güterbündel" den Nachfragefunktionen gegenübergestellt werden können, wenn das offene System geschlossen ist.

Dann können — ganz unabhängig davon — die Gleichungen (i) betrachtet werden, wobei nur die Endnachfrage oder das „Güterbündel" gegeben ist. Es gibt n Gleichungen (i) (a), und sie dienen dazu, die Gleichgewichtsoutputs X_r zu bestimmen. Die einzelne Gleichung (i) (b) ergibt dann die Gesamtbeschäftigung Y des primären Faktors.

Übungsaufgaben 11.3

1. Ein Produkt y wird mit zwei Faktoren x_1 und x_2 gemäß der linearhomogenen Produktionsfunktion $y = k\sqrt{x_1 x_2}$ produziert, wobei k eine Konstante ist. Gegeben seien die Faktorpreise (p_1 und p_2); ermitteln Sie den optimalen Faktoreinsatz bei Kostenminimierung für das gegebene Produkt y. Zeigen Sie, daß bei diesem Optimum

$$x_1 = c_1 y \quad \text{und} \quad x_2 = c_2 y \quad \text{gilt,}$$

also die Faktoren immer in festen Proportionen (die von p_1 und p_2 abhängen) kombiniert werden.

2. Verallgemeinern Sie das Resultat der vorhergehenden Übung für jede Produktionsfunktion, die linearhomogen ist. Erläutern Sie den Zwei-Faktoren-Fall graphisch mit Hilfe von Isoquanten.

3. Prüfen Sie die Gleichgewichtsbedingungen (i) (a) und (ii) unter der Annahme, daß alle p und w für die Industrien gegeben sind. Zeigen Sie, warum diese Annahme nicht zweckmäßig ist.

11.4 Transaktionen in Geldwerten

In der Transaktionsmatrix von 11.3 stehen Quantitäten und die Dimensionen ändern sich von einer Zeile zur anderen. Die Matrix kann über eine Zeile summiert werden, wobei nur eine Dimension auftritt, und man kommt auf die Bedingungen (i). Die Werte einer Spalte können nicht addiert werden, und es gibt keine direkte Methode, die Bedingungen (ii), d. h. die Gleichheit von Erträgen und Kosten, anzuführen. Solch ein System läßt sich nicht leicht zu realen Größen in Beziehung setzen. Die Transaktionsmatrix weist in der Praxis Geldwerte auf (wie in Tabelle 1). Insbesondere sind die gegebenen Endnachfragen Ausgaben und nicht ein mengenmäßiges „Güterbündel". Das System von 11.3 muß so verändert werden, daß die Behandlung monetärer Größen möglich wird, damit es leichter anwendbar und vielleicht verständlicher wird.

Die Geldwerte aller Quantitäten von 11.3 können ermittelt werden, sobald die Preise durch die Bedingungen (ii) für das Gleichgewicht bestimmt sind. Für die r-te Industrie hat der Gesamtoutput den Wert $V_r = p_r X_r$, aufgeteilt ergibt sich:

$$v_{rs} = p_r x_{rs} \quad \text{und} \quad v_r = p_r x_r \quad (r, s = 1, 2, \ldots, n)$$

Bei einem Lohn von w betragen die gesamten Lohnzahlungen (Wertschöpfungen) $W = wY$, also wieder die Summe der Wertschöpfungen in den einzelnen Industrien ($w\xi_s$). Die *Transaktionsmatrix* in monetären Größen lautet:

n Zeilen	v_{rs}	v_r	V_r
1 Zeile	$w\xi_s$	0	W
	n Spalten	1 Spalte	Summen-Spalte

genau wie in Tabelle 1.

Die Inputkoeffizienten müssen entsprechend abgeändert werden:

$$\alpha_{rs} = \frac{v_{rs}}{V_s} = \frac{p_r x_{rs}}{p_s X_s} = \frac{p_r}{p_s} a_{rs}$$

und

$$\beta_s = \frac{w\xi_s}{V_s} = \frac{w\xi_s}{p_s X_s} = \frac{w}{p_s} b_s$$

Die Interpretation ist noch unkompliziert: α_{rs} ist der Wert des r-ten verwendeten Produktes, und β_s ist die Zahlung an primäre Faktoren. Die Koeffizienten sind nicht länger Konstanten; sie hängen von den Preisen, ebenso wie von den festen technischen Koeffizienten a_{rs} und b_s ab.

Die Bedingungen (i), die sich aus der Addition der Zeilen der Transaktionsmatrix ergeben, sind bei Werten und Mengen gleich:

$$\text{(i)} \quad (a) \qquad V_r - \sum_s \alpha_{rs} V_s = v_r$$

$$(b) \qquad W = \sum_s \beta_s V_s$$

Es gibt einen Unterschied; jetzt sind die Werte der Endnachfragemengen gegeben, nicht das quantitative „Güterbündel". Die Bedingungen (i) bestimmen dann die Werte V_r der Outputs und die Gesamtzahlung W an primäre Faktoren (Wertschöpfung).

Die Bedingungen (ii), die die Gesamterträge den Gesamtkosten für jede Industrie gleichsetzen, beziehen sich nun auf die Spaltensumme der Transaktionsmatrix. Die Summe der s-ten Spalte ergibt die Gesamtkosten der s-ten Industrie $\sum_r v_{rs} + w\xi_s = \sum_r \alpha_{rs} V_s + \beta_s V_s$, und das muß gleich V_s sein, der Summe der entsprechenden Zeile. Also lauten die Bedingungen:

$$\text{(ii)} \qquad \sum_r \alpha_{rs} + \beta_s = 1 \qquad (s = 1, 2, \ldots, n)$$

Die Koeffizienten in (ii) enthalten die Preise p_r und die Lohnrate w. Die Bedingungen ergeben die Preise, die Lohnrate ist genau wie vorher gegeben. Da die Preise dieselben sind, machte es nichts, daß die Werte der Endnachfragemengen statt der Quantitäten für (i) gegeben sind; die Quantitäten folgen aus den Werten oder umgekehrt.

11.5 Die Matrix der Inputkoeffizienten

Aus der Transaktionsmatrix wird eine Matrix von Inputkoeffizienten hergeleitet. In Quantitäten lautet sie:

$$\begin{bmatrix} 0 & a_{12} & a_{13} & \ldots & a_{1n} \\ a_{21} & 0 & a_{23} & \ldots & a_{2n} \\ \ldots & \ldots & \ldots & \ldots & \ldots \\ a_{n1} & a_{n2} & a_{n3} & \ldots & 0 \\ b_1 & b_2 & b_3 & \ldots & b_n \end{bmatrix}$$

Annahmegemäß sind für a_{rr} ($r = 1, 2, \ldots, n$) Nullen gesetzt. Da $a_{rs} = \frac{x_{rs}}{X_s}$ ist, wird die neue Matrix aus der Transaktionsmatrix durch Division der Spalten s durch X_s ermittelt. Die Spalte für die Endnachfrage wird nicht berücksichtigt.

Die Dimensionen der verschiedenen a und b sind verschieden. Der Koeffizient a_{rs} bezieht sich auf die Mengeneigenheiten des r-ten und des s-ten Produktes. Es folgt daraus, daß weder Zeilen noch Spalten der Input-Koeffizientenmatrix einfach summiert werden können. Jedoch können die Bedingungen (i) und (ii) von 11.3 aus der Matrix herausgelesen werden. Wir multiplizieren die Elemente aufeinanderfolgender Spalten mit $X_1, X_2, \ldots, X_n$ und summieren die Zeilen. Das Resultat ist wegen der Bedingungen (i) gleich $X_r - x_r$ für die r-te Zeile und Y für die letzte Zeile. Wir multiplizieren die Elemente aufeinanderfolgender Spalten mit $p_1, p_2, \ldots, p_n$ und w und summieren die Größen in den Spalten. Das Resultat für die s-te Spalte ist wegen der Bedingungen (ii) gleich p_s.

Eine ähnliche Matrix, die die α_{rs} und β_s berücksichtigt, ergibt sich aus der Transaktionsmatrix in Werten. Hierbei ist:

$$\alpha_{rs} = \frac{v_{rs}}{V_s} \quad \text{und} \quad \beta_s = \frac{w\xi_s}{V_s},$$

und V_s ist zugleich die Summe der s-ten Zeile und der s-ten Spalte. Matrizen dieser Inputkoeffizienten in Geldgrößen sind in Tabelle 2 dargestellt, die direkt aus den Transaktionsmatrizen der Tabelle 1 gebildet werden. Die Elemente der Inputkoeffizientenmatrix sind nun von Dimensionen unabhängig. Jedes Element (abgesehen von den Nullen) ist ein Quotient aus dem Gesamtwert des Produktes und den Käufen eines Gutes oder eines primären Inputs.

Die Summierung längs der Zeilen der Matrix in α_{rs} und β_s ist wie vorher vorzunehmen, also durch Multiplikation der Spalten mit V_s. Dies ergibt die Bedingungen (i) von 11.4. Die entsprechenden Bedingungen (ii) sind:

$$\sum_r \alpha_{rs} + \beta_s = 1 \qquad (s = 1, 2, \ldots, n)$$

Das impliziert, daß die Spaltensummierung der Inputkoeffizientenmatrix sehr einfach ist: die Summe jeder Spalte ist Eins. Dies kann anhand der empirisch vorliegenden Matrizen der Tabelle 2 kontrolliert werden.

Tabelle 2 **Matrizen der Inputkoeffizienten für Großbritannien (1935) und die USA (1947)**

(α_{rs} in Wertgrößen)

Die Industrien:
1. Landwirtschaft und Nahrungsmittel
2. Kohle und Energie
3. Bau, Baumaterial, Holz
4. Chemie und Kautschuk
5. Textil und Bekleidung
6. Papier, Druck und sonstiges
7. Metallerzeugung
8. Maschinenbau
9. Metallverarbeitung
10. Dienstleistungen

Großbritannien (1935); Käufe pro £ des Outputs der kaufenden Industrie

	Käufe der Industrien									
	1	2	3	4	5	6	7	8	9	10
Von den Industrien										
1	0	0,000	0,003	0,018	0,017	0,000	0,000	0,000	0,000	0,001
2	0,016	0	0,020	0,037	0,019	0,019	0,085	0,017	0,019	0,014
3	0,012	0,009	0	0,023	0,002	0,005	0,037	0,021	0,012	0,045
4	0,029	0,006	0,024	0	0,027	0,029	0,011	0,040	0,019	0,002
5	0,005	0,000	0,014	0,023	0	0,019	0,000	0,017	0,000	0,005
6	0,021	0,003	0,007	0,060	0,013	0	0,000	0,010	0,012	0,017
7	0,002	0,015	0,049	0,014	0,000	0,005	0	0,130	0,185	0,000
8	0,006	0,048	0,036	0,000	0,008	0,005	0,011	0	0,006	0,014
9	0,008	0,003	0,028	0,023	0,006	0,005	0,011	0,046	0	0,000
10	0,084	0,060	0,080	0,074	0,086	0,063	0,096	0,039	0,043	0
Nicht zugerechnet	0,015	0,024	0,012	0,023	0,038	0,024	0,106	0,021	0,037	0,010
Primärer Input*	0,805	0,832	0,728	0,705	0,784	0,837	0,628	0,639	0,673	0,892

USA (1947); Käufe pro $ des Outputs der kaufenden Industrie

	Käufe der Industrien									
	I	2	3	4	5	6	7	8	9	10
Von den Industrien										
1	0	0,000	0,008	0,087	0,145	0,005	0,001	0,000	0,001	0,036
2	0,006	0	0,008	0,036	0,009	0,013	0,030	0,008	0,007	0,036
3	0,019	0,043	0	0,020	0,007	0,035	0,034	0,032	0,032	0,049
4	0,063	0,066	0,046	0	0,065	0,040	0,092	0,037	0,019	0,021
5	0,007	0,001	0,010	0,023	0	0,013	0,000	0,011	0,003	0,001
6	0,012	0,001	0,012	0,023	0,024	0	0,001	0,010	0,027	0,030
7	0,000	0,006	0,060	0,010	0,000	0,015	0	0,150	0,186	0,002
8	0,004	0,008	0,041	0,000	0,003	0,005	0,011	0	0,053	0,014
9	0,014	0,001	0,028	0,011	0,001	0,003	0,002	0,064	0	0,003
10	0,171	0,046	0,178	0,106	0,079	0,082	0,111	0,052	0,055	0
Nicht zugerechnet	0,047	0,045	0,058	0,137	0,114	0,149	0,128	0,123	0,152	0,060
Primärer Input*	0,657	0,783	0,552	0,547	0,553	0,635	0,590	0,513	0,459	0,748

* Mit Importen und Staat (Steuern).

Die Koeffizienten wurden aus Tabelle 1 errechnet; der Berechnung der Werte für die USA lagen detailliertere Zahlen als Tabelle 1 zugrunde. Die Spalten ergeben aufgrund von Rundungsfehlern nicht notwendigerweise eins.

Eine Variante der Inputkoeffizientenmatrix kann als

$$\mathbf{A} = \begin{bmatrix} 1 & -a_{12} & -a_{13} & \dots & -a_{1n} \\ -a_{21} & 1 & -a_{23} & \dots & -a_{2n} \\ \dots & \dots & \dots & \dots & \dots \\ -a_{n1} & -a_{n2} & -a_{n3} & \dots & 1 \\ -b_1 & -b_2 & -b_3 & \dots & -b_n \end{bmatrix}$$

geschrieben werden. Hier treten alle Inputkoeffizienten mit einem negativen Vorzeichen auf und in der Hauptdiagonalen stehen Einsen mit positivem Vorzeichen. Die Matrix ist nun in einer Form, die die „Technologie" im Sinne von 10.8 oben darstellt. Jede Industrie oder Aktivität wird durch eine Spalte in **A** mit positiven Elementen für Outputs und negativen für Inputs gekennzeichnet. Jede Spalte ist so „normiert", daß der Output als $+1$ erscheint. Die Inputs sind als Menge pro Einheit des Outputs angegeben. **A** ist, kurz gesagt, die *technologische Matrix* der in diesem Problem unterstellten Produktionsbedingungen.

Übungsaufgaben 11.5

1. Zeigen Sie für die Matrix der Inputkoeffizienten α_{rs} und β_s, daß die Formel für die Zeilensummierungen $\sum_s \alpha_{rs} V_s = V_r - v_r$ ist. Was stellt hier die rechte Seite dar?

2. Überprüfen Sie die Matrizen der Tabelle 2 im Hinblick auf eine Addition längs der Zeilen mit der Formel der vorhergehenden Aufgabe.

3. Schreiben Sie die technologische Matrix **A** in den Größen α_{rs} und β_s (aus der Wertmatrix). Wie lautet die Additionsregel für die Spalten von **A**?

11.6 Die Lösung für drei Industrien

Die Art der Lösung des offenen Leontief-Systems wird für den Fall $n = 3$ hinreichend erläutert. Die Gleichungen für den Output (11.3 oben) sind:

$$\begin{aligned} X_1 \; - a_{12} X_2 \; - a_{13} X_3 &= x_1 \\ -a_{21} X_1 + \quad X_2 \; - a_{23} X_3 &= x_2 \\ -a_{31} X_1 \; - a_{32} X_2 + \quad X_3 &= x_3 \end{aligned}$$

Sie müssen für die Outputs (X_1, X_2, X_3) mit Hilfe der gegebenen Endnachfrage (x_1, x_2, x_3) gelöst werden. Die Lösung kann mit den Methoden der elementaren Algebra ermittelt werden, aber sie wird am kürzesten in Determinantenschreibweise ausgedrückt.

Die technologische Matrix ist:

$$\mathbf{A} = \begin{bmatrix} 1 & -a_{12} & -a_{13} \\ -a_{21} & 1 & -a_{23} \\ -a_{31} & -a_{32} & 1 \end{bmatrix}$$

Wir schreiben A für den Wert der Determinanten von $\mathbf{A}$. Die Adjunkten von A sind:

$$A_{11} = \begin{bmatrix} 1 & -a_{23} \\ -a_{32} & 1 \end{bmatrix}, \quad A_{12} = - \begin{bmatrix} -a_{21} & -a_{23} \\ -a_{31} & 1 \end{bmatrix}, \quad \ldots$$

Die Lösung lautet:

$$\left.\begin{aligned} X_1 &= \frac{1}{A}(A_{11}\,x_1 + A_{21}\,x_2 + A_{31}\,x_3) \\ X_2 &= \frac{1}{A}(A_{12}\,x_1 + A_{22}\,x_2 + A_{32}\,x_3) \\ X_3 &= \frac{1}{A}(A_{13}\,x_1 + A_{23}\,x_2 + A_{33}\,x_3) \end{aligned}\right\} \qquad (1)$$

Die Gesamtbeschäftigung (primärer Input) folgt aus der Gleichung (i) (b) von 11.3:

$$Y = b_1\,X_1 + b_2\,X_2 + b_3\,X_3 \qquad (2)$$

Die Lösung ergibt die Gleichgewichtswerte der Outputs und der Beschäftigung bei gegebener Struktur der Endnachfrage. Verschiedene Resultate der komparativen Statik folgen aus Variationen der Endnachfrage. Hier kann z. B. die Wirkung einer Erhöhung der Nachfrage für Kraftfahrzeuge (direkt und indirekt) auf den Output von Stahl genannt werden. Wenn sich x_1 erhöht und die restliche Endnachfrage unverändert bleibt, gilt:

$$\frac{\partial X_1}{\partial x_1} = \frac{A_{11}}{A}; \quad \frac{\partial X_2}{\partial x_1} = \frac{A_{12}}{A}; \quad \frac{\partial X_3}{\partial x_1} = \frac{A_{13}}{A}$$

$$\text{und} \quad \frac{\partial Y}{\partial x_1} = b_1\,\frac{\partial X_1}{\partial x_1} + b_2\,\frac{\partial X_2}{\partial x_1} + b_3\,\frac{\partial X_3}{\partial x_1}$$

$$= \frac{1}{A}(b_1\,A_{11} + b_2\,A_{12} + b_3\,A_{13})$$

Die Lösung in Wertgrößen ist genau entsprechend. Die Ergebnisse (1) und (2) gelten mit den durch die entsprechenden Werte ersetzten x und X und Y. Die Matrix der Inputkoeffizienten ergibt nun die Determinante

$$\begin{bmatrix} 1 & -\alpha_{12} & -\alpha_{13} \\ -\alpha_{21} & 1 & -\alpha_{23} \\ -\alpha_{31} & -\alpha_{32} & 1 \end{bmatrix} \quad \text{wobei} \quad \alpha_{rs} = \frac{p_r}{p_s} a_{rs}$$

Darin sind die Preise ebenso wie die festen technischen Koeffizienten enthalten.

Die Bestimmung der Gleichgewichtspreise ist dieselbe, sei es, daß die Outputs und die Beschäftigung in quantitativen oder monetären Größen ermittelt werden. Die Menge von Gleichungen, die zu lösen sind, umfaßt die Bedingungen (ii) von 11.3:

$$\begin{aligned} p_1 - a_{21}\,p_2 - a_{31}\,p_3 &= wb_1 \\ -a_{12}\,p_1 + \quad p_2 - a_{32}\,p_3 &= wb_2 \\ -a_{13}\,p_1 - a_{23}\,p_2 + \quad p_3 &= wb_3 \end{aligned}$$

Halten wir fest, daß die Koeffizienten hier transponiert sind, d. h. die Zeilen und Spalten sind vertauscht. Die Lösung ist

$$\left.\begin{aligned} p_1 &= \frac{1}{A}(A_{11}\,b_1 + A_{12}\,b_2 + A_{13}\,b_3)\,w \\ p_2 &= \frac{1}{A}(A_{21}\,b_1 + A_{22}\,b_2 + A_{23}\,b_3)\,w \\ p_3 &= \frac{1}{A}(A_{31}\,b_1 + A_{32}\,b_2 + A_{33}\,b_3)\,w \end{aligned}\right\} \qquad (3)$$

Die Gleichgewichtspreise sind proportional zum gegebenen Lohn w, wobei das Verhältnis von einem Preis zum anderen entsprechend den Inputkoeffizienten variiert.

In der Lösung (3) für Preise erscheinen die Arbeitsinputkoeffizienten (die b) nur in Verbindung mit der Lohnrate. Schreiben wir

$$w_1 = wb_1\,; \quad w_2 = wb_2\,; \quad w_3 = wb_3$$

als die Lohnkosten pro Einheit des Outputs. Dann ergibt sich

$$p_1 = \frac{1}{A}(A_{11}\,w_1 + A_{12}\,w_2 + A_{13}\,w_3) \qquad (4)$$

und ähnliche Resultate gelten für p_2 und p_3. Es gibt eine erhebliche formale Ähnlichkeit zwischen den Resultaten (1) und (4), aber die Konstanten sind in den beiden Resultaten jeweils transponiert.

Es ist auch wichtig, die formale Ähnlichkeit zwischen der ursprünglichen Bedingung (i) (a) und der Lösung (1) zu sehen, wenn sie wie folgt geschrieben wird:

Bedingungen:

$$x_1 = X_1 - a_{12} X_2 - a_{13} X_3$$

und zwei ähnliche Gleichungen

Lösung:

$$X_1 = \frac{A_{11}}{A} x_1 + \frac{A_{21}}{A} x_2 + \frac{A_{31}}{A} x_3$$

und zwei ähnliche Gleichungen

Die Koeffizienten auf der rechten Seite der Bedingungen ergeben die Determinante A. Die Koeffizienten sind in der Lösung genau so wie in der Determinante

$$\begin{bmatrix} \frac{A_{11}}{A} & \frac{A_{21}}{A} & \frac{A_{31}}{A} \\ \frac{A_{12}}{A} & \frac{A_{22}}{A} & \frac{A_{32}}{A} \\ \frac{A_{13}}{A} & \frac{A_{23}}{A} & \frac{A_{33}}{A} \end{bmatrix}$$

angeordnet. Dies ist eine wohlbekannte Determinante, die Inverse oder Reziproke von A (siehe 13.7 unten). Wenn man die allgemeine Lösung von (1) formuliert, ist es also einfach, nicht nur die Matrix der Inputkoeffizienten (die a), sondern auch die inverse Matrix, die die Determinante A und ihre Adjunkten umfaßt, zu erhalten. Ein Beispiel einer inversen Matrix wird von Evans und Hoffenberg (1952), Tabelle 6, gebracht. Die Interpretation der Elemente der inversen Matrix folgt aus der Art der Lösung (1). Das (r, s)-te Element stellt den Gesamtoutput der r-ten Industrie dar, der pro Einheit der Endnachfrage für das s-te Produkt entweder in Mengen- oder in Wertgrößen erforderlich ist.

Die Ergebnisse sind, obwohl für den Fall von drei Industrien niedergelegt, ganz allgemein. Eine systematische Entwicklung des allgemeinen Falles wird in Matrizenschreibweise in 14.7 unten gegeben.

Übungsaufgaben 11.6

1. Stellen Sie die Gleichgewichtsbedingungen für den Fall von zwei Industrien ($n = 2$) auf und ermitteln Sie die Lösung.

2. Die Inputkoeffizientenmatrix ist bei zwei Industrien

$$\mathbf{A} = \begin{bmatrix} 1 & -a_{12} \\ -a_{21} & 1 \end{bmatrix}$$

Zeigen Sie, daß die Inverse $\begin{bmatrix} \dfrac{1}{1-a_{12}\,a_{21}} & \dfrac{a_{12}}{1-a_{12}\,a_{21}} \\ \dfrac{a_{21}}{1-a_{12}\,a_{21}} & \dfrac{1}{1-a_{12}\,a_{21}} \end{bmatrix}$ ist.

3. Die α in der Determinante oben sind von den Preisen abhängig. Zeigen Sie, daß ihr Wert dennoch A ist.

4. Zeigen Sie für den Fall dreier Industrien, daß $p_1 = \dfrac{w\partial Y}{\partial x_1}$ ist und interpretieren Sie dieses Resultat.

11.7 Das geschlossene Walras-Leontief-System

In dem bis jetzt betrachteten offenen System ist zweierlei gegeben: Die Endnachfragemengen und die Lohnkosten pro Stück (einschließlich des Lohns). Die ersteren sind die Nachfragemengen der „Haushalte", die auch das Arbeitsangebot in den Industrien zu dem gegebenen Lohn bestimmen. Um das System zu schließen, braucht man nur eine weitere „Industrie" (Haushalte) einzuführen, die die Produkte anderer Industrien kauft und den Arbeitsinput den anderen Industrien anbietet. Mit der zusätzlichen „Industrie" werden alle Güter Zwischenprodukte; es gibt weder eine getrennte Endnachfrage noch einen besonderen primären Input. Es wird vorausgesetzt, daß es vollkommenen Wettbewerb, freien Zugang, keine staatliche Aktivität und keinen Außenhandel gibt, und daß alle Probleme, die mit Kapitalinvestition und anderen dynamischen Elementen verbunden sind, nicht berücksichtigt werden.

Es gibt $(n + 1)$ Industrien, jede davon produziert ein einziges und von den anderen verschiedenes Produkt der Menge X_r $(r = 1, 2, \ldots, n + 1)$. Die letzte Industrie sind die Haushalte mit dem Produkt X_{n+1}, den an andere Industrien gelieferten Arbeitsleistungen. Die Transaktionsmatrix besteht aus den Größen x_{rs}, dem an die s-te Industrie weitergegebenen Output der r-ten Industrie, wobei $x_{rr} = 0$ gesetzt wird. Im einzelnen ist x_{rn+1} die Menge des r-ten Gutes, das durch Haushalte verbraucht wird (vorher Endnachfrage), und x_{n+1s} ist die Menge der von der s-ten Industrie aufgenommenen Arbeit (vorher primärer Input).

Die erste Gruppe von Gleichgewichtsbedingungen im geschlossenen System ist die gleiche wie vorher, die vollkommene Verteilung von jedem Gesamtoutput:

$$X_r = \sum_s x_{rs} \qquad (r = 1, 2, \ldots, n + 1),$$

und die Zeilen in der Transaktionsmatrix ergeben die Gesamtoutputs. Es ist nun angebracht, $(-X_r)$ statt Null in die Hauptdiagonale der Transaktionsmatrix zu setzen, d. h. $x_{rr} = -X_r$ anzunehmen. Mit der so berichtigten Transaktionsmatrix lauten die Bedingungen

$$\sum_s x_{rs} = 0 \qquad (r = 1, 2, \ldots, n + 1), \tag{1}$$

und die Transaktionsmatrix addiert sich horizontal jeweils zu Null. Vertikal kann man die Matrix nicht summieren, weil die Einheiten in den Zeilen verschieden sind.

Es wird wieder angenommen, daß es durch technische Bedingungen gegebene konstante Inputkoeffizienten a_{rs} gibt:

$$x_{rs} = a_{rs} X_s \qquad (r, s = 1, 2, \ldots, n + 1) \tag{2}$$

Unter der jetzigen Übereinkunft, daß $x_{rr} = -X_r$ ist, gilt dies auch für $r = s$, indem man $a_{rr} = -1$ schreibt.

Neu ist hier die Annahme, daß $x_{rn+1} = a_{rn+1} X_{n+1}$, also daß der Verbrauch des r-ten Gutes durch die Haushalte in festem Verhältnis zur Arbeit steht, die diese anbieten. Die Ausgabe für jedes Gut steht im festen Verhältnis zum Einkommen (alles in realen Größen). Dies ist eine sehr restriktive Annahme, und sie wird später noch im einzelnen untersucht werden.

Wir substituieren (2) in (1) und die erste Gruppe der Gleichgewichtsbedingungen wird zu:

$$\sum_s a_{rs} X_s = 0 \qquad (r = 1, 2, \ldots, n)$$

Die zweite Gruppe der Bedingungen führt die Preise p_r $(r = 1, 2, \ldots, n + 1)$ ein, wobei p_{n+1} der Lohn (oder der Preis für die Arbeitsleistungen) ist. Die Bedingungen lauten, daß die Erträge gleich den Kosten in jeder Industrie sind. Für die s-te Industrie sind die Erträge $p_s X_s$ und die Kosten $\sum_r p_r x_{rs}$, wobei $s = r$ ausgeschlossen wird. Daher ist mit $x_{rr} = -X_r$ und $a_{rr} = -1$ die zweite Gruppe der Gleichgewichtsbedingungen $\sum_r p_r x_{rs} = 0$, oder unter Berücksichtigung von (2):

$$\sum_r p_r a_{rs} = 0 \qquad (s = 1, 2, \ldots, n + 1)$$

Die Bedingungen für ein allgemeines Gleichgewicht mit festen technischen Koeffizienten a_{rs} haben die folgende, sehr einfache Form:

$$\text{(i)} \quad \sum_s a_{rs} X_s = 0 \qquad (r = 1, 2, \ldots, n + 1)$$

$$\text{(ii)} \quad \sum_r p_r a_{rs} = 0 \qquad (s = 1, 2, \ldots, n + 1)$$

Die Variablen sind die $n + 1$ Outputs X_r, die nur in (i) erscheinen, und die $n + 1$ Preise p_r, die nur in (ii) erscheinen. Diese Bedingungen täuschen jedoch Einfachheit vor, und es ergeben sich durch sie besondere Schwierigkeiten, die nicht auftreten, wenn das System offen ist.

Die Art dieses Problems kann für den Fall zweier Güter (ein Industrieprodukt und die Arbeit) gezeigt werden. Die Bedingungen sind:

$$\text{(i)} \quad \begin{aligned} -X_1 + a_{12} X_2 &= 0 \\ a_{21} X_1 - X_2 &= 0 \end{aligned} \qquad \text{(ii)} \quad \begin{aligned} -p_1 + a_{21} p_2 &= 0 \\ a_{12} p_1 - p_2 &= 0 \end{aligned}$$

$$\text{Aus (i):} \quad \frac{X_1}{X_2} = a_{12} = \frac{1}{a_{21}}$$

$$\text{Aus (ii):} \quad \frac{p_1}{p_2} = a_{21} = \frac{1}{a_{12}}$$

Es folgt daraus, daß nur die *Verhältnisse* der Outputs oder Preise durch das Gleichgewichtssystem gegeben sind und daß das System sogar bei diesem beschränkten Ergebnis nur *konsistent* ist, wenn die Inputkoeffizienten der Beziehung

$$a_{12} a_{21} = 1 \quad \text{d. h.} \quad \begin{bmatrix} 1 & -a_{12} \\ -a_{21} & 1 \end{bmatrix} = 0 \qquad \text{genügen.}$$

Dieses Ergebnis kann verallgemeinert werden. Die Bedingungen (i) und (ii) sind lineare Gleichungen, aber sie sind in den Variablen homogen. Obwohl die Zahl der Gleichungen der Zahl der Variablen gleich ist, können sie nur die Verhältnisse der Variablen angeben, d. h. eine Lösung für n Variable bestimmen, wenn ein willkürlicher Wert für die letzte Variable gegeben ist. Sogar dafür muß eine der Gleichungen aus den anderen ableitbar sein, was eine Beschränkung der Werte der Inputkoeffizienten impliziert — die aus den Inputkoeffizienten der technologischen Matrix gebildete Determinante muß Null sein. Es ist auch festzuhalten, daß die beiden Gruppen von Gleichungen, obwohl sie eigentlich getrennt (eine für die Outputs, die andere für die Preise) sind, zusammenhängen. Wenn die Inputkoeffizienten so sind, daß sich aus ihnen die Outputverhältnisse ergeben, dann bestimmen sie auch die Verhältnisse der Preise. Daher bestimmt das geschlossene System (höchstens) die *Struktur* der Wirtschaft, nicht ihr *Niveau.* Es gibt in dem offenen System, in dem der Produktionssektor im Niveau genau so wie in der Struktur bestimmt wird, keine solche Einschränkung. Es ist in der Tat die Annahme gegebener Endnachfragemengen, die das Niveau der Outputs bestimmt, und die feste Lohnrate ergibt das Preisniveau. Diese Fragen werden weiter in Aufgabe 1 und allgemein in 14.7 unten untersucht.

Das geschlossene, hier untersuchte System kann mit dem Namen Leontief verbunden werden; seine Annahme fester Inputkoeffizienten wird verwendet. Es ist jedoch evident, daß das System eine Walrasianische Form hat. Es ist die einfachste spezielle Version des allgemeinen wirtschaftlichen Gleichgewichts, wie es in Kapitel 10 oben untersucht wurde; siehe Goodwin (1953). Wie von Cameron (1951) bemerkt wurde, ist das System eines vom Typ allgemeiner Walrasianischer Gleichgewichte, in dem alle wirtschaftlichen Entscheidungsmöglichkeiten eliminiert sind.

Übungsaufgaben 11.7

1. Geben Sie die Gleichgewichtsbedingungen für den Fall von drei Industrien ($n = 3$) an. Zeigen Sie, daß die Verhältnisse $X_1 : X_2 : X_3$ und $p_1 : p_2 : p_3$ nur dann bestimmt sind, wenn die Inputkoeffizienten so sind, daß die technologische Matrix

$$\begin{bmatrix} 1 & -a_{12} & -a_{13} \\ -a_{21} & 1 & -a_{23} \\ -a_{31} & -a_{32} & 1 \end{bmatrix}$$

einen Determinantenwert von Null hat. Zeigen Sie auch, daß es immer noch Schwierigkeiten gibt, wenn Adjunkten wie

$$\begin{bmatrix} 1 & -a_{12} \\ -a_{21} & 1 \end{bmatrix}$$

Null sind.

2. In der obigen Analyse addiert sich die Transaktionsmatrix x_{rs} hinsichtlich der Quantitäten zeilenweise zu Null, kann aber spaltenweise nicht addiert werden. Ändern Sie das System so, daß es auf einer Wert-Transaktionsmatrix basiert, d. h. auf der Matrix von $v_{rs} = p_r x_{rs}$. Zeigen Sie, daß sich diese Matrix aufgrund der beiden Gruppen von Gleichgewichtsbedingungen zeilen- und spaltenweise zu Null addiert.

3. Erweitern Sie die Änderungen der vorhergehenden Aufgabe auf die Technologie-(Inputkoeffizienten-)Matrix. Zeigen Sie, daß die Matrix Elemente von $\alpha_{rs} = \frac{p_r}{p_s} a_{rs}$ hat und daß sich die Matrix aufgrund der Gleichgewichtsbedingungen (ii) spaltenweise zu Null addiert. Was kann über die zeilenweise Summierung der Matrix gesagt werden?

11.8 Das dynamische Leontief-System

In der obigen Abhandlung über interindustrielle Beziehungen ist die Kapitalbildung theoretisch nicht behandelt und praktisch in die gegebene Endnachfrage eingeschlossen worden. Das System ist zugleich statisch und kurzfristig. Eine Erweiterung findet jetzt insoweit statt, als dynamische Prozesse mit Hilfe des einfachen Akzelerationsprinzips eingeführt werden, um den Kapitalstock mit dem Output oder die Investitionen mit den Veränderungen im Output zu verbinden. „Timelags" werden nicht einbezogen (siehe jedoch Aufg. 3 unten), und es wird die Annahme gemacht, daß Pläne über die Bestände erfüllt werden. Das System weist in der Tat notwendigerweise eine gleichgewichtige Bewegung auf.

Die *Inputkoeffizienten* a_{rs} werden wie vorher definiert: $x_{rs} = a_{rs} X_s$ für $r, s = 1, 2, \ldots, n$. Sie beziehen sich auf *laufende Stromgrößen* der Produkte; x_{rs} ist die Stromgröße des r-ten Produktes in die s-te Industrie in einer Periode (etwa einem Jahr). Es wird angenommen, daß sie in einem festen Verhältnis zur entsprechenden Outputstromgröße X_s der s-ten Industrie steht. Es wird allgemein angenommen, daß die s-te Industrie ihre eigenen Produkte nicht als Input verwendet, so daß a_{ss} nicht definiert ist und einfach $a_{ss} = -1$ gesetzt wird. Analog zu diesen Koeffizienten wird eine neue Menge von *Kapitalkoeffizienten* b_{rs} definiert: $S_{rs} = b_{rs} X_s$ für $r, s = 1, 2, \ldots, n$. Diese beziehen sich auf *Bestände* an Gütern, d. h. S_{rs} ist der Bestand des r-ten Gutes in der s-ten Industrie, der alle Arten der Kapitalbildung von der Lagerhaltung von Material und Produkten bis zu Anlagen und Ausrüstungen gemäß der Art des r-ten Gutes umfaßt. Im wesentlichen sind S_{rr} und b_{rr} definiert, um den Bestand des r-ten Gutes in der Industrie anzugeben, die es produziert.

Es gibt zwei Matrizen von gegebenen und konstanten Koeffizienten:

$$\mathbf{A} = \begin{bmatrix} 1 & -a_{12} & \ldots & -a_{1n} \\ -a_{21} & 1 & \ldots & -a_{2n} \\ \ldots & \ldots & \ldots & \ldots \\ -a_{n1} & -a_{n2} & \ldots & 1 \end{bmatrix} \quad \text{und} \quad \mathbf{B} = \begin{bmatrix} b_{11} & b_{12} & \ldots & b_{1n} \\ b_{21} & b_{22} & \ldots & b_{2n} \\ \ldots & \ldots & \ldots & \ldots \\ b_{n1} & b_{n2} & \ldots & b_{nn} \end{bmatrix}$$

Miteinander beschreiben sie die Struktur der Wirtschaft, **A** stellt die *Stromgrößenstruktur* dar, **B** *die Kapitalstruktur*. Die Dimensionen der a sind wie vorher, wobei a_{rs} in Einheiten des r-ten Produktes pro Einheit des s-ten Produktes (beide in einer gegebenen Periode) angegeben wird. Die Dimensionen der b sind anders. S_{rs} ist der Bestand in Einheiten des r-ten Gutes zu einem Zeitpunkt; X_s ist die Stromgröße einer Periode in Einheiten des s-ten Gutes. Daher stellt b_{rs} diejenige Menge von Einheiten des r-ten Produktes dar, die pro Einheit des s-ten Produktes in einer Periode gehalten werden. Wenn zum Beispiel Stahl das r-te Produkt und Kraftfahrzeuge das s-te Produkt sind, dann gibt b_{rs} die Tonnen Stahl an, die für jedes in einer Periode produzierte Kraftfahrzeug gelagert werden.

Jeder Kapitalkoeffizient wird so als Akzeleratorkonstante interpretiert. Alle Quantitäten verändern sich im Zeitablauf, und die Differenzierung von $S_{rs} = b_{rs} X_s$ ergibt:

$$\frac{dS_{rs}}{dt} = b_{rs} \frac{dX_s}{dt}$$

für kontinuierliche Veränderungen. Verbal stellt die Gleichung folgendes dar:

Investierung im r-ten Produkt $= b_{rs}$ mal Outputänderung

für die s-te Industrie. Der Akzelerator hat hier eine kontinuierliche Form ohne Lags (siehe Aufg. 1 - 3 unten).

Nur die erste Gruppe von Gleichungen im Leontief-System wird nun untersucht, d. h. die Gleichungen für die vollständige Verteilung der Outputs. Die anderen Gleichungen (mit den Preisen) können genau so wie vorher addiert werden. Das offene System von 11.3 und das geschlossene System von 11.7 werden jetzt beide dynamisiert.

Das offene System. Es gibt n Industrien, für die jeweils die Endnachfrage x_r $(r = 1, 2, \ldots, n)$ gegeben ist. Dies impliziert nun, daß x_r eine Stromgröße im Zeitablauf ist, eine *gegebene Funktion der Zeit.* Gegeben ist ein „Güterbündel", das sich in bestimmter Weise verändert. Die Bedingungen für die vollkommene Verteilung des Produktes sind nun:

$$X_r = x_s + \sum_s x_{rs} + \sum_s \frac{dS_{rs}}{dt} \qquad (r = 1, 2, \ldots, n)$$

Das Produkt geht zum Teil zu den Verbrauchern (erster Ausdruck), zum Teil als laufender Input in andere Industrien (zweiter Ausdruck) und zum Teil als Input auf das Kapitalkonto für andere Industrien (dritter Ausdruck). Der letzte Ausdruck kann positiv oder negativ sein, je nachdem, ob (z. B.) Lagerbestände auf- oder abgebaut werden; es gibt einige Schwierigkeiten bei negativen Ausdrücken, die unten kurz erwähnt werden. Wenn die beiden Mengen der strukturellen Koeffizienten (mit $a_{rr} = -1$) eingesetzt werden, dann ist

$$\sum_s \left(a_{rs} X_s + b_{rs} \frac{dX_s}{dt} \right) + x_r = 0 \qquad (r = 1, 2, \ldots, n) \tag{1}$$

die erweiterte Fassung der Bedingungen (1) von 11.3 oben.

Das geschlossene System. Die n-te Industrie seien die Haushalte, die Verbrauchsgüter als Inputs in Arbeitsleistungen als Outputs überführen. Die Bedingungen für die Verteilung der Produkte sind (1), wobei x_r ausgelassen wird:

$$\sum_s \left(a_{rs} X_s + b_{rs} \frac{dX_s}{dt} \right) = 0 \qquad (r = 1, 2, \ldots, n) \tag{2}$$

Dies erweitert die Bedingungen (i) von 11.7 oben.

Die Gleichungen (1) oder (2) gelten für n Outputs X_r ($r = 1, 2, \ldots, n$), aber sie beziehen sich auf Outputs, die sich im Zeitablauf verändern, und enthalten Veränderungsraten ebenso wie absolute Werte. Sie stellen Mengen von linearen Differentialgleichungen mit konstanten Koeffizienten dar. Ihre Lösung erfaßt jeden Output als eine explizite Funktion der Zeit — den Pfad des Outputs im Zeitablauf —, und in ihr müssen beliebige Konstanten, die durch Ausgangsbedingungen festgesetzt werden, erscheinen. Da die Gleichungen von erster Ordnung sind, gibt es eine willkürliche Konstante für jedes Produkt, und der anfängliche Output für jede Industrie wird gesucht.

Die in Kapitel 5 angewendeten Methoden auf naheliegende Weise erweitert, bringen die Lösung von (1) oder (2). Die Gleichungen für das geschlossene System sind die einfacheren; sie sind von homogener Form. Wenn diese jedoch einmal gelöst sind, erhält man die Lösung der nicht-homogenen Gleichungen für das offene System durch Einbeziehung eines partikulären Integrals, das dem als Funktion der Zeit gegebenen x_r Rechnung trägt. Die Lösung für den einfachsten Fall von zwei Industrien steht im folgenden Abschnitt; allgemeinere Lösungen werden in 14.9 unten angegeben.

Es wird dann klar werden, daß der Pfad von X_r (für jedes $r = 1, 2, \ldots, n$) auch Schwankungen aufweisen könnte, die im Zeitablauf gedämpft oder nicht gedämpft sein können. Da das gegenwärtige dynamische System auf demselben Akzelerationsprinzip basiert, gibt es denselben Bereich von Möglichkeiten, der in der Theorie des Konjunkturzyklus schon untersucht wurde. Das System ist auch den bekannten Beschränkungen unterworfen und braucht eine entsprechende Erweiterung. Es wird bei der Formulierung $\frac{dS_{rs}}{dt} = b_{rs} \frac{dX_s}{dt}$ angenommen, daß der Akzelerator reversibel ist. Die Bestände fallen also, wenn der Output in gleicher Weise fällt, und sie erhöhen sich, wenn sich der Output erhöht. Nun muß man in der Tat wenigstens den Akzelerator für Anlagen und Ausrüstung, wenn schon nicht für Lagerbestände, als nicht-linear und nicht-symmetrisch annehmen. Diese Schwierigkeiten wurden im Kapitel 7 oben und für den vorliegenden Zusammenhang bei Leontief (1953 a) untersucht.

Übungsaufgaben 11.8

1. Ändern Sie das System des Textes durch Einführung der Periodenanalyse, indem Sie einen Akzelerator folgender Form annehmen: Die Investierung im r-ten Produkt durch die s-te Industrie ist gleich dem b_{rs}-fachen der laufenden Veränderung im Output $\{X_s(t) - X_s(t-1)\}$. Zeigen Sie, daß für das geschlossene System die Bedingungen eine Menge von Differenzengleichungen erster Ordnung darstellen:

$$\sum_s (a_{rs} + b_{rs}) X_s(t) - \sum_s b_{rs} X_s(t-1) = 0 \qquad (r = 1, 2, \ldots, n)$$

2. Führen Sie einen „time-lag" in das System der vorhergehenden Übung ein, indem Sie die Investierung als von einer früheren Veränderung im Output $\{X_s(t-1) - X_s(t-2)\}$ abhängig annehmen, und zeigen Sie, daß die Differenzengleichungen von zweiter Ordnung sind:

$$\sum_s a_{rs} X_s(t) + \sum_s b_{rs} X_s(t-1) - \sum_s b_{rs} X_s(t-2) = 0$$

3. Nehmen Sie in dem (stetigen) System des Textes Käufe des r-ten Gutes auf das Kapitalkonto der s-ten Industrie zum Zeitpunkt t wie folgt an:
$\frac{d}{dt} S_{rs}(t) = b_{rs}$ mal der vorhergegangenen Veränderungsrate von X_s .
Nehmen Sie weiter an, daß eine Verzögerung zwischen der Lieferung der Kapitalausrüstung und der Outputänderung besteht, die Verzögerung soll einheitlich sein und als Zeiteinheit genommen werden. Zeigen Sie, daß die Bedingungen des geschlossenen Systems aus einer Menge von gemischten Differenzen-Gleichungen bestehen:

$$\sum_s a_{rs} X_s(t) + \sum_s b_{rs} \frac{d}{dt} X_s(t+1) = 0$$

11.9 Dynamische Lösung für zwei Industrien

In dem einfachsten Fall von zwei Industrien sind die Bedingungen (1) des vorherigen Abschnitts:

$$\left.\begin{aligned} X_1 - a_{12} X_2 - b_{11} \frac{dX_1}{dt} - b_{12} \frac{dX_2}{dt} &= x_1 \\ -a_{21} x_1 + X_2 - b_{21} \frac{dX_1}{dt} - b_{22} \frac{dX_2}{dt} &= x_2 \end{aligned}\right\} \qquad (1)$$

Sie gelten für das offene System. Ein geschlossenes System erhält man, wenn $x_1 = x_2 = 0$ (die Haushalte sind eine von den beiden Industrien). Die Gleichungen (1) sind dann homogen und leichter zu lösen, und sie werden zuerst behandelt.

Das geschlossene System. Versuchen wir es mit der Methode, mit welcher im Kapitel 5 oben gearbeitet wurde:

$$X_1 = e^{-\lambda t} \quad \text{und} \quad X_2 = k e^{-\lambda t}$$

so daß $\frac{dX_1}{dt} = -\lambda e^{-\lambda t}$ und $\frac{dX_2}{dt} = -\lambda k e^{-\lambda t}$

wobei λ und k Konstanten sind, die mit Hilfe der strukturellen Konstanten (den a und b) gefunden werden müssen. Wir substituieren in (1) und schließen die Möglichkeit $e^{-\lambda t} \neq 0$ aus, um zwei Gleichungen für λ und k zu bekommen:

$$1 - k a_{12} + \lambda (b_{11} + k b_{12}) = 0 \quad \text{und} \quad -a_{21} + k + \lambda (b_{21} + k b_{22}) = 0 \qquad (2)$$

Das ergibt: $k = \frac{1 + \lambda b_{11}}{a_{12} - \lambda b_{12}} = \frac{a_{21} - \lambda b_{21}}{1 + \lambda b_{22}}$

Somit ergibt sich k aus λ und λ aus den beiden Gliedern von (2). In der quadratischen Form geordnet führt das zu

$$(1 + \lambda b_{11})(1 + \lambda b_{22}) = (a_{12} - \lambda b_{12})(a_{21} - \lambda b_{21})$$

$$\left.\begin{array}{ll} \text{d. h.} & \alpha\lambda^2 + \beta\lambda + \gamma = 0 \\ \text{wobei} & \alpha = b_{11} b_{22} - b_{12} b_{21}\,; \quad \gamma = 1 - a_{12} a_{21} \\ \text{und} & \beta = b_{11} + b_{22} + a_{12} b_{21} + a_{21} b_{12} \end{array}\right\} \qquad (3)$$

Es gibt zwei Wurzeln $\lambda = \lambda_1, \lambda_2$, die reell und verschieden sind, da $\beta^2 > 4\,\alpha\gamma$, wie gezeigt werden kann:

$$\beta^2 = \{(b_{11} + a_{12} b_{21}) + (b_{22} + a_{21} b_{12})\}^2 = \{(b_{11} + a_{12} b_{21}) - (b_{22} + a_{21} b_{12})\}^2 + 4\,(b_{11} + a_{12} b_{21})(b_{22} + a_{21} b_{12})$$

$$\begin{aligned} \therefore\ \beta^2 - 4\,\alpha\gamma &= \{(b_{11} + a_{12} b_{21}) - (b_{22} + a_{21} b_{12})\}^2 \\ &\quad + 4\,(b_{11} + a_{12} b_{21})(b_{22} + a_{21} b_{12}) - 4\,(1 - a_{12} a_{21})(b_{11} b_{22} - b_{12} b_{21}) \\ &= \{(b_{11} + a_{12} b_{21}) - (b_{22} + a_{21} b_{12})\}^2 \\ &\quad + 4\,(b_{12} b_{21} + a_{12} b_{21} b_{22} + a_{21} b_{11} b_{12} + b_{11} b_{22} a_{12} a_{21}) \end{aligned}$$

Dieser Ausdruck ist positiv, da alle a und b positiv sind.

Zwei Paare von Konstanten λ und k ergeben sich, und zwar zwei reelle und verschiedene Werte λ_1 und λ_2 aus (3) und zwei entsprechende Werte von k aus (2):

$$k_1 = \frac{1 + \lambda_1 b_{11}}{a_{12} - \lambda_1 b_{12}} \quad \text{und} \quad k_2 = \frac{1 + \lambda_2 b_{11}}{a_{12} - \lambda_2 b_{12}}$$

Daher gilt $X_1 = e^{-\lambda_1 t}$ und $X_2 = k_1 e^{-\lambda_1 t}$

und $X_1 = e^{-\lambda_2 t}$ und $X_2 = k_2 e^{-\lambda_2 t}$

Beide sind Lösungen von (1). Indem wir mit den willkürlichen Konstanten A_1 und A_2 multiplizieren und addieren, erhalten wir

$$\left.\begin{aligned} X_1 &= A_1 e^{-\lambda_1 t} + A_2 e^{-\lambda_2 t} \\ X_2 &= A_1 k_1 e^{-\lambda_1 t} + A_2 k_2 e^{-\lambda_2 t} \end{aligned}\right\} \quad (4)$$

Dies ist auch eine Lösung; sie ist die allgemeine, da sie die geforderte Zahl von willkürlichen Konstanten A_1 und A_2 enthält, die aus den ursprünglichen Outputs (siehe Aufg. 2 unten) zu ermitteln sind.

Die Lösung (4) läßt sich leicht interpretieren, aber das scheint nicht unmittelbar nützlich zu sein. Im Zeitablauf nähern sich die Outputs X_1 und X_2 Null, wenn λ_1 und λ_2 beide positiv sind. Sie werden unendlich, falls λ_1 oder λ_2 negativ sind. Die Produktion neigt dazu, entweder aufzuhören oder zu „explodieren". In diesem unangenehmen Ergebnis zeigen sich einfach wieder die besonderen Eigenheiten des vereinfachten geschlossenen Systems. Es gibt jedoch die Möglichkeit, daß λ_1 oder λ_2 Null ist. Für das statische geschlossene System von 11.7 oben, das wir wieder bekommen, wenn alle b in (1) gleich Null gesetzt werden, ergibt sich, daß nur das Verhältnis $X_1 : X_2$ bestimmt werden kann, und dies nur, falls die a einer besonderen Bedingung genügen:

$$\begin{vmatrix} 1 & -a_{12} \\ -a_{21} & 1 \end{vmatrix} = 1 - a_{12} a_{21} = 0 \quad (5)$$

Wir *nehmen* nun *an,* daß die Bedingung (5) noch in dem dynamischen Modell gilt. Dann ist in der Gleichung (3) für λ der Koeffizient $\gamma = 0$ und ein Wert von λ ist Null bei einem entsprechenden $k = \frac{1}{a_{12}} = a_{21}$ aus (2). Die anderen λ und k sind:

$$\lambda = -\frac{\beta}{\alpha} = \frac{b_{11} + b_{22} + a_{12} b_{21} + a_{21} b_{12}}{b_{12} b_{21} - b_{11} b_{22}} \quad \text{und} \quad k = \frac{1 + \lambda b_{11}}{a_{12} - \lambda b_{12}} \quad (6)$$

Die Lösung (4) wird dann zu:

$$\left.\begin{aligned} X_1 &= A_1 + A_2 e^{-\lambda t} \\ X_2 &= \frac{A_1}{a_{12}} + A_2 k e^{-\lambda t} \end{aligned}\right\} \quad (7)$$

wobei λ und k durch (6) gegebene strukturelle Konstanten sind. Ist $\lambda > 0$, dann besteht jeder Output in (7) aus einer Konstanten plus einer Größe, die im Zeitablauf verschwindet. Dies ist schon ein vernünftigeres Ergebnis. Die endgültigen Niveaus des Outputs sind $X_1 = A_1$ und $X_2 = \frac{A_1}{a_{12}}$, und diese werden durch die ursprünglichen Outputs (über die willkürliche Konstante A_1) festgesetzt. Jedoch ist das Verhältnis der endgültigen Outputs $X_1 : X_2 = a_{12}$ durch die Struktur des Systems gegeben. Das dynamische System ist gedämpft und stabil; die endgültigen Outputniveaus sind im Verhältnis durch die Struktur des Systems und in der Höhe durch die Anfangsoutputs bestimmt.

Dieses Ergebnis hängt von einem positiven Wert von λ in (6) ab. Dies gilt, wenn entweder *eine* der Größen b_{11} oder b_{22} Null ist oder wenn *beide*, b_{11} und b_{22}, klein sind. Da das zweite der beiden Güter Arbeit ist (von Haushalten geliefert), können die Bestände von X_2 als Null angenommen werden, und daher ist $b_{22} = 0$. Somit stellt $\lambda > 0$ den gewöhnlichen Fall dar.

Das offene System. Hier sind x_1 und x_2 in (1) gegebene Funktionen der Zeit. Die Lösung der nicht-homogenen Gleichungen (1) ist die allgemeine homogene Lösung (4) mit einem Partikularintegral, das von x_1 und x_2 abhängt und zu jeder Variablen addiert wird. Die Partikularintegrale können nur ermittelt werden, wenn x_1 und x_2 nicht nur gegeben, sondern auch spezifiziert sind. Zwei Fälle erläutern dies:

(i) *Feste und im Zeitablauf konstante Endnachfrage:*

$x_1 = c_1$ und $x_2 = c_2$. Partikularlösungen werden gesucht für:

$$\left.\begin{aligned} X_1 - a_{12} X_2 - b_{11} \frac{dX_1}{dt} - b_{12} \frac{dX_2}{dt} &= c_1 \\ -a_{21} X_1 + X_2 - b_{21} \frac{dX_1}{dt} - b_{22} \frac{dX_2}{dt} &= c_2 \end{aligned}\right\} \tag{8}$$

Versuchen wir es mit $X_1 = B_1$ und $X_2 = B_2$ als den beiden zu ermittelnden Konstanten. Dann gilt:

$$B_1 - a_{12} B_2 = c_1 \quad \text{und} \quad -a_{21} B_1 + B_2 = c_2$$

und daraus ergibt sich

$$B_1 = \frac{c_1 + c_2 a_{12}}{1 - a_{12} a_{21}} \quad \text{und} \quad B_2 = \frac{c_1 a_{21} + c_2}{1 - a_{12} a_{21}}$$

Daher ist die allgemeine Lösung von (8):

$$X_1 = \frac{c_1 + c_2 a_{12}}{1 - a_{12} a_{21}} + A_1 e^{-\lambda_1 t} + A_2 e^{-\lambda_2 t}$$

$$X_2 = \frac{c_1 a_{21} + c_2}{1 - a_{12} a_{21}} + A_1 k_1 e^{-\lambda_1 t} + A_2 k_2 e^{-\lambda_2 t}$$

A_1 und A_2 sind hierbei beliebig (gegeben durch die anfänglichen Outputs), und die λ und k ergeben sich als strukturelle Konstanten aus (2) und (3).

Bei der Interpretation dieser Lösung kommt es auf die Vorzeichen von λ_1 und λ_2 und der beiden konstanten Größen B_1 und B_2 an. Aus (3) folgt

$$\lambda_1 + \lambda_2 = -\frac{\beta}{\alpha} \quad \text{und} \quad \lambda_1 \lambda_2 = \frac{\gamma}{\alpha}$$

Weiterhin sind B_1 und B_2 positive Vielfache von $\frac{1}{\gamma}$.

Gewöhnlich ist $\alpha < 0$, z. B. wenn eine Industrie keine (oder kleine) Bestände des eigenen Produktes hat. In allen Fällen ist $\beta > 0$. Jedoch kann $\gamma = 1 - a_{12} a_{21}$ positiv oder negativ sein. Es gibt dann zwei Möglichkeiten:

Vorzeichen von:	(a) $1-a_{12}\,a_{21} > 0$	(b) $1-a_{12}\,a_{21} < 0$
$\lambda_1 + \lambda_2$	+	+
$\lambda_1 \lambda_2$	−	+
B_1 und B_2	+	−

Im Falle (*a*) ist das größere der λ positiv und das kleinere negativ. Das negative λ ergibt eine Größe in X_1 und X_2, die sich im Zeitablauf unbegrenzt erhöht, während die andere Größe mit λ verschwindet. Das System ist in diesem Falle „explosiv“. Andererseits, im Falle (b), sind beide λ positiv und die entsprechenden Ausdrücke in X_1 und X_2 verschwinden; aber die Niveaus (B_1 und B_2), zu denen die Outputs tendieren, sind negativ und daher unzulässig.

Daher ist das dynamische System im einzig brauchbaren Fall mit $(1 - a_{12}\,a_{21} > 0)$ explosiv, und die Outputs erhöhen sich unbegrenzt im Zeitablauf. Der reversible und lineare Akzelerator, der in dem Modell unterstellt wird, führt wieder zu der Art von Problemen, die im Kapitel 7 oben erörtert wurden. Das Modell ist auf die Realität nicht direkt anwendbar; ein nicht-linearer und nicht-symmetrischer Akzelerator müßte eingeführt werden.

(ii) *Mit einer gegebenen relativen Rate μ im Zeitablauf wachsender Endnachfrage:*

$$x_1 = c_1\, e^{\mu t} \quad \text{und} \quad x_2 = c_2\, e^{\mu t}$$

Gesucht werden Partikularlösungen für

$$\left.\begin{aligned} X_1 - a_{12} X_2 - b_{11} \frac{dX_1}{dt} - b_{12} \frac{dX_2}{dt} &= c_1\, e^{\mu t} \\ -a_{21} X_1 + X_2 - b_{21} \frac{dX_1}{dt} - b_{22} \frac{dX_2}{dt} &= c_2\, e^{\mu t} \end{aligned}\right\} \tag{9}$$

Versuchen wir es mit $X_1 = B_1 e^{\mu t}$ und $X_2 = B_2 e^{\mu t}$, wo B_1 und B_2 die Konstanten sind, die ermittelt werden müssen, d. h. jeder Output erhöht sich in der gleichen relativen Rate wie die Endnachfrage. Wir substituieren in (9) und schalten $e^{\mu t} \neq 0$ aus.

$$B_1 - a_{12} B_2 - \mu b_{11} B_1 - \mu b_{12} B_2 = c_1$$
$$-a_{21} B_1 + B_2 - \mu b_{21} B_1 - \mu b_{22} B_2 = c_2$$

ergibt
$$B_1 = \frac{c_1 (1-\mu b_{22}) + c_2 (a_{12} + \mu b_{12})}{(1-\mu b_{11})(1-\mu b_{22}) - (a_{12} + \mu b_{12})(a_{21} + \mu b_{21})}$$

und
$$B_2 = \frac{c_1 (a_{21} + \mu b_{21}) + c_2 (1-\mu b_{11})}{(1-\mu b_{11})(1-\mu b_{22}) - (a_{12} + \mu b_{12})(a_{21} + \mu b_{21})}$$

Die allgemeine Lösung von (9) lautet:

$$X_1 = B_1 e^{\mu t} + A_1 e^{-\lambda_1 t} + A_2 e^{-\lambda_2 t}$$
$$X_2 = B_2 e^{\mu t} + A_1 k_1 e^{-\lambda_1 t} + A_2 k_2 e^{-\lambda_2 t}$$

Die Situation ist fast die gleiche wie bei der konstanten Endnachfrage (siehe Aufg. 5 unten). Es gibt gewöhnlich nur eine Lösungsmöglichkeit; das dynamische System weist dann einen explosiven Exponentialtrend (oder Outputwachstum) auf, der dem gegebenen Wachstum in der Endnachfrage entspricht.

Übungsaufgaben 11.9

1. Zeigen Sie, daß die quadratische Gleichung, die sich für λ aus (2) ergibt, wie folgt geschrieben werden kann:

$$\begin{vmatrix} (-1-\lambda b_{11}) & (a_{12} - \lambda b_{12}) \\ (a_{21} - \lambda b_{21}) & (-1-\lambda b_{22}) \end{vmatrix} = 0$$

   Die Determinante wird dabei offensichtlich von den strukturellen Konstanten gebildet.

2. Formulieren Sie mit den Ausgangsbedingungen $X_1 = X_{10}$ und $X_2 = X_{20}$ bei $t = 0$ die willkürlichen Konstanten in der Lösung (4) in Termen von X_{10} und X_{20}. Wiederholen Sie das Verfahren für die Lösung (7).

3. Warum ist es in dem offenen System mit konstanter Endnachfrage nicht nötig, $1 - a_{12} a_{21} = 0$ wie in dem geschlossenen System zu setzen? Betrachten Sie dies als einen Sonderfall, der zwischen den beiden Fällen im Text oben liegt, und untersuchen Sie seine Eigenschaften. Was wird aus B_1 und B_2 ?

4. Setzen Sie in dem offenen System $x_1 = c_1 + d_1 t$ und $x_2 = c_2 + d_2 t$. Ermitteln Sie Partikularintegrale und untersuchen Sie die allgemeine Lösung.

5. Betrachten Sie die Lösung des offenen Systems, Fall (ii) oben. Es sei $\alpha < 0$ und $\beta > 0$ wie zuvor, und $b_{11} = b_{22} = 0$ (keine Bestände von Endprodukten). Zeigen Sie, daß es drei Fälle gibt:

Vorzeichen von:	(a)	(b)	(c)
$1-(a_{12}+b_{12})(a_{21}+b_{21})$	+	–	+
$1-a_{12}a_{21}$	+	+	–

Folgern Sie, daß λ_1 und λ_2 in den Fällen (a) und (b) entgegengesetzte Vorzeichen haben, daß beide positiv im Fall (c) und daß B_1 und B_2 nur positiv im Fall (a) sind. Zeigen Sie also, daß die einzige Möglichkeit ein explosives System ist und im Fall (a) vorliegt.

6. Im offenen System sei $x_1 = c_{11}e^{\mu_1 t} + c_{12}e^{\mu_2 t}$ und $x_2 = c_{21}e^{\mu_1 t} + c_{22}e^{\mu_2 t}$. Ermitteln Sie Partikularintegrale und zeigen Sie, daß sie sich aus Konstanten der Form B_1 und B_2 im Fall (ii) oben ergeben.

7. Stellen Sie die Gleichungen für das geschlossene System bei drei Industrien auf und untersuchen Sie die Art der Lösung mit besonderer Berücksichtigung der Möglichkeiten von Oszillationen in den Outputs (siehe 14.9 unten).

8. Betrachten Sie das System mit Lags aus 11.8, Aufg. 3, das gemischte Differenzen-Differential-Gleichungen einschließt, für zwei Industrien. Setzen Sie $a_{12} = a_{21} = 0$ und $b_{11} = b_{22} = 0$ und interpretieren Sie diese speziellen Fälle. Zeigen Sie, daß $X_1(t)$ und $X_2(t)$ jeweils einer Gleichung der Form $b_{12}b_{21}\frac{d^2}{dt^2}X(t+2) = X(t)$ oder $b_{12}b_{21}\frac{d^2}{dt^2}X(t) = X(t-2)$ genügt. (Für eine Lösungsmethode siehe Leontief (1953 a) S. 84.)

Literatur

Barna (T.) (1952): „The Interdependence of the British Economy“, Journal Royal Statistical Society, Series A, **115**, 29 - 77.

Cameron (B.) (1951): „The Construction of the Leontief System“, Review of Economic Studies, **19**, 19 - 27.

Evans (W. D.) und *Hoffenberg* (M.) (1952): „The Inter-Industry Relations Study for 1947“, Review of Economics and Statistics, **34**, 97 - 142.

Goodwin (R. M.) (1953): „Static and Dynamic Linear General Equilibrium Models“, in Input-Output Relations: Proceedings of a Conference on Inter-Industrial Relations held at Driebergen, Holland (Stenfert Kroese, Leiden, 1953).

Leontief (W. W.) (1941, 1951): The Structure of American Economy, 1919 - 39 (Oxford, First Ed. 1941, Second Ed. 1951).

Leontief (W. W.) (Editor) (1953a): Studies in the Structure of the American Economy (Oxford, 1953), Kapitel 1 - 3.

Leontief (W. W.) (1953b): „Domestic Production and Foreign Trade“, Proceedings American Philosophical Society, **97**, 332 - 49.

Stone (J. R. N.) und *Utting* (J. E. G.) (1953): „The Relationship between Input-Output Analysis and National Accounting“, in Input-Output Relations: Proceedings of a Conference on Inter-Industrial Relations held at Driebergen, Holland (Stenfert Kroese, Leiden, 1953).

Kapitel 12

Mathematische Analyse: Vektoren und Matrizen

12.1 Einleitung

Dieses und das folgende Kapitel beschäftigen sich mit einem Thema, das man — ganz allgemein — als Matrix-Algebra bezeichnen kann. Das Wesen der Matrix-Algebra und die Art der Probleme, zu deren Behandlung sie nützlich ist, müssen zunächst verständlich gemacht werden. Das Geheimnis, welches den Gegenstand zu umgeben scheint, und seine Schwierigkeiten werden dann zum Teil verschwinden. Eine ausgezeichnete Einführung, die einfach und übersichtlich ist, findet sich bei Kemeny, Snell und Thompson (1957).

Die elementare Algebra befaßt sich mit Ausdrücken, die reelle numerische Werte annehmen. Die Ausdrücke setzen sich aus Konstanten und Variablen zusammen, die Werte aus dem System der reellen Zahlen annehmen. Die Konstanten können numerisch genau angegeben sein, z. B. 3 oder $\sqrt{2}$, oder sie können allgemein geschrieben sein: $a, b, c, \ldots$. Die Variablen, die allgemein durch Buchstaben wie x, y und z bezeichnet werden, haben einen numerischen Wertebereich, entweder die Menge der reellen Zahlen oder ein etwas beschränkteres System, wie etwa die Menge der ganzen oder der rationalen Zahlen (Brüche aus ganzen Zahlen). Beispiele für Ausdrücke, wie sie in der elementaren Algebra erscheinen, sind $\sqrt{a^2 + b^2}$ und $(ax + by)$. Wenn die Konstanten a und b bekannt sind, z. B. $a = 1$, $b = 2$, dann werden die Ausdrücke $\sqrt{a^2 + b^2} = \sqrt{5}$ und $ax + by = x + 2\,y$. Der zweite Ausdruck nimmt für verschiedene Werte der Variablen x und y verschiedene numerische Werte an.

Etwa so:

x	0	0	1	1	.....
y	0	1	0	1	.....
$x + 2\,y$	0	2	1	3	.....

Die höhere Algebra sprengt diesen engen Rahmen. Sie beschäftigt sich mit anderen Systemen als dem der reellen Zahlen, z. B. etwa mit den komplexen Zahlen (Kapitel 4 oben). Sie geht nicht nur mit „Größen“ um wie Masse und Volumen in der Physik, sondern auch — ganz allgemein — mit „Vektoren“ wie Kraft oder Geschwindigkeit, die „Größe“ und „Richtung“ haben. Ein Großteil der höheren Algebra, besonders die Matrix-Algebra, beschäftigt sich eher mit Mengen oder Gruppen von Elementen, die irgendwie geordnet oder angeordnet sind, als mit einzelnen Werten. Die Elemente selbst können reelle numerische Werte sein, wie wir hier annehmen, aber dies ist keineswegs nötig; sie können auch komplexe Zahlen sein oder sogar beliebige, mehr oder weniger abstrakte Größen.

Zur Veranschaulichung betrachte man Anordnungen von Elementen, die reellwertige Konstanten sind. Eine Menge von 3 Konstanten a, b und c kann in fester Reihenfolge angeordnet werden: als erstes a, als zweites b und als drittes c; dies kann dann als (a, b, c) geschrieben und einem Punkt im drei-dimensionalen Raum zugeordnet werden. Ein drei-dimensionaler Vektor ist eine solche Anordnung; er kann auch als Sonderfall einer „Matrix“ angesehen werden mit einer Zeile (oder Spalte) von drei Elementen.

Grundsätzlich kann eine Menge von vier Konstanten a_1, a_2, b_1 und b_2 in einem zweizeiligen und zweispaltigen Block angeordnet und geschrieben werden:

$$\begin{bmatrix} a_1 & b_1 \\ a_2 & b_2 \end{bmatrix}$$

Die Anordnung ist wiederum wesentlich. Die erste Zeile, mit dem Subskriptum 1 bezeichnet, umfaßt a_1 und b_1 genau in dieser Ordnung, und die zweite Zeile ist entsprechend geordnet. Dies ist ein einfaches Beispiel für eine „quadratische Matrix“.

Wichtig ist eine sorgfältige Unterscheidung zwischen einem Vektor oder einer Matrix als einer geordneten Menge von Elementen und irgendeinem einzelnen Wert (oder Ausdruck) der sich aus den Elementen ergibt. Aus dem Vektor (a, b, c) können mehrere Ausdrücke abgeleitet werden, z. B. die Summe der Elemente $(a + b + c)$, die zu einzelnen Werten der gleichen Art wie die Elemente selber führt. In ähnlicher Weise können aus der oben geschriebenen quadratischen Matrix Ausdrücke abgeleitet werden, wie das Produkt der Elemente der Hauptdiagonale $(a_1 b_2)$ oder das „Kreuzprodukt“ der vier Elemente $(a_1 b_2 - a_2 b_1)$. Diese Ausdrücke sind von der Art wie die Elemente selbst (z. B. reelle Zahlen), und die Gesetze der elementaren Algebra sind auf sie genau so anwendbar wie auf die Elemente. Daraus folgt nicht, daß der Vektor oder die Matrix selbst diesen oder irgendwelchen anderen algebraischen Gesetzen gehorcht.

Das Kriterium für die Beurteilung der Matrix-Algebra in der Praxis liegt darin, ob sie im Umgang mit Problemen verschiedener Gebiete brauchbar und behilflich ist. Zwar gilt es auf der einen Seite, eine algebraische Schreibweise festzulegen und dafür in sich widerspruchsfreie Operationsregeln zu entwickeln; etwas ganz anderes aber ist es, Anwendungsmöglichkeiten für diese Algebra zu finden, die für den Aufwand entschädigen, den man hatte, um mit den neuen Schreibweisen und Operationsregeln vertraut werden. Die komplexen Zahlen bieten ein Beispiel für eine neue brauchbare Entwicklung der Algebra; die Matrix-Algebra soll als ein weiteres Beispiel entwickelt werden. Gewisse algebraische Ausdrücke erscheinen in der Paxis immer wieder, z. B.

$$(a_1 b_2 - a_2 b_1), \quad (a_1 x_1 + a_2 x_2 + a_3 x_3) \quad \text{und} \quad (ax^2 + 2\,h\,xy + by^2)\;.$$

Die Matrix-Schreibweise und die Matrix-Algebra sind das Ergebnis der Bemühungen, mit diesen und vielen anderen solchen Ausdrücken in einer allgemeinen, einheitlichen und zweckmäßigen Art umzugehen. Der Erfolg dieser Schreibweise liegt weitgehend in der Tatsache begründet, daß mit ihrer Hilfe die Verallgemeinerung von einfachen Fällen mit 2 oder 3 Dimensionen zum generellen Fall mit „n Dimensionen" möglich wird.

Beispielsweise ist der Ausdruck $(a_1 b_2 - a_2 b_1)$ an sich einfach, aber für die Verallgemeinerung ist es zweckmäßig, ihn als das „Kreuzprodukt" eines quadratischen Blocks von Elementen zu betrachten:

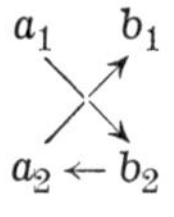

und folglich als entstanden aus der quadratischen Matrix:

$$\begin{bmatrix} a_1 & b_1 \\ a_2 & b_2 \end{bmatrix}$$

Entsprechend sieht man den Ausdruck $(a_1 x_1 + a_2 x_2 + a_3 x_3)$ am besten als eine Ableitung an aus 2 Mengen von Elementen, den Vektoren (a_1, a_2, a_3) und (x_1, x_2, x_3); und $(ax^2 + 2\,hxy + by^2)$ stellt man sich zweckmäßigerweise vor als entstanden aus der quadratischen Matrix

$$\begin{bmatrix} a & h \\ h & b \end{bmatrix}$$

und dem Vektor (x, y).

So führt also die Matrix-Algebra eine Schreibweise ein, die kurz ist und es ermöglicht, mit ziemlich unbequemen Ausdrücken und Operationen umzugehen. Darüber hinaus ist die Schreibweise *allgemein* und läßt sich nicht nur auf eine große Anzahl von Elementen anwenden, sondern auch auf eine Anzahl von Elementen, die nicht näher bestimmt ist. Die Matrix-Schreibweise gestattet eine Ausweitung des Falles mit 2 oder 3 Dimensionen auf Fälle, wo die Zahl der Dimensionen groß und nicht näher angegeben ist.

12.2 Lineare Gleichungen und Transformationen

Der Problemkreis, auf den die Matrix-Algebra sinnvollerweise angewendet wird, läßt sich durch die Behandlung von Systemen linearer Gleichungen oder Transformationen gut erläutern. Gleichungssysteme sind in Kapitel 10 oben bereits gestreift worden. Wenn sie linear sind, so lassen sie sich auf folgende Weise allgemein formulieren. Eine einzelne lineare Gleichung mit einer Variablen x ist:

$$ax = y \tag{1}$$

wobei a und y gegeben sind. Die Lösung ist $x = \frac{y}{a}$, vorausgesetzt, daß $a \neq 0$. Zwei lineare Gleichungen mit 2 Variablen x_1 und x_2 sind:

$$\left.\begin{aligned} a_{11} x_1 + a_{12} x_2 &= y_1 \\ a_{21} x_1 + a_{22} x_2 &= y_2 \end{aligned}\right\} \tag{2}$$

wobei die a- und y-Werte gegeben sind. Von den Konstanten sind die a's in einem quadratischen Block von Elementen angeordnet (2 Zeilen und 2 Spalten), während die y's eine geordnete Spalte von 2 Elementen bilden:

$$\begin{bmatrix} a_{11} & a_{12} \\ a_{21} & a_{22} \end{bmatrix} \quad \text{und} \quad \begin{bmatrix} y_1 \\ y_2 \end{bmatrix}$$

Die Lösung ist:

$$x_1 = \frac{a_{22} y_1 - a_{12} y_2}{a_{11} a_{22} - a_{12} a_{21}} \qquad x_2 = \frac{a_{11} y_2 - a_{21} y_1}{a_{11} a_{22} - a_{12} a_{21}}$$

vorausgesetzt, daß $a_{11} a_{22} - a_{12} a_{21} \neq 0$.

Die Form, in der (2) geschrieben ist, und die Schreibweise, die für den Block und die Spalte der gegebenen Werte verwendet wurde, deuten den allgemeinen Fall eines *linearen Gleichungssystems* an. Es gibt m Gleichungen mit n Variablen, $x_1, x_2 \ldots, x_n$:

$$\left.\begin{aligned} a_{11} x_1 + a_{12} x_2 + \ldots + a_{1n} x_n &= y_1 \\ a_{21} x_1 + a_{22} x_2 + \ldots + a_{2n} x_n &= y_2 \\ \ldots\ldots\ldots\ldots\ldots\ldots\ldots\ldots\ldots \\ a_{m1} x_1 + a_{m2} x_2 + \ldots + a_{mn} x_n &= y_m \end{aligned}\right\} \tag{3}$$

Gegeben ist also erstens ein Block der a_{rs}, $m \times n$ an der Zahl, geschrieben in m Zeilen und n Spalten, und zweitens eine Spalte von m y-Werten:

$$\begin{bmatrix} a_{11} & a_{12} & \dots & a_{1n} \\ a_{21} & a_{22} & \dots & a_{2n} \\ \dots & \dots & \dots & \dots \\ a_{m1} & a_{m2} & \dots & a_{mn} \end{bmatrix} \quad \text{und} \quad \begin{bmatrix} y_1 \\ y_2 \\ \vdots \\ y_m \end{bmatrix}$$

Die Aufgabe besteht darin, die x-Werte zu finden oder wenigstens so viele von ihnen wie möglich, und zwar mit Hilfe der gegebenen a_{rs} und y_r; dies soll in 14.2 unten durchgeführt werden. So lange die y_r nicht alle 0 sind, ist das System (3) *inhomogen*. Im Sonderfall, wenn alle $y_r = 0$ sind, wird (3) ein *homogenes Gleichungssystem*. Das Wort „homogen" ist hier in dem üblichen Sinne gebraucht, nämlich daß Gleichungen (und Lösungen) sich nicht ändern, wenn alle x-Werte mit der gleichen Konstanten multipliziert werden. Eine Lösung ergibt sich dann ganz von selbst, nämlich $x_1 = x_2 = \dots = x_n = 0$; und man interessiert sich für eine ganz andere Lösungsart, nämlich für die Verhältnisse oder relativen Werte der x_s.

So viel ist klar, bei der Verallgemeinerung von (2) mit $m = n = 2$ auf (3) mit beliebigen m und n wird die Schreibweise mühsam und die Algebra ermüdend. Viel hängt von einer brauchbaren Schreibweise und der Entwicklung einer entsprechenden Algebra ab. Die Vektor- und Matrix-Algebra (die zu entwickeln ist) gestattet es, das System von Gleichungen in zwei alternativen Formen zu schreiben, die beide gedrängter als (3) sind. Die *erste Form* bedient sich nur der Vektoren. Man schreibt:

$$\mathbf{a}_s = (a_{1s}, a_{2s}, \dots, a_{ms}) \qquad (s = 1, 2, \dots, n)$$

und

$$\mathbf{y} = (y_1, y_2, \dots, y_m)$$

als Vektoren mit m Dimensionen. Dann kann (3) (siehe 12.8 unten) geschrieben werden als

$$\sum_{s=1}^{n} \mathbf{a}_s x_s = \mathbf{y}$$

Das bedeutet: Nimmt man das erste Element in jedem Vektor, so erhält man die erste Gleichung von (3); die zweite Gleichung ergibt sich durch die Wahl des zweiten Elements in den Vektoren, und so weiter. In der *zweiten Form* schreibt man eine Matrix von der Ordnung $m \times n$:

$$\mathbf{A} = \begin{bmatrix} a_{11} & a_{12} & \dots & a_{1n} \\ a_{21} & a_{22} & \dots & a_{2n} \\ \dots & \dots & \dots & \dots \\ a_{m1} & a_{m2} & \dots & a_{mn} \end{bmatrix}$$

einen n-dimensionalen Vektor:

$$\mathbf{x} = (x_1, x_2, \ldots, x_n)$$

und einen zweiten m-dimensionalen Vektor

$$\mathbf{y} = (y_1, y_2, \ldots, y_m)$$

Wie noch gezeigt werden soll, kann das System (3) dann in der sehr gedrängten Form geschrieben werden:

$$\mathbf{A}\mathbf{x} = \mathbf{y}$$

Ist einmal eine solche allgemeine und gedrängte Schreibweise entworfen, so können Sonderfälle jederzeit abgeleitet werden. Z. B. erhält man das Gleichungspaar (2), wenn die Matrix **A** die besondere quadratische Form (2 × 2) annimmt:

$$\mathbf{A} = \begin{bmatrix} a_{11} & a_{12} \\ a_{21} & a_{22} \end{bmatrix}$$

und **x** und **y** entsprechende Vektoren mit 2 Elementen sind.

Dasselbe Gleichungssystem in allgemeiner (3) oder spezieller Form (1) und (2) kann auch noch anders betrachtet werden. Angenommen, die y-Werte stellen nicht gegebene Werte, sondern neue Variable dar, die alle oder einige der ursprünglichen Variablen x ersetzen sollen. Dann ist das Gleichungssystem eine *Lineartransformation* aus den Variablen x in die Variablen y. So wie das System in (3) wiedergegeben ist, werden die y-Werte durch die x-Werte ausgedrückt. Entsprechend der „Lösung" eines Systems linearer Gleichungen, besteht das Problem nun darin, die Lineartransformation so zu „invertieren", daß die x-Werte durch die y-Werte ausgedrückt werden. Das läßt sich äußerst gedrängt in der folgenden Form schreiben: Die Lineartransformation $\mathbf{y} = \mathbf{A}\mathbf{x}$ zeigt, was **y** ist, wenn **x** gegeben ist. Die inverse Transformation $\mathbf{x} = \mathbf{A}^{-1}\mathbf{y}$ zeigt **x** bei gegebenem **y**.

Ein sehr einfaches Beispiel soll das verdeutlichen. Die Importe von Gummi werden als x_1 Tonnen zu einem Wert von x_2 £ angegeben, woraus sich der durchschnittliche Preis in £ pro Tonne ableiten läßt. Verlangt ist die Transformation in Einheiten von lbs. bzw. pence, so daß sich der Preis in d. pro lb. ergibt. Wenn die neuen Variablen y_1 lbs. und y_2 pence sind, dann gilt:

$$y_1 = 2240\, x_1 \quad \text{und} \quad y_2 = 240\, x_2$$

Dies ist ein Gleichungspaar wie (2) mit $a_{12} = a_{21} = 0$. Der Durchschnittspreis ist $\frac{x_2}{x_1}$ in £ pro Tonne und $\frac{y_2}{y_1} = \frac{240 x_2}{2240 x_1} = \frac{3 x_2}{28 x_1}$ in d. pro lb.

12.3 Vektoren

Die hier behandelte Vektor- und Matrix-Algebra baut auf den reellen Zahlen auf. Die Gesamtheit der reellen Zahlen bildet eine Menge F, die wir als *Körper* bezeichnen (siehe Anhang B). Sie erfüllen zwei Zwecke; erstens bilden sie die *Komponenten* der betreffenden Vektoren und Matrizen, und zweitens erscheinen sie als *Skalare* bei Operationen mit diesen Ausdrücken. Im besonderen wird ein Skalar oft benutzt, um ein Vielfaches auszudrücken; Vektoren und Matrizen können mit Skalaren multipliziert werden. Skalare können auch solche reellen Werte sein, die sich aus gewissen Operationen wie etwa Produkten aus Vektoren und Matrizen ergeben.

Der Begriff des *Vektors* wurde bereits mit Erfolg bei der geometrischen Darstellung einer komplexen Zahl benutzt (Kapitel 4). Dies geschieht in zwei Dimensionen, und viele der gewonnenen Eigenschaften gelten speziell für diesen Fall. Aber es ist nicht schwer, die Idee eines zweidimensionalen Vektors als eines geordneten Paares von Komponenten (x, y) zu erweitern; ein solcher Vektor entspricht ja einem Punkt P mit diesen Koordinaten oder der Geraden OP mit Länge und Richtung, beide in der Ebene Oxy. Bei 3 Dimensionen handelt es sich um ein geordnetes Tripel (x, y, z), dem ein Punkt P im Raum $Oxyz$ entspricht. Allgemein liegen bei n Dimensionen geordnete n-Tupel von Komponenten vor, und diese kann man sich, wenn auch nicht anschaulich, als Punkte im n-dimensionalen Raum vorstellen.

Eine allgemeine formale Definition eines Vektors bedient sich des Begriffs einer Menge von Elementen beliebiger Art, die gewissen Konventionen oder Regeln bezüglich ihre Addition oder Multiplikation mit Skalaren genügen (siehe Anhang B). Hier geht es nun darum, die Betrachtung auf einen bestimmten Vektortyp zu beschränken, auf den allgemeinen Begriff einer Anordnung von Komponenten, die dem Körper der reellen Zahlen F angehören. Ein Vektor ist dann, kurz formuliert, ein n-Tupel reellwertiger Komponenten. Es stimmt zwar, daß dies ein Sonderfall ist; aber es ist der Fall, der fast ausschließlich in der Praxis gebraucht wird. Im Gegensatz zum Skalar ist der Vektor selbst *keine* reelle Zahl, er ist eine Anordnung von reellen Zahlen. Das Symbol, das man zur Bezeichnung eines Vektors wählt, muß so sein, daß man es nicht mit einem Skalar verwechseln kann. Die hier angewandte Schreibweise zeigt einen Skalar als normalen Buchstaben und einen Vektor als fettgedruckten Buchstaben.

Definition: Ein n-dimensionaler Vektor ist ein n-Tupel von Komponenten aus dem Körper der reellen Zahlen F. Er wird geschrieben:

$$\mathbf{a} = (a_1, a_2, \ldots, a_n) .$$

Man betrachte einen Vektor **a** von bestimmter Ordnung n. Er kann als ein Punkt P interpretiert werden oder als eine Gerade OP vom Ursprung nach P; im n-dimensionalen Raum hat P die Koordinaten (a_1, a_2, ..., a_n), bezogen auf feste Achsen, die rechtwinklig aufeinanderstehen. Der n-dimensionale Raum heißt *Cartesischer Raum,* wenn die Abstände zwischen den Punkten nicht definiert sind oder nicht berücksichtigt werden; er ist ein *Euklidischer Raum,* wenn die Abstände benötigt werden und eigens definiert sind. Ist $n = 2$, und besteht der Vektor nur aus 2 Elementen, dann entspricht seine Darstellung als Punkt P oder Gerade OP in zwei Dimensionen der Entwicklung in Kapitel 4 oben. In diesem Sonderfall kann der Vektor auch als eine komplexe Zahl interpretiert werden. Ist $n = 3$, so besteht der Vektor aus 3 Elementen und wird durch einen Punkt P (oder eine Gerade OP) im dreidimensionalen Raum dargestellt. Geometrische Darstellungen können gezeichnet werden; zum Beispiel zeigt Abb. 46 drei drei-dimensionale Vektoren OP_1, OP_2 und OP_3, und die Koordinaten der Punkte P_1, P_2 und P_3, bezogen auf die Achsen $Ox_1\,x_2\,x_3$, geben die Elemente der Vektoren an.

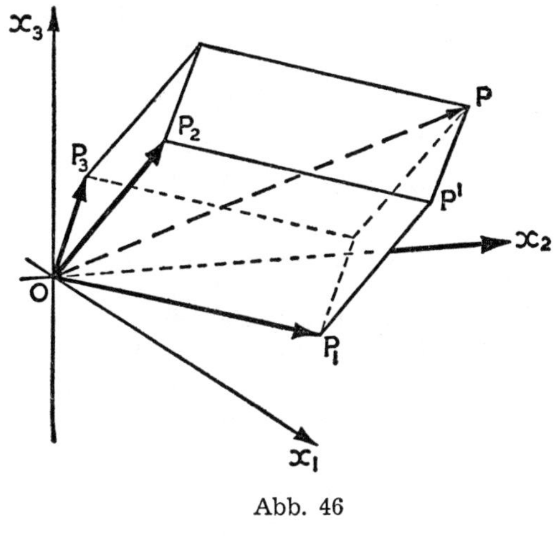

Abb. 46

Ist $n > 3$, so kann, wenn sich geometrische Darstellungen auch nicht mehr zeichnen lassen, die geometrische Interpretation von Vektoren als Punkte oder Geraden trotzdem weiter verwendet werden.

Jedoch muß immer daran erinnert werden, daß ein Vektor, wie er hier definiert ist, ein algebraischer Begriff ist und daß es hier um die Entwicklung der Vektor-Algebra geht. Wenn dem algebraischen Verständnis durch die Vorstellung einer n-dimensionalen Geometrie noch geholfen werden kann, um so besser. Aber die Interpretation oder Analogie darf nicht zu weit getrieben werden. Sie erfüllt einen guten Zweck für $n = 2, 3$, wenn man geometrische Darstellungen tatsächlich noch zeichnen kann. Aber für den allgemeinen Fall besteht die Gefahr, daß man irreführende Schlüsse aus geometrischen Betrachtungen zieht.

Als Sonderfall existiert der *Null-Vektor* $\mathbf{0} = (0, 0, \ldots, 0)$, der dieselben Aufgaben erfüllt wie die Zahl 0 in der Algebra der reellen Zahlen. Die geometrische Interpretation von $\mathbf{0}$ ist der Ursprung 0 der Koordinaten in einem n-dimensionalen Cartesischen oder Euklidischen Raum.

Es gibt n besondere Vektoren, die man *Einheitsvektoren* nennen kann: $\varepsilon_1 = (1, 0, \ldots, 0)$, $\varepsilon_2 = (0, 1, \ldots, 0)$, $\ldots$ $\varepsilon_n = (0, 0, \ldots, 1)$.
Es ergibt sich, daß diese Vektoren eine „Basis" des gesamten Vektorsystems bilden, in dem Sinne, daß jeder Vektor durch die Einheitsvektoren ausgedrückt werden kann. Geometrisch gesehen werden die Einheitsvektoren des n-dimensionalen Euklidischen Raumes durch Punkte dargestellt, die auf den n Koordinatenachsen im Einheitsabstand vom Ursprung liegen. Der r-te Einheitsvektor ε_r hat eine 1 an r-ter Stelle und sonst überall Nullen als Komponenten. Um das zu bezeichnen, empfiehlt es sich, das *Kroneckersche Delta* δ_{rs} zu verwenden, das als 0 definiert ist, ausgenommen, wenn $r = s$: in diesem Fall ist es gleich 1:

$$\delta_{rs} = 0 \ (r \neq s) \quad \text{und} \quad \delta_{rs} = 1 \ (r = s)$$

Somit:

$$\varepsilon_r = (\delta_{r1}, \delta_{r2}, \ldots \delta_{rn}) \quad (r = 1, 2, \ldots n)$$

12.4 Die Vektor-Algebra

Bei der Algebra der komplexen Zahlen oder zwei-dimensionalen Vektoren gibt es keine Schwierigkeiten, Gleichheit, Addition und skalare Multiplikationen zu definieren; Ungewißheit liegt nur in der Definition einer angemessenen Regel für die Multiplikation von Vektoren (Kapitel 4 oben). Läßt man die Multiplikation für einen Moment beiseite, so kann man die Algebra der zwei-dimensionalen Vektoren sofort für Vektoren beliebiger Ordnung erweitern. Zunächst einmal ist die Vektor-Algebra so aufgebaut, daß zwei Vektoren gleich sind, wenn die einzelnen Elemente gleich sind, und daß sie sich zu einem Summenvektor addieren lassen durch Addition der einzelnen Elemente. Weiterhin ergibt sich die Multiplikation eines Vektors mit einem Skalar dadurch, daß man jedes Element einzeln mit dem Skalar multipliziert. Diese einfachen Konventionen können auf folgende Weise abgeleitet werden, wenn man $\mathbf{a} = (a_1, a_2, \ldots, a_n)$ und $\mathbf{b} = (b_1, b_2, \ldots, b_n)$ als zwei gegebene Vektoren annimmt.

Gleichheit und Ungleichheit: Die Definition für Gleichheit ist

$$\mathbf{a} = \mathbf{b} \quad \text{wenn} \quad a_r = b_r \qquad (r = 1, 2, \ldots, n)$$

und für die Ungleichheit

$$\mathbf{a} > \mathbf{b} \quad \text{wenn} \quad a_r > b_r \qquad (r = 1, 2, \ldots, n)$$

Eine Schwierigkeit ergibt sich aus der Tatsache, daß zwei Vektoren nicht gleich zu sein brauchen, aber nach der Definition auch nicht ungleich sind. Man betrachte den Begriff „größer als oder gleich". Für Skalare besteht eine einfache Alternative: $a \geqslant b$ bedeutet entweder $a = b$ oder $a > b$. Für Vektoren bestehen andere Möglichkeiten. Wenn $\mathbf{a} = \mathbf{b}$, dann ist *jedes* Element von **a** gleich dem entsprechenden von **b**; wenn $\mathbf{a} > \mathbf{b}$, dann ist *jedes* Element von **a** größer als das entsprechende Element von **b**. Nun sei **a** größer als oder gleich **b** so definiert, daß *jedes* Element von **a** größer oder gleich dem entsprechenden Element von **b** ist. Hierfür gibt es, je nachdem ob Gleichheit ($\mathbf{a} = \mathbf{b}$) einbezogen ist oder nicht, zwei Schreibweisen:

$$\mathbf{a} \geqq \mathbf{b}, \quad \text{wenn} \quad a_r \geqslant b_r \qquad \text{(es können alle } a_r = b_r \text{ sein)}$$

$$\mathbf{a} \geqslant \mathbf{b}, \quad \text{wenn} \quad a_r \geqslant b_r \qquad \text{(es können nicht alle } a_r = b_r \text{ sein)}$$

wobei $r = 1, 2, \ldots, n$. Der Unterschied liegt nur darin, daß im ersten Fall $\mathbf{a} = \mathbf{b}$ einbezogen ist, im zweiten Fall nicht. Man muß aber darauf achten, daß $\mathbf{a} \geqq \mathbf{b}$ nicht unbedingt eine Zusammenfassung der beiden Fälle $\mathbf{a} = \mathbf{b}$ und $\mathbf{a} > \mathbf{b}$ ist. Auch andere Möglichkeiten sind einbezogen, nämlich solche, wo zwar einige Elemente von **a** größer als die, andere aber gleich den entsprechenden Zahlen in **b** sind. Weiterhin ist es auch bei diesem umfassenderen Bereich für $\mathbf{a} \geqq \mathbf{b}$ nicht korrekt zu sagen, daß $\mathbf{a} \geqq \mathbf{b}$ und $\mathbf{a} < \mathbf{b}$ alle Fälle umfaßt. Es gibt weitere Fälle, wo **a** und **b** weder gleich noch ungleich sind, Fälle, wo einige Elemente von **a** größer, andere kleiner sind als die entsprechenden Zahlen in **b**. Die Unterscheidungen sind wichtig, wenn **a** mit dem Null-Vektor verglichen wird:

$$\mathbf{a} > \mathbf{0} \quad \text{wenn} \quad a_r > 0$$

$$\mathbf{a} \geqq \mathbf{0} \quad \text{wenn} \quad a_r \geqslant 0 \qquad \text{(es können alle } a_r = 0 \text{ sein)}$$

$$\mathbf{a} \geqslant \mathbf{0} \quad \text{wenn} \quad a_r \geqslant 0 \qquad \text{(es können nicht alle } a_r = 0 \text{ sein)}$$

wobei $r = 1, 2 \ldots n$. Ein *positiver* Vektor $\mathbf{a} > \mathbf{0}$ ist hinreichend klar. Aber $\mathbf{a} \geqq \mathbf{0}$ und $\mathbf{a} \geqslant \mathbf{0}$, die beide als *nicht-negative* Vektoren bezeichnet werden können, sind schon komplizierter. Sie umfassen Vektoren mit positiven Elementen und gleichzeitig solche Fälle, wo einige Elemente positv und andere Null sind. Solche nicht-negativen Vektoren sind wichtig für die Anwendung in der Wirtschaftstheorie, besonders da, wo es sich um Preise handelt (vgl. Aufg. 2 unten).

Addition. Die Definition ist ohne jede Schwierigkeit:

$$\mathbf{a} + \mathbf{b} = (a_1 + b_1, a_2 + b_2, \ldots, a_n + b_n)$$

Ist $n = 2$, so können $\mathbf{a}$, $\mathbf{b}$ und $\mathbf{a} + \mathbf{b}$ durch die Vektoren OP_1, OP_2 bzw. OP in einer zweidimensionalen Darstellung gezeichnet werden. Dann ergibt sich OP aus OP_1 und OP_2 durch die Parallelogramm-Regel (Abb. 12 a). Bei drei Dimensionen ist die Lage ähnlich, und in n Dimensionen kann man es sich auch vorstellen.

Die Definition läßt sich auf die Addition von 3 Vektoren (oder in der Tat auch auf jede Zahl von Vektoren) ausdehnen. Es gilt:

$$\mathbf{a}+\mathbf{b}+\mathbf{c} = (\mathbf{a}+\mathbf{b})+\mathbf{c} = \mathbf{a}+(\mathbf{b}+\mathbf{c}) = (a_1+b_1+c_1, a_2+b_2+c_2, \ldots, a_n+b_n+c_n)$$

Für drei Dimensionen ist dieser Fall in Abb. 46 dargestellt. Die drei Vektoren sind OP_1, OP_2 und OP_3. Ihre Summe ist OP, die man dadurch erhält, daß man die parallelogrammartige Figur aus OP_1, OP_2 und OP_3 vervollständigt. Oder man kann erst OP_1 und OP_2 „zusammenrechnen" und OP' ermitteln als Darstellung für $\mathbf{a} + \mathbf{b}$ und dann OP' und OP_3 „zusammenrechnen", und man erhält OP für $(\mathbf{a} + \mathbf{b}) + \mathbf{c} = \mathbf{a} + \mathbf{b} + \mathbf{c}$.

Skalare Multiplikation: Auch hier besteht keine Schwierigkeit:

$$\lambda\mathbf{a} = (\lambda a_1, \lambda a_2, \ldots, \lambda a_n)$$

für beliebige Skalare λ. Stellt in einem Diagramm OP_1 den Vektor $\mathbf{a}$ dar, dann wird der Vektor $\lambda\mathbf{a}$ in der gleichen Richtung wie OP_1 aber von λ-facher Länge durch OP dargestellt. Wenn $\lambda > 1$, dann ist OP länger als OP_1, und wenn $0 < \lambda < 1$, dann ist OP kürzer als OP_1. Auch für $\lambda < 0$ ist der Vektor $\lambda\mathbf{a}$ oder OP noch immer definiert. Die Elemente von $\lambda\mathbf{a}$ haben alle umgekehrte Vorzeichen, und P liegt von P_1 aus gesehen auf der anderen Seite von 0.

Der negative Wert $(-\mathbf{a})$ eines gegebenen Vektors $\mathbf{a}$ fügt sich in die Definition der Addition und der skalaren Multiplikation ein:

$$\mathbf{a} + (-\mathbf{a}) = 0 \quad \text{und} \quad -\mathbf{a} = (-1)\,\mathbf{a}$$

Ganz geschrieben:

$$-\mathbf{a} = (-a_1, -a_2, \ldots, -a_n)$$

Man beachte, daß die Ordnung, in der Vektoren geschrieben werden, nicht von Bedeutung ist: $\mathbf{a} + \mathbf{b} = \mathbf{b} + \mathbf{a}$ und daß der Nullvektor seine Bedeutung im Additionsprozeß hat: $\mathbf{a} + \mathbf{0} = \mathbf{0} + \mathbf{a} = \mathbf{a}$.

Innere Produkte. Die Regel für die Multiplikation zweier Vektoren (komplexer Zahlen), so wie sie in 4.3 definiert und in Abb. 12 b dargestellt ist, gilt speziell für den Fall $n = 2$. Der Versuch, das Produkt zweier Vektoren als einen Vektor des Systems zu definieren, bringt nicht immer einen Vorteil. Es gibt jedoch noch eine völlig andere Art eines Produkts zweier Vektoren; hier ist das Ergebnis nicht ein Vektor, sondern ein Skalar. Es bezieht sich auf den Begriff der „Länge" eines Vektors und ist angemessen, wenn die Vektoren im Euklidischen Raum angegeben werden, wo eine „Entfernung" definiert ist.

Es seien $\mathbf{a} = (a_1, a_2)$ und $\mathbf{b} = (b_1, b_2)$ zwei zwei-dimensionale Vektoren OP_1 bzw. OP_2. Man definiere

$$\mathbf{a} \cdot \mathbf{b} = a_1 b_1 + a_2 b_2$$

als das innere Produkt von **a** und **b**. Im einzelnen gilt

$$\mathbf{a} \cdot \mathbf{a} = a_1^2 + a_2^2 = |\mathbf{a}|^2$$

wobei $|\mathbf{a}| = \sqrt{a_1^2 + a_2^2}$ der *absolute Wert* von **a** oder die Länge OP_1 ist. Nun nehme man ϑ als den Winkel zwischen OP_1 und OP_2 an; die elementare Geometrie zeigt, daß

$$\cos \vartheta = \frac{a_1 b_1 + a_2 b_2}{\sqrt{(a_1^2 + a_2^2)(b_1^2 + b_2^2)}}$$

Folglich ist $$\cos \vartheta = \frac{\mathbf{a} \cdot \mathbf{b}}{|\mathbf{a}|\,|\mathbf{b}|}$$

Für Vektoren der Einheitslänge ist das innere Produkt $\mathbf{a} \cdot \mathbf{b}$ der Kosinus des Winkels zwischen den Vektoren. Ein sehr wichtiger Fall liegt vor, wenn die Vektoren rechtwinklig aufeinander stehen (orthogonal); $\cos \vartheta = 0$ und ebenso das innere Produkt

$$\mathbf{a} \cdot \mathbf{b} = a_1 b_1 + a_2 b_2 = 0$$

Die algebraischen und geometrischen Interpretationen lassen sich leicht auf den drei-dimensionalen Fall erweitern. In n Dimensionen ist die Algebra Definitionssache, wie im folgenden gezeigt wird.

Definition: Das innere Produkt zweier Vektoren $\mathbf{a} = (a_1, a_2, \ldots, a_n)$ und $\mathbf{b} = (b_1, b_2, \ldots b_n)$ ist

$$\mathbf{a} \cdot \mathbf{b} = a_1 b_1 + a_2 b_2 + \ldots + a_n b_n ,$$

und der absolute Wert oder die Länge $|\mathbf{a}|$ des Vektors **a** ergibt sich als

$$|\mathbf{a}|^2 = \mathbf{a} \cdot \mathbf{a} = a_1^2 + a_2^2 + \ldots + a_n^2$$

In der Geometrie kommt es dann auf eine zweckmäßige Interpretation an; oder, genauer formuliert, die algebraischen Begriffe können verwendet werden, um die Eigenschaften des Euklidischen Raumes zu definieren. Die Vektoren **a** und **b** werden durch OP_1 und OP_2 in n Dimensionen dargestellt. Die Länge OP_1 ist definiert als $|\mathbf{a}| = \sqrt{a_1^2 + a_2^2 + \ldots + a_2^n}$ und der Winkel ϑ zwischen OP_1 und OP_2 ist definiert durch:

$$\cos \vartheta = \frac{\mathbf{a} \cdot \mathbf{b}}{|\mathbf{a}|\,|\mathbf{b}|} = \frac{a_1 b_1 + a_2 b_2 + \ldots + a_n b_n}{\sqrt{a_1^2 + a_2^2 + \ldots + a_n^2}\sqrt{b_1^2 + b_2^2 + \ldots + b_n^2}}$$

Die beiden Vektoren **a** und **b** sind orthogonal, und OP_1 und OP_2 stehen senkrecht aufeinander, wenn

$$\mathbf{a} \cdot \mathbf{b} = a_1 b_1 + a_2 b_2 + \ldots + a_n b_n = 0$$

Auf dieser Grundlage können Geometrie und Algebra n-dimensionaler Räume aufgebaut werden. Ein weites Gebiet steht dann offen, und man kann in mehreren Richtungen voranschreiten. Das eine Verfahren wählt Begriffe wie Länge, Winkel und so weiter als Ausgangspunkt. Bei dem anderen werden diese Begriffe völlig beiseite gelassen, und die Vorstellung eines in sich verbundenen Raumes wird zur fundamentalen Konzeption. Dies führt in das Gebiet der *Topologie* (oder „Analysis situs" in der älteren Terminologie), die in folgender Form beschrieben wird:

> „Dieser Zweig der Mathematik beschäftigt sich mit den Eigenschaften von Räumen, die von ihrer Gestalt und Größe unabhängig sind. Entfernung, Winkel oder gerade Ausdehnung bilden also nicht die Grundlage dieses Systems, sondern die Eigenschaft, ein zusammenhängendes Gebilde zu sein, begrenzt zu sein oder selbst Grenze zu sein." (Chambers' Encyclopaedia, 1950)

Topologische Verfahren sind bei der Behandlung ökonomischer Probleme wie der linearen Programmierung von Nutzen. Einige einfache Aspekte werden im folgenden Abschnitt behandelt. Sie werden jedoch nicht weiter verfolgt werden, da es hier wichtiger ist, die rein algebraischen Eigenschaften von Vektoren in Betracht zu ziehen und von dort zur Matrix-Algebra überzugehen. Es wird sich dann zeigen, daß das innere Produkt von Vektoren auch in der umfassenderen Matrix-Algebra eine Rolle spielt.

Übungsaufgaben 12.4

1. Stellen Sie die Vektoren (2, 2, 2), (2, 2, 1), (2, 1, 1) und (1, 1, 1) in einer dreidimensionalen Zeichnung dar. Ist der erste „größer als" die anderen?

2. Wenn **p** ein Preisvektor ist $(p_1, p_2, \ldots, p_n)$, unterscheide man die beiden Fälle $\mathbf{p} \geqq 0$ und $\mathbf{p} \geqslant 0$. Beide können etwa als eine Menge von nicht-nega-

tiven Preisen beschrieben werden. Welcher wird wohl gewöhnlich bei der exakten Definition eines ökonomischen Problems verwendet werden?

3. Wie paßt die Parallelogramm-Regel auf den Fall $\mathbf{a} + (-\mathbf{a}) = \mathbf{0}$?

4. Stellen Sie die folgenden Regeln für Vektoraddition zusammen und beweisen Sie sie:

(1) wenn $\mathbf{a}$ und $\mathbf{b}$ Vektoren sind, dann ist auch $\mathbf{a} + \mathbf{b}$ ein Vektor;

(2) $\mathbf{a} + (\mathbf{b} + \mathbf{c}) = (\mathbf{a} + \mathbf{b}) + \mathbf{c}$;

(3) $\mathbf{a} + \mathbf{b} = \mathbf{b} + \mathbf{a}$;

(4) wenn $\mathbf{a} + \mathbf{b} = \mathbf{a} + \mathbf{c}$, dann gilt $\mathbf{b} = \mathbf{c}$;

(5) es existiert ein Nullvektor $\mathbf{0}$, so daß $\mathbf{a} + \mathbf{0} = \mathbf{0} + \mathbf{a} = \mathbf{a}$ ist;

(6) es existiert ein negativer Wert $(-\mathbf{a})$, so daß $\mathbf{a} + (-\mathbf{a}) = (-\mathbf{a}) + \mathbf{a} = \mathbf{0}$ ist.

5. Desgleichen für die folgenden Regeln der skalaren Produkte:

(1) Wenn $\mathbf{a}$ ein Vektor ist, dann ist auch $\lambda\mathbf{a}$ ein Vektor für beliebige Skalare λ.

(2) $0\,\mathbf{a} = \mathbf{0}$ und $1\,\mathbf{a} = \mathbf{a}$;

(3) $\lambda\,(\mu)\,\mathbf{a} = (\lambda\mu)\,\mathbf{a}$;

(4) $\lambda\,(\mathbf{a} + \mathbf{b}) = \lambda\mathbf{a} + \lambda\mathbf{b}$;

(5) $(\lambda + \mu)\,\mathbf{a} = \lambda\mathbf{a} + \mu\mathbf{a}$

6. Desgleichen für die folgenden Regeln über innere Produkte:

(1) wenn $\mathbf{a}$ und $\mathbf{b}$ Vektoren sind, dann ist $\mathbf{a} \cdot \mathbf{b}$ ein Skalar.

(2) $\mathbf{a} \cdot \mathbf{b} = \mathbf{b} \cdot \mathbf{a}$;

(3) $\mathbf{a} \cdot (\mathbf{b} + \mathbf{c}) = \mathbf{a} \cdot \mathbf{b} + \mathbf{a} \cdot \mathbf{c}$.

7. Die *normierte* Form eines Vektors $\mathbf{a}$ ist definiert als $\lambda\mathbf{a}$, so daß der absolute Wert $|\lambda\mathbf{a}| = 1$ ist. Zeigen Sie, daß $\left(\frac{a_1}{|\mathbf{a}|}, \frac{a_2}{|\mathbf{a}|}, \ldots, \frac{a_n}{|\mathbf{a}|}\right)$ die normierte Form ist; in der geometrischen Darstellung hat der Vektor mit der Einheitslänge die gleiche Richtung wie der Vektor $\mathbf{a}$ selbst.

12.5 Linearkombinationen von Vektoren; konvexe Mengen

Im zwei-dimensionalen Cartesischen Raum gibt es zwei Einheitsvektoren $\varepsilon_1 = (1,0)$ und $\varepsilon_2 = (0,1)$, dargestellt durch die Punkte A_1 und A_2 auf den Achsen in der Ebene Ox_1x_2. Nach den Regeln der Vektor-Algebra kann jeder Vektor $\mathbf{x} = (x_1, x_2)$ ausgedrückt werden durch

$$\mathbf{x} = x_1\,\varepsilon_1 + x_2\,\varepsilon_2$$

wobei x_1 und x_2 hier Skalare sind, sowohl die Komponenten von $\mathbf{x}$ wie auch das skalare Vielfache von ε_1 und ε_2. Vom Vektor $\mathbf{x}$ sagt man, er sei eine *Linearkombination* der beiden Vektoren ε_1 und ε_2; hier ist *jedes* $\mathbf{x}$ eine solche Linearkombination; von ε_1 und ε_2 sagt man, sie *spannen* den Cartesischen Raum auf und schaffen eine *Basis* für ihn. Damit ist gemeint, daß es nur der beiden speziellen Vektoren ε_1 und ε_2 bedarf, um das gesamte System von Vektoren im zwei-dimensionalen Raum zu bestimmen.

In den Begriffen der Geometrie ist $\mathbf{x}$ als Linearkombination der Basis ε_1 und ε_2 lediglich ein Ausdruck der folgenden Tatbestände. Die Basisvektoren werden durch OA_1 und OA_2 angegeben, die sowohl zur Definition der Koordinatenachsen wie auch der Maßeinheit dienen; dann ist jeder Vektor OP die Summe zweier Vektoren; der eine Vektor ist ein Vielfaches x_1 von OA_1, der andere ein Vielfaches x_2 von OA_2. Oder anders formuliert: P erhält man, indem man x_1 Einheiten in der Richtung OA_1 geht und dann x_2 Einheiten in der Richtung OA_2. Dies alles läßt sich leicht auf einen drei-dimensionalen Cartesischen Raum ausweiten.

Allgemein wird der n-dimensionale Cartesische Raum durch n Einheitsvektoren $\varepsilon_1, \varepsilon_2, \ldots, \varepsilon_n$ *aufgespannt,* die als *Basis* des Raumes dienen. Dies bedeutet, daß jeder Vektor $\mathbf{x} = (x_1, x_2, \ldots, x_n)$ eine *Linearkombination* der Basis ist:

$$\mathbf{x} = \sum_{r=1}^{n} x_r \, \varepsilon_r = x_1 \, \varepsilon_1 + x_2 \, \varepsilon_2 + \ldots + x_n \, \varepsilon_n$$

Ausgeschrieben:

$$\begin{aligned} x_1 \, \varepsilon_1 &= x_1 \, (1, 0, \ldots 0) = (x_1, 0, \ldots 0) \\ x_2 \, \varepsilon_2 &= x_2 \, (0, 1, \ldots 0) = (0, x_2, \ldots 0) \\ &\ldots\ldots\ldots\ldots\ldots\ldots \\ x_n \, \varepsilon_n &= x_n \, (0, 0, \ldots 1) = (0, 0, \ldots x_n) \end{aligned}$$

und folglich:

$$\begin{aligned} \sum_{r=1}^{n} x_r \, \varepsilon_r &= (x_1, 0, \ldots) + (0, x_2, \ldots 0) + \ldots + (0, 0, \ldots x_n) \\ &= (x_1, x_2, \ldots x_n) = \mathbf{x} \end{aligned}$$

Nun betrachte man zwei Vektoren im n-dimensionalen Cartesischen Raum:

$$\mathbf{x}^{(1)} = (x_1^{(1)}, x_2^{(1)}, \ldots, x_n^{(1)}); \quad \mathbf{x}^{(2)} = (x_1^{(2)}, x_2^{(2)}, \ldots, x_n^{(2)})$$

Eine *Linearkombination* von $\mathbf{x}^{(1)}$ und $\mathbf{x}^{(2)}$ ergibt den Vektor

$$\lambda_1 \, \mathbf{x}^{(1)} + \lambda_2 \, \mathbf{x}^{(2)} \quad \text{für beliebige } \lambda_1, \lambda_2.$$

Das r-te Element der Linearkombination ist $\lambda_1 \, x_r^{(1)} + \lambda_2 \, x_r^{(2)}$, welches man als Addition der Vielfachen der r-ten Elemente von $\mathbf{x}^{(1)}$ und $\mathbf{x}^{(2)}$ erhält. Als zwei Sonderfälle erhält man eine *positive Linearkombination* aus $\mathbf{x}^{(1)}$ und $\mathbf{x}^{(2)}$:

$$\lambda_1 \, \mathbf{x}^{(1)} + \lambda_2 \, \mathbf{x}^{(2)} \quad \text{für} \quad \lambda_1, \lambda_2 \geqslant 0$$

und eine *konvexe Linearkombination* aus $\mathbf{x}^{(1)}$ und $\mathbf{x}^{(2)}$:

$$\mu\mathbf{x}^{(1)} + (1-\mu)\,\mathbf{x}^{(2)} \quad \text{für} \quad 0 \leqslant \mu \leqslant 1$$

Wie diese Kombinationen gebildet werden, ersieht man aus Abb. 47. Die gegebenen Vektoren $\mathbf{x}^{(1)}$ und $\mathbf{x}^{(2)}$ werden durch OP_1 und OP_2 dargestellt, welche die Ebene $OP_1\,P_2$ im n-dimensionalen Raum definieren.

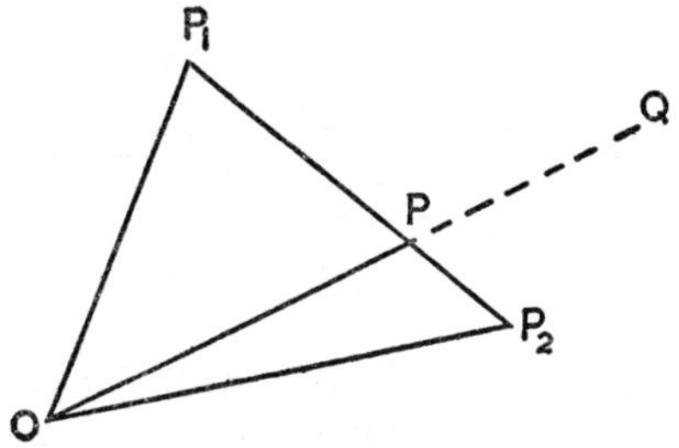

Abb. 47

Die Abbildung zeigt nur die zwei-dimensionale Ebene; man muß sie sich in einen n-dimensionalen Raum „eingebettet" vorstellen, bezogen auf die Achsen $Ox_1\,x_2\,\ldots\,x_n$, die fehlen (und in der Tat auch nicht gezeichnet werden können). OP sei die konvexe Linearkombination

$$\mu\mathbf{x}^{(1)} + (1-\mu)\,\mathbf{x}^{(2)}$$

für μ im Bereich von 0 bis 1. Durch die analytische Geometrie läßt sich leicht zeigen (vgl. Aufg. 2 unten), daß P auf dem Streckenabschnitt von P_2 nach P_1 liegt und diesen im Verhältnis $\mu:(1-\mu)$ teilt. Da μ von 0 auf 1 anwächst, bewegt sich P folglich von P_2 nach P_1 und OP bewegt sich von OP_2 nach OP_1. OQ sei die positive Linearkombination:

$$\lambda_1\,\mathbf{x}^{(1)} + \lambda_2\,\mathbf{x}^{(2)} = (\lambda_1 + \lambda_2)\,\{\mu\mathbf{x}^{(1)} + (1-\mu)\,\mathbf{x}^{(2)}\} \quad \text{für} \quad \mu = \frac{\lambda_1}{\lambda_1 + \lambda_2}\,; \quad \lambda_1, \lambda_2 \geqslant 0$$

Folglich ist OQ ein positives Vielfaches des entsprechenden Vektors OP. Wenn das Vielfache $\lambda_1 + \lambda_2 > 1$ ist, dann liegt Q zwar auf OP, aber hinter P, wie aus der Abbildung hervorgeht; wenn

$$0 \leqslant \lambda_1 + \lambda_2 \leqslant 1$$

dann liegt Q zwischen O und P. Um also OQ bei gegebenen λ_1 und λ_2 zu erhalten, bestimme man zuerst OP für $\mu = \frac{\lambda_1}{\lambda_1 + \lambda_2}$, und dann leite man OQ ab durch Erweiterung (oder Verkürzung) im Verhältnis $(\lambda_1 + \lambda_2)$: 1.

Für verschiedene Werte von λ_1 und λ_2 liegt OQ im Winkel zwischen den Vektoren OP_1 und OP_2 und hat verschiedene Längen. Schließlich wird jede Linearkombination durch einen Vektor OR dargestellt, der irgendwo in der durch OP_1 und OP_2 definierten Ebene liegt.

Die Definition und Eigenschaften lassen sich leicht auf den allgemeinen Fall einer beliebigen Anzahl von Vektoren im n-dimensionalen Raum ausweiten:

Definition: Bei gegebenen Vektoren $\mathbf{x}^{(k)} = (x_1{}^{(k)}, x_2{}^{(k)}, \ldots, x_n{}^{(k)})$ für $k = 1, 2, \ldots m$ ist $\lambda_1 \mathbf{x}^{(1)} + \lambda_2 \mathbf{x}^{(2)} + \ldots + \lambda_m \mathbf{x}^{(m)}$ eine Linearkombination für beliebige Skalare λ_k. Die Linearkombination ist positiv, wenn $\lambda_k \geqslant 0$; sie ist konvex, wenn $\lambda_k \geqslant 0$ und $\lambda_1 + \lambda_2 + \ldots + \lambda_m = 1$ ist.

Die geometrische Vorstellung soll von den Punkten $P_1, P_2, \ldots, P_m$ ausgehen, die den gegebenen n-dimensionalen Vektoren entsprechen. Eine konvexe Linearkombination ist ein Punkt auf oder innerhalb der Figur, die durch $P_1, P_2, \ldots, P_m$ in einer Hyperebene (wenn $m \leqslant n$) definiert ist. Eine positive Linearkombination ist ein Punkt Q, der auf einer Geraden durch O und P liegt; d. h. OQ liegt auf oder innerhalb des Hyperkegels, der durch $OP_1, OP_2, \ldots, OP_m$ definiert ist. Eine Linearkombination ist jeder Punkt R im Unterraum (von höchstens m Dimensionen), der durch $O, P_1, P_2, \ldots, P_m$ definiert ist.

Unsere Aufmerksamkeit richtet sich nun auf die Eigenschaften von Punkt-Mengen P_k ($k = 1, 2, 3, \ldots$) im n-dimensionalen Raum. Die Menge, durch S bezeichnet, soll eine endliche Zahl von Punkten enthalten; sie kann sich zum Beispiel durch die Eckpunkte einer räumlichen Figur ergeben, die durch Ebenen im drei-dimensionalen Raum begrenzt ist. Oder S kann eine unendliche Menge sein, die zum Beispiel alle Punkte auf der Oberfläche einer drei-dimensionalen Kugel umfaßt. Es gibt auch den trivialen Fall, wo S nur aus einem einzigen Punkt besteht, der aber im folgenden ausgeschlossen sein soll.

Wenn die Achsen $Ox_1 x_2 \ldots x_n$ und die Maßeinheiten angegeben sind, kann der Punkt P_k als ein Vektor geschrieben werden, der seine Koordinaten angibt:

$$\mathbf{x}^{(k)} = (x_1{}^{(k)}, x_2{}^{(k)}, \ldots, x_n{}^{(k)})$$

In unserem Zusammenhang ist dies jedoch ohne weitere Bedeutung. In der Tat hängen die untersuchten Eigenschaften von keiner besonderen Ausmessung des Raumes ab, und sie werden auch nicht beeinflußt, wenn der Raum auf irgendeine Weise eingeschränkt oder ausgedehnt wird.

Man nehme zwei Punkte P_1 und P_2 aus S mit den Vektoren $\mathbf{x}^{(1)}$ und $\mathbf{x}^{(2)}$. Die konvexe Linearkombination $\mathbf{x} = \mu \mathbf{x}^{(1)} + (1-\mu)\,\mathbf{x}^{(2)}$ wird durch einen Punkt P dargestellt, der auf der Verbindungslinie von P_1 und P_2 liegt und diese im Verhältnis $P_2 P : PP_1 = \mu : (1-\mu)$ teilt. Mit wachsendem μ $(0 \leqslant \mu \leqslant 1)$ bewegt sich P ohne Unterbrechung von P_2 nach P_1. Diese Eigenschaft hängt nicht von der Ausmessung des Raumes ab und auch nicht davon, wie der Raum verzerrt werden kann. Das Verhältnis $\mu : (1-\mu)$ und die Geradheit der Linie von P_2 nach P_1 kann man fallen lassen. Immer aber bewegt sich P, so oder so, von P_2 nach P_1, wenn μ von 0 bis 1 wächst. Folglich läßt sich der Punkt P schreiben:

$$P = \mu P_1 + (1-\mu)\,P_2 \qquad (0 \leqslant \mu \leqslant 1)$$

und vom Punkt P kann man sagen, er liege „zwischen“ P_1 und P_2 auf irgendeiner Linie im Raum. Ein Punkt P, der auf diese Weise durch P_1 und P_2 aus S definiert ist, kann selbst zu S gehören oder nicht. Die Menge S ist eine *konvexe Menge,* wenn alle Punkte zwischen zwei beliebigen Punkten in S auch zu S gehören. Eine konvexe Menge muß unendlich sein, und ihre Eigenschaft, in einfachen, wenn auch nicht exakten Worten ausgedrückt, besteht darin, daß sie von fortlaufenden Linien begrenzt und ohne einspringende Winkel ist. Ist S als konvexe Menge gegeben, so muß ihre „Begrenzung“ von ihrem „Inneren“ unterschieden werden. Ein *Extrempunkt* von S ist ein Punkt, der nicht zwischen irgend zwei anderen Punkten von S liegt; P ist extrem, wenn er nicht als konvexe Linearkombination $\mu P_1 + (1-\mu)\,P_2$ von irgend zwei Punkten ausgedrückt werden kann. Die extremen Punkte von S bilden die „Begrenzung“ der Menge.

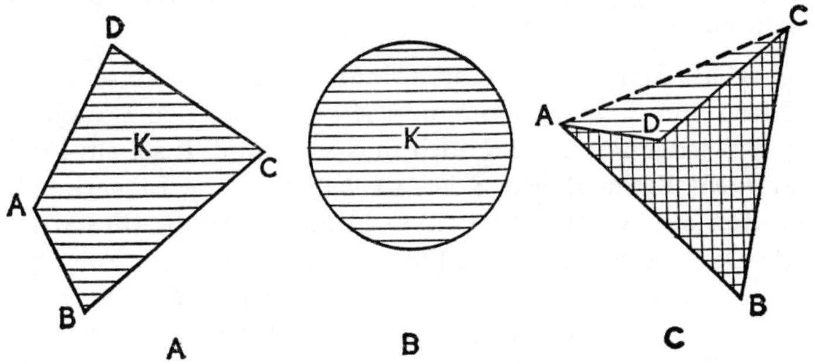

Abb. 48

In zwei Dimensionen bilden alle Punkte auf oder innerhalb eines Vierecks wie in Abb. 48 a oder eines Kreises wie in Abb. 48 b eine konvexe Menge. Die Extrempunkt im ersten Fall sind die vier Punkte A, B,

C und D; im zweiten Fall sind es alle Punkte auf der Kreisperipherie. Andererseits bilden die Punkte des Vierecks mit einspringendem Winkel, in Abb. 48 c kariert gezeichnet, keine konvexe Menge. Die Punkte zwischen A und C sind zum Beispiel nicht eingeschlossen.

Wir gehen nun von einer beliebigen Menge S aus, egal ob endlich oder unendlich. Man addiere zu S alle Punkte, die jeweils zwischen zwei beliebigen Elementen von S liegen; dies „füllt" die Menge bis zu einem gewissen Maße aus; aber nicht vollständig, denn es kann Punkte in der erweiterten Menge geben, so daß alle Punkte zwischen ihnen nicht zu der erweiterten Menge gehören. Dieser Vorgang, zur Menge alle dazwischenliegenden Punkte zu addieren, kann so lange fortgesetzt werden, bis S zu einer konvexen Menge geworden ist. Sie wird dann nicht nur die ursprünglichen Punkte P_k enthalten, sondern alle Punkte P, die man als konvexe Linearkombinationen aus P_k erhält:

$$P = \lambda_1 P_1 + \lambda_2 P_2 + \ldots + \lambda_k P_k + \ldots \quad (\lambda_k \geqslant 0, \qquad \lambda_1 + \lambda_2 + \ldots + \lambda_k + \ldots = 1)$$

d. h.

$$\mathbf{x} = \lambda_1 \mathbf{x}^{(1)} + \lambda_2 \mathbf{x}^{(2)} + \ldots + \lambda_k \mathbf{x}^{(k)} + \ldots$$

und zwar gilt das bei beliebiger Maßeinheit. Die so erhaltene erweiterte Menge wird als „konvexe Hülle" der ursprünglichen Menge bezeichnet.

Die *konvexe Hülle* K einer gegebenen Menge S umfaßt neben S selbst alle Punkte, die konvexe Linearkombinationen der Punkte in S sind. Grob formuliert ist K die unendliche und konvexe Menge aller Punkte „innerhalb" des Gebildes P_1, P_2, ... von S. Sie ist die von „fortlaufenden" Linien begrenzte Menge ohne einspringenden Winkel, die aus S aufgebaut werden kann. Das *Extremal* E der konvexen Hülle K ist dann die Menge der Extrempunkte von K. Das Extremal ist die „Eingrenzung" von K.

Aus S erhält man also eine andere Menge E, das Extremal der konvexen Hülle von S. Zwischen S und E bestehen enge Beziehungen. Es ist klar, daß jeder Punkt in E auch in S sein muß. P sei ein Punkt in E. Wenn er *nicht* Element von S ist, so gehört er als Linearkombination von Punkten aus S doch zur konvexen Hülle von S. Dies wird jedoch durch die Definition der Extrempunkte ausgeschlossen. Folglich muß P Element von S sein. Es ist gleichfalls klar, daß alle Punkte in S nicht auch ebenso in E zu sein brauchen, und zwar wegen der Möglichkeit einspringender Winkel, derzufolge Punkte innerhalb von S sein können, ohne gleichzeitig „Begrenzung" der konvexen Hülle sein zu müssen.

Abb. 48 veranschaulicht das in zwei Dimensionen. Die schraffierten Flächen sind die konvexen Hüllen. In Abb. 48 a ist die Menge S aus vier Punkten A, B, C und D zugleich das Extremal E. Entsprechend ist in Abb. 48 b die Menge aller Punkte auf der Kreisperipherie zugleich das Extremal E, in diesem Fall eine unendliche Menge. Jedoch läßt in Abb. 48 c die ursprüngliche Menge S aus vier Punkten A, B, C und D eine konvexe Hülle entstehen, die sich effektiv nur aus drei Punkten ergibt, während der andere innerhalb der Hülle liegt. Das Extremal umfaßt nur drei Punkte A, B und C.

Man geht also von einer gegebenen Menge S aus und schließt alle konvexen Linearkombinationen der Punkte in S ein; so erhält man die konvexe Hülle K und damit das Extremal E. Dies führt dazu, aus S alle „unnötigen" Glieder zu eliminieren, nämlich solche Punkte, die konvexe Linearkombinationen anderer Punkte der Menge sind. Wenn S von vornherein keine solchen Punkte hat, dann ist diese Menge selbst das Extremal ihrer konvexen Hülle. Aber S enthält gewöhnlich andere Punkte, die bei der Reduktion von S auf das Extremal seiner konvexen Hülle ausgesondert werden.

Manchmal empfiehlt es sich, nicht mit den Punkten P_k einer Menge S zu arbeiten, sondern eher mit den Linien OP_k, die die Punkte mit dem Ursprung verbinden. Die konvexe Hülle von S wird als ein gradlinig begrenztes Bündel von Linien OP angesehen, wobei P jede konvexe Linearkombination der P_k ist. Sie wird dann als *konvexer Polyeder-Kegel* bezeichnet, den man aus der gegebenen Menge erhält. Die Menge der Extrempunkte E ergibt dann, wenn diese Punkte mit O verbunden werden, die Menge der Linien, die die Begrenzung des Kegels bilden.

Übungsaufgaben 12.5

1. In zwei Dimensionen lauten die Einheitsvektoren $\varepsilon_1 = OA_1$, entlang Ox_1, und $\varepsilon_2 = OA_2$, entlang Ox_2. Zeigen Sie, daß die Gleichung der Geraden $A_1 A_2$ die Form $x_1 + x_2 = 1$ hat, und leiten Sie den Satz ab, daß der allgemeine Punkt $\mathbf{x} = x_1 \varepsilon_1 + x_2 \varepsilon_2$ auf $A_1 A_2$ liegt, und zwar zwischen A_1 und A_2, wenn er als $\mathbf{x} = \mu\varepsilon_1 + (1-\mu)\, \varepsilon_2$ geschrieben werden kann für beliebige μ $(0 \leqslant \mu \leqslant 1)$.

2. Erweitern Sie das Ergebnis der vorherigen Aufgabe, um zu zeigen, daß der Punkt P, der durch $\mathbf{x} = \mu\mathbf{x}^{(1)} + (1-\mu)\, \mathbf{x}^{(2)}$ gegeben ist, auf der Geraden zwischen P_1 und P_2 liegt. Prüfen Sie mit Hilfe der Koordinaten der Punkte, daß $P_2 P : PP_1 = \mu : (1-\mu)$ gilt. Interpretieren Sie P als „gewogenen Durchschnitt" von P_1 und P_2.

3. Gegeben ist eine Menge S einer endlichen Anzahl von Punkten P_k $(k = 1, 2, 3, \ldots, n)$; zeigen Sie, daß man den konvexen Polyederkegel erhält, indem man alle *positiven* Linearkombinationen der P_k im Unterschied zu *konvexen* Linearkombinationen betrachtet, die die konvexe Hülle ergeben.

4. Die Menge S besteht aus vier Punkten in drei Dimensionen; die Verbindungslinien können einen einspringenden Winkel bilden, müssen aber nicht. Was ist die konvexe Hülle und was das Extremal? Wenn S die Menge aller Punkte auf der Oberfläche einer Kugel ist, was ist dann die konvexe Hülle und was das Extremal?

12.6 Matrizen

Der allgemeinste Begriff, den es in die neue Algebra einzuführen gilt, ist der einer *Matrix* beliebiger Dimension. Der Grundgedanke ist bereits aus dem einführenden Rechenbeispiel (12.2 oben) ersichtlich, das für eine der Anwendungsmöglichkeiten von Matrizen gegeben wurde; weiterhin ist er ersichtlich aus dem Gebrauch der „technologischen Matrix" (10.8 und Kapitel 11 oben) als einer Darstellung der Produktionsmöglichkeiten; es ist jedoch wichtig, eine genaue Definition anzugeben und sich eine angemessene und zweckmäßige Schreibweise einfallen zu lassen, bevor man zum Hauptproblem übergeht, zu der Entwicklung der Matrix-Algebra; eine systematische Darstellung der Matrix-Algebra wird im folgenden Kapitel gegeben. Hier sollen lediglich die Grundlagen und Beispiele von Matrizenarten gebracht werden, die später benutzt werden.

Nach der folgenden Definition ist die Matrix eine Anordnung (*nicht* ein einzelner Wert) einer Menge von Elementen. Sie wird durch einen großen fettgedruckten Buchstaben bezeichnet; dies ist zweckmäßig, weil der fettgedruckte Buchstabe angibt, daß es sich um einen Komplex von Werten, nicht um einen einzelnen handelt, und weil man mit Hilfe eines großen Buchstabens die Matrix vom Vektor unterscheiden kann.

Definition: Eine Matrix von der Ordnung $m \times n$ ist eine Menge von $m \times n$ Elementen aus dem Körper F der reellen Zahlen, die in rechteckiger Form in m Zeilen und n Spalten angeordnet sind. Sie wird bezeichnet durch

$$\mathbf{A} = [a_{rs}] = \begin{bmatrix} a_{11} & a_{12} & \dots & a_{1n} \\ a_{21} & a_{22} & \dots & a_{2n} \\ \dots & \dots & \dots & \dots \\ a_{m1} & a_{m2} & \dots & a_{mn} \end{bmatrix}$$

wobei $r = 1, 2, \dots, m$ die Zeilen und $s = 1, 2, \dots, n$ die Spalten bezeichnet.

Ist die Ordnung der Matrix nicht offensichtlich, muß sie jeweils angegeben werden. Dies kann dadurch geschehen, daß man den Bereich der Werte angibt, die r und s durchlaufen. Die Matrix ist *quadratisch,* wenn man $m = n$ und *rechteckig,* wenn $m \neq n$; im letzten Fall kann m größer oder kleiner als n sein. Es gibt keine besondere geometrische oder graphische Darstellung einer Matrix (wie bei Vektoren), und die Begriffe „quadratisch" oder „rechteckig" sind einfach zweckmäßige Ausdrücke für die „Gestalt" des Blocks der betreffenden Elemente. Auch andere solche Ausdrücke können benutzt werden; wählt man beispielsweise eine Menge von Elementen wie $(a_{21}, a_{32}, \dots, a_{mm-1})$ aus, indem man den Block der Elemente in einem Winkel von 45° schneidet, so können diese Elemente als „Diagonale" bezeichnet werden. Ist **A** quadratisch, so wird die Menge der Elemente ($a_{11}, a_{22}, \ldots, a_{nn}$) die *Hauptdiagonale* genannt.

Unter den zahlreichen Arten von Matrizen sind die folgenden Fälle von besonderer Bedeutung für die Praxis:

(i) *Die Null-Matrix:*

$$\mathbf{0} = [0] = \begin{bmatrix} 0 & 0 & \ldots & 0 \\ 0 & 0 & \ldots & 0 \\ \ldots & \ldots & \ldots & \ldots \\ 0 & 0 & \ldots & 0 \end{bmatrix} \quad \text{der Ordnung } m \times n$$

Alle Elemente sind Null; ist ihre Anzahl nicht selbstverständlich, so muß sie angegeben werden, z. B. $\mathbf{0} = (0)_{m \times n}$. Wenn eine Matrixgleichung rechts mit „Null" geschrieben ist, wie $\mathbf{A} - \lambda\mathbf{B} = \mathbf{0}$, dann ist die „Null" die *Nullmatrix entsprechender Ordnung.* Bei einer gewöhnlichen Gleichung gibt es keine Schwierigkeit mit der rechten Seite, dem Null-Wert; in einer Matrixgleichung hat die „Null" Dimensionen und muß in diesen angegeben werden; sie kann von beliebiger Ordnung $m \times n$ sein.

(ii) *Einheits-Matrix:* Dies ist eine *quadratische* Matrix beliebiger Ordnung $n \times n$:

$$\mathbf{I} = [\delta_{rs}] = \begin{bmatrix} 1 & 0 & \ldots & 0 \\ 0 & 1 & \ldots & 0 \\ \ldots & \ldots & \ldots & \ldots \\ 0 & 0 & \ldots & 1 \end{bmatrix} \quad (r, s = 1, 2, \ldots, n)$$

wobei δ_{rs} das Kronecker-Symbol ist, wie es oben in 12.3 definiert worden ist. In der Hauptdiagonalen von **I** stehen Einsen; alle anderen Elemente sind 0. Es gibt nicht nur eine einzige Einheitsmatrix **I**; eine solche Matrix gibt es für jede Ordnung $n \times n$, und die Ordnung muß sich von selbst verstehen oder angegeben werden.

(iii) *Diagonal-Matrix:* Dies ist eine *quadratische* Matrix, eine Erweiterung von **I**, von beliebiger Ordnung $n \times n$:

$$\bar{\boldsymbol{\lambda}} = [\lambda_r \, \delta_{rs}] = \begin{bmatrix} \lambda_1 & 0 & \ldots & 0 \\ 0 & \lambda_2 & \ldots & 0 \\ \ldots & \ldots & \ldots & \ldots \\ 0 & 0 & \ldots & \lambda_n \end{bmatrix} \quad (r, s = 1, 2, \ldots \text{n})$$

Der Gebrauch des kleinen Buchstaben bei $\bar{\boldsymbol{\lambda}}$ läßt sich rechtfertigen, da ja die Matrix aus Nullen besteht mit Ausnahme der Hauptdiagonale, dem Vektor $\boldsymbol{\lambda} = (\lambda_1, \lambda_2, \ldots, \lambda_n)$.

(iv) *Symmetrische und schiefsymmetrische Matrizen:* Eine *quadratische* Matrix $\mathbf{A} = [a_{rs}]$ von der Ordnung $n \times n$ ist symmetrisch, wenn

$$a_{rs} = a_{sr} \qquad \text{(alle r und s),}$$

und sie ist schief-symmetrisch, wenn

$$a_{rs} = -a_{sr} \qquad \text{(alle } r \text{ und } s\text{)}$$

Folglich sind die Elemente auf der einen Seite der Hauptdiagonalen dieselben wie auf der anderen Seite, mit dem gleichen Vorzeichen (symmetrisch) oder dem entgegengesetzten (schief-symmetrisch). Die Elemente (a_{rr}) der Hauptdiagonalen einer symmetrischen Matrix können jeden beliebigen Wert annehmen. In einer schiefsymmetrischen Matrix darf die Hauptdiagonale nur die Null-Elemente enthalten, da ja $a_{rr} = -a_{rr}$ gemäß Definition; folglich ist $a_{rr} = 0$. Hier einige Beispiele:

$$\begin{bmatrix} 0 & 1 & 2 \\ 1 & 0 & 3 \\ 2 & 3 & 0 \end{bmatrix}; \begin{bmatrix} 1 & -1 & 0 \\ -1 & 2 & 1 \\ 0 & 1 & 3 \end{bmatrix}; \begin{bmatrix} 0 & 0 & 1 \\ 0 & 0 & 0 \\ -1 & 0 & 0 \end{bmatrix} \quad \text{und} \quad \begin{bmatrix} 0 & 1 & 2 \\ -1 & 0 & 3 \\ -2 & -3 & 0 \end{bmatrix}$$

Die beiden ersten sind symmetrisch, die beiden anderen schief-symmetrisch.

(v) *Dreiecks-Matrix:* Dies ist eine *quadratische* Matrix der Ordnung $n \times n$ in der Form:

$$\mathbf{T} = \begin{bmatrix} a_1 & * & * & \dots & * \\ 0 & a_2 & * & \dots & * \\ 0 & 0 & a_3 & \dots & * \\ \dots & \dots & \dots & \dots & \dots \\ 0 & 0 & 0 & \dots & a_n \end{bmatrix}$$

wobei * ein Element von beliebigem Wert angibt. Sie sieht einer Diagonal-Matrix mit dem Vektor $\mathbf{a} = (a_1, a_2, \dots, a_n)$ in der Hauptdiagonalen ähnlich; jedoch erscheinen die Null-Elemente nur auf einer Seite der Diagonalen. Dieses und die vorhergehenden Beispiele geben eine Vorstellung, welche Bedeutung die Stellung der Null-Elemente und der Elemente, die ungleich Null sind, in einer Matrix hat.

(vi) *Jacobi-Matrix:* Dies ist ein Beispiel für die Bildung einer Matrix aus einer Menge von Funktionen mit mehreren Variablen und ihren Ableitungen. Es seien

$$u_r = u_r\,(x_1, x_2, \dots, x_n) \qquad (r = 1, 2, \dots, m)$$

m Funktionen mit n Variablen, die alle Ableitungen ersten Grades haben.

Die Matrix der Ordnung $m \times n$ wird so gebildet:

$$\mathbf{J} = \left[\frac{\partial u_r}{\partial x_s}\right] = \begin{bmatrix} \frac{\partial u_1}{\partial x_1} & \frac{\partial u_1}{\partial x_2} & \cdots & \frac{\partial u_1}{\partial x_n} \\ \frac{\partial u_2}{\partial x_1} & \frac{\partial u_2}{\partial x_2} & \cdots & \frac{\partial u_2}{\partial x_n} \\ \cdots & \cdots & \cdots & \cdots \\ \frac{\partial u_m}{\partial x_1} & \frac{\partial u_m}{\partial x_2} & \cdots & \frac{\partial u_m}{\partial x_n} \end{bmatrix}$$

Als Sonderfall sei $u = u(x_1, x_2, \ldots, x_n)$ eine Funktion mit Ableitungen ersten und zweiten Grades. Angenommen, **J** sei von der Ordnung $n \times n$ mit

$$u_r = \frac{\partial}{\partial x_r} u(x_1, x_2, \ldots x_n) \quad (r = 1, 2, \ldots n)$$

Die Matrix kann dann als **H** geschrieben werden, wobei

$$\mathbf{H} = \left[\frac{\partial^2 u}{\partial x_r \, \partial x_s}\right] = \begin{bmatrix} \frac{\partial^2 u}{\partial x_1^2} & \frac{\partial^2 u}{\partial x_1 \, \partial x_2} & \cdots & \frac{\partial^2 u}{\partial x_1 \, \partial x_n} \\ \frac{\partial^2 u}{\partial x_1 \, \partial x_2} & \frac{\partial^2 u}{\partial x_2^2} & \cdots & \frac{\partial^2 u}{\partial x_2 \, \partial x_n} \\ \cdots & \cdots & \cdots & \cdots \\ \frac{\partial^2 u}{\partial x_1 \, \partial x_n} & \frac{\partial^2 u}{\partial x_2 \, \partial x_n} & \cdots & \frac{\partial^2 u}{\partial x_n^2} \end{bmatrix}$$

Diese quadratische und symmetrische Matrix wird gelegentlich auch als *Hessesche Matrix* bezeichnet.

(vii) Die *orthogonale Matrix:* Die Definition wird später (13.9 unten) gegeben, aber ein Beispiel für solch eine Matrix zweiter Ordnung ist:

$$\begin{bmatrix} \cos\vartheta & \sin\vartheta \\ -\sin\vartheta & \cos\vartheta \end{bmatrix}$$

Sie hat die Eigenschaft, daß ihr „Kreuzprodukt" 1 ergibt:

$$\cos\vartheta \cos\vartheta - (-\sin\vartheta)\sin\vartheta = \cos^2\vartheta + \sin^2\vartheta = 1$$

und daß die Summe der Quadrate von Elementen einer Zeile oder Spalte 1 ergibt:

$$\cos^2\vartheta + \sin^2\vartheta = 1$$

Der Gebrauch des Begriffs „orthogonal" rührt von Eigenschaften wie diesen her und von der Tatsache, daß die Matrix auf die Drehung von rechteckig (orthogonal) aufeinanderstehenden Koordinatenachsen anwendbar ist. Wenn (x_1, x_2) die Koordinaten eines Punktes P sind, bezogen auf die Achsen $Ox_1 x_2$, und wenn die Achsen in einem Winkel ϑ gedreht werden, so daß sich als neue Koordinaten für P (y_1, y_2) ergeben, dann ersieht man aus Abb. 49, daß

$$y_1 = x_1 \cos\vartheta + x_2 \sin\vartheta$$
$$y_2 = -x_1 \sin\vartheta + x_2 \cos\vartheta$$

Die oben dargestellte orthogonale Matrix ist die Matrix dieser Transformation.

(viii) *Zerlegte Matrizen:* Die Elemente einiger Matrizen zerfallen natürlicherweise in Unterblöcke verschiedener Art; dann empfiehlt es sich, diese zu zerlegen und eine knappe Schreibweise für solche eine geteilte Matrix zu verwenden. Zum Beispiel:

$$\begin{bmatrix} a_{11} & a_{12} & a_{13} & 1 & 0 \\ a_{21} & a_{22} & a_{23} & 0 & 1 \\ 0 & 0 & 0 & b_{11} & b_{12} \\ 0 & 0 & 0 & b_{21} & b_{22} \\ 0 & 0 & 0 & b_{31} & b_{32} \end{bmatrix} = \left[\begin{array}{ccc:cc} a_{11} & a_{12} & a_{13} & 1 & 0 \\ a_{21} & a_{22} & a_{23} & 0 & 1 \\ \hdashline 0 & 0 & 0 & b_{11} & b_{12} \\ 0 & 0 & 0 & b_{21} & b_{22} \\ 0 & 0 & 0 & b_{31} & b_{32} \end{array}\right] = \left[\begin{array}{c:c} \mathbf{A} & \mathbf{I} \\ \hdashline \mathbf{0} & \mathbf{B} \end{array}\right]$$

wobei $\mathbf{A} = [a_{rs}]$ $(r = 1, 2;\ s = 1, 2, 3)$; $\mathbf{B} = [b_{rs}]$ $(r = 1, 2, 3;\ s = 1, 2)$ und $\mathbf{0}$ und $\mathbf{I}$ entsprechende Null- oder Einheitsmatrizen sind; beide sind quadratisch ($\mathbf{0}$ von der Ordnung 3, $\mathbf{I}$ von der Ordnung 2). Die ursprüngliche, quadratische Matrix der Ordnung 5×5 wird auf diese Weise zerlegt in zwei einfachere Matrizen $\mathbf{A}$ von der Ordnung 2×3 und $\mathbf{B}$ von der Ordnung 3×2, in Verbindung mit einer Null- und einer Einheitsmatrix. Diese Art der Zerlegung erleichtert häufig die Behandlung.

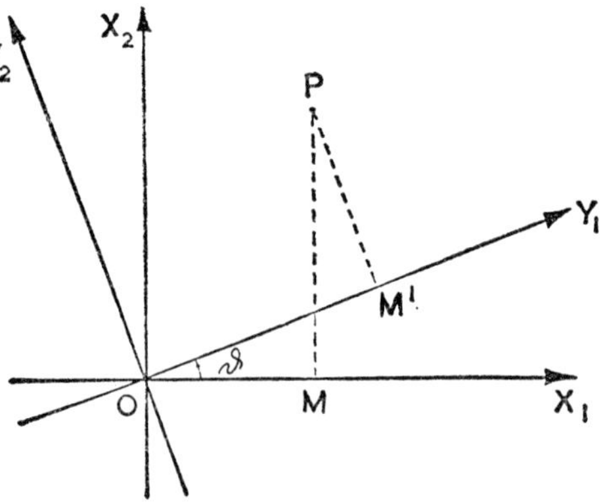

Abb. 49

Übungsaufgaben 12.6

1. Von welcher Art sind folgende Matrizen:

$$\text{(a)} \begin{bmatrix} 2 & 0 & 0 \\ 0 & 2 & 0 \\ 0 & 0 & 2 \end{bmatrix} \quad \text{(b)} \begin{bmatrix} 1 & 0 & 0 \\ 0 & 0 & 1 \\ 0 & 1 & 0 \end{bmatrix} \quad \text{(c)} \begin{bmatrix} 0 & -1 & 1 \\ 1 & 0 & 0 \\ -1 & 0 & 0 \end{bmatrix} \quad \text{(d)} \begin{bmatrix} \frac{1}{\sqrt{2}} & \frac{1}{\sqrt{2}} \\ -\frac{1}{\sqrt{2}} & \frac{1}{\sqrt{2}} \end{bmatrix}$$

Zeigen Sie die Beziehung von (d) zur Drehung von Koordinatenachsen um 45° in der Ebene.

2. Eine *Skalar-Matrix* ist eine Diagonal-Matrix, in der alle Elemente (in der Hauptdiagonalen) gleich sind. Zeigen Sie, daß (a) der vorherigen Aufgabe skalar ist, und erfinden Sie eine Schreibweise für beliebige Skalar-Matrizen.

3. $\mathbf{I}$ ist die Einheitsmatrix der Ordnung n. Die Matrix $\mathbf{E}_{(rs)}$ wird aus $\mathbf{I}$ durch Vertauschen der r-ten und s-ten Zeile gebildet. Zeigen Sie, daß man die gleiche Matrix durch Austauschen von Spalten erhält und daß $\mathbf{E}_{(rs)}$ symmetrisch ist. Veranschaulichen Sie den Fall für $n = 3$ und zeigen Sie, daß (b) aus Aufgabe 1 gleich $\mathbf{E}_{(23)}$ ist.

4. Gewinnen Sie aus der Einheitsmatrix $\mathbf{I}$ n-ter Ordnung (a) $\mathbf{H}_{(rs)}$ dadurch, daß im Schnittpunkt der r-ten Zeile und s-ten Spalte die 0 durch h ersetzt wird und (b) $\mathbf{K}_{(r)}$ dadurch, daß das Element 1 in der r-ten Zeile und Spalte durch k ersetzt wird. Bringen Sie einen anschaulichen Fall mit $n = 3$.

5. Schreiben Sie die zerlegte Matrix vollständig aus,

$$\left[\begin{array}{c:c} \mathbf{a} & \mathbf{b} \\ \hdashline \mathbf{I} & \mathbf{0} \end{array}\right]$$

wobei $\mathbf{a}$ der Vektor (a_1, a_2) und $\mathbf{b}$ der Vektor (b_1, b_2, b_3) sein soll. Von welcher Ordnung sind $\mathbf{I}$ und $\mathbf{0}$? Welches ist die Ordnung der vollständigen Matrix?

12.7 Vektoren und Matrizen

Offensichtlich gibt es eine Beziehung zwischen Matrizen und Vektoren; sie ist zweiseitig. Eine Matrix ist aus Vektoren aufgebaut, und ein Vektor ist ein Sonderfall einer Matrix. Die erste Aussage braucht nicht weiter geprüft zu werden. Die Matrix der Ordnung $m \times n$

$$\mathbf{A} = [a_{rs}] \qquad (r = 1, 2, \ldots, m;\ s = 1, 2, \ldots, n)$$

ist aus m Vektoren von jeweils n-ter Ordnung aufgebaut:

$$\mathbf{a}_r = (a_{r1}, a_{r2}, \ldots a_{rn}) \quad (r = 1, 2, \ldots, m)$$

Die Elemente der Vektoren bilden die Zeilen von **A**. Ebenso kann die Matrix gebildet werden aus n Vektoren der Ordnung m, den Spalten der Matrix:

$$\mathbf{a}_s = (a_{1s}, a_{2s}, \ldots, a_{ms}) \quad (s = 1, 2, \ldots, n)$$

Es gibt noch weitere Arten, eine Matrix dadurch in Vektoren zu zerlegen, daß man die Menge der Elemente auf verschiedene Weise aufspaltet. Einige sind in besonderen Fällen nützlich, so etwa die Diagonal-Matrix $\bar{\mathbf{a}} = [a_r \, \delta_{rs}]$ $(r = 1, 2, \ldots, a_n)$, die einzig und allein aus dem Vektor $\mathbf{a} = (a_1, a_2, \ldots, a_n)$, der Hauptdiagonalen der Matrix $\bar{\mathbf{a}}$, abgeleitet wird.

Zum Beispiel gibt die Einheitsmatrix **I** der Ordnung $n \times n$ die Menge der Einheitsvektoren

$$\boldsymbol{\varepsilon}_1 = (1, 0, 0, \ldots 0); \quad \boldsymbol{\varepsilon}_2 = (0, 1, 0, \ldots 0); \ldots \; \boldsymbol{\varepsilon}_n = (0, 0, 0, \ldots 1)$$

entweder als deren Zeilen oder Spalten an. Die Schreibweise mit dem Kronecker Symbol ist hier besonders hilfreich: **I** ist $[\delta_{rs}]$ und wird gebildet aus den Vektoren $\boldsymbol{\varepsilon}_r = (\delta_{r1}, \delta_{r2}, \ldots, \delta_{rn}) = (\delta_{1r}, \delta_{2r}, \ldots, \delta_{nr})$; $\boldsymbol{\varepsilon}_r$ besteht aus Null-Elementen bis auf ein Element 1 an der r-ten Stelle.

Die zweite Beziehung führt jedoch zu einer leichten Ausweitung des Vektorbegriffs und zu einer neuen Schreibweise. Die Matrix $\mathbf{A} = [\mathbf{a}_{rs}]$ hat m Zeilen und n Spalten; m und n können beliebige positive ganze Zahlen sein. Ist $m = n = 1$, dann schrumpft **A** zu einem einzigen Element a_{11} zusammen; d. h. **A** ist ein Skalar. Ist $m = 1$ aber $n > 1$, dann besteht **A** aus einer einzigen Zeile, und die Elemente bilden den Vektor

$$(a_{11}, a_{12}, \ldots, a_{1n})$$

Solch eine Beziehung kann auf andere Weise entstehen; ist $m > 1$ und $n = 1$, besteht **A** aus einer einzigen Spalte, die man aus dem Vektor $(a_{11}, a_{21}, \ldots, a_{m1})$ erhält. Kehrt man das Verfahren um, so stellt sich heraus, daß jeder beliebige Vektor

$$\mathbf{a} = (a_1, a_2, \ldots, a_n) \qquad \text{(von der Ordnung } n\text{)}$$

als Spezialfall einer Matrix angesehen werden kann, die aber in zwei Spielarten auftritt. Der Vektor **a** ist eine Matrix mit einer Zeile, d. h. eine Matrix der Ordnung $1 \times n$. Ebenso aber ist er eine Matrix der Ordnung $n \times 1$, die aus einer Spalte besteht.

Deshalb muß man zwischen einem *Zeilenvektor* und einem *Spaltenvektor* unterscheiden. Sind darüber hinaus die Elemente noch die gleichen, so bestehen enge Beziehungen zwischen den beiden. Um dies nun auszudrücken, braucht man eine neue Schreibweise. Von größerer Bedeutung ist vergleichsweise der Spaltenvektor. Die Schreibweise für den *Spaltenvektor,* der sich aus den Elementen a_r ($r = 1, 2, \ldots, m$) zusammensetzt ist

$$\mathbf{a} = (a_r) = \begin{bmatrix} a_1 \\ a_2 \\ \cdots \\ a_m \end{bmatrix}$$

Dies ist eine Matrix mit einer Spalte, also von der Ordnung $m \times 1$. Ein *Zeilenvektor* mit den Elementen a_s ($s = 1, 2, \ldots, n$) wird dann so geschrieben:

$$\mathbf{a}' = (a_s) = (a_1\, a_2 \ldots a_n)$$

Er ist eine Matrix der Ordnung $1 \times n$. Die beiden Vektoren können recht verschieden sein, wenn sie nach Anzahl und Wert unterschiedliche Elemente haben. Ist jedoch $m = n$, und sind die Elemente die gleichen, dann sind $\mathbf{a}$ und $\mathbf{a}'$ alternative Anordnungen des gleichen Vektors.

Der Gebrauch der Schreibweisen $\mathbf{a}$ und $\mathbf{a}'$ ergibt sich aus der Beziehung, die dann gegeben ist, wenn $m = n$ und die a-Elemente eine gegebene Menge von n Werten sind. Hierzu bedarf es, als Einführung, eines Wortes der Erklärung. Man betrachte die Matrix $\mathbf{A} = (a_{rs})$ von beliebiger Ordnung $m \times n$. Man transponiere die Zeilen und Spalten, indem man sie vertauscht. So erhält man eine neue Matrix; die Elemente sind die gleichen, jedoch ist die Anordnung verschieden. Die neue Matrix hat die Ordnung $n \times m$. Sie wird (13.5 unten) mit $\mathbf{A}'$ bezeichnet werden, wobei der angefügte Strich die Transposition andeuten soll. Ist $m = n$, so versteht sich, daß der Zeilenvektor $\mathbf{a}'$ der transponierte Spaltenvektor $\mathbf{a}$ ist und umgekehrt. Die Umstellung von Zeilen und Spalten in einer Matrix $\mathbf{a}$ von einer Spalte ergibt die Matrix $\mathbf{a}'$ mit einer Zeile. Die Ordnung der Matrix ändert sich von $n \times 1$ zu $1 \times n$. Es empfiehlt sich also, gleich zu Beginn die Schreibweise $\mathbf{a}$ und $\mathbf{a}'$ zu benutzen, die auch einer Operation der Matrix-Algebra entspricht.

12.8 Die Σ-Schreibweise; Innere Produkte

Zumindest bis zu einem gewissen Grade läßt sich die gedrängte und allgemeine Schreibweise erreichen, wenn man den Summenoperator (Σ) für Ausdrücke benutzt, die Summen aus gegebenen Elementen von Matrizen und Vektoren darstellen. Die Σ-Schreibweise ist an sich schon nützlich, wird aber auch notwendig, um mit der noch gedrängteren Matrix-Notation umzugehen. Diese Schreibweise hängt davon ab, daß man verschiedene Elemente durch ein oder mehrere Subskripta voneinander unterscheidet. Man betrachte die Summe von n Elementen $(a + b + c + \ldots + k)$. Mit dieser besonderen Schreibweise läßt sich nichts weiter anfangen. Ersetzt man aber die Elemente durch a_1, a_2, $\ldots$, a_n, so werden die Dinge bei weitem einfacher. Die Elemente sind a_s, wobei $s = 1, 2, \ldots, n$ ist. Die Summe läßt sich schreiben als

$$\sum_{s=1}^{n} a_s = a_1 + a_2 \ldots + a_n$$

Wenn keine Verwechslungsmöglichkeit besteht, schreibt man die Summe als $\sum_s a_s$, oder sogar als $\sum a_s$.

Diese Schreibweise ist praktisch und zweckmäßig, aber um mit ihr umzugehen, braucht man Erfahrung. Zum Beispiel läßt sich ein beliebiger und konstanter Multiplikator ausklammern:

$$\sum_s (\lambda a_s) = \lambda \sum_s a_s \qquad (\lambda \text{ const.})$$

Jedoch muß man darauf achten, daß man nicht etwas ausklammert, was sich von Ausdruck zu Ausdruck ändert, z. B.:

$$\sum_s a_s b_s = a_1 b_1 + a_2 b_2 + \ldots a_n b_n$$

läßt sich nicht reduzieren; im besonderen ist $\Sigma\, a_s b_s$ *nicht* gleich irgendeinem der folgenden Ausdrücke: $a_s \sum_s b_s$; $b_s \sum_s a_s$; $(\sum_s a_s)(\sum_s b_s)$.

Die Vorteile der Schreibweise werden offensichtlich, wenn man von einfachen Reihen von Elementen zu doppelten Reihen übergeht, d. h. zu einem geordneten Block von Elementen. In dem Block von $m \times n$ Elementen der Matrix

$$\begin{bmatrix} a_{11} & a_{12} & \ldots & a_{1n} \\ a_{21} & a_{22} & \ldots & a_{2n} \\ \ldots & \ldots & \ldots & \ldots \\ a_{m1} & a_{m2} & \ldots & a_{mn} \end{bmatrix} \tag{1}$$

ist der allgemeine Ausdruck a_{rs} $(r = 1, 2, \ldots, m;\ s = 1, 2, \ldots, n)$. Die Summe der ersten Spalte ist dann:

$$\sum_{r=1}^{m} a_{r1} = a_{11} + a_{21} + \ldots + a_{m1}$$

Allgemeiner formuliert, ist $\sum_{r=1}^{m} a_{rs}$ die Summe der Elemente in der s-ten Spalte und $\sum_{s=1}^{n} a_{rs}$ die Summe der Elemente in der r-ten Zeile.

Nun betrachte man die Gleichungen (3) aus 12.2 oben, die ein System von linearen Gleichungen oder Transformationen sind. Die m Gleichungen können in gedrängter Form so geschrieben werden:

$$\sum_{s=1}^{n} a_{rs}\, x_s = y_r \qquad (r = 1, 2, \ldots\ m) \tag{2}$$

Dies kann durch die Vektorschreibweise noch weiter abgekürzt werden

$$\sum_{s=1}^{n} \mathbf{a}_s\, x_s = \mathbf{y} \tag{3}$$

wobei $\mathbf{a}_s = (a_{1s},\ a_{2s},\ \ldots,\ a_{ms})$ und $\mathbf{y} = (y_1,\ y_2,\ \ldots,\ y_m)$ jeweils von der Ordnung m sind. Der Ausdruck auf der linken Seite von (3) ist eine Vektorsumme. Nach den Regeln über Addition und skalare Produkte im Abschnitt 12.4 oben ist diese selbst wieder ein Vektor m-ter Ordnung. Die Vektorgleichung (3) ist dann die besondere Gleichung von m Elementen in zwei Vektoren. Die Gleichung für das r-te Element ist $\sum_{s=1}^{n} a_{rs}\, x_s = y_r$, die für jedes r gilt und mit (2) übereinstimmt.

Der Gebrauch von zwei Subskripta r und s in (2) muß besonders beachtet werden. Für eine Gleichung des Systems ist r gegeben, z. B. $r = 2$ für die zweite Gleichung. Die linke Seite der Gleichung ist eine Summe von n Elementen, wobei s von 1 bis n läuft. Die Koeffizienten a_{rs} laufen ganz durch eine bestimmte Zeile des Blocks hindurch (1). Die verschiedenen Gleichungen werden durch r angegeben, das von 1 bis m geht, und die Koeffizienten a_{rs} erscheinen in verschiedenen Zeilen des Blocks (1).

Die Eigenart der Gleichungen (2), die in der Matrix-Algebra sehr häufig auftritt, besteht darin, daß ein Subskriptum (r) auf der linken Seite *einmal*, das andere Subskriptum (s) *zweimal* erscheint. Das einmal auftretende Subskriptum (r) ist ein *freies Subskriptum;* es kann jeden Wert annehmen, hier aus dem Bereich von 1, 2, ..., m. Das zweimal erscheinende Subskriptum (s) wird durch das Summenzeichen Σ gebunden; aus dem Grunde nennt man es *Scheinsubskriptum.*

Der Gebrauch von Scheinsubskripta in den verschiedenen Summen von Produkten aus Elementen ist sowohl im allgemeinen wichtig wie auch für die Matrix-Algebra von grundlegender Bedeutung. Es gibt bestimmte Summen von Produkten, sogenannte *innere Produkte.* Diese sind uns bereits (12.4 oben) in der Form des inneren Produkts zweier Vektoren begegnet:

$$\mathbf{a} \cdot \mathbf{b} = a_1\, b_1 + a_2\, b_2 + \ \ldots\ + a_n\, b_n$$

Jeweils zwei beliebige Vektoren mit der *gleichen Zahl von Elementen* können auf diese Weise zu inneren Produkten multipliziert werden. Es bleibt nur noch die Aufgabe, die inneren Produkte in einem größeren Rahmen zu definieren, in dem man sowohl Vektor- wie auch Matrix-Elemente benutzt. Die verschiedenen Fälle können wie folgt zusammengestellt werden:

Definition: (i) Zwei Vektoren $(a_1, a_2, \ldots, a_n)$ und $(x_1, x_2, \ldots, x_n)$ mit jeweils n Elementen ergeben das *innere Produkt:*

$$\sum_{s=1}^{n} a_s x_s = a_1 x_1 + a_2 x_2 + \ldots + a_n x_n$$

(ii) (a) die Matrix von $m \times n$ Elementen

$$\begin{bmatrix} a_{11} & a_{12} & \ldots & a_{1n} \\ a_{21} & a_{22} & \ldots & a_{2n} \\ \ldots & \ldots & \ldots & \ldots \\ a_{m1} & a_{m2} & \ldots & a_{mn} \end{bmatrix}$$

und ein Vektor $(x_1, x_2, \ldots, x_n)$ mit n Elementen ergeben zusammen m *innere Produkte:*

$$\sum_{s=1}^{n} a_{rs} x_s = a_{r1} x_1 + a_{r2} x_2 + \ldots + a_{rn} x_n \qquad (r = 1, 2, \ldots, m)$$

(ii) (b) Die gleiche Matrix ergibt zusammen mit dem Vektor $(y_1, y_2, \ldots, y_m)$ mit m Elementen n *innere Produkte:*

$$\sum_{r=1}^{m} a_{rs} y_r = a_{1s} y_1 + a_{2s} y_2 + \ldots.. a_{ms} y_m \qquad (s = 1, 2, \ldots, n)$$

(iii) Zwei Matrizen von $m \times k$ bzw. $k \times n$ Elementen

$$\begin{bmatrix} a_{11} & a_{12} & \ldots & a_{1n} \\ a_{21} & a_{22} & \ldots & a_{2k} \\ \ldots & \ldots & \ldots & \ldots \\ a_{m1} & a_{m2} & \ldots & a_{mk} \end{bmatrix} \quad \text{und} \quad \begin{bmatrix} b_{11} & b_{12} & \ldots & b_{1n} \\ b_{21} & b_{22} & \ldots & b_{2n} \\ \ldots & \ldots & \ldots & \ldots \\ b_{k1} & b_{k2} & \ldots & b_{kn} \end{bmatrix}$$

ergeben $m \times n$ *innere Produkte,* wobei die *Zeilen* der ersten Matrix mit den *Spalten* der zweiten Matrix kombiniert werden:

$$\sum_{p=1}^{k} a_{rp} b_{ps} = a_{r1} b_{1s} + a_{r2} + b_{2s} + \ldots. + a_{rk} b_{ks} \qquad (r = 1, 2, \ldots m) \text{ und } (s = 1, 2, \ldots n)$$

In (i) und (ii) (a) ist das Scheinsubskriptum s, in (ii) (b) ist es r, und in (iii) ist es p. In (i) gibt es kein freies Subskriptum; ein freies Subskriptum gibt es in den beiden Fällen (ii) (a) und (b); in (iii) gibt es zwei freie Subskripta. Ein freies Subskriptum kann genau angegeben sein, und innerhalb des entsprechenden Bereichs nimmt es dann einen beliebigen Wert an.

Um im Gebrauch der Σ-Schreibweise — und im besonderen der inneren Produkte — Übung zu bekommen, müssen ein paar einfache und selbstverständliche Dinge dargelegt werden. Da die a, b, x und so weiter reelle Zahlen sind, ist die Reihenfolge, in der ihre Produkte geschrieben werden, ziemlich unwesentlich; so etwa:

$$\sum_s a_{rs} x_s = \sum_s x_s a_{rs} \; ; \quad \sum_r y_r a_{rs} = \sum_r a_{rs} y_r \; ; \quad \sum_p a_{rp} b_{ps} = \sum_p b_{ps} a_{rp}$$

Wiederum kann das Subskriptum, das zweimal erscheint und somit die Summe entstehen läßt, durch irgendeinen zweckmäßigen Buchstaben bezeichnet werden, solange der Wertebereich unverändert bleibt. So etwa:

$$\sum_s a_{rs} x_s = \sum_t a_{rt} x_t$$

solange man von s und t annehmen kann, daß sie die Werte von 1 bis n durchlaufen. Aus dem Grunde also wird ein solches Subskriptum Scheinsubskriptum genannt. Auf der anderen Seite aber kann ein freies Subskriptum nicht vertauscht werden, ohne daß sich der Wert des inneren Produktes verändert. Beispielsweise unterscheidet sich $\sum_s a_{rs} x_s$ von $\sum_s a_{ts} x_s$ (wenn nicht $r = t$); der erste Ausdruck ist das s-te und der zweite das t-te innere Produkt aus der Gesamtmenge von m verschiedenen inneren Produkten. In gleicher Weise unterscheiden sich $\sum_s a_{rs} x_s$ und $\sum_r a_{rs} x_r$; der erste Ausdruck ist die Summe von n Produkten für m Werte von r, der zweite ist die Summe von m Produkten, die für n Werte von s angegeben ist. Ausführlich geschrieben:

$$\sum_{s=1}^{n} a_{rs} x_s = a_{r1} x_1 + a_{r2} x_2 + \ldots + a_{rn} x_n \qquad (r = 1, 2, \ldots m)$$

$$\sum_{r=1}^{m} a_{rs} x_r = a_{1s} x_1 + a_{2s} x_2 + \ldots + a_{ms} x_m \qquad (s = 1, 2, \ldots \mathrm{n})$$

Es hat sich eingebürgert und ist auch — aus Gründen der Schreibweise — zweckmäßig, Produkte so zu schreiben, daß die beiden Schein-Subskripta möglichst nebeneinander stehen. Obwohl also die Ordnung der Ausdrücke in einem Produkt reeller Zahlen unwesentlich ist, ist es doch zweckmäßig, statt $x_s a_{rs}$ lieber $a_{rs} x_s$, statt $a_{rs} y_r$ eher $y_r a_{rs}$ und statt $b_{ps} a_{rp}$ lieber $a_{rp} b_{ps}$ zu schreiben. Diese Regel wurde auch bei der oben gegebenen Definition für innere Produkte befolgt.

Übungsaufgaben 12.8

1. Zeigen Sie, daß das innere Produkt (iii) oben bei $n = 1$ einer Matrix der Ordnung $m \times k$ entspricht, die mit einem Spaltenvektor von der Ordnung $k \times 1$ multipliziert wurde, und das innere Produkt (ii) (a) ergibt; d. h.

$$\sum_{p=1}^{k} a_{rp} b_p = a_{r1} b_1 + a_{r2} b_2 + \ldots + a_{rk} b_k$$

2. Zeigen Sie in ähnlicher Weise, daß das innere Produkt (iii) bei $m = 1$ einen Zeilenvektor beinhaltet und das innere Produkt (ii) (b) ergibt.

3. Vervollständigen Sie die Untersuchung dieser Sonderfälle durch die Annahme $m = n = 1$ und zeigen Sie, daß das innere Produkt (iii) sich auf das innere Produkt (i) reduziert. Schließen Sie hieraus, daß die inneren Produkte (i) und (ii) Sonderfälle des allgemeineren inneren Produkts (iii) sind und daß es wesentlich ist, zwischen Zeilen- und Spaltenvektoren zu unterscheiden.

4. Veranschaulichen Sie den Gebrauch von zwei Scheinsubskripta in doppelten Summen durch den Nachweis, daß

$$\sum_{s=1}^{n} \sum_{t=1}^{n} a_{rs} b_{st} x_t = \sum_{s=1}^{n} a_{rs} \left(\sum_{t=1}^{n} b_{st} x_t \right) = \sum_{t=1}^{n} x_t \left(\sum_{s=1}^{n} a_{rs} b_{st} \right)$$

5. $\sum_{s=1}^{n} a_{rs} x_s$ besteht aus m linearen Formen ($r = 1, 2, \ldots, m$) mit n Variablen x_s ($s = 1, 2, \ldots, n$). Wenden Sie die Lineartransformation $x_s = \sum_{t=1}^{n} b_{st} y_t$ an und zeigen Sie, daß die linearen Formen sich umwandeln zu $\sum_{t=1}^{n} c_{rt} y_t$, wobei $c_{rt} = \sum_{s=1}^{n} a_{rs} b_{st}$ ist. Zeigen Sie, daß es nach der Transformation noch immer m lineare Formen mit n Variablen gibt.

12.9 Determinanten

Die Matrix $\mathbf{A} = (a_{rs})$ ist eine geordnete Menge von Elementen, ein Komplex von Werten, und *nicht* schon selbst ein einzelner Wert. Wie bereits oben in 12.1 angedeutet wurde, läßt sich aus **A** eine Reihe von Ausdrücken ableiten, die einzelne Werte, d. h. Skalare sind. Wesentlich bleibt immer, zwischen einer Matrix **A** und irgendeinem von ihr abgeleiteten Skalar zu unterscheiden. Dies trifft besonders für Determinanten zu, die die wichtigsten, von (quadratischen) Matrizen abgeleiteten Skalare sind. Determinanten sind wohlbekannte Ausdrücke, die in der gewöhnlichen Algebra auftreten. Sie sind zusammen mit ihren Eigenschaften in jedem einigermaßen modernen Lehrbuch der Algebra definiert; z. B. Ferrar (1941) und auch Allen (1938). Wir brauchen hier nicht mehr zu tun, als die Determinantentheorie zusammenfassend darzustellen. Alles andere wäre in der Tat direkt schädlich. Der Nachdruck liegt hier auf einem neuen Begriff (Matrix) und einer neuen entsprechenden Algebra; jede größere Ablenkung in Richtung auf die gewöhnliche Algebra würde nur zu Verwirrungen führen. Das Risiko läge darin, daß man unbewußt dem Glauben verfällt, die Matrix sei „so etwas wie" eine Determinante und daß man nach dem „Wert" einer Matrix sucht. Eine Matrix ist *keine* Determinante und hat *keinen* Wert. Wenn man einmal mit Matrizen umgeht (als neuen Begriffen), so lassen sich in der Tat verschiedene Werte von ihnen ableiten. Unter diesen skalaren Werten sind die Determinantenwerte die bedeutendsten.

Eine Determinante ist nur für eine quadratische Matrix $\mathbf{A} = [a_{rs}]$ (r und $s = 1, 2, \ldots n$) definiert, und ihre Ordnung (n) ist die gleiche wie die der quadratischen Matrix ($n \times n$). Es gibt verschiedene Möglichkeiten, eine Determinante zu definieren; die beste ist vielleicht die unten angegebene. Der Wert einer Determinante n-ter Ordnung wird dort definiert mit Hilfe der Determinanten der Ordnung $(n-1)$, usw. bis zurück auf Determinanten erster Ordnung. Bevor jedoch die Definition vorgetragen wird, sollen die Schreibweise und eine Reihe damit zusammenhängender Begriffe wiedergegeben werden. Die Determinante von $\mathbf{A}$, die ein normaler Wert (eine reelle Zahl) ist, läßt sich durch einen normal gedruckten Buchstaben bezeichnen, im Unterschied zu Matrizen in fettgedruckten Buchstaben. Folglich kann A (in normalem Druck) den aus der Matrix $\mathbf{A}$ (fettgedruckter Buchstabe) erhaltenen Determinantenwert bezeichnen; Verwechslungsgefahr besteht nicht. Weiterhin hat sich als Schreibweise durchgesetzt, die Matrixklammern (a_{rs}) durch parallele Linien $|a_{rs}|$ für den Determinantenwert zu ersetzen.

Also:
$$A = |\mathbf{A}| = |a_{rs}| = \begin{vmatrix} a_{11} & a_{12} & \ldots & a_{1n} \\ a_{21} & a_{22} & \ldots & a_{2n} \\ \ldots & \ldots & \ldots & \ldots \\ a_{n1} & a_{n2} & \ldots & a_{nn} \end{vmatrix}$$

sind alternative Schreibweisen für den aus $\mathbf{A}$ erhaltenen (skalaren) Determinantenwert.

Nun betrachte man die Matrix $\mathbf{A}_{rs}$, die man aus $\mathbf{A}$ erhält, indem man die r-te Zeile und s-te Spalte streicht, wobei $\mathbf{A}_{rs}$ dann von der Ordnung $(n-1) \times (n-1)$ ist. Die aus $\mathbf{A}_{rs}$ erhaltene Determinante bezeichnet man als den *Minor* (Unterdeterminante) von a_{rs} in A. Ein damit eng verbundener (und alternativ gebrauchter) Begriff entsteht, wenn man dem Minor das Vorzeichen $(-1)^{r+s}$ gibt; man bezeichnet das als Adjunkte von a_{rs} in A. Also:

Minor (Unterdeterminante) $M_{rs} = |\mathbf{A}_{rs}|$

Adjunkte $A_{rs} = (-1)^{r+s} |\mathbf{A}_{rs}|$

Beispielsweise sind für a_{11}, das erste Element in $\mathbf{A}$, Minor und Adjunkte gleich, nämlich die Determinante, die man aus der Matrix $\mathbf{A}$ erhält, nachdem in ihr die erste Zeile und Spalte gestrichen sind. Aber für a_{12}, das zweite Element in der ersten Zeile von $\mathbf{A}$, unterscheiden sich Minor und Adjunkte im Vorzeichen; der Minor ist hier die Determinante, die man aus der Matrix $\mathbf{A}$ erhält, nachdem man in ihr die erste Zeile und zweite Spalte gestrichen hat.

Definition: Die Determinante A, die man aus $\mathbf{A}$ von der Ordnung n erhält, wird mit Hilfe von Determinanten (Adjunkten) der Orndung $(n-1)$ definiert:

$$A = \sum_{s=1}^{n} a_{rs} A_{rs}$$

Die Definition läßt sich dahingehend vervollständigen, daß man eine Determinante erster Ordnung als den Wert des einzelnen Elements (a_{11}) auffaßt.

Ein Punkt verdient noch Beachtung, um die Definition in sich konsistent zu machen. A wird definiert als die Summe von Elementen der r-ten Zeile von A, die jeweils mit der entsprechenden Adjunkte multipliziert sind. Die Summe ist in der Tat unabhängig davon, welche Zeile man nimmt, und es ist auch gleichgültig, ob man eine Zeile oder eine Spalte nimmt. Genau genommen ist ein Beweis nötig; das Ergebnis ist in den nun folgenden Eigenschaften von Determinanten enthalten, die alle in Algebra-Lehrbüchern bewiesen werden; diese Beweise sollen hier jedoch entfallen.

Eigenschaft: (i) Der voll ausgeschriebene algebraische Wert von A besteht aus der Summe aller möglichen Ausdrücke, die Produkte von n Elementen sind, in denen aus jeder Spalte und Zeile eines vorkommt, in Verbindung mit dem entsprechenden Vorzeichen; siehe Ferrar (1941) S. 8 - 11.

(ii) $$A = \sum_{s=1}^{n} a_{rs} A_{rs} = \sum_{r=1}^{n} a_{rs} A_{rs}$$

für beliebige r und $s = 1, 2, \ldots, n$.

(iii) Vertauschung von Spalten und Zeilen läßt den Determinantenwert unverändert:

$$|\mathbf{A}| = |\mathbf{A}'| \quad \text{oder} \quad |a_{rs}| = |a_{sr}|$$

(iv) Vertauschung von zwei Zeilen (oder zwei Spalten) in A ändert nur das Vorzeichen des Determinantenwerts; z. B.

$$\begin{vmatrix} a_{21} & a_{22} & \dots & a_{2n} \\ a_{11} & a_{12} & \dots & a_{1n} \\ \dots & \dots & \dots & \dots \\ a_{n1} & a_{n2} & \dots & a_{nn} \end{vmatrix} = - \begin{vmatrix} a_{11} & a_{12} & \dots & a_{1n} \\ a_{21} & a_{22} & \dots & a_{2n} \\ \dots & \dots & \dots & \dots \\ a_{n1} & a_{n2} & \dots & a_{nn} \end{vmatrix}$$

(v) Eine Determinante mit zwei gleichen Zeilen (oder zwei gleichen Spalten) hat den Wert 0, z. B.

$$\begin{vmatrix} a_{11} & a_{12} & \dots & a_{1n} \\ a_{11} & a_{12} & \dots & a_{1n} \\ a_{31} & a_{32} & \dots & a_{3n} \\ \dots & \dots & \dots & \dots \\ a_{n1} & a_{n2} & \dots & a_{nn} \end{vmatrix} = 0$$

(vi) Die Multiplikation eines jeden Elements in einer Zeile (oder Spalte) mit einem Skalar λ verändert den Determinantenwert im Verhältnis λ; z. B.

$$\lambda \begin{vmatrix} a_{11} & a_{12} & \dots & a_{1n} \\ a_{21} & a_{22} & \dots & a_{2n} \\ \dots & \dots & \dots & \dots \\ a_{n1} & a_{n2} & \dots & a_{nn} \end{vmatrix} = \begin{vmatrix} \lambda a_{11} & \lambda a_{12} & \dots & \lambda a_{1n} \\ a_{21} & a_{22} & \dots & a_{2n} \\ \dots & \dots & \dots & \dots \\ a_{n1} & a_{n2} & \dots & a_{nn} \end{vmatrix} = \begin{vmatrix} \lambda a_{11} & a_{12} & \dots & a_{1n} \\ \lambda a_{21} & a_{22} & \dots & a_{2n} \\ \dots & \dots & \dots & \dots \\ \lambda a_{n1} & a_{n2} & \dots & a_{nn} \end{vmatrix}$$

(vii) Die Addition des λ-fachen eines jeden Elements einer Zeile (oder Spalte) zu den entsprechenden Elementen einer anderen Zeile (oder Spalte) — wobei λ ein Skalar ist — läßt den Determinantenwert unverändert; z. B.

$$\begin{vmatrix} (a_{11} + \lambda a_{21}) & (a_{12} + \lambda a_{22}) & \dots & (a_{1n} + \lambda a_{2n}) \\ a_{21} & a_{22} & \dots & a_{2n} \\ \dots & \dots & \dots & \dots \\ a_{n1} & a_{n2} & \dots & a_{nn} \end{vmatrix} = \begin{vmatrix} a_{11} & a_{12} & \dots & a_{1n} \\ a_{21} & a_{22} & \dots & a_{2n} \\ \dots & \dots & \dots & \dots \\ a_{n1} & a_{n2} & \dots & a_{nn} \end{vmatrix}$$

Schließlich führt eine Anwendung der Definition zusammen mit den Eigenschaften (ii) und (v) zu der am häufigsten benutzten Determinanteneigenschaft: Dies ist der *Determinanten-Entwicklungssatz:*

$$\sum_{k=1}^{n} a_{rk} A_{rk} = \sum_{k=1}^{n} a_{ks} A_{ks} = A$$

$$\sum_{k=1}^{n} a_{rk} A_{tk} = \sum_{k=1}^{n} a_{ks} A_{kt} = 0$$

für beliebige Werte von r, s und t ($t \neq r, s$) im Bereich von $1, 2, \ldots, n$. Die Regel besagt letztlich zwei Dinge: Wenn die Elemente einer Zeile (oder Spalte) von $\mathbf{A}$ jeweils mit ihren eigenen Adjunkten multipliziert werden, ergibt die Summe die Determinante $A = |\mathbf{A}|$; werden aber die Elemente jeweils mit den falschen Adjunkten multipliziert (mit denen von Elementen einer anderen Zeile oder Spalte), so ist die Summe 0.

Übungsaufgaben 12.9

1. Finden Sie die Determinantenwerte für jede Matrix aus Aufgabe 1 von 12.6.

2. $\mathbf{I}$ sei eine Einheitsmatrix und $\bar{\mathbf{a}}$ die Diagonalmatrix, die aus dem Vektor $(a_1, a_2, \ldots, a_n)$ gebildet ist: Zeigen Sie, daß $|\mathbf{I}| = 1$ und daß $|\bar{\mathbf{a}}| = a_1 a_2 \ldots a_n$.

3. Zeigen Sie, daß $\begin{vmatrix} 1 & -\frac{1}{2} & -\frac{1}{2} \\ -\frac{1}{2} & 1 & -\frac{1}{2} \\ -\frac{1}{2} & -\frac{1}{2} & 1 \end{vmatrix} = 0$. Ist für jeden anderen Wert als $a = -\frac{1}{2}$ der Wert von $\begin{vmatrix} 1 & a & a \\ a & 1 & a \\ a & a & 1 \end{vmatrix} = 0$?

4. Zeigen Sie mit Hilfe von Eigenschaft (v), daß $\begin{vmatrix} 1 & a & a^2 \\ 1 & b & b^2 \\ 1 & c & c^2 \end{vmatrix} = (a-b) \cdot (b-c) \cdot (c-a)$. Überprüfen Sie dies durch direkte Entwicklung und Ausrechnung.

5. Zeigen Sie, daß die orthogonale Matrix von 12.6 (vii) oben die Determinante $= 1$ hat.

6. Zeigen Sie, daß $\begin{vmatrix} a_1 & x & y \\ 0 & a_2 & z \\ 0 & 0 & a_3 \end{vmatrix} = a_1 a_2 a_3$, und leiten Sie ab, daß in einer Diagonal-Matrix der Determinantenwert sich nicht ändert, wenn man auf *einer* Seite der Diagonale die Nullelemente durch beliebige andere Werte ersetzt. Vergleichen Sie die Dreiecksmatrix von 12.6 (v) oben!

7. Benutzen Sie das Ergebnis der vorhergehenden Aufgabe, um zu zeigen, daß $|\mathbf{H}_{(rs)}| = 1$, wobei $\mathbf{H}_{(rs)}$ die in 12.6 Aufgabe 4 oben definierte Matrix ist.

8. Zeigen Sie für die oben in 12.6 Aufgabe 3 und 4 gegebenen Matrizen, daß $|\mathbf{E}_{(rs)}| = -1$ und $|\mathbf{K}_{(r)}| = k$.

9. $\mathbf{A} = \begin{bmatrix} 0 & 1 & 1 \\ 1 & 0 & x \\ 1 & x & 1 \end{bmatrix}$ ist eine symmetrische Matrix. Zeigen Sie, daß $A = |\mathbf{A}| = (2x-1)$. Bestimmen Sie alle neun Adjunkten, und zeigen Sie, daß die Matrix, die aus den Elementen A_{rs} gebildet wird, auch symmetrisch ist. Zeigen Sie gleichfalls, daß die Determinante dieser zweiten Matrix (Elemente A_{rs}) den Wert A^2 hat. Welches dieser Ergebnisse wird wohl für eine beliebige symmetrische Matrix gelten?

10. $\mathbf{A} = (a_{rs})$ ist schief-symmetrisch von der Ordnung $n \times n$. $\mathbf{A}'$ ist die Matrix, die man durch Vertauschen von Zeilen und Spalten in $\mathbf{A}$ erhält, und $(-\mathbf{A})$ ist die Matrix mit entgegengesetzten Vorzeichen. Zeigen Sie, daß $\mathbf{A}' = (-\mathbf{A})$ und daß (n ungerade):

$$|-\mathbf{A}| = -|\mathbf{A}| \quad \text{und deswegen} \quad |\mathbf{A}| = 0.$$

Literatur

Allen (R. G. D.) (1938): Mathematical Analysis for Economists (Macmillan, 1938), Kapitel XVIII.

Birkhoff (G.) und *MacLane* (S.) (1941): A Survey of Modern Algebra (Macmillan, 1941), Kapitel VII.

Durell (C. V.) und *Robson* (A.) (1937): Advanced Algebra (Bell, 1937), Kapitel XVI.

Ferrar (W. L.) (1941): Algebra (Oxford, 1941), Kapitel I, II und VI.

Kemeny (J. G.), *Snell* (J. L.) und*Thompson* (G. L.) (1957): Introduction to Finite Mathematics (Prentice-Hall, 1957), Kapitel V.

Murdoch (D. C.) (1957): Linear Algebra for Undergraduates (Wiley, 1957), Kapitel 1 und 2.

Thrall (R. M.) und *Tornheim* (L.) (1957): Vector Spaces and Matrices (Wiley, 1957), Kapitel 1.

Kapitel 13

Mathematische Analyse: Matrix-Algebra

13.1 Einführung: Die Grundregeln der Algebra

Die Matrix-Algebra muß von Grund auf entwickelt werden, und zwar deshalb, weil sich die bekannten Regeln der Arithmetik und Algebra der Zahlen, wie wir sie im Schulunterricht gelernt haben, nicht übertragen lassen; denn hier geht es um neue Gebilde, die als Matrizen bezeichnet werden. Wo können wir beim Aufbau der neuen Algebra Anleitung suchen? Determinanten bieten keine Hilfe; sie sind reelle Zahlen und genügen den vertrauten Regeln. Komplexe Zahlen (4.5. oben) könnten schon besser sein — trifft man geeignete Vereinbarungen, so kann man sie nach den bekannten algebraischen Regeln behandeln. Die Frage ist nur: Kann man in ähnlicher Weise auch der Matrix-Algebra beikommen? Die Antwort lautet ganz allgemein: Trotz der Versuche, Operationen mit Matrizen so zu definieren, daß die Matrix-Algebra der elementaren Algebra so ähnlich wie möglich ist, bleiben doch erhebliche Unterschiede.

Es ist also wichtig, daß man vermeidet, irgendetwas aus der elementaren Algebra ungerechtfertigt auf die Matrix-Algebra zu übertragen. Man betrachte etwa die Multiplikation: Die „Multiplikation" zweier Matrizen ist nicht dasselbe und auch nicht „etwas Ähnliches" wie die Multiplikation zweier reeller Zahlen oder Determinanten. Das Produkt zweier Matrizen muß noch definiert werden, und bei dieser Definition ist man völlig frei. Bei der Entscheidung für eine Definition hoffen wir, daß sie den bekannten Regeln genügt, aber als selbstverständlich können wir das nicht ansehen. In der Tat erweist es sich, daß sich Matrizen-Produkte nicht ganz glatt einfügen lassen. Beispielsweise bezeichnet $\mathbf{a}'\mathbf{A}\mathbf{a}$ ein Produkt, bei dem der Vektor $\mathbf{a}$ zuerst mit der Matrix $\mathbf{A}$ und dann mit dem Vektor $\mathbf{a}'$ zu multiplizieren ist. Zahlenprodukte haben die Eigenschaft, kommutativ zu sein, d. h. Zahlen lassen sich in beliebiger Reihenfolge multiplizieren. Für Matrizen trifft dies nicht zu. Kehrt man in $\mathbf{a}'\mathbf{A}\mathbf{a}$ die Reihenfolge um, so erhält man ein *anderes* Ergebnis $\mathbf{a}\mathbf{A}\mathbf{a}'$. Matrizen Produkte sind nicht kommutativ.

Hier gerät man nun in Verlegenheit. Benutzt man die Begriffe „Produkt“ und „Multiplikation“ für die neu definierten Operationen mit Matrizen, so verfällt man allzu leicht dem Irrtum, die Produkte auch als kommutativ anzusehen. Es ist vielleicht besser, die Operationen nicht als Multiplikation zu bezeichnen, sondern mit dem Begriff „Verknüpfung“ zu belegen, der etwas weniger fraglich ist. Das läßt sich jedoch nicht durchführen, da sich der Begriff der Matrizen-Multiplikation eingebürgert hat; auch würde dies angesichts des Vorteils, sich einer anerkannten Terminologie zu bedienen, nicht viel helfen. Es ist wohl einfacher, daran zu denken, daß Mitrizen-Produkte einigen Regeln nicht genügen, als zu versuchen, sich an einen völlig neuen Begriff zu gewöhnen.

Aber was bedeuten genau genommen die Regeln der elementaren Algebra? Es lohnt sicherlich den Versuch, sie darzustellen, um zu sehen, wie sehr sie auf Konvention beruhen, und sie dann in eine allgemeinere Form zu bringen. Die Algebra befaßt sich mit Mengen von Elementen, die, wie in der elementaren Algebra, Zahlen sein können, ebensogut aber auch wohldefinierte Gebilde fast jeder Art, egal, ob abstrakte oder konkrete; zum Beispiel: Polynome, Matrizen, Transformationen. Die Algebra hat es also mit Mengen von Elementen $S = \{a, b, c, \ldots\}$ zu tun; sie befaßt sich mit Operationen, die mit diesen Elementen $a, b, c, \ldots$ von S durchgeführt werden können.

Einige Operationen sind *einseitig:* Es gibt eine *Übertragungsregel,* um aus *einem* Element aus S ein anderes Element aus S zu erhalten. Beispiele: Aus einer reellen Zahl ist die Quadratwurzel zu ziehen; oder: Eine Matrix ist zu transponieren. *Binäre Operationen* sind aber wichtiger; sie definieren *Kombinationsregeln,* um *zwei* beliebige Elemente aus S so zu kombinieren, daß sich ein weiteres Element aus S ergibt. Addition und Multiplikation sind die treffendsten Beispiele; wenn a und b zu S gehören, dann gehört auch die Summe $a + b$ definitionsgemäß zu S; das gleiche gilt für das Produkt $a \times b$. Wie sich bei der Behandlung komplexer Zahlen herausgestellt hat, sind in der Tat die meisten binären Operationen so definiert, daß sie sich als Addition oder Multiplikation interpretieren lassen. Die Definition für binäre Operationen läßt sich zunächst an einem bekannten Fall veranschaulichen, für die Menge $N = \{1, 2, 3, \ldots\}$ der positiven ganzen Zahlen. Bei der Definition von Summen und Produkten kommt es darauf an, die Fälle genau anzugeben und die in der Schule mit so vieler Mühe gelernten Additions- und Multiplikationstabellen zu bilden.

Allgemein läßt sich für Mengen eine binäre Operation dergestalt definieren, daß man die Fälle einzeln aufführt und entsprechende Additions- und Multiplikationstabellen hinschreibt, die manchmal ganz seltsam aussehen können. Oder man kann es so machen, daß man die Operation

+	1	2	3	...
1	2	3	4	...
2	3	4	5	...
3	4	5	6	...
..	...	...	...	...

×	1	2	3	...
1	1	2	3	...
2	2	4	6	...
3	3	6	9	...
...	...	...	...	...

mit Hilfe anderer Operationen und auf diese Weise — meistens läuft es darauf hinaus — mit Hilfe anderer Additions- oder Multiplikationstabellen ausdrückt. Man betrachte die Menge von 3 ganzen Zahlen $S = \{0, 1, 2\}$ und definiere Multiplikation und Addition so, daß die gewöhnliche Summe oder das gewöhnliche Produkt zu bilden ist, mit der Ausnahme aber, daß nur der Rest bei der Division durch 3 in jedem Fall eingesetzt wird. Die Tafeln sehen dann folgendermaßen aus:

+	0	1	2
0	0	1	2
1	1	2	0
2	2	0	1

×	0	1	2
0	0	0	0
1	0	1	2
2	0	2	1

Denn $1 + 2 = 3$ wird als 0 geschrieben, $2 \times 2 = 4$ als 1.

Die Tabelle 1A enthält die Regeln der Addition und Multiplikation von Zahlen; doch diese Regeln sind exakt formuliert und für Elemente einer beliebigen Menge $S = \{a, b, c, \ldots\}$ definiert. Das System von Regeln ist *vollständig* anwendbar auf die Menge der rationalen Zahlen (Brüche ganzer Zahlen); darüber hinaus hat es auch für die größeren Mengen der reellen und komplexen Zahlen Gültigkeit. Das Wesentliche an der Menge der rationalen Zahlen (und gleichfalls an der Menge der reellen und komplexen Zahlen) ist, daß diese bezüglich Addition, Multiplikation und deren inversen Operationen abgeschlossen ist (Verknüpfung). Nach den Regeln über die inversen Operationen (A5 und M5) können wir schreiben $a - b = a + (-b)$ und $a/b = a \times b^{-1}$ $(b \neq 0)$, und dies können wir dann Subtraktion und Division nennen. Wendet man irgendeine der vier Operationen auf rationale Zahlen an, so erhält man wieder eine rationale Zahl; es führt nicht zu Elementen außerhalb dieser Menge.

Nicht alle anderen Mengen von Zahlen genügen diesen Regeln, wie zwei Fälle veranschaulichen: Die Menge der positiven ganzen Zahlen hat keine Null und folglich keine negativen Werte. Obwohl die Menge einen Wert 1 hat, hat sie doch, von 1 selbst abgesehen, keine reziproken Werte. Die Menge der ungeraden Zahlen fügt sich hier noch schlechter ein. Zwar ist die Addition definiert, aber die allererste Regel (Geschlossenheit) trifft nicht zu: die Summe zweier ungerader ganzer Zahlen ist eben keine neue ungerade Zahl, sondern eine gerade.

Tabelle 1

Algebraische Operationen

A. Addition und Multiplikation in $S = \{a, b, c, \ldots\}$

Regel	Addition (+)	Multiplikation (×)
Geschlossenheit	(A1) $a + b$ gehört zu S	(M1) $a \times b$ gehört zu S
Assoziativität	(A2) $a + (b + c) = (a + b) + c$	(M2) $a \times (b \times c) = (a \times b) \times c$
Kommutativität	(A3) $a + b = b + a$	(M3) $a \times b = b \times a$
Einheitselement	(A4) in S ist der Wert 0, so daß $a + 0 = 0 + a = a$	(M4) in S ist der Wert 1, so daß $a \times 1 = 1 \times a = a$
Inverses Element	(A5) in S ist der neg. Wert $(-a)$, so daß $a + (-a) = (-a) + a = 0$	(M5) in S ist der reziproke Wert a^{-1}, so daß $a \times a^{-1} = a^{-1} \times a = 1$ $(a \neq 0)$
Kürzung	(A5′) wenn $a + b = a + c$, dann gilt $b = c$	(M5′) wenn $a \times b = a \times c$ $(a \neq 0)$, dann gilt $b = c$
Distributivität	(D) $a \times (b + c) = a \times b + a \times c$ und $(a + b) \times c = a \times c + b \times c$	

B. Skalare Multiplikation innerhalb von $S = \{a, b, c, \ldots\}$ mit Skalaren aus $F = \{\lambda, \mu, \nu, \ldots\}$

Geschlossenheit	(S1) $\lambda \cdot a$ gehört zu S	(S2) $0 \cdot a = 0$ und $1 \cdot a = a$
Assoziativität	(S3) $\lambda (\mu \cdot a) = (\lambda \mu) \cdot a$	
Distributivität	(S4) $\lambda (a + b) = \lambda \cdot a + \lambda \cdot b$	(S5) $(\lambda + \mu) \cdot a = \lambda \cdot a + \mu \cdot a$

Geht man zu Mengen anderer Gebilde über (wie etwa zu Matrizen), für die Summen und Produkte definiert sind, so läßt sich nur sagen, daß die Verfahrensregeln (A1 - 5), (M1 - 5) und (D) erwünscht, aber nicht unbedingt nötig sind. Es wäre zu begrüßen, wenn alle Regeln Gültigkeit besäßen; ist das nicht der Fall, so versuchen wir, die Operationen so zu definieren, daß möglichst viele von ihnen gelten.

Die beiden Regeln, die in der Praxis oft nicht gelten, sind (M3) und (M5), das kommutative Gesetz und die Invertierbarkeit für Produkte.

Dies trifft etwa für Matrizen zu. Nicht alle Matrizen können multipliziert werden; ist es aber möglich, so gibt es trotzdem nur in Sonderfällen reziproke Werte, und in noch weniger Fällen gilt das kommutative Gesetz. Uns ist die kommutative Multiplikation so vertraut, daß es uns schwerfällt, davon abzugehen. Für Matrizen notieren wir deshalb ausdrücklich $A \times B \neq B \times A$.

Besondere Aufmerksamkeit muß man der Invertierbarkeit (A5) und (M5) schenken. Die Tabelle zeigt auch die Regeln über Gleichheit der Elemente, mit (A5') und (M5') bezeichnet, da sie in einem gewissen Sinne nur ein anderer Ausdruck für die Invertierbarkeit sind. Man betrachte etwa die Multiplikation, da sie in diesem Zusammenhang die wichtigere Operation ist: Wenn (M5) gilt, dann hat ein Element a ($a \neq 0$) als reziproken Wert a^{-1}, und die Division durch a ist möglich (d. h. Multiplikation mit dem inversen Element). Dann gilt auch (M5'), wenn man auf beiden Seiten durch a dividiert. Diese Regel ist nicht umkehrbar. Die Kürzung (M5') ist möglich, ohne daß die inversen Elemente oder die Division gegeben sind (M5 würde dann nicht gelten). Dies trifft für die Menge der positiven ganzen Zahlen zu. Folglich können wir

entweder (M5) nehmen und Division *und* Kürzung erhalten
oder (M5') nehmen und erhalten die Kürzung *ohne* Division.

Die Regel (M5') ist eine weniger strenge Alternative zu (M5). Rationale oder reelle Zahlen genügen (M5); für ganze Zahlen gilt nur die weniger strenge Regel (M5'). Matrizen genügen im allgemeinen weder der Regel (M5) noch der weniger strengen Regel (M5').

Andere Operationen lassen sich für eine Menge von Elementen definieren, die ihrer Natur nach komplizierter sind als Zahlen. Ein häufig verwendetes Beispiel ist die Operation der *skalaren Multiplikation,* wie sie oben in 12.4 für Vektoren dargestellt wurde. Hier gibt es nun einerseits eine Menge $S = \{a, b, c, \ldots\}$ mit Elementen irgendwelcher Art und andererseits zusätzlich eine weitere Menge $F = \{\lambda, \mu, \nu, \ldots\}$ von Elementen, die man Skalare nennt (im typischen Fall reelle Zahlen). Die Operation benutzt einen Skalar aus F, etwa λ, als Vielfaches eines Elementes a aus S, und man erhält das skalare Produkt $\lambda \cdot a$ als ein weiteres Element aus S. Die Regeln, die erfüllt sein sollen, sind die fünf (S1 - 5), die in der Tabelle 1B dargestellt sind.

Die moderne Algebra hat sich dahingehend entwickelt, daß sie sich mit jeder Art von algebraischen Systemen befaßt, mit Mengen von Gebilden ganz verschiedener Art, in denen bestimmte Operationen so definiert sind, daß sie mehr oder weniger vollständig den in Tabelle 1 beschriebenen Regeln genügen. Der Bereich algebraischer Systeme ist außerordentlich umfangreich und vielfältig. Im Anhang B wird ver-

Tabelle 2

Die wichtigsten algebraischen Systeme

System	Operationen	Gültige Regeln	Beispiele
Gruppe	Produkt	M1, 2, 4, 5	Nicht-singuläre Lineartransformationen, nichtsinguläre Matrizen
Bereich der ganzen Zahlen*	Summe und Produkt	A1 - 5, D M1 - 4, M5′	ganze Zahlen, Polynome mit ganzzahligen Koeffizienten
Körper*	Summe und Produkt	A1 - 5, D M1 - 5	rationale Zahlen reelle Zahlen komplexe Zahlen
Vektorräume	Summe und skalares Produkt	A1 - 5 S1 - 5	Vektoren im m-dimensionalen Raum, Matrizen der Ordnung $m \times n$
Lineare Algebra*	Summe, Produkt und skalares Produkt	A1 - 5, D, S1 - 5, M1, 2 und vielleicht auch andere	rationale Brüche (gebrochene rationale Funktionen), Matrizen der Ordnung $n \times n$.

* Diese Systeme haben die Struktur eines Ringes, d. h. es gelten mindestens die Regeln (A1 - 5), (D) und (M1 - 2).

sucht, eine Einführung in solche algebraische Systeme zu geben; ein gewisser Eindruck über ihre Vielfältigkeit läßt sich aus Tabelle 2 gewinnen, in der eine Reihe von Systemen zusammengestellt ist. Die Tabelle führt die wichtigsten algebraischen Systeme auf und gibt jeweils ein paar Beispiele.

Zwei der Systeme aus Tabelle 2 sind bereits benutzt worden. Bei der Definition von Matrizen und Vektoren in 12.3 und 12.6 wurde der Körper der reellen Zahlen eingeführt, die sowohl als Elemente in Vektoren und Matrizen wie auch als Skalare Verwendung finden. Man könnte ebenso einen Körper rationaler oder komplexer Zahlen anführen. Die Vektor-Algebra wird nun so entwickelt, daß sie in der Tat den für Vektorräume erforderlichen Regeln genügt (vgl. besonders Aufg. 4 und 5 in 12.4). So wie das System von Vektoren hier definiert ist, ist es eben gerade *ein* Beispiel für einen Vektorraum.

Übungsaufgaben 13.1

1. Die Menge der rationalen Zahlen umfaßt alle Zahlen $\frac{p}{q}$, wo p und q ganze Zahlen sind (positiv, negativ oder Null). Zeigen Sie, daß die Menge bezüglich Addition, Subtraktion, Multiplikation und Division in sich abgeschlossen ist (dicht ist).

2. Zeigen Sie, daß die Eigenschaft der Menge in der vorigen Aufgabe nicht für die Menge (*a*) aller ganzen Zahlen, (*b*) gerader und (*c*) ungerader Zahlen gilt. Welche Operationen führen in jedem Fall aus der Menge heraus?

3. Solange das kommutative Gesetz gilt, impliziert das distributive Gesetz $a(b+c) = ab + ac$ auch die Gültigkeit von $(b+c)a = ab + ac$. Gilt das auch, wenn das kommutative Gesetz nicht gilt?

4. Die Menge von Zahlen $x + y\sqrt{2}$ (x und y rational) ist weiter als der Körper der rationalen Zahlen, aber enger als der Körper der reellen Zahlen. Zeigen Sie, daß diese Menge auch ein Körper ist.

13.2 Beispiele für Operationen mit Matrizen

Die folgenden Beispiele dienen dazu, auf einen Anwendungsbereich von Matrizen hinzuweisen und zu zeigen, daß die für Addition und Multiplikation von Matrizen getroffenen Definitionen von praktischer Bedeutung sind. Die Beispiele beschränken sich auf einfachste Fälle, in denen die Vektoren zweiter Ordnung und die Matrizen von Typ 2×2 sind. Anhand solcher Fälle läßt sich die Algebra vollständig darstellen.

Eine Lineartransformation in zwei Variablen hat die Form:

$$\begin{aligned} y_1 &= a_{11}x_1 + a_{12}x_2 \\ y_2 &= a_{21}x_1 + a_{22}x_2 \end{aligned} \tag{1}$$

Hierin steckt neben den Vektoren, die die ursprünglichen Variablen (x_1, x_2) und die neuen Variablen (y_1, y_2) darstellen, eine quadratische Matrix $\mathbf{A} = \begin{bmatrix} a_{11} & a_{12} \\ a_{21} & a_{22} \end{bmatrix}$. Eine gedrängte Schreibweise für (1), die sich auch erweitern läßt (12.2. oben), bietet die Matrix-Schreibweise in Zusammenhang mit dem Begriff des inneren Produkts (12.8). Man betrachte die Matrix $\mathbf{A}$ zusammen mit den Variablen x, die als Spaltenvektor $\mathbf{x} = \begin{bmatrix} x_1 \\ x_2 \end{bmatrix}$ angeordnet sind, und bilde die beiden inneren Produkte $(a_{11}x_1 + a_{12}x_2)$ und $(a_{21}x_1 + a_{22}x_2)$. Dies sind nach (1) die Elemente des Spaltenvektors $\mathbf{y} = \begin{bmatrix} y_1 \\ y_2 \end{bmatrix}$. Dieses Verfahren kann als Definition für das Produkt eines Vektors und einer Matrix benutzt und folgendermaßen geschrieben werden:

$$\begin{bmatrix} a_{11} & a_{12} \\ a_{21} & a_{22} \end{bmatrix} \times \begin{bmatrix} x_1 \\ x_2 \end{bmatrix} = \begin{bmatrix} (a_{11}x_1 + a_{12}x_2) \\ (a_{21}x_1 + a_{22}x_2) \end{bmatrix} = \begin{bmatrix} y_1 \\ y_2 \end{bmatrix}$$

oder zusammengefaßt:

$$\mathbf{Ax} = \mathbf{y}$$

Ist diese Definition einmal gegeben, dann wird die Lineartransformation (1) zu:

$$\mathbf{y} = \mathbf{Ax} \tag{2}$$

Als nächstes betrachte man zwei Lineartransformationen, eine aus den ursprünglichen Variablen (x) in die neuen Variablen (y), und die andere aus den gleichen ursprünglichen Variablen in eine zweite Menge neuer Variabler (z). Voll ausgeschrieben wie in (1) lauten sie:

$$\begin{aligned} y_1 &= a_{11}\,x_1 + a_{12}\,x_2 \qquad \text{und} \qquad & z_1 &= b_{11}\,x_1 + b_{12}\,x_2 \\ y_2 &= a_{21}\,x_1 + a_{22}\,x_2 & z_2 &= b_{21}\,x_1 + b_{22}\,x_2 \end{aligned}$$

Man fasse die Variablen u als die Summe der entsprechenden y und z auf, d. h.

$$u_1 = y_1 + z_1 \qquad \text{und} \qquad u_2 = y_2 + z_2$$

Das Problem besteht darin, die u von x abhängig zu machen, d. h. die „additive" Transformation aus den x in die u zu erhalten. Die Lösung ist einfach:

$$\begin{aligned} u_1 &= (a_{11} + b_{11})\,x_1 + (a_{12} + b_{12})\,x_2 \\ u_2 &= (a_{21} + b_{21})\,x_1 + (a_{22} + b_{22})\,x_2 \end{aligned}$$

Die so entstehende Matrix besteht aus 2×2 Elementen, wobei jedes Element die Summe eines Elementes der Matrix der a und eines entsprechenden Elementes aus der Matrix der b ist. Es ist ganz natürlich, wenn man dann die Summe zweier Matrizen in folgender Weise definiert:

$$\begin{bmatrix} a_{11} & a_{12} \\ a_{21} & a_{22} \end{bmatrix} + \begin{bmatrix} b_{11} & b_{12} \\ b_{21} & b_{22} \end{bmatrix} = \begin{bmatrix} (a_{11} + b_{11}) & (a_{12} + b_{12}) \\ (a_{21} + b_{21}) & (a_{22} + b_{22}) \end{bmatrix} = \begin{bmatrix} c_{11} & c_{12} \\ c_{21} & c_{22} \end{bmatrix}$$

$$\text{d. h. } \mathbf{A} + \mathbf{B} = \mathbf{C}, \text{ wobei } \quad c_{rs} = a_{rs} + b_{rs} \quad (r, s = 1, 2) \qquad (3)$$

Der ganze Vorgang einer Addition von Transformationen läßt sich in Matrix-Schreibweise (3) auf folgende Regel zurückführen:

Sind zwei Lineartransformationen $\mathbf{y} = \mathbf{A}\mathbf{x}$ *und* $\mathbf{z} = \mathbf{B}\mathbf{x}$ *gegeben, dann ist die Transformation in* $\mathbf{u} = \mathbf{y} + \mathbf{z}$ *gegeben durch* $\mathbf{u} = (\mathbf{A} + \mathbf{B})\,\mathbf{x}$.

Weiterhin betrachte man zwei Lineartransformationen, die der Reihe nach den Vektor x in den Vektor y und danach in den Vektor z überführen. Voll ausgeschrieben wie in (1) ergibt das:

$$\begin{aligned} y_1 &= a_{11}\,x_1 + a_{12}\,x_2 \qquad \text{und} \qquad & z_1 &= b_{11}\,y_1 + b_{12}\,y_2 \\ y_2 &= a_{21}\,x_1 + a_{22}\,x_2 & z_2 &= b_{21}\,y_1 + b_{22}\,y_2 \end{aligned}$$

Das Problem besteht darin, die z als abhängig von den x, d. h. die Transformation aus den x in die z zu erhalten; dies läßt sich als „Multiplikation" der beiden ursprünglichen Transformationen ansehen. Die Lösung beruht einfach auf dem Substitutionsverfahren:

$$z_1 = b_{11}(a_{11}x_1 + a_{12}x_2) + b_{12}(a_{21}x_1 + a_{22}x_2)$$
$$z_2 = b_{21}(a_{11}x_1 + a_{12}x_2) + b_{22}(a_{21}x_1 + a_{22}x_2)$$

d. h.
$$z_1 = (b_{11}a_{11} + b_{12}a_{21})x_1 + (b_{11}a_{12} + b_{12}a_{22})x_2$$
$$z_2 = (b_{21}a_{11} + b_{22}a_{21})x_1 + (b_{21}a_{12} + b_{22}a_{22})x_2$$

Die Matrix, die man jetzt erhält, besteht aus den inneren Produkten der Elemente aus den Matrizen der a und b. Damit liegt eine Definition für das Produkt zweier Matrizen nahe:

$$\begin{bmatrix} b_{11} & b_{12} \\ b_{21} & b_{22} \end{bmatrix} \times \begin{bmatrix} a_{11} & a_{12} \\ a_{21} & a_{22} \end{bmatrix} = \begin{bmatrix} (b_{11}a_{11} + b_{12}a_{21}) & (b_{11}a_{12} + b_{12}a_{22}) \\ (b_{21}a_{11} + b_{22}a_{21}) & (b_{21}a_{12} + b_{22}a_{22}) \end{bmatrix} = \begin{bmatrix} c_{11} & c_{12} \\ c_{21} & c_{22} \end{bmatrix}$$

$$\text{d. h. } \mathbf{BA} = \mathbf{C}, \text{ wobei } c_{rs} = \sum_{p=1}^{2} b_{rp}\, a_{ps} \quad (r, s = 1, 2) \tag{4}$$

Eine Abfolge von Transformationen oder ihre „Multiplikation" läßt sich jetzt in Matrix-Schreibweise erheblich exakter ausdrücken:

> *Sind die Lineartransformationen* $\mathbf{y} = \mathbf{Ax}$ *und* $\mathbf{z} = \mathbf{By}$ *gegeben, dann lautet die Transformation aus* $\mathbf{x}$ *in* $\mathbf{z}$: $\mathbf{z} = (\mathbf{BA})\,\mathbf{x}$.

Schließlich betrachte man aufeinanderfolgende Transformationen gleichen Typs, jedoch in anderer Reihenfolge: nicht aus den x in die y und dann in die z, sondern so, daß die y in x und diese in den z ausgedrückt sind. Ausgeschrieben:

$$y_1 = a_{11}x_1 + a_{12}x_2 \qquad \text{und} \qquad x_1 = b_{11}z_1 + b_{12}z_2$$
$$y_2 = a_{21}x_1 + a_{22}x_2 \qquad\qquad\quad x_2 = b_{21}z_1 + b_{22}z_2$$

dies ergibt

$$y_1 = (a_{11}b_{11} + a_{12}b_{21})z_1 + (a_{11}b_{12} + a_{12}b_{22})z_2$$
$$y_2 = (a_{21}b_{11} + a_{22}b_{21})z_1 + (a_{21}b_{12} + a_{22}b_{22})z_2$$

Folglich muß ein zweites Produkt definiert werden:

$$\begin{bmatrix} a_{11} & a_{12} \\ a_{21} & a_{22} \end{bmatrix} \times \begin{bmatrix} b_{11} & b_{12} \\ b_{21} & b_{22} \end{bmatrix} = \begin{bmatrix} (a_{11}b_{11} + a_{12}b_{21}) & (a_{11}b_{12} + a_{12}b_{22}) \\ (a_{21}b_{11} + a_{22}b_{21}) & (a_{21}b_{12} + a_{22}b_{22}) \end{bmatrix} = \begin{bmatrix} d_{11} & d_{12} \\ d_{21} & d_{22} \end{bmatrix}$$

$$\text{d. h. } \mathbf{AB} = \mathbf{D} \qquad \text{wobei} \quad d_{rs} = \sum_{p=1}^{2} a_{rp}\, b_{ps} \quad (r, s = 1, 2) \tag{5}$$

Die aufeinanderfolgenden Transformationen lauten dann in Matrix-Schreibweise:

> *Sind die Lineartransformationen* $\mathbf{y} = \mathbf{Ax}$ *und* $\mathbf{x} = \mathbf{Bz}$ *gegeben, dann ist die Transformation aus* $\mathbf{z}$ *in* $\mathbf{y}$: $\mathbf{y} = (\mathbf{AB})\,\mathbf{x}$.

Die Addition von Matrizen, die der Addition von Lineartransformationen entspricht, wird in (3) definiert. Hier gibt es keine Schwierigkeit; im besonderen ist die Reihenfolge, in der die Matrizen **A** und **B** geschrieben werden, unwesentlich, so daß $\mathbf{A} + \mathbf{B} = \mathbf{B} + \mathbf{A}$ für Matrizen wie für reelle Zahlen gilt. Die Multiplikation von Matrizen, die der aufeinanderfolgenden Anwendung von Lineartransformationen entspricht, wird in (4) und (5) definiert. Hier liegt ein wesentlicher Unterschied vor: In einer Richtung gilt $\mathbf{BA} = \mathbf{C}$, wobei die Elemente von **C** durch (4) gegeben sind; in der anderen Richtung gilt $\mathbf{AB} = \mathbf{D}$, wobei die Elemente von **D** durch (5) gegeben sind. Die beiden Mengen innerer Produkte (4) und (5) sind ganz verschieden, und folglich sind auch die beiden Matrizen $\mathbf{C} = \mathbf{BA}$ und $\mathbf{D} = \mathbf{AB}$ verschieden. In $\mathbf{C} = \mathbf{BA}$ werden Elemente der *Zeilen* von **B** mit Elementen der *Spalten* von **A** zusammengebracht. In $\mathbf{D} = \mathbf{AB}$ werden Elemente der *Zeilen* von **A** mit Elementen der *Spalten* von **B** zusammengebracht. Die Multiplikation dieser Matrizen ist nicht kommutativ.

In diesem Kapitel soll die Matrix-Algebra für den allgemeinen Fall von Matrizen der Ordnung $m \times n$ entwickelt werden. Sie beruht auf einer einfachen Regel für die Addition in der Form (3) und auf einer weniger einfachen (und nicht kommutativen) Regel für die Multiplikation in der Form (4) und (5). Weiterhin gibt es den Sonderfall der Multiplikation einer Matrix mit einem Vektor, wofür die Form (2) repräsentativ ist. Man sieht also hier, wie diese Regeln (im einfachen Fall für Matrizen zweiter Ordnung) im Zuge der Anwendung auf Lineartransformationen entstehen. Solche Anwendungsmöglichkeiten der Matrix-Algebra sollen im folgenden Kapitel in allgemeiner Form betrachtet werden.

Übungsaufgaben 13.2

1. Verwenden Sie die Definition des inneren Produkts, um zu zeigen, warum die rechten Seiten der Transformation (1) oben durch $\mathbf{Ax}$ und nicht durch $\mathbf{xA}$ ausgedrückt werden. Läßt sich $\mathbf{xA}$ definieren?

2. Eine Lineartransformation $y_1 = a_{11}x_1 + a_{12}x_2 + a_{13}x_3$, $y_2 = a_{21}x_1 + a_{22}x_2 + a_{23}x_3$ führt aus 3 Variablen (den x) in 2 Variable (die y). Definieren Sie die entsprechenden Ausdrücke **A**, **x** und **y** und geben Sie ihre Ordnung an. Drücken Sie die Transformation durch $\mathbf{y} = \mathbf{Ax}$ aus.

3. Die Transformation $\mathbf{y} = \mathbf{Ax}$ aus der vorhergehenden Aufgabe wird mit $\mathbf{z} = \mathbf{By}$ kombiniert, wobei **B** eine Matrix der Ordnung 2×2 ist. Zeigen Sie, daß $\mathbf{z} = (\mathbf{BA})\,\mathbf{x}$, wo **BA** von der Ordnung 2×3 ist. Läßt sich auch **AB** definieren?

4. Die gleiche Transformation $\mathbf{y} = \mathbf{Ax}$ (aus der vorhergehenden Aufgabe) wird mit $\mathbf{x} = \mathbf{Bz}$ kombiniert, wobei **B** eine Matrix der Ordnung 3×3 ist. Zeigen Sie, daß $\mathbf{y} = (\mathbf{AB})\,\mathbf{z}$, wobei **AB** von der Ordnung 2×3 ist. Läßt sich auch **BA** definieren?

13.3 Gleichungen, Ungleichungen, Addition und skalare Produkte

Die Matrix-Algebra besteht aus einer Menge von Regeln für Operationen mit Matrizen in der allgemeinen Form. Die Regeln beruhen auf Konvention und freier Wahl. Diejenigen Regeln jedoch, die man einmal akzeptiert hat, sind frei von Willkür; bei ihrer Wahl sah man mit einem Auge auf die Gesetze der elementaren Algebra und mit dem anderen auf die Anwendungsmöglichkeiten von Matrizen, wie es in 13.2 oben kurz skizziert wurde.

Wie bei den Vektoren (12.4 oben) besteht auch hier der leichteste Teil der Aufgabe darin, Gleichheit, Addition und skalare Multiplikationen zu definieren. Diese Regeln sind selbstverständlich Erweiterungen der für Vektoren aufgestellten Regeln. Wenn wir im folgenden mit ihnen rechnen, so sind $\mathbf{A} = [a_{rs}]$, $\mathbf{B} = [b_{rs}]$ *und* $\mathbf{C} = [c_{rs}]$ Matrizen der Ordnung $m \times n$.

Gleichheit und Ungleichheit: Die Definitionen dafür sind:

$$\mathbf{A} = \mathbf{B}, \quad \text{wenn} \quad a_{rs} = b_{rs}$$

und

$$\mathbf{A} > \mathbf{B}, \quad \text{wenn} \quad a_{rs} > b_{rs}$$

für alle r und s $(r = 1, 2, \ldots m,\ s = 1, 2, \ldots n)$. Wie bei Vektoren (12.4 oben) besteht auch hier eine kleine Schwierigkeit darin, mit der Relation „größer oder gleich" für Matrizen umzugehen. Es gibt zwei Schreibweisen:

$$\mathbf{A} \geqq \mathbf{B} \quad \text{wenn} \quad a_{rs} \geqslant b_{rs}, \quad \text{alle} \quad a_{rs} = b_{rs} \quad \text{zulässig}$$

$$\mathbf{A} \geqslant \mathbf{B} \quad \text{wenn} \quad a_{rs} \geqslant b_{rs}, \quad \text{alle} \quad a_{rs} = b_{rs} \quad \text{nicht zulässig}$$

für alle r und s $(r = 1, 2, \ldots m,\ s = 1, 2, \ldots n)$. In der Beziehung $\mathbf{A} \geqq \mathbf{B}$ stecken die Fälle $\mathbf{A} = \mathbf{B}$, $\mathbf{A} > \mathbf{B}$ und solche Fälle, wo für einige r und s $a_{rs} > b_{rs}$ und für andere $a_{rs} = b_{rs}$. $\mathbf{A} \geqslant \mathbf{B}$ ist das gleiche, nur daß die Möglichkeit $\mathbf{A} = \mathbf{B}$ nicht besteht.

Als besondere Anwendungsmöglichkeit betrachte man etwa die Beziehung von $\mathbf{A}$ zur Null-Matrix der gleichen Ordnung. $\mathbf{A} = \mathbf{0}$ bedeutet, daß jedes Element aus $\mathbf{A}$ Null ist, d. h. $\mathbf{A}$ ist eine Null-Matrix. $\mathbf{A} > \mathbf{0}$ bezeichnet eine *positive* Matrix, in der *alle* Elemente positiv sind. Sowohl $\mathbf{A} \geqq \mathbf{0}$ wie auch $\mathbf{A} \geqslant \mathbf{0}$ können als *nicht-negative* Matrizen bezeichnet werden, in denen *kein* Element negativ ist, während einige positiv und andere Null sein können. Im allgemeinen, z. B. im ökonomischen Anwendungsbereich, ist die nicht-negative Matrix angebrachter als die ziemlich begrenzte positive Matrix. Gewöhnlich erscheinen Null-Elemente in Matrizen, und die Frage ist, ob alle anderen Elemente von $\mathbf{A}$ positiv sind, so daß $\mathbf{A}$ nicht-negativ ist.

Addition. Die Definition ist:

$$\mathbf{C} = \mathbf{A} + \mathbf{B}, \quad \text{wenn} \quad c_{rs} = a_{rs} + b_{rs}$$

für alle r und s ($r = 1, 2, \ldots m$, $s = 1, 2, \ldots n$). Diese Definition ist korrekt und entspricht (3) in 12.2 oben. Bei der Addition zweier Matrizen werden jeweils zwei entsprechende Elemente addiert. Die Definition läßt sich offenbar auch für die Summe von mehr als zwei Matrizen erweitern. Man muß jedoch beachten, daß **A** und **B** von der gleichen Ordnung sein müssen, wenn sie addiert werden sollen. Die Addition von Matrizen verschiedener Ordnung wie etwa

$$\begin{bmatrix} a_{11} & a_{12} \\ a_{21} & a_{22} \end{bmatrix} + \begin{bmatrix} b_{11} & b_{12} & b_{13} \\ b_{21} & b_{22} & b_{23} \end{bmatrix}$$

hat überhaupt keinen Sinn.

Einige einfache Beispiele für die Addition von Matrizen sind:

Beispiel (a) $\begin{bmatrix} 1 & 0 \\ 0 & 1 \end{bmatrix} + \begin{bmatrix} 0 & 1 \\ 1 & 0 \end{bmatrix} = \begin{bmatrix} 1 & 1 \\ 1 & 1 \end{bmatrix}$

Beispiel (b) $\begin{bmatrix} 1 & 0 \\ 0 & 1 \end{bmatrix} + \begin{bmatrix} 1 & 0 \\ 0 & 1 \end{bmatrix} = \begin{bmatrix} 2 & 0 \\ 0 & 2 \end{bmatrix} = 2\begin{bmatrix} 1 & 0 \\ 0 & 1 \end{bmatrix}$

Beispiel (c) $\begin{bmatrix} 1 & -2 \\ -2 & 1 \end{bmatrix} + \begin{bmatrix} -1 & 2 \\ 2 & -1 \end{bmatrix} = \begin{bmatrix} 0 & 0 \\ 0 & 0 \end{bmatrix} = \mathbf{0}$ der Ordnung 2×2

Beispiel (d) $\begin{bmatrix} 1 & 2 & 3 \\ 4 & 5 & 6 \end{bmatrix} - \begin{bmatrix} 4 & 5 & 6 \\ 7 & 8 & 9 \end{bmatrix} = \begin{bmatrix} 5 & 7 & 9 \\ 11 & 13 & 15 \end{bmatrix}$

Skalare Multiplikation: Die Definition ist wiederum einsichtig:

$$\lambda\mathbf{A} = [\lambda a_{rs}]$$

für beliebige Skalare λ. Jedes Element von **A,** und nicht etwa nur diejenigen einer Zeile oder einer Spalte, muß mit λ multipliziert werden. Der Wert von λ ist nicht begrenzt, er kann positiv oder negativ sein, z. B.

$$2\begin{bmatrix} 1 & -\frac{1}{2} \\ -\frac{1}{2} & 1 \end{bmatrix} = \begin{bmatrix} 2 & -1 \\ -1 & 2 \end{bmatrix}; \quad (-1)\begin{bmatrix} 1 & -\frac{1}{2} \\ -\frac{1}{2} & 1 \end{bmatrix} = \begin{bmatrix} -1 & \frac{1}{2} \\ \frac{1}{2} & -1 \end{bmatrix};$$

$$k\begin{bmatrix} 1 & 0 \\ 0 & 1 \end{bmatrix} = \begin{bmatrix} k & 0 \\ 0 & k \end{bmatrix}$$

Eine Reihe von *Eigenschaften* und eine Anzahl von Sonderfällen läßt sich nun entwickeln. Einige von ihnen stehen in Beziehungen zu den Algebra-Regeln, wie sie in 13.1 oben aufgezählt sind. Die Beweise sind leicht einzusehen. Im folgenden sind $\mathbf{A} = [a_{rs}]$, $\mathbf{B} = [b_{rs}]$, $\mathbf{C} = [c_{rs}]$, ... alle Matrizen der Ordnung $m \times n$.

(i) *Addition von Matrizen ist kommutativ.* Regel (A3) in 13.1.

$$\mathbf{A} + \mathbf{B} = \mathbf{B} + \mathbf{A}$$

beide Seiten sind gleich **C**, wobei $c_{rs} = a_{rs} + b_{rs} = b_{rs} + a_{rs}$

(ii) *Addition von mehr als zwei Matrizen.* Die Summe von **A, B, C,** ... erhält man durch wiederholte Anwendung der Additionsregel:

$$\mathbf{A} + \mathbf{B} + \mathbf{C} \ldots = [(a_{rs} + b_{rs} + c_{rs} + \ldots)]$$

(iii) *Addition von Matrizen ist assoziativ.* Regel (A2) in 13.1.

$$\mathbf{A} + (\mathbf{B} + \mathbf{C}) = (\mathbf{A} + \mathbf{B}) + \mathbf{C}$$

beide Seiten sind gleich **D**, wobei $d_{rs} = a_{rs} + b_{rs} + c_{rs}$

(iv) *Wiederholte Addition* der Matrix **A** führt zu einem Ergebnis, das mit der Multiplikation von **A** mit einer ganzen Zahl $\lambda = N$ ($N = 1, 2, 3, \ldots$) übereinstimmt:

$$\mathbf{A} + \mathbf{A} = [2\, a_{rs}] = 2\, \mathbf{A}$$

$$\mathbf{A} + \mathbf{A} + \mathbf{A} = [3\, a_{rs}] = 3\, \mathbf{A}$$

usw.

(v) Die *skalare Multiplikation* genügt den Regeln (S2 - 5) in 13.1.

$$0 \cdot \mathbf{A} = \mathbf{0}\,; \quad 1 \cdot \mathbf{A} = \mathbf{A}\,; \quad \lambda(\mu\mathbf{A}) = \lambda\mu\mathbf{A}\,;$$

$$\lambda\,(\mathbf{A} + \mathbf{B}) = \lambda\mathbf{A} + \lambda\mathbf{B} \quad \text{und} \quad (\lambda + \mu)\,\mathbf{A} = \lambda\mathbf{A} + \mu\mathbf{A}\,.$$

Allgemein ist $\lambda\mathbf{A} + \mu\mathbf{B} + \nu\mathbf{C} + \ldots$ eine Matrix der Ordnung $m \times n$ mit dem allgemeinen Element $(\lambda a_{rs} + \mu b_{rs} + \nu c_{rs} + \ldots)$.

(vi) *Addition der Null-Matrix* läßt die ursprüngliche Matrix unverändert:

$$\mathbf{A} + \mathbf{0} = \mathbf{0} + \mathbf{A} = \mathbf{A}$$

Folglich verhält sich die Null-Matrix (entsprechender Ordnung) wie ein Null-Element; Regel (A4) in 13.1.

(vii) *Subtraktion zweier Matrizen.* Regel (A5) in 13.1.
Zunächst wird die negative Matrix als skalare Multiplikation mit (-1) definiert, d. h. $-\mathbf{A}$ ist **A** mit umgekehrten Vorzeichen für alle Elemente:

$$-\mathbf{A} = [(-a_{rs})]$$

Dann wird die Subtraktion zur Addition einer Matrix mit dem negativen Werte einer anderen:

$$\mathbf{A}-\mathbf{B} = \mathbf{A} + (-\mathbf{B})$$

d. h.

$$[a_{rs}]-[b_{rs}] = [(a_{rs}-b_{rs})] \ .$$

Im besonderen gilt $\mathbf{A}-\mathbf{A} = \mathbf{A} + (-\mathbf{A}) = \mathbf{0}$, wobei $\mathbf{0}$ die Null-Matrix der Ordnung $m \times n$ ist.

Diese Ergebnisse stimmen mit den Definitionen der Gleichheit von Matrizen überein, da ja

$$\mathbf{A}-\mathbf{B} = \mathbf{0} \quad \text{auch bedeutet, daß} \quad \mathbf{A} = \mathbf{B}$$

Übungsaufgaben 13.3

1. Beweisen Sie die Eigenschaften (i) - (vii) oben unter besonderer Berücksichtigung von Eigenschaft (v).

2. Zeigen Sie, daß die Definition von $(-\mathbf{A})$ in (vii) oben gleichwertig mit $\mathbf{A} + (-\mathbf{A}) = \mathbf{0}$ ist (vgl. Regel (A5) in 13.1. oben).

3. Schreiben Sie $\mathbf{A} + \mathbf{B}$ und $\mathbf{A}-\mathbf{B}$ für $\mathbf{A} = \begin{bmatrix} 1 & 2 & 3 \\ 4 & 5 & 6 \\ 7 & 8 & 9 \end{bmatrix}$ und $\mathbf{B} = \begin{bmatrix} 9 & 8 & 7 \\ 6 & 5 & 4 \\ 3 & 2 & 1 \end{bmatrix}$

4. Zeigen Sie, daß $2 \begin{bmatrix} 1 & 0 \\ 0 & 1 \end{bmatrix} - \begin{bmatrix} 1 & 0 \\ 0 & 1 \end{bmatrix} = \begin{bmatrix} 2 & 0 \\ 0 & 2 \end{bmatrix} - \begin{bmatrix} 1 & 0 \\ 0 & 1 \end{bmatrix} = \begin{bmatrix} 1 & 0 \\ 0 & 1 \end{bmatrix}$ und verallgemeinern Sie das Ergebnis.

5. Zeigen Sie, daß die Regel für skalare Multiplikation $\lambda\mathbf{A}$ sich so lange auf wiederholte Addition von Matrizen zurückführen läßt, wie λ rational von der Form $\frac{p}{q}$ ist (p und q sind ganze Zahlen).

13.4 Multiplikation von Matrizen

Als nächstes muß nun ein Verfahren für die Multiplikation von Matrizen definiert werden. Dabei müßte ein Einheitselement berücksichtigt werden, so daß die Matrix nach der Multiplikation unverändert bleibt. Wenn es sich einrichten läßt, daß es für eine Matrix einen reziproken Wert gibt, dann könnte man die Division als den inversen Vorgang zur Multiplikation ableiten. Die algebraischen Regeln, die hier zum Zuge kommen, sind die in 13.1 oben angegebenen Regeln (M1 - 5); Regel (D) trifft dann auf Addition und Multiplikation zusammen zu. Es wird sich herausstellen, daß einige dieser Regeln für Matrizen nicht gelten; die Inversenbildung (reziproker Wert und Division) wird in einem späteren Abschnitt (13.7 unten) behandelt.

Die Ergebnisse (4) und (5) aus 13.2 oben geben die notwendige Orientierung, wie eine Definition für die Multiplikation zu finden ist. Das wesentliche Merkmale ist die Bildung innerer Produkte aus den Elementen der beiden betreffenden Matrizen (wie in 12.8 oben definiert).

Es gibt $m \times n$ *innere Produkte* $\sum_{p=1}^{k} a_{rp}\, b_{ps}$ $(r = 1, 2, \ldots m; s = 1, 2, \ldots n)$ (jeweils eins für jedes r und s), und in jedem solchen inneren Produkt steckt die Summe von k Produkten (eins für jedes p) aus a und b. Das Subskriptum p ist ein Scheinsubskriptum, die Subskripta r und s sind frei und dienen dazu, die verschiedenen inneren Produkte in der ganzen Menge zu erzeugen. Die a bilden die erste, die b die zweite Matrix:

$$\mathbf{A} = [a_{rp}] \quad \text{und} \quad \mathbf{B} = [b_{ps}]$$

Sie sollen in der Reihenfolge **A B** multipliziert werden, und nicht umgekehrt.

Wenn man dann die inneren Produkte oder auch die Matrix-Produkte schreibt, muß man noch an zwei Dinge denken. Zunächst ist die Frage, ob die Matrizen **A** und **B** auch von entsprechender Ordnung sind, um überhaupt innere Produkte schreiben zu können. Das oben stehende innere Produkt läßt sich nur schreiben, wenn **A** von der Ordnung $m \times k$ und **B** von der Ordnung $k \times n$ ist, wobei k beiden Matrizen gemeinsam ist, während m und n beliebige Werte haben können. Die k entsprechen dem Scheinsubskriptum p; sie müssen in **A** und **B** gleich sein. m und n entsprechen den freien Subskripta. Bedingung ist also, daß die Zahl der Spalten in **A** gleich der Zahl der Zeilen in **B** sein muß. Trifft diese Bedingung zu, dann läßt sich von **A** sagen, sie sei mit **B** *verkettet*. Verkettete Matrizen der Ordnung $(m \times k)$ und $(k \times n)$ ergeben $m \times n$ innere Produkte.

Zum zweiten müssen wir auf die Bildung des inneren Produktes achten. Der Wert $\sum_{p=1}^{k} a_{rp}\, b_{ps}$ wird dadurch gebildet, daß man die entsprechenden Elemente einer *Zeile* von **A** (der r-ten) und einer *Spalte* von **B** (der s-ten) nimmt und ihre Produkte addiert. Wesentlich ist, daß eine Zeile aus der ersten Matrix **A** mit einer Spalte aus der zweiten Matrix **B** multipliziert wird — und nicht anders herum. Man schreibt also das innere Produkt, indem man in **A** *waagerecht* entlang, in **B** *senkrecht* heruntergeht; dies läßt sich als Zeilen-Spalten-Regel bezeichnen.

Definition: $\mathbf{A} = [a_{rp}]$ ist mit $\mathbf{B} = [b_{ps}]$ *verkettet*, wenn **A** so viele Spalten wie **B** Zeilen hat:

A von der Ordnung $m \times k$ und **B** von der Ordnung $k \times n$ für beliebige m und n. Das Produkt **AB** ist dann die Matrix

$\mathbf{C} = [c_{rs}]$ von der Ordnung $m \times n$, wobei c_{rs} dann das innere Produkt $\sum_{p=1}^{k} a_{rp}\, b_{ps}$ ist; d. h.: $\mathbf{C} = \mathbf{AB}$ besagt $c_{rs} = \sum_{p=1}^{k} a_{rp}\, b_{ps}$.

Die Definition läßt sich auch mit Hilfe innerer Produkte von Vektoren formulieren. Ist **A** von der Ordnung $m \times k$ und **B** von der Ordnung $k \times n$, dann ist das (r, s)-te Element in dem Produkt **AB** das innere Produkt der r-ten Zeile von **A**, $\mathbf{a}_r = (a_{r1}, a_{r2}, \ldots, a_{rk})$ und der s-ten Spalte von **B**, $\mathbf{b}_s = (b_{1s}, b_{2s}, \ldots, b_{ks})$. Wesentlich daran ist, daß diese Vektoren die gleiche Anzahl von Elementen haben, d. h. daß **A** so viele Spalten wie **B** Zeilen hat. Dann impliziert die oben angegebene Regel, daß Zeilenvektoren von **A** mit Spaltenvektoren von **B** multipliziert werden.

Will man die Definition anwenden, so besteht der erste Schritt darin, daß man prüft, ob die zu multiplizierenden Matrizen in der Tat auch verkettet sind. Beispielsweise sind die Matrizen **A** und **B** von der Ordnung (3×2) bzw. (2×2) verkettet und ergeben ein Produkt **AB** von der Ordnung (3×2). Kurz gesagt: Ordnung (3×2) und Ordnung (2×2) ergibt Ordnung (3×2). Der nächste Schritt besteht darin, daß man die oben angeführte Regel anwendet. Das Produkt **AB** erhält man am einfachsten, indem man die Definition so hinschreibt:

$$[a_{rp}] \times [b_{ps}] = \left[\left(\sum_{p=1}^{k} a_{rp}\, b_{ps}\right)\right]$$

Jedes beliebige Element des Produktes kommt aus einer *Zeile* von **A**, die mit einer *Spalte* von **B** in Verbindung gebracht wird. Wenn es sich um das (r, s)-te Element handelt, dann kommt es aus der r-ten Zeile von **A** und aus der s-ten Spalte von **B**. Zum Beispiel:

$$\begin{bmatrix} 2 & 1 \\ 1 & 0 \\ 0 & 1 \end{bmatrix} \times \begin{bmatrix} 0 & 1 \\ -2 & 0 \end{bmatrix} = \begin{bmatrix} -2 & 2 \\ 0 & 1 \\ -2 & 0 \end{bmatrix}$$

Das Element, das im Produkt an erster Stelle steht, ist das innere Produkt, das aus der ersten Zeile $(2, 1)$ von **A** und aus der ersten Spalte $(0, -2)$ von **B** gebildet wird

$$2 \times 0 + 1 \times (-2) = -2$$

und entsprechend für die anderen Elemente. Andere Beispiele sind:

Beisp. (a) $\begin{bmatrix} 1 & 0 \\ 0 & 1 \end{bmatrix} \times \begin{bmatrix} 1 & 0 \\ 0 & 1 \end{bmatrix} = \begin{bmatrix} 1 & 0 \\ 0 & 1 \end{bmatrix}$; (2×2) mit (2×2) ergibt (2×2)

Weiterhin $\begin{bmatrix} a & b \\ c & d \end{bmatrix} \times \begin{bmatrix} 1 & 0 \\ 0 & 1 \end{bmatrix} = \begin{bmatrix} a & b \\ c & d \end{bmatrix}$

Beisp. (b) $\begin{bmatrix} 1 & 2 \\ 3 & 4 \\ 5 & 6 \end{bmatrix} \times \begin{bmatrix} 0 \\ 1 \end{bmatrix} = \begin{bmatrix} 2 \\ 4 \\ 6 \end{bmatrix}$; (3×2) mit (2×1) ergibt (3×1)

Aber $\begin{bmatrix} 0 \\ 1 \end{bmatrix} \times \begin{bmatrix} 1 & 2 \\ 3 & 4 \\ 5 & 5 \end{bmatrix}$ hat keine Bedeutung, da (2×1) mit (3×2) nicht definiert ist.

Beisp. (c) $\begin{bmatrix} 1 & 2 \\ 3 & 4 \\ 5 & 6 \end{bmatrix} \times \begin{bmatrix} 0 & 1 & -1 \\ 1 & 0 & 1 \end{bmatrix} = \begin{bmatrix} 2 & 1 & 1 \\ 4 & 3 & 1 \\ 6 & 5 & 1 \end{bmatrix}$; (3×2) mit (2×3) ergibt (3×3)

und $\begin{bmatrix} 0 & 1 & -1 \\ 1 & 0 & 1 \end{bmatrix} \times \begin{bmatrix} 1 & 2 \\ 3 & 4 \\ 5 & 6 \end{bmatrix} = \begin{bmatrix} -2 & -2 \\ 6 & 8 \end{bmatrix}$; (2×3) mit (3×2) ergibt (2×2)

Die *Einheits-Matrizen* $\mathbf{I} = [\ _{rs}]$ von verschiedener Ordnung $(n \times n)$ dienen in einer Hinsicht als Einheitselement bei Matrizen-Produkten. Aber hier gibt es eine Schwierigkeit. Ist $\mathbf{A}$ von der Ordnung $m \times n$, so sollen $\mathbf{I}_m$ und $\mathbf{I}_n$ die Einheits-Matrizen der Ordnung $m \times m$ bzw. $n \times n$ bezeichnen:

$$\mathbf{I}_m \mathbf{A} = \mathbf{A} \quad \text{und} \quad \mathbf{A}\mathbf{I}_n = \mathbf{A}$$

Es läßt sich also sagen, daß $\mathbf{A}$ durch die Multiplikation mit der Einheits-Matrix unverändert bleibt, aber $\mathbf{I}$ ändert die Ordnung, je nachdem, ob $\mathbf{A}$ mit $\mathbf{I}$ von links oder rechts multipliziert wird. Regel (M4) in 13.1 hat keine strenge Gültigkeit; es gibt eben nicht nur ein *einziges* Einheits-Element. Die Schwierigkeit verschwindet in dem Falle, wo $\mathbf{A}$ quadratisch ist; dann gilt $\mathbf{AI} = \mathbf{IA} = \mathbf{A}$ für $\mathbf{I}$ von der gleichen Ordnung wie $\mathbf{A}$.

Die nun folgenden *Eigenschaften* für die Multiplikation von Matrizen dienen dazu, einige wesentliche Punkte herauszustellen und die Regeln der Matrix-Algebra in Übereinstimmung mit 13.1 oben zu entwickeln. Die Beweise (auch wo sie nicht gegeben werden) sind recht schlüssig. Benutzt werden die Matrizen $\mathbf{A} = [a_{rs}]$, $\mathbf{B} = [b_{rs}]$ *und* $\mathbf{C} = [c_{rs}]$, deren Ordnungen dann jeweils im Zusammenhang festgelegt werden.

(i) *Matrizen-Produkte sind nicht generell kommutativ;* d. h. $\mathbf{AB} \neq \mathbf{BA}$, von Sonderfällen abgesehen. Siehe Regel (M3) in 13.1.

Der Unterschied zwischen $\mathbf{AB}$ und $\mathbf{BA}$ kann entstehen, weil eins der beiden Produkte überhaupt nicht definiert ist (die Matrizen sind nicht verkettet), weil sie von verschiedener Ordnung sind oder weil sie — wenn sie auch von gleicher Ordnung sind — verschiedene Elemente haben. Angenommen $\mathbf{A}$ ist von der Ordnung $(m \times k)$ und $\mathbf{B}$ von der Ordnung $(k \times n)$; so daß $\mathbf{AB}$ existiert, und zwar von der Ordnung $(m \times n)$; nun gibt es verschiedene Möglichkeiten.

(1) $m \neq n$. Hier existiert **BA** nicht, da $(k \times n)$ und $(m \times k)$ nichts ergibt, solange m und n verschieden sind; siehe Bsp. (b) oben.

(2) $m = n \neq k$. Hier existiert **BA**, da $(k \times n)$ und $(n \times k)$ die Ordnung $(k \times k)$ ergibt. Aber **AB** ist von der Ordnung $(n \times n)$, und **BA** ist von der Ordnung $(k \times k)$; sie sind von verschiedener Ordnung und können somit nicht gleich sein; siehe Bsp. (c) oben.

(3) $m = n = k$. Hier existiert **BA** und ist von der Ordnung $n \times n$ genau wie **AB**. Folglich *könnten* **AB** und **BA** in diesem Falle, wo **A** und **B** quadratisch und von der gleichen Ordnung sind, gleich sein. Im allgemeinen sind sie jedoch nicht gleich, da ihre Elemente nicht in der gleichen Weise gebildet werden und folglich verschieden sind:

$$\mathbf{AB} = \left[\sum_{p=1}^{n} a_{rp}\, b_{ps}\right] \quad \text{und} \quad \mathbf{BA} = \left[\sum_{p=1}^{n} b_{rp}\, a_{ps}\right].$$

Es bleiben nur *Sonderfälle von quadratischen Matrizen* **A** und **B** übrig, für die **AB** gleich **BA** gilt. Nimmt man z. B. **A** und die Einheitsmatrix **I** als von der gleichen Ordnung $(n \times n)$ an, dann gilt $\mathbf{AI} = \mathbf{IA}$, beides gleich **A**. (Es stimmt nicht, daß $\mathbf{AI} = \mathbf{IA}$ für **A** von der Ordnung $(m \times n)$ ist, denn dann müßte **I** im ersten Fall von der Ordnung $(n \times n)$, im zweiten von der Ordnung $(m \times m)$ sein.)

(ii) *Produkte mehrerer Matrizen* lassen sich hinreichend durch die Matrizen **A**, **B** und **C** veranschaulichen. Um das Produkt **ABC** (mit Matrizen in dieser und nur dieser Folge) zu erhalten, reicht es nicht, daß die Matrizen paarweise verkettet sind. Notwendig ist vielmehr, daß **A** mit **B** verkettet ist und dann **AB** mit **C**. Die Bedingung dafür ist jedoch sehr einfach; **ABC** existiert bei den Ordnungen:

$$\mathbf{A}\,(m \times k) \qquad \mathbf{B}\,(k \times j) \qquad \mathbf{C}\,(j \times n)$$

und **ABC** ist dann von der Ordnung $(m \times n)$. Hier gibt es zwei freie Subskripta (m und n, die die Ordnung von **ABC** angeben) und zwei Scheinsubskripta (k und j), wobei dann die Elemente von **ABC** durch doppelte Summierung entstanden sind. Wenn **ABC** aus (**AB**) **C** hergeleitet wird, entsteht die doppelte Summierung wie folgt: **AB** ist von der Ordnung $(m \times j)$ mit dem allgemeinen Element $\sum_{p=1}^{k} a_{rp}\, b_{pq}$ $(r = 1, 2, \ldots m;\ q = 1, 2, \ldots j)$; **C** ist von der Ordnung $(j \times n)$ mit dem allgemeinen Element c_{qs} $(q = 1, 2, \ldots, j;\ s = 1, 2, \ldots, n)$. Folglich ist **ABC** von der Ordnung $(m \times n)$ mit dem allgemeinen Element

$$\sum_{q=1}^{j} \sum_{p=1}^{k} a_{rp}\, b_{pq}\, c_{qs}\,. \tag{1}$$

Diese doppelte Summe muß sorgfältig interpretiert werden (siehe Aufg. 5 unten). Sie entsteht aus $\sum_{q=1}^{j} c_{qs} \left(\sum_{p=1}^{k} a_{rp} \, b_{pq} \right)$ Hier sind r und s freie Subskripta. Die Summe von k Ausdrücken $\sum_{p=1}^{k} a_{rp} \, b_{pq}$ hat j verschiedene Werte, je nachdem, welchen Wert man für q ($q = 1, 2, \ldots j$) nimmt, während r frei ist; jeder dieser Ausdrücke wird mit dem entsprechenden c_{qs} für $q = 1, 2, \ldots j$ wobei s frei ist) multipliziert; dann werden die Produkte über $q = 1, 2, \ldots j$ summiert. Folglich gibt es in (1) j Ausdrücke und jeder davon besteht aus einem einzelnen c, das mit einer Summe von k Ausdrücken multipliziert ist; alles in allem gibt es in (1) $k \times j$ Ausdrücke, erzeugt durch p, das von 1 bis k geht, und durch q, das von 1 bis j geht.

(iii) *Matrizen-Produkte sind assoziativ.* Siehe Regel (M2) in 13.1. Solange **A**, **B** und **C** verkettete Matrizen sind, gilt

$$\mathbf{A}\,(\mathbf{BC}) = (\mathbf{AB})\,\mathbf{C}$$

(**AB**) **C** steht schon in (1) oben:

$$\sum_{q=1}^{j} \left(\sum_{p=1}^{k} a_{rp} \, b_{pq} \right) c_{qs} = \sum_{q=1}^{j} \sum_{p=1}^{k} a_{rp} \, b_{pq} \, c_{qs}$$

A (**BC**) erhält man auf ähnlichem Wege, und zwar mit dem allgemeinen Ausdruck

$$\sum_{p=1}^{k} a_{rp} \left(\sum_{q=1}^{j} b_{pq} \, c_{qs} \right) = \sum_{q=1}^{j} \sum_{p=1}^{k} a_{rp} \, b_{pq} \, c_{qs}$$

(iv) *Matrizen sind distributiv* in bezug auf Addition und Multiplikation. Siehe Regel (D) in 13.1. Ist **A** verkettet mit **B** und mit **C** (so daß **AB** und **AC** existieren) und sind **B** und **C** von der gleichen Ordnung (so daß **B** + **C** existiert), dann gilt

$$\mathbf{A}\,(\mathbf{B} + \mathbf{C}) = \mathbf{AB} + \mathbf{AC}$$

Wenn **A** von der Ordnung $m \times k$ ist, dann müssen für dieses Ergebnis **B** und **C** jeweils von der Ordnung ($k \times n$) sein. Das Ergebnis **A**(**B** + **C**) oder **AB** + **AC** ist von der Ordnung ($m \times n$).

(v) *Kürzung* ist bei Matrizen nicht generell möglich. Seihe Regel (M5′) in 13.1. Wenn **AB** = **0** ist, also gleich der Null-Matrix von der entsprechenden Ordnung, so folgt daraus *nicht*, daß entweder **A** = **0** oder **B** = **0** ist. Es reicht aus, ein Beispiel anzuführen:

$$\begin{bmatrix} 1 & 1 \\ 0 & 0 \end{bmatrix} \times \begin{bmatrix} 1 & 1 \\ -1 & -1 \end{bmatrix} = \begin{bmatrix} 0 & 0 \\ 0 & 0 \end{bmatrix} = \mathbf{0}$$

Keine der Matrizen auf der linken Seite ist aber eine Null-Matrix. Wenn **A** mit **B** und **C** verkettet ist, so daß **AB** = **AC** gilt, folgt daraus *nicht* **B** = **C**.

(vi) *Multiplikation mit Null-Matrizen.* Die Schwierigkeit, der wir gerade begegnet sind, entsteht nicht, wenn die Frage im umgekehrten Sinne gestellt wird. Das Produkt aus irgendeiner Matrix und einer verketteten Null-Matrix ist eine andere Null-Matrix:

$$\mathbf{A0}_{nn} = \mathbf{0}_{mn} = \mathbf{0}_{mm}\,\mathbf{A}$$

wobei die Subskripta die Ordnungen der Null-Matrizen angeben. Wenn im besonderen **A** quadratisch von der Ordnung $n \times n$ ist, dann wird nur eine Matrix (Ordnung $n \times n$) benötigt: $\mathbf{A0} = \mathbf{0A} = \mathbf{0}$.

Der Gebrauch der Einheits-Matrix **I** läßt sich erweitern, indem man verschiedene Abwandlungen von **I** verwendet, und zwar von der Art, wie sie in 12.6 Aufg. 3 und 4 oben beschrieben wurde. $\mathbf{E}_{(rs)}$ sei definiert als die Matrix, die man aus **I** durch Vertauschung der r-ten und s-ten Zeile erhalten hat, $\mathbf{H}_{(rs)}$ als die Matrix, die man durch Substitution von h für die Null an der (r, s)-ten Stelle in **I** erhält, und $\mathbf{K}_{(r)}$ als die Matrix, die entsteht, indem man k für das Element 1 in der r-ten Zeile und Spalte von **I** ersetzt. Alle diese Matrizen sind quadratisch, doch können sie von jeder beliebigen Ordnung sein, wie es für die betreffenden Operationen gerade angebracht ist. Sie können bei der Multiplikation mit einer gegebenen Matrix **A** von der Ordnung $m \times n$ angewendet werden; die Ergebnisse sind in der folgenden Tabelle zusammengestellt.

Matrix	Ergebnis: in **A**
$\mathbf{E}_{(rs)}\,\mathbf{AI}$	r-te und s-te Zeile werden vertauscht
$\mathbf{IAE}_{(uv)}$	u-te und v-te Spalte werden vertauscht
$\mathbf{E}_{(rs)}\,\mathbf{AE}_{(uv)}$	r-te und s-te Zeile *und* u-te und v-te Spalte werden vertauscht
$\mathbf{H}_{(rs)}\,\mathbf{AI}$	das h-fache der s-ten Zeile wird zur r-ten Zeile addiert
$\mathbf{IAH}_{(uv)}$	das h-fache der u-ten Spalte wird zur v-ten Spalte addiert
$\mathbf{H}_{(rs)}\,\mathbf{AH}_{(uv)}$	das h-fache der s-ten Zeile wird zur r-ten Zeile *und* das h-fache der u-ten Spalte zur v-ten Spalte addiert
$\mathbf{K}_{(r)}\,\mathbf{AI}$	die r-te Zeile wird mit k multipliziert
$\mathbf{IAK}_{(u)}$	die u-te Spalte wird mit k multipliziert
$\mathbf{K}_{(r)}\,\mathbf{AK}_{(u)}$	r-te Zeile und u-te Spalte werden mit k multipliziert

Die wesentliche Eigenschaft dieser Ergebnisse liegt darin, daß das Matrix-Produkt von der Form **PAQ** ist, wobei **P** eine quadratische Matrix der Ordnung $m \times m$ und **Q** eine quadratische Matrix der Ordnung $n \times n$ ist. Verschiedene „Kombinationen“ der oben angeführten Ergebnisse lassen sich durchführen, z. B. $\mathbf{E}_{(rs)}\,\mathbf{AK}_{(u)}$; die Interpretationen liegen auf der Hand. Sie lassen sich auch für solche Ergebnisse wie $(\mathbf{K}_{(r)}\,\mathbf{E}_{(rs)})\,\mathbf{AH}_{(uv)}$ erweitern, wofür es wiederum eine einfache Interpretation gibt. Sie sind immer noch von der Form **PAQ**, durch die also das Ergebnis dieser drei Arten von Operationen dargestellt werden kann, die einzeln oder zusammen mit der Matrix **A** vorgenommen worden sind. Dieses Ergebnis wird später (13.8 unten) verwendet.

Was wir bis jetzt erreicht haben, kann zusammengefaßt werden. S_{mn} sei die Menge aller Matrizen von *gegebener* Ordnung $m \times n$. Aus 13.3 oben ist deutlich, daß S_{mn} bezüglich der Operationen von Addition und skalarer Multiplikation abgeschlossen ist. Alle relevanten Regeln, die in 13.1 angegeben sind, werden erfüllt; kurz: Matrizen von bestimmter Ordnung bilden, wie Vektoren, eine Menge, die ein *Vektorraum* ist. Bei Produkten ist die Situation ebenfalls einfach — *keine* Matrizen lassen sich in S_{mn} $(m \neq n)$ multiplizieren und *alle* Matrizen in S_{mn} $(m = n)$. Folglich ist S_{mn} $(m \neq n)$ ein Vektorraum — mit Summen und skalaren Produkten, aber ohne Produkte — und damit ist der Fall für solche Matrizen erledigt.

Die Multiplikation von Matrizen läßt sich auf zwei Wegen verfolgen. Zunächst betrachte man die besondere Menge S_{nn} der quadratischen Matrizen von *gegebener* Ordnung $n \times n$. Die Matrizen sind in der Anwendung einfacher als rechteckige Matrizen im allgemeinen; drei Dinge lassen sich unmittelbar feststellen: S_{nn} ist bezüglich der Addition und der skalaren Multiplikation weiterhin ein Vektorraum. Alle Matrizen lassen sich in S_{nn} multiplizieren, einem Raum, der bezüglich Multiplikation geschlossen ist. Schließlich hat S_{nn} ein Einheitselement von der Ordnung $n \times n$; für jede beliebige Matrix **A** aus S gilt: $\mathbf{AI} = \mathbf{IA} = \mathbf{A}$. Der größte Teil des restlichen Kapitels befaßt sich damit, die Eigenschaften quadratischer Matrizen zu erörtern.

Zweitens betrachte man die umfassende Menge S aller Matrizen aller Ordnungen. Diese Menge S ist *kein* Vektorraum, da ja zwei Matrizen aus S sich nicht grundsätzlich addieren lassen. S ist auch nicht bezüglich der Multiplikation geschlossen, da nicht alle Matrizen miteinander verkettet sind. Es läßt sich sagen, daß sich *einige* Matrizen aus S multiplizieren lassen und eine neue Matrix ergeben; es ist interessant zu untersuchen, ob die Regel (M2 - 5) für diese gelten. Die Assoziativitätsregel (M2) trifft zu, aber die Kommutativitätsregel (M3) nicht unbedingt. Die Regel über das Einheitselement (M4) trifft, wie bereits gesagt, nur in sehr allgemeiner Form zu. Aber das ist grundsätzlich für die Praxis genug, da sich ja eine Einheits-Matrix **I** von *entsprechender* Ordnung immer in jedes Matrizen-Produkt einschieben läßt ohne es zu verändern. Z. B.:

$$\mathbf{AB} = \mathbf{IAB} = \mathbf{AIB} = \mathbf{ABI}$$

solange **I** seine Ordnung von Mal zu Mal ändern kann. Schließlich trifft die Regel über das inverse Element (M5) nicht unbedingt zu.

Übungsaufgaben 13.4

1. Beweisen Sie die Eigenschaften (iv) und (vi) oben.
2. In dem Produkt **AB** ist **A** quadratisch von der Ordnung $m \times m$ und **B** ist von der Ordnung $m \times n$. Läßt sich jetzt **AB** definieren?
3. Zeigen Sie, daß sich das distributive Gesetz $\mathbf{A}(\mathbf{B}+\mathbf{C}) = \mathbf{AB} + \mathbf{AC}$ auch auf $(\mathbf{B}+\mathbf{C})\,\mathbf{A}$, jedoch mit verschiedenem Ergebnis anwenden läßt.
4. Bilden Sie so viele Produkte wie möglich aus Paaren von:

$$\mathbf{A} = \begin{bmatrix} 0 & 1 & -1 \\ 1 & 0 & 1 \end{bmatrix} \quad \mathbf{B} = \begin{bmatrix} 1 & 2 \\ 3 & 4 \\ 5 & 6 \\ 7 & 8 \end{bmatrix} \quad \mathbf{C} = \begin{bmatrix} 1 & 2 & 3 \\ 4 & 5 & 6 \\ 7 & 8 & 9 \end{bmatrix} \quad \mathbf{D} = \begin{bmatrix} 0 & 1 & 2 & 3 \\ 4 & 0 & 5 & 6 \\ 7 & 8 & 0 & 9 \end{bmatrix}$$

5. Schreiben Sie mit den Matrizen der vorherigen Aufgabe das Produkt **CDB** als eine Matrix der Ordnung 3×2, und stellen Sie jedes Element als doppelte Summe $\sum_p \sum_q c_{rp}\, d_{pq}\, b_{qs}$ dar. Drücken Sie die doppelte Summe vollständig aus, um die Anzahl der Ausdrücke zu kontrollieren und zu bestätigen, daß

$$(\mathbf{CD})\,\mathbf{B} = \mathbf{C}\,(\mathbf{DB})$$

6. Schreiben Sie mit denselben Matrizen **ACDB** als eine Matrix. Lassen sich auch **CDBA, CDAB** und **DBAC** schreiben?
7. Zeigen Sie für $\mathbf{AB} = \mathbf{BA}$, daß die beiden Matrizen quadratisch und von der gleichen Ordnung sein müssen, daß aber nicht im geringsten die Notwendigkeit besteht, daß auch die Umkehrung stimmt. Untersuchen Sie das Produkt von $\mathbf{A} = \begin{bmatrix} 2 & 1 \\ -1 & 1 \end{bmatrix}$ und $\mathbf{B} = \begin{bmatrix} 1 & -1 \\ 1 & 2 \end{bmatrix}$ und zeigen Sie, daß $\mathbf{AB} = \mathbf{BA} = 3\,\mathbf{I}$ ist. Prüfen Sie nach, daß $|\mathbf{A}| = |\mathbf{B}| = 3$ und $|\mathbf{AB}| = 9$ gilt.
8. **A**, **B**, **C**, ... seien quadratische Matrizen der gleichen Ordnung. Zeigen Sie, daß dann das Produkt einer beliebigen Anzahl von ihnen in beliebiger Folge immer als Matrix der gleichen Ordnung existiert.
9. Definieren Sie $\mathbf{A}^2 = \mathbf{AA}$, $\mathbf{A}^3 = \mathbf{AAA}$, ... (wenn **A** quadratisch ist), und prüfen Sie nach, ob $\mathbf{AA}^2 = \mathbf{A}^2\mathbf{A} = \mathbf{A}^3$ ist, und beweisen Sie, daß $\mathbf{A}^m\mathbf{A}^n = \mathbf{A}^{m+n}$ ist (m und n ganzzahlig). Bilden Sie Beispiele mit $\mathbf{A} = \begin{bmatrix} 1 & 2 \\ 3 & 4 \end{bmatrix}$.

   Zeigen Sie für $\mathbf{B} = \begin{bmatrix} 0 & 1 & 0 \\ 0 & 0 & 1 \\ 0 & 0 & 0 \end{bmatrix}$, daß $\mathbf{B}^n = \mathbf{0}$ für $n \geqslant 3$.

10. Bestimmen Sie für $\mathbf{A} = \begin{bmatrix} a^2 & 1 \\ 0 & a^2 \end{bmatrix}$ und $\mathbf{B} = \begin{bmatrix} b & 1 \\ 0 & b \end{bmatrix}$ $\mathbf{C} = \mathbf{AB}$. Schreiben Sie dann $\mathbf{C}^2$ und $\mathbf{C}^3$, und leiten Sie einen allgemeinen Ausdruck für $\mathbf{C}^n$ ab (n ganzzahlig).

11. **A** und **B** seien quadratische Matrizen gleicher Ordnung. Zeigen Sie, daß folgendes gilt:

$$(\mathbf{A} + \mathbf{B})^2 \neq \mathbf{A}^2 + 2\,\mathbf{AB} + \mathbf{B}^2\,; \quad (\mathbf{A} + \mathbf{B})\,(\mathbf{A} - \mathbf{B}) \neq (\mathbf{A} - \mathbf{B}) \neq \mathbf{A}^2 - \mathbf{B}^2$$

Wie lauten die genauen Ausdrücke für $(\mathbf{A} + \mathbf{B})^2$, $(\mathbf{A} + \mathbf{B})\,(\mathbf{A} - \mathbf{B})$ und $(\mathbf{A} - \mathbf{B})\,(\mathbf{A} + \mathbf{B})$?

12. Die Diagonal-Matrix $\bar{\boldsymbol{\lambda}}$ wird aus dem Vektor $\boldsymbol{\lambda} = (\lambda_1, \lambda_2, \ldots, \lambda_n)$ gebildet. $\mathbf{A} = [a_{rs}]$ sei eine quadratische Matrix der Ordnung $n \times n$; zeigen Sie, daß

$$\bar{\boldsymbol{\lambda}}\mathbf{A} = \begin{bmatrix} \lambda_1 a_{11} & \lambda_1 a_{12} & \ldots & \lambda_1 a_{1n} \\ \lambda_2 a_{21} & \lambda_2 a_{22} & \ldots & \lambda_2 a_{2n} \\ \ldots & \ldots & \ldots & \ldots \\ \lambda_n a_{n1} & \lambda_n a_{n2} & \ldots & \lambda_n a_{nn} \end{bmatrix}; \quad \mathbf{A}\bar{\boldsymbol{\lambda}} = \begin{bmatrix} \lambda_1 a_{11} & \lambda_2 a_{12} & \ldots & \lambda_n a_{1n} \\ \lambda_1 a_{21} & \lambda_2 a_{22} & \ldots & \lambda_n a_{2n} \\ \ldots & \ldots & \ldots & \ldots \\ \lambda_1 a_{n1} & \lambda_2 a_{n2} & \ldots & \lambda_n a_{nn} \end{bmatrix}$$

ist. Wenn $\bar{\boldsymbol{\lambda}}$ auch noch skalar ist ($\lambda_1 = \lambda_2 = \ldots = \lambda_n = \lambda$), so zeigen Sie, daß $\bar{\boldsymbol{\lambda}} = \lambda\mathbf{I}$ gilt; was ist das Produkt $\bar{\boldsymbol{\lambda}}\mathbf{A}$ in diesem Falle? Benutzen Sie die Ergebnisse, um zu zeigen, daß folgendes gilt, wenn **A** und **B** quadratische Matrizen der gleichen Ordnung sind: (a) $\mathbf{AB} \neq \mathbf{BA}$, für **B** als Diagonal-Matrix, es sei denn, sie ist auch skalar, und (b) $\mathbf{AB} = \mathbf{BA}$, wenn **A** und **B** beide Diagonal-Matrizen sind.

13. Zeigen Sie für $\mathbf{A} = \begin{bmatrix} a & x_1 & x_2 \\ \alpha_1 & a_{11} & a_{12} \\ \alpha_2 & a_{21} & a_{22} \end{bmatrix}$ und $\mathbf{B} = \begin{bmatrix} b & y_1 & y_2 \\ \beta_1 & b_{11} & b_{12} \\ \beta_2 & b_{21} & b_{22} \end{bmatrix}$, daß

$$\mathbf{AB} = \left[\begin{array}{c:c} (ab + \mathbf{x}'\boldsymbol{\beta}) & (a\mathbf{y}' + \mathbf{x}'\mathbf{B}^*) \\ \hdashline (\boldsymbol{\alpha}b + \mathbf{A}^*\boldsymbol{\beta}) & (\boldsymbol{\alpha}\mathbf{y}' + \mathbf{A}^*\mathbf{B}^*) \end{array}\right]$$

mit $\mathbf{x}' = (x_1\, x_2)$, $\boldsymbol{\alpha} = \begin{bmatrix} \alpha_1 \\ \alpha_2 \end{bmatrix}$, $\mathbf{A}^* = \begin{bmatrix} a_{11} & a_{12} \\ a_{21} & a_{22} \end{bmatrix}$ und entsprechenden Ausdrücken für $\mathbf{y}'$, $\boldsymbol{\beta}$ und $\mathbf{B}^*$ ist.

14. *Multiplikation geteilter Matrizen.* Zeigen Sie, daß das Ergebnis der vorhergehenden Aufgabe ein Sonderfall von

$$\mathbf{AB} = \left[\begin{array}{c:c} \mathbf{A}_{11} & \mathbf{A}_{12} \\ \hdashline \mathbf{A}_{21} & \mathbf{A}_{22} \end{array}\right] \left[\begin{array}{c:c} \mathbf{B}_{11} & \mathbf{B}_{12} \\ \hdashline \mathbf{B}_{21} & \mathbf{B}_{22} \end{array}\right] = \left[\begin{array}{c:c} \mathbf{A}_{11}\mathbf{B}_{11} + \mathbf{A}_{12}\mathbf{B}_{21} & \mathbf{A}_{11}\mathbf{B}_{12} + \mathbf{A}_{12}\mathbf{B}_{22} \\ \hdashline \mathbf{A}_{21}\mathbf{B}_{11} + \mathbf{A}_{22}\mathbf{B}_{21} & \mathbf{A}_{21}\mathbf{B}_{12} + \mathbf{A}_{22}\mathbf{B}_{22} \end{array}\right]$$

unter der Voraussetzung ist, daß Untermatrizen wie $\mathbf{A}_{11}$ und $\mathbf{B}_{11}$ entsprechend verkettet sind. Das Ergebnis hat allgemeine Gültigkeit; interpretieren Sie die Multiplikation von Matrizen in Blockform als eine Erweiterung der gewöhnlichen Multiplikationsregel.

Veranschaulichen Sie das durch das Beispiel

$$(\mathbf{A}_1 \,\vdots\, \mathbf{A}_2) \left[\begin{array}{c} \mathbf{B}_1 \\ \hdashline \mathbf{B}_2 \end{array}\right] = \mathbf{A}_1\mathbf{B}_1 + \mathbf{A}_2\mathbf{B}_2$$

und geben Sie an, welche Ordnung $\mathbf{A}_1$, $\mathbf{A}_2$, $\mathbf{B}_1$ und $\mathbf{B}_2$ haben müssen, damit dies möglich ist. Drücken Sie $\mathbf{A}\,(\mathbf{B}_1 \,\vdots\, \mathbf{B}_2)$ entsprechend aus.

13.5 Die Transponierte einer Matrix

Ein neues Verfahren, das sich nicht in der elementaren Algebra findet, läßt sich nun in die Matrix-Algebra einführen. Eine gegebene Matrix von der Ordnung $m \times n$ besteht aus $m \times n$ Elementen, die in m Zeilen und n Spalten angeordnet sind. Die gleichen $m \times n$ Elemente lassen sich aber auch anders anordnen, in n Zeilen und m Spalten, indem man einfach Zeilen und Spalten vertauscht. Das Ergebnis ist eine andere Matrix der Ordnung $n \times m$. Sie wird als Transponierte der ursprünglichen Matrix bezeichnet.

Definition: Die *Transponierte* einer Matrix $\mathbf{A} = [a_{rs}]$ von der Ordnung $m \times n$ ist die Matrix $\mathbf{A}' = [a_{sr}]$ von der Ordnung $n \times m$.

Die Schreibweise ist einfach; fügt man einen Strich an irgendeine Matrix an, so wird dadurch die Umstellung von Zeilen und Spalten angezeigt, z. B. $(\mathbf{AB})'$ ist die Produkt-Matrix $(\mathbf{AB})$, in der Zeilen und Spalten vertauscht sind. Die folgenden *Beispiele* veranschaulichen dies:

Bsp. (a) $\mathbf{A} = \begin{bmatrix} 1 & 2 \\ 3 & 4 \\ 5 & 6 \end{bmatrix}, \quad \mathbf{A}' = \begin{bmatrix} 1 & 3 & 5 \\ 2 & 4 & 6 \end{bmatrix}$

Bsp. (b) $\mathbf{a} = \begin{bmatrix} 1 \\ 2 \\ 3 \end{bmatrix}, \quad \mathbf{a}' = [1 \quad 2 \quad 3]$ (wie in 12.7 oben)

Bsp. (c) $\mathbf{I} = \begin{bmatrix} 1 & 0 \\ 0 & 1 \end{bmatrix}, \quad \mathbf{I}' = \begin{bmatrix} 1 & 0 \\ 0 & 1 \end{bmatrix} = \mathbf{I}$

Eine Reihe von *Eigenschaften* und Sonderfälle transponierter Matrizen läßt sich nun ableiten:

(i) *Die Transponierte einer Transponierten* ist die ursprüngliche Matrix, d. h. $(\mathbf{A}')' = \mathbf{A}$. Dies läßt sich leicht verallgemeinern: eine gerade Anzahl von Transponierungen von $\mathbf{A}$ ergibt $\mathbf{A}$, eine ungerade Zahl von Transponierungen ergibt $\mathbf{A}'$.

(ii) *Die Transponierte einer Summe.* $(\mathbf{A} + \mathbf{B})' = \mathbf{A}' + \mathbf{B}'$, wobei $\mathbf{A}$ und $\mathbf{B}$ Matrizen der gleichen Ordnung sind.

(iii) *Die Transponierte eines Produkts.* $(\mathbf{AB})' = \mathbf{B}'\,\mathbf{A}'$, wobei $\mathbf{A}$ von der Ordnung $m \times k$ verkettet ist mit $\mathbf{B}$ von der Ordnung $k \times n$. Es sei darauf hingewiesen, daß die Transponierung eines Produkts die Folge der Matrizen umkehrt. Dies läßt sich nachprüfen, wenn man beachtet, daß $\mathbf{B}'$ von der Ordnung $n \times k$ mit $\mathbf{A}'$ von der Ordnung

$k \times m$ verkettet ist und nicht umgekehrt. Die Produkt-Matrix **AB** von der Ordnung $m \times n$ erhält man aus **A** und der damit verketteten Matrix **B**; die Transponierte $(\mathbf{AB})'$ ist von der Ordnung $n \times m$ und wird aus der Matrix $\mathbf{B}'$ und der damit verketteten Matrix $\mathbf{A}'$ gewonnen.

(iv) *Die Transponierte einer Einheits-Matrix.* Wenn **I** die Einheits-Matrix der Ordnung n ist, dann gilt: $\mathbf{I}' = \mathbf{I}$. Dies wird durch Bsp. (c) oben veranschaulicht.

Symmetrische und schief-symmetrische Matrizen sind Sonderfälle quadratischer Matrizen, wie sie in 12.6 (iv) oben definiert sind; sie lassen sich leicht mit Hilfe ihrer Transponierten ausdrücken. Die Eigenschaft einer *symmetrischen Matrix* **A** besteht darin, daß $\mathbf{A} = \mathbf{A}'$ ist; die entsprechende Eigenschaft einer *schief-symmetrischen Matrix* besteht darin, daß $\mathbf{A} = -\mathbf{A}'$ ist.

Unter den vielen Ergebnissen für symmetrische und schief-symmetrische Matrizen, die von Interesse sind, können folgende als Beispiele angegeben werden. **A** ist eine *beliebige* quadratische Matrix mit der Transponierten $\mathbf{A}'$. Es sei $\mathbf{B} = \mathbf{AA}'$, $\mathbf{C} = \mathbf{A} + \mathbf{A}'$ und $\mathbf{D} = \mathbf{A} - \mathbf{A}'$; dann gilt:

$$\mathbf{B}' = (\mathbf{AA}')' = (\mathbf{A}')'\,\mathbf{A}' = \mathbf{AA}' = \mathbf{B}$$
$$\mathbf{C}' = (\mathbf{A} + \mathbf{A}')' = \mathbf{A}' + (\mathbf{A}')' = \mathbf{A}' + \mathbf{A} = \mathbf{A} + \mathbf{A}' = \mathbf{C}$$
$$\mathbf{D}' = (\mathbf{A} - \mathbf{A}')' = \mathbf{A}' - (\mathbf{A}')' = \mathbf{A}' - \mathbf{A} = -(\mathbf{A} - \mathbf{A}') = -\mathbf{D}$$

Folglich ist sowohl $\mathbf{AA}'$ wie auch $\mathbf{A} + \mathbf{A}'$ immer symmetrisch und $\mathbf{A} - \mathbf{A}'$ immer schief-symmetrisch für jede beliebige quadratische Matrix **A**.

Übungsaufgaben 13.5

1. Beweisen Sie die Eigenschaften (ii) und (iii) oben.
2. Verallgemeinern Sie die Eigenschaft (iii), um zu zeigen, daß $(\mathbf{ABC})' = \mathbf{C}'\,\mathbf{B}'\,\mathbf{A}'$ ist und verallgemeinern Sie auch das Ergebnis.
3. Ermitteln Sie für $\mathbf{A} = \begin{bmatrix} 1 & 2 & 3 \\ 4 & 5 & 6 \\ 7 & 8 & 9 \end{bmatrix}$ die Matrix $\mathbf{AA}'$ und prüfen Sie nach, ob sie symmetrisch ist.
4. Zeigen Sie, daß $\mathbf{A}^2 = \mathbf{AA}$ symmetrisch ist, wenn **A** entweder symmetrisch oder schief-symmetrisch ist.
5. Zeigen Sie mit Hilfe der am Ende von 13.4 oben gegebenen Definitionen, daß $\mathbf{E}'_{(rs)} = \mathbf{E}_{(rs)}$ ($\mathbf{E}_{(rs)}$ symmetrisch) und daß $\mathbf{H}'_{(rs)} = \mathbf{H}_{(sr)}$.

13.6 Multiplikation von Vektoren und Matrizen

Wenn Vektoren als Matrizen mit einer Zeile oder einer Spalte geschrieben werden (12.7 oben), dann lassen sich auf sie die Regeln der

Matrix-Algebra wie auf alle anderen Matrizen anwenden. Im besonderen erklärt die Multiplikationsregel das Produkt zweier Vektoren oder eines Vektors und einer Matrix beliebiger Ordnung, vorausgesetzt nur, daß die Vektoren und Matrizen verkettet sind. Ein paar Ergebnisse sind jedoch so nützlich, daß sie besondere Behandlung verdienen. Mehrere allgemeine Fälle lassen sich untersuchen:

(i) *Das Produkt zweier Vektoren.* Die Vektoren müssen von der gleichen Ordnung n sein. Sie seien $\mathbf{x} = \{x_s\}$ und $\mathbf{y} = \{y_s\}$ als Spaltenvektoren und $\mathbf{x}' = (x_s)$ und $\mathbf{y}' = (y_s)$ als Zeilenvektoren ($s = 1, 2, \ldots n$).

Das Paar $\mathbf{x}'$ und $\mathbf{y}$ ist verkettet, die Ordnung ist $1 \times n$ bzw. $n \times 1$; ihr Produkt ist eine Matrix von der Ordnung 1×1; diese besteht nur aus einem einzigen Element, ist also ein Skalar. Ebenso ist das Paar $\mathbf{y}'$ und $\mathbf{x}$ verkettet; das Produkt ist wiederum ein Skalar. Wendet man die Multiplikationsregel an, so ergibt sich, daß die beiden Produkte den gleichen Wert haben:

$$\mathbf{x}'\,\mathbf{y} = \mathbf{y}'\,\mathbf{x} = \sum_{s=1}^{n} x_s\, y_s$$

Der Skalar $(x_1 y_1 + x_2 y_2 + \ldots + x_n y_n)$ ist entweder das Produkt $\mathbf{x}'\mathbf{y}$ oder das Produkt $\mathbf{y}'\,\mathbf{x}$; dies ist das innere Produkt, das wir bereits betrachtet haben (12.4 oben), jedoch in einer neuen Schreibweise. Ein Sonderfall ist $\mathbf{x}'\,\mathbf{x} = \sum_{s=1}^{n} x_s^2$. Eine Summe von Quadraten ist das Produkt eines Vektors und seiner Transponierten.

(ii) *Das Produkt einer Matrix und eines Spaltenvektors.* Die Matrix sei $\mathbf{A} = [a_{rs}]$ von der Ordnung $m \times n$ und der Spaltenvektor sei $\mathbf{x} = \{x_s\}$ von der Ordnung n. Hier ist $r = 1, 2, \ldots m$ und $s = 1, 2, \ldots n$.

Das Paar $\mathbf{A}$ und $\mathbf{x}$ ist bei der Ordnung $m \times n$ bzw. $n \times 1$ verkettet. Ihr Produkt ist eine Matrix der Ordnung $m \times 1$, d. h. ein Spaltenvektor der Ordnung m:

$$\mathbf{A}\mathbf{x} = \sum_{s=1}^{n} a_{rs}\, x_s \qquad (r = 1, 2, \ldots, m)$$

Bezeichnet man das Produkt mit dem Vektor $\mathbf{y} = \{y_r\}$ von der Ordnung m ($r = 1, 2, \ldots m$), dann gilt:

$$\mathbf{y} = \mathbf{A}\mathbf{x}$$

dies bedeutet

$$\begin{bmatrix} y_1 \\ y_2 \\ \cdots \\ y_m \end{bmatrix} = \begin{bmatrix} a_{11} & a_{12} & \cdots & a_{1n} \\ a_{21} & a_{22} & \cdots & a_{2n} \\ \cdots & \cdots & \cdots & \cdots \\ a_{m1} & a_{m2} & \cdots & a_{mn} \end{bmatrix} \begin{bmatrix} x_1 \\ x_2 \\ \cdots \\ x_n \end{bmatrix}$$

Und dies wiederum steht für die Lineartransformation

$$y_r = \sum_{s=1}^{n} a_{rs} x_s \qquad (r = 1, 2, \ldots, m)$$

aus n Variablen x_s in m Variable y_r.

Das gleiche Paar in umgekehrter Reihenfolge, $\mathbf{x}$ und $\mathbf{A}$, ist nicht verkettet. Matrizen von der Ordnung $(n \times 1)$ und $(m \times n)$ haben kein Produkt. Folglich ist $\mathbf{xA}$ ein Produkt, das nicht existiert.

(iii) *Das Produkt einer Matrix und eines Zeilenvektors.* Man multipliziere die gleiche Matrix $\mathbf{A} = [a_{rs}]$ von der Ordnung $m \times n$ mit dem Zeilenvektor $\mathbf{y}' = (y_r)$ von der Ordnung m.

Das Paar $\mathbf{y}'$ und $\mathbf{A}$ ist jetzt verkettet (nicht aber das Paar $\mathbf{A}$ und $\mathbf{y}'$); denn Matrizen der Ordnung $(1 \times m)$ und $(m \times n)$ ergeben eine Matrix von der Ordnung $(1 \times n)$. Das Produkt ist ein Zeilenvektor der Ordnung n:

$$\mathbf{y}'\,\mathbf{A} = \sum_{s=1}^{m} y_r\, a_{rs} \qquad (s = 1, 2, \ldots, n)$$

Bezeichnet man den Produkt-Vektor mit $\mathbf{x}' = (x_s)$, dann gilt $\mathbf{x}' = \mathbf{y}'\,\mathbf{A}$ d.h.

$$(x_1\, x_2\, \ldots\, x_n) = (y_1\, y_2\, \ldots\, y_m) \begin{bmatrix} a_{11} & a_{12} & \ldots & a_{1n} \\ a_{21} & a_{22} & \ldots & a_{2n} \\ \ldots & \ldots & \ldots & \ldots \\ a_{m1} & a_{m2} & \ldots & a_{mn} \end{bmatrix}$$

und das steht wiederum für

$$x_s = \sum_{s=1}^{n} y_r\, a_{rs} \qquad (s = 1, 2, \ldots, n)\,.$$

(iv) *Das Produkt einer Matrix mit Zeilen- und Spalten-Vektoren.* Bei gleicher Matrix $\mathbf{A} = [a_{rs}]$ von der Ordnung $m \times n$ sei der Spaltenvektor $\mathbf{x} = \{x_s\}$ von der Ordnung n und der Zeilenvektor $\mathbf{y}' = (y_r)$ von der Ordnung m $(r = 1, 2, \ldots, m;\ s = 1, 2, \ldots, n)$.

Als Produkt $\mathbf{y}'\,\mathbf{A}$ erhält man wie in (iii) einen Zeilenvektor der Ordnung n, der sich wie in (i) mit $\mathbf{x}$ als einem Spaltenvektor der Ordnung n multiplizieren läßt. Folglich läßt sich das Produkt $\mathbf{y}'\mathbf{Ax}$ als ein Skalar schreiben. Diese Tatsache läßt sich nachprüfen, indem man sich in $\mathbf{y}'\,\mathbf{Ax}$ die Ordnungen der Matrizen ansieht; es treten Matrizen der Ordnung $(1 \times m)$, $(m \times n)$ und $(n \times 1)$ auf; das Ergebnis ist eine Matrix der Ordnung 1×1 oder ein Skalar.

Es bleibt noch, den Wert des Skalars $\mathbf{y}'\,\mathbf{Ax}$ zu ermitteln. Das allgemeine Element in dem Zeilenvektor $\mathbf{z}' = \mathbf{y}'\,\mathbf{A}$ ist $z_s = \sum_{r=1}^{m} y_r\, a_{rs}$ $(s = 1, 2, \ldots, n)$. Dies wird mit dem allgemeinen Element des Spaltenvektors $\mathbf{x}$ in Verbindung gebracht, d. h. mit x_s $(s = 1, 2, \ldots, n)$. Das Produkt ist $\mathbf{y}'\,\mathbf{Ax} = \mathbf{z}'\,\mathbf{x}$ und somit:

$$\mathbf{y}'\,\mathbf{Ax} = \sum_{s=1}^{n} x_s \left(\sum_{r=1}^{m} y_r\, a_{rs} \right)$$

also

$$\begin{aligned}\mathbf{y}'\,\mathbf{Ax} &= \sum_{s=1}^{n} \sum_{r=1}^{m} a_{rs}\, x_s\, y_r \\ &= a_{11}\, x_1\, y_1 + a_{12}\, x_2\, y_1 + \ldots + a_{1n}\, x_n\, y_1 \\ &+ a_{21}\, x_1\, y_2 + a_{22}\, x_2\, y_2 + \ldots + a_{2n}\, x_n\, y_2 \\ &\ldots\ldots\ldots\ldots\ldots\ldots\ldots\ldots\ldots\ldots \\ &+ a_{m1}\, x_1\, y_m + a_{m2}\, x_2\, y_m + \ldots + a_{mn}\, x_n\, y_m\end{aligned}$$

Dies ist eine Bilinearform (siehe 14.5 unten). An Produkten von Matrizen und Vektoren ist neu, daß sie bilineare und quadratische Formen darstellen können (siehe Aufg. 4 unten).

Es gibt auch einige besondere Fälle mit Vektoren spezieller Gestalt:

(v) *Einheitsvektoren.* Die Einheitsvektoren der Ordnung n sind

$$(\delta_{r1}, \delta_{r2}, \ldots \delta_{rn}) \qquad (r = 1, 2, \ldots n)$$

wobei δ_{rs} das Kronecker-Symbol darstellt. Alle Elemente sind Null, nur eine 1 erscheint an einer Stelle (12.3 oben). Diese lassen sich nun als Spalten- und Zeilenvektoren schreiben:

$$\boldsymbol{\varepsilon}_s = \{\delta_{rs}\} = \begin{bmatrix} \delta_{1s} \\ \delta_{2s} \\ \cdots \\ \delta_{ns} \end{bmatrix} \quad \text{und} \quad \boldsymbol{\varepsilon}_r' = (\delta_{rs}) = (\delta_{r1}, \delta_{r2}, \ldots \delta_{rn})$$

Für die Einheitsmatrix $\mathbf{I} = [\delta_{rs}]$ wäre $\boldsymbol{\varepsilon}_s$ die s-te Spalte und $\boldsymbol{\varepsilon}'_r$ die r-te Zeile.

Es sei $x_1, x_2, \ldots, x_n$ irgendeine gegebene Menge von n Werten, die einen Spaltenvektor $\mathbf{x} = \{x_s\}$ und einen Zeilenvektor $\mathbf{x}' = (x_r)$ bilden. Dann läßt sich jeder dieser Vektoren als Summe darstellen:

$$\mathbf{x} = \sum_{s=1}^{n} x_s\, \boldsymbol{\varepsilon}_s$$

und

$$\mathbf{x}' = \sum_{r=1}^{n} x_r\, \boldsymbol{\varepsilon}_r'$$

Jeder Vektor im n-dimensionalen Raum läßt sich mit Hilfe der Einheitsvektoren ausdrücken, die den Raum „aufspannen". Dieses Ergebnis wurde bereits für die Linearkombination von Vektoren in 12.5 oben angegeben.

(vi) *Die Summe der Elemente eines Vektors.* Die Vektoren, die n Elemente vom Wert 1 umfassen, sind

$$\{1\} = \begin{bmatrix} 1 \\ 1 \\ \cdot\cdot \\ 1 \end{bmatrix} \quad \text{und} \quad (1) = (1 \quad 1 \ldots 1)$$

Die Multiplikation mit einem solchen Vektor ist gleichbedeutend mit der Addition der Elemente eines gegebenen Vektors $\mathbf{x} = \{x_s\}$ oder $\mathbf{x}' = (x_r)$ von der Ordnung n. Als Ergebnis erhält man:

$$\mathbf{x}' \{1\} = (1)\, \mathbf{x} = \sum_{r=1}^{n} x_r$$

(vii) *Die Summe der Elemente in Zeilen und Spalten einer Matrix.* Die gleichen Vektoren dienen dazu, die Elemente einer gegebenen Matrix $\mathbf{A} = [a_{rs}]$ von der Ordnung $m \times n$ zu addieren, sei es über die Zeilen oder über die Spalten. Als Ergebnis erhält man:

$$\mathbf{A}\, \{1\} = \{\sum_s a_{rs}\} \quad \text{und} \quad (1)\, \mathbf{A} = (\sum_r a_{rs})$$

wobei (1) von der Ordnung n bzw. von der Ordnung m ist.

Folglich:

Die Summe der Zeilen in der Matrix $\mathbf{A} = [a_{rs}]$ *von der Ordnung* $m \times n$ *bildet einen Spaltenvektor der Ordnung* m:

$$\{\sum_s a_{rs}\} = \mathbf{A}\, \{1\}$$

und die Summe der Spalten in $\mathbf{A}$ *bildet einen Zeilenvektor der Ordnung* n:

$$(\sum_r a_{rs}) = (1)\, \mathbf{A}$$

Werden beispielsweise die Elemente in einer Korrelationstabelle der in der Statistik üblichen Form als $\mathbf{A} = [a_{rs}]$ bezeichnet, dann bilden die Summen über die Zeilen $\mathbf{A}\, \{1\}$ und die Summen über die Spalten der Tabelle (1) $\mathbf{A}$.

(viii) *Diagonalmatrizen:* Schreibt man einen Vektor $\boldsymbol{\lambda} = (\lambda_1, \lambda_2, \ldots, \lambda_n)$ von der Ordnung n als die Hauptdiagonale einer Matrix, und sind die anderen Elemente Null, so entsteht eine Diagonalmatrix von der Ordnung $n \times n$:

$$\bar{\boldsymbol{\lambda}} = \begin{bmatrix} \lambda_1 & 0 & \ldots & 0 \\ 0 & \lambda_2 & \ldots & 0 \\ \ldots & \ldots & \ldots & \ldots \\ 0 & 0 & \ldots & \lambda_n \end{bmatrix}$$

wie bereits oben in 12.6 (iii) angegeben wurde. Das Produkt einer solchen Diagonalmatrix und einer quadratischen Matrix $\mathbf{A} = [a_{rs}]$ von der Ordnung $(n \times n)$ ergibt:

$$\bar{\boldsymbol{\lambda}}\mathbf{A} = \begin{bmatrix} \lambda_1 a_{11} & \lambda_1 a_{12} & \ldots & \lambda_1 a_{1n} \\ \lambda_2 a_{21} & \lambda_2 a_{22} & \ldots & \lambda_2 a_{2n} \\ \ldots & \ldots & \ldots & \ldots \\ \lambda_n a_{n1} & \lambda_n a_{n2} & \ldots & \lambda_n a_{nn} \end{bmatrix}$$

d. h. die Matrix **A**, deren Zeilen der Reihe nach mit $\lambda_1, \lambda_2, \ldots, \lambda_n$ multipliziert sind. Ebenso ist

$$\mathbf{A}\bar{\boldsymbol{\lambda}} = \begin{bmatrix} \lambda_1 a_{11} & \lambda_2 a_{12} & \ldots & \lambda_n a_{1n} \\ \lambda_1 a_{21} & \lambda_2 a_{22} & \ldots & \lambda_n a_{2n} \\ \ldots & \ldots & \ldots & \ldots \\ \lambda_1 a_{n1} & \lambda_2 a_{n2} & \ldots & \lambda_n a_{nn} \end{bmatrix}$$

die Matrix **A**, deren Spalten der Reihe nach mit $\lambda_1, \lambda_2, \ldots, \lambda_n$ multipliziert sind.

Übungsaufgaben 13.6

1. Die Spaltenvektoren **x** und **y** sind von der Ordnung n, so daß $\mathbf{x}'\mathbf{y} = \mathbf{y}'\mathbf{x}$ ein Skalar ist. Was bedeuten $\mathbf{x}\mathbf{y}'$ und $\mathbf{y}\mathbf{x}'$? Läßt sich irgendeins der vier Produkte schreiben, wenn **x** und **y** von *verschiedener* Ordnung sind?
2. **x** sei ein Spaltenvektor der Ordnung n; bilden Sie $\mathbf{x}\mathbf{x}'$ und prüfen Sie nach, ob es sich um eine symmetrische Matrix handelt.
3. Bilden Sie paarweise so viele Produkte wie möglich:

$$\mathbf{x}' = (1 \quad -2 \quad 3); \quad \mathbf{y} = \begin{bmatrix} 3 \\ -2 \\ 1 \end{bmatrix}; \quad \mathbf{A} = \begin{bmatrix} 0 & 1 & -1 \\ 1 & 0 & 1 \end{bmatrix}; \quad \mathbf{C} = \begin{bmatrix} 1 & 2 & 3 \\ 4 & 5 & 6 \\ 7 & 8 & 9 \end{bmatrix}$$

   Schreiben Sie das Produkt $\mathbf{x}'\,\mathbf{C}\mathbf{y}$ als Skalar.
4. **A** sei eine quadratische Matrix der Ordnung $n \times n$; erklären Sie, warum sich $\mathbf{A}\mathbf{x}$ und $\mathbf{x}'\mathbf{A}$ nur schreiben lassen, wenn der Vektor **x** die Ordnung n hat. Schreiben Sie $\mathbf{x}'\mathbf{A}\mathbf{x}$ und interpretieren Sie diesen Ausdruck als Skalar (quadratische Form) in den Variablen **x**. Was bedeutet $\mathbf{x}'\,\mathbf{I}\mathbf{x}$, wenn **I** die Einheitsmatrix der Ordnung n ist?

5. Es sei **x** ein Spaltenvektor der Ordnung n. Zeigen Sie, daß folgendes gilt:

$$\{1\}\,\mathbf{x}' = \begin{bmatrix} x_1 & x_2 \ldots x_n \\ x_1 & x_2 \ldots x_n \\ \ldots & \ldots \\ x_1 & x_2 \ldots x_n \end{bmatrix} \quad \text{und} \quad \mathbf{x}\,(1) = \begin{bmatrix} x_1 & x_1 \ldots x_1 \\ x_2 & x_2 \ldots x_2 \\ \ldots & \ldots \\ x_n & x_n \ldots x_n \end{bmatrix}$$

Was bedeuten (1) {1} und {1} (1)? Bilden und interpretieren Sie außerdem (1) **I** {1}. ({1} sei der Spaltenvektor und (1) der Zeilenvektor.)

6. Die Diagonal-Matrix $\overline{\boldsymbol{\lambda}}$ ist von der Ordnung $n \times n$ und **x** ist ein Spaltenvektor der Ordnung n. Bilden Sie die Produkte $\overline{\lambda}\mathbf{x}$ und $\mathbf{x}'\overline{\lambda}$. λ sei der Vektor (in Spaltenform), der in $\overline{\boldsymbol{\lambda}}$ auftritt. Bilden Sie $\boldsymbol{\lambda}'\mathbf{x}$ und $\mathbf{x}'\boldsymbol{\lambda}$; in welcher Beziehung stehen diese zu $\overline{\boldsymbol{\lambda}}\mathbf{x}$ und $\mathbf{x}'\overline{\boldsymbol{\lambda}}$?

7. In (viii) oben sind $\overline{\boldsymbol{\lambda}}\mathbf{A}$ und $\mathbf{A}\overline{\boldsymbol{\lambda}}$ für eine quadratische Matrix **A** von der Ordnung $n \times n$ angegeben. Zeigen Sie, daß sich die Produkte mit ähnlichen Ergebnissen definieren lassen, wenn **A** von der Ordnung $m \times n$ ist.

   Welche Ordnung muß die Diagonal-Matrix $\overline{\boldsymbol{\lambda}}$ dann haben?

8. Veranschaulichen Sie die Anwendungsmöglichkeiten der Einheitsmatrix **I** durch den Nachweis, daß

$$\mathbf{x}'\mathbf{x} = \mathbf{I}\mathbf{x}'\mathbf{x} = \mathbf{x}'\mathbf{I}\mathbf{x} = \mathbf{x}'\mathbf{x}\mathbf{I}$$

ist. Hierbei ist der gemeinsame Wert der Skalar $\sum_{s=1}^{n} x_s^2$, die Summe der Quadrate aus den Elementen von **x**. Von welcher Ordnung ist **I** in diesen Fällen?

13.7 Die Inverse einer quadratischen Matrix; Determinantenwerte

Allgemein sind Matrizen, wie sie bisher betrachtet wurden, rechteckig; ihre Ordnung ist $m \times n$, wobei m im allgemeinen ungleich n ist. In diesem Abschnitt widmen wir unsere besondere Aufmerksamkeit dem Fall $m = n$, einer quadratischen Matrix der Ordnung $n \times n$. Um den Gegenstand allgemein zu behandeln, können wir in diesem Kapitel auch nicht auf Determinanten eingehen. Eine rechteckige Matrix ($m \neq n$) hat keine zugehörige Determinante, jedenfalls dann, wenn alle Elemente benutzt werden. Eine Determinante ist ihrem Wesen nach ein bestimmter Wert (Skalar), der aus den Elementen einer quadratischen Matrix hergeleitet wird. Aus rechteckigen wie auch aus quadratischen Matrizen lassen sich noch andere Skalare ableiten, z. B. der Skalar $\mathbf{y}'\,\mathbf{A}\mathbf{x}$, der aus einer Matrix **A** beliebiger Ordnung abgeleitet werden kann, wie in 13.6 oben (iv) gezeigt wurde. Eine Determinante bezieht sich jedoch auf eine quadratische Matrix; hiervon soll nun in diesem Abschnitt die Rede sein.

Es gibt ein wichtiges Kriterium, um Matrizen $\mathbf{A} = [a_{rs}]$ von der Ordnung $n \times n$ zu unterscheiden

Definition: Wenn $A = |\mathbf{A}| = |a_{rs}|$ die aus $\mathbf{A}$ gewonnene Determinante ist, dann ist $\mathbf{A}$ singulär, wenn $A = 0$ und nicht-singulär, wenn $A \neq 0$ ist.

Im folgenden wird angenommen, daß A nicht-singulär ist ($A \neq 0$). Die *Adjunkte* von a_{rs} in A wird mit A_{rs} bezeichnet; es ist eine Determinante der Ordnung $(n-1)$ die man aus A von der Ordnung n erhält, indem man die r-te Zeile und s-te Spalte, und das Vorzeichen $(-1)^{r+s}$ (siehe 12.9 oben) hinzugefügt. Es gibt so viele Adjunkten wie Elemente, und sie lassen sich in einer Matrix $[A_{rs}]$ von der Ordnung $n \times n$ anordnen. Man schreibe die Transponierte dieser Matrix, die sogenannte *adjungierte* Matrix zu $\mathbf{A}$:

$$[A_{rs}]' = \begin{bmatrix} A_{11} & A_{21} & \dots & A_{n1} \\ A_{12} & A_{22} & \dots & A_{n2} \\ \dots & \dots & \dots & \dots \\ A_{1n} & A_{2n} & \dots & A_{nn} \end{bmatrix}$$

Eine dritte Matrix wird dadurch gebildet, daß man jedes Element in $[A_{rs}]'$ durch den Determinanten-Wert A dividiert, wobei vorausgesetzt wird, daß $A \neq 0$. Diese Matrix wird mit $\mathbf{A}^{-1}$ bezeichnet.

Definition:

$$\mathbf{A}^{-1} = \left[\frac{A_{rs}}{A}\right]' = \frac{1}{A}\begin{bmatrix} A_{11} & A_{21} & \dots & A_{n1} \\ A_{12} & A_{22} & \dots & A_{n2} \\ \dots & \dots & \dots & \dots \\ A_{1n} & A_{2n} & \dots & A_{nn} \end{bmatrix} \quad (A \neq 0)$$

Bis hierin handelt es sich um eine willkürliche Definition; $\mathbf{A}^{-1}$ ist eine besondere Matrix, die man aus einer gegebenen quadratischen Matrix $\mathbf{A}$ ableitet. Die Adjunkten der Determinante A werden als Matrix geschrieben; dann wird jedes Element durch A dividiert und anschließend die gesamte Matrix transponiert, so daß man $\mathbf{A}^{-1}$ erhält. $\mathbf{A}^{-1}$ muß nun interpretiert und die Verwendung der Potenz (-1) gerechtfertigt werden. In der elementaren Algebra ist a^{-1} das inverse (reziproke) Element zu a und genügt der Gleichung $a \times a^{-1} = a^{-1} \times a = 1$, so daß $a^{-1} = \frac{1}{a}$ $(a \neq 0)$ gilt. Dies ist die Regel (M5) aus 13.1 oben. Es wird sich herausstellen, daß $\mathbf{A}^{-1}$ in der Matrix-Algebra den gleichen Zweck erfüllt.

Die Matrix-Algebra enthält Einheitselemente, die Einheitsmatrizen $\mathbf{I}$ von entsprechender (quadratischer) Ordnung. Ist $\mathbf{A}$ quadratisch von der

Ordnung $n \times n$ und **I** die entsprechende Einheitsmatrix, dann sollte $\mathbf{A}^{-1}$ folgender Gleichung genügen: $\mathbf{AA}^{-1} = \mathbf{A}^{-1}\mathbf{A} = \mathbf{I}$. Es läßt sich zeigen, daß $\mathbf{A}^{-1}$ dies tut und daß es auch die einzige Matrix ist, für die das gilt. Hier nun der Beweis:

$$\mathbf{AA}^{-1} = \frac{1}{A}\,[a_{rs}]\,[A_{rs}]'$$

$$= \frac{1}{A}\sum_{p=1}^{n}[a_{rs}]\,[A_{rs}]' \qquad \text{auf Grund derMultiplikationsregel (13.4)}$$

$$= \frac{1}{A}\begin{bmatrix} A & 0 \ldots 0 \\ 0 & A \ldots 0 \\ \ldots & \ldots \\ 0 & 0 \ldots A \end{bmatrix} \qquad \text{auf Grund der Entwicklungsregel (12.9)}$$

$$= \begin{bmatrix} 1 & 0 \ldots 0 \\ 0 & 1 \ldots 0 \\ \ldots & \ldots \\ 0 & 0 \ldots 1 \end{bmatrix} = \mathbf{I} \qquad \text{auf Grund der Regel für skalare Multiplikation (13.3)}$$

Entsprechend gilt $\mathbf{A}^{-1}\mathbf{A} = \mathbf{I}$, und $\mathbf{A}^{-1}$ genügt der Gleichung $\mathbf{AA}^{-1} = \mathbf{A}^{-1}\mathbf{A} = \mathbf{I}$.

Um zu zeigen, daß das für keine andere Matrix gilt, nehme man an, es existiere **B**, so daß $\mathbf{AB} = \mathbf{I}$ ist. Dann gilt:

$$\mathbf{A}^{-1} = \mathbf{A}^{-1}\mathbf{I} = \mathbf{A}^{-1}(\mathbf{AB}) = (\mathbf{A}^{-1}\mathbf{A})\,\mathbf{B} = \mathbf{IB} = \mathbf{B}$$

Folglich ist $\mathbf{B} = \mathbf{A}^{-1}$ für $\mathbf{AB} = \mathbf{I}$. Entsprechend gilt $\mathbf{B} = \mathbf{A}^{-1}$ für $\mathbf{BA} = \mathbf{I}$.

Folglich ist $\mathbf{A}^{-1}$ die Inverse (der reziproke Wert) zu **A** und die einzige Matrix, die der Gleichung $\mathbf{AA}^{-1} = \mathbf{A}^{-1}\mathbf{A} = \mathbf{I}$ genügt. Notwendig ist, daß **A** quadratisch und daß $A \neq 0$ ist. Dann ergibt sich die Division als Umkehrung der Multiplikation. Genau so, wie es zwei Produkte **AB** und **BA** gibt, so gibt es auch zwei Möglichkeiten durch **A** zu dividieren. Die eine ist $\mathbf{BA}^{-1}$ und die andere $\mathbf{A}^{-1}\mathbf{B}$. $\mathbf{A}^{-1}$ ist eindeutig definiert (wenn **A** quadratrisch ist und $A \neq 0$), kann aber bei der Multiplikation vor oder hinter **B** stehen, d. h. es gibt zwei Möglichkeiten der Division. Folglich nimmt für quadratische Matrizen Regel (M5) folgende Form an:

$$\mathbf{A}^{-1} \text{ als Inverse zu } \mathbf{A}\text{:} \quad \mathbf{AA}^{-1} = \mathbf{A}^{-1}\mathbf{A} = \mathbf{I}$$

$$\text{Division:} \quad \mathbf{A}^{-1}\mathbf{B} \neq \mathbf{BA}^{-1}$$

Die Matrizen **A** und **B** müssen quadratisch und $A \neq 0$ sein.

Folgende *Eigenschaften* inverser Matrizen sind von Bedeutung und veranschaulichen den Umgang mit Matrizen und Determinanten.

(i) *Die fundamentale Eigenschaft ist* $\mathbf{AA}^{-1} = \mathbf{A}^{-1}\mathbf{A} = \mathbf{I}$
d. h. das Produkt $\mathbf{AA}^{-1}$ ist kommutativ.

(ii) *Die Inverse einer Inversen:* $(\mathbf{A}^{-1})^{-1} = \mathbf{A}$
Auf Grund von (i) ist $\mathbf{AA}^{-1} = \mathbf{I}$ und $(\mathbf{A}^{-1})(\mathbf{A}^{-1})^{-1} = \mathbf{I}$
Nun ist $\mathbf{A} = \mathbf{AI} = \mathbf{AA}^{-1}(\mathbf{A}^{-1})^{-1} = \mathbf{I}(\mathbf{A}^{-1})^{-1} = (\mathbf{A}^{-1})^{-1}$.

(iii) *Die Inverse eines Produkts:* $(\mathbf{AB})^{-1} = \mathbf{B}^{-1}\mathbf{A}^{-1}$, d. h. die Reihenfolge der Matrizen wird vertauscht.
Auf Grund von (i) ist $\mathbf{A}^{-1}\mathbf{A} = \mathbf{B}^{-1}\mathbf{B} = \mathbf{I}$ und $(\mathbf{AB})(\mathbf{AB})^{-1} = \mathbf{I}$
Nun ist $\mathbf{B}^{-1}\mathbf{A}^{-1} = \mathbf{B}^{-1}\mathbf{A}^{-1}\mathbf{I} = \mathbf{B}^{-1}\mathbf{A}^{-1}\mathbf{AB}(\mathbf{AB})^{-1} =$
$= \mathbf{B}^{-1}\mathbf{IB}(\mathbf{AB})^{-1} = \mathbf{B}^{-1}\mathbf{B}(\mathbf{AB})^{-1} = \mathbf{I}(\mathbf{AB})^{-1} = (\mathbf{AB})^{-1}$

(iv) *Die Inverse einer Transponierten:* $(\mathbf{A}')^{-1} = (\mathbf{A}^{-1})'$
Auf Grund von (i) ist $\mathbf{A}^{-1}\mathbf{A} = \mathbf{I}$. Auf Grund von 13.5 (iii) gilt $(\mathbf{A}^{-1}\mathbf{A})' = \mathbf{A}'(\mathbf{A}^{-1})'$. Beide Ergebnisse zusammen führen zu: $\mathbf{A}'(\mathbf{A}^{-1})' = (\mathbf{A}^{-1}\mathbf{A})' = \mathbf{I}' = \mathbf{I}$. Daher sind $\mathbf{A}'$ und $(\mathbf{A}^{-1})'$ zueinander invers, d. h. $(\mathbf{A}')^{-1} = (\mathbf{A}^{-1})'$.

(v) *Determinanten einer Inversen.* Der reziproke Wert $\mathbf{A}^{-1}$ und die beiden Quotienten $\mathbf{BA}^{-1}$ und $\mathbf{A}^{-1}\mathbf{B}$ sind quadratische Matrizen von der gleichen Ordnung wie $\mathbf{A}$. Ihre Determinanten lassen sich schreiben, und man kann erwarten, daß sie den bekannten algebraischen Regeln genügen:

$$|\mathbf{A}^{-1}| = \frac{1}{|\mathbf{A}|} \quad \text{und} \quad |\mathbf{BA}^{-1}| = |\mathbf{A}^{-1}\mathbf{B}| = \frac{|\mathbf{B}|}{|\mathbf{A}|}$$

Das ist in der Tat der Fall. Der Beweis läßt sich führen, indem man die Determinanten-Werte quadratischer Matrizen angibt. Zunächst ist die Determinante der Einheitsmatrix gleich eins:

$$|\mathbf{I}| = \begin{vmatrix} 1 & 0 & \dots & 0 \\ 0 & 1 & \dots & 0 \\ \dots & \dots & \dots & \dots \\ 0 & 0 & \dots & 1 \end{vmatrix} = 1$$

Weiterhin erhält man die Determinante von $\mathbf{A}^{-1}$ aus der Beziehung $\mathbf{AA}^{-1} = \mathbf{I}$. Es wird nun ein allgemeines Ergebnis gesucht, d. h. wenn $\mathbf{AB}$ das Produkt zweier quadratischer Matrizen ist, dann soll $|\mathbf{AB}| = |\mathbf{A}|\,|\mathbf{B}|$ sein. Dies scheint so zu sein, da die Regel für die Multiplikation von Determinanten ebenso auf der Beziehung innerer Produkte aufgebaut ist wie die Multiplikation von Matrizen (vgl. Aufg. 1 unten). Der formale Beweis dieses Ergebnisses macht jedoch einige Schwierigkeiten; siehe Wade (1951), Anhang. Wir unterstellen hier einfach seine Gültigkeit.

Folglich ist

$$|\mathbf{AA}^{-1}| = |\mathbf{I}|$$

also

$$|\mathbf{A}|\,|\mathbf{A}^{-1}| = 1 \quad \text{d. h.} \quad |\mathbf{A}^{-1}| = \frac{1}{|\mathbf{A}|}$$

Schließlich erhalten wir noch zwei verschiedene Matrizen $\mathbf{BA}^{-1}$ und $\mathbf{A}^{-1}\mathbf{B}$ aus den beiden gleichen quadratischen Matrizen $\mathbf{A}$ und $\mathbf{B}$.

Wir schreiben die Determinanten:

$$|\mathbf{BA}^{-1}| = |\mathbf{A}^{-1}\mathbf{B}| = |\mathbf{B}|\,|\mathbf{A}^{-1}| = \frac{|\mathbf{B}|}{|\mathbf{A}|}$$

Obwohl sich die Matrizen unterscheiden, so sind doch die Determinantenwerte von $\mathbf{BA}^{-1}$ und $\mathbf{A}^{-1}\mathbf{B}$ gleich, jeweils $|\mathbf{B}|$ dividiert durch $|\mathbf{A}|$.

Die Berechnung inverser Matrizen in numerischen Fällen läßt sich auf Grund der Definition durch die Berechnung der Adjunkten ausführen. Dies haben wir bereits in 11.6 oben praktisch durchgeführt. Zwei *Beispiele* veranschaulichen das:

Bsp. (a): $\mathbf{A} = \begin{bmatrix} 1 & 2 \\ 0 & 2 \end{bmatrix}$ mit $\begin{matrix} A_{11} = 2 & A_{12} = 0 & \text{und} \quad A = 2 \\ A_{21} = -2 & A_{22} = 1 & \end{matrix}$

Daher: $\mathbf{A}^{-1} = \begin{bmatrix} 1 & -1 \\ 0 & \frac{1}{2} \end{bmatrix}$ auf Grund der Definition

Bsp. (b): $\mathbf{A} = \begin{bmatrix} 1 & 2 & 3 \\ 0 & 1 & 2 \\ 0 & 0 & 1 \end{bmatrix}$ mit $\begin{matrix} A_{11} = 1 & A_{12} = 0 & A_{13} = 0 & \text{und} \quad A = 1 \\ A_{21} = -2 & A_{22} = 1 & A_{23} = 0 & \\ A_{31} = 1 & A_{32} = -2 & A_{33} = 1 & \end{matrix}$

Daher: $\mathbf{A}^{-1} = \begin{bmatrix} 1 & -2 & 1 \\ 0 & 1 & -2 \\ 0 & 0 & 1 \end{bmatrix}$ auf Grund der Definition

Diese Beispiele legen die Vermutung nahe, daß die Inverse einer *Dreiecksmatrix,* wie in 12.6 oben (v) definiert, gleichfalls eine Dreiecksmatrix ist, siehe Aufg. 9 unten.

Die Ermittlung von $\mathbf{A}^{-1}$ ist mühevoll, wenn $\mathbf{A}$ von hoher Ordnung ist. Statt die Adjunkten von $\mathbf{A}$ zu verwenden, ist es in manchen Fällen möglich, eine Matrix $\mathbf{B}$ zu finden, für die $\mathbf{AB} = \mathbf{I}$ gilt, und $\mathbf{B}$ dann $\mathbf{A}^{-1}$ zuzuordnen. Eine andere praktische Methode wird später angegeben (13.9 unten).

Es bleibt noch, die Inverse der Einheitsmatrix $\mathbf{I}$ wie auch verschiedener aus $\mathbf{I}$ gewonnener Matrizen zu finden, wobei $\mathbf{I}$ von beliebiger quadratischer Ordnung $n \times n$ ist. Aus $\mathbf{II} = \mathbf{I}$ folgt $\mathbf{I}^{-1} = \mathbf{I}$, was sich mit Hilfe der Adjunkten nachprüfen läßt. Das Ergebnis ist, wie erwartet:

Die Inverse von $\mathbf{I}$ *ist wiederum* $\mathbf{I}$.

Die Matrix, die man durch die Vertauschung der r-ten Zeile und s-ten Spalte von **I** erhält, schreibt man $\mathbf{E}_{(rs)}$, siehe am Schluß von 13.4 oben. Die Transponierte von $\mathbf{E}_{(rs)}$ ist die gleiche Matrix, d. h. $\mathbf{E}_{(rs)}' = \mathbf{E}_{(rs)}$; damit wird gezeigt, daß die Vertauschung der Spalten in **I** die gleiche Wirkung hat wie die Vertauschung der entsprechenden Zeilen. Gleichfalls läßt sich mit Hilfe der Definition leicht nachprüfen (siehe Aufg. 7 unten), daß $\mathbf{E}_{(rs)}^{-1} = \mathbf{E}_{(rs)}$. Folglich ist, wie im Falle von **I**, die Matrix $\mathbf{E}_{(rs)}$ ihre eigene Transponierte und Inverse.

Zum Beispiel gilt:

$$\mathbf{E}_{(sr)}\,\mathbf{A}\mathbf{E}_{(rs)}{}^{-1} = \mathbf{E}_{(rs)}\,\mathbf{A}\mathbf{E}_{(rs)}{}' = \mathbf{E}_{(rs)}\,\mathbf{A}\mathbf{E}_{(rs)}$$

für jede beliebige quadratische Matrix **A** der Ordnung $n \times n$. Aus den Produkten ergibt sich die Matrix, die man aus **A** durch Vertauschung der r-ten und s-ten Zeile und der r-ten und s-ten Spalte erhält.

Diese Vorgänge lassen sich verallgemeinern. Eine *Permutationsmatrix* $\mathbf{P}^*$ ist als Matrix der Ordnung $n \times n$ definiert, die genau jeweils ein Einselement in einer Zeile und einer Spalte hat, im übrigen aber nur Nullen aufweist. Daraus folgt, daß man $\mathbf{P}^*$ aus **I** von der Ordnung $n \times n$ erhält, indem man die Zeilen in bestimmter Weise permutiert oder vertauscht. Weiterhin erhält man $(\mathbf{P}^*)'$ aus **I** durch die gleiche Vertauschung der Spalten. Es gibt eine ganze Reihe solcher Permutationen; $\mathbf{P}^*$ ist eine bequeme Schreibweise für eine ganze Menge von Matrizen, die in Beziehung zu **I** stehen. Siehe Kemeny, Snell, Thompson (1957), S. 237.

Ein Beispiel mit Matrizen der Ordnung 3×3 veranschaulicht das. Man vertauscht die Zeilen und Spalten von **I** so, daß sich die Reihenfolge (3, 1, 2) statt der Folge (1, 2, 3) ergibt:

$$\mathbf{P}^* = \begin{bmatrix} 0 & 0 & 1 \\ 1 & 0 & 0 \\ 0 & 1 & 0 \end{bmatrix} \quad \text{und} \quad (\mathbf{P}^*)' = \begin{bmatrix} 0 & 1 & 0 \\ 0 & 0 & 1 \\ 1 & 0 & 0 \end{bmatrix}$$

Im allgemeinen sind $\mathbf{P}^*$ und $(\mathbf{P}^*)'$ verschieden doch nach der Definition gilt:

$$(\mathbf{P}^*)^{-1} = \begin{bmatrix} 0 & 1 & 0 \\ 0 & 0 & 1 \\ 1 & 0 & 0 \end{bmatrix} = (\mathbf{P}^*)'$$

Transponierte und Inverse von $\mathbf{P}^*$ sind zwar gleich, jedoch im allgemeinen nicht gleich $\mathbf{P}^*$ selbst. Bei der besonderen Permutationsmatrix $\mathbf{E}_{(rs)}$ (siehe Aufg. 8 unten) ist das anders. Es gilt also $\mathbf{P}^*\,(\mathbf{P}^*)' = \mathbf{I}$; und $(\mathbf{P}^*)'$ kehrt die mit $\mathbf{P}^*$ gegebene Permutation wieder um. Mit der gleichen Matrix $\mathbf{P}^*$ multipliziere man den Spaltenvektor $\mathbf{x} = \{x_1, x_2, x_3\}$:

$$\mathbf{P}^*\mathbf{x} = \{x_3, x_1, x_2\}$$

P* dient also dazu, die Elemente des Vektors **x** zu permutieren. Für eine beliebige Matrix **A** von der Ordnung 3×3 gilt:

$$\mathbf{P^*A} = \begin{bmatrix} a_{31} & a_{32} & a_{33} \\ a_{11} & a_{12} & a_{13} \\ a_{21} & a_{22} & a_{23} \end{bmatrix}; \quad \mathbf{A(P^*)'} = \begin{bmatrix} a_{13} & a_{11} & a_{12} \\ a_{23} & a_{21} & a_{22} \\ a_{33} & a_{31} & a_{32} \end{bmatrix}; \quad \mathbf{P^*A(P^*)'} = \begin{bmatrix} a_{33} & a_{31} & a_{32} \\ a_{13} & a_{11} & a_{12} \\ a_{23} & a_{21} & a_{22} \end{bmatrix}$$

Diese Prozesse ergeben die Matrix **A,** und zwar nacheinander mit permutierten Zeilen, mit permutierten Spalten und mit permutierten Zeilen *und* Spalten.

Dies sind in Ergänzung zu 13.4 oben die allgemeinen Ergebnisse:

$$\mathbf{P^*A} = \mathbf{A} \text{ mit vertauschten Zeilen}$$
$$\mathbf{A(P^*)'} = \mathbf{A} \text{ mit vertauschten Spalten}$$
$$\mathbf{P^*A(P^*)'} = \mathbf{A} \text{ mit vertauschten Zeilen und Spalten}$$

Dies gilt für jede $n \times n$ Matrix **A** und für eine durch **P*** definierte Permutation. Als Sonderfall nehme man $\mathbf{A} = \mathbf{I}$. Dann gilt, daß $\mathbf{P^*(P^*)'} = \mathbf{P^*I(P^*)'}$ die Einheitsmatrix **I** ergibt, in der Zeilen und Spalten so vertauscht sind, daß sich wiederum **I** ergibt. Folglich gilt:

$$\mathbf{P^*(P^*)'} = \mathbf{I} \quad \text{oder} \quad \mathbf{(P^*)^{-1}} = \mathbf{(P^*)'}$$

Die Inverse und Transponierte von **P*** sind gleich. Werden Zeilen *und* Spalten von **A** in der gleichen Weise vertauscht, so ist das Resultat eine Matrix:

$$\mathbf{P^*A(P^*)'} = \mathbf{P^*A(P^*)^{-1}}$$

Übungsaufgaben 13.7

1. Zeigen Sie, daß die folgenden drei Matrizen alle den Determinantenwert 3 haben:

$$\mathbf{A} = \begin{bmatrix} 2 & 2 \\ -1 & 1 \end{bmatrix}, \quad \mathbf{B} = \begin{bmatrix} 2 & 1 \\ 1 & 2 \end{bmatrix}, \quad \mathbf{C} = \begin{bmatrix} 1 & -1 \\ 1 & 2 \end{bmatrix}$$

Zeigen Sie, daß $\mathbf{AB} \neq \mathbf{BA}$, daß aber $|\mathbf{AB}| = |\mathbf{BA}| = |\mathbf{A}| \times |\mathbf{B}| = 9$ ist. Unterscheiden sich die Produkte **AC** und **C***A*?

2. Für $\mathbf{A} = \begin{bmatrix} 2 & 1 \\ 1 & 3 \end{bmatrix}$ ist zu zeigen, daß $A = 5$ ist. Ermitteln Sie die vier Adjunkten für A und bestimmen Sie somit

$$\mathbf{A}^{-1} = \begin{bmatrix} \frac{3}{5} & -\frac{1}{5} \\ -\frac{1}{5} & \frac{2}{5} \end{bmatrix}$$

nach der Definition.

Überprüfen Sie, ob $\mathbf{AA}^{-1} = \mathbf{A}^{-1}\mathbf{A} = \mathbf{I}$ und $|\mathbf{A}^{-1}| = \frac{1}{A}$ ist.

3. Für $\mathbf{A} = \begin{bmatrix} 1 & 1 & 1 \\ 0 & 1 & 0 \\ 0 & 0 & 1 \end{bmatrix}$ ist $\mathbf{A}^{-1} = \begin{bmatrix} 1 & -1 & -1 \\ 0 & 1 & 0 \\ 0 & 0 & 1 \end{bmatrix}$ abzuleiten. Es gelte

$\mathbf{B} = \begin{bmatrix} 1 & a & b \\ 0 & 1 & 0 \\ 0 & 0 & 1 \end{bmatrix}$. Wie sieht $\mathbf{B}^{-1}$ aus?

4. Gegeben sei nur, daß $\mathbf{A}^{-1}$ der Bedingung $\mathbf{AA}^{-1} = \mathbf{I}$ genügt. Angenommen es existiere $\mathbf{B}$ derart, daß $\mathbf{BA} = \mathbf{I}$ ist. Zeigen Sie, daß $\mathbf{B} = \mathbf{A}^{-1}$ ist, beweisen Sie also damit auch, daß $\mathbf{AA}^{-1} = \mathbf{I}$ ist.

5. Für $\mathbf{A}$ als quadratische Matrix gelte die Definition $(\mathbf{A}^{-1})^2 = \mathbf{A}^{-1}\mathbf{A}^{-1}$. Zeigen Sie, daß $\mathbf{A}^2(\mathbf{A}^{-1})^2 = \mathbf{I}$ ist und interpretieren Sie das. Entwickeln Sie den Begriff einer negativen ganzzahligen Potenz $\mathbf{A}^{-n}$ als reziproken Wert zu $\mathbf{A}^n$. Schließlich ist zu zeigen, daß $\mathbf{A}^m\mathbf{A}^n = \mathbf{A}^{m+n}$ für beliebige Werte von m und n (positive oder negative ganze Zahlen) ist. Vervollständigt $\mathbf{A}^0 = \mathbf{I}$ die Menge ganzzahliger Potenzen von $\mathbf{A}$?

6. Veranschaulichen Sie die Algebra der Potenzen von $\mathbf{A}$, wie sie in der vorhergehenden Aufgabe angegeben ist, indem Sie für $\mathbf{A}$ die Diagonalmatrix $\bar{\mathbf{a}}$ setzen. Zeigen Sie, daß

$$(\bar{\mathbf{a}})^2 = \begin{bmatrix} a_1^2 & 0 & \ldots\ldots \\ 0 & a_2^2 & \ldots\ldots \\ \ldots & \ldots & \ldots\ldots \end{bmatrix}, \quad (\bar{\mathbf{a}})^{-1} = \begin{bmatrix} a_1^{-1} & 0 & \ldots\ldots \\ 0 & a_2^{-1} & \ldots\ldots \\ \ldots & \ldots & \ldots\ldots \end{bmatrix}, \quad \text{usw.}$$

7. $\mathbf{I}$ sei von der Ordnung 3×3; leiten sie $\mathbf{E}_{(23)}$ ab und geben Sie nach den Definitionen $\mathbf{E}'_{(23)}$ und $\mathbf{E}_{(23)}^{-1}$ an; verallgemeinern Sie das Ergebnis.

8. Geben Sie die sechs Permutationsmatrizen $\mathbf{P}^*$ an, die sich aus $\mathbf{I}$ von der Ordnung 3×3 gewinnen lassen. Zeigen Sie, daß drei von ihnen von der Form $\mathbf{E}_{(rs)}$ sind, für die $\mathbf{P}^* = (\mathbf{P}^*)' = (\mathbf{P}^*)^{-1}$ gilt, daß aber für die anderen drei $\mathbf{P}^* \neq (\mathbf{P}^*)' = (\mathbf{P}^*)^{-1}$ ist.

9. Eine Dreiecksmatrix sei $\mathbf{T} = \begin{bmatrix} a_1 & a_{12} & a_{13} \\ 0 & a_2 & a_{23} \\ 0 & 0 & a_3 \end{bmatrix}$; versuchen Sie es mit

$$\mathbf{T}^{-1} = \begin{bmatrix} b_1 & b_{12} & b_{13} \\ 0 & b_2 & b_{23} \\ 0 & 0 & b_3 \end{bmatrix}.$$

Bestimmen Sie $\mathbf{TT}^{-1}$ durch Multiplikation und zeigen Sie, daß dies gleich $\mathbf{I}$ ist. Zeigen Sie, daß $b_r = \frac{1}{a_r}$ ist und daß sich b_{12}, b_{13} und b_{23} durch a-Werte ausdrücken lassen. Leiten Sie damit ab, daß die Inverse einer Dreiecksmatrix ebenfalls eine Dreiecksmatrix ist.

13.8 Äquivalenz und Rang von Matrizen

Zunächst sollen Ergebnisse abgeleitet werden, die für jede Matrix $\mathbf{A} = [a_{rs}]$ von der Ordnung $m \times n$ gelten. Zur Vereinfachung der Darstellung sei angenommen, daß $m \leqslant n$ ist, daß also die Zahl der Spalten nicht geringer ist als die Zahl der Zeilen. Hat **A** mehr Zeilen als Spalten, dann läßt sich die Transponierte $\mathbf{A}'$ angeben und das unter der Voraussetzung $m \leqslant n$ ermittelte Ergebnis auf $\mathbf{A}'$ anwenden.

Als *elementare Operationen* mit den Zeilen einer Matrix sind die folgenden Operationen definiert:

(a) Vertauschen zweier Zeilen

(b) Addition des h-fachen einer Zeile zu einer anderen Zeile

(c) Multiplikation einer Zeile mit k

für beliebige, von Null verschiedene Werte der Skalare h und k. Ähnliche elementare Operationen können für die Spalten einer Matrix definiert werden.

Die *elementaren Matrizen* sind das Ergebnis der Anwendung elementarer Operationen auf die Einheitsmatrix **I** von beliebiger Ordnung $n \times n$. Bei Operationen mit den Zeilen von **I** sind dies die elementaren Matrizen:

$$\text{(a)}\quad \mathbf{E}_{(rs)}\,; \qquad \text{(b)}\quad \mathbf{H}_{(rs)}\,; \qquad \text{(c)}\quad \mathbf{K}_{(r)}$$

wie oben in 13.4 definiert. Hier sind r und s die beiden betreffenden Zeilen; sie können beliebige Werte annehmen: r und $s = 1, 2, \ldots, n$, $r \neq s$. Man wird feststellen, daß die Elementaroperation (a) ein Spezialfall ist, der sich bei jeder besonderen Permutation oder Vertauschung von Zeilen ergibt und daß folglich $\mathbf{E}_{(rs)}$ ein Sonderfall der Permutationsmatrix $\mathbf{P}^*$ ist. Jedoch sind die Vertauschung zweier Zeilen und die Matrix $\mathbf{E}_{(rs)}$ die grundlegenden Konzepte. Jede andere Permutation von Zeilen ist eine Abfolge von Permutationen und $\mathbf{P}^*$ ist das Produkt der $\mathbf{E}_{(rs)}$. Wenn beispielsweise $n = 3$ ist und die Zeilen in die Reihenfolge (3, 1, 2) gebracht werden sollen, dann ist $\mathbf{P}^* = \mathbf{E}_{(12)}\,\mathbf{E}_{(23)}$, was eine Vertauschung der zweiten und dritten Zeile bedeutet, der dann eine Vertauschung der ersten und zweiten Zeile folgt. Die Ergebnisse, die wir am Ende von 13.4 oben (als Übungen in der Multiplikation von Matrizen) gewonnen haben, werden nun zusammengefaßt und auf ein einfaches Theorem reduziert, das sich als Resultat der folgenden Untersuchung ergibt.

Zunächst wird der Begriff *äquivalenter Matrizen* definiert:

Definition: Wird **A** aus **B** durch eine Folge elementarer Operationen gewonnen, so sind **A** und **B** äquivalent.

Die folgenden wichtigen Eigenschaften ergeben sich aus dem Wesen elementarer Operationen, z. B. daß sie in beliebiger Reihenfolge anwendbar sind und umgekehrt werden können.

(i) **A** ist mit sich selbst äquivalent

(ii) Ist **A** äquivalent mit **B**, dann ist auch **B** äquivalent mit **A**

(iii) Ist **A** äquivalent mit **B** und **B** mit **C**, dann ist auch **A** äquivalent mit **C**.

Dies sind allgemeine Eigenschaften der Äquivalenz (vgl. Anhang B).

Der Sinn eines Überganges von der Matrix **A** zu einer äquivalenten Matrix **B** ist darin zu sehen, daß man eine *einfachere* Matrix gewinnen möchte. In der Tat kann die Vereinfachung sehr weit gehen. Ist **A** von der Ordnung $m \times n$ gegeben, dann ist **A** äquivalent mit der Matrix

$$\mathbf{D} = \left[\begin{array}{c:c} \mathbf{I}_r & \mathbf{0} \\ \hdashline \mathbf{0} & \mathbf{0} \end{array}\right] \qquad (\mathbf{I}_r \text{ ist die Einheitsmatrix von der Ordnung } r \times r)$$

für ein gegebenes r. Alle mit **A** äquivalenten Matrizen haben die gleiche Matrix $\mathbf{D}_r$. Beweis: Eine Null-Matrix hat bereits die erforderliche Form. Jede beliebige andere Matrix hat ein Element ungleich Null, das sich an die erste Stelle bringen läßt (erste Zeile und Spalte), indem man Zeilen und/oder Spalten vertauscht; weiterhin läßt sich durch entsprechende Multiplikation der ersten Zeile auf 1 zurückführen. Dann subtrahiere man ein Vielfaches der ersten Zeile von anderen Zeilen und in ähnlicher Weise von Spalten, bis die erste Zeile und Spalte nur noch Nullen enthalten, mit Ausnahme der 1 an der ersten Stelle. Folglich ist **A** äquivalent mit

$$\left[\begin{array}{c:c} 1 & \mathbf{0} \\ \hdashline \mathbf{0} & \mathbf{C} \end{array}\right] \quad \text{für } \mathbf{C} \text{ von der Ordnung } (m-1) \times (n-1)$$

Der Prozeß wird mit **C** fortgesetzt, bis schließlich **A** mit $\mathbf{D}_r$ äquivalent wird. Einige Beispiele veranschaulichen das:

Bsp. (a)

$$\mathbf{A} = \begin{bmatrix} 1 & 2 & 3 \\ 2 & 4 & 6 \\ 3 & 6 & 9 \end{bmatrix} \quad \text{äquivalent mit} \begin{bmatrix} 1 & 2 & 3 \\ 0 & 0 & 0 \\ 0 & 0 & 0 \end{bmatrix}$$

$$\text{äquivalent mit} \begin{bmatrix} 1 & 0 & 0 \\ 0 & 0 & 0 \\ 0 & 0 & 0 \end{bmatrix} = \mathbf{D}_1$$

Im ersten Schritt wird das Zweifache der ersten Zeile von der zweiten abgezogen und dann wird das Dreifache der ersten Zeile von der dritten abgezogen. Beim zweiten Schritt werden ähnliche Subtraktionen mit den Spalten vorgenommen.

Bsp. (b)

$$\mathbf{A} = \begin{bmatrix} 0 & 1 & 0 & 0 \\ -3 & -6 & 3 & -\frac{3}{2} \\ 4 & 8 & -4 & 2 \end{bmatrix} \text{ äquivalent mit } \begin{bmatrix} 4 & 8 & -4 & 2 \\ 0 & 1 & 0 & 0 \\ -3 & -6 & 3 & -\frac{3}{2} \end{bmatrix}$$

$$\text{äquivalent mit } \begin{bmatrix} 4 & 8 & -4 & 2 \\ 0 & 1 & 0 & 0 \\ 0 & 0 & 0 & 0 \end{bmatrix} \text{ äquivalent mit } \begin{bmatrix} 1 & 2 & -2 & \frac{1}{2} \\ 0 & 1 & 0 & 0 \\ 0 & 0 & 0 & 0 \end{bmatrix}$$

$$\text{äquivalent mit } \begin{bmatrix} 1 & 0 & 0 & 0 \\ 0 & 1 & 0 & 0 \\ 0 & 0 & 0 & 0 \end{bmatrix} = \mathbf{D}_2$$

Man beachte, daß der zweite Schritt in der Addition des Dreiviertelfachen der ersten Zeile zur dritten Zeile und der dritte Schritt in der Multiplikation der ersten Zeile mit $\frac{1}{4}$ besteht. Der erste Schritt besteht in einer Vertauschung der Zeilen und der letzte in der Subtraktion von Vielfachen der ersten Spalte von anderen Spalten.

Bsp. (c)

$$\mathbf{A} = \begin{bmatrix} 3 & 2 & 1 \\ 2 & 1 & 0 \\ 1 & 0 & 0 \end{bmatrix} \text{ äquivalent mit } \begin{bmatrix} 1 & 2 & 3 \\ 0 & 1 & 2 \\ 0 & 0 & 1 \end{bmatrix}$$

$$\text{äquivalent mit } \begin{bmatrix} 1 & 0 & 0 \\ 0 & 1 & 2 \\ 0 & 0 & 1 \end{bmatrix} \text{ äquivalent mit } \begin{bmatrix} 1 & 0 & 0 \\ 0 & 1 & 0 \\ 0 & 0 & 1 \end{bmatrix} = \mathbf{D}_3 = \mathbf{I}$$

Die einzelnen Schritte sollten nun klar sein. Man kann noch eine interessante Tatsache feststellen, nämlich daß hier (wie in den anderen Beispielen und allgemein) **A** in einigen Zwischenstufen des Prozesses einer Dreiecksmatrix äquivalent gemacht wird, die unterhalb der Hauptdiagonalen Nullelemente aufweist.

Der Begriff äquivalenter Matrizen führt zum Begriff des *Ranges* einer Matrix. Läßt man Zeilen und/oder Spalten wegfallen, so erhält man aus der Matrix der Ordnung $m \times n$ (etwa $m \leqslant n$) eine Reihe von *Untermatrizen* der Ordnung $r \times s$ für $r \leqslant m$ und $s \leqslant n$. Man betrachte nun *quadratische Untermatrizen* verschiedener Ordnung bis hin zu $m \times m$, deren Determinanten teils Null, teils ungleich Null sind. Man greife die größte dieser von Null verschiedenen Determinanten heraus. Dann kann man formulieren:

Definition: Die Matrix **A** von der Ordnung $m \times n$ hat den Rang r, wenn zumindest eine der Untermatrizen von der Ordnung $r \times r$ eine von Null verschiedene Determinante hat und alle quadratischen Untermatrizen höherer Ordnung Determinanten vom Wert Null haben. Der Rang r ist $r \leqslant m$ oder n, abhängig davon, welcher der beiden Werte kleiner ist.

Spezialfall: Wenn **A** quadratisch von der Ordnung $n \times n$ ist, dann gilt $r = n$, wenn **A** *nicht-singulär* ist, und $r < n$, wenn **A** *singulär* ist.

Bsp. (d) Es ist mühevoll, auf Grund der Definition den Rang zu bestimmen:

$$\mathbf{A} = \begin{bmatrix} 0 & 1 & 0 & 0 \\ -3 & -6 & 3 & -\frac{3}{2} \\ 4 & 8 & -4 & 2 \end{bmatrix} \text{ von der Ordnung } 3 \times 4 \text{ und vom Rang } 2$$

A hat vier Untermatrizen der Ordnung 3×3, die alle den Determinantenwert Null haben:

$$\begin{bmatrix} 1 & 0 & 0 \\ -6 & 3 & -\frac{3}{2} \\ 8 & -4 & 2 \end{bmatrix} = \begin{bmatrix} 0 & 0 & 0 \\ -3 & 3 & -\frac{3}{2} \\ 4 & -4 & 2 \end{bmatrix} = \begin{bmatrix} 0 & 1 & 0 \\ -3 & -6 & -\frac{3}{2} \\ 4 & 8 & 2 \end{bmatrix} = \begin{bmatrix} 0 & 1 & 0 \\ -3 & -6 & 3 \\ 4 & 8 & -4 \end{bmatrix} = 0$$

A hat achtzehn Untermatrizen der Ordnung 2×2, darunter $\begin{bmatrix} 0 & 1 \\ -3 & -6 \end{bmatrix}$, die den Determinantenwert $3 \neq 0$ hat. Somit ist bewiesen, daß **A** vom Rang 2 ist.

Eine etwas einfachere Methode, den Rang einer Matrix zu bestimmen, wäre angebracht; der Begriff der äquivalenten Matrizen erweist sich hier als brauchbar. Die erforderliche Aussage lautet:

Alle äquivalenten Matrizen haben gleichen Rang, und umgekehrt sind alle Matrizen eines gegebenen Rangs äquivalent.

Beweis: Sind **A** und **B** äquivalent, so erhält man **B** aus **A** durch eine Folge elementarer Operationen, von denen keine eine Untermatrix mit einem Determinantenwert ungleich Null in eine solche mit Determinantenwert Null umwandeln kann. Folglich sind die Untermatrizen von **A** und **B** in ihren Determinantenwerten gleich (Null oder ungleich Null), und **A** und **B** haben den gleichen Rang. Wenn weiterhin **A**, **B**, ... alle mit einer Matrix $\mathbf{D}_r$ vom Rang r äquivalent sind, dann haben alle den Rang r. Wenn umgekehrt **A** und **B** vom gleichen Rang r sind, dann muß sich jede für sich auf die äquivalente Matrix $\mathbf{D}_r$ reduzieren lassen. Auf Grund von Eigenschaft (iii) für äquivalente Matrizen (oben) sind **A** und **B** selbst wieder äquivalent.

Wenn also **A** gegeben und auf ihre äquivalente Matrix $\mathbf{D}_r$ reduziert ist, dann steht fest, daß ihr Rang r ist. Im Fall einer nicht-singulären Matrix der Ordnung $n \times n$ wissen wir, daß der Rang n ist. So muß sie mit $\mathbf{D}_r$, der Einheitsmatrix **I** von der Ordnung $n \times n$, äquivalent sein.

Folglich:

Alle nicht-singulären Matrizen gegebener Ordnung $n \times n$ sind äquivalent, und eine jede erhält man aus **I** *von der gleichen Ordnung durch elementare Operationen.*

Schließlich ergibt sich noch eine wichtige Bedingung für äquivalente Matrizen. $\mathbf{A}$ sei von der Ordnung $m \times n$. Nach 13.4 oben ergibt eine elementare Operation mit den Zeilen eine äquivalente Matrix $\mathbf{E}_{(rs)}\,\mathbf{A}$, $\mathbf{H}_{(rs)}\,\mathbf{A}$ oder $\mathbf{K}_{(r)}\,\mathbf{A}$. Eine Folge solcher Operationen verwandelt $\mathbf{A}$ in die äquivalente Matrix $\mathbf{PA}$, für irgendein $\mathbf{P}$ der Ordnung $m \times n$ als Produkt elementarer Matrizen. In ähnlicher Weise ergibt eine Folge elementarer Operationen mit den Spalten von $\mathbf{A}$ die äquivalente Matrix $\mathbf{AQ}$ für irgendein $\mathbf{Q}$ der Ordnung $n \times n$. Bei einer gemischten Folge von elementaren Operationen mit Zeilen und Spalten, wird $\mathbf{A}$ in eine äquivalente Form $\mathbf{PAQ}$ verwandelt. Hier sind $\mathbf{P}$ und $\mathbf{Q}$ Produkte elementarer Matrizen, $\mathbf{P}$ von der Ordnung $m \times m$, $\mathbf{Q}$ von der Ordnung $n \times n$. Da alle nicht-singulären Matrizen diese Gestalt haben, sind $\mathbf{P}$ und $\mathbf{Q}$ auf Grund des oben genannten Ergebnisses einfach irgendwelche nicht-singuläre Matrizen von der entsprechenden Ordnung. Also gilt:

> $\mathbf{A}$ *und* $\mathbf{B}$ *sind dann und nun dann äquivalente Matrizen der Ordnung* $m \times n$, *wenn* $\mathbf{B} = \mathbf{PAQ}$ *für nicht-singuläre Matrizen* $\mathbf{P}$ *der Ordnung* $m \times n$ *und* $\mathbf{Q}$ *der Ordnung* $n \times n$ *erfüllt ist.*

Man betrachte die Menge S_{mn} aller Matrizen gegebener Ordnung $m \times n$, einen Vektorraum, in dem keine Produkte definiert sind (es sei denn, $m = n$). Die Äquivalenzbeziehungen für Matrizen $\mathbf{A}$ und $\mathbf{B}$, d. h. $\mathbf{B} = \mathbf{PAQ}$ für nicht-singuläre $\mathbf{P}$ und $\mathbf{Q}$ dient zu einer Aufteilung von S_{mn} in Unterräume. Hier liegt eine allgemeine Eigenschaft von Äquivalenzbeziehungen vor (siehe Anhang B) und die Art und Weise, wie man die Aufteilung erreicht, läßt sich in diesem Falle leicht beschreiben. Man nehme eine beliebige Matrix aus S_{mn} und bestimme *alle* äquivalenten Matrizen $\mathbf{B} = \mathbf{PAQ}$ für verschiedene, nicht-singuläre $\mathbf{P}$ und $\mathbf{Q}$. Diese stelle man in einer Untermenge zusammen. Nun wähle man eine zweite Matrix aus S_{mn}, die nicht zu dieser Untermenge gehört, bestimme alle äquivalenten Matrizen und fasse sie in einer zweiten Untermenge zusammen. Der Prozeß setzt sich solange fort, bis S_{mn} leer ist. Die Untermengen heißen *Äquivalenzklassen*, in diesem Fall sind es Klassen von Matrizen der Ordnung $m \times n$. Da äquivalente Matrizen den gleichen Rang haben, haben alle Matrizen in einer Äquivalenzklasse einen gemeinsamen Rang. Die Äquivalenzklassen lassen sich mit $S_0, S_1, S_2, \ldots$ bezeichnen und enthalten Matrizen mit dem Rang $0, 1, 2, \ldots$. Oft erweist es sich als nützlich, aus jeder Äquivalenzklasse eine repräsentative oder *kanonische Form* herauszunehmen. Am besten geeignet ist hier die Matrix $\mathbf{D}_r$ vom Rang r, die kanonische Form der Äquivalenzklasse S_r vom Rang r.

Zusammengefaßt erhält man folgende Ergebnisse:

> *Alle Matrizen der Ordnung* $m \times n$ *bilden einen Vektorraum* S_{mn}, *in dem keine Produkte definiert sind (es sei denn* $m = n$*). Zwei Matri-*

zen **A** *und* **B** *sind dann und nur dann äquivalent, wenn* $\mathbf{B} = \mathbf{PAQ}$ *für nicht-singuläre Matrizen* **P** *und* **Q** *erfüllt ist und* **A** *und* **B** *gleichrangig sind.* S_{mn} *läßt sich in Äquivalenzklassen* $S_0, S_1, S_2, \ldots$ *aufteilen, wobei S alle äquivalenten Matrizen mit gemeinsamem Rang r umfaßt;* S_r *wird durch die kanonische Form*

$$\mathbf{D}_r = \left[\begin{array}{c|c} \mathbf{I}_r & \mathbf{0} \\ \hline \mathbf{0} & \mathbf{0} \end{array}\right] \quad \text{(wobei } \mathbf{I}_r \text{ die Einheitsmatrix der Ordnung } r \times r \text{ ist)}$$

ausgedrückt.

Bis hierin kann man in der Analyse allgemein vorgehen. Wenn jedoch eine gegebene Matrix **A** quadratisch ist, so ergeben sich mehrere spezielle Zusammenhänge, und eine Anzahl von Sonderfällen muß betrachtet werden. Darauf werden wir im nächsten Abschnitt eingehen.

Übungsaufgaben 13.8

1. Gegeben sei eine beliebige Matrix **A** von der Ordnung 3×3; ermitteln Sie **PA**, wobei $\mathbf{P} = \mathbf{K}_{(1)}\,\mathbf{E}_{(23)} = \begin{bmatrix} k & 0 & 0 \\ 0 & 0 & 1 \\ 0 & 1 & 0 \end{bmatrix}$ ist, und weisen Sie nach, daß es sich um die Matrix **A** handelt, deren erste Zeile mit k multipliziert ist und deren andere beiden Zeilen vertauscht sind.

2. Zeigen Sie, daß $\begin{bmatrix} 4 & 4 & 2 \\ 4 & 1 & 2 \\ 6 & 6 & 3 \end{bmatrix}$ äquivalent mit $\begin{bmatrix} 4 & 4 & 2 \\ 0 & -3 & 0 \\ 0 & 0 & 0 \end{bmatrix}$ und äquivalent mit $\begin{bmatrix} 1 & 1 & \frac{1}{2} \\ 0 & 1 & 0 \\ 0 & 0 & 0 \end{bmatrix}$ ist, wobei nur Operationen mit den Zeilen durchgeführt werden sollen. Welche Operationen werden im jeweiligen Stadium angewendet? Welchen Rang hat die Matrix?

3. Reduzieren Sie $\begin{bmatrix} 1 & 1 & 1 \\ 1 & 1 & 1 \\ 1 & 1 & 1 \end{bmatrix}$ und $\begin{bmatrix} 1 & 2 & -3 \\ 2 & 4 & -6 \\ -3 & -6 & 9 \end{bmatrix}$ zur äquivalenten Form **D** und zeigen Sie, daß jede Matrix den Rang 1 hat.

4. Zeigen Sie, daß **0** die einzige Matrix vom Rang 0 ist.

5. Wenn $\mathbf{A} \neq \mathbf{0}$ eine schiefsymmetrische Matrix ist, so zeigen Sie, daß einige der Untermatrizen von der Ordnung 2×2 Determinantenwerte ungleich Null haben und daß **A** folglich vom Rang $r \geqslant 2$ ist.

6. Gegeben ist $\mathbf{A} = \begin{bmatrix} 1 & a & b \\ 0 & 1 & c \\ 0 & 0 & 1 \end{bmatrix}$; geben Sie mehrere Operationen an, durch die **A** äquivalent zu **I** wird. Für die jeweils gewählten Operationen ist **A** in der Form **PI**, **IQ** oder **PIQ** auszudrücken.

7. Zeigen Sie, daß $\mathbf{A} = \begin{bmatrix} 2 & 1 & 3 & -5 \\ 1 & -3 & 5 & 2 \\ 0 & -7 & 7 & 9 \end{bmatrix}$ äquivalent ist mit $\begin{bmatrix} 1 & -3 & 5 & 2 \\ 0 & 7 & -7 & 9 \\ 0 & 0 & 0 & 0 \end{bmatrix}$ und folglich den Rang 2 hat. Überprüfen Sie dies durch Bestimmung der Determinantenwerte aller Untermatrizen von der Ordnung 3×3 in $\mathbf{A}$ und zeigen Sie, daß der Rang von $\mathbf{A}$ kleiner als 3 ist.

13.9 Quadratische Matrizen

Während der ganzen Entwicklung der Matrixalgebra ist klar geworden, daß *quadratische Matrizen* leichter zu behandeln sind als rechteckige und daß sie einem größeren Teil des Systems algebraischer Regeln genügen. Ferner scheinen die einfachsten Matrizen die *nicht-singulären* zu sein, Matrizen, deren Determinantenwerte ungleich Null sind.

Alle Ergebnisse über Rang und Äquivalenz die im letzten Abschnitt für Matrizen einer beliebigen Ordnung $m \times n$ abgeleitet werden, gelten auch für den Sonderfall von Matrizen von gegebener quadratischer Ordnung $n \times n$. So ist jede beliebige Matrix $\mathbf{A}$ von der Ordnung $n \times n$ und dem Rang r äquivalent mit der quadratischen *Diagonalmatrix* $\mathbf{D}_r$, die r Elemente 1 hat und in der Diagonale $(n-r)$ Elemente 0. Im besonderen Fall, wenn $\mathbf{A}$ nicht-singulär vom Rang n ist, dann ist diese Matrix äquivalent mit $\mathbf{I}$ von der Ordnung $n \times n$. Im vorliegenden Abschnitt werden weitere Eigenschaften quadratischer Matrizen untersucht, dies sowohl im allgemeinen wie auch im besonderen.

(i) *Quadratische Matrizen im allgemeinen:* Man betrachte die Menge S_{nn} aller quadratischer Matrizen der Ordnung $n \times n$. Dies ist ein Vektorraum, der unter Addition und skalarer Multiplikation geschlossen ist und in dem auch Matrizenprodukte für alle Matrizen definiert sind. Die Produkte genügen folgenden Regeln: Verknüpfung (M1), Assoziativität (M2), Existenz des Einheitselements $\mathbf{I}$ (M4) und Distributivität (D). Dies ist mehr als das Minimum für algebraische Operationen und sicherlich ausreichend, um die Menge S_{nn} als *lineare Algebra* zu klassifizieren. Sie wird mitunter mit $M_n(F)$ bezeichnet, wobei n die Ordnung der quadratischen Matrizen angibt und F den Körper (hier der reellen Zahlen), dem die Skalare entnommen werden. Die einzigen Mängel der Menge liegen darin, daß sie im allgemeinen nicht kommutativ ist und daß reziproke oder inverse Elemente für alle Glieder fehlen.

Die Äquivalenzbeziehung zwischen quadratischen Matrizen $\mathbf{A}$ und $\mathbf{B}$ ist $\mathbf{B} = \mathbf{PAQ}$ für beliebige nicht-singuläre Matrizen $\mathbf{P}$ und $\mathbf{Q}$ von der gleichen Ordnung wie $\mathbf{A}$ und $\mathbf{B}$. Dies dient zur Aufteilung von S_{nn} in Untermengen $S_0, S_1, S_2, \ldots, S_n$ von Äquivalenzklassen. Die Klasse S_r umfaßt Matrizen vom gleichen Rang r, und ihre kanonische (oder repräsentative) Form ist die Diagonalmatrix $\mathbf{D}_r$. Die letzte Klasse S_n besteht aus allen nicht-singulären Matrizen der Ordnung $n \times n$, einschließlich der Einheitsmatrix $\mathbf{I}$ als kanonischer Form.

Einen Sonderfall der Äquivalenzbeziehung erhält man, wenn man $\mathbf{Q}$ als $\mathbf{P}^{-1}$ wählt, was immer möglich ist, da ja $\mathbf{P}$ nicht-singulär ist. Auf diese Weise ergibt sich der Begriff der *ähnlichen Matrizen:*

Definition: Quadratische Matrizen $\mathbf{A}$ und $\mathbf{B}$ sind ähnlich, wenn $\mathbf{B} = \mathbf{PAP}^{-1}$ für eine beliebige nicht-singuläre Matrix $\mathbf{P}$ der gleichen Ordnung wie $\mathbf{A}$ und $\mathbf{B}$ gilt.

Wenn die nicht-singuläre Matrix $\mathbf{P}$ gegeben ist, dann gibt $\mathbf{B} = \mathbf{PAP}^{-1}$ eine eindeutige Beziehung zwischen einer beliebigen quadratischen Matrix $\mathbf{A}$ und ihrem ähnlichen „Bild" $\mathbf{B}$ an. So gesehen nennt man $\mathbf{B}$ die *Transformation* von $\mathbf{A}$ durch eine gegebene Matrix $\mathbf{P}$. Jedes $\mathbf{A}$ hat genau eine Transformation durch $\mathbf{P}$. Wenn andererseits $\mathbf{A}$ gegeben ist, dann erhält man alle ähnlichen Matrizen $\mathbf{B}$ dadurch, daß man $\mathbf{P}$ variieren läßt. Da Ähnlichkeit ein Sonderfall von Äquivalenz ist, haben alle ähnlichen Matrizen den gleichen Rang. Das Gegenteil trifft nicht zu; nicht alle Matrizen vom gleichen Rang sind einander ähnlich. In der Tat liefert die Ähnlichkeitsrelation eine weitere Unterteilung der Äquivalenzklassen $S_0, S_1, S_2, \ldots, S_n$, von S_{nn}.

Wären Matrizenprodukte kommutativ, so würden sich $\mathbf{P}$ und $\mathbf{P}^{-1}$ in $\mathbf{B} = \mathbf{PAP}^{-1}$ aufheben und $\mathbf{A}$ und $\mathbf{B}$ wären gleich. Aber Matrizen sind eben bei der Multiplikation im allgemeinen *nicht* kommutativ. Da das kommutative Gesetz nicht dem Wesen der Matrix-Algebra entspricht, lassen sich $\mathbf{A}$ und $\mathbf{B}$ nur als ähnlich, nicht aber als gleich bezeichnen. Mit den Determinantenwerten hat man jedoch nicht die gleiche Schwierigkeit; sie sind Skalare und ähnliche Matrizen $\mathbf{A}$ und $\mathbf{B}$ haben auch *dieselben Determinantenwerte* A und B. Dies gilt aufgrund von:

$$B = |\mathbf{PAP}^{-1}| = |\mathbf{P}|\,|\mathbf{A}|\,|\mathbf{P}^{-1}| = |\mathbf{P}|\,|\mathbf{A}|/|\mathbf{P}| = A$$

Wenn folglich nicht-singuläre Matrizen ähnlich sind, dann haben sie auch die gleiche „Größe" in dem Sinne, daß ihre Determinanten gleich sind. Für singuläre Matrizen sind die Determinanten Null, gleichgültig ob sie ähnlich sind oder nicht.

Ähnliche Matrizen haben einen weiten Anwendungsbereich. Darunter fällt auch ihre Verbindung mit der Diagonalisierung einer beliebigen gegebenen quadratischen Matrix; darauf werden wir später eingehen (14.4 unten).

(ii) *Nicht-singuläre Matrizen.* $\mathbf{A}$ sei eine nicht-singuläre Matrix der Ordnung $n \times n$. Auf Grund der bisher gewonnenen Ergebnisse hat $\mathbf{A}$ eine von Null verschiedene Determinante A; sie ist vom Rang n und ist äquivalent zur Einheitsmatrix **I** von der gleichen Ordnung. Weiterhin hat **A** stets einen reziproken Wert $\mathbf{A}^{-1}$, d. h. Produkte nicht-singulärer Matrizen genügen der Regel (M5) und eine Division ist möglich.

Man könnte annehmen, daß die Menge aller nicht-singulären Matrizen von gegebener Ordnung eine noch bessere lineare Algebra ist als die Menge aller quadratischen Matrizen. Dies ist jedoch nicht der Fall. Der Gewinn auf der Seite der Multiplikation wird ausgeglichen durch einen Verlust bei der Addition. In der Tat ist die Menge nicht-singulärer Matrizen in Bezug auf die Addition nicht mehr geschlossen: zwei nicht-singuläre Matrizen addieren sich nicht notwendigerweise zu einer dritten nicht-singulären Matrix, wie das folgende Beispiel zeigt:

$$\begin{bmatrix} 1 & 1 \\ 0 & 1 \end{bmatrix} + \begin{bmatrix} -1 & 0 \\ 0 & -1 \end{bmatrix} = \begin{bmatrix} 0 & 1 \\ 0 & 0 \end{bmatrix}$$

Beide Matrizen auf der linken Seite haben den Determinantenwert 1, doch die Matrix rechts hat den Determinantenwert 0.

Folglich hat die Menge nicht-singulärer Matrizen nicht länger die Struktur eines Vektorraumes. Sie läßt sich am einfachsten vom Gesichtspunkt nur einer binären Operation aus betrachten, nämlich der einer Multiplikation von Matrizen. Die Menge erscheint dann bezüglich der Multiplikationen als eine nicht-kommutative *Gruppe;* sie genügt allen Regeln für Produkte mit der einzigen Ausnahme der Kommutativität (vgl. Anhang B). Die Menge wird manchmal als *volle lineare Gruppe* und mit $L_n(F)$ bezeichnet, wobei F ein Körper ist, dem die Skalare entnommen werden (hier reelle Zahlen).

Die Beschäftigung mit nicht-singulären Matrizen konzentriert sich in der Hauptsache auf die Inverse $\mathbf{A}^{-1}$ zu einer gegebenen Matrix **A**. Bei vielen praktischen Problemen ist es notwendig, eine Matrix recht großen Umfangs zu invertieren; dabei handelt es sich um eine schwierige Rechenaufgabe. Wir können hier nur darauf hinweisen, daß es eine Methode gibt, um $\mathbf{A}^{-1}$ aus **A** abzuleiten, und zwar ohne mühsamen Rückgriff auf die Definition. Angenommen, die elementaren Operationen, mit Hilfe deren sich **A** auf **I** reduzieren läßt, seien bekannt. Wendet man dann die gleiche Operation auf **I** an, so erhält man $\mathbf{A}^{-1}$.

Bsp. (a)

$$\mathbf{A} = \begin{bmatrix} 1 & 2 & 3 \\ 0 & 1 & 2 \\ 0 & 0 & 1 \end{bmatrix} \quad \text{äquivalent mit} \quad \begin{bmatrix} 1 & 0 & 0 \\ 0 & 1 & 2 \\ 0 & 0 & 1 \end{bmatrix}$$

$$\text{äquivalent mit} \quad \begin{bmatrix} 1 & 0 & 0 \\ 0 & 1 & 0 \\ 0 & 0 & 1 \end{bmatrix} = \mathbf{I}$$

Dies ergibt sich, indem man *zunächst* das Doppelte der ersten Spalte von der zweiten und das Dreifache der ersten Spalte von der dritten abzieht und indem man im *zweiten* Schritt das Doppelte der zweiten Spalte von der dritten abzieht. Diese Operationen werden auf **I** angewendet:

$$\mathbf{I} = \begin{bmatrix} 1 & 0 & 0 \\ 0 & 1 & 0 \\ 0 & 0 & 1 \end{bmatrix} \quad \text{äquivalent mit} \quad \begin{bmatrix} 1 & -2 & -3 \\ 0 & 1 & 0 \\ 0 & 0 & 1 \end{bmatrix}$$

$$\text{äquivalent mit} \quad \begin{bmatrix} 1 & -2 & 1 \\ 0 & 1 & -2 \\ 0 & 0 & 1 \end{bmatrix} = \mathbf{A}^{-1}$$

Dies ist das Ergebnis von Beispiel (b) aus 13.7 oben.

(iii) *Orthogonale Matrizen:* In 12.6 (vii) oben wird als Beispiel für eine lineare Transformation angegeben:

$$y_1 = x_1 \cos \vartheta + x_2 \sin \vartheta \quad \text{und} \quad y_2 = -x_1 \sin \vartheta + x_2 \cos \vartheta$$

aus dem Vektor (x_1, x_2) in den Vektor (y_1, y_2) im zweidimensionalen Raum. Die Eigenheit dieser Transformation liegt darin, daß die beiden Vektoren den gleichen Punkt im Raum darstellen, vorausgesetzt, daß die Koordinatenachsen in einem Winkel ϑ gedreht werden. Die Transformation gibt die Veränderung in den Koordinaten eines beliebigen Punkts wieder, wenn die Achsen gedreht werden. Folglich läßt die Transformation alle Entfernungen und Winkel im Raum unberührt. Diese Eigenschaften sind bezüglich der Lineartransformation invariant. Wir haben hier ein Beispiel für eine *orthogonale Transformation.* Die Matrix

$$\begin{bmatrix} \cos \vartheta & \sin \vartheta \\ -\sin \vartheta & \cos \vartheta \end{bmatrix}$$

der Transformation ist ein Beispiel für eine *orthogonale Matrix,* ein spezieller Typ einer nicht-singulären Matrix. Diese Gedankengänge sind noch zu verallgemeinern.

Definition: Eine nicht-singuläre Matrix **A** ist orthogonal, wenn ihre Inverse gleich ihrer Transponierten ist, d. h. wenn $\mathbf{A}^{-1} = \mathbf{A}'$.

Ein gleichwertiger Ausdruck für diese Bedingung ist $\mathbf{AA}' = \mathbf{A}'\mathbf{A} = \mathbf{I}$.

Es folgen die Haupteigenschaften einer orthogonalen Matrix $\mathbf{A} = [a_{rs}]$ von der Ordnung $n \times n$:

(a) Der Wert der Determinanten ist $A = \pm 1$

(b) Die Summe der Quadrate der Elemente in einer Zeile von **A** ist 1:

$$\sum_{t=1}^{n} a_{rt}^2 = 1 \quad \text{für beliebige} \quad r = 1, 2, \ldots, n$$

(c) Die Summe der Elemente in einer beliebigen Zeile von **A**, jeweils mit dem entsprechenden Element in einer zweiten Zeile multipliziert, ist Null:

$$\sum_{t=1}^{n} a_{rt}\, a_{st} = 0 \quad \text{für beliebige} \quad r, s = 1, 2, \ldots n \quad \text{und} \quad r \neq s \,.$$

Die letzten beiden Eigenschaften treffen auch für die Spalten zu. Hier ist der Beweis:

Für (a): $|\mathbf{A}|\,|\mathbf{A}'| = \mathbf{I} = 1$, da ja $\mathbf{AA}' = \mathbf{I}$. Aber sowohl $|\mathbf{A}|$ wie auch $|\mathbf{A}'|$ sind gleich A. Also $A^2 = 1$ und $A = \pm 1$.

Für (b) und (c): Man schreibe $\mathbf{a}_r = (a_1, a_2, \ldots, a_n)$ für die r-te Zeile von **A**. Man betrachte das Produkt **AA'**. Das (r, r)-te Element ist das innere Produkt der r-ten Zeile von **A** und der r-ten Spalte von **A'**, die jeweils gleich $\mathbf{a}_r$ sind. Entsprechend ist das (r, s)-te Element das innere Produkt von $\mathbf{a}_r$ und $\mathbf{a}_s$. Wegen $\mathbf{AA}' = \mathbf{I}$ ist das (r, r)-te Element 1 und das (r, s)-te Element 0. Also:

$$\mathbf{a}_r \cdot \mathbf{a}_r = \sum_{t=1}^{n} a_{rt}^2 = 1$$

und

$$\mathbf{a}_r \cdot \mathbf{a}_s = \sum_{t=1}^{n} a_{rt}\, a_{st} = 0 \,.$$

Das letztere bedeutet, daß zwei beliebige verschiedene Zeilen von **A**, als Vektoren betrachtet, im rechten Winkel aufeinanderstehen (orthogonal sind).

Nun betrachte man die lineare Transformation $\mathbf{y} = \mathbf{Ax}$, aus dem n-Tupel $\mathbf{x}$ in das n-Tupel $\mathbf{y}$, für den Fall, daß **A** eine orthogonale Matrix ist. Die Transformation wird dann, wie die Matrix, orthogonal genannt. Die Vektoren $\mathbf{x}_1, \mathbf{x}_2, \ldots$ seien durch die Punkte $P_1, P_2, \ldots$ im n-dimensionalen Euklidischen Raum dargestellt, in dem Entfernungen und Winkel definiert sind:

Entfernung OP_1: $\quad OP_1^2 = \mathbf{x}_1 \cdot \mathbf{x}_2$

Winkel ϑ zwischen OP_1 und OP_2: $\quad \cos\vartheta = \dfrac{\mathbf{x}_1 \cdot \mathbf{x}_2}{|\mathbf{x}_1|\,|\mathbf{x}_2|}$

wobei $|\mathbf{x}_1|^2 = OP_1^2 = \mathbf{x}_1 \cdot \mathbf{x}_2$ ist und $|\mathbf{x}_2|^2$ entsprechend (siehe 12.4 oben) gebildet wird. Nun nehme man an, daß $\mathbf{y}_1, \mathbf{y}_2, \ldots$ Punkte $Q_1, Q_2, \ldots$ sind, wie man sie aus der orthogonalen Transformation $\mathbf{y} = \mathbf{Ax}$ erhält. Man schreibe das Produkt zweier Vektoren (13.6 oben):

$$\mathbf{y}_1'\,\mathbf{y}_2 = (\mathbf{Ax}_1)'\,(\mathbf{Ax}_2) = \mathbf{x}_1'\,\mathbf{A}'\,\mathbf{Ax}_2 = \mathbf{x}_1'\,\mathbf{Ix}_2 = \mathbf{x}_1'\,\mathbf{x}_2$$

da $\mathbf{A}$ orthogonal und somit $\mathbf{A}'\mathbf{A} = \mathbf{I}$ ist. Aber $\mathbf{x}_1' \mathbf{x}_2$ ist gleich dem inneren Produkt $\mathbf{x}_1 \cdot \mathbf{x}_2$ und in ähnlicher Weise gilt $\mathbf{y}_1' \mathbf{y}_2 = \mathbf{y}_1 \cdot \mathbf{y}_2$. Folglich sind bezüglich der linearen Transformation innere Produkte invariant: $\mathbf{x}_1 \cdot \mathbf{x}_2 = \mathbf{y}_1 \cdot \mathbf{y}_2$. Daraus folgt sofort, daß bezüglich der orthogonalen Transformation Entfernungen und Winkel invariant sind:

$$OP_1 = OQ_1 \quad \text{und} \quad \text{Winkel } P_1 OP_2 = \text{Winkel } Q_1 OQ_2$$

Bsp. (b)

$$\text{Die Matrix } \mathbf{P} = \begin{bmatrix} \frac{1}{\sqrt{2}} & \frac{1}{\sqrt{6}} & \frac{1}{\sqrt{3}} \\ -\frac{1}{\sqrt{2}} & \frac{1}{\sqrt{6}} & \frac{1}{\sqrt{3}} \\ 0 & -\frac{2}{\sqrt{6}} & \frac{1}{\sqrt{3}} \end{bmatrix} \text{ ist orthogonal,}$$

da sich für $\mathbf{PP}'$ nach dem Ausmultiplizieren die Einheitsmatrix $\mathbf{I}$ ergibt. Die Eigenschaften orthogonaler Matrizen lassen sich auch in folgender Weise leicht nachprüfen:

Für (a): $$|\mathbf{P}| = \frac{1}{\sqrt{2}}\left(\frac{1}{\sqrt{6}}\frac{1}{\sqrt{3}} + \frac{2}{\sqrt{6}}\frac{1}{\sqrt{3}}\right) + \frac{1}{\sqrt{2}}\left(\frac{1}{\sqrt{6}}\frac{1}{\sqrt{3}} + \frac{2}{\sqrt{6}}\frac{1}{\sqrt{3}}\right)$$
$$= \frac{2}{\sqrt{2}}\frac{3}{\sqrt{18}} = 1$$

Für (b) nehme man die erste Zeile von $\mathbf{P}$ als Beispiel:

$$\left(\frac{1}{\sqrt{2}}\right)^2 + \left(\frac{1}{\sqrt{6}}\right)^2 + \left(\frac{1}{\sqrt{3}}\right)^2 = \frac{1}{2} + \frac{1}{6} + \frac{1}{3} = 0$$

Für (c) betrachte man die ersten beiden Zeilen:

$$\left(\frac{1}{\sqrt{2}}\right)\left(-\frac{1}{\sqrt{2}}\right) + \left(\frac{1}{\sqrt{6}}\right)\left(\frac{1}{\sqrt{6}}\right) + \left(\frac{1}{\sqrt{3}}\right)\left(\frac{1}{\sqrt{3}}\right) = -\frac{1}{2} + \frac{1}{6} + \frac{1}{3} = 0$$

(iv) *Nicht zerlegbare Matrizen:* Wenn $\mathbf{A}$ eine gegebene Matrix der Ordnung $n \times n$ ist und wenn $\mathbf{P}^*$ eine gegebene Permutationsmatrix (und somit orthogonal) ist, so nehme man an, die Transformation von von $\mathbf{A}$ durch $\mathbf{P}^*$ sei von der Form

$$\mathbf{A}_\pi = \mathbf{P}^* \mathbf{A} (\mathbf{P}^*)^{-1} = \left[\begin{array}{c:c} \mathbf{A}_1 & * \\ \hdashline \mathbf{0} & \mathbf{A}_2 \end{array}\right]$$

wobei $\mathbf{A}_1$ eine Matrix der Ordnung $r \times r$ $(r < n)$ und folglich $\mathbf{A}_2$ eine Matrix der Ordnung $(n - r) \times (n - r)$ ist. In der linken unteren Ecke von $\mathbf{A}_\pi$ ist ein Block von Null-Elementen von der Ordnung $(n - r) \times r$. In der rechten oberen Ecke ist ein Block beliebiger Elemente, der mit * bezeichnet ist und die Ordnung $r \times (n - r)$ hat. In diesem Falle sagt man, **A** sei *zerlegbar*. Wenn sich keine solche Permutationsmatrix **P*** finden läßt, so ist **A** *nicht zerlegbar*.

Folglich liegt eine nicht zerlegbare Matrix dann vor, wenn keine Vertauschung von Zeilen und die entsprechende Vertauschung von Spalten in der linken unteren Ecke zu einem Block von Nullelementen führt. Jede beliebig andere (und somit zerlegbare) Matrix **A** läßt sich durch Vertauschung von Zeilen und Spalten immer so aufteilen, daß unzerlegbare Matrizen entlang der Hauptdiagonalen angeordnet sind. Der erste Schritt besteht darin, daß man — wie oben gezeigt — die Transformation von **A** in $\mathbf{A}_\pi$ erhält. Wenn $\mathbf{A}_1$ und $\mathbf{A}_2$ unzerlegbar sind, dann ist die Anordnung die gewünschte. Ist aber eine von beiden zerlegbar, dann läßt sie sich ihrerseits nach dem gleichen Vorgang aufspalten. Dies wird so lange fortgesetzt, bis **A** schließlich umgeformt ist in:

$$\mathbf{A} = \begin{bmatrix} \mathbf{A}_1 & * & & * \\ \mathbf{0} & \mathbf{A}_2 & & * \\ & & & \\ \mathbf{0} & \mathbf{0} & & \mathbf{A}_k \end{bmatrix}$$

wobei $\mathbf{A}_1, \mathbf{A}_2, \ldots, \mathbf{A}_k$ unzerlegbare Matrizen (als Sonderfall auch einzelne Elemente) sind, die sich um die Diagonale gruppieren; auf der einen Seite liegen dann die Nullelemente und auf der anderen beliebige andere Elemente.

Hier ein Beispiel einer zerlegbaren (4 × 4)-Matrix:

$$\mathbf{A} = \begin{bmatrix} 0 & 3 & 2 & 1 \\ 0 & 1 & 2 & 0 \\ 0 & 0 & 1 & 0 \\ 1 & 4 & 3 & 2 \end{bmatrix} \quad \text{wird transformiert in} \quad \left[\begin{array}{cc|cc} 0 & 1 & 2 & 3 \\ 1 & 2 & 3 & 4 \\ \hline 0 & 0 & 1 & 0 \\ 0 & 0 & 2 & 1 \end{array}\right]$$

indem man die zweite und vierte Zeile und Spalte vertauscht.

Der Block $\begin{bmatrix} 0 & 1 \\ 1 & 2 \end{bmatrix}$ ist nicht zerlegbar, $\begin{bmatrix} 1 & 0 \\ 2 & 1 \end{bmatrix}$ dagegen ist erst durch eine weitere Vertauschung von Zeilen und Spalten zerlegbar. Hat man dies getan, so ist die ursprüngliche Matrix **A** umgeformt in ihre äquivalente Matrix

$$\mathbf{A}_\pi = \left[\begin{array}{cc|c|c} 0 & 1 & 2 & 3 \\ 1 & 2 & 3 & 4 \\ \hline 0 & 0 & 1 & 2 \\ \hline 0 & 0 & 0 & 1 \end{array}\right]$$

wobei $\begin{bmatrix} 0 & 1 \\ 1 & 2 \end{bmatrix}$, 1 und 1 unzerlegbare Blöcke entlang der Diagonale sind.

Übungsaufgaben 13.9

1. Zeigen Sie, wie sich die nicht-singuläre Matrix $\mathbf{A} = \begin{bmatrix} 1 & 1 & 1 \\ 0 & 1 & 0 \\ 0 & 0 & 1 \end{bmatrix}$ aus **I** durch elementare Operationen ableiten läßt; ermitteln Sie also $\mathbf{A}^{-1} = \begin{bmatrix} 1 & -1 & -1 \\ 0 & 1 & 0 \\ 0 & 0 & 1 \end{bmatrix}$.

2. Zwei Matrizen **A** und **B** der gleichen quadratischen Ordnung sind so gebaut, daß $\mathbf{AB} = \mathbf{0}$ gilt. Zeigen Sie, daß $\mathbf{B} = \mathbf{0}$ ist, wenn $|\mathbf{A}| \neq 0$ ist. Welches sind die anderen Möglichkeiten?

Weisen Sie nach, daß dies die Kürzungsregel ist:

> Sind **A** und **B** quadratisch und so gebaut, daß $\mathbf{AB} = \mathbf{0}$, dann ist *entweder* $\mathbf{A} = \mathbf{0}$ *oder* $\mathbf{B} = \mathbf{0}$ *oder* sowohl **A** als auch **B** sind singulär.

3. Zeigen Sie, daß $\begin{bmatrix} \cos\vartheta & \sin\vartheta \\ -\sin\vartheta & \cos\vartheta \end{bmatrix}$ orthogonal ist, und überprüfen Sie die Eigenschaften (iii) oben.

4. **A** und **B** seien orthogonal. Es ist zu zeigen, daß $\mathbf{A}'$, $\mathbf{A}^{-1}$ und **AB** alle orthogonal sind.

5. Zeigen Sie, daß sich die Reihenfolge, in der $\mathbf{PAP}^{-1}$ bei der Definition für ähnliche Matrizen geschrieben ist, umkehren läßt.

6. In $\mathbf{B} = \mathbf{PAP}'$ sei **A** quadratisch und **P** nicht-singulär. Es ist zu zeigen, daß die gleiche Menge elementarer Operationen (dargestellt durch **P**) auf Zeilen und Spalten angewandt, **A** in **B** verwandelt.

7. Weisen Sie durch Multiplikation nach, daß

$$\begin{bmatrix} \frac{1}{\sqrt{2}} & \frac{1}{\sqrt{2}} \\ \frac{-1}{\sqrt{2}} & \frac{1}{\sqrt{2}} \end{bmatrix} \begin{bmatrix} 0 & 1 \\ 1 & 0 \end{bmatrix} \begin{bmatrix} \frac{1}{\sqrt{2}} & \frac{-1}{\sqrt{2}} \\ \frac{1}{\sqrt{2}} & \frac{1}{\sqrt{2}} \end{bmatrix} = \begin{bmatrix} 1 & 0 \\ 0 & -1 \end{bmatrix}$$

ist; beweisen Sie, daß die symmetrische Matrix $\begin{bmatrix} 0 & 1 \\ 1 & 0 \end{bmatrix}$ der Diagonalmatrix $\begin{bmatrix} 1 & 0 \\ 0 & -1 \end{bmatrix}$ ähnlich ist.

8. In **A** von der Ordnung $n \times n$ weist eine Spalte h in der Hauptdiagonalen und sonst nur Nullelemente auf. Zeigen Sie, daß sich **A** durch eine Permutationsmatrix $\mathbf{P}^*$ in

$$\mathbf{A}_\pi = \left[\begin{array}{c:c} h & * \\ \hdashline \mathbf{0} & \mathbf{A}_1 \end{array}\right]$$

umformen läßt, wobei $\mathbf{A}_1$ von der Ordnung $(n-1) \times (n-1)$ ist. Warum läßt sich das nicht durchführen, wenn das Element h nicht in der Hauptdiagonalen liegt? Deuten Sie das Ergebnis unter Bezugnahme auf zerlegbare Matrizen.

9. Zeigen Sie, daß **A** aus der vorhergehenden Aufgabe äquivalent ist mit $\mathbf{B} = \left[\begin{array}{c:c} h & \mathbf{0} \\ \hdashline \mathbf{0} & \mathbf{A}_1 \end{array}\right]$ und daß die Matrix, in der h nicht in der Hauptdiagonalen liegt, sich auch als äquivalent mit der Matrix der gleichen Form ausdrücken läßt. Untersuchen Sie die Grenzen der Umformung mit Hilfe einer Permutationsmatrix.

Literatur

Aitken (A. C.) (1939, 1949): Determinants and Matrices (Oliver and Boyd, First Ed. 1939, Sixth Ed. 1949), Kapitel I und III.

Birkhoff (G.) und *MacLane* (S.) (1941): A Survey of Modern Algebra (Macmillan, 1941), Kapitel VIII und X.

Debreu (G.) und *Herstein* (I. N.) (1953): „Non-negative Square Matrices", Econometrica, **21**, 597 - 606.

Ferrar (W. L.) (1941): Algebra (Oxford, 1941), Kapitel VI - IX.

Ferrar (W. L.) (1951): Finite Matrices (Oxford, 1951), Kapitel I - IX.

Frazer (R. A.), *Duncan* (W. J.) und *Collar* (A. R.) (1947): Elementary Matrices (Cambridge, 1947), Kapitel I und III.

Kemeny (J. G.), *Snell* (J. L.) und *Thompson* (G. L.) (1957): Introduction to Finite Mathematics (Prentice-Hall, 1957), Kapitel V.

Littlewood (D. E.) (1950): University Algebra (Heinemann, 1950), Kapitel I und II.

Murdoch (D. C.) (1957): Linear Algebra for Undergraduates (Wiley, 1957), Kapitel 2 und 3.

Thrall (R. M.) und *Tornheim* (L.) (1957): Vector Spaces and Matrices (Wiley, 1957), Kapitel 2 und 3.

Tintner (G.) (1952): Econometrics (Wiley, 1952), Anhänge.

Wade (T. L.) (1951): Algebra of Vectors and Matrices (Addison-Wesley Press, 1951), Kapitel 1, 5, 6 und 9.

Kapitel 14

Die Anwendung der Vektor- und Matrix-Algebra

14.1 Linearkombination und lineare Abhängigkeit

Diese Begriffe passen auf alle Arten von Elementen in einer Menge $\{x_1, x_2, x_3, \ldots\}$, solange sich die Elemente addieren und mit Skalaren multiplizieren lassen. Eine *Linearkombination* von $x_1, x_2, x_3, \ldots$ ist:

$$x = \sum_r \lambda_r x_r \qquad \text{für beliebige Skalare} \qquad \lambda_1, \lambda_2, \lambda_3, \ldots$$

Eine Menge $\{x_1, x_2, x_3, \ldots\}$ ist *linear abhängig,* wenn mindestens ein Glied eine Linearkombination anderer Glieder ist. Die Begriffe sind besonders wichtig, sogar recht fundamental für Mengen von Vektoren und Matrizen.

Vektoren werden, wie in Kapitel 12, als m-Tupel reeller Zahlen aufgefaßt und, bezogen auf feste Koordinatenachsen, durch Punkte im Cartesischen oder Euklidischen Raum von m Dimensionen dargestellt. Man betrachte eine Menge von n solcher Vektoren $\mathbf{x}^{(k)} = (x_1{}^{(k)}, x_2{}^{(k)}, \ldots, x_m{}^{(k)})$, die jeweils durch Punkte P_k für $k = 1, 2, \ldots, n$ dargestellt werden. Die Vektoren sind *linear abhängig,* wenn sich skalare Vielfache λ_k, die nicht alle gleich Null sind, finden lassen, so daß

$$\sum_{h=1}^{n} \lambda_k \mathbf{x}^{(k)} = \mathbf{0} \tag{1}$$

Wenn dann λ_t unter den λ-Werten der letzte ist, der von Null verschieden ist, dann ist der Vektor $x^{(t)}$ eine *Linearkombination* der vorhergehenden Vektoren:

$$\mathbf{x}^{(t)} = -\frac{1}{\lambda_t} \sum_{k=1}^{t-1} \lambda_k \mathbf{x}^{(k)} \tag{2}$$

Hier sind (1) und (2) alternative Ausdrücke für ein und dieselbe Sache. Darüber hinaus läßt sich (2) für *jeden beliebigen* Vektor $\mathbf{x}^{(k)}$ schreiben, vorausgesetzt allerdings, daß das entsprechende $\lambda_k \neq 0$. Wenn sich andererseits keine Vielfachen λ_k finden lassen (vom trivialen Fall abgesehen, wo alle $\lambda_k = 0$), so daß (1) erfüllt ist, dann sind die Vektoren *linear unabhängig* und keiner von ihnen ist eine Linearkombination der anderen.

Um zu sehen, was lineare Abhängigkeit bedeutet, schreibe man (1) voll aus:

$$\lambda_1 x_1^{(1)} + \lambda_2 x_1^{(2)} + \ldots + \lambda_n x_1^{(n)} = 0$$
$$\lambda_1 x_2^{(1)} + \lambda_2 x_2^{(2)} + \ldots + \lambda_n x_2^{(n)} = 0$$
$$\ldots\ldots\ldots\ldots\ldots\ldots\ldots\ldots$$
$$\lambda_1 x_m^{(1)} + \lambda_2 x_m^{(2)} + \ldots + \lambda_n x_m^{(n)} = 0$$

Ist dann $\lambda_n \neq 0$, so wird die Tatsache, daß $\mathbf{x}^{(n)}$ eine Linearkombination der anderen Vektoren ist, auf Grund von (2) durch m Relationen dargestellt:

$$x_1^{(n)} = -\frac{1}{\lambda_n}(\lambda_1 x_1^{(1)} + \lambda_2 x_1^{(2)} + \ldots\ldots)$$
$$x_2^{(n)} = -\frac{1}{\lambda_n}(\lambda_1 x_2^{(1)} + \lambda_2 x_2^{(2)} + \ldots\ldots)$$
$$\ldots\ldots\ldots\ldots\ldots\ldots\ldots\ldots$$
$$x_m^{(n)} = -\frac{1}{\lambda_n}(\lambda_1 x_m^{(1)} + \lambda_2 x_m^{(2)} + \ldots\ldots)$$

Die Beziehungen (1) und (2) sind so aufzufassen, als gelten sie für jede Komponente getrennt.

Abb. 50 veranschaulicht dies für den Fall zwei-dimensionaler Vektoren. Die drei Punkte P_1, P_2 und P_3 stellen die gegebenen Vektoren $\mathbf{x}^{(1)} = (x_1^{(1)}, x_2^{(1)})$, $\mathbf{x}^{(2)} = (x_1^{(2)}, x_2^{(2)})$ und $\mathbf{x}^{(3)} = (x_1^{(3)}, x_2^{(3)})$ in Bezug auf die Achsen $0x_1x_2$ dar, auf denen sich durch A_1 und A_2 die Einheitsvektoren $\varepsilon_1 = (1, 0)$ und $\varepsilon_2 = (0, 1)$ abtragen lassen. Aus der Darstellung geht P_3 als Linearkombintion von P_1 und P_2 hervor. Nach der Parallelogramm-

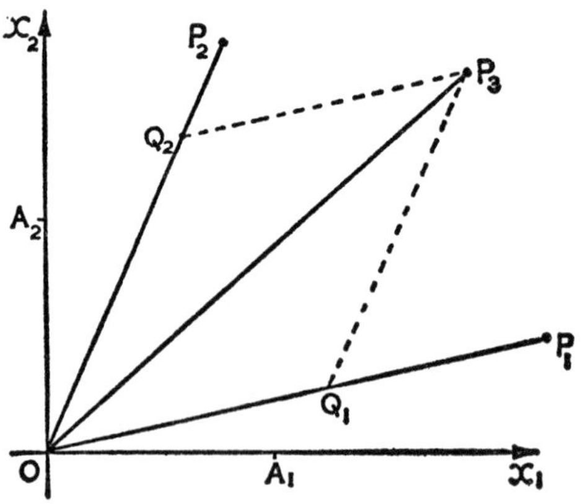

Abb. 50

Regel ist OP_3 die Summe von OQ_1 und OQ_2, wobei Q_1 und Q_2 auf OP_1 bzw. auf OP_2 liegen. λ_1 sei das Verhältnis von OQ_1 zu OP_1 und λ_2 das Verhältnis von OQ_2 zu OP_2. Dann gilt:

$$OP_3 = OQ_1 + OQ_2$$

d. h.

$$OP_3 = \lambda_1 OP_1 + \lambda_2 OP_2$$

Diese geometrische Darstellung entspricht der Linearkombination

$$\mathbf{x}^{(3)} = \lambda_1 \mathbf{x}^{(1)} + \lambda_2 \mathbf{x}^{(2)}$$

und somit der linearen Abhängigkeit

$$\lambda_1 \mathbf{x}^{(1)} + \lambda_2 \mathbf{x}^{(2)} - \mathbf{x}^{(3)} = \mathbf{0}$$

Dieser besondere Ausdruck linearer Abhängigkeit dreier Vektoren ist bedingt durch OP_1, OP_2 und OP_3, die verschieden (lang) sind und verschiedene Richtungen haben. Lineare Abhängigkeit liegt jedoch auch vor, wenn zwei beliebige Punkte oder alle drei auf einem Ursprungsvektor liegen. Wenn zum Beispiel OP_1 und OP_2 auf dem gleichen Ursprungsradius von O aus liegen, dann gilt $OP_2 = \lambda OP_1$, wobei λ das Längenverhältnis auf dem Radius ist. Die Beziehung für die lineare Abhängigkeit lautet dann $\lambda \mathbf{x}^{(1)} - \mathbf{x}^{(2)} = 0$. Daß der dritte Vektor nicht mehr auftritt, ist ohne Bedeutung; eins der Vielfachen ist Null, die andern beiden sind jedoch von Null verschieden.

Wir schließen daraus, daß in zwei Dimensionen *drei* beliebige Vektoren linear abhängig sind. Weiterhin sehen wir, daß auch *zwei* Vektoren unter Umständen linear abhängig sein können. Wenn OP_1 und OP_2 auf einer Linie liegen, so sind die Vektoren linear abhängig; andernfalls sind sie linear unabhängig. In der Tat ist es in zwei Dimensionen stets möglich, zwei linear unabhängige Vektoren zu finden; insbesondere die Einheitsvektoren OA_1 und OA_2, die den zweidimensionalen Raum „aufspannen".

Wie in Anhang B gezeigt wird, lassen sich die Ergebnisse auf Vektoren in drei oder mehr Dimensionen verallgemeinern. Zunächst sei definiert, eine bestimmte Menge von n Vektoren *spannt* ein System von Vektoren V auf, wenn jeder Vektor in V eine Linearkombination der gegebenen n Vektoren ist. Dann gilt:

V ist ein System von Vektoren in m Dimensionen. Es existieren Mengen von m Vektoren, die linear unabhängig sind und V aufspannen. Eine Menge von weniger als m Vektoren kann linear unabhängig sein, kann aber V nicht aufspannen. Eine Menge von mehr als m Vektoren kann V aufspannen, kann aber nicht mehr linear unabhängig sein.

Daß eine solche Menge von m Vektoren existiert, sieht man an der Tatsache, daß die Einheitsvektoren $\boldsymbol{\varepsilon}_1, \boldsymbol{\varepsilon}_2, \ldots, \boldsymbol{\varepsilon}_m$ linear unabhängig sind und V aufspannen. Eine solche Menge von m Vektoren wird als *Basis* von V bezeichnet. Die Einheitsvektoren bilden eine Basis; grundsätzlich gibt es viele andere.

Die Anwendung auf die Matrix $\mathbf{A} = [a_{rs}]$ von der Ordnung $(m \times n)$ soll auf zwei verschiedenen Wegen erfolgen, zunächst für die n Spalten in m Dimensionen:

$$\mathbf{a}_s = (a_{1s}, a_{2s}, \ldots, a_{ms}) \qquad (s = 1, 2, \ldots, n)$$

und dann für die m Zeilen in n Dimensionen:

$$\mathbf{a}_r' = (a_{r1}, a_{r2}, \ldots, a_{rn}) \qquad (r = 1, 2, \ldots, m)$$

Die n Spalten sind linear abhängig, wenn die λ_s, nicht alle Null, sich so bestimmen lassen, daß

$$\sum_{s=1}^{n} \lambda_s \mathbf{a}_s = \mathbf{0} \tag{3}$$

oder voll ausgeschrieben:

$$\begin{aligned} \lambda_1 a_{11} + \lambda_2 a_{12} + \ldots + \lambda_n a_{1n} &= 0 \\ \lambda_1 a_{21} + \lambda_2 a_{22} + \ldots + \lambda_n a_{2n} &= 0 \\ \ldots\ldots\ldots\ldots\ldots\ldots\ldots\ldots\ldots\ldots \\ \lambda_1 a_{m1} + \lambda_2 a_{m2} + \ldots + \lambda_n a_{mn} &= 0 \end{aligned}$$

Wenn die Spalten von $\mathbf{A}$ der Reihe nach mit $\lambda_1, \lambda_2, \ldots, \lambda_n$ multipliziert und dann Element für Element addiert werden, so entsteht eine Spalte mit Null-Elementen. Betrachtet man $\mathbf{A}$ als eine doppelte Tabelle von Elementen, so besteht, wenn die einzelnen Spalten mit $\lambda_1, \lambda_2, \ldots, \lambda_n$ multipliziert sind, die Summenspalte auf der rechten Seite aus Null-Elementen; für entsprechende Vielfache ergibt die Quersumme in der Tabelle jeweils Null.

Die Beziehung (3) läßt sich in Matrix-Schreibweise gedrängter ausdrücken. λ sei ein Spaltenvektor der Ordnung $n \times 1$ und werde aus $\lambda_1, \lambda_2, \ldots, \lambda_n$ gebildet.

Dann ist:

$$\mathbf{A}\boldsymbol{\lambda} = \mathbf{0} \quad \text{oder} \quad \boldsymbol{\lambda}'\mathbf{A}' = \mathbf{0} \quad (\boldsymbol{\lambda} \neq 0) \tag{4}$$

der Ausdruck für die lineare Abhängigkeit der Spalten von $\mathbf{A}$.

Der entsprechende Begriff für lineare Abhängigkeit der Zeilen in $\mathbf{A}$ sieht so aus, daß sich ein Spaltenvektor $\boldsymbol{\mu}$ von der Ordnung $m \times 1$ mit den Elementen $\mu_1, \mu_2, \ldots, \mu_m$, nicht alle Null, finden läßt, so daß

$$\sum_{r=1}^{m} \mu_r \mathbf{a}_r' = \mathbf{0} \quad \text{oder} \quad \mathbf{A}'\boldsymbol{\mu} = \boldsymbol{\mu}'\mathbf{A} = \mathbf{0} \quad (\boldsymbol{\mu} \neq 0)$$

dies entspricht den Ausdrücken (3) und (4) für die Spalten.

Definition: Die $m \times n$ Matrix $\mathbf{A}$ hat linear abhängige Spalten, wenn ein $n \times 1$ Spaltenvektor $\lambda \neq 0$ existiert, so daß

$$\mathbf{A}\boldsymbol{\lambda} = \mathbf{0} \qquad \text{oder} \qquad \boldsymbol{\lambda}'\mathbf{A}' = \mathbf{0}$$

und sie hat linear abhängige Zeilen, wenn ein $m \times 1$ Spaltenvektor $\mu \neq 0$ existiert, so daß

$$\mathbf{A}'\boldsymbol{\mu} = \mathbf{0} \qquad \text{oder} \qquad \boldsymbol{\mu}'\mathbf{A} = \mathbf{0}$$

Eine Reihe von Eigenschaften folgen aus den Ergebnissen über die lineare Abhängigkeit von Vektoren. Wenn $\mathbf{A}$ mehr Spalten als Zeilen enthält, dann ist die Zahl der Spaltenvektoren (n) größer als ihre Dimension (m). Folglich muß, wenn $n > m$, zumindest eine Beziehung linearer Abhängigkeit zwischen den Spalten bestehen. Wir nehmen nun an, daß die n Spalten von $\mathbf{A}$ linear abhängig sind. Damit ist eine Spalte von $\mathbf{A}$ eine Linearkombination der anderen Spalten, d. h. sie ist die Summe konstanter Vielfacher der anderen Spalten. Da die Subtraktion von Vielfachen eine Elementaroperation ist (13.8 oben), läßt sich zeigen, daß $\mathbf{A}$ einer Matrix $\mathbf{B}$ mit einer Spalte von Null-Elementen äquivalent ist. Der Rang von $\mathbf{B}$ ist geringer als n, und, da äquivalente Matrizen den gleichen Rang haben, hat auch $\mathbf{B}$ den Rang von $\mathbf{A}$. Ähnliche Ergebnisse gelten für die Zeilen von $\mathbf{A}$. Zwei Beispiele veranschaulichen dies:

Beispiel (a): $\mathbf{A} = \begin{bmatrix} 1 & 2 & 2 \\ 2 & 4 & 4 \\ 2 & 1 & 4 \end{bmatrix}$ äquivalent mit $\begin{bmatrix} 1 & 2 & 0 \\ 2 & 4 & 0 \\ 2 & 1 & 0 \end{bmatrix}$ vom Rang 2.

Hier wird zweimal die erste Spalte von der dritten abgezogen. Die drei Spaltenvektoren sind:

$$\mathbf{a}_1 = (1,\ 2,\ 2) \qquad \mathbf{a}_2 = (2,\ 4,\ 1) \qquad \mathbf{a}_3 = (2,\ 4,\ 4)$$

und es gibt eine Beziehung linearer Abhängigkeit

$$2\,\mathbf{a}_1 - \mathbf{a}_3 = 0$$

mit den Vielfachen $\lambda_1 = 2$, $\lambda_2 = 0$ und $\lambda_3 = -1$. Dies drückt einfach die Tatsache aus, daß die dritte Spalte das Doppelte der ersten ist. Die Matrix $\mathbf{A}$ von der Ordnung 3×3 vom Range 2 hat zwei linear unabhängige Spalten (die erste und zweite) und eine dritte Spalte, die von den anderen linear abhängig ist.

Beispiel (b): $\mathbf{A} = \begin{bmatrix} 1 & 2 & 2 & -1 \\ 2 & 4 & 4 & -2 \\ 2 & 1 & 4 & 1 \end{bmatrix}$ äquivalent $\begin{bmatrix} 1 & 2 & 0 & 0 \\ 2 & 4 & 0 & 0 \\ 2 & 1 & 0 & 0 \end{bmatrix}$ vom Rang 2

Die vier Spaltenvektoren

$$\mathbf{a}_1 = (1,\ 2,\ 2) \qquad \mathbf{a}_2 = (2,\ 4,\ 1) \qquad \mathbf{a}_3 = (2,\ 4,\ 4) \qquad \mathbf{a}_4 = (-1,\ -2,\ 1)$$

sind durch zwei Beziehungen linearer Abhängigkeit miteinander verbunden:

$$2\,\mathbf{a}_1 - \mathbf{a}_3 = 0 \quad (\lambda_1 = 2,\ \lambda_2 = 0,\quad \lambda_3 = -1,\ \lambda_4 = 0)$$

$$\mathbf{a}_1 - \mathbf{a}_2 - \mathbf{a}_4 = 0 \quad (\lambda_1 = 1,\ \lambda_2 = -1,\quad \lambda_3 = 0,\quad \lambda_4 = -1)$$

Diese Beziehungen bringen zum Ausdruck, daß die dritte Spalte das Doppelte der ersten und die vierte die Differenz der ersten und der zweiten Spalte ist. Die Matrix **A** ist von der Ordnung 3×4 und muß linear abhängige Spalten haben; tatsächlich ist sie vom Rang 2 und hat nur zwei linear unabhängige Spalten und zwei davon linear abhängige Spalten.

Es besteht nun offensichtlich ein Zusammenhang zwischen linearer Abhängigkeit und dem Rang. Dieser Tatsache muß man weiter nachgehen. **A** sei quadratisch von der Ordnung $n \times n$ und habe den Rang $r \leqslant n$. Wenn die Spalten linear abhängig sind, dann ist zunächst **A** äquivalent mit **B**, die in einer Spalte Null-Elemente hat. Ist umgekehrt der Rang $r < n$, so sind die Spalten von **A** linear abhängig. **A** enthält eine $r \times r$ Untermatrix $\mathbf{A}_1$ mit $|\mathbf{A}_1| \neq 0$. Addiert man eine weitere Zeile und Spalte (von **A**) zu $\mathbf{A}_1$, so ergibt sich die $(r+1) \times (r+1)$ Untermatrix $\mathbf{A}_2$, wobei $|\mathbf{A}_2| = 0$, da der Rang von **A** nur r ist. Nun wähle man $\boldsymbol{\lambda}$ von der Ordnung n so, daß es die $(r+1)$ Adjunkten der in $\mathbf{A}_2$ dazu addierten Zeile und zur Vervollständigung $(n-r-1)$ Null-Elemente enthält. Dann ergibt die Erweiterungsregel für $|\mathbf{A}_2| = 0$ $\mathbf{A}\boldsymbol{\lambda} = \mathbf{0}$. Nicht alle Elemente von $\boldsymbol{\lambda}$ sind Null, da in einer der Adjunkten $|\mathbf{A}_1| \neq 0$ steckt. Folglich sind die Spalten von **A** linear abhängig, was zu beweisen war.

Weiterhin ist nach dem obigen Beweis klar, daß genau die zu $\mathbf{A}_2$ hinzu addierte Spalte von den r Spalten von $\mathbf{A}_1$ linear abhängig ist. Die hinzu addierte Spalte läßt sich aus **A** auf $(n-r)$ verschiedenen Wegen wieder herausnehmen. Folglich enthält **A** $(n-r)$ Spalten, die jeweils von den anderen r Spalten linear abhängig, untereinander jedoch linear unabhängig sind.

Obwohl diese Ergebnisse für eine quadratische Matrix **A** formuliert sind, lassen sie sich doch leicht entsprechend erweitern, so daß sie auch den Fall einer rechteckigen Matrix der Ordnung $m \times n$ $(m \neq n)$ umfassen. Entweder überwiegt die Zahl der Spalten oder die der Zeilen. Diese zusätzlichen Spalten (oder Zeilen) müssen von den anderen linear abhängig sein. Die Ergebnisse für den Fall quadratischer Matrizen werden durch weitere lineare Abhängigkeiten von Zeilen (und Spalten) ohne weiteres vermehrt. Folglich:

Lineare Abhängigkeit der Spalten einer Matrix.

Eine Matrix ist von der Ordnung $m \times n$ und hat den Rang r. Es ist stets möglich, r linear unabhängige Spalten auszuwählen, jedoch muß dann jede Menge von $(r+1)$ Spalten linear abhängig sein. Ist $r < n$, so gibt es zumindest eine Menge linear abhängiger Spalten; ist $r = n$, so ist die gesamte Menge von Spalten linear unabhängig.

Ein genau gleiches Ergebnis gilt für die Zeilen.

Nun erweist sich die nicht-singuläre Matrix als äußerst einfach und bequem. Ist eine Matrix nicht-singulär von der Ordnung $n \times n$, so gilt für ihren Rang $r = n$ und „überflüssige" Zeilen und Spalten gibt es nicht. Genauer formuliert, in einer nicht-singulären Matrix müssen die Zeilen und Spalten linear unabhängig sein, und umgekehrt ist eine nicht-singuläre Matrix der einzige Fall, wo zwischen den einzelnen Zeilen oder Spalten keine Beziehungen linearer Abhängigkeit bestehen.

Für jede andere Matrizenart — ob sie nun quadratisch und singulär ist oder rechteckig mit verschiedener Anzahl von Zeilen und Spalten — muß es irgendeine lineare Abhängigkeit unter den Zeilen, den Spalten oder unter beiden geben. Im großen und ganzen gilt also: Immer, wenn die Anzahl der Spalten (Zeilen) den Rang einer Matrix übersteigt, sind diese zusätzlichen Spalten (Zeilen) von den anderen linear abhängig. Eine Matrix vom Rang r läuft auf eine Untermatrix der Ordnung $r \times r$ heraus, deren Zeilen und Spalten linear unabhängig sind. Alle anderen Zeilen und Spalten sind linear abhängig.

Übungsaufgaben 14.1

1. Vier Vektoren in drei Dimensionen sind gegeben. Stellen Sie sie als Punkte im Raum dar und nehmen Sie an, sie seien die Eckpunkte eines pyramidenartigen Körpers. Zeigen Sie, daß sich einer der Vektoren als Linearkombination der andern drei ausdrücken läßt. Untersuchen Sie den speziellen Fall, wo die vier Punkte auf einer Ebene liegen und wo zwei oder mehrere Punkte davon auf Ursprungstadien liegen.

2. Untersuchen Sie die Zeilen und Spalten in $\begin{bmatrix} 3 & -4 & 2 \\ 5 & -6 & -1 \\ 0 & 2 & -1 \end{bmatrix}$ auf lineare Abhängigkeit.

3. Zeigen Sie, daß $\mathbf{A} = \begin{bmatrix} 2 & 1 & 3 & -5 \\ 1 & -3 & 5 & 2 \\ 0 & -7 & 7 & 9 \end{bmatrix}$ eine abhängige Zeile und zwei abhängige Spalten hat. Was läßt sich über die Transponierte $\mathbf{A}'$ sagen?

4. Die Matrix $\mathbf{A}$ der Ordnung $m \times n$ hat linear abhängige Zeilen; die Faktoren sind jeweils $\lambda_1, \lambda_2, \ldots, \lambda_m$ $(\lambda_m \neq 0)$. Wird $\mathbf{A}$ in ihre äquivalente Form $\mathbf{B}$ gebracht, deren letzte Zeile aus Null-Elementen besteht, dann gilt für passende nicht-singuläre quadratische Matrizen $\mathbf{P}$ und $\mathbf{Q}$, daß $\mathbf{B} = \mathbf{PAQ}$. Zeigen Sie, daß $\mathbf{Q} = \mathbf{I}$ und geben Sie eine Form für $\mathbf{P}$ an.

5. $\mathbf{A}$ ist von der Ordnung $m \times n$, wobei $m < n$. Eine Matrix $\mathbf{B}$ der Ordnung $n \times n$ sei dadurch definiert, daß man zu $\mathbf{A}$ $(n-m)$ Zeilen aus Null-Elementen addiert. Zeigen Sie, daß $|\mathbf{B}| = 0$, daß die Spalten von $\mathbf{B}$ linear abhängig sind und daß folglich auch die Spalten von $\mathbf{A}$ linear abhängig sind.

14.2 Lineare Gleichungen und ihre Lösungen

Das allgemeine System linearer Gleichungen läßt sich (wie in 12.2 oben) so schreiben:

$$\begin{array}{l} a_{11}x_1 + a_{12}x_2 + \ldots + a_{1n}x_n = y_1 \\ a_{21}x_1 + a_{22}x_2 + \ldots + a_{2n}x_n = y_2 \\ \ldots\ldots\ldots\ldots\ldots\ldots\ldots\ldots \\ a_{m1}x_1 + a_{m2}x_2 + \ldots + a_{mn}x_n = y_m \end{array}$$

oder in Matrix-Schreibweise

$$\mathbf{Ax} = \mathbf{y}$$

wobei $\mathbf{A} = [a_{rs}]$ eine Matrix von $m \times n$ Koeffizienten, $\mathbf{x} = (x_1, x_2, \ldots, x_n)$ ein Spaltenvektor von n Variablen und $\mathbf{y} = (y_1, y_2, \ldots, y_m)$ ein Spaltenvektor der gegebenen Konstanten in den m Gleichungen sind.

Das Problem besteht darin, bei gegebenen $\mathbf{A}$ und $\mathbf{y}$ den Vektor $\mathbf{x}$, d. h. die x-Werte (oder so viel wie möglich) als Ausdruck der gegebenen a- und y-Werte zu finden. Dies soll für den einfachsten Fall zweier Gleichungen und zweier Variablen veranschaulicht werden:

$$a_{11}x_1 + a_{12}x_2 = y_1 \quad \text{und} \quad a_{21}x_1 + a_{22}x_2 = y_2$$

dies ergibt: $$x_1 = \frac{y_1 a_{22} - y_2 a_{12}}{a_{11}a_{22} - a_{21}a_{12}} \qquad x_2 = \frac{y_2 a_{11} - y_1 a_{21}}{a_{11}a_{22} - a_{21}a_{12}}$$

d. h. $$\frac{x_1}{\begin{vmatrix} y_1 & a_{12} \\ y_2 & a_{22} \end{vmatrix}} = \frac{x_2}{\begin{vmatrix} a_{11} & y_1 \\ a_{21} & y_2 \end{vmatrix}} = \frac{1}{\begin{vmatrix} a_{11} & a_{12} \\ a_{21} & a_{22} \end{vmatrix}}$$

in Determinantenschreibweise. Schwierigkeiten entstehen nur, wenn eine (oder mehrere) der obigen Determinanten den Wert Null annehmen. Somit ist klar, daß die schwierigen Fälle diejenigen sind, in denen der Vektor $\mathbf{y} = \mathbf{0}$ ist oder die Matrix $\mathbf{A}$ (falls quadratisch) singulär ist oder beides zutrifft. Ist $\mathbf{y} = \mathbf{0}$, so verschwinden die ersten beiden Determinanten und die variablen x-Werte werden Null. Ist $|\mathbf{A}| = 0$, so ist die dritte Determinante Null und die x-Werte sind unendlich. Ist $\mathbf{y} = \mathbf{0}$ und $|\mathbf{A}| = 0$, so sind alle Determinanten gleich Null und die x-Werte sind als Brüche aus Nullen unbestimmt. Weitere Komplikationen entstehen, wenn $\mathbf{A}$ nicht quadratisch ist, somit die Zahl der Gleichungen nicht mit der der Variablen übereinstimmt.

Liegen mehrere numerische Gleichungen mit mehreren Variablen vor, dann macht man sich in der Praxis der elementaren Algebra so an die Aufgabe heran, daß man nacheinander in einem Verfahren partieller Lösung und Substitution die Variablen eliminiert. Manchmal endet dies mit einer eindeutigen Lösung, d. h. mit Werten für alle Variablen. Manchmal bleiben, auch wenn alle Gleichungen verwendet werden, einige Variable als Rest übrig und die Lösung gibt nur eine Reihe von Variablen als Ausdruck anderer Variabler wieder. Dies kann daher kommen, daß zu wenig Gleichungen da sind oder daß einige Gleichungen von anderen abhängig sind. Manchmal bleiben auch, wenn man alle Variablen gefunden hat, Gleichungen übrig und man muß sich fragen, ob sie mit den anderen verträglich sind oder nicht. Hier entstehen die Schwierigkeiten also, weil einige Gleichungen mit den andern Gleichungen des Systems nicht verträglich sind oder abhängig von ihnen sind.

Es leuchtet daher ein, daß die Lösung des Systems $\mathbf{Ax} = \mathbf{y}$ vom Rang der Matrix $\mathbf{A}$ abhängig (z. B. ob eine quadratische Matrix $\mathbf{A}$ singulär ist) ist und davon, wie weit die Gleichungen untereinander unabhängig und widerspruchsfrei sind. Der Begriff der linearen Abhängigkeit aus 14.1 oben wird in diesem Zusammenhang von Bedeutung sein.

(i) *Homogene lineare Gleichungen:* $\mathbf{Ax} = \mathbf{0}$

Hier ist $\mathbf{y} = \mathbf{0}$, einer der Fälle, die möglicherweise zu Schwierigkeiten führen. Zwei Punkte lassen sich gleich im voraus erwähnen: Es gibt immer eine Lösung $\mathbf{x} = \mathbf{0}$, wo alle Variablen gleich Null sind; doch ist der Fall so trivial, daß wir ihn außer acht lassen können. Ist andererseits $\mathbf{x}$ eine von Null verschiedene Lösung, so ist es auch $k\mathbf{x}$ für beliebiges k. Somit ist eine eindeutige, von Null verschiedene Lösung nie möglich; die homogenen Gleichungen selbst können den „Maßstab" der x-Werte nicht festlegen. Was gefunden werden soll, ist also das Verhältnis der Variablen zueinander, oder allgemeiner formuliert, einige Variable sollen durch andere ausgedrückt werden.

In den Gleichungen $\mathbf{Ax} = \mathbf{0}$ sei $\mathbf{A}$ von der Ordnung $m \times n$ und habe den Rang r. Sind die Spalten von $\mathbf{A}$ linear abhängig, dann gibt es n Vielfache $\lambda_1, \lambda_2, \ldots, \lambda_n$, nicht alle gleich Null, die einen Vektor $\boldsymbol{\lambda}$ bilden, so daß $\mathbf{A}\boldsymbol{\lambda} = \mathbf{0}$. Folglich ist $\mathbf{x} = \boldsymbol{\lambda}$ eine Lösung der Gleichungen. An den Bedingungen (3) in 14.1 oben läßt sich dies genau sehen, die Vielfachen (λ-Werte), aus denen sich die lineare Abhängigkeit der Spalten von $\mathbf{A}$ ergibt, werden an die Stelle der Variablen (x-Werte) in die homogenen Gleichungen eingesetzt und erfüllen sie. Folglich impliziert jede lineare Abhängigkeit unter den Spalten von $\mathbf{A}$ eine Lösung für $\mathbf{Ax} = \mathbf{0}$. Die Vielfachen, die die Abhängigkeit bestimmen, liefern die Werte für die Variablen, die beide zwar in ihrem Verhältnis zueinander, nicht aber in ihrer absoluten Höhe festliegen. Folglich ist nach 14.1 oben $r < n$ die Bedingung dafür, daß überhaupt eine nicht-triviale Lösung existiert. Der Rang der Matrix $\mathbf{A}$ muß geringer sein als die Anzahl der Variablen (Spalten in $\mathbf{A}$). Was die Bedingung darüber hinaus besagt, läßt sich leicht herausarbeiten. Sind weniger Gleichungen als Variable da ($m < n$), dann ist in allen Fällen $r \leqslant m$ und $r < n$; Lösungen gibt es immer. Ist die Zahl der Gleichungen und der Variablen gleich ($m = n$), dann ist $\mathbf{A}$ quadratisch von der Ordnung $n \times n$ und $r \leqslant n$. Eine Lösung erfordert

$r < n$ und $|\mathbf{A}| = 0$, d. h. **A** muß singulär sein. Der Fall, der ausscheidet und in dem es keine Lösung gibt, ist $r = n$, $|\mathbf{A}| \neq 0$ und **A** nicht singulär, Gibt es mehr Gleichungen als Variable, dann ist die Lage ähnlich; hier ist $r \leqslant n < m$ und der Fall $r = n$, wo **A** den größtmöglichen Rang annimmt (gleich groß wie die Zahl der Variablen und Spalten in **A**) muß ausscheiden.

Das Ergebnis lautet also:

Ist $\mathbf{Ax} = \mathbf{0}$ *ein System von* m *homogenen Gleichungen mit* n *Variablen, wobei* **A** *eine gegebene Matrix von der Ordnung* $m \times n$ *und vom Rang* r *ist, dann ist die Bedingung für eine von Null verschiedene Lösung von* $\mathbf{x}$*, daß* $r < n$*. Ist* $m < n$*, so existiert immer eine Lösung; ist* $m = n$*, so existiert eine Lösung, wenn* **A** *singulär ist. Ist* $m > n$*, so gibt es eine Lösung, wenn* **A** *nicht den größtmöglichen Rang hat, d. h. wenn* $r < n$.

Eine praktische Methode, die Lösung oder Lösungen zu finden, besteht darin, daß man aus **A** eine quadratische Untermatrix der Ordnung $r \times r$ herausnimmt, deren Determinante ungleich Null ist. Damit werden r Gleichungen mit r Variablen festgelegt, während für die anderen $(n-r)$ Variablen gegebene Werte festgesetzt werden. Die Gleichungen sind nicht homogen und ergeben (wie unten gezeigt wird) eindeutige Ausdrücke für r Variable in Abhängigkeit von den anderen $(n-r)$ Variablen. Von den übrigen $(m-r)$ Gleichungen stellt man dann fest, daß sie mit der Lösung nicht in Widerspruch stehen. Ein wichtiger Fall ergibt sich, wenn n homogene Gleichungen und n Variable vorliegen und wenn die $(n \times n)$ Matrix **A** vom Rang $(n-1)$ ist. In diesem Fall wird für eine Variable ein gegebener Wert festgesetzt und die anderen $(n-1)$ Variablen ergeben sich als Ausdruck dieser Variablen; die *Verhältnisse* der Variablen werden dann durch die Gleichungen festgelegt.

Zwei Beispiele veranschaulichen diese; wir benutzen die Matrizen, die wir schon in Bsp. (a) und Bsp. (b) in 14.1 oben untersucht haben.

Beispiel (a):

$$\begin{aligned} x_1 + 2\,x_2 + 2\,x_3 &= 0 \\ 2\,x_1 + 4\,x_2 + 4\,x_3 &= 0 \\ 2\,x_1 + x_2 + 4\,x_3 &= 0 \end{aligned} \quad \text{mit } \mathbf{A} = \begin{bmatrix} 1 & 2 & 2 \\ 2 & 4 & 4 \\ 2 & 1 & 4 \end{bmatrix} \quad \text{vom Rang 2}$$

Die dritte Spalte von **A** ist von den andern Spalten linear abhängig. Man setze also für x_3 bestimmte Werte fest und benutze die erste und dritte Gleichung, um x_1 und x_2 zu finden:

$$x_1 + 2\,x_2 = -2\,x_3 \quad \text{und} \quad 2\,x_1 + x_2 = -4\,x_3$$

das ergibt

$$x_1 = -2\,x_3 \quad \text{und} \quad x_2 = 0$$

Die zweite Gleichung ist konsistent, da sie die gleiche wie die erste ist. Folglich gibt es für das Verhältnis der Variablen zueinander eine eindeutige Lösung:

$$x_1 : x_2 : x_3 = -2 : 0 : 1$$

Dies ist ein Beispiel für den Fall, wo $\mathbf{A}$ von der Ordnung $n \times n$ und vom Rang $(n-1)$ ist.

Beispiel (b):

$$\begin{aligned} x_1 + 2\,x_2 + 2\,x_3 - x_4 &= 0 \\ 2\,x_1 + 4\,x_2 + 4\,x_3 - 2\,x_4 &= 0 \\ 2\,x_1 + x_2 + 4\,x_3 + x_4 &= 0 \end{aligned} \quad \text{mit } \mathbf{A} = \begin{bmatrix} 1 & 2 & 2 & -1 \\ 2 & 4 & 4 & -2 \\ 2 & 1 & 4 & 1 \end{bmatrix} \text{ vom Rang 2.}$$

Die beiden letzten Spalten von $\mathbf{A}$ sind von den anderen Spalten linear abhängig; und die zweite Gleichung kann man wiederum, da sie mit der ersten äquivalent ist, fallen lassen. Folglich setze man für x_3 und x_4 Werte fest und löse die erste und dritte Gleichung nach x_1 und x_2:

$$x_1 + 2\,x_2 = -2\,x_3 + x_4 \quad \text{und} \quad 2\,x_1 + x_2 = -4\,x_3 - x_4$$

das ergibt: $\quad x_1 = -2\,x_3 - x_4 \quad$ und $\quad x_2 = x_4$

Da es vier Variable sind und der Rang von $\mathbf{A}$ gleich 2 ist, müssen für zwei Variable gegebene Werte festgesetzt werden, wodurch dann die anderen beiden Variablen bestimmt sind.

(ii) *Nicht-homogene lineare Gleichungen:* $\mathbf{Ax} = \mathbf{y}$ $(\mathbf{y} \neq \mathbf{0})$

Im allgemeinen Fall gibt es m Gleichungen mit n Variablen. Der Spaltenvektor $\mathbf{y}$ von der Ordnung m, die rechte Seite der Gleichungen, ist gegeben. Der Spaltenvektor $\mathbf{x}$ von der Ordnung n umfaßt die gesuchten Variablen. Die Matrix $\mathbf{A}$ ist von der Ordnung $m \times n$ und ihr Rang sei r, d. h. er sei nicht größer als der kleinere Wert von m und n.

(iia) *Der Fall einer nicht-singulären Matrix:* Das wichtigste und zweckmäßigste Gleichungssystem entsteht im Fall einer nicht-singulären Matrix, wobei $\mathbf{A}$ von der Ordnung $n \times n$ und vom Rang n ist. Es gibt ebenso viele Gleichungen wie Variable und $|\mathbf{A}| \neq 0$. Schwierigkeiten gibt es nicht, eine eindeutige Lösung läßt sich nach mehreren gleichwertigen Methoden finden.

Eliminierung der Variablen: Nimmt man sich die Gleichungen der Reihe nach vor, so läßt sich jede Variable durch Substitution in andere Gleichungen eliminieren und einzeln als Ausdruck anderer Variabler darstellen. Am Ende liegt ein eindeutiger Wert der letzten Variablen fest, und wenn man den Weg wieder zurückgeht eindeutige Werte der anderen Variablen. Diese Methode ist zwar korrekt, jedoch mühsam.

Cramersche Regel: Die allgemeine Formel für die eindeutige Lösung ist:

$$x_s = \frac{|\mathbf{A}_s|}{|\mathbf{A}|} = \frac{\sum_{r=1}^{n} y_r A_{rs}}{\sum_{r=1}^{n} a_{rs} A_{rs}} \qquad (s = 1, 2, \ldots n)$$

wobei $\mathbf{A}_s$ diejenige Matrix ist, die aus $\mathbf{A}$ durch Substitution des Vektors $\mathbf{y}$ für die s-te Spalte gebildet wird. Erweitert werden die Determinanten $|\mathbf{A}_s|$ und $|\mathbf{A}|$ mit Hilfe der s-ten Spalte, die Adjunkten in $|\mathbf{A}|$ sind A_{rs} für $r = 1, 2, \ldots, n$.

Zum Beweis der Formel multipliziere man die n Gleichungen $\mathbf{Ax} = \mathbf{y}$ jeweils mit $A_{1s}, A_{2s}, \ldots, A_{ns}$ und addiere sie, man erhält dann:

$$\sum_{t=1}^{n} \left(\sum_{r=1}^{n} a_{rt} A_{rs} \right) x_t = \sum_{r=1}^{n} y_r A_{rs} \qquad (s = 1, 2, \ldots n)$$

Nun ist:

$$\sum_{r=1}^{n} a_{rt} A_{rs} = 0 \qquad (s \neq t)$$

$$= |\mathbf{A}| \qquad (s = t)$$

und

$$\sum_{r=1}^{n} y_r A_{rs} = |\mathbf{A}_s|$$

nach der Erweiterungsregel für Determinanten: Folglich ist

$$|\mathbf{A}| x_s = |\mathbf{A}_s|$$

Damit ist die Formel bewiesen.

Inversion von $\mathbf{A}$: Aus $\mathbf{Ax} = \mathbf{y}$ erhält man durch Linksmultiplikation mit $\mathbf{A}^{-1}$, die existiert, da $|\mathbf{A}| \neq 0$, folgenden Ausdruck:

$$\mathbf{A}^{-1} \mathbf{Ax} = \mathbf{A}^{-1} \mathbf{y}$$

Da $\mathbf{A}^{-1} \mathbf{A} = \mathbf{I}$ und da $\mathbf{Ix} = \mathbf{x}$, ist die Lösung

$$\mathbf{x} = \mathbf{A}^{-1} \mathbf{y}$$

Die eindeutige Lösung für $\mathbf{x}$ erhält man also durch Multiplikation von $\mathbf{y}$ mit $\mathbf{A}^{-1}$.

Welches Verfahren man bei numerischen Gleichungen benutzt, richtet sich danach, welche Methode praktisch die geringere Rechenarbeit erfordert. Die Eliminierung von Variablen ist nur durchführbar, wenn die Zahl der Gleichungen gering ist. Bei der Cramerschen Regel kommt es auf die Ermittlung des Determinantenwerts an, ein korrektes, jedoch mühevolles Verfahren. Aus $\mathbf{A}$ durch Inversion $\mathbf{A}^{-1}$ zu bestimmen, ist gleichfalls ein langwieriger Prozeß. In einigen Fällen, wie etwa im Beispiel unten, lassen sich elementare Operationen anwenden, die $\mathbf{A}$ in $\mathbf{I}$ überführen und somit von $\mathbf{I}$ zu $\mathbf{A}^{-1}$ führen. Grundsätzlich läßt sich die Matrixinversion nach Berechnungsvorgängen ausführen, die für den Gebrauch elektronischer Rechenmaschinen entworfen sind. Das folgende Beispiel dient zur Veranschaulichung:

Beispiel (c):

$$\begin{aligned} -x_1 + x_2 + x_3 &= 2\,a \\ x_1 - x_2 + x_3 &= 2\,b \\ x_1 + x_2 - x_3 &= 2\,c \end{aligned} \qquad \text{mit } \mathbf{A} = \begin{bmatrix} -1 & 1 & 1 \\ 1 & -1 & 1 \\ 1 & 1 & -1 \end{bmatrix}$$

Hier ist $\mathbf{A}$

$$\text{äquivalent mit} \begin{bmatrix} -1 & 0 & 0 \\ 1 & 0 & 2 \\ 1 & 2 & 0 \end{bmatrix}$$

$$\text{äquivalent mit} \begin{bmatrix} -1 & 0 & 0 \\ 0 & 0 & 2 \\ 0 & 2 & 0 \end{bmatrix} \text{äquivalent mit } \mathbf{I}.$$

Im ersten Schritt addiert man die erste Spalte zu den beiden anderen. Im zweiten Schritt zieht man die Hälfte der zweiten und die Hälfte der dritten Spalte von der ersten Spalte ab. Im letzten Schritt multipliziert man die Spalten mit $-1, \frac{1}{2}, \frac{1}{2}$ und transponiert die beiden letzten Spalten. Wendet man diese Schritte auf $\mathbf{I}$ an, gewinnt man nacheinander folgende Matrizen:

$$\mathbf{I} = \begin{bmatrix} 1 & 0 & 0 \\ 0 & 1 & 0 \\ 0 & 0 & 1 \end{bmatrix} \cdots \begin{bmatrix} 1 & 1 & 1 \\ 0 & 1 & 0 \\ 0 & 0 & 1 \end{bmatrix} \cdots \begin{bmatrix} 0 & 1 & 1 \\ -\frac{1}{2} & 1 & 0 \\ -\frac{1}{2} & 0 & 1 \end{bmatrix} \cdots \begin{bmatrix} 0 & \frac{1}{2} & \frac{1}{2} \\ \frac{1}{2} & 0 & \frac{1}{2} \\ \frac{1}{2} & \frac{1}{2} & 0 \end{bmatrix} = \mathbf{A}^{-1}$$

Folglich ist

$$\mathbf{x} = \begin{bmatrix} 0 & \frac{1}{2} & \frac{1}{2} \\ \frac{1}{2} & 0 & \frac{1}{2} \\ \frac{1}{2} & \frac{1}{2} & 0 \end{bmatrix} \begin{bmatrix} 2\,a \\ 2\,b \\ 2\,c \end{bmatrix} = \begin{bmatrix} b + c \\ c + a \\ a + b \end{bmatrix}$$

Die Lösung ist: $x_1 = b + c, \quad x_2 = c + a, \quad x_3 = a + b$

(iib) *Fälle singulärer Matrizen:* Zu untersuchen bleiben noch andere Fälle, wo entweder $\mathbf{A}$ quadratisch, aber singulär, oder $\mathbf{A}$ rechteckig ist. Man schreibe die *erweiterte Matrix*

$$\mathbf{B} = [\mathbf{A} \,\vdots\, \mathbf{y}]$$

die aus **A** und der aus den y-Werten gebildeten zusätzlichen Spalte besteht. Die Ordnung von **B** ist $m \times (n + 1)$ und ihr Rang entweder r oder $(r + 1)$. Ist die letzte Spalte (die y-Werte) von den Spalten von **A** linear abhängig, so ist der Rang **B**, wie der von **A**, gleich r. Ist die Spalte der y-Werte von den Spalten von **A** linear unabhängig, ist der Rang von **B** gleich $(r + 1)$.

Das Gleichungssystem $\mathbf{Ax} = \mathbf{y}$ läßt sich so schreiben, daß man die y-Werte auf die linke Seite bringt. Dann sieht es so aus:

$$\mathbf{Bz} = \mathbf{0}$$

wobei **z** der Spaltenvektor $(x_1, x_2, \ldots, x_n, -1)$ von der Ordnung $(n + 1)$ ist. Dies ist eine Menge homogener Gleichungen; nach den Ergebnissen von (i) müssen für eine Lösung die Spalten von **B** linear abhängig sein. Doch dies reicht noch nicht. Die Vielfachen $\lambda_1, \lambda_2, \ldots, \lambda_n, \lambda_{n+1}$, in denen sich die lineare Abhängigkeit ausdrückt, liefern die Lösung für **z**. Nur die Verhältnisse der λ-Werte untereinander sind von Bedeutung, so daß man λ_{n+1} so festsetzen kann, daß sich der gefragte Wert -1 ergibt, *vorausgesetzt* $\lambda_{n+1} \neq 0$. Dies trifft nur dann zu, wenn die letzte Spalte von **B** (die y-Werte) von den andern Spalten linear abhängig ist, d. h. wenn **B** den gleichen Rang r hat wie **A**. Folglich erhält man als erstes Ergebnis, daß keine Lösung existiert, wenn **B** den Rang $(r + 1)$ hat, und zwar deshalb, weil dann die y-Werte von den Spalten **A** linear unabhängig sind, d. h. weil die Gleichungen nicht widerspruchsfrei sind.

In allen andern Fällen, wenn **A** und **B** den Rang r haben, läßt sich eine Lösung finden. Die Fälle unterscheiden sich nur in der Anzahl der wertmäßig festliegenden Variablen, wenn man den andern Variablen gegebene Werte zuweist. Es gibt in **A** oder **B** eine quadratische Untermatrix der Ordnung $r \times r$, deren Determinante ungleich Null ist. Eine nicht-singuläre Lösung ergibt eindeutige Werte der entsprechenden r Variablen als Ausdruck der übrigen $(n - r)$ Variablen. Es werden nur r Gleichungen benutzt, doch sind die anderen $(m - r)$ Gleichungen konsistent. Man achte darauf, daß r nicht größer ist als der kleinere Wert von m und n. Nur im Fall der nicht-singulären Matrix gilt $r = m = n$. In allen anderen Fällen gilt entweder $r < m$, $r < n$ oder beides. Gilt $r < m$, so gibt es überschüssige Gleichungen, die nicht weiter stören; unter der Voraussetzung, daß **B** vom Rang r ist, lassen sich diese Gleichungen von den anderen ableiten und stehen nicht in Widerspruch mit ihnen. Gilt $r < n$, gibt es überschüssige Variable, die auch nicht weiter stören, sobald man ihnen einmal beliebige Werte zugewiesen hat.

Die Ergebnisse für die Fälle, wo keine nicht-singuläre Matrix vorliegt, lassen sich so zusammenfassen:

> *Das Gleichungssystem* $\mathbf{Ax} = \mathbf{y}$, *wo* **A** *von der Ordnung* $m \times n$ *und vom Rang* r *ist, ist widerspruchsvoll und hat keine Lösung, wenn*

die erweiterte Matrix $\mathbf{B} = (\mathbf{A} \,\vdots\, \mathbf{y})$ *vom Rang* $(r + 1)$ *ist. In allen Fällen, wo* $\mathbf{B}$ *vom Rang* r *ist, gibt es eine Lösung, in der eine entsprechende Variablenanzahl* r *als Ausdruck der übrigen* $(n-r)$ *Variablen wiedergegeben ist. Die Lösung gewinnt man aus* r *Gleichungen; die restlichen* $(m-r)$ *Gleichungen bleiben unberücksichtigt, da sie sich von den übrigen ableiten lassen.*

Im folgenden Beispiel (und in anderen, Aufg. 6, 7 und 8 unten) werden zwei Möglichkeiten angedeutet:

Beispiel (d): Das Gleichungssystem

$$\begin{aligned} x_1 + x_2 + x_3 &= 3 \\ x_1 - 2\,x_2 + 2\,x_3 &= 1 \\ 2\,x_1 - x_2 + 3\,x_3 &= 2 \end{aligned}$$

hat $\mathbf{A} = \begin{bmatrix} 1 & 1 & 1 \\ 1 & -2 & 2 \\ 2 & -1 & 3 \end{bmatrix}$ vom Rang 2 und $\mathbf{B} = \begin{bmatrix} 1 & 1 & 1 & 3 \\ 1 & -2 & 2 & 1 \\ 2 & -1 & 3 & 2 \end{bmatrix}$ vom Rang 3.

Eine Lösung gibt es nicht; die Gleichungen sind nicht konsistent. Die Addition der beiden ersten Gleichungen ergibt

$$2\,x_1 - x_2 + 3\,x_3 = 4\ ,$$

was mit der dritten Gleichung nicht verträglich ist.

Modifiziert man das System dahingehend, daß man die Konstante der dritten Gleichung von 2 in 4 ändert, so löst sich der Widerspruch und die dritte Gleichung kann wegfallen, da man sie (durch Addition) aus den beiden anderen gewinnen kann. Die Matrix $\mathbf{B}$ mit einer 4 statt einer 2 in der rechten unteren Ecke, ist dann, genau wie $\mathbf{A}$, vom Rang zwei. Die beiden ersten Gleichungen ergeben dann eine Lösung.

$$x_1 = \frac{1}{3}\,(7 - 4\,x_3) \quad \text{und} \quad x_2 = \frac{1}{3}\,(2 + x_3)$$

Zwei Variable (x_1 und x_2) sind als Ausdruck einer dritten Variablen (x_3) gegeben, der man beliebige Werte zuordnen kann. In diesem Falle, wo $\mathbf{A}$ von der Ordnung 3×3 und vom Rang 2 ist, gibt es eine „überschüssige" Gleichung.

Übungsaufgaben 14.2

1. Ordnen Sie in Beispiel (a) oben der Variablen x_2 beliebige Werte zu und versuchen Sie x_1 und x_3 daraus abzuleiten. Warum ist das nicht möglich?
2. Prüfen Sie nach, ob (und welche) Lösungen für folgende Gleichungssysteme bestehen:

$$\begin{aligned} x_1 + 2x_2 + 2x_3 + x_4 &= 0 \\ 2x_1 + 4x_2 + 4x_3 + x_4 &= 0 \\ 2x_1 + x_2 + 4x_3 + x_4 &= 0 \end{aligned} \qquad \text{und} \qquad \begin{aligned} x_1 + 2x_2 + 2x_3 &= 0 \\ 2x_1 + 4x_2 + 4x_3 &= 0 \\ 2x_1 + x_2 + 4x_3 &= 0 \\ x_1 + x_2 + x_3 &= 0 \end{aligned}$$

Ziehen Sie den Vergleich mit den Lösungen von Beispiel (a) und Beispiel (b) oben.

3. Finden Sie die Lösung für Beispiel (c) oben durch Eleminieren der Variablen und mit Hilfe der Cramerschen Regel.

4. Beweisen Sie, daß $\mathbf{x} = \mathbf{A}^{-1}\mathbf{y}$ als Lösung für $\mathbf{Ax} = \mathbf{y}$ der Cramerschen Regel entspricht.

5. Zeigen Sie, daß

$$\begin{vmatrix} a-b-c & 2a & 2a \\ 2b & b-c-a & 2b \\ 2c & 2c & c-a-b \end{vmatrix} = (a+b+c)^3$$

und lösen Sie somit

$$\begin{aligned} (a-b-c)\,x + 2\,ay + 2\,az &= 0 \\ 2\,bx + (b-c-a)\,y + 2\,bz &= 0 \\ 2\,cx + 2\,cy + (c-a-b)\,z &= 0 \end{aligned}$$

6. Untersuchen Sie das System

$$\begin{aligned} 2x_1 + 4x_2 + 4x_3 &= 2 \\ 2x_1 + 4x_2 + x_3 &= -1 \\ x_1 + 2x_2 + 2x_3 &= 1 \end{aligned}$$

Zeigen Sie, daß die Matrix und die erweiterte Matrix den Rang 2 haben. Finden Sie eine Lösung für x_3 und zeigen Sie, daß sich x_1 als Ausdruck von x_2 (oder umgekehrt) gewinnen läßt. Was passiert, wenn (a) die Konstante (-1) der zweiten Gleichung in irgendeinen anderen Wert geändert wird und wenn (b) die Konstante (1) des dritten Systems geändert wird?

7. Zeigen Sie, daß das System

$$\begin{aligned} 2x_1 + 4x_2 + x_3 &= -1 \\ x_1 + 2x_2 + 2x_3 &= 1 \end{aligned}$$

die gleiche Lösung wie das System der vorherigen Aufgabe hat. Warum?

8. Untersuchen Sie das System

$$\begin{aligned} 2x_1 + 4x_2 + 4x_3 &= 2 \\ 2x_1 + 4x_2 + x_3 &= -1 \\ x_1 + 2x_2 + 2x_3 &= 1 \\ x_1 + x_2 + x_3 &= 1 \end{aligned}$$

und zeigen Sie, daß es äquivalent ist mit einem (3×3) nicht-singulären System mit der Lösung $x_1 = 1$; $x_2 = -1$; $x_3 = 1$. Vergleichen Sie es mit dem System von Aufg. 6 oben.

14.3 Lineartransformationen

Eine Transformation ist eine Abbildung einer Menge von Elementen in eine andere Menge. In der allgemeinen Definition ist eine *Lineartransformation* eine Abbildung einer Menge von *Vektoren* in eine andere Menge, so daß eine Linearkombination der ersten Menge in dieselbe Linearkombination der zweiten Menge überführt wird (vgl. Anhang B). Die Erörterung beschränkt sich hier auf solche Vektoren, die in n-Tupeln reeller Zahlen oder Punkte im n-dimensionalen Cartesischen Raum sind. Es wird eine bestimmte Basis (die Einheitsvektoren) angenommen; die Punkte werden dann auf feste Koordinatenachsen bezogen. Eine Lineartransformation tritt dann analytisch als besondere Matrix auf: $\mathbf{y} = \mathbf{A}\mathbf{x}$, wobei $\mathbf{A} = [a_{rs}]$ von der Ordnung $m \times n$ ist. Dies ist eine Transformation aus n-Tupeln $\mathbf{x} = (x_1, x_2, \ldots, x_n)$ in m-Tupel $\mathbf{y} = (y_1, y_2, \ldots, y_m)$. Es ist das Gleichungssystem in 14.2 in umgekehrter Reihenfolge.

Das Problem für ein Gleichungssystem besteht darin, $\mathbf{x}$ bei gegebenen $\mathbf{y}$ zu bestimmen. *Dasselbe* Problem tritt bei der *Inversion* einer Lineartransformation auf, wo $\mathbf{x}$ in Abhängigkeit von $\mathbf{y}$ angegeben werden soll. Die Lösung des ersten Problems bedarf nur einer anderen Interpretation.

(i) *Der Fall einer nicht-singulären Matrix:* $\mathbf{A}$ ist von der Ordnung $n \times n$ und vom Rang n, und hat die Inverse $\mathbf{A}^{-1}$. $\mathbf{x}$ und $\mathbf{y}$ sind Mengen von gleich vielen Variablen. Dann gilt:

$$\mathbf{y} = \mathbf{A}\mathbf{x} \qquad \text{wird invertiert zu} \qquad \mathbf{x} = \mathbf{A}^{-1}\mathbf{y}$$

In der Praxis kann man die inverse Transformation gewinnen, indem man $\mathbf{A}^{-1}$ schreibt oder die Variablen eliminiert oder indem man die Cramersche Regel (14.2 oben) anwendet.

Beispiel (a)

$$\begin{aligned} y_1 &= -x_1 + x_2 + x_3 \\ y_2 &= x_1 - x_2 + x_3 \\ y_3 &= x_1 + x_2 - x_3 \end{aligned}$$

$$\text{Hier ist } \mathbf{A} = \begin{bmatrix} -1 & 1 & 1 \\ 1 & -1 & 1 \\ 1 & 1 & -1 \end{bmatrix} \quad \text{und } \mathbf{A}^{-1} = \begin{bmatrix} 0 & \frac{1}{2} & \frac{1}{2} \\ \frac{1}{2} & 0 & \frac{1}{2} \\ \frac{1}{2} & \frac{1}{2} & 0 \end{bmatrix}$$

wie im Beispiel (c) in 14.2. Folglich ist

$$x_1 = \frac{1}{2}(y_2 + y_3) \quad x_2 = \frac{1}{2}(y_3 + y_1) \quad x_3 = (y_1 + y_2) \ ,$$

was man auch direkt aus den ursprünglichen Gleichungen erhalten kann.

Die Lineartransformation läßt sich geometrisch interpretieren und entsprechend anwenden, z. B. auf die Theorie konvexer Mengen. Eine Punktmenge in n Dimensionen kann eine endliche Menge sein, etwa die Eckpunkte einer n-dimensionalen Figur; oder sie kann eine unendliche Menge sein, etwa die Punkte auf irgendeiner Kurve oder Oberfläche. Man stelle einen Punkt, bezogen auf die Achsen $Ox_1 x_2 \ldots x_n$, durch ein n-Tupel $\mathbf{x} = (x_1, x_2, \ldots, x_n)$ dar und wende die Lineartransformation $\mathbf{y} = \mathbf{A}\mathbf{x}$ an.

Die Punktmenge wird dann in eine neue Punktmenge $\mathbf{y} = (y_1, y_2, \ldots, y_n)$ abgebildet, bezogen auf die Achsen $Oy_1 y_2 \ldots y_n$ in einem anderen n-dimensionalen Raum. Die Abbildung stellt eine eindeutige Relation zwischen der Punktmenge in einem Raum und der Punktmenge im andern Raum her. Die Ecken einer Figur im $\mathbf{x}$-Raum werden in die Ecken einer anderen Figur im $\mathbf{y}$-Raum transformiert; die Kurve oder Oberfläche im $\mathbf{x}$-Raum verwandelt sich in eine andere Kurve oder Oberfläche im $\mathbf{y}$-Raum. Bei einer Lineartransformation kann je nach der Art der Matrix $\mathbf{A}$, der eine Raum auf alle möglichen Arten in den anderen Raum „übergehen". In der Ebene läßt sich das leicht veranschaulichen, wie die folgenden Beispiele mit den bekannten Matrizen $\mathbf{A}$ von der Ordnung 2×2 zeigen:

Beispiel (b): $\mathbf{y} = \begin{bmatrix} k & 0 \\ 0 & 1 \end{bmatrix} \mathbf{x}$, d. h. $y_1 = kx_1$ und $y_2 = x_2$

Die Matrix ist ein Beispiel der $\mathbf{K}$-Matrix aus 13.4 oben. Sie läßt sich verwenden, um ein Quadrat im Raum $Ox_1 x_2$ in ein Rechteck im Raum $Oy_1 y_2$ zu transformieren, wie es in der Abb. 51 für den Fall $k = 2$ veranschaulicht wird. In ähnlicher Weise läßt sich ein Kreis in eine Ellipse transformieren. Ist $k > 1$ und (und $x_1 > 0$), so impliziert die Transformation eine Verschiebung nach rechts und eine „Streckung" in horizontaler Richtung.

Die inverse Transformation ist

$$\mathbf{x} = \begin{bmatrix} \frac{1}{k} & 0 \\ 0 & 1 \end{bmatrix} \mathbf{y}$$

oder $x_1 = \frac{1}{k} y_1$ und $x_2 = y_2$. Wendet man dies im Fall $k = 2$ auf den Kreis mit dem Mittelpunkt (2, 2) und dem Radius 1 an:

$$(x_1 - 2)^2 + (x_2 - 2)^2 = 1 ,$$

so ist die entsprechende Kurve im y-Raum:

$$\left(\frac{1}{2} y_1 - 2\right)^2 + (y_2 - 2)^2 = 1$$

d. h. $$(y_1 - 4)^2 + 4\,(y_2 - 2)^2 = 4 ,$$

was eine Ellipse darstellt.

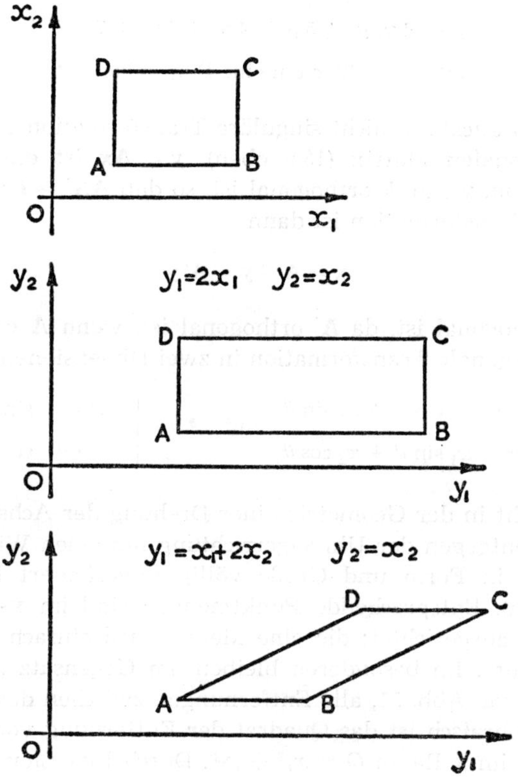

Abb. 51

Beispiel (c): $\mathbf{y} = \begin{bmatrix} 1 & h \\ 0 & 1 \end{bmatrix} \mathbf{x}$, d. h. $y_1 = x_1 + hx_2$ und $y_2 = x_2$ womit die Matrix **H** von 13.4 oben gegeben ist. Wendet man die Transformation auf ein Quadrat im Raum $Ox_1 x_2$ an, so läßt sie einen Rhombus im Raum $Oy_1 y_2$ entstehen, wie dies für den Fall $h = 2$ in Abb. 51 veranschaulicht wird. Ein Kreis wird wiederum in eine Ellipse transformiert, deren Hauptachse nunmehr in einem Winkel zur Abszisse steht. Ist $h > 1$ (und $x_2 > 0$) so bedeutet die Transformation eine Verschiebung nach rechts, die nicht konstant ist, sondern proportional zum Abstand von der Abszisse.

Wendet man die Transformation in ihrer inversen Form

$$\mathbf{x} = \begin{bmatrix} 1 & -h \\ 0 & 1 \end{bmatrix} \mathbf{y}\ , \quad \text{d. h.} \quad y_1 = x_1 - hx_2 \quad \text{und} \quad y_2 = x_2$$

auf denselben Kreis $(x_1-2)^2 + (x_2-2)^2 = 1$ an, und die Kurve im y-Raum ist (bei $h = 2$)

$$(y_1 - 2\,y_2 - 2)^2 + (y_2 - 2)^2 = 1$$

d. h.

$$y_1^2 - 4\,y_1\,y_2 + 5\,y_2^2 - 4\,y_1 + 4\,y_2 + 7 = 0$$

Man kann zeigen, daß es sich hier um eine Ellipse handelt.

Eine sehr brauchbare nicht-singuläre Transformation erhält man aus einer orthogonalen Matrix (13.9 oben). $\mathbf{y} = \mathbf{Ax}$ ist eine *orthogonale Transformation*, wenn $\mathbf{A}$ orthogonal ist, so daß $\mathbf{AA}' = \mathbf{I}$ und $\mathbf{A}^{-1} = \mathbf{A}'$. Die inverse Transformation ist dann

$$\mathbf{x} = \mathbf{A}^{-1}\,\mathbf{y} = \mathbf{A}'\,\mathbf{y}$$

die auch orthogonal ist, da $\mathbf{A}'$ orthogonal ist, wenn $\mathbf{A}$ es ist. Eine besondere orthogonale Transformation in zwei Dimensionen ist

$$\begin{aligned} y_1 &= x_1 \cos\vartheta + x_2 \sin\vartheta \\ y_2 &= -x_1 \sin\vartheta + x_2 \cos\vartheta \end{aligned} \quad \text{mit} \quad \mathbf{A} = \begin{bmatrix} \cos\vartheta & \sin\vartheta \\ -\sin\vartheta & \cos\vartheta \end{bmatrix}$$

Dies entspricht in der Geometrie einer Drehung der Achsen von $Ox_1\,x_2$ nach $Oy_1\,y_2$ entgegen der Uhrzeigerrichtung um einen Winkel ϑ, wobei alle Figuren in Form und Größe völlig unverändert bleiben (siehe Abb. 49 oben). Entsprechende Punktmengen sind im $\mathbf{x}$- und $\mathbf{y}$-Raum genau gleich ausgerichtet; die eine Menge wird einfach in die andere „hineingedreht". Im besonderen bleiben, im Gegensatz zu den Transformationen von Abb. 51, alle Entfernungen zwischen den Punkten unberührt. Algebraisch ist das Quadrat der Entfernung von 0 zu irgendeinem Punkt im $\mathbf{x}$-Raum $Q = x_1^2 + x_2^2$. Durch Inversion der Transformation erhält man

$$x_1 = y_1 \cos\vartheta - y_2 \sin\vartheta \quad \text{und} \quad x_2 = y_1 \sin\vartheta + y_2 \cos\vartheta$$

auf Q angewendet:

$$Q = (y_1 \cos\vartheta - y_2 \sin\vartheta)^2 + (y_1 \sin\vartheta + y_2 \cos\vartheta)^2 = y_1^2 + y_2^2$$

Folglich gilt

$$Q = x_1^2 + x_2^2 = y_1^2 + y_2^2$$

Die Entfernung vom Ursprung ist somit unverändert. Dies läßt sich leicht verallgemeinern (siehe Aufg. 7 unten).

Umgekehrt läßt sich nachweisen, daß zu jeder orthogonalen Transformation im zweidimensionalen Raum für einen geeigneten Winkel ϑ die Matrix $\mathbf{A} = \begin{bmatrix} \cos\vartheta & \sin\vartheta \\ -\sin\vartheta & \cos\vartheta \end{bmatrix}$ gehört, es sei denn, es läßt sich zufällig mal eine Zeile oder eine Spalte (oder beide) nicht mit (-1) multiplizieren. Zum Beweis sei $\mathbf{A} = \begin{bmatrix} a_{11} & a_{12} \\ a_{21} & a_{22} \end{bmatrix}$ orthogonal, so daß (13.9 oben) gilt:

$$a_{11}{}^2 + \quad a_{12}{}^2 = 1 \tag{1}$$

$$a_{21}{}^2 + \quad a_{22}{}^2 = 1 \tag{2}$$

$$a_{11}\, a_{21} + a_{12}\, a_{22} = 0 \tag{3}$$

Wegen (1) muß a_{11} numerisch kleiner als 1 sein, so daß sich eindeutig ein Winkel ϑ (im Bereich $0, \pi$) finden läßt, für den $a_{11} = \cos\vartheta$ und folglich $a_{12} = \sin\vartheta$ gilt (oder $a_{12} = -\sin\vartheta$, eine von den oben erwähnten Varianten). In ähnlicher Weise läßt sich aus (2) eindeutig ein Winkel φ finden, für den $a_{21} = \sin\varphi$, $a_{22} = \cos\varphi$ gilt. Die Bedingung (3) ergibt dann:

$$\cos\vartheta \sin\varphi + \sin\vartheta \cos\varphi = 0$$

d. h.

$$\sin(\vartheta + \varphi) = 0$$

d. h.

$$\varphi = -\vartheta$$

wiederum sehen wir davon ab, wie das Vorzeichen von $\sin\varphi$ und $\cos\varphi$ ist. Folglich ist

$$\mathbf{A} = \begin{bmatrix} \cos\vartheta & \sin\vartheta \\ -\sin\vartheta & \cos\vartheta \end{bmatrix}$$

oder eine der Varianten.

Somit bedeutet in der Ebene eine orthogonale Transformation einfach eine Drehung der Achsen, und alle Entfernungen (und Gestalten der Figuren) sind bezüglich der Transformation invariant.

Die Invarianz von Entfernungen und Gestalten der Figuren ist bei jeder Dimensionszahl eine Eigenschaft orthogonaler Transformationen. Das allgemeine Ergebnis wurde in 13.9 (iii) oben angeführt; es läßt sich so ausdrücken:

Ist $\mathbf{y} = \mathbf{A}\mathbf{x}$ *eine orthogonale Transformation, so daß* $\mathbf{A}^{-1} = \mathbf{A}'$, *dann sind die linearen Produkte invariant:* $\mathbf{x}_1 \cdot \mathbf{x}_2 = \mathbf{y}_1 \cdot \mathbf{y}_2$ *und somit sind bezüglich der Transformation auch Winkel und Entfernungen invariant.*

Im besonderen sind Entfernungen vom Ursprung invariant:

$$Q = \sum_r x_r{}^2 = \sum_r y_r{}^2 \,.$$

Die Algebra der Lineartransformation ist einfach die Algebra der entsprechenden Matrizen. Sie ist unkompliziert, wenn die Matrizen quadratisch und nicht-singulär sind; Determinantenwert und Inverse einer solchen Matrix lassen sich immer schreiben. Die in 13.2 oben aufgeführten Ergebnisse für zwei Dimensionen lassen sich leicht verallgemeinern.

Sind beispielsweise $\mathbf{x} = \mathbf{A}\mathbf{y}$ und $\mathbf{y} = \mathbf{B}\mathbf{z}$ zwei nicht-singuläre Lineartransformationen, dann läßt sich eine direkte Beziehung zwischen $\mathbf{x}$ und $\mathbf{z}$ ableiten:

$$\mathbf{x} = \mathbf{A}\,(\mathbf{B}\mathbf{z}) = (\mathbf{A}\mathbf{B})\,\mathbf{z}$$

ist eine Lineartransformation mit der Matrix $\mathbf{AB}$. Mit den Inversen ausgedrückt:

$$\mathbf{y} = \mathbf{A}^{-1}\mathbf{x} \quad \text{und} \quad \mathbf{z} = \mathbf{B}^{-1}\mathbf{z} \quad \text{ergeben} \quad \mathbf{z} = \mathbf{B}^{-1}\mathbf{A}^{-1}\mathbf{x} = (\mathbf{AB})^{-1}\mathbf{x}$$

welches die Inverse von $\mathbf{x} = (\mathbf{AB})\,\mathbf{z}$ ist.

(ii) *Fälle mit singulären Matrizen:* Ist die Matrix einer Lineartransformation entweder rechteckig oder quadratisch und singulär, so ist das Problem der Inversenbildung schon komplizierter. Die Ergebnisse von 14.2 (iib) oben sind zwar anwendbar, doch müssen sie anders interpretiert werden.

Man betrachte den Fall $\mathbf{y} = \mathbf{A}\mathbf{x}$, wo $\mathbf{A}$ quadratisch von der Ordnung $n \times n$ und vom Rang $r < n$ ist. Die Zahl der $\mathbf{x}$- und $\mathbf{y}$-Variablen sind jeweils gleich; jedoch verhindert die Tatsache, daß $\mathbf{A}$ singulär ist $(r < n)$ jede direkte Inversion der Lineartransformation. Die Transformation, so wie sie da steht, zu deuten, ist nicht schwer. Sind die x-Werte beliebig gegeben, so entspricht ihnen eine eindeutige Menge von y-Werten. Einem gegebenen Punkt im $\mathbf{x}$-Raum entspricht genau ein Punkt im $\mathbf{y}$-Raum. Zur Inversion der Transformation gebe man bestimmte y-Werte an und versuche die entsprechenden x-Werte zu finden, d. h. ist ein Punkt im $\mathbf{y}$-Raum gegeben, so versuche man, einen entsprechenden Punkt im $\mathbf{x}$-Raum zu bestimmen. Die Antwort ist, daß dies nicht möglich ist, zumindest nicht im vollständigen n-dimensionalen Raum.

$\mathbf{A}$ ist vom Rang r und hat eine quadratische Untermatrix der Ordnung $r \times r$, die nicht-singulär ist. Es entsprechen dem r bestimmte x-Werte (etwa $x_1, x_2, \ldots, x_r$) und r bestimmte Gleichungen und y-Werte (etwa $y_1, y_2, \ldots, y_r$). Sind r bliebige y-Werte gegeben, so findet man auch r eindeutige x-Werte. Geometrisch entspricht ein Punkt im r-dimensionalen $\mathbf{x}$-Raum (innerhalb aller n Dimensionen) einem Punkt im r-dimensionalen $\mathbf{y}$-Raum und umgekehrt. Übrig bleibt folgende Frage: Was will man mit den „überschüssigen" $(n-r)$ Variablen machen, d. h. mit $x_{r+1}, x_{r+2}, \ldots, x_n$ und $y_{r+1}, y_{r+2}, \ldots, y_n$, d. h. mit den „überschüssigen" Dimensionen der $\mathbf{x}$- und $\mathbf{y}$-Räume?

Die „überschüssigen" $(n-r)$ Variablen unter den x-Werten werden so behandelt, daß man ihnen beliebige Werte zuordnet, die tatsächlich verwendet werden, um $x_1, x_2, \ldots, x_r$ aus den r ausgewählten Gleichungen der Lineartransformation zu bestimmen. Die „überschüssigen" $(n-r)$ Variablen unter den y-Werten können vernachlässigt werden, oder man kann ihnen auch bestimmte Werte zuordnen. Sollen diese zusätzlich bestimmten Werte in Betracht gezogen werden, so müssen sie derart sein, daß die erweiterte Matrix $\mathbf{B} = [\mathbf{A} \vdots \mathbf{y}]$ vom Rang r ist. Die zusätzlichen Gleichungen in der Transformation sind mit den anderen verträglich. Haben jedoch die zusätzlichen y-Werte einen solchen Wert bekommen, daß $\mathbf{B} = [\mathbf{A} \vdots \mathbf{y}]$ vom Rang $(r + 1)$ ist, dann sind sie mit der Inversion der Lineartransformation verträglich. Kurz gesagt muß also bei der vollständigen Transformation in allen n Dimensionen der Bereich der Werte, die man den y-Variablen zuweisen kann, begrenzt sein und ebenso müssen einige x-Variable beliebige Werte erhalten. Ein Beispiel veranschaulicht dies:

Beispiel (d):

$$\begin{aligned} y_1 &= x_1 + x_2 + x_3 \\ y_2 &= x_1 - 2x_2 + 2x_3 \\ y_3 &= 2x_1 - x_2 + 3x_3 \end{aligned} \qquad \text{mit } \mathbf{A} = \begin{bmatrix} 1 & 1 & 1 \\ 1 & -2 & 2 \\ 2 & -1 & 3 \end{bmatrix} \quad \text{vom Rang 2}$$

Die rechte Seite der letzten Gleichung ist durch Addition aus den beiden anderen abgeleitet. Den y-Variablen muß man nun Werte geben, um die x-Variablen als abhängig von ihnen zu erhalten. Beliebige Werte lassen sich y_1 und y_2 zuordnen, doch y_3 muß dann den Wert $y_1 + y_2$ erhalten, wenn die drei Gleichungen widerspruchsfrei sein sollen; in diesem Fall läßt man die dritte Gleichung einfach fallen, da sie nichts Neues besagt. Ordnet man y_3 irgendeinen anderen Wert zu, dann zeigt die Gleichung einen Widerspruch; man kann sie noch immer fallen lassen, nicht etwa weil sie sich nicht einfügt, sondern weil sie nutzlos ist. Um also mit allen drei Gleichungen arbeiten zu können, muß es für die Werte, die man den y-Variablen zuweist, eine Beschränkung oder Beziehung geben $y_3 = y_1 + y_2$. Auch wenn man dies getan hat, lassen sich nur zwei x-Werte finden, dem andern muß irgendein beliebiger Wert gegeben werden. Diese Lösung der ersten beiden Gleichungen

$$x_1 = \frac{1}{2}(2y_1 + y_2 - 4x_3) \quad \text{und} \quad x_2 = \frac{1}{3}(y_1 - y_2 + x_3)$$

ist die einzige Form, die sich für die Inverse der Lineartransformation schreiben läßt. Hier wird x_3 ein beliebiger Wert zugeordnet und die „überschüssige" Variable y_3 bleibt entweder ganz unbeachtet oder man weist ihr den Wert $y_3 = y_1 + y_2$ zu, wenn sie sich in das übrige System einfügen soll.

Der gleiche Fall liegt weitgehend vor, wenn $\mathbf{A}$ rechteckig ist von der Ordnung $m \times n$ und vom Rang r kleiner als m und n. Ist $m < n$, so gibt es zusätzlich „überschüssige" x-Variable, denen man bei der Inversion der Transformation beliebige Werte zuordnen muß. Ist $m > n$, so gibt es zusätzliche „überschüssige" y-Variable, die man vernachlässigen oder in bestimmter Weise zu den anderen y-Variablen in Beziehung setzen muß. Geometrisch entspricht einem Punkt im n-dimensionalen $\mathbf{x}$-Raum ein eindeutiger Punkt im m-dimensionalen $\mathbf{y}$-Raum. Aber umgekehrt kann das Entsprechungsverhältnis zwischen Punkten im $\mathbf{x}$-Raum und und gegebenen Punkten im $\mathbf{y}$-Raum nur für eine begrenzte Zahl (r) von Dimesionen oder innerhalb gewisser Grenzen der vollständigen Menge von Dimensionen hergestellt werden.

In der Algebra der singulären Lineartransformation muß man mit Vorsicht vorgehen. Die jeweiligen Dimensionen der Ordnungen müssen geprüft werden und die inversen Transformationen lassen sich nicht generell schreiben. Zum Beispiel:

$$\mathbf{x} = \mathbf{A}\mathbf{y} \quad \text{und} \quad \mathbf{y} = \mathbf{B}\mathbf{z} \quad \text{ergeben} \quad \mathbf{x} = (\mathbf{A}\mathbf{B})\,\mathbf{z}$$

da $\mathbf{A}$ und $\mathbf{B}$ verkettet sind. Ist $\mathbf{A}$ von der Ordnung $m \times k$ und $\mathbf{B}$ von der Ordnung $k \times n$, dann läßt sich $\mathbf{AB}$ von der Ordnung $m \times n$ schreiben. Das bedeutet, daß m $\mathbf{x}$-Variable mit Hilfe von k dazwischenstehenden $\mathbf{y}$-Variablen zu n $\mathbf{z}$-Variablen in Beziehung gesetzt werden können. Dies läßt sich im allgemeinen nicht umkehren.

Übungsaufgaben 14.3

1. Zeigen Sie, daß die Lineartransformation $\mathbf{y} = \mathbf{E}_{(12)}\,\mathbf{x}$, wobei $\mathbf{E}_{(12)}$ die in 13.4 oben definierte Matrix ist, nur die Achsen transponiert und die Figuren unverändert läßt.

2. Zeigen Sie, daß

$$\begin{aligned} y_1 &= x_1 \\ y_2 &= x_1 + x_2 \\ y_3 &= x_1 + x_2 + x_3 \end{aligned} \qquad \text{sich invertieren läßt in} \qquad \begin{aligned} x_1 &= y_1 \\ x_2 &= y_2 - y_1 \\ x_3 &= y_3 - y_2 \end{aligned}$$

Verallgemeinern Sie das Ergebnis und interpretieren Sie es als Differenz kumulierter Werte.

3. Untersuchen Sie die folgende Lineartransformation und bestimmen Sie die Beschränkung der y-Variablen. Lassen Sie ein y aus und bestimmen Sie die inverse Transformation. Vergleichen Sie dies mit den Ergebnissen von 14.2 Aufg. 8 oben.

$$\begin{aligned} y_1 &= 2\,x_1 + 4\,x_2 + 4\,x_3 \\ y_2 &= 2\,x_1 + 4\,x_2 + x_3 \\ y_3 &= x_1 + 2\,x_2 + 2\,x_3 \\ y_4 &= x_1 + x_2 + x_3 \end{aligned}$$

4. Bestimmen Sie die z-Werte als Ausdruck der gegebenen x-Werte:

$$\begin{aligned} y_1 &= -x_1 + x_2 + x_3 \\ y_2 &= x_1 - x_2 + x_3 \\ y_3 &= x_1 + x_2 - x_3 \end{aligned} \qquad \text{und} \qquad \begin{aligned} z_1 &= \frac{1}{2}(y_1 + y_2) \\ z_2 &= y_1 + y_2 + y_3 \end{aligned}$$

Überprüfen Sie das Ergebnis durch Multiplikation der Matrizen.

5. Ist $\mathbf{y} = \mathbf{A}\mathbf{x}$, $\mathbf{z} = \mathbf{B}\mathbf{x}$, wobei $\mathbf{A}$ und $\mathbf{B}$ quadratisch und nicht-singulär sind, dann zeigen Sie, daß $\mathbf{y} = \mathbf{A}\mathbf{B}^{-1}\mathbf{z}$ und $\mathbf{z} = \mathbf{B}\mathbf{A}^{-1}\mathbf{y}$ ist. Was läßt sich aussagen, wenn $\mathbf{A}$ oder $\mathbf{B}$ (a) singulär und (b) rechteckig sind?

6. Zeigen Sie, daß $\mathbf{A} = \frac{1}{3}\begin{bmatrix} -1 & 2 & -2 \\ 2 & -1 & -2 \\ 2 & 2 & 1 \end{bmatrix}$ orthogonal ist und prüfen Sie nach, daß die orthogonale Transformation $\mathbf{y} = \mathbf{A}\mathbf{x}$ die Entfernungen im $\mathbf{x}$- und $\mathbf{y}$-Raum erhält.

7. Zeigen Sie, daß bezüglich einer orthogonalen Transformation die Entfernung zwischen einem beliebigen Paar von Punkten in der Ebene unverändert bleibt.

14.4 Charakteristische Gleichung einer quadratischen Matrix

Die charakteristische Gleichung, die man aus einer quadratischen Matrix gewinnt, ist in der Matrixalgebra ein sehr brauchbares Instrument. Nur die Grundzusammenhänge sollen hier zusammen mit der besonderen Anwendung auf symmetrische Matrizen und quadratische Formen entwickelt werden; vgl. hierzu Thrall und Tornheim (1957), S. 142 ff.

Die Matrix $\mathbf{A} = [a_{rs}]$ ist quadratisch von der Ordnung $n \times n$ und $\mathbf{I}$ ist die entsprechende Einheitsmatrix. Für beliebiges Vielfaches oder einen Parameter λ ist die *charakteristische Matrix* von $\mathbf{A}$:

$$\mathbf{A} - \lambda\mathbf{I} = \begin{bmatrix} a_{11}-\lambda & a_{12} & \dots & a_{1n} \\ a_{21} & a_{22}-\lambda & \dots & a_{2n} \\ \dots & \dots & \dots & \dots \\ a_{n1} & a_{n2} & \dots & a_{nn}-\lambda \end{bmatrix}$$

Der Determinantenwert $|\mathbf{A} - \lambda\mathbf{I}|$ erscheint voll ausgeschrieben als Polynom n-ten Grades in λ, wobei die Koeffizienten den a-Werten entnommen sind. Der erste Ausdruck im Polynom ist $(-1)^n \lambda^n$ und der letzte oder konstante Ausdruck ist $|\mathbf{A}|$. Die andern Ausdrücke in λ^{n-1}, λ^{n-2}, ... lassen sich nur mit größerer Schwierigkeit in allgemeiner Form gewinnen (siehe Aufg. 3 unten). Setzt man das Polynom gleich Null, so ergibt sich eine Gleichung n-ten Grades in λ, deren Wurzeln $\lambda_1, \lambda_2, \dots, \lambda_n$ reell oder paarweise konjugiert komplex sind. Dies ist die *charakteristische Gleichung* der quadratischen Matrix **A**. Die Wurzeln sind die *charakteristischen oder latenten Wurzeln* von **A**, die manchmal auch *Eigenwerte* genannt werden.

Definition: Die charakteristische Gleichung der $n \times n$ Matrix $\mathbf{A}$ ist:

$$|\mathbf{A} - \lambda\mathbf{I}| = 0$$

mit charakteristischen oder latenten Wurzeln, oder Eigenwerten, $\lambda_1, \lambda_2, \ldots . \lambda_n$.

Ist λ_r eine charakteristische Wurzel, so daß $|\mathbf{A}-\lambda_r \mathbf{I}| = 0$ gilt, dann ist die Matrix $\mathbf{A}-\lambda_r \mathbf{I}$ singulär. Folglich sind (14.1 oben) ihre Zeilen und Spalten linear abhängig und eine Menge von Vielfachen, nicht alle Null, läßt sich finden und in einem Spaltenvektor anordnen:

$$\mathbf{k}_r = \{k_{1r}, k_{2r}, \ldots k_{nr}\} \qquad (\mathbf{k}_r \neq \mathbf{0})$$

so daß

$$(\mathbf{A}-\lambda_r \mathbf{I})\, \mathbf{k}_r = \mathbf{0}$$

Der Vektor $\mathbf{k}_r$ heißt *Eigenvektor* und entspricht dem *Eigenwert* λ_r.

Der konstante Ausdruck in der charakteristischen Gleichung ist $|\mathbf{A}|$. Ist $\mathbf{A}$ nicht-singulär, so ist $|\mathbf{A}| \neq 0$ und keine Wurzel ist Null. Ist $\mathbf{A}$ singulär, so gibt es zumindest eine Wurzel gleich Null. Wir müssen also der Voraussetzung nachgehen, daß r Wurzeln ungleich Null und $(n-r)$ Wurzeln gleich Null sind, wenn $\mathbf{A}$ den Rang r hat.

Beispiel (a): $\mathbf{A} = \begin{bmatrix} 2 & -1 & -1 \\ -1 & 2 & -1 \\ -1 & -1 & 2 \end{bmatrix}$ ist singulär vom Rang 2.

Die charakteristische Gleichung reduziert sich auf

$$\lambda^3 - 6\,\lambda^2 + 9\,\lambda = 0; \quad \text{die Wurzeln sind} \quad \lambda = 3,\ 3,\ 0\ .$$

Aus der Null-Wurzel geht hervor, daß $\mathbf{A}$ einen Rang hat, der um 1 geringer als 3 ist.

Bei den weiteren Überlegungen verwenden wir den Begriff der ähnlichen Matrizen. Alle Matrizen werden als quadratisch von der Ordnung $n \times n$ angenommen. $\mathbf{A}$ und $\mathbf{B}$ sind ähnlich, wenn $\mathbf{B} = \mathbf{PAP}^{-1}$ für ein beliebiges nicht-singuläres $\mathbf{P}$ gilt. Wir gehen so vor, daß wir $\mathbf{A}$ als Matrix bekommen, die irgendeiner Diagonal-Matrix $\bar{\boldsymbol{\lambda}}$ ähnlich ist und daß wir dann die diagonalen Elemente in $\bar{\boldsymbol{\lambda}}$ mit den charakteristischen Wurzeln von $\mathbf{A}$ gleichsetzen. Das ist ziemlich schwierig, und in der Tat läßt sich $\mathbf{A}$ nicht immer „diagonalisieren". Die folgende Darstellung ist unvollständig; siehe Murdoch (1957).

Eins ist einfach: Ist $\mathbf{A}$ vom Rang r der Matrix $\bar{\boldsymbol{\lambda}}$ mit den Diagonalelementen $(\lambda_1, \lambda_2, \ldots, \lambda_n)$ ähnlich, dann hat $\mathbf{A}$ die charakteristischen Wurzeln λ_r und genau r von ihnen sind ungleich Null. Dies folgt aus zwei Ergebnissen:

(i) *Ähnliche Matrizen haben den gleichen Rang und gleiche charakteristische Wurzeln.*

Beweis: Sind $\mathbf{A}$ und $\mathbf{B}$ ähnlich (vom gleichen Rang, siehe 13.9), so gilt $\mathbf{B} = \mathbf{PAP}^{-1}$ und

$$\mathbf{B} = \lambda\mathbf{I} = \mathbf{PAP}^{-1} - \lambda\mathbf{PIP}^{-1} = \mathbf{P}\,(\mathbf{A} - \lambda\mathbf{I})\,\mathbf{P}^{-1}$$

da

$$\mathbf{PIP}^{-1} = \mathbf{PP}^{-1} = \mathbf{I}\,. \quad \text{Nun ist} \quad |\mathbf{P}^{-1}| = 1/|\mathbf{P}|$$

und deshalb

$$|\mathbf{B} - \lambda\mathbf{I}| = |\mathbf{P}|\;|\mathbf{A} - \lambda\mathbf{I}|\;|\mathbf{P}^{-1}| = |\mathbf{A} - \lambda\mathbf{I}| \qquad \text{Q. E. D.}$$

(ii) *Die Diagonal-Matrix* $\bar{\boldsymbol{\lambda}}$ *hat die charakteristischen Wurzeln* $\lambda_1, \lambda_2 \ldots, \lambda_n$.

Beweis: Die Matrix $(\bar{\boldsymbol{\lambda}} - \lambda\mathbf{I})$ ist gleichfalls diagonal und hat in der Diagonalen die Elemente $(\lambda_1 - \lambda)$, $(\lambda_2 - \lambda)$, ..., $(\lambda_n - \lambda)$. Folglich ist die charakteristische Gleichung

$$(\lambda_1 - \lambda)\,(\lambda_2 - \lambda)\,\ldots\,(\lambda_n - \lambda) = 0 \qquad \text{Q. E. D.}$$

Ist $\mathbf{A}$ also $\bar{\boldsymbol{\lambda}}$ ähnlich und haben beide den Rang r, dann hat $\mathbf{A}$ auf Grund von (i) und (ii) die charakteristischen Wurzeln von $\bar{\boldsymbol{\lambda}}$, d. h. $(\lambda_1, \lambda_2, \ldots, \lambda_n)$. Doch ist $\bar{\boldsymbol{\lambda}}$ nur dann vom Rang r, wenn genau r unter den λ_r ungleich Null sind.

Das Problem besteht darin, $\mathbf{A}$ zu „diagonalisieren". Hier soll nur ein Fall betrachtet werden, wo $\mathbf{A}$ eine *symmetrische Matrix* ist, so daß also $\mathbf{A}' = \mathbf{A}$ gilt. Dann gilt: $\mathbf{A}$ *hat charakteristische Wurzeln, die alle reell sind.* Dies ist eine große Vereinfachung; Schwierigkeiten mit komplexen Elementen in den verwendeten Matrizen gibt es nicht. Der Beweis des Ergebnisses lautet wie folgt: Angenommen, die symmetrische Matrix $\mathbf{A}$ habe eine charakteristische Wurzel $\lambda = \alpha + i\beta$ und ihre Konjugierte sei $\lambda' = \alpha - i\beta$. Dann gilt $|\mathbf{A} - \lambda\mathbf{I}| = 0$.

Man schreibe:

$$\mathbf{B} = (\mathbf{A} - \lambda\mathbf{I})\,(\mathbf{A} - \lambda'\,\mathbf{I}) = \mathbf{A}^2 - 2\,\alpha\mathbf{A} + (\alpha^2 + \beta^2)\,\mathbf{I} = (\mathbf{A} - \alpha\mathbf{I})^2 + \beta^2\,\mathbf{I}$$

Das ist eine reelle quadratische Matrix. $\mathbf{B}$ ist singulär, da $|\mathbf{B}| = 0$ aus $|\mathbf{A} - \lambda\mathbf{I}| = \mathbf{0}$ folgt. Folglich gilt wegen Fall (i) in 14.2 oben für irgendeinen Vektor $\mathbf{x}$ ungleich Null $\mathbf{Bx} = \mathbf{0}$. Somit ist $\mathbf{x}'\,\mathbf{Bx} = \mathbf{x}'\,\mathbf{0} = 0$. Aber:

$$\mathbf{x}'\,\mathbf{Bx} = \mathbf{x}'\,(\mathbf{A} - \alpha\mathbf{I})^2\,\mathbf{x} + \mathbf{x}'\,\beta^2\,\mathbf{Ix}$$

Der erste Ausdruck ist (als quadratische Form), wie man leicht sieht, nicht-negativ und der zweite Ausdruck ist unter Gebrauch der Komponenten von $\mathbf{x}$ gleich $\beta^2\,\mathbf{x}'\,\mathbf{I}\,\mathbf{x} = \beta^2\,\mathbf{x}'\,\mathbf{x} = \beta^2\,(x_1^2 + x_2^2 + \ldots + x_n^2)$. Folglich ist für $\mathbf{x}$ ungleich Null nur dann $\mathbf{x}'\,\mathbf{Bx} = 0$, wenn der erste Ausdruck Null ist, was $|\mathbf{A}-\alpha\mathbf{I}| = 0$ bedeutet, und wenn auch der zweite Ausdruck Null ist, was $\beta = 0$ bedeutet. Folglich ist $\lambda = \alpha$ und somit reell.

Q. E. D.

Man schreibe $\lambda_1, \lambda_2, \ldots, \lambda_n$ als die reellen charakteristischen Wurzeln von $\mathbf{A}$ und bilde aus ihnen die Diagonal-Matrix. Das Hauptergebnis ist:

Für eine beliebige symmetrische Matrix $\mathbf{A}$ *gibt es eine orthogonale Matrix* $\mathbf{P}$, *so daß* $\mathbf{P}^{-1}\mathbf{A}\mathbf{P}$ *die Diagonal-Matrix* $\bar{\boldsymbol{\lambda}}$ *der charakteristischen Wurzeln von* $\mathbf{A}$ *ist.*

Aus $\mathbf{P}^{-1}\mathbf{A}\mathbf{P} = \bar{\boldsymbol{\lambda}}$ folgt, daß $\mathbf{A} = \mathbf{P}\bar{\boldsymbol{\lambda}}\mathbf{P}^{-1}$ und $\mathbf{A}$ der Diagonalmatrix $\bar{\boldsymbol{\lambda}}$ ähnlich ist, womit unser Problem gelöst ist.

Der Beweis des Ergebnisses lautet:

$\mathbf{x}_r$ ungleich Null sei der Eigenvektor, welcher der charakteristischen Wurzel λ_r von $\mathbf{A}$ entspricht, d. h. $(\mathbf{A}-\lambda_r\mathbf{I})\,\mathbf{x}_r = 0$.

Folglich ist

$$\mathbf{A}\mathbf{x}_r = \lambda_r\,\mathbf{x}_r \qquad (r = 1, 2, \ldots, n) \qquad (1)$$

$\mathbf{P}$ sei die Matrix, in der $\mathbf{x}_r$ $(r = 1, 2, \ldots, n)$ als Spalten auftreten. Dann verdichten sich die n Gleichungen (1) zu

$$\mathbf{A}\mathbf{P} = \mathbf{P}\bar{\boldsymbol{\lambda}}$$

d. h.

$$\mathbf{P}'\,\mathbf{A}\mathbf{P} = \mathbf{P}'\,\mathbf{P}\bar{\boldsymbol{\lambda}} \qquad (2)$$

Man transponiere beide Spalten von (2) und beachte, daß $\mathbf{A}' = \mathbf{A}$ und $\bar{\boldsymbol{\lambda}}' = \bar{\boldsymbol{\lambda}}$ sind, da beide Matrizen symmetrisch sind:

$$\mathbf{P}'\,\mathbf{A}\mathbf{P} = \bar{\boldsymbol{\lambda}}\mathbf{P}'\,\mathbf{P} \qquad (3)$$

Die beiden Matrizen rechts in (2) und (3) sind die gleichen:

$$\mathbf{P}'\,\mathbf{P}\bar{\boldsymbol{\lambda}} = \bar{\boldsymbol{\lambda}}\mathbf{P}'\,\mathbf{P}$$

dies ist nur möglich, wenn $\mathbf{P}'\,\mathbf{P} = \mathbf{I}$ oder $\mathbf{P}' = \mathbf{P}^{-1}$. Folglich ist die Matrix $\mathbf{P}$ orthogonal und (2) reduziert sich zu

$$\mathbf{P}^{-1}\,\mathbf{A}\mathbf{P} = \bar{\boldsymbol{\lambda}}$$

Q. E. D.

Alle Ergebnisse lassen sich nun in einem Lehrsatz zusammenfassen:

Eine symmetrische Matrix $\mathbf{A}$ *von der Ordnung* $n \times n$ *und vom Rang* r *hat* n *reelle charakteristische Wurzeln, die eine der Matrix* $\mathbf{A}$ *ähnliche Diagonal-Matrix* $\bar{\boldsymbol{\lambda}}$ *bilden:*

$$\mathbf{A} = \mathbf{P}\bar{\boldsymbol{\lambda}}\mathbf{P}^{-1} \qquad \textit{für eine beliebige orthogonale Matrix } \mathbf{P}.$$

Die charakteristischen Wurzeln umfassen r Werte ungleich Null und (n−r) gleich Null.

Ein Beispiel veranschaulicht das:

Beispiel (b): $\mathbf{A} = \begin{bmatrix} 2 & -1 & -1 \\ -1 & 2 & -1 \\ -1 & -1 & 2 \end{bmatrix}$ ist symmetrisch und vom Rang 2; die charakteristischen Wurzeln sind 3, 3, 0 (siehe Beispiel (a) oben). Man betrachte die folgende Matrix **P**, von der im Beispiel (b) 13.9 oben gezeigt wurde, daß sie orthogonal ist:

$$\mathbf{P} = \begin{bmatrix} \frac{1}{\sqrt{2}} & \frac{1}{\sqrt{6}} & \frac{1}{\sqrt{3}} \\ -\frac{1}{\sqrt{2}} & \frac{1}{\sqrt{6}} & \frac{1}{\sqrt{3}} \\ 0 & -\frac{2}{\sqrt{6}} & \frac{1}{\sqrt{3}} \end{bmatrix}, \quad \text{so daß} \quad \mathbf{P}' = \mathbf{P}^{-1} = \begin{bmatrix} \frac{1}{\sqrt{2}} & -\frac{1}{\sqrt{2}} & 0 \\ \frac{1}{\sqrt{6}} & \frac{1}{\sqrt{6}} & -\frac{2}{\sqrt{6}} \\ \frac{1}{\sqrt{3}} & \frac{1}{\sqrt{3}} & \frac{1}{\sqrt{3}} \end{bmatrix}$$

Wendet man die Regel über die Matrizen-Multiplikation zweimal hintereinander an, so ergibt sich

$\mathbf{P}^{-1}\mathbf{A}\mathbf{P} = \begin{bmatrix} 3 & 0 & 0 \\ 0 & 3 & 0 \\ 0 & 0 & 0 \end{bmatrix} = \bar{\lambda}$, eine Matrix, die aus den charakteristischen Wurzeln von **A** gebildet ist. Somit ist **A** auf eine ähnliche Diagonalform $\bar{\lambda}$ zurückgeführt:

$$\mathbf{A} = \mathbf{P}\bar{\lambda}\mathbf{P}^{-1},$$

wobei **P** die oben erwähnte orthogonale Matrix ist. Man beachte, daß der Eigenvektor, der der charakteristischen Wurzel 3 entspricht, der Vektor $\mathbf{x} = (x_1, x_2, x_3)$ ist, so daß

$$(\mathbf{A} - 3\,\mathbf{I})\,\mathbf{x} = \begin{bmatrix} -1 & -1 & -1 \\ -1 & -1 & -1 \\ -1 & -1 & -1 \end{bmatrix} \mathbf{x} = \mathbf{0}$$

Durch Ausmultiplizieren findet man, daß jede der Komponenten $-(x_1 + x_2 + x_3)$ ist; sie müssen deswegen Null sein. Folglich sind $\mathbf{x} = (1, -1, 0)$ und $\mathbf{x} = (1, 1, -2)$ mögliche Eigenvektoren. Zwei Eigenvektoren sind zu suchen, da es auch zwei charakteristische Wurzeln 3 gibt. Diese beiden bestimmten Vektoren nimmt man — sie sind zur ersten und zweiten Spalte von **P** proportional. Die andere charakteristische Wurzel 0 hat einen Eigenvektor (1, 1, 1), der proportional zur dritten Spalte von **P** ist.

Ein anderer Typ einer quadratischen Matrix **A**, der von beträchtlichem Interesse ist, besteht nur aus nicht-negativen Elementen, d. h. $\mathbf{A} \geqslant 0$. Diese Matrizen treten in der Anwendung auf die ökonomischen Probleme häufig auf. Wir nehmen auch an, **A** sei im Sinne von 13.9 (v) oben unzerlegbar. Die Matrix $(\lambda\mathbf{I}-\mathbf{A})$, aus der sich die charakteristische Gleichung von $\mathbf{A}$ ergibt, hat dann eine Anzahl von Eigenschaften, die bei Debreu und Herstein (1953) dargestellt sind. Ist λ_m die größte der charakteristischen Wurzeln von $\mathbf{A}$, so ist es die größte Wurzel von $|\lambda\mathbf{I}-\mathbf{A}|=0$, einer Gleichung, deren erster Ausdruck λ^n ist. Dann gilt $|\lambda\mathbf{I}-\mathbf{A}|>0$, wenn $\lambda>\lambda_m$. Debreu und Herstein gehen so vor, daß sie zuerst zeigen, daß alle quadratischen Hauptuntermatrizen von $(\lambda\mathbf{I}-\mathbf{A})$, diejenigen also, in denen die gleiche Menge von Zeilen und Spalten ausfallen, positive Determinantenwerte haben dann und nur dann, wenn $\lambda>\lambda_m$. Weiterhin ist die inverse Matrix $(\lambda\mathbf{I}-\mathbf{A})^{-1}$ positiv dann und nur dann, wenn $\lambda>\lambda_m$.

Übungsaufgaben 14.4

1. Finden Sie die charakteristischen Wurzeln von

$$\begin{bmatrix} 1 & -1 \\ -1 & 1 \end{bmatrix} \quad \text{und von} \quad \begin{bmatrix} 1 & 0 & -\frac{1}{2} \\ 0 & 1 & -\frac{1}{2} \\ -\frac{1}{2} & -\frac{1}{2} & 1 \end{bmatrix}.$$

2. Zeigen Sie, daß $\mathbf{A}=\begin{bmatrix} 0 & 1 \\ 1 & 0 \end{bmatrix}$ der Matrix $\bar{\boldsymbol{\lambda}}=\begin{bmatrix} 1 & 0 \\ 0 & -1 \end{bmatrix}$ ähnlich ist, und zwar durch den Nachweis, daß die charakteristischen Wurzeln von $\mathbf{A}$, einer nicht-singulären und symmetrischen Matrix, gleich 1 und -1 sind. Zeigen Sie dann, daß die orthogonale Matrix

$$\mathbf{P}=\begin{bmatrix} \frac{1}{\sqrt{2}} & -\frac{1}{\sqrt{2}} \\ \frac{1}{\sqrt{2}} & \frac{1}{\sqrt{2}} \end{bmatrix}$$

der Beziehung $\mathbf{A}=\mathbf{P}\bar{\boldsymbol{\lambda}}\mathbf{P}^{-1}$ entspricht.

3. $\mathbf{A}=[a_{rs}]$ ist eine beliebige Matrix von der Ordnung 3×3. Zeigen Sie, daß

$$|\mathbf{A}-\lambda\mathbf{I}|=-\lambda^3+p_1\lambda^2-p_2\lambda+p_3$$

wobei $p_1=a_{11}+a_{22}+a_{33}$, $p_2=\begin{vmatrix} a_{11} & a_{12} \\ a_{21} & a_{22} \end{vmatrix}+\begin{vmatrix} a_{22} & a_{23} \\ a_{32} & a_{33} \end{vmatrix}+\begin{vmatrix} a_{11} & a_{13} \\ a_{31} & a_{33} \end{vmatrix}$ und $p_3=|\mathbf{A}|$ ist. Geben Sie das allgemeine Resultat für $\mathbf{A}$ von der Ordnung $n\times n$ an.

4. $\mathbf{A}$ ist eine orthogonale Matrix ($\mathbf{AA}'=\mathbf{I}$). Zeigen Sie, daß

$$-\frac{1}{\lambda}\mathbf{A}(\mathbf{A}-\lambda\mathbf{I})'=\mathbf{A}-\frac{1}{\lambda}\mathbf{I}$$

Leiten Sie daraus ab, daß, wenn $|\mathbf{A}-\lambda\mathbf{I}| = 0$ ist, dann $|\mathbf{A}-\frac{1}{\lambda}\mathbf{I}| = 0$ ist; dann folglich, daß, wenn λ eine charakteristische Wurzel einer orthogonalen Matrix ist, es $\frac{1}{\lambda}$ auch ist.

14.5 Quadratische Formen

Bisher wurden häufig lineare Formen verwendet, in denen Variable $x_1, x_2, \ldots, x_n$ jeweils mit einer Konstanten multipliziert und dann addiert werden. Die linken Seiten eines linearen Gleichungssystems sind alles lineare Formen und dieselben Formen treten in einer Lineartransformation auf. Allgemein sieht eine *lineare Form* so aus:

$$L = \sum_{r=1}^{n} a_r x_r = a_1 x_1 + a_2 x_2 + \ldots + a_n x_n$$

wobei die a Konstanten und die x Variable sind. Für die a sei $\mathbf{a}$ und für die x sei $\mathbf{x}$ der Spaltenvektor.
Dann ist

$$L = \mathbf{a}'\mathbf{x} = \mathbf{x}'\mathbf{a}$$

der Matrix-Ausdruck für eine lineare Form.

Angenommen nun, die a seien keine Konstanten, sondern eine zweite Menge von Variablen, die wir mit y bezeichnen. Dann erhält man einen sehr einfachen Fall einer „bilinearen Form":

$$x_1 y_1 + x_2 y_2 + \ldots + x_n y_n = \mathbf{x}'\mathbf{y} = \mathbf{y}'\mathbf{x}$$

„Bilinear" deswegen, weil zwei Mengen von Variablen vorkommen, die jeweils linear auftreten. Sind die beiden Mengen von Variablen gleich ($x = y$), dann ergibt sich ein Sonderfall der linearen Form:

$$x_1^2 + x_2^2 + \ldots + x_n^2 = \mathbf{x}'\mathbf{x}$$

Dies ist ein einfacher Fall einer „quadratischen Form" in den Variablen x.

Allgemeinere bilineare und quadratische Formen enthalten auch Kreuzprodukte wie etwa $x_1 y_2$ oder $x_1 x_2$; auch lassen sich konstante Koeffizienten hinzufügen, so daß die Formen auch wirklich allgemein werden. Gegeben sei eine Matrix $\mathbf{A} = [a_{rs}]$ von der Ordnung $m \times n$, bestehend aus konstanten Elementen, und zwei Mengen von Variablen, die als Spaltenvektoren $\mathbf{x} = \{x_r\}$ und $\mathbf{y} = \{y_s\}$ für $r = 1, 2, \ldots, m$ und $s = 1, 2, \ldots, n$ geschrieben werden; dann ist die allgemeine *bilineare Form:*

$$B = \sum_r \sum_s a_{rs} x_r y_s = \left.\begin{array}{l} a_{11} x_1 y_1 + a_{12} x_1 y_2 + \ldots + a_{1n} x_1 y_n \\ + a_{21} x_2 y_1 + a_{22} x_2 y_2 + \ldots + a_{2n} x_2 y_n \\ \ldots\ldots\ldots\ldots\ldots\ldots\ldots\ldots\ldots \\ + a_{m1} x_m y_1 + a_{m2} x_m y_2 + \ldots + a_{mn} x_m y_n \end{array}\right\} \quad (1)$$

Für den Sonderfall, daß $m = n$ und die beiden Mengen von Variablen gleich sind, erhält man die *quadratische Form* allgemeiner Art:

$$Q = \sum_r \sum_s a_{rs} x_r x_s = \left.\begin{array}{l} a_{11} x_1^2 + a_{12} x_1 x_2 + \ldots + a_{1n} x_1 x_n \\ + a_{21} x_1 x_2 + a_{22} x_2^2 + \ldots + a_{2n} x_2 x_n \\ \ldots\ldots\ldots\ldots\ldots\ldots\ldots\ldots\ldots \\ a_{n1} x_1 x_n + a_{n2} x_2 x_n + \ldots + a_{nn} x_n^2 \end{array}\right\} \quad (2)$$

Hier ist die Matrix $\mathbf{A} = [a_{rs}]$ quadratisch von der Ordnung $n \times n$ und die Variablen bilden einen Spaltenvektor $\mathbf{x} = \{x_r\}$ von der Ordnung n.

Man sieht ohne weiteres (Aufg. 1, unten), daß an Allgemeinheit nichts verloren geht, wenn man $a_{rs} = a_{sr}$ für alle r und s setzt. Die Matrix $\mathbf{A} = [a_{rs}]$ ist dann symmetrisch. Folglich läßt sich jede beliebige quadratische Form Q mit einer *symmetrischen* Koeffizientenmatrix $\mathbf{A} = [a_{rs}]$ schreiben; der Determinantenwert $A = |\mathbf{A}|$ heißt dann die *Diskriminante* von Q. Hier drei sehr einfache Fälle zweiter Ordnung (mit einem Variablenpaar x_1 und x_2).

Beispiel (a): $Q = x_1^2 + x_2^2$ mit $\mathbf{A} = \begin{bmatrix} 1 & 0 \\ 0 & 1 \end{bmatrix}$ und $\mathbf{A} = \begin{vmatrix} 1 & 0 \\ 0 & 1 \end{vmatrix} = 1$

Beispiel (b): $Q = x_1^2 - x_2^2$ mit $\mathbf{A} = \begin{bmatrix} 1 & 0 \\ 0 & -1 \end{bmatrix}$ und $\mathbf{A} = \begin{vmatrix} 1 & 0 \\ 0 & -1 \end{vmatrix} = -1$

Beispiel (c): $Q = x_1^2 + x_2^2 - 2\,x_1 x_2 = x_1^2 - x_1 x_2 - x_1 x_2 + x_2^2$

mit $\mathbf{A} = \begin{bmatrix} 1 & -1 \\ -1 & 1 \end{bmatrix}$ und $\mathbf{A} = \begin{vmatrix} 1 & -1 \\ -1 & 1 \end{vmatrix} = 0$

Die drei Beispiele veranschaulichen verschiedene Möglichkeiten für das Vorzeichen von Q, wenn x_1 und x_2 verschiedene Werte annehmen. In allen Fällen gilt $Q = 0$, wenn $x_1 = x_2 = 0$; diese triviale Möglichkeit scheidet aus, wenn wir den Vektor $\mathbf{x} = (x_1, x_2)$ als von Null verschieden annehmen. Wir nehmen also an, daß $\mathbf{x} \neq \mathbf{0}$ ist; x_1 und x_2 sind nicht beide Null. Im Bsp. (b) kann Q positive oder negative Werte annehmen, je nachdem, welche Vorzeichen man x_1 und x_2 zuordnet. Die quadratische Form Q in Bsp. (c) macht schon mehr Schwierigkeiten, was sich aus der Tatsache entnehmen läßt, daß in diesem Fall $\mathbf{A}$ singulär ($A = 0$) ist. Aus

$$Q = (x_1 - x_2)^2$$

folgt, daß Q positive Werte ($x_1 \neq x_2$) oder Null-Werte ($x_1 = x_2$), jedoch nie negative Werte annehmen kann. Im Fall des Bsp. (c) ist Q nicht-negativ, im Gegensatz zum Fall des Bsp. (a), wo Q positiv ist.

Will man also das Vorzeichen einer quadratischen Form Q prüfen, so ist es eine nützliche Aufgabe, „die quadratische Ergänzung" zu finden und zu versuchen, Q auf die Summe von Quadraten zu reduzieren. Man betrachte zwei Beispiele:

Beispiel (d): $Q = x_1^2 + 2\,x_2^2 - 2\,x_1\,x_2$ mit $\mathbf{A} = \begin{bmatrix} 1 & -1 \\ -1 & 2 \end{bmatrix}$ nicht singulär.

Dann: $Q = (x_1^2 - 2\,x_1\,x_2 + x_2^2) + x_2^2$

d. h. $Q = (x_1 - x_2)^2 + x_2^2$

was aber nur positive Werte annimmt. Der Unterschied ist hier, daß Q die Summe zweier Quadrate (positiver Werte) ist im Gegensatz zu Beispiel (c), wo Q nur ein Quadrat war (das positive und Null-Werte annehmen konnte).

Dies legt die Vermutung nahe, daß, wenn $\mathbf{A}$ nicht-singulär ist, sich Q als die Summe zweier Quadrate ausdrücken läßt; ist jedoch $\mathbf{A}$ singulär, so fehlt ein Quadrat; dies ist in der Tat der Fall.

Jedoch muß, wenn $\mathbf{A}$ nicht-singulär ist, die „Summe" zweier Quadrate als „Summe oder Differenz" gedeutet werden. Zum Beispiel ist

$$\begin{aligned} Q &= x_1^2 - x_2^2 - 2\,x_1\,x_2 \\ &= (x_1 - x_2)^2 - 2\,x_2^2 \end{aligned}$$

der Fall einer nicht-singulären Matrix, wo Q positive oder negative Werte annehmen kann.

Geht man diesen Gedanken weiter nach, so ist es wesentlich, die allgemeine bilineare Form (1) und die quadratische Form (2) in Matrix-Schreibweise vorliegen zu haben. Die folgenden Ergebnisse gewinnt man durch direkte Anwendung der Regel für Matrizenprodukte. Die allgemeine *bilineare Form* ist:

$$B = \mathbf{x}'\,\mathbf{A}\mathbf{y} \tag{3}$$

wobei die Spaltenvektoren $\mathbf{x}$ und $\mathbf{y}$ Mengen von Variablen der Zahl m bzw. n darstellen und wobei $\mathbf{A} = [a_{rs}]$ eine Matrix konstanter Koeffizienten von der Ordnung $m \times n$ ist. Die allgemeine Form ist ein Sonderfall

$$Q = \mathbf{x}'\,\mathbf{A}\mathbf{x} \tag{4}$$

wobei $\mathbf{x}$ ein variabler Spaltenvektor der Ordnung n und $\mathbf{A}$ quadratisch von der Ordnung $n \times n$ ist. Es läßt sich nachprüfen, daß die Matrizen von (3) und (4) verkettet sind; $\mathbf{x}'\,\mathbf{A}\mathbf{y}$ ist das Produkt von Matrizen der Ordnung $1 \times m$, $m \times n$ bzw. $n \times 1$, was einen Skalar (nämlich B) ergibt.

Von Interesse ist ein Sonderfall, wo die Matrix **A** die Einheitsmaxrix **I** der Ordnung $n \times n$ ist. Aus (3) ergibt sich

$$B = \mathbf{x}' \mathbf{I} \mathbf{y} = \mathbf{x}' \mathbf{y}$$

oder
$$B = x_1 y_1 + x_2 y_2 + \ldots + x_n y_n$$

Aus (4) ergibt sich
$$Q = \mathbf{x}' \mathbf{I} \mathbf{x} = \mathbf{x}' \mathbf{x}$$

oder
$$Q = x_1^2 + x_2^2 + \ldots + x_n^2$$

Diese Formen standen schon oben.

Die quadratische Form Q ist ein Skalar, eine Funktion der Variablen x. Wendet man eine Lineartransformation aus den x in neue Variable y an und ist die Anzahl der x und y gleich, dann geht Q in eine Funktion der y über und ist gleichfalls eine quadratische Form in den neuen Variablen. Die Koeffizienten-Matrix gewinnt man leicht. Man wende die Lineartransformation $\mathbf{x} = \mathbf{C}\mathbf{y}$ auf $Q = \mathbf{x}' \mathbf{A}\mathbf{x}$ an:

$$Q = (\mathbf{C}\mathbf{y})' \mathbf{A} (\mathbf{C}\mathbf{y}) = \mathbf{y}' \mathbf{C}' \mathbf{A}\mathbf{C}\mathbf{y}$$

d. h.
$$Q = \mathbf{y}' \mathbf{B}\mathbf{y} \quad \text{worin} \quad \mathbf{B} = \mathbf{C}' \mathbf{A}\mathbf{C} \tag{5}$$

ist die transformierte quadratische Form. Die neue Matrix **B** ist der ursprünglichen Matrix **A** ähnlich; der Rang von **B** muß folglich der gleiche sein wie der von **A**.

Die Matrix **A** der quadratischen Form Q ist symmetrisch, so daß ihre charakteristischen Wurzeln alle reell sind. Das bedeutet, daß sich das Ergebnis von 14.4 oben anwenden läßt: **A** ist der Diagonal-Matrix $\bar{\boldsymbol{\lambda}}$ ähnlich, in deren Diagonale die charakteristischen Wurzeln von **A** stehen.

Zu diesem Zweck benutzt man eine *orthogonale* Matrix **P**:

$\mathbf{A} = \mathbf{P} \bar{\boldsymbol{\lambda}} \mathbf{P}^{-1} = \mathbf{P} \bar{\boldsymbol{\lambda}} \mathbf{P}'$, da $\mathbf{P}^{-1} = \mathbf{P}'$ für eine orthogonale Matrix gilt.

Nun wende man die Transformation $\mathbf{x} = \mathbf{P}\mathbf{y}$ oder ihre Inverse $\mathbf{y} = \mathbf{P}^{-1} \mathbf{x} = \mathbf{P}' \mathbf{x}$ auf die quadratische Form Q an. Auf Grund von (5) gilt:

$$Q = \mathbf{y}' \mathbf{B}\mathbf{y}, \quad \text{wobei} \quad \mathbf{B} = \mathbf{P}' \mathbf{A}\mathbf{P} = \mathbf{P}^{-1} (\mathbf{P}\bar{\boldsymbol{\lambda}}\mathbf{P}^{-1}) \mathbf{P} = \bar{\boldsymbol{\lambda}}$$

d. h.
$$Q = \mathbf{y}' \bar{\boldsymbol{\lambda}} \mathbf{y} = \lambda_1 y_1^2 + \lambda_2 y_2^2 + \ldots + \lambda_n y_n^2 \tag{6}$$

Die n charakteristischen Wurzeln $(\lambda_1, \lambda_2, \ldots, \lambda_n)$ von **A** sind zwar alle reell, müssen aber nicht alle verschieden sein und können auch Null-Werte enthalten. Ist der Rang von **A** $r \leqslant n$, dann sind $(n-r)$ Wurzeln Null und die anderen r haben von Null verschiedene Werte (einschließlich der Wurzelvielfachen).

Die Möglichkeit der Transformation einer beliebigen quadratischen Form (4) in eine Summe von Quadraten (6) ist das grundlegende Ergebnis aus der Theorie der quadratischen Formen:

Eine beliebige quadratische Form $Q = \mathbf{x}' \mathbf{A} \mathbf{x}$ läßt sich durch Anwendung irgendeiner orthogonalen Transformation $\mathbf{x} = \mathbf{P} \mathbf{y}$ als Quadratsumme schreiben:

$$Q = \mathbf{y}' \overline{\lambda} \mathbf{y} = \lambda_1 y_1^2 + \lambda_2 y_2^2 + \dots + \lambda_n y_n^2$$

Die λ sind die charakteristischen Wurzeln von $\mathbf{A}$ und die y sind in bestimmter Form abhängig von den x (gegeben durch $\mathbf{y} = \mathbf{P}' \mathbf{x}$). Ist $\mathbf{A}$ vom Rang $r \leqslant n$, dann besteht Q aus der Summe von genau r Quadraten mit Koeffizienten ungleich Null.

Hier ein Beispiel für eine quadratische Form mit drei Variablen:

Beispiel (e): $Q = 2\,(x_1^2 + x_2^2 + x_3^2 - x_2 x_3 - x_3 x_1 - x_1 x_2)$

Die in 14.4 Beispiel (a) oben gefundenen Ergebnisse lassen sich anwenden. Die Matrix von Q ist

$$\mathbf{A} = \begin{bmatrix} 2 & -1 & -1 \\ -1 & 2 & -1 \\ -1 & -1 & 2 \end{bmatrix} \text{ orthogonal äquivalent mit } \begin{bmatrix} 3 & 0 & 0 \\ 0 & 3 & 0 \\ 0 & 0 & 0 \end{bmatrix}$$

Die entsprechende Transformation ist $\mathbf{x} = \mathbf{P} \mathbf{y}$ oder $\mathbf{y} = \mathbf{P}' \mathbf{x}$ mit $\mathbf{P}$ wie in 14.4 Beispiel (a):

$$y_1 = \frac{1}{\sqrt{2}}(x_1 - x_2) \qquad \text{oder} \quad x_1 = \frac{1}{\sqrt{2}} y_1 + \frac{1}{\sqrt{6}} y_2 + \frac{1}{\sqrt{3}} y_3$$

$$y_2 = \frac{1}{\sqrt{6}}(x_1 + x_2 - 2\,x_3) \qquad x_2 = -\frac{1}{\sqrt{2}} y_1 + \frac{1}{\sqrt{6}} y_2 + \frac{1}{\sqrt{3}} y_3$$

$$y_3 = \frac{1}{\sqrt{3}}(x_1 + x_2 + x_3) \qquad x_3 = -\frac{2}{\sqrt{6}} y_2 + \frac{1}{\sqrt{3}} y_3$$

Nach Substitution: $Q = 3\,(y_1^2 + y_2^2)$

d. h. $Q = \frac{3}{2}(x_1 - x_2)^2 + \frac{1}{2}(x_1 + x_2 - 2\,x_3)^2$

In diesem Fall ist $\mathbf{A}$ vom Rang 2 mit den charakteristischen Wurzeln 3,3 und 0, die quadratische Form Q ist die Summe zweier Quadrate.

Der Ausdruck für Q als Summe von Quadraten ist nicht eindeutig. In der Tat findet man in einem einfachen numerischen Fall wie diesem mit Hilfe von

„quadratische Ergänzungen" eine alternative Summe von Quadraten, und zwar viel schneller:

$$\frac{1}{2}\,Q = (x_1^2 - x_1\,x_2 - x_1\,x_3) + (x_2^2 + x_3^2 - x_2\,x_3)$$

$$= \left(x_1 - \frac{1}{2}\,x_2 - \frac{1}{2}\,x_3\right)^2 - \frac{1}{4}\,x_3^2 - \frac{1}{4}\,x_2^2 - \frac{1}{2}\,x_2\,x_3 + (x_2^2 + x_3^2 - x_2\,x_3)$$

$$= \left(x_1 - \frac{1}{2}\,x_2 - \frac{1}{2}\,x_3\right)^2 + \frac{3}{4}\,(x_2^2 + x_3^2 - 2\,x_2\,x_3)$$

$$= \left(x_1 - \frac{1}{2}\,x_2 - \frac{1}{4}\,x_3\right)^2 + \frac{3}{2}\,(x_2 - x_3)^2$$

Folglich: $$Q = \frac{1}{2}\,(2\,x_1 - x_2 - x_3)^2 + \frac{3}{2}\,(x_2 - x_3)^2$$

Dies ist eine andere Form des oben erhaltenen Ausdrucks. Die „quadratische Ergänzung" läßt sich bei numerischen Fällen sehr gut anwenden; wesentlich am Ergebnis, das mit Hilfe einer orthogonalen Transformation gefunden wurde, ist, daß es ganz allgemeine Gültigkeit hat.

Man wendet die Reduktion einer quadratischen Form Q auf die Summe von Quadraten in der Hauptsache deswegen an, um das Vorzeichen der Werte zu bestimmen, die Q annehmen kann. Man nehme an, es sei $Q = \mathbf{x}'\,\mathbf{A}\mathbf{x}$ mit n Variablen, wobei die Diskriminante $|\mathbf{A}| \neq 0$, d. h. $\mathbf{A}$ nicht-singulär ist. Damit ist Q die Summe von genau n Quadraten:

$$\lambda_1\,y_1^2 + \lambda_2\,y_2^2 + \ldots + \lambda_n\,y_n^2$$

Alle y können nicht Null sein, egal welche Werte (nicht alle Null) man den x beilegt. Man erhält die y aus den x durch eine orthogonale Transformation $\mathbf{x} = \mathbf{P}\mathbf{y}$ mit der Inversen $\mathbf{y} = \mathbf{P}'\,\mathbf{x}$; jedem $\mathbf{x}$ entspricht ein $\mathbf{y}$ und umgekehrt. Da $\mathbf{y} = \mathbf{0}$ der Beziehung $\mathbf{x} = \mathbf{0}$ entspricht, kann es nicht auch noch einem andern $\mathbf{x} \neq \mathbf{0}$ entsprechen. Folglich hängt das Vorzeichen von Q von den Vorzeichen von $\lambda_1, \lambda_2, \ldots, \lambda_n$, den charakteristischen Wurzeln von $\mathbf{A}$, ab. Sind alle Wurzeln positiv, so ist Q stets positiv und umgekehrt.

Eine quadratische Form Q wird als *positiv definit* bezeichnet, wenn sie nur positive Werte annimmt, egal welche Werte (nicht alle Null) man den Variablen beilegt. Solange $\mathbf{A}$ nicht-singulär ist, besteht die Bedingung für eine positive definite Form darin, daß alle charakteristischen Wurzeln von A positiv sind. Die Bedingung ist notwendig und hinreichend.

Übrig bleibt die Untersuchung des Falls, wo $\mathbf{A}$ singulär vom Rang $r < n$ ist. Von den charakteristischen Wurzeln von $\mathbf{A}$ sind $(n - r)$ gleich Null; Q wird als Summe von nur r Quadraten ausgedrückt, wobei nur r

der Variablen $y_1, y_2, \ldots, y_n$, die man aus den x gewinnt, berücksichtigt werden. Es ist stets möglich, unter den x solche Werte (nicht alle Null) auszuwählen, welche die r y-Werte gleich Null werden lassen, obwohl die andern y nicht alle gleich Null sein werden. Wenn also die r charakteristischen Wurzeln von $\mathbf{A}$, die nicht verschwinden, positiv sind und Q die Summe von r positiven Quadraten ist, ist es doch stets möglich, solche Werte für die x zu finden, die Q Null werden lassen. Es folgt, daß die Bedingung, die wir für die Existenz eines positiv definiten Q festgelegt haben, d. h. *alle* charakteristischen Wurzeln von $\mathbf{A}$ positiv, streng angewendet werden muß. Der Fall einer singulären Matrix $\mathbf{A}$, wenn einige charakteristische Wurzeln Null sind, muß ausgeschaltet werden.

Die Unterscheidung zwischen einem Q, das nur positive Werte annimmt, und einem Q, das nicht-negative Werte annimmt, ist wichtig. Stets gilt $Q > 0$ dann und nur dann, wenn $\mathbf{A}$ n positive charakteristische Wurzeln hat, wobei der Fall, daß $\mathbf{A}$ singulär ist und einige charakteristische Wurzeln gleich Null sind, ausscheidet. Der Fall, der dies zwar in etwa, jedoch nicht ganz trifft, ist dann gegeben, wenn $\mathbf{A}$ singulär ist und von den charakteristischen Wurzeln r positiv und $(n-r)$ Null sind. Q ist dann *positiv semi-definit* und seine Werte können sowohl Null als auch positiv sein.

Sollen die charakteristischen Wurzeln von $\mathbf{A}$ alle positiv sein, so muß die charakteristische Gleichung $|\mathbf{A}-\lambda\mathbf{I}| = 0$ aus einer Reihe aufeinanderfolgender Ausdrücke bestehen, die sich in Vorzeichen abwechseln und das bedeutet, daß die Untermatrizen von $\mathbf{A}$ entlang der Hauptdiagonalen und für den Fall, daß die Ordnung von 1 bis n wächst, alle positiven Determinanten-Werte haben (siehe Aufg. 5 unten). Hier das Ergebnis für eine positiv definite quadratische Form:

Die quadratische Form $Q = \mathbf{x}'\,\mathbf{A}\mathbf{x}$ mit n Variablen ist positiv definit, wenn sie für beliebige Werte der Variablen (nicht alle Null) positive Werte annimmt. Dies trifft dann und nur dann zu, wenn die n charakteristischen Wurzeln von $\mathbf{A} = [a_{rs}]$, einer symmetrischen Matrix der Ordnung $n \times n$, alle positiv und äquivalent sind mit

$$a_{11} > 0; \quad \begin{vmatrix} a_{11} & a_{12} \\ a_{12} & a_{22} \end{vmatrix} > 0; \ldots \quad \begin{vmatrix} a_{11} & a_{12} & \ldots & a_{1n} \\ a_{12} & a_{22} & \ldots & a_{2n} \\ \ldots & \ldots & \ldots & \ldots \\ a_{1n} & a_{2n} & & a_{nn} \end{vmatrix} > 0$$

Eine *negativ definite* quadratische Form Q nimmt bei beliebigen Werten der Variablen (nicht alle Null) nur negative Werte an. Die Bedingung ist, daß $(-Q)$ positiv definit ist; die oben hingeschriebenen Ausdrücke mit den Determinantenwerten sind abwechselnd negativ und positiv.

Weitere Ergebnisse lassen sich aus der nunmehr bestimmten grundlegenden Eigenschaft ableiten. Das wichtigste Ergebnis ist die Bedingung dafür, wann eine quadratische Form mit n Variablen unter linearer Nebenbedingung positiv (oder negativ) definit ist; die lineare Beziehung zwischen den Variablen laute:

$$\alpha' \mathbf{x} = \alpha_1 x_1 + \alpha_2 x_2 + \ldots + \alpha_n x_n = 0$$

wobei α ein gegebener Vektor aus Konstanten (nicht alle Null) ist. Wird die Beziehung dazu benutzt, eine Variable als Ausdruck der andern wiederzugeben, reduziert sich Q auf eine quadratische Form mit $(n-1)$ Variablen. Gefordert wird die Bedingung, daß Q in reduzierter Form positiv (oder negativ) definit ist. Wie bei Allen (1938) gezeigt, läßt sich die Bedingung mit Hilfe von Determinanten-Werten wie folgt ausdrücken:

Die quadratische Form $Q = \mathbf{x}' \mathbf{A}\mathbf{x}$ mit n Variablen ist unter der linearen Nebenbedingung $\alpha' \mathbf{x} = 0$ positiv definit, wenn

$$\begin{vmatrix} 0 & \alpha_1 & \alpha_2 \\ \alpha_1 & a_{11} & a_{12} \\ \alpha_2 & a_{12} & a_{22} \end{vmatrix} < 0; \quad \begin{vmatrix} 0 & \alpha_1 & \alpha_2 & \alpha_3 \\ \alpha_1 & a_{11} & a_{12} & a_{13} \\ \alpha_2 & a_{12} & a_{22} & a_{23} \\ \alpha_3 & a_{13} & a_{23} & a_{33} \end{vmatrix} < 0; \ldots \begin{vmatrix} 0 & \alpha_1 & {}_2 & \ldots & \alpha_n \\ \alpha_1 & a_{11} & a_{12} & \ldots & a_{1n} \\ \alpha_2 & a_{12} & a_{22} & \ldots & a_{2n} \\ \ldots & \ldots & \ldots & \ldots & \ldots \\ \alpha_n & a_{1n} & a_{2n} & \ldots & a_{nn} \end{vmatrix} < 0$$

Q ist unter derselben Nebenbedingung negativ definit, wenn die angeführten Ausdrücke abwechselnd positive und negative Vorzeichen haben.

Eine weitere Eigenschaft quadratischer Formen läßt sich hier gleich zur späteren Verwendung (19.2 unten) wiedergeben. $Q = \mathbf{x}' \mathbf{A}\mathbf{x}$ sei positiv definit, so daß $\mathbf{A}$ eine nicht-singuläre symmetrische Matrix ist (mit positiven charakteristischen Wurzeln). Man wende die nicht-singuläre Transformation $\mathbf{y} = \mathbf{A}\mathbf{x}$ oder $\mathbf{x} = \mathbf{A}^{-1}\mathbf{y}$ an, so daß eine Menge von y (nicht alle Null) beliebig gegebenen x (nicht alle Null) entspricht.

Dann gilt:

$$Q = (\mathbf{A}^{-1}\mathbf{y})' \mathbf{A} (\mathbf{A}^{-1}\mathbf{y}) = \mathbf{y}' (\mathbf{A}^{-1})' (\mathbf{A}\mathbf{A}^{-1}) \mathbf{y} = \mathbf{y}' \mathbf{A}^{-1} \mathbf{y}$$

da $\mathbf{A}\mathbf{A}^{-1} = \mathbf{I}$ und $(\mathbf{A}^{-1})' = \mathbf{A}^{-1}$ auf Grund der Symmetrie-Eigenschaft von $\mathbf{A}$. Folglich:

Ist $\mathbf{x}' \mathbf{A}\mathbf{x}$ positiv definit, dann auch $\mathbf{y}' \mathbf{A}^{-1} \mathbf{y}$

Nun nehme man an, $Q = \sum_r \sum_s a_{rs} x_r x_s$ sei positiv definit unter der Nebenbedingung

$$\sum_r \alpha_r x_r = \alpha_1 x_1 + \alpha_2 x_2 + \ldots + \alpha_n x_n = 0$$

Man schreibe

$$R = \sum_r \sum_s a_{rs} x_r x_s + 2\lambda \sum_r \alpha_r x_r \qquad \text{für beliebige } \lambda$$

d. h.

$$R = \mathbf{x}' \mathbf{B} \mathbf{x}$$

wobei $\mathbf{x}$ die Menge von $(n + 1)$ Variablen $(\lambda, x_1, x_2, \ldots, x_n)$ und $\mathbf{B}$ wie oben die mit den α_r umhüllte Matrix $\mathbf{A}$ ist. Soll Q unter den Nebenbedingungen positiv definit sein, so ist die Bedingung dafür, daß R für beliebige x positiv definit ist, mit der Einschränkung, daß $x_1, x_2, \ldots, x_n$ nicht alle Null sind und der Bedingung $\sum_r \alpha_r x_r = 0$ unterliegen. Man wende die Transformation $\mathbf{y} = \mathbf{B}\mathbf{x}$ oder $\mathbf{x} = \mathbf{B}^{-1}\mathbf{y}$ an und beachte, daß, wenn

$$\mathbf{y} = (y_0, y_1, y_2, \ldots, y_n)$$

dann gilt:

$$y_0 = \sum_r \alpha_r x_r = 0$$

Somit geht wie oben R über in

$$R = \mathbf{y}' \mathbf{B}^{-1} \mathbf{y}$$

wobei $\mathbf{y} = (0, y_1, y_2, \ldots, y_n)$ ist und die y jeden beliebigen Wert (nicht alle Null) annehmen können. R ist positiv definit und, da das erste Element in y Null ist, läßt es sich schreiben als $\sum_r \sum_s \frac{B_{rs}}{B} y_r y_s$. Hier ist B gleich $|\mathbf{B}|$ und B_{rs} ist die Adjunkte zu a_{rs} in $\mathbf{B}$; die Summierung geht über n Werte der y. Folglich:

Ist $\sum_r \sum_s a_{rs} x_r x_s > 0$ unter der Nebenbedingung $\sum_r \alpha_r x_r = 0$, dann ist

$$\sum_r \sum_s \frac{B_{rs}}{B} y_r y_s > 0$$

für beliebige y, nicht alle Null, wobei B die Determinante ist, die aus der mit den α_r umhüllten Matrix $\mathbf{A} = [a_{rs}]$ gebildet wird.

Ähnliche Ergebnisse gelten, wenn die quadratischen Formen negativ definit sind.

Übungsaufgaben 14.5

1. In der quadratischen Form $Q = \sum_r \sum_s a_{rs} x_r x_s$ ist $a_{rs} \neq a_{sr}$. Zeigen Sie, daß sie sich schreiben läßt als $Q = \sum_r \sum_s \alpha_{sr} x_r x_s$, wobei $\alpha_{rs} = \frac{1}{2}(a_{rs} + a_{sr}) = \alpha_{sr}$. Zeigen Sie somit, daß sich Q stets mit einer symmetrischen Matrix schreiben läßt. Veranschaulichen Sie das an

$$Q = \quad x_1^2 - 3\,x_1\,x_2 = \quad x_1^2 - x_1\,x_2$$
$$+ x_1\,x_2 + \quad x_2^2 \quad - x_1\,x_2 + \quad x_2^2$$

2. $Q = x_1^2 + x_2^2 - 2\,x_1\,x_2$ hat als Matrix $\mathbf{A} = \begin{bmatrix} 1 & -1 \\ -1 & 1 \end{bmatrix}$ vom Rang 1 und mit den charakteristischen Wurzeln 0 und 2. Zeigen Sie, daß die orthogonale Transformation:

$$y_1 = \frac{1}{\sqrt{2}}\,(x_1 - x_2) \text{ und } y_2 = \frac{1}{\sqrt{2}}\,(x_1 + x_2)$$

Q in ein einziges Quadrat transformiert!

3. $Q = 2\,x_1\,x_2$ ist eine quadratische Form mit zwei Variablen. Schreiben Sie ihre Matrix, gewinnen Sie die charakteristischen Wurzeln und zeigen Sie, daß die orthogonale Transformation der vorhergehenden Aufgabe Q in die Differenz zwischen zwei Quadraten umformt. Leiten Sie ab, daß weder diese noch die vorhergehende quadratische Form positiv definit ist.

4. Man zeige, daß $Q = x_1^2 + x_2^2 + x_3^2 - x_1\,x_3 - x_2\,x_3$ positiv definit ist, zunächst dadurch, daß man die charakteristischen Wurzeln ihrer Matrix findet und dann, indem man sie in die Form der Summe dreier Quadrate bringt.

5. $Q = \mathbf{x}'\,\mathbf{A}\mathbf{x}$ ist eine quadratische Form mit drei Variablen. Schreiben Sie die charakteristische Gleichung von $\mathbf{A}$ in der Form

$$-\lambda^3 + p_1\,\lambda^2 - p_2\,\lambda + p_3 = 0$$

(14.4 Aufg. 3 oben) und zeigen Sie, daß die charakteristischen Wurzeln (λ_1, λ_2 und λ_3) alle positiv sind dann und nur dann, wenn p_1, p_2 und p_3 alle positiv sind. Zeigen Sie, daß dies gleichbedeutend ist mit

$$a_{11} > 0, \quad \begin{vmatrix} a_{11} & a_{12} \\ a_{12} & a_{22} \end{vmatrix} > 0, \quad \begin{vmatrix} a_{11} & a_{12} & a_{13} \\ a_{12} & a_{22} & a_{23} \\ a_{13} & a_{23} & a_{33} \end{vmatrix} > 0\,.$$

Geben Sie an, wie sich dieses Ergebnis verallgemeinern läßt.

6. $\mathbf{x}'\,\mathbf{A}\mathbf{y}$ ist eine bilineare Form. Transformieren Sie sie durch $\mathbf{x} = \mathbf{C}\mathbf{u}$ und $\mathbf{y} = \mathbf{D}\mathbf{v}$ in die neuen Variablen u und v und zeigen Sie, daß $\mathbf{u}'\,\mathbf{B}\mathbf{v}$ die transformierte bilineare Form ist, in der $\mathbf{B} = \mathbf{C}'\,\mathbf{A}\mathbf{D}$. Von welcher Ordnung müssen die Matrizen sein? Unter welchen Bedingungen kann $\mathbf{D}$ an die Stelle von $\mathbf{C}$ treten?

14.6 Die Stabilität des Marktgleichgewichts

Nunmehr ist es möglich, die unverbundenen Teile in den Hicksschen Bedingungen für die Stabilität des Marktgleichgewichts (10.5 oben) zusammenzufügen. Es gibt m Güter; das letzte gilt als numéraire mit dem Preis $p_m = 1$. Die anderen Preise p_r ($r = 1, 2, \ldots, m-1$) werden im

Marktgleichgewicht durch die Angebots- und Nachfragegleichung bestimmt:

$$S_r - D_r = Y_r - (X_r - \overline{X}_r) = 0 \qquad r = 1, 2, \ldots, m-1 \tag{1}$$

wobei Y_r und X_r Funktionen der Preise sind und $\overline{X}_r$ gegeben ist.

Das Gleichgewicht ist stabil, wenn alle Preise, die einmal verändert wurden, nach einiger Zeit wieder ihre Gleichgewichtswerte annehmen. Die Stabilität läßt sich somit nur mit Hilfe eines bestimmten dynamischen Systems ausdrücken. Die Darstellung in 10.5, die sich an Hicks (1939, 1946) anlehnt, hat dies nicht beachtet und einen einfacheren Weg gesucht. Dies muß dadurch ergänzt werden, daß wir das dynamische Verhalten von Preisen auf interdependenten Märkten untersuchen.

Für den Fall eines Elementarmarktes in der walrasianischen Form (1.8 oben) sieht das dynamische Modell so aus:

$$\frac{dp}{dt} = -\mu (S - D) \tag{2}$$

und bei linearen Formen $D = \alpha + ap$ und $D = \beta + bp$ lautet die Lösung

$$p = p_0 \, e^{-\mu (b-a) t}$$

wobei p_0 die anfängliche Abweichung vom Gleichgewicht ist und p den Pfad darstellt, auf dem sich der Preis in der Folge bewegt (vom Gleichgewichtsniveau aus gemessen). Dasselbe Ergebnis gilt zwar unabhängig von der Form der Angebots- und Nachfragekurven, jedoch nur annäherungsweise bei kleinen Veränderungen; a und b sind dann die Steigungen der Kurven im Gleichgewicht. Bei Stabilität gilt:

$$b - a = \frac{d}{dp}(S - D) > 0 \text{ im Gleichgewicht}$$

Das walrasianische Modell läßt sich auch, wie bei Samuelson (1947), auf interdependente Märkte erweitern. Die Gleichung (2) wird dann ersetzt durch

$$\frac{dp_r}{dt} = -\mu_r (S_r - D_r) \quad r = 1, 2, \ldots (m-1) \tag{3}$$

wobei $S_r - D_r$ durch (1) als abhängig von allen Preisen gegeben und im Gleichgewicht Null ist. Die Konstanten μ_r stellen die Anpassungsgeschwindigkeiten auf den verschiedenen Märkten dar. Man schreibe S_r und D_r als lineare Funktion aller Preise, zumindest näherungsweise für kleine Abweichungen vom Gleichgewicht, so daß

$$S_r - D_r = \text{const.} + \sum_{s=1}^{m-1} a_{rs} \, p_s \quad r = 1, 2, \ldots (m-1)$$

wobei a_{rs} der Gleichgewichtswert von $\frac{\partial}{\partial p_s}(S_r - D_r) = \frac{\partial Y_r}{\partial p_s} - \frac{\partial X_r}{\partial p_r}$ ist. Die dynamischen Bedingungen (3) als Funktion der p_r, einer Abweichung vom Gleichgewicht, lauten dann:

$$\frac{dp_r}{dt} = -\mu_r \sum_s a_{rs} p_s \quad r = 1, 2, \ldots (m-1)$$

Wir nehmen nun den Sonderfall an (der keine Einschränkung bedeutet) wo alle Anpassungsgeschwindigkeiten als Einheit angenommen werden, indem man die Einheiten, in denen Zeit und Güter gemessen werden, zweckmäßig wählt:

$$\frac{dp_r}{dt} + \sum_s a_{rs} p_s = 0 \quad r = 1, 2, \ldots (m-1) \tag{4}$$

Diese Gleichungen sind nach den Pfaden, auf denen sich p_r in der Zeit bewegt, zu lösen.

Die Lösung für den Fall eines Elementarmarktes ist offenbar:

$$p_r = A_r e^{-\lambda t} \quad r = 1, 2, \ldots (m-1)$$

wobei λ eine zu bestimmende Konstante ist und die A Konstanten sind, die durch die anfängliche Abweichung gegeben sein müssen. Durch Einsetzung in (4) ergibt sich:

$$\sum_s (a_{rs} - \lambda \delta_{rs}) A_s = 0 \quad r = 1, 2, \ldots (m-1)$$

wobei δ_{rs} das Kroneckersche Delta ist. Dieses System von homogenen Gleichungen muß durch beliebige von Null verschiedene Mengen von A-Werten erfüllt werden, so daß (nach 14.2 oben) gilt:

$$|a_{rs} - \lambda \delta_{rs}| = \begin{vmatrix} a_{11} - \lambda & a_{12} & \ldots & a_{1m-1} \\ a_{21} & a_{22} - \lambda & \ldots & a_{2m-1} \\ \ldots & \ldots & \ldots & \ldots \\ a_{m-11} & a_{m-12} & \ldots & a_{m-1m-1} - \lambda \end{vmatrix} = 0 \tag{5}$$

Die entsprechenden Werte für λ werden durch (5), die charakteristische Gleichung der Matrix $\mathbf{A} = [a_{rs}]$, gegeben; es gibt $(m-1)$ Wurzeln $\lambda_1, \lambda_2, \ldots, \lambda_{m-1}$, die reell oder komplex sein können. Jede Wurzel ist ein möglicher Wert von λ, so daß sich die Addition der verschiedenen Lösungen mit beliebigen Konstanten als allgemeine Lösung von (4) ergibt:

$$p_r = \sum_{s=1}^{m-1} A_{rs} e^{-\lambda_s t} \quad r = 1, 2, \ldots (m-1) \tag{6}$$

Hier sind die λ die Wurzeln von (5) und die A beliebige Konstanten, die durch die Ausgangsbedingungen gegeben sind.

Das durch (1) wiedergegebene Gleichgewicht auf interdependenten Märkten ist nach diesem dynamischen Modell stabil, wenn der durch (6) gegebene Pfad eines jeden Preises so ist, daß $p_r \to 0$, wenn $t \to \infty$ gilt. Dies ist der Fall, wenn alle reellen Wurzeln unter den λ_s positiv und alle konjugiert komplexen Wurzelpaare positiv reelle Teile haben. Ein negatives reelles λ_s bringt in (6) ein Element stetiger Explosion hinein; ein komplexes Wurzelpaar mit negativem reellen Teil bringt eine explosive Oszillation hinein.

Im allgemeinen ist die Matrix **A** nicht symmetrisch, da ja $a_{rs} = \frac{\partial Y_r}{\partial p_s} - \frac{\partial X_r}{\partial p_s}$ ungleich $a_{sr} = \frac{\partial Y_s}{\partial p_r} - \frac{\partial X_s}{\partial p_r}$. Über die charakteristische Gleichung (5) und ihre Wurzeln läßt sich also nur wenig sagen. Als Sonderfall nehme man an, daß $a_{rs} = a_{sr}$ und somit, daß **A** symmetrisch ist. Die Stabilitätsbedingungen vereinfachen sich dann, da nach 14.4 oben alle Wurzeln der Gleichung (5) reell sind; Stabilität ist gegeben, wenn die Wurzeln auch noch positiv sind. Daraus folgt (14.5 oben), daß die quadratische Form $Q = \mathbf{x}' \mathbf{A} \mathbf{x}$ mit der symmetrischen Diskriminante $A = |\, a_{rs} \,|$ positiv definit ist und daß folglich

$$a_{11} > 0 \; ; \quad \begin{vmatrix} a_{11} & a_{12} \\ a_{12} & a_{22} \end{vmatrix} > 0 \; ; \quad \begin{vmatrix} a_{11} & a_{12} & a_{13} \\ a_{12} & a_{22} & a_{23} \\ a_{13} & a_{23} & a_{33} \end{vmatrix} > 0 \; ; \ldots$$

Dies sind die Hicksschen Bedingungen für vollständige Stabilität.

Wenn also die Matrix $\mathbf{A} = [a_{rs}]$ *symmetrisch ist,* so sind die Hicksschen Bedingungen notwendig und hinreichend für die Stabilität dieses walrasianischen Modells (gleichbedeutend damit, daß alle λ positive reelle Teile haben). Nun gilt:

$$a_{rs} = \frac{\partial Y_r}{\partial p_s} - \frac{\partial X_r}{\partial p_s} \qquad \text{im Gleichgewicht;}$$

Hicks (1939,1946) nimmt Symmetrie an, indem er die „Einkommensgrößen“ in Y_r und X_r vernachlässigt. Dies bedeutet nicht mehr als eine Annäherung, die man unter gewissen Umständen aus Zweckmäßigkeitsgründen machen kann. Jedesmal aber wenn Symmetrie nicht gegeben ist, etwa wegen Einkommenseffekten auf der Nachfrageseite, können die Hicksschen Stabilitätsbedingungen immer noch notwendig und hinreichend sein, wenn $\mathbf{A} = [a_{rs}]$ die *Metzlersche Eigenschaft* hat: $a_{rr} > 0$, $a_{rs} < 0$ (für alle r und s und $r \neq s$), wobei Substitutionsbeziehungen zwischen den Gütern bestehen müssen; siehe Metzler (1945). Im Anschluß an Hicks, Samuelson und Metzler ist dieses Problem von verschiedenen Autoren weiter untersucht worden; siehe Newmann (1958).

Übungsaufgaben 14.6

1. Erweitern Sie die charakteristische Gleichung (5) in der Form

$$(-1)^{m-1}(\lambda^{m-1} + p_1 \lambda^{m-2} + p_2 \lambda^{m-3} + \ldots + p_{m-2}\lambda + p_{m-1})$$

und bestimmen Sie die p mit Hilfe der aus $\mathbf{A} = [a_{rs}]$ gebildeten Determinanten.

2. Nehmen Sie an, $\mathbf{A}$ sei symmetrisch und setzen Sie die Koeffizienten (die p) in der vorhergehenden Aufgabe gleich den Summen und Produkten der $(m-1)$ reellen Wurzeln $\lambda_1, \lambda_2, \ldots, \lambda_{m-1}$. Soll Stabilität herrschen, so sind alle λ positiv; geben Sie die entsprechenden Eigenschaften von $\mathbf{A}$ an.

14.7 Das statische Leontief-Modell

Die Matrix-Schreibweise ermöglicht eine gedrängte Darstellung der Leontief-Modelle interindustrieller Verflechtungen (Kapitel 11 oben). Im *geschlossenen Modell* gibt es $(n+1)$ Industrien; die letzte bilden die Haushalte, die Arbeitsleistungen anbieten und Konsumgüter als Inputs verwenden. x_{rs} sei der Betrag des Outputs X_r, der von der r-ten an die s-te Industrie geht; dies ergibt eine *Transaktionsmatrix:*

$$\mathbf{T} = [x_{rs}] \text{ von der Ordnung } (n+1) \times (n+1)$$

Nach Übereinkunft ist $x_{rr} = 0$ für $r = 1, 2, \ldots, (n+1)$, so daß die Hauptdiagonale von $\mathbf{T}$ nur Nullen enthält. Dann bilden die Zeilensummen von $\mathbf{T}$ den Vektor $\mathbf{X} = \{X_r\}$ des gesamten Outputs. Eine andere Übereinkunft besteht darin: man setze $x_{rr} = -X_r$, so daß die Zeilensummen von $\mathbf{T}$ Null werden.

Man nimmt fixe Input-Koeffizienten an:

$$a_{rs} = \frac{x_{rs}}{X_s} \qquad r, s = 1, 2, \ldots, (n+1)$$

wobei $a_{rr} = 0$ nach Übereinkunft.

Diese bilden eine *Koeffizientenmatrix:*

$$\mathbf{A^*} = [a_{rs}] \text{ von der Ordnung } (n+1) \times (n+1)$$

und eine *technologische Matrix* (im Sinne von 10.8 oben):

$$\mathbf{A} = \mathbf{I} - \mathbf{A^*} = \begin{bmatrix} 1 & -a_{12} & \ldots & -a_{1\,n+1} \\ -a_{21} & 1 & \ldots & -a_{2\,n+1} \\ \ldots & \ldots & \ldots & \ldots \\ -a_{n+1\,1} & -a_{n+1\,2} & \ldots & 1 \end{bmatrix}$$

Dann sind dies die Gleichgewichtsbedingungen, in denen zum Ausdruck kommt, daß jeder Output genau über die Verbrauchsvektoren aufgeteilt ist und daß die Erlöse in jeder Industrie gleich den Kosten sind:

$$\text{(i)} \quad \mathbf{AX} = \mathbf{0} \quad \text{und} \quad \text{(ii)} \quad \mathbf{p}'\,\mathbf{A} = \mathbf{0} \qquad (1)$$

wobei $\mathbf{p} = \{p_r\}$ der Preisvektor ist. Die beiden Bedingungen bestehen ganz getrennt voneinander; (i) gibt die Outputs und (ii) die Preise an. Jede Menge, ist ein System homogen-linearer Gleichungen, die eine von Null verschiedene Lösung nur dann haben, wenn $\mathbf{A}$ singulär vom Rang $r < n + 1$ ist. Im Normalfall ist der Rang von $\mathbf{A}$ $r = n$; in diesem Fall sind dann durch (1) nur die *Verhältnisse* der Outputs und Preise zueinander bestimmt, siehe Aufg. 3 unten. Die absolute Höhe der Outputs und Preise liegt also nur dann fest, wenn ein Output (z. B. Arbeitsangebot) und ein Preis (z. B. die Lohnrate) festliegen.

Legt man einer Zeile und Spalte in $\mathbf{T}$ (oder mehreren) bestimmte Werte zu, so wird das System offen. Typisch für das *offene Leontief-Modell* ist es, daß in der Transaktionsmatrix die letzte Zeile (Arbeits-Inputs) und letzte Spalte (Haushalte) festliegen. Die Matrix sieht dann folgendermaßen aus:

$$\mathbf{T} = \left[\begin{array}{c|c} x_{rs} & x_r \\ \hline \xi_s & 0 \end{array}\right]$$

für $r, s = 1, 2, \ldots, n$. $\mathbf{T}$ ist immer noch von der Ordnung $(n + 1) \times (n + 1)$, doch besteht die letzte Zeile aus gegebenen Arbeitsinputs (ξ_s) und die letzte Spalte aus gegebenen Endnachfragemengen (x_r). Die Matrix der Input-Koeffizienten ist $\mathbf{A}^* = [a_{rs}]$ und die technologische Matrix ist $\mathbf{A} = \mathbf{I} - \mathbf{A}^*$; beide sind von der Ordnung $n \times n$. Jedoch läßt sich die letzte erweitern zu

$$\mathbf{B} = \left[\begin{array}{c} \mathbf{A} \\ \cdots \\ -\mathbf{b}' \end{array}\right] \quad \text{wobei } \mathbf{b}' = [b_s]$$

indem man eine Zeile mit den Koeffizienten für Arbeitsinputs hinzufügt $(-b_s) = -\dfrac{\xi_s}{X_s}$ $(s = 1, 2, \ldots n)$.

Die Gleichgewichtsbedingungen (1) lauten jetzt:

$$\text{(i)} \quad \mathbf{AX} = \mathbf{x} \quad \text{und} \quad \text{(ii)} \quad \mathbf{p}'\,\mathbf{A} = \mathbf{w}' \qquad (2)$$

Weiterhin gilt:

$$\text{Beschäftigung} \quad Y = \mathbf{b}'\,\mathbf{X}$$

$$\text{Volkseinkommen} \quad Z = \mathbf{p}'\,\mathbf{x} = \mathbf{w}'\,\mathbf{X}$$

Dies sind die Bedingungen (i) und (ii) von 11.3 oben in Matrix-Form. Abgesehen von der technologischen Matrix der Ordnung $n \times n$ stecken in den Bedingungen (2) die folgenden Vektoren (in Spalten- oder Zeilenform), die alle von der Ordnung n sind:

$\mathbf{X} = \{X_r\}$ = gesamter Output $\mathbf{x} = \{x_r\}$ = Endnachfrage

$\mathbf{p} = \{p_r\}$ = Preise $\mathbf{w} = w\,\{b_s\}$ = durchschnittliche Lohnkosten

Neben der technologischen Matrix **A** sind als gegebene Daten in das offene System sowohl die Endnachfrage **x** wie auch die durchschnittlichen Lohnkosten **w** aufgenommen; im letzteren sind die Koeffizienten für Arbeitsinputs (b_s) und die Lohnrate w enthalten. Die Koeffizienten für den Arbeitsinput selbst braucht man, um die Gesamtbeschäftigung Y zu bestimmen.

Auf Grund von (2) sind als Variable der Gesamt-Output **X** und die Preise **p** zu bestimmen. Die Beschäftigung Y und das Volkseinkommen Z lassen sich auch aufgeben. Ist **A** nicht-singulär, was grundsätzlich der Fall ist, wenn die $(n + 1) \times (n + 1)$ technologische Matrix des geschlossenen Systems vom Rang $r = n$ ist, dann gibt es für (2) eine eindeutige Lösung:

$$\mathbf{X} = \mathbf{A}^{-1}\mathbf{x} \;;\quad \mathbf{p}' = \mathbf{w}'\mathbf{A}^{-1} \;;\quad Y = \mathbf{b}'\mathbf{A}^{-1}\mathbf{x} \quad \text{und} \quad Z = \mathbf{w}'\mathbf{A}^{-1}\mathbf{x} \tag{3}$$

Die Bedingungen (2) gelten jede für sich, was auch in der Lösung (3) zum Ausdruck kommt. Die Outputs **X** werden als Ausdruck der festen Endnachfrage **x** wiedergegeben (das gleiche gilt für die Beschäftigung Y). Die Preise **p** ergeben sich aus den fixen durchschnittlichen Lohnkosten **w**. Eine bloße Rechenfrage ist es, Outputs, Beschäftigung, Preise und Volkseinkommen zu bestimmen, indem man die technische Matrix **A** zu $\mathbf{A}^{-1}$ invertiert.

Übungsaufgaben 14.7

1. Zeigen Sie mit Hilfe der Determinante $A = |\mathbf{A}|$ und ihrer Adjunkten, daß dies die Lösung des offenen Leontief-Modells ist (für $r = 1, 2, \ldots, n$):

$$X_r = \frac{1}{A}\sum_s x_s A_{sr} \quad \text{und} \quad p_r = \frac{w}{A}\sum_s A_{rs}\, b_s$$

2. Deuten Sie $\mathbf{AX} = \mathbf{x}$ als Lineartransformation (aus dem Gesamtoutput in die Endnachfrage) und $\mathbf{X} = \mathbf{A}^{-1}\mathbf{x}$ als ihre Inverse. Wie lautet die entsprechende Transformation für die Preise?

3. Nehmen Sie an, daß im geschlossenen Leontief-Modell mit $(n + 1)$ Industrien **A** vom Rang n ist und die Untermatrix $\mathbf{A}_{nn}$, die man durch Weglassen der letzten Zeile und Spalte gewinnt, nicht-singulär ist. Schreiben Sie **c** für die letzte Spalte von **A** und streichen Sie das letzte Element. Lösen Sie so-

mit die ersten Gleichungen von $\mathbf{AX} = \mathbf{0}$, so daß sich der Spaltenvektor der ersten n Outputs als $\mathbf{A}_{nn}{}^{-1}\,\mathbf{c}X_{n+1}$ ergibt, wobei X_{n+1} der letzte Output ist. Wenn die $(n+1)$te „Industrie" Haushalte sind, so zeigen Sie, daß damit jeder Output in Abhängigkeit der Lohnrate wiedergegeben ist.

4. Im offenen Leontief-Modell seien $\bar{\mathbf{x}}$ und $\bar{\mathbf{w}}$ die Diagonalmatrizen, die aus den Endnachfragemengen und den durchschnittlichen Lohnkosten gebildet werden. Zeigen Sie, daß die Matrix $\mathbf{U} = \bar{\mathbf{w}}\mathbf{A}^{-1}\bar{\mathbf{x}}$ das (r, s)te Elemente $w_r\, x_s \dfrac{A_{sr}}{A}$ ist, wobei A_{sr} eine Adjunkte in $A = |\,\mathbf{A}\,|$ ist. Zeigen Sie weiterhin, daß $(w_r X_r)$ die Zeilensummen und $(p_s\, x_s)$ die Spaltensummen in $\mathbf{U}$ sind. Leiten Sie ab, daß $\mathbf{U}$ in der Volkswirtschaftlichen Gesamtrechnung als Transaktionsmatrix dienen kann, wobei das Volkseinkommen als Summe der Wertschöpfungen in den Industrien gleich der Summe der Gesamtausgaben in den einzelnen Sektoren ist, siehe Barna (1952).

14.8 Transaktionsmatrizen

Die Transaktionsmatrix $\mathbf{T} = [x_{rs}]$, in der nach Übereinkunft $x_{rr} = -X_r$ ist, ist also so gebaut, daß die Summe jeder Zeile gleich Null ist. Damit ist die erste Gleichgewichtsbedingung ausgedrückt, d. h. die genaue Aufteilung eines jeden Outputs. Die Spalten von $\mathbf{T}$ sind jedoch nicht addierbar, da $\mathbf{T}$ Mengenangaben enthält und die einzelnen Posten in einer Spalte in verschiedenen Einheiten gemessen sind. Nimmt man die Preise p_r als gegeben an oder liegen sie durch die zweiten Gleichgewichtsbedingungen fest, so lautet die *Wert-Transaktions-Matrix:*

$$\mathbf{V} = [v_{rs}] = [(p_r\, x_{rs})]$$

wobei

$$v_{rr} = -p_r X_r = -V_r \quad \text{nach Übereinkunft.}$$

Die Zeilensummen von $\mathbf{V}$ sind immer noch Null, wobei hier die Gleichgewichtsbedingung darin besteht, daß der Wert eines jeden Outputs (V_r) sich wertmäßig genau auf die verschiedenen Verwendungsmöglichkeiten aufteilt. Hinzu kommt, daß auch die Spaltensummen in $\mathbf{V}$ gleich Null sind. Darin drückt sich die andere Gleichgewichtsbedingung aus, daß nämlich die Preise so sein müssen, daß in jeder Industrie die Einnahmen die Kosten decken. Benutzt man also Gleichgewichtspreise, so stecken in $\mathbf{V}$ selbst beide Gleichgewichtsbedingungen, da die Summe in den Zeilen und Spalten jeweils gleich Null sind.

Die Technologie läßt sich nun neu definieren, indem $\mathbf{A} = \mathbf{I} - \mathbf{A}^*$ nicht als Ausdruck der technischen Koeffizienten a_{rs}, sondern der entsprechenden Wert-Koeffizienten interpretiert wird:

$$\alpha_{rs} = \frac{v_{rs}}{V_s} = \frac{p_r}{p_s}\, a_{rs}$$

Ist $\mathbf{X}$ (siehe Aufg. 1 unten) der Vektor aller Outputs in *Wertgrößen*, so hat die erste Gleichgewichtsbedingung (die Zeilensummen von $\mathbf{V}$ sind gleich Null) genau die gleiche Form wie bei Mengenangaben: $\mathbf{AX} = \mathbf{0}$.

Dieselbe Definition läßt sich auf das offene Leontief-Modell anwenden. Treten $\mathbf{A}$, $\mathbf{X}$ und $\mathbf{x}$ alle als Wertausdrücke auf, so lauten die Gleichgewichtsbedingungen:

$$\mathbf{Ax} = \mathbf{x} \quad \text{das ergibt: } \mathbf{X} = \mathbf{A}^{-1}\mathbf{x}$$

und die gesamte Lohnsumme ist $\mathbf{b}'\mathbf{A}^{-1}\mathbf{x}$. Man beachte auch, daß die erweiterte technologische Matrix bei Ableitung aus Wertgrößen so aussieht:

$$\mathbf{B} = \begin{bmatrix} \mathbf{A} \\ \cdots \\ -\mathbf{b}' \end{bmatrix}$$

sie ist so gebaut, daß die Summe in jeder Spalte gleich Null ist; siehe die Gleichungen (ii) in 11.4 oben. Diese Art der Darstellung des offenen Modells ist für empirische Anwendungen relevant.

Der Begriff einer Transaktions-Matrix, der im Leontief-Modell verwendet wird, wurde durch Stone (1951) und Goodwin (1953) entwickelt und in größerem Rahmen behandelt. Eine geschlossene Wirtschaft hat n Aktivitäten, die man, wenn man so will, als Industrien deuten kann. Es sei x_{rs} die Lieferung der r-ten an die s-te Aktivität als Mengenausdruck und $v_{rs} = p_r x_{rs}$ als Wertausdruck, wobei p_r jeweils die Preise in der r-ten Aktivität sind. Nach Übereinkunft sei

$$x_{rr} = -X_r \quad \text{und} \quad v_{rr} = -p_r X_r = -V_r \ ,$$

wobei X_r und V_r die gesamte Lieferung der r-ten Aktivität in Mengen bzw. Wertgrößen bezeichnen. Die Transaktions-Matrizen sind, als Mengen- bzw. Wertausdruck:

$$\mathbf{T} = [x_{rs}] \quad \text{und} \quad \mathbf{V} = [\mathbf{v}_{rs}] \qquad r, s = 1, 2, \ldots, n \ .$$

Die technischen Koeffizienten der Wirtschaft sind die Verhältnisse zwischen den (von anderen Aktivitäten) *gekauften* Mengen und dem *Gesamtabsatz* einer Aktivität. Sie lassen sich als Mengenausdruck (siehe Aufg. 2, unten) wiedergeben; oder sie können, wie es hier geschieht, als Wertausdrücke geschrieben werden. Angenommen, es gibt *feste technische Koeffizienten*, die so definiert sind:

$$a_{rs} = \frac{v_{rs}}{V_s} \qquad r, s = 1, 2, \ldots, n \ .$$

d. h. als das Verhältnis des Wertes der durch die s-te von der r-ten Aktivität gekauften Mengen zu ihrem gesamten Umsatz. Nach Übereinkunft gelte $v_{rr} = -V_r$, d. h.

$$a_{rr} = \frac{v_{rr}}{V_r} = -1 \qquad\qquad r = 1, 2, \ldots, n$$

Es sei $\mathbf{A} = [(-a_{rs})] = \begin{bmatrix} 1 & -a_{12} \ldots & -a_{1n} \\ -a_{21} & 1 \quad \ldots & -a_{2n} \\ \ldots & \ldots & \ldots \\ -a_{n1} & -a_{n2} \ldots & 1 \end{bmatrix}$

die Matrix, in der die technischen Bedingungen einer Volkswirtschaft zum Ausdruck kommen.

Leicht gewinnt man die Beziehung zwischen der Transaktions-Matrix $\mathbf{V}$ und der technischen Matrix $\mathbf{A}$. Mit $\bar{\mathbf{v}}$ sei die Diagonal-Matrix bezeichnet, die aus dem Gesamtumsatz (V_r) der n Aktivitäten gebildet wird. Dann gilt nach der Regel über die Multiplikation von Matrizen:

$$\mathbf{V} = [v_{rs}] = [(a_{rs}\, V_s)] = -\mathbf{A}\bar{\mathbf{v}}$$

Zwei getrennte Bedingungen lassen sich für die Wirtschaft als Ganzes angeben: (i) daß sich der Gesamtabsatz einer Aktivität genau auf die von anderen Aktivitäten bezogenen Mengen verteilt, und (ii), daß in einer jeden Aktivität die Erlöse den Kosten (Wert der Käufe) gleich sind. Folglich:

Bedingungen (i): Die Zeilensummen in der Matrix $\mathbf{V}$ sind jeweils Null.

d. h. $\mathbf{V}\,\{1\} = \mathbf{0}$

d. h. $\mathbf{A}\bar{\mathbf{v}}\{1\} = \mathbf{0}$

d. h. $\mathbf{AX} = \mathbf{0}$

da ja $\bar{\mathbf{v}}\,\{1\}$ der aus V_r bestehende Vektor ist, den man auch als $\mathbf{X}$ (Gesamtumsatz) schreiben kann. Dies ist die bekannte Leontiefsche Bedingung (geschlossenes Modell) in Wertgrößen.

Bedingungen (ii): Die Spaltensummen in der Matrix $\mathbf{V}$ sind jeweils Null.

d. h. $[1]\ \mathbf{V} = \mathbf{0}$

d. h. $[1]\ \mathbf{A}\bar{\mathbf{v}} = \mathbf{0}$

d. h. $[1]\ \mathbf{A}\bar{\mathbf{v}}\bar{\mathbf{v}}^{-1} = \mathbf{0}$ ($\bar{\mathbf{v}}$ ist nicht-singulär)

d. h. $[1]\ \mathbf{A} = \mathbf{0}$

Dies ist lediglich eine Beschränkung für die technische Matrix $\mathbf{A}$; die Spaltensummen müssen Null sein.

Aus einer Wirtschaft in sich geschlossener Transaktionen läßt sich ein offenes System ableiten, indem man eine Zeile oder Spalte der Transaktionsmatrix **T** oder **V** als gegeben annimmt. Angenommen, dies gelte für die letzte Zeile und Spalte, so daß also die von der n-ten Aktivität gekaufte Menge gegeben ist. Die technische Matrix **A** läßt sich auf die Ordnung $(n-1)$ reduzieren, und entsprechend stellt dann der Vektor **X** den Gesamtabsatz von $(n-1)$ Aktivitäten dar. Dadurch wird (siehe Aufg. 3 unten) aus den Bedingungen (i):

$$\mathbf{AX} = \text{Vektor der gegebenen, von der } n\text{-ten Aktivität gekauften Mengen.}$$

Dies ist die bekannte Bedingung des offenen Leontief-Modells für den Fall, daß die n-te Aktivität als Verbrauch der Haushalte betrachtet wird.

Übungsaufgaben 14.8

1. Im geschlossenen Leontief-Modell ist $\mathbf{A}^* = [\alpha_{rs}]$ als Wertausdruck neu zu definieren, indem $\alpha_{rs} = \frac{v_{rs}}{V_s}$ gesetzt wird. Zeigen Sie, daß dann die Gleichgewichtsbedingungen (vollständige Aufteilung jedes Outputs) sich als $\mathbf{AX} = \mathbf{0}$ ergeben, wobei $\mathbf{A} = \mathbf{I} - \mathbf{A}^*$ und **X** der Vektor mit den *Werten* der gesamten Outputs ist.

2. Betrachten Sie die Wert-Transaktions-Matrix $\mathbf{V} = [v_{rs}]$ in einer geschlossenen Wirtschaft, wenn feste technische Koeffizienten $a_{rs} = \frac{x_{rs}}{X_s}$ als Mengenausdrücke definiert sind. Zeigen Sie, daß $\mathbf{V} = \bar{\mathbf{p}}\mathbf{A}\bar{\mathbf{x}}$, wobei **A** wie zuvor aus den a_{rs} gebildet wird, $\bar{\mathbf{p}}$ die Diagonal-Matrix aus dem Preisvektor **p** und $\bar{\mathbf{x}}$ die Diagonalmatrix aus dem Gesamtabsatzvektor **X** ist. Leiten Sie dann folgende Bedingungen für die Wirtschaft ab: $\mathbf{AX} = \mathbf{0}$ und $\mathbf{p}'\mathbf{A} = \mathbf{0}$, wie im geschlossenen Leontief-Modell.

3. Es sei $\mathbf{B} = \begin{bmatrix} 0 & 0 & \dots & 0 & a_{1n} \\ 0 & 0 & \dots & 0 & a_{2n} \\ \dots & \dots & \dots & \dots & \dots \\ 0 & 0 & \dots & 0 & -1 \end{bmatrix}$; zeigen Sie, daß $\mathbf{A} + \mathbf{B} = \left[\begin{array}{c|c} \mathbf{A}^* & \mathbf{0} \\ \hline \mathbf{a}_n & \mathbf{0} \end{array}\right]$; dabei ist **A** die technische Matrix der Ordnung n, $\mathbf{A}^*$ dieselbe Matrix, die allerdings durch Auslassen der n-ten Aktivität auf die Ordnung $(n-1)$ reduziert ist, und $\mathbf{a}_n$ irgendein Vektor der Ordnung $(n-1)$. Betrachten Sie, wie in der vorherigen Aufgabe, die Bedingungen $\mathbf{AX} = \mathbf{0}$ einer geschlossenen Wirtschaft und zeigen Sie, daß sie sich auf die Beziehungen reduzieren lassen:

$$\mathbf{A}^*\mathbf{X}^* = \text{von der } n\text{-ten Aktivität gekaufte Mengen;}$$

hierbei ist $\mathbf{X}^*$ der Absatzvektor der $(n-1)$ Aktivitäten.

4. Führen Sie die Untersuchung der beiden vorhergehenden Aufgaben fort durch den Nachweis, daß aus der Bedingung $\mathbf{p}'\mathbf{A} = \mathbf{0}$ eines geschlossenen Systems die Beziehung wird:

$$\mathbf{p}^{*\prime}\mathbf{A}^* = \text{durchschnittliche Lohnkosten}$$

hierbei bezeichnet die n-te Aktivität, die vernachlässigt wird, die Haushalte.

5. Deuten Sie die Transaktions-Matrix $\mathbf{T} = [\mathbf{x}_{rs}]$ nicht für den Fall von n Industrien, sondern für den Fall von n verschiedenen Wirtschaftseinheiten, wie etwa Haushalte, Unternehmungen, Staat; bestimmen Sie somit ihre Anwendungsmöglichkeiten auf die volkswirtschaftliche Gesamtrechnung. Siehe Stone und Utting (1953).

14.9 Das dynamische Leontief-Modell

Die statischen Gleichgewichtsbedingungen im geschlossenen Leontief-Modell sind $\mathbf{AX} = \mathbf{0}$, wobei in $\mathbf{A} = \mathbf{I} - \mathbf{A}^*$ und $\mathbf{A}^* = [a_{rs}]$ die Struktur der Verflechtung einer Wirtschaft zum Ausdruck kommt. Die a sind feste Input-Output-Koeffizienten. Beim Übergang zum dynamischen System fügt man eine zweite Matrix $\mathbf{B} = [b_{rs}]$ für die Kapitalstruktur hinzu; hierbei sind die b feste Kapitalkoeffizienten. Die dynamischen Bedingungen für eine vollständige Aufteilung der Produktion (Gleichungen (2) in 11.8, oben) lauten dann:

$$\mathbf{AX} = \mathbf{B}\frac{d\mathbf{X}}{dt} \tag{1}$$

hierbei ist, wie bisher, $\mathbf{X} = \{X_r\}$ der Spaltenvektor des Gesamt-Outputs und

$$\frac{d\mathbf{X}}{dt} = \left\{\frac{dX_r}{dt}\right\}$$

der Spaltenvektor für die Veränderungsraten der Outputs ($r = 1, 2, \ldots n$).

Um das System (1) von Differentialgleichungen erster Ordnung zu lösen, setze man versuchsweise

$$\mathbf{X} = \mathbf{k}e^{-\lambda t}$$

hierbei ist $\mathbf{k} = \{k_r\}$ ein Spaltenvektor aus Konstanten und λ ein zu bestimmender Skalar. Dann gilt $\frac{d\mathbf{X}}{dt} = -\mathbf{k}\,\lambda e^{-\lambda t}$; streicht man $e^{-\lambda t} \neq 0$, so wird aus System (1)

$$\mathbf{Ak} = -\lambda \mathbf{Bk}$$

d. h.

$$(\mathbf{A} + \lambda \mathbf{B})\,\mathbf{k} = \mathbf{0} \tag{2}$$

Hier gilt die Matrix

$$(\mathbf{A} + \lambda\mathbf{B}) = \begin{bmatrix} 1 + \lambda b_{11} & -a_{12} + \lambda b_{12} & \ldots & -a_{1n} + \lambda b_{1n} \\ -a_{21} + \lambda b_{21} & 1 + \lambda b_{22} & \ldots & -a_{2n} + \lambda b_{2n} \\ \ldots & \ldots & \ldots & \ldots \\ -a_{n1} + \lambda b_{n1} & -a_{n2} + \lambda b_{n2} & \ldots & 1 + \lambda b_{nn} \end{bmatrix}$$

d. h. eine verallgemeinerte Form der charakteristischen Matrix (14.4 oben).

Die Bedingungen (2) bestehen aus einem Spaltenvektor der Ordnung n, der gleich Null ist; es gibt n Gleichungen, die ausreichen, um λ und die *Verhältnisse* der Elemente k_r in $\mathbf{k}$ zu bestimmen. Die Werte für k_r in (2) sind nicht alle Null, so daß:

$$|\mathbf{A} + \lambda\mathbf{B}| = 0 \tag{3}$$

Dies ist die Gleichung n-ten Grades mit λ als Unbekannter, deren Koeffizienten von den Strukturkonstanten (den a und b) abhängen. Die Gleichung (3) hat n Wurzeln, $\lambda_1, \lambda_2, \ldots, \lambda_n$. Da $\mathbf{A}$ und $\mathbf{B}$ keine symmetrischen Matrizen sind, kann man nicht erwarten, daß alle λ reell sind. Einige der λ können paarweise konjugiert komplexe Wurzeln sein; sie eröffnen die Möglichkeit, daß die Outputs um eine Zeitachse oszillieren.

Man betrachte die Wurzel $\lambda = \lambda_s$ in (3). Die Matrix $(\mathbf{A} + \lambda_s \mathbf{B})$ ist singulär, da $|\mathbf{A} + \lambda_s \mathbf{B}| = 0$; angenommen, ihr Rang sei $(n-1)$. Dann werden nach 14.2 oben durch die Gleichungen (2) die Verhältnisse der Elemente in $\mathbf{k} = k_r$ festgelegt. Dem Eigenwert λ_s entspricht ein Eigenvektor $\mathbf{k}_s = \{k_{rs}\}$, d. h. eine bestimmte Menge von k-Werten, die abhängig von λ_s und den Strukturkonstanten (den a und b) des Systems (siehe Aufg. 2, unten) nur in ihren Verhältnissen $k_{1s} : k_{2s} : \ldots : k_{ns}$ angegeben sind. Somit ist eine Lösung von (1) $\mathbf{X} = \mathbf{k}_s\, e^{-\lambda_s t}$. Es gibt n solcher Lösungen für $s = 1, 2, \ldots, n$; sie lassen sich mit beliebigen multiplikativen Konstanten durch Addition zur allgemeinen Lösung kombinieren:

$$\mathbf{X} = \sum_{s=1}^{n} A_s\, \mathbf{k}_s\, e^{-\lambda_s t}$$

d. h.

$$X_r = A_1\, k_{r1}\, e^{-\lambda_1 t} + A_2\, k_{r2}\, e^{-\lambda_2 t} + \ldots + A_n\, k_{rn}\, e^{-\lambda_n t} \quad (r = 1, 2, \ldots n) \tag{4}$$

In (4) sind die A beliebige Konstanten, die durch die Ausgangsbedingungen gegeben sein müssen. Auf der anderen Seite sind die λ und k Strukturkonstanten, die durch die a und b der Gleichungen (1) gegeben sind; die λ sind die Wurzeln von (3) und die entsprechenden k erhält man dann aus (2).

In den aufeinanderfolgenden Ausdrücken für die Lösung von X_r können reelle oder konjugiert komplexe Werte für die λ stecken. Ist λ_1 reell, so verschwindet, wenn $\lambda_1 > 0$, der erste Ausdruck in der Zeit und wächst unbestimmt an, wenn $\lambda_1 < 0$. Sind λ_1 und λ_2 konjugiert komplex $(\alpha \pm i\omega)$, so ergeben die ersten beiden Ausdrücke zusammen:

$$A k_r\, e^{-\alpha t} \cos(\omega t - \varepsilon)$$

wobei A und ε die beliebigen Konstanten sind. Dadurch kommt in die zeitliche Entwicklung von X_r ein oszillatorisches Element hinein; die Zeitperiode ist $\frac{2\pi}{\omega}$. Die Oszillationen nehmen ab, wenn $\alpha > 0$, und wachsen unbestimmt an, wenn $\alpha < 0$.

Wir können unsere Aufmerksamkeit auf die endgültigen Werte der Outputs konzentrieren, sofern die Zeit unbestimmt voranschreitet, d. h. auf den dominanten Ausdruck in (4). Dieser Ausdruck wird durch die Wurzel λ_m gegeben, die den kleinsten Realteil hat. Jeder Output schrumpft allmählich zusammen oder wächst unbestimmt an, je nachdem, ob der Realteil von λ_m positiv oder negativ ist. Letztlich entwickelt sich jeder Output ozillatorisch, wenn λ_m nicht reell ist; ist λ_m aber reell, so liegt ein stetiges Fortschreiten vor. Der endgültige Entwicklungspfad wird bestimmt durch:

$$X_r = A_m\, k_{rm}\, e^{-\lambda_m t} \quad (\lambda_m \text{ reell})$$

oder: $$X_r = A_m\, k_{rm}\, e^{-\alpha_m t} \cos(\omega_m t - \varepsilon) \qquad (\lambda_m \text{ komplex} = \alpha_m + i\omega_m)$$

annäherungsweise, wenn t groß ist. Es folgt, daß (λ_m reell):

$$\frac{1}{X_r}\frac{dX_r}{dt} \to -\lambda_m \quad \text{und} \quad \frac{X_r}{X_s} \to \frac{k_{rm}}{k_{sm}} \quad \text{wenn} \quad t \to \infty$$

Somit hat im Endeffekt jeder Output die gleiche Wachstumsrate; die verschiedenen Outputs ändern sich im Verhältnis, die Rate und die Verhältnisse selbst liegen durch die Struktur des Systems fest.

Im statischen Fall (14.7 oben) gibt es gleichgewichtige Outputs nur (in der Form von Verhältnissen), wenn die Matrix $\mathbf{A}$, die die Struktur der Verflechtung wiedergibt, singulär ist, d. h. wenn $|\mathbf{A}| = 0$. Ist dies auch im dynamischen System der Fall, dann ist (wie in 14.4 oben) der von λ unabhängige Ausdruck in Gleichung (3) Null, und $\lambda = 0$ ist eine der Wurzeln von (3). Die Lösung (4) sei $\lambda_1 = 0$, so daß der erste Ausdruck in X_r eine Konstante $A_1\, k_{r1}$ ist. X_r entwickelt sich dann je nach dem in gedämpfter oder explosiver Form um ein konstantes Niveau herum. Ist die Entwicklung gedämpft (die kleinsten der übrigen λ positiv), so erreicht der Output letztlich den konstanten Wert $A_1\, k_{r1}$. Dazu müssen natürlich die k positiv sein.

Die dynamische Version des offenen Modells hat die gleiche Menge von Differentialgleichungen (1), wobei aber von dem Vektor der Endnachfragemengen $\mathbf{x} = \{x_r\}$ auf der rechten Seite abgesehen wird. Jedes x_r ist eine gegebene Funktion der Zeit. Die Lösung hat wiederum die Form (4), unter Hinzufügung von Partikularintegralen, die aus den jeweiligen Zeitfunktionen, die man für $\mathbf{x}$ annimmt, zu gewinnen sind. Beispielsweise sei $\mathbf{x} = \mathbf{c}e^{\mu t}$, wobei $\mathbf{c} = \{c_r\}$ ein Vektor von gegebenen Konstanten und μ ein gegebener Skalar ist, so daß alle Endnachfragemengen über die Zeit in der gleichen relativen Rate wie in 11.9 Fall (ii) oben anwachsen. Dann lauten die Differentialgleichungen $\mathbf{AX} = \mathbf{B}\,\frac{d\mathbf{X}}{dt} + \mathbf{c}e^{\mu t}$, womit Partikularintegrale erforderlich werden. Man versuche es mit $\mathbf{X} = \mathbf{C}^{\mu t}$, wobei $\mathbf{C}\ \{C_r\}$ zu bestimmende Konstante sind. Dann ergibt sich auf Grund von Substitutionen

$$\mathbf{AC} = \mu\mathbf{BC} + \mathbf{c}$$
$$\mathbf{C} = (\mathbf{A} - \mu\mathbf{B})^{-1}\mathbf{c}$$

hierbei wird die gesamte Matrix $(\mathbf{A} - \mu\mathbf{B})$ als nicht-singulär angenommen. Die allgemeine Lösung lautet dann:

$$\mathbf{X} = \mathbf{C}e^{\mu t} + \sum_{s-1}^{n} A_s \mathbf{k}_s e^{-\lambda_s t}$$

und jeder Output entwickelt sich in einer (gedämpften oder explosiven, oszillatorischen oder fortschreitenden) Schwingung um einen Trendausdruck, der in der gleichen Rate wie die Endnachfragemengen wächst.

Übungsaufgaben 14.9

1. Die Matrix $[A_{sr}]$, die dergestalt aus $\mathbf{A} = [a_{rs}]$ gebildet wird, daß man die Adjunkten schreibt und sie transponiert, heißt die *adjungierte Matrix* zu $\mathbf{A}$. Ist $\mathbf{A}$ singulär ($|\mathbf{A}| = 0$), so zeigen Sie, daß das Produkt von $\mathbf{A}$ und irgendeiner Spalte ihrer Adjungierten ein Null-Spaltenvektor ist.

2. Betrachten Sie die homogenen linearen Gleichungen $(\mathbf{A} + \lambda_s \mathbf{B})\,\mathbf{k} = \mathbf{0}$ mit den Variablen $\mathbf{k} = (k_r)$ für den Fall einer singulären Matrix: $|\mathbf{A} + \lambda_s \mathbf{B}| = 0$. Benutzen Sie das Ergebnis der vorigen Aufgabe, um zu zeigen, daß die Gleichungen erfüllt sind, wenn man $\mathbf{k}$ als proportional zu einer beliebigen Spalte der Adjunkten von $(\mathbf{A} + \lambda_s \mathbf{B})$ annimmt.

3. Benutzen Sie die Ergebnisse der vorherigen Aufgabe, um zu zeigen, daß die Adjungierte einer singulären Matrix den Rang 1 mit nur einer unabhängigen Spalte hat.

4. Betrachten Sie das dynamische offene System $\mathbf{AX} = \mathbf{B}\dfrac{d\mathbf{X}}{dt} + \mathbf{c}$, wobei $\mathbf{c} = \{c_r\}$ Endnachfragemengen sind, die über die Zeit konstant bleiben. Finden Sie bestimmte Integrale und geben Sie somit die allgemeine Lösung an.

5. Untersuchen Sie ein dynamisches Modell, das in der Perioden-Analyse auf einem Akzelerator ohne Lag beruht (siehe 11.8 Aufg. 1, oben). Zeigen Sie, daß sich das offene System so formulieren läßt, daß der Vektor $\mathbf{X}_t$ des Outputs durch eine Menge von Differentialgleichungen gegeben ist:

$$\mathbf{X}_t = \mathbf{C}\mathbf{X}_{t-1} + \mathbf{K}$$

Hierbei ist $\mathbf{C}$ eine quadratische Matrix von Konstanten die durch die Struktur der Stromgrößen und die Kapitalstruktur gegeben sind: $\mathbf{K}$ ist ein Vektor, der von der Endnachfrage abhängt. Untersuchen Sie die Bedingungen, unter denen die endgültigen Outputs $\mathbf{X} = (\mathbf{I} - \mathbf{C})^{-1}\mathbf{K}$ sind.

Literatur

Allen (R. G. D.) (1938): *Mathematical Analysis for Economists* (Macmillan, 1938), Kapitel XVIII.

Barna (T.) (1952): „The Interdependence of the British Economy", *Journal Royal Statistical Society,* Series A, **115,** 29 - 77.

Birkhoff (G.) und *MacLane* (S.) (1941): *A Survey of Modern Algebra* (Macmillan, 1941), Kapitel X.

Debreu (G.) und *Herstein* (I. N.) (1953): „Non-negative Square Matrices", *Econometrica,* **21,** 597 - 606.

Ferrar (W. L.) (1941): *Algebra* (Oxford, 1941), Kapitel X - XIII.

Goodwin (R. M.) (1953): „Static and Dynamic Linear General Equilibrium Models", in *Input-Output Relations:* Proceedings of a Conference on Inter-Industrial Relations held at Driebergen (Stenfort Kroese, Leiden, 1953).

Hicks (J. R.) (1939, 1946): *Value and Capital* (Oxford, First Ed. 1939, Second Ed. 1946), Kapitel VIII und Anhang.

Leontief (W. W.) (Herausg.) (1953): *Studies in the Structure of the American Economy* (Oxford, 1953), Kapitel 3.

Metzler (L. A.) (1945): „Stability of Multiple Markets: the Hicksian Conditions", *Econometrica,* **13,** 277 - 92.

Murdoch (D. C.) (1957): *Linear Algebra for Undergraduates* (Wiley, 1957).

Newman (P. K.) (1959): „Some Notes on Stability Conditions", *Review of Economic Studies, 27,* 1 - 9.

Samuelson (P. A.) (1947): *Foundations of Economic Analysis* (Harvard, 1947), Kapitel IX.

Stone (J. R. N.) (1951): „Simple Transaction Models, Information and Computing", *Review of Economic Studies,* **19,** 67 - 84.

Stone (J. R. N.) und *Utting* (J. E. G.) (1953): „The Relationship between Input-Output Analysis and National Accounting", in *Input-Output Relations:* Proceedings of a Conference on Inter-Industrial Relations held at Driebergen (Stenfert Kroese, Leiden, 1953).

Thrall (R. M.) und *Tornheim* (L.) (1957): *Vector Spaces and Matrices* (Wiley, 1957), Kapitel 2 - 3 und 5 - 7.

Kapitel 15

Grundlagen der Spieltheorie

15.1 Anwendungsmöglichkeiten der Spieltheorie in der Wirtschaftstheorie

Bei vielen ökonomischen Problemen läuft die Lösung auf die Bestimmung eines Maximums hinaus, das nur gewissen Beschränkungen unterworfen ist, die sich aus den Bedingungen des Problems ergeben. Beispielsweise maximiert ein einzelner Konsument seinen Nutzen unter der Bedingung, daß sein Budget ausgeglichen ist. Oft läßt sich das Problem auch alternativ als Maximum- oder als Minimumproblem ausdrücken; eine Unternehmung kann beispielsweise ihren Output zu gegebenen Kosten maximieren oder bei gegebenem Output ihre Kosten minimieren. Wichtig ist, daß die Lösung schlüssig ist und entweder ein Maximum- oder ein Minimumproblem enthält. Auf einem Wettbewerbsmarkt kann es eine große Anzahl von Käufern und auch eine große Anzahl von Verkäufern geben; jeder versucht, seinen eigenen maximalen Gewinn anzustreben und wird nicht durch die Handlungen anderer beeinflußt. In gleicher Weise werden die Probleme des Monopols und Monopsons — ein einziger Verkäufer und eine große Zahl von Käufern oder umgekehrt — einfach in Form von Maximumproblemen ausgedrückt.

In anderen ökonomischen Situationen entstehen jedoch ganz andere Probleme, wie durch von Neumann und Morgenstern (1944, 1954) hervorgehoben wurde. Es entstehen Situationen, in denen es gilt, einen Interessenkonflikt zu lösen. Die bekanntesten unter diesen Situationen sind die bilateralen Monopole (Monopol-Monopson), wo nur ein einziger Käufer und einziger Verkäufer auftreten, und auch das Duopol oder Oligopol, wo zwei oder eine begrenzte Anzahl von Verkäufern einer großen Anzahl von Käufern gegenüberstehen. Kompliziertere Situationen von der gleichen Art beziehen auch Kombinationen oder Koalitionen mit ein, etwa dann, wenn die Lohnsätze durch Gewerkschaften oder von Verbänden von Arbeitnehmern oder Arbeitgebern bestimmt werden. Die Lösung eines solchen Problems läuft nicht einfach auf ein Maximum- oder Minimumproblem hinaus. Vielmehr entstehen komplizierte Probleme der *Strategien*, die von den Teilnehmern angewendet werden;

die mathematische Formulierung ist dann oft (jedoch nicht immer) vom *Minimax*-Typus. Gibt es beispielsweise auf einem Markt zwei Verkäufer A und B, so muß A seine Handlungen auf einer Erwartung über die Handlungsweise von B gründen und umgekehrt. Bei der Betrachtung einer beliebigen Handlung oder Strategie kann A versuchen, das schlechteste, was B tun kann, zu bestimmen; A entscheidet sich dann für die beste (maximale) Strategie, wobei er von der schlechtesten (minimalen) Reaktion von B ausgeht. Gleichzeitig trifft B seine Entscheidungen, wobei er in gleicher Weise ein Auge darauf wirft, was A tun wird. Die Handlungen eines jeden Marktteilnehmers gründen sich dann auf Minimax-Erwägungen; d. h. Minimum und Maximum finden gleichzeitig Eingang in die Entscheidung. Weiterhin ergibt sich die Frage, ob es irgendein in sich widerspruchfreies Ergebnis der Handlungen der Teilnehmer gibt; d. h. ob die Minimax-Lage von A sich mit der Minimax-Lage von B verträgt.

Derartige mathematische Probleme werden in der Spieltheorie untersucht. Gibt es zwei Spieler in einem Spiel, so steht jedem eine Anzahl von Strategien offen, je nach den Regeln des Spiels. Ein jeder versucht, im Verlauf vieler Partien des Spiels, seine eigenen Gewinne zu maximieren (z. B. in Form von Geld, nicht von „Nutzen"), oder seine erwarteten Gewinne in einer einzelnen Partie. Ob das Spiel ein *optimales* oder *stabiles* Ergebnis hat, hängt davon ab, ob die von einem Spieler erstrebte Minimax-Lage sich mit der des anderen verträgt.

Somit gewinnt die Spieltheorie Bedeutung für ökonomische Probleme. Jedoch läßt sich die Theorie nur mathematisch formulieren, was alles andere als einfach ist, und es wäre nicht nötig, gleich ein so schweres Geschütz aufzufahren, nur um die Nuß des Duopol-Problems zu knacken. Aber es hat sich herausgestellt, daß sich eine bestimmte Art ökonomischer Probleme, in denen ein ganzes Netz technischer Beziehungen steckt (etwa produktionstechnische), zufriedenstellend mit Hilfe der mathematischen Theorie der Spiele behandeln läßt. Die Input-Output-Relationen von Kapitel 11 sind von dieser Art. Die allgemeineren ökonomischen Probleme, bekannt als Linearplanung oder Aktivitätsanalyse, stellen eins der Hauptanwendungsgebiete der Spieltheorie in der Wirtschaftstheorie dar. Interessant ist die Feststellung, daß der Statistiker dieselbe Art technisch-ökonomischer Probleme zu lösen hat, wenn er eine Entscheidung trifft, wobei die Genauigkeit der Schätzung im angemessenen Verhältnis zu den Kosten stehen muß, oder wenn er versucht, das maximale Risiko, das in einer Entscheidung steckt, zu minimieren. Wie der Ökonom kann auch der Statistiker mit elementaren Überlegungen bis zu einem gewissen Punkt kommen; sollen jedoch kompliziertere Probleme in Angriff genommen werden, so muß er von der mathematischen Theorie der Spiele Gebrauch machen. Die Entwicklung der Linearplanung (Aktivitätsanalyse) durch die Wirtschaftstheoretiker und der statistischen Entscheidungsfunktionen durch die Statistiker vollzog sich gleichzeitig, jedoch fast unabhängig voneinander, und zwar mit Hilfe der gleichen mathematischen Instrumente.

15.2 Das Zwei-Personen-Nullsummenspiel und seine Auszahlungsmatrix

Die Spiele, die in der Spieltheorie betrachtet werden, haben zwar auch ein stochastisches Element, jedoch sind sie ihrem Wesen nach Geschicklichkeitsspiele, in denen eine Strategie (d. h. eine Auswahl von Handlungen) eine Rolle spielt. In der Praxis kann es sich dann um Spiele wie „Nullen und Kreuze“ bis zu hoch entwickelten Spielen wie Schach und Bridge handeln.

Hier müssen nun einige Definitionen gemacht bzw. Unterscheidungen getroffen werden. Ein *Spiel* ist die Gesamtmenge von Spielregeln; eine *Partie* ist eine einzelne Realisierung des Spiels, eine besondere Anwendung der Regeln, die zu einem bestimmten Ergebnis führt. Ein *Zug* ist ein Punkt im Spiel, an dem die Spieler Alternativen gegenüberstehen; eine *Entscheidung* ist diejenige Alternative, die in einer Partie tatsächlich herausgegriffen worden ist. Am Ende einer jeden Partie werden je nach dem Ergebnis Zahlungen geleistet; es spielt keine Rolle, ob die „Zahlungen“ in Geld oder in Form von Punkten oder anderen Spielergebnissen bestehen. Gibt es mehr als zwei Spieler, so können Zahlungen von einem der Spieler an irgendeinen anderen gehen. In Aufg. 1 unten wird dies auf einfache Weise veranschaulicht.

Wir betrachten hier nur solche Spiele, in denen zwei Spieler, A und B, auftreten und in denen die Summe der geleisteten Zahlungen stets Null ist. Am Ende der Partie eines solchen Zwei-Personen-Nullsummenspiels bekommt der Spieler A einen Netto-Betrag a vom Spieler B und in gleicher Weise bekommt der Spieler B einen Netto-Betrag $b = -a$ vom Spieler A, wobei a positiv (dann gewinnt A) oder negativ (dann gewinnt B) sein kann. Tatsächlich vollzieht sich eine Zahlung nur einmal, diese aber kann von A an B oder auch umgekehrt geschehen. Dieser Spieltyp ist allgemeinerer Art, als es auf den ersten Blick erscheinen möchte. Beispielsweise ist Bridge ein Zwei-Personen-Nullsummenspiel. Zwar spielen vier einzelne Leute, jedoch arbeiten sie paarweise zusammen; es gibt also zwei „Spieler“, von denen jeder eine Mannschaft aus zwei Personen darstellt.

Zwei-Personen-Nullsummenspiele lassen sich jedoch unbegrenzt variieren. Die Anzahl der Züge kann von eins bis zu jeder beliebigen endlichen oder unendlichen Anzahl variieren, ebenso die Alternativen, die bei jedem Zug zur Verfügung stehen. Die Menge von Informationen, über die jeder Spieler verfügt, kann variieren, z. B. bei jedem Zug die Kenntnis der Entscheidungen bei früheren Zügen. Zufallselemente können in größerem oder geringerem Maße auftreten, z. B. Verteilen von Karten oder Münzenwerfen, um festzulegen, welcher Spieler den ersten Zug macht. Gemeinsam bleibt allen Zwei-Personen-Nullsummenspielen lediglich, daß ein Interessenkonflikt zwischen den beiden Spielern besteht und daß im Ergebnis der eine das gewinnt, was der andere verliert.

Ein Spiel mit mehreren Zügen läßt sich als *extensives Spiel* bezeichnen. Möglicherweise gibt es eine endliche Anzahl von Zügen und eine endliche Anzahl von Alternativen, die bei jedem Zug zur Verfügung stehen, d. h. daß es sich um ein *endliches Spiel* handelt und daß die Strategien jedes Spielers abzählbar sind. Jedoch ist dies überhaupt nicht notwendig; es gibt Spiele, bei denen die Zahl der Züge unbestimmt und die Zahl der „Strategien" unendlich ist. Unsere Darstellung beschränkt sich auf endliche Spiele; obgleich diese wichtig sind, sind sie doch nicht die einzigen Spiele von Interesse, und die ganze Darstellung ist somit in einer bestimmten Weise begrenzt.

Die Spieltheorie ist eine hochentwickelte Anwendung der Mathematik konvexer Mengen (12.5 oben). Grob gesagt sieht das etwa so aus: Ist eine gewisse Anzahl von Lösungen für ein Spiel nach dem Minimax-Prinzip einmal gefunden, so folgt daraus, daß die konvexe Hülle der Lösungsmenge eine unendliche Menge von Lösungen des Spiels darstellt. Das Problem besteht nur darin, die gesamte konvexe Lösungsmenge zu ermitteln. Die Spieltheorie für Fortgeschrittene findet sich in der Literatur, die am Ende des Kapitels angegeben ist.

Unser Ziel hier ist, eine einfachere Darstellung zu geben und uns auf die Hauptergebnisse zu konzentrieren. Die besten Einführungen in die Spieltheorie in diesem Sinne stammen von McKinsey (1952) und von Kemeny, Snell und Thompson (1957). Populär und sehr unterhaltsam ist die Darstellung von Williams (1954). Luce und Raiffa (1957) berücksichtigen nicht nur die Zwei-Personen-Nullsummenspiele, sondern auch eine Reihe anderer Spieltypen. In diesen Darstellungen stehen Begriffe und Methoden, nicht mathematische Details, im Vordergrund.

Wir nehmen an, das Spiel sei *endlich* und enthalte eine endliche Anzahl von Zügen, ebenso eine endliche Zahl von Alternativen, die bei jedem Zug verfügbar sind. Dann läßt sich sagen, daß A während der ganzen Partie des Spiels unter m *Strategien* wählen kann; diese können mit $r = 1, 2, \ldots, m$ bezeichnet werden. Ebenso stehen B n Strategien zur Verfügung, die mit $s = 1, 2, \ldots n$ bezeichnet werden. Hat A einmal seine Strategie gewählt und auch B die seine, so ergibt sich der gesamte Ablauf des Spiels automatisch aus den Regeln. Die Strategien müssen jeweils die Entscheidung festlegen, die der betreffende Spieler bei jedem Zug und unter allen möglichen Umständen trifft. Die Zahl der verschiedenen Strategien m und n kann sehr groß sein, und in der Praxis ist sie auch sehr groß, jedoch ist sie endlich. Es ist stets möglich, die Strategien für jeden Spieler aufzuzählen.

Hat das Spiel nur einen einzigen Zug, so ist es ziemlich einfach, die Strategien aufzuzählen. Zu Beginn des Zuges hat A aus einer endlichen Anzahl von Alternativen zu wählen; ihre Zahl sei $r = 1, 2, \ldots, m$. Gleichzeitig steht B eine endliche Menge von Alternativen offen, $s = 1, 2, \ldots, n$. Die Partie des Spiels liegt fest, wenn A eine Zahl r und B eine Zahl s gewählt hat. Jedoch lassen sich, wie wir in Beispiel (g) unten zeigen, die Strategien, m für A und n für B, immer aufzählen, unabhängig davon, welche (endliche) Zahl von Zügen gerade vorliegt. In irgendeinem Spiel mag es praktisch schwierig sein, all die verschiedenen Strategien aufzuzählen; doch ist dies nur eine praktische, nicht eine begriffliche Schwierigkeit.

In dem Spiel wähle nun A die r-te und B die s-te Strategie. Die Partie liegt dann fest, und im Ergebnis wird eine bestimmte Zahlung geleistet. a_{rs} sei der Betrag, den A von B bekommt, wobei a_{rs} von r und s bestimmt wird und positiv, negativ oder Null sein kann. Es gibt $m \times n$ verschiedene Wege, wie man das Spiel spielen kann; in jedem Fall gibt es eine bestimmte Auszahlung a_{rs} ($r = 1, 2, \ldots, m$; $s = 1, 2, \ldots, n$). Diese Beträge lassen sich in einer *Auszahlungsmatrix* für A anordnen:

$$\mathbf{A} = [a_{rs}] = \begin{bmatrix} a_{11} & a_{12} & \ldots & a_{1n} \\ a_{21} & a_{22} & \ldots & a_{2n} \\ \ldots & \ldots & \ldots & \ldots \\ a_{m1} & a_{m2} & \ldots & a_{mn} \end{bmatrix}$$

Auch gibt es eine Auszahlungsmatrix für B:

$$\mathbf{B} = [b_{rs}] \qquad \text{wobei} \qquad b_{rs} = -a_{rs}$$

Da $\mathbf{B} = -\mathbf{A}$ gilt, braucht man sie nicht gesondert zu betrachten.

Die Auszahlungsmatrix läßt sich schlüssig interpretieren. Jede Zeile von Elementen stellt eine Strategie für A dar; es gibt m Zeilen, jeweils eine für eine Strategie von A. In ähnlicher Weise gibt es n Spalten, jeweils eine für eine Strategie von B. Wählen A und B eine Strategie aus, so liegen eine Zeile und eine Spalte in $\mathbf{A}$ fest, und das Element a_{rs} im Schnittpunkt ist der Betrag, den A bei den gewählten Strategien im Zuge der Partie bekommt.

Beispiel (a): Ein Spiel mit einem Zug, in dem A 1 oder 2 und B 1 oder 2 sagt. Als Auszahlung bekommt A von B £ 1, wenn die gesprochenen Zahlen verschieden sind, und A zahlt an B £ 1, wenn sie gleich sind. Die Auszahlungsmatrix für A ist:

$$\mathbf{A} = \begin{bmatrix} -1 & 1 \\ 1 & -1 \end{bmatrix}$$

Beispiel (b): Ein Spiel wie im vorhergehenden Beispiel, nur daß die Auszahlungsmatrix verschieden ist:

$$\mathbf{A} = \begin{bmatrix} 2 & 1 \\ 3 & -2 \end{bmatrix}$$

z. B.: sagen A und B 1, so bekommt A £ 2 von B.

Beispiel (c): Ein Spiel mit einem Zug, in dem A 1, 2 oder 3 sagt und B eine Karte zieht, die aus den Assen in einem gewöhnlichen Kartenspiel ausgewählt wird. Die Strategien von B tragen je nach der Reihenfolge, in der die Karten gewählt werden, folgende Nummern: 1 ... Pik, 2 ... Herz, 3 ... Karo, 4 ... Kreuz. Man schreibt die Auszahlungsmatrix:

$$\mathbf{A} = \begin{bmatrix} 0 & -2 & -1 & 3 \\ 2 & 3 & 1 & 2 \\ 3 & 4 & 0 & -4 \end{bmatrix}$$

z. B. ist das Spiel unentschieden (es wird keine Zahlung geleistet), wenn A 1 sagt und B das Pik-As zieht.

Beispiel (d): Zwei Pferde laufen in einem Rennen; die beiden Wetten, die vor dem Spiel abgeschlossen werden, sind einander genau entgegengesetzt (2 : 1 für und gegen die beiden Pferde). Der Spieler A wettet in Höhe von £ 1 für eins der beiden Pferde, weiß jedoch nichts über die „Form". Der Spieler B stellt eine Kombination der Personen, die das Ergebnis des Spiels bestimmen, dar (z. B. der Buchmacher, die Besitzer und die Jockeys). Die Auszahlungsmatrix für den Wetter A lautet:

$$\mathbf{A} = \begin{bmatrix} \frac{1}{2} & -1 \\ -1 & 2 \end{bmatrix}$$

Beispiel (e): Ein Pelzmantel im Wert von £ 100 läßt sich für £ 1 gegen Feuer versichern. Der Spieler A besitzt den Mantel und wählt zwischen den Strategien:

1 ... versichern, 2 ... nicht versichern

Der Spieler B stellt die Naturkräfte oder die göttliche Gewalt dar, die darüber entscheidet, ob ein Feuer ausbricht (Strategie 1) oder nicht (Strategie 2). Die Auszahlungsmatrix für A lautet:

$$\mathbf{A} = \begin{bmatrix} - & 1 & -1 \\ -100 & & 0 \end{bmatrix}$$

Beispiel (f): Das Morra-Spiel wird in Italien häufig gespielt. In der *Zwei-Finger-Version* zeigt der Spieler A einen oder zwei Finger und äußert seine Vermutung über die Zahl der Finger, die sein Gegner zeigt; der Spieler B tut dasselbe, und zwar zur gleichen Zeit. Jedem Spieler stehen vier Strategien offen, die sich aufzählen lassen:

$$1 \ldots (1,1), \; 2 \ldots (2,1), \; 3 \ldots (1,2), \; 4 \ldots (2,2)$$

hierbei stellt die erste Zahl in den Klammern die Anzahl der vorgezeigten und die zweite die Anzahl der vermuteten Finger dar. Wenn nur ein Spieler richtig rät, erhält er als Auszahlung einen Betrag, der gleich der Summe der Anzahl der vorgezeigten Finger ist. Wenn keiner oder beide richtig raten, wird gar nichts gezahlt. Die Auszahlungsmatrix lautet:

$$\mathbf{A} = \begin{bmatrix} 0 & -3 & 2 & 0 \\ 3 & 0 & 0 & -4 \\ -2 & 0 & 0 & 3 \\ 0 & 4 & -3 & 0 \end{bmatrix}$$

Beispiel (g): Ein Spiel mit drei Zügen, I, II und III, bei dem gilt:

I B wählt eine Zahl p aus 1, 2

II Ohne p zu kennen, wählt A eine Zahl q aus 1, 2

III Ohne p oder q zu kennen, wählt B eine Zahl r aus 1, 2.

Um den dritten Zug in dieser Weise zu ermöglichen, setzen wir voraus, daß B entweder die im ersten Zug gewählte Zahl vergessen hat oder B aus zwei Personen besteht, von denen jede ihre Wahl ohne Kenntnis der Wahl der anderen trifft. Als Auszahlung geht der Betrag $(p + q + r)$ an A, wenn q gleich r ist, im anderen Falle aber an B. Für A gibt es dann zwei Strategien:

$$1 \ldots (q = 1), \qquad 2 \ldots (q = 2)$$

und für B vier Strategien:

$$1 \ldots (p = 1,\; r = 1), \qquad 2 \ldots (p = 2,\; r = 1),$$

$$3 \ldots (p = 1,\; r = 2), \qquad 4 \ldots (p = 2,\; r = 2)$$

Die Auszahlung lautet dann:

$$\mathbf{A} = \begin{bmatrix} 3 & 4 & -4 & -5 \\ -4 & -5 & 5 & 6 \end{bmatrix}$$

Übungsaufgaben 15.2

1. Definieren Sie das Spiel und die Züge des Spiels „Nullen und Kreuze“; beschreiben Sie die Partie und die Entscheidungsmöglichkeiten. Zeigen Sie, daß es eine unbestimmte, aber endliche Zahl von Zügen gibt. Geben Sie ein Schema für die Auszahlung an.
2. Wieviel Züge gibt es beim Bridge; wieviele Entscheidungsmöglichkeiten in einer Partie des Spiels?
3. Notieren Sie die Auszahlungsmatrix für den Spieler B in Beispiel (a) oben.

4. Erfinden Sie die Beschreibung eines Spiels mit einem Zug und der Auszahlungsmatrix

$$\mathbf{A} = \begin{bmatrix} 1 & 2 & 0 \\ 2 & -1 & 3 \end{bmatrix}$$

5. Erweitern Sie das Beispiel (d) oben für den Fall mit drei Pferden; die Wetten stehen gleich, 2 : 1 gegen und 3 : 1 gegen. Zeigen Sie, daß

$$\begin{bmatrix} 1 & -1 & -1 \\ -1 & 2 & -1 \\ -1 & -1 & 3 \end{bmatrix}$$

die Auszahlungsmatrix ist.

6. Erweitern Sie das Beispiel (f) für den Fall einer *Drei-Finger-Morra* und zeigen Sie, daß die Auszahlungsmatrix jetzt von der Ordnung 9×9 ist.

15.3 Erwartung des Spiels; reine und gemischte Strategien

Führt man ein Spiel mit der Auszahlungsmatrix $\mathbf{A} = [a_{rs}]$ ($r = 1, 2, \ldots, m$, $s = 1, 2, \ldots, n$) ein einziges Mal durch, so wird entsprechend den von den beiden Spielern gewählten Strategien ein bestimmter Betrag a_{rs} an den Spieler A gezahlt. Wird das Spiel sehr oft, N-mal hintereinander gespielt, so sei E der durchschnittliche an A gezahlte Betrag oder die *Erwartung* des Spiels. Dann hängt E davon ab, nach welchem Schema die Strategien von beiden Spielern in aufeinanderfolgenden Partien angewendet werden. A verfolgt allgemein das Ziel, seine Strategien in aufeinanderfolgenden Partien so zu wählen, daß E möglichst groß wird. B ist bestrebt, sein Strategienbündel so zu wählen, daß E möglichst klein wird. Bei der Wahl des Strategienbündels muß jeder Spieler, soweit er kann, die Aktionen seines Gegners berücksichtigen. Keiner der Spieler kann natürlich einen direkten Einfluß darauf ausüben, was der andere Spieler zu tun gedenkt.

Der Spieler A befolgt in mehreren Partien eine *reine Strategie,* wenn er in einer jeden Partie aus allen ihm offenstehenden Alternativen ein und dieselbe Strategie auswählt. Wenn beide Spieler reine Strategien befolgen, so ist in einem Spiel eine Partie wie die andere. In jeder Partie befolgt A seine r-te Strategie und B wendet seine s-te Strategie an; die Auszahlung an A ist stets a_{rs}. Somit ist auch die Erwartung a_{rs}; läßt sich als eine Funktion zweier Variabler deuten, die jeweils nur ganzzahlige Werte annehmen:

$$E(r, s) = a_{rs} \quad (r = 1, 2, \ldots, m; \; s = 1, 2, \ldots, n)$$

A wählt r mit dem Ziel, E so groß wie möglich zu machen, und zwar unter Berücksichtigung der Entscheidungen s von B. In ähnlicher Weise wählt B s und versucht, während er E so klein wie möglich werden läßt, A's Entscheidung für r zu berücksichtigen. Es fragt sich nun, ob Entscheidungen für r und s gleichzeitig möglich, stabil (optimal) und untereinander verträglich sind. Wenn ja, so läßt sich das Spiel mit reinen Strategien lösen. Wir werden sehen, daß es eine solche Lösung nur in Sonderfällen gibt. Doch auch wenn es eine Lösung gibt, so ist sie nicht besonders interessant, da es ein stumpfsinniges Spiel ist, das sich wiederholt immer mit den gleichen optimalen Ergebnissen spielen läßt.

Eine wichtigere Frage stellt sich bei der Partie eines Spiels, wenn jeder Spieler in aufeinanderfolgenden Partien verschiedene Strategien anwendet. Ein Spieler befolgt eine *gemischte Strategie,* wenn er die Wahl seiner Strategien von einer Partie des Spiels zur anderen nach irgendeinem Schema variiert. Das „Schema" ist keine besondere Reihenfolge von Strategien, nach der zu spielen ist; es bedeutet eher eine zufällige Ordnung, in der die Strategien in bestimmten Proportionen vorkommen. Wird nach dem Schema beispielsweise die Anwendung der ersten Strategie unter 10 Fällen einmal gefordert, so bedeutet dies, daß im Verlauf der einzelnen Partien die erste Strategie durchschnittlich in einem Zehntel aller Fälle gewählt wird und *nicht* etwa, daß in jeder 10. Partie die erste Strategie angewendet wird. Die Erwartung E ist dann komplizierter; ihr Wert hängt davon ab, wie die Strategien der beiden Spieler gemischt sind. Dann erhält man eine Formulierung für E als Funktion zweier Variabler nur im einfachsten Fall eines Spiels, in dem jeder Spieler zwei Strategien hat. Dieser Fall verdient im einzelnen einige Beachtung, bevor wir den allgemeinen Fall betrachten (15.7 unten).

Jeder Spieler hat zwei Strategien ($r, s = 1, 2$); die Auszahlungsmatrix hat die Ordnung 2×2:

$$\mathbf{A} = \begin{bmatrix} a_{11} & a_{12} \\ a_{21} & a_{22} \end{bmatrix}$$

Der Spieler A mischt seine Strategien, indem er die erste im Verhältnis x und die zweite im Verhältnis $(1-x)$ der gesamten Partien spielt. In ähnlicher Weise spielt B seine Strategien in den Verhältnissen y und $(1-y)$. Wir nehmen an, daß A und B sich unabhängig voneinander entscheiden, so daß die vier Kombinationen von Strategienpaaren mit folgenden Häufigkeiten in N Partien vorkommen:

$$\begin{pmatrix} xyN & x\,(1-y)\,N \\ (1-x)\,yN & (1-x)\,(1-y)\,N \end{pmatrix}$$

Folglich ist in xyN von N Partien die Auszahlung an A a_{11} usw. Im *Durchschnitt* bekommt dann A pro Partie

$$E\,(x, y) = a_{11}\,xy + a_{12}\,x\,(1-y) + a_{21}\,(1-x)\,y + a_{22}\,(1-x)\,(1-y) \qquad (1)$$

Dies ist eine Funktion zweier Variabler x und y; beide können einen beliebigen Wert zwischen Null und Eins annehmen, d. h. $0 \leqslant x, y \leqslant 1$. Gleichung (1) lautet:

$$E(x, y) = (a_{11} - a_{12} - a_{21} + a_{22})\, xy - (a_{22} - a_{12})\, x - (a_{22} - a_{21})\, y + a_{22}$$

Gilt $(a_{11} - a_{12} - a_{21} + a_{22}) \neq 0$, so kann sie wie folgt geschrieben werden:

$$\left.\begin{aligned} & E(x, y) = a\,(x-\alpha)\,(y-\beta) + b \\ \text{wobei}\quad & a = a_{11} - a_{12} - a_{21} + a_{22} \neq 0 \\ & b = \frac{a_{11}\,a_{22} - a_{12}\,a_{21}}{a_{11} - a_{12} - a_{21} + a_{22}} \\ & \alpha = \frac{a_{22} - a_{21}}{a_{11} - a_{12} - a_{21} + a_{22}} \quad \text{und} \quad \beta = \frac{a_{22} - a_{12}}{a_{11} - a_{12} - a_{21} + a_{22}} \end{aligned}\right\} \quad (2)$$

Dies ist eine bekannte quadratische (hyperbolische) Funktion. Ist

$$(a_{11} - a_{12} - a_{21} + a_{22}) = 0\ ,$$

so läßt sich die Funktion $E(x, y)$ von (1) auf die noch einfachere lineare Form bringen:

$$E(x, y) = a_{22} - (a_{22} - a_{12})\, x - (a_{22} - a_{21})\, y \quad (3)$$

Beispiel (a):

$$\mathbf{A} = \begin{bmatrix} -1 & 1 \\ 1 & -1 \end{bmatrix},\ \text{so daß}$$

$$\begin{aligned} E(x, y) &= -xy + x(1-y) + (1-x)\,y - (1-x)(1-y) \\ &= -4\,xy + 2\,x + 2\,y - 1 \\ &= -4\left(x - \frac{1}{2}\right)\left(y - \frac{1}{2}\right) \end{aligned}$$

Beispiel (b): $\mathbf{A} = \begin{bmatrix} 2 & 1 \\ 3 & -2 \end{bmatrix}$, so daß $E(x, y) = -4\left(x - \frac{5}{4}\right)\left(y - \frac{3}{4}\right) + \frac{7}{4}$

Beispiel (c): $\mathbf{A} = \begin{bmatrix} -1 & 3 \\ -2 & 2 \end{bmatrix}$, so daß $E(x, y) = x - 4\,y + 2$

Beispiel (d): Der Wert E wird hier als derjenige Betrag definiert, der durchschnittlich über eine Vielzahl von Partien des Spiels hinweg an A gezahlt wird. Dies ist zugleich die *mathematische Erwartung* von A für jede beliebige Partie. Um die Interpretation von E zu veranschaulichen, betrachte man den Fall von 15.2 Beispiel (d), wo in einem Pferderennen gewettet wird.

Hier galt:

$$\mathbf{A} = \begin{bmatrix} \frac{1}{2} & -1 \\ -1 & 2 \end{bmatrix}$$

Setzt der Spieler A £ 1 im Verhältnis x einer Vielzahl von Läufen zwischen den gleichen Pferden auf das erste Pferd und gewinnt das erste Pferd das Rennen im Verhältnis y bezogen auf alle Rennen, dann ist der durchschnittliche Gewinn von A

$$E(x, y) = \frac{1}{2} xy - x(1-y) - y(1-x) + 2(1-x)(1-y)$$

$$= \frac{9}{2}\left(x - \frac{2}{3}\right)\left(y - \frac{2}{3}\right)$$

Andererseits sei unterstellt, daß nur ein Rennen stattfindet, und die Chance, daß das erste Pferd gewinnt, y ist. Der Spieler A spalte seine Wette von einem Pfund dergestalt auf, daß er £ x auf das erste Pferd und £ $(1-x)$ auf das zweite Pferd setzt. Seine Gewinnerwartung wird durch den gleichen Ausdruck $E(x, y)$ wiedergegeben.

Übungsaufgaben 15.3

1. Notieren Sie $E(x, y)$ für das Spiel mit der Auszahlungsmatrix $\begin{bmatrix} 1 & -1 \\ -1 & 1 \end{bmatrix}$ In welcher Weise unterscheiden sich Spiel und Erwartung von denjenigen aus Beispiel (a) oben?

2. Bilden Sie eine 2×2 Auszahlungsmatrix, für die $E(x, y) = a(x + \alpha)(y + \beta) + b$, wobei a, α und β positiv sind. Zeigen Sie, daß a_{11} notwendigerweise größer als die anderen drei Elemente der Matrix ist.

3. Zeigen Sie, daß die Elemente der Auszahlungsmatrix (von der Ordnung 2×2) gleich $E(1, 1)$, $E(1, 0)$ und $E(0, 0)$ sind. Für den Fall der vorhergehenden Aufgabe ist zu zeigen, daß $b > 0$ ein Spiel impliziert, in dem der Spieler A immer gewinnt, egal was B tut.

4. Nehmen Sie im Fall der Pferdewette von Beispiel (d) oben eine etwas andere Auszahlungsmatrix $\begin{bmatrix} \frac{1}{2} & -1 \\ -1 & 1 \end{bmatrix}$ an. Wie stehen die gegebenen Wetten? Schreiben Sie die Funktion $E(x, y)$ auf und erklären Sie, inwiefern es stimmt, daß hier der Buchmacher im allgemeinen gewinnt.

5. Nehmen Sie im Versicherungsbeispiel von 15.2 Beispiel (e) oben an, daß die Frage, ob der Pelzmantel zu versichern ist, im Laufe einer Vielzahl von Perioden entsteht. A läßt ihn in einem Verhältnis x der Perioden versichern, und die Aussicht auf Feuer ist y in jeder Periode. Zeigen Sie, daß A durchschnittlich

$$E = x + 100\,y - 100\,xy$$

(£) verliert. Welches ist der Verlust, wenn A ihn während der ganzen Zeit versichern läßt und wenn er ihn überhaupt nicht versichern läßt? Welche Aussicht auf Feuer muß bestehen, damit die beiden Verluste gleich hoch werden? Erläutern Sie das Ergebnis.

6. Ein Spiel hat eine Auszahlungsmatrix von der Ordnung $2 \times n$. Zeigen Sie, daß sich die Erwartung bei gemischter Strategie von A und reiner Strategie von B in der Form $E(x, s)$ schreiben läßt, wobei $0 \leqslant x \leqslant 1$ und $s = 1, 2, \ldots, n$. Bestimmen Sie E als Ausdruck der Elemente der Matrix und veranschaulichen Sie dies an dem Fall von 15.2 Beispiel (g).

15.4 Minimax-Prinzip, Sattelpunkte und Lösungen von Spielen

Unter gewissen Umständen ist die Erwartung eines Spiels eine Funktion von zwei Variablen $E(x, y)$, wobei x vom Spieler A und y vom Spieler B gewählt wird. Die Funktion $E = E(x, y)$ kann graphisch als Fläche in drei Dimensionen wie in Fig. 52a dargestellt werden. Die variable Höhe der Oberfläche zeigt an, wie sich für A die Erwartung des Spiels ändert, wenn verschiedene Entscheidungen für x und y vorliegen. Eine solche Darstellung bezieht sich auf ein Spiel mit einer (2×2)-Auszahlungsmatrix, wo mit gemischten Strategien gespielt wird. Die Variablen x und y sind dann stetig, jedoch auf den Bereich $0 \leqslant x, y \leqslant 1$ beschränkt. Somit ist, wie in Abb. 52a dargestellt, nur derjenige Teil der Oberfläche von Bedeutung, der im Bereich $0 \leqslant x, y \leqslant 1$ liegt. Die Darstellung kann sich auch auf ein Spiel mit einer $(m \times n)$-Auszahlungsmatrix beziehen, wo beide Spieler mit reinen Strategien spielen. In diesem Falle nehmen die Variablen nur gewisse diskrete Werte an, d. h. $x = r = 1, 2, \ldots, m$ und $y = s = 1, 2, \ldots, n$. Von Bedeutung ist dann nur die entsprechende Menge diskreter Punkte auf der Oberfläche.

Der Spieler A hat das Ziel, x unter Berücksichtigung möglicher Reaktionen des Spielers B so zu wählen, daß er auf der Oberfläche möglichst hoch emporklettert. B hat das Ziel, sich so weit unten wie möglich auf der Oberfläche zu halten. Das Spiel hat eine Lösung, wenn sich gleichzeitig x und y widerspruchsfrei und optimal wählen lassen. Dann läßt sich leicht ein Minimax-Problem erkennen, d. h. es geht darum, eine Menge von Minimumwerten zu maximieren und umgekehrt. Entscheidend dabei ist, daß A die für ihn schlechteste Reaktion von B (das Minimum) auf jede seiner Entscheidungen bestimmen muß; dann muß A seine beste Entscheidung (Maximum) treffen oder die Möglichkeit mit den geringsten Nachteilen herausgreifen.

Man betrachte die Oberfläche von Abb. 52a für den Fall, daß x und y stetige Variable sind. Das wesentliche Charakteristikum ist, daß es eine Kammlinie AA' und eine Muldenlinie BB' gibt, die sich in einem Sattelpunkt P schneiden. Jede Bewegung von P weg in Richtung Ox geht bergab und jede beliebige Bewegung in Richtung Oy geht bergauf. Im Sattelpunkt P erreicht x ein Maximum und y ein Minimum. Bei gegebenen x variiert $E(x, y)$ mit y und $\min_y E(x, y)$ läßt sich bestimmen; dies ergibt einen Punkt auf der Muldenlinie BB'. Dann kann für Bewegun-

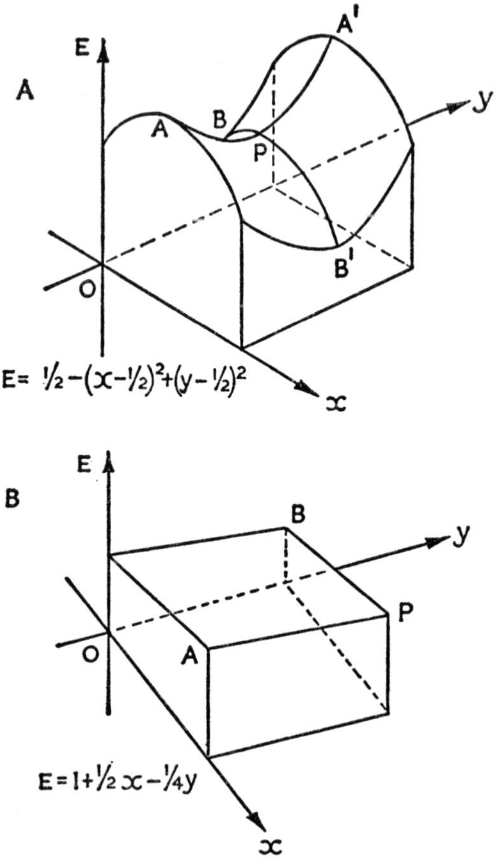

Abb. 52

gen auf der Muldenlinie BB' das x bestimmt werden, das $\min\limits_y E(x, y)$ so groß wie möglich macht; dies führt zum Punkt P, wo $\max\limits_x \min\limits_y E(x, y)$ liegt. In ähnlicher Weise variiert $E(x, y)$ bei gegebenem y mit x; $\max\limits_x E(x, y)$ liegt auf der Kammlinie AA', und derjenige x-Wert, der $\min\limits_y \max\limits_x E(x, y)$ ergibt, entspricht wiederum dem Punkt P. Sind x^*, y^* die Werte der Variablen P, so hat dieser Sattelpunkt die Eigenschaft:

$$\max_x \min_y E(x, y) = \min_y \max_x E(x, y) = E(x^*, y^*) \tag{1}$$

In Abb. 52a ist die Oberfläche für den Bereich $0 \leqslant x, y \leqslant 1$ und $x^* = y^* = \frac{1}{2}$ gezeichnet.

Dies läßt sich im Rahmen eines Spiels mit der Erwartung $E(x, y)$ deuten. Wenn der Spieler A den (für ihn beliebigen) Wert x festsetzt, bestimmt er die (für ihn selbst) schlechteste Wahl von y, die B treffen könnte, d. h. $\min_y E(x, y)$ auf der Muldenlinie BB'. Dann wählt er x so, daß es auf BB' den höchsten Wert für $\min_y E(x, y)$ ergibt, d. h. er wählt x für $\max_x \min_y E(x, y)$ in P auf BB'. Unabhängig davon, wie sein Gegner spielt, kann A nicht weniger bekommen, als der Betrag ausmacht, der durch die Höhe der Oberfläche in P gegeben wird. In anderen Worten: Welches x auch immer A wählt, stets kann sein Gegner die Zahlung an ihn auf einen Betrag herunterdrücken, der durch die Höhe eines Punktes auf der Muldenlinie BB' bestimmt ist. Dann liegt es an A, durch seine Wahl von x auf der Muldenlinie so weit nach oben zu kommen, wie er kann: Folglich wählt er x so, daß er P erreicht, wo seine Gewinne aus dem Spiel $\max_x \min_y E(x, y)$ (gleich der Höhe der Oberfläche in P) sind. Der Spieler B arbeitet in der gleichen Weise, nur daß er versucht, E niedrig zu halten und seinen Gegner daran zu hindern, E heraufzusetzen. Welches y auch immer B wählt, stets kann sein Gegner die Zahlung auf eine Höhe bringen, die seinem Punkt auf der Kammlinie AA' entspricht. Dann hält sich B auf der Kammlinie so niedrig wie möglich und wählt y so, daß er P erreicht, wo die Zahlung gleich $\min_y \max_x E(x, y)$ ist. Die Tatsache, daß P ein Sattelpunkt ist, bedeutet, daß beide Spieler am gleichen Punkt der Oberfläche ankommen; es gibt widerspruchsfreie und stabile Wahlmöglichkeiten x^* und y^*. Das Spiel hat eine Lösung und der von A erwartete Betrag ist

$$E(x^*, y^*) = \max_x \min_y E(x, y) = \min_y \max_x E(x, y)$$

Wichtig ist, daß man sich über die Art der Lösung im klaren ist. Auf der Oberfläche $E = E(x, y)$ gibt es einen Sattelpunkt (x^*, y^*), für den (1) gilt. Der Spieler A wählt unter allen ihm offenstehenden Alternativen x den Wert x^*, weil er dann mit Sicherheit $E(x^*, y^*)$ in diesem Spiel erreicht, unabhängig davon, welche Strategien sein Gegner anwendet. Er könnte mehr bekommen, wenn sein Gegner planlos spielt, aber niemals weniger. Der Spieler B seinerseits wählt unter den verschiedenen ihm zur Verfügung stehenden y den Wert y^*, weil er mit Sicherheit seine Zahlungen an seinen Gegner auf $E(x^*, y^*)$ herunterdrücken kann, unabhängig davon, was sein Gegner tut. Unter Umständen braucht er weniger zu zahlen, wenn sein Gegner weniger schlau ist, aber niemals mehr. Entsprechend den Regeln für rationales Verhalten sind die beiden Spieler wohl darauf bedacht, auf $E(x^*, y^*)$ zu setzen, wobei A die Alternative x^* und B die Alternative y^* spielt. In diesem Sinne hat das Spiel dann eine Lösung.

Nun nehme man an, die Oberfläche habe innerhalb des Bereichs der betrachteten Variablen keinen Sattelpunkt P. Man könnte meinen, das Spiel habe keine Lösung, da es nicht einen einzigen Punkt auf der Oberfläche gibt, auf den beide Spieler hinstreben. Dies trifft in der Tat zu, wenn die Variablen in einem unbegrenzten Bereich liegen. Es trifft aber nicht notwendig zu, wenn sie nur begrenzte Mengen von Werten annehmen, wenn also nur ein Teil der Oberfläche betrachtet wird. *Innerhalb* des Oberflächenabschnitts gibt es keinen Punkt, an dem sich beide Spieler einig sein können, aber es könnte einen solchen Punkt an der *Begrenzung des Abschnitts* geben. Dies wird in Abb. 52b hinreichend verdeutlicht, wo die Oberfläche $E = E(x, y)$ eine Ebene ist. Der Punkt P in einer Ecke des entsprechenden Oberflächenabschnitts ist in der Tat ein Sattelpunkt innerhalb des für x und y zugelassenen Variationsbereiches. Jede von P aus gestattete Bewegung in Richtung Ox (PB entlang) geht bergab, in Richtung Oy (PA entlang) bergauf. Sind (x^*, y^*) die Werte in P so sind die Minimax-Beziehungen von (1) oben immer noch erfüllt. Die Minima und Maxima müssen einfach auf kleinste und größte Werte innerhalb dieses besonderen Variablenbereichs beschränkt werden.

Vorläufig nehme man als Sonderproblem einmal an, die Spieler eines Spiels mit der Auszahlungsmatrix $\mathbf{A} = [a_{rs}]$ von irgendeiner Ordnung $m \times n$ spielten *nur ihre reinen Strategien*. Die Erwartung des Spielers A bekommt dann die spezielle Form

$$E(r, s) = a_{rs} \qquad r = 1, 2, \ldots, m \quad \text{und} \quad s = 1, 2, \ldots, n$$

Hier ist E eine Funktion zweier Variabler, r und s; beide liegen nur in einem diskreten Bereich ganzzahliger Werte. Diese Funktion ist völlig anders als die Erwartung $E(x, y)$ bei gemischten Strategien in einem 2×2 Spiel; in dem einfachen Spiel von der Ordnung 2×2 werden reine Strategien gespielt, wenn $x = 0, 1$ und $y = 0, 1$ sind. Jedoch gilt ein Ergebnis der Form (1) oben für gemischte Strategien in einem Spiel von beliebiger Dimension. Eine Lösung oder ein optimales Ergebnis existiert bei reinen Strategien, wenn die Matrix A einen *Sattelpunkt* hat, so daß

$$\max_r \min_s E(r, s) = \min_s \max_r E(r, s) = E(r^*, s^*) \tag{2}$$

für einen beliebigen ganzzahligen Wert r^* im Bereich $r = 1, 2, \ldots, m$ und einen beliebigen ganzzahligen Wert s^* im Bereich $s = 1, 2, \ldots, n$. Die Lösung liegt darin, daß A die reine Strategie r und B die reine Strategie s spielt. Nach dem Minimaxprinzip ist dies das Beste, was sie tun können. Im Diagramm wird das genau so wie bisher dargestellt, nur daß die Oberfläche eben nicht kontinuierlich ist, sondern aus einer diskreten Menge von Punkten besteht (für r von 1 bis m und für s von 1 bis n). Die Höhe der Punkte wird durch die Elemente von **A** selbst gegeben; unter ihnen ist dann auch der Sattelpunkt zu suchen.

Gibt es eine solche Lösung, d. h. hat die Matrix **A**, so wie sie dasteht, einen Sattelpunkt, und zwar nur für reine Strategien, so braucht man sich nicht weiter umzusehen. Gemischte Strategien sind nicht erforderlich. Aber solch ein Sattelpunkt muß nicht notwendig existieren; im Gegenteil, im allgemeinen gibt es in **A** keinen Sattelpunkt. In diesem Sinne hat die Suche nach einem geeigneten Punkt vorläufigen Charakter. Es ist möglich, daß einer existiert und daß die Sache damit abgeschlossen ist. Im allgemeinen gibt es jedoch keinen Sattelpunkt, und die Lösung ist mit gemischten Strategien zu ermitteln.

Daß ein Spiel im allgemeinen kein Optimum hat, wenn man mit reinen Strategien spielt, ersieht man aus solch einer einfachen Auszahlungsmatrix wie

$$\mathbf{A} = \begin{bmatrix} 4 & 1 \\ 2 & 3 \end{bmatrix}$$

Beginnt A mit einer Strategie 1, so wählt B die Strategie 2, um nur eine Einheit an A zahlen zu müssen. Doch dann schaltet A auf Strategie 2, um nun 3 Einheiten von B kassieren zu können. Dies bringt B dazu, auf Strategie 1 überzuwechseln und seine Zahlung auf 2 Einheiten herunterzudrücken. An keinem Punkt kommt es zu einer Einigung.

Beispiel (a): Das Spiel von 15.2, Beispiel (c), mit

$$\mathbf{A} = \begin{bmatrix} 0 & -2 & -1 & 3 \\ 2 & 3 & \mathit{1} & 2 \\ 3 & 4 & 0 & -4 \end{bmatrix}$$

Der Spieler A wählt zwischen $r = 1$, 2 oder 3. Bei jeder Wahl einer reinen Strategie wird das Schlimmste, was passieren kann, durch die kursiv gedruckten Elemente in **A** angedeutet, die Zeilen-Minima. Wählt A $r = 1$, so muß er schlimmstenfalls 2 Einheiten bezahlen; wählt er $r = 2$, erhält er zumindest eine Einheit; wählt er $r = 3$, kann er ganze 4 Einheiten bezahlen. Folglich plant A, $r = 2$ zu wählen und erwartet, daß der Gegner unter seinen Strategien die dritte wählt, um die Eingänge bei A auf eine Einheit herunterzudrücken. Der Spieler B wählt zwischen $s = 1, 2, 3$ oder 4, und für jede Wahl bestimmt er, was er im Höchstfall an seinen Gegner zahlen müßte, d. h. das Maximum der Spalten. Diese Maxima sind in den vier Spalten 3, 4, 1 und 3. Folglich plant B, $s = 3$ zu wählen, um seine Zahlungen auf eine Einheit herunterzudrücken und erwartet, daß der Gegner unter seinen Strategien die zweite wählt, um die Zahlungen auf eine Einheit anzuheben. Einen Widerspruch gibt es hier nicht und sie kommen zu einer Lösung $r^* = 2$, $s^* = 3$. Die Spieler können sich auf diese Strategien einigen und A erhält in jeder Partie von B den Betrag 1.

Halten wir uns an die Bedingungen (2), so läßt sich wie folgt argumentieren: Für den Spieler A und irgendein herausgegriffenes r:

$$\min_s E(r, s) = -2,\ 1 \text{ oder } -4, \text{ je nachdem, ob } r = 1,\ 2 \text{ oder } 3$$

Folglich:

$$\max_r \min_s E(r, s) = E(2, 3) = 1$$

Ähnlich:

$$\max_r E(r, s) = 3,\ 4.\ 1 \text{ oder } 3, \text{ je nachdem, ob } s = 1,\ 2,\ 3 \text{ oder } 4 \text{ und}$$

$$\min_s \max_r E(r, s) = E(2, 3) = 1$$

Die Bedingungen (2) sind erfüllt für $r^* = 2$, $s^* = 3$.

Beispiel (b): Zwei-Finger-Morra, 15.2, Beispiel (f), mit

$$\mathbf{A} = \begin{bmatrix} 0 & -\mathit{3} & 2 & 0 \\ 3 & 0 & 0 & -\mathit{4} \\ -\mathit{2} & 0 & 0 & 3 \\ 0 & 4 & -\mathit{3} & 0 \end{bmatrix}$$

Hier gilt

$$\min_s E(r, s) = -3,\ -4,\ -2 \text{ oder } -3, \text{ je nachdem, ob } r = 1,\ 2,\ 3 \text{ oder } 4,$$

dies wird durch die kursiv gedruckten Elemente in $\mathbf{A}$ angedeutet.

Somit:

$$\max_r \min_s E(r, s) = E(3, 1) = -2$$

Aber:

$$\min_s \max_r E(r, s) = (1, 3) = 2$$

wie sich aus den Spalten-Maxima in $\mathbf{A}$ ergibt.

Die Bedingungen (2) sind nicht erfüllt. Es gibt keine Lösung des Spiels, wenn man mit reinen Strategien spielt; in der Tat ist Morra alles andere als ein stumpfsinniges Spiel. Wählt A die Strategie 3, so kann er ganze zwei Einheiten zahlen, wenn B die Strategie 1 wählt. Bei jeder anderen Wahl müßte er noch mehr zahlen. Wählt umgekehrt B die Strategie 3, so kann auch er 2 Einheiten bezahlen, wenn A die Strategie 1 wählt; er kann noch mehr bezahlen, wenn er eine andere Strategie wählt. Es gibt eine ganze Menge von Möglichkeiten.

Übungsaufgaben 15.4

1. Das Spiel werde mit reinen Strategien durchgeführt; zeigen Sie, daß das Spiel mit der Auszahlungsmatrix $\begin{bmatrix} -1 & 1 \\ 1 & -1 \end{bmatrix}$ keine Lösung hat, während ein Spiel mit der Matrix $\begin{bmatrix} 2 & 1 \\ 3 & -2 \end{bmatrix}$ eine Lösung hat. Wie sieht die Lösung im zweiten Fall aus?

2. Zeigen Sie, daß es im Fall der Pferdewette in 15.2 Beispiel (d) mit reinen Strategien keine Lösung gibt. Interpretieren Sie dieses Ergebnis.

3. Zeigen Sie, daß das Spiel von 15.2 Aufg. (4) mit reinen Strategien keine Lösung hat.

4. Ist $\begin{bmatrix} 1 & 2 \\ -1 & 0 \\ 1 & 3 \end{bmatrix}$ die Auszahlungsmatrix, so zeigen Sie, daß das Spiel mit reinen Strategien zwei Lösungen hat, wobei der Spieler A zwei optimale Strategien hat. Untersuchen Sie, was passiert, wenn B unüberlegt (d. h. nicht optimal) spielt, und zeigen Sie, daß eine der optimalen Strategien von A noch „optimaler" ist als die anderen.

5. Liegen reine Strategien und eine Auszahlungsmatrix $\mathbf{A} = [a_{rs}]$ vor, so zeigen Sie, daß es eine Lösung gibt, wenn ein Zeilenminimum gerade das Maximum derjenigen Spalte ist, in der es liegt. Drücken Sie diese Bedingungen so aus: r^* und s^* ist eine Lösung wenn

$$a_{r^* s^*} > a_{rs^*} \, (r = 1, \ldots, m) \quad \text{und} \quad a_{r^* s^*} < a_{r^* s} \, (s = 1, \ldots, n)$$

6. Gilt $E(x, y) = \left(x - \frac{1}{2}\right)^2 \left(y - \frac{1}{2}\right)^2 + \frac{1}{2}$, so zeigen Sie, daß die Oberfläche zwar im geometrischen Sinne in $x = \frac{1}{2}$ und $y = \frac{1}{2}$ einen Sattelpunkt hat, jedoch nicht im Sinne der Bedingungen (1). Welche Form nimmt (1) in diesem Fall an? Legen Sie dar, daß E die Erwartung für den Spieler B (anstelle für Spieler A) sein könnte, wobei der Sattelpunkt für das Spiel gerade richtig ist.

15.5 Die Lösung für eine (2 × 2)-Auszahlungsmatrix

Ein Spiel hat die Auszahlungsmatrix $\mathbf{A} = \begin{bmatrix} a_{11} & a_{12} \\ a_{21} & a_{22} \end{bmatrix}$ und wird mit gemischten Strategien gespielt. A spielt von seinen zwei Strategien die erste im Verhältnis x der Partien und B spielt von seinen die erste im Verhältnis y. Die Erwartung des Spiels für A wird durch die Gleichung (1) in 15.3 oben gegeben.

Nun lassen sich unter der Vereinfachung, daß $E(x, y)$ eine spezielle Form annimmt, die Erwägungen von 15.4 verwenden. Von einem Sonderfall ($a = 0$), den wir für den Moment außer acht lassen können, einmal abgesehen, läßt sich die Funktion so schreiben:

$$E(x, y) = a(x - \alpha)(y - \beta) + b \tag{1}$$

Hierbei sind die Konstanten durch (2) von 15.3 oben bestimmt. Die sich aus (1) ergebende Oberfläche hat stets einen Sattelpunkt P, bei $x = \alpha$, $y = \beta$; ihre Gestalt wird in Abb. 53 veranschaulicht. Dies ist ein besonderes Beispiel einer Oberfläche, die durch gerade Linien erzeugt wird. Überall, wo die Oberfläche durch rechtwinklig zu Ox stehende Ebenen geschnitten wird, entstehen gerade Linien; insbesondere ergibt der Schnitt durch P eine waagerechte Linie ($E = b$). Wächst beispielsweise in Abb. 53 der gegebene Wert x, so steigt die gerade Schnittlinie erst an (in Richtung Oy), verläuft dann waagerecht, wenn in P $x = \alpha$ wird, und schließlich fällt sie, wenn x größer wird. Wenn also der Spieler sein x in der Höhe von α fixiert, erhält er unabhängig von B's Entschluß $E = b$; bei jedem anderen x kann er schlechter stehen. In ähnlicher Weise zeigen die geradlinigen Schnitte, die im rechten Winkel zu Oy vorgenommen werden, daß der Spieler unabhängig von A's Entschluß $E = b$ bezahlt, wenn er nun y auf der Höhe β fixiert; jedoch kann er mehr bezahlen, wenn er sich irgendein anderes y aussucht. Die beiden Spieler tun also gut daran, sich auf $x^* = \alpha$, $y^* = \beta$ festzulegen; dies ist die Lösung des Spiels, A erhält $E = b$ von B. Hierbei wird stets angenommen, daß der Wertebereich für x und y nicht eingeschränkt ist.

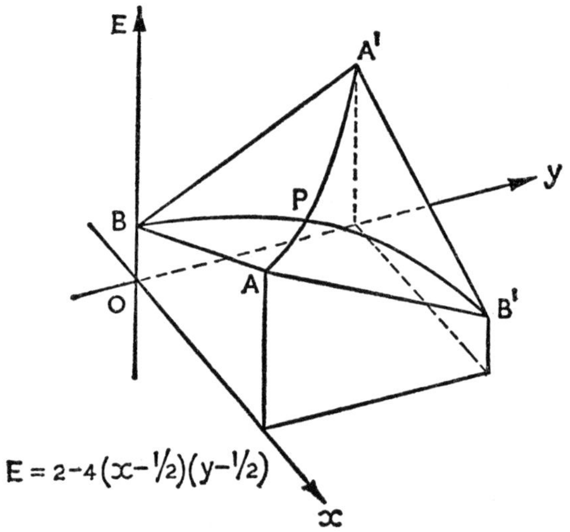

Abb. 53

Jedoch gibt es Beschränkungen für x und y; sie müssen jeweils im Bereich zwischen 0 und 1 liegen. Gilt $0 \leqslant \alpha, \beta = 1$, dann ist alles gut. Der Sattelpunkt von (1) liegt im entsprechenden Abschnitt der Oberfläche, und das Spiel hat eine Lösung. Im anderen Fall liegt der Sattelpunkt außerhalb des in Betracht kommenden Oberflächenabschnitts, und der Lösungsvorschlag muß damit abgelehnt werden. Unsere Aufmerksamkeit müssen wir dann auf die Abschnittsgrenzen konzentrieren; wo der eine oder andere Spieler eine reine Strategie anwendet ($x = 0$ oder $1, y = 0$ oder 1). Vernünftigerweise können wir wohl erwarten, daß dann die Situation von Abb. 52b entsteht, d. h. eine gekrümmte Oberfläche (oder eine Ebene, wenn $a = 0$) auftritt, deren Sattelpunkt in einer Ecke der Begrenzung liegt. Dies ist in der Tat der Fall. Um jedoch die Begrenzung des Wertebereichs von x und y im eigentlichen Sinne zu berücksichtigen, ist es nunmehr nötig, sich von der geometrischen Vorstellung zu lösen und Definitionen und Bedingungen in algebraischen Ausdrücken neu zu formulieren. Damit wird auch die Verallgemeinerung (15.7 unten) leichter.

Zunächst brauchen wir uns nicht weiter mit der besonderen Form (1) für die Erwartung eines Spiels mit einer (2 × 2)-Auszahlungsmatrix zu beschäftigen. Welche Form E auch immer annimmt, stets läßt sich folgende Definition bilden:

Definition: Lassen sich solche Werte x^* und y^* finden, daß für beliebige x und y ($0 \leqslant x, y \leqslant 1$)

$$E(x, y^*) \leqslant E(x^*, y^*) \leqslant E(x^*, y) \tag{2}$$

gilt, so ist (x^*, y^*) ein Sattelpunkt von E, das Spiel hat dann ein *stabiles Ergebnis* oder eine *Lösung* (x^*, y^*), die *optimalen Strategien* für A und B sind x^* bzw. y^*; $E(x^*, y^*)$ ist für A der *Wert* des Spiels.

In den Bedingungen (2) werden die geometrischen Eigenschaften eines eines Sattelpunktes direkt in eine algebraische Form übertragen. Die Deutung dieser Bedingungen im Rahmen des Spiels ist schlüssig. Der Spieler A mischt seine Strategien und wählt x^*, da er hiermit mindestens $E(x^*, y^*)$ bekommt, egal mit welchen y sein Gegner spielt und da er weniger bekommen könnte, wenn er irgendein anderes x wählt und sein Gegner mit y^* spielt. Der Spieler B wählt y^* aus ähnlichen Gründen.

Die Bedingungen (2) lassen sich auf die Minimax-Eigenschaften von $E(x, y)$ beziehen:

$E(x, y)$ hat in (x^*, y^*) einen *Sattelpunkt dann und nur dann,* wenn

$$\max_x \min_y E(x, y) = \min_y \max_x E(x, y) = E(x^*, y^*), \tag{3}$$

vorausgesetzt, daß die Minimaxwerte im Bereich $0 \leqslant x, y \leqslant 1$ *liegen.*

Der Beweis zerfällt in zwei Teile:

Erstens nehme man an, (3) wäre erfüllt. Folglich ist $E(x^*, y^*) = \max_x \min_y E(x, y)$ der maximale Wert (bei $x = x^*$) von $\min_y E$ als einer Funktion von x; dieser Wert ist $\min_y E(x^*, y)$.

Somit gilt nach der Definition eines Minimums:

$$E(x^*, y^*) = \min_y E(x^*, y) \leqslant E(x^*, y) \text{ für jedes } y \ (0 \leqslant y \leqslant 1)$$

Ähnlich gilt:

$$E(x^*, y^*) = \max_x E(x, y^*) \geqslant E(x, y^*) \text{ für jedes } x \ (0 \leqslant x \leqslant 1)$$

Folglich ist

$$E(x^*, y) \leqslant E(x^*, y^*) \leqslant E(x, y^*) \text{ für jedes } x \text{ und } y \ (0 \leqslant x, y \leqslant 1).$$

Dies ist die Bedingung (2) dafür, daß (x^*, y^*) ein Sattelpunkt von E ist. *Zweitens* nehme man an, E habe einen Sattelpunkt bei (x^*, y^*), so daß (2) erfüllt ist. Unter diesen Bedingungen wähle man x so, daß es $E(x, y^*)$ zu einem Maximum und $E(x^*, y)$ zu einem Minimum macht:

$$\max_x E(x, y^*) \leqslant E(x^*, y^*) \leqslant \min_y E(x^*, y)$$

Jedoch gilt nach der Definition für Maxima und Minima:

$$\min_y \max_x E(x, y) \leqslant \max_x E(x, y^*) \quad \text{und}$$

$$\max_x \min_y E(x, y) \leqslant \min_y E(x^*, y)$$

Folglich gilt

$$\min_y \max_x E(x, y) \leqslant E(x^*, y^*) \leqslant \max_x \min_y E(x, y) \tag{4}$$

Andererseits gilt nach der Definition über Maxima und Minima:

$$\max E(x, y) \geqslant E(x, y) \geqslant \min_y E(x, y) \text{ für jedes } x \text{ und } y \ (0 \leqslant x, y \leqslant 1)$$

Nun wähle man x so, daß es $\min_y E(x, y)$ als Funktion von x zu einem Maximum macht, und y so, daß es $\max_x E(x, y)$ als Funktion von y zu einem Minimum macht:

$$\min_y \max_x E(x, y) \geqslant \max_x \min_y E(x, y) \tag{5}$$

(4) und (5) gelten nur dann zusammen, wenn jedesmal das Gleichheitszeichen steht, d. h. wenn

$$\max_x \min_y E(x, y) = \min_y \max_x E(x, y) = E(x^*, y^*)$$

Dies ist die Bedingung (3). Der Beweis ist hiermit vollständig.

Die Tatsache, daß $E(x, y)$ die besondere Form (1) annimmt, wird nun zum ersten Mal dazu benutzt, einen Sonderfall eines *Minimax-Theorems* zu formulieren:

Ein Spiel mit einer (2 × 2)*-Auszahlungsmatrix hat stets eine Lösung. Der Wert des Spiels ist* $E(x^*, y^*) = \max_x \min_y E(x, y) = \min_y \max_x E(x, y)$; x^* *und* y^* *sind die optimalen Strategien.*

Erstens nehme man an, es gelte $a \neq 0$ in $E(x, y) = a(x-\alpha)(y-\beta) + b$ und α und β lägen im Bereich zwischen 0 und 1. Dann gilt:

$$E(x, \beta) = E(\alpha, \beta) = E(\alpha, y) \text{ für alle } x \text{ und } y \; (0 \leqslant x, y \leqslant 1)$$

Nach der Definition sind $x^* = \alpha$ *und* $y^* = \beta$ die optimalen Strategien und der Wert des Spiels beträgt $E(\alpha, \beta) = b$. Dies ist der Fall des Sattelpunkts, wie er in Abb. 53 dargestellt wurde.

Zweitens läßt sich in allen anderen Fällen leicht zeigen, daß beide Spieler reine Strategien befolgen. Beispielsweise nehme man an, $a > 0$; $\alpha, \beta > 1$. Dann gilt:

$$E(0, 1) = a\alpha(\beta-1) + b$$
$$E(x, 1) = -a(x-\alpha)(\beta-1) + b = a\alpha(\beta-1) + b - a(\beta-1)x \leqslant E(0, 1)$$
$$E(0, y) = a\alpha(\beta-y) + b = a\alpha(\beta-1) + b + a\alpha(1-y) \geqslant E(0, 1)$$
$$\text{für jedes } x \text{ und } y \; (0 \leqslant x, y \leqslant 1)$$

Also:

$$E(x, 1) \leqslant E(0, 1) \leqslant E(0, y) \text{ für jedes } x \text{ und } y \; (0 \leqslant x, y \leqslant 1)$$

Definitionsgemäß sind $x^* = 0$, $y^* = 1$ optimale Strategien; in diesem Beispiel spielt A seine zweite und B seine erste Strategie. Die gleiche Lösungsart ergibt sich für alle anderen α und β außerhalb des Bereichs $(0 \leqslant \alpha, \beta \leqslant 1)$ wie auch in den Fällen, in denen $a = 0$ ist (siehe Aufgabe 1 unten). Damit ist der Beweis vollständig.

Noch etwas muß erwogen werden: ein Spiel mit einer (2 × 2)-Auszahlungsmatrix hat stets eine Lösung, jedoch wird damit nicht die Möglichkeit einer mehrfachen Lösung ausgeschlossen. Bei gewissen Fällen stellt sich heraus, daß das Spiel mehr als eine Lösung hat und damit auch eine unbegrenzte Anzahl von Lösungen. Dies wird im Beisp. (c) und in Aufgabe 3 und 4 unten veranschaulicht; weiter untersucht wird dieser Fall in 15.6, Bsp. (b).

Beispiel (a): $\mathbf{A} = \begin{bmatrix} -1 & 1 \\ 1 & -1 \end{bmatrix}$. $E(x, y) = -4\left(x - \frac{1}{2}\right)\left(y - \frac{1}{2}\right)$ aus 15.3, Beispiel (a).

Die Lösung des Spiels lautet $x^* = \frac{1}{2}$, $y^* = \frac{1}{2}$ und der Wert des Spiels ist Null. Jeder Spieler mischt seine Strategien und spielt sie gleich oft.

Beispiel (b): $\mathbf{A} = \begin{bmatrix} 2 & 1 \\ 3 & -2 \end{bmatrix}$. $E(x, y) = -4\left(x - \frac{5}{4}\right)\left(y - \frac{3}{4}\right) + \frac{7}{4}$ aus 15.3, Beispiel (b)

Die Lösung des Spiels lautet: $x^* = 1$, $y^* = 0$.

$$E(1, 0) = 1;\ E(x, 0) = 3x - 2 = 1 - 3(1 - x) \leqslant 1;\ E(1, y) = 1 + y \geqslant 1$$

d. h.

$$E(x, 0) \leqslant E(1, 0) \leqslant E(1, y) \quad \text{für } 0 \leqslant x,\ y \leqslant 1.$$

Der Wert des Spiels ist 1 und jeder Spieler wendet eine reine Strategie an; dabei wählt A seine erste und B seine zweite Strategie.

Beispiel (c): $\mathbf{A} = \begin{bmatrix} 0 & -1 \\ 1 & 1 \end{bmatrix}$. $E(x, y) = xy - 2x + 1 = 1 - x(2 - y)$

Ganz allgemein erkennt man zunächst, daß A seine zweite Strategie ($x^* = 0$) spielen muß, da ihm dies mehr als seine erste Strategie einbringt, unabhängig davon, was B tut. Doch wie steht es mit der Wahl von B? Man erkennt leicht, daß er spielen kann wie er will ($0 \leqslant y^* \leqslant 1$), da er in allen Fällen den gleichen Betrag zahlt, wenn A die zweite Strategie spielt. Formal läßt sich sofort zeigen, daß

$$E(x, y^*) \leqslant E(0, y^*) = E(0, y) \quad \text{für jedes } y^* \quad (0 \leqslant y^* \leqslant 1)$$

Es gibt eine unendliche Anzahl von Lösungen. Der Wert des Spiels ist 1; dies ist eindeutig. Jedoch gibt es für B ein „größtes Optimum" (die zweite Strategie). Wenn er diese spielt, könnte er noch mehr gewinnen, wenn A irgendeinen Fehler macht, d. h. wenn A also seine erste Strategie spielt.

Übungsaufgaben 15.5

1. Untersuchen Sie das Spiel mit einer (2×2)-Auszahlungsmatrix, in der $E(x, y)$ linear ist. Zeigen Sie, daß $x^* = 0$, $y^* = 1$ eine Lösung darstellt, wenn $a_{22} > a_{12}$ und a_{21}. Zeigen Sie, daß reine Strategien auch für andere Werte der a Lösungen sind.

2. Zeigen Sie, daß das Spiel mit der Auszahlungsmatrix $\begin{bmatrix} 2 & 0 \\ -1 & 3 \end{bmatrix}$ eine Lösung mit gemischten Strategien $x^* = \frac{2}{3}$ für A und $y^* = \frac{1}{2}$ für B hat.

3. Wenn $\mathbf{A} = \begin{bmatrix} 0 & 2 \\ 1 & 1 \end{bmatrix}$ gilt, so zeigen Sie, daß $E(x, y) = 1 - 2x\left(y - \frac{1}{2}\right)$ und leiten Sie ab, daß in der Lösung des Spiels der erste Spieler eine reine Strategie verfolgt, während der zweite eine unendliche Anzahl gemischter Strategien hat. Gibt es ein „bestes Optimum"?

4. Erweitern Sie die Ergebnisse von Beispiel (c) oben und der vorhergehenden Aufgabe durch die Untersuchung einer Auszahlungsmatrix $A = \begin{bmatrix} a_1 & a_2 \\ a & a \end{bmatrix}$ in der eine Zeile aus gleichen Elementen besteht. Zeigen Sie für $a > a_1$ und a_2, daß $x^* = 0$ und $0 \leqslant y^* \leqslant 1$. Liegt der Wert von a zwischen a_1 und a_2, so zeigen Sie, daß die Lösung gleich bleibt, abgesehen davon, daß der Bereich von y^* eingeschränkt ist. Gibt es auch dann unendlich viele Lösungen, wenn $a < a_1$ und a_2?

15.6 Graphische Lösung für eine (2 × n)-Auszahlungsmatrix

Um die Lösung eines Spiels mit einer besonderen (2 × 2)-Auszahlungsmatrix zu erleichtern, läßt sich eine graphische Methode anwenden. Die gleiche Methode läßt sich allgemein benutzen, wenn die Auszahlungsmatrix die Ordnung $(2 \times n)$ hat, ein Fall, dessen rein algebraische Behandlung größere Schwierigkeiten bereitet. Solange die Matrix nur zwei Zeilen hat, läßt sich die Wahl des Spielers A durch eine Variable x $(0 \leqslant x \leqslant 1)$ darstellen, die das Verhältnis bedeutet, in dem er die erste Strategie spielt. Die Methode besteht darin, zunächst die optimale Strategiekombination (x^*) für A zu finden, und dann — davon getrennt — die optimale Strategie für B zu ermitteln. Einige Beispiele veranschaulichen den graphischen Lösungsprozeß hinreichend.

Beispiel (a): $\mathbf{A} = \begin{bmatrix} -1 & 1 \\ 1 & -1 \end{bmatrix}$

A spielt seine zwei Strategien im Verhältnis x und $(1-x)$. Spielt B seine erste Strategie, dann beträgt, entsprechend der ersten Spalte der Matrix, der Erwartungswert für B:

$$E = -x + (1-x) = 1-2\,x$$

Spielt B seine zweite Strategie, dann ergibt sich aus der zweiten Spalte

$$E = x-(1-x) = 2\,x-1$$

Jede dieser Gleichungen läßt sich als eine Gerade in dem Bereich $0 \leqslant x \leqslant 1$ in der Ebene OxE auftragen. In Abb. 54 erscheinen sie als $A_1 A_1'$ bzw. als $A_2 A_2'$; in diesem Fall schneiden sich die Punkte in P, wo $x = \frac{1}{2}$ und $E = 0$. Das Ziel von A geht dahin, x so zu wählen, daß E möglichst groß wird. Bei gegebenem x zeigt Abb. 54, welche beiden Werte von E er erzielen kann, wenn B mit reinen Strategien spielt. Zwischenwerte von E erhält er, wenn B seine Strategien mischt. Der geringere der beiden Werte zeigt an, was A mindestens erhalten kann, wenn er x spielt. Folglich zeigt bei variierenden x $(0 \leqslant x \leqslant 1)$ die geknickte Linie $A_2 P A_1'$ an, was A mit Sicherheit bekommt. Er wählt x so, daß er den höchsten Punkt auf $A_2 P A_1'$ erreicht, d. h. $x^* = \frac{1}{2}$ mit $E = 0$ in P.

Mit Hilfe der Linien $B_1 B_1'$ und $B_2 B_2'$ in OyE in Abb. 54 (je nach der Strategie von A) läßt sich auch die Partie von B in ähnlicher Weise analysieren. $B_1 B_1'$ ergibt $E = 1-2\,y$, wenn A seine erste Strategie spielt. Die geknickte Linie $B_1 Q B_2'$ gibt an, was B im Höchstfall bei verschiedener Wahl von y zahlen muß. Er wählt y so, daß er den untersten Punkt auf $B_1 Q B_2'$ erreicht, d. h.

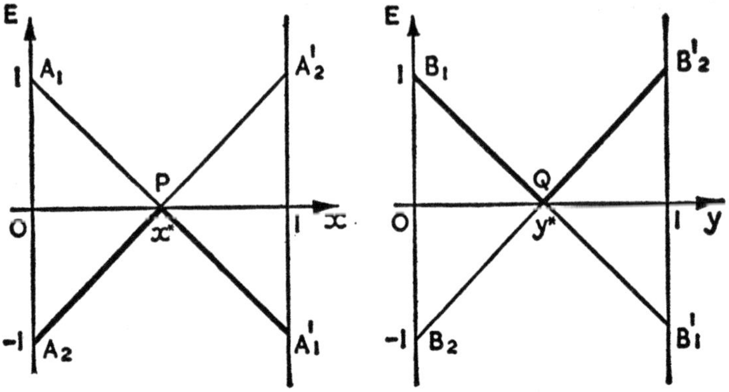

Abb. 54

$y^* = \frac{1}{2}$, womit in Q $E = 0$ wird. Somit ist die Lösung des Spiels $x^* = y^* = \frac{1}{2}$ der Wert des Spiels ist 0.

Beispiel (b): $\mathbf{A} = \begin{bmatrix} 0 & -1 \\ 1 & 1 \end{bmatrix}$

Die einzutragenden Linien für A und B sind:

$$A_1 A_1' \quad E = 1 - x \quad A_2 A_2' \quad E = 1 - 2x$$
$$B_1 B_1' \quad E = y - 1 \quad B_2 B_2' \quad E = 1$$

wobei $A_1 A_1'$ die Erwartung ist, wenn A gemischte Strategien (x) spielt und B nur seine erste Strategie spielt, usw. Aus Abb. 55 sind sie zu ersehen. Es ist dann klar, daß A seine zweite Strategie ($x^* = 0$) spielt und daß B spielen kann, wie es ihm paßt (mit $0 \leqslant y^* \leqslant 1$), da ja x^* der höchste Punkt auf $A_2 A_2'$ ist und es auf $B_2 B_2'$ keinen niedrigsten Punkt gibt.

In diesem Fall gibt es eine unendliche Anzahl von Lösungen.

Beispiel (c): $\mathbf{A} = \begin{bmatrix} 1 & 2 & 0 \\ 2 & -1 & 3 \end{bmatrix}$

A mische seine Strategien im Verhältnis x zu $1-x$. Dann gilt:

Strategie von B	Linie	Erwartung
1	$A_1 A_1'$	$E = 2 - x$
2	$A_2 A_2'$	$E = 3x - 1$
3	$A_3 A_3'$	$E = 3(1 - x)$

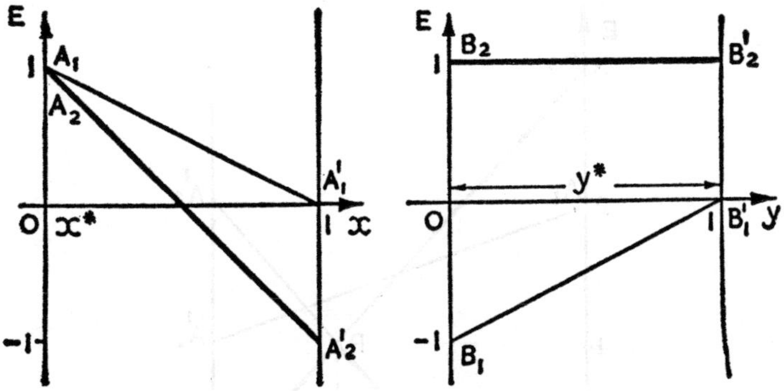

Abb. 55

Diese sind in Abb. 56 eingetragen. A wählt x^* als den höchsten Punkt auf der gebrochenen Linie $A_2 P A_3'$, also ist $x^* = \frac{2}{3}$ und $E = 1$. Dies erhält man graphisch oder durch Lösung der beiden letzten Gleichungen oben.

Nun betrachte man B. Aus Abb. 56 wird klar, daß er seine erste Strategie nie zu benutzen braucht, da er die Zahlung E weiter herunterdrücken kann, wenn er eine der anderen Strategien (oder eine Kombination davon) spielt, egal was A tut. Somit wählt B schließlich zwischen den beiden Strategien aus den Spalten von

$$\begin{bmatrix} 2 & 0 \\ -1 & 3 \end{bmatrix}$$

Nach der graphischen Lösung wie in Aufgabe 2 unten spielt er die Strategien mit gleicher Häufigkeit, so daß sich $E = 1$ ergibt.

Unter Einbeziehung der ursprünglichen Matrix $\mathbf{A}$ hat das Spiel eine Lösung, in der A seine beiden Strategien im Verhältnis $\frac{2}{3}$ zu $\frac{1}{3}$ spielt (d. h. die erste doppelt so oft wie die zweite) und in der B seine erste Strategie überhaupt nicht spielt, die anderen aber mit gleicher Häufigkeit. Der Wert des Spiels ist 1.

Beispiel (d): $\mathbf{A} = \begin{bmatrix} 3 & 2 & -4 & 6 \\ -2 & 5 & -1 & 2 \end{bmatrix}$

A spielt seine Strategien im Verhältnis x zu $(1-x)$:

Strategien von B	Linie	Erwartung
1	$A_1 A_1'$	$E = 5x - 2$
2	$A_2 A_2'$	$E = 5 - 3x$
3	$A_3 A_3'$	$E = -3x - 1$
4	$A_4 A_4'$	$E = 4x + 2$

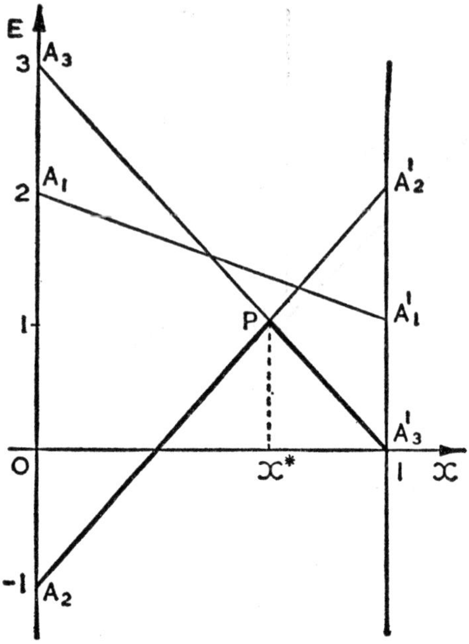

Abb. 56

Nach Abb. 57 wählt A $x^* = \frac{1}{8}$ als den höchsten Punkt auf der geknickten Linie $A_1 PA'_1$, wodurch $E = -\frac{11}{8}$ wird. Diese Werte lassen sich durch Lösung der Gleichungen für $A_1 A'_1$ und $A_3 A'_3$ gewinnen. Somit spielt A seine Strategien im Verhältnis $\frac{1}{8}$ zu $\frac{7}{8}$.

Die erste und zweite von B's Strategien sind nicht wirksam. Für B liegt die Wahl zwischen den beiden in den folgenden Spalten stehenden Strategien:

$$\begin{bmatrix} 3 & -4 \\ -2 & -1 \end{bmatrix}$$

B spielt nach der graphischen Lösung wie in Aufgabe 3 unten diese beiden Strategien im Verhältnis $\frac{3}{8}$ zu $\frac{5}{8}$ und dann gilt $E = -\frac{11}{8}$.

Das Spiel hat den Wert $-\frac{11}{8}$ und im Optimum spielt A

seine Strategien im Verhältnis 1 zu 7 und B seine erste und dritte Strategie im Verhältnis 3 zu 5.

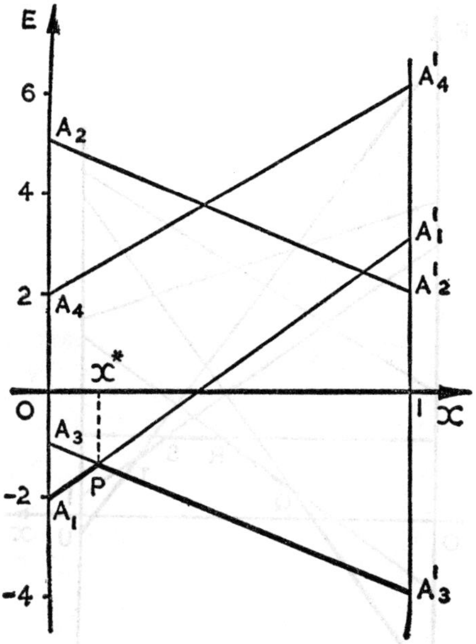

Abb. 57

Die Anwendung der graphischen Methode auf ein Spiel mit einer Auszahlungsmatrix der Ordnung $2 \times n$ wird ganz allgemein in Abb. 58 veranschaulicht. Hier wird gezeigt, wie die Erwartung E des Spielers A variiert, wenn sich der Wert von x für eine gemischte Strategie $(x, 1-x)$ mit $0 \leqslant x \leqslant 1$ ändert. Es gibt n gerade Linien, jeweils eine für jede Wahl einer reinen Strategie durch den Spieler B. Die minimale Erwartung für A variiert mit x entsprechend dem geometrischen Ort $PQRS\ldots$, der wie in Abb. 58 aus den untersten Geradenabschnitten gebildet wird. Der höchste Punkt — oder die höchsten Punkte — ergeben den optimalen Wert oder die optimalen Werte für x nach dem Minimaxprinzip. Die allgemeine Lösung liegt darin, daß es *entweder* einen ganzen Bereich solcher optimaler x-Werte gibt — was einem waagerechten Geradenabschnitt entsprechen würde (wie RS in Abb. 58) — *oder* einen einzigen optimalen Wert x, der in der Spitze der Linienabschnitte liegt. Ein Sonderfall ergibt sich, wenn diese Spitze am Anfang oder am Ende des Bereichs von x liegt, d. h. bei $x = 0$ oder $x = 1$; in diesem Fall spielt A mit stabilem Ergebnis eine reine Strategie.

Die gleiche Methode läßt sich bei einem Spiel mit einer Auszahlungsmatrix von der Ordnung $m \times 2$ anwenden. Die Gleichung bezieht sich dann auf das Verhältnis $y : (1-y)$, in dem der Spieler B seine Strategien mischt. Möglich ist es, wenn dies auch kein praktikabler Vorschlag ist,

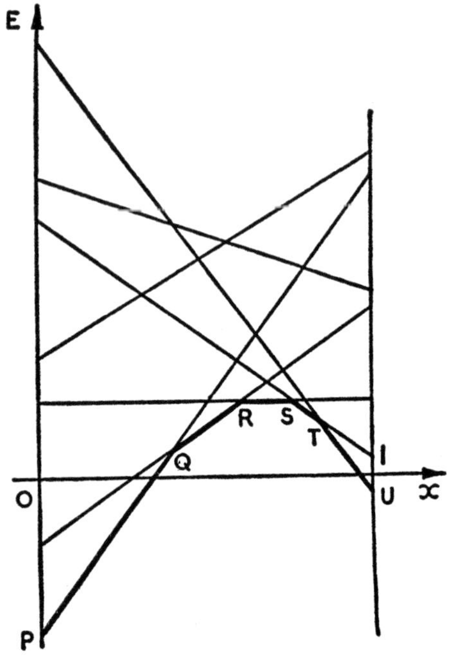

Abb. 58

3-dimensionale Diagramme zu benutzen, um Spiele mit Auszahlungsmatrizen der Ordnung $3 \times n$ oder $m \times 3$ zu lösen. Die Geraden der Abb. 58 werden dann zweidimensionale Ebenen. Die optimale Strategienmischung (für den Spieler mit 3 Strategien) wird dann entweder durch einen waagerechten Ebenenabschnitt wiedergegeben oder durch einen waagerechten Geradenabschnitt oder durch eine Spitze; alles liegt in drei Dimensionen.

Übungsaufgaben 15.6

1. Es gilt $\mathbf{A} = \begin{bmatrix} 2 & 1 \\ 3 & -2 \end{bmatrix}$; lösen Sie das Spiel graphisch und prüfen Sie somit die in 15.5 Beispiel (b) angeführte Lösung.

2. Zeigen Sie graphisch, daß ein Spiel mit $\mathbf{A} = \begin{bmatrix} 2 & 0 \\ -1 & 3 \end{bmatrix}$ als Lösung $y^* = \frac{1}{2}$ hat. Wie hoch ist x^* und der Wert des Spiels? Siehe Beispiel (c) oben!

3. Zeigen Sie graphisch, daß bei $\mathbf{A} = \begin{bmatrix} 3 & -4 \\ -2 & -1 \end{bmatrix}$ die Lösung $x^* = \frac{1}{8}$, $y^* = \frac{3}{8}$ ist und der Wert des Spiels $-\frac{11}{8}$ beträgt. Siehe Beispiel (d) oben!

4. Untersuchen Sie graphisch den Fall $\mathbf{A} = \begin{bmatrix} 0 & 2 \\ 1 & 1 \end{bmatrix}$, in dem es eine unendliche Anzahl von Lösungen gibt. Siehe 15.5 Aufg. 3!

5. Zeigen Sie, daß das Spiel mit

$$\mathbf{A} = \begin{bmatrix} 1 & 2 \\ -1 & 0 \\ 1 & 3 \end{bmatrix}$$

eine unendliche Anzahl von Lösungen hat. Siehe 15.4 Aufg. 4!

6. Untersuchen Sie mit graphischen Mitteln das Spiel von 15.2 Beispiel (g). Warum läßt sich sagen, daß es nicht viel ausmacht, welche Strategie B wählt?

15.7 Der allgemeine Fall eines Zwei-Personen-Nullsummen-Spiels

Nunmehr haben wir die Grundlagen zu einer Betrachtung des allgemeinen Falls eines Spiels mit einer Auszahlungsmatrix der Ordnung $m \times n$. Diese wird noch erleichtert durch die Verwendung der Vektor- und Matrixschreibweise (Kapitel 12 und 13 oben).

Die Auszahlungsmatrix sei $\mathbf{A} = [a_{rs}]$ ($r = 1, 2, \ldots, m$, $s = 1, 2, \ldots, n$). Der Spieler A wählt zwischen m Strategien im Verhältnis $x_1, x_2, \ldots, x_m$, wobei die x nicht-negativ sind und sich zu eins addieren. Kurz gesagt, die x sind positive Brüche, jedoch können einige von ihnen, obwohl nicht alle, Null sein, wenn es Strategien gibt, die er überhaupt nicht spielt. Als Sonderfall können alle x außer einem Null sein; dieses x ist dann gleich 1. Dies ist der Fall einer reinen Strategie, wo eben nur eine Strategie mehrmals hintereinander gespielt wird. In allen anderen Fällen liegt eine gemischte Strategie vor.

Somit wird eine gegebene *gemischte Strategie* für A durch den Vektor

$$(x_1, x_2, \ldots, x_m)$$

dargestellt, der der wesentlichen Einschränkung unterliegt:

$$x_r \geqslant 0 \ (r = 1, 2, \ldots, m) \quad \text{und} \quad \sum_{r=1}^{m} x_r = 1 \tag{1}$$

Dies schließt den Spezialfall einer *reinen Strategie* ein:

$$x_r = 1 \quad \text{und} \quad x_{r'} = 0 \quad (r' = 1, 2, \ldots, m, r' \neq r)$$

Je nach der Wahl von r gibt es m reine Strategien. In der Matrix-Schreibweise läßt sich der x-Vektor entweder als Spalten- oder als Zeilenvektor wiedergeben:

$$\mathbf{x} = \{x_r\} = \begin{bmatrix} x_1 \\ x_2 \\ \cdots \\ x_m \end{bmatrix}; \quad \mathbf{x}' = (x_r) = (x_1\, x_2 \ldots x_m)$$

Der Strich bei $\mathbf{x}'$ gibt, wie üblich, die Transposition von Zeilen und Spalten an.

In gleicher Weise wählt der Spieler B zwischen n Strategien, was einem Vektor $(y_1, y_2, \ldots, y_n)$ entspricht, der ähnlichen Bedingungen wie (1) unterliegt. Der Vektor läßt sich in Spaltenform mit $y = \{y_s\}$ und in Zeilenform mit $y' = (y_s)$ wiedergeben, wobei $s = 1, 2, \ldots, n$.

Spielt A die gemischte Strategie $\mathbf{x} = \{x_r\}$ und B die gemischte Strategie $\mathbf{y} = \{y_s\}$, so ist für A der Erwartungswert des Spiels:

$$E(\mathbf{x}, \mathbf{y}) = \sum_{r=1}^{m} \sum_{s=1}^{n} a_{rs} \, x_r \, y_s \tag{2}$$

Die Schreibweise $E(\mathbf{x}, \mathbf{y})$ gibt an, daß der einzelne Wert E eine Funktion zweier Vektoren $\mathbf{x}$ und $\mathbf{y}$ ist; hierbei wird die Funktion als Doppelsumme ausgedrückt, in der die Elemente $\mathbf{x}$ und $\mathbf{y}$ stecken. In Matrixschreibweise läßt sich (2) auch in der Form schreiben:

$$E(\mathbf{x}, \mathbf{y}) = \mathbf{x}' \mathbf{A} \mathbf{y} \tag{3}$$

Die Ordnungen der miteinander multiplizierten Matrizen sind jeweils $1 \times m$, $m \times n$ und $n \times 1$; dies ergibt einen Skalar E (siehe 13.6 oben).

Wichtig ist, die Menge aller Vektoren $\mathbf{x} = \{x_r\}$ zu betrachten, die die Bedingungen (1) erfüllen. Bezeichnet man diese Menge mit X, so bedeutet „$\mathbf{x}$ in X" einen zulässigen Vektor $\mathbf{x}$ aus der gesamten Menge X. In ähnlicher Weise wird die Menge aller Vektoren $\mathbf{y} = \{y_s\}$, die solche Bedingungen wie (1) erfüllen, mit Y bezeichnet. Gilt $m = 3$, so lassen sich die Vektoren $\mathbf{x} = \{x_r\}$ $(r = 1, 2, 3)$ als Punkte (x_1, x_2, x_3) im dreidimensionalen Raum darstellen. Die Menge X umfaßt dann alle diejenigen Punkte, für die $x_1 \geqslant 0, x_2 \geqslant 0, x_3 \geqslant 0$ und $x_1 + x_2 + x_3 = 1$ gilt. Dies sind die Punkte, die auf dem Ebenenabschnitt liegen, der durch die Koordinatenebenen herausgeschnitten wird.

In Abb. 59 ist dies der Abschnitt $A_1 A_2 A_3$, wo $OA_1 = OA_2 = OA_3 = 1$ gilt. Jeder Punkt auf dem Abschnitt X stellt ein Strategienbündel für A dar; in A_1, A_2 und A_3 werden reine Strategien angewendet; in den anderen Punkten wird die Strategie gemischt. Bei $m > 3$ kann man sich die Menge X aller Vektoren $\mathbf{x}$ als eine Menge von Punkten vorstellen, die auf einem Abschnitt einer „Hyperebene" in m Dimensionen liegen.

Der durch (3) für E gegebene Wert ist für irgendeinen Vektor $\mathbf{y}$ aus Y und $\mathbf{x}$ aus X definiert. Das Ziel von A ist, unter Berücksichtigung dessen, was sein Gegner durch seine Wahl $\mathbf{y}$ aus Y erreichen kann, E durch eine Wahl von $\mathbf{x}$ aus X möglichst groß zu machen. Spieler B möchte E so klein wie möglich halten. Die ganze Theorie solcher Spiele läuft auf eine Definition hinaus, die wir direkt aus 15.5 oben übernehmen können.

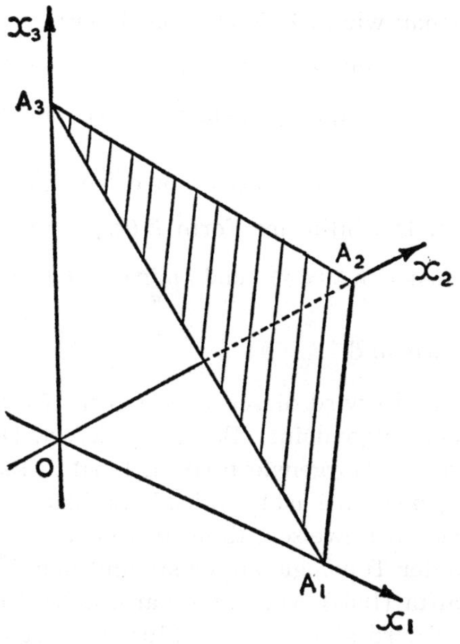

Abb. 59

Definition: Lassen sich zwei Vektoren $\mathbf{x}^*$ und $\mathbf{y}^*$ finden, so daß für beliebiges $\mathbf{x}$ in X und beliebiges $\mathbf{y}$ in Y gilt:

$$E(\mathbf{x}, \mathbf{y}^*) \leqslant E(\mathbf{x}^*, \mathbf{y}^*) \leqslant E(\mathbf{x}^*, \mathbf{y})$$

d. h.

$$\mathbf{x}' \mathbf{A} \mathbf{y}^* \leqslant (\mathbf{x}^*)' \mathbf{A} \mathbf{y}^* \leqslant (\mathbf{x}^*)' \mathbf{A} \mathbf{y}$$

dann ist $(\mathbf{x}^*, \mathbf{y}^*)$ ein Sattelpunkt von E; das Spiel hat ein *stabiles Ergebnis* oder eine *Lösung* $(\mathbf{x}^*, \mathbf{y}^*)$ und $v = E(\mathbf{x}^*, \mathbf{y}^*)$ ist für A der Wert des Spiels.

Wird mit $\mathbf{x}^*$ die optimale Strategie für A beschrieben, so bedeutet dies, daß die optimale Handlungsweise für A darin besteht, seine m Strategien im Verhältnis $x_1^*, x_2^*, \ldots, x_m^*$ zu spielen, wobei $\mathbf{x}^*$ der Vektor $(x_1^*, x_2^*, \ldots, x_m^*)$ ist. Mit der Definition ist gesagt, daß $\mathbf{x}^*$ von A deswegen gewählt wird, weil er dann unabhängig von der Wahl seines Gegners, zumindest $E(\mathbf{x}^*, \mathbf{y}^*)$ bekommen kann, während jede beliebige andere Wahl $\mathbf{x}$ seinem Gegner die Möglichkeit gibt, den Gewinn unter $E(\mathbf{x}^*, \mathbf{y}^*)$ zu halten.

Daraus folgt, genau wie in 15.5 oben bewiesen:

$E(\mathbf{x}, \mathbf{y})$ hat in $(\mathbf{x}^*, \mathbf{y}^*)$ einen Sattelpunkt, dann und nur dann wenn:

$$\max_x \min_y E(\mathbf{x}, \mathbf{y}) = \min_y \max_x E(\mathbf{x}, \mathbf{y}) = E(\mathbf{x}^*, \mathbf{y}^*)$$

Vervollständigt wird das Grundtheorem dann durch das

Minimax-Theorem: Die bilineare Form $E(\mathbf{x}, \mathbf{y}) = \mathbf{x}' \mathbf{A} \mathbf{y}$ ist derart, daß

$$\max_x \min_y E(\mathbf{x}, \mathbf{y}) \quad \text{und} \quad \min_y \max_x E(\mathbf{x}, \mathbf{y})$$

existieren und gleich sind.

Für einen Sonderfall wird dieses Theorem in 15.5 oben bewiesen, jedoch wird dort kein allgemeiner Beweis geliefert. Der Beweis, wie er bei von Neumann und Morgenstern (1947, 1954) S. 153 - 5 und bei Wald (1950) S. 52 - 4 gegeben wird, ist ziemlich kompliziert. Jedoch gibt es eine Reihe von einfacheren Beweisen. Einer davon wendet den Browerschen Fixpunktsatz aus der Topologie an; er stammt von J. F. Nash und wird bei Luce und Raiffa (1957) Anhang 2 dargestellt. Ein anderer Beweis von Loomis (1946) wird algebraisch geführt und ist in sich geschlossen.

Das Minimax-Theorem gehört zu den mathematischen Grundlagen der Spieltheorie wie auch der Minimax-Entscheidungstheorien und wird vielfach angewendet. Die Konsequenz für die Spieltheorie ist:

> Ein Zwei-Personen-Nullsummen-Spiel mit der Erwartung $E(\mathbf{x}, \mathbf{y})$. hat *stets* eine Lösung $\mathbf{x}^*, \mathbf{y}^*$, den Sattelpunkt von $E(\mathbf{x}, \mathbf{y})$. Der Spieler A hat mindestens eine optimale Strategie ($\mathbf{x}^*$ in X) und der Spieler B hat zumindest eine optimale Strategie ($\mathbf{y}^*$ in Y). Der Wert des Spiels ist $v = E(\mathbf{x}^*, \mathbf{y}^*)$, gleich dem gemeinsamen Wert von $\max_x \min_y E(\mathbf{x}, \mathbf{y})$ und $\min_y \max_x E(\mathbf{x}, \mathbf{y})$.

In gewissen Fällen gibt es mehr als eine optimale Strategie; damit gibt es eine unendliche Anzahl von Strategien. Der Wert des Spiels ist jedoch eindeutig; in einigen Fällen läßt sich dieser Wert durch den einen oder anderen Spieler mit jeder beliebigen Strategie aus einer unendlichen Anzahl erreichen. Dieser zusätzliche Effekt wurde bereits für einfache Fälle veranschaulicht; er wird durch die oben aufgeführten Grundergebnisse nicht ausgeschlossen.

Nun sollen einige Eigenschaften der Lösung eines Spiels abgeleitet werden. Auf den ersten Blick erscheinen sie vielleicht formal, wenn nicht geradezu dürftig; in der Tat stellen sie die Grundlage für praktische Regeln dar, ohne die es kaum möglich wäre, ein einzelnes Spiel mit numerisch genau angeführten Auszahlungsmatrizen zu lösen, sofern jeder Spieler mehr als zwei Strategien hat. Für die Praxis ist es eine ungeheuer schwierige Aufgabe, ein Spiel zu lösen oder auch nur solche Eigenschaften wie seinen Wert zu finden und zu kontrollieren. Die nun folgenden Eigenschaften sind ein wesentlicher Teil der Aufgabe.

Die erste Eigenschaft bezieht sich auf die Auszahlungsmatrix und zeigt, wie sie sich in eine neue Form bringen läßt, z. B. derart, daß zur Erleichterung der Berechnung kein Element negativ ist. Die zweite Eigenschaft liefert eine wichtige Kontrolle über den Wert des Spiels und die optimalen Strategien, die abgeleitet oder auch nur erraten sein können. Eine dritte Eigenschaft wird in Verbindung mit der zweiten benutzt und bezieht sich auf die Umstände, unter denen eine Strategie in der optimalen Lage überhaupt nicht gespielt wird. Dies sind nun die Eigenschaften:

Eigenschaft (i): Sind $\mathbf{x}^*$ und $\mathbf{y}^*$ die optimalen Strategien für die Spieler eines Spiels mit der Auszahlungsmatrix $\mathbf{A}$ von der Ordnung $m \times n$, so sind diese auch für ein Spiel mit der Auszahlungsmatrix $(c\,\mathbf{A} + \mathbf{B})$ optimal; hierbei ist c ein positiver Skalar und in $\mathbf{B}$ von der Ordnung $m \times n$ sind alle Elemente gleich einem Skalar b. Ist v der Wert des ersten Spiels, so hat das zweite Spiel den Wert $(c\,v + b)$.

Eigenschaft (ii): Hat ein Spiel den Wert v, so sind dann und nur dann für die Spieler $\mathbf{x}^*$ und $\mathbf{y}^*$ optimale Strategien, wenn:

a) $E(\mathbf{x}^*, \mathbf{y}) \geqslant v$ für jedes $\mathbf{y}$ in Y

$E(\mathbf{x}, \mathbf{y}^*) \leqslant v$ für jedes $\mathbf{x}$ in X

und somit dann und nur dann, wenn:

b) $$\sum_{s=1}^{n} a_{rs}\, y_s^* \leqslant v \leqslant \sum_{r=1}^{m} a_{rs}\, x_r^*$$

für alle $r = 1, 2, \ldots, m$ und $s = 1, 2, \ldots, n$.

Eigenschaft (iii): Hat ein Spiel den Wert v und die optimalen Strategien $\mathbf{x}^*$ und $\mathbf{y}^*$, so gilt:

$$\sum_{s=1}^{n} a_{rs}\, y_s^* < v \quad \text{impliziert} \quad x_r^* = 0$$

und

$$\sum_{r=1}^{m} a_{rs}\, x_r^* > v \quad \text{impliziert} \quad y_s^* = 0$$

für beliebige r und s ($r = 1, 2, \ldots, m$, $s = 1, 2, \ldots, n$).

Die Bedingungen der Eigenschaften (ii) und (iii) lassen sich in Matrix-Schreibweise ausdrücken:

(ii) (a)
$$(\mathbf{x}^*)' \mathbf{A}\mathbf{y} \geqslant v \quad \text{für jedes } \mathbf{y} \text{ in } Y$$
$$\mathbf{x}' \mathbf{A}\mathbf{y}^* \leqslant v \quad \text{für jedes } \mathbf{x} \text{ in } X$$

(b)
$$\mathbf{A}\mathbf{y}^* \leqslant v\,\{1\} \leqslant \mathbf{A}'\,\mathbf{x}^*$$

Wobei $\{1\}$ ein Vektor mit m oder n Elementen vom Wert 1 ist.

(iii) Wenn in $\mathbf{A}\,\mathbf{y}^* \leqslant v\,\{1\}$ nur das Zeichen $<$ nicht aber auch das Zeichen $=$ für ein Element gilt, so bedeutet dies, daß das entsprechende Element in $\mathbf{x}^*$ Null ist; ähnliches trifft für $\mathbf{A}'\,\mathbf{x}^* \geqslant v\,\{1\}$ zu.

Die Beweise für diese Eigenschaften beruhen auf der Definition für die Lösung des Spiels; zur Veranschaulichung sei hier der Beweis für die Eigenschaft (ii) (a) gegeben:

Erstens seien $\mathbf{x}^*$ und $\mathbf{y}^*$ als optimale Strategien gegeben:

Nach der Definition gilt

$$E\,(\mathbf{x}, \mathbf{y}^*) \leqslant v = E\,(\mathbf{x}^*, \mathbf{y}^*) \leqslant (\mathbf{x}^*, \mathbf{y})$$

für jedes $\mathbf{x}$ in X und jedes $\mathbf{y}$ in Y.

Zweitens seien $E\,(\mathbf{x}, \mathbf{y}^*) \leqslant v \leqslant E\,(\mathbf{x}^*, \mathbf{y})$ für jedes $\mathbf{x}$ in X und jedes $\mathbf{y}$ in Y gegeben. Man setze $\mathbf{x} = \mathbf{x}^*$ und $\mathbf{y} = \mathbf{y}^*$:

$$E\,(\mathbf{x}^*, \mathbf{y}^*) \leqslant v \leqslant E\,(\mathbf{x}^*, \mathbf{y}^*)$$

d. h.

$$v = E\,(\mathbf{x}^*, \mathbf{y}^*)$$

Die gegebenen Relationen lauten dann:

$$E\,(\mathbf{x}, \mathbf{y}^*) \leqslant E\,(\mathbf{x}^*, \mathbf{y}^*) \leqslant E\,(\mathbf{x}^*, \mathbf{y})$$

für jedes $\mathbf{x}$ in X und jedes $\mathbf{y}$ in Y, d. h. $(\mathbf{x}^*, \mathbf{y}^*)$ ist definitionsgemäß ein Sattelpunkt von E und $\mathbf{x}^*$ und $\mathbf{y}^*$ sind optimale Strategien Q.E.D.

Ein Sonderfall ist immerhin so wichtig, daß wir ihn unter den allgemeineren Eigenschaften mit aufführen:

Eigenschaft (iv): Ist die Auszahlungsmatrix eines Spiels *quadratisch* und *schiefsymmetrisch,* dann ist für jeden Spieler die gleiche Strategie optimal, der Wert des Spiels ist dann Null.

Eine schiefsymmetrische Auszahlungsmatrix $\mathbf{A}$ bedeutet, daß zwischen den beiden Spielern *Symmetrie* herrscht. Vertauscht man die Spieler und kehrt man die Vorzeichen der Auszahlung an A um, so daß man die Auszahlung an B erhält, so wird aus der Auszahlungsmatrix $(-\mathbf{A}')$. Dies ist nach der Definition einer schiefsymmetrischen Matrix gleich $\mathbf{A}$. Die

Auszahlungsmatrix ist für beide Spieler die gleiche, und somit können wir auch erwarten, daß die optimalen Strategien gleich sind. Hiervon ganz unabhängig kann man ein Spiel als *fair* bezeichnen, wenn sein Wert Null ist, so daß im Optimum kein Spieler vom anderen etwas gewinnt. Viele Spiele sind fair in diesem Sinne, besonders Gesellschaftsspiele. Insbesondere kann man aber auch von einem symmetrischen Spiel erwarten, daß es fair ist. Beispielsweise ist bei der Zwei-Finger-Morra, dem in Beisp. (f), 15.2 oben beschriebenen Spiel, die Auszahlungsmatrix schiefsymmetrisch:

$$\mathbf{A} = \begin{bmatrix} 0 & -3 & 2 & 0 \\ 3 & 0 & 0 & -4 \\ -2 & 0 & 0 & 3 \\ 0 & 4 & -3 & 0 \end{bmatrix}$$

Das Spiel ist zwischen den Spielern symmetrisch; naturgemäß können wir annehmen, daß es fair ist. Dies ist die Bedeutung der Eigenschaft (iv).

Im formalen Beweis wird die Eigenschaft (ii) (b) benutzt. Das Spiel habe die optimalen Strategien $\mathbf{x}^*$ und $\mathbf{y}^*$ und den Wert v, so daß:

$$\mathbf{A}\mathbf{y}^* \leqslant v\,\{1\} \leqslant \mathbf{A}'\,\mathbf{x}^* \tag{7}$$

folglich

$$(-\mathbf{A})\,\mathbf{y}^* \geqslant (-v)\,\{1\} \geqslant (-\mathbf{A}')\,\mathbf{x}^*$$

Da $\mathbf{A}' = -\mathbf{A}$ und $-\mathbf{A}' = \mathbf{A}$, so folgt, daß

$$\mathbf{A}'\,\mathbf{y}^* \geqslant (-v)\,\{1\} \geqslant \mathbf{A}\mathbf{x}^* \tag{8}$$

Die Addition von (7) und (8) ergibt:

$$\mathbf{A}\,(\mathbf{x}^* + \mathbf{y}^*) \leqslant \mathbf{0} \leqslant \mathbf{A}'\,(\mathbf{x}^* + \mathbf{y}^*) \tag{9}$$

da $v\,\{1\} + (-v)\,\{1\} = \mathbf{0}$. Nun gehören $\mathbf{x}^*$ und $\mathbf{y}^*$ zur gleichen Menge von Vektoren, da $\mathbf{A}$ quadratisch ist, und der Vektor $\mathbf{z}^* = \frac{1}{2}(\mathbf{x}^* + \mathbf{y}^*)$ gehört auch zu der gleichen zulässigen Menge (siehe Aufgabe 3 unten). Somit ist $\mathbf{z}^*$ eine mögliche Strategie für beide Spieler. Da nach (9)

$$\mathbf{A}\mathbf{z}^* \leqslant \mathbf{0} \leqslant \mathbf{A}'\,\mathbf{z}^*$$

gilt, zeigt damit die Eigenschaft (ii) (b), daß jeder Spieler die gleiche optimale Strategie $\mathbf{z}^*$ hat und daß der Wert des Spiels Null ist, wie zu beweisen war.

Auch Spiele, die nicht fair sind und den Wert $v \neq 0$ haben, sollen kurz betrachtet werden. Es sei $v > 0$, so daß in einer stabilen Lage B etwas zum Ausgleich an A zahlen muß. Aber warum sollte B überhaupt spielen? Wenn er die Lösung tatsächlich kennt, so bestünde wirklich kein Grund dazu. Es könnte aber eine Ausgleichsvereinbarung derart geben, daß bei jeder Partie des Spiels A etwas unter der Hand an B zahlt. Die Frage ist nur, durch welche Kompensationszahlungen das Spiel fair wird. Die Antwort gibt die Eigenschaft (i); sie ist eigentlich selbstverständlich. Wenn A in jeder Partie einen Betrag v an B zahlt, dann wird die Auszahlungsmatrix im Endeffekt $(A-B)$, wobei in B alle Elemente gleich v sind. Der Wert des Spiels ist dann $v-v=0$. Eine Kompensationszahlung in der Höhe von v von A an B macht das Spiel fair. B ist bereit zu spielen und erleidet bei geschicktem Spiel keinen Verlust.

Übungsaufgaben 15.7

1. Der Vektor $\mathbf{x}$ gehört zu der Menge X von (1) oben. Ist er von der Ordnung 2, so zeigen Sie, daß $\mathbf{x}$ ein Punkt P in einer Ebene $0\,x_1\,x_2$ ist und daß X alle Punkte umfaßt, die auf der Linie zwischen A_1 und A_2 auf den Achsen liegen, so daß $OA_1 = OA_2 = 1$. Zeigen Sie somit, daß $\mathbf{x}$ der Vektor $(x, 1-x)$ für $0 \leqslant x \leqslant 1$ ist und interpretieren Sie das Ergebnis.

2. Ist der Vektor $\mathbf{x}$ von der Ordnung 3, so zeigen Sie, daß X alle Punkte auf dem Dreieck $A_1\,A_2\,A_3$ in Abb. 59 umfaßt. Deuten Sie die Lage, wenn die Punkte auf den Seiten des Dreiecks liegen. Zeigen Sie allgemein, daß $\mathbf{x}$ der Vektor $(x_1, x_2, 1-x_1-x_2)$ für zwei Variable x_1 und x_2 ist, so daß (x_1, x_2) in dem Dreieck $OA_1\,A_2$ liegt.

3. $\mathbf{x}^{(1)}$ und $\mathbf{x}^{(2)}$ seien zwei Vektoren in X. Zeigen Sie, daß $\mathbf{x} = \frac{1}{2}\,(\mathbf{x}^{(1)} + \mathbf{x}^{(2)})$ auch in X liegt und erläutern Sie das Ergebnis an Hand von Abb. 59. Verallgemeinern Sie das Ergebnis für irgendeine beliebige Anzahl von Vektoren in X und benutzen Sie dabei den Begriff der konvexen Linearkombinationen (12.5 oben).

4. Ein Spiel hat eine Auszahlungsmatrix der Ordnung $2 \times n$. Sind $(\mathbf{x}^{(1)}, 1-\mathbf{x}^{(1)})$ und $(\mathbf{x}^{(2)}, 1-\mathbf{x}^{(2)})$ für den Spieler A beides optimale Strategien, so zeigen Sie, daß $(\mathbf{x}, 1-\mathbf{x})$ auch optimal ist, wenn $\mathbf{x}$ zwischen $\mathbf{x}^{(1)}$ und $\mathbf{x}^{(2)}$ liegt. Leiten Sie daraus ab, daß es bei zwei verschiedenen optimalen Strategien auch eine unendliche Anzahl davon gibt. Verallgemeinern Sie das Ergebnis für eine Matrix der Ordnung $m \times n$; benutzen Sie dabei den Begriff konvexer Linearkombinationen.

5. Beweisen Sie die Eigenschaft (i) oben.

6. Leiten Sie die Eigenschaft (ii) (b) aus (ii) (a) ab und beweisen Sie dann die Eigenschaft (iii).

7. Zeigen Sie, daß ein Spiel keine zwei verschiedenen Werte haben kann, d. h. daß der Wert eines Spiels auch dann eindeutig ist, wenn es eine unendliche Anzahl optimaler Strategien gibt.

15.8 Lösungen einzelner Spiele

So wie in 15.5 und in 15.6 oben läßt sich ein Spiel immer lösen, wenn die Matrix von der Ordnung $2 \times n$ oder $m \times 2$ ist, d. h. wenn zumindest ein Spieler nur zwei Strategien hat. Nach dem Minimax-Theorem hat ein Spiel der Ordnung $m \times n$ stets eine Lösung, die entweder eindeutig ist oder — im äußersten Falle — aus einer unendlichen Menge von Lösungen besteht. Somit gibt es also ein Ergebnis, das Problem ist nur, wie man es findet.

Für die Praxis bildet die Erwartung $E(\mathbf{x}, \mathbf{y})$ wenig Hilfe, da sie ja eine Funktion zweier Vektoren $\mathbf{x}$ und $\mathbf{y}$ und als Doppelsumme auftritt, mit der sich nur schwer arbeiten läßt. Für die Praxis muß man sich eine andere Lösungstechnik ausdenken; sie gliedert sich in zwei Stufen. Die Auszahlungsmatrix eines Spiels lautet $\mathbf{A} = [a_{rs}]$ von der Ordnung $m \times n$. Auf der *ersten Stufe* wird die Matrix $\mathbf{A}$ durch Eliminierung überflüssiger Zeilen und Spalten (nicht eingesetzter Strategien) verkleinert, d. h. sie wird durch Eigenschaft (i) von 15.7 oben auf eine solche Form gebracht (z. B. ohne negative und gebrochene Werte), daß sich ihre Elemente leicht handhaben lassen; schließlich wird sie auf einen Sattelpunkt hin untersucht, für den Fall, daß die Spieler bei optimalem Ergebnis reine Strategien anwenden. Gibt es einen Sattelpunkt, so braucht man weiter nichts mehr zu tun; die Lösung ist gefunden. Anderenfalls, und das gilt für die Mehrzahl der Fälle, muß man auch auf die *zweite Stufe* der praktischen Lösungstechnik eingehen. Hier ist irgendwie herauszufinden, was sich jeder Spieler als optimale Strategie vorstellt und sodann der Wert des Spiels zu bestimmen. An dieser Stelle kommen die Eigenschaften (ii), (iii) und (iv) von 15.7 oben zum Zuge. Hierbei ist alles zulässig, sogar reines Raten erfüllt den Zweck. Denn nach der Eigenschaft (ii) (b) läßt sich jedes beliebige, als optimal angenommene Strategienpaar untersuchen und somit auf einfache Weise annehmen oder verwerfen.

Die erste Stufe muß etwas weiter ausgearbeitet werden. Es muß eine Definition für überflüssige Zeilen und Spalten in $\mathbf{A}$ gegeben werden; gleichfalls müssen auch die Mittel genannt werden, mit denen man sie auffinden kann. Wir betrachten die Zeilen von $\mathbf{A}$. Eine Zeile läßt sich als überflüssig eliminieren, wenn sie von einer anderen in dem Sinne *dominiert* wird, daß jedes Element in ihr kleiner oder gleich dem entsprechenden Element in der andern Zeile ist. Für den Spieler A besteht dann niemals Veranlassung, die Strategie in der ersten Zeile allein oder in Verbindung mit einer anderen zu spielen; mit einer Entscheidung für die andere Zeile fährt er genauso gut oder noch besser. Ist beispielsweise $\mathbf{A} = \begin{bmatrix} 0 & -1 \\ 1 & 1 \end{bmatrix}$ so läßt sich die erste Zeile eliminieren und der Spieler braucht nur noch die zweite oder dominierende Strategie zu betrachten. Selbstverständlich kann man dies dahingehend erweitern, daß man auch eine Zeile eliminiert, die durch irgendeine Kombination anderer Zeilen beherrscht wird; die Kombination entstünde dann durch solche Vielfache, die jeweils positive Brüche sind und sich zu 1 addieren. Gilt beispielsweise

$$\mathbf{A} = \begin{bmatrix} 0 & -1 & 1 \\ 1 & 1 & 0 \\ 1 & -2 & 2 \end{bmatrix}$$

so ergibt eine Kombination aus der Hälfte der zweiten und der Hälfte der dritten Strategie eine gemischte Strategie mit den Auszahlungen $1, -\frac{1}{2}, 1$; da die erste Zeile von $\mathbf{A}$ nicht größer ist, läßt sie sich eliminieren, weil sie durch die beiden anderen Zeilen dominiert wird.

Ähnlich lassen sich die Spalten von $\mathbf{A}$ betrachten, nur mit dem Unterschied, daß der Spieler B jetzt darauf achtet, kleine Werte für die Elemente zu erhalten. Somit läßt sich also eine Spalte von $\mathbf{A}$ als überflüssig eliminieren, wenn sie selbst eine andere Spalte oder irgendeine Kombination anderer Spalten *dominiert*. Wiederum handelt es sich um eine konvexe Linearkombination. Die folgenden Beispiele sollen das veranschaulichen.

Beispiel (a): $\mathbf{A} = \begin{bmatrix} 3 & 2 & -4 & 6 \\ -2 & 5 & -1 & 2 \end{bmatrix}$

Die zweite und vierte Spalte sind zu streichen, da sie die dritte Spalte dominieren. Die Lösung ergibt sich aus $\begin{bmatrix} 3 & -4 \\ -2 & -1 \end{bmatrix}$, wobei die zweite und vierte Strategie des Spielers B jeweils mit der Häufigkeit Null noch hinzukämen. Wie in Beispiel (d) und in der Abb. 57 von 15.6 oben sind dies die optimalen Strategien:

$$\mathbf{x}^* = \left(\frac{1}{8}, \frac{7}{8}\right) \quad \text{und} \quad \mathbf{y}^* = \left(\frac{3}{8}, 0, \frac{5}{8}, 0\right)$$

der Wert des Spiels ist $v = -\frac{11}{8}$.

Beispiel (b): $\mathbf{A} = \begin{bmatrix} 1 & 2 & 0 \\ 2 & -1 & 3 \end{bmatrix}$

Die erste Spalte ist zu streichen, da sie die beiden anderen dominiert:

$$1 > \frac{1}{3}(2) + \frac{2}{3}(0) \quad \text{und} \quad 2 > \frac{1}{3}(-1) + \frac{2}{3}(3)$$

Die Lösung ergibt sich aus $\begin{bmatrix} 2 & 0 \\ -1 & 3 \end{bmatrix}$. Die optimalen Strategien sind $x^* = \left(\frac{2}{3}, \frac{1}{3}\right)$ und $y^* = \left(0, \frac{1}{2}, \frac{1}{2}\right)$ und der Wert des Spiels ist $v = 1$, wie in Beispiel (c) von 15.6 oben.

Beispiel (c): $\mathbf{A} = \begin{bmatrix} 0 & 2 & -1 & 3 \\ 2 & 3 & 1 & 2 \\ 3 & 4 & 0 & -4 \end{bmatrix}$

Die beiden ersten Spalten sind zu streichen, da sie die dritte beherrschen; gleichfalls ist die dritte Zeile der restlichen Matrix zu streichen, da sie von der zweiten beherrscht wird. Schließlich scheiden in $\begin{bmatrix} -1 & 3 \\ 1 & 2 \end{bmatrix}$ die zweite Spalte und die erste Zeile aus, und übrig bleibt nur das einzelne Element 1. Der Wert des Spiels ist 1 und des gibt einen Sattelpunkt, in dem nur reine Strategien benutzt werden; d. h. die zweite Strategie von *A* und die dritte Strategie von *B* aus der ursprünglichen Matrix **A**.

Beispiel (d): $\mathbf{A} = \begin{bmatrix} \frac{1}{3} & -\frac{1}{3} & -\frac{1}{3} \\ -\frac{1}{3} & 0 & -\frac{1}{6} \\ -\frac{1}{3} & \frac{2}{3} & -\frac{1}{3} \\ -\frac{1}{3} & -\frac{1}{3} & 1 \end{bmatrix}$

Die zweite Zeile ist zu streichen, da sie durch eine Kombination (mit gleichen Häufiigkeiten) der dritten und vierten Zeile dominiert wird. Übrig bleibt für die Lösung die restliche Matrix von der Ordnung 3×3.

Als nächstes gilt es, im Rahmen der ersten Stufe die Matrix **A** mit Hilfe der Eigenschaft (i) von 15.7 oben zu vereinfachen. Um die negativen Elemente in **A** zu eliminieren, addiere man den größten negativen Wert absolut genommen zu jedem Element. In der neuen Matrix ist dann das kleinste Element Null; das neue Spiel hat die gleichen optimalen Strategien wie das ursprüngliche, und als Wert ergibt sich der ursprüngliche Wert, vermehrt um den addierten konstanten Betrag. In der gleichen Weise lassen sich gebrochene Werte in **A** eliminieren, indem man alle Elemente mit einem entsprechenden Skalar *c* multipliziert; hierbei ändert man die optimalen Strategien nicht, nur der Wert ändert sich in Höhe des Vielfachen *c*. Man muß nicht immer so weit gehen, daß man alle negativen und gebrochenen Elemente in *A* eliminiert, da man die Lösung vielleicht auch ohne dies erhält. Man kann es jedoch immer tun, wenn es angebracht oder erforderlich ist. Dies läßt sich mit Beisp. (d) oben gut veranschaulichen. Multipliziert man in **A** jedes Element mit 3 (ohne die zweite Zeile) und addiert dann jeweils 1, so entsteht eine neue Matrix:

$$\begin{bmatrix} 2 & 0 & 0 \\ 0 & 3 & 0 \\ 0 & 0 & 4 \end{bmatrix}$$

und dies ist die Matrix eines Spiels, das sich leicht lösen läßt. Das ursprüngliche Spiel hat die gleichen optimalen Strategien wie das vereinfachte. Ist weiterhin der Wert des ursprünglichen Spiels v, so ergibt sich daraus, daß der Wert des vereinfachten Spiels gleich $(3v + 1)$ ist.

Schließlich läßt sich im Rahmen der ersten Stufe die Matrix des Spiels noch auf einen Sattelpunkt hin untersuchen, d. h. man kann feststellen, ob das Spiel mit nur reinen Strategien eine Lösung besitzt. Dies kann man mit einer Matrix ohne jede Veränderung machen, oder man kann es auch für eine teilweise oder vollkommen veränderte Matrix versuchen. Man betrachte das Bsp. (c) oben als einen solchen Fall. Die Zeilenminima von **A** sind jeweils -1, 1, -4; die Spaltenmaxima sind 3, 4, 1, 3. Somit ist der Wert des Spiels nach der oben, am Ende von 15.4 angegebenen Methode, $v = 1$; der Spieler A benutzt nur seine zweite und der Spieler B nur seine dritte Strategie. Das gleiche Ergebnis erhielten wir oben, wobei in **A** die überflüssigen Zeilen und Spalten eliminiert wurden.

Nur wenige Spiele haben als Lösung reine Strategien. Jedoch müssen sie schon in der ersten Stufe der praktischen Lösungstechnik auf Sattelpunkte hin untersucht werden, um die Mühe zu sparen, durch die ganze zweite Stufe hindurch auf etwas hin zu arbeiten, was sich (bei reinen Strategien) nur als nicht schlüssiges Resultat erweisen kann. Dies soll durch ein Beispiel veranschaulicht werden.

Beispiel (e): Das Kohle-Problem, nach Beispiel 15 bei Williams (1954): Man hat folgende Daten über Menge und Preis der Kohle, die man im Winter braucht, um ein Haus zu heizen:

Stärke des Winters	benötigte Kohle (t)	Durchschnittspreis (£/t)
Mild	4	7,0
Normal	5	7,5
Kalt	6	8,0

Die Preise beziehen sich auf Kohlemengen, die im Laufe des Winters gekauft werden. Jedoch kann man im Sommer Kohle für £ 6/t kaufen; Lagerraum steht für bis zu 6 t zur Verfügung. Man zieht drei Strategien in Erwägung, im Sommer 4,5 bzw. 6 t und den Rest, sofern nötig, dann zu Winterpreisen zu kaufen. Jede Kohlenmenge, die zum Ende des Winters übrig bleibt, muß abgeschrieben werden; ein Umzug steht bevor und man kann über die Kohle nicht weiter verfügen. Die Auszahlungsmatrix lautet:

		Winter: Mild	Normal	Kalt
Sommerlager (in t)	4	-24	$-31\frac{1}{2}$	-40
	5	-30	-30	-38
	6	-36	-36	-36^*

Das „Spiel" hat an der Stelle mit dem Sternchen seinen Sattelpunkt und seine Lösung.

Die optimale Strategie liegt bei einem Sommerlager in Höhe von 6 t. In einem „Spiel gegen die Natur", wie hier, nimmt man an, daß man von der Strategie der Natur keine Kenntnis hat. Tatsächlich bedeutet hier die Lösung des „Spiels" eine Versicherung gegen kalte Winter. Damit ist aber nicht gesagt, daß man so spielen sollte. Im Gegenteil, man kann sich auf einen normalen Winter einstellen, 5 t einlagern und die Kosten minimieren. Dann würde man, im Vergleich zur „Spiellösung" verlieren, wenn der Winter kalt wird.

Auf der *zweiten Stufe* der praktischen Lösungstechnik kann man die allgemeine Methode hinreichend gut für den Fall eines Spiels mit einer Auszahlungsmatrix der Ordnung 3×3 darstellen. Ein größeres Spiel hat nur noch mehr Variable, unter denen dann noch mehr Beziehungen bestehen; neu ist daran nichts, es ist nur eine Wiederholung. Die Auszahlungsmatrix $\mathbf{A} = (a_{rs})$ für r und $s = 1, 2, 3$. Der Wert des Spiels sei v und (x_1, x_2, x_3) wie auch (y_1, y_2, y_3) seien die optimalen Strategien für die beiden Spieler. Dann unterliegen die 7 Unbekannten (die x, die y und v) nach der Eigenschaft (ii) (b) von 15.7 oben 8 Beziehungen:

$$\begin{aligned} x_1 + x_2 + x_3 &= 1 & y_1 + y_2 + y_3 &= 1 \\ a_{11} x_1 + a_{21} x_2 + a_{31} x_3 &\geqslant v & a_{11} y_1 + a_{12} y_2 + a_{13} y_3 &\leqslant v \\ a_{12} x_1 + a_{22} x_2 + a_{32} x_3 &\geqslant v & a_{21} y_1 + a_{22} y_2 + a_{23} y_3 &\leqslant v \\ a_{13} x_1 + a_{23} x_2 + a_{33} x_3 &\geqslant v & a_{31} y_1 + a_{32} y_2 + a_{33} y_3 &\leqslant v \end{aligned}$$

Hinzu kommt die Beschränkung, daß kein x und y negativ sein darf. Die Interpretation der Beziehungen ist klar. $(a_{11} x_1 + a_{21} x_2 + a_{31} x_3)$ ist die Auszahlung an A, wenn er seine optimale Strategie (x_1, x_2, x_3) spielt und B eine reine Strategie, nämlich seine erste, anwendet. Solange also A seine optimale Strategie spielt, macht es nichts, welche reine Strategie B spielt — die Auszahlung an A ist mindestens v; dasselbe gilt jedoch auch, wenn B seine Strategie mischt. In ähnlicher Weise ist, wenn B optimale Strategie spielt, die Partie von A insofern unwesentlich, als B nie mehr als v bezahlt. Somit läßt sich gleichzeitig nachprüfen, ob irgendeine angenommene Strategie auch optimal ist und irgendein angenommener Wert auch der tatsächliche Wert des Spiels ist.

Es gibt also mehr Beziehungen als Variable, und zu den Beziehungen gehören auch Ungleichungen. Es ist also nicht damit getan, Gleichungen abzuzählen und sie dann zu lösen. Im Gegenteil, das hat zunächst gar keinen Sinn. Die Beziehungen sind keine Gleichungen, und auch wenn es Gleichungen wären, würde die Abzählung doch noch zu viele ergeben. Auf solche Probleme trifft man in der Linearplanung. Dort gibt es Verfahren (z. B. die Simplex-Methode), die eine Lösung ermöglichen; dies wird in 16.8 unten erklart.

Vorerst wollen wir hier eine etwas gröbere und bequemere Lösungsmethode vorführen. Bringt man Variable durch Ungleichungen miteinander in Beziehung, so überschneiden sich in gewissem Sinne ihre Wertebereiche. Stellt man zur geometrischen Veranschaulichung die Variablen als Punkte im Raum dar, so liegen diese Punkte nicht notwendig auf Geraden, Ebenen usw.; sie liegen innerhalb (oder außerhalb) gewisser Gebiete, die durch Geraden, Ebenen usw. definiert sind. Als Lösung bekommt man zwar immer noch einen Punkt oder eine Menge von Punkten, aber nicht als Schnittpunkt von Linien, Ebenen usw. vielmehr als Bereich, der bestimmten, sich überschneidenden Gebieten gemeinsam ist. Wir können jedoch damit rechnen, daß einige (doch nicht alle) Grenzen der Gebiete mit dazu beitragen, die Lösung zu liefern, d. h. daß einige (doch nicht alle) Ungleichungen sich in Gleichungen verwandeln und lösen lassen, so daß sich die Lösung ergibt. Der wesentliche Unterschied zwischen diesem und dem üblichen Verfahren zur Lösung von Gleichungssystemen liegt darin, daß man unter allen möglichen Beziehungen eine *Auswahl* aller derjenigen Beziehungen treffen muß, die in Gleichungen verwandelt werden sollen; die restlichen Beziehungen bleiben dann strenge Ungleichungen. Die Frage ist nur, *welche* Beziehungen sich als Gleichungen schreiben lassen.

Wir halten das fest und sehen uns noch einmal die Lösung (optimale Strategie für A) für den Fall eines Spiels mit der Matrix der Ordnung $2 \times n$ an, wie sie in Abb. 58 oben veranschaulicht wird. Ist für A die optimale Strategie (x_1, x_2) dann gibt es zwischen den x eine Gleichung $(x_1 + x_2 = 1)$ und m Ungleichungen. Setzt man $x_1 = x$ und $x_2 = 1-x$, so erhält man als Ergebnis m Ungleichungen mit einer Variablen x zusammen mit dem Wert des Spiels v. Schreibt man davon zwei beliebige Ungleichungen als Gleichungen, so ergeben sich daraus Werte für x und v, die jedoch mit den m Beziehungen in Widerspruch stehen können; auch könnte x negativ werden. Nach der graphischen Methode von Abb. 58 werden alle Beziehungen als Gleichungen geschrieben; man trägt sie dann als Geraden ein und sieht, wie v mit x im Bereich zwischen 0 und 1 variiert, dann kann man für jedes x das kleinste v heraussuchen und anschließend das x für das größte unter den minimierten v bestimmen. Gibt es eine eindeutige Lösung, so ergibt sich x am Ende durch die Lösung zweier Gleichungen; welche Gleichungen das sind, sieht man aus der Zeichnung.

Bei dieser Methode war der Gedankengang der, daß man sich aus der gesamten Menge von Beziehungen einige heraussucht, sie als Gleichungen löst und das Ergebnis an Hand der anderen Beziehungen in Form von Ungleichungen überprüft. Diese Methode läßt sich mit Hilfe des Begriffs der Untermatrizen und ihrer Determinantenwerte, die aus der Auszahlungsmatrix gebildet werden, systematisieren. Dabei wird die Cramersche Regel benutzt, mit der man hier Untergruppen von Gleichungen löst. Eine einführende Darstellung der Methode in diesem Sinne findet sich für den (3×3)-Fall bei Williams (1954) S. 91 - 8. Bei der hier benutzten Methode treffen wir direkt eine Entscheidung über die Frage, welche Beziehungen als Gleichungen zu schreiben sind; in dieser Methode kommt dann auch explizit die wichtige Eigenschaft (iii) von 15.7 oben vor. Erklären läßt sich die Methode an Hand der acht Beziehungen mit den sieben Variablen, die man in dem (3×3)-Fall erhält.

Zunächst schreibe man alle acht Beziehungen als Gleichungen, löse sieben beliebige Gleichungen davon nach den Variablen auf, prüfe, ob die x und y nicht negativ sind, und sehe nach, ob auch die achte Gleichung erfüllt ist. Trifft dies zu, hat man eine Lösung gefunden. Sonst muß man es anders versuchen. Man suche eine Beziehung aus, schreibe diese als Ungleichung und die anderen sieben als Gleichungen. Gehört die strenge Ungleichung zu den Beziehungen innerhalb der x, so ist nach Eigenschaft (iii) von 15.7 ein entsprechendes y gleich Null. Nun gibt es sieben Gleichungen mit sechs Variablen (nachdem $y = 0$ eliminiert ist) und der Prozeß wiederholt sich. Unter Umständen liefert irgendeine Menge von Gleichungen eine Lösung für diejenigen Variablen, die nicht nach Eigenschaft (iii) Null sind. Diese Methode wird in 15.9 unten an konkreten Fällen veranschaulicht. Zwischendurch können wir noch unter Berücksichtigung der Bedingungen von Eigenschaft (iii) die Ungleichheitsbeziehung der Eigenschaft (ii) (b) neu interpretieren.

Hat eine Beziehung zwischen den x die Form „$> v$", dann ist das entsprechende y gleich Null, d. h. wenn eine optimale Strategie von A in Verbindung mit einer reinen Strategie von B eine Auszahlung an A ergibt, die größer als v ist, dann wird B diese Strategie nicht in seinem Optimum einsetzen. Ähnliches gilt für die Beziehung zwischen den y in der Form „$< v$". Läßt man diese Fälle beiseite, so bleibt eine Menge von Beziehungen zwischen den x, die gleich v sind, und eine Menge von Beziehungen zwischen den y, die gleich v sind. Solche Beziehungen entsprechen optimalen x- und y-Werten, die ungleich Null sind, d. h. Strategien, die bei optimalem Ergebnis eingesetzt werden. Benutzt A seine optimale gemischte Strategie, so ergibt *jede* beliebige reine Strategie, die B spielt, eine Auszahlung an A von *genau* v — vorausgesetzt nur, daß B diese reine Strategie auch in seiner optimalen Mischung einsetzen würde. Solange also A gut spielt, macht es in diesem Sinne nichts aus, wie B spielt. In ähnlicher Weise macht es, wenn B seine optimale Strategie spielt, nichts aus, wie A spielt, sofern er auf irgendeine Weise reine Strategien aus seiner optimalen Mischung aussucht. Hier können beide Spieler am einfachsten kontrollieren, ob irgendeine Strategie, an die sie gedacht haben, auch optimal ist. Man betrachte die optimale Mischung für A und bewerte sie für jede reine Strategie (die B in seiner optimalen Mischung einsetzt); als Ergebnis ergibt sich in jedem Fall die gleiche Auszahlung v an A. In ähnlicher Weise findet man die gleiche Auszahlung (v), wenn man bei jeder von A benutzten reinen Strategie die optimale Mischung für B bewertet.

Übungsaufgaben 15.8

1. Zeigen Sie, daß in $\mathbf{A} = \begin{bmatrix} 1 & 2 \\ -1 & 0 \\ 1 & 3 \end{bmatrix}$ die zweite Zeile überflüssig ist.
Lösen Sie damit das Spiel und prüfen Sie Aufg. 4 von 15.4 und Aufg. 5 von 15.6.

2. Eliminieren Sie in dem Spiel mit $\mathbf{A} = \begin{bmatrix} 0 & 3 & -3 \\ 3 & 9 & -6 \\ 3 & -1 & 2 \end{bmatrix}$ je eine überflüssige Zeile und Spalte und zeigen Sie, daß der Wert $v = \frac{2}{3}$ ist und die optimalen Strategien $\left(0, \frac{1}{6}, \frac{5}{6}\right)$ für A und $\left(0, \frac{4}{9}, \frac{5}{9}\right)$ für B sind.

3. Bilden Sie aus der vorhergehenden Aufgabe durch Eliminieren der negativen Elemente die neue Matrix. Die Lösung muß wieder $v = \frac{2}{3}$ für das ursprüngliche Spiel ergeben.

4. Eliminieren Sie in dem Spiel mit $\mathbf{A} = \begin{bmatrix} -1 & 1 & 1 \\ 1 & -1 & 1 \\ 1 & 1 & -1 \end{bmatrix}$ zunächst die *positiven* Elemente und lösen Sie es dann. $v = \frac{1}{3}$ soll der Wert des Spiels sein.

5. $\mathbf{A}$ habe die Form der vorhergehenden Aufgabe, jedoch die Ordnung $n \times n$. Benutzen Sie die Eigenschaft (ii) (b) von 15.7 oben, um zu zeigen, daß $\left(\frac{1}{n}, \frac{1}{n}, \ldots, \frac{1}{n}\right)$ d. h. gleiche Häufigkeiten, die optimale Strategie für jeden Spieler darstellen. Weshalb konnte man das erwarten? Zeigen Sie, daß der Wert des Spiels $\frac{n-2}{n}$ ist.

6. Ein Spiel hat $\mathbf{A} = \begin{bmatrix} 3 & 0 & 0 \\ 1 & -\frac{1}{2} & 2 \\ 2 & \frac{3}{2} & -1 \end{bmatrix}$. Bilden Sie eine neue Matrix $\mathbf{A}$ ohne negative und gebrochene Elemente und eliminieren Sie eine überflüssige Spalte. Lösen Sie dieses Spiel von der Ordnung 3×2 graphisch und zeigen Sie, daß die optimale Strategie für B $\left(0, \frac{3}{5}, \frac{2}{5}\right)$ ist. Was ist die optimale Strategie für *A*.

7. Zeigen Sie, daß $\mathbf{A} = \begin{bmatrix} -3 & 3 & -1 & 0 \\ 1 & 2 & 0 & 1 \\ 3 & -2 & -4 & -1 \end{bmatrix}$ einen Sattelpunkt hat. Zeigen Sie, daß beide Spieler durch reine Strategien zu einem optimalen Spielergebnis kommen und daß das Spiel fair ist.

8. Benutzen Sie $\mathbf{A} = \begin{bmatrix} 1 & \frac{1}{2} & 1 & \frac{1}{2} \\ -2 & 0 & -\frac{1}{2} & -2 \\ 2 & \frac{1}{2} & 1 & \frac{1}{2} \\ -\frac{1}{2} & -1 & 1 & -1 \end{bmatrix}$ um zu zeigen, daß mehrere Sattelpunkte möglich sind. Wie lautet die Lösung des Spiels und wie muß sie interpretiert werden? Welche Kompensationszahlung könnte *A* bei jedem Spiel an *B* leisten?

15.9 Erläuterungen

Die folgenden Beispiele erläutern die praktische Lösungstechnik, sowie sie oben für die Lösung eines Spiels beschrieben wurde. In allen Spielen ist das optimale Ergebnis eine gemischte Strategie. Die Spiele sind ebenfalls interessant zu spielen; einige sind „fair“, andere zwar nicht fair, aber doch attraktiv für die Spieler, beispielsweise der typische Fall einer Pferdewette.

Beispiel (a): Eine Matrix vom Typ $\mathbf{A} = \begin{bmatrix} 1 & 2 & 3 \\ 2 & 3 & 1 \\ 3 & 1 & 2 \end{bmatrix}$ ist als lateinisches Quadrat bekannt, in dem jede Ziffer einmal in jeder Zeile und einmal in jeder Spalte erscheint. Die Matrix ist symmetrisch.

Eine neue Matrix brauchen wir nicht; es gibt keinen Sattelpunkt und die Variablen sind aus folgenden Beziehungen zu bestimmen:

$$\begin{aligned} x_1 + \quad x_2 + \quad x_3 &= 1 \\ x_1 + 2\,x_2 + 3\,x_3 &\geqslant v \\ 2\,x_1 + 3\,x_2 + \quad x_3 &\geqslant v \\ 3\,x_1 + \quad x_2 + 2x_3 &\geqslant v \end{aligned}$$

Ähnliche Beziehungen gelten für die y. Die optimalen Strategien sind für beide Spieler gleich. Betrachtet man die Beziehungen als vier Gleichungen, so ergibt sich

$$x_1 = x_2 = x_3 = \frac{1}{2} \text{ und } v = 2$$

Folglich ist bei einem optimalen Ergebnis die gemischte Strategie eines jeden Spielers $\left(\frac{1}{3}, \frac{1}{3}, \frac{1}{3}\right)$; die Häufigkeiten sind also gleich und für A ist der Wert des Spiels 2.

Beispiel (b): Es gilt die Matrix $\mathbf{A} = \begin{bmatrix} 3 & 0 & 0 \\ 1 & -\frac{1}{2} & 2 \\ 2 & \frac{3}{2} & -1 \end{bmatrix}$, die weder symmetrisch noch schief-symmetrisch ist. Man kann also erwarten, daß die Spieler verschiedene Strategien anwenden. Der Wert des Spiels sei v, wahrscheinlich ein positiver Wert.

Bilden Sie eine neue Matrix **A**, in der jedes Element mit 2 multipliziert und dann um 2 vermehrt ist. Das Spiel mit der Matrix $\begin{bmatrix} 8 & 2 & 2 \\ 4 & 1 & 6 \\ 6 & 5 & 0 \end{bmatrix}$ hat die gleichen optimalen Strategien; der Wert ist $\nu = 2\,(v + 1)$. Einen Sattelpunkt gibt es nicht. Die Variablen erfüllen die Beziehungen:

$$\begin{aligned} x_1 + \quad x_2 + \quad x_3 &= 1 & \qquad y_1 + \quad y_2 + \quad y_3 &= 1 \\ 8\,x_1 + 4\,x_2 + 6\,x_3 &\geqslant \nu & 8\,y_1 + 2\,y_2 + 2\,y_3 &\leqslant \nu \\ 2\,x_1 + \quad x_2 + 5\,x_3 &\geqslant \nu & 4\,y_1 + \quad y_2 + 6\,y_3 &\leqslant \nu \\ 2\,x_1 + 6\,x_2 \qquad &\geqslant \nu & 6\,y_1 + 5\,y_2 \qquad &\leqslant \nu \end{aligned}$$

Betrachten Sie alle Beziehungen als Gleichungen und lösen Sie den linken Block. Dann ergibt sich:

$$x_1 = -\frac{1}{2}, \quad x_2 = \frac{3}{4}, \quad x_3 = \frac{3}{4}, \quad \nu = \frac{7}{2}$$

Das ist unzulässig, da $x_1 < 0$. Als nächstes betrachte man eine der Beziehungen als strenge Ungleichung: $8\,x_1 + 4\,x_2 + 6\,x_3 > \nu$, eine Ungleichung, der $y_1 = 0$ zugeordnet ist. Nunmehr lauten die Gleichungen:

$$\begin{aligned} x_1 + \quad x_2 + \quad x_3 &= 1 & \qquad y_2 + \quad y_3 &= 1 \\ 2\,x_1 + \quad x_2 + 5\,x_3 &= \nu & 2\,y_2 + 2\,y_3 &= \nu \\ 2\,x_1 + 6\,x_2 \qquad &= \nu & y_2 + 6\,y_3 &= \nu \\ & & 5\,y_2 \qquad &= \nu \end{aligned}$$

Die beiden letzten ergeben $y_2 = \frac{v}{5}$, $y_3 = \frac{2v}{15}$; diese Werte sind weder zulässig noch genügen sie den anderen Gleichungen. Die Gleichungen sind nicht widerspruchsfrei. Jede beliebige andere Beziehung führt zu dem gleichen negativen Ergebnis.

Als nächstes fasse man zwei Beziehungen als strenge Ungleichungen auf. Der vorangegangene Versuch legt nahe, daß man es besser mit einer Beziehung zwischen den y versucht, z. B.:

$$8\,x_1 + 4\,x_2 + 6\,x_3 > \nu \quad \text{mit} \quad y_1 = 0$$

$$8\,y_1 + 2\,y_2 + 2\,y_3 < \nu \quad \text{mit} \quad x_1 = 0$$

Dann lauten die restlichen Beziehungen als Gleichungen:

$$\begin{aligned} x_2 + \,x_3 &= 1 & \qquad y_2 + \,y_3 &= 1 \\ x_2 + 5\,x_3 &= \nu & y_2 + 6\,y_3 &= \nu \\ 6\,x_2 &= \nu & 5\,y_2 &= \nu \end{aligned}$$

Sie sind alle konsistent, wobei:

$$x_2 = \frac{1}{2}, \quad x_3 = \frac{1}{2}, \quad y_2 = \frac{3}{5}, \quad y_3 = \frac{2}{5}, \quad \nu = 3$$

Somit ergibt sich als Lösung für das ursprüngliche Spiel, daß A eine optimale Strategie $\left(0, \frac{1}{2}, \frac{1}{2}\right)$ und B eine optimale Strategie $\left(0, \frac{3}{5}, \frac{2}{5}\right)$ hat. Der Wert des Spiels ist v, wobei

$$\nu = 2\,(v + 1) = 3$$

ist, d. h. der Wert ist $v = \frac{1}{2}$. Das Spiel wird „fair", wenn A bei jeder Partie an B zahlt.

Beispiel (c): Der Spieler A wettet auf drei gleich bewertete Pferde, und zwar 2 : 1 und 3 : 1 dagegen. Die Auszahlungsmatrix ist:

$$\begin{bmatrix} 1 & -1 & -1 \\ -1 & 2 & -1 \\ -1 & -1 & 3 \end{bmatrix}$$

Addiert man zu jedem Element 1, so lautet die neue Matrix:

$$\mathbf{A} = \begin{bmatrix} 2 & 0 & 0 \\ 0 & 3 & 0 \\ 0 & 0 & 4 \end{bmatrix}$$

Ist der Wert des ursprünglichen Spiels v, dann hat das Spiel mit der Matrix $\mathbf{A}$ die gleichen optimalen Strategien und den Wert $(v + 1)$. Schreibt man die Beziehungen als Gleichungen, so ergibt sich

$$x_1 + x_2 + x_3 = 1, \quad 2\,x_1 = v + 1, \quad 3\,x_2 = v + 1, \quad 4\,x_3 = v + 1\ ;$$

genau das gleiche gilt für die y. Das ergibt eine widerspruchsfreie Lösung:

$$x_1 = y_1 = \frac{6}{13}, \quad x_2 = y_2 = \frac{4}{13}, \quad x_3 = y_3 = \frac{3}{13}, \quad v + 1 = \frac{12}{13}$$

Das Spiel beim Pferderennen hat einen Wert $v = -\frac{1}{13}$; der „Wetter" verliert im Gleichgewicht, der „Buchmacher" gewinnt. Um dies optimale Ergebnis zu erreichen, muß der „Wetter" nach der gemischten Strategie $\left(\frac{6}{13}, \frac{4}{13}, \frac{3}{13}\right)$ auf die Pferde setzen. Er wettet am besten, wenn er seinen Einsatz im Verhältnis 6 : 4 : 3 auf die Pferde verteilt.

Die „Instanzen", die über das Ergebnis der Rennen entscheiden, wissen, daß die Gewinnchancen der Pferde ebenso $\left(\frac{6}{13}, \frac{4}{13}, \frac{3}{13}\right)$ sind. Wenn sie diese (6 : 4 : 3)-Chancen kennen, würden sie die Vorgaben auf 7 : 6, 9 : 4 und 10 : 3 festsetzen, falls sich die Spiele absolut fair entwickelten. Die tatsächlich festgesetzten Vorgaben (gleiche Chancen, 2 : 1 und 3 : 1 dagegen) sind etwas weniger günstig; dadurch erhält der Buchmacher seinen Gewinn.

Es ist nicht unvermeidlich, daß die Vorgaben so gesetzt werden, daß ein negatives v herauskommt und der Buchmacher gewinnt. Beispielsweise waren, wie Dr. S. Morton bemerkt hat, die Telefonpreise am Vorabend des Grand National von 1954 so, daß man mit der besten Aufteilung seines Einsatzes 4 % des Geldes hätte gewinnen können und im Gleichgewicht die Buchmacher in diesem Ausmaß hätten verlieren müssen.

Beispiel (d): Die Auszahlungsmatrix für eine *Zwei-Finger-Morra* lautet

$$\begin{bmatrix} 0 & -3 & 2 & 0 \\ 3 & 0 & 0 & -4 \\ -2 & 0 & 0 & 3 \\ 0 & 4 & -3 & 0 \end{bmatrix};$$

Sie ist symmetrisch; das Spiel ist fair (Wert Null) und beide Spieler haben die gleiche optimale Strategie. Dies vereinfacht die Beziehungen; sie lassen sich so schreiben:

$$\begin{aligned} x_1 + x_2 + x_3 + x_4 &= 1 \\ 3\,x_2 - 2\,x_3 &\geqslant 0 \\ -3\,x_1 + 4\,x_4 &\geqslant 0 \\ 2\,x_1 - 3\,x_4 &\geqslant 0 \\ -4\,x_2 + 3\,x_3 &\geqslant 0 \end{aligned}$$

Die y sind genau die gleichen wie die x, wenn man sie einmal aus den obigen fünf Beziehungen mit vier Variablen ermittelt hat.

Man kann nachprüfen, daß die fünf Beziehungen als Gleichungen geschrieben mit einer Lösung für nicht-negative x in Widerspruch stehen. Als nächstes betrachte man also eine der Beziehungen als strenge Ungleichung. Versucht man es mit $3x_2-2x_3>0$, so ergibt sich $y_1=0$ und (durch die Symmetrie) ebenfalls $x_1=0$. Dann lauten die Beziehungen:

$$x_2+x_3+x_4=1$$
$$4x_4=-3x_4=0$$
$$-4x_2+3x_3=0$$

Es ergibt sich $x_2=\frac{3}{7}$, $x_3=\frac{4}{7}$ und $x_4=0$. Somit ist $\left(0,\frac{3}{7},\frac{4}{7},0\right)$ für den einen Spieler eine optimale Strategie. Diese Lösung ist jedoch nicht eindeutig. Versucht man es mit $-4x_2+3x_3>0$, so wird $y_4=0$ und damit auch $x_4=0$. Dann lauten die Beziehungen:

$$x_1+x_2+x_3=1$$
$$3x_2-2x_3=0$$
$$-3x_1=2x_1=0$$

Es ergibt sich $x_1=0$, $x_2=\frac{2}{5}$ und $x_3=\frac{3}{5}$. Somit ist $\left(0,\frac{2}{5},\frac{3}{5},0\right)$ eine weitere optimale Strategie für jeden Spieler. Hat man zwei Lösungen gefunden, so folgt daraus, daß es eine unendliche Menge von Lösungen gibt, d. h.

$(0, x, 1-x, 0)$ *ist eine optimale Strategie für beliebige* x *im Bereich von* $\frac{2}{5}\leqslant x\leqslant\frac{3}{7}$.

Das am Ende von 15.8 oben wiedergegebene Ergebnis läßt sich nachprüfen und erläutern. Angenommen, der Spieler A benutzt die gemischte Strategie $\left(0,\frac{29}{70},\frac{41}{70},0\right)$, die eine seiner optimalen Mischungen ist. Benutzt dann B die zweite oder dritte Strategie allein, so besteht das Spiel nur aus einem Zug (der Wert des Spiels ist Null):

$$-3\times 0+0\times\frac{29}{70}+0\times\frac{41}{70}+4\times 0=0$$

$$2\times 0+0\times\frac{29}{70}+0\times\frac{41}{70}-3\times 0=0$$

Benutzt jedoch B die erste oder vierte Strategie allein, die nicht zu seinen optimalen Mischungen gehören, dann gewinnt A:

$$0\times 0+3\times\frac{29}{70}-2\times\frac{41}{70}+0\times 0=\frac{1}{14}$$

$$0\times 0-4\times\frac{29}{70}+3\times\frac{41}{70}+0\times 0=\frac{1}{10}$$

Aber auch, wenn A angibt, was er tun will, (z. B. daß er die zweite und dritte Strategie im Verhältnis 2 : 3 spielt), so kann B damit doch nichts anfangen. Hält B an den beiden gleichen Strategien fest, egal in welchem Verhältnis, so erzwingt er immer einen Zug. Sobald B aber diesen Weg verläßt und entweder die erste oder vierte Strategie benutzt, verliert er an A.

Die Lösung dieses Spiels ist für jemanden, der es zum ersten Mal spielt, alles andere als selbstverständlich. Dann ist der Hinweis nützlich, daß er nur die zweite oder dritte Strategie spielen sollte (d. h. zwei Finger vorzeigen und eins ansagen oder einen Finger und zwei ansagen); und daß er über 35 Partien die zweite Strategie 14- oder 15mal und die dritte 21- oder 20mal einsetzen sollte.

Beispiel (e): Das Investitionsproblem auf der Grundlage von Beispiel 16 bei Williams (1954):

Man hat eine Schuld, die man in Jahresfrist begleichen muß und £ 1 000, mit denen man jetzt spielen kann. Man fragt seinen Makler um Rat, wie sich die Summe in drei verschiedenen Aktien investieren läßt; er sagt, daß die Jahreserträge (Dividenden und Erhöhung des Kapitalwerts zusammen) davon abhängen, wie die wirtschaftlichen Aussichten während des Jahres eingeschätzt werden; wahrscheinlich sind sie so, wie in der Auszahlungsmatrix (in £) angegeben:

Aktien	Aussichten		
	Gut	Mittel	Schlecht
Veredelungsindustrie	40	30	20
Rüstungsindustrie	0	100	250
Andere Industriewerte	150	50	−50

Die Frage ist: wie soll man spielen, um die größten Erträge am Markt zu erhalten?

Angenommen, man spielt nach dem Minimaxprinzip und berücksichtigt das Schlimmste, was in der wirtschaftlichen Entwicklung passieren kann. Man löst das „Spiel" bei gegebener Auszahlungsmatrix gegen die wirtschaftlichen Kräfte. Es gibt acht Beziehungen zwischen sieben Variablen, den x (Chancen des Wirtschaftsklimas), den y (die anteilige Investition) und dem Ertrag v. Die Lösung vollzieht sich nach der hier entwickelten Technik (s. Aufg. 5 unten). Eine Alternative ist darin zu sehen, daß die erste Zeile der Matrix von verschiedenen Kombinationen (z. B. 1 : 1) der anderen Zeilen beherrscht wird und daher eliminiert werden kann, so daß sich die folgende Matrix ergibt:

$$\mathbf{A} = \begin{bmatrix} 0 & 100 & 250 \\ 150 & 50 & -50 \end{bmatrix}$$

Nun läßt sich die graphische Lösungsmethode aus 15.6 oben anwenden (siehe Aufg. 6 unten). Nach der einen Methode findet man, daß die optimale Strategie $\left(0, \frac{1}{2}, \frac{1}{2}\right)$ und der Wert des Spiels £ 75 ist. Man entscheidet sich also dafür, die 1 000 £ zu gleichen Anteilen in Aktien der Rüstungsindustrie und der anderen Industrien zu investieren und die Aktien der Veredelungsindustrie aus dem Spiel zu lassen. Erweist sich das Jahr als mittelmäßig oder gut, verkauft man sie mit einem guten Gewinn von £ 75. Ist das Jahr schlecht — eine „Strategie", die das Wirtschaftsklima nach dem Minimaxprinzip nicht spielen wird — gewinnt man mehr, nämlich £ 100. Auch noch größere Erträge sind möglich, nämlich £ 150, die man mit den anderen Industriewerten gewinnen kann, wenn das Jahr gut ist und £ 250 mit Rüstungswerten, wenn es schlecht ist; um solche Erträge bekommen zu können, muß man jedoch wissen oder raten können, wie sich das Jahr entwickeln wird. Fehlt diese Information, so investiert man im Verhältnis 50 : 50 und sichert sich einen festen Gewinn in Höhe von £ 75.

Übungsaufgaben 15.9

1. Zeigen Sie, daß das Spiel mit der Lateinischen Matrix

$$\mathbf{A} = \begin{bmatrix} 1 & 2 & 3 & 4 \\ 2 & 3 & 4 & 1 \\ 3 & 4 & 1 & 2 \\ 4 & 1 & 2 & 3 \end{bmatrix} \quad \text{den Wert } v = \frac{5}{2} \text{ hat.}$$

2. Erweitern Sie das Ergebnis der vorhergehenden Aufgabe, um zu zeigen, daß ein Spiel mit einer Lateinischen Matrix **A** von der Ordnung $n \times n$ den Wert $\frac{n+1}{2}$ hat.

3. Bei der Zwei-Finger-Morra weiß der Spieler A, daß sein Gegner nur die zweite und dritte Strategie benutzt; dann beschränkt er seine Partie auf die gleichen Strategien. Zeigen Sie, daß das Ergebnis, ein Spiel, das aus einem Zug besteht und die Auszahlungsmatrix $\begin{bmatrix} 0 & 0 \\ 0 & 0 \end{bmatrix}$ hat, nicht im Widerspruch zu der Feststellung steht, daß die optimale Strategien für die Spieler $(0, x, 1-x, 0)$ für $\frac{2}{5} \leqslant x \leqslant \frac{3}{7}$ sind.

4. Die Drei-Finger-Morra hat eine Auszahlungsmatrix der Ordnung 9×9. Zeigen Sie, daß $\left(0, 0, \frac{5}{12}, 0, \frac{4}{12}, 0, \frac{3}{12}, 0, 0\right)$ für jeden Spieler eine optimale Strategie ist. Deuten Sie das Ergebnis und vergleichen Sie es mit der Lösung der Zwei-Finger-Morra.

5. Lösen Sie das Beispiel (e) oben mit Hilfe der acht Beziehungen zwischen sieben Variablen.

6. Betrachten Sie die (2×2)-Matrix **A** aus dem Beispiel (e) oben und lösen Sie das Spiel graphisch nach der Methode von 15.6; es ergibt sich $x : (1-x) = 1 : 1$ als eindeutige Lösung.

7. Zeigen Sie, daß bei $\mathbf{A} = \begin{bmatrix} 0 & -1 & -3 & 1 & 3 \\ 1 & 0 & 3 & -3 & -1 \\ -1 & -2 & 3 & 1 & -1 \\ 0 & 3 & -3 & 1 & -1 \end{bmatrix}$

der Spieler A zu einem optimalen Ergebnis seine vier Strategien mit gleicher Häufigkeit spielen muß und daß das Spiel fair ist. Zeigen Sie weiterhin, daß der Spieler B mehr als eine optimale Strategie hat.

8. Im folgenden wird ein Spiel mit einem Zufallszug definiert. Im Zug I wird eine normale Münze geworfen (Zahl Z oder Wappen W). Kennen die Spieler das Ergebnis, so sagt der Spieler A eine Zahl $p = 1$ oder 2 als zweiten Zug an, der Spieler B eine Zahl $q = 1$ oder 2. Bei $p = q$ wird keine Zahlung geleistet; anderenfalls bekommt A bei Z im ersten Zug $(p + q)$ und B bei W im ersten Zug $(p + q)$. Zeigen Sie, daß jeder Spieler vier Strategien hat, nämlich r, s (für r und $s = 1, 2$), wobei r zu Z und s zu W aus dem ersten Zug gehört; die Auszahlungsmatrix ist:

$$\begin{bmatrix} 0 & \frac{3}{2} & -\frac{3}{2} & 0 \\ \frac{3}{2} & 0 & 0 & -\frac{3}{2} \\ -\frac{3}{2} & 0 & 0 & \frac{3}{2} \\ 0 & -\frac{3}{2} & \frac{3}{2} & 0 \end{bmatrix}$$

Diskutieren Sie die Lösung und nehmen Sie dabei Bezug auf die Ähnlichkeit zu der Zwei-Finger-Morra.

9. Erläutern Sie die Möglichkeiten eines Spiels mit unendlich vielen Strategien; zu betrachten ist eine Auszahlungsfunktion $A(x, y) = 4\left(x - \frac{1}{2}\right)\left(\frac{1}{2} - y\right)$, wobei A ein x und B ein y auswählt; beide sind stetige Variablen im Bereich (0, 1). Zeigen Sie, daß nach dem Minimax-Prinzip $x = \frac{1}{2}, y = \frac{1}{2}$ eine optimale Partie ist. Erklären Sie, inwiefern das Spiel mit zwei Strategien und der Auszahlungsmatrix $\begin{bmatrix} -1 & 1 \\ 1 & -1 \end{bmatrix}$ als Sonderfall betrachtet werden kann.

Literatur

Kemeny (J. G.), *Snell* (J. L.) und *Thompson* (G. L.) (1957): *Introduction to Finite Mathematics* (Prentice-Hall, 1957), Kapitel VI.

Kuhn (H. W.) und *Tucker* (A. W.) (Herausg.) (1950, 1953): *Contributions to the Theory of Games* (Princeton, Bd. I 1950, Bd. II 1953).

Loomis (L. H.) (1946): „On a Theorem of von Neumann", *Proceedings National Academy of Sciences, U.S.A.*, **32**, 213 - 15.

Luce (R. D.) und *Raiffa* (H.) (1957): *Games and Decisions* (Wiley, 1957).

McDonald (J.) (1950): *Strategy in Poker, Business, and War* (Norton, 1950).

McKinsey (J. C. C.) (1952): *Introduction to the Theory of Games* (McGraw-Hill, 1952).

Neumann (J. von) (1928): „Zur Theorie der Gesellschaftsspiele", *Mathematische Annalen*, **100**, 295 - 320.

Neumann (J. von) und *Morgenstern* (O.) (1944, 1954): *Theory of Games and Economic Behaviour* (Princeton, First Ed. 1944; Third Ed. 1954).

Vajda (S.) (1956): *The Theory of Games and Linear Programming* (Methuen, 1956).

Wald (A.) (1950): *Statistical Decision Functions* (Wiley, 1950).

Williams (J. D.) (1954): *The Compleat Strategyst* (McGraw-Hill, 1954).

Kapitel 16

Die Linearplanung

16.1 Ein einfaches Beispiel aus der Linearplanung

Man betrachte das Diätproblem, und zwar seine ökonomischen Aspekte, wie etwa bei Stigler (1945). Ein Konsument kauft eine Reihe von Gütern: Brot, Fleisch, Milch usw. Will man bei gegebenen Marktpreisen und gegebenem Einkommen die gekauften Gütermengen bestimmen, so werden, wie in der üblichen Theorie des Konsumentenverhaltens, seine „Präferenzen" für die verschiedenen Nahrungsmittel in Betracht gezogen. Was sind diese „Präferenzen"? Zum Teil sind es sein Geschmack und seine (und seiner Nachbarn) Verbrauchsgewohnheiten, zum anderen können sie auch Ausdruck für seinen Bedarf an Nährstoffen, wie Kalorien, Eiweiß, Vitaminen usw. sein.

Hier wird allein der Ernährungswert betrachtet; es wird nicht berücksichtigt, daß der Konsument aus Geschmacksgründen oder aus Sozialprestige (z. B.) lieber Butter als Margarine kauft. Das Problem liegt in einer *Transformation:* die zu Marktpreisen gekauften Nahrungsmittel werden in Nährstoffe übergeführt. Das Problem hat dann zwei Seiten: Die Ernährung der Konsumenten wird so gekennzeichnet, daß der Gehalt an Kalorien, an Eiweiß usw. angegeben wird; die Nahrungsmittel werden dann zu gegebenen Marktpreisen eingekauft, und zwar so, daß die Kosten bei gegebenem Nährstoffgehalt minimiert werden. Die technischen Daten des Problems bestehen in einer genauen Angabe des Nährstoffgehalts pro Einheit jedes Nahrungsmittels; es existiert also eine Transformationsfunktion, die hier als eine Menge konstanter Koeffizienten betrachtet wird. Bei den gegebenen Daten läßt sich die Standard-Diät erreichen, indem man auf alle möglichen Weisen Nahrungsmittel in verschiedenen Mengen kauft. Eine *zulässige Lösung* des Problems ist jede beliebige Güterkombination, die die Bedingungen erfüllt. Man hat das Problem dann gelöst und erhält eine *optimale zulässige Lösung,* wenn diejenige Menge von Güter bestimmt ist, die sich mit den geringsten Kosten kaufen läßt.

Als einfaches Beispiel betrachte man zwei Nahrungsmittel X_1 (Brot) und X_2 (Käse), die jeweils zwei Nährstoffe enthalten, die in Kalorien und Gramm Eiweiß gemessen werden. Die gegebenen Daten umfassen folgende Aufgaben: die Nährstoffgehalte der Nahrungsmittel sind 1 000 Kalorien und 25 Gramm Eiweiß auf ein Pfund Brot und 2 000 Kalorien und 100 Gramm Eiweiß auf ein Pfund Käse. Die Standard-Diät, die (mindestens) erreicht werden soll, umfaßt 3 000 Kalorien und 100 g Eiweiß pro Tag. Die Marktpreise sind 6 d. pro Pfund Brot und 1 s. 9 d. pro Pfund Käse. Mit zweckmäßigen Einheiten (1 000 Kalorien, 25 Gramm Eiweiß, 1 Pfund Brot und Käse) lassen sich die Daten in der Tabelle zusammenstellen:

	Pro Einheit von		Erforderliche Mengen
	X_1	X_2	
Preis (d. pro Einheit)	6	21	
Kalorien (1 000)	1	2	3
Eiweiß (25 gr.)	1	4	4

Das Problem kann dann folgendermaßen formuliert werden:

Man bestimme die Gütermengen x_1 und x_2 Pfd. pro Tag, so daß

$$\left.\begin{aligned} & z = 6\,x_1 + 21\,x_2 = \min! \\ \text{unter den Nebenbedingungen}\quad & x_1 + \ 2\,x_2 \geqslant 3 \\ & x_1 + \ 4\,x_2 \geqslant 4 \\ & x_1 \geqslant \ 0\ x_2 \geqslant 0 \end{aligned}\right\} \quad (1)$$

Die zu minimierenden Kosten (d. pro Tag) sind z, eine lineare Funktion der Variablen x_1 und x_2. Die Nebenbedingungen sind Ungleichungen, die zum Ausdruck bringen, daß die gegebene Diät auf alle Fälle erreicht werden muß. Es werden nur nicht-negative Werte der Variablen zugelassen.

Dies ist ein Problem der Linearplanung. Es handelt sich in doppelter Hinsicht um ein lineares Problem. Eine *lineare* Funktion nicht-negativer Variabler soll minimiert werden, wobei die Nebenbedingung in Form *linearer* Ungleichungen vorliegen. Der Ungleichungen wegen muß die Lösung mit anderen Mitteln bestimmt werden als denen des Infinitesimalkalküls im Falle beschränkter Minima. In der Tat führt der Infinitesimalkalkül zu keiner Lösung, selbst wenn man die Nebenbedingungen in (1) als Gleichungen schreibt:

$$\left.\begin{aligned} & z = 6\,x_1 + 21\,x_2 = \min! \\ \text{unter den Nebenbedingungen}\quad & x_1 + 2\,x_2 = 3 \quad \text{und} \quad x_1 + 4\,x_2 = 4 \end{aligned}\right\} \quad (2)$$

Die Schwierigkeit liegt darin, daß das System (2) überbestimmt ist. Jeweils zwei der drei Bedingungen liefern eine „Lösung“. Beispielsweise läßt sich das Minimum von z unter der einen Nebenbedingung $x_1 + 2\,x_2 = 3$ finden. Man substituiere $x_1 = 3 - 2\,x_2$:

$$z = 6\,x_1 + 21\,x_2 = 18 + 9\,x_2$$

was (bei nicht-negativen x_2) ein Minimum annimmt, wenn $x_2 = 0$ und somit $x_1 = 3$ ist. Kauft man folglich 3 Pfd. Brot und keinen Käse, so ergeben sich als minimale Kosten 18 d. pro Tag. Mit dieser „Lösung" erreicht man die erforderlichen 3 000 Kalorien (aus der Nebenbedingung), jedoch nicht den erforderten Eiweißgehalt von 100 g, wie sich leicht nachprüfen läßt (nur 75 g sind enthalten). Andererseits ergeben auch die beiden Nebenbedingungen für sich eine „Lösung". Aus $x_1 + 2\,x_2 = 3$ und $x_1 + 4\,x_2 = 4$ erhält man $x_1 = 2$ und $x_2 = \frac{1}{2}$. Die „Lösung" genügt beiden Nährstofferfordernissen, jedoch werden die Kosten der Diät völlig vernachlässigt.

In diesem einfachen Fall ist eine graphische Lösung des Linearprogramms (1) möglich. In der Ebene $Ox_1\,x_2$ in Abb. 60 stellt AA' die Gerade $x_1 + 2\,x_2 = 3$ und BB' die Gerade $x_1 + 4\,x_2 = 4$ dar. Die Ungleichungen von (1) zeigen, daß zulässige Lösungen Punkte (x_1, x_2) in der

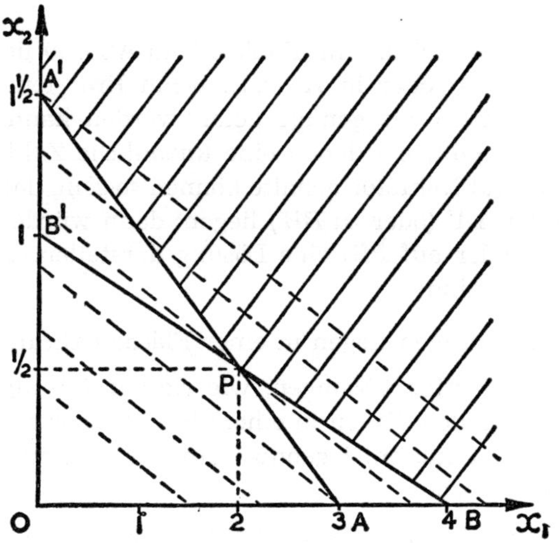

Abb. 60

schraffierten Fläche von Abb. 60 sind. Man muß nun den Punkt innerhalb der schraffierten Fläche mit minimalen Kosten auswählen. Man zeichne die Isokostenlinien ein, die in Abb. 60 gestrichelt gezeigt sind.

$$6\,x_1 + 21\,x_2 = \text{const.}\ (z)$$

Es handelt sich um parallele Geraden (Steigung $-\frac{2}{7}$ bezogen auf Ox_1); je näher die Geraden zum Koordinatenursprung liegen, desto geringer sind die Kosten. Somit liegen die minimalen Kosten bei P, wo sich AA' und BB' schneiden. Die (optimale zulässige) Lösung ist

$$x_1 = 2 \quad x_2 = \frac{1}{2} \qquad z = 22\,\frac{1}{2}\,(\text{min})$$

Wenn 2 Pfd. Brot und $\frac{1}{2}$ Pfd. Käse täglich gekauft werden, so wird den Nährstofferfordernissen genüge getan, und die Minimalkosten liegen bei $22\frac{1}{2}$ d. pro Tag.

Es ergibt sich in diesem Falle, daß die Lösung den Nährstofferfordernissen genau entspricht und beide Nahrungsmittel gekauft werden. Dieses Ergebnis erhält man deshalb, weil die Steigung der Isokostenlinien genau zwischen der von AA' und BB' liegt. Wären die Preise oder die Nährstoffgehalte der beiden Nahrungsmittel anders, so könnten die Steigung der Isokostenlinien nicht mehr zwischen derjenigen von AA' und BB' liegen. Verschiedene Fälle werden in Aufg. 1 - 3 unten untersucht.

Es ist klar, daß die Lösung im Punkte B in Abb. 60 liegen kann (z. B. wenn Käse teuer ist) oder in A' (z. B. wenn Brot teuer ist) und daß einer Bedingung mehr als genüge getan werden kann. Es zeigt sich, daß es auch Fälle gibt, bei denen eine unendliche Zahl von Lösungen existiert. Preise und Nährstoffgehalte können so sein, daß die Isokostenlinien parallel zu AA' (oder zu BB') liegen; dann würde jeder beliebige Punkt auf $A'P$ (oder auf PB) eine Lösung darstellen. Die allgemeinen Schlußfolgerungen sind:

(i) zulässige Lösungen liegen in einer Fläche (schraffiert in Abb. 60)

(ii) optimale zulässige Lösungen, wie sie zur Lösung des Problems gefordert werden, liegen in einem Punkt (oder einer unendlichen Anzahl von Punkten) irgendwo auf der Begrenzung der Fläche ($A'PB$ in Abb. 60)

Von dieser Art muß bei allen Linearplanungsproblemen die Lösung sein.

Übungsaufgaben 16.1

1. Verwenden Sie das Problem (1) oben, setzen Sie aber als Preis für Käse (a) 24 d. und (b) 30 d. pro Pfd. Zeigen Sie, daß es bei (a) eine unendliche Zahl von optimalen Güterkombinationen gibt, wobei die Menge gekauften

Käses von Null bis $\frac{1}{2}$ Pfd. pro Tag variiert, und daß bei (b) kein Käse gekauft wird, dafür aber bei minimalen Kosten 4 Pfd. Brot über das tägliche Erfordernis hinaus.

2. Interpretieren Sie in ähnlicher Weise Problem (1) und seine Lösung, wenn der Preis für Käse auf (a) 12 d. und (b) 9 d. pro Pfd. festgesetzt wird. Zeigen Sie, daß man annähernd die gleichen Lösungen erhält, wenn der Käsepreis bei 21 d. pro Pfd. bleibt, der Brotpreis aber auf (a) $10\frac{1}{2}$ d. und (b) auf 12 d. pro Pfd. festgelegt wird.

3. Formulieren Sie das Problem (1), wenn die Preise p_1 bzw. p_2 sind, also festliegen, aber nicht genau angegeben sind. Zeigen Sie, daß im Optimum nur Brot gekauft wird, wenn $p_1 < \frac{1}{4}\, p_2$, und nur Käse, wenn $p_1 > \frac{1}{2}\, p_2$ ist. Zeigen Sie, daß beides gekauft wird, wenn $\frac{1}{4}\, p_2 < p_1 < \frac{1}{2}\, p_2$ und daß es mehrere Lösungen gibt, wenn $p_1 = \frac{1}{4}\, p_2$ oder $\frac{1}{2}\, p_2$ ist.

4. Zeigen Sie, daß die gleichen Möglichkeiten wie in der vorigen Aufgabe auftreten, wenn sich statt der Nahrungsmittelpreise die Nährstoffgehalte der Nahrungsmittel ändern.

5. Benutzen Sie das Diätproblem aus dem Text mit zwei Nahrungsmitteln (Brot und Käse), fügen Sie jedoch als dritten Nährstoff Kohlehydrate zu den Nährstofferfordernissen hinzu. Die Kohlehydratanforderung beträgt 400 g pro Tag. Der Kohlehydratgehalt ist bei Brot 250 g pro Pfd. und bei Käse 50 g pro Pfd. Formulieren Sie das neue Linearprogramm für minimale Ernährungskosten und lösen Sie es graphisch. Vergleichen Sie es mit der Lösung bei zwei Nährstoffen aus dem Text. Zeigen Sie, daß in der Darstellung die Begrenzung der zulässigen Mengen gekaufter Nahrungsmittel durch eine, zwei oder alle drei Geraden gebildet werden kann, je nach den technischen Konstanten. Wenn eine Gerade zur Bestimmung der Begrenzung nicht verwendet wird, so zeigen Sie, daß dem entsprechenden Nährstofferfordernis durch jede beliebige zulässige Güterkombination automatisch genüge getan wird.

6. Benutzen Sie wiederum das Diätproblem aus dem Text; behalten Sie die zwei Nährstoffe bei, fügen Sie jedoch ein drittes Nahrungsmittel hinzu, (etwa Gehacktes oder Makkaroni) das man auch einsetzen kann, um dem Nährstofferfordernis zu genügen. Dieses Nahrungsmittel enthält 2 000 Kalorien, 75 g Eiweiß und kostet 18 d. pro Pfd. Formulieren Sie das lineare Programm für minimale Ernährungskosten. Welche Form nimmt die graphische Lösung jetzt an?

7. Im folgenden ist ein bestimmtes Verschiffungsproblem (Transportproblem) in einfacher Form dargestellt, wie es bei Koopmans (1951) beschrieben wird. Die Variablen sind die Zahl der Schiffe, die pro Monat zwischen den zwei Häfen P und Q verkehren: x_1 ist auf beiden Wegen beladen, x_2 ist es nur auf der Fahrt von P nach Q und kehrt leer zurück, x_3 ist leer auf der Fahrt von P nach Q und kehrt beladen zurück, x_4 ist auf beiden Wegen leer. Die Zeiten, die für die vier Arten von Rundfahrten jeweils benötigt werden, sind (in Monaten gemessen) t_1, t_2, t_3 und t_4. Gefordert wird, daß die monat-

liche Ladung, die von P nach Q zu bewegen ist, b_1 sei, und die von Q nach P zu bewegen ist, b_2 sei (in Schiffsladungen gemessen). Das Problem besteht darin, die Flotte z, die im Verkehr zwischen den beiden Häfen eingesetzt ist, zu minimieren. Zeigen Sie, daß nicht-negative x-Werte zu finden sind, so daß:

$$z = t_1 x_1 + t_2 x_2 + t_3 x_3 + t_4 x_4 = \min!$$

unter den Nebenbedingungen

$$x_1 + x_2 \geqslant b_1$$

$$x_1 + x_3 \geqslant b_2$$

Was ist die Bedeutung des Zeichens „$\geqslant$" in den Nebenbedingungen? Läßt es sich ohne Verzicht auf Allgemeinheit durch das Zeichen „$=$" ersetzen? Wozu wird x_4 gebraucht; kann man es gleich Null setzen?

8. Ein ähnlicher Fall eines anderen Transportproblems besteht darin, ein homogenes Gut von zwei Häfen P_1 und P_2 zu anderen Häfen Q_1 und Q_2 per Schiff mit minimalen Kosten zu bringen. Der gesamte in P_1 bereitstehende Schiffsraum ist a_1, in P_2 ist er a_2; die Mengen b_1 müssen nach Q_1, die Mengen b_2 nach Q_2 geliefert werden. Die variablen x-Werte sind die Mengen die zwischen den Häfen verschifft werden:

	Verschifft nach Q_1	Q_2	insgesamt
Verschifft von P_1	x_{11}	x_{12}	a_1
P_2	x_{21}	x_{22}	a_2
Insgesamt	b_1	b_2	$a_1 + a_2 = b_1 + b_2$

Die Verschiffungskosten sind c_{rs} $(r, s = 1, 2)$ pro Einheit des Produkts für die verschiedenen Routen. Zeigen Sie, daß nicht-negative x-Werte so zu bestimmen sind, daß

$$z = \sum_r c_{rs} x_{rs} = \min!$$

unter den Nebenbedingungen

$$\sum_s x_{rs} = a_r \quad (r = 1, 2)$$

$$\sum_r x_{rs} = b_s \quad (s = 1, 2)$$

Zeigen Sie, daß sich eine der vier Nebenbedingungen eliminieren läßt, da sie von den anderen abhängig ist.

16.2 Ein einfaches Beispiel: Das duale Problem

Das Diätproblem von 16.1 ist ein Minimumproblem. Im einfachen Fall gilt:

$$\left.\begin{array}{ll} & z = 6\,x_1 + 21\,x_2 = \min! \\ \text{unter den Nebenbedingungen} & x_1 + 2\,x_2 \geqslant 3 \\ & x_1 + 4\,x_2 \geqslant 4 \\ & x_1 \geqslant 0\; x_2 \geqslant 0 \end{array}\right\} \quad (1)$$

In den Begriffen der Algebra ausgedrückt, hat ein Minimumproblem dieser Art stets ein *duales* Problem — ein entsprechendes Maximumproblem. Das Duale zu formulieren, ist ein wesentlicher Schritt und keineswegs selbstverständlich. Das Duale zu (1) wird folgendermaßen geschrieben. Man soll durch Kauf von Brot und Käse eine Diät erhalten, die 3 000 Kalorien und 10 g Eiweiß pro Tag enthält. Man wähle die Einheiten (1 000 Kalorien, 25 g Eiweiß) wie vorher; ξ_1 und ξ_2 seien die Werte (in d. pro Einheit) der beiden Nährstoffe. Der gesamte (zugerechnete) Wert der Nahrung ist $\zeta = 3\,\xi_1 + 4\,\xi_2$; man versuche ζ zu maximieren. Der Betrag, den man pro Pfund jedes Nahrungsmittels ausgibt, kann ihren Marktpreis nicht übersteigen (6 d. für Brot, 21 d. für Käse). Für Brot mit 1 000 Kalorien und 25 g Eiweiß pro Pfd. ist der Aufwand pro Pfd., $\xi_1 + \xi_2$, der 6 d. pro Pfd. nicht übersteigen darf. In ähnlicher Weise ist für Käse der Aufwand $2\,\xi_1 + 4\,\xi_2 \leqslant 2$ d. pro Pfd. Das *duale Problem* besteht darin, Werte von ξ_1 und ξ_2 so zufinden, daß

$$\left.\begin{array}{ll} & \zeta = 3\,\xi_1 + 4\,\xi_2 = \max! \\ \text{unter den Nebenbedingungen} & \xi_1 + \;\; \xi_2 \leqslant 6 \\ & 2\,\xi_1 + 4\,\xi_2 \leqslant 21 \\ & \xi_1 \geqslant 0\; \xi_2 \geqslant 0 \end{array}\right\} \quad (2)$$

Das Diätproblem hat als duale Formen (1) und (2). Die Beziehung zwischen ihnen ist einfach und läßt sich auch leicht auf lineare Programme aller Art verallgemeinern. In (1) ist z ein Minimum und die Nebenbedingungen sind „$\geqslant$“, in (2) ist ζ ein Maximum und die Nebenbedingungen „$\leqslant$“. Beide enthalten sie die Matrix $\begin{bmatrix} 1 & 2 \\ 1 & 4 \end{bmatrix}$ der technischen Koeffizienten (Nährstoffgehalte der Nahrungsmittel), doch in (2) ist sie bezüglich der Nebenbedingungen transponiert, wie ein Vergleich mit (1) zeigt. In (1) erscheinen die Preise (6, 21) in der zu minimierenden Funktion und die Beschränkungen (3, 4) in den Nebenbedingungen; in (2) erscheinen sie an entgegengesetzter Stelle.

Es bleibt noch zu zeigen, daß die dualen Probleme die gleiche Lösung haben, in dem Sinne, daß das Minimum von z in (1) gleich dem Maximum von ζ in (2) ist. Die Lösung von (1) ist:

$$x_1 = 2 \qquad x_2 = \frac{1}{2} \qquad z = 22\,\frac{1}{2} \quad \text{(minimale Ernährungskosten)}$$

Die Lösung von (2) läßt sich auf gleichem Wege, nämlich graphisch, wie in Aufg. 1 unten bestimmen; sie ergibt sich als:

$$\xi_1 = \frac{3}{2} \qquad \xi_2 = \frac{9}{2} \qquad \zeta = 22\,\frac{1}{2} \quad \text{(maximaler Wert der Diät)}$$

Man erhält den gleichen Aufwand von $22\,\frac{1}{2}$ d. pro Tag, egal ob durch optimale Kaufmengen von 2 Pfd. Brot und $\frac{1}{2}$ Pfd. Käse oder durch optimale Bewertung von $1\,\frac{1}{2}$ d. pro 1 000 Kalorien und $4\,\frac{1}{2}$ d. pro 25 g Eiweiß.

All dies ist formale Algebra. Das Problem und sein Duales müssen aber auch ökonomische Deutungen zulassen; in der Tat läßt sich nun der Tatbestand einer ökonomischen Dualität in allgemeiner Form leicht einsehen. Bei der Allokation beschränkter Faktormengen taucht in der Produktion eine Kostenfunktion auf, wenn ein gegebener Output zu *minimalen* Kosten, ausgedrückt in den Preisen der Faktoren, hergestellt wird, oder auch, wenn ein gegebener Betrag für einen *maximalen* Output ausgegeben wird. Allokation der Faktoren und ihre Bewertung durch Preise sind duale Aspekte desselben Problems. Wenn die Faktoren keine Marktpreise haben, muß man solche notwendigerweise erfinden, d. h. Zurechnungs- oder Verrechnungspreise formulieren. Das ist der Gedankengang, dem wir weiter folgen müssen.

Das Problem (1) sucht die minimalen Nahrungsmittelkosten bei gegebenen Marktpreisen, unter der Beschränkung gegebener Nährstofferfordernisse. Mit Preisen bewertet werden die Nährstoffe hier nicht, obgleich diese (mehr als die Nahrungsmittel selbst) von Bedeutung sind. Nun führe man Verrechnungspreise für die Nährstoffe ein: ξ_1 d. pro 1 000 Kalorien und ξ_2 d. pro 25 g Eiweiß. Damit entsteht das duale Problem (2): der maximale Verrechnungswert der gegebenen Nährstoffkombination wird gesucht — mit den Beschränkungen, daß der Aufwand pro Nahrungsmitteleinheit die gegebenen Marktpreise nicht übersteigen kann. Das Ziel des ursprünglichen Problems ist es, die Güter bei geringsten Kosten zu erhalten, wobei die Nährstoffanforderungen gegeben sind. Das Ziel des dualen Problems ist es, die Nahrung mit dem höchsten Wert an Nährstoffen zu bekommen, wobei die Marktpreise der Nahrungsmittel gegeben sind.

Übungsaufgaben 16.2

1. Lösen Sie das duale Programm (2) mit Hilfe der graphischen Methode der Abb. 60 und geben Sie die Hauptunterschiede in der geometrischen Darstellung an.

2. Variieren Sie die Preise in Problem (2) und prüfen Sie die Veränderungen in der graphischen Lösung, so wie in 16.1, Aufg. 1 - 3.

3. Formulieren Sie und interpretieren Sie das duale Problem von 16.1, Aufg. 6. Lösen Sie das Duale graphisch in zwei Dimensionen und zeigen Sie, daß das dritte Nahrungsmittel dem Problem von Aufg. 1 oben nichts hinzufügt.

4. Erklären Sie, warum das duale Programm von 16.1, Aufg. 5 sich graphisch in zwei Dimensionen nicht lösen läßt. Zeigen Sie, daß es dem ursprünglichen Problem von 16.1, Aufg. 6 ähnlich ist.

5. Zeigen Sie, daß das duale Problem zum Transportproblem von 16.1, Aufg. 7 darin besteht, nicht-negative ξ_1 und ξ_2 so zu bestimmen, daß

$$\zeta = b_1 \xi_1 + b_2 \xi_2 = \max!$$

unter den Nebenbedingungen

$$\xi_1 + \xi_2 \leqslant t_1 \quad \xi_1 \leqslant t_2 \quad \text{und} \quad \xi_2 \leqslant t_3$$

Interpretieren Sie dieses duale Programm.

16.3 Zurückführung auf die spieltheoretische Lösung

Das Diätproblem mit zwei Nahrungsmitteln und zwei Nährstoffen läßt sich auch mit beliebigen Konstanten für die gegebenen Größen des Problems schreiben. Die dualen Probleme beruhen dann auf den angenommenen Daten:

	Einheit von		Mindest-anforderung
	X_1	X_2	
Preis (d. pro Einheit)	p_1	p_2	
Kalorien (Einheiten)	a_{11}	a_{12}	b_1
Eiweiß (Einheiten)	a_{21}	a_{22}	b_2

Sie lassen sich wie folgt formulieren:

$$\left.\begin{array}{ll} & z = p_1\ x_1 + p_2\ x_2 = \min! \\ \text{unter den Bedingungen} & a_{11}\,x_1 + a_{12}\,x_2 \geqslant b_1 \\ & a_{21}\,x_1 + a_{22}\,x_2 \geqslant b_2 \\ & x_1 \geqslant 0 \quad x_2 \geqslant 0 \\ & \zeta = b_1\ \xi_1 + b_2\ \xi_2 = \max! \\ \text{unter den Bedingungen} & a_{11}\,\xi_1 + a_{21}\,\xi_2 \leqslant p_1 \\ & a_{12}\,\xi_1 + a_{22}\,\xi_2 \leqslant p_2 \\ & \xi_1 \geqslant 0 \quad \xi_2 \geqslant 0 \end{array}\right\} \qquad (1)$$

Zulässige Lösungen für die x- und ξ-Werte genügen den Ungleichungen von (1); die optimale Lösung genügt auch noch der Maximum- oder Minimum-Bedingung.

Man betrachte ein Zwei-Personen-Nullsummenspiel mit einer 5×5 Auszahlungsmatrix:

$$\begin{bmatrix} 0 & 0 & a_{11} & a_{21} & -p_1 \\ 0 & 0 & a_{12} & a_{22} & -p_2 \\ -a_{11} & -a_{12} & 0 & 0 & b_1 \\ -a_{21} & -a_{22} & 0 & 0 & b_2 \\ p_1 & p_2 & -b_1 & -b_2 & 0 \end{bmatrix} \qquad (2)$$

Da diese Matrix schief-symmetrisch ist, folgt aus 15.7 oben, daß der Wert des Spiels Null ist und daß die gleiche gemischte Strategie $y = (y_1, y_2, y_3, y_4, y_5)$ für jeden Spieler optimal ist. Dann gilt nach Eigenschaft (ii) aus 15.7:

$$\left.\begin{array}{ll} \text{(i)} & a_{11}\,y_3 + a_{21}\,y_4 - p_1\,y_5 \leqslant 0 \\ \text{(ii)} & a_{12}\,y_3 + a_{22}\,y_4 - p_2\,y_5 \leqslant 0 \\ \text{(iii)} & -a_{11}\,y_1 - a_{12}\,y_2 + b_1\,y_5 \leqslant 0 \\ \text{(iv)} & -a_{21}\,y_1 - a_{22}\,y_2 + b_2\,y_5 \leqslant 0 \\ \text{(v)} & p_1\ y_1 + p_2\ y_2 - b_1\,y_3 - b_2\,y_4 \leqslant 0 \end{array}\right\} \qquad (3)$$

Die Nullwerte auf der rechten Seite entstehen deshalb, weil das Spiel den Wert Null hat.

Angenommen, $y_5 \neq 0$. Dann würde nach Eigenschaft (iii) von 15.7 eine Ungleichung ($<$) in (v) von (3) implizieren, daß für beide Spieler $y_5 = 0$ gilt. Folglich ist diese Beziehung eine Gleichung.

$$\text{(v)} \quad p_1\,y_1 + p_2\,y_2 - b_1\,y_3 - b_2\,y_4 = 0$$

Man schreibe

$$x_1 = \frac{y_1}{y_5}, \; x_2 = \frac{y_2}{y_5}, \; \xi_1 = \frac{y_3}{y_5} \quad \text{und} \quad \xi_2 = \frac{y_4}{y_5},$$

so daß sich aus (3) ergibt:

$$\begin{array}{ll} \text{(i)} & a_{11}\,\xi_1 + a_{21}\,\xi_2 \leqslant p_1 \\ \text{(ii)} & a_{12}\,\xi_1 + a_{22}\,\xi_2 \leqslant p_2 \\ \text{(iii)} & a_{11}\,x_1 + a_{12}\,x_2 \geqslant b_1 \\ \text{(iv)} & a_{21}\,x_1 + a_{22}\,x_2 \geqslant b_2 \\ \text{(v)} & p_1\,x_1 + p_2\,x_2 = b_1\,\xi_1 + b_2\,\xi_2 \end{array}$$

Hier sind (i) - (iv) die Nebenbedingungen des linearen Programms und seines Dualen wie in (1) oben. Da die y-Werte einer gemischten Strategie ihrem Wesen nach nicht-negativ sind, so sind es auch die x-Werte und ξ-Werte, wie es ja auch in (1) oben verlangt wurde. Um nun die Beziehung zwischen dem linearen Programm (1) und dem Spiel (2) noch zu vervollständigen, bleibt nur noch, die Bedeutung von (v) zu bestimmen.

Man schreibe $z = p_1 x_1 + p_2 x_2$ und $\zeta = b_1 \xi_1 + b_2 \xi_2$ für *beliebige*, nicht unbedingt optimale Strategien der beiden Spieler. Dann besagt (v), daß $z = \zeta$ gilt, wenn die Strategien optimal sind. Es ist sinnvoll anzunehmen, daß, wenn die Strategien *nicht* optimal sind, z größer als ζ wird; oder daß z dann größer als (oder zumindest so groß wie) sein optimaler (d. h. minimaler) Wert wird und daß ζ kleiner als (oder zumindest genau so groß wie) sein optimaler (d. h. maximaler) Wert wird. Dies ist in der Tat der Fall, jedoch läßt es sich formal (siehe 16.4 und 16.5 unten) nicht leicht beweisen. Wenn man es einmal so hinnimmt, dann kann man (v) folgendermaßen interpretieren. Bei einer optimalen Strategie des Spiels nimmt $z = p_1 x_1 + p_2 x_2$ ein Minimum und $\zeta = b_1 \xi_1 + b_2 \xi_2$ ein Maximum an und beide Werte sind gleich.

Somit hat das Spiel (2) eine Lösung, die die Lösung sowohl des linearen Programms wie auch seines Dualen umfaßt, so wie in (1). Das Ergebnis ist:

Das Spiel mit der Auszahlungs-Matrix (2) *hat eine optimale Lösung* $(y_1, y_2, y_3, y_4, y_5)$. *Wenn* $y_5 \neq 0$, *dann ist* $x_1 = \frac{y_1}{y_5}$ *und* $x_2 = \frac{y_2}{y_5}$ *die Lösung des linearen Programms* (1) *und* $\xi_1 = \frac{y_3}{y_5}$ *und* $\xi_2 = \frac{y_4}{y_5}$ *ist die Lösung des dualen Problems.*

Im Problem (1) ist das Minimum von z gleich dem Maximum von ζ. Zwei Dinge werden hier also erreicht. Wir haben gezeigt, daß das lineare

Programm und sein Duales dieselbe Lösung haben. Beide erhält man aus der Lösung eines Spiels mit einer bestimmten Auszahlungs-Matrix.

Für dieses Ergebnis muß y_5 ungleich Null sein. Ist $y_5 = 0$, so hat zwar das Spiel (2) noch eine Lösung, jedoch das lineare Programm und sein Duales haben keine Lösung mehr. Der einzige Unterschied, der sich hierdurch für das gewonnene Ergebnis ergibt, liegt darin, daß man die Feststellung hinzufügen muß, daß die Probleme (1) entweder dieselbe Lösung oder überhaupt keine Lösung haben.

Beispiel: Bei dem Diätproblem von 16.1 und 16.2 nehmen das lineare Problem und sein Duales für nicht-negative x- und ξ-Werte folgende numerische Form an:

$$\begin{array}{rl} z = 6\,x_1 + 21\,x_2 = \min! & \qquad \zeta = 3\,\xi_1 + 4\,\xi_2 = \max! \\ x_1 + \;\; 2\,x_2 \geqslant 3 & \qquad \xi_1 + \;\; \xi_2 \leqslant 6 \\ x_1 + \;\; 4\,x_2 \geqslant 4 & \qquad 2\,\xi_1 + 4\,\xi_2 \leqslant 21 \end{array} \tag{4}$$

Das entsprechende Spiel hat die Auszahlungsmatrix

$$\begin{bmatrix} 0 & 0 & 1 & 1 & -6 \\ 0 & 0 & 2 & 4 & -21 \\ -1 & -2 & 0 & 0 & 3 \\ -1 & -4 & 0 & 0 & 4 \\ 6 & 21 & -3 & -4 & 0 \end{bmatrix} \tag{5}$$

Die Lösung von (4) soll aus (5) gewonnen werden oder umgekehrt. Man muß jetzt nur noch die optimale Strategie y_1, y_2, y_3, y_4, y_5, von (5) zu den x- und ξ-Werten von (4) in Beziehung setzen:

$$x_1 = \frac{y_1}{y_5} \quad x_2 = \frac{y_2}{y_5} \quad \xi_1 = \frac{y_3}{y_5} \quad \xi_2 = \frac{y_4}{y_5}$$

Beide Lösungswege lassen sich an diesem einfachen Fall veranschaulichen.

Im *ersten* Fall kann man, wie in 16.1 und 16.2, mit graphischen Methoden das System lösen und erhält

$$x_1 = 2 \qquad x_2 = \frac{1}{2} \quad \xi_1 = \frac{3}{2} \quad \xi_2 = \frac{9}{2}$$

und

$$\min\, z = \max\, \zeta = 22\frac{1}{2}$$

Folglich sieht die Lösung des Spiels (5) so aus, daß

$$y_1 : y_2 : y_3 : y_4 : y_5 = 2 : \frac{1}{2} : \frac{3}{2} : \frac{9}{2} : 1$$

Um die tatsächlichen y-Werte zu bekommen, muß man die rechte Seite noch so „erweitern", daß sich die y-Werte zu 1 addieren (eine wesentliche Eigenart von Strategien). Es läßt sich leicht herausfinden, daß dies durch eine Multiplikation mit $\frac{2}{19}$ erreicht wird. Folglich ist die Lösung von (5) die gemischte Strategie $\left(\frac{4}{19}; \frac{1}{19}; \frac{3}{19}; \frac{9}{19}; \frac{2}{19}\right)$; der Wert ist Null.

Im *zweiten* Fall löst die Methode von 15.8 oben das System (5). Wenn $(y_1, y_2, y_3, y_4, y_5)$ eine optimale Strategie (für jeden Spieler) ist und der Wert des Spiels dann Null ist, so gilt:

$$\begin{aligned}
y_1 + y_2 + y_3 + y_4 + y_5 &= 1\\
y_3 + y_4 - 6\,y_5 &\leqslant 0\\
2\,y_3 + 4\,y_4 - 21\,y_5 &\leqslant 0\\
-y_1 - 2\,y_2 + 3\,y_5 &\leqslant 0\\
-y_1 - 4\,y_2 + 4\,y_5 &\leqslant 0\\
6\,y_1 + 21\,y_2 - 3\,y_3 - 4\,y_4 &\leqslant 0
\end{aligned}$$

Man versuche es überall mit Gleichheitszeichen, wobei alle y-Werte positiv sind. In diesem Fall wird hierdurch das Verfahren umgekehrt. Die Lösung der zweiten und dritten Gleichung ergibt

$$y_3 : y_4 : y_5 = \frac{3}{2} : \frac{9}{2} : 1$$

Die Lösung der vierten und fünften Gleichung ergibt:

$$y_1 : y_2 : y_5 = 2 : \frac{1}{2} : 1$$

Die Substitution in der ersten Gleichung ergibt dann die y-Werte; d. h. $\left(\frac{4}{19}, \frac{1}{19}, \frac{3}{19}, \frac{9}{19}, \frac{2}{19}\right)$. Soll dies die Lösung von 5 sein, so muß sie der letzten Gleichung genügen; es läßt sich leicht nachprüfen, daß dies auch so ist. Folglich ist (5) gelöst. Die Lösungen von (1) ergeben sich dann:

$$x_1 = 2; \quad x_2 = \frac{1}{2}; \quad \xi_1 = \frac{3}{2}; \quad \xi_2 = \frac{9}{2}$$

Die beiden ersten Bedingungen ergeben ein Minimum von $z = 22\frac{1}{2}$, die beiden anderen ein Maximum von $\zeta = 22\,\frac{1}{2}$.

Übungsaufgaben 16.3

1. Schreiben Sie das Problem von 16.1 Aufg. 5 mit beliebigen Konstanten:

$$z = p_1\; x_1 + p_2\; x_2 = \text{min!}$$
$$a_{11}\, x_1 + a_{12}\, x_2 \geqslant b_1$$

$$a_{21}\,x_1 + a_{22}\,x_2 \geqslant b_2$$
$$a_{31}\,x_1 + a_{32}\,x_2 \geqslant b_3$$

Dann schreiben Sie das duale Problem mit den gleichen Konstanten. Im Beispiel des Textes ist die Matrix der a-Werte quadratisch; hier ist sie rechteckig. Welche unterschiedliche Wirkung hat dies auf die Symmetrie des Problems und seines Dualen?

2. Schreiben Sie die Auszahlungs-Matrix des Spiels, das dem Linearplanungsproblem der vorigen Aufgabe entspricht. Zeigen Sie, daß sie von der Ordnung 6×6 ist. Warum ist sie immer noch quadratisch, obgleich die Matrix der a-Werte rechteckig ist?

3. Bestimmen Sie die Lösung des Spiels aus der vorhergehenden Aufgabe, wenn die Koeffizienten, wie in 16.1, Aufg. 5 numerisch gegeben sind. Prüfen Sie somit die Lösung des linearen Programms von 16.1, Aufg. 5. Ermitteln Sie gleichfalls die Lösung des dualen Problems und vergleichen Sie sie mit 16.2, Aufg. 4, wo graphische Methoden nicht möglich waren.

4. Betrachten Sie das Problem von 16.1, Aufg. 6. Schreiben Sie es zusammen mit seinen Dualen mit beliebigen Konstanten und ermitteln Sie dann die Auszahlungs-Matrix des entsprechenden Spiels. Zeigen Sie, daß letztere der Matrix aus Aufg. 2 oben ähnlich ist.

16.4 Ein allgemeines Linearprogramm und sein duales Problem

Das Diätproblem mit zwei Nährstoffen und zwei Nahrungsmitteln in 16.3 läßt sich auf den Fall von m Nährstoffen und n Nahrungsmitteln verallgemeinern. Es umfaßt dann in allgemeiner Form eine ganze Reihe linearer Programme mit verschiedenen ökonomischen und anderen Bedeutungen. Einfache Darstellungen findet man bei Dorfman, Samuelson und Solow (1958) und bei Kemeny, Snell, Thompson (1957).

Ein allgemeines lineares Programmierungsmodell und sein Duales sind:

(i)

$$z = p_1\,x_1 + p_2\,x_2 + \ldots + p_n\,x_n = \text{min!}$$

unter den Nebenbedingungen

$$\begin{aligned} a_{11}\,x_1 + a_{12}\,x_2 + \ldots + a_{1n}\,x_n &\geqslant b_1 \\ a_{21}\,x_1 + a_{22}\,x_2 + \ldots + a_{2n}\,x_n &\geqslant b_2 \\ \cdots\cdots\cdots\cdots\cdots\cdots\cdots\cdots \\ a_{m1}\,x_1 + a_{m2}\,x_2 + \ldots + a_{mn}\,x_n &\geqslant b_m \\ x_1 \geqslant 0 \quad x_2 \geqslant 0 \quad \ldots \quad x_n &\geqslant 0 \end{aligned}$$

(ii)

$$\zeta = b_1\,\xi_1 + b_2\,\xi_2 + \ldots + b_m\,\xi_m = \text{max!}$$

unter den Nebenbedingungen

$$\begin{aligned} a_{11}\,\xi_1 + a_{21}\,\xi_2 + \ldots + a_{m1}\,\xi_m &\leqslant p_1 \\ a_{12}\,\xi_1 + a_{22}\,\xi_2 + \ldots + a_{m2}\,\xi_m &\leqslant p_2 \\ \cdots\cdots\cdots\cdots\cdots\cdots\cdots\cdots \\ a_{1n}\,\xi_1 + a_{2n}\,\xi_2 + \ldots + a_{mn}\,\xi_m &\leqslant p_n \\ \xi_1 \geqslant 0 \quad \xi_2 \geqslant 0 \quad \ldots \quad &\geqslant 0 \end{aligned}$$

Das Diätproblem ist nur eine Anwendung oder ein Beispiel; die a-Werte sind dann die technischen Beziehungen zwischen m Nährstoffen und n Nahrungsmitteln, die b-Werte sind die n Nährstofferfordernisse, die p-Werte sind die n Nahrungsmittelpreise, die x-Werte sind variable Gütermengen und z sind die zu minimierenden Kosten. Im anderen Problem haben die Konstanten und Variablen andere Bedeutungen.

Ein Linearprogramm läßt sich kürzer in Matrix-Schreibweise darstellen:

	$z = \mathbf{p}'\,\mathbf{x} = \min\ !$		$\zeta = \mathbf{b}'\,\xi = \max\ !$
unter den Nebenbedingungen	$\mathbf{A}\mathbf{x} \geqslant \mathbf{b}$	u. d. Nebenbedingungen	$\mathbf{A}'\,\boldsymbol{\xi} \leqslant \mathbf{p}$
und	$\mathbf{x} \geqslant \mathbf{0}$	und	$\boldsymbol{\xi} \geqslant \mathbf{0}$

In dieser Formulierung bedeuten die gegebenen Größen:

$\mathbf{A} = [a_{rs}]$ eine Matrix technischer Koeffizienten von der Ordnung $m \times n$

$\mathbf{b} = \{b_r\}$ ein Vektor der Ordnung m

$\mathbf{p} = \{p_s\}$ ein Vektor der Ordnung n

$r = 1, 2, \ldots, m$

$s = 1, 2, \ldots, n$

Die Transponierten hiervon sind $\mathbf{A}'$, $\mathbf{b}'$ und $\mathbf{p}'$.

Die Lösung ist ein Vektor $\mathbf{x}$ der Ordnung n oder ein Vektor $\boldsymbol{\xi}$ der Ordnung m, je nachdem ob man das ursprüngliche Problem oder sein Duales betrachtet. Zulässige Lösungen genügen den Ungleichungen; eine optimale zulässige Lösung genügt auch noch der Maximum- (oder Minimum-)Bedingung. Bei der besonderen Anwendung auf das Diätproblem ist die Lösung der Vektor $\mathbf{x}$ der Gütermengen, der die Kosten für die Nahrungsmittel minimiert, oder der Vektor $\boldsymbol{\xi}$ von Verrechnungspreisen der Nährstoffe, der den Verrechnungswert der Diät maximiert.

Man kann angesichts der Untersuchung des einfachen Beispiels in 16.3 oben durchaus erwarten, daß das Problem und sein Duales die gleiche Lösung haben; d. h. daß min. z und max. ζ ein und dasselbe sind. Dies ist auch so, vorausgesetzt, daß man die Möglichkeit, daß gar keine Lösung besteht, ausschaltet. Das grundlegende Ergebnis ist das *Dualitätstheorem:*

Das Linearprogramm und sein Duales haben entweder eine gemeinsame Lösung oder gar keine Lösung.

Ein formaler Beweis ist alles andere als leicht, er ist in 16.3 oben nur für einen besonderen Fall anschaulich dargestellt worden. Ein Beweis wird von Gale, Kuhn und Tucker in Koopmans (1951), Kapitel XIX gegeben. Dieser Beweis wird in Zusammenhang mit der Spieltheorie entwickelt und ist für Linearplanungsprobleme von noch umfangreicherer

Zielsetzung als hier entworfen. Ein anderer Beweis wird von Charnes in Charnes, Cooper und Henderson (1953), Kapitel VIII gegeben. Er benutzt die Arbeiten von Dantzig und die Simplex-Methode (16.8 unten). Vielleicht der einfachste der zur Verfügung stehenden Beweise ist der von Danø (1958).

16.5 Äquivalenz von allgemeinen Linearprogrammen und Zwei-Personen-Null-Summen-Spielen

Die Ergebnisse von 16.3, wo ein einfaches Linearprogramm auf die Lösung eines bestimmten Spiels reduziert wurde, lassen sich nun verallgemeinern. Die Ableitung gründet sich auf die von Dantzig in Koopmans (1951), Kapitel XX, gegebene und sie benutzt das oben aufgestellte Dualitätstheorem:

Ein gegebenes Linearprogramm $z = \mathbf{p}'\,\mathbf{x} = \text{min!}$ *unter den Nebenbedingungen* $\mathbf{A}\mathbf{x} \geqslant \mathbf{b}$ *und* $\mathbf{x} \geqslant \mathbf{0}$ *und das duale Problem* $\zeta = \mathbf{b}'\,\boldsymbol{\xi} = \text{max!}$ *unter den Nebenbedingungen* $\mathbf{A}'\,\boldsymbol{\xi} \leqslant \mathbf{p}$ *und* $\boldsymbol{\xi} \geqslant \mathbf{0}$ *lassen sich beide auf ein bestimmtes Zwei-Personen-Null-Summen-Spiel reduzieren. Umgekehrt läßt sich ein Zwei-Personen-Null-Summen-Spiel in der Form eines bestimmten Linearplanungs-Problems formulieren.*

Im *ersten* Fall läßt sich das Ergebnis direkt beweisen. Man nehme an, daß eine Lösung des Linearprogramms existiert und daß min z und max ξ einen gemeinsamen Wert M haben. Zulässige x- und ξ-Werte genügen der doppelten Menge von Ungleichungen

$$\mathbf{A}\mathbf{x} \geqslant \mathbf{b} \qquad \text{und} \qquad \mathbf{A}'\,\boldsymbol{\xi} \leqslant \mathbf{p}$$

Voll ausgeschrieben bedeutet das:

$$\left.\begin{array}{ll} a_{11}\,x_1 + a_{12}\,x_2 + \ldots + a_{1n}\,x_n \geqslant b_1 & a_{11}\,\xi_1 + a_{21}\,\xi_2 + \ldots + a_{m1}\,\xi_m \leqslant p_1 \\ a_{21}\,x_1 + a_{22}\,x_2 + \ldots + a_{2n}\,x_n \geqslant b_2 & a_{12}\,\xi_1 + a_{22}\,\xi_2 + \ldots + a_{m2}\,\xi_m \leqslant p_2 \\ \cdots\cdots\cdots\cdots\cdots\cdots & \cdots\cdots\cdots\cdots\cdots\cdots \\ a_{m1}\,x_1 + a_{m2}\,x_2 + \ldots + a_{mn}\,x_n \geqslant b_m & a_{1n}\,\xi_1 + a_{2n}\,\xi_2 + \ldots + a_{mn}\,\xi_m \leqslant p_n \end{array}\right\} \quad (1)$$

Für die optimalen zulässigen Werte gilt auch $z = \zeta = M$.

Folglich $z - \zeta = 0$:

$$p_1\,x_1 + p_2\,x_2 + \ldots + p_n\,x_n - (b_1\,\xi_1 + b_2\,\xi_2 + \ldots + b_n\,\xi_n) = 0 \tag{2}$$

Man ordne das System (1) mit einer „Schlupfvariablen" u (gleich 1) so an, daß auf der rechten Seite Nullen stehen und die Ungleichungen alle das Zeichen „$\leqslant$" haben. Dann bilden (1) und (2) zusammen das System

$$\left.\begin{array}{rr}
 & a_{11}\xi_1 + a_{21}\xi_2 + \ldots + a_{m1}\xi_m - p_1\ u \leqslant 0 \\
 & a_{12}\xi_1 + a_{22}\xi_2 + \ldots + a_{m2}\xi_m - p_2\ u \leqslant 0 \\
 & \ldots\ldots\ldots\ldots\ldots\ldots\ldots\ldots\ldots\ldots \\
 & a_{1n}\xi_1 + a_{2n}\xi_2 + \ldots + a_{mn}\xi_m - p_n\ u \leqslant 0 \\
- a_{11}\ x_1 - a_{12}\ x_2 - \ldots - a_{1n}\ x_n & + b_1\ u \leqslant 0 \\
- a_{21}\ x_1 - a_{22}\ x_2 - \ldots - a_{2n}\ x_n & + b_2\ u \leqslant 0 \\
\ldots\ldots\ldots\ldots\ldots\ldots\ldots\ldots & \\
- a_{m1}\ x_1 - a_{m2}\ x_2 - \ldots - a_{mn}\ x_n & + b_m u \leqslant 0 \\
p_1\ x_1 + p_2\ x_2 + \ldots + p_n\ x_n - b_1\ \xi_1 - b_2\ \xi_2 - \ldots - b_m\ \xi_m & = 0
\end{array}\right\} \quad (3)$$

Auf Grund von (ii) von 15.7, oben impliziert (3), daß

$$(x_1, x_2, \ldots x_n, \xi_1, \xi_2, \ldots \xi_m, u) \tag{4}$$

einer optimalen Strategie des Spiels mit schief-symmetrischer Auszahlungs-Matrix proportional ist:

0	a_{sr}	$-p_s$	n Zeilen	$(s = 1, 2, .., n)$
$-a_{rs}$	0	b_r	m Zeilen	$(r = 1, 2, .., m)$
p_s	$-b_r$	0	1 Zeile	
n Spalten ($s = 1, 2, .., n$)	m Spalten ($r = 1, 2, .., m$)	1 Spalte		

Diese bestimmte zerlegte Matrix kann kürzer geschrieben werden:

$$\begin{bmatrix} \mathbf{0} & \mathbf{A}' & -\mathbf{p} \\ -\mathbf{A} & \mathbf{0} & \mathbf{b} \\ \mathbf{p}' & -\mathbf{b}' & \mathbf{0} \end{bmatrix} \tag{5}$$

Der Wert des Spiels ist Null, wie durch die schief-symmetrische Matrix (5) und die Nullen auf der rechten Seite von (3) gezeigt wird. Beide Spieler haben die gleiche optimale Strategie, (4) ist jedoch nur proportional dazu, da die Elemente so „erweitert" werden müssen, daß ihre Summe 1 ergibt. Jedoch ist (3) in allen Variablen homogen und die Erweiterung macht nichts aus. Die letzte Gleichung von (3) ist eine Gleichung, da wir angenommen haben, daß eine Lösung zu 1 existiert und da $u \neq 0$. Wenn also das Linearprogramm eine Lösung hat, dann hat das Spiel mit der Matrix (5) eine optimale Strategie, deren letztes Element ungleich Null ist, und Linearprogramm und Spiel entsprechen einander. Man kann die Beschränkung fallen lassen und einräumen, daß das Linearprogramm keine Lösung hat und daß das Spiel in seiner optimalen Strategie im letzten Element eine Null hat. Das macht den Beweis vollständig. Wir fassen zusammen: Für ein gegebenes Linearprogramm hat das entsprechende Spiel die Auszahlungs-Matrix (5). Die optimale Strategie, die existieren muß, wird durch (4) angegeben. Ist $u = 0$, so hat das Linearprogramm keine Lösung. Ist $u \neq 0$, so läßt sich (4) erweitern, so daß sich $u = 1$ ergibt und die x- und ξ-Werte dann die Lösungen des linearen Programms und seiner Dualen sind.

Im *zweiten* Fall läßt sich das umgekehrte Ergebnis beweisen. Ein gegebenes Spiel hat die Auszahlungs-Matrix $\mathbf{C} = [c_{rs}]$ von der Ordnung $m \times n$. Wendet der erste (auf Maximierung bedachte) Spieler eine gemischte Strategie $(z_1, z_2, \ldots, z_m)$ an, so ist seine Erwartung $M = \min \sum_{r=1}^{m} c_{rs} z_r$ und er wünscht M zu maximieren. Folglich gilt $\sum_{r=1}^{m} c_{rs} z_r \geqslant M$ für jedes s.
Somit

$$\mathbf{Cz} \geqslant \mathrm{M}\,\{1\} \qquad \text{in Matrix-Schreibweise}$$

d. h.

$$\mathbf{Cx} \geqslant \{1\} \qquad \text{mit } \mathbf{x} = \frac{\mathbf{z}}{M}$$

Es läßt sich immer erreichen, daß $M > 0$ (z. B., indem man eine feste Konstante zu jedem c_{rs} addiert). Die Beschränkungen sind (i), daß $\mathbf{z} \geqslant \mathbf{0}$ und somit $\mathbf{x} \geqslant \mathbf{0}$ und (ii), daß $\sum_{r=1}^{m} z_r = 1$ und somit $\sum_{r=1}^{m} x_r = \frac{1}{M}$ oder $[1]\,\mathbf{x} = \frac{1}{M}$. Wenn der Spieler M maximiert, so spielt er seine optimale Strategie. Dann gilt: $[1]\,\mathbf{x} = \frac{1}{M} = \min!$ Folglich wird die optimale Strategie des Spiels durch den Vektor $\mathbf{x}$ so gegeben, daß

$$\frac{1}{M}\,[1]\,\mathbf{x} = \min!$$

unter den Nebenbedingungen $\mathbf{Cx} \geqslant \{1\}$

und $\mathbf{x} \geqslant \mathbf{0}$

Dies ist ein Linearprogramm mit der technischen Matrix $\mathbf{C}$ und mit den zwei gegebenen Vektoren als Einheitsvektoren. Die optimale Strategie des zweiten (auf Minimierung bedachten) Spielers führt zu einem anderen linearen Programm des dualen Typs. Damit ist der Beweis vollständig.

Dieses Ergebnis ist insofern nützlich, als die Lösungsmethode für ein Spiel auch zur Lösung eines Linearprogramms und umgekehrt die Lösungsmethode für ein Linearprogramm auch zur Lösung eines Spiels geeignet ist. Weiterhin läßt sich, wie bei Dorfman, Samuelson und Solow (1958) gezeigt wird, ein Spiel als ein Linearprogramm ausdrücken, das seinerseits wieder ein Spiel mit schief-symmetrischer Matrix wird. So läßt sich jedes Spiel in ein Spiel mit schief-symmetrischer Matrix überführen, d. h. mit dem Wert Null und den gleichen optimalen Strategien für beide Spieler. Dies ist ein beachtlicher Vorteil.

Es muß jetzt noch eine umfassende Methode zur Lösung linearer Programme (und Spiele) gefunden werden. Ein solches Verfahren ist die Simplex-Methode, ihrem Wesen nach eine Methode praktischer Berechnung durch schrittweise Annäherung; sie wurde entworfen, um in Verbindung mit automatischen Rechenmaschinen benutzt zu werden. Sie ist nur eine unter verschiedenen möglichen Berechnungsmethoden, siehe Koopmans (1951), aber sie hat sich vielleicht bis jetzt am besten bewährt.

Die Äquivalenz von Problemen der Spieltheorie und der Linearplanung beruht auf Beziehungen der formalen Algebra; sie dient dazu, die Lösungsmöglichkeiten beider Probleme zu erweitern. Es handelt sich nicht unbedingt um eine Übereinstimmung der Bedeutungen. Wenn zwei Spieler sich an einem Spiel beteiligen, so lösen sie *nicht* ein Problem der Linearplanung. Wenn ein Linearprogramm, wie etwa das Diätproblem formuliert wird, so ist damit *nicht* gesagt, daß zwei Spieler ein Spiel machen. Es stimmt zwar, daß im Diätproblem der Konsument als „Spieler" betrachtet werden kann, der die Kosten seiner Diät minimiert, gegenüber einem feindlichen Gegner „Natur", der mit der Bereitstellung der notwendigen Nährstoffe geizt. Doch damit wird der Begriff eines „Spiels" künstlich erweitert.

16.6 Zur Berechnung von Linearprogrammen

In der Praxis bringt die Lösung eines Linearplanungsproblems oft eine sehr umständliche Rechenarbeit mit sich. Deswegen ist es wichtig, das Problem sorgfältig und systematisch zu formulieren und es für elektronische Rechenmaschinen einzurichten. Das allgemeine Linearprogramm, wie wir es betrachtet haben, steht in 16.4 oben; eine lineare Funktion mit nicht-negativen Variablen soll unter der Bedingung eines Systems linearer Ungleichungen maximiert oder minimiert werden. Der erste Schritt besteht nun darin, daß man das Programm in eine ganz andere Form umsetzt, in der eine lineare Funktion nicht-negativer Variabler unter der Bedingung eines Systems linearer *Gleichungen maximiert* wird. Ein gegebenes Programm läßt sich immer in dieser Form schreiben, indem man zunächst ein Minimum (wenn ein solches angegeben ist) in ein Maximum und dann, indem man weitere Variable hinzufügt, die Ungleichungen in Gleichungen verwandelt. Die betreffende Methode wird durch das einfache Beispiel (16.3 oben) mit zwei Variablen und zwei Ungleichungen hinreichend veranschaulicht. Der allgemeine Fall wird in Aufg. 2 und 3 unten betrachtet.

Man betrachte das Linearprogramm:

$$p_1\ x_1 + p_2\ x_2 = \text{min!}$$

unter den Nebenbedingungen
$$a_{11}\,x_1 + a_{12}\,x_2 \geqslant b_1$$
$$a_{21}\,x_1 + a_{22}\,x_2 \geqslant b_2$$
$$x_1 \geqslant 0 \quad x_2 \geqslant 0$$

Man schreibe zunächst

$$c_1 = -p_1 \quad \text{und } c_2 = -p_2, \quad \text{so daß}$$
$$z \ = c_1\,x_1 + c_2\,x_2 = \text{max!}$$

Dann setze man $x_1 = \lambda_1$ und $x_2 = \lambda_2$. Dann sei λ_3 die nicht-negative Differenz $(a_{11}\,\lambda_1 + a_{12}\,\lambda_2) - b_1$ und λ_4 das gleiche für die andere Nebenbedingung. Also:

$$a_{11}\,\lambda_1 + a_{12}\,\lambda_2 - \lambda_3 = b_1 \qquad \text{und}$$
$$a_{21}\,\lambda_1 + a_{22}\,\lambda_2 - \lambda_4 = b_2$$

Schließlich erweitere man $z = c_1\,\lambda_1 + c_2\,\lambda_2$ zu $z = c_1\,\lambda_1 + c_2\,\lambda_2 + c_3\,\lambda_3 + c_4\,\lambda_4$, wobei $c_3 = c_4 = 0$.

Das Linearprogramm lautet dann:

$$z = c_1\,\lambda_1 + c_2\,\lambda_2 + c_3\,\lambda_3 + c_4\,\lambda_4 = \text{max!}$$

unter den Nebenbedingungen
$$a_{11}\,\lambda_1 + a_{12}\,\lambda_2 - \lambda_3 = b_1$$
$$a_{21}\lambda_1 + a_{22}\,\lambda_2 - \lambda_4 = b_2$$
$$\lambda_1 \geqslant 0 \quad \lambda_2 \geqslant 0 \quad \lambda_3 \geqslant 0 \quad \lambda_4 \geqslant 0$$

Eine lineare Funktion mit vier nicht-negativen Variablen (wovon zwei den Koeffizienten Null haben) soll unter der Nebenbedingung eines Systems zweier linearer Gleichungen in diesen Variablen maximiert werden. Von den vier Variablen sind zwei die ursprünglichen, und die beiden anderen werden üblicherweise aus Zweckmäßigkeitsgründen hinzugefügt. Letztere lassen sich als *Schlupfvariable* bezeichnen. Die Matrix der technischen Koeffizienten wird gleichfalls erweitert von der Ordnung 2×2 zur Ordnung 2×4:

$$\mathbf{A} = \begin{bmatrix} a_{11} & a_{12} & -1 & 0 \\ a_{21} & a_{22} & 0 & -1 \end{bmatrix}$$

Das allgemeine Linearprogramm des betrachteten Typs läßt sich so schreiben:

$$\left.\begin{array}{rc} & z = \mathbf{c}'\,\boldsymbol{\lambda} = \text{max!} \\ \text{unter den Nebenbedingungen} & \mathbf{A}\boldsymbol{\lambda} = \mathbf{b} \\ \text{und} & \boldsymbol{\lambda} \geqslant \mathbf{0} \end{array}\right\} \qquad (1)$$

wobei **A** eine entsprechend erweiterte Matrix (von der Ordnung $m \times n$) der technischen Koeffizienten, **b** ein Vektor (von der Ordnung m) der erforderlichen und verfügbaren Größen, **c** ein Vektor (von der Ordnung n), der das Ziel oder Maximum angibt, und $\boldsymbol{\lambda}$ ein Vektor (der Ordnung n) der zu bestimmenden Variablen ist. Aufgrund der Art, in der die Menge der Variablen erweitert wurde, kann angenommen werden, daß $m < n$ gilt, wie unten gezeigt wird. Ein grundlegendes Ergebnis, das auf Gale zurückgeht und auf einfache Art von Danø (1958) bewiesen wurde, lautet, daß eine (optimale) Lösung von (1), wenn sie existiert, positive Werte für *höchstens* m der n Variablen λ aufweist.

Das System (1) läßt sich besser mit Hilfe von Vektoren der Ordnung m und Mengen von Koeffizienten von der Anzahl n schreiben, zumindest zum Zweck der Berechnung. Man erweitere die Matrix **A** durch Hinzufügung von b als der letzten Spalte, wodurch die Matrix die Ordnung $m \times (n+1)$ bekommt. Man bezeichne die Spalten dieser Matrix gegebener Koeffizienten mit $\mathbf{p}^{(s)}$ $(s = 1, 2, \ldots, n)$ und $\mathbf{p}$; jede Spalte ist ein Vektor von der Ordnung m:

$$[\mathbf{p}^{(1)}\ \mathbf{p}^{(2)} \ldots \mathbf{p}^{(n)}\ \mathbf{p}] = \begin{bmatrix} a_{11} & a_{12} & \ldots & a_{1n} & b_1 \\ a_{21} & a_{22} & \ldots & a_{2n} & b_2 \\ \ldots & \ldots & \ldots & \ldots & \ldots \\ a_{m1} & a_{m2} & \ldots & a_{mn} & b_m \end{bmatrix} \tag{2}$$

Dann läßt sich das Linearprogramm so ausdrücken:

Man ermittle nicht-negative Werte $\lambda_s \geqslant 0$ $(s = 1, 2, \ldots, n)$ so, daß

$$z = c_1 \lambda_1 + c_2 \lambda_2 + \ldots + c_n \lambda_n = \max! \tag{3}$$

unter der Nebenbedingung $\lambda_1 \mathbf{p}^{(1)} + \lambda_2 \mathbf{p}^{(2)} + \ldots + \lambda_n \mathbf{p}^{(n)} = \mathbf{p}$ (4)

Für (3) und (4) läßt sich auch die Σ-Schreibweise benutzen; d. h.

$$z = \sum_{s=1}^{n} c_s \lambda_s = \max! \quad \text{unter der Nebenbedingung} \quad \sum_{s=1}^{n} \lambda_s \mathbf{p}^{(s)} = \mathbf{p}$$

Die Vektoren, die bei dieser Darstellung des Problems benutzt werden, haben unterschiedliche Ordnungen, m und n, wobei $m < n$. Sie müssen als Punkte in zwei Räumen von m bzw. n Dimensionen gedeutet werden. Diese „geometrischen" Begriffe werden in der Darstellung benutzt, so daß sich die Theorie konvexer Mengen anwenden läßt. Die beiden Räume müssen sorgfältig unterschieden werden:

(i) Der *Beschränkungsraum* von m Dimensionen hat die niedrigere Ordnung $(m < n)$; er enthält Punkte $\mathbf{p}^{(1)}, \mathbf{p}^{(2)}, \ldots, \mathbf{p}^{(n)}$ und $\mathbf{p}$, die durch die technischen Koeffizienten von **A** und die Forderungen für **b** in (2) definiert sind. Das sind alle gegebenen Größen des Problems; sie treten in den Gleichungen (4) auf.

(ii) Der *Lösungsraum* von n Dimensionen hat die höhere Ordnung ($n > m$). Er enthält zusätzlich zum Punkt $\mathbf{c} = (c_1, c_2, \ldots, c_n)$ aus der zu maximierenden linearen Funktion (3) die Punkte $\boldsymbol{\lambda} = (\lambda_1, \lambda_2, \ldots, \lambda_n)$, deren Elemente die zu bestimmenden Variablen sind. Der Punkt erscheint als Variable in (3) und gleichfalls als Menge der Koeffizienten der gegebenen Vektoren in (4).

Ein Punkt $\boldsymbol{\lambda}$, der der Gleichung (4) genügt, heißt *zulässige Lösung* des Problems; er liefert nicht notwendig ein Maximum für (3). Ein Punkt, der auch noch (3) maximiert, heißt *optimale zulässige Lösung* des Problems, und genau solch ein Punkt wird gesucht. Die allgemeine Lösungsmethode besteht darin, daß man sein Augenmerk zunächst auf die Menge der zulässigen Lösungen konzentriert und anschließend auf solche zulässigen Lösungen, die optimal sind. Wir werden sehen, daß die zulässigen Lösungen eine konvexe Menge bilden und daß ein Optimum unter den extremen Punkten dieser Menge zu suchen ist. Die Theorie konvexer Mengen läßt sich somit direkt anwenden.

Ordnet man die Variablen der Lösung $\boldsymbol{\lambda}$ den gegebenen Vektoren oder Punkten $\mathbf{p}$ in der Gleichung (4) zu, so kann man sich zweckmäßig ausdrücken und sagen, daß λ_s das *Gewicht* des Punkts $\mathbf{p}^{(s)}$ in der Lösung $\boldsymbol{\lambda}$ sei. Dieser liegt im m-dimensionalen Raum. Da $\lambda_s \geqslant 0$, können in einer Lösung einige $\mathbf{p}^{(s)}$ *positive Gewichte* haben, andere aber die *Gewichte Null*; dies entspricht der Tatsache, daß in der Lösung einige Variable positiv sind, andere aber gleich Null. Es stellt sich als wichtig heraus, zwischen Variablen die positiv und solchen, die Null sind, zu unterscheiden.

Zahl der Variablen und Nebenbedingungen. Die Standardform eines Linearprogramms (1) hat n Variable und m Nebenbedingungen, d. h. das Maximum einer linearen Funktion mit n Variablen ist unter der Nebenbedingung m linearer Gleichungen zu finden.

Das allgemeine Linearprogramm von 16.4 läßt sich mit N Variablen unter der Nebenbedingung M linearer Ungleichungen schreiben. Angenommen, *alle* Nebenbedingungen sind Ungleichungen und es gibt keine Gleichung unter ihnen, dann erscheint es in der Standardform mit $n = M + N$ Variablen (M als Schlupfvariable) und $m = M$ linearen Gleichungen, siehe Aufg. 2 unten. Somit ist in der Standardform $m < n$. Dasselbe trifft für das duale Problem zu, siehe Aufg. 3 unten.

Die Bedeutung der Tatsache, daß $m < n$, d. h. daß der Lösungsraum von höherer Dimension ist als der Beschränkungsraum, liegt darin, daß zulässige Lösungen weniger Gleichungen genügen, als es Variable gibt.

Konsequenterweise trifft es dann auch grundsätzlich zu, daß es viele, tatsächlich eine unendliche Anzahl von Lösungen gibt, die für das lineare Programm in der Standardform zulässig sind.

Dies könnte dann nicht mehr zutreffen, wenn einige oder alle Nebenbedingungen des allgemeinen Linearprogramms von 16.4 (mit N Variablen und M Nebenbedingungen) von vornherein in Form von Gleichungen vorliegen. Dann kann für die Standardform des Problems $m \geqslant n$ gelten, und die zulässigen Lösungen kommen aus einer Menge von Gleichungen, deren Anzahl der Zahl von Gleichungen zumindest gleich ist, siehe Aufg. 4 unten. Unter Umständen gibt es nur eine zulässige Lösung (wenn die Gleichungen widerspruchsfrei sind) oder überhaupt keine zulässige Lösung, (wenn die Gleichungen widerspruchsvoll sind).

Wir fassen zusammen: Ist ein allgemeines Linearprogramm so formuliert, daß alle Nebenbedingungen Ungleichungen sind, dann ist in der Standardform die Anzahl der Beschränkungsgleichungen (m) geringer als die Anzahl der Variablen (n), und es existiert eine unendliche Zahl zulässiger Lösungen. Dies ist der übliche Fall. Wenn jedoch im ursprünglichen Problem einige oder alle Nebenbedingungen als Gleichungen auftreten, dann ist unter Umständen $m \geqslant n$. Dies ist der Ausnahmefall.

Übungsaufgaben 16.6

1. Bringen Sie das duale Problem mit zwei Variablen (16.3 oben) in die Standardform (1) und zeigen Sie, daß es einschließlich der zwei Schlupfvariablen vier Variable und zwei Beschränkungsgleichungen hat.

2. Ein allgemeines Linearprogramm bestehe darin, daß unter M Nebenbedingungen $\mathbf{Ax} \geqslant \mathbf{b}$, N Variable $\mathbf{x}$ zu bestimmen sind, so daß $z = \mathbf{p}'\,\mathbf{x} = \min!$ Bringen Sie es in die Standardform mit n Variablen unter der Nebenbedingung von m Gleichungen. Wenn *alle* ursprünglichen Nebenbedingungen Ungleichungen sind, so zeigen Sie, daß $m = M$ und $n = M + N$ und somit $m < n$.

3. Das duale Problem der vorherigen Aufgabe besteht darin, M Variable $\boldsymbol{\xi}$ zu suchen, so daß unter N Nebenbedingungen $\mathbf{A}'\,\boldsymbol{\xi} \leqslant \mathbf{p}$, $\zeta = \mathbf{b}'\,\boldsymbol{\xi} = \max!$ Bringen Sie dies in die Standardform von n' Variablen unter der Nebenbedingung von m' Gleichungen und zeigen Sie, daß $m' = N$ und $n' = M + N$ ist, wenn *alle* ursprünglichen Nebenbedingungen Ungleichungen sind. Leiten Sie daraus ab, daß ein Linearprogramm und sein Duales in der Standardform die *gleiche* Anzahl von Variablen jedoch eine *unterschiedliche* Anzahl von Nebenbedingungen haben.

4. Angenommen, das allgemeine Linearprogramm mit N Variablen aus Aufg. 2 oben habe unter seinen ursprünglichen M Nebenbedingungen auch einige Gleichungen. Zeigen Sie, daß sich $m \geqslant n$ in der Standardform ergeben kann, wenn man folgende Möglichkeiten in Betracht zieht:

   (a) $M = N$ und alle Nebenbedingungen als Gleichungen ($m = n$)

   (b) $M > N$ und N Nebenbedingungen als Gleichungen ($m = n$)

   (c) $M > N$ und mehr als N Nebenbedingungen als Gleichungen ($m > n$).

16.7 Einige Eigenschaften konvexer Mengen

Die wesentlichen Ergebnisse aus der Theorie konvexer Mengen, wie in 12.5 oben einführend dargestellt, werden nun im einzelnen behandelt. Zusätzlich ist noch der Begriff der linearen Abhängigkeit von Vektoren und Punkten, den wir in 14.1 oben untersucht haben, von Bedeutung; die wichtigsten Ergebnisse aus diesem Gebiet lassen sich zunächst wiedergeben.

Lineare Abhängigkeit

Es gibt n Punkte $\mathbf{p}^{(1)}, \mathbf{p}^{(2)} \ldots, \mathbf{p}^{(n)}$ im m-dimensionalen Raum ($n > m$). Davon ist eine beliebige Menge k, etwa die ersten k, *linear abhängig,* wenn es Koeffizienten μ_s gibt, die nicht sämtlich verschwinden, so daß

$$\sum_{s=1}^{k} \mu_s \, \mathbf{p}^{(s)} = \mathbf{0}$$

Dann läßt sich ein Punkt (der einem μ ungleich Null entspricht) als eine Linearkombination der anderen Punkte ausdrücken. Ist beispielsweise $\mu_1 \neq 0$, dann gilt

$$\mathbf{p}^{(1)} = - \sum_{s=2}^{k} \frac{\mu_s}{\mu_1} \mathbf{p}^{(s)}$$

Andernfalls ist die Menge *linear unabhängig,* d. h. kein Punkt ist eine Linearkombination der anderen.

Hier ein grundlegendes Ergebnis:

(A) *Von n Punkten $\mathbf{p}^{(1)}, \mathbf{p}^{(2)}, \ldots, \mathbf{p}^{(n)}$ im m-dimensionalen Raum können nicht mehr als m linear unabhängig sein.*

Gibt es also $(m + 1)$ Punkte, dann *muß* zumindest einer davon linear abhängig, also eine Linearkombination der anderen sein. Jedoch *kann* auch unter m Punkten unter Umständen lineare Abhängigkeit bestehen.

Angenommen, genau m Punkte, etwa $\mathbf{p}^{(1)}, \mathbf{p}^{(2)}, \ldots, \mathbf{p}^{(m)}$ sind linear unabhängig. Sie bilden in dem Sinne eine *Basis* des m-dimensionalen Raumes, daß sich *jeder* andere Punkt in dem Raum als eine Linearkombination von $\mathbf{p}^{(1)}, \mathbf{p}^{(2)}, \ldots, \mathbf{p}^{(m)}$ ausdrücken läßt. Mehr Punkte braucht man in einer Basis nicht, da sie nicht mehr linear unabhängig wären. Aber auch weniger Punkte reichen nicht aus, da sich mit ihnen nicht alle anderen Punkte ausdrücken lassen. Ein Beispiel, und zwar ein sehr zweckmäßiges, für eine Basis ist die Menge von m Punkten in der Einheitsentfernung auf den Koordinatenachsen, die man aus den Einheitsvektoren $\boldsymbol{\varepsilon}_r$ ($r = 1, 2, \ldots, m$) gewinnt:

$$(1, 0, 0, \ldots, 0); \quad (0, 1, 0, \ldots, 0); \quad \ldots$$

Folgende Anwendung dieses grundlegenden Ergebnisses ist sehr nützlich. Man wähle aus den n Punkten $\mathbf{p}^{(s)}$ $(s = 1, 2, \ldots, n)$ m linear unabhängige Punkte aus, etwa die ersten m, also $\mathbf{p}^{(r)}$ $(r = 1, 2, \ldots, m)$. Dann läßt sich *jeder* Punkt $\mathbf{p}^{(s)}$ als Linearkombination der m Punkte $\mathbf{p}^{(r)}$ ausdrücken. Man schreibe die Koeffizienten der Linearkombination in der Form x_{rs}. Als Ergebnis erhält man:

(B) *Die Punkte* $\mathbf{p}^{(r)}$ $(r = 1, 2, \ldots, m)$ *sind linear unabhängig. Jeder Punkt* $\mathbf{p}^{(s)}$ $(s = 1, 2, \ldots, n)$ *läßt sich dann ausdrücken als:*

$$\mathbf{p}^{(s)} = \sum_{r=1}^{m} x_{rs}\, \mathbf{p}^{(r)}$$

wobei die x_{rs} *bestimmte Koeffizienten sind* $(r = 1, 2, \ldots, m;\ s = 1, 2, \ldots, n)$.

Man beachte, daß dies nicht nur für $s > m$ gilt; es trifft auch zu, wenn s zu den ersten m Punkten gehört und $\mathbf{p}^{(s)}$ aus der linear unabhängigen Menge stammt. In diesem Falle sind alle x_{rs} Null mit der Ausnahme daß $x_{rr} = 1$ ist.

Eigenschaften konvexer Mengen

(i) *Gegeben seien* $\mathbf{p}$ *und* $\mathbf{p}^{(s)}$ $(s = 1, 2, \ldots, n)$ *in* m *Dimensionen; dann umfassen die Punkte* $\boldsymbol{\lambda} = (\lambda_1, \lambda_2, \ldots, \lambda_n)$, *die alle nicht-negativ sind* $(\lambda_s \geqslant 0)$ *und der Gleichung*

$$\sum_{s=1}^{n} \lambda_s\, \mathbf{p}^{(s)} = \mathbf{p}$$

genügen, eine konvexe Menge Γ *in* n *Dimensionen.*

Wenn weiterhin $E^{(1)}, E^{(2)}, \ldots$ *extreme Punkte* von Γ sind, so nimmt man bei der Anwendung auf die Linearplanung an, daß $E^{(1)}, E^{(2)}$ in ihrer Zahl (k) begrenzt sind. Die konvexe Menge Γ ist dann die *konvexe Hülle* (ein Polyeder), die von $E^{(1)}, E^{(2)}, \ldots, E^{(k)}$ erzeugt wird. Die zulässigen Lösungen eines Linearprogramms sind die Punkte der konvexen Hülle Γ.

Beweis: $\boldsymbol{\lambda}^{(1)}$ und $\boldsymbol{\lambda}^{(2)}$ seien zwei verschiedene Punkte von Γ, die nicht-negativ sind und der Bedingung genügen:

$$\sum_{s=1}^{n} \lambda_s^{(1)}\, \mathbf{p}^{(s)} = \mathbf{p} \qquad \sum_{s=1}^{n} {}_s^{(2)}\, \mathbf{p}^{(s)} = \mathbf{p}$$

Folglich gilt für jedes μ $(0 \leqslant \mu \leqslant 1)$:

$$\sum_{s=1}^{n} \{\mu\lambda_s^{(1)} + (1-\mu)\, \lambda_s^{(2)}\}\, \mathbf{p}^{(s)} = \mathbf{p}$$

und

$$\mu\lambda_s^{(1)} + (1-\mu)\, \lambda_s^{(2)} \geqslant 0$$

Wenn also $\boldsymbol{\lambda}^{(1)}$ und $\boldsymbol{\lambda}^{(2)}$ zu Γ gehören, gilt $\mu\,\boldsymbol{\lambda}^{(1)} + (1-\mu)\,\boldsymbol{\lambda}^{(2)}$. Folglich ist Γ konvex.

(ii) *Eine lineare Funktion $f(\boldsymbol{\lambda})$, die für den Punkt $\boldsymbol{\lambda}$ aus der konvexen Menge Γ definiert ist, hat ihr Maximum an einem extremen Punkt von Γ.*

Wenn weiterhin $f(\boldsymbol{\lambda})$ an nur einem extremen Punkt $E^{(1)}$ ein Maximum annimmt, so ist es ein eindeutiges Maximum, wenn $f(\boldsymbol{\lambda})$ an mehreren extremen Punkten $E^{(1)}, E^{(2)}, \ldots$ ein Maximum annimmt, dann gibt es eine unendliche Zahl von Maxima, und zwar in allen Punkten der konvexen Hülle (Teil von Γ), die von $E^{(1)}, E^{(2)} \ldots$ erzeugt wird. Diese beiden Fälle entsprechen einer eindeutigen und einer unendlichen Zahl optimaler zulässiger Lösungen eines Linearprogramms.

Beweis: Die Funktion $f(\boldsymbol{\lambda})$ wird, wie es auch in der Linearplanung der Fall ist, als linear aufgefaßt. Angenommen, $f(\boldsymbol{\lambda})$ hat ein Maximum an einem Punkt $\boldsymbol{\lambda}$, der *kein* Extrempunkt ist. Dann gilt, nach der Definition extremer Punkte $E^{(1)}, E^{(2)}, \ldots, E^{(k)}$ einer konvexen Menge:

$$\boldsymbol{\lambda} = \sum_{r=1}^{k} \mu_r E^{(r)} \quad \text{für} \quad \mu_r \geqslant 0, \quad \sum_{r=1}^{k} \mu_r = 1$$

Also:

$$\max f(\boldsymbol{\lambda}) = \sum_{r=1}^{k} \mu_r f(E^{(r)}) \qquad \text{da } f \text{ linear ist}$$

$$\leqslant f(E^{(1)}) \sum_{r=1}^{k} \mu_r = f(E^{(1)})$$

wenn $E^{(1)}$ der extreme Punkt ist, der den größten Wert für f ergibt.

Folglich:

$$\max f(\boldsymbol{\lambda}) \leqslant f(E^{(1)})$$

Das Zeichen kann auch nur „gleich" heißen und $f(\boldsymbol{\lambda})$ nimmt sein Maximum an dem extremen Punkt $E^{(1)}$ an. In der gleichen Argumentation läßt sich zeigen, daß, wenn mehrere extreme Punkte $E^{(1)}, E^{(2)} \ldots$ den gleichen größten Wert für f ergeben, dies dann alles Maxima von $f(\boldsymbol{\lambda})$ sind, und jedes $\boldsymbol{\lambda}$ erweist sich damit als konvexe Linearkombination von ihnen.

(iii) *Der Punkt $\boldsymbol{\lambda} = (\lambda_1, \lambda_2, \ldots, \lambda_n)$ ist ein extremer Punkt von Γ dann und nur dann, wenn die $\mathbf{p}^{(s)}$ mit positiven Gewichten ($\lambda_s > 0$) unter allen $\mathbf{p}^{(s)}$ ($s = 1, 2, \ldots, n$) eine linear unabhängige Menge bilden. Die übrigen $\mathbf{p}^{(s)}$ haben als Gewicht Null ($\lambda_s = 0$).*

Weiterhin hat nach den Ergebnissen (A) und (B) über die lineare Abhängigkeit ein extremer Punkt von Γ nicht mehr als m positive Gewichte und mindestens $(n-m)$ Gewichte gleich Null; hat er genau m positive Gewichte, dann läßt sich *jeder* Punkt $\mathbf{p}^{(s)}$ so schreiben:

$$\mathbf{p}^{(s)} = \sum_{r=1}^{m} x_{rs}\, \mathbf{p}^{(r)}$$

wobei die Punkte $\mathbf{p}^{(r)}$ $(r = 1, 2, \ldots, m)$ m positive Gewichte haben.

Beweis: $\boldsymbol{\lambda}$ sei ein extremer Punkt von Γ mit k positiven Gewichten $\lambda_1, \lambda_2, \ldots, \lambda_k$; die anderen λ seien Null. Da $\boldsymbol{\lambda}$ zu Γ gehört, gilt nach (i) oben:

$$\sum_{s=1}^{k} \lambda_s\, \mathbf{p}^{(s)} = \mathbf{p} \quad \text{wobei} \quad \lambda_s > 0 \tag{1}$$

Angenommen, $\mathbf{p}^{(1)}, \mathbf{p}^{(2)} \ldots, \mathbf{p}^{(k)}$ sind linear abhängig, so daß gilt:

$$\sum_{s=1}^{k} \mu_s\, \mathbf{p}^{(s)} = 0 \quad \text{nicht alle} \quad \mu_s = 0 \tag{2}$$

Nun wähle man eine kleine Konstante c so, daß $\lambda_s + c\mu_s$ und $\lambda_s - c\mu_s$ beide positiv sind (wie λ_s) für jedes $s = 1, 2, \ldots, k$. Aus (1) und (2) ergibt sich:

$$\sum_{s=1}^{k} (\lambda_s + c\mu_s)\, \mathbf{p}^{(s)} = \mathbf{p} \quad \text{und} \quad \sum_{s=1}^{k} (\lambda_s - c\mu_s)\mathbf{p}^{(s)} = \mathbf{p}$$

Folglich gehören $\boldsymbol{\lambda}^{(1)} = \boldsymbol{\lambda} + c\boldsymbol{\mu}$ und $\boldsymbol{\lambda}^{(2)} = \boldsymbol{\lambda} - c\boldsymbol{\mu}$ beide zu Γ. Aber es müßte gelten:

$$\boldsymbol{\lambda} = \frac{1}{2}\, \boldsymbol{\lambda}^{(1)} + \frac{1}{2}\, \boldsymbol{\lambda}^{(2)}$$

was aber nicht möglich ist, da $\boldsymbol{\lambda}$ ja ein extremer Punkt von Γ ist. Folglich können $\mathbf{p}^{(1)}, \mathbf{p}^{(2)}, \ldots, \mathbf{p}^{(k)}$ nicht linear abhängig sein; sie müssen linear unabhängig sein, was zu beweisen war.

Umgekehrt seien $\mathbf{p}^{(1)}, \mathbf{p}^{(2)}, \ldots, \mathbf{p}^{(k)}$, die den k positiven Gewichten von $\boldsymbol{\lambda}$ in Γ entsprechen, linear unabhängig. Angenommen, $\boldsymbol{\lambda}$ ist eine konvexe Linearkombination der beiden Punkte $\boldsymbol{\lambda}^{(1)}$ und $\boldsymbol{\lambda}^{(2)}$ in Γ:

$$\boldsymbol{\lambda} = \mu\boldsymbol{\lambda}^{(1)} + (1-\mu)\, \boldsymbol{\lambda}^{(2)} \qquad (0 \leqslant \mu \leqslant 1)$$

$\boldsymbol{\lambda}, \boldsymbol{\lambda}^{(1)}$ und $\boldsymbol{\lambda}^{(2)}$ haben alle nur k positive Gewichte (die andern sind Null), und da sie alle zu Γ gehören, gilt:

$$\sum_{s=1}^{k} \lambda_s\, \mathbf{p}^{(s)} = \mathbf{p}\,; \quad \sum_{s=1}^{k} \lambda_s^{(1)}\, \mathbf{p}^{(s)} = \mathbf{p} \quad \text{und} \quad \sum_{s=1}^{k} \lambda_s^{(2)}\, \mathbf{p}^{(s)} = \mathbf{p}$$

Folglich: $$\sum_{s=1}^{k} (\lambda_s - \lambda_s^{(1)})\, \mathbf{p}^{(s)} = \mathbf{0} \quad \text{und} \quad \sum_{s=1}^{k} (\lambda_s - \lambda_s^{(2)})\, \mathbf{p}^{(s)} = \mathbf{0}$$

was aber nicht möglich ist, da die $\mathbf{p}^{(s)}$ linear unabhängig sind, es sei denn

$$\boldsymbol{\lambda} = \boldsymbol{\lambda}^{(1)} = \boldsymbol{\lambda}^{(2)}$$

Folglich kann $\boldsymbol{\lambda}$ keine konvexe Linearkombination von zwei anderen Punkten in Γ sein; daß heißt, $\boldsymbol{\lambda}$ ist ein extremer Punkt von Γ, was zu beweisen war.

16.8 Die Lösung mit der Simplex-Methode

Das allgemeine Linearprogramm, so wie wir es betrachtet haben, ist wie in 16.6 oben angeordnet:

Man ermittle nicht-negative Werte $\lambda_s \geqslant 0$ $(s = 1, 2, \ldots, n)$, so daß

$$z = c_1 \lambda_1 + c_2 \lambda_2 + \ldots + c_n \lambda_n = \max! \tag{1}$$

unter der Nebenbedingung

$$\lambda_1 \mathbf{p}^{(1)} + \lambda_2 \mathbf{p}^{(2)} + \ldots + \lambda_n \mathbf{p}^{(n)} = \mathbf{p} \tag{2}$$

Eine *zulässige Lösung* genügt (2), aber nicht notwendigerweise auch (1). Solche Lösungen bilden eine konvexe Menge Γ, und zwar nach 16.7, Eigenschaft (i). Γ hat extreme Punkte $E^{(1)}, E^{(2)} \ldots, E^{(k)}$ und eine *optimale zulässige Lösung*, die z von (1) maximiert, liegt nach 16.7, Eigenschaft (ii), in einem oder mehreren Punkten $E^{(1)}, E^{(2)}, \ldots, E^{(k)}$. Folglich muß man bei der Lösung des Linearprogramms seine Aufmerksamkeit auf die extremen Punkte konzentrieren, aus denen Γ erzeugt wird. Zwei Möglichkeiten muß man sich vor Augen halten: *entweder* wird das Maximum nur bei einem extremen Punkt erreicht, wobei dies dann die eindeutige Lösung des Problems ist, *oder* man erhält Maxima an verschiedenen extremen Punkten, d. h. es gibt eine unendliche Menge von Lösungen, die bei allen Punkten $\boldsymbol{\lambda}$ der konvexen Hülle der verschiedenen Extrempunkte liegen.

Die Eigenschaft (iii) von 16.7 lenkt die Aufmerksamkeit auf eine andere Eigenart der extremen Punkte von Γ, d. h. auf die Zahl der positiven Gewichte in $\boldsymbol{\lambda} = (\lambda_1, \lambda_2, \ldots, \lambda_n)$ eines extremen Punkts. Ihre Zahl kann kleiner als m sein, wodurch dann die $\mathbf{p}^{(r)}$ $(r = 1, 2, \ldots, \mathrm{k})$ mit den positiven Gewichten linear unabhängig sind $(k < m)$. Brauchbarer ist der Fall, wo diese Zahl genau m beträgt; die linear unabhängigen $\mathbf{p}^{(r)}$ $(r = 1, 2, \ldots, m)$ bilden dann eine *Basis* des m-dimensionalen Raumes und somit läßt sich jeder Punkt $\mathbf{p}^{(s)}$ schreiben in der Form: $\mathbf{p}^{(s)} = \sum_{r=1}^{m} x_{rs}\, \mathbf{p}^{(r)}$.

Angenommen man hat eine *zulässige Lösung* des Problems gefunden, die auch ein extremer Punkt von Γ mit genau m positiven Gewichten ist, d. h. eine Lösung:

$$\boldsymbol{\lambda} = (\lambda_1, \lambda_2, \ldots \lambda_m, 0, 0, \ldots 0)$$

wobei $\lambda_r > 0$ ($r = 1, 2, \ldots, m$). Dann sind die Punkte $\mathbf{p}^{(r)}$ linear unabhängig und somit gilt:

$$\mathbf{p} = \sum_{r=1}^{m} \lambda_r \, \mathbf{p}^{(r)} \qquad (\lambda_r > 0) \tag{3}$$

und

$$\mathbf{p}^{(s)} = \sum_{r=1}^{m} x_{rs} \, \mathbf{p}^{(r)} \qquad (s = 1, 2, \ldots n) \tag{4}$$

Der entsprechende Wert für z, der nicht notwendigerweise ein Maximum ist, ergibt sich zu

$$z_0 = \sum_{r=1}^{m} c_r \, \lambda_r \tag{5}$$

oder so geschrieben

$$z_s = \sum_{r=1}^{m} c_r \, x_{rs} \qquad (s = 1, 2 \ldots n) \tag{6}$$

Nun muß man eine *neue zulässige Lösung* an einem extremen Punkt von Γ suchen, indem man $\mathbf{p}^{(r)}$ herausnimmt — wobei r ein aus der Menge $1, 2, \ldots, m$ ausgewählter Wert ist — und $\mathbf{p}^{(s)}$ hinzufügt, wobei s ein aus der Menge $(m + 1), (m + 2), \ldots, n$ ausgewählter Wert ist. Die Substitution soll für z einen *größeren* Wert als z_0 ergeben. Arbeitet man sich in dieser Weise durch die extremen Punkte von Γ hindurch, so nähert man sich mehr und mehr dem Maximum von z, d. h. der optimalen Lösung (oder einen der unendlich vielen Optima).

Das Problem besteht nun darin, wie man das r, das man eliminieren, und das s, das man hinzufügen will, wählen soll. ϑ sei ein konstanter Koeffizient. Aus (3) und (4) ergibt sich:

$$\begin{aligned} \mathbf{p} &= \sum_{r=1}^{m} \lambda_r \, \mathbf{p}^{(r)} - \vartheta \mathbf{p}^{(s)} + \vartheta \mathbf{p}^{(s)} \\ &= \sum_{r=1}^{m} (\lambda_r - \vartheta x_{rs}) \, \mathbf{p}^{(r)} + \vartheta \mathbf{p}^{(s)} \end{aligned} \tag{7}$$

Man setze $\vartheta = \dfrac{\lambda_i}{x_{rs}}$, so daß der r-te Ausdruck in (7) verschwindet und nur noch m Ausdrücke übrigbleiben. Vorausgesetzt, daß $\lambda_r - \vartheta x_{rs} \geqslant 0$ und $\vartheta \geqslant 0$ gilt, sind die Koeffizienten von (7) eine neue zulässige Lösung und das entsprechende z ergibt sich nach (5) und (6) als:

$$z_0' = \sum_{r=1}^{m} c_r \, (\lambda_r - \vartheta x_{rs}) + \vartheta c_s = z_0 \, \vartheta \, (c_s - z_s) \tag{8}$$

Wenn also $\vartheta > 0$ und $c_s > z_s$ ist, dann hat man mit (8) durch die Substitution eine bessere Lösung ($z'_0 > z_0$) gewonnen. Die Wahl von r und s muß nun den Bedingungen genügen:

$$\vartheta = \frac{\lambda_r}{x_{rs}} > 0 \quad \lambda_i - \vartheta x_{is} \geqslant 0 \quad \text{und} \quad c_s - z_s > 0 \tag{9}$$

wobei i ein beliebiger Wert innerhalb $1, 2, \ldots, m$ ist, nur nicht r selbst. Zwei Bedingungen müssen erfüllt sein, um eine Wahl von r und s zu ermöglichen:

(i) Mindestens ein $c_s - z_s$ ($s = m + 1, m + 2, \ldots, n$) muß positiv sein; hierbei wähle man s so, daß $c_s - z_s > 0$ am größten wird und die letzte Beziehung (9) erfüllt ist.

(ii) Mindestens ein x_{rs} ($r = 1, 2, \ldots, m$) muß positiv sein; hierbei wähle man r so, daß

$$\vartheta = \min \frac{\lambda_r}{x_{rs}} \text{ aus } \quad x_{rs} > 0 \quad \text{erreicht wird}$$

und die beiden Beziehungen aus (9) gelten.

Unter diesen Bedingungen erhält man eine bessere Lösung, indem man $\mathbf{p}^{(r)}$ wegläßt und $\mathbf{p}^{(s)}$ in die Menge der anfänglichen (linear unabhängigen) Punkte $\mathbf{p}^{(r)}$ ($r = 1, 2, \ldots, m$) einbezieht. Darüber hinaus ist die neue Menge gleichfalls linear unabhängig und entspricht wiederum einem extremen Punkt von Γ. Um dies zu zeigen, nehme man an, die Punkte seien so numeriert, daß $\mathbf{p}^{(1)}$ wegfällt und $\mathbf{p}^{(m+1)}$ neu aufgenommen wird, d. h. $r = 1, s = m + 1$, dann gilt nach (4):

$$\mathbf{p}^{(m+1)} = \sum_{r=1}^{m} x_{r(m+1)} \mathbf{p}^{(r)}$$

und

$$\mathbf{p}^{(m+1)} = \sum_{r=2}^{m} \mu_r \mathbf{p}^{(r)}$$

wenn die neue Menge $\mathbf{p}^{(2)}, \mathbf{p}^{(3)}, \ldots, \mathbf{p}^{(m+1)}$ linear abhängig ist.

Man subtrahiere:

$$x_{1(m+1)} \mathbf{p}^{(1)} = \sum_{r=2}^{m} (\mu_r - x_{r(m+1)}) \mathbf{p}^{(r)}$$

Aber die ursprüngliche Menge wäre linear unabhängig und $\mathbf{p}^{(1)}$ kann nicht, wie hier angegeben, eine Linearkombination der anderen Punkte sein. Auch $x_{r(m+1)} = 0$ geht nicht, da $r = 1$ aus positiven $x_{r(m+1)}$ ausgewählt wurde. Folglich ist die neue Menge nicht linear abhängig; sie ist linear unabhängig.

Wir schließen daraus, daß sich, wenn die Bedingungen (i) und (ii) erfüllt sind, die ursprünglichen λ und z_0-Werte verbessern lassen; man erhält eine neue zulässige Lösung, ebenfalls ein extremer Punkt von Γ, und einen höheren Wert für z_0. Damit ist ein Ausgangspunkt für eine weitere Anwendung der Methode gegeben. Der ganze Prozeß läßt sich wiederholen, ein Iterationsprozeß von einem gewählten Ausgangspunkt aus; zu einem früheren Stadium kommt man nicht zurück, da sich der Wert von z in jedem Stadium erhöht. Das einzige Haltesignal (vom Fall der Entartung, den wir unten behandeln, abgesehen) steht da, wo in irgendeinem Stadium die Bedingungen (i) und (ii) nicht erfüllt sind. Und dies bedeutet dann, daß man die maximal zulässige Lösung erreicht hat. Man sieht leicht ein, daß *entweder* die Bedingung (ii) nicht mehr erfüllt ist und alle $x_{rs} \leqslant 0$ sind, wodurch der Wert von z unendlich wird, *oder* die Bedingung (i) trifft nicht mehr zu, und alle $c_s - z_s \leqslant 0$, wodurch sich ein unendliches Maximum von z ergeben hat, d. h. der extreme Punkt λ ist die gesuchte optimale zulässige Lösung.

Der Augenblick, wo in der Praxis die iterative Lösungsmethode versagt, tritt ein, wenn es in irgendeinem Stadium für die zulässige Lösung λ keine m positiven Gewichte gibt. Dann haben wir den Fall der *Entartung*. Eine Lösung der Schwierigkeit, die es ermöglicht, die Simplex-Methode weiterhin anzuwenden, wird von Charnes (1952) vorgeschlagen und bei Charnes, Cooper und Henderson (1953) benutzt.

Zum Schluß beachte man noch, daß sich das duale Programm irgendeines gegebenen Linearprogramms gleichfalls in die Standard-Simplex-Form von (1) und (2) oben bringen läßt. Folglich läßt es sich durch eine weitere Anwendung der Simplex-Methode lösen. Fest steht jedoch, daß das ursprüngliche Problem und sein Duales so eng aufeinander bezogen sind (z. B. haben sie im Maximum/Minimum denselben Wert), daß man erwarten kann, daß die einmalige Anwendung der Methode beide Probleme lösen wird. Das ist in der Tat der Fall; es wird durch das Beispiel in 16.9, unten veranschaulicht. Hat man ein endliches Maximum erhalten, so sind im Endstadium der Anwendung der Methode auf ein gegebenes Problem alle $c_s - z_s \leqslant 0$. Schließlich liefern die negativen Werte (d. h. $z_s - c_s$), die man für die Schlupfvariablen erhält, die optimale Lösung für die Variablen des dualen Problems.

16.9 Lösung eines einfachen Linearprogramms mit Hilfe der Simplex-Methode

Die Methode läßt sich in ihrer Anwendung auf ein einfaches Beispiel praktisch veranschaulichen; das Beispiel, das wir wählen wollen, ist das duale Problem, das wir schon mit graphischen Methoden in 16.2 oben und in der entsprechenden Form eines Spiels in 16.3 oben gelöst haben.

Dieselbe Lösung wird nun durch die Simplex-Methode geliefert. Der Vorteil dieser Methode liegt jedoch darin, daß sie auch mit komplizierten Linearprogrammen fertig werden kann, die einer graphischen Lösung oder der Lösung eines entsprechenden Spiels nicht zugänglich sind. Bei Charnes, Cooper und Henderson (1953) wird ein kompliziertes Problem gelöst und viele andere praktische Aspekte der Simplex-Methode betrachtet. Dann wird noch gezeigt, daß die Simplex-Methode für eine systematische Berechnung durch elektronische Rechenmaschinen konzipiert wurde.

Das Problem besteht darin, nicht-negative Werte ξ_1 und ξ_2 so zu finden, daß

$$\zeta = 3\,\xi_1 + 4\,\xi_2 = \max!$$

unter den Nebenbedingungen

$$\xi_1 + \xi_2 \leqslant 6$$
$$2\,\xi_1 + 4\,\xi_2 \leqslant 21$$

gilt. Um die Aufgabe für die Anwendung der Simplex-Methode in die Standardform (16.6 oben) zu bringen, werden zwei Schlupfvariable eingeführt, zusammen sind es also vier Variable:

$\lambda_1 = \xi_1$ und $\lambda_2 = \xi_2$ mit λ_3 und λ_4 als Schlupfvariable. Dann sind nicht-negative Werte λ_s ($s = 1, 2, 3, 4$) so zu finden, daß:

$$z = 3\,\lambda_1 + 4\,\lambda_2 = \max!$$

unter den Nebenbedingungen

$$\lambda_1 + \lambda_2 + \lambda_3 = 6$$
$$2\,\lambda_1 + 4\,\lambda_2 + \lambda_4 = 21$$

Hier hat der Beschränkungsraum zwei Dimensionen und enthält fünf gegebene Punkte:

$$(\mathbf{p}^{(1)}, \mathbf{p}^{(2)}, \mathbf{p}^{(3)}, \mathbf{p}^{(4)}\ \mathbf{p}) = \begin{bmatrix} 1 & 1 & 1 & 0 & 6 \\ 2 & 4 & 0 & 1 & 21 \end{bmatrix}$$

Der Lösungsraum hat vier Dimensionen und enthält die Punkte

$$\boldsymbol{\lambda} = (\lambda_1, \lambda_2, \lambda_3, \lambda_4) \ ,$$

die mögliche Lösungen des Problems sind. Der gegebene Punkt $\mathbf{c} = (3, 4, 0, 0)$, der die zu maximierende Funktion z angibt, liegt auch in diesem Raum.

Alle zulässigen Lösungen $\boldsymbol{\lambda}$, die den beiden Nebenbedingungen genügen, umfassen eine konvexe Menge Γ in vier Dimensionen. Die erste zulässige Lösung soll ausgewählt werden, ein extremer Punkt von Γ mit genau zwei positiven Gewichten und zwei Gewichten gleich Null. Eine bequeme Lösung dieser Art ist $\boldsymbol{\lambda} = (0, 0, 6, 21)$, die offensichtlich die

Bedingungen erfüllt; die Punkte $\mathbf{p}^{(3)} = \begin{bmatrix} 1 \\ 0 \end{bmatrix}$ und $\mathbf{p}^{(4)} = \begin{bmatrix} 0 \\ 1 \end{bmatrix}$, die die positiven Gewichte haben, sind linear unabhängig. Tatsächlich sind diese Punkte die Einheitsvektoren (Einheitsentfernungen auf den Achsen) des zweidimensionalen Raums; sie bilden eine einfache Basis des Raumes, und alle anderen Punkte sind Linearkombinationen von ihnen. Aus diesem Grunde wird die erste zulässige Lösung ausgewählt.

Das folgende Simplex-Tableau wird nun Schritt für Schritt aufgebaut:

			λ	$\mathbf{p}^{(1)}$	$\mathbf{p}^{(2)}$	$\mathbf{p}^{(3)}$	$\mathbf{p}^{(4)}$
		c_s		3	4	0	0
A	$p^{(3)}$	0	6	1	1	1	0
	$\mathbf{p}^{(4)}$	0	21	2	4	0	1
	z_s			0	0	0	0
	$c_s - z_s$			3	4	0	0
B	$\mathbf{p}^{(3)}$	0	$\frac{3}{4}$	$\frac{1}{2}$	0	1	$-\frac{1}{4}$
	$\mathbf{p}^{(2)}$	4	$\frac{21}{4}$	$\frac{1}{2}$	1	0	$\frac{1}{4}$
	z_s			2	4	0	-1
	$c_s - z_s$			1	0	0	-1
C	$\mathbf{p}^{(1)}$	3	$\frac{3}{2}$	1	0	2	$-\frac{1}{2}$
	$\mathbf{p}^{(2)}$	4	$\frac{9}{2}$	0	1	-1	$\frac{1}{2}$
	z_s			3	4	2	$\frac{1}{2}$
	$c_s - z_s$			0	0	-2	$-\frac{1}{2}$

Man betrachte den ersten Abschnitt des Tableaus *A*; dies ist die erste zulässige Lösung. Die ersten beiden Zeilen sind die Punkte, hier $\mathbf{p}^{(3)}$ und $\mathbf{p}^{(4)}$, mit positiven Gewichten in $\boldsymbol{\lambda} = (0, 0, 6, 21)$, und die positiven Gewichte werden in der mit $\boldsymbol{\lambda}$ überschriebenen Spalte ausgewiesen. Die anderen vier Spalten sind jeweils die vier Punkte $\mathbf{p}^{(1)}, \mathbf{p}^{(2)}, \mathbf{p}^{(3)}$ und $\mathbf{p}^{(4)}$. Über den Zeilen und Spalten sind die entsprechenden Werte für $\mathbf{c} = (3, 4, 0, 0)$ ausgewiesen. Der Hauptteil des Abschnittes *A* wird von der Menge der Elemente in den beiden Zeilen $\mathbf{p}^{(3)}$ und $\mathbf{p}^{(4)}$ und den vier Spalten $\mathbf{p}^{(1)}, \mathbf{p}^{(2)}, \mathbf{p}^{(3)}$ und $\mathbf{p}^{(4)}$ gebildet. Dies sind die Koeffizienten x_{rs} in (4) aus 16.8 oben. Sie zeigen, wie der Punkt für jede Spalte als eine Linearkombination der gewählten Basis $\mathbf{p}^{(3)}$ und $\mathbf{p}^{(4)}$ ausgedrückt wird. Z. B.:

$$\mathbf{p}^{(1)} = x_{31}\,\mathbf{p}^{(3)} + x_{41}\,\mathbf{p}^{(4)}$$

d. h.
$$\begin{bmatrix} 1 \\ 2 \end{bmatrix} = 1 \times \begin{bmatrix} 1 \\ 0 \end{bmatrix} + 2 \times \begin{bmatrix} 0 \\ 1 \end{bmatrix}$$

Sie sind in der Tat die Elemente der gegebenen Matrix des Problems, siehe Aufg. 1 unten. Die übrigen zwei Zeilen von A geben zwei abgeleitete Werte für jede Spalte:

$$z_s = c_3\, x_{3s} + c_4\, x_{4s} \quad (s = 1, 2, 3, 4) \quad (6) \text{ von 16.8 oben}$$

und dann $c_s - z_s$.

Geht man dann auf Abschnitt B über, so muß in den Zeilen entweder $\mathbf{p}^{(3)}$ oder $\mathbf{p}^{(4)}$ durch $\mathbf{p}^{(1)}$ oder $\mathbf{p}^{(2)}$ ersetzt werden. Um sich für die richtige Substitution entscheiden zu können, suche man

(i) den größten positiven Wert $(c_s - z_s)$; somit wird $\mathbf{p}^{(2)}$ eingesetzt;

(ii) für die Spalte $\mathbf{p}^{(2)}$ den kleineren Wert ϑ von $\frac{\lambda_3}{x_{32}}$ und $\frac{\lambda_4}{x_{42}}$ mit positiven x-Werten. Die beiden Werte sind hier $\frac{6}{1}$ und $\frac{21}{6}$; damit fällt $\mathbf{p}^{(4)}$ heraus.

Abschnitt B ist aus den Zeilen $\mathbf{p}^{(3)}$ und $\mathbf{p}^{(2)}$ aufgebaut, dem neuen Paar linear unabhängiger Punkte mit positiven Gewichten in der neuen zulässigen Lösung $\boldsymbol{\lambda}$. Die Elemente von $\boldsymbol{\lambda}$ erhält man aus der Beziehung (7) von 16.8 oben; hier ist $\boldsymbol{\lambda} = \left(0, \frac{21}{4}, \frac{3}{4}, 0\right)$. Die positiven Gewichte werden in B unter $\boldsymbol{\lambda}$ ausgewiesen. Dann findet man die Koeffizienten x_{rs} von (4) in 16.8 oben und setzt sie in die Tabelle ein.

Z. B.
$$\mathbf{p}^{(1)} = x_{31}\, \mathbf{p}^{(3)} + x_{21}\, \mathbf{p}^{(2)}$$

d. h.
$$\begin{bmatrix} 1 \\ 2 \end{bmatrix} = x_{31} \begin{bmatrix} 1 \\ 0 \end{bmatrix} + x_{21} \begin{bmatrix} 1 \\ 4 \end{bmatrix}$$

Die Werte $x_{31} = \frac{1}{2}$ und $x_{21} = \frac{1}{2}$ genügen dieser Beziehung, siehe Aufg. 2 unten. Die Zeilen für z_s und $(c_s - z_s)$ leitet man dann wie zuvor ab.

Abschnitt C stellt eine weitere Anwendung des gleichen Prozesses dar. Das Paar $\mathbf{p}^{(3)}$ und $\mathbf{p}^{(2)}$, die Basis von B, wird durch die neue Basis $\mathbf{p}^{(1)}$ und $\mathbf{p}^{(2)}$ ersetzt. Zunächst setzt man $\mathbf{p}^{(1)}$ ein, wobei man vom größten positiven Wert $(c_s - z_s)$ in B ausgeht; dies ist in der Tat der einzige positive Wert $(c_s - z_s)$, der übrigbleibt. Dann nimmt man $\mathbf{p}^{(3)}$ heraus, wobei man vom kleinsten Wert ϑ von $\frac{\lambda_3}{x_{31}}$ und $\frac{\lambda_2}{x_{21}}$, d. h. von $\frac{3}{4} \big/ \frac{1}{2}$ und $\frac{21}{4} \big/ \frac{1}{2}$ ausgeht. Folglich ist $\vartheta = \frac{3}{2}$ und das neue $\boldsymbol{\lambda} = \left(\frac{3}{2}, \frac{9}{2}, 0, 0\right)$ nach (7) von 16.8 oben. Der Rest ergibt sich für C wie zuvor.

Damit hat man nun das Ende erreicht, da alle $(c_s - z_s) \leqslant 0$ sind und man ein endliches Maximum für z gewonnen hat. Die maximal zulässige Lösung ist $\boldsymbol{\lambda} = \left(\frac{3}{2}, \frac{9}{2}, 0, 0\right)$ wobei

$$z = 3\,\lambda_1 + 4\,\lambda_2 = 22\frac{1}{2}$$

Dies ist genau die in 16.2 oben gewonnene Lösung, d. h. $\xi_1 = \frac{3}{2}, \xi_2 = \frac{9}{2}$ und $\zeta = 22\frac{1}{2}$. Zu beachten ist, daß das duale Problem oder das Diätproblem von 16.1 oben eine Lösung hat, die sich aus dem Simplex-Tableau oben ablesen läßt. Sie stammt aus der letzten Zeile für $(c_s - z_s)$, in der man die Vorzeichen umkehren und Variable und Schlupfvariable vertauschen muß. Hier ist $\boldsymbol{\lambda} = \left(2, \frac{1}{2}, 0, 0\right)$, d. h. $x_1 = 2, x_2 = \frac{1}{2}$, woraus sich $z = 22\frac{1}{2}$ ergibt.

Übungsaufgaben 16.9

1. Die Vektoren $\begin{bmatrix} 1 \\ 0 \end{bmatrix}$ und $\begin{bmatrix} 0 \\ 1 \end{bmatrix}$ sind linear unabhängig und bilden als Punkte (1, 0) und (0, 1) eine Basis des zweidimensionalen Raumes. Jeder beliebige Punkt (x_1, x_2) läßt sich als Linearkombination hiervon gewinnen. Zeigen Sie, daß man mit folgender Regel die Kombinationen findet:

$$\begin{bmatrix} x_1 \\ x_2 \end{bmatrix} = x_1 \begin{bmatrix} 1 \\ 0 \end{bmatrix} + x_2 \begin{bmatrix} 0 \\ 1 \end{bmatrix}$$

2. Eine Basis des zweidimensionalen Raumes ist durch ein beliebiges Paar linear unabhängiger Vektoren der Ordnung 2 gegeben und nicht nur durch das Paar der vorhergehenden Aufgabe. Man nehme $\begin{bmatrix} 1 \\ 0 \end{bmatrix}$ und $\begin{bmatrix} 1 \\ 4 \end{bmatrix}$ als eine solche Basis. Ein beliebiger Punkt (x_1, x_2) ist eine Linearkombination hiervon:

$$\begin{bmatrix} x_1 \\ x_2 \end{bmatrix} = \lambda_1 \begin{bmatrix} 1 \\ 0 \end{bmatrix} + \lambda_2 \begin{bmatrix} 1 \\ 4 \end{bmatrix}$$

Zeigen Sie, daß man in diesem Falle mit folgender Regel die Kombination findet:

$$\lambda_1 = x_1 - \frac{1}{4}\,x_2\,; \quad \lambda_2 = \frac{1}{4}\,x_2$$

3. Lösen Sie das Diätproblem von 16.1 oben direkt mit Hilfe der Simplex-Methode. Leiten Sie dann die Lösung für sein Duales ab. Prüfen Sie das Ergebnis mit der direkten Lösung des Dualen oben.

4. Lösen Sie das Diätproblem von 16.1, Aufg. 5 und 16.2, Aufg. 4 mit Hilfe der Simplex-Methode. Prüfen Sie das Ergebnis mit der Lösung, die man aus dem entsprechenden Spiel (16.3, Aufg. 3) gewinnt.

5. Zeigen Sie in dem Transportproblem von 16.1, Aufg. 7, daß dies die fünf gegebenen Punkte im Beschränkungsraum (zweidimensional) sind:

$$[\mathbf{p}^{(1)}\ \mathbf{p}^{(2)}\ \mathbf{p}^{(3)}\ \mathbf{p}^{(4)}\ \mathbf{p}] = \begin{bmatrix} 1 & 1 & 0 & 0 & b_1 \\ 1 & 0 & 1 & 0 & b_2 \end{bmatrix}$$

Wie viele Paare sind linear unabhängig und wie viele linear abhängig?

6. Greifen Sie ein besonderes Beispiel des Transportproblems von 16.1, Aufg. 7 heraus:

$$z = x_1 + \frac{1}{2}(x_2 + x_3) = \text{min!}$$

unter den Nebenbedingungen $x_1 + x_2 = 10;\ x_1 + x_3 = 20$

Zeigen Sie direkt, daß für beliebige zulässige Werte von x_1, x_2 und x_3 gilt: $z = 15$. Versuchen Sie die Lösung des Linearprogramms (a) mit graphischen Mitteln, (b) von der Lösung des entsprechenden Spiels her und (c) mit Hilfe der Simplex-Methode. Untersuchen Sie gleichfalls das duale Problem. Erläutern Sie die einzelnen Arten des Vorgehens und interpretieren Sie das Problem mit Hilfe der Anzahl von Schiffen, die für den Verkehr benötigt werden, und den erforderlichen Reisezeiten.

7. Greifen Sie im Transportproblem von 16.1, Aufg. 8 den besonderen Fall heraus, wo die Matrix der zwischen den Punkten verschifften Ladungen und die Matrix der Kosten so aussehen

$$\left[\begin{array}{cc|c} x_{11} & x_{12} & 2 \\ x_{21} & x_{22} & 10 \\ \hline 6 & 6 & 12 \end{array}\right] \quad \text{und} \quad \begin{bmatrix} 3 & 2 \\ 5 & 4 \end{bmatrix}$$

Zeigen Sie, daß das Problem darin besteht, eine lineare Funktion mit vier Variablen unter der Bedingung dreier linearer Gleichungen zu minimieren. Was ergibt die Simplex-Methode in diesem Fall? Vergleichen Sie das mit dem Ergebnis der vorigen Aufgabe. Siehe Dantzig in Koopmans (1951), Kapitel XXIII, für eine allgemeine Darstellung.

Literatur

Charnes (A.) (1952): „Optimality and Degeneracy in Linear Programming", *Econometrica*, **20**, 160 - 170.

Charnes (A.), *Cooper* (W. W.) und *Henderson* (A.) (1953): *An Introduction to Linear Programming* (Wiley, 1953).

Chipman (J.) (1953): „Computational Problems in Linear Programming", *Review of Economics and Statistics*, **35**, 342 - 9.

Danø (S.) (1959): *Linear Programming in Industry: Theory and Applications.* Wien 1959.

Dantzig (G. B.) (1949): „The Programming of Interdependent Activities: Mathematical Model“, *Econometrica*, **23**, 200 - 11.

Dorfman (R.) (1951): *Application of Linear Programming to the Theory of the Firm* (California, 1951).

Dorfman (R.), *Samuelson* (P. A.) und *Solow* (R. M.) (1958): *Linear Programming and Economic Analysis* (McGraw-Hill, 1958), Kapitel 1 - 4 und 16.

Kemeny (J. G.), *Snell* (J. L.) und *Thompson* (G. L.) (1957): *Introduction to Finite Mathematics* (Prentice-Hall, 1957), Kapitel VI.

Koopmans (T. C.) (Herausg.) (1951): *Activity Analysis of Production and Allocation* (Wiley, 1951).

Lomax (K. S.) (1952): „Allocation and Programming in Modern Economics“, *Manchester Statistical Society* (1952), 1 - 48.

McKinsey (J. C. C.) (1952): *Introduction to the Theory of Games* (McGraw-Hill, 1952), Kapitel 14.

Morton (G.) (1950): *Food Consumption Levels — Some International Comparisons* (Londoner Ph. D. Arbeit, unveröffentlicht).

Morton (G.) (1951): „Notes on Linear Programming“, *Economica*, **18**, 397 - 411.

Newman (P.) (1955): „Some Calculations on Least-cost Diets using the Simplex Method“, *Bulletin of Oxford Institute of Statistics*, **17**, 303 - 20.

Stigler (G. J.) (1945): „The Cost of Subsistence“, *Journal Farm Economics*, **27**, 303 - 14.

Vajda (S.) und andere (1955): „Symposium on Linear Programming“, *Journal Royal Statistical Society*, Series B, **17**, 165 - 203.

Vajda (S.) (1956): *The Theory of Games and Linear Programming* (Methuen, 1956), Kapitel IV - XI.

Waugh (F. V.) und *Burrows* (E. L.) (1955): „A Short Cut to Linear Programming“, *Econometrica*, **23**, 18 - 29.

Wood (M. K.) und *Dantzig* (G. B.) (1949): „The Programming of Interdependent Activities: General Discussion“, *Econometrica*, **17**, 193 - 99.

Kapitel 17

Wirtschaftsprogrammierung; Faktorallokation

17.1 Einführung: Allgemeines wirtschaftliches Gleichgewicht

Der Faden der wirtschaftlichen Theorie wird nun wieder aufgenommen: statische und dynamische Modelle allgemeiner Art. Das wirtschaftliche Gleichgewicht ist ausführlich im Kapitel 10 und in besonderer Form im Kapitel 11 definiert; diese offensichtlich divergierenden Ansätze müssen noch integriert werden. Das Walrasianische System im Kapitel 10 erlaubt alle möglichen Zwischenstufen in dem, was Robbins (1932) als *das* wirtschaftliche Problem bezeichnet hat: die Verwendung begrenzter Resourcen zur Erreichung bestimmter wirtschaftlicher Ziele. All dies ist bei weitem zu allgemein. Selbst mit dem Scharfsinn von Hicks oder Samuelson können nur wenige Resultate von empirischem Gehalt gewonnen werden. Es stimmt, daß das Abzählen von Gleichungen zeigt, daß Lösungen *möglich* sind — aber nicht, daß sie *existieren,* zumindest mit nicht-negativen Preisen und Mengen.

Diesen Bedenken kann man dadurch begegnen, daß man ein *lineares* System mit *linearen* Ungleichungen einführt. Dies ist nicht sehr einschränkend, denn Linearität bedeutet feste Produktionskoeffizienten, *nicht* aber lineare Nachfrage- oder Kosten-Funktion — und Ungleichungen werden in jedem Falle gebraucht, z. B. $p \geqslant 0$ für einen Preis.

Das *lineare Walrasianische System* von 10.2 oben hat feste Produktionskoeffizienten. Der Bequemlichkeit halber vereinfachen wir hier weiter durch ein festes Angebot $\overline{X}_s$ von jedem der k Faktoren ($s = 1, 2, \ldots, k$) und der m Verbrauchsgüter ($t = 1, 2, \ldots, m$) ohne Ausgangsbestände. Die Gleichungen (i) und (iii) von 10.2 ergeben die Markt-Nachfragefunktion X_t für Verbrauchsgüter, jede in Abhängigkeit von den Preisen aller Verbrauchsgüter. Wir schreiben a_{st} für die Menge der festen technischen Koeffizienten, π_s für die Faktorpreise und p_t für Preise der Verbrauchsgüter. Es verbleiben zwei Mengen linearer Gleichungen (ii) in 10.2:

$$\text{(a)}\quad \sum_t a_{st} X_t = \overline{X}_s \quad (s = 1, 2, \ldots, k) \qquad \text{(b)}\quad \sum_s \pi_s a_{st} = p_t \quad (t = 1, 2, \ldots, m)$$

Da X_t in Abhängigkeit von den Preisen und X_s gegeben sind, sind dies Gleichungen für Marktpreise.

Zeuthen (S. 317 oben) hat darauf hingewiesen, daß die Gleichungen in Ungleichungen umgewandelt werden müssen, falls die Lösungen auf *nicht-negative Preise* ($\pi_s \geqslant 0, p_t \geqslant 0$) beschränkt sind. Das System (a) muß nicht festlegen, daß die „gegebenen Resourcen vollständig verwendet werden", sondern daß „nicht mehr als die gegebenen Resourcen verwendet werden können". Entsprechend erfordert das System (b) negative oder Null-Gewinne, nicht genau Null-Gewinne. Daher muß gelten:

$$\text{(a)}\ \sum_t a_{st} X_t \leqslant \bar{X}_s \quad (s = 1, 2, \ldots, k) \qquad \text{(b)}\ \sum_s \pi_s\, a_{st} \geqslant p_t \qquad (t = 1, 2, \ldots, m)$$

Vollständig lauten die linearen Ungleichungen:

$$\begin{array}{llll}
\text{(a)} & a_{11} X_1 + a_{12} X_2 + \ldots + a_{1m} X_m \leqslant \bar{X}_1 & \text{(b)} & a_{11} \pi_1 + a_{21} \pi_2 + \ldots + a_{k1} \pi_k \geqslant p_1 \\
 & a_{21} X_1 + a_{22} X_2 + \ldots + a_{2m} X_m \leqslant \bar{X}_2 & & a_{12} \pi_1 + a_{22} \pi_2 + \ldots + a_{k2} \pi_k \geqslant p_2 \\
 & \cdots\cdots\cdots\cdots\cdots\cdots\cdots & & \cdots\cdots\cdots\cdots\cdots\cdots\cdots \\
 & a_{k1} X_1 + a_{k2} X_2 + \ldots + a_{km} X_m \leqslant \bar{X}_k & & a_{1m} \pi_1 + a_{2m} \pi_2 + \ldots + a_{km} \pi_k \geqslant p_m
\end{array}$$

Nun impliziert (wie in der Spieltheorie Eigenschaft (iii) in 15.7 oben) eine *strenge* Ungleichung für den Faktor s in (a), daß der Faktor nicht voll beschäftigt ist und sein Preis π_s Null sein muß. Entsprechend bedeutet eine *strenge* Ungleichung für das Gut t in (b) negative Gewinne, und der Output X_t muß Null sein. Hier liegen die Unterschiede zwischen freien und knappen Faktoren, zwischen ausgenutzten und nicht genutzten Produktionsmöglichkeiten.

Das lineare Walrasianische System gleicht dann einem linearen Programm mit dualen Systemen von Ungleichungen. Ein grundlegendes Ergebnis kann nun bewiesen werden, eines, das Walras und seine Nachfolger nie aufstellten. Unter sehr einfachen Bedingungen (z. B. stetige Nachfrage-Funktionen bei allen Preisstellungen) *gibt es Lösungen des Systems:* eine oder mehrere Mengen von nicht-negativen Preisen. Ein einfacher Beweis wird von Dorfman, Samuelson und Solow (1958), Kapitel 13, gegeben; sie benutzen das Konzept eines linearen und dessen dualen Programms. Dies ist eine modifizierte Version des Originalbeweises von Wald (1935, 1951). Ein allgemeiner Ansatz ist der von Arrow und Debreu (1954).

Zwei Punkte müssen festgehalten werden. Das Walrasianische System in linearer Form hat sinnvolle Lösungen; der Fall „ohne Lösung" entfällt. Es kann noch mehrfache Lösungen, alternative Mengen von nicht-negativen Preisen, geben. Strengere Bedingungen werden für eine eindeutige Lösung gebraucht, und, wie Dorfman, Samuelson und Solow (1958) zeigen, haben diese mit den „faktischen Präferenzen", den Eigenschaften der Markt-Nachfragefunktionen, zu tun. Der andere Punkt ist, daß der Existenzbeweis, so wie er hier gebracht wurde, auf lineare Systeme angewendet wird. Aber es muß erwartet werden, daß Lösungen für andere Systeme mit stetige Produktionsfunktionen, Grenzprodukten usw. existieren. Es ist keine müßige Übung, sich mit dem allgemeinen Wettbewerbsgleichgewicht zu beschäftigen; wie mit Hilfe der Linearen Programmierung festgestellt werden kann, gibt es dabei Lösungen. Hierin liegt der originelle Beitrag von Wald.

Das Leontief-System des Kapitels 11 paßt nun gut. Es ist ein lineares System mit festen Input-Output-Relationen, und es führt rasch zu in der Praxis brauchbaren Ergebnissen. Es muß nur noch etwas geklärt werden, z. B. hinsichtlich des offensichtlichen Fehlens von Substitutionsmöglichkeiten in der Produktion. Weder das lineare System von Walras noch das von Leontief ist ein lineares Programm, aber sie stehen offensichtlich in Zusammenhang mit der Linearen Programmierung. Die Theorie der Spiele und der Linearen Programmierung (Kapitel 15 und 16) finden auf das allgemeine Problem des wirtschaftlichen Gleichgewichts und der Dynamik Anwendung.

Benutzt man die Methode der Linearen Programmierung zur Bewältigung des allgemeinen wirtschaftlichen Problems der Allokation knapper Resourcen zur Erreichung gegebener Produktionsziele, so liegen im Ansatz folgende Elemente vor:

(i) Die technischen Bedingungen für Produktionsmöglichkeiten, die (üblicherweise) in linearer Form als feste Koeffizienten, die eine Matrix ergeben, spezifiziert sind.

(ii) Die verfügbaren Resourcen, die (üblicherweise) als Vektor von Mengen verschiedener primärer Faktoren, die nicht überschritten werden können, vorliegen.

(iii) Die Zielsetzung, die in Endproduktion und anderen gewünschten Gütern angegeben wird, sowie eine Optimierungstechnik, die es erlaubt, die effizienteste Faktorverwendung unter gegebenen technischen Bedingungen zu bestimmen.

Wird die Betonung somit auf die technische Dimension des Problems gelegt, so scheint kein Platz für eine Betrachtung der Funktion der Märkte, der Marktpreise und Gewinne zu sein. Wenn jedoch ein lineares Problem einmal auf der Grundlage der Technologie aufgestellt worden ist, kann das duale Problem formuliert und untersucht werden, und hier können Preise und Gewinne behandelt werden. Dann wird auch die Funktion von Marktpreisen und Gewinnen klar. Sie sind Mittel zur effizienten Allokation der technischen Resourcen und zur Bestimmung von Kombinationen aus zentralisierter und dezentralisierter Entscheidung beim Einsatz von Aktivitäten. Das lineare Programmieren hat dann offensichtlich eine direkte Beziehung zur Wirtschaftstheorie des Sozialismus und der kollektiven Planung, siehe Mises (1935). Der springende Punkt ist: Es ist unwichtig, wieweit der Preismechanismus eine Dezentralisation erlaubt, es verbleiben einige technische Wahlakte und Entscheidungen, die durch irgend jemand getroffen werden *müssen*. Andere Entscheidungen *können* auch getroffen werden, z. B. durch den Staat.

Folglich wird — ungeachtet der offensichtlichen Konzentration auf rein technische Aspekte — in der Anwendung der Linearen Programmierung auf das allgemeine wirtschaftliche Gleichgewicht die nötige Balance zwischen Technologie und Marktmechanismus gehalten. Ihr Vorteil ist, daß sie die Einbeziehung der in einem „realen" Problem unvermeidlich Ungleichheiten erlaubt. Ihr Nachteil ist eine Vereinfachung von technischen Bedingungen, die bei den gegebenen Grenzen der Rechentechnik unvermeidbar ist, wenn Lösungen aktueller Probleme gefordert werden. Siehe Chipman (1953).

Das lineare Programmieren hat viele Anwendungsgebiete, von Problemen des Transports und der militärischen Logistik bis zu technischen Entscheidungen innerhalb der Unternehmung. Die besondere, jetzt ins Auge zu fassende Anwendung bezieht sich auf die Untersuchung der inter-industriellen Beziehungen — die Allokation von Resourcen in der Produktion, das Programmieren von Produktionsaktivitäten im Zusammenhang mit dem allgemeinen wirtschaftlichen Gleichgewicht. Anwendungen auf die Theorie der Unternehmung und des Verhaltens des Konsumenten werden in den folgenden Kapiteln behandelt.

17.2 Aktivitätsanalyse: Begriffe und Definition

Die Anwendung des linearen Programmierens auf die Produktionsanalyse im weiteren Sinn wird sehr leicht ökonomisch zu interpretieren sein, wenn die allgemein benutzten Begriffe von „Gütern" und „Aktivitäten" zuerst deutlich definiert werden. Die beste Darstellung ist die, die Koopmans (1951), Kapitel III, gegeben hat.

„Güter" sind in dem Sinne von Kapitel 10 oben definiert. Sie umfassen:

(i) Primäre Faktoren (wie Arbeit und Rohstoffe), die außerhalb des betrachteten Systems zur Verfügung stehen;

(ii) Zwischenprodukte, innerhalb des Systems produziert und verwendet;

(iii) Endprodukte, innerhalb des Systems produziert und bereitgestellt, um die Zielsetzungen zu erreichen.

Primäre Faktoren fallen also unter die gegebenen Resourcen; Endprodukte zählen zu den Beschränkungen oder Zielgrößen; Zwischenprodukte wie Roheisen oder Baumwollgarn sind keines von beiden. Es liegt eine Komplikation darin, daß einige primäre Faktoren selbst als

Ziele auftreten können, z. B. Arbeit unmittelbar als Endnachfrage. Um dieser Schwierigkeit zu begegnen, ist die Voraussetzung angebracht, daß entweder keine oder aber alle primären Faktoren in der Endnachfrage auftauchen.

Nehmen wir m Güter, $r = 1, 2, \ldots, m$. Wir schreiben x_r für den *Output* ($r = 1, 2, \ldots, m$); x_r ist der Netto-Output und kann positiv, negativ oder Null sein. Gilt $x_r > 0$, so ist das r-te Gut ein Endprodukt zur Befriedigung der Endnachfrage. Wenn $x_r < 0$, ist das r-te Gut ein Input, ein verwendeter Faktor. Gilt $x_r = 0$, liegt ein Zwischenprodukt vor; die produzierte Menge wird auch im System verbraucht.

Aktivitäten sind Kombinationen von Gütern; einige von ihnen, die Inputs, werden in festen Verhältnissen benötigt, um andere Güter als Outputs in festen Verhältnissen (wie in 10.8 oben) zu produzieren. Eine Aktivität ist ein quantitativer Begriff; sie hat ein *Niveau* und damit ein *Einheitsmaß*. Ein Einheitsniveau einer Aktivität (der s-ten) wird durch den Vektor der Ordnung m dargestellt:

$$\mathbf{A}^{(s)} = \{a_{rs}\} = \begin{bmatrix} a_{1s} \\ a_{2s} \\ \cdots \\ a_{ms} \end{bmatrix}$$

wobei a_{rs} die Menge (oder den relativen Anteil) des r-ten Gutes in der Einheitsaktivität angibt. Wenn $a_{rs} < 0$ ist, gehört das r-te Gut zu den Inputs der Aktivität; wenn $a_{rs} > 0$ ist, ist es ein Output. Alle stehen in festem Verhältnis zueinander, weil die a_{rs} feste und gegebene Konstanten sind. Wenn $a_{rs} = 0$ ist, tritt das r-te Gut nicht in der Aktivität auf, außer vielleicht als Zwischenprodukt.

Entsprechend den üblichen Eigenschaften von Vektoren werden zwei Annahmen gemacht. *Erstens* sind zwei Aktivitäten ohne Veränderung in ihren strukturellen Koeffizienten addierbar. Wenn daher a_{r1} und a_{r2} die Outputs des r-ten Gutes in zwei Aktivitäten $\mathbf{A}^{(1)}$ und $\mathbf{A}^{(2)}$ sind, dann produziert die kombinierte Aktivität $(a_{r1} + a_{r2})$, d. h.

$$\mathbf{A}^{(s)} + \mathbf{A}^{(t)} = \{a_{rs}\} + \{a_{rt}\} = \{(a_{rs} + a_{rt})\} \qquad (1)$$

Zweitens wird das Niveau einer Aktivität durch ein skalares Vielfaches λ der Einheitsaktivität bestimmt. Mit steigendem Niveau wachsen alle Inputs oder Outputs (über alle Güter) proportional. Das kann man für jedes $\lambda \geqslant 0$ schreiben:

$$\lambda \mathbf{A}^{(s)} = \lambda \{a_{rs}\} = \{\lambda a_{rs}\} \qquad (2)$$

Die Annahmen beinhalten *konstante* Skalenerträge sowohl in kombinierten Aktivitäten als auch innerhalb einer Aktivität. Wenn sich ferner das Niveau kontinuierlich mit einem stetigem Vielfachen λ ändern soll, muß jede Aktivität *vollständig teilbar* sein; alle Inputs und Outputs müssen sich zusammen und kontinuierlich verändern. Im Sinne der Betrachtungen in 10.8 oben kann gesagt werden, daß die erste dieser Annahmen einschränkbar ist; in der Praxis mögen Produktionsprozesse nicht so einfach addierbar sein, wie hier angenommen wird.

Die beiden Ergebnisse (1) und (2) zusammen dienen dazu, eine (positive lineare) Kombination irgendeiner Menge von k Aktivitäten zu definieren:

$$\sum_{s=1}^{k} \lambda_s \mathbf{A}^{(s)} = \sum_{s=1}^{k} \lambda_s \{a_{rs}\} = \left\{\left(\sum_{s=1}^{k} \lambda_s a_{rs}\right)\right\} \quad (\lambda_s \geqslant 0) \tag{3}$$

Die Summe $\Sigma \lambda_s \mathbf{A}^{(s)}$ ist selbst eine Aktivität; es ist eine Spalte von m Inputs und Outputs in festen Proportionen. Selbstverständlich gibt es viele solcher Aktivitäten für verschiedene nicht-negative λ_s und verschiedene Aktivitäten $\mathbf{A}^{(s)}$. In einem vollständigen Bereich von Aktivitäten können sie in Basisaktivitäten und solche, die Kombinationen von Basisaktivitäten sind, klassifiziert werden.

In einem System von Aktivitäten umfaßt die Menge von *Basisaktivitäten* solche, die *nicht* (positive lineare) Kombinationen von anderen Aktivitäten sind. Es soll n Basisaktivitäten geben:

$$\mathbf{A}^{(1)} = \begin{bmatrix} a_{11} \\ a_{21} \\ \cdots \\ a_{m1} \end{bmatrix} \quad \mathbf{A}^{(2)} = \begin{bmatrix} a_{12} \\ a_{22} \\ \cdots \\ a_{m2} \end{bmatrix} \quad \ldots \mathbf{A}^{(s)} = \begin{bmatrix} a_{1s} \\ a_{2s} \\ \cdots \\ a_{ms} \end{bmatrix} \quad \ldots \mathbf{A}^{(n)} = \begin{bmatrix} a_{1n} \\ a_{2n} \\ \cdots \\ a_{mn} \end{bmatrix}$$

Sie können zu einer Matrix $\mathbf{A}$ zusammengesetzt werden, die die *Technologie* des Systems definiert:

$$\mathbf{A} = \begin{bmatrix} a_{11} & a_{12} & \cdots & a_{1n} \\ a_{21} & a_{22} & \cdots & a_{2n} \\ \cdots & \cdots & \cdots & \cdots \\ a_{m1} & a_{m2} & \cdots & a_{mn} \end{bmatrix}$$

Jede Aktivität, die Basisaktivität und alle anderen, kann dann durch (3) als eine positive Linearkombination von $\mathbf{A}^{(s)}$ mit verschiedenen (nicht-negativen) λ_s geschrieben werden. Die allgemeine Aktivität $\Sigma \lambda_s \mathbf{A}^{(s)}$ besitzt einen sehr weiten Aussagebereich, da einige der λ'_s Null sein und die anderen irgendwelche positiven Werte annehmen können.

Die Technologie $\mathbf{A}$ ist eine Matrix der Ordnung $m \times n$. Lesen wir eine Zeile, so ergibt $\mathbf{A}$ die Inputs oder Outputs eines gegebenen Gutes in den

n Basisaktivitäten. Lesen wir eine Spalte, ergibt **A** die Inputs oder Outputs der m Güter für eine gegebene Basisaktivität. **A** umfaßt alle technischen Möglichkeiten. Betrachten wir beispielsweise die Möglichkeiten, ein Output des ersten Gutes zu bekommen. Es kann mehrere positive Elemente in der ersten Zeile von **A** geben, und x_1 kann durch Benutzung irgendeiner der entsprechenden Aktivitäten allein oder mit anderen kombiniert hergestellt werden. Damit ist x_1 das erste Element im Vektor $\Sigma \lambda_s \mathbf{A}^{(s)}$, wobei die Σ sich über alle Spalten erstreckt, in denen das erste Element positiv ist. Die relativen Werte der λ_s können verändert werden und verändern so die Allokation der Resourcen; der absolute Wert der λ_s kann geändert werden und damit ändert sich das Produktionsniveau. Zur gleichen Zeit können einige andere Güter produziert werden, weil es unter den Spalten $\mathbf{A}^{(s)}$ mit einer ersten positiven Eintragung Spalten mit einem anderen, zwei anderen, ... positiven Elementen geben kann. Ein Beispiel ist in Aufg. 4 unten angegeben.

Die *Aktivitätsanalyse* behandelt die Produktion oder Transformation im weiteren Sinne von 10.8 oben. Die Technologie **A** ist dazu da, die alternativ verfügbaren Produktionsprozesse anzugeben — und so zu zeigen, warum ein Prozeß eher als ein anderer gewählt wird und welche Umstellung von Prozessen irgendeiner Veränderung in den gegebenen Bedingungen des wirtschaftlichen Problems folgt. Sie läßt alle Fragen der unternehmerischen Entscheidung offen, eliminiert also die technischen Wahlmöglichkeiten, denen die Produktionsmanager gegenüberstehen, nicht schon im Ansatz.

Der große Spielraum von Anwendung und Interpretation der Technologie **A** ist klar. Zum Beispiel kann sie die Nährstoff/Nahrungsmittel-Relation des Problems in 16.1 oben ausdrücken. Oder sie kann auf verschiedene Transportprobleme angewendet werden; bei der Verschiffung eines homogenen Produktes zwischen dem Hafen P und dem Hafen Q gibt es z. B. zwei „Güter", das Produkt bei P und das gleiche Produkt bei Q, und die Verschiffung von P nach Q ist eine „Aktivität" mit dem ersten Gut als Input und dem zweiten als Output.

Übungsaufgaben 17.2

1. Güter und zugeordnete Aktivitäten werden hier für ein offenes System angegeben, in das gegebene Resourcen eingehen und Endprodukte herausgehen. Zeigen Sie, daß die Matrix **A** gleichermaßen gut auf ein „geschlossenes" System anwendbar ist, wenn a_{rs} positiv, negativ oder Null entsprechend der Verwendung des r-ten Gutes in der s-ten Aktivität ist, wobei aber alle Güter Zwischenprodukte mit $x_r = 0$ sind. Welche Art von Aktivität haben dann (z. B.) menschliche Arbeitsstunden als sein Output?
2. Betrachten Sie Arbeit als das r-te Gut in einem offenen System, wobei die Gesamtverwendung der Arbeitsleistung $(-x_r)$ ein fester Wert $\bar{x}_r$ ist. Ist es

zweckmäßig, eine Aktivität „Erholung" mit einem Output „Freizeit" und einem Input „Arbeit" zu haben? Oder sollte nur ungelernte Arbeit der primäre Faktor sein, mit Facharbeit als „Output" der Aktivität „Ausbildung"?

3. Wenn das r-te Gut in einem offenen System ein primärer Faktor mit begrenzter Verfügbarkeit $(-x_r) \leqslant \bar{x}_r$ ist, wie sollten „freie Güter" behandelt werden? Ist es das gleiche (i) $\bar{x}_r$ unendlich zu setzen, oder (ii) das Gut gänzlich wegzulassen, wenn es frei ist?

4. Nehmen Sie an, daß die Spalten der Technologie **A** mit positiven Elementen in der ersten Zeile (erstes produziertes Gut) lauten:

$$\begin{bmatrix} 1 & 1 & 1 \\ -1 & 2 & 1 \\ 0 & -1 & 2 \\ -1 & -3 & -4 \end{bmatrix}$$

Interpretieren Sie die Vektoren und zeigen Sie, daß das erste Gut allein, gemeinsam mit dem zweiten oder gemeinsam mit dem zweiten und dritten Gut produziert werden kann. Zeigen Sie, daß sich *alle* verschiedenen Produktionsmöglichkeiten in einer Kombination von Aktivitäten mit den variablen Vielfachen λ_1, λ_2 und λ_3 unter der Nebenbedingung $\lambda_1 + \lambda_2 + \lambda_3 = 1$ darstellen lassen. Ermitteln Sie den (positiven, negativen oder sich als Null ergebenden) Netto-Output jeder der drei anderen Güter und untersuchen Sie, unter welchen Bedingungen diese Güter Outputs oder Inputs sind.

17.3 Leontiefs offenes System als Lineare Programmierung von Aktivitäten

Die offene Form von Leontiefs statischem Modell der interindustriellen Verflechtung wurde in 14.7 oben formuliert. Nehmen wir n Industrien und Güter, zusammen mit einem primären Faktor (Arbeit). Die *gegebenen* Größen für die n Industrien ($r = 1, 2, \ldots, n$) sind:

$\mathbf{A} = \mathbf{I} - \mathbf{A}^*$	wobei $\mathbf{A}^* = [a_{rs}]$ die $n \times n$ Matrix von Input-Koeffizienten (mit $a_{rr} = 0$) ist;
$\mathbf{b} = \{b_r\}$	ein Vektor der Arbeits-Input-Koeffizienten;
$\mathbf{x} = \{x_r\}$	ein Vektor von Endnachfragemengen für die Outputs der Industrien;
$\mathbf{w} = \{w_r\}$	ein Vektor der Lohnkosten pro Einheitsoutput.

Wenn w ein gegebener Lohnantiel (ein Skalar) für den primären Faktor ist, dann lautet die Beziehung zwischen **b** und **w**:

$$\mathbf{w} = w\mathbf{b}$$

Die *Variablen* sind:

$\mathbf{X} = \{X_r\}$	ein Vektor des gesamten Outputs der Industrien;
$\mathbf{p} = \{p_r\}$	ein Vektor der Preise des Outputs.

$\mathbf{A}$ ist eine quadratische Matrix der Ordnung n; alle Vektoren sind von der Ordnung n.

Die Technologie im Leontief-System ist die Matrix $\begin{bmatrix} A \\ \cdots \\ -b' \end{bmatrix}$ der Ordnung $(n+1) \times n$. Die letzte Zeile hat lauter negative Elemente, die Arbeits-Input-Koeffizienten. Der Rest der Matrix besteht aus Zeilen und Spalten, von denen jede nur ein positives Element (Eins) hat. Jede Industrie (Aktivität) hat ein einziges bestimmtes Produkt, alle anderen Güter sind dann Inputs oder erscheinen gar nicht. Jedes Gut wird auf nur eine Art in der entsprechenden Industrie produziert, kann aber als Input einer beliebigen anderen Industrie verwendet werden.

Die *Gleichgewichtsbedingungen* des Systems sind:

$$\text{(i)}\quad \mathbf{AX} = \mathbf{x} \qquad \text{und} \qquad \text{(ii)}\quad \mathbf{A'}\,\mathbf{p} = \mathbf{w}$$

zu denen $\mathbf{X} \geqslant \mathbf{0}$ und $\mathbf{p} \geqslant \mathbf{0}$ hinzugefügt werden sollten, da Outputs und Preise nicht-negativ sind. Die Bedingung (ii) ist die Transponierte der Form $\mathbf{p'}\,\mathbf{A} = \mathbf{w'}$, in der sie oben in 14.7 geschrieben worden ist.

Zwei Skalarwerte können mit Hilfe der Variablen $\mathbf{X}$ und $\mathbf{p}$ definiert werden. Die Gesamtbeschäftigung des primären Faktors sei $Y = \mathbf{b'}\,\mathbf{X}$. Schreiben wir $z = wY$ für die Lohnsumme:

$$\text{Lohnsumme} \qquad z = w\mathbf{b'}\,\mathbf{X} = \mathbf{w'}\,\mathbf{X}\ ,$$

eine lineare Funktion der Outputvariablen $\mathbf{X}$. Die variablen Preise $\mathbf{p}$ können dazu benutzt werden, die Gesamtausgabe für die Endnachfrage anzugeben:

$$\text{Ausgaben für die Endnachfrage} \qquad \zeta = \mathbf{x'}\,\mathbf{p}$$

Das System kann nun als spezielles lineares Programm zusammen mit seinem dualen formuliert werden:

(i) $z = \mathbf{w'}\,\mathbf{X}$	(ii) $\zeta = \mathbf{x'}\,\mathbf{p}$
unter den Nebenbedingungen	unter den Nebenbedingungen
$\mathbf{AX} = \mathbf{x}$	$\mathbf{A'}\,\mathbf{p} = \mathbf{w}$
und $\mathbf{X} \geqslant \mathbf{0}$	und $\mathbf{p} \geqslant \mathbf{0}$

Es ist zu betonen, daß z und ζ *nicht* ein Maximum oder Minimum sein sollen; sie sind einfach als Ausdrücke von X und p *gegeben*. Warum es in dem linearen Programm keine Optimalitätsbedingungen gibt, wird klar, wenn man die Art der Lösung untersucht. Der Schlüssel dazu ist die Anzahl der Variablen und Gleichungen in (i) und (ii); es gibt n Variable in dem linearen Programm und seinem dualen, und es gibt auch n Beschränkungsgleichungen. Da die Gleichungen linear sind und $\mathbf{A}$ als nicht-singulär angenommen wird, ist die Lösung eindeutig, falls es überhaupt eine zulässige Lösung $\mathbf{X} \geqslant 0$, $\mathbf{p} \geqslant 0$) gibt. Deshalb ist kein Platz für irgendein Maximum oder Minimum von z oder ζ; es kann keine optimale zulässige Lösung geben. Es gibt nur genau eine Lösung für $\mathbf{X}$ oder $\mathbf{p}$ aus den Beschränkungsgleichungen und entsprechend dazu gerade einen Wert für z oder ζ. Dies paßt in die allgemeinen Betrachtungen von 17.1 oben, wenn angenommen wird, daß bei der Allokation der Resourcen zur Befriedigung der Endnachfrage im Leontief-System kein Grund für irgendjemand besteht, eine optimale Wahl zu treffen. Im Leontief-System gibt es keine Wahl oder Substitution von Aktivitäten; warum etwa die zur Produktion eines bestimmten Produktes benutzte Aktivität eher als andere gewählt wird, ist in der Formulierung des Problems ausgeklammert worden.

Jedoch stellen (i) und (ii) oben ein lineares Programmierungsproblem und sein duales dar; sie haben eine gemeinsame und eindeutige Lösung. Es bleibt nur übrig, die Lösungen hinzuschreiben und ihre Beziehungen zu untersuchen. Die Lösung ergibt sich durch die Inversion der Matrix $\mathbf{A}$ in $\mathbf{A}^{-1}$:

$$\text{(i)} \quad \mathbf{X} = \mathbf{A}^{-1}\mathbf{x} \qquad \text{und} \qquad \text{(ii)} \quad \mathbf{p} = (\mathbf{A}')^{-1}\mathbf{w} \quad \text{oder} \quad \mathbf{p}' = \mathbf{w}'\mathbf{A}^{-1}$$

Auf diese Weise sind die variablen Outputs $\mathbf{X}$ als Ausdruck der Endnachfrage $\mathbf{x}$ gegeben und die variablen Preise $\mathbf{p}$ als Ausdruck der Lohnkosten $\mathbf{w}$. Das gemeinsame Element ist, daß die Lohnsumme z und der Endverbrauch ζ im Wert gleich sind. Das ist die Aussage von (i) und (ii), sie stellen duale Probleme der Linearen Programmierung dar. Um den gemeinsamen Wert zu finden, setze man:

$$\begin{array}{ll} \text{Lohnsumme} & z = \mathbf{w}'\mathbf{X} = \mathbf{w}'\mathbf{A}^{-1}\mathbf{x} \\ \text{Endverbrauch} & \zeta = \mathbf{x}'\mathbf{p} = \mathbf{p}'\mathbf{x} = \mathbf{w}'\mathbf{A}^{-1}\mathbf{x} \end{array}$$

Der primäre Faktor ist die Arbeit, die Endnachfrage ist die Nachfrage der Konsumenten, die die Arbeit liefern; im Gleichgewicht sind Einkommen und Verbrauch gleich.

Das ist die erste Erläuterung einer Aussage, die gegen Ende von 17.1 oben gemacht wurde. Leontiefs offenes System kann allein in Form des linearen Programms (i) ausgedrückt werden. Damit ist der Gesamtoutput als Ausdruck der Endnachfrage (i) gegeben, $\mathbf{X} = \mathbf{A}^{-1}\mathbf{x}$, und die Lohnsumme ist $z = \mathbf{w}'\mathbf{A}^{-1}\mathbf{x}$. Es gibt hier überhaupt keine Beziehung zu den Marktpreisen oder zu den Ausgaben. Aber diese Größen treten auf, wenn das duale Problem, was immer möglich ist, formuliert wird. Dann sind die Marktpreise gegeben, $\mathbf{p} = (\mathbf{A}')^{-1}\mathbf{w}$. Die Preise sind so, daß alles stimmt, z. B. Endverbrauch $= \mathbf{w}'\mathbf{A}^{-1}\mathbf{x} =$ Lohnsumme.

17.4 Substitution in Leontiefs offenem System

Es gibt zweierlei Voraussetzungen in Leontiefs offenem System. Erstens wird angenommen, daß jede Industrie ein ganz spezielles Produkt mit „konstanten Skalenerträgen" produziert. Hieran läßt sich nichts ändern; es handelt sich um eine vereinfachende Voraussetzung empirischer Art, die der Beschreibung des betrachtenden Wirtschaftstyps dient. Dic zweite Voraussetzung ist von anderer Art: sie besagt, daß es für jede Industrie nur einen Produktionsprozeß gibt. Die verschiedenen Industrien tragen nur je eine Spalte zur technologischen Matrix bei. Dies scheint alle Möglichkeiten der Substitution in der Produktion oder zumindest jede Erklärung dafür auszuschalten, warum dieser eine Prozeß anderen möglichen Prozessen vorgezogen wird.

Mit Abb. 44 und 45 (auf den Seiten 335, 338 oben) ist die zweite Voraussetzung wie folgt dargestellt. *Entweder* ist jede Produktion in einer Industrie technisch auf die Verwendung von Inputs in festen Proportionen (Abb. 44b) beschränkt; *oder* ein Produktionsprozeß wird aus einer genau angegebenen und begrenzt verfügbaren Anzahl (Abb. 45) gewählt; *oder* ein Fahrstrahl, mit Inputs in festen Proportionen, wird ausgewählt, der über den Isoquanten einer stetigen (linearhomogenen) Produktionsfunktion (Abb. 44a) läuft. Solange die Entscheidungseinheit nicht berücksichtigt wird und konstante Skalenerträge vorausgesetzt werden, ist es ganz unwesentlich, was hinter dem einzigen Prozeß, der für die Industrie gilt, steckt. Diese Angelegenheit kann jedoch genauer algebraisch untersucht werden.

Betrachten wir das Leontief-System im Hinblick auf die Outputs und lassen wir das duale Problem der Preise außer acht; auch nehmen wir die Beschäftigung Y und nicht die Lohnsumme z. Dann stellen

$$\mathbf{AX} = \mathbf{x} \qquad \text{und} \qquad -\mathbf{b}'\,\mathbf{X} = -\,Y \tag{1}$$

$(n+1)$ Gleichungen des Systems mit der technologischen Matrix $\begin{bmatrix} A \\ \cdots \\ -b' \end{bmatrix}$

dar, die in Form der Koeffizienten auf der linken Seite erscheinen. Wenn die Endnachfragen $\mathbf{x} = (x_1, x_2, \ldots, x_n)$ gegeben sind, dienen die Gleichungen dazu, den Gesamtoutput $\mathbf{X}$ und die Beschäftigung Y zu bestimmen. Insbesondere ist Y als linearer Ausdruck in x gegeben:

$$Y = \mathbf{b}'\,\mathbf{A}^{-1}\,\mathbf{x} \tag{2}$$

Nehmen wir nun an, daß $x_2, x_3, \ldots, x_n$ gegeben sind, aber nicht mehr x_1, die Endnachfrage für das erste Gut. Dann kann das System (1) geschrieben werden als:

$$\left.\begin{array}{ll} & x_1 = X_1 - a_{12} X_2 - \ldots - a_{1n} X_n = \max! \\ \text{unter den Nebenbedingungen} & -a_{21} X_1 + \quad X_2 - \ldots - a_{2n} X_n = x_2 \\ & \ldots\ldots\ldots\ldots\ldots\ldots\ldots\ldots \\ & -a_{n1} X_1 - a_{n2} X_2 - \ldots + \quad X_n = x_n \\ & -b_1 \; X_1 - b_2 \; X_2 - \ldots - b_n \; X_n = -Y \end{array}\right\} \quad (3)$$

Das lineare Programm hat nun eine Maximumbedingung. Es gibt n Beschränkungsgleichungen, die dazu dienen, die X-Werte durch Y auszudrücken. Damit erscheint x_1 als eine Funktion von Y, die maximiert werden soll; wenn das Programm eine zulässige Lösung hat, ist dieses Maximum von x_1 nur durch die verfügbare Gesamtarbeit beschränkt, andernfalls wäre es unendlich. Das Endresultat ist, daß die X alle als Ausdrücke der gegebenen $x_2, x_3, \ldots, x_n$ ermittelt werden; der maximierte Wert von x_1 ergibt sich ebenso.

Die Lösung (3) entspricht ungefähr der von (1). Der Unterschied liegt hauptsächlich in der Interpretation, d. h. x_1 wird maximiert, nicht vorgegeben. Insbesondere ist der sich ergebende Wert von Y noch linear in allen x, genau wie in (2); der Unterschied ist eben, daß x_1 als Maximum durch $x_2, x_3, \ldots, x_n$ ausgedrückt werden muß, anstatt — wie die anderen — gegeben zu sein.

Die Formel (3) kann für den Fall verallgemeinert werden, daß die technischen Koeffizienten $a_{rs} = \frac{x_{rs}}{X_s}$ und $b_s = \frac{x_{n+1s}}{X_s}$ keine Konstanten sind. Wir formulieren (3) um. Die Variablen x_{rs} bezeichnen den Betrag des r-ten Gutes, der als Input in der s-ten Industrie gebraucht wird. Es ergibt sich mit $x_{rr} = 0$:

$$\left.\begin{array}{lll} & x_1 = X_1 - \sum\limits_{s=1}^{n} x_{1s} = \max! & \\ \text{unter den Nebenbedingungen} & X_r - \sum\limits_{s=1}^{n} x_{rs} \quad = x_r & (r = 2, 3, \ldots, n) \\ \text{und} & \sum\limits_{s=1}^{n} x_{n+1s} = Y & \end{array}\right\} \quad (4)$$

Das $(n + 1)$te Gut ist Arbeit, die als Input in allen Industrien gebraucht wird; es gibt keine entsprechende Industrie und darum auch kein x_{n+1} oder X_{n+1}.

Das lineare Programm (4) ist unter der Voraussetzung fester technischer Koeffizienten genau das gleiche wie (3). Andererseits bleibt (4) ein beschränktes Maximumproblem, sogar wenn die technischen Proportionen nicht länger konstant sind. Darin liegt das zu klärende Problem.

Der Output X_1 des ersten Gutes wird mit Inputs x_{r1} der anderen Güter ($r = 2, 3, \ldots, n$) und mit dem Arbeitsinput $x_{n+1\,1}$ produziert. Nehmen wir an, daß es eine linearhomogene Produktionsfunktion gibt

$$\left.\begin{aligned} X_1 &= f_1(x_{21}, x_{31}, \ldots x_{n1}, x_{n+11}) \\ \text{so daß} \qquad \lambda X_1 &= f_1(\lambda x_{21}, \lambda x_{31}, \ldots \lambda x_{n1}, \lambda x_{n+11}) \end{aligned}\right\} \tag{5}$$

für jedes $\lambda = 0$. Als speziellen Fall schreiben wir $\lambda = \frac{1}{X_1}$, so daß

$$f_1\left(\frac{x_{21}}{X_1}, \frac{x_{31}}{X_1}, \ldots \frac{x_{n1}}{X_1}, \frac{x_{n+11}}{X_1}\right) = 1$$

d. h.

$$f_1(a_{21}, a_{31}, \ldots a_{n1}, b_1) = 1$$

wobei die a und b wie vorher technische Koeffizienten sind. Der Unterschied liegt darin, daß die Koeffizienten veränderlich und nicht fest sind. Im Leontief-System mit der Technologie $\begin{bmatrix} \mathbf{A} \\ \cdots \\ -\mathbf{b}' \end{bmatrix}$ sind die Koeffizienten bestimmt und aus der ersten Spalte der Matrix abzulesen, d. h. man findet 1 als erstes Element gefolgt von $(-a_{21}), (-a_{31}), \ldots, (-a_{n1}), (-b_1)$. Substitution zwischen Inputs ist nun möglich, während sie es im Leontief-System nicht ist.

Schreiben wir (4) mit Produktionsfunktionen des Typs (5) für alle n Güter:

$$\left.\begin{aligned} x_1 = f_1(x_{11}, x_{21}, \ldots x_{n+1\,1}) - \sum_{s=1}^{n} x_{1s} &= \max! \\ \text{unter den Nebenbedingungen} \qquad & \\ f_r(x_{1r}, x_{2r}, \ldots x_{n+1\,r}) - \sum_{s=1}^{n} x_{rs} &= x_r \ (r = 2, 3, \ldots, n) \\ \text{und} \qquad \sum_{s=1}^{n} x_{n+1\,s} &= Y \end{aligned}\right\} \tag{6}$$

Hier tritt x_{rr} ($= 0$) auch als „Variable" in den Produktionsfunktionen auf, um die Schreibweise zu vereinfachen. Es müssen $n(n+1)$ Variable x_{rs} bestimmt werden, denn $r = 1, 2, \ldots, (n+1)$ und $s = 1, 2, \ldots, n$. Eine Funktion dieser Variablen soll bei n Beschränkungs-Gleichungen maximiert werden. Es sind n Werte gegeben, x_r ($r = 2, 3, \ldots, n$) und Y.

Aus dem Kalkül läßt sich ableiten, daß sich die Bedingungen für ein Maximum von x_1 nicht auf die $n(n+1)$ Variablen x_{rs}, sondern die n^2 Quotienten $c_{rs} = \frac{x_{rs}}{x_{n+1\,s}}$ für r und $s = 1, 2, \ldots, n$ beziehen. Weiter ergibt sich, daß diese Quotienten ohne Berücksichtigung der Werte für $x_2, x_3, \ldots, x_n$ und Y bestimmt werden. Für einen Beweis wird auf Samuelson in Koopmans (1951), Kapitel VII, verwiesen.

Es folgt daraus, daß unbeschadet dessen, welche Werte $x_2, x_3, \ldots, x_n$ und Y haben und welcher Maximumwert sich für x_1 ergibt, die Quotienten

$$c_{rs} = \frac{x_{rs}}{x_{n+1\,s}} = \frac{a_{rs}}{b_s}$$

einen festen Wert für das Optimum von (6) haben. Das Problem (6) beginnt mit *variablen* technischen Koeffizienten. Wenn aber die Optimumposition erreicht ist, sind die technischen Koeffizienten *fest*, wobei es keine Rolle spielt, welche Werte die x und Y annehmen. Dann hat also (6) die gleiche Lösung wie im Leontief-System, das von Anfang an feste technische Koeffizienten voraussetzt.

Schließlich kann man die Annahme, daß Y in (6) neben $x_2, x_3, \ldots, x_n$ gegeben ist, für das Optimum fallenlassen, da — wie im Leontief-System — eine Beziehung zwischen Y und $x_1, x_2, \ldots, x_n$ (der erste Wert als das Maximum, die anderen gegeben) existieren muß. Diese Relation ist linear, es handelt sich um (2) oben.

Die Schlußfolgerung ist, daß das Leontief-System und seine Lösung Substitution von Inputs entsprechend einer beliebigen stetigen Produktionsfunktion der linearhomogenen Art (konstante Skalenerträge) berücksichtigen können. Das gleiche Ergebnis stellt sich ein, wenn der gegebene Prozeß mit festen technischen Koeffizienten als einzige Möglichkeit vorausgesetzt wird oder wenn er einer unter vielen möglichen ist. Der springende Punkt ist der, daß im Leontief-System Entscheidungen (z. B. von Unternehmungen) nicht berücksichtigt werden und somit Substitutionen nebensächlich sind.

17.5 Darstellung der technischen Möglichkeiten

Der Begriff der Technologie (17.2 oben) umfaßt ein sehr weites Gebiet. Eine Matrix von technischen Koeffizienten ist gegeben, $\mathbf{A} = [a_{rs}]$, sie hat die Ordnung $m \times n$. Es gibt m Güter entsprechend den Zeilen $\mathbf{A}$ und n Basisaktivitäten, die durch die Spalten gegeben sind. Lesen wir eine Zeile von $\mathbf{A}$, erhalten wir die verschiedenen Outputs oder Inputs eines bestimmten Gutes, je nach der betrachteten Aktivität. Das Lesen einer Spalte von $\mathbf{A}$ zeigt, welche Outputs und Inputs in einer gegebenen Basisaktivität beim Einheitsniveau auftreten. All dies läßt sich gleich gut für verschiedene Systeme anwenden, z. B. eine Unternehmung, einen abgegrenzten Wirtschaftssektor oder die ganze Wirtschaft (vorausgesetzt, daß sie offen ist). Die Matrix spezifiert nur die technischen Möglichkeiten innerhalb des jeweiligen Systems.

$\mathbf{x} = \{x_r\}$ $(r = 1, 2, \ldots, m)$ seien die Outputs, die man durch Kombination der Basisaktivitäten auf dem Niveau $\boldsymbol{\lambda} = \{\lambda_s\}$ $(s = 1, 2, \ldots, n)$, wobei $\lambda_s \geqslant 0$, erhält. Dann ist die *technische Transformation* von den Aktivitätsniveaus $\boldsymbol{\lambda}$ zu den Outputs $\mathbf{x}$ einfach gegeben durch

$$\mathbf{x} = \mathbf{A}\boldsymbol{\lambda}\ (\boldsymbol{\lambda} \geqslant \mathbf{0}) \tag{1}$$

oder vollständig durch

$$\begin{aligned} x_1 &= a_{11}\,\lambda_1 + a_{12}\,\lambda_2 + \ldots + a_{1n}\,\lambda_n \\ x_2 &= a_{21}\,\lambda_1 + a_{22}\,\lambda_2 + \ldots + a_{2n}\,\lambda_n \\ &\cdots\cdots\cdots\cdots\cdots\cdots \\ x_m &= a_{m1}\,\lambda_1 + a_{m2}\,\lambda_2 + \ldots + a_{mn}\,\lambda_n \end{aligned} \tag{2}$$

Die gesamten technischen Möglichkeiten des Systems stehen in (1) bzw. (2). Sie stellen alle *zulässigen Allokationen* eines linearen Programms dar, das (1) als Nebenbedingungen aufweist.

Die Implikationen von Linearität und konstanten Skalenerträgen müssen im Auge behalten werden. Wenn das Niveau jeder eingesetzten Aktivität verdoppelt wird, so wegen (1) auch der Output jedes Gutes; und ähnlich für jede konstante Proportion. Es empfiehlt sich daher, zwischen den *relativen* Allokationen von Resourcen und der Produktionshöhe zu unterscheiden. Eine Einheitskombination von Basisaktivitäten kann durch $\boldsymbol{\mu} = \{\mu_s\}$, wobei $\mu_s \geqslant 0$ und $\sum\limits_{s=1}^{n} \mu_s = 1$, mit entsprechenden Outputs, die sich aus $\mathbf{x} = \mathbf{A}\,\boldsymbol{\mu}$ ergeben, definiert werden. Wenn die μ variieren, wird die relative Allokation von Resourcen immer im Einheitsniveau verändert. Das jeweilige Aktivitätsniveau kann durch Multiplikationen der Aktivitätsniveaus mit $\varkappa$ ermittelt werden. Eine beliebige Allokation oder Produktion ergibt sich dann aus

$$\boldsymbol{\lambda} = \varkappa\,\{\mu_s\},\ \mathbf{x} = \mathbf{A}\boldsymbol{\lambda} = \varkappa\mathbf{A}\,\{\mu_s\}$$

Der Unterschied zwischen der relativen Allokation $\boldsymbol{\mu}$ und dem Maßstab $\varkappa$ ist in allen Fällen anwendbar. Wenn z. B. die erste Basisaktivität allein verwendet wird, ist die relative Allokation festgelegt und $\boldsymbol{\mu} = (1, 0, \ldots, 0)$. Der Umfang der Produktion ist durch das Niveau λ_1 gegeben, auf dem die Aktivität eingesetzt wird:

$$\mathbf{x} = \mathbf{A}\boldsymbol{\lambda} = \lambda_1 \begin{bmatrix} a_{11} \\ a_{21} \\ \ldots \\ a_{m1} \end{bmatrix}$$

wobei $\boldsymbol{\lambda} = (\lambda_1, 0, \ldots, 0)$ ist.

Die Koeffizienten a_{rs} können positiv, negativ oder Null sein, je nachdem ob das Gut produziert (Output), verbraucht (Input) oder nicht in der betreffenden Aktivität benutzt wird. Die Elemente im Outputvektor **x** sind ähnlich anhand der Vorzeichen zu erläutern. In jedem realistischen System kann im allgemeinen angenommen werden, daß für ein (oder mehrere) von außen nicht erhältliches Endprodukt $x_r > 0$ ist und daß für einen (oder mehrere) von außen gelieferten primären Faktor $x_r > 0$ ist. Es kann auch Zwischenprodukte geben ($x_r = 0$), die weder von außen verfügbar sind noch zum Gebrauch außerhalb des Systems produziert werden. Andererseits ist es für einen primären Faktor durchaus möglich, als Output in einigen Aktivitäten produziert zu werden und gleichermaßen von außen verfügbar zu sein, oder für ein Endprodukt in irgendwelchen Aktivitäten verbraucht und zur Verwendung außerhalb des Systems produziert zu werden. Das bedeutet einfach, daß *jede* Zeile in **A** positive und negative Koeffizienten enthalten kann. Eine weitere Eigenschaft kann jedoch als charakteristisch für ein realistisches System gelten, nämlich daß es wenigstens einen primären Faktor gibt, der nur konsumiert (und niemals produziert) wird. Solch ein Faktor könnte „Arbeit" oder wenigstens „ungelernte Arbeit" sein, wenn Facharbeit als Produkt der Aktivität der „Ausbildung" angesehen wird. Alle Koeffizienten in der entsprechenden Zeile von **A** sind negativ. Ähnlich soll es wenigstens ein Endprodukt geben, das produziert, aber niemals in irgendeiner Aktivität verbraucht werden kann; es liegt dann eine Zeile von **A** mit nur positiven Koeffizienten (oder Nullen) vor.

Die im folgenden angegebenen Eigenschaften der Technologie stellen Sonderfälle dar. Sie sind für die Anwendung der Matrix **A** in realistischen Systemen zweckmäßig, aber sie sind nicht formal notwendig, und es können Systeme definiert werden, in denen sie nicht gelten. Zur Bequemlichkeit und Einfachheit (und nur dazu) werden hier die folgenden Annahmen gemacht:

Annahme (i). Es muß ein Gut (hier das erste) geben, das als Endprodukt zur Verwendung außerhalb des Systems verfügbar ist und das nicht als primärer Faktor von außerhalb des Systems bezogen oder als Input in irgendeiner Aktivität benutzt wird, so daß $a_{1s} \geqslant 0$ und $x_1 > 0$ gelten.

Annahme (ii). Es muß ein Gut (hier das letzte) geben, das als primärer Faktor von außerhalb geliefert und in allen Aktivitäten als Input benutzt wird, so daß $a_{ms} < 0$ und $x_m < 0$ sind.

Der triviale Fall $\boldsymbol{\lambda} = \mathbf{0}$, bei dem keine Aktivitäten benutzt werden, wird völlig außer acht gelassen, andernfalls könnten x_1 und x_m auch Null sein. Wenn daher $\boldsymbol{\lambda} \geqslant \mathbf{0}$ in (1) geschrieben worden ist, muß dies dahin gehend erklärt werden, daß alle $\lambda_s \geqslant 0$ und einige $\lambda_s > 0$ sind.

Eine allgemeine Analyse, die auf alternativen und weniger beschränkenden Voraussetzungen als jene oben basiert, findet sich bei Koopmans (1951), Kapitel III. Eine spezielle alternative Voraussetzung wird in den Aufgaben 4 und 5 unten betrachtet und erläutert.

Eine graphische Darstellung der sich aus der Transformation (1) ergebenden technischen Möglichkeiten ist in allen Fällen nützlich, besonders aber, wenn die Anzahl der Güter (m) nicht größer als 3 ist. Es gibt zwei Räume, in denen die Punkte $\boldsymbol{\lambda}$ bzw. $\mathbf{x}$ dargestellt werden können. Ein *Aktivitätenraum* von n Dimensionen enthält die Punkte $\boldsymbol{\lambda} = (\lambda_1, \lambda_2, \ldots, \lambda_n)$, von denen jeder eine besondere Kombination von Aktivitäten darstellt; da $\boldsymbol{\lambda} \geqq \mathbf{0}$ ist, braucht nur der positive Teil dieses Raumes betrachtet zu werden. Ein *Güterraum* von m Dimensionen, der die Punkte $\mathbf{x} = (x_1, x_2, \ldots, x_m)$ enthält, ist sogar nützlicher; jeder von ihnen stellt eine besondere Menge von Outputs dar. Da die x positiv (Outputs) oder negativ (Inputs) sein können, müssen verschiedene Teile dieses Raumes betrachtet werden; aber wegen der Annahmen ist nur x_1 positiv und die x_m sind negativ. Das stellt eine erhebliche Vereinfachung dar. Die Transformation (1) ist dann eine „Abbildung" des Aktivitätenraums auf den Güterraum, und die mathematische Theorie der „Topologie" kann sofort angewendet werden (vgl. 12.5 oben). Die gegenwärtige Analyse vermeidet jedoch, diese mehr technischen mathematischen Aspekte; sie beschränkt sich auf eine Untersuchung der Fälle $m = 2, 3$ mit graphischer Darstellung in zwei- oder drei-dimensionalen Güterräumen. Allgemeinere Ergebnisse werden nur durch Analogie zu denen, die für $m = 3$ gewonnen werden, gebildet.

Betrachten wir zuerst den Fall zweier Güter und zweier Aktivitäten ($m = n = 2$):

$$\mathbf{A} = \begin{bmatrix} a_{11} & a_{12} \\ a_{21} & a_{22} \end{bmatrix}$$

Die beiden Basisaktivitäten sind

$$\mathbf{A}^{(1)} = \begin{bmatrix} a_{11} \\ a_{21} \end{bmatrix}, \quad \mathbf{A}^{(2)} = \begin{bmatrix} a_{12} \\ a_{22} \end{bmatrix}.$$

Wegen der Annahmen sind a_{11} und a_{12} nicht-negativ, a_{21} und a_{22} negativ. Da die Wahl des Einheitsniveaus jeder Aktivität beliebig ist, genügt es, $a_{21} = a_{22} = -1$ anzunehmen, d. h. die Einheitsaktivität ist die mit dem Einheitsinput „Arbeit". Die nicht-negativen a_{11} und a_{12} ergeben dann den Output des Endproduktes x_1 pro Einheit der „Arbeit" in den beiden Basisaktivitäten. In den Güterraum $Ox_1 x_2$ zeichnen wir die Punkte $A^{(1)} = (a_{11}, -1)$ und $A^{(2)} = (a_{12}, -1)$ ein. Diese stellen den Output dar, wenn eine oder die andere Basisaktivität auf dem Einheitsniveau benutzt wird. Für eine Kombination der Basisaktivitäten, noch auf dem Einheitsniveau, gilt:

$$\left.\begin{aligned} x_1 &= a_{11}\,\mu + a_{12}\,(1-\mu) \\ x_2 &= a_{21}\,\mu + a_{22}\,(1-\mu) = -1 \end{aligned}\right\}(0 \leqslant \mu \leqslant 1)$$

wie ein Punkt P auf dem Abschnitt der Linie zwischen $A^{(1)}$ und $A^{(2)}$ in Abb. 61 zeigt. Damit die Ergebnisse der Einheitsniveaus für alle Pro-

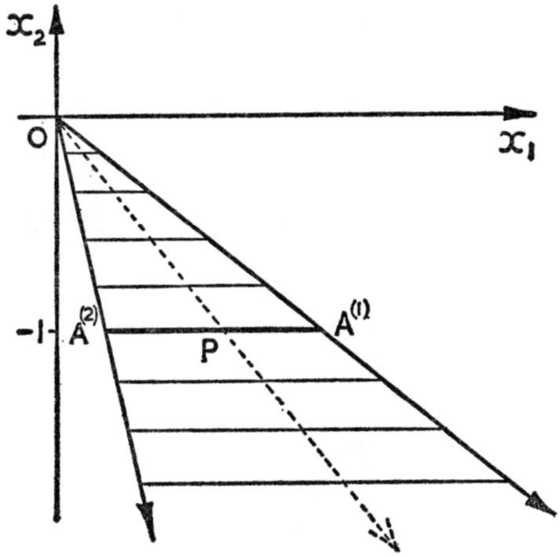

Abb. 61

duktionsniveaus gelten, können sie mit einem Faktor $\varkappa$ ($\varkappa > 0$) multipliziert werden. Hinsichtlich Abb. 61 bedeutet dies, daß ein Punkt auf der Linie $OA^{(1)}$ den Output der ersten Aktivität auf verschiedenen Niveaus ergibt. Entsprechendes gilt für $OA^{(2)}$ und allgemein für OP. Daher wird jeder mögliche Output $\mathbf{x} = \mathbf{A}\boldsymbol{\lambda} = \varkappa\mathbf{A}\,\{\mu, 1-\mu\}$ durch einen beliebigen Punkt auf dem Halbstrahl OP dargestellt, wobei OP zwischen $OA^{(1)}$ und $OA^{(2)}$, diese eingeschlossen, pendeln kann. Somit liegen alle *zulässigen Punkte* $\mathbf{x} = \mathbf{A}\boldsymbol{\lambda}$ im Inneren oder auf der Begrenzungslinie des *Kegels* $OA^{(1)}\,A^{(2)}$. Unter den getroffenen Voraussetzungen liegt dieser Kegel mit der Spitze bei 0 und in dem Quadranten $x_1 > 0$, $x_2 < 0$. Dies entspricht im Diagramm den *zulässigen Faktorallokationen* oder der Produktion, und zwar zulässig im Sinne der Linearen Programmierung.

Unten in Aufgabe 6 wird gezeigt, daß Fälle von zwei und drei oder mehr Aktivitäten ($m = 2, n > 2$) unter den getroffenen Voraussetzungen nicht möglich sind. Auf jeden Fall ist das Zwei-Güter-Problem nicht sehr interessant, wenn ein Gut „Arbeit" und das andere ein einziges Endprodukt ist. Es ist wichtiger, zu dem Fall von drei Gütern ($m = 3$)

mit Veranschaulichungen im dreidimensionalen Güterraum zu kommen. Die Anzahl der Aktivitäten kann dann zwei oder größer sein.

Für drei Güter und zwei Aktivitäten ($m = 3, n = 2$) gilt:

$$\mathbf{A} = \begin{bmatrix} a_{11} & a_{12} \\ a_{21} & a_{22} \\ a_{31} & a_{32} \end{bmatrix} \qquad \mathbf{A}^{(1)} = \begin{bmatrix} a_{11} \\ a_{21} \\ a_{31} \end{bmatrix} \qquad \mathbf{A}^{(2)} = \begin{bmatrix} a_{12} \\ a_{22} \\ a_{32} \end{bmatrix}$$

wobei, entsprechend den Annahmen, $a_{11}, a_{12} \geqslant 0$ und $a_{31}, a_{32} < 0$. Dies ist in Abb. 62, wieder mit Einheitsniveaus für $a_{31} = a_{32} = -1$, veranschaulicht.

Die beiden Punkte $A^{(1)}$ und $A^{(2)}$ sind in dem Raum $Ox_1\, x_2\, x_3$ eingezeichnet, und jede mögliche Allokation wird dann durch einen Punkt $\mathbf{x}$ im Innern oder auf der Begrenzungslinie des zweidimensionalen Kegels $OA^{(1)}\, A^{(2)}$ dargestellt. Wieder liegen *zulässige Punkte* $\mathbf{x} = \mathbf{A}\boldsymbol{\lambda}$ in oder

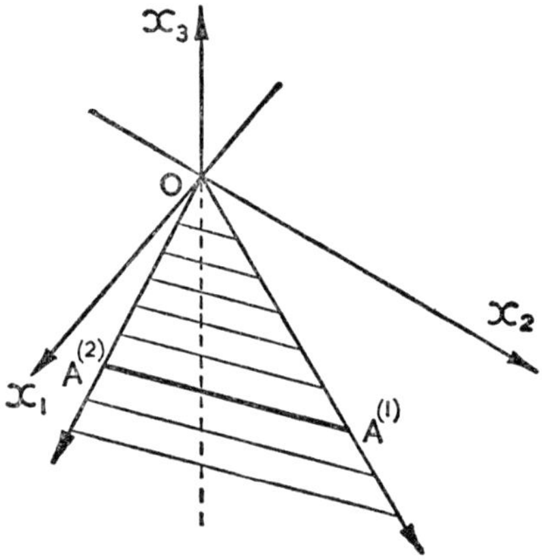

Konvexer Kegel

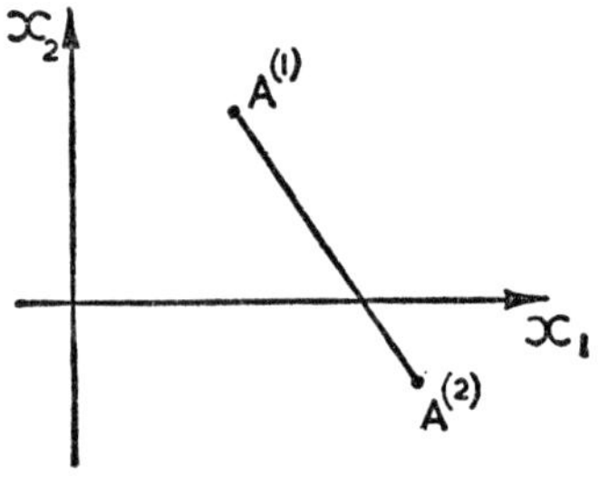

Schnitt bei $x_3 = -1$

Abb. 62

auf einem zweidimensionalen Kegel mit der Spitze bei O, aber in drei Dimensionen. Der Schnitt durch den Kegel in der Ebene $x_3 = -1$ (das entspricht dem Einheitsniveau der Aktivität; Output pro Einheit der „Arbeit") wird auch in Abb. 62 gezeigt. Es ist der Linienabschnitt, der die beiden Punkte $A^{(1)}$ und $A^{(2)}$ verbindet, die irgendwo gemäß den Annahmen, rechts von der vertikalen x_2-Achse liegen.

Wenn es drei Güter und drei Aktivitäten ($m = n = 3$) gibt, gilt:

$$\mathbf{A} = \begin{bmatrix} a_{11} & a_{12} & a_{13} \\ a_{21} & a_{22} & a_{23} \\ a_{31} & a_{32} & a_{33} \end{bmatrix} \quad \mathbf{A}^{(1)} = \begin{bmatrix} a_{11} \\ a_{21} \\ a_{31} \end{bmatrix} \quad \mathbf{A}^{(2)} = \begin{bmatrix} a_{12} \\ a_{22} \\ a_{32} \end{bmatrix} \quad \mathbf{A}^{(3)} = \begin{bmatrix} a_{13} \\ a_{23} \\ a_{33} \end{bmatrix}$$

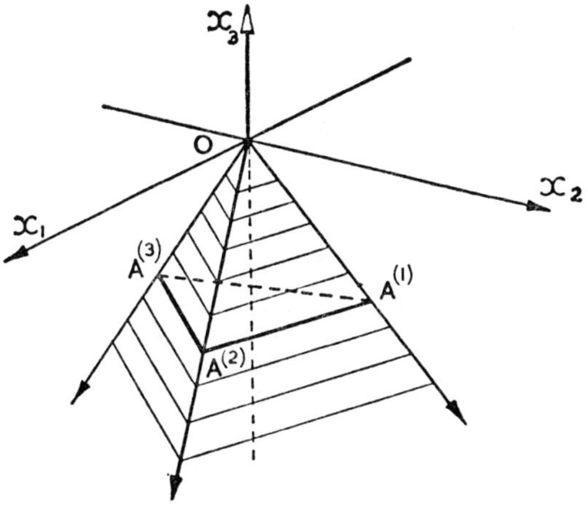

Konvexer Kegel

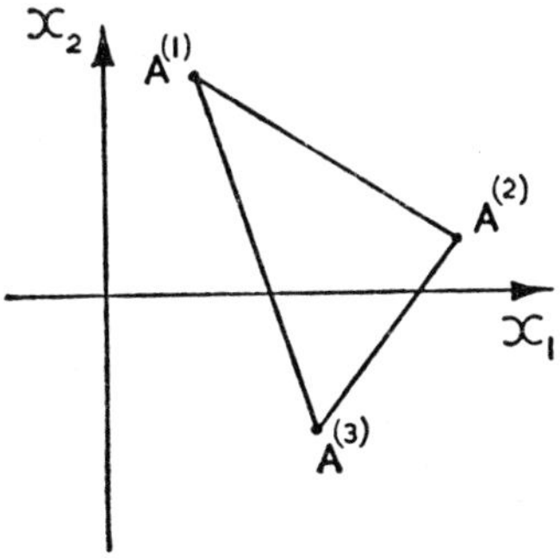

Schnitt bei $x_3 = -1$

Abb. 63

und die Lage wird in Abb. 63 dargestellt. Wieder ist $a_{11}, a_{12}, a_{13} \geqslant 0$ und $a_{31} = a_{32} = a_{33} = -1$ durch die Wahl der Einheitsniveaus. Die drei Punkte $A^{(1)}$, $A^{(2)}$ und $A^{(3)}$ im Raum $Ox_1\,x_2\,x_3$ und der Schnittebene $x_3 = -1$, bilden ein Dreieck in zwei Dimensionen. Einer der Punkte (z. B. $A^{(3)}$) kann nicht auf der Verbindungslinie der beiden anderen liegen. Wenn dies so wäre, würde die Aktivität $\mathbf{A}^{(3)}$ eine Kombination der Aktivitäten $\mathbf{A}^{(1)}$ und $\mathbf{A}^{(2)}$ darstellen; sie wäre keine Basisaktivität und würde nicht in $\mathbf{A}$ erscheinen. Davon abgesehen, können die Punkte $A^{(1)}$, $A^{(2)}$ und $A^{(3)}$ irgendwo auf der Ebene rechts von der vertikalen x_2-Achse auf dem Schnitt $x_3 = -1$ liegen. *Zulässige Punkte* $\mathbf{x} = \mathbf{A}\boldsymbol{\lambda}$ liegen in oder auf dem drei-dimensionalen Kegel $OA^{(1)}A^{(2)}A^{(3)}$ mit der Spitze bei O.

Wenn es mehr als drei Aktivitäten gibt, so daß $\mathbf{A}$ mehr als drei Spalten enthält, also mehr als drei Basisaktivitäten $\mathbf{A}^{(1)}, \mathbf{A}^{(2)}, \mathbf{A}^{(3)}, \ldots,$ dann ist ihre Lage so ähnlich wie in Abb. 64. Für weitere Basisaktivitäten muß einzig und allein

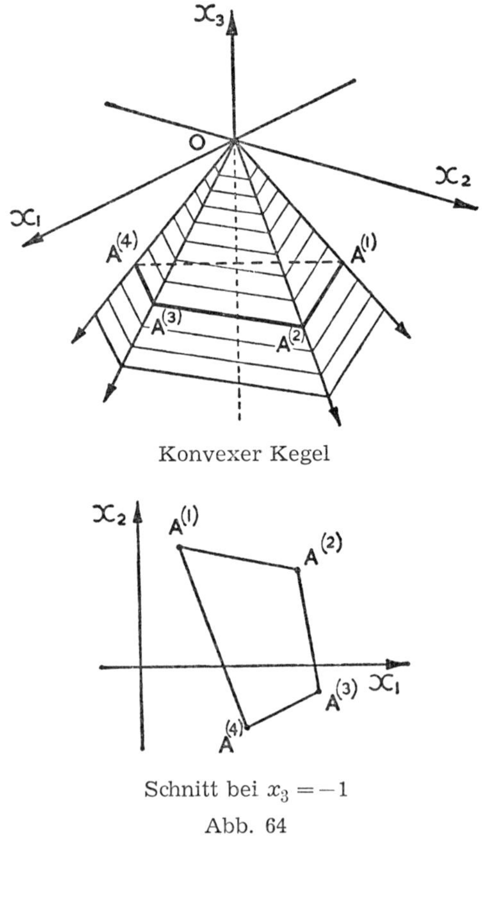

Konvexer Kegel

Schnitt bei $x_3 = -1$

Abb. 64

gelten, daß die Punkte $A^{(1)}, A^{(2)}, A^{(3)}, \ldots$, in der Schnittebene durch $x_3 = -1$ liegen und die Extrempunkte einer konvexen Menge bilden. Das ist erforderlich, wenn Basisaktivitäten vorliegen sollen, von denen keine eine Kombination aus anderen sein darf.

Für drei Güter ($m = 3$) werden somit alle technisch möglichen Faktorallokationen durch Punkte im dreidimensionalen Raum dargestellt, die auf oder in einem Kegel mit der Spitze bei O liegen. Der Kegel wird von einer Figur in der Ebene $x_3 = -1$ „erzeugt". Die Figur in der Ebene (Schnitt bei $x_3 = -1$) ist eine konvexe Menge mit den Extrempunkten $A^{(1)}, A^{(2)}, A^{(3)}, \ldots$. Der Kegel, der dadurch entsteht, hat fast die gleichen Proportionen und kann als *konvexer Kegel* bezeichnet werden. Eine deutliche Unterscheidung kann zwischen den *inneren* und den *Randpunkten* entweder der konvexen Menge oder des konvexen Kegels gemacht werden. Was den Kegel betrifft, so wird die Außenfläche von einer oder mehreren *Facetten* gebildet, von ebenen Dreiecken (wie $OA^{(1)}A^{(2)}$ und den Linien (wie $OA^{(1)}$), die die Facetten trennen.

Dies alles läßt sich sehr gut auf Fälle mit mehr als drei Gütern erweitern; und die ganze Theorie konvexer Mengen und der entsprechenden Kegel ist anwendbar, wie sich in 16.7 oben herausstellte. Für m Güter sind die technologisch zulässigen Allokationen durch zulässige Punkte $\mathbf{x} = \mathbf{A}\boldsymbol{\lambda}$ in oder auf einem konvexen Kegel in m Dimensionen gegeben. Der Kegel wird mit (A) bezeichnet werden; er hat einen Punkt bei O und eine oder mehrere Facetten, die allgemein $(m-1)$ Dimensionen haben, wobei aber noch kleinere Dimensionen möglich sind. Man kann den Kegel (A) immer mit Hilfe des Schnittes bei $x_m = -1$ untersuchen, und diese Schnittfigur ist eine konvexe Menge in $(m-1)$ Dimensionen.

Übungsaufgaben 17.5

1. Untersuchen Sie alle möglichen Formen des Kegels (A), wenn die Annahme (i) wegfällt, (ii) aber noch gilt. Zeigen Sie, daß der Kegel so wie in Abb. 65 aussehen kann, wenn $\mathbf{A}$ die Ordnung 2×2 hat, und daß dies „Veschwendungsaktivitäten" (Inputs ohne Outputs) impliziert.
2. Veranschaulichen Sie die vorhergehende Aufgabe für den Fall, daß $\mathbf{A}$ von der Ordnung 3×3 ist, indem Sie Abb. 63 benutzen. Zeigen Sie, daß dann Aktivitäten existieren, die x_1 mit x_2 als Input (zusätzlich zur Arbeit) produzieren *und* umgekehrt. Folgern Sie daraus, daß x_1 und x_2 Endprodukte sein können, aber daß sie beide von außerhalb eines solchen Systems erhältlich sein müssen. In welchem Sinne ist dies „unrealistisch"? Untersuchen Sie eine alternative Möglichkeit, indem Sie den Bereich der Punkte $\boldsymbol{\lambda}$ im Aktivitätenraum so beschränken, daß wenigstens x_1 oder x_2 nicht von außerhalb des Systems erhältlich ist.
3. Geben Sie beide Annahmen (i) und (ii) auf, und zeigen Sie, daß der Kegel (A), wenn $\mathbf{A}$ von der Ordnung 2×2 ist, alle Arten von Formen annehmen

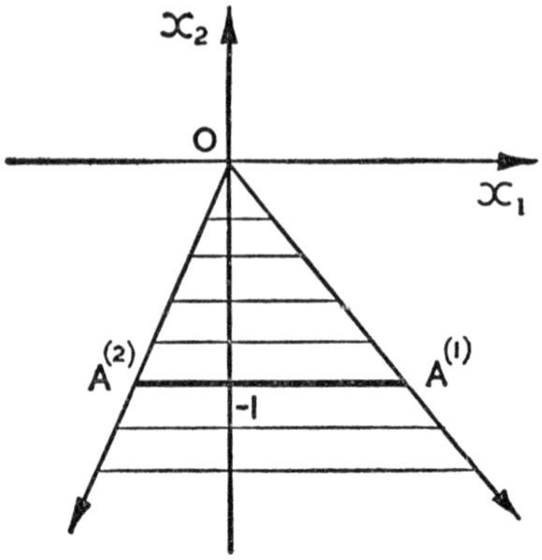

Abb. 65

kann, einschließlich der „soliden" Form (bei der die ganze Ebene bedeckt wird) und der drei Arten von Abb. 66. Untersuchen Sie auch den Fall, daß **A** von der Ordnung 3×3 ist.

4. Anstelle von (i) und (ii) setzen Sie folgende zwei Annahmen:

Es gibt kein $\boldsymbol{\lambda} \geqslant \mathbf{0}$, für das (a) $\mathbf{x} = \mathbf{A}\boldsymbol{\lambda} = \mathbf{0}$ oder
(b) $\mathbf{x} = \mathbf{A}\boldsymbol{\lambda} \geqslant \mathbf{0}$,

wobei „$\geqslant$" die Möglichkeit ausschließt, daß alle Elemente Null sind. Zeigen Sie, daß diese Annahmen weniger restriktiv sind als (i) und (ii), d. h. daß sie dann gelten, wenn (i) und (ii) gelten, aber nicht umgekehrt. Siehe Koopmans (1951), Kap. III.

5. Interpretieren Sie (a) unter den Annahmen der vorhergehenden Aufgabe als „die Produktion ist nicht reversibel" und (b) als „man kann nicht etwas für nichts erhalten". Zeigen Sie, daß, wenn **A** von der Ordnung 2×2 ist, die Annahme (a) Abb. 66 b und die Annahme (b) Abb. 66 c ausschließen, so daß nur Fälle wie in Abb. 66 a beiden genügen. Vergleichen Sie diese mit den Abb. 61 und 65.

6. Zeigen Sie, daß eine Matrix **A** von der Ordnung 2×3 weder bei den Annahmen (i) noch (ii) noch bei den Annahmen der Aufg. 4 oben möglich ist.

7. Fertigen sie eine Zeichnung wie in Abb. 63 für folgende Fälle an:

$$\text{(a)} \quad \mathbf{A} = \begin{bmatrix} 2 & 3 & 1 \\ 2 & 0 & 3 \\ -1 & -1 & -1 \end{bmatrix} \qquad \text{(b)} \quad \mathbf{A} = \begin{bmatrix} 1 & 2 & 1 \\ 2 & 1 & 1 \\ -1 & -1 & -1 \end{bmatrix}$$

8. Zeichnen Sie die Kegel (A) und ihre Schnittfiguren bei $x_3 = -1$ für

$$\text{(a)} \quad \mathbf{A} = \begin{bmatrix} 2 & 2 & 1 \\ 2 & 1 & \frac{3}{2} \\ -1 & -1 & -1 \end{bmatrix} \qquad \text{(b)} \quad \mathbf{A} = \begin{bmatrix} 2 & 1 & 1 \\ 3 & 1 & 2 \\ -1 & -1 & -1 \end{bmatrix}$$

und stellen Sie sie denen der vorhergehenden Aufgabe gegenüber. In welchem Sinne kann gesagt werden, daß die erste Basisaktivität augenscheinlich „effizienter“ ist als die andere in diesen Fällen?

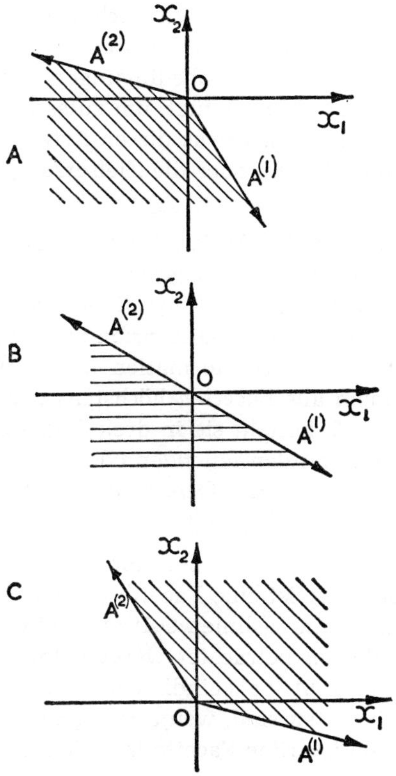

Abb. 66

17.6 Effiziente Allokation: Keine Beschränkung der primären Faktoren

Nur die rein technischen Aspekte des Systems, repräsentiert durch $\mathbf{x} = \mathbf{A}\boldsymbol{\lambda}$ ($\boldsymbol{\lambda} \geqslant \mathbf{0}$), sind bisher betrachtet worden. Sogar das ist nicht allein eine Sache des „Abzählens von Gleichungen“. Zum Beispiel ist es in dem besonderen Falle von $m = n$ (gleiche Anzahl von Aktivitäten und Gütern) und nichtsingulärer Matrix $\mathbf{A}$ richtig, daß $\mathbf{x} = \mathbf{A}\boldsymbol{\lambda}$ zu $\boldsymbol{\lambda} = \mathbf{A}^{-1}\mathbf{x}$ invertiert werden kann. Aber dies garantiert nicht, daß die λ nichtnegativ für alle gegebenen Outputs sind, noch dient es dazu, zwischen den verschiedenen λ und x, die einander entsprechen, zu unterscheiden.

Allgemeiner ($m \neq n$) ist sogar die Inversion von $\mathbf{x} = \mathbf{A\lambda}$ nicht einleuchtend. Was technisch gegeben ist, ist ein konvexer Kegel von möglichen λ im positiven Abschnitt des Aktivitäten-Raums und ein entsprechender konvexer Kegel von möglichen x im Güter-Raum; sie können verschiedene Dimensionen haben. Wir müssen noch vom *technisch Möglichen* zum *wirtschaftlich Optimalen* oder *Effizienten* kommen. In der Linearen Programmierung wird den Nebenbedingungen irgendein Minimum- oder Maximum-Kriterium hinzugefügt, um zulässige Lösungen in optimale Lösungen umzuwandeln. Etwas dieser Art wird wieder benötigt; und das verwendete Kriterium oder die Zielsetzung muß mehr als rein technischer Art sein.

Zuerst kann eine allgemeine Feststellung getroffen werden. Das, was in 16.7 oben über konvexe Mengen gesagt wurde, legt den Gedanken nahe, daß optimale oder effiziente Allokationen von Resourcen auf der *Randfläche* des Kegels (A) von der Dimension m gesucht werden müssen, die man aus der technischen Transformationen $\mathbf{x} = \mathbf{A\lambda}$ erhält. Die Randfläche besteht allgemein aus *Facetten* höchstens der Dimension $(m-1)$. Gilt zum Beispiel $m = 3$, besteht sie in dreieckigen ebenen Abschnitten von zwei Dimensionen und den teilenden oder verbindenden eindimensionalen Linien. Im Interesse der Genauigkeit muß etwas über die Facetten der Randfläche von (A) gesagt werden.

In den dreidimensionalen Fällen der Abb. 63 und 64 ist das Folgende wesentlich. Für drei Güter ist eine Facette wie $OA^{(1)}A^{(2)}$ zweidimensional; sie kann ohne die Teilungslinien $OA^{(1)}$ und $OA^{(2)}$ als *offen*, mit diesen Linien als *geschlossen* betrachtet werden. Im ersten Falle müssen die Linien wie $OA^{(1)}$ und $OA^{(2)}$ als eindimensionale Facetten in sich selbst betrachtet werden, die offen sind, wenn O ausgeschlossen ist, geschlossen wenn O eingeschlossen ist. Eine Facette läßt sich leicht algebraisch darstellen. Nehmen wir

$$\mathbf{A} = \begin{bmatrix} a_{11} & a_{12} & a_{13} & a_{14} \\ a_{21} & a_{22} & a_{23} & a_{24} \\ a_{31} & a_{32} & a_{33} & a_{34} \end{bmatrix}$$

wie in Abb. 64. Der ganze Kegel (A) wird durch die vier Spalten $\mathbf{A}^{(1)}$, $\mathbf{A}^{(2)}$, $\mathbf{A}^{(3)}$ und $\mathbf{A}^{(4)}$ von $\mathbf{A}$ und die Relation $\mathbf{x} = \mathbf{A\lambda}$ definiert. Die durch $OA^{(1)}A^{(2)}$ definierte Facette erhält man ganz genau so aus den beiden Spalten $\mathbf{A}^{(1)}$ und $\mathbf{A}^{(2)}$, d. h. sie stellt alle möglichen Allokationen für die ersten beiden Basisaktivitäten dar. Also wird die Facette $(F) = OA^{(1)}A^{(2)}$ durch

$$\mathbf{x} = \mathbf{F\lambda} \quad (\mathbf{\lambda} \geqslant \mathbf{0}), \quad \text{wobei} \quad \mathbf{F} = \begin{bmatrix} a_{11} & a_{12} \\ a_{21} & a_{22} \\ a_{31} & a_{32} \end{bmatrix} \tag{1}$$

definiert. Sie ist geschlossen oder offen, je nachdem, ob die Basisaktivitäten $A^{(1)}$ oder $A^{(2)}$ eingeschlossen sind oder nicht, d. h. ob $\boldsymbol{\lambda} = (\lambda_1, 0)$ oder $(0, \lambda_2)$ zugelassen sind oder nicht. Ebenso wird die eindimensionale Facette $(F) = OA^{(1)}$ definiert durch

$$\mathbf{x} = \mathbf{F}\boldsymbol{\lambda}\ (\lambda \geqslant 0), \quad \text{wobei} \quad \mathbf{F} = \begin{bmatrix} a_{11} \\ a_{21} \\ a_{31} \end{bmatrix} \tag{2}$$

Man beachte, daß in (1) $\boldsymbol{\lambda}$ ein Vektor mit zwei Elementen ist, während in (2) λ ein Skalar mit nur einem Element ist. Diese Ergebnisse können auf naheliegende Weise für den Fall einer beliebigen Anzahl (m) von Gütern verallgemeinert werden.

Ein einfaches Problem der effizienten Allokation wird zuerst erläutert. Es wird angenommen, daß es hier keine Begrenzung der Beschaffungsmöglichkeit der primären Faktoren von außerhalb des Systems gibt, z. B. ist die Menge von „Arbeit", die benutzt werden kann, unbeschränkt. Wenn ein primärer Faktor selbst nicht begehrt ist, d. h. wenn er nicht unter den Beschränkungen des Systems erscheint, dann ist er ein freies Gut und braucht überhaupt nicht in Betracht gezogen zu werden. Um daher einen „realistischen" Fall zu nehmen, wird weiter angenommen, daß alle primären Faktoren begehrte Güter sind und unter den Beschränkungen erscheinen. Zusätzlich wird zweckmäßigerweise angenommen, daß die Technologie $\mathbf{A}$ keine Zwischenprodukte einschließt, oder daß $\mathbf{A}$ reduziert worden ist, um solche Produkte auszuschalten.

Die technische Seite des Problems ist also folgende:

> Die Technologie ist durch eine Matrix $\mathbf{A}$ der Ordnung $m \times n$ gegeben. Alle m Güter werden selbst begehrt; einige sind primäre Faktoren, die unbegrenzt außerhalb des Systems beschaffbar sind, und die anderen sind Endprodukte, bei denen das nicht möglich ist.

Der Güterraum hat m Dimensionen; da alle Güter begehrt sind, treten in den Beschränkungen des Systems alle Dimensionen auf.

Das zu erreichende Ziel muß noch definiert werden, damit von den zulässigen Punkten des Kegels (A) jene, die optimal oder effizient sind, ausgewählt werden können:

Definition: Eine zulässige Faktorallokation $\mathbf{x} = \mathbf{A}\boldsymbol{\lambda}$ ist *effizient,* wenn eine Erhöhung in einem Output von $\mathbf{x}$ nur auf Kosten einer Verminderung in einem anderen Output möglich ist.

Wie vorher ist Output als Netto-Output aufzufassen. Bei einem effizienten Punkt $\mathbf{x}$ kann somit das Endprodukt nur auf Kosten des verminderten Outputs eines anderen Endproduktes erhöht werden oder auf

Kosten der erhöhten Verwendung eines Inputs. Im zweiten Fall ist die Verwendung des Input-Gutes dadurch beschränkt, daß es selbst in einer bestimmten Menge begehrt wird, zum Beispiel ist mehr Arbeit notwendig für die Produktion und daher gibt es weniger „Freizeit".

Die Analyse wird nun an dem Beispiel von drei Gütern und wenigstens drei Aktivitäten weitergeführt, der Kegel (A) der technisch möglichen Punkte wird durch die Abb. 63 und 64 veranschaulicht. Die Randfläche von (A) umfaßt zweidimensionale geschlossene Facetten wie $OA^{(1)}A^{(2)}$ oder bei offenen Facetten noch die Facetten wie etwa die eindimensionale Strecke $OA^{(1)}$. Eine *Normale* in einem Punkt $\mathbf{x}$ von (A) ist ein Strahl, der aus (A) herauszeigt und bei $\mathbf{x}$ im rechten Winkel dazu steht. Eine Normale wird also nur auf der Begrenzung von (A) definiert, und sie ist für eine zweidimensionale Facette nicht eindeutig; eine Normale zu $OA^{(2)}$, zum Beispiel, liegt irgendwo zwischen der Normalen zu $OA^{(1)}A^{(2)}$ und der zu $OA^{(2)}A^{(3)}$.

Ein Punkt $\mathbf{x}$ aus (A) ist dann und nur dann effizient, wenn es *keine* Bewegung in irgendeiner Richtung *innerhalb* von (A) gibt, die nichtnegativ ist, und so irgendeinen Output vermindern muß. Daher muß es bei $\mathbf{x}$ eine positiv gerichtete *Normale* geben. Wenn solch eine Normale existiert, geht jede Bewegung von $\mathbf{x}$ weg in einem rechten oder größeren Winkel zu ihr, also niemals in der positiven Richtung. Somit gilt:

> *Ein Punkt* $\mathbf{x}$ *des Kegels* (A) *ist dann und nur dann effizient, wenn* $\mathbf{x}$ *auf der Randfläche von* (A) *mit einer positiv gerichteten Normalen liegt.*

Betrachten wir nun eine zweidimensionale Facette wie $OA^{(1)}A^{(2)}$ des Kegels (A). Wenn ein Punkt *innerhalb* der Facetten (nicht auf ihrem Rand) eine positive Normale hat, gilt die gleiche positive Normale für alle Punkte *innerhalb der Facette und auf ihrem Rand.* Also ist die ganz geschlossene Facette effizient, wenn ein Punkt der offenen Facette effizient ist. Entsprechend liegt für eine eindimensionale Facette wie $OA^{(2)}$ eine Normale irgendwo zwischen jenen der angrenzenden Facetten $OA^{(1)}A^{(2)}$ und $OA^{(2)}A^{(3)}$. Sogar wenn diese letzteren Normalen nicht positiv sind, kann es noch geschehen, daß eine positive Normale zwischen ihnen liegt, d. h. ein Punkt auf $OA^{(2)}$ ist effizient und daher sind es alle Punkte auf $OA^{(2)}$ gleichfalls.

Es folgt daraus, daß die Aufmerksamkeit nicht so sehr auf einzelne effiziente Punkte von (A) gerichtet werden muß, sondern auf *effiziente Facetten* des Kegels (A). In Abb. 63 gibt es eine effiziente Facette $OA^{(1)}A^{(2)}$, die die Linien $OA^{(1)}$ und $OA^{(2)}$ einschließt. In Abb. 64 gibt es zwei effiziente Facetten $OA^{(1)}A^{(2)}A^{(3)}$, die die Linien $OA^{(1)}$, $OA^{(2)}$ und $OA^{(3)}$ einschließen. Ferner könnte jeder dieser Kegel gedreht werden, so daß keine zweidimensionale Facette und nur eine der Verbindungslinien wie $OA^{(1)}$ effizient ist; daher können effiziente Punkte auf eine eindimensionale Facette beschränkt sein.

Diese Betrachtungen müssen noch algebraisch formuliert werden. Im Drei-Güter-Fall ist die Technologie

$$\mathbf{A} = \begin{bmatrix} a_{11} & a_{12} & \dots & a_{1n} \\ a_{21} & a_{22} & \dots & a_{2n} \\ a_{31} & a_{32} & \dots & a_{3n} \end{bmatrix}$$

für jedes n ($\geqslant 3$). Bei (1) und (2) oben sind die eindimensionale Facette $OA^{(1)}$ und die zweidimensionale Facette $OA^{(1)}A^{(2)}$ jeweils definiert durch

$$\mathbf{F} = \begin{bmatrix} a_{11} \\ a_{21} \\ a_{31} \end{bmatrix} \quad \text{und} \quad \mathbf{F} = \begin{bmatrix} a_{11} & a_{12} \\ a_{21} & a_{22} \\ a_{31} & a_{32} \end{bmatrix} \tag{3}$$

und entsprechend für eine beliebige andere Facette. Es sei $\mathbf{p} = (p_1, p_2, p_3)$ ein positiver Vektor oder ein Strahl; nur die Verhältnisse $p_1 : p_2 : p_3$ müssen bestimmt und alle p_1, p_2, p_3 positiv sein ($\mathbf{p} \geqslant \mathbf{0}$). Nehmen wir an, daß $OA^{(1)}$ effizient ist und daher eine positive Normale $\mathbf{p}$ hat. Dann muß $\mathbf{p}$ in rechten Winkeln zum Vektor (a_{11}, a_{21}, a_{31}) liegen, aber in einem rechten *oder größeren* Winkel zu einer beliebigen Richtung im Kegel (A) und besonders zu $OA^{(2)}$ mit der Richtung (a_{12}, a_{22}, a_{32}), zu $OA^{(3)}$ mit Richtung (a_{13}, a_{23}, a_{33}) usw. Nun ist der Kosinus des Winkels zwischen $\mathbf{p}$ und (a_{11}, a_{21}, a_{31}) proportional zu $p_1 a_{11} + p_2 a_{21} + p_3 a_{31}$, und das muß Null ergeben (Kosinus eines rechten Winkels). Die anderen Winkel sind rechte Winkel und größer, mit entsprechenden Ausdrücken für ihre Kosinus und nicht-positiven Vorzeichen. Dann ist $OA^{(1)}$ eine effiziente Facette, wenn:

$$\left.\begin{aligned} p_1 a_{11} + p_2 a_{21} + p_3 a_{31} &= 0 \\ p_1 a_{12} + p_2 a_{22} + p_3 a_{32} &\leqslant 0 \\ \dots\dots\dots\dots\dots\dots & \\ p_1 a_{1n} + p_2 a_{2n} + p_3 a_{3n} &\leqslant 0 \end{aligned}\right\} \tag{4}$$

Nun nehmen wir an, $OA^{(1)}A^{(2)}$ sei eine effiziente Facette, so daß eine positive Normale $\mathbf{p}$ existiert, die in rechten Winkeln zu $OA^{(1)}$ und $OA^{(2)}$ stehen muß, aber in einem rechten oder größeren Winkel zu anderen Verbindungslinien $OA^{(3)}, \dots$ Also gilt:

$$\left.\begin{aligned} p_1 a_{11} + p_2 a_{21} + p_3 a_{31} &= 0 \\ p_1 a_{12} + p_2 a_{22} + p_3 a_{32} &= 0 \\ p_1 a_{13} + p_2 a_{23} + p_3 a_{33} &\leqslant 0 \\ \dots\dots\dots\dots\dots\dots & \\ p_1 a_{1n} + p_2 a_{2n} + p_3 a_{3n} &\leqslant 0 \end{aligned}\right\} \tag{5}$$

Die Ausdrücke (4) und (5) sind algebraische Bedingungen für effiziente Facetten in einer bzw. zwei Dimensionen. Alle Ausdrücke auf der linken Seite sind nicht-positiv ($\leqslant 0$) und diejenigen, die den Verbindungslinien in der Facette entsprechen, sind Null ($= 0$). Sie können in Matrizenschreibweise zusammengefaßt werden:

$$\mathbf{p}'\,\mathbf{F} = \mathbf{0} \qquad \text{und} \qquad \mathbf{p}'\,\mathbf{A} \leqslant \mathbf{0} \quad (\mathbf{p} > \mathbf{0}) \tag{6}$$

wobei $\mathbf{F}$ die Submatrix von $\mathbf{A}$ für die Facette ist (wie in (3) oben). Solange ein positiver Strahl $\mathbf{p}$ ($\mathbf{p} > \mathbf{0}$) für (6) existiert, ist die Facette effizient.

Die obige Herleitung gilt für den Fall mit $m = 3$ Gütern. Das Ergebnis (6) jedoch ist sehr allgemein, wie in Koopmans (1951), Kapitel III, bewiesen wurde. Die Bedingungen für eine effiziente Faktorallokation bei eine Technologie A der Ordnung $m \times n$ lauten:

Algebraische Formulierung:

Eine geschlossene Facette (F) des Kegels (A) ist dann und nur dann effizient, wenn es einen positiven Vektor $\mathbf{p}$ der Art gibt, daß

$$\mathbf{p}'\,\mathbf{F} = \mathbf{0} \qquad \text{und} \qquad \mathbf{p}'\,\mathbf{A} \leqslant 0 \qquad (\mathbf{p} > \mathbf{0})$$

Hier ist $\mathbf{F}$ die Submatrix von $\mathbf{A}$, die die Facette definiert.

Geometrische Formulierung:

Eine geschlossene Facette (F) einschließlich ihres Randes des Kegels (A) ist dann und nur dann effizient, wenn es einen effizienten Punkt in der offenen Facette (F) ohne ihren Rand gibt, d. h. dann und nur dann, wenn es eine Normale in positiver Richtung $\mathbf{p}$ auf der offenen Facette gibt. Die Richtung $\mathbf{p}$ ist eindeutig, wenn (F) $(m-1)$ Dimensionen hat, aber nicht, wenn (F) weniger Dimensionen besitzt.

Nun ist die Lösung des Problems vollständig. *Zulässige Allokationen* der Produktion sind durch alle Punkte $\mathbf{x} = \mathbf{A}\boldsymbol{\lambda}$ des Kegels (A) gegeben. *Effiziente Allokationen* sind bei der verwendeten Definition von Effizienz solche, die durch die Punkte effizienter Facetten (A) gegeben sind. Die obigen Bindungen bestimmen diese Facetten. Mit den Abb. 63 und 64 als Veranschaulichung wird deutlich, daß es eine oder mehrere effiziente Facetten von $(m-1)$ oder kleineren Dimensionen geben kann.

Das praktische Problem besteht darin, $\mathbf{p}$ für die Bedingung (6) zu finden. Dabei hilft der Schnitt des Kegels (A) in der Ebene $x_3 = -1$, wie es in Abb. 63 und 64 gezeigt wird ($m = 3$). Man kann sich den ganzen Kegel (A) vorstellen, indem man auf den Rand des Schnittes vom Punkt O aus blickt, der oberhalb dieser Ebene liegt. Eine Normale $\mathbf{p} = (p_1, p_2, p_3)$ muß für jede Facette ermittelt werden, d. h. für jede Seite oder Ecke des Schnittes. Die Werte für die Verhältnisse $p_1 : p_2 : p_3$ müssen aus den Gleichungen in (4) oder (5) ermittelt werden, und die Vorzeichen von p_1, p_2, und p_3 müssen mit Hilfe der Ungleichungen in diesen Relationen untersucht werden. Falls sich alle p als positiv herausstellen, ist die Facette effizient. Jede Seite oder Ecke des Schnittes kann der Reihe nach untersucht werden; falls eine positive Normale *in der Schnittebene* vorliegt, *kann* die Facette, die im Nullpunkt zusammenläuft, eine positive Normale haben. Es hängt davon ab, wie die Normale in der Ebene umgeklappt wird, wenn man die Facette betrachtet. Die Aufg. 1 - 3 unten enthalten praktische Übungen in der Bestimmung von **p** für Facetten bestimmter Kegel.

Übungsaufgaben 17.6

1. Betrachten Sie die Technologie von 17.5, Aufg. 7 (a). Zeigen Sie, daß $\mathbf{p} = (2, 1, 6)$ eine Normale für die Facette $OA^{(1)} A^{(2)}$ ist, $\mathbf{p} = (-3, -2, -9)$ eine für die Facette $OA^{(2)} A^{(3)}$ und $\mathbf{p} = (1, 1, 4)$ eine für die Facette $OA^{(1)}A^{(3)}$ des Kegels (A). Zeigen Sie, daß die effizienten Allokationen der Produktion durch Punkte auf zwei Facetten von (A) gegeben sind.
2. Zeigen Sie für die Technologie von 17.5, Aufg. 7 (b), daß es nur eine effiziente Facette des Kegels (A) gibt.
3. Zeigen Sie für die Technologie von 17.5, Aufg. 8 (a), daß keine der drei *zweidimensionalen* Facetten von (A) eine positive Normale hat. Leiten Sie ab, daß nur $OA^{(1)}$ effizient ist.
4. Prüfen Sie den Fall, daß $\mathbf{A}$ wie in Abb. 62 von der Ordnung 3×2 ist. Zeigen Sie, daß *entweder* die ganze Facette $OA^{(1)}A^{(2)}$ *oder* nur eine der Linien $OA^{(1)}$ oder $OA^{(2)}$ effizient ist, entsprechend der Lage von $A^{(1)}$ und $A^{(2)}$.

17.7 Preise und das duale Problem

In dem Problem aus 17.6 oben hängt die effiziente Produktion von der Existenz eines positiven Vektors **p** ab, damit die Relationen (6) erfüllt werden, die vollständig ausgeschrieben die Form (4) oder (5) oben haben. So ein Vektor wird im Güterraum als Normale zu einer effizienten Facette des Kegels (A), der die technischen Möglichkeiten $\mathbf{x} = \mathbf{A}\boldsymbol{\lambda}$ darstellt, interpretiert. Der nächste Schritt besteht darin, **p** als einen Vektor von *Preisen* zu re-interpretieren und dann das Problem von 17.6 mit seinem dualen Problem in Beziehung zu bringen.

Die Komponenten des positiven Vektors **p** werden als interne oder *Schattenpreise* angesehen, und nur ihre Verhältnisse werden bestimmt. Es gibt bis jetzt keine Verbindung zu Marktpreisen; tatsächlich ist kein Markt definiert worden, und es braucht auch keinen zu geben. Nehmen wir den Fall dreier Güter und nehmen wir an, daß der Kegel (A) eine zweidimensionale effiziente Facette $OA^{(1)}A^{(2)}$ hat. Es gibt dann eine *eindeutige* Menge der Verhältnisse $p_1 : p_2 : p_3$ als Schattenpreise und die Relationen (5) in 17.6 gelten. Der Ausdruck $(p_1 a_{11} + p_2 a_{21} + p_3 a_{31})$ ergibt die Nettogewinne, die sich aus dem Einheitsniveau der Aktivität $A^{(1)}$ zu diesen Preisen ergeben. Die a sind positiv oder negativ (Outputs und Inputs), so daß beim Erreichen der Nettogewinne die Erlöse gegenüber den Kosten ausgeglichen werden. In ähnlicher Weise gibt $(p_1 a_{12} + p_2 a_{22} + p_3 a_{32})$ die Nettogewinne der Aktivität $A^{(2)}$ auf dem Einheitsniveau. Wegen (5) von 17.6 sind diese beiden Nettogewinne Null. Die beiden Aktivitäten $A^{(1)}$ und $A^{(2)}$ ergeben daher Gewinne von Null, ebenso wie jede Kombination der Aktivitäten, d. h. jede effiziente Allokation auf der Facette $OA^{(1)}A^{(2)}$. Die übrigen Relationen von (5) von 17.6 zeigen, daß alle anderen Aktivitäten, d. h. $A^{(3)}, A^{(4)}, \ldots$ oder Kombinationen von ihnen, Profite haben, die Null oder negativ sind.

Dieses Ergebnis kann auf m Güter verallgemeinert werden. Es wird dann den Fall einschließen, daß eine effiziente Facette entweder $(m-1)$ Dimensionen hat oder von kleineren Dimensionen ist (wobei die Preise nicht eindeutig sind). Für jede effiziente Kombination von Aktivitäten existieren solche Schattenpreise, daß die Nettogewinne Null sind; für jede andere Kombination von Aktivitäten sind die Nettogewinne negativ (oder höchstens Null). Daher kann die Bedeutung der Schattenpreise so beschrieben werden:

> *Bei einer Menge von Schattenpreisen* $\mathbf{p}$ $(\mathbf{p} > \mathbf{0})$, *welche eindeutig sein können oder nicht, ergibt keine Aktivität in der Technologie* $\mathbf{A}$ *positive Gewinne und jede Aktivität, welche bei diesen Preisen effizient ist, Gewinne von Null.*

Diese Preise sind Indikatoren der effizienten Allokation von Resourcen. Es ist ganz allgemein richtig, daß effiziente Allokationen Gewinne von Null und daß andere negative Profite haben; aber da es mehrere Mengen von Preisen und verschiedene alternative Mengen von effizienten Allokationen geben kann, müssen sowohl Gewinne von Null als auch negative Gewinne außerhalb der betrachteten effizienten Produktionsmöglichkeiten zugelassen werden. Es kann jedoch immer gesagt werden, daß *Aktivitäten, die nicht gewinnbringend (negative Gewinne) sind, nicht effizient sind.*

Die Schattenpreise können nun ökonomisch als *Substitutionsraten* interpretiert werden. Die betrachtete Substitution findet zwischen einer effizienten und einer anderen effizienten Allokation auf derselben effizienten Facette des Kegels (A) statt. Die Facette muß die Dimension $(m-1)$ haben; wenn zum Beispiel $m = 3$ ist, gibt es Substitutionsmöglichkeiten auf einer zweidimensionalen Facette, aber nicht auf einer Facette mit einer Dimension, bei der nur Veränderungen im Niveau und nicht in der relativen Allokation möglich sind. Es seien $\boldsymbol{\lambda}^{(1)}$ und $\boldsymbol{\lambda}^{(2)}$ zwei effiziente Allokationen auf der Facette (F) und $\mathbf{x}^{(1)} = \mathbf{F}\boldsymbol{\lambda}^{(1)}$ und $\mathbf{x}^{(2)} = \mathbf{F}\boldsymbol{\lambda}^{(2)}$ die entsprechenden Outputs. Da (F) effizient ist, gilt wegen (6) von 17.6:

$$\mathbf{p}'\,\mathbf{x}^{(1)} = \mathbf{p}'\,\mathbf{F}\boldsymbol{\lambda}^{(1)} = \mathbf{0}$$

und
$$\mathbf{p}'\,\mathbf{x}^{(2)} = \mathbf{p}'\,\mathbf{F}\boldsymbol{\lambda}^{(2)} = \mathbf{0}$$

daher
$$\mathbf{p}'\,(\mathbf{x}^{(1)} - \mathbf{x}^{(2)})\,\mathbf{F} = \mathbf{0}$$

Nehmen wir den Fall, daß sich nur die Outputs der ersten zwei Güter verändern, so daß

$$p_1\,(x_1{}^{(1)} - x_1{}^{(2)}) + p_2\,(x_2{}^{(1)} - x_2{}^{(2)}) = 0$$

d. h.
$$\frac{p_1}{p_2} = \frac{x_2{}^{(2)} - x_2{}^{(1)}}{x_1{}^{(1)} - x_1{}^{(2)}} \tag{1}$$

Da wegen der Definition der Effizienz $x_1{}^{(1)} > x_1{}^{(2)}$ auch $x_2{}^{(1)} < x_2{}^{(2)}$ impliziert und umgekehrt, ist der Quotient auf der rechten Seite von (1) positiv und mißt die Rate der Substitution zwischen den Outputs der zwei Güter. Bei kleineren Veränderungen kann das Preisverhältnis als die *Grenzrate* der Substitution beschrieben werden; aber es ist nicht nötig, in marginalen Größen zu denken. Also stellen die Preisverhältnisse $p_1 : p_2 : \ldots : p_m$ die Substitutionsraten zwischen Outputs verschiedener Güter auf der effizienten Facette (F) dar. Wenn zwei oder mehr effiziente Facetten da sind, dann gibt es Diskontinuitäten im Übergang zwischen effizienten Allokationen. Die Schattenpreise sind auf einer Facette gleich, verändern sich aber (sprunghaft) von einer Facette zur anderen. Substitutionsraten zwischen einer effizienten Menge von Outputs auf einer Facette und einer effizienten Menge auf einer anderen sind nicht definiert.

Sodann werden bei der Lösung des technischen Problems der Allokation von Resourcen, bei gegebener Technologie $\mathbf{A}$ und dem Kriterium der effizienten Allokation, Mengen von Schattenpreisen abgeleitet, und sie dienen dazu, effiziente von anderen Allokationen zu unterscheiden. Es kann nur eine oder auch mehrere Mengen von Preisverhältnissen geben. Wenn eine ineffiziente Alokation erfolgt, ein Zeichen dafür, daß die Schattenpreise nicht beachtet wurden, dann gibt es einen „Totalverlust" in der Wirtschaft, der gemessen werden kann. Vgl. den „Koeffizienten der Nutzung von Resourcen" von Debreu (1951).

Die Berechnung der Preise ist ein Problem der Inversion von Matrizen. Die betrachtete effiziente Facette (F) ist durch $\mathbf{F}$ definiert, eine Submatrix von $\mathbf{A}$ der Ordnung $m \times (m-1)$. Die Transponierte $\mathbf{F}'$ ist von der Ordnung $(m-1) \times m$ und ihr Rang kann als $(m-1)$ angenommen werden; sie kann immer in die Form $[\mathbf{B} : \beta]$ zerlegt werden, wobei $\mathbf{B}$ eine nicht-singuläre quadratische Matrix der Ordnung $(m-1) \times (m-1)$ und β ein Spaltenvektor ist. Falls z. B. $\mathbf{F}$ von den ersten $(m-1)$ Aktivitäten von $\mathbf{A}$ definiert ist, dann ist

$$\mathbf{F}' = \begin{bmatrix} a_{11} & a_{21} & \dots & a_{m-1\,1} & \vdots & a_{m\,1} \\ a_{12} & a_{22} & \dots & a_{m-1\,2} & \vdots & a_{m\,2} \\ \dots & \dots & \dots & \dots & \vdots & \\ a_{1\,m-1} & a_{2\,m-1} & \dots & a_{m-1\,m-1} & \vdots & a_{m\,m-1} \end{bmatrix} = [\mathbf{B} \vdots \beta]$$

Die Preisverhältnisse müssen aus $\mathbf{p}'\,\mathbf{F} = \mathbf{0}$ ermittelt werden, d. h. es gilt $\mathbf{F}'\,\mathbf{p} = \mathbf{0}$, das stellt eine Menge von $(m-1)$ linearen Gleichungen für die $(m-1)$ Preisverhältnisse dar.

$$\mathbf{q} = \left(\frac{p_1}{p_m}, \frac{p_2}{p_m}, \dots, \frac{p_{m-1}}{p_m}\right)$$

so daß $\mathbf{F}'\,\mathbf{p} = \mathbf{0}$ über geht in

und daher

$$\left.\begin{aligned} \mathbf{B}\mathbf{q} &= (-\,\beta) \\ \mathbf{q} &= \mathbf{B}^{-1}(-\,\beta) \end{aligned}\right\} \qquad (2)$$

Die Berechnung von Preisverhältnissen fordert dann die Inversion von $\mathbf{B}$.

In dem Fall $m = 3$ und der effizienten Facette $OA^{(1)}A^{(2)}$ gibt es z. B. zwei Gleichungen für die Preisverhältnisse $p_1 : p_2 : p_3$ (aus (5) von 17.6 oben):

$$p_1\,a_{11} + p_2\,a_{21} + p_3\,a_{31} = 0$$
$$p_1\,a_{12} + p_2\,a_{22} + p_3\,a_{32} = 0$$

Die Gleichungen (2) lauten dann:

$$q_1\,a_{11} + q_2\,a_{21} = -a_{31}\,; \qquad q_1\,a_{12} + q_2\,a_{22} = -a_{32}$$

und

$$q_1 = \frac{a_{32}\,a_{21} - a_{31}\,a_{22}}{a_{11}\,a_{22} - a_{12}\,a_{21}} \qquad q_2 = \frac{a_{31}\,a_{12} - a_{32}\,a_{11}}{a_{11}\,a_{22} - a_{12}\,a_{21}}$$

Diese ergeben die Verhältnisse $p_1 : p_2 : p_3$. Die Vorzeichen der p müssen fest sein, um den Ungleichungen von (5) von 17.6 oben zu genügen.

Die Lösung des Problems kann nun mit Hilfe der Linearen Programmierung nachgeprüft werden. Etwas muß hervorgehoben werden: die Kombination der Annahme „konstanter Skalenerträge" in der Technologie $\mathbf{A}$ und der, daß keine Beschränkung der primären Faktoren vorliegt, impliziert, daß eine relative Allokation von Resourcen und relative Preise gefunden werden können, aber nicht das Produktions- und das Preisniveau. Nur die *Verhältnisse* von $\boldsymbol{\lambda}$ und $\mathbf{p}$ werden gesucht; der *Umfang* der Produktion wird nicht bestimmt. Es folgt dann, daß das Problem als lineares Programm keine Maximum- oder Minimumbedingung im gewöhnlichen Sinne hat; eine lineare Funktion wie $z = \mathbf{b}'\boldsymbol{\lambda}$ zu maximieren, würde eine Bestimmung des Allokationsumfanges und der relativen Allokationen erfordern.

Eine Submatrix $\mathbf{F}$ der Technologie $\mathbf{A}$ wird gesucht, so daß $\mathbf{x} = \mathbf{F}\boldsymbol{\lambda}$ eine effiziente Allokation innerhalb des weiteren Bereichs der möglichen Allokation $\mathbf{x} = \mathbf{A}\boldsymbol{\lambda}$ für $\boldsymbol{\lambda} \geqslant 0$ darstellt. Wenn $\mathbf{A}$ von der Ordnung $m \times n$ ist, dann ist $\mathbf{F}$ gewöhnlich von der Ordnung $m \times (m-1)$. Daher sind zulässige Allokationen $\boldsymbol{\lambda}$ von der Ordnung n, effiziente Allokationen $\boldsymbol{\lambda}$ aber nur von der Ordnung $(m-1)$; nicht alle Basisaktivitäten werden in der effizienten Allokation benutzt. $\mathbf{F}$ wird mit Hilfe irgendeines positiven Preisvektors $\mathbf{p}$ der Ordnung m gefunden, so daß $\mathbf{F}'\,\mathbf{p} = \mathbf{0}$ (wobei auch vorausgesetzt wird, daß $\mathbf{A}'\,\mathbf{p} \leqslant \mathbf{0}$). Faßt man das Problem als lineares Programm mit seinen dualen auf, so geht es darum, $\boldsymbol{\lambda}$ und $\mathbf{p}$ so zu ermitteln, daß

$$\left.\begin{array}{lcr} \mathbf{F}\boldsymbol{\lambda} = \mathbf{x} & \text{und} & \mathbf{F}'\,\mathbf{p} = \mathbf{0} \\ \boldsymbol{\lambda} > \mathbf{0} & & \mathbf{p} > \mathbf{0} \end{array}\right\} \quad (3)$$

Dies ist ein besonderer (und reduzierter) Fall des gewöhnlichen linearen Programms:

$$\left.\begin{array}{ll} z = \mathbf{b}'\,\boldsymbol{\lambda} = \text{min!} & \zeta = \mathbf{x}'\,\mathbf{p} = \text{max!} \\ \text{unter den Nebenbedingungen} & \\ \mathbf{F}\boldsymbol{\lambda} \geqslant \mathbf{x} & \mathbf{F}'\,\mathbf{p} \leqslant \mathbf{b} \\ \boldsymbol{\lambda} > \mathbf{0} & \mathbf{p} > \mathbf{0} \end{array}\right\} \quad (4)$$

Hier ist $\mathbf{b}$ ein im Aktivitätenraum definierter gegebener Vektor, der in diesem Zusammenhang aber noch nicht interpretiert werden kann. Man braucht jedoch nur in (4) $\mathbf{b} = \mathbf{0}$ zu setzen, um Programm (3) zu erhalten (siehe Aufg. 4 unten).

Übungsaufgaben 17.7

1. Der Kegel (A) für $\mathbf{A} = \begin{bmatrix} 1 & 2 & 1 \\ 2 & 1 & 1 \\ -1 & -1 & -1 \end{bmatrix}$ hat eine effiziente Facette $OA^{(1)}A^{(2)}$ (Siehe 17.6 Aufg. 2). Schreiben Sie die Relation (5) von 17.6 in der Form:

$$p_1 + 2\,p_2 - p_3 = 0; \qquad 2\,p_1 + p_2 - p_3 = 0; \qquad p_1 + p_2 - p_3 \leqslant 0$$

Zeigen Sie, daß $p_1 : p_2 : p_3 = 1 : 1 : 3$ aus den ersten beiden Gleichungen folgt, und daß den p_1, p_2 und p_3 positive Vorzeichen gegeben werden müssen, um der dritten zu genügen.

2. Ermitteln Sie für $\mathbf{A} = \begin{bmatrix} 2 & 3 & 1 \\ 2 & 0 & 3 \\ -1 & -1 & -1 \end{bmatrix}$ die Preise für die effizienten Facetten $OA^{(1)}A^{(2)}$ und $OA^{(1)}A^{(3)}$.

3. Welche Menge oder welche Mengen von Preisen können für effiziente Allokationen definiert werden, wenn

$$\mathbf{A} = \begin{bmatrix} 2 & 2 & 1 \\ 2 & 1 & \frac{3}{2} \\ -1 & -1 & -1 \end{bmatrix}$$

4. Interpretieren Sie das lineare Programm (4) oben, indem Sie $\mathbf{x}$ als einen Vektor von Outputs auffassen, die wenigstens erreicht werden müssen, und $\mathbf{b}$ als einen Vektor von Nettogewinnen, die in den verschiedenen Basisaktivitäten nicht überschritten werden können. Zeigen Sie, daß z und ζ dann beide als gesamte Nettogewinne interpretiert werden müssen. Warum gibt (4) keinen Sinn bei einem Problem mit „konstanten Skalenerträgen" und keiner Beschränkung der Resourcen, außer in einem Falle, nämlich $\mathbf{b} = \mathbf{0}$?

17.8 Effiziente Allokation: Beschränkung bei primären Faktoren

Die wesentlichen Resultate haben sich in 17.6 und 17.7 oben für den Fall ergeben, daß keine Beschränkungen der Verfügbarkeit von primären Faktoren bestehen. Mögliche Allokationen von Resourcen werden im Güterraum in oder auf einem konvexen Kegel (A) dargestellt, der durch die technische Matrix $\mathbf{A}$ definiert wird. Gewisse Punkte oder auch Facetten der Randfläche von (A) sind effiziente Allokationen. Sie werden mittels eines Systems von Schattenpreisen ermittelt: Allokationen, welche nicht gewinnbringend (negative Profite) sind, werden als nicht effizient ausgeschlossen, und alle effizienten Allokationen werden durch die Bedingung charakterisiert, daß zu den Preisen Gewinne von Null entstehen. Die Einführung von Beschränkungen bei den primären Faktoren ändert dies nicht; sie erlaubt lediglich eine Bestimmung des optimalen Produktionsumfanges ebenso wie der effizienten Allokation und fügt dem entsprechenden linearen Programm eine Maximum- oder Minimum-Bedingung hinzu.

Die m Güter sind nun in zwei Gruppen zerlegt: nicht um ihrer selbst willen begehrte primäre Faktoren mit dem Nettooutput $x_p \leqslant 0$ und Endprodukte mit dem Nettooutput $x_f \geqslant 0$. Es sei ξp die Menge eines von außerhalb des Systems erhältlichen primären Faktors; ξp sei gegeben und positiv. Dann gilt:

$$(-x_p) \leqslant \xi p \qquad \text{oder} \qquad x_p \geqslant (-\xi p)$$

Wenn der Fall $x_p = -\xi_p$ vorliegt, werden alle Resourcen benutzt und ein Schattenpreis für den Faktor wird gesucht. Wenn jedoch $x_p > (-\xi_p)$, gibt es ungenutzte Resourcen, der primäre Faktor ist ein „freies Gut", und es muß erwartet werden, daß sein Preis Null ist.

Aus Bequemlichkeitsgründen wird wieder angenommen, daß es keine Zwischenprodukte gibt (oder daß **A** reduziert worden ist, um diese zu eliminieren). Das schließt nicht die Möglichkeit aus, daß $x_f = 0$ (im Gegensatz zu $x_f > 0$) für einige Faktorallokationen und ein besonderes Endprodukt ist. Es kann durchaus sein, daß es sich nicht rentiert, eines oder mehrere der (möglichen) Endprodukte zu produzieren.

Zwei Fälle mit drei Aktivitäten und Gütern werden graphisch untersucht. Der erste Fall entsteht, wenn zwei Endprodukte x_1 und x_2 mit einem primären Faktor x_3 (Arbeit) produziert werden. Die Einheiten zur Messung von x_3 können so gewählt werden, daß $\xi_3 = 1$ (Verfügbarkeit), d. h. so, daß $x_3 \geqslant -1$. Die Einheitsniveaus der Aktivitäten können wie vorher so gewählt werden, daß die letzte Zeile in der technologischen Matrix mit Elementen (-1) geschrieben wird:

$$\mathbf{A} = \begin{bmatrix} a_{11} & a_{12} & a_{13} \\ a_{21} & a_{22} & a_{23} \\ -1 & -1 & -1 \end{bmatrix}$$

in der alle a nun als positiv angenommen werden können. Der mögliche Kegel (A), ohne Rücksicht auf Beschränkungen von x_3, hat die Form von Abb. 63 oben außer daß $A^{(1)}$, $A^{(2)}$ und $A^{(3)}$ alle im positiven Quadraten von Ox_1x_2. *Erreichbare* Allokationen sind jene im möglichen Kegel (A), welche innerhalb der fixierten Grenzen liegen, hier $x_3 \geqslant -1$. Daher ist der *erreichbare Kegel* (A) einfach der in der Ebene $x_3 = -1$ abgeschnittene Originalkegel, wie in Abb. 67 dargestellt ist. *Effiziente Punkte* oder Facetten des erreichbaren Kegels (A) werden gesucht, die Definition der Effizienz sei die gleiche wie vorher (17.6 oben), außer daß sie auf Endprodukte begrenzt ist. Dann ist $\mathbf{x}$ effizient, wenn eine Erhöhung im Output eines Endproduktes nur auf Kosten einer Verminderung in einem anderen erreicht werden kann.

Aus Abb. 67 wird klar, daß der volle Betrag $x_3 = -1$ des beschränkenden Faktors in einer effizienten Allokation benutzt werden muß; andernfalls könnte mehr von beiden Endprodukten durch weitere Ausnutzung des Faktors produziert werden. Also liegen effiziente Punkte auf der Randfläche der zweidimensionalen konvexen Menge $A^{(1)} A^{(2)} A^{(3)}$ und müssen auf einem Abschnitt wie $A^{(1)} A^{(2)}$ in Abb. 67 liegen, die negativ zu der x_1- und der x_2-Achse geneigt ist (siehe Aufg. 1 unten). In solch einem Punkt gibt es eine positive Normale im $Ox_1 x_2$-Raum, die einen Preisvektor $(p_1 \, p_2)$ für Endprodukte definiert. Dann gibt es Preise

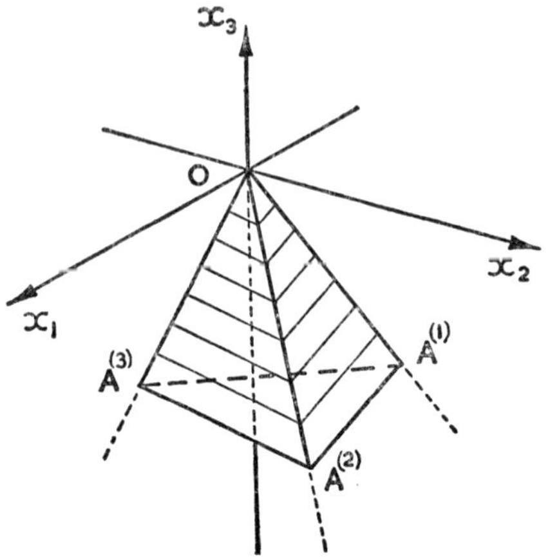

Abgeschnittener konvexer Kegel

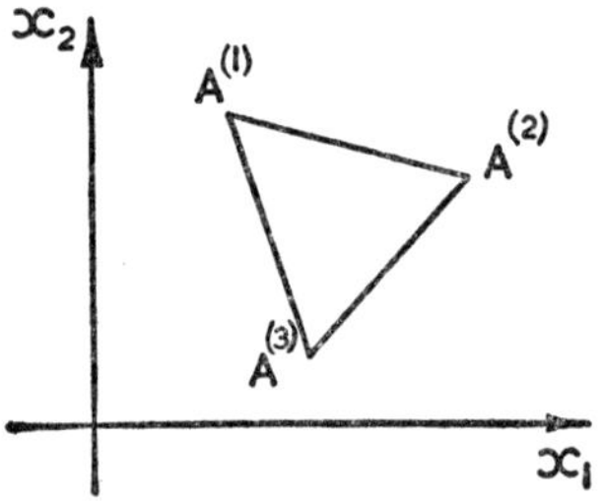

Schnittfläche bei $x_3 = -1$

Abb. 67

p_1 und p_2, welche positiv sind und die Substitutionsrate zwischen (effizienten) Output von x_1 und x_2 darstellen. Weiter ist der Wert von

$$\zeta = p_1 x_1 + p_2 x_2 = \text{max!}$$

wenn x_1 und x_2 effiziente Outputs unter allen erreichbaren sind. (Für einen Abriß eines Beweises siehe Aufg. 2 unten). Dies ist die Maximumbedingung, die dem linearen Programm (3) von 17.7 oben hinzuzufügen ist; sie bestimmt die Preise der Endprodukte und maximiert die Erträge, die sich bei ihrem Verkauf zu diesen Preisen ergeben.

Im zweiten Fall (dargestellt in Abb. 68) gibt es ein Endprodukt x_1 und zwei primäre Faktoren, x_2 und x_3, deren Einheiten so gewählt werden, daß die Beschränkungen $x_2 \geqslant -1$ und $x_3 \geqslant -1$ sind. In der technologi-

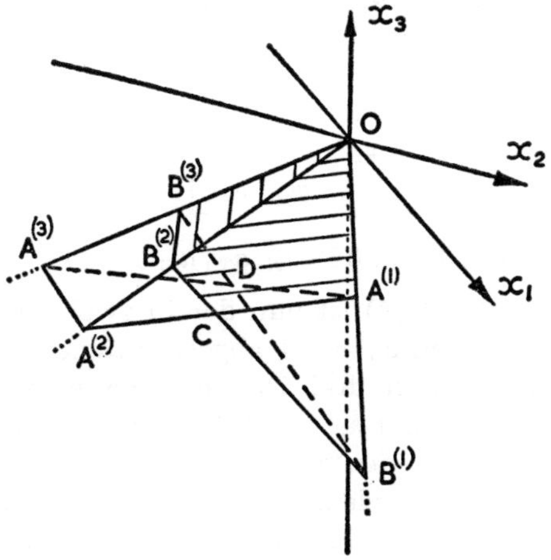

Abgeschnittener konvexer Kegel

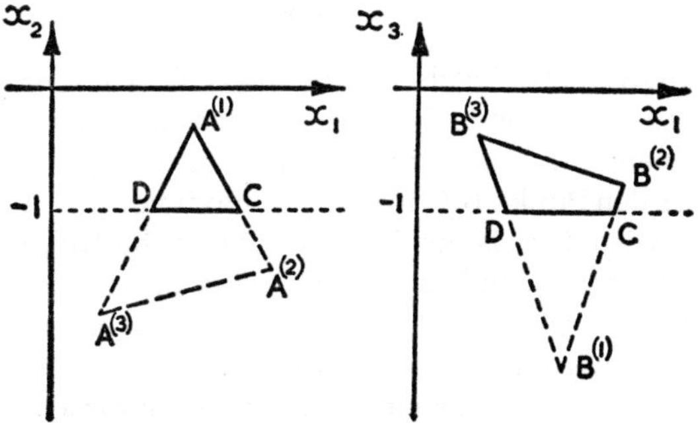

Schnittfläche bei $x_3 = -1$

Schnittfläche bei $x_2 = -1$

Abb. 68

schen Matrix **A** enthalten die letzten zwei Zeilen negative Elemente und das Einheitsniveau für jede Aktivität kann so gewählt werden, daß das größere (numerisch) der beiden negativen Elemente in der Spalte von **A** (-1) ist. Dann sind in jeder Spalte von **A** die letzten beiden Elemente gleich (-1) und haben einen Wert zwischen 0 und (-1), aber (-1) kann auch in jeder anderen Position erscheinen. Zum Beispiel kann sie an dritter Stelle in $A^{(1)}$, aber in zweiter Stelle in $A^{(2)}$ und $A^{(3)}$ erscheinen, wie in Abb. 68 dargestellt:

$$\mathbf{A} = \begin{bmatrix} a_{11} & a_{12} & a_{13} \\ a_{21} & -1 & -1 \\ -1 & a_{32} & a_{33} \end{bmatrix}$$

Hier gilt $a_{11}, a_{12}, a_{13} > 0$ und $0 > a_{21}, a_{32}, a_{33} > \quad 1$.

Der *erreichbare Kegel* (A) ist nun der in zwei Richtungen durch die Ebenen bei $x_2 = -1$ und $x_3 = -1$ abgeschnittene mögliche Kegel. Der Kegel wird in Abb. 68 in drei Dimensionen gezeigt, und in seinen Schnitten bei $x_2 = -1$ und $x_3 = -1$ (d. h. die beiden abgeschnittenen „Enden" des Kegels). *Effiziente Punkte* von (A) müssen zweifellos auf der Randfläche gesucht werden, $A^{(1)} CB^{(2)} B^{(3)} DA^{(1)}$ in Abb. 68 auf den abgestumpften „Enden" des Kegels, wo eine oder beide Beschränkungen $x_2 = -1$ und $x_3 = -1$ erfüllt sind. In diesem Fall (bei nur einem Endprodukt) reduziert sich die Bedingung für effiziente Allokation einfach auf

$$x_1 = \max!$$

auf der Randfläche des Kegels (A), definiert durch $x_2 = -1$ und durch $x_3 = -1$. Dies ist ein Sonderfall von $\zeta = \max!$, da $\zeta = p_1 x_1$ im gegenwärtigen Problem ist. Es gibt in Abb. 68 eine einzige effiziente Allokation, die durch den Punkt $B^{(2)}$, in dem x_1 maximal, $x_2 = -1$ und $x_3 > -1$ ist, dargestellt wird. Dies ist am besten an den Schnittflächen bei $x_3 = -1$ und $x_2 = -1$ zu sehen, indem man sich das maximale x_1 heraussucht. Ein primärer Faktor ($x_3 > -1$) ist ein freies Gut mit einem Preis von Null; der andere wird völlig aufgebraucht. Nur die eine Aktivität $\mathbf{A}^{(2)}$ wird benutzt, und es gibt nur einen knappen Faktor x_2.

Die allgemeinen Resultate für eine Technologie **A** einer beliebigen Ordnung sind nun genügend klar; sie sind in Koopmans (1951), Kapitel III, vollständiger entwickelt worden. Effiziente Allokationen begrenzter Resourcen ergeben sich auf denjenigen Teilen der Randfläche eines abgeschnittenen (erreichbaren) Kegels (A) im Güterraum, die der vollen Ausschöpfung der Beschränkungen für einen oder mehrere primären Faktoren entsprechen. Die Funktion der Schattenpreise bleibt erhalten; Allokationen ohne Gewinn werden eliminiert und effiziente Allokationen durch Profite von Null charakterisiert. Die Preise von Endprodukten sind noch (in ihren Verhältnissen) den Substitutionsraten zwischen den effizienten Outputs der Endprodukte gleich. Zusätzlich muß eine Maximumbedingung dem linearen Programm hinzugefügt werden, d. h. $\zeta = \mathbf{p}'_f \mathbf{x}_f = \max!$ Der Erlös der Outputs der Endprodukte zu den Schattenpreisen ist ζ. Der Produktionsumfang und das Niveau der Preise werden dadurch bestimmt.

Ein Aspekt der allgemeinen Resultate muß besonders betont werden. Unter den primären Faktoren werden einige in der effizienten Allokation vollständig ausgenutzt und andere nicht. Es gibt *knappe Faktoren* mit positiven Preisen; es kann auch *freie Faktoren* mit Preisen von Null geben. Die effiziente Allokation (auf einer effizienten Facette) ist eine Kombination einer Anzahl von Aktivitäten; daher werden bei effizienter Allokation einige Aktivitäten gebraucht und andere nicht. In diesem Problem, bei dem primäre Faktoren selbst nicht begehrt werden, kann als allgemeine Regel gelten, daß die *Anzahl der benutzten Aktivitäten der Anzahl von knappen primären Faktoren gleich ist.* Die Anzahl der verwendeten Aktivitäten (die nicht größer ist als die Gesamtzahl n der Basisaktivitäten) ist daher geringer als die oder gleich der Gesamtzahl von primären Faktoren, die von außerhalb des Systems geliefert werden — „geringer als", wenn es einige freie Faktoren gibt, die nicht völlig aufgebraucht werden, „gleich", wenn alle Faktoren knapp sind und völlig aufgebraucht werden. Diese Regel wird in gewissen „entarteten" Fällen modifiziert, in denen die Anzahl der verwendeten Aktivitäten geringer als die Anzahl von knappen Faktoren sein kann; siehe das grundlegende Ergebnis in 16.6 oben.

Die Menge von Preisen wird im Sinne von Verrechnungsindikatoren aus den technischen Aspekten des Problems abgeleitet. Die Eigenschaften von Preisen als Substitutionsraten und als Determinante der relativen Höhe der Gewinne in verschiedenen Aktivitäten geben einen Anhaltspunkt zur weiteren Interpretation des Preissystems. Die Preise sind den Marktpreisen gleichwertig, wenn es einen Markt gibt und die Konkurrenzbedingungen so sind, daß sie zur Gleichsetzung von Marktpreisen und Substitutionsraten führen. Im anderen Extremfall, in einer geplanten oder einer Wohlfahrts-Wirtschaft, stellen die Preise (und die sich ergebenden Gewinnspannen) für die zentralen „Planer" Indikatoren in ihren Allokationsproblemen und Mittel, Entscheidungen zu dezentralisieren, dar. Außerdem sind, da das Problem ein lineares Programm mit einer Maximumbedingung ist, die rechnerischen Verfahren, die für solche Programme entwickelt wurden, zur Bestimmung der effizienten Faktorallokation und des Schattenpreissystems anwendbar.

Übungsaufgaben 17.8

1. Ändern Sie die Zeichnung in Abb. 67, um verschiedene Fälle zu klären, in denen die Anzahl der Basisaktivitäten in A größer ist als drei (noch mit drei Gütern). Prüfen Sie mögliche Anordnungen der Punkte $A^{(1)}, A^{(2)}, \ldots$. Zeigen Sie, daß effiziente Allokationen (a) durch einen Punkt wie $A^{(1)}$, (b) durch eine Linie wie $A^{(1)}A^{(2)}$ oder (c) durch mehrere solcher Linien wie $A^{(1)}A^{(2)}A^{(3)}$ dargestellt werden können.
2. Es sei P in Abb. 67 ein beliebiger Punkt auf einer effizienten Linie $A^{(1)}A^{(2)}$ und Q irgendein anderer erreichbarer Punkt, für den $x_3 = -1$ ist. Zeigen

Sie, daß die Normale (p_1, p_2) zu $A^{(1)}A^{(2)}$ im rechten Winkel zu PQ steht, wenn Q auch ein effizienter Punkt auf dem gleichen Abschnitt wie P ist, und in einem rechten *oder größeren* Winkel zu PQ für irgendein anderes Q. Nehmen Sie x_1 und x_2 als Output bei P und $\bar{x}_1$ und $\bar{x}_2$ bei Q. Folgern Sie daraus, daß, wenn P und Q beide auf $A^{(1)}A^{(2)}$ effizient sind,

$$\frac{p_1}{p_2} = \frac{\bar{x}_2 - x_2}{x_1 - \bar{x}_1} = \text{Substitutionsrate}$$

und, wenn P effizient ist aber Q nicht, daß

$$p_1 (\bar{x}_1 - x_1) + p_2 (\bar{x}_2 - x_2) \leqslant 0$$

Dann zeigen Sie, daß $\zeta = p_1 x_1 + p_2 x_2 \geqslant p_1 \bar{x}_1 + p_2 \bar{x}_2$, daß also ζ maximal ist.

3. Zeichnen Sie den erreichbaren Kegel (A) und seine Abschnitte wie in Abb. 68 für:

$$\mathbf{A} = \begin{bmatrix} 2 & 3 & 2 \\ -\frac{1}{3} & -\frac{2}{3} & -1 \\ -1 & -1 & -\frac{1}{2} \end{bmatrix}$$

Untersuchen Sie $\mathbf{A}$ unter dem Gesichtspunkt effizienter Allokationen. Zeigen Sie, daß beide Faktoren bei effizienter Allokation vollständig verwendet werden.

17.9 Programme im Zeitablauf; von Neumanns Wachstumsmodell

Die Darstellung in den vorhergehenden Abschnitten ist nur unter statischen oder stationären Bedingungen auf eine Wettbewerbs- oder Planwirtschaft anwendbar. Probleme monopolistischer Verhaltensweisen werden nicht in Betracht gezogen. Sogar wichtiger ist, daß die Analyse nicht für eine dynamische Behandlung des Problems gedacht ist. Sie kann jedoch erweitert werden, um als wesentliche Basis einer Betrachtung des allgemeinen Gleichgewichts in einer fortschreitenden Wirtschaft zu dienen und um die Merkmale zu erhellen, die ein dynamisches Modell mit breitem Anwendungsbereich wesentlich bestimmen.

Der Begriff der Technologie $\mathbf{A}$ ist rein statisch; die Elemente a_{rs} repräsentieren zeitunabhängige Outputs und Inputs, d. h. Stromgrößen pro Zeiteinheit in einem stationären Zustand. Die besondere, nun betrachtete Erweiterung unterstellt eine Reihe gleicher Zeitperioden, wobei die t-te Periode sich vom Zeitpunkt $(t-1)$ bis zum Zeitpunkt t erstreckt (für $t = 1, 2, \ldots, T$). Die n Basisaktivitäten (von denen jede m Güter einschließt) die die Technologie $\mathbf{A}$ bilden, müssen nun datiert werden, d. h. $\mathbf{A}^{(s)}(t)$ statt $\mathbf{A}^{(s)}$ für $s = 1, 2, \ldots, n$ und $t = 1, 2, \ldots, T$. Die datierte Aktivität kann nichts anders sein als dieselbe, von einer Periode zur anderen verlagerte Aktivität (d. h. die gleichen Input-Output-Koeffizienten), oder es kann im Zeitablauf Veränderungen in der Struktur der Aktivität geben. In jedem Falle wird nun anstelle der allgemeinen Kombination von Aktivitäten $\sum_{s=1}^{n} \lambda_s \mathbf{A}^{(s)}$ eine Kombination aller Aktivitäten im Zeitablauf erforderlich: $\sum_{s=1}^{n} \sum_{t=1}^{T} \lambda_{st} \mathbf{A}^{(s)}(t)$ für beliebige $\lambda_{st} \geqslant 0$. Der Koeffizient λ_{st} stellt das Niveau der s-ten Aktivität, die in der Periode t benutzt wird, dar.

Es ist sehr zweckmäßig, $\mathbf{A}^{(s)}(t)$ als eine Menge von Inputs beim Beginn der Periode (zum Zeitpunkt $(t-1)$) zu betrachten, der eine Menge von Outputs am Ende der Periode (zum Zeitpunkt t) folgt. Nur nichtnegative Werte brauchen dann für die Input- und Output-Koeffizienten geschrieben zu werden, und jedes Gut erscheint unter den Inputs und unter den Outputs (mit der Möglichkeit von Null-Koeffizienten). Schreiben wir:

Inputs zum Zeitpunkt $(t-1)$
$$\mathbf{A}_t^{(s)} = \begin{bmatrix} a_{1st} \\ a_{2st} \\ \cdots \\ a_{mst} \end{bmatrix}$$
Outputs zum Zeitpunkt t
$$\mathbf{B}_t^{(s)} = \begin{bmatrix} b_{1st} \\ b_{2st} \\ \cdots \\ b_{mst} \end{bmatrix}$$

für $s = 1, 2, \ldots, n$; $t = 1, 2, \ldots, T$ und $a_{rst} \geqslant 0$, $b_{rst} \geqslant 0$. Diese können in zwei Matrizen zusammengefaßt werden, die die Technologie der Periode t darstellen:

Inputs zum Zeitpunkt $(t-1)$ $\quad \mathbf{A}_t = [a_{rst}]$ $\qquad$ Outputs zum Zeitpunkt t $\quad \mathbf{B}_t = [b_{rst}]$ $\qquad$ (1)

Das Niveau der s-ten Aktivität in der Periode t ist durch λ_{st} gegeben. Es sei $\boldsymbol{\lambda}t = \{\lambda_{st}\}$ ein Vektor der Ordnung n $(s = 1, 2, \ldots, n)$. Ein lineares Programm im Zeitablauf kann so definiert werden: zu finden ist $\boldsymbol{\lambda}_t$ im Zeitablauf, das eine lineare Zielfunktion maximiert (minimiert):

$$z = \sum_t \mathbf{c}_t' \boldsymbol{\lambda}_t \,,$$

wobei $\mathbf{c}_t = \{c_{st}\}$ mit der Ordnung n $(s = 1, 2, \ldots, n)$ ein gegebener Vektor ist. Abgesehen von $\boldsymbol{\lambda}_t \geqslant \mathbf{0}$ wird es bestimmte Nebenbedingungen geben, Erweiterungen der Relationen wie etwa $\mathbf{A}\boldsymbol{\lambda} = \mathbf{x}$ im stationären Zustand. Eine naheliegende Menge von Relationen verkettet die Inputs der Periode t mit den Outputs der Periode $(t-1)$ wie in (1), und zwar

Gut für Gut; beide sind auf den selben Punkt $(t-1)$ datiert. Für das r-te Gut gilt:

$$\text{Input der Periode } t = \sum_{s=1}^{n} a_{rst}\,\lambda_{st}$$

$$\text{Output der Periode } (t-1) = \sum_{s=1}^{n} b_{rst-1}\,\lambda_{st-1}$$

Daher ist der Nettoinput des r ten Gutes zu Beginn der Periode t:

$$\sum_{s=1}^{n} a_{rst}\,\lambda_{st} - \sum_{s=1}^{n} b_{rst-1}\,\lambda_{st-1} \qquad \begin{pmatrix} r = 1, 2, \ldots m \\ t = 1, 2, \ldots T \end{pmatrix}$$

$$\text{d. h.} \qquad \mathbf{A}_t\,\boldsymbol{\lambda}_t - \mathbf{B}_{t-1}\,\boldsymbol{\lambda}_{t-1}$$

Die Nebenbedingungen legen diesem Vektor von Nettoinputs bestimmte Restriktionen auf. Wenn z. B. der maximale Nettoinput (von außerhalb des Systems), der in jeder Periode zugelassen ist als $\mathbf{x}_t = \{x_{rt}\}$ $(r = 1, 2, \ldots, m)$ bestimmt wird, dann lauten das lineare Programm im Zeitablauf und sein duales Programm:

$$\left.\begin{array}{lll} & z = \Sigma\,\mathbf{c}_t'\,\boldsymbol{\lambda}_t = \text{max!} & \zeta = \Sigma\,\mathbf{x}_t'\,\mathbf{p}_t = \text{min!} \\ \text{unter den Nebenbedingungen} & & \\ & \mathbf{A}_t\,\boldsymbol{\lambda}_t - \mathbf{B}_{t-1}\,\boldsymbol{\lambda}_{t-1} \leqslant \mathbf{x}_t & \mathbf{A}_t'\,\mathbf{p}_t - \mathbf{B}'_{t-1}\,\mathbf{p}_{t-1} \geqslant \mathbf{c}_t \\ \text{und} & \boldsymbol{\lambda}_t \geqslant \mathbf{0} & \mathbf{p}_t \geqslant \mathbf{0} \end{array}\right\} \quad (2)$$

Das ganze Programm erstreckt sich über die Zeit $t = 1, 2, \ldots, T$. Solch ein Programm könnte für Anlageinvestierungen benutzt werden, d. h. Kosten der Inputs *abzüglich* der Erlöse der Outputs der vorhergehenden Periode.

Lineare Programme dieser Art und allgemeinere Typen, in denen stetige Variationen erlaubt sind, sind von Dantzig (1949) in einen allgemeinen Rahmen gestellt worden. Die Probleme der Berechnung sind von einigem Interesse, da die Nebenbedingungen von (2), für verschiedene t, sehr große Matrizen einschließen, die sich aus (1) für $t = 1, 2, \ldots, T$ ergeben. Wenn als Ausgangsbedingung $\mathbf{B}_{t-1}$ für $t = 1$ Null gesetzt wird, lauten die Nebenbedingungen für $\boldsymbol{\lambda}_t$ in (2):

$$\begin{array}{rl} \mathbf{A}_1\,\boldsymbol{\lambda}_1 \qquad\qquad\qquad & \leqslant \mathbf{x}_1 \\ -\mathbf{B}_1\,\boldsymbol{\lambda}_1 + \mathbf{A}_2\,\boldsymbol{\lambda}_2 \qquad\quad & \leqslant \mathbf{x}_2 \\ -\mathbf{B}_2\,\boldsymbol{\lambda}_2 + \mathbf{A}_3\,\boldsymbol{\lambda}_3 & \leqslant \mathbf{x}_3 \\ \cdots\cdots\cdots\cdots\cdots & \end{array}$$

wobei die $\mathbf{A}$ und $\mathbf{B}$ alle Matrizen der Ordnung $m \times n$ sind. Wenn $\boldsymbol{\lambda}$ die gesamte Menge von λ und $\mathbf{x}$ die ganze Menge von x im Zeitablauf darstelten, lauten die Nebenbedingungen:

$$\mathbf{A}\boldsymbol{\lambda} \leqslant \mathbf{x}$$

für eine große Matrix der zerlegbaren Art (aus 13.9 oben):

$$\mathbf{A} = \left[\begin{array}{c|c|c|c} \mathbf{A}_1 & \mathbf{0} & \mathbf{0} & \\ \hline -\mathbf{B}_1 & \mathbf{A}_2 & \mathbf{0} & \\ \hline \mathbf{0} & -\mathbf{B}_2 & \mathbf{A}_3 & \\ \hline & & & \end{array}\right]$$

Das rechnerische Problem wird durch die Gruppierung der Nicht-Nullelemente um die Hauptdiagonale vereinfacht. Es gibt allgemein ein Überschneiden dieser Blöcke von Nicht-Nullelementen in den Zeilen und Spalten, so daß ein Gut in verschiedenen Perioden erscheint und eine Aktivität Güter braucht, die unterschiedlich datiert sind. Gäbe es solche Überschneidungen nicht, so würde das lineare Programm im Zeitablauf in eine Folge von unabhängigen Programmen für aufeinanderfolgende Perioden zerfallen.

All dies wurde mit einem Modell des wirtschaftlichen Wachstums vorweggenommen, das durch Neumann (1937, 1945) entwickelt wurde. Dieses kann keine „Anwendung" des linearen Prorammierens genannt werden, da es so viel früher entstand (1937). Aber von Neumann war der erste, der ein lineares Produktionsmodell mit *linearen Ungleichungen* benutzte und das *duale Problem* betonte. Das Modell ist in jüngerer Zeit durch Kemeny, Morgenstern und Thompson (1956) verallgemeinert worden, um (z. B.) Leontiefs dynamisches System als Sonderfall einzuschließen. Setzen wir in (2) $\mathbf{x}_t$ und $\mathbf{c}_t$ gleich Null: die Maximum-(Minimum-)Bedingungen des Programms verschwinden, um durch einen Minimax-Typ der Zielfunktion für eine expandierende Wirtschaft ersetzt zu werden. Nehmen wir an, daß die Technologie ($\mathbf{A}_t$ und $\mathbf{B}_t$) sich nicht im Zeitablauf ändern, so daß das lineare Programm (2) wie folgt lautet:

$$\begin{aligned} &\text{(i)} \quad \mathbf{A}\boldsymbol{\lambda}_t - \mathbf{B}\boldsymbol{\lambda}_{t-1} \leqslant \mathbf{0} \quad \boldsymbol{\lambda}_t \geqslant \mathbf{0} \\ &\text{(ii)} \quad \mathbf{A}'\mathbf{p}_t - \mathbf{B}'\mathbf{p}_{t-1} \geqslant \mathbf{0} \quad \mathbf{p}_t \geqslant \mathbf{0} \end{aligned} \qquad (3)$$

In der Interpretation von (3) sind die weitgehenden und allgemeinen Annahmen über die Wirtschaft die: *erstens*, daß ein geschlossenes System mit konstanten Skalenerträgen vorliegt und *zweitens*, daß es keine Beschränkung der Mengen der primären Faktoren (Boden, ungelernte Arbeit) gibt, die in dem System verfügbar sind. Die Implikationen sind vielfältig. Zum Beispiel sind die Arbeitsleistungen ein Output; Inputs bestehen in dem Verbrauch (in festen Verhältnissen) der Güter, die notwendig sind, die Arbeiter zu versorgen (und, wenn notwendig, auszubilden). Weiter beinhalten konstante Skalenerträge und keine Beschränkungen der Resourcen technisch (wie in 17.6 und 17.7), daß der Umfang der Produktion und das Niveau der Preise nicht bestimmt sind. Nur die *Verhältnisse* von $\boldsymbol{\lambda}_t$ und $\mathbf{p}_t$ müssen ermittelt werden.

Die Bedingungen (i) von (3) setzen dann fest, daß die Inputs der Periode t nicht die Outputs der vorhergehenden Periode überschreiten; dies sind technische Bedingungen. Eine weitere und sehr bekannte Bedingung wird nun hinzugefügt: wann immer eine strenge Ungleichung für Inputs und Outputs in (3) (i) gilt, dann ist das Gut ein freies Gut, und sein Preis ist Null. Die Bedingungen (ii) von (3) sind in (Schatten-) Preisen formuliert und setzen fest, daß die Nettogewinne in jeder Aktivität niemals positiv sind. Eine bekannte Bedingung kommt hinzu: wann auch immer eine Aktivität negative Gewinne hat, so daß „>“ statt „=“ in (3) gilt, dann wird diese Aktivität s nicht benutzt und $\lambda_s = 0$.

Die Anforderungen einer mit konstanter Rate wachsenden Wirtschaft müssen nun eingeführt werden. Es sei α ein konstanter Wirtschaftsfaktor, wobei $\alpha = 1 + \frac{r}{100}$; das Wachstum beträgt r % pro Periode. Dann gilt $\boldsymbol{\lambda}_t : \boldsymbol{\lambda}_{t-1} = \alpha$. Das Duale davon in Ausdrücken der Preise ist die Zinsrate. β sei der konstante Zinsfaktor, wobei $\beta = 1 + \frac{\varrho}{100}$, und der Zins ist ϱ % pro Periode. Dann gilt $\mathbf{p}_t : \mathbf{p}_{t-1} = \beta$, da sich die Zinsen auf den Zeitraum zwischen dem Beginn und dem Ende jeder Periode beziehen.

Das Programm (3) wird in erweiterter Form geschrieben als:

$$\text{(i)} \quad \textit{Technisch} \quad \alpha \mathbf{A} \boldsymbol{\lambda} \leqslant \mathbf{B} \boldsymbol{\lambda} \quad \boldsymbol{\lambda} \geqslant \mathbf{0}$$

und wann auch immer „<“ für ein Gut gilt, ist der entsprechende Preis Null.

$$\text{(ii)} \quad \textit{Preise} \quad \beta \mathbf{A}' \mathbf{p} \geqslant \mathbf{B}' \mathbf{p} \quad \mathbf{p} \geqslant \mathbf{0}$$

und wann auch immer „>“ für eine Aktivität gilt, ist das entsprechende Niveau Null. Hier sind die Niveaus der Aktivitäten ($\boldsymbol{\lambda}$) und der Preise ($\mathbf{p}$) nur als Verhältnisse gegeben. Der triviale Fall $\boldsymbol{\lambda} = \mathbf{p} = \mathbf{0}$ ist ausgeschlossen, so daß die Ungleichungen „$\geqslant 0$“ für $\boldsymbol{\lambda}$ und $\mathbf{p}$ als „alle Elemente nicht-negativ und einige positiv“ interpretiert werden müssen. Die Bedingungen können ausführlicher formuliert werden:

$$\left.\begin{array}{llll}
\text{(i) Technisch} & \alpha \sum_{s=1}^{n} a_{rs} \lambda_s = \sum_{s=1}^{n} b_{rs} \lambda_s; & p_r \geqslant 0; & \text{für einige } r \\
& \alpha \sum_{s=1}^{n} a_{rs} \lambda_s < \sum_{s=1}^{n} b_{rs} \lambda_s; & p_r = 0; & \text{für andere } r \\
\text{(ii) Preise} & \beta \sum_{r=1}^{m} a_{rs} p_r = \sum_{r=1}^{m} b_{rs} p_r; & \lambda_s \geqslant 0; & \text{für einige } r \\
& \beta \sum_{r=1}^{m} a_{rs} p_r > \sum_{r=1}^{m} b_{rs} p_r; & \lambda_s = 0; & \text{für andere } r
\end{array}\right\} \quad (4)$$

Es seien $\bar{\boldsymbol{\lambda}}$ und $\bar{\mathbf{p}}$ irgendwelche Niveaus von Aktivitäten und Preisen die nicht notwendigerweise eine Lösung von (4) sind. Definieren wir φ als ein Verhältnis von linearen Ausdrücken:

$$\varphi(\bar{\boldsymbol{\lambda}}, \bar{\mathbf{p}}) = \frac{\sum_{r=1}^{m} \sum_{s=1}^{n} b_{rs} \bar{\lambda}_s \bar{p}_r}{\sum_{r=1}^{m} \sum_{s=1}^{n} a_{rs} \bar{\lambda}_s \bar{p}_r}$$

Die Vektoren $\boldsymbol{\lambda}$ und $\mathbf{p}$ werden nun nur für Lösungen des Programms (4) benutzt. Die Funktion φ soll benutzt werden, um die Lösungen $\boldsymbol{\lambda}$ und $\mathbf{p}$ herauszufinden.

Nehmen wir die technischen Bedingungen (i) von (4). Sie setzen fest, daß:

$$\alpha = \frac{\sum_{s=1}^{n} b_{rs} \lambda_s}{\sum_{s=1}^{n} a_{rs} \lambda_s} \quad \begin{matrix}\text{für einige } r \\ (p_r \geqslant 0)\end{matrix} \qquad \text{und} \qquad \alpha < \frac{\sum_{s=1}^{n} b_{rs} \lambda_s}{\sum_{s=1}^{n} a_{rs} \lambda_s} \quad \begin{matrix}\text{für andere } r \\ (p_r = 0)\end{matrix}$$

d. h.

$$\alpha = \min \frac{\sum_{s=1}^{n} b_{rs} \lambda_s}{\sum_{s=1}^{n} a_{rs} \lambda_s}$$

Schreiben wir

$$\frac{\sum_{s=1}^{n} b_{rs} \lambda_s}{\sum_{s=1}^{n} a_{rs} \lambda_s} = \alpha + \alpha_r \qquad \text{wobei} \quad \begin{matrix}\alpha_r = 0 \text{ wenn } p_r > 0 \\ \alpha_r > 0 \text{ wenn } p_r = 0\end{matrix}$$

dann gilt

$$\varphi(\lambda, \bar{\mathbf{p}}) = \frac{\sum_{r=1}^{m} \bar{p}_r \left(\sum_{s=1}^{n} b_{rs} \lambda_s\right)}{\sum_{r=1}^{m} \bar{p}_r \left(\sum_{s=1}^{n} a_{rs} \lambda_s\right)} = \frac{\sum_{r=1}^{m} \bar{p}_r (\alpha + \alpha_r) \left(\sum_{s=1}^{n} a_{rs} \lambda_s\right)}{\sum_{r=1}^{m} \bar{p}_r \left(\sum_{s=1}^{n} a_{rs} \lambda_s\right)}$$

$$= \alpha + \frac{\sum_{r=1}^{m} \sum_{s=1}^{n} \alpha_r a_{rs} \lambda_s \bar{p}_r}{\sum_{r=1}^{m} \sum_{s=1}^{n} a_{rs} \lambda_s \bar{p}_r}$$

Der zweite Ausdruck hier ist nicht-negativ und er verschwindet, wenn $\bar{p}_r = p_r$, da entweder $\alpha_r = 0$ $(p_r > 0)$ oder $p_r = 0$.

Daher ist

$$\varphi(\boldsymbol{\lambda}, \bar{\mathbf{p}}) \geqslant \varphi(\boldsymbol{\lambda}, \mathbf{p}) = \alpha$$

und $\varphi(\boldsymbol{\lambda}, \bar{\mathbf{p}})$ hat einen Minimalwert (α), wenn $\bar{\mathbf{p}} = \mathbf{p}$.

Die Bedingungen (ii) können in ähnlicher Weise analysiert werden. und es folgt daraus, daß

$$\varphi(\bar{\boldsymbol{\lambda}}, \mathbf{p}) \leqslant \varphi(\boldsymbol{\lambda}, \mathbf{p}) = \beta$$

d. h. $\varphi(\bar{\boldsymbol{\lambda}}, \mathbf{p})$ hat einen Maximalwert (β), wenn $\bar{\boldsymbol{\lambda}} = \boldsymbol{\lambda}$.

Die Lösung $(\boldsymbol{\lambda}, \mathbf{p})$ von (4) muß folglich als Sattelpunkt

$$\varphi(\boldsymbol{\lambda}, \mathbf{p}) = \alpha = \beta$$

der Funktion $\varphi(\bar{\boldsymbol{\lambda}}, \bar{\mathbf{p}})$ für jedes $\bar{\boldsymbol{\lambda}}$ und $\bar{\mathbf{p}}$, das nicht-negativ ist, ermittelt werden. Die Lösung des Problems reduziert sich zu einem Problem der Spieltheorie. Es wurde von Neumann (1937, 1945) bewiesen, daß es mehrere Lösungen für die Verhältnisse $\boldsymbol{\lambda}$ und $\mathbf{p}$ geben kann, daß aber alle Lösungen eindeutige und gleiche Werte für α und β haben. Er nimmt an, daß jedes Element von $\mathbf{A} + \mathbf{B}$ positiv ist, d. h. daß jedes Gut (als Input oder Output) in jedem Prozeß erscheint, eine sehr einschränkende Annahme. Sie ist von Kemeny, Morgenstern und Thompson (1956) auf Kosten der Tatsache, daß man mehr als ein gleiches Paar von α und β hat, abgeschwächt worden.

Es folgt daraus auch, daß α die *größte* technisch mögliche Wachstumsrate ist, die durch das Gut mit der langsamsten Wachstumsrate bestimmt wird. Denn, wenn $\bar{\alpha}$ irgendeine andere mögliche Rate ist, gilt mit jedem entsprechenden $\bar{\boldsymbol{\lambda}}$:

$$\bar{\alpha}\, \mathbf{A}\bar{\boldsymbol{\lambda}} \leqslant \mathbf{B}\bar{\boldsymbol{\lambda}}$$

Multiplizieren wir jeden Ausdruck mit dem entsprechenden Ausdruck für p und addieren wir:

$$\bar{\alpha} \sum_{r=1}^{m} \sum_{s=1}^{n} a_{rs}\, \bar{\lambda}_s\, p_r \leqslant \sum_{r=1}^{m} \sum_{s=1}^{n} b_{rs}\, \bar{\lambda}_s\, p_r$$

d. h.

$$\bar{\alpha} \leqslant \varphi(\bar{\boldsymbol{\lambda}}, \mathbf{p}) \leqslant \varphi(\boldsymbol{\lambda}, \mathbf{p}) = \alpha$$

Ähnlich ist β die *kleinste* bei einem Preissystem mögliche Zinsrate, das negative oder keine Gewinne in allen Aktivitäten hervorbringt. Kurz formuliert: obwohl dieses geschlossene Gleichgewichtssystem einer wachsenden Wirtschaft keine Minimum- oder Maximum-Bedingung hat, entspricht seine Lösung einer Minimaxposition wie in der Spieltheorie mit α als der größten Wachstumsrate und β als der kleinsten möglichen Zinsrate.

Die Bedingungen und Eigenschaften der Lösung können in der nachstehenden Reihe von Resultaten zusammengefaßt werden; siehe die Kommentare von Champernowne (1945).

(i) *Freie Güter:* Die technischen Bedingungen des Problems sind die, daß der Input jeden Gutes nicht den Output der vorhergehenden Periode übersteigen kann; wenn jedoch der Input geringer als der Output ist, ist das Gut ein freies Gut mit einem Preis von Null.

(ii) *Nicht verwendete (nicht gewinnbringende) Aktivitäten:* Die Bedingungen für die (Schatten-)Preise sind, daß keine Aktivität einen positiven Gewinn hat; wenn jedoch eine Aktivität einen negativen Gewinn hat, dann wird sie nicht verwendet werden.

(iii) *Die Wachstumsrate* des Systems im Zeitablauf ist die größte technisch mögliche, d. h. die Rate, die durch das Gut, bei dem die Rate des Produktionswachstums die niedrigste in dem ganzen System ist, gesetzt wird.

(iv) *Der Zins* des Systems ist der niedrigste bei Preissystemen, die nicht-positiven Gewinnen in irgendeiner Menge von Aktivitäten entsprechen, d. h. die durch die nutzbringendste aller Aktivitäten des Systems gesetzte.

(v) *Die Gleichgewichts-Eigenschaft* ist die, daß die maximale Wachstumsrate die gleiche wie die minimale Zinsrate ist; diese sind eindeutig determiniert.

Dies alles stellt eine Analyse des grundlegenden Problems langfristigen wirtschaftlichen Gleichgewichts unter den Bedingungen stetigen Wachstums im Zeitablauf dar. Es ist die Analyse eines geschlossenen Systems mit konstanten Skalenerträgen und ohne Beschränkungen der primären Faktoren. Sie stellt daher nicht mehr als eine Basis dar, auf der bei der Untersuchung „realistischer" Probleme aufzubauen ist, z. B. wenn es Verbraucherpräferenzen und Substitution gibt, und besonders beim Übergang zu dynamischen Problemen der Bewegung um langfristige Gleichgewichte.

Die Analyse zeigt jedoch sehr plastisch einige wesentliche Züge des wirtschaftlichen Gleichgewichts auf, d. h. die Funktion der Schattenpreise und die Wahl zwischen Aktivitäten, je nachdem, ob die Gewinne Null oder negativ sind. Siehe Dorfman, Samuelson und Solow (1958), besonders die Seiten 386 - 8. Wenn das Modell als lineares Programm dargestellt wird, entspricht das technische Problem der effizienten Faktorallokation dem dualen Problem von Preisen und Gewinnen. J. von Neumann war der Pionier auf diesem Gebiet; siehe Kuhn und Tucker (1958). Die Preise sind nur Schattenpreise; sie können als Marktpreise unter geeigneten Wettbewerbsbedingungen realisiert werden, oder sie können durch „Planer“ in einem zentralisierten oder dezentralisierten „Wohlfahrts“-System benutzt werden. Welches System auch immer vorliegen mag — man kann sagen, daß es dann nötig ist, solche Schattenpreise zu erfinden, wenn sie nicht existieren.

Literatur

Arrow (K. J.) und *Debreu* (G.) (1954): „Existence of an Equilibrium for a Competitive Economy“, *Econometrica,* **22,** 265 - 90.

Cameron (B.) (1951): „The Construction of the Leontief System“, *Review of Economic Studies,* **19,** 19 - 27.

Champernowne (D. G.) (1945): „A Note on J. v. Neumann's Article“, *Review of Economic Studies,* **13,** 10 - 18.

Chipman (J.) (1953): „Linear Programming“, *Review of Economics and Statistics,* **35,** 101 - 17 and 342 - 9.

Dantzig (G. B.) (1949): „Programming of Interdependent Activities: Mathematical Model“, *Econometrica,* **17,** 200 - 11.

Debreu (G.) (1951): „The Coefficient of Resource Utilisation“, *Econometrica,* **19,** 273 - 92.

Dorfman (R.), *Samuelson* (P. A.) und *Solow* (R. M.) (1958): *Linear Programming and Economic Analysis* (McGraw-Hill, 1958), Chapters 9 - 10 and 13.

Georgescu-Roegen (N.) (1935): „Fixed Coefficients of Production and Marginal Productivity Theory“, *Review of Economic Studies,* **3,** 40 - 9.

Kemeny (J. G.), *Morgenstern* (O.) und *Thompson* (G. L.) (1956): „A Generalisation of the von Neumann Model of an Expanding Economy“, *Econometrica,* **24,** 115 - 35.

Kemeny (J. G.), *Snell* (J. L.) und *Thompson* (G. L.) (1957): *Introduction to Finite Mathematics* (Prentice-Hall, 1957), Chapter VII.

Koopmans (T. C.) (Herausg.) (1951): *Activity Analysis of Production and Allocation* (Wiley, 1951).

Kuhn (H. W.) und *Tucker* (A. W.) (1958): „John von Neumann's Work in the Theory of Games and Mathematical Economics“, *American Mathematical Society,* **64** (3 II), 100 - 22.

Leontief (W. W.) (1951): *The Structure of American Economy, 1919 - 1939* (Oxford, Second Ed., 1951).

Mises (L.) (1935): „Economic Calculation in the Socialist Commonwealth“, in Hayek (F. A.) (Herausg.), *Collectivist Economic Planning* (Routledge, 1935).

Morgenstern (O.) (Herausg.) (1954): *Economic Activity Analysis* (Wiley, 1954).

Neumann (J. von) (1937, 1945): „A Model of General Economic Equilibrium“, *Review of Economic Studies,* **13,** 1 - 9, Englische Übersetzung eines früheren (1937) deutschen Artikels.

Robbins (L. C.) (1932): *The Nature and Significance of Economic Science* (Macmillan, 1932).

Wald (A.) (1935, 1951): „On Some Systems of Equations in Mathematical Economics“, *Econometrica,* **19,** 368 - 403, Englische Übersetzung eines früheren (1935) deutschen Artikels.

Wong (Y. K.) und *Morgenstern* (O.) (1957): „A Study of Linear Economic Systems“, *Weltwirtschaftliches Archiv,* **79,** 222 - 39.

Kapitel 18

Die Theorie der Unternehmung

18.1 Marginalanalyse: Substitution von Produktionsfaktoren

Die mathematischen Verfahren zur eingehenden Analyse des Produktionsprozesses einer Unternehmung stehen jetzt zur Verfügung. Der Begriff der Unternehmung ist einfach und eine bloße Definitionsfrage; wir verstehen darunter die tatsächliche Entscheidungseinheit bei jedwedem Produktionsprozeß. In der Praxis fallen hierunter Betriebe oder auch Gesellschaften. Andererseits kann es sich um eine Gruppe von Betrieben handeln, die sich zu einer Einheit mit Kontrollbefugnissen zusammengeschlossen haben, wie Unilever oder ein verstaatlichter Industriezweig. Unabhängig von der konkreten Organisationsform wird hier unterstellt, daß eine Entscheidungseinheit für den entsprechenden Produktionsprozeß und die betrachtete Periode (kurzfristig oder langfristig) existiert, die wir der Einfachheit halber als Unternehmung bezeichnen wollen.

Die Analyse der Unternehmerentscheidung ist zu unterscheiden von der Untersuchung des gesamten Produktionsprozesses; sie ist eine mikroökonomische Analyse. Man könnte versuchen, bestimmte Sektoren der Volkswirtschaft zu untersuchen, die zwar nicht den gesamten Produktionsablauf umfassen, aber doch umfangreicher sind als die einzelne Unternehmung. Es scheint, als hätte das wenig Sinn; es gibt kein eindeutiges Zwischenstadium zwischen der Unternehmung und der ganzen Volkswirtschaft. Man könnte sich dem Problem nähern, indem man die — gerade auch in der Statistik — übliche Zusammenfassung der Unternehmungen zu Industrien verwendet. Trotzdem wäre die Frage „aus wieviel Unternehmungen besteht eine Industrie?“ nicht eindeutig zu beantworten. Diese Frage kann unwichtig (oder gar sinnlos) sein, wenn die Unternehmungen ihrer Organisation und Produktionstechnik nach identisch sind, so daß jede Unternehmung die Industrie im Kleinen repräsentiert. Andererseits kann sie auch so gestellt werden, daß sie eine schwierige Antwort erfordert, etwa im Hinblick auf Erwartungen und Bedingungen des Marktzutritts.

Wie bereits in 10.8 angedeutet, kann die Theorie der Unternehmung *entweder* marginalanalytisch, das heißt nach dem „klassischen“ oder traditionellen Schema, *oder* mit Hilfe des Modells der Linearplanung bzw. Aktivitätsanalyse, entwickelt werden. Diese beiden Verfahren ergänzen sich und stehen nicht im Gegensatz zueinander; beide können zur Anwendung kommen, je nach der Art der jeweiligen Fragestellung. Unsere Darstellung verwendet beide Verfahren. In jedem Fall ist die Analyse kurzfristig (oder mittelfristig), da angenommen wird, daß einige Elemente der Organisation nicht variabel sind und da die Entscheidungen auf einen mehr oder weniger begrenzten zeitlichen Horizont bezogen werden.

In der traditionellen Marginalanalyse finden die Substitutionsvorgänge zwischen Produktionsfaktoren, zwischen Produkten und zwischen Faktor und Produkt besondere Beachtung. Um das Problem der Faktorsubstitution zunächst herauszuarbeiten, beschränken wir uns auf eine Unternehmung, die ein Produkt mit einer Reihe von Faktoren herstellt. Ein Zwei-Faktoren-Modell reicht aus, um die meisten Probleme zu verdeutlichen. Unter diesen Bedingungen lautet die Produktionsfunktion

$$y = f(x_1, x_2)$$

wobei y die Produktmenge, x_1 und x_2 die Faktoreinsatzmengen bezeichnen. Diese Funktion kann als Isoquantensystem (10.7) dargestellt werden. Die partiellen Ableitungen in jedem Punkt (x_1, x_2) werden mit

$$f_r = \frac{\partial y}{\partial x_r} \quad \text{und} \quad f_{rs} = \frac{\partial^2 y}{\partial x_r \, \partial x_s} \qquad (r, s = 1, 2)$$

bezeichnet. Man bildet die symmetrische Matrix:

$$\mathbf{F} = \begin{bmatrix} 0 & f_1 & f_2 \\ f_1 & f_{11} & f_{12} \\ f_2 & f_{12} & f_{22} \end{bmatrix}$$

F ist die Determinante von $\mathbf{F}$; F_r und F_{rs} die Adjunkten zu f_r und f_{rs}.

Bei *vollkommener Konkurrenz* erwirbt die Unternehmung Faktoren zu konstanten Preisen p_1, p_2 auf dem Faktormarkt und verkauft das Produkt zu einem konstanten Marktpreis π. Das Problem besteht nun darin, diejenige Faktorkombination (x_1, x_2) und dasjenige Produktionsniveau (z) zu bestimmen, das zu einem maximalen Nettoerlös

$$R = \pi y - (p_1 x_1 + p_2 x_2)$$

führt, wobei $y = f(x_1, x_2)$.

Die notwendigen Bedingungen lauten:

$$\frac{\partial R}{\partial x_1} = \frac{\partial R}{\partial x_2} = 0 \, , \qquad \text{d. h.}$$

$$\pi f_1 - p_1 = \pi f_2 - p_2 = 0$$

So erhält man die Faktoreinsatzmengen (x_1 und x_2) als Funktionen der Preise (p_1, p_2 und π) aus

$$\frac{p_1}{f_1} = \frac{p_2}{f_2} = \pi \tag{1}$$

und das Produktionsniveau (y) aus $y = f(x_1, x_2)$.

Die erste Gleichung (1) besagt, daß im Gleichgewicht die Faktoreinsatzmengen so gewählt werden, daß die Grenzrate der Substitution (das Verhältnis der Grenzprodukte $f_1 : f_2$) gleich dem Preisverhältnis ist. Das Produktionsniveau, d. h. die Einsatzmengen x_1 und x_2 und daraus $y = f(x_1, x_2)$, wird durch die zweite Gleichung aus (1) bestimmt, die in der Form

$$p_1 = \pi f_1 \quad \text{und} \quad p_2 = \pi f_2 \tag{2}$$

besagt, daß die Produktion so lange ausgedehnt wird, bis der Wert jedes Grenzprodukts (bei gegebenem Produktpreis) gleich dem Faktorpreis ist.

Das durch die Gleichung (1) oder (2) bestimmte Gleichgewicht kann in zwei Stufen ermittelt werden. Zuerst sei unterstellt, daß die Produktmenge y und die Preise p_1 und p_2 gegeben sind. Die Faktoren (x_1 und x_2) werden so eingesetzt, daß die Produktionskosten $C = p_1 x_1 + p_2 x_2$ unter der Nebenbedingung $f(x_1, x_2) = y$ (gegeben) zum Minimum werden. Das erreicht man mit Hilfe des Lagrange-Multiplikators (s. Aufg. 1 unten) durch Minimierung von:

$$Z = C - \lambda \{f(x_1, x_2) - y\} \quad (y \text{ gegeben}) \tag{3}$$

Damit erhält man x_1 und x_2 als Funktion von y, p_1 und p_2:

$$\frac{p_1}{f_1} = \frac{p_2}{f_2} = \lambda \quad \text{und} \quad f(x_1, x_2) = y \tag{4}$$

Die Produktionskosten C sind dann auch eine Funktion von y, p_1 und p_2. Die hinreichende Bedingung für ein Minimum von Z lautet $d^2 Z > 0$, wobei aus (3)

$$d^2 Z = -\lambda (f_{11}\, dx_1^2 + 2 f_{12}\, dx_1\, dx_2 + f_{22}\, dx_2^2)$$

unter der Nebenbedingung $f(x_1, x_2) = y$ (gegeben) folgt.

So ergibt sich:

$$f_{11}\, dx_1^2 + 2 f_{12}\, dx_1\, dx_2 + f_{22}\, dx_2^2 < 0$$

unter der Nebenbedingung

$$f_1\, dx_1 + f_2\, dx_2 = 0$$

Mit Hilfe der bei der Behandlung quadratischer Formen erzielten Ergebnisse geschrieben, lautet diese Bedingung

$$F = \begin{bmatrix} 0 & f_1 & f_2 \\ f_1 & f_{11} & f_{12} \\ f_2 & f_{12} & f_{22} \end{bmatrix} > 0 \tag{5}$$

Der zweite Schritt folgt daraus, daß bei gegebenem Produktpreis die Produktmenge festgesetzt wird, daß der Nettoerlös $(\pi y - C)$ maximiert wird. Ein Vergleich von (1) und (4) zeigt, daß in (4) nur $\lambda = \pi$ gesetzt werden muß. Für die Stabilität gelten noch immer die Bedingungen (5).

Der Vorteil dieser zweistufigen Analyse besteht darin, daß die Kostenfunktion und die entsprechenden Grenz- und Durchschnittskosten angegeben werden können, ebenso wie ihre Veränderung bei Änderungen von y, p_1 und p_2. Zu diesem Zweck leite man (4) nach y, p_1 und p_2 ab. (Vergleiche Übungsaufgaben 2 und 3.) So ergibt sich zuerst, daß im Optimum $\frac{\partial C}{\partial y} = \lambda = \pi$ ist; also sind im Gleichgewicht die Grenzkosten gleich dem Produktpreis. Es ist *nicht* erforderlich, daß der übereinstimmende Wert von Grenzkosten und Produktpreis ebenfalls gleich den Durchschnittskosten ist (vgl. Übungsaufgabe 4).

Ferner variiert bei Änderungen von p_1 (y und p_2 unverändert) die Nachfrage nach den beiden Faktoren auf Grund der folgenden Beziehungen:

$$\frac{\partial x_1}{\partial p_1} = \frac{1}{\lambda} \frac{F_{11}}{F} = -\frac{f_2^2}{\lambda F} < 0$$

und

$$\frac{\partial x_2}{\partial p_1} = \frac{1}{\lambda} \frac{F_{12}}{F} = \frac{f_1 f_2}{\lambda F} > 0$$

auf Grund der Stabilitätsbedingung (5). Sinkt der Preis eines Faktors, so nimmt die betreffende Faktoreinsatzmenge zu und die Menge des anderen Faktors ab. Die Produktionsfaktoren sind substituierbar; Komplementarität kann nur auftreten, wenn mehr als zwei Faktoren verwendet werden.

Abb. 69 zeigt die erste Stufe in der Bestimmung des Gleichgewichts. Die Isoquante $f(x_1, x_2) = y$ wird als gegeben angenommen.

Außerdem ist eine Schar von parallel verlaufenden Kostenkurven gegeben ($p_1 x_2 + p_2 x_2 = C$ für verschiedene Gesamtkosten C) und die niedrigste von ihnen ($C = \min.$) wird gesucht. Wenn die Isoquanten konvex zum Ursprung verlaufen, so sind die Faktoreinsatzmengen im Gleichgewicht durch den Punkt P gegeben, wo eine Kostenkurve $A_1 A_2$ die Isoquante berührt. Die Bedingung für den Berührungspunkt ist, daß

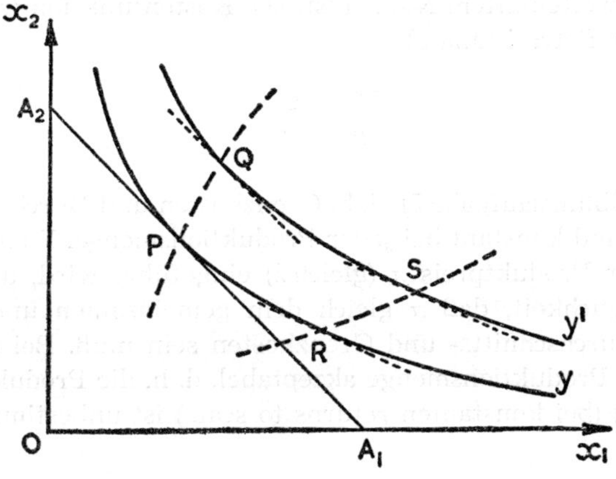

Abb. 69

die Grenzrate der Substitution gleich dem Preisverhältnis ist. Aus Abb. 69 ist ebenfalls die Wirkung einer Produktionssteigerung (Bewegung von P nach Q), einer Senkung des Preises von P_1 (Bewegung von P nach R), oder beides (Bewegung von P nach S) abzulesen. Die entsprechenden Veränderungen der Nachfrage nach den Faktoren x_1 und x_2 gehen aus der Zeichnung hervor.

Von Interesse ist noch der Spezialfall *konstanter returns to scale.* Die Produktionsfunktion ist in diesem Falle linear-homogen, so daß auf Grund des Eulerschen Lehrsatzes — beschrieben bei Allen (1938) — in jedem Punkte die Beziehung

$$y = f_1 x_1 + f_2 x_2$$

gilt. Daher ist im Gleichgewicht auf Grund von (2)

$$\pi y = p_1 x_1 + p_2 x_2 \ ,$$

und der Wert der Produktion wird vollständig auf die zwei Faktoren aufgeteilt. Im Gleichgewicht ist der Nettoerlös R Null. Jede andere Verwendung der Faktoren, außer der Gleichgewichtskombination, ergibt einen negativen Gewinn. Dieses Ergebnis, daß heißt die „Addition" der Grenzprodukte und das Fehlen von Gewinnen, gilt für jede Gleichgewichtssituation bei konstanten returns to scale. Es gilt nicht für andere Produktionsfunktionen, ausgenommen bei besonderen Gleichgewichtskombinationen.

Verfolgt man dieses Problem weiter, so sieht man jedoch bald ein, daß der Fall konstanter Grenzerträge für die Theorie der Unternehmung von zweifelhaftem Nutzen ist. Die Kostenfunktion wird im ersten Stadium der Betrachtung als

$$\frac{\partial C}{\partial y} = \frac{C}{y} = \lambda$$

bestimmt (Übungsaufgabe 5), d. h. Grenzkosten und Durchschnittskosten sind gleich und konstant bei jeder Produktionsmenge. Wenn im zweiten Stadium der Produktpreis π (gleich λ) eingeführt wird, dann folgt als einzige Möglichkeit, daß π gleich dem gemeinsamen und konstanten Wert der Durchschnitts- und Grenzkosten sein muß. Bei diesem π erscheint jede Produktionsmenge akzeptabel, d. h. die Produktion der Unternehmung (bei konstanten returns to scale) ist unbestimmt.

Übungsaufgaben 18.1

1. $C = p_1 x_1 + p_2 x_2$ soll unter der Nebenbedingung $f(x_1, x_2) = y$ (konst.) minimiert werden; man schreibe $Z = C - \lambda \{f(x_1, x_2) - y\}$ und minimiere Z. Zeigen Sie, daß die Bedingungen

$$p_1 - f_1 \lambda = p_2 - f_2 \lambda = 0$$

lauten.

2. Differenzieren Sie die Gleichungen (4) nach y, so daß sich das System

$$f_1 \frac{\partial x_1}{\partial y} + f_2 \frac{\partial x_2}{\partial y} = 1$$

$$f_1 \left(\frac{1}{\lambda} \frac{\partial \lambda}{\partial y}\right) + f_{11} \frac{\partial x_1}{\partial y} + f_{12} \frac{\partial x_2}{\partial y} = 0$$

$$f_2 \left(\frac{1}{\lambda} \frac{\partial \lambda}{\partial y}\right) + f_{12} \frac{\partial x_1}{\partial y} + f_{22} \frac{\partial x_2}{\partial y} = 0$$

ergibt. Dieses System ist nach der Cramerschen Regel aufzulösen, so daß sich $\frac{\partial x_1}{\partial y} = \frac{F_1}{F}$ und $\frac{\partial x_2}{\partial y} = \frac{F_2}{F}$ ergibt. Zeigen Sie unter Verwendung der ersten Gleichung und der Gleichgewichtsbedingungen, daß $\frac{\partial C}{\partial y} = \lambda$.

3. Leiten Sie die Gleichungen (4) nach p_1 ab, so daß ein System ähnlich dem der vorangehenden Aufgabe entsteht; lösen Sie dieses Gleichungssystem, um $\frac{\partial x_1}{\partial p_1} = \frac{1}{\lambda} \frac{F_{11}}{F}$ und $\frac{\partial x_2}{\partial p_1} = \frac{1}{\lambda} \frac{F_{12}}{F}$ zu erhalten.

4. Zeigen Sie, daß die Durchschnittskosten gleich $\left(\pi - \frac{R}{y}\right)$ sind, worin R das Maximum des Nettoerlöses ist, und beweisen Sie, daß Durchschnitts- und Grenzkosten nur gleich sind, wenn der maximale Nettoerlös gleich Null ist.

5. Zeigen Sie, daß bei einer linear-homogenen Produktionsfunktion im Gleichgewicht gilt:

$$y = f_1 x_1 + f_2 x_2 = \frac{1}{\lambda} C$$

Leiten Sie ab, daß Grenz- und Durchschnittskosten bei jeder Produktmenge gleich sind und daß beide bei Änderung von y konstant bleiben.

18.2 Die Mehrproduktunternehmung

Bisher wurde unterstellt, daß die Unternehmung nur ein Produkt herstellt; die Produktion mehrerer Güter wurde nicht berücksichtigt, um die Aufmerksamkeit auf das Problem der Faktorsubstitution zu konzentrieren. Im folgenden wird nun der allgemeine Fall betrachtet; die Unternehmung produziert eine beliebige Anzahl von Gütern und verwendet eine beliebige Anzahl von Produktionsfaktoren. Alle denkbaren Faktor- und Produktsubstitutionen werden wie bisher durch eine stetige Produktionsfunktion dargestellt, deren Ableitungen ebenfalls stetig sind. Eine Möglichkeit, diese Beziehungen zu schreiben, ist die in 10.7 verwendete Form:

$$f(x_1, x_2, \ldots, x_r, y_1, y_2, \ldots, y_s) = 0$$

r Faktoren (die x-Werte) werden zur Produktion von s Gütern (die y-Werte) verwendet. Der einfache Fall in Abschnitt 18.1 tritt auf, wenn $r = 2$ und $s = 1$. Diese Darstellung ist jedoch noch nicht ganz allgemein, da sie nicht die Möglichkeit einschließt, daß ein Gut in einigen Produktionsprozessen als Faktor, in anderen als Produkt erscheint. In jedem Fall ist es besser, die Variablen in den Gleichungen einheitlich zu bezeichnen; eine Faktoreinsatzmenge ist dann eine negative Produktmenge. Man schreibt

$$f(x_1, x_2, \ldots, x_n) = 0$$

als Produktionsfunktion, wobei die Gütermengen durch x_r bezeichnet werden ($r = 1, 2, \ldots, n$). Ist $x_r > 0$, dann ist das Gut ein Produkt; ist $x_r < 0$, dann ist es ein Faktor. Die partiellen Ableitungen werden mit $f_r = \frac{\partial f}{\partial x_r}$ und $f_{rs} = \frac{\partial^2 f}{\partial x_r \, \partial x_s}$ für $r, s = 1, 2, \ldots, n$ bezeichnet, die symmetrische Matrix $\mathbf{F}$ ist

$$\mathbf{F} = \begin{bmatrix} 0 & f_1 & f_2 & \cdots & f_n \\ f_1 & f_{11} & f_{12} & \cdots & f_{1n} \\ f_2 & f_{21} & f_{22} & \cdots & f_{2n} \\ \cdots & \cdots & \cdots & \cdots & \cdots \\ f_n & f_{1n} & f_{2n} & \cdots & f_{nn} \end{bmatrix}$$

Der Wert der entsprechenden Determinante ist F; F_r und F_{rs} sind die Adjunkten zu f_r und f_{rs} in F.

Es wird nun angenommen, daß bei vollkommener Konkurrenz die Preise der Produkte und Faktoren p_r $(r = 1, 2, \ldots, n)$ Marktdaten sind. Die Analyse folgt der Darstellung bei Hicks (1939, 1946). Die Unternehmung strebt diejenige Faktor-Produktkombination an, die den Nettoerlös

$$R = \sum_r p_r x_r$$

unter der Nebenbedingung $f(x_1, x_2, \ldots, x_n) = 0$ zum Maximum macht. Man beachte, daß R positive (für Produkte) und negative Größen (für Faktoren) enthält, d. h. R ist die Differenz zwischen Erlösen und Kosten. Die optimale Kombination wird am besten unter der Verwendung eines Lagrangeschen Multiplikators λ bestimmt; zu maximieren ist dann

$$z = R - \lambda f$$

für die n Variablen x_r $(r = 1, 2, \ldots, n)$. Die notwendigen Gleichgewichtsbedingungen sind $\frac{\partial z}{\partial x_r} = 0$, daraus folgt:

$$\left.\begin{aligned} p_r &= \lambda f_r \qquad (r = 1, 2, \ldots, n) \\ \text{und} \qquad f(x_1, x_2, \ldots, x_n) &= 0 \end{aligned}\right\} \tag{1}$$

Wir haben $(n + 1)$ Gleichungen für $(n + 1)$ Variable, die x-Werte und λ.

Die hinreichenden Bedingungen, die ein *Maximum* des Nettoerlöses R garantieren, lauten $d^2z < 0$ für jede Veränderung, die der Produktionsfunktion genügt. Da $d^2z = -\lambda\, d^2f$, lauten die Bedingungen

$$d^2f = \sum_r \sum_s f_{rs}\, dx_r\, dx_s > 0$$

unter der Nebenbedingung $$df = \sum_r f_r\, dx_r = 0 \; .$$

Diese Beziehungen müssen für alle Bewegungen vom Gleichgewichtspunkt aus gelten. Die folgenden Stabilitätsbedingungen garantieren die Existenz eines Gleichgewichts (Maximums) für beliebige Preise:

$$\sum_r \sum_s f_{rs}\, \xi_r\, \xi_s > 0$$

unter der Bedingung $$\sum_r f_r\, \xi_r = 0$$

für beliebige ξ, nicht alle Null (Richtung einer Veränderung von einem beliebigen Punkt). Hierauf lassen sich die Ergebnisse über positiv definite quadratische Formen (14.5) anwenden; die Stabilitätsbedingungen lauten dann, daß F und alle Hauptunterdeterminanten von F negativ sein müssen. Eine weitere, im allgemeinen zweckmäßigere Möglichkeit, diese Bedingungen zu schreiben, ist am Schluß des Abschnittes 14.5 angegeben; dabei werden die Elemente der inversen Matrix $\mathbf{F}^{-1}$ berücksichtigt und man schreibt:

$$\sum_r \sum_s \frac{F_{rs}}{F} y_r y_s > 0 \tag{2}$$

Für alle y (nicht alle Null). F_{rs} ist die Adjunkte zu f_{rs} in F.

Das Gleichgewicht der Unternehmung ist durch (1) unter der Voraussetzung bestimmt, daß die Stabilitätsbedingungen (2) gelten. Die Variablen x_r werden als Funktionen aller Preise p_r bestimmt, d. h. durch Nachfragefunktionen nach Faktoren und Angebotsfunktionen von Produkten. Die Wirkung von beliebigen Preisänderungen kann angegeben werden, indem man (1) nach den veränderten Preisen differenziert, und zwar unter Berücksichtigung von (2). Es handelt sich dann um die Anwendung des komparativ-statischen Verfahrens. Angenommen, es ändere sich ein Preis (z. B. p_1). Man differenziert (1) und ordnet die Gleichungen folgendermaßen an:

$$\left.\begin{aligned} &\sum_s f_s \frac{\partial x_s}{\partial p_1} = 0 \\ f_1 &\left(\frac{1}{\lambda}\frac{\partial \lambda}{\partial p_1}\right) + \sum_s f_{1s} \frac{\partial x_s}{\partial p_1} = \frac{1}{\lambda} \\ f_r &\left(\frac{1}{\lambda}\frac{\partial \lambda}{\partial p_1}\right) + \sum_s f_{rs} \frac{\partial x_s}{\partial p_1} = 0 \qquad (r = 2, 3, \ldots, n) \end{aligned}\right\} \tag{3}$$

Das Gleichungssystem (3) ist linear in den Variablen $\left(\frac{1}{\lambda}\frac{\partial \lambda}{\partial p_1}\right)$ und $\frac{\partial x_s}{\partial p_1}$ $(s = 1, 2, \ldots, n)$ und kann nach der Cramerschen Regel aufgelöst werden. Die erste Variable ist nicht erforderlich, und die anderen erhält man als $\frac{\partial x_s}{\partial p_1} = \frac{1}{\lambda}\frac{F_{1s}}{F}$. Verallgemeinert man dieses Ergebnis für eine beliebige Preisänderung (p_r) so erhält man

$$\frac{\partial x_s}{\partial p_r} = \frac{F_{rs}}{\lambda F} \qquad (r, s = 1, 2, \ldots, n) \tag{4}$$

als die Änderung der Nachfrage und des Angebots jedes Gutes bezüglich einer Preisänderung.

Um die Vorzeichen von (4) zu bestimmen, müssen nun noch die Stabilitätsbedingungen berücksichtigt werden; die Beziehung (2) nimmt jetzt die folgende Gestalt an:

$$\sum_r \sum_s \frac{\partial x_s}{\partial p_r} y_r y_s > 0 \tag{5}$$

für alle y, nicht alle Null. Da λ auf Grund von (1) positiv ist, folgt das unmittelbar. Für den Fall, daß alle y außer y_r Null sind, gilt

$$\frac{\partial x_r}{\partial p_r} > 0 \qquad (r = 1, 2, \ldots, n) \tag{6}$$

Eine weitere Beziehung kann aus der Determinante F und den Gleichgewichtsbedingungen (1) ohne Berücksichtigung der Stabilitätsbedingungen abgeleitet werden. Werden die Elemente der ersten Zeile von F mit den Adjunkten der Elemente in der $(r + 1)$-ten Zeile multipliziert, so ist die Summe der Produkte auf Grund der Entwicklungsregel für Determinanten gleich Null. Daher ist

$$0 = \sum_s f_s F_{rs} = F \sum_s p_s \left(\frac{F_{rs}}{\lambda F}\right) = F \sum_s p_s \frac{\partial x_s}{\partial p_r}$$

auf Grund von (1) und (4). Hieraus folgt, daß

$$\sum_s p_s \frac{\partial x_s}{\partial p_r} = 0 \qquad (r = 1, 2, \ldots, n),$$

d. h.

$$\sum_s{}' p_s \frac{\partial x_s}{\partial p_r} = p_r \quad \left(- \frac{\partial x_r}{\partial p_r}\right) < 0, \tag{7}$$

wobei $\sum_s{}'$ Summierung für alle $s \neq r$ bedeutet.

Die Ergebnisse können nun unmittelbar interpretiert werden. Erstens geht aus den Gleichgewichtsbedingungen (1) unmittelbar hervor, daß für zwei beliebige Güter (z. B. $r = 1, 2$)

$$-\frac{dx_2}{dx_1} = \frac{f_1}{f_2} = \frac{p_1}{p_2}$$

wobei dx_1 und dx_2 Änderungen der beiden Gütermengen (vom Gleichgewicht) auf Grund der technischen Produktionsmöglichkeiten bezeichnen, wie sie von der Produktionsfunktion angegeben werden. Das Verhältnis zweier Faktorpreise ($x_1 < x_2 < 0$) ist gleich der Grenzrate der Substitution zwischen den Faktoren bei gegebenen Produktmengen. Das Verhältnis eines Faktorpreises ($x_1 < 0$) zu einem Produktpreis ($x_2 > 0$) ist gleich dem Verhältnis von dx_2, der Änderung der Produktmenge zu $d(-x_1)$, der zusätzlichen Faktormenge, oder, mit anderen Worten, das Preisverhältnis ist im Gleichgewicht gleich dem Grenzprodukt des Faktors.

Zweitens: die direkte Wirkung einer Preisänderung auf Nachfrage oder Angebot des betreffenden Gutes ist durch (6) gegeben. Für ein Produkt ($x_r > 0$) lautet die Bedingung $\frac{\partial x_r}{\partial p_r} > 0$, d. h. ein Preisanstieg erhöht das Angebot. Für einen Faktor ($x_r < 0$) ist die Bedingung $\frac{\partial(-x_r)}{\partial p_r} < 0$, d. h. ein Preisanstieg führt zu einem Rückgang der Nachfrage.

Schließlich werden die indirekten Wirkungen einer Preisänderung durch (4) unter Berücksichtigung von (5) und (7) gegeben. Dabei handelt es sich um die Frage der Wirkung einer Preisänderung auf Angebot und Nachfrage nach den anderen Gütern. Da **F** symmetrisch ist und daher auch $F_{rs} = F_{sr}$, sind die indirekten Wirkungen ebenfalls symmetrisch, also gilt $\frac{\partial x_s}{\partial p_r} = \frac{\partial x_r}{\partial p_s}$. Ferner folgt aus (7) für die Auswirkungen einer Änderung des Preises p_r auf die verschiedenen Güter, $\frac{\partial x_s}{\partial p_r}$ $(s \neq r)$, daß die negativen Größen die positiven überwiegen müssen. Daher wird sich ein Anstieg des Preises p_r auf andere Güter als Angebotsrückgang (für Produkte) oder als Nachfragesteigerung (für Faktoren) auswirken. Hicks hat nachgewiesen, daß bei Produkt-Faktorbeziehungen im allgemeinen Substitutionsbeziehungen vorherrschen; steigt ein Faktorpreis, so geht das Angebot der Produkte zurück, steigt ein Produktpreis, so steigt auch die Nachfrage nach Faktoren. Dagegen können beträchtliche Komplementaritätsbeziehungen unter den Produkten (Preisanstieg führt zur Angebotssteigerung) und unter den Faktoren (Preisanstieg führt zur Beschränkung der Faktoreinsatzmengen) bestehen.

Im Spezialfall *konstanter returns to scale* können Faktoreinsatzmengen und Produktmengen im gleichen Verhältnis vermehrt werden, so daß, wenn $f(x_1, x_2, \ldots, x_n) = 0$,

$$f(\mu x_1, \mu x_2, \ldots, \mu x_n) = 0 \qquad \text{für alle } \mu > 0 \qquad \text{gilt}$$

Die Funktion f ist homogen (vom Grade Null) und nach dem Eulerschen Lehrsatz ist

$$\sum_r f_r x_r = 0 \tag{8}$$

und daher bei Gleichgewicht auf Grund von (1):

$$R = \sum_r p_r x_r = 0$$

Das Produktionsergebnis wird vollständig auf die Faktoren aufgeteilt, und der maximale Nettoerlös ist gleich Null.

Die Beziehung (8) gilt jedoch für alle Punkte. Sie kann differenziert werden:

$$\frac{\partial}{\partial x_s}\left(\sum_r f_r x_r\right) = 0$$

d. h.

$$\sum_r x_r f_{rs} = -f_s \qquad (s = 1, 2, \ldots, n) \tag{9}$$

Dieses Ergebnis kann auch mit der Determinante F zum Ausdruck gebracht werden. Wenn die Zeilen nach der ersten mit $x_1, x_2, \ldots, x_n$ multipliziert werden und zur ersten Zeile $(0, f_1, f_2, \ldots, f_n)$ addiert werden, ist das Ergebnis nach (8) und (9) Null. Daher ist $F = 0$. Das ist ein wichtiges Ergebnis; die Stabilitätsbedingungen fordern, daß $F \neq 0$, und sie sind nicht erfüllt, wenn $F = 0$. Auch die Auswirkungen von Preisänderungen (4) können unter diesen Umständen nicht beschrieben werden. Die Preise müssen bestimmte feste Werte annehmen, und kein Preis kann für sich geändert werden, ohne daß das Gleichgewicht gestört wird. Das Ergebnis ist dem (in Abschnitt 18.1 beschriebenen) Resultat für den einfachen Fall der Einproduktunternehmung ganz ähnlich. Solange die Unternehmung kurzfristig betrachtet wird, ist irgendeine Größe gegeben, und es gibt keine konstanten returns to scale. Der Gleichgewichtszustand kann (unter Berücksichtigung der Stabilitätsbedingungen) definiert und verändert werden; es gibt einen maximalen positiven Nettoerlös, der als Ertrag auf die konstanten Faktoren entfällt. Langfristig, wenn alle Faktoren variabel und die returns konstant sind, versagt das hier beschriebene Modell oder ist der Problematik nicht mehr angemessen.

Übungsaufgaben 18.2

1. Die Produktionsfunktion $f(x_1, x_2, \ldots, x_n) = 0$ ist nicht eindeutig; jede Funktion von ihr, $\varphi\{f(x_1, x_2, \ldots x_n)\} = 0$, erfüllt den gleichen Zweck bei der Darstellung der technischen Dimension des Produktionsprozesses einer Unternehmung, vorausgesetzt, daß $\varphi(f) = 0$, wenn $f = 0$. Weisen Sie nach, daß weder die Gleichgewichts- (1) noch die Stabilitätsbedingungen (2) beeinflußt werden, wenn $\varphi(f)$ an die Stelle von f tritt.

2. Zeigen Sie, daß das folgende System einen Spezialfall der Stabilitätsbedingungen (5) darstellt:

$$\sum_{r=1}^{m} \sum_{s=1}^{m} p_r p_s \frac{\partial x_s}{\partial p_r} > 0 \qquad \text{für } m \leqslant n$$

Benutzen Sie $\sum_{s=1}^{n} p_s \frac{\partial x_s}{\partial p_r} = 0$ wie in (7), um zu zeigen, daß:

$$\sum_{r=1}^{m} \sum_{s=m+1}^{n} p_r p_s \frac{\partial x_s}{\partial p_r} < 0.$$

Wenn die Güter $r = 1, 2, \ldots, m$ Faktoren sind und $s = m+1, m+2, \ldots, n$ Produkte, so interpretieren Sie das Ergebnis als Angebotssteigerung für eine Gruppe von Produkten als Folge einer Preissenkung für eine Gruppe von Faktoren.

3. Eine Unternehmung stellt ein Produkt (y) mit n Faktoren $(x_1, x_2, \ldots, x_n)$ her; die Produktionsfunktion lautet $f(x_1, x_2, \ldots, x_n, y) = 0$, alle Variablen sind positiv. Angenommen, die Faktorpreise und die Produktmenge y (*nicht*

der Produktpreis) sind gegeben. Bestimmen Sie die notwendigen Gleichgewichtsbedingungen (Kostenminimum), interpretieren Sie und vergleichen Sie sie mit (1).

4. Leiten Sie die Gleichgewichtsbedingungen der vorangehenden Übungsaufgaben nach einem Preis bei Konstanz der anderen Preise und der Produktmenge (y) ab. Suchen Sie einen Ausdruck für $\frac{\partial x_s}{\partial p_r}$, der Änderung der Nachfrage nach dem s-ten Faktor als Folge einer Preissteigerung des r-ten Faktors. Notieren Sie die Stabilitätsbedingungen und weisen Sie nach, daß sie garantieren, daß $\frac{\partial x_r}{\partial p_r} < 0$, jedoch offenlassen, ob $\frac{\partial x_s}{\partial p_r} > 0$ (substitutive Faktoren) oder $\frac{\partial x_s}{\partial p_r} < 0$ (komplementäre Faktoren). Vergleichen Sie mit dem in 18.1 untersuchten Fall.

18.3 Marginalanalyse versus Lineares Programmieren der Unternehmung

Die in Abschnitt 18.2 dargestellten Methoden der Marginalanalyse sind im allgemeinen unter bestimmten Bedingungen der vollkommenen Konkurrenz anwendbar, besonders für den Fall, daß die Produktionsfaktoren der Unternehmung bei gegebenen Marktpreisen *unbegrenzt* zur Verfügung stehen. Markower und Baumol (1950) haben nachgewiesen, daß diese Methode unter bestimmten Bedingungen auch dann anwendbar sind, wenn die Produktionsfaktoren der Unternehmung nur innerhalb *bestimmter Grenzen* zur Verfügung stehen. Es wird unterstellt, daß die Faktoren alle zu gegebenen Marktpreisen nachgefragt werden, daneben wird jedoch eine gewisse Beschränkung eingeführt, zumindest in Bezug auf den Geld- oder Kreditbetrag, der der Firma zur Finanzierung zur Verfügung steht. Außer dieser grundlegenden finanziellen Beschränkung können auch gewisse Faktoren einer Beschränkung unterliegen, zum Beispiel solche, die der Unternehmung gehören und als konstante Faktoren in den Produktionsprozeß eingehen, wie etwa Grund und Boden oder Gebäude. Das erweiterte Verfahren berücksichtigt dann *diejenigen Faktoren,* die für die Unternehmung *gegeben* sind. Die Theorie kann ferner so erweitert und angepaßt werden, daß der unvollkommene Wettbewerb und verschiedene Formen monopolistischen Verhaltens berücksichtigt werden können, wie in den bekannten Arbeiten von Chamberlin (1933) und Robinson (1933).

Die Marginalanalyse hat den Vorteil, daß sie eine klare Darstellung des unternehmerischen Entscheidungsprozesses unter der Voraussetzung liefert, daß alle Größen variabel sind, und daß sie zu einer Reihe von allgemeinen Ergebnissen führt. Die technische Dimension der Unternehmung wird in einer einzigen stetigen Beziehung zusammengefaßt, der Produktionsfunktion. Die Gestalt der Produktionsfunktion unterliegt keinerlei Beschränkung, und es ist vor allem keine Annahme über die returns to scale erforderlich.

Die Marginalanalyse ist jedoch nicht frei von begrifflichen und mathematischen Schwierigkeiten. Einmal ist einzuwenden, daß die Entscheidungen in einer Unternehmung im wesentlichen kurzfristiger Natur sind und daß aus diesem Grunde vollkommen kontinuierliche Veränderungen oder Substitutionen keine angemessene Grundlage der Theorie darstellen können. Ein weiterer Einwand besteht darin, daß die Marginalanalyse ursprünglich für „primitivere", z. B. landwirtschaftliche, Produktionsprozesse gedacht war und daß sie immer noch ihre Beispiele weitgehend aus diesem Anwendungsbereich bezieht. Hochentwickelte industrielle Produktionsprozesse, wird weiter behauptet, sind vielschichtiger und weit weniger anpassungsfähig, als die Marginalanalyse voraussetzt. Es handelt sich nicht darum, das optimale Substitutionsverhältnis zwischen einer Reihe von Faktoren — Boden, Anlagekapital und Arbeit aller Art — zu bestimmen, sondern vielmehr darum, einen bestimmten Produktionsprozeß mit einer relativ starren organisatorischen Struktur zu wählen, bei dem Facharbeiter beispielsweise ein spezielles Aggregat bedienen. Eine stetige und umfassende Produktionsfunktion erscheint als ungeeignetes Instrument zur Analyse einer industriellen Unternehmung.

Die Behauptung, langfristig sei alles variabel und es sei nicht unwesentlich zu erkennen, wie langfristig Entscheidungen gefällt werden, ist keine Antwort auf diese Einwände. Die für eine langfristige Betrachtung sinnvoll erscheinende Annahme (konstanter returns to scale und eine linear-homogene Produktionsfunktion), setzen der Marginalanalyse Grenzen, wie am Schluß von Abschnitt 18.2 nachgewiesen wurde. Das Produktionsniveau der Unternehmung ist in diesem Falle unbestimmt.

Die Marginalanalyse ist daher nur eine Möglichkeit, die Entscheidungsprozesse in einer Unternehmung zu beschreiben, und zwar vereinfacht und approximativ. Sie muß nach Erfolg oder Versagen bei der Behandlung relativ kurzfristiger Probleme beurteilt werden. Sie ist eine elegante Methode der Darstellung, aber sie kann nicht für sich beanspruchen, alle Fragen des Unternehmerverhaltens zu beantworten, Man kann andere Methoden suchen, deren Aufgabe es ist, die Marginalanalyse zu ergänzen, nicht zu ersetzen; für diese Aufgabe scheinen nun die Verfahren des linearen Programmierens und der Aktivitätsanalyse besonders geeignet zu sein.

Der Ausgangspunkt für die Anwendung des linearen Programmierens in der Produktionstheorie ist eine Kennzeichnung der technischen Dimension, die genauer und detaillierter ist als durch die Produktionsfunktion der Marginalanalyse. Es ist in der Tat so, daß die Linearplanung die technische Dimension des unternehmerischen Entscheidungsprozesses in den Vordergrund stellt und besonders betont. Am Anfang steht die Annahme, daß die Unternehmung nur eine beschränkte Anzahl von einzelnen technischen Produktionsprozessen ins Auge faßt. Kurzfristig kann die Zahl der relevanten Produktionsprozesse gering sein; langfristig kann sie relativ groß sein, bleibt aber immer noch endlich. Es wird nicht jeder Prozeß verwendet; im Gegenteil, das eigentliche Ziel der Analyse besteht darin zu zeigen, wie ein Prozeß ausgewählt wird und ein anderer nicht. Anpassungsmöglichkeiten werden durch die Annahme berücksichtigt, daß jeder Prozeß auf verschiedenen Niveaus durchgeführt werden kann und daß unterschiedliche Prozesse auf verschiedene Weise kombiniert werden können.

So formuliert, scheint das Linearplanungsmodell sehr gut auf die Entscheidungsprozesse der Unternehmung anwendbar zu sein. Es bewältigt die Probleme in sehr einfacher Form, die bei der Marginalanalyse zu Schwierigkeiten führten, so wenn beispielsweise große (oder kleine) Änderungen der Faktoreinsatz- oder Produktmengen zu berücksichtigen sind, oder wenn Faktorbeschränkungen auftreten, etwa Beschränkungen des Geld- oder Kreditbetrages, der für die Nachfrage nach Faktoren zur Verfügung steht. Durch die Betonung der technischen Dimension ermöglicht das Linearplanungsmodell eine Verbindung zwischen den ökonomischen Problemen und den Fragen, die für den Unternehmer und Techniker im Vordergrund stehen. So wie die Leontiefsche Input-Output-Analyse am besten für die gesamte Volkswirtschaft und auf umfassende Probleme wirtschaftspolitischer Entscheidungen anwendbar ist, so ist das Linearplanungsmodell besonders gut auf den begrenzten Bereich der Entscheidungsprozesse innerhalb der Unternehmung zugeschnitten.

Genauso wie die Marginalanalyse müssen auch die Verfahren des linearen Programmierens vereinfachen und zwar sehr drastisch, wenn auch nur, um die erforderlichen Berechnungen in bestimmten Grenzen zu halten. Die übliche Vereinfachung besteht in der Annahme, daß jeder Prozeß konstante returns to scale aufweist, so daß die technische Dimension der Unternehmung, wie in Abschnitt 10.8 durch eine Matrix $\mathbf{A} = [a_{rs}]$ für m-Güter (Faktoren und Produkte) $r = 1, 2, \ldots, m$ und für n-Prozesse $s = 1, 2, \ldots, n$ dargestellt werden kann. Die Spalten von $\mathbf{A}$ lassen die konstanten Verhältnisse von Faktor und Produktmengen innerhalb eines Prozesses erkennen. Aus den Zeilen von $\mathbf{A}$ geht hervor, wie ein Gut in verschiedenen Prozessen als Faktor- oder Produktmenge erscheint. Die Linearitätsannahme konstanter returns to scale ist zum Teil Folge einer detaillierten Beschreibung der Produktionsprozesse. Wenn es in einem Prozeß keine konstanten returns to scale zu geben scheint, so kann das bedeuten, daß er in mehrere Basisprozesse aufzuspalten ist.

Ein lineares Programm einer Unternehmung erfordert neben der genauen Beschreibung der technischen Dimension bestimmte Annahmen über die verfügbaren Faktoren und den Absatz der Produkte. Produktionsfaktoren können entweder mengenmäßigen Beschränkungen unterliegen oder sie sind frei auf dem Markt verfügbar; man kann zum Beispiel annehmen, daß der Unternehmung eine bestimmte Anzahl von Arbeitern oder gegebenen Anlagen zur Verfügung steht oder es kann unterstellt werden, daß die Unternehmung in der Lage ist, Arbeitskräfte oder Maschinen oder beides zu gegebenen Marktpreisen nachzufragen. Produkte könnten nur in bestimmten festen Verhältnissen abzusetzen sein oder frei auf dem Markt verkauft werden, zum Beispiel zu gegebenen Preisen. All das muß genau angegeben werden.

Die Daten eines Linearplanungsproblems einer Unternehmung sind erstens die technischen Produktionsbedingungen, unter denen sie produziert (die technologische Matrix **A**) und zweitens die Bedingungen über Verfügbarkeit der Faktoren und Absatz der Produkte. Es gibt eine Reihe von verschiedenen Problemen, die man betrachten kann und die sich nach den angegebenen Bedingungen unterscheiden. Die folgende Darstellung soll keine umfassende Übersicht über die verschiedenen Probleme des linearen Programmierens geben. Sie versucht nicht mehr als eine Verdeutlichung der Methoden, die bei der Aufstellung und Lösung linearer Programme innerhalb der Unternehmung anwendbar sind. Es werden dabei solche Programme beschrieben, die bei entsprechender Erweiterung zu einer empirischen Analyse des unternehmerischen Entscheidungsprozesses dienen können.

18.4 Die Technologie der Unternehmung

Das Linearplanungsproblem einer Unternehmung hängt von den Annahmen über die Produktionstechnik ab, das heißt von der $m \times n$ Matrix $\mathbf{A} = [a_{rs}]$. Dabei handelt es sich nicht nur darum, den Elementen der Matrix spezifische Werte zuzuordnen, positive für Produktmengen, negative für Faktoreinsatzmengen; im wesentlichen geht es darum, die Zahl und die Art der Güter und die Elementarprozesse, die die Produktionstechnik bestimmen, festzulegen. Im allgemeinen gibt es m Güter und n Prozesse, wobei m und n endliche, möglicherweise sehr große Werte sind.

Ist die Matrix **A** für die Unternehmung bestimmt, dann ist das in Kapitel 17 beschriebene Verfahren, das sich auf den Kegel (A) der möglichen Faktorallokation bezieht, ohne weiteres anwendbar. Bezeichnet $\boldsymbol{\lambda}$ den Vektor $(\lambda_1, \lambda_2, \ldots, \lambda_n)$ der n Prozeßniveaus, dann ist der Vektor $\mathbf{x}$

der als Produkte oder Faktoren ($x_1, x_2, \ldots, x_m$) auftretenden m-Güter gegeben durch:

$$\left.\begin{aligned} \mathbf{x} &= \mathbf{A}\boldsymbol{\lambda} \\ \text{d. h.} \qquad x_r &= \sum_{s=1}^{n} a_{rs}\,\lambda_s \end{aligned}\right\} \tag{1}$$

ist die produzierte (oder eingesetzte, wenn der Wert negativ ist) Menge des r-ten Gutes. Z. B. ist $a_{r1}\,\lambda_1$ die Produktionsmenge des r-ten Gutes, wenn nur ein Prozeß (der erste) verwendet wird, ($a_{r1}\,\lambda_1 + a_{r2}\,\lambda_2$), wenn zwei Prozesse (der erste und der zweite) verwendet werden. Haben a_{r1} und a_{r2} entgegengesetzte Vorzeichen, dann ist das Gut Produktmenge in dem einen und Faktoreinsatzmenge in dem anderen Prozeß.

Bei der Darstellung der Matrix $\mathbf{A} = [a_{rs}]$ stehen wahlweise zwei Größen als Einheiten zur Verfügung: Gütereinheiten und Prozeßniveaueinheiten. Die Gütereinheiten sind hinreichend bekannt, es handelt sich hier beispielsweise um Arbeitseinsatz pro Jahr oder jährliche Kohlenproduktion in Tonnen. Die Benutzung von Prozeßniveaus ist schwerer verständilch. Zum Beispiel besteht die erste Spalte von $\mathbf{A}$ aus dem Vektor ($a_{11}, a_{21}, a_{31}, \ldots, a_{m1}$), der die festen *Verhältnisse* zwischen Faktor und Produktmengen im ersten Prozeß enthält. Die a-Werte können nur bestimmt werden, wenn das Prozeßniveau gegeben ist, zum Beispiel die Faktoreinsatzmengen für die Produktion einer Tonne Kohle oder die Inputkoeffizienten für den Einsatz von hundert Arbeitskräften pro Jahr. Aus diesem Grunde können *sowohl* die Zeilen *als auch* Spalten von $\mathbf{A}$ durch die Wahl von Einzelheiten in einer bestimmten Form *normiert* werden. Beispielsweise kann, wie es häufig geschieht, das Einheitsniveau des s-ten Prozesses so festgelegt werden, daß die Produktionen eines bestimmten Gutes $+1$ oder die Einsatzmenge eines Faktors -1 ist. Selbst wenn das geschieht, ist es immer noch möglich, die Einheit jedes Gutes festzulegen, etwa die insgesamt verfügbare Menge des Gutes gleich 1 zu setzen.

Es ist zweckmäßig, einfache Beispiele zu betrachten, die graphisch dargestellt werden können. Wenn nur drei Güter berücksichtigt werden, ist die Matrix $\mathbf{A}$ von der Ordnung $3 \times n$ und der Kegel (A), der durch (1) gegeben ist, kann im dreidimensionalen Güterraum dargestellt werden. Die Abbildungen 63 und 64 sind Darstellungen für den Fall, daß drei bzw. vier Prozesse gegeben sind. Es handelt sich um keine wesentliche Einschränkung, wenn man — wie in diesen Darstellungen — ein Gut (x_1) immer als Produkt, ein anderes Gut (x_3) immer als Faktor und das letzte Gut (x_2) einmal als Faktor und einmal als Produkt betrachtet. Dieses Modell schließt sowohl den Fall zweier Produkte und eines Faktors, wobei x_1 und x_2 Produkte sind, als auch den Fall eines Produkts und zweier Faktoren, wobei x_2 und x_3 die Faktoren sind, als Spezialfälle ein.

Der Fall eines Produkts und zweier Faktoren kann geometrisch weiter analysiert werden, wie in Abschnitt 10.8. Hierbei sind die Prozeßniveaueinheiten so zu wählen, daß die Produktmenge in jedem Fall $+1$ ist. Dann ist

$$\mathbf{A} = \begin{bmatrix} 1 & 1 & \dots 1 \\ a_{21} & a_{22} & \dots a_{2n} \\ a_{31} & a_{32} & \dots a_{3n} \end{bmatrix} = \begin{bmatrix} 1 & 1 & \dots & 1 \\ -\alpha_{21} & -\alpha_{22} & \dots & -\alpha_{2n} \\ -\alpha_{31} & -\alpha_{32} & \dots & -\alpha_{3n} \end{bmatrix}$$

wobei $\alpha_{rs} = -a_{rs}$, so daß die negativen a-Werte durch positive Werte für die Faktoreinsatzmengen ersetzt werden können. Die Prozeßniveaus werden durch den Vektor $\boldsymbol{\lambda} = (\lambda_1, \lambda_2, \dots, \lambda_n)$ von der Ordnung n dargestellt. Die gesamte produzierte Menge (des ersten Gutes) ist daher

$$x_1 = \sum_s \lambda_s$$

und die entsprechenden Einsatzmengen der beiden Faktoren sind dann die positiven Werte

$$x_2 = \sum_s \alpha_{2s} \lambda_s \qquad \text{und} \qquad x_3 = \sum_s \alpha_{3s} \lambda_s \tag{2}$$

Für beliebige Werte der λ können die durch (2) gegebenen Werte für x_2 und x_3 als Koordinaten des Punktes P im zweidimensionalen Raum $Ox_2\,x_3$ gezeichnet werden (Abb. 70). Alle möglichen Kombinationen können dargestellt und die effizienten Faktorallokationen bestimmt werden, indem man die ineffizienten Kombinationen aussondert.

Im folgenden betrachten wir den Fall, daß die produzierte Menge eines Gutes $x_1 = \varepsilon\lambda_s = 1$ ist. Dabei ist es möglich, daß nur ein einziger Prozeß verwendet wird; die Faktoreinsatzmengen werden durch die Punkte $P_1, P_2, P_3, \dots$ in Abbildung 70 dargestellt, wobei die Koordinaten der P_s, nämlich $(\alpha_{2s}, \alpha_{3s})$, durch (2) bestimmt werden. Dabei gilt $\lambda_s = 1$; alle anderen λ-Werte sind gleich 0. Dabei wird vorausgesetzt, daß alle Prozesse verschieden (unabhängig) sind, so daß keine Punkte zusammenfallen. Die Produktionsmenge 1 kann auch durch Verwendung von zwei Prozessen (z. B. der ersten beiden) im Verhältnis $\mu : 1-\mu$ hergestellt werden, wobei $\lambda_1 = \mu$ und $\lambda_2 = 1-\mu$ die Prozeßniveaus in (2) sind. Die Faktoreinsatzmengen werden dann durch Punkte auf $P_1\,P_2$ in Abb. 70 und entsprechend für jede beliebige Kombination zweier Prozesse dargestellt. Jetzt kann die Aussonderung der ineffizienten Kombinationen einsetzen; einzelne Prozesse wie P_5 können eliminiert werden, ebenso wie bestimmte Kombinationen aus Verbindungen zweier Prozesse $P_1\,P_3$ (Abb. 70). P_5' ist zum Beispiel eine Kombination von P_2 und P_3, die P_5 vorgezogen wird, da die Faktoren im gleichen Verhältnis aber in kleineren Mengen pro Produkteinheit verwendet werden. Schließlich kann die

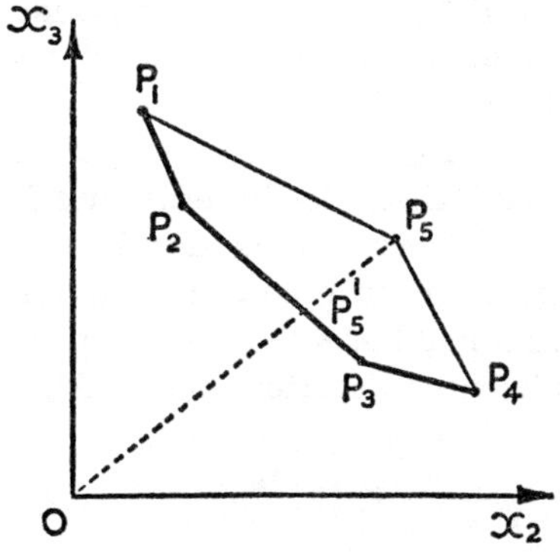

Abb. 70

Produktmenge 1 auch durch Verwendung von Kombinationen aus drei oder mehr Prozessen hergestellt werden, jedoch ist keine dieser Kombinationen effizient, so daß alle eliminiert werden können. Kombinationen aus den ersten drei Prozessen entsprechen zum Beispiel Punkten in dem Dreieck $P_1 P_2 P_3$ in Abbildung 70, jeder Punkt auf $P_1 P_2$ oder auf $P_2 P_3$ (Kombination von nur zwei Prozessen) wird jedoch allen Punkten im Dreieck vorgezogen. Daraus folgt, daß zur Herstellung jeder Einheit des Produktes jede Faktorkombination, die durch einen Punkt innerhalb der Figur $P_1 P_2 P_3 P_4 P_5$ in Abbildung 70 dargestellt wird, möglich ist; effizient sind jedoch nur Kombinationen, die auf den konvexen Segmenten $P_1 P_2 P_3 P_4$ liegen. Diese Überlegungen entsprechen denen in Abschnitt 10.8 und der Behandlung konvexer Punktmengen in 12.5.

Bei konstanten returns to scale ist die Darstellung jedes beliebigen Produktionsniveaus hieraus unmittelbar abzuleiten. Faktorkombinationen für die Produktmenge x_1 sind genau die gleichen wie $P_1 P_2 P_3 P_4$, nur vermehrt (radial vom Ursprung aus) im Verhältnis $x_1 : 1$. Es geht also nur um Vergrößerung oder Verminderung der zur Herstellung einer Einheit des Produkts erforderlichen Kombinationen; die Kombinationen für $x_1 = 2$ sind somit $Q_1 Q_2 Q_3 Q_4$ in Abb. 71, wobei $OQ_s = 2\, OP_s$ $(s = 1, 2, 3, 4)$.

Auf diese Weise erhält man etwas Ähnliches wie ein Isoquantensystem: ein System von Isoproduktsegmenten wie $P_1 P_2 P_3 P_4$, wobei jedem Segment das entsprechende Produktniveau x_1 zugeordnet ist. Wesentliche Unterschiede bestehen darin, daß die Anzahl der Faktorkombinationen begrenzt ist (auf Punkte innerhalb des Kegels $OA_1 A_4$ in Abb. 71) und daß nur lineare Kombinationen bestimmter Faktorproportionen (Prozesse) zulässig sind. Für die Prozesse in **A** bedeutet das, daß zunächst einige vollständig eliminiert werden (der fünfte in dem in Abb. 70 betrachteten Fall) und danach festgelegt wird, daß nur Kombinationen aus Verbindungen von je zwei der übrigen Prozesse effizient sind. Die effizienten Kombinationen werden durch die benachbarten Geraden (OA_1, OA_2), (OA_2, OA_3) und (OA_3, OA_4) in Abb. 71 darstellt. Die technische Matrix **A** ist daher für die effiziente Faktorallokation sehr begrenzt; eine effiziente Verwendung der Prozesse ist entweder auf einen einzelnen Prozeß oder auf eine Kombination zweier benachbarter Prozesse beschränkt. Es handelt sich hierbei um eine spezielle Anwendung des Begriffs effizienter Facetten, der in Abschnitt 17.6 entwickelt wurde.

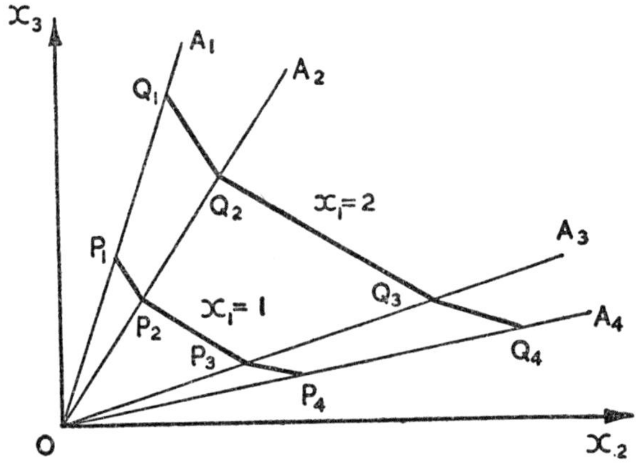

Abb. 71

Man beachte, daß durch den Übergang von Isoquanten zu Isoproduktsegmenten *nicht* die diskontinuierliche Veränderung an die Stelle der kontinuierlichen tritt. Das neue Modell weist allerdings ein diskontinuierliches Moment auf, d. h. nur eine endliche Anzahl von Prozessen, die einzeln oder in Kombinationen aus zwei benachbarten Prozessen verwendet werden, wurden berücksichtigt, so daß die geometrischen Orte konstanter Produktmenge Knicke aufweisen, wie zum Beispiel in den Punkten P_2 und P_3 in Abb. 71. Die Substitution der Produktionsfaktoren kann sich jedoch kontinuierlich in dem Bereich von P_1 nach P_4 über P_2 und P_3 (bei der Herstellung einer Einheit des Produkts) vollziehen, obgleich auch die Möglichkeit besteht, daß bei der Substitution endliche Sprünge auftreten. Es wird in der Tat weiterhin angenommen, daß sowohl das Niveau jedes einzelnen Prozesses als auch das Kombinationsverhältnis zweier Prozesse kontinuierlich verändert werden kann.

In Abb. 71 ist der Fall dargestellt, daß drei Güter in den Produktionsprozeß einer Untenehmung eingehen, ein Produkt und zwei Faktoren. Es wird unterstellt, daß keiner der n Prozesse von irgendeinem andern abhängt oder mit irgendeinem andern identisch ist und daß ineffiziente Prozesse eliminiert sind. Bezeichnen $P_1 P_2 P_3 P_4 \ldots$ Produkteinheiten auf den Geraden $OA_1, OA_2, OA_3, OA_4 \ldots$, die die Prozesse darstellen, so liegt keiner der Punkte auf einer Geraden, die zwei beliebige andere verbindet (es fällt auch kein Punkt mit einem andern zusammen) und kein Punkt liegt über oder rechts von einer Geraden, die zwei andere Punkte verbindet. Die Prozesse können so angeordnet sein, daß nur ein einzelner Prozeß oder eine Kombination von zwei benachbarten Prozessen eine effiziente Faktorallokation darstellt. In der Marginalanalyse entspricht das der Tatsache, daß die Isoquanten fallende Kurven sind, die konvex zum Ursprung verlaufen.

Da bisher nur die technische Seite des Produktionsprozesses behandelt wurde, gibt es noch keine Kriterien dafür, welcher Prozeß oder welche Kombination von Prozessen tatsächlich verwendet und welches Prozeßniveau gewählt wird. Das hängt von anderen Bedingungen des Problems ab.

18.5 Zwei Beispiele für lineare Programme

Das erste zu betrachtende Beispiel entspricht dem von Dorfman (1951) behandelten Fall. Neben der technischen Matrix der Unternehmung $\mathbf{A}$ sind folgende Daten zu berücksichtigen: Die Unternehmung kann *erstens* nur über bestimmte Mengen von m festen Produktionsfaktoren verfügen; *zweitens* können die Produkte (ebenso wie alle verwendeten Faktoren) zu gegebenen Marktpreisen ge- oder verkauft werden. Die Unternehmung trifft ihre Entscheidung so, daß sie beim Abwägen von Erlösen und Kosten die fixen Faktoren unberücksichtigt läßt; die Faktoren werden bei jedem Preis angeboten.

Die Faktoren und Produkte treten in n Prozessen, den Spalten von $\mathbf{A}$ auf; dabei wird unterstellt, daß die Prozesse unabhängig voneinander sind und daß ineffiziente Prozesse eliminiert sind. In dem hier beschriebenen Beispiel kann die Matrix $\mathbf{A}$ noch weiter reduziert werden. Die Einsatzmengen der m festen Faktoren werden in der Matrix $\mathbf{A}$ bezogen auf das (beliebig bestimmbare) Einheitsniveau jedes Prozesses angegeben, ebenso wie die entsprechenden Produktmengen und die Mengen der eingesetzten variablen Faktoren. Die letztgenannten Mengen können zu gegebenen Preisen bewertet und zusammengefaßt werden; man erhält auf diese Weise den Nettoerlös des betreffenden Prozesses im Einheitsniveau. Der Vektor $\mathbf{r} = \{r_s\}$ bezeichnet die Nettoerlöse der n Prozesse $(s = 1, 2, \ldots, n)$. Es ist zweckmäßig, in der technischen Matrix $\mathbf{A}$ umgekehrte Vorzeichen zu verwenden (Faktoreinsatzmengen positiv). Die Matrix kann auf m Zeilen für feste Faktoren beschränkt werden; eine zusätzliche Zeile bezeichnet die Nettoerlöse:

$$\begin{bmatrix} \mathbf{A} \\ \cdots\cdots \\ \mathbf{r}' \end{bmatrix}$$

wo $\mathbf{A} = [a_{rs}]$ die Matrix der nicht-negativen Einsatzmengen der m festen Faktoren in den n Prozessen ist ($r = 1, 2, \ldots, m$; $s = 1, 2, \ldots, n$).

Das Problem besteht nun darin, den gesamten Nettoerlös der Unternehmung bei gegebenen Mengen der m festen Faktoren und gegebenen Nettoerlösen pro Einheit der n Prozesse zu maximieren. Die beiden folgenden Beispiele verdeutlichen das Problem und seine Lösung. Obgleich sie sich auf landwirtschaftliche Produkte beziehen — üblicherweise die einfachsten und einleuchtendsten Beispiele —, können sie genau so für industrielle Produktionsprozesse verwendet werden.

Beispiel (a): Zwei Güter (Getreide und Schweine) werden mit zwei festen Produktionsfaktoren (Arbeit und Boden) bei folgender Produktionstechnik hergestellt:

Arbeit	Arbeitermonate	50	25	75
Boden	Morgen	5	50	60
Getreide	100 t	$\frac{1}{2}$	-1	-1
Schweine	100 Stück	-1	0	$-\frac{1}{2}$

Im ersten Prozeß sind Schweine das Endprodukt, Getreide wird als Zwischenprodukt, zum Füttern der Schweine verwendet. Im zweiten Prozeß wird nur Getreide angebaut, während im letzten Getreide und Schweine zusammen als Endprodukt auftreten.

Die verfügbaren Mengen der festen Faktoren sind: 50 Arbeitermonate und $52^1/_2$ Morgen Land. Der Getreide- und Schweinepreis beträgt £ 20 pro t bzw. £ 20 pro Stück. Die Nettoerlöse der drei Prozesse (bei den genannten Einheitsniveaus) sind somit £ 1 000, £ 2 000 und £ 3 000. In der technischen Matrix sind die Einheitsniveaus der Prozesse so zu normieren, daß der Nettoerlös für alle drei Prozesse £ 2 000 beträgt. Das Problem erhält dann folgende Gestalt:

Inputkoeffizienten: Faktoren:

$$\mathbf{A} = \begin{bmatrix} 100 & 25 & 50 \\ 10 & 50 & 40 \end{bmatrix} \qquad \begin{matrix} 50 \text{ Arbeitermonate} \\ 52^1/_2 \text{ Morgen} \end{matrix}$$

Erlöse (in £ 1 000) 2 2 2

Die Prozeßniveaus werden mit $\boldsymbol{\lambda} = (\lambda_1, \lambda_2, \lambda_3)$ bezeichnet. Das Problem besteht dann darin, nicht-negative $\boldsymbol{\lambda}$ so zu bestimmen, daß

$$\text{Erlös (£ 1 000)} \qquad z = 2\,(\lambda_1 + \lambda_2 + \lambda_3) = \text{max!}$$

unter den Nebenbedingungen

$$\left.\begin{aligned} 100\,\lambda_1 + 25\,\lambda_2 + 50\,\lambda_3 &\leqslant 50 \\ 10\,\lambda_1 + 50\,\lambda_2 + 40\,\lambda_3 &\leqslant 52^1/_2 \end{aligned}\right\} \quad (1)$$

Das ist ein lineares Programm, dessen Lösung geometrisch bestimmt werden kann (Abb. 72).

Da die Produktmengen der drei Prozesse gleichmäßig in Geldgrößen (Einheit: £ 2 000) ausgedrückt werden, können die in 18.4 beschriebenen Isoproduktkurven wie in Abb. 72 a dargestellt werden. Um die Isoproduktkurve für das Einheitsniveau zu zeichnen, wähle man P_1 (100, 10), P_2 (25, 50) und P_3 (50, 40) bezogen auf die Achsen, auf denen die Einsatzmengen von Arbeit und Boden gemessen werden. Aus der Darstellung ist ersichtlich, daß P_3 oberhalb $P_1 P_2$ liegt und daß deshalb der dritte Prozeß bei dem gegebenen Getreide- und Schweinepreis niemals eingesetzt wird. Daher ist $\lambda_3 = 0$, und das Problem wird so vereinfacht, daß nur λ_1 und λ_2 zu bestimmen sind. Es wird eine Kombination der ersten beiden Prozesse verwendet; zu bestimmen sind das

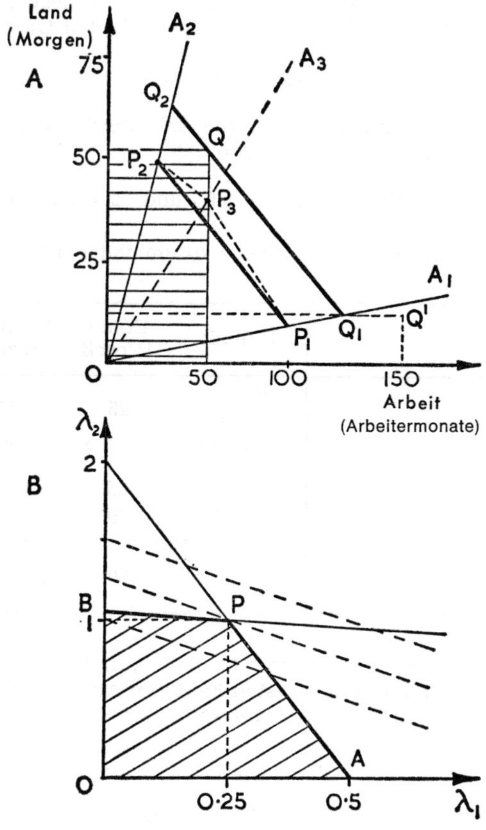

Abb. 72

Verhältnis und die Niveaus der beiden Prozesse. In Abb. 72 a geschieht das so, daß man von der Schar der Isoproduktkurven ausgeht, die hier auf $P_1 P_2$ im Einheitsniveau (£ 2 000) und (z. B.) $Q_1 Q_2$ im Niveau 1,25 (£ 2 500) beschränkt ist. Q sei der Punkt (50, 52½), so daß die Verwendung der festen Faktoren auf Grund von (1) auf das schraffierte Rechteck beschränkt ist. Das Problem besteht darin, einen Punkt zu finden, der innerhalb dieses Rechtecks und auf der höchsten Isoproduktkurve liegt. Ein solcher Punkt ist Q, der $Q_1 Q_2$ im Verhältnis 4 : 1 teilt. Die Lösung lautet demnach $\lambda_1 = 0{,}25$ und $\lambda_2 = 1{,}0$, wie sich aus $100\,\lambda_1 + 25\,\lambda_2 = 50$ und $10\,\lambda_1 + 50\,\lambda_2 = 52^1/_2$ in (1) ergibt. Der maximale Erlös ist $z = 2\,(\lambda_1 + \lambda_2 + \lambda_3) = £\,2\,500$, der gleichzeitig die Höhe der Isoproduktkurve $Q_1 Q_2$ darstellt.

Wenn $\lambda_3 = 0$ ist, kann entsprechend den Ausführungen in 16.1 eine noch einfachere Darstellung gefunden werden, wie in Abb. 72 b gezeigt wird. Die Achsen messen die Niveaus (λ_1 und λ_2) der beiden eingesetzten Prozesse. Die Geraden *AP* und *BP*, die sich in *P* schneiden, bezeichnen die Nebenbedingungen aus (1) in Form von Gleichungen:

$$100\,\lambda_1 + 25\,\lambda_2 = 50 \quad \text{und} \quad 10\,\lambda_1 + 50\,\lambda_2 = 52^1/_2\ .$$

Die Lösung muß innerhalb der schraffierten Fläche liegen, und es wird das Maximum von $z = 2\,(\lambda_1 + \lambda_2)$ gesucht. Die gestrichelten Geraden in Abb. 72 b entsprechen

$$\lambda_1 + \lambda_2 = \text{const.}\ (^1/_2\,z)$$

für wachsende Werte der (zu maximierenden) Konstanten. Die Lösung liegt auf der Hand; sie ist durch *P* gegeben, so daß

$$\lambda_1 = 0{,}25, \quad \lambda_2 = 1, \quad \lambda_3 = 0 \quad \text{und} \quad z = £\,2\,500$$

Die Lösung kann in folgendem Schema zusammengefaßt werden:

		Einheit	Erster Prozeß	Zweiter Prozeß	Insgesamt
Faktoreinsatz:	Arbeit	Arbeitermonate	25	25	50
	Boden	Morgen	2½	50	52½
Produktion:	Getreide	t	−25	100	75
	Schweine	Stück	50	—	50
Erlöse:		£	500	2 000	2 500

Das duale des linearen Programms (1) kann mit Hilfe der Verrechnungspreise (p_1 und p_2 in £) der beiden festen Faktoren Arbeit und Boden unmittelbar formuliert werden. Der dritte Prozeß wird wiederum vernachlässigt. Man erhält somit:

$$\left.\begin{aligned} \zeta = 50\,p_1 + 52\tfrac{1}{2}\,p_2 &= \text{min!} \\ \text{unter den Nebenbedingungen}\quad 100\,p_1 + 10\quad p_2 &\geqslant 2\,000 \\ 25\,p_1 + 50\quad p_2 &\geqslant 2\,000 \end{aligned}\right\} \qquad (2)$$

Betrachtet man die Nebenbedingungen als Gleichungen, so erhält man als Lösung:

$$p_1 = \frac{320}{19} \quad \text{und} \quad p_2 = \frac{600}{19}$$

Bei diesen Preisen, £ 16,8 pro Arbeitermonat und £ 31,6 pro Morgen Boden, sind die verrechneten Kosten der verfügbaren Faktoren ein Minimum (ζ = £ 2 500), und jeder Prozeß wird so eingesetzt, daß kein Gewinn entsteht, wie aus den Nebenbedingungen (2) (als Gleichungen) hervorgeht. Die oben angegebene Lösungstabelle ergibt nach Bewertung mit den Verrechnungspreisen die Transaktionsmatrix:

Inputs	Preis	Erster Prozeß	Zweiter Prozeß	Insgesamt
		£	£	£
Arbeit	£ 16,8 pro Arbeitermonat	421	421	842
Land	£ 31,6 pro Morgen	79	1 579	1 658
Erlöse		500	2 000	2 500

Außerdem sind das die Preise, deren Verhältnis gleich der Substitutionsrate zwischen den beiden Faktoren bei konstanter Produktmenge in Geldgrößen ist. Um das anhand der obenstehenden Mengen-Tabelle zu zeigen, wird der erste Prozeß um £ 100 erhöht, der zweite dagegen um £ 100 eingeschränkt. Die Änderung der Faktoreinsatzmengen beträgt dann:

	Erster Prozeß	Zweiter Prozeß	Insgesamt
Arbeit (Arbeitermonate)	+ 5,0	−1,25	+ 3,75
Land (Morgen)	+ 0,5	−2,5	− 2,0

Die Substitutionsrate zwischen Arbeit und Boden beträgt folglich 3,75 : 2,0 und das ist gleichzeitig das Preisverhältnis 600 : 320.

Die Lösung hängt von den gegebenen Faktorbeschränkungen (50 Arbeitermonate, $52^1/_2$ Morgen) und den gegebenen Produktpreisen (£ 20 pro t, £ 20 pro Stck.) ab. Die Lösung ändert sich im allgemeinen, wenn eine oder beide der gegebenen Größen geändert werden. Die Wirkung einer solchen Datenänderung braucht sich nicht auf eine Änderung der relativen Verwendung der beiden Prozesse ($\lambda_1 : \lambda_2$) und die Höhe des Erlöses (z) zu beschränken. Ebenso kann die Folge sein, daß der eine oder andere Prozeß nicht benutzt wird; es ist sogar möglich, daß der dritte Prozeß hierdurch effizient wird und zum Einsatz kommt.

Die Faktorbeschränkungen seien 150 Arbeitermonate und 12,5 Morgen Land, während die Preise die gleichen sind wie zuvor. In diesem Falle bewegt sich in Abb. 72 a der Punkt Q nach Q', und die Lösung ist durch Q_1 gegeben:

$$\lambda_1 = 1{,}25, \quad \lambda_2 = 0 \quad \text{und} \quad z = £\, 2\,500$$

Alle Faktoren werden im ersten Prozeß (der Boden sparsam eingesetzt) verwendet. Die gesamte Menge des Faktors Boden (12,5 Morgen) wird eingesetzt, jedoch nur 125 von den verfügbaren 150 Arbeitsmonaten. Die Produktion besteht aus 250 Schweinen (zu insgesamt £ 5 000), dagegen müssen 125 t Getreide (Kosten £ 2 500) auf dem Markt gekauft werden. Das duale Programm (2) mit den Verrechnungspreisen hat dann folgende Lösung:

$$p_1 = 200, \quad p_2 = 0 \quad \text{und} \quad \zeta = £\, 2\,500$$

Der Preis des knappen Faktors (Boden) steigt auf £ 200 pro Morgen, der des Faktors Arbeit wird Null.

Als weiteres Beispiel kann man eine Änderung der relativen Preise für Getreide und Schweine betrachten; man wird feststellen, daß die Wirkung einer solchen Änderung der Preisrelation noch stärker ist. Angenommen, der Getreidepreis bleibt unverändert bei £ 20 pro t, der Schweinepreis fällt jedoch auf £ 15 pro Stück. Es läßt sich unter diesen Umständen zeigen (vgl. Übungsaufg. 3), daß keiner der drei Prozesse als ineffizient ausgeschieden wird und daß bei den gleichen Faktorbeschränkungen für Arbeit und Boden eine Produktionsmethode angewendet wird, die aus einer Kombination des zweiten und dritten Prozesses besteht. Ein Vergleich mit der obigen Lösung zeigt, daß als Folge einer Senkung des Schweinepreises mehr Getreide und weniger Schweine produziert werden. Wichtig ist jedoch, daß dieses Ergebnis durch den Übergang vom ersten zum dritten Prozeß, d. h. zu einem Prozeß, der zuvor überhaupt nicht effizient war, erreicht wird.

Eine Betrachtung der behandelten Beispiele und anderer, in den Übungsaufgaben 2 - 5 beschriebenen Fälle, läßt eine Beziehung zwischen der Anzahl der eingesetzten Prozesse und der Knappheit der Produktionsfaktoren erkennen (vgl. 17.8 oben). Das übliche Bild einer Lösung sieht so aus, daß eine Kombination aus zwei von insgesamt drei Prozessen eingesetzt wird und beide Faktoren voll beschäftigt werden, d. h. beide Faktoren sind knapp und ihre Verrechnungspreise positiv. Es kann jedoch der Fall eintreten, daß der Faktor Arbeit so reichlich vorhanden ist (bei gegebenen Produktpreisen), daß nur der erste Prozeß eingesetzt wird und die Produktion sich auf Schweine konzentriert; oder es tritt der andere Fall ein, daß der Faktor Boden im Überfluß vorhanden ist und nur Getreide (mit Hilfe des zweiten Prozesses) angebaut wird. Diese Beispiele treten in den Übungsaufgaben 2 und 5 auf. Es ist charakteristisch für diesen Fall, daß nur ein Prozeß eingesetzt wird und nur ein Produktionsfaktor voll beschäftigt wird; der andere Faktor ist nicht knapp und sein Verrechnungspreis ist Null. Eine Möglichkeit ist bisher noch nicht berücksichtigt worden; es handelt sich dabei sozusagen um einen entarteten Fall. Es gibt bestimmte Kombinationen aus den Mengen der verfügbaren Faktoren, bei denen beide voll beschäftigt werden und trotzdem nur ein Prozeß eingesetzt wird; das ist z. B. der Fall, wenn der Punkt Q in Abb. 72 in Q_1 liegt (vgl. Übungsaufgabe 5 unten). Man kann eine solche Situation als Zufall betrachten, der nur dann eintritt, wenn die verfügbaren Mengen der Faktoren gerade auf einen Prozeß abgestimmt sind.

Beispiel (b): Ein einziges Gut (Getreide) wird mit drei Produktionsfaktoren (Arbeit, Boden, Traktoren) hergestellt, und zwar bei folgender Produktionstechnik:

Arbeit	Arbeitermonate	$\begin{bmatrix} 25 & 5 & 4 \\ 50 & 100 & 125 \\ 20 & 3\frac{1}{2} & 0 \\ -1 & -1 & -1 \end{bmatrix}$
Boden	Morgen	
Traktoren	Traktorenmonate	
Getreide	100 t	

Der erste Prozeß ist stark mechanisiert und verwendet viel von dem zugehörigen Faktor Arbeit. Die übrigen zwei Prozesse verwenden wenig Arbeit und weniger Maschinen.

Der Getreidepreis ist gegeben und beträgt £ 10 pro t, so daß der Erlös jedes Prozesses im Einheitsniveau £ 1 000 ausmacht. Die konstanten Faktormengen sind in folgender Tabelle gegeben:

Input-Koeffizienten: Faktormengen:

$$\mathbf{A} = \begin{bmatrix} 25 & 5 & 4 \\ 50 & 100 & 125 \\ 20 & 3\frac{1}{2} & 0 \end{bmatrix}$$

10 Arbeitermonate
110 Morgen
10 Traktorenmonate

Erlöse in 1 000 £:
1 1 1

Bezeichnet $\boldsymbol{\lambda} = (\lambda_1, \lambda_2, \lambda_3)$ die Niveaus der drei Prozesse, dann besteht das Problem darin, einen nicht-negativen Vektor $\boldsymbol{\lambda}$ für das lineare Programm:

$$\left.\begin{array}{ll} \text{Erlöse in 1 000 £} & z = \lambda_1 + \lambda_2 + \lambda_3 = \max! \\ \text{unter den Nebenbedingungen} & 25\,\lambda_1 + 5\,\lambda_2 + 4\,\lambda_3 \leqslant 10 \\ & 50\,\lambda_1 + 100\,\lambda_2 + 125\,\lambda_3 \leqslant 110 \\ & 20\,\lambda_1 + 3\frac{1}{2}\,\lambda_2 \leqslant 10 \end{array}\right\} \quad (3)$$

zu bestimmen. Die Simplex-Methode (Abschnitt 16.8 oben) ergibt folgende Lösung:

$$\lambda_1 = 0{,}2 \;;\quad \lambda_2 = 1{,}0 \;;\quad \lambda_3 = 0 \quad \text{und} \quad z = £\,1\,200$$

Eine Kombination der beiden ersten Prozesse führt zu einem Erlösmaximum von £ 1 200:

	Einheit	Erster Prozeß	Zweiter Prozeß	Insgesamt
Faktoreinsatz:				
Arbeit	Arbeitermonate	5	5	10
Boden	Morgen	10	100	110
Traktoren	Traktoren-monate	4	$3\frac{1}{2}$	$7\frac{1}{2}$
Getreideproduktion:	t	20	100	120
Erlöse:	£	200	1 000	1 200

Kennzeichnend für diese Lösung ist, daß nur zwei von den drei Prozessen eingesetzt werden. Dabei sind nur zwei von drei Produktionsfaktoren knapp und voll ausgenutzt; der dritte Faktor (Traktoren) ist nicht knapp, und es werden nur $7^1/_2$ Traktorenmonate eingesetzt, während 10 Traktorenmonate zur Verfügung stehen. Das duale Programm zu (3) läßt die Zusammenhänge noch deutlicher werden. Es kann folgendermaßen geschrieben werden:

$$\left.\begin{array}{ll} & \zeta = 10\,p_1 + 110\,p_2 + 10\,p_3 = \min! \\ \text{unter den Nebenbedingungen} & 25\,p_1 + 50\,p_2 + 20\,p_3 \geqslant 1\,000 \\ & 5\,p_1 + 100\,p_2 + 3\frac{1}{2}\,p_3 \geqslant 1\,000 \\ & 4\,p_1 + 125\,p_2 \geqslant 1\,000 \end{array}\right\} \quad (4)$$

Die Verrechnungspreise (in £ pro Einheit) der drei Faktoren sind so bemessen, daß die Kosten der verfügbaren Faktormengen ein Minimum sind, und zwar unter der Nebenbedingung, daß die Kosten jedes Prozesses nicht geringer sind als der Erlös. Die Simplex-Methode, die bei der Lösung von (3) verwendet wurde, führt ebenfalls zur Lösung des dualen Programms (4):

$$p_1 = \frac{200}{9}\,; \quad p_2 = \frac{80}{9}\,; \quad p_3 = 0 \quad \text{und} \quad \zeta = \pounds\,1\,200$$

Der Verrechnungspreis für Traktoren ist Null, womit zum Ausdruck gebracht wird, daß es sich hier um einen freien Produktionsfaktor handelt, der nicht in vollem Umfang eingesetzt wird. Die Preise sind so bemessen, daß die beiden ersten Nebenbedingungen in (4) zu Gleichungen werden, d. h. die beiden Prozesse werfen bei diesen Verrechnungspreisen keinen Gewinn ab.

Die letzte Nebenbedingung lautet $4\,p_1 + 125\,p_2 > 1\,000$, d. h. der dritte Prozeß, der nicht eingesetzt wird, würde einen Verlust verursachen. Eine Kalkulation mit diesen Preisen führt dazu, daß man den Faktor, der nicht knapp ist, und den nicht verwendeten Prozeß, der zu einem Verlust führen würde, herausfindet.

Bei diesen Preisen ist die Substitutionsrate zwischen Arbeit und Boden bei konstanter Produktmenge durch das Preisverhältnis bestimmt (vgl. Übungsaufg. 7). Mit Hilfe der Preise kann die oben angegebene Lösung in Mengengrößen als Transaktionsmatrix geschrieben werden:

Faktoreinsatz	Preis	Erster Prozeß	Zweiter Prozeß	Insgesamt
		£	£	£
Arbeit	£ 22,2 pro Arbeitermonat	111	111	222
Boden	£ 8,9 pro Morgen	89	889	978
Traktoren	*	*	*	*
Erlöse		200	1 000	1 200

*) Nicht voll-ausgeschöpft und nicht bewertet

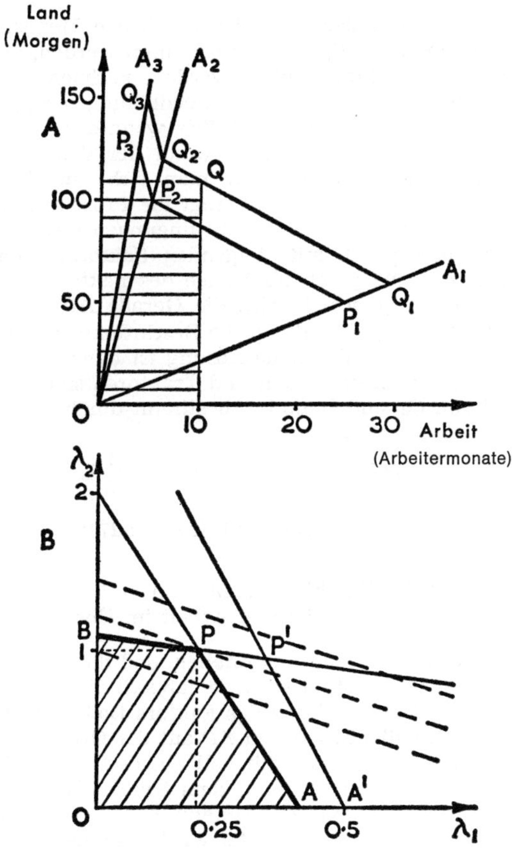

Abb. 73

Eine graphische Lösung des linearen Programms (3) oder des dualen (4) ist in einer zweidimensionalen Darstellung nicht möglich — es sei denn, über die Lösung wird eine Vermutung angestellt, oder es ist etwas über sie bekannt. Als sinnvolle Vermutung sei unterstellt, daß der Produktionsfaktor Traktoren nicht knapp ist und somit aus dem linearen Programm (3) ausscheidet, so daß die dritte Nebenbedingung entfällt. Unter dieser Voraussetzung lassen sich Isoproduktkurven zeichnen, und die Beschränkungen der beiden Faktoren (Arbeit und Boden) können eingetragen werden. Das Ergebnis ist aus Abb. 73 a ersichtlich, wo $P_1 P_2 P_3$ die Isoproduktkurve für die Einheitsproduktmenge (£ 1 000) und $Q_1 Q_2 Q_3$ für die Produktmenge 1,2 (oder £ 1 200) ist. Die Lösung ergibt, daß zur Erzielung des Erlösmaximums von £ 1 200 die beiden ersten Prozesse im Verhältnis 1 : 5 im Punkt Q kombiniert werden müssen, was der oben berechneten Lösung entspricht. Eine zweite, ebenfalls sinnvolle Möglichkeit besteht darin, anzunehmen, daß der dritte Prozeß nicht eingesetzt wird; im linearen Programm (3) wäre dann $\lambda_3 = 0$ zu setzen. Die geometrische Methode aus Abschn. 16.1 wird dann wieder verwendet, und das Ergebnis ist aus Abb. 73 b ersichtlich. Man erkennt, daß der dritte Faktor (Traktoren) nicht eingesetzt wird, und es ergibt sich wie oben $\lambda_1 = 0{,}2$, $\lambda_2 = 1{,}0$ im Punkt P.

Die Wirkungen von Veränderungen der gegebenen Mengen der drei Produktionsfaktoren können im allgemeinen bestimmt werden, indem (3) oder (4) mit Hilfe der Simplex-Methode gelöst werden, nachdem die neuen Werte der gegebenen Faktormengen in die Nebenbedingungen eingesetzt sind. Die Wirkungen sind jedoch aus Abb. 73 ersichtlich, wenn der dritte Faktor (Traktoren) als freier Faktor eliminiert oder wenn der dritte Prozeß vernachlässigt werden kann. Dann beschränkt man sich auf die ersten beiden Prozesse, ($\lambda_3 = 0$ im Programm (3)) und trägt die Prozeßniveaus in Abb. 73 b ein. Es gibt drei Geraden, die die Nebenbedingungen (als Gleichungen) darstellen; diese verschieben sich mit steigenden Faktormengen parallel nach rechts oben. Steigt z. B. die gegebene Menge des Faktors Arbeit von 10 auf 15 Arbeitermonate, dann verschiebt sich die Gerade AP nach rechts in eine Lage oberhalb von $A'P'$, $A'P'$ ist durch die Beschränkung des dritten Faktors (10 Traktormonate) gegeben. Die neue Lösung ist dann im Punkte P' abzulesen. Arbeit ist dann der freie, Boden und Traktoren sind die knappen Faktoren. Auf Grund von (3) sind λ_1 und λ_2 bestimmt durch

$$50\,\lambda_1 + 100\,\lambda_2 = 110 \quad \text{und} \quad 20\,\lambda_1 + 3\tfrac{1}{2}\,\lambda_2 = 10$$

d. h.
$$\lambda_1 = 0{,}35 \;;\; \lambda_2 = 0{,}93 \quad \text{und} \quad z = £\,1\,270$$

Es wird also ein beträchtlich höherer Gewinn erzielt, wenn die Traktoren voll eingesetzt werden können, während Arbeit im Überfluß vorhanden ist.

Als weiteres Beispiel kann man unterstellen, daß die gegebene Bodenfläche über 110 Morgen hinaus vergrößert wird, so daß sich die Gerade BP nach oben verschiebt. Beträgt die Beschränkung des Faktors Boden 200 Morgen, so verschiebt sich BP soweit, daß sich BP und AP auf der Ordinate in P schneiden; Arbeit und Boden werden immer noch voll eingesetzt, jedoch wird nur der zweite Prozeß verwendet (und zwar auf dem Niveau $\lambda_2 = 2$ mit $z = £\,2\,000$). Hierbei handelt es sich um den „entarteten" Fall, bei dem beide Faktoren knapp sind und nur ein Prozeß eingesetzt wird. Ist eine größere Bodenfläche verfügbar, so ist nur der Faktor Arbeit knapp, und der zweite Prozeß wird weiterhin auf dem Niveau $\lambda_2 = 2$ mit $z = £\,2\,000$ eingesetzt. Damit wird nochmals das allgemeine Ergebnis verdeutlicht: abgesehen von einem zufälligen oder entarteten Fall ist die Zahl der verwendeten Prozesse gleich der Anzahl knapper Produktionsfaktoren (in den beschriebenen Beispielen einer oder zwei von drei möglichen Prozessen).

Übungsaufgaben 18.5

1. Setzen Sie in Bsp. (a) die verfügbaren Faktormengen 150 Arbeitermonate und $12^1/_2$ Morgen; zeichnen Sie danach Abb. 76 b und bestimmen Sie die neue Lösung.

2. Setzen Sie in Bsp. (a) die Faktorbeschränkungen mit $31^1/_4$ Monate Arbeit und 75 Morgen an. Zeigen Sie, daß sich Q in Fig. 72 a über OA_2 hinaus bewegen würde, so daß Q_2 die Lösung ist. Leiten Sie ab, daß nur ein Prozeß eingesetzt wird und daß es nur einen knappen Faktor (Arbeit) gibt.

3. Die gegebenen Preise in Bsp. (a) werden in £ 20 pro t für Getreide und £ 15 pro Schwein geändert, die verfügbaren Faktormengen bleiben die gleichen wie im ursprünglichen Beispiel. Zeigen Sie, daß der dritte Prozeß nicht als ineffizient ausscheidet und daß die Lösung in einer Kombination aus den zweiten und dritten Prozessen besteht. Weisen Sie nach, daß trotz des niedrigen Preises immer noch einige Schweine produziert werden. Veranschaulichen Sie das anhand Abb. 72 a. Was wird aus Abb. 72 b?

4. Wählen Sie die Preise wie in der vorangehenden Aufgabe, setzen Sie die verfügbare Menge des Faktors Arbeit mit 50 Arbeitermonate und variieren Sie die verfügbare Bodenfläche. Wiewenig Boden ist erforderlich, wenn nur der dritte Prozeß eingesetzt wird (Getreide und Schweine hergestellt werden)? Wieviel Boden ist dagegen erforderlich, wenn nur der zweite Prozeß verwendet wird (nur Getreide produziert wird)?

5. Zeigen Sie, daß der entartete Fall mit zwei knappen Faktoren und einem Prozeß eintritt, wenn die verfügbaren Faktormengen 125 Arbeitermonate und $12^1/_2$ Morgen und die Preise die gleichen wie im Bsp. (a) sind.

6. Lösen Sie das lineare Programm (3) in Bsp. (b) mit Hilfe der Simplex-Methode und bestimmen Sie die Lösung des dualen (4) mit dem gleichen Lösungsverfahren.

7. Zeigen Sie an der Lösung des Bsp. (b), daß die Substitutionsrate zwischen Arbeit und Boden (bei fester Produktmenge) gleich dem Preisverhältnis (also 2 : 5) ist.

8. Vernachlässigen Sie den dritten Produktionsfaktor in Bsp. (b) und verwenden Sie Abb. 73 a. Untersuchen Sie die verschiedenen Möglichkeiten, die sich bei Änderung der gegebenen Menge der Faktoren Arbeit und Boden ergeben. Zeigen Sie, daß im allgemeinen entweder zwei Prozesse eingesetzt werden und zwei Faktoren knapp sind oder ein Prozeß verwendet wird, wobei nur ein Faktor knapp ist. Bei welchen Kombinationen tritt der entartete Fall auf, daß ein Prozeß eingesetzt wird und zwei Faktoren knapp sind?

18.6 Lineare Programme: Feste Faktormengen und gegebene Produktpreise

Das in 18.5 erläuterte Problem kann in allgemeiner Form dargestellt werden. Eine Unternehmung verfügt über m feste Faktoren, deren Mengen durch $\mathbf{b} = \{b_r\}$ für $r = 1, 2, \ldots, m$ bestimmt sind. Es gibt n Produktionsprozesse, deren Nettoerlöse bei gegebenen Produkt- und variablen Faktorpreisen für das Einheitsniveau jedes Prozesses durch $\mathbf{r} = \{r_s\}$ für $s = 1, 2, \ldots, n$ bestimmt sind. Bezeichnet $\mathbf{A}$ die $m \times n$ Matrix der festen Faktormengen in den verschiedenen Prozessen, so können die Daten des Problems folgendermaßen zusammengestellt werden:

Inputkoeffizienten: $\mathbf{A} = [a_{rs}]$ Faktormengen: $\mathbf{b} = \{b_r\}$

Erlöse: $\mathbf{r}' = \{r_s\}$

Die Variable $\boldsymbol{\lambda} = \{\lambda_s\}$ für $s = 1, 2, \ldots, n$ bezeichnet die Prozeßniveaus, die Variable $\mathbf{p} = \{p_r\}$ für $r = 1, 2, \ldots, m$ die Verrechnungspreise für die m festen Produktionsfaktoren. Das Problem besteht somit darin, nichtnegative $\boldsymbol{\lambda}$ und $\mathbf{p}$ zu bestimmen, die dem linearen Programm und dem dazu dualen genügen:

$$\left.\begin{array}{ll} \text{Erlöse: } z = \mathbf{r}'\boldsymbol{\lambda} = \max! & \text{Kosten } \zeta = \mathbf{b}'\mathbf{p} = \min! \\ \text{unter der Nebenbedingung } \mathbf{A}\boldsymbol{\lambda} \leqslant \mathbf{b} & \text{unter der Nebenbedingung } \mathbf{A}'\mathbf{p} \geqslant \mathbf{r} \end{array}\right\} \quad (1)$$

Das lineare Programm läßt sich unmittelbar interpretieren; die Unternehmung entscheidet sich für diejenige Prozeßkombination, die den Erlös aus dem Absatz der Produkte (abzüglich der Aufwendungen für variable Faktoren) maximiert, und zwar im Rahmen der Beschränkungen für feste Faktoren. Hieraus läßt sich dann das duale Programm ableiten; es gibt bestimmte Verrechnungspreise für die festen Faktoren, die die (Verrechnungs-)Kosten der verfügbaren Faktormengen zum Minimum machen, und zwar unter der Voraussetzung, daß der Verrechnungs-Gewinn bei keinem Prozeß positiv ist. Relationen dieser Preise sind als Substitutionsraten zwischen den entsprechenden Faktoren bei gegebenen Erlösen zu interpretieren. (Vgl. 17.7.)

Sind die Variablen (λ_s und p_r) in dem linearen Programm und dem dualen bestimmt, so können die Zeilen der Matrix der Inputkoeffizienten $\mathbf{A}$ mit den λ_s und die Spalten mit den p_r multipliziert werden; das Ergebnis ist die *Transaktionsmatrix* der Lösung, wie sie in 18.5 erläutert wurde. Die Zeilensummen ergeben die beschränkten Mengen der Faktoren (bei vollem Einsatz); die Spaltensummen ergeben die Erlöse der einzelnen Prozesse (wenn die Prozesse so eingesetzt werden, daß die Gewinne Null sind).

Die Lösung des Problems ergibt sich unmittelbar — die Berechnung erfolgt mit Hilfe der Simplex-Methode —, wenn m „Schlupfvariable" und eine entsprechende Menge von m „Scheinaktivitäten" eingeführt werden wie in Abschnitt 16.6. Auf diese Weise erhält man:

$$\mathbf{B} = [\mathbf{A} \vdots \mathbf{I}] \qquad \text{von der Ordnung } m \times (m + n)$$

wobei $\mathbf{I}$ die Einheitsmatrix von der Ordnung m darstellt. Entsprechend werden die Vektoren n-ter Ordnung $\mathbf{r}$ und $\boldsymbol{\lambda}$ durch Hinzufügen von m Nullen bzw. m neuen Variablen erweitert. Dann sind:

$$\mathbf{v} = (r_1, r_2, \ldots, r_n, \ 0, \ldots, 0) \quad \text{und} \quad \mathbf{x} = (\lambda_1, \lambda_2, \ldots, \lambda_n, \ \mu_1, \ldots, \mu_m)$$

zwei Vektoren von der Ordnung $m + n$; der erste Vektor ist gegeben, der zweite enthält die variablen Niveaus der n ursprünglichen und der m Scheinaktivitäten. Das Problem besteht nun darin nicht-negative $\mathbf{x}$ und $\mathbf{p}$ so zu bestimmen, daß

$$\left.\begin{array}{cc} z = \mathbf{v}'\,\mathbf{x} = \max! & \zeta = \mathbf{b}'\,\mathbf{p} = \min! \\ \text{unter der Nebenbedingung} & \text{unter der Nebenbedingung} \\ \mathbf{B}\mathbf{x} = \mathbf{b} & \mathbf{B}'\,\mathbf{p} \geqslant \mathbf{v} \end{array}\right\} \qquad (2)$$

Das lineare Programm hat m Nebenbedingungen als *Gleichungen* mit $(m + n)$ Variablen, das duale dagegen hat $(m + n)$ Nebenbedingungen als *Ungleichungen* mit m Variablen p. Bestimmt man die Lösung des ersten (z. B. mit Hilfe der Simplex-Methode), so ist damit auch die Lösung des zweiten unmittelbar gegeben.

Die Lösung für $\mathbf{x}$, d. h. für die λ und μ, muß jetzt noch in Bezug auf die Verrechnungspreise $\mathbf{p}$ interpretiert werden. Wir betrachten den s-ten Prozeß mit dem Niveau λ_s. Ergibt die Lösung $\lambda_s = 0$, so wird der Prozeß überhaupt nicht verwendet; ist $\lambda_s > 0$, so ist der Prozeß in der Optimallösung enthalten. Angenommen die Zahl der positiven λ in $\mathbf{x}$ sei N und die der Nullen $(n-N)$. Dann beträgt die Zahl der eingesetzten Prozesse $N \leqslant n$. Wir betrachten nun den r-ten festen Faktor, der der Beschränkung b_r unterliegt. Ist $\mu_r = 0$, so wird die Scheinaktivität, die den Überschuß des r-*ten* Faktors beseitigt, in Wirklichkeit nicht verwendet; der Faktor wird voll eingesetzt, und sein Preis p_r ist positiv. Ist $u_r > 0$, so wird die Scheinaktivität verwendet, der Faktor wird nicht voll eingesetzt, und sein Preis p_r ist Null. Angenommen die Anzahl der Elemente $\mu = 0$ in $\mathbf{x}$, die gleich der Anzahl der positiven p in $\mathbf{p}$ ist, betrage M; die Zahl der positiven μ in $\mathbf{x}$ und der Elemente $p = 0$ in $\mathbf{p}$ ist dann m-M.

Das allgemeine Ergebnis (s. 17.8 oben) lautet dann $M = N$, d. h. die Zahl der verwendeten Prozesse ist dieselbe wie die Anzahl der (bei positiven Verrechnungspreisen) voll eingesetzten knappen Faktoren. Wie in Abschnitt 18.5 gezeigt wurde, kann bei bestimmten Kombinationen gegebener Faktoren der Fall eintreten, daß die Zahl der verwendeten Prozesse geringer ist als die Anzahl der knappen Faktoren. Der erste ist der allgemeine oder übliche Fall, der zweite ein entarteter.

Die gegebenen Größen des Problems werden entweder durch die Matrix **A** und die Vektoren **b** und **r** in (1) oder durch die Matrix **B** und die Vektoren **b** und **v** in (2) angegeben. Es lassen sich nun unschwer Bedingungen formulieren, die die Matrix und die Vektoren so beschränken, daß eine brauchbare Produktionstechnik gegeben ist (d. h., es erscheinen keine abhängigen oder ineffizienten Prozesse) und der entartete Fall ausgeschlossen ist. Die erste Bedingung ist dann gegeben, wenn die Matrix **B** von der Ordnung m (gleich der Anzahl der Zeilen) und die Matrix

$$\begin{bmatrix} \mathbf{B} \\ \cdots \\ \mathbf{v}' \end{bmatrix}$$

von der Ordnung $(m + 1)$ (ebenfalls gleich der Anzahl der Zeilen) ist. Die zweite Bedingung, d. h. Vermeidung des entarteten Falles, ist dann erfüllt, wenn bei jeder beliebigen Ersetzung einer Spalte der Matrix **B** durch den Vektor **b** die resultierende Matrix ebenfalls von der Ordnung m ist. Das bedeutet, daß der Beschränkungsvektor **b** von keiner der $(m-1)$ Spalten von **B** oder speziell von keiner der $(m-1)$ Spalten von **A** abhängig ist, d. h. die zufällige „Übereinstimmung" der Faktorbeschränkungen mit den $(m-1)$ Prozessen wird ausgeschlossen. Wenn z. B. $m = 2$ wie in Bsp. (a) in 18.5, so wird der Fall ausgeschlossen, daß der Beschränkungsvektor OQ in Abb. 72a mit einem der Prozeßvektoren OA_1 oder OA_2 übereinstimmt. Die Frage wird ausführlich von Dorfman (1951) behandelt.

Die Lösung des linearen Programms (1) ergibt die λ_s für die Niveaus der verwendeten Prozesse (und damit auch für die Mengen der zu den Marktpreisen abgesetzten Produkte) und die p_r für die Verrechnungspreise der festen Faktoren. Die Lösung variiert im allgemeinen, wenn die gegebenen Größen **A**, **b** und **r** andere Werte annehmen. Es gibt viele Möglichkeiten solcher Datenänderungen, so daß es sinnvoll ist, sie zu systematisieren.

Erstens können sich die Mengen aller festen Produktionsfaktoren (**b**) oder die Erlöse der Prozesse (**r**) proportional verändern. Aus (1) folgt nun, daß für jeden positiven Wert von k gilt:

Änderung der Daten ($\mathbf{A}, \mathbf{b}, \mathbf{r}$):	Änderung der Lösung ($\boldsymbol{\lambda}, \mathbf{p}$):
$\mathbf{A}, k\mathbf{b}, \mathbf{r} \equiv \frac{1}{k}\mathbf{A}, \mathbf{b}, \frac{1}{k}\mathbf{r}$	$k\boldsymbol{\lambda}, \mathbf{p}$
$\mathbf{A}, \mathbf{b}, k\mathbf{r} \equiv \frac{1}{k}\mathbf{A}, \frac{1}{k}\mathbf{b}, \mathbf{r}$	$\boldsymbol{\lambda}, k\mathbf{p}$
$\mathbf{A}, k\mathbf{b}, k\mathbf{r} \equiv \frac{1}{k}\mathbf{A}, \mathbf{b}, \mathbf{r}$	$k\boldsymbol{\lambda}, k\mathbf{p}$

Eine proportionale Vermehrung aller Faktoren erhöht die Prozeßniveaus (und die Produktmengen) im selben Maße. Eine proportionale Erhöhung der Erlöse (d. h. der Marktpreise) führt zu einer entsprechenden Erhöhung der Verrechnungspreise aller festen Faktoren. Jede dieser proportionalen Steigerungen entspricht einer proportionalen Verringerung der Inputkoeffizienten. Werden z. B. alle Faktormengen verdoppelt, so werden auch alle Produktmengen verdoppelt; dasselbe Ergebnis kann erreicht werden, indem alle Inputkoeffizienten bei unveränderten Faktormengen auf die Hälfte reduziert werden.

Zweitens besteht die Möglichkeit, daß sich nur eine Faktormenge, etwa b_1 für den ersten Faktor, verändert. Die Lösung ($\boldsymbol{\lambda}, \mathbf{p}$) ändert sich dann im allgemeinen auch; dabei treten Änderungen nicht nur im allgemeinen Prozeßniveau auf, sondern auch im Verhältnis der eingesetzten Prozesse und den Relationen der Verrechnungspreise. Eine proportionale Änderung (in entgegengesetzer Richtung) in den Elementen der ersten Zeile von $\mathbf{A}$ hat die gleiche Wirkung, d. h. eine Verminderung sämtlicher Inputkoeffizienten des ersten Faktors entspricht einer Erhöhung der verfügbaren Faktormenge. Ähnliches gilt für eine Änderung des Erlöses eines Prozesses oder für eine entsprechende proportionale Änderung der Elemente einer Spalte in $\mathbf{A}$.

Drittens kann eine *relative* Änderung der Inputkoeffizienten in den Zeilen oder Spalten von $\mathbf{A}$ eintreten. Das ist nicht gleichbedeutend mit irgendeiner Änderung von Faktormengen oder Erlösen. Die Folge ist wiederum, daß sich das Verhältnis der verwendeten Prozesse und das Faktorpreisverhältnis im allgemeinen ändert. Dieser Einfluß kann als *Änderung der Technologie* bezeichnet werden. Ökonomisch gesehen ändern sich die relativen Faktoreinsatzmengen in den verschiedenen Prozessen aus technischen Gründen und nicht auf Grund von anderen Faktorbeschränkungen oder Erlösbedingungen der einzelnen Prozesse.

In einer Hinsicht ist das Ergebnis dem der Marginalanalyse sehr ähnlich: das Angebot der Unternehmung variiert mit den verfügbaren Faktormengen und mit den Marktpreisen der Produkte. Der Unterschied besteht darin, daß es jetzt nicht mehr allein um die Änderung des Verhältnisses der eingesetzten Prozesse geht, sondern auch darum, von einem Prozeß zu einem vollkommen anderen überzuwechseln. Ein einfaches Beispiel soll diese Möglichkeiten verdeutlichen. Der Unternehmer berücksichtige in Beispiel (a) Abschnitt 18.5 nur die ersten beiden Prozesse; die verfügbaren Faktoreinsatzmengen seien b_1 Arbeitermonate und b_2 Morgen Boden, die Marktpreise betragen £ π_1 pro 100 t Getreide und £ π_2 pro 100 Schweine:

Inputkoeffizienten:	Produktionsfaktoren:
$\mathbf{A} = \begin{bmatrix} 50 & 25 \\ 5 & 50 \end{bmatrix}$	b_1 b_2

Erlöse: $\left(\pi_2 - \frac{1}{2}\pi_1\right) \pi_1$

Das lineare Programm besteht darin, nicht-negative λ_1 und λ_2 so zu bestimmen, daß:

Erlöse: $$z = \left(\pi_2 - \frac{1}{2}\pi_1\right)\lambda_1 + \pi_1 \lambda_2 = \text{max!}$$

unter den Nebenbedingungen:

$$50\,\lambda_1 + 25\,\lambda_2 \leqslant b_1$$

$$5\,\lambda_1 + 50\,\lambda_2 \leqslant b_2$$

Eine graphische Darstellung wäre in einer ähnlichen Zeichnung wie Abb. 72b möglich. Der Punkt P wird durch die Nebenbedingungen in Form von Gleichungen gegeben:

$$\lambda_1 = \frac{2\,b_1 - b_2}{95} \quad \text{und} \quad \lambda_2 = \frac{10\,b_2 - b_1}{475} \tag{3}$$

Die Parallelenschar für $z = \text{max!}$ ist bestimmt durch:

$$\left(\pi_2 - \frac{1}{2}\pi_1\right)\lambda_1 + \pi_1 \lambda_2 = \text{const.} \tag{4}$$

Sollen beide Prozesse verwendet werden und die Lösung durch (3) gegeben sein, so müssen zwei Bedingungen erfüllt sein:

(i) P muß in positiven Quadranten liegen, so daß auf Grund von (3)

$$\frac{1}{10} < \frac{b_1}{b_2} < 2 \tag{5}$$

Hierbei handelt es sich um eine Beschränkung (wenn auch um einen weiten Wertebereich) für $b_2 : b_1$.

(ii) Die Geraden (4) müssen eine Steigung haben, die zwischen denjenigen der Nebenbedingungen liegen:

$$\frac{1}{10} < \frac{\pi_2 - \frac{1}{2}\pi_1}{\pi_1} < 2$$

d. h.

$$\frac{3}{5} < \frac{\pi_2}{\pi_1} < \frac{5}{2} \tag{6}$$

hierbei handelt es sich um eine Beschränkung (wenn auch um einen ziemlich weiten Wertebereich) für $\pi_2 : \pi_1$.

Angenommen (5) und (6) gelten, so daß beide Prozesse mit den durch (3) gegebenen Niveaus eingesetzt werden und die Produktionsmengen

Getreide	(100 t)	$\lambda_2 - \frac{1}{2}\lambda_1 = \frac{25\, b_2 - 12\, b_1}{950}$
Schweine	(100 Stck.)	$\lambda_1 = \frac{2\, b_1 - b_2}{95}$

betragen. Diese Produktionsmengen werden nur durch die Werte von b_1 und b_2 beeinflußt, also durch die Faktorbeschränkungen in den durch (5) gegebenen Grenzen. Schweine werden immer produziert, während die Produktion von Getreide positiv $\left(\frac{12}{25} < \frac{b_2}{b_1} < 2\right)$ oder negativ $\left(\frac{1}{10} < \frac{b_2}{b_1} < \frac{12}{25}\right)$ sein kann. Ist der Faktor Boden reichlich vorhanden ($b_2 : b_1$ groß), so wird genügend Getreide zur Fütterung der Schweine zum Verkauf hergestellt. Ist dagegen der Faktor Arbeit reichlich vorhanden ($b_2 : b_1$ klein), so reicht die Getreideproduktion nicht aus, um die Schweine zu füttern, und zusätzliche Getreidemengen müssen gekauft werden. Solange das Preisverhältnis in den durch (6) gegebenen Grenzen liegt, hat das Verhältnis der Getreide- und Schweinepreise keinen Einfluß auf die produzierten Mengen, und beide Prozesse werden verwendet. Die Preise werden dann relevant, wenn es um die Entscheidung geht, welche Prozesse eingesetzt werden sollen. Ist $\frac{\pi_2}{\pi_1} < \frac{3}{5}$, so daß Schweine einen niedrigen Preis erzielen, dann wird nur der zweite Prozeß (Getreideproduktion) eingesetzt. Ist $\frac{\pi_2}{\pi_1} > \frac{5}{2}$, so daß Getreide einen niedrigen Preis erzielt, dann wird nur der erste Prozeß (Schweineproduktion) verwendet. Liegt das Preisverhältnis zwischen diesen beiden Werten, so werden sowohl Schweine als auch Getreide produziert. Darüber hinaus ist zu beachten, daß sich bei weiteren verfügbaren Prozessen, etwa dem dritten Prozeß in Bsp. (a) Abschnitt 18.5, die Preise so ergeben können, daß einer der zusätzlichen Prozesse gegenüber den beiden oben betrachteten bevorzugt wird.

Übungsaufgaben 18.6

1. Einer Unternehmung steht nur ein fester Produktionsfaktor zur Verfügung (z. B. Arbeit), und es gibt eine Reihe von Prozessen, bei denen Produktmengen und verfügbare variable Faktormengen zu gegebenen Marktpreisen auftreten. Zeigen Sie, daß nur ein Prozeß eingesetzt wird, und zwar der, der am wenigsten von dem festen Faktor (pro Erlöseinheit) verlangt.

2. Eine Unternehmung ist durch die folgende einfache Produktionstechnik zu kennzeichnen:

Arbeit	Arbeitermonate	25	10
Land	Morgen	50	100
Weizen	100 t	−1	0
Heu	100 t	0	−1

d. h. es gibt zwei getrennte Produktionsprozesse, einen für Weizen und einen für Heu. Weisen Sie anhand einer graphischen Darstellung nach, daß bei gegebenen Faktorbeschränkungen (50 Arbeitseinheiten und 260 Morgen Land) und gegebenen Preisen (£ 20 pro t Weizen und £ 10 pro t Heu) beide Faktoren voll eingesetzt werden und sowohl Weizen als auch Heu produziert wird. Wie hoch muß der Weizenpreis (im Verhältnis zum Heupreis) sein, damit nur Weizen angebaut wird? Wie niedrig, damit nur Heu produziert wird?

3. Zeigen Sie, daß in dem oben beschriebenen Fall der Produktion von Getreide und Schweinen das duale Programm darin besteht, nicht-negative Preise so zu bestimmen, daß

$$\zeta = b_1 p_1 + b_2 p_2 = \min!$$

unter der Nebenbedingung

$$50\, p_1 + 5\, p_2 \geqslant \pi_2 - \frac{1}{2}\pi_1 \quad \text{und} \quad 25\, p_1 + 50\, p_2 \geqslant \pi_1$$

Bestimmen Sie dementsprechend den Einfluß der Produktpreise auf die Verrechnungspreise der Faktoren. Welche Produktpreise müssen gegeben sein, damit ein Faktorpreis Null wird, so daß ein Faktor nicht voll eingesetzt wird und die Produktion entweder auf Getreide oder Schweine beschränkt wird?

4. Beweisen Sie anhand des linearen Programms (1) oben das allgemeine Ergebnis, daß das Verhältnis der Verrechnungspreise zweier knapper Faktoren gleich der Substitutionsrate der Faktoren ist (bei konstanten Erlösen).

18.7 Der Ricardo-Effekt

Das lineare Programm einer Unternehmung wurde in 18.6 in einfacher Form dargestellt; diese Darstellung kann nach verschiedenen Seiten hin ergänzt werden. Eine Erweiterung bestünde etwa darin, neben den festen Produktionsfaktoren und den Produkten der Unternehmung eine Gruppe von variablen Faktoren auszugliedern, die zu gegebenen Marktpreisen erhältlich sind, d. h. also neben den festen Faktoren solche, die auf dem Markt nachgefragt werden. Die Menge der nachgefragten Faktoren unterliegt dann einer Beschränkung, z. B. durch die Voraussetzung, daß diese Faktoren nur bis zu einer bestimmten Grenze nachgefragt werden können, die der Unternehmung durch die gegebene Ausgabensumme gesetzt ist. Die Daten des Problems sind dann:

Inputkoeffizienten:		Faktoren:
Feste Faktoren	$\mathbf{A}_1 \quad \mathbf{0}$	$\mathbf{b}$
Auf dem Markt erhältliche Faktoren	$\mathbf{0} \quad \mathbf{A}_2$	
Kosten der auf dem Markt erhältlichen Faktoren	$[\mathbf{0} \;\vdots\; \mathbf{c}']$	C
Erlöse für die Produkte	$[\mathbf{r}_1' \;\vdots\; \mathbf{r}_2']$	

Es gibt in diesem Falle m_1 feste Faktoren und n_1 Prozesse: die Matrix $\mathbf{A}_1$ ist von der Ordnung $m_1 \times n_1$. Daneben gibt es m_2 nachgefragte Faktoren, die entweder einen Teil oder alle festen Faktoren umfassen können; sie werden in n_2 Prozessen kombiniert, so daß die Matrix $\mathbf{A}_2$ von der Ordnung $m_2 \times n_2$ ist. Die Zeilenvektoren der Kosten und Erlöse ergeben sich aus den Marktpreisen. Kredit steht in Höhe von C zur Verfügung. Die Matrix der Input-Koeffizienten hat die Ordnung $(m_1 + m_2) \times (n_1 + n_2)$ und ist zerlegbar (vgl. dazu 13.9 oben). Ein spezieller Fall kann dann auftreten, wenn die festen und die auf dem Markt erhältlichen Faktoren aus derselben Menge von m Faktoren bestehen, so daß die n Prozesse der Unternehmung mit den festen, mit den auf dem Markt erhältlichen oder mit einer Kombination beider Faktoren durchgeführt werden können. Dann gilt $\mathbf{A}_1 = \mathbf{A}_2$, und die Matrix der Input-Koeffizienten ist von der Ordnung $2m \times 2n$.

Das Problem des linearen Programms besteht darin, nicht-negative Aktivitätsniveaus $\boldsymbol{\lambda} = \{\boldsymbol{\lambda}_1 \vdots \boldsymbol{\lambda}_2\}$ von der Ordnung $(n_1 + n_2)$ so zu finden, daß

$$z = \mathbf{r}_1' \boldsymbol{\lambda}_1 + \mathbf{r}_2' \boldsymbol{\lambda}_2 - \mathbf{c}' \boldsymbol{\lambda}_2 = \max!$$

unter der Nebenbedingung:

$$\mathbf{A}_1 \boldsymbol{\lambda}_1 \leqslant \mathbf{b}$$

$$\mathbf{c}' \boldsymbol{\lambda}_2 \leqslant C$$

Es läßt sich die gleiche Lösungsmethode wie vorher anwenden.

Eine andere Erweiterung in der gleichen Richtung läge darin, die Preise der auf dem Markt erhältlichen Faktoren (oder die der Produkte) nicht als gegeben, sondern als sich in bestimmter Weise mit den nachgefragten Mengen ändernd anzusehen. Eine Möglichkeit, die Unvollkommenheit des Marktes für zu kaufende Faktoren zu zeigen, läge dann in der Annahme, daß die Unternehmung eine gegebene Menge von m Faktoren hat, zu denen sie eine bestimmte Menge zu bestimmtem Preis zukaufen kann, eine weitere Menge zu einem anderen höheren Preis usw. Wenn die Unternehmung ihre Faktormengen voll ausschöpft, kann sie auf dem Markt bestimmte Mengen zu immer höheren Preisen nachkaufen. Das lineare Programm ist von dem oben beschriebenen Typ und hat folgende Matrix von Input-Koeffizienten:

$$\left[\begin{array}{c:c:c:c} \mathbf{A} & \mathbf{0} & \mathbf{0} & \\ \hdashline \mathbf{0} & \mathbf{A} & \mathbf{0} & \\ \hdashline \mathbf{0} & \mathbf{0} & \mathbf{A} & \\ \hdashline & & & \end{array}\right]$$

Die n gegebenen Prozesse können mit den festen Faktoren dem ersten Block zugekaufter Faktoren usw. durchgeführt werden. Die (zerlegbare) Matrix hat die Ordnung $km \times kn$, wobei k die Anzahl der Faktorblöcke ist.

Ganz allgemein kann ein lineares Programm, das in entsprechender Weise erweitert ist, damit es empirischen Gehalt aufweist, eine technologische Matrix mit einer großen Anzahl von Zeilen und Spalten haben. Die Vervielfachung der Matrizengröße läßt, sobald man etwa die niedrige Ordnung 4×4 überschritten hat, praktische Rechenprobleme auftreten. Wenn das Rechenverfahren — beispielsweise für die Simplex-Methode — bestimmt ist, dann ist es nur noch eine Frage der Zeit und Mühe, ob die Matrix die Ordnung 20×20 oder 100×100 hat. Es ist von einigem praktischem Interesse, ob die Matrix zerlegbar ist und Blöcke von Nullelementen enthält: das erleichtert die Rechenarbeit.

Ein einfaches Beispiel soll ein lineares Programm mit einer zerlegbaren technologischen Matrix veranschaulichen. Hierbei treten feste und auf dem Markt zu kaufende Faktoren getrennt auf; eine andere Erweiterung liegt darin, daß die Produktion in aufeinanderfolgenden Perioden zugelassen wird. Es kann (wie am Ende des Abschnitts 18.6 oben) dazu verwendet werden, die Wirkungen von Preisänderungen auf die

Lösung des Problems zu demonstrieren. Das Beispiel ist eine Abwandlung des bei Makower (1957) behandelten Falles.

Die gegebenen Daten (alle pro Jahr) für die Unternehmung lauten:

Input-Koeffizienten:	Prozesse: a_1	b_1	a_2	b_2	A_1	B_1	A_2	B_2	Faktoren:
Vorhandene Arbeit (Arbeiter)	10	12	10	12	0	0	0	0	100
Vorhandene Maschinen (Anzahl)	5	2	5	2	0	0	0	0	60
Zugezogene Arbeit (Arbeiter)	0	0	0	0	10	12	10	12	
Gekaufte Maschinen (Anzahl)	0	0	0	0	5	2	5	2	
Kosten der gekauften Faktoren (£)	(0	0	0	0	6 750	6 700	6 750	6 700)	33 500
Erlöse für die Produkte (£)	(6 500	6 500	6 400	6 400	6 500	6 500	6 400	6 400)	

Das Produkt wird mit zwei Prozessen hergestellt, der eine (*a oder A*) ist kapitalintensiv, der andere (*b* oder *B*) ist arbeitsintensiv. Weiterhin kann das Produkt jeweils mit einem kürzer oder länger dauernden Verfahren hergestellt werden, beide benutzen die Inputs in gleicher Proportion. Der kurze Prozeß (mit dem Subskript 1 bezeichnet) liefert das Produkt im gleichen Jahr, in dem die Inputs eingesetzt werden, der lange Prozeß (Subskript 2) ergibt das Produkt erst im folgenden Jahr. Schließlich werden alle vier Produktionsmöglichkeiten dadurch verdoppelt, daß Faktoren bis zu einem Gesamtbetrag von £ 33 500 gekauft werden können. Die Preise für die zuzukaufenden Faktoren betragen £ 500 für ein Jahr Arbeit und £ 350 für ein Jahr Maschinenleistung. Die Preise des Produktes und die Wahl des Einheitsniveaus sind so, daß der Erlös des kurzen Prozesses £ 6 500 beträgt. Der lange Prozeß ergibt eine größere Produktmenge mit einem Wert von £ 7 040, der aber erst im jeweils nächsten Jahr realisiert wird. Der mit einem Zinsfuß von 10 % diskontierte Wert ergibt sich zu £ 6 400, und dieser Wert ist in die Tabelle eingetragen.

Bei diesen Daten würde sich — bei Anwendung der bereits behandelten grafischen Methode — ergeben, daß nur der erste Prozeß a_1 zur Produktion verwendet wird, der kurz und kapitalintensiv ist und nur mit in der Unternehmung schon vorhandenen Faktoren arbeitet. Das Prozeßniveau beträgt 10, so daß die gesamte Arbeit eingesetzt wird, aber Maschinen frei sind. Das ist bei einem knappen Faktor und einem eingesetzten Prozeß der übliche Fall. Das Erlösmaximum beträgt £ 65 000.

Man beachte, daß das Modell so gebaut ist, daß es keine Möglichkeit gibt, die unbesetzten Maschinen mit zusätzlich beschaffter Arbeit zu kombinieren.

Die gegebenen Marktpreise sind die für das Produkt, für die Arbeit (£ 500), für Maschinen (£ 350) und der Zinssatz (10 %). Ändert sich eine dieser Größen, ändert sich auch die Lösung des Programms, und es steht zu erwarten, daß die Produktion vom ersten Prozeß auf einen anderen oder eine Prozeßkombination verlagert wird. Die Änderungen der Entscheidung der Unternehmung kann für verschiedene Fälle untersucht werden. Änderungen der Faktorpreise werden in Aufg. 3 unten behandelt; hier richten wir unser Augenmerk auf den Produktpreis und den Zins.

(i) *Erhöhung des Produktpreises um 10 %.* Der Erlösvektor lautet dann:

(7 150 7 150 7 040 7 040 7 150 7 150 7 040 7 040)

Der erste Prozeß wird weiterhin soweit eingesetzt, bis die vorhandene Arbeit ausgeschöpft ist. Aber jetzt sind zusätzlich die Prozesse profitabel, die mit auf dem Markt gekauften Faktoren arbeiten. Sie können bis zur Ausschöpfung des Kredits eingesetzt werden. Die Nettoerlöse pro Einheit betragen bei diesen Prozessen £ 400, £ 450, £ 290 und £ 340. Es ist offensichtlich und kann mit Hilfe der graphischen Lösung überprüft werden, daß der zweite B_1 verwendet wird. Damit ergibt sich für die Lösung, daß a_1 auf dem Niveau 10 bis zur Ausschöpfung der vorhandenen Arbeit und B_1 auf dem Niveau 5 bis zur Ausschöpfung des Kredits eingesetzt werden. Die Erlöse betragen dann £ 107 250, die Kosten der zugekauften Faktoren £ 33 500. Daraus resultiert ein Nettoerlös-Maximum von £ 73 750, das um über 10 % höher als das vorher erreichte von £ 65 000 liegt, da die Unternehmung jetzt Faktoren zukauft und ihren Kredit ausnutzt. Der jetzt neu eingesetzte Prozeß ist kurz, arbeitsintensiv und verwendet zugekaufte Faktoren; er wird neben dem alten Prozeß (kurz, arbeitsintensiv, Verwendung eigener Faktoren) eingesetzt.

(ii) *Senkung des Zinssatzes von 10 % auf 4 %.* Der Erlösvektor hat jetzt folgende Gestalt:

(6 500 6 500 6 769 6 769 6 500 6 500 6 769 6 769),

da das Ergebnis des langen Prozesses (£ 7 040) jetzt mit 4 % auf einen Wert von £ 6 769 abgezinst wird. Die Lösung beinhaltet jetzt, daß die vorhandene Arbeit voll ausgenutzt wird (Maschinen sind noch frei), aber diesmal wird der Prozeß a_2 statt a_1 benutzt. Durch die Zinssenkung wird der lange (immer noch kapitalintensive) Prozeß vorteilhafter. Zusätzlich werden jedoch noch zwei Prozesse profitabel, die mit zusätzlich zu beschaffenden Faktoren arbeiten, es sind die beiden langen Prozesse A_2 und B_2 mit Nettoerlösen von £ 19 bzw. £ 69. Die Entscheidung lautet hier, B_2 bis zur Ausschöpfung des Kredits zu verwenden. Die Lösung ist also, a_2 auf dem Niveau 10 einzusetzen, um die vorhandene Arbeit voll auszunutzen, und B_2 auf dem Niveau 5 bis zur Ausschöpfung des Kredits einzusetzen. Die Erlöse betragen £ 101 535, die Kosten £ 33 500 und die Nettoerlöse £ 68 035. Die positive Differenz zu £ 65 000 ergibt sich zum Teil aus der Verwendung der gegebenen Faktoren im vorteilhafteren langen Prozeß, zum Teil aus der Ausnutzung des erhältlichen Kredits. Die neue Lösung besteht aus einer Kombination zweier Prozesse; der eine ist lang, kapitalintensiv und verwendet vorhandene Faktoren, der andere ist lang, arbeitsintensiv und verwendet auf dem Markt beschaffte Faktoren. Das bedeutet einen vollkommenen Übergang von dem alten Prozeß, der kurz und kapitalintensiv war und vorhandene Faktoren verwendet (vgl. auch Aufg. 2 unten).

Beachtenswert ist nun folgendes Merkmal der Lösungen: Die Ausgangssituation der Unternehmung ist durch einen hohen Zinssatz gekennzeichnet, der zu einer Beschränkung auf kurze Prozesse führt, und dadurch, daß der Preis für Maschinen im Verhältnis zu dem der Arbeit niedrig ist (vgl. Aufg. 5 unten), was die Wahl kapitalintensiver Prozesse zur Folge hat. Weiterhin ist der Produktpreis so, daß es sich nicht lohnt, den Kredit auszunutzen; die Unternehmung würde Verluste machen, wenn sie Faktoren zukauft. So wird nur ein Prozeß eingesetzt, der kurz und kapitalintensiv ist und vorhandene Faktoren benutzt. Ein Fall des Zinssatzes könnte das erwartete Resultat haben, daß zu einem längere Zeit beanspruchenden Produktionsprozeß übergegangen wird. Entweder eine Erhöhung des Produktpreises oder eine Senkung des Zinses könnte zu dem erwarteten Ergebnis führen, daß der Kredit ausgenutzt wird, um Faktoren zu beschaffen. Ein neuer Prozeß mit zugekauften Faktoren tritt zu dem, der mit den vorhandenen Faktoren arbeitet, hinzu. Was nun nicht offensichtlich ist, aber hier zumindest als Möglichkeit vorgeführt wurde, ist, daß der neue Prozeß arbeitsintensiv und nicht kapitalintensiv — wie der alte — ist.

Es wurde also gezeigt, daß ein Anstieg eines Produktpreises *möglicherweise* zu einem verstärkten Einsatz arbeitsintensiver Prozesse führt, wenn der Unternehmung nur eine begrenzte Kreditsumme zum Kauf von Faktoren zur Verfügung steht. Die Preise von Kapitalgütern müßten gesenkt werden, um diese Entwicklung auszugleichen, und nicht erhöht, wie man aus dem höheren Produktpreis folgern könnte. Das ist der Ricardo-Effekt, wie er von Hayek (1942) untersucht wurde. Analog *könnte* eine Zinssenkung zu höherem Arbeits- und relativ niedrigerem Kapitaleinsatz führen — und nicht zu höherem Kapitaleinsatz, wie man aus dem niedrigeren Zinssatz schließen könnte.

Die Untersuchung solcher Fälle wie des Ricardo-Effektes kann mit Hilfe der Marginalanalyse vorgenommen werden; vgl. dazu Makower und Baumol (1950). Die Faktorbeschränkungen der Unternehmung und speziell das Kreditlimit, das für den Ricardo-Effekt wesentlich ist, müssen in der Marginalanalyse berücksichtigt werden. Mit Hilfe der linearen Programmierung kann dies alles jedoch viel natürlicher und einfacher geschehen. Der Ricardo-Effekt ist weniger eine Angelegenheit marginaler Anpassungen als der Entscheidung zwischen zwei Arten von Produktionsprozessen, die unter Berücksichtigung der Beschränkungen, z. B. des Kreditlimits, getroffen wird. Wir haben hier ein Beispiel für die sinnvolle Anwendung der linearen Programmierung vor uns, bei dem diese Methode zeigt, was in ihr steckt.

Übungsaufgaben 18.7

1. Beschränken Sie für die Ausgangssituation der Unternehmung (oben) die Entscheidung auf die ersten beiden Prozesse, wenden Sie die graphische Lösungsmethode für lineare Programme an und weisen Sie nach, daß der erste Prozeß gewählt wird.
2. Zeigen Sie, daß man in (ii) oben bei einer Senkung des Zinssatzes von 10 % auf 6 % vom Produktionsprozeß a_1 auf den langen Prozeß a_2 übergeht. Warum ist es immer noch nicht vorteilhaft, den Kredit in Anspruch zu nehmen? Wie weit muß der Zins fallen, damit ein langer Prozeß einsetzt, und wie weit, damit gekaufte Faktoren Gewinn bringen?
3. Ermitteln Sie die Lösung für den Fall, daß der Preis für Maschinen auf £ 300 fällt und der Preis für Arbeit gleich bleibt. Welche Wirkung hat jetzt eine 10%ige Erhöhung des Produktpreises?
4. Setzen Sie den Bestand an Maschinen für den ursprünglichen Fall mit 50 an und zeigen Sie, daß die Faktoren dann voll ausgenutzt werden. Notieren Sie das duale Programm und ermitteln Sie die Verrechnungspreise; dabei sind nur die ersten beiden Prozesse zu betrachten.
5. Weisen Sie nach, daß sich die Produktivitäten von Arbeit und Maschinen im ursprünglichen Problem wie 1,5 : 1 verhalten, daß dieses Verhältnis also größer ist als das Faktorpreisverhältnis (1,43 : 1). Zeigen Sie, daß sich die Verhältnisse für den Fall von Aufgabe 3 oben umkehren, und interpretieren Sie die Lösung dieses Problems.
6. Jede Veränderung im Produktpreis, in den Faktorpreisen und im Zins wirkt sich in einer Änderung der relativen Werte der Kosten und Erlöse in der Matrixnotierung des Problems aus. Zeigen Sie daran, wie das Entscheidungsproblem, von einem Prozeß auf einen anderen überzugehen, entsteht. Zeigen Sie, daß eine Änderung des Zinssatzes die Verhältnisse zwischen den Spalten der Matrix ändert, und beschreiben Sie die Wirkung auf die Entscheidung der Unternehmung.

18.8 Lineares Programm mit festen Nachfragerelationen

Wir behandeln jetzt ein anderes als das in 18.6 oben dargestellte Problem. Die gegebenen Daten umfassen die Technologie der Unternehmung und die Mengen der gegebenen Faktoren, dazu kommt die Bedingung, daß die Produkte nicht zu gegebenen Marktpreisen verkauft werden, sondern auf dem Markt in bestimmten festen Relationen nachgefragt werden. Diese Bedingung legt fest, in welchen Relationen die Produkte hergestellt werden müssen; bei dem Maximierungsproblem geht es dann um das Produktionsniveau.

Die einfachste Methode, das lineare Programm in Angriff zu nehmen, besteht in der Einführung eines zusätzlichen Prozesses (eines „Schattenprozesses"), mit dessen Hilfe über die Produkte der anderen Prozesse in den gegebenen Relationen verfügt wird. Die Technologie der Unternehmung wird durch die Matrix $\mathbf{A} = [a_{rs}]$ dargestellt, die die Ordnung $(k + m) \times n$ hat, wobei die ersten k Zeilen den k festen Faktoren, die m letzten den m Produkten und die n Spalten den n zur Verfügung stehenden Prozessen entsprechen. Man schreibt die Inputs in $\mathbf{A}$ am besten mit positiven Vorzeichen. Die Hinzufügung des zusätzlichen Prozesses ergibt:

$$\mathbf{B} = [\mathbf{A} \vdots \mathbf{c}]$$

Hierbei ist $\mathbf{c}$ ein Vektor mit k Nullelementen und m Elementen, die die festen Nachfragerelationen wiedergeben (die z. B. so normiert sind, daß für ein Produkt eine Eins erscheint). Der Vektor $\mathbf{b}$ entspricht den gegebenen Faktoren, er hat also k Elemente für die gegebenen Mengen und m Nullelemente. Wenn der Vektor der $(n + 1)$ Prozeßniveaus mit $\boldsymbol{\lambda}$ bezeichnet wird, besteht das lineare Programm darin, $\boldsymbol{\lambda}_{n+1}$ zu maximieren. Das kann als $z = \boldsymbol{\varepsilon}_{n+1} \boldsymbol{\lambda} = \max!$ geschrieben werden, wobei $\boldsymbol{\varepsilon}_{n+1}$ ein Einheitsvektor mit einer Eins als letztem Element ist. Das Programm lautet also:

$$\left.\begin{aligned} & z = \boldsymbol{\varepsilon}'_{n+1} \boldsymbol{\lambda} = \max! \\ & \text{Unter der Nebenbedingung:} \\ & \mathbf{B}\boldsymbol{\lambda} \leqslant \mathbf{b} \end{aligned}\right\} \qquad (1)$$

Die ersten k Beziehungen in den Nebenbedingungen sind *Ungleichungen* für die Faktorbeschränkungen, die anderen m sind *Gleichungen* und entsprechen der vollständigen Verfügung der Produkte in den auf dem Markt gegebenen Relationen.

Die m Gleichungen in (1) bestimmen das wesentliche Merkmal der Lösung. Jede der Gleichungen ist ein linearer Ausdruck in $\lambda_1, \ldots, \lambda_n$, der einem Vielfachen von λ_{n+1} gleichgesetzt wird, wobei die Multiplikatoren durch $\mathbf{c}$ gegeben sind. Die Gleichungen ergeben λ_{n+1} und $(m-1)$

der $\lambda_1, \lambda_2, \ldots, \lambda_n$ als Ausdruck der anderen $(n-m+1)\lambda$. Werden alle Prozesse eingesetzt oder werden die nicht eingesetzten von vornherein eliminiert, können wir $n \geqslant m$ setzen, wir haben also mindestens soviel Prozesse wie Produkte. Dann reduzieren sich die k Ungleichungen in den Nebenbedingungen, in denen λ_{n+1} nicht vorkommt, auf k Ungleichungen in $(n-m+1)$ der λ. Um λ_{n+1} zu maximieren, muß man soweit wie möglich an die Grenzen dieser Ungleichungen gehen. Die Maximalzahl der Ungleichungen, die durch entsprechende Wahl der λ in Gleichungen verwandelt werden können, beträgt $(n-m+1)$, die anderen bleiben „Kleiner als"-Ungleichungen. Eine Gleichung entspricht jedoch einem knappen Faktor, und eine „Kleiner als"-Ungleichung repräsentiert einen freien Faktor. Daher beträgt die Anzahl der Faktoren im allgemeinen $n-(m-1)$, also $(m-1)$ weniger als die Zahl der eingesetzten Prozesse.

Dieses Ergebnis ist wichtig. Im vorher (18.6 oben) betrachteten Fall ist die Zahl der knappen Faktoren gleich der Anzahl der eingesetzten Prozesse. Die Reduzierung um $(m-1)$ im vorliegenden Fall resultiert aus den Beschränkungen der Nachfrage des Marktes. Die $(m-1)$ Relationen zwischen den m Produkten implizieren, daß $n-(m-1)$ der eingesetzten Prozesse unabhängig (und gleich der Zahl der knappen Faktoren) sind, während sich die anderen $(m-1)$ so ergeben, daß die Restriktionen des Marktes ausgeglichen werden. Die einfachste Formulierung dieses Ergebnisses für die praktische Verwendung besagt, daß bei Ausschaltung nicht eingesetzter Prozesse und nicht knapper Faktoren die Zahl der Zeilen $n-(m-1)$ für die Faktoren plus m für die Produkte, also insgesamt $n+1$ ist. Die Zahl der Spalten ist ebenfalls $n+1$, nämlich n für die eingesetzten Faktoren und 1 für den Verwendungsprozeß. *Daher ist die technologische Matrix, bei entsprechender Reduzierung für die Lösung, quadratisch.*

Das duale Programm wird mit Hilfe der $(k+m)$ Preise für die Faktoren und Produkte formuliert:

$$\left.\begin{array}{ll} & \zeta = \mathbf{b}'\,\mathbf{p} = \min! \\ \text{unter der Nebenbedingung} & \\ & \mathbf{B}'\,\mathbf{p} \geqslant \boldsymbol{\varepsilon}_{n+1} \end{array}\right\} \tag{2}$$

Die in (2) zu minimierende Größe stellt, wie üblich, die (Verrechnungs-) Kosten der festen Faktoren dar. Die ersten n Nebenbedingungen in (2) bestehen aus Ungleichungen mit dem „$\geqslant 0$" auf der rechten Seite. Sie geben der Tatsache Ausdruck, daß die Nettokosten (Kosten abzüglich Erlöse) in jedem Prozeß nicht negativ sind, d. h. die Gewinne sind nicht positiv. Die letzte Nebenbedingung hat nur formale Bedeutung; sie besagt, daß die Kosten der in festen Relationen nachgefragten Mengen gleich eins sind. Es handelt sich hier um eine Bedingung, die einfach die Preise **p** normiert und im allgemeinen bei Verwendung relativer Preise weggelassen werden kann. Wenn sich der Preis eines Faktors in (2) zu Null ergibt, dann wird dieser Faktor in den Nebenbedingungen von (1) nicht voll ausgeschöpft. Wird ein Prozeß in (1) eingesetzt, dann ist der Gewinn in den Nebenbedingungen von (2) gleich Null.

Hat man erst die Niveaus $\boldsymbol{\lambda}$ und die Preise **p** ermittelt, kann man die technologische Matrix spaltenweise mit den λ und zeilenweise mit den p multiplizieren, so daß die *Transaktionsmatrix* resultiert. Sie ergibt den Wert jeden Faktors und Produkts, der eingesetzt oder erzeugt wird. Aufgrund der Nebenbedingungen in (1) entspricht die Summe der Faktorzeilen dem Wert der gesamten Faktormenge (falls sie voll ausgenutzt wird), und die Produktzeilen summieren sich zum Wert der Produktverkäufe. Aufgrund der Nebenbedingungen in (2) beträgt die Spaltensumme aller eingesetzten Prozesse Null (Gewinne von Null).

Genau wie in 17.7 oben sind die aus (2) ermittelten Preisverhältnisse gleich der Substitutionsrate zwischen Faktoren und Produkten, sofern das Programm die für die Veränderung nötige Flexibilität aufweist. Es gibt jetzt drei Arten der Substitution: zwischen zwei Faktoren, zwei Produkten und einem Faktor und einem Produkt. Das allgemeine Ergebnis für zwei Güter r und s lautet:

$$\frac{p_r}{p_s} = \frac{\text{Erhöhung von } x_s}{\text{Verringerung von } x_r} \quad \text{(die anderen } x \text{ bleiben gleich)}$$

Hierbei bezeichnen x_r und x_s den gesamten Gütereinsatz, der für Faktoren positiv und für Produkte negativ ist. Bei entsprechender Größe der Vorzeichen lauten die Ergebnisse im einzelnen:

(i) Zwei Faktoren:

$$\frac{p_r}{p_s} = \frac{\text{Erhöhung der Einsatzmenge des } s\text{-ten Faktors}}{\text{Verringerung der Einsatzmenge des } r\text{-ten Faktors}}$$

= Substitutionsrate zwischen Faktoren (die Mengen der anderen Faktoren und Produkte bleiben konstant)

(ii) Zwei Produkte:

$$\frac{p_r}{p_s} = \frac{\text{Verringerung im Output des } s\text{-ten Produkts}}{\text{Erhöhung im Output des } r\text{-ten Produkts}}$$

= Substitutionsrate zwischen Produkten (die Mengen der anderen Faktoren und Produkte bleiben konstant)

(iii) Ein Faktor, ein Produkt:

$$\frac{p_r}{p_s} = \frac{\text{Erhöhung im Output des } s\text{-ten Produkts}}{\text{Verringerung der Einsatzmenge des } r\text{-ten Faktors}}$$

= Produktivität des r-ten Faktors in Bezug auf das s-te Produkt (die Mengen der anderen Faktoren und Produkte bleiben konstant)

Zwei einfache Beispiele sollen das veranschaulichen:

Beispiel (a): Wir übernehmen die Technologie für die Produktion von Getreide und Schweinen mit Hilfe von zwei festen Faktoren (Arbeit und Boden) aus Beispiel a in 18.5 oben. Dazu kommt die Bedingung, daß Getreide und Schweine auf dem Markt wie $c:1$ nachgefragt werden. Die gegebenen Daten lauten:

Technologie:							Faktoren:
Arbeit	Arbeitermonate	50	25	75	0		b_1
Boden	Morgen	5	50	60	0		b_2
Getreide	100 t	$\frac{1}{2}$	-1	-1	c		0
Schweine	100 Stück	-1	0	$-\frac{1}{2}$	1		0

Das lineare Programm besteht darin λ_4 zu maximieren unter den Nebenbedingungen

$$\begin{aligned} 50\,\lambda_1 + 25\,\lambda_2 + 75\,\lambda_3 &\leqslant b_1 \\ 5\,\lambda_1 + 50\,\lambda_2 + 60\,\lambda_3 &\leqslant b_2 \\ \frac{1}{2}\lambda_1 - \lambda_2 - \lambda_3 + c\lambda_4 &= 0 \\ -\lambda_1 \qquad - \frac{1}{2}\,\lambda_3 + \lambda_4 &= 0 \end{aligned}$$

Es kann mit Hilfe eines Rechenverfahrens wie der Simplex-Methode (16.8 oben) gelöst werden. Eine einfache graphische Methode wie bei Abb. 72 b oben steht jedoch zur Verfügung, wenn wir raten oder annehmen, daß der dritte Prozeß nicht eingesetzt wird ($\lambda_3 = 0$). Zwei Schritte sind erforderlich. *Erstens* werden die Nebenbedingungen, die die Faktorbeschränkungen enthalten,

$$50\,\lambda_1 + 25\,\lambda_2 \leqslant b_1 \quad \text{und} \quad 5\,\lambda_1 + 50\,\lambda_2 \leqslant b_2$$

durch die gestrichelte Fläche in der Ebene $0\,\lambda_1\,\lambda_2$ in Abb. 74 dargestellt.

Die Linie AP entspricht der Beschränkung der Arbeit (als Gleichung formuliert) und ähnlich BP der Bodenbeschränkung; jeder Punkt auf AP (BP) bedeutet volle Ausnutzung der Arbeit (des Bodens). Der Punkt P, in dem beide Faktoren voll ausgenutzt sind, ergibt sich aus der Lösung der Gleichungen $\lambda_1 = \frac{2\,b_1 - b_2}{95}$ und $\lambda_2 = \frac{10\,b_2 - b_1}{475}$. Der Tangens des Winkels $\lambda_1 OP$

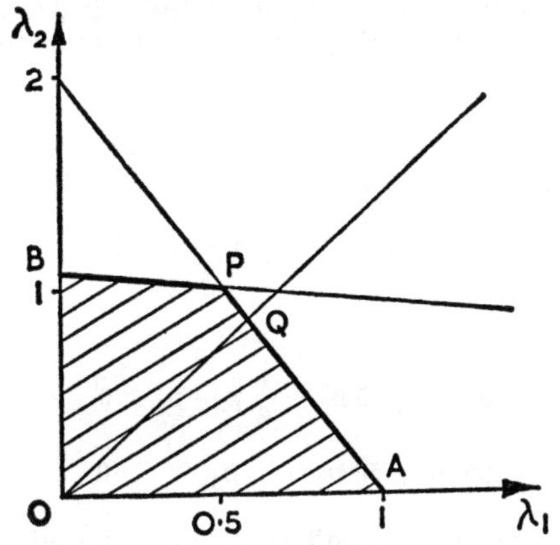

Abb. 74

ist dann $\frac{1}{5} \frac{10\,b_2 - b_1}{2\,b_1 - b_2}$. *Zweitens* stellen die anderen Nebenbedingungen Gleichungen dar, die

$$\lambda_4 = \lambda_1 = \frac{\lambda_2 - \frac{1}{2}\lambda_1}{c}$$

ergeben. Also muß λ_1 unter der Nebenbedingung $\lambda_1 = \frac{1}{c}\left(\lambda_2 - \frac{1}{2}\lambda_1\right)$, d. h. $\frac{\lambda_2}{\lambda_1} = c + \frac{1}{2} = \text{const.}$ maximiert werden. Wir suchen den höchsten Punkt auf der Linie *OQ* mit der Steigung $\left(c + \frac{1}{2}\right)$ in Abb. 74. Die Lösung ergibt sich aus den *Q* entsprechenden Werten λ_1 und λ_2. *Q* liegt auf *AP* (Arbeit ist knapp), wenn $c + \frac{1}{2} < \frac{1}{5} \frac{10\,b_2 - b_1}{2\,b_1 - b_2}$, und auf *BP* (Boden ist knapp), wenn $c + \frac{1}{2} > \frac{1}{5} \frac{10\,b_2 - b_1}{2\,b_1 - b_2}$. Es werden also beide Prozesse eingesetzt, aber nur einer der Faktoren wird voll aufgebraucht. Es gibt jedoch nur einen unabhängigen Prozeß, da die Nachfragebedingungen das Verhältnis $\lambda_2 : \lambda_1$ auf $\left(c + \frac{1}{2}\right)$ festlegen, das entspricht dann nur einem knappen Faktor. Arbeit ist knapp, wenn *c* klein ist, dann werden Schweine stärker nachgefragt. Umgekehrt ist Boden knapp, wenn Getreide stärker nachgefragt wird (*c* groß ist).

Für den in Abb. 74 dargestellten Fall gilt

$$b_1 = 50 \text{ Arbeitermonate}$$

$$b_2 = 52{,}5 \text{ Morgen und } c = 1.$$

Die Nachfrage nach Schweinen ist im Verhältnis zu der nach Getreide ausreichend groß, um Arbeit zum knappen Faktor zu machen. Die Produktionsniveaus sind $\lambda_1 = \frac{4}{7}$ und $\lambda_2 = \frac{6}{7}$.

Das duale Programm mit den vier Verrechnungspreisen lautet:

$$\zeta = b_1 p_1 + b_2 p_2 = \min!$$

unter den Nebenbedingungen:

$$50\,p_1 + 5\,p_2 + \frac{1}{2}\,p_3 - p_4 \geqslant 0$$

$$25\,p_1 + 50\,p_2 - p_3 \geqslant 0$$

Die anderen Nebenbedingungen (mit c, p_3 und p_4) sind weggelassen, da sie nur dazu dienen, ein (beliebiges) Preisniveau festzulegen. Bei Verwendung relativer Preise (s. auch Aufg. 3 unten) für das Zahlenbeispiel der Abb. 74 ergibt sich:

$$p_1 : p_2 : p_3 : p_4 = 1 : 0 : 25 : 62{,}5$$

Das zeigt noch einmal, daß der Boden in diesem speziellen Fall nicht voll eingesetzt ist. Die Substitutionsrate von Schweinen und Getreide ist 62,5 : 25 gleich 5 : 2. Die Produktivität der Arbeit gemessen in Bezug auf Getreide ist 1 : 25, (d. h. 4 t pro Arbeitermonat) und in Bezug auf Schweine 1 : 62,5, (d. h. 1,6 Schweine pro Arbeitermonat). Ist ein Preis gegeben, kann man die anderen aus den Quotienten errechnen. Ist z. B. der Kornpreis £ 10 pro t, kosten Schweine £ 25 pro Stück und Arbeit £ 40 pro Monat.

Die Lösung ist am besten aus der Transaktionsmatrix ersichtlich. Die Outputs sind positiv und die Verrechnungspreise auf £ 10 pro t Getreide normiert.

	Preis	Erster Prozeß	Zweiter Prozeß	Insgesamt
Eingesetzte Faktoren:		£	£	£
Arbeit	£ 40 pro Monat	−1 143	−857	−2 000
Boden	—	*	*	*
Produkte:				
Getreide	£ 10 pro t	− 286	857	571
Schweine	£ 25 pro Stück	1 429	—	1 429

* Nicht knapp, der Verbrauch beträgt $\frac{20}{7} + \frac{300}{7} = 45\frac{5}{7}$ Morgen $< 52\frac{1}{2}$ Morgen.

Beispiel (b): Das folgende Beispiel baut auf einem auf, das Cameron (1954) konstruiert hat. Es gibt einen festen Faktor (Arbeit, 300 Arbeitermonate stehen zur Verfügung), und drei Produkte werden in drei Prozessen erzeugt und in festen Relationen nachgefragt: frischer Fisch 2, Räucherfisch 1 und Feuerholz 1. Die gegebenen Daten sind:

Technologie:			Faktoren:
Arbeit	Arbeitermonate	$\begin{bmatrix} 7 & 1 & \frac{1}{4} & 0 \\ -1 & 2 & 0 & 2 \\ 0 & -1 & 0 & 1 \\ 0 & 3 & -1 & 1 \end{bmatrix}$	300
Frischer Fisch	t		0
Räucherfisch	t		0
Feuerholz	t		0

Es ist zu beachten, daß im zweiten Prozeß (Räucherfisch) die (in den beiden anderen Prozessen produzierten) Fische und das Feuerholz benötigt werden. Das lineare Programm besteht darin, λ_4 unter den Nebenbedingungen

$$\begin{aligned} 7\lambda_1 + \lambda_2 + \frac{1}{4}\lambda_3 \quad & \leqslant 300 \\ -\lambda_1 + 2\lambda_2 \quad + 2\lambda_4 &= 0 \\ -\lambda_2 \quad + \lambda_4 &= 0 \\ 3\lambda_2 - \lambda_3 + \lambda_4 &= 0 \end{aligned}$$

zu maximieren. Aus den drei letzten Gleichungen erhält man die Verhältnisse der λ,

$$\frac{\lambda_1}{4} = \lambda_2 = \frac{\lambda_3}{4} \qquad (= \lambda_4)\ ,$$

die die erste Nebenbedingung zu $30\,\lambda_2 \leqslant 300$ machen. Das Maximum von $\lambda_4 = \lambda_2$ ist erreicht, wenn $\lambda_2 = 10$ ist und die Arbeit voll ausgenutzt wird. Es gibt einen knappen Faktor und einen unabhängigen Prozeß (und zwei abhängige): $\lambda_1 = 40$, $\lambda_2 = 10$, $\lambda_3 = 40$.

Im dualen Programm ist p_1 unter den Nebenbedingungen

$$\begin{aligned} 7p_1 - p_2 \quad & \geqslant 0 \\ p_1 + 2p_2 - p_3 + 3p_4 & \geqslant 0 \\ \frac{1}{4}p_1 \quad - p_4 & \geqslant 0 \end{aligned}$$

zu minimieren, wobei die letzte Nebenbedingung (Normierung der Preise) wieder weggelassen wurde. Man erhält die Preisverhältnisse, wenn man alle drei Relationen als Gleichungen behandelt (alle Prozesse werden eingesetzt, der Gewinn ist Null):

$$p_1 : p_2 : p_3 : p_4 = 4 : 28 : 63 : 1$$

Daraus ergeben sich die Substitutionsraten zwischen den Produkten und die Arbeitsproduktivität. Setzt man den Preis für Feuerholz mit £ 5 pro t an, ergeben sich die anderen Preise und die Transaktionsmatrix lautet:

	Preis	Erster Prozeß	Zweiter Prozeß	Dritter Prozeß	Insgesamt
Eingesetzter Faktor:		£	£	£	
Arbeit	£ 20 pro Monat	−5 600	− 200	−200	−6 000
Produkte:					
Frischer Fisch	£ 140 pro t	5 600	−2 800	—	2 800
Räucherfisch	£ 315 pro t	—	3 150	—	3 150
Feuerholz	£ 5 pro t	—	− 150	200	50

Übungsaufgaben 18.8

1. Setzen Sie die gegebenen Faktoren für die einfache Technologie von Aufg. 2 aus 18.6 wieder mit 50 Arbeitermonate und 260 Morgen an und unterstellen Sie, daß Weizen und Heu in t im Verhältnis $1 : c$ nachgefragt werden. Zeigen Sie, daß Arbeit bzw. Boden nicht voll ausgenutzt werden, wenn $c > \frac{5}{3}$ oder $c < \frac{5}{3}$ ist und interpretieren Sie diese Lösung. Ermitteln Sie die Verrechnungspreise und Erläutern Sie sie.

2. Untersuchen Sie für Bsp. (a) oben den Fall, daß $c + \frac{1}{2} = \frac{1}{5} \frac{10\, b_2 - b_1}{2\, b_1 - b_2}$ und erläutern Sie die Resultate. Kann man diesen Fall zufällig oder „entartet" nennen?

3. Berechnen Sie die Lösung (die Preise) des dualen Programms von Bsp. (a) mit $b_1 = 50$, $b_2 = 52{,}5$ und $c = 1$. Setzen Sie $p_4 = 1$, eliminieren Sie p_3 und erhalten Sie so:

$$\zeta = 50\,(p_1 + 1{,}05\, p_2) = \min!$$

unter der Nebenbedingung

$$62{,}5\, p_1 + 30\, p_2 \geqslant 1 \ .$$

Zeichnen Sie eine Grafik in der $0\, p_1\, p_2$-Ebene und ermitteln Sie

$$p_1 : p_2 : p_3 : p_4 = 1 : 0 : 25 : 62{,}5 \ .$$

4. Zeigen Sie für Bsp. (b) oben, daß die Substitutionsrate für frischen und geräucherten Fisch 28 t : 63 t beträgt und daß die Produktivität der Arbeit ungefähr 0,14 t frischem und 0,06 t geräuchertem Fisch entspricht.

18.9 Ein Beispiel für Spezialisierung

Das lineare Programm mit festen Nachfragerelationen wird später (19.7 unten) in einen umfassenderen Zusammenhang gestellt. Es gibt viele Anwendungsmöglichkeiten, eine soll hier aufgegriffen werden, um ein von Makower (1957) untersuchtes Spezialisierungsproblem zu veranschaulichen.

Es soll eine Unternehmung mit einer einfachen Technologie betrachtet werden; zwei Produkte werden getrennt mit zwei festen Faktoren hergestellt und in gegebenen Relationen nachgefragt.

Technologie: Faktoren:

$$\begin{bmatrix} a_{11} & a_{12} & 0 \\ a_{21} & a_{22} & 0 \\ -1 & 0 & c \\ 0 & -1 & 1 \end{bmatrix} \qquad \begin{matrix} b_1 \\ b_2 \\ 0 \\ 0 \end{matrix}$$

Das lineare Programm besteht darin, nicht-negative λ zu finden, die λ_3 maximieren unter den Nebenbedingungen

$$a_{11}\lambda_1 + a_{12}\lambda_2 \leqslant b_1 \quad \text{und} \quad a_{21}\lambda_1 + a_{22}\lambda_2 \leqslant b_2$$
$$\lambda_1 = c\lambda_3 \quad \text{und} \quad \lambda_2 = \lambda_3$$

genügen. Man kann die Lösung für ein numerisches Beispiel wie in Abb. 74 oben ermitteln. Das allgemeine Ergebnis lautet, daß einer der beiden Faktoren knapp ist und der andere frei. Nun betrachte man eine andere Unternehmung mit derselben Technologie, aber anderen Mengen (b_3 und b_4) der beiden gegebenen Faktoren. Als Lösung erhält man wieder, daß ein Faktor knapp ist und ungenutzte Mengen des anderen existieren. Es kann gut sein, daß der knappe Faktor für die Unternehmungen verschieden ist, daß die eine den ersten Faktor nicht voll ausnutzt und die andere den zweiten. Die Frage lautet: könnten die beiden Unternehmungen nicht zusammenarbeiten und das gemeinsame Ergebnis verbessern? Die spezielle Form der Zusammenarbeit ist hier nicht sehr relevant, man könnte an eine Übereinkunft denken, gemeinsam (und nicht getrennt) zu produzieren und den Markt mit Produkten im Verhältnis $c:1$ zu beliefern. Ebenso könnten die Unternehmungen, z. B. wenn die Standorte verschieden sind, gegenseitig austauschen. Der entscheidende Punkt ist, daß die festen Faktoren nicht übertragbar sind und das Angebot gemeinsam, entsprechend der folgenden Technologie, gemacht wird:

	Technologie:					Faktoren:
Faktoren der ersten Unternehmung	a_{11}	a_{12}	0	0	0	b_1
	a_{21}	a_{22}	0	0	0	b_2
Faktoren der zweiten Unternehmung	0	0	a_{11}	a_{12}	0	b_3
	0	0	a_{21}	a_{22}	0	b_4
Produkte	-1	0	-1	0	c	0
	0	-1	0	-1	1	0

Das kombinierte lineare Programm besteht dann darin, nicht-negative, λ_5 maximierende λ zu finden, und zwar unter den Nebenbedingungen

$$a_{11}\lambda_1 + a_{12}\lambda_2 \leqslant b_1 \quad \text{und} \quad a_{21}\lambda_1 + a_{22}\lambda_2 \leqslant b_2 \tag{1}$$

$$a_{11}\lambda_3 + a_{12}\lambda_4 \leqslant b_3 \quad \text{und} \quad a_{21}\lambda_3 + a_{22}\lambda_4 \leqslant b_4 \tag{2}$$

$$\lambda_1 + \lambda_3 = c\lambda_5 \quad \text{und} \quad \lambda_2 + \lambda_4 = \lambda_5 \tag{3}$$

Die letzten Beziehungen (3) dienen dazu, λ_4 und λ_5 zu eliminieren:

$$\lambda_5 = \frac{1}{c}(\lambda_1 + \lambda_2) = \max! \quad \text{und} \quad \lambda_4 = \frac{1}{c}(\lambda_1 + \lambda_3) - \lambda_2 \geqslant 0$$

Aus den vier Ungleichungen (1) und (2), die die Faktorbeschränkungen der beiden Unternehmungen darstellen, sind die drei λ-Werte (λ_1, λ_2 und λ_3) zu ermitteln. Wie man sie genau errechnet, ist eine Frage der Lösung spezieller Programme. Das allgemeine Ergebnis lautet jedoch, daß drei der vier Beziehungen in (1) und (2) als Gleichungen auftreten (voll ausgenutzte Faktoren) und eine Ungleichung bleibt. Im allgemeinen bleibt daher bei der kombinierten Lösung ein Faktor unausgenutzt; eine Unternehmung verwendet beide Faktoren voll, und die andere hat einen knappen und einen freien Faktor. Das stellt eine Verbesserung gegenüber dem von jeder Unternehmung einzeln erreichten Resultat dar, wobei ja jede einen freien Faktor hat.

Das Ergebnis gilt allgemein. In speziellen Fällen braucht keine Verbesserung erreicht zu werden. Andererseits können die Faktorbeschränkungen und die Nachfragerelationen zufälligerweise gerade richtig sein, so daß alle Faktoren im kombinierten Programm voll ausgenutzt werden. Das kann an einem numerischen Beispiel veranschaulicht werden.

Bsp. Die Technologie beider Unternehmungen sei die von 18.6 Aufg. 2; Weizen und Heu werden mit Arbeit und Boden produziert. Die Faktorbeschränkungen sind unterschiedlich, eine Unternehmung hat mehr Boden, die andere mehr Arbeit. Weizen und Heu werden in gleichen Mengen nachgefragt. In der Kombination sieht das Bild so aus:

Technologie:							Faktoren:
Arbeit	Arbeitermonate	25	10	0	0	0	50
Boden	Morgen	50	100	0	0	0	260
Arbeit	Arbeitermonate	0	0	25	10	0	62
Boden	Morgen	0	0	50	100	0	220
Weizen	100 t	−1	0	−1	0	1	0
Heu	100 t	0	−1	0	−1	1	0

Ein graphischer Lösungsansatz wird in Abb. 75 dargestellt; hier sind λ_1 und λ_2 die Produktionsniveaus für die erste, λ_3 und λ_4 die für die zweite Unternehmung.

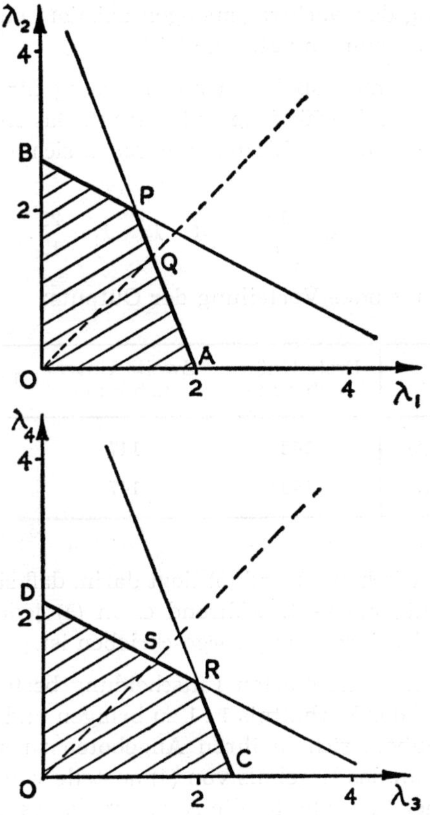

Abb. 75

Zuerst sei unterstellt, daß jede Unternehmung getrennt arbeitet und die Produkte zu gegebenen (z. B. gleichen) Preisen wie in 18.6 oben verkauft. Dann ergeben sich die Lösungen für beide einzeln aus den Punkten P und R in Abb. 75:

$$\lambda_1 = 1{,}2; \quad \lambda_2 = 2{,}0; \quad \lambda_3 = 2{,}0; \quad \lambda_4 = 1{,}2 \tag{4}$$

Die Verteilung der Outputs ist dann:

	Erste Unternehmung	Zweite Unternehmung	Insgesamt
Weizen (t)	120	200	320
Heu (t)	200	120	320

Eine Beschränkung der Nachfragemengen existiert nicht; die angebotenen Mengen sind zusammen zufällig gleich.

Jetzt nehmen wir an, daß jede Unternehmung für sich arbeitet und daß die Nachfragerelation für jede 1 : 1 beträgt. Das entspricht dem Problem von 18.8 oben, und die Lösungen ergeben sich aus den Punkten Q und S in Abb. 75:

$$\lambda_1 = \lambda_2 = \frac{10}{7} \quad \text{und} \quad \lambda_3 = \lambda_4 = \frac{22}{15}. \tag{5}$$

Sie entsprechen folgender Verteilung der Outputs:

	Erste Unternehmung	Zweite Unternehmung	Insgesamt
Weizen (t)	143	147	290
Heu (t)	143	147	290

Der Unterschied zwischen (4) und (5) liegt darin, daß sich in (4) das Verhältnis 1 : 1 zufällig einstellt, während es in (5) jeder Unternehmung getrennt (und beiden insgesamt) vorgeschrieben ist.

Das Problem der kombinierten Entscheidung besteht darin, das gesamte Angebot auf das Verhältnis 1 : 1 zu bringen und doch jeder Unternehmung zu erlauben, sich in ihren Angeboten zu spezialisieren. Die Frage ist: kann man das Ergebnis von (4) anstelle von (5) durch Zusammenarbeit erreichen? Hier lautet die Antwort, daß es geht. Die in (4) angegebenen Größen genügen dem linearen Programm (1), (2) und (3) oben, und man kann nachprüfen, daß sie die Lösung darstellen. Hier liegt der Fall vor, daß beide Unternehmungen bei getrenntem Vorgehen wie in (5) sowohl Boden (erste Unternehmung) als auch Arbeit (zweite Unternehmung) nicht voll ausnutzen; zusammen können sie alle Faktoren (wie in (4)) voll beschäftigen. Der Output an Weizen und Heu steigt um je 30 t.

Die Zufallsbedingtheit dieses Resultats — und die Grundzüge eines allgemeineren Ergebnisses — sind aus Abb. 75 ersichtlich. Getrennt sind die Unternehmungen auf Q und S beschränkt, wobei λ_1 und λ_3 die Weizen-Outputs und λ_2 und λ_4 die Heu-Outputs sind. Wenn sie zusammenarbeiten und ihre Entscheidungen gemeinsam treffen, kann die erste Unternehmung von Q nach P gehen und mehr Boden einsetzen und die zweite Unternehmung von S nach R und mehr Arbeit einsetzen. Wenn sie das tun, muß das Verhältnis von 1 : 1 eingehalten werden. In diesem Fall ergibt sich, daß beide Unternehmungen ihr Ziel der vollen Faktorausnutzung erreichen, weil die gegebene Nachfragerelation zufälligerweise mit dem kombinierten Produktionsergebnis bei voller Faktorausnutzung identisch ist. Allgemein wird eine Unternehmung (etwa die erste) die Vollausnutzung der Faktoren bei P erreichen, während die andere von ihrem Ziel, dem Punkt R, noch entfernt ist. Die zweite Unternehmung hat dann selbst bei Programmkombination noch unausgenutzte Arbeit. Aber die Situation ist erheblich verbessert, die erste Unternehmung hat keine freien Faktoren und die andere hat viel weniger unbeschäftigte Arbeit. Beide Unternehmungen können sich spezialisieren, um der Nachfrage, die ihnen gemeinsam zukommt, zu entsprechen. Das ist die Interpretation der Bedingungen (1), (2) und (3) oben für den allgemeinen Fall.

Übungsaufgaben 18.9

1. Lösen Sie das numerische Beispiel für das kombinierte Lineare Programm mit Hilfe der Simplex-Methode und weisen Sie nach, daß (4) die Lösung ist.

2. Notieren Sie und lösen sie das duale Programm für das numerische Beispiel und prüfen Sie nach, daß keine unbeschäftigten Faktoren existieren.

3. Wandeln Sie das numerische Beispiel ab, indem $c = \frac{4}{5}$ anstelle von $c = 1$ in die gegebenen Nachfragerelationen eingesetzt wird. Weisen Sie nach, daß die Outputs für die getrennt und zusammen vorgehenden Unternehmungen folgende Größe haben:

	Getrennte Outputs		Insgesamt	Kombinierte Outputs		Insgesamt
	Erste Untern.	Zweite Untern.		Erste Untern.	Zweite Untern.	
Weizen (t)	133	126	259	120	154	274
Heu (t)	167	157	324	200	143	343

Zeigen Sie, daß nur die zweite Unternehmung freie Faktoren hat, wenn die Outputentscheidungen gemeinsam getroffen werden.

Literatur

Allen (R. G. D.) (1938): *Mathematical Analysis for Economists* (Macmillan, 1938), Kapitel XIX.

Cameron (B.) (1954): *The Determination of Production* (Cambridge, 1954).

Chamberlin (E. H.) (1933): *The Theory of Monopolistic Competition* (Harvard, 1933).

Dorfman (R.) (1951): *Application of Linear Programming to the Theory of the Firm* (California, 1951).

Dorfman (R.), *Samuelson* (P. A.) und *Solow* (R. M.) (1958): *Linear Programming and Economic Analysis* (McGraw-Hill, 1958), Kapitel 6 und 7.

Hayek (F. A.) (1942): „The Ricardo Effect", *Economica*, **9**, 127 - 52.

Hicks (J. R.) (1939, 1946): *Value and Capital* (Oxford, First Ed. 1939, Second Ed. 1946), Kapitel VI, VII und Appendix.

Makower (Helen) und *Baumol* (W. J.) (1950): „The Analogy between Producer and Consumer Equilibrium Analysis", *Economica*, **17**, 63 - 80.

Makower (Helen) (1957): *Activity Analysis and the Theory of Economic Equilibrium* (Macmillan, 1957).

Robinson (Joan) (1933): *The Economics of Imperfect Competition* (Macmillan, 1933).

Samuelson (P. A.) (1947): *Foundations of Economic Analysis* (Harvard, 1947), Kapitel IV.

Shepard (R. W.) (1953): *Cost and Production Functions* (Princeton, 1953).

Kapitel 19

Theorie des Verbraucherverhaltens

19.1 Die ordinale Nutzenkonzeption

Betrachtet wird ein individueller Verbraucher, dem n Verbrauchsgüter $(X_1, X_2, \ldots, X_n)$ zur Verfügung stehen, so daß sein Verbrauch durch den Vektor

$$\mathbf{x} = (x_1, x_2, \ldots, x_n)$$

ausgedrückt werden kann, d. h. durch einen Punkt P im n-dimensionalen Güterraum. Es wird unterstellt, daß das individuelle Nutzenniveau eine Funktion des Verbrauchs ist

$$u = u\,(x_1, x_2, \ldots, x_n) \tag{1}$$

wobei u eine stetige Funktion ist, die stetige Ableitungen ersten und zweiten Grades aufweist. Die Abhängigkeit des Nutzenniveaus u vom Verbrauch $\mathbf{x}$ wird ordinal interpretiert, d. h. $u\,(x_1, x_2, \ldots, x_n)$ ist nur eine von vielen Funktionen, die den Nutzen angeben, und jede andere Funktion, die die Güterkombinationen in der gleichen Weise ordnet, erfüllt den gleichen Zweck. Das bedeutet, daß u nur bis auf eine monoton wachsende Transformation bestimmt ist:

$$\text{Nutzen} = \varphi\,(u) \tag{2}$$

wo φ jede Funktion sein kann, für die $\varphi'\,(u) > 0$. Zum Beispiel sind

$$au + b; \quad au^2; \quad a \log u \quad (a > 0)$$

alles Funktionen, die eine ordinale Nutzenkonzeption zum Ausdruck bringen. Der Nutzenfunktion (1) entspricht eine Hyperfläche im $(A + 1)$-dimensionalen Raum (n Dimensionen des Güterraumes und eine zusätzliche, „vertikale", für die Nutzenniveaus). Die „Ordinaten" der Hyperfläche stellen den Nutzen der verschiedenen Güterkombinationen dar. Die Schnitte der Hyperfläche sind die n-dimensionalen geometrischen Orte der Punkte P im Güterraum mit konstanten Nutzenniveaus; diese stellen das *Indifferenzsystem* des Verbrauchers dar. Handelt es sich nur um zwei Güter, so ist die Nutzenfunktion $u = u\,(x_1, x_2)$ eine Fläche im dreidimensionalen Raum $Ox_1\,x_2\,u$. Das Indifferenzsystem ist eine Kurvenschar in der Ebene $Ox_1\,x_2$ des Güterraumes:

$$u\,(x_1, x_2) = \text{const.}$$

für verschiedene konstante Nutzenniveaus.

Die Gestalt der allgemeinen (ordinalen) Nutzenfunktion (2) hängt von der gewählten Funktion φ ab. Die Nutzenfläche ($n = 2$) oder Hyperfläche ($n > 2$) hängt ebenfalls von φ ab; die „Ordinaten" können beliebig geändert werden, wobei nur zu berücksichtigen ist, daß jede Änderung der Verbrauchsentscheidung, die in einer größeren „Ordinate" (Nutzen) einer Fläche oder Hyperfläche zum Ausdruck kommt, bei jeder anderen Fläche ebenfalls einen höheren „Ordinatenwert" bezeichnet. Die Schnitte sind deshalb völlig unabhängig von den Eigenschaften der ordinalen Nutzenfunktion; der Schnitt einer Fläche oder Hyperfläche ist gleichzeitig Schnitt auch jeder anderen (bei unverändertem Nutzen). Nur die konstanten Nutzenniveaus, die einem Schnitt zugeordnet sind, werden beeinflußt. Das Indifferenzsystem eines Konsumenten ist daher unabhängig von der ordinalen Nutzenkonzeption; es bleibt dasselbe, unabhängig davon, welche Gestalt die Funktion in (2) hat. Umgekehrt gilt auch, daß die ordinale Nutzenfunktion (2) gegeben ist, sobald das Indifferenzsystem eines Verbrauchers als geometrischer Ort aller Punkte, die gleichwertige Güterkombinationen bezeichnen, bekannt ist. Es ist nur erforderlich, den Indifferenzenflächen eine geordnete Menge von Nutzenniveaus zuzuordnen und diese Zuordnung als beliebige Funktion $u = u\,(x_1, x_2, \ldots, x_n)$ zu schreiben; jede monoton wachsende Transformation $\varphi\,(u)$ erfüllt dann den gleichen Zweck.

Die ordinale Nutzenkonzeption kann somit auf zwei verschiedene jedoch gleichwertige Weisen ausgedrückt werden: durch eine Nutzenfunktion $u = u\,(x_1, x_2, \ldots, x_n)$ mit monotoner Transformation $\varphi\,(u)$ und $\varphi'\,(u) > 0$ oder durch ein Indifferenzsystem $u\,(x_1, x_2, \ldots, x_n) = \text{const.}$ Beschränkungen hinsichtlich der Gestalt von u oder des Indifferenzsystems können dann als zusätzliche Voraussetzungen eingeführt werden; z. B. wird gewöhnlich unterstellt (wie später noch zu zeigen ist), daß die Indifferenzflächen negative Steigung haben und konvex zum Ursprung verlaufen, zumindest für die relevanten Bereiche der x-Werte. Das Indifferenzsystem steht zum Nutzen in ähnlicher Beziehung wie das Isoproduktkurvensystem zur Produktionsfunktion.

Die Nutzenfunktion u besitzt für jede Güterkombination $(x_1, x_2, \ldots, x_n)$ erste und zweite Ableitungen:

$$u_r = \frac{\partial}{\partial x_r}\,u\,(x_1, x_2, \ldots x_n) \quad \text{und} \quad u_{rs} = \frac{\partial^2}{\partial x_r\,\partial x_s}\,u\,(x_1, x_2 \ldots x_n)$$

für $r, s = 1, 2, \ldots, n$. Für jede Güterkombination $(x_1, x_2, \ldots, x_n)$ ist die Matrix

$$\mathbf{U} = (u_{rs}) = \begin{bmatrix} 0 & u_1 & u_2 \ldots u_n \\ u_1 & u_{11} & u_{12} \ldots u_{1n} \\ u_2 & u_{21} & u_{22} \ldots u_{2n} \\ \ldots & \ldots & \ldots \\ u_n & u_{n1} & u_{n2} \ldots u_{nn} \end{bmatrix}$$

definiert. $\mathbf{U}$ ist symmetrisch, da $u_{rs} = u_{sr}$, und kann als nichtsingulär angesehen werden; der Wert der zugehörigen Determinanten ist $U = |\mathbf{U}|$. Die Matrix $\mathbf{U}$ ist von der Ordnung $(n + 1)$ und u_{rs} stellt das allgemeine Element dar, wenn r und s von 0, 1, 2 bis n läuft, so daß

$$u_{00} = 0 \quad \text{und} \quad u_{r0} = u_{0r} = u_r \;.$$

Die Ableitungen von u_r und u_{rs} und die Matrix $\mathbf{U}$ sind nicht unabhängig von der Funktion φ, die in der allgemeinen Formulierung (2) verwendet wird. Es ist wichtig, sich klar zu machen, welche Wirkung die Wahl von φ hat. Für die ersten Ableitungen gilt

$$\frac{\partial}{\partial x_r} \varphi(u) = \varphi'(u)\, u_r \tag{3}$$

die *Verhältnisse* der u_r sind folglich unabhängig von φ. Es ist nicht möglich, die u_r als „Grenznutzen" des r-ten Gutes zu bezeichnen. Aber das Verhältnis $u_r : u_s$ steht fest, unabhängig von φ, und kann als die *Grenzrate der Substitution* zwischen dem r-ten und s-ten Gut definiert werden:

$$-\frac{dx_s}{dx_r} = \frac{u_r}{u_s}$$

für jede Bewegung (dx_r und dx_s) auf einer Indifferenzfläche.

Für die zweiten Ableitungen gilt:

$$\frac{\partial^2}{\partial x_r\, \partial x_s} \varphi(u) = \varphi'(u)\, u_{rs} + \varphi''(u)\, u_r\, u_s \tag{4}$$

Sie hängen von der Gestalt ab, die für die Funktion φ gewählt wird; sogar das Vorzeichen ist nicht unabhängig. Ebenso hängt die Matrix $\mathbf{U}$ von der spezifischen Form ab, die für φ gewählt wird. Das ist unbedeutend, vorausgesetzt, daß der Wert der Determinante $U = |\mathbf{U}|$ und ihre verschiedenen Minoren oder Adjunkten nicht durch die Wahl von φ beeinflußt werden. Bei jedem beliebigen φ nimmt die Determinante die Form

$$\Phi = |\{\varphi'(u)\, u_{rs} + \varphi''(u)\, u_r\, u_s\}| \qquad r, s = 0, 1, 2, \ldots n$$

an, wie aus (3) und (4) ersichtlich ist, immer unter der Voraussetzung daß $u_0 = 0$. Diese Beziehung läßt sich als Summe ausdrücken, indem man die zwei Bestandteile jedes Elements trennt; der einzige Summand, der nicht verschwindet, ist $|\varphi'(u)\, u_{rs}|$, da alle anderen Summanden zwei proportionale Zeilen oder Spalten aufweisen. Daher:

$$\Phi = |\varphi'(u)\, u_{rs}| = \{\varphi'(u)\}^{n+1}\, |u_{rs}| \tag{5}$$

Aus (5) folgt, daß der Wert der Determinante $U = |u_{rs}|$, abgesehen von einem positiven Faktor $\{\varphi'(u)\}^{n+1}$ für alle möglichen Formen der ordinalen Nutzenfunktion gilt. Dasselbe trifft auch für jede Unterdeterminante oder Adjunkte von U zu.

Als Spezialfall, wenn $\varphi(u) = (au + b)$ die Nutzenfunktion in allgemeiner Form darstellt, wobei a und b Konsonanten sind ($a > 0$), ergibt sich aus (3) und (4):

$$\frac{\partial}{\partial x_r}\varphi(u) = au_r \qquad \text{und} \qquad \frac{\partial^2}{\partial x_r\, \partial x_s}\varphi(u) = au_{rs}$$

Die Verhältnisse der ersten beiden Ableitungen sind invariant; u_r und u_{rs} sind ebenfalls gegeben, abgesehen von einem konstanten (positiven) Vielfachen a. In diesem Falle ist es möglich, vom „Grenznutzen" u_r und von bestimmten Vorzeichen für die Ableitungen u_{rs} zu sprechen; z. B. kann $u_{rr} < 0$ als „abnehmender Grenznutzen" bezeichnet werden. Das trifft immer dann zu, wenn u bis auf eine lineare Transformation $(au + b)$ bestimmt ist, d. h. wenn nur die Wahl des Nullpunktes und der Einheit freisteht. Dieser Fall entspricht dem, was weiter unten (vgl. 19.5) als „meßbarer" oder „kardinaler" Nutzen bezeichnet wird. Es handelt sich um einen Sonderfall, der nicht unter die ordinale Nutzenkonzeption fällt.

Damit sind die Grundlagen für eine Theorie des Verbraucherverhaltens in einer Naturalwirtschaft gelegt. Es wird dabei nichts über den Nutzen von (oder die Nachfrage nach) Geld, Bargeld oder Wertpapieren ausgesagt, und es besteht keine Beziehung zur makroökonomischen Theorie der Liquiditätspräferenz (Kapitel 2). Morishima (1952) hat gezeigt, daß die Theorie unter bestimmten Bedingungen so erweitert werden kann, daß sie auch auf eine Geldwirtschaft anwendbar ist. Die übliche ordinale Nutzenfunktion $u(x_1, x_2, \ldots, x_n)$ für n Verbrauchsgüter wird dabei zu

$$\varphi\{u(x_1, x_2, \ldots, x_n);\quad q(p_1, p_2, \ldots, p_n, M, p_b, L)\}$$

wo $p_1, p_2, \ldots, p_n$ die Güterpreise, M und B die Kassenhaltung und den Wertpapierbesitz des Verbrauchers, p_b den Wertpapierpreis und L einen Index des zukünftigen Lebensstandards bezeichnen. Durch q wird die

Wahrscheinlichkeit des zukünftigen Lebensstandards ausgedrückt, die von dem gegenwärtigen Vermögen (M und B) und von den gegenwärtigen Preisen abhängt. Die umfassende Nutzenfunktion φ, die auch hier eine ordinale Funktion darstellt, wird so geschrieben, daß die realen und monetären Einflußgrößen voneinander getrennt werden. Die wesentliche Annahme ist nun, daß die Grenzrate der Substitution zwischen zwei realen Gütermengen unabhängig von den monetären Größen (Preisen, Kassenhaltung, Wertpapieren) ist. Morishima entwickelt auf dieser Grundlage eine Theorie des Konsumentenverhaltens, die die herkömmliche (nicht-monetäre) Theorie enthält und diese zur Konzeption der Liquiditätspräferenz in Beziehung setzt. Wenn zum Beispiel die Ersparnisse mit dem Zinsfuß steigen, so weist Morishima nach, daß die Nachfrage nach realen Gütern zurückgeht (außer bei inferioren Gütern) und daß die Nachfrage nach Kasse und Wertpapieren steigt (abgesehen von einem Substitutionseffekt).

Übungsaufgaben 19.1

1. Zeigen Sie, daß $U = |\mathbf{U}|$ eine quadratische Form der Variablen u_r ist, wobei als Koeffizienten nur die zweiten Ableitungen u_{rs} auftreten. Schreiben Sie die quadratische Form für den Fall zweier Güter auf:

$$U = -(u_{22}\, u_1^2 - 2\, u_{12}\, u_1\, u_2 + u_{11}\, u_2^2)$$

2. Angenommen $\frac{1}{2}u^2$ wird als Nutzenfunktion $\varphi(u)$ bei gegebener Funktion u gewählt; zeigen Sie, daß der Wert der Determinante $\Phi = u^{n+1}\, U$ ist. Schreiben Sie ihn für den Fall zweier Güter vollständig hin.

3. Angenommen, $\log u$ ist eine andere Nutzenfunktion; zeigen Sie, daß $\Phi = \frac{U}{u^{n+1}}$ und vergleichen Sie das Resultat mit dem Ergebnis der vorangehenden Aufgabe.

19.2 Verbrauchernachfrage

Der individuelle Verbraucher mit einer ordinalen Nutzenfunktion

$$u = u\,(x_1, x_2, \ldots, x_n)$$

und einem gegebenen Geldeinkommen M kann n Güter auf dem Markt zu gegebenen Preisen $p_1, p_2, \ldots, p_n$ kaufen. Die Aufgabe besteht nun darin, diejenige Güterkombination $(x_1, x_2, \ldots, x_n)$ zu bestimmen, bei der der Gesamtnutzen ein Maximum wird; d. h. es ist das Maximum von u oder — was das gleiche ist — von $\varphi(u)$ zu bestimmen. Die Lösung ist die eines bedingten Maximumproblems; die Werte der Variablen x_r sind zu bestimmen für

$$u = \max! \qquad \text{unter der Nebenbedingung}$$
$$\Sigma\, p_r\, x_r = M$$

Führt man einen Lagrange-Multiplikator λ ein, so lautet die Bedingung

$$\{u - \lambda\,(\Sigma\, p_r\, x_r - M)\} = \max!$$

Daher ist

$$\left.\begin{aligned} u_r &= \lambda p_r \qquad (r = 1, 2, \ldots n) \\ \sum_r p_r\, x_r &= M \end{aligned}\right\} \tag{1}$$

Das Gleichungssystem (1) gibt die Gleichgewichtsbedingungen für den Verbraucher an; die Anzahl der Gleichungen reicht aus, um λ und die n Gütermengen ($x_1, x_2, \ldots, x_n$) durch die gegebenen Preise und das Einkommen des Verbrauchers auszudrücken.

Betrachtet man die Preise und das Einkommen als Parameter, so gibt das Gleichungssystem (1) die Nachfragemengen als Funktion der p_r und von M an. Ein proportionales Steigen aller Preise (p_r) und des Einkommens (M) (und ein entsprechendes Fallen von λ) ist ohne Einfluß auf das Gleichungssystem (1), d. h. die Nachfrage des Verbrauchers bleibt unverändert. Die Nachfragefunktionen sind homogen (vom Grade Null). Das ist ein typisches Merkmal des ganzen Problems; nur Preisrelationen und das Einkommen werden berücksichtigt. Es ändert sich also nichts, wenn etwa bei einer Verdoppelung aller Preise das Geldeinkommen des Verbrauchers ebenfalls auf das Doppelte steigt. Das Problem kann auch so aufgefaßt werden, daß ein Gut (das n-te) als numéraire betrachtet und p_n als Einheit gesetzt wird. Die nachgefragten Mengen sind dann Funktionen von $(n-1)$ Preisen und des Einkommens; diese Funktionen sind nicht mehr homogen, da $p_n = 1$ die Preisrelation (und das Einkommen) festlegt.

Der Parameter λ wurde aus rein mathematischen Zweckmäßigkeitsgründen eingeführt. Im Gleichgewicht (1) entspricht λ dem Wert des Verhältnisses $u_r : p_r$, d. h.

$$\lambda = \frac{u_1}{p_1} = \frac{u_2}{p_2} = \ldots = \frac{u_n}{p_n}$$

Soweit die u_r als „Grenznutzen" aufgefaßt werden können, die im Gleichgewicht den Preisen proportional sind, bezeichnet λ den „Grenznutzen des Geldes". Dabei ist λ ebenfalls eine Funktion der Preise und des Einkommens. Für eine ordinale Nutzenfunktion muß die Gleichgewichtsbedingung genauer lauten: alle Grenzraten der Substitution ($u_r : u_s$) sind gleich den entsprechenden Preisverhältnissen ($p_r : p_s$). Die Grenzrate der Substitution zwischen einem Gut und Geld ($u_r : \lambda$) ist gleich dem Preisverhältnis ($p_r : 1$).

Das Gleichungssystem (1) gibt die notwendigen Bedingungen für das Maximum von u an. Die hinreichenden Bedingungen lauten:

$$d^2 u = \sum_{r=1}^{n} \sum_{s=1}^{n} u_{rs}\, dx_r\, dx_s < 0$$

unter den Nebenbedingungen

$$\sum_{r=1}^{n} p_r\, dx_r = 0$$

wegen $\Sigma\, p_r\, x_r = M$. Da p_r im Gleichgewicht proportional zu u_r ist, lauten die Bedingungen

$$\left.\begin{array}{c} d^2 u = \sum_{r=1}^{n} \sum_{s=1}^{n} u_{rs}\, dx_r\, dx_s < 0 \\ \text{unter den Nebenbedingungen} \\ du = \sum_{r=1}^{n} u_r\, dx_r = 0 \end{array}\right\} \qquad (2)$$

Dies sind die „Stabilitätsbedingungen", wie sie Hicks (1939, 1946) formuliert hat. Sie gelten für alle Variationen (dx_r), nicht alle Null, von jeder beliebigen Güterkombination ($x_1, x_2, \ldots, x_n$) aus und ermöglichen in jedem Falle die Bestimmung eines echten Maximums, unabhängig von den jeweils gegebenen Preisen und dem Einkommen.

Die Stabilitätsbedingungen (2) verlangen, daß die entsprechende quadratische Form bezüglich einer Nebenbedingung negativ-definit ist, d. h.

$$Q = \sum_r \sum_s u_{rs}\, \xi_r\, \xi_s < 0$$

für alle ξ_r (nicht alle Null) unter der Nebenbedingung $\sum_r u_r\, \xi_r = 0$. Diese Bedingungen werden oben in 14.5 behandelt. Sie lauten:

$$\begin{vmatrix} 0 & u_1 & u_2 \\ u_1 & u_{11} & u_{12} \\ u_2 & u_{21} & u_{22} \end{vmatrix} > 0\ ; \quad \begin{vmatrix} 0 & u_1 & u_2 & u_3 \\ u_1 & u_{11} & u_{12} & u_{13} \\ u_2 & u_{21} & u_{22} & u_{23} \\ u_3 & u_{31} & u_{32} & u_{33} \end{vmatrix} < 0\ ; \ldots \qquad (3)$$

d. h. die Hauptunterdeterminanten der Determinante $U = |\mathbf{U}|$ sind abwechselnd positiv und negativ. Diese Bedingungen sind unabhängig von der speziellen Nutzenfunktion $\varphi(u)$ (vgl. Aufgabe 3).

Eine zweckmäßigere Form der Bedingungen stützt sich auf die Ergebnisse am Ende des Abschnittes 14.5, die sich auf die entsprechende quadratische Form der inversen Matrix $\mathbf{U}^{-1}$ beziehen. Die Stabilitätsbedingungen lauten dann

$$\sum_r \sum_s \frac{U_{rs}}{U}\, y_r\, y_s < 0 \qquad (4)$$

für beliebige y_r und y_s, nicht alle Null.

Dabei ist U_{rs} Adjunkte des Elementes u_{rs} der Determinante $U = |\mathbf{U}|$ von der Ordnung $(n+1)$.

Man achte darauf, daß (3) und (4) nur zwei alternative Darstellungen des gesamten Systems der Stabilitätsbedingungen sind. Eine spezielle Bedingung erhält man aus den letzten beiden Ungleichungen (3):

$$\frac{U_{rr}}{U} < 0 \qquad (r = 1, 2, \ldots n)$$

Die gleiche Bedingung erhält man auch aus (4), indem man alle y-Werte außer y_r gleich Null setzt. Hierbei handelt es sich jedoch nur um eine von vielen Bedingungen, die durch (3) und ebenso durch (4) vollständig zum Ausdruck gebracht werden.

Übungsaufgaben 19.2

1. Angenommen, die Nutzenfunktion lautet $u = \frac{1}{2}\ (a_{11}\, x_1^2 + 2\, a_{12}\, x_1\, x_2 + a_{22}\, x_2^2)$; zeigen Sie, daß die nachgefragten Gütermengen als Funktionen der Preise (p_1, p_2) und des Einkommens (M) gegeben sind durch

$$a_{11}\, x_1 + a_{12}\, x_2 = \lambda p_1\ ; \quad a_{12}\, x_1 + a_{22}\, x_2 = \lambda p_2\ ; \quad p_1\, x_1 + p_2\, x_2 = M$$

Weisen Sie nach, daß die Funktionen von M linear, dagegen die von p_1 und p_2 nicht linear sind. Welches ist der Gleichgewichtswert für λ? Untersuchen Sie die Bedingungen für fallende Nachfragekurven.

2. Angenommen, die Nutzenfunktion ist die gleiche wie in der vorangehenden Aufgabe; zeigen Sie, daß die Stabilitätsbedingung lautet:

$$a_{22}\, p_1^2 - 2\, a_{12}\, p_1\, p_2 + a_{11}\, p_2^2 < 0$$

für beliebige p_1, p_2. Weisen Sie nach, daß $a_{11} < 0$, $a_{22} < 0$, $a_{12}^2 < a_{11}\, a_{22}$. Zeigen Sie, daß die Nachfragekurven negative Steigung aufweisen. Warum folgt aus der Bedingung a_{11} und $a_{22} < 0$, daß eine quadratische Nutzenfunktion nicht „realistisch" (ökonomisch sinnvoll) ist.

3. Beweisen Sie, daß die Stabilitätsbedingungen unabhängig sind von der ordinalen Eigenschaft von u.

19.3 Einkommen und Substitutionseffekt

Die Nachfragefunktion des Verbrauchers, d. h. die Abhängigkeit der nachgefragten Gütermengen (x_r) von den Preisen (p_r) und dem Einkommen (M), sind durch Gleichgewichtsbedingungen

$$u_r = \lambda p_r \qquad \text{und} \qquad \sum_r p_r\, x_r = M \qquad (r = 1, 2, \ldots n) \tag{1}$$

gegeben. Diese $(n+1)$ Gleichungen können differenziert werden nach einer beliebigen oder nach allen Variablen m und p_r $(r = 1, 2, \ldots, n)$

und geben die Nachfrageänderung bei gegebener Preis- und Einkommensänderung an.

Betrachten wir zuerst einen Zuwachs des Einkommens M bei unveränderten Preisen. Man differenziert das Gleichungssystem (1) nach M und ordnet es in der folgenden Form

$$\sum_s p_s \frac{\partial x_s}{\partial M} = 1$$

$$p_r\left(-\frac{\partial \lambda}{\partial M}\right) + \sum_s u_{rs} \frac{\partial x_s}{\partial M} = 0 \qquad (r = 1, 2, \ldots n)$$

Substituiert man $p_r = \frac{1}{\lambda}\, u_r$, so ergibt sich

$$\left.\begin{aligned} \sum_s u_s \frac{\partial x_s}{\partial M} &= \lambda \\ u_r\left(-\frac{1}{\lambda}\frac{\partial \lambda}{\partial M}\right) + \sum_s u_{rs} \frac{\partial x_s}{\partial M} &= 0 \qquad (r = 1, 2, \ldots n) \end{aligned}\right\} \qquad (2)$$

Das Gleichungssystem (2) kann nun mit Hilfe der Cramerschen Regel nach $\left(\frac{1}{\lambda}\frac{\partial \lambda}{\partial M}\right)$ und den n Variablen $\frac{\partial x_s}{\partial M}$ aufgelöst werden. Die Koeffizientenmatrix für (2) ist $\mathbf{U}$; der Wert der Determinante ist $U = |\mathbf{U}|$ mit den Adjunkten U_r und U_{rs}. Die Lösung für (2) lautet demnach

$$\frac{\partial x_s}{\partial M} = \lambda \frac{U_s}{U} \qquad (s = 1, 2, \ldots n) \qquad (3)$$

wobei noch ein ähnlicher Ausdruck für $\left(-\frac{1}{\lambda}\frac{\partial \lambda}{\partial M}\right)$ hinzutritt, der hier ohne Bedeutung ist. Die Stabilitätsbedingungen im Abschnitt 19.2 sagen nichts über das Vorzeichen von U_s. Die Veränderung der Nachfrage bei gestiegenem Einkommen, wie sie durch (3) gegeben ist, kann deshalb positiv oder negativ sein. Bei einigen Gütern wird die Nachfrage mit wachsendem Einkommen steigen, bei anderen dagegen (inferiore Güter) wird gestiegenes Einkommen zu einem Rückgang der Nachfrage führen.

Als nächstes betrachten wir den Zuwachs eines Preises (z. B. p_1); alle anderen Preise und das Einkommen seien konstant. Differenziert man das Gleichungssystem (1) nach p_1 und setzt man $p_r = \frac{1}{\lambda} u_r$, so erhält man

$$\left.\begin{aligned} \sum_s u_s \frac{\partial x_s}{\partial p_1} &= -\lambda x_1 \\ u_1\left(-\frac{1}{\lambda}\frac{\partial \lambda}{\partial p_1}\right) + \sum_s u_{1s} \frac{\partial x_s}{\partial p_1} &= \lambda \\ u_r\left(-\frac{1}{\lambda}\frac{\partial \lambda}{\partial p_1}\right) + \sum_s u_{rs} \frac{\partial x_s}{\partial p_1} &= 0 \qquad (r = 2, 3, \ldots n) \end{aligned}\right\} \qquad (4)$$

Das Gleichungssystem (4) kann mit Hilfe der Cramerschen Regel nach den n Variablen $\frac{\partial x_s}{\partial p_1}$ und der hier nicht benötigten Variablen $\left(-\frac{1}{\lambda}\frac{\partial \lambda}{\partial p_1}\right)$ aufgelöst werden:

$$\frac{\partial x_s}{\partial p_1} = -\lambda x_1 \frac{U_s}{U} + \lambda \frac{U_{1s}}{U} \quad (s = 1, 2, \ldots n)$$

An Stelle von p_1 kann jeder Preis p_r gewählt werden; durch Einsetzen von (3) ergibt sich die allgemeine Lösung:

$$\frac{\partial x_s}{\partial p_r} = -x_r \frac{\partial x_s}{\partial M} + X_{rs} \quad (r, s = 1, 2, \ldots n) \tag{5}$$

worin

$$X_{rs} = \lambda \frac{U_{rs}}{U} \quad (r, s = 1, 2, \ldots n) \tag{6}$$

Aus (5) ist ersichtlich, daß die Wirkung einer einzelnen Preisänderung auf die Nachfrage in zwei Teile zerfällt: in einen Ausdruck $\frac{\partial x_s}{\partial M}$ und eine Größe X_{rs}, die durch (6) bestimmt ist. Dieses Ergebnis wurde zuerst von Slutsky (1915) und später von Hicks und Allen (1934) gefunden. Der erste Ausdruck in (5) ist der *Einkommenseffekt.* Ein Steigen des Preises p_r entspricht einem sinkenden Einkommen und dementsprechend einem Rückgang der Nachfrage nach jedem Gute, für das $\frac{\partial x_s}{\partial M} > 0$, und einem Ansteigen der Nachfrage nach jedem inferioren Gut, für das $\frac{\partial x_s}{\partial M} < 0$. Um diesen Effekt auszuschalten und den anderen, den Substitutionseffekt, isoliert zu betrachten, setzen wir voraus, daß ein Steigen des Preises p_r um dp_r durch einen entsprechenden Einkommenszuwachs $dM = x_r\, dp_r$ kompensiert wird. Die Änderung der Nachfrage nach jedem Gut ist dann:

$$dx_s = \frac{\partial x_s}{\partial p_r} dp_r + \frac{\partial x_s}{\partial M} (x_r\, dp_r)$$

Aus (5) ergibt sich die *kompensierte Nachfrageänderung*

$$\frac{\partial x_s}{\partial p_r} = X_{rs}$$

Das ist der *Substitutionseffekt*; er zeigt die Wirkung, die von einer Änderung der Preisrelationen ausgeht, und die entsprechende Substitution der Verbrauchsgüter. Die Richtung einer Veränderung der Nachfrage nach x_s bei einer entsprechenden Änderung von p_r wird durch das Vorzeichen des Ausdrucks X_{rs} in (6) bestimmt. Ist $X_{rs} > 0$, so wächst die Nachfrage nach x_s mit steigendem Preis p_r ; die beiden Güter sind dann

Substitutionsgüter. Ist $X_{rs} < 0$, so sinkt die Nachfrage nach x_s mit steigendem Preis p_r, und die Güter sind *komplementäre Güter.*

An dieser Stelle müssen nun die Stabilitätsbedingungen (4) aus Abschnitt 19.2 berücksichtigt werden. Sie können in der Form:

$$\sum_r \sum_s X_{rs} y_r y_s < 0 \tag{7}$$

geschrieben werden, für beliebige Werte, nicht alle Null. Für den Sonderfall, daß alle y außer y_r gleich Null sind, ergibt das:

$$X_{rr} < 0 \qquad \sum_{r=1}^{m} \sum_{s=1}^{n} X_{rs} p_r p_s < 1 \quad (r = 1, 2, \ldots, n) \tag{8}$$

Daneben gibt es eine weitere Beziehung, die unabhängig von den Stabilitätsbedingungen immer gilt:

$$\sum_s X_{rs} p_s = \sum_s \frac{U_{rs}}{U} \frac{u_s}{\lambda} = \frac{1}{U} \sum_s u_s U_{rs} = 0 \ ,$$

da die Elemente der ersten Zeile von U hier mit den Adjunkten der entsprechenden Elemente einer anderen Zeile (der r-ten nach der ersten) von U multipliziert werden und die Summe der Produkte auf Grund der Entwicklungsformel für Determinanten gleich Null ist. Daher gilt

$$\sum_s X_{rs} p_s = 0 \qquad (r = 1, 2, \ldots n) \tag{9}$$

Wenn die Stabilitätsbedingungen erfüllt sind, dann sind die Substitutionsausdrücke X_{rs} durch die Beziehungen (7), (8) und (9) beschränkt. Das führt zu einer Reihe von Schlüssen, von denen die wichtigsten behandelt werden sollen.

Da **U** eine symmetrische Matrix ist, gilt $U_{rs} = U_{sr}$ und daher auch $X_{rs} = X_{sr}$, d. h. die Substitutionsbeziehung zwischen zwei Gütern ist symmetrisch. Die direkte Wirkung einer kompensierten Preisänderung ist $\frac{\partial x_r}{dp_r} = X_{rr} < 0$ auf Grund von (8), d. h. die Nachfrage sinkt, wenn der Preis des Gutes steigt. Es handelt sich dabei um ein Steigen des Preises, das durch einen entsprechenden Einkommenszuwachs ausgeglichen wird. Daraus folgt aber nicht, daß ein nicht kompensierter Preisanstieg zu einem Sinken der Nachfrage führt. Aus (5) folgt nämlich, daß

$$\frac{\partial x_r}{\partial p_r} = x_r \left(- \frac{\partial p_r}{\partial M} \right) - (-X_{rr})$$

$(-X_{rr})$ ist hier positiv, $\left(- \frac{\partial x_r}{\partial M} \right)$ kann jedoch auch positiv sein, wenn es sich um ein inferiores Gut handelt, so daß der Einkommenseffekt möglicherweise überwiegt und $\frac{\partial x_r}{\partial p_r} > 0$ ist.

Das ist der bekannte *Giffen-Effekt;* wenn der Preis eines inferioren Gutes steigt, so ist es möglich (z. B. bei niedrigem Einkommen), daß mehr und nicht weniger von dem betreffenden Gut nachgefragt wird.

Über die indirekten Wirkungen von Preisänderungen kann man nur sagen, daß das Vorzeichen X_{rs} und die Eigenschaft der beiden Güter — substitutiv oder komplementär — ausschlaggebend sind. Aus (9) ergibt sich

$$\sum_s{}' X_{rs} p_s = (-X_{rr}) p_r > 0$$

wo $\sum_s{}'$ andeutet, daß über alle $s \neq r$ summiert wird. Es ist möglich, daß alle X_{rs} (gegebenes r, $s \neq r$) positiv sind, nicht aber, daß sie alle negativ sind. Alle Güter können Substitutionsgüter sein, jedoch können nicht alle komplementär sein.

Die Komplementaritätsbeziehungen des Systems sind begrenzt.

Die Bedeutung der Beschränkungen (7), die alle Stabilitätsbedingungen berücksichtigen, wird sofort klar, wenn man *die Nachfrage nach einer Gruppe von Gütern* unter der Voraussetzung betrachtet, daß sich die Preise aller Güter proportional verändern. Faßt man die ersten m Güter zu einer Gruppe zusammen und bezeichnet mit dp die proportionale Preisänderung, so daß $dp = \frac{dp_r}{p_r}$ $(r = 1, 2, \ldots, m)$; setzt man ferner $v_r = p_r x_r$ als Ausgabe für das r-te Gut und $v = \sum_{r=1}^{m} v_r$ für die Gesamtausgaben, dann ergibt sich bei alleiniger Änderung des Preises von x_r $\left(\frac{dp_r}{p_r} = dp\right)$:

$$dv_s = \frac{\partial v_s}{\partial p_r} dp_r = p_s \frac{\partial x_s}{\partial p_r} dp_r$$

$$= \left(-p_s x_r \frac{\partial x_s}{\partial M} + p_s X_{rs}\right) p_r \, dp$$

d. h.

$$\frac{dv_s}{dp} = -v_r \frac{\partial v_s}{\partial M} + p_r p_s X_{rs}$$

Ändern sich alle Preise proportional, so sind die entsprechenden Gleichungen für alle r und s von 1 bis m zu summieren; berücksichtigt man $v = \Sigma v_r$, so erhält man:

$$\frac{dv}{dp} = -v \frac{\partial v}{\partial M} + \sum_{r=1}^{m} \sum_{s=1}^{m} p_r p_s X_{rs}$$

als eine Gleichung, die sowohl für die gesamte Gruppe wie für ein einzelnes Glied der Gruppe gilt. Die Substitutionsbeziehung bei einem proportionalen Preisanstieg

$$\sum_{v=1}^{m} \sum_{s=1}^{m} p_r \, p_s \, X_{rs} < 0$$

ergibt sich aus (7), wenn man die ersten m y-Werte gleich Null setzt. Die Substitutionsbeziehung ist negativ, genau wie X_{rr} bei einem einzelnen Gut und der Wert der gesamten Nachfrage sinkt, sobald ein proportionaler (und kompensierter) Preisanstieg eintritt. In diesem Sinne kann eine Gruppe von Gütern als ein einzelnes Gut behandelt werden wie bei Hicks (1939, 1946).

Übungsaufgaben 19.3

1. Schreiben Sie die Beziehung (5) als Elastizitätsausdruck:

$$\frac{p_r}{x_s} \frac{\partial x_s}{\partial p_r} = - \frac{p_r \, x_s}{M} \left(\frac{M}{x_s} \frac{\partial x_s}{\partial M} \right) + \frac{p_r}{x_s} X_{rs}$$

Zeigen Sie, daß der Koeffizient des Einkommenseffekts gleich dem Anteil des Einkommens ist, der für das Gut ausgegeben wird (bei einer Änderung des Preises) und untersuchen Sie, was hieraus für den Giffen-Effekt folgt.

2. Angenommen, es handelt sich nur um zwei Güter; weisen Sie nach, daß die einzige Substitutionsbeziehung X_{12} positiv sein muß und daß folglich keine Komplementaritätsbeziehung möglich ist. In welchem Ausmaß ist Komplementarität möglich, wenn es sich um drei Güter handelt?

3. Man leite aus der Beschreibung (7) ab, daß $\sum_{r=1}^{m} \sum_{s=1}^{n} X_{rs} \, p_r \, p_s < 0$ für alle Preise (nicht alle Null) und für alle $m \leqslant n$. Unter Verwendung von (9) soll dann $\sum_{r=1}^{m} \sum_{s=m+1}^{n} X_{rs} \, p_r \, p_s > 0$ hergeleitet werden. Man erkläre nun, weshalb hieraus hervorgeht, daß, wenn alle Güter in zwei Gruppen aufgeteilt werden, eine Gruppe für die andere substitutiv ist und daß nie Komplementaritätsbeziehungen auftreten können.

4. Man betrachte das Diätproblem in einer Linearplanung (zwei Nahrungsmittel, zwei Nährstoffe), das in 16.3 beschrieben und in Abb. 60 dargestellt wurde:

$$z = p_1 \, x_1 + p_2 \, x_2 = \text{min!}$$

unter der Nebenbedingung

$$a_{11} \, x_1 + a_{12} \, x_2 \geqslant b_1$$
$$a_{21} \, x_1 + a_{22} \, x_2 \geqslant b_2$$

Man zeige, daß die gekauften Mengen ($\bar{x}_1$ und $\bar{x}_2$) unverändert bleiben, und zwar beide positiv, wenn sich die Preise ändern, solange $\frac{a_{11}}{a_{12}} > \frac{p_1}{p_2} > \frac{a_{21}}{a_{22}}$; zur Vereinfachung sei vorausgesetzt, daß $a_{11} a_{22} > a_{12} a_{21}$. Das Ausgabenminimum $\bar{z}$ hängt von den Preisen ab. Man leite ab, daß $\bar{z}$ sinkt, wenn p_1 sinkt ($p_2 = \text{const.}$), während $\bar{x}_1$ unverändert bleibt, bis p_1 einen kritischen Wert erreicht und $\bar{x}_1$ dann sprunghaft steigt. Bei einem kritischen Wert, $\left(p_1 = \frac{a_{21}}{a_{22}} p_2\right)$ ist das als Substitutionseffekt zu interpretieren. Vgl. hierzu Morton (1950).

19.4 Graphische Darstellung

Betrachtet man nur zwei Güter, so werden die von einem Verbraucher nachgefragten Mengen bestimmt, indem $u(x_1, x_2)$ unter der Nebenbedingung (Bilanzgleichung) $px_1 + x_2 = M$ maximiert wird; p bezeichnet dabei den Preis des ersten Gutes (bezogen auf den Preis des zweiten, der als Einheit gewählt wird), M das Einkommen. Die Gleichgewichtsbedingungen lauten:

$$u_1 = pu_2 \quad \text{und} \quad px_1 + x_2 = M$$

x_1 und x_2 sind Funktionen zweier Variablen, der Preisrelation p und des Einkommens M. Als Stabilitätsbedingung muß gelten $d^2 u < 0$, für jede Veränderung, für die $du = 0$.

Das Indifferenzsystem wird dargestellt durch eine Kurvenschar ($I_1, I_2, I_3, \ldots$) in der Ebene Ox_1, x_2; das entsprechende Gleichungssystem lautet $u(x_1, x_2) = \text{const.}$ für beliebige Werte der Konstanten. Die Bilanzgleichung $px_1 + x_2 = M$ wird durch eine Bilanzgerade $A_1 A_2$ mit der Steigung $(-p)$ und den Achsenabschnitten

$$OA_1 = \frac{M}{p} \quad \text{und} \quad OA_2 = M$$

dargestellt. Der Abschnitt auf der Ordinate bezeichnet das Einkommen des Verbrauchers, der Abszissenabschnitt wächst mit sinkendem Preis p. Die Gleichgewichtsbedingungen sind erfüllt, wenn die Bilanzgerade eine Indifferenzkurve berührt (die Steigungen $-p$ und $\frac{u_1}{u_2}$ stimmen überein); die Koordinaten des Berührungspunktes P bezeichnen die mengenmäßige Nachfrage im Gleichgewicht. Als Stabilitätsbedingung gilt $d^2 u < 0$ für jede Bewegung von P längs der Tangente an die Indifferenzkurve ($du = 0$); d. h. die Tangente schneidet niedrigere Indifferenzkurven und die Indifferenzkurve ist in P konvex zum Ursprung (vgl. Abb. 76).

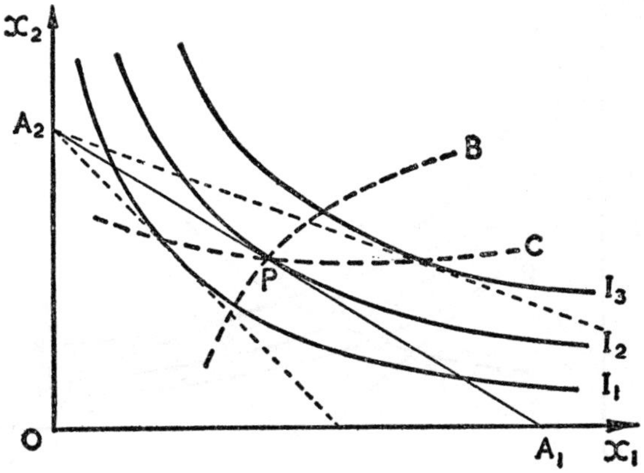

Abb. 76

Bei Änderungen von p und M ändert die Bilanzgerade $A_1 A_2$ entweder ihre Steigung (Änderung von p) oder den Ordinatenabschnitt (Änderung von M) oder beide. Der Gleichgewichtspunkt P bewegt sich demzufolge im Indifferenzensystem, und die Änderungen seiner Koordinaten geben die entsprechenden Veränderungen der mengenmäßigen Nachfrage (x_1 und x_2) an. Wächst M (bei konstantem p), so tritt eine Parallelverschiebung von $A_1 A_2$ ein und P verlagert sich entlang des Linienzuges BP, der aus Punkten verschiedener Indifferenzkurven mit parallelen Tangenten (gegebener Steigung $-p$) besteht. Sinkt p (bei konstantem M), so dreht sich $A_1 A_2$ um A_2, wobei sich A_1 nach rechts verschiebt. Der Punkt P bewegt sich entlang der Kurve PC, die aus Berührungspunkten zwischen Indifferenzkurven und der sich drehenden Bilanzgeraden besteht. Slutskys grundlegende Erkenntnis besteht nun darin, daß eine Bewegung von P entlang der Kurve PC als Kombination zweier Veränderungen aufgefaßt werden kann, einer Bewegung von P entlang der Bilanzgeraden (Substitutionseffekt) und einer anderen entlang der Kurve PB (Einkommenseffekt). Die beiden Güter müssen substituierbar sein, so daß auf Grund des Substitutionseffektes (bei sinkendem p) x_1 zunimmt und x_2 abnimmt. Da jedoch der Einkommenseffekt sowohl x_1 als auch x_2 ansteigen läßt, kann die Kurve PC sowohl ein Steigen als auch ein Sinken von x_2 bei steigendem x_1 anzeigen.

Das alles gilt nur für infinitesimale Veränderungen. Es ist jedoch aufschlußreich, die Bewegungen in Form von kleinen endlichen Veränderungen graphisch darzustellen. Das geschieht in Abb. 77. Der Preis verändert sich von p zu $(p - \Delta p)$ bei gegebenem M; die Bilanzgerade bewegt sich von $A_2 P$ nach $A_2 Q$, der Gleichgewichtspunkt von P nach A auf den

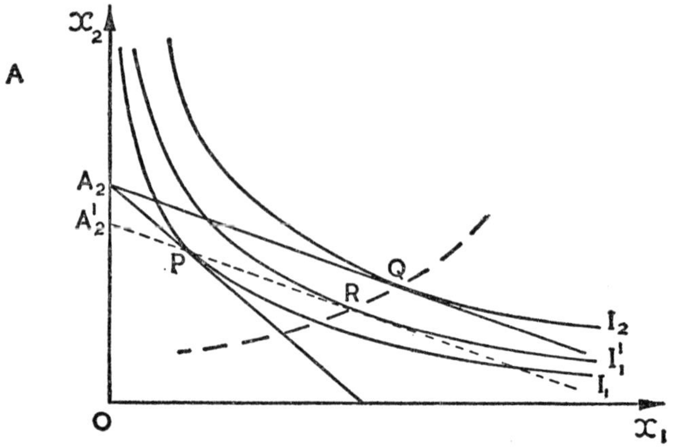

Abb. 77 a

Indifferenzenkurven I_1 bzw. I_2. In Abb. 77 a verläuft die Gerade $A_2' P$ parallel zu $A_2 Q$ durch P. Als Bilanzgerade bezieht sich $A_2' P$ auf einen Preis $(p - \Delta p)$ und auf ein Einkommen, das den Kauf der alten Gütermengen (in P) zu diesem Preis ermöglicht. Der Einkommensrückgang (verglichen mit M) beträgt $A_2' A_2 = x_1 \Delta p$ wobei x_1 die mengenmäßige Nachfrage nach dem ersten Gut im Punkte P bezeichnet.

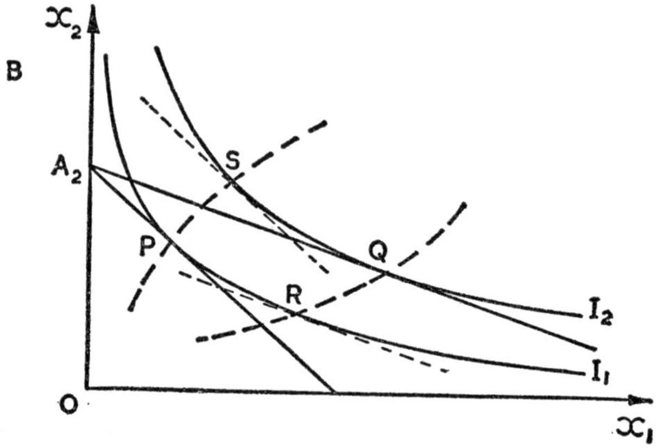

Abb. 77 b

$A_2' P$ ist Tangente in R an eine dazwischenliegende Indifferenzkurve I_1', und die Koordinaten von R geben die der Preissenkung Δp entsprechende mengenmäßige Nachfrage an, die durch eine entsprechende Einkommenssenkung $x_1 \Delta p$ kompensiert wird. Die Preisänderung (bei konstantem Einkommen) führt somit zu einer Änderung der Nachfrage, die durch eine Bewegung von P nach Q ausgedrückt wird. Diese setzt sich (annäherungsweise) zusammen aus einem Substitutionseffekt (von P nach R) und einem Einkommenseffekt (von R nach Q). Diese Darstellung der Ergebnisse Slutskys, die von endlichen Veränderungen ausgeht, ist nicht ganz exakt, jedoch leicht verständlich; sie entspricht Slutskys (1915) eigener Darstellung ebenso wie der, die Hicks (1939, 1946) im Anhang seines Werkes gibt.

Die Verwendung endlicher Veränderungen hat jedoch auch ihre Gefahren, wenn sie in einer Darstellung erfolgt, die infinitesimale Bewegungen der Marginalanalyse zum Ausdruck bringen soll. Mosak (1942) hat nachgewiesen, daß Hicks unterschiedliche Darstellungen im Text und im Anhang verwendet. In Abb. 77 b wird die betreffende Bewegung von P nach Q in zwei Teile aufgespalten: von P nach R entlang der Indifferenzkurve (Substitutionseffekt) und von R nach Q (Einkommenseffekt). Die Bewegung kann auch verdeutlicht werden, wenn man die Effekte in umgekehrter Reihenfolge berücksichtigt: von P nach S und von S nach Q entlang der Indifferenzkurve. Wichtig ist dabei nur, daß sich beide Aufteilungen voneinander und von der in Abb. 77 a gegebenen Darstellung unterscheiden. Der Unterschied ist auf nährungsweise Verwendung von endlichen Größen zurückzuführen. Im Grenzfall, bei der Verwendung infinitesimaler Veränderungen, laufen alle Darstellungen auf dasselbe hinaus. So ist (vgl. Übungsaufgabe 2) der Substitutionseffekt, dargestellt als Bewegung auf der Bilanzgeraden $A_2' P$ in Abb. 77 a, im Grenzfall derselbe wie der Effekt, der in Abb. 77 b als Bewegung auf der Indifferenzkurve dargestellt wird; eine kompensierte Preisänderung ist dasselbe wie eine Preisänderung bei konstantem u.

Betrachtet man drei Güter, so ist eine dreidimensionale Darstellung möglich, jedoch ergeben sich hier schon Schwierigkeiten der Interpretation. Das Indifferenzsystem wird zu einem System von Flächen bezogen auf das Koordinatensystem $Ox_1 x_2 x_3$; die Bilanzgleichung lautet $p_1 x_1 + p_2 x_2 + x_3 = M$ (der dritte Preis ist die Einheit) und wird als Bilanzebene im dreidimensionalen Raum dargestellt. Die Achsenabschnitte der Bilanzebene sind

$$OA_1 = \frac{M}{p_1}, \qquad OA_2 = \frac{M}{p_2} \quad \text{und} \quad OA_3 = M \ ;$$

sie sind zur Darstellung von Änderungen der Preisrelationen (p_1 und p_2) erforderlich. Die mengenmäßige Nachfrage des Verbrauchers ist gegeben durch die Koordinaten des Punktes P, in dem die Bilanzebene eine Indifferenzfläche berührt. Ändert sich M (bei gegebenen p_1 und p_2), so bewegt sich P entlang einer Kurve im dreidimensionalen Raum, die aus

Berührungspunkten zwischen Indifferenzflächen und parallelen Bilanzebenen besteht. Ändert sich die Preisrelation p_1 (bei gegebenen p_2 und M), so bewegt sich P entlang einer Kurve, die aus den Tangentialpunkten einer Bilanzebene gebildet wird, die um die Gerade $A_2 A_3$ rotiert. Diese Kurve und die entsprechende für eine Änderung von p_2 sind es, die Anschauungs- und Interpretationsschwierigkeiten bereiten. Schwierig ist hierbei nicht nur die Trennung von Substitutions- und Einkommenseffekt, sondern auch die Berücksichtigung von Komplementaritätsbeziehungen, die bei drei Gütern (neben den Substitutionsbeziehungen) auftreten können.

Übungsaufgaben 19.4

1. Bei zwei Gütern und einer Nutzenfunktion $u\ (x_1, x_2)$ lautet die Stabilitätsbedingung ($d^2 u < 0, \quad du = 0$) :

$$\begin{vmatrix} 0 & u_1 & u_2 \\ u_1 & u_{11} & u_{12} \\ u_2 & u_{12} & u_{22} \end{vmatrix} > 0$$

Bestimmen Sie die Steigung der Tangente an die Indifferenzkurve als $\left(-\frac{dx_2}{dx_1}\right) = \frac{u_1}{u_2}$ numerisch, $\frac{d}{dx_1}\left(-\frac{dx_2}{dx_1}\right)$ als Funktion der Ableitungen von u und ihr Vorzeichen mit Hilfe der Stabilitätsbedingung. Zeigen Sie somit, daß die Indifferenzkurve konvex zum Ursprung verlaufen muß, wenn die Stabilitätsbedingung erfüllt sein soll.

2. Bestimmen Sie unter Anwendung des Verfahrens in Abschnitt 19.3 (n Güter) die Veränderung der Nachfrage, wenn sich ein Preis ändert (u = const.). Zeigen Sie, daß $\frac{\partial x_s}{\partial p_r} = X_{rs}$ und daß die Veränderung einer kompensierten Preisänderung entspricht. Vgl. hierzu Mosak (1942).

3. Weisen Sie nach, daß bei zwei Gütern der Giffen-Effekt auftritt, wenn $\left(-\frac{\partial x_1}{\partial p_1}\right) < 0$ und $\frac{\partial x_1}{\partial M} < 0$, d. h., wenn die Kurven PB und PC in Abb. 76 beide nach links oben ansteigen. Zeichnen Sie ein Indifferenzkurvensystem, das diesem Ausnahmefall entspricht.

19.5 Meßbarkeit des Nutzens

Den bisherigen Überlegungen liegt die Annahme zugrunde, daß der einzelne Verbraucher seine Entscheidung trifft, um eine ordinale Nutzenfunktion zu maximieren, d. h. eine möglichst hohe Position in seinem Indifferenzsystem im Güterraum zu erreichen. Dabei wird ein Problem umgangen, das von nicht geringer Bedeutung ist. Die ordinale Nutzenkonzeption kann auf einem einzigen Postulat begründet werden:

jede Menge von alternativen Situationen $A, B, C, D, \ldots$ ist eindeutig und konsistent geordnet, und zwar in Form steigender Präferenzen. Angenommen, das Wirtschaftssubjekt zieht die Situation B der Situation A vor, ebenso die Situation C der Situation B, es ist indifferent gegenüber D und C und zieht Situation E der Situation D vor usw. Soll die Konsistenzforderung erfüllt sein, so folgt daraus, daß die Situation C der Situation A, die Situation D sowohl A als auch B vorgezogen werden muß usw. Die entsprechenden Nutzenniveaus sind dann

$$u_a < u_b < u_c = u_d < u_e \tag{1}$$

Ausgedrückt in Punkten im Güterraum bedeutet das, daß C und D auf dem gleichen Indifferenzgebilde liegen, das tiefer als das auf dem E liegt, jedoch höher als das zu B gehörige liegt.

Mit diesem grundlegenden Postulat ist jedoch noch nicht die Existenz einer Nutzenfunktion u gesichert, die nur einer monotonen Transformation $\varphi(u)$ genügt, d. h. es folgt nicht daraus, daß es ein System von Indifferenzgebilden (Kurven, Flächen, Hyperflächen) im Güterraum gibt. Damit ist das Problem der Integrierbarkeit angesprochen, das in solchen Untersuchungen der ordinalen Nutzenkonzeption, wie denen von Slutsky (1915) oder Hicks und Allen (1934) aufgeworfen wird. Das grundlegende Postulat besagt, daß es für den Verbraucher eine Bewegung von jedem Punkt (Güterkombination) gibt, dem gegenüber er indifferent ist; diese Veränderung wird durch die Grenzrate der Substitution genau definiert. Durch das Postulat ist dagegen nicht schon ein ganzes Indifferenzgebilde gegeben, es sei denn, die Veränderungsrichtungen in verschiedenen Punkten können zu einem solchen Gebilde „integriert" werden. Aus diesem Grunde müssen die Grenzraten der Substitution eine bestimmte „Integrabilitätsbedingung" erfüllen; es gibt keinen unmittelbar einsichtigen Grund dafür, daß das der Fall sein muß. Es ist jedoch möglich, die Transitivitätsbedingung für die Präferenz- und Indifferenzrelation, wie sie in (1) zusammenfassend definiert ist, als ein Postulat zu formulieren, das Integrierbarkeit und damit auch eine ordinale Nutzenfunktion und ein Indifferenzsystem garantiert. Vgl. hierzu Georgescu-Roegen (1936).

Ein anderes Verfahren, das von Samuelson (1948, 1950) und Houthakker (1950) angewandt wird, verwendet den Begriff der „revealed preference" (offenbarte Präferenz) der auf dem (gedanklich) beobachtbaren Konsumentenverhalten beruht, das bei einer Änderung der Nachfrageentscheidung erkennbar wird. Um Integrierbarkeit zu gewährleisten wird für die Transitivität ein „starkes Axiom" formuliert: wenn A faktisch B vorgezogen wird, ebenso B faktisch C vorgezogen wird ... und schließlich Y faktisch Z vorgezogen wird, dann wird auch A faktisch Z vorgezogen. Z am Ende einer Kette von Präferenzrelationen kann nicht faktisch A vorgezogen werden. Dieser Standpunkt wird von Corlett und Newman (1952) dargestellt. Die Konzeption der „revealed preference" ist eine brauchbare Ergänzung zu der einfachen Annahme einer ordinalen Nutzenfunktion und eines Indifferenzsystems.

Eine umfassendere Fragestellung ist, ob und unter welchen Bedingungen der ordinale Nutzen als meßbar gelten kann. Es gibt bereits eine umfangreiche Literatur über dieses Problem, die mehr und mehr mathematische Verfahren heranzieht. Die folgende Darstellung versucht nur, eine der verschiedenen Richtungen mit möglichst einfachen mathematischen Methoden zu erfassen. Sie beruht auf Diskussionen mit Dr. G. Morton, Dr. S. A. Ozga und anderen Kollegen an der London School of Economics und auf Arbeiten von Alchian (1953), Ellsberg (1954), Marschak (1955) und Ozga (1956).

Die wesentliche Frage ist, ob das Ordnungsaxiom der Präferenzrelation so erweitert werden kann, daß der ordinale Nutzen meßbar wird. In seinem „Zwischenbericht" über diese Problematik stellt Robertson (1951) die Frage, warum der Begriff ordinal nicht nur „die Bedeutung des Geordnetseins haben könnte, sondern auch die des ordentlichen Geordnetseins, d. h. einer Ordnung mit teilbaren Abständen zwischen je zwei geordneten Punkten?" (S. 129). Es gibt gewiß a priori keinen Grund, warum ein solcher Standpunkt nicht eingenommen werden könnte oder warum er unmittelbar von der Hand gewiesen werden sollte.

Das grundlegende Ordnungsaxiom für die Preisrelation ordnet eine Menge von Güterkombinationen nach steigendem Nutzen wie in (1). Ein zweites Axiom tritt nun hinzu: Nutzenzuwächse oder Präferenzgrade können auch geordnet werden; d. h. $(u_b - u_a)$, $(u_c - u_b)$, ... können nach steigender Präferenz geordnet werden genau wie $u_a, u_b, u_c, \ldots$. Es kann zum Beispiel eine Güterkombination B, die in der Präferenzordnung zwischen A und C liegt, so gewählt werden, daß der Zuwachs $(u_b - u_a)$ als gleichwertig mit dem Zuwachs $(u_c - u_b)$ angesehen wird:

$$u_b - u_a = u_c - u_b \quad \text{oder} \quad u_b = \frac{1}{2}(u_a + u_c) \tag{2}$$

Tritt eine solche Annahme wie (2) zu dem grundlegenden Ordnungsaxiom in (1) hinzu, so wird der Nutzen meßbar bis auf die willkürliche Bestimmung des Nullpunktes und der Maßeinheit. Aus (2) geht nämlich hervor, daß B genau in der Mitte und nicht irgendwo zwischen A und C liegt und daß das entsprechende Nutzenniveau u_b arithmetisches Mittel aus u_a und u_c ist.

Diese ganze Auffassung kann durch ein numerisches Beispiel verdeutlicht werden, daß sich auf angenommenen Änderungen des Tee- und Kaffeeverbrauchs eines Wirtschaftssubjekts bezieht:

Güterkombination	Pfd. pro Woche		Ordinaler Nutzen	Nutzenmaß	
	Tee	Kaffee		Zuwächse	Risiko
A	2	—	1	1	1,5
B	2	1	2	2	2
C	2	2	3	2,5	2,5
D	3	—			
E	2	3	4	3	3
F	4	2	5	4	5

Die sechs Güterkombinationen sind in der Tabelle nach steigenden Präferenzen geordnet (C und D sind indifferent), wobei nur das Ordnungsaxiom (erstes Postulat) zu berücksichtigen ist. In der vierten Spalte der Tabelle ist eine Menge (ordinaler) Nutzenniveaus verzeichnet. Dabei handelt es sich um eine von vielen möglichen Mengen; eine andere (log u an Stelle von u) wäre zum Beispiel

0 0,69 0,92 1,10 1,39

Man treffe nun die Annahme, die Nutzenzuwächse können geordnet werden (zweites Postulat). Als Maßstab wähle man $u_b = 2$, $u_e = 3$, wobei die beiden Kombinationen B und E willkürlich gewählt werden können. Wir nehmen an:

(i) Wird die Kombination B (2 Pfd. Tee, 1 Pfd. Kaffee) um ein Pfund Kaffee vermehrt, so entspricht das genau derselben Veränderung der Kombination C (2 Pfd. Tee, 2 Pfd. Kaffee). Das bedeutet also, daß die beiden aufeinanderfolgenden Nutzenzuwächse von B zu C zu E als gleichwertig betrachtet werden:

$$u_c - u_b = u_e - u_c \quad \text{oder} \quad u_c = \frac{1}{2}(u_b + u_e) = 2{,}5$$

Daher ist

$$u_c = u_d = 2{,}5$$

(ii) Wird die Kombination A (2 Pfd. Tee) um ein Pfd. Kaffee vermehrt, so ist das einer Veränderung der Kombination B (2 Pfd. Tee, 1 Pfd. Kaffee) um 2 Pfd. Kaffee gleichwertig. Es gibt also gleiche Nutzenzuwächse von A zu B zu E:

$$u_b - u_a = u_e - u_b$$

$$\text{oder} \quad u_a = 2\,u_b - u_e = 1$$

(iii) Wird die Kombination A (2 Pfd. Tee) um ein Pfd. Tee vermehrt, so entspricht das genau der Veränderung der Kombination C (2 Pfd.

Tee, 2 Pfd. Kaffee) um 2 Pfd. Tee. Die Nutzenzuwächse von A zu D und von C zu F sind gleich:

$$u_d - u_a = u_f - u_c \qquad \text{oder} \qquad u_f = u_c + u_d - u_a = 4$$

Auf Grund der drei Annahmen über die Ordnung der Nutzenzuwächse (i), (ii) und (iii) und der festen Punkte auf der Nutzenskala u_b und u_c können die eindeutigen *Nutzenmaße* in Spalte fünf der Tabelle abgeleitet werden. Werden andere Punkte angenommen, dann sind auch die Zahlen in dieser Spalte andere — andere aber nur in dem Sinne, daß jedes Maß vom Ursprung und der Maßeinheit abhängt.

Die drei genannten Ordnungsannahmen reichen aus, um die fünf Nutzenniveaus zu messen. Ein ähnliches Verfahren würde unabhängig von der Anzahl der Nutzenniveaus immer zu einem Ergebnis führen, vorausgesetzt nur, daß die Ordnungen der Nutzenzuwächse entsprechend erweitert werden. Wesentlich für das zweite Postulat (ebenso wie für das erste) ist es, daß die Ordnungen konsistent sein müssen. So müssen beispielsweise die Veränderungen der Kombination A um ein Pfd. Tee oder um 2 Pfd. Kaffee und der Kombination C um 2 Pfd. Tee alle als gleichwertig betrachtet werden; der Nutzenzuwachs in jedem Fall 1,5.

Zwei Postulate über konsistente Präferenzordnungen reichen aus, um die Meßbarkeit des Nutzens zu definieren. Das eine bezieht sich auf die Ordnung der Zuwächse. Bezeichnet u ein Nutzenniveau, so besagt das erste Postulat, daß u eine ordinale Funktion ist, die in allgemeiner Form $\varphi(u)$ lautet, wobei φ eine monoton wachsende Funktion ist. Das zweite Postulat besagt, daß u eine kardinale Funktion ist (u ist meßbar); die allgemeine Form lautet $(\alpha u + \beta)$, wo α und β Konstanten sind, die die Änderung des Ursprungs und der Maßeinheit bezeichnen. Ordinaler Nutzen ist bis auf eine monoton wachsende, kardinaler Nutzen bis auf eine lineare Transformation bestimmt.

Man mache sich klar, daß Messungen in den Naturwissenschaften ebenfalls diese beiden Konstanten benötigen. Die Flughöhe eines Flugzeuges kann in Fuß über dem Londoner Flughafen oder in Metern über Le Bourget gemessen werden. Ist scheinbar nur eine Konstante erforderlich (wie beim Wiegen in lbs. oder gr.), so liegt das daran, daß es einen natürlichen Nullpunkt gibt (z. B. Gewichtslosigkeit).

Die beiden Postulate sind unabhängig voneinander und das erste muß nicht zum zweiten hinzutreten. Jedes kann für sich an der Realität überprüft werden. Das erste kann als verifiziert betrachtet werden; es kann — zumindest gedanklich durch Beobachtung überprüft werden. Bei dem zweiten ist dies schon schwieriger. Jede Überprüfung der Gleichwertigkeit zweier Zuwächse, wie etwa in (ii), bedeutet, daß eine hypothetische Situation B mit einer tatsächlich existierenden Situation A

verglichen wird und daran anschließend ein zweiter Vergleich zwischen B und einer hypothetischen Situation E durchgeführt wird. Es ist zweifelhaft, ob man den Maßstäben empirischer Beobachtung genügt, wenn ein hypothetischer Vergleich auf dem anderen aufbaut. Die Position Robertsons ist wohl nur als Glaubensakt haltbar.

Eine weitere, hiervon sehr verschiedene Theorie konnte entwickelt werden, indem das Konsumentenverhalten nicht mehr auf alternative aber sichere Situation bezogen wird, sondern als Entscheidung bei Unsicherheit aufgefaßt wird. Durch die Einführung von Unsicherheitsmomenten wird es möglich, die Bewertung einer hypothetischen Situation auf der Grundlage einer anderen zu vermeiden und sich auf das zu beschränken, was der Beobachtung tatsächlich zugänglich ist.

$A, B, C, D, \ldots$ seien Verbrauchsentscheidungen, die als sichere Ergebnisse betrachtet werden. Nach dem grundlegenden Postulat können sie nach steigenden Präferenzen wie in (1) geordnet werden. Es wird angenommen, daß das Wirtschaftssubjekt gleichzeitig zwei oder mehr Situationen A, B, C, D, ... mit den verschiedenen Wahrscheinlichkeiten erwartet, wie beim Kauf eines Lotterieloses. Die einfachste Form einer solchen Erwartung liegt dann vor, wenn die Wahrscheinlichkeit p für den Eintritt der Kombination A und die Wahrscheinlichkeit $1-p$ für den Eintritt einer zweiten Kombination C besteht. Hierbei ist p eine *subjektive Wahrscheinlichkeit,* die persönliche Erwartung des Wirtschaftssubjekts über den Eintritt von A. Die Erwartung kann zutreffen oder falsch sein, wie beispielsweise beim Ergebnis der Lotterie.

Definition:

$$\text{Erwartete Nutzenaussicht} = pu_a + (1-p)\, u_c \qquad (3)$$

wo u_a und u_c die Nutzenniveaus der sicheren Ergebnisse A und C sind. (3) ist die statistische oder mathematische „Erwartung"; es ist die „moralische Erwartung" Daniel Bernouillis, eines Mathematikers des 18. Jahrhunderts. Dem grundlegenden Ordnungsaxiom für die Präferenzen sicherer Ergebnisse wird ein zweites Postulat hinzugefügt, das besagt, daß das Wirtschaftssubjekt angesichts ungewisser Erwartungen bestrebt ist, den erwarteten Nutzen (3) zu maximieren. Der Vergleich von erwarteten Nutzen und die Gleichsetzung von Erwartungswerten für risikobehaftete Situationen, die für gleichwertig gehalten werden, reichen aus, um u meßbar zu machen. Man betrachte die Situation B, die in der Präferenzordnung für sichere Ergebnisse zwischen A und C liegt. Die Aussicht auf A und C mit den Wahrscheinlichkeiten p: $(1-p)$ kann besser, gleichwertig oder schlechter als das sichere Ergebnis B eingeschätzt werden. Das hängt von dem Wert für p ab. Wir wählen nun p so, daß das Wirtschaftssubjekt indifferent bleibt:

$$u_b = pu_a + (1-p)\, u_c$$

Ist p bestimmt und sind u_a und u_c (als Maßstab) festgelegt, so folgt der Wert für u_b hieraus unmittelbar.

Das Zahlenbeispiel in der obenstehenden Tabelle kann zur Erklärung dienen. Als Maßstab gilt wiederum $u_b = 2, u_e = 3$. Wir nehmen an:

(a) Das Wirtschaftssubjekt ist indifferent gegenüber der Kombination C (2 Pfd. Tee, 2 Pfd. Kaffee) als ein sicheres Ergebnis und der Aussicht auf die Kombinationen B (2 Pfd. Tee, 1 Pfd. Kaffee) oder E (2 Pfd. Tee, 3 Pfd. Kaffee) mit gleichen Wahrscheinlichkeiten. Mit anderen Worten: das Wirtschaftssubjekt ist indifferent, gleichgültig ob eine gegebene Kombination mit der gleichen Wahrscheinlichkeit um ein Pfd. Kaffee vermehrt oder vermindert wird. Ist $p = \frac{1}{2}$ in der Formel für den erwarteten Nutzen (3), so ist

$$u_c = \frac{1}{2}(u_b + u_e) = 2{,}5$$

d. h.

$$u_c = u_d = 2{,}5$$

(b) Das Wirtschaftssubjekt ist indifferent gegenüber der Kombination B (2 Pfd. Tee, 1 Pfd. Kaffee) und der Aussicht auf A (2 Pfd. Tee) oder E (2 Pfd. Tee, 3 Pfd. Kaffee) mit der Wahrscheinlichkeit 2 : 1; d. h. es besteht die Bereitschaft, 1 Pfd. Kaffee aufzugeben, wenn man dafür mit der Wahrscheinlichkeit 2 : 1 drei Pfund erhält. Setzt man $p = \frac{2}{3}$, so ist

$$u_b = \frac{2}{3} u_a + \frac{1}{2} u_e \quad \text{oder} \quad u_a = 1{,}5$$

(c) Das Wirtschaftssubjekt ist indifferent gegenüber Kombination B und der Aussicht auf A (2 Pfd. Tee) oder F (4 Pfd. Tee, 2 Pfd. Kaffee) mit der Wahrscheinlichkeit 6 : 1; d. h. nur eine Wahrscheinlichkeit 6 : 1 für die größere Kombination F kann das Risiko, ein Pfd. Kaffee zu verlieren, ausgleichen. Wir setzen $p = \frac{6}{7}$, dann ist

$$u_b = \frac{6}{7} u_a + \frac{1}{7} u_f \quad \text{oder} \quad u_f = 5$$

Auf diese Weise wird ein Nutzenmaß konstruiert, wie das aus der letzten Spalte der obigen Tabelle hervorgeht.

Die beiden Postulate, das Ordnungsaxiom für sichere Ergebnisse und die Annahme der Maximierung des erwarteten Nutzens unsicherer Kombinationen, reichen aus, den Nutzen zu einer meßbaren Größe zu machen. Diese Form der Nutzenmessung unterscheidet sich von der anderen, bei der das zweite Postulat unterstellt, daß die Nutzenzuwächse geordnet sind. Wenn man annimmt, daß das Wirtschaftssubjekt *sowohl* die Nutzenzuwächse für sichere Ergebnisse, *als auch* die erwarteten Nutzen für unsichere ordnet, dann kann in jedem Falle dasselbe Nutzenmaß verwendet werden, vorausgesetzt das Wirtschaftssubjekt verhält sich konsistent. Es ist jedoch durchaus möglich, das zwischen der Ordnung der Zuwächse und der Ordnung der Erwartungen keine Konsistenz besteht. Der hohe Wert $u_f = 5$ als Risikomaß (siehe Tabelle) ist auf das große Risiko zurückzuführen, das das Wirtschaftssubjekt bereit ist in Kauf zu nehmen, um die umfangreiche Güterkombination F in einem Glücksspiel zu erhalten. Es ist möglich, daß das Wirtschaftssubjekt „spielbewußt" ist und daß seine Einschätzung der Nutzenzuwächse bei sicheren Ergebnissen nur zu dem Wert $u_f = 4$ führt. Vgl. auch Übungsaufgabe 2.

Zur Verdeutlichung in einer graphischen Darstellung (Abb. 78) nehmen wir an, daß verschiedene Verbrauchsausgaben nach steigenden Präferenzen geordnet werden können, und zwar auf Grund des Geldwertes £ x des notwendigen wöchentlichen Einkommens. Die Variable x dient somit als ordinaler Nutzenindex. Ein kardinales Nutzenmaß kann nun aus dem Ordnungsaxiom für Nutzenzuwächse abgeleitet werden, z. B. in der Form

$$u = \alpha \log (x + \beta)$$

für beliebige Maßstabkonstanten α und β, wie etwa in der Kurve (A) in Abb. 78 $u = 0$, $x = 0$ und $u = 100$, $x = 20$. Andererseits kann ein kardinales Nutzenmaß, das auf der Ordnung von Erwartungswerten bei Unsicherheit beruht, die Form $u = \lambda x^2 (\mu - x)$ annehmen, worin λ und μ wiederum Maßstabkonstanten sind (vgl. Übungsaufgabe 3). Die Kurve B in Abb. 78 beruht auf einer solchen Annahme, wobei $u = 0$, wenn $x = 0$, und $u = 100$, wenn $x = 20$. Die beiden Nutzenmaße (A) und (B) unterscheiden sich wesentlich voneinander. (A) weist die Eigenschaft abnehmender Grenznutzen auf, (B) dagegen nicht (ausgenommen für große x-Werte). Alles, was über ihre Beziehung ausgesagt werden kann, ist, daß das eine aus der anderen durch monotonwachsende Transformationen hervorgeht.

Die Vorteile eines Nutzenmaßes, das aus der Analyse des Verhaltens bei Unsicherheit gewonnen wird, liegen in der Möglichkeit, daß eine empirische Überprüfung (unter idealen Bedingungen) denkbar ist, und außerdem darin, daß es einen weiten Anwendungsbereich in einer Welt der Unsicherheit vorfindet. Man darf eines jedoch nicht übersehen: Dieses Nutzenmaß beruht auf einer Annahme, die hier implizite getroffen wurde, nämlich, daß subjektive Wahrscheinlichkeiten definiert und bestimmt werden können. Es ist jedoch möglich, daß in einer empirischen

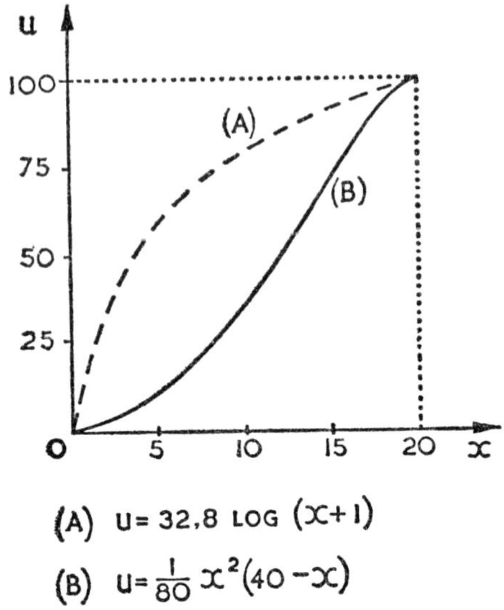

Abb. 78

Situation überhaupt keine subjektiven Wahrscheinlichkeiten feststellbar sind. Die Tatsache, daß ein Wirtschaftssubjekt über Wahrscheinlichkeiten befragt wird — kann dazu führen, daß es die mitgeteilte Einschätzung der subjektiven Wahrscheinlichkeit ändert. Es könnte sein, daß es sich seiner Spielernatur schämt.

Dieses Verfahren einer Nutzenmessung durch Analyse von Risikoentscheidungen kann weiter entwickelt werden. Es braucht nicht als Axiom oder Hypothese (die nur nach Bestätigung durch die Realität anerkannt wird) festgelegt zu werden, daß Verbraucherentscheidungen stets ein Maximum des erwarteten Nutzens anstreben. Statt dessen kann ein viel allgemeineres Postulat über das Verbraucherverhalten formuliert werden, aus dem dann die Maxime der Nutzenmaximierung als Theorem mathematisch reduziert werden kann. Dieses Verfahren geht auf Ramsey (1926) und von Neumann und Morgenstern (1947) zurück; es ist von Marschak (1959, 1951), Samuelson (1952) und anderen weiter entwickelt worden. Herstein und Milner (1953) haben eine exakte Darstellung der Axiome geboten. Problematisch daran ist das sog. „Unabhängigkeitsaxiom“: Sind A und B als sichere Ergebnisse gleichwertig, dann sind es auch die Erwartungswerte $pA + (1-p)\,C$ und $pB + (1-p)\,C$ für beliebige C. Ferner ist es nicht notwendig, die subjektiven Wahrscheinlichkeiten als gegeben anzunehmen, wie Savage (1954) und Marschak (1954) nachgewiesen haben. Nutzen und subjektive Wahrscheinlichkeiten können auf der Grundlage der Axiome meßbar konzipiert werden, wobei beide gleicherweise mit den Verbraucherentscheidungen nach dem Prinzip der Maximierung des erwarteten Nutzens verträglich sind. Was allein zu prüfen bleibt, ist die Frage, ob die Axiome als angemessene oder zweckmäßige Beschreibung des Verbraucherverhaltens gelten können.

Man kann aus diesen Überlegungen den allgemeinen Schluß ziehen, daß die ordinale Nutzenkonzeption, die auf der einfachen Annahme geordneter Präferenzen beruht, die Grundlage einer Analyse des Konsumentenverhaltens darstellt. Daneben ist es aber möglich, von meßbaren Nutzengrößen auszugehen, indem man die Ordnung der Nutzenzuwächse voraussetzt, obgleich sich hierdurch eine Abkehr von dem, was empirisch feststellbar ist, als unvermeidbar erweisen wird. Es ist ferner möglich ein Nutzenmaß zu konzipieren, das sich aus der Analyse des Risikoverhaltens ergibt, ein Maßstab, der sich immer dann als angemessen erweisen wird, wenn sich ein Wirtschaftssubjekt bei unsicheren Erwartungen entscheidet und seine Verbrauchswahrscheinlichkeiten bemißt.

Übungsaufgaben 19.5

1. Das zweite Postulat für Risikoentscheidungen besagt, daß die Ordnung erwarteter Nutzen konsistent ist. Erläutern Sie das an dem Zahlenbeispiel der obigen Tabelle und führen Sie den Nachweis, daß die erwarteten Situationen B und E (mit gleichen Wahrscheinlichkeiten) als gleichwertig (Indifferenz) mit erwarteten Situationen A und F (Wahrscheinlichkeit $5:2$) gelten müssen.

2. Ändern Sie im gleichen Zahlenbeispiel die Voraussetzung (c) so, daß die Wahrscheinlichkeiten für die erwarteten Situationen A und F von $6:1$ auf $3:1$ verringert werden. Zeigen Sie, daß dann $u_f = 3{,}5$ statt vorher 5.

3. Bezeichnen Sie in Abb. 78 folgendermaßen Punkte auf (B): Wählen Sie $u(0) = 0$, $u(20) = 100$. Vergleichen Sie das sichere Ergebnis $x = 10$ mit dem erwarteten $x = 20$ oder $x = 0$ mit den Wahrscheinlichkeiten $p, (1-p)$ und setzen Sie $p = \frac{3}{8}$ für den Fall der Indifferenz. Leiten Sie hieraus ab, daß $u(10) = 37{,}5$. Vergleichen Sie dann eine Erwartung $x = 20$ oder $x = 10$ mit einem sicheren Ergebnis $x = 16$; $p = 0{,}6288$ für den Fall der Indifferenz. Leiten Sie hieraus ab, daß $u(16) = 76{,}8$. Zeigen Sie, daß die vier Punkte ($x = 0, 10, 16, 20$) auf der Kurve $u = \frac{1}{80}\, x^2\,(40-x)$ liegen.

19.6 Verbrauchsaktivitäten und Lineares Programmieren

Die Erklärung der Verbrauchernachfrage (19.2) und die entsprechende Analyse des Unternehmerverhaltens gehen in das allgemeine Modell des Marktgleichgewichts ein. Die Stärke dieses Modells, das von einer relativ großen Anzahl von Unternehmungen und Verbrauchern ausgeht, liegt in der Möglichkeit einer kontinuierlichen Situation zwischen konkurrierenden und komplementären Gütern, die für Produktion oder Verbrauch relevant sind. Der Nachteil besteht darin, daß das Modell zu detaillieren ist; es ist schwer, den Wald vor lauter Bäumen zu sehen. Versucht man nun zu vereinfachen, um dem Modell empirischen Gehalt zu verleihen, so liegt es nahe, Unternehmer und Verbraucher in großen Gruppen zusammenzufassen und eine entsprechende Aufteilung der Güterarten vorzunehmen. Daneben wird noch eine vereinfachende Annahme über die Gestalt der Funktionen gemacht, nämlich die Annahme, die Funktionen seien linear mit konstanten returns to scale. Diese Annahmen erscheinen nun für die Unternehmung hinreichend plausibel, allerdings weit weniger für die Haushalte. Der empirische Tatbestand der Verbrauchernachfrage ist durch Konkurrenz- und Komplementaritätsbeziehungen zwischen den Verbrauchsgütern offenbar angemessen zu beschreiben; es scheint so, als gäbe es keinen Grund für die Annahme konstanter returns to scale, wonach Güter in festen Proportionen nachgefragt werden.

Einige stärkere Vereinfachungen sind jedoch auch in den Annahmen über den Verbrauch erforderlich. In geschlossenen Gleichgewichtssystemen, wie denen von Leontief (11.7) und von Neumann (17.9) kann die Vereinfachung so weit gehen, daß der gesamte Verbrauch zu einer einzigen „Aktivität" zusammengefaßt wird, wobei die Verbrauchsgüter als Einsatzmengen in festen Verhältnissen und die Arbeitsleistung als Produkt (Ausstoß) interpretiert wird. Auf diese Weise wird die gegenseitige Abhängigkeit der Produktionsaktivitäten der Volkswirtschaft deutlich gemacht, allerdings auf Kosten einer Vernachlässigung der entsprechenden Verbrauchsaktivitäten. Was wir benötigen, ist ein weniger allgemeines Modell, das den Verbrauch besser berücksichtigt. Hier bietet sich nun das Linearplanungs-Modell an, von dem bereits nachgewiesen wurde, daß es eine große Anzahl von Variablen einzubeziehen gestattet, ohne dabei seine operationale Bedeutung zu verlieren. Die Modelle Leontiefs und von Neumanns sind Spezialfälle des Linearplanungs-Modells, die auf die gesamte Volkswirtschaft anwendbar sind. Wir gehen nun dazu über, dieses Modell so einzuschränken, daß es sich nur auf klar abgegrenzte Gruppen von Unternehmern und Verbrauchern bezieht, um somit die übliche Form der Linearplanung anwenden zu können. Die folgende Darstellung geht entscheidend auf Makower (1957) zurück; einige der von Cameron (1954) beschriebenen Beispiele werden ebenfalls berücksichtigt.

Wir gehen von folgenden Überlegungen aus: Auf der einen Seite existiert eine Unternehmung (oder eine Gruppe von Unternehmern), auf der anderen eine Reihe von Verbrauchern; damit ist die Darstellung auf eine begrenzte Anzahl von Gütern beschränkt, die von der Unternehmung hergestellt und von den Verbrauchern als den tatsächlichen oder potentiellen Kunden der Unternehmung gekauft werden. Die Unternehmerentscheidungen wurden in Kapitel 18 behandelt; die Verbraucher müssen jetzt im einzelnen berücksichtigt werden. Dabei sind zwei Punkte zu beachten, die Zusammenfassung der einzelnen Verbraucher und die Auswahl bestimmter Güteraggregate. Das zweite kann als erhebliche Vereinfachung betrachtet werden. Wie in Abschnitt 19.3 gezeigt, genügt die Annahme, daß sich die Preise einer Gruppe von Gütern proportional verändern, um die Gütergruppe als ein einziges zusammengesetztes Gut betrachten zu können, das denselben Gesetzmäßigkeiten wie ein einzelnes Gut gehorcht. Darüber hinaus können die Güter so zusammengefaßt werden, daß die komplementären Güter zusammengebracht werden und die Beziehungen zwischen den zusammengesetzten Gütern sich im allgemeinen auf die einfachsten Substitutionsbeziehungen beschränken.

Das andere Problem ist schwieriger und wirft die Frage nach der Möglichkeit interpersonaler Nutzenvergleiche auf. Diese Frage wird hier eher umgangen als gelöst. Es wird einfach angenommen, daß für eine Gruppe von Verbrauchern ein Indifferenzsystem für die verschiedenen Produkte der Unternehmung oder der Unternehmergruppe existiert und daß der geordneten Menge von Indifferenzgebilden eine meßbare Größe (aus Zweckmäßigkeitsgründen „Nutzen" genannt) zugeordnet werden kann. Das ist nun kein Abstecher in die Wohlfahrtsökonomie; es wird nämlich kein gemeinsames Indifferenzsystem für alle Verbraucher und alle Güter postuliert, sondern nur ein Indifferenzsystem für die Verbraucher bestimmter Güter, die von einer Unternehmung hergestellt werden. Praktisch kann der „Nutzen" an den Marktpreisen gemessen werden; auf jeden Fall wird er nach bestimmten Kostenpreisen bewertet, so daß der „Nutzen" schließlich zum Wertmesser der Bedürfnisbefriedigung wird.

Das Indifferenzsystem kann dann in Form einer Matrix angegeben werden, die der Linearplanung zugänglich ist. Das ganze Verfahren entspricht dem Übergang vom Isoquantensystem zu Isoproduktkurven, die in der zweidimensionalen Darstellung der Produktionsentscheidung einer Unternehmung aus Geradenabschnitten bestehen. Es wird eine endliche Zahl von Basisverbrauchsaktivitäten unterstellt. Jede Aktivität besteht aus Verbrauchsgütern als Einsatzmengen in festem Verhältnis; die Anstoßmengen fehlen jedoch. Das entspricht in etwa der Scheinaktivität,

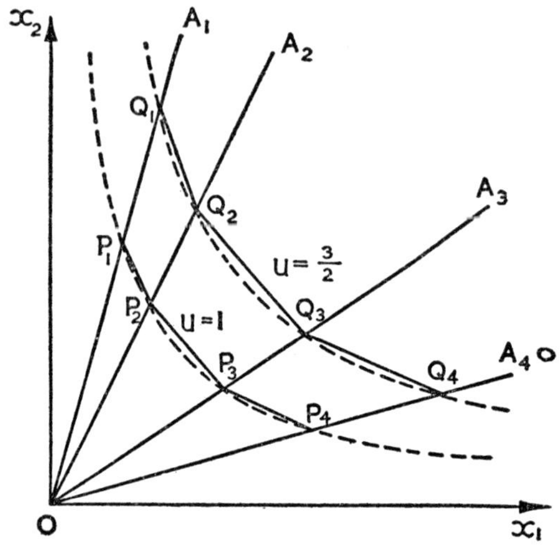

Abb. 79

die bei der Simplex-Methode zur Vereinfachung des Rechenverfahrens verwendet werden. Es wird nun vorausgesetzt, daß konstante „returns to scale" gegeben sind und das Aktivitätsniveau stetig verändert werden kann. Weiter wird angenommen, daß kontinuierliche lineare Kombinationen der Aktivitäten möglich sind, wobei wiederum Additivitätsvoraussetzung (vgl. 17.2) gemacht wird. Schließlich wird unterstellt, daß das Einheitsniveau jeder Aktivität durch entsprechende Wahl des Maßstabs für die festen Mengenverhältnisse und jeder Einheitsaktivität ein Nutzenniveau zugeordnet wird. Die Voraussetzung konstanter „returns to scale" besagt, daß in einer Aktivität der Nutzen proportional mit dem Niveau der Aktivität zunimmt.

Handelt es sich nur um zwei Verbrauchsgüter (x_1 und x_2), dann läßt sich das Indifferenzsystem in einem zweidimensionalen Koordinatensystem $Ox_1\, x_2$ darstellen (Abb. 79). Es werden nun vier Verbrauchsaktivitäten betrachtet; die festen Einsatzmengen der beiden Güter werden in einer Matrix dargestellt, in der das Einheitsniveau jeder Aktivität so bestimmt wird, daß sich stets der Nutzen $u = 1$ ergibt.

Inputkoeffizienten: $\mathbf{A} = \begin{bmatrix} a_{11} & a_{12} & a_{13} & a_{14} \\ a_{21} & a_{22} & a_{23} & a_{24} \end{bmatrix}$

Nutzenniveau (u): $\quad 1 \quad 1 \quad 1 \quad 1$

Das Einheitsnutzenniveau des Indifferenzsystems ist durch die vier Punkte P_r mit den Koordinaten (a_{1r}, a_{2r}) für $r = 1, 2, 3, 4$ und durch jede

Kombination von ihnen bestimmt. Es wird angenommen, daß kein Punkt P_r mit irgendeinem anderen zusammenfällt oder auf der Verbindungslinie zwischen zwei Punkten liegt; damit ist die Unabhängigkeit der Aktivitäten gesichert, es handelt sich um eine Menge von Basisaktivitäten. Ferner wird unterstellt, daß kein Punkt P_r über oder rechts von irgendeiner Verbindungslinie zwischen zwei Punkten liegt; dadurch werden ineffiziente Aktivitäten, die nie verwendet werden, ausgeschlossen. Der geometrische Ort aller Punkte mit Einheitsnutzen (oder das Indifferenzgebilde) hat die in Abb. 79 gezeigte Form. Die Punkte sind in der Reihenfolge $P_1 P_2 P_3 P_4$ geordnet, und die Entscheidung ist auf eine Aktivität oder eine Kombination zweier benachbarter Aktivitäten beschränkt. Andere Indifferenzgebilde für andere Nutzenniveaus erhält man durch Radialprojektion von $P_1 P_2 P_3 P_4$ aus dem Ursprung. In Abb. 79 ist die Punktmenge $Q_1 Q_2 Q_3 Q_4$ für das Nutzenniveau $u = \frac{3}{2}$ dargestellt. Das spezielle Indifferenzsystem in Abb. 79 ist den rechtwinkligen Hyperbeln $x_1 x_2 = u^2$ angepaßt. Stetige Indifferenzkurven sind durch die gestrichelten Kurven dargestellt; diese werden durch Strecken, wie $P_1 P_2$, $P_2 P_3$ und $P_3 P_4$ für $u = 1$ ersetzt. In diesem Sonderfall, der typisch ist, erfüllen die Inputkoeffizienten die Gleichung $a_{1r}\, a_{2r} = 1$.

Die *Grenzrate der Substitution* zwischen den beiden Gütern bei gegebenem Nutzenniveau ist unschwer zu definieren. Werden die r-te und die s-te Aktivität eingesetzt, so ist die

$$\text{Grenzrate der Substitution} = \frac{a_{1r} - a_{1s}}{a_{2s} - a_{2r}}$$

womit die Abnahme von x_1 bei Zunahme von x_2 um eine Einheit bei einem Übergang von der r-ten zur s-ten Aktivität bezeichnet wird (vgl. Übungsaufgabe 2). Bei dem in Abb. 79 dargestellten Fall gibt es nur drei Grenzraten der Substitution, die Steigungen von $P_1 P_2$, $P_2 P_3$ und $P_3 P_4$, je nachdem welche der Aktivität kombiniert werden. Das gilt für jedes beliebige Nutzenniveau. Hierin zeigt sich ein wesentlicher Unterschied gegenüber den stetigen Indifferenzkurven der Marginalanalyse. Beide Darstellungen können stetige Veränderungen in den Güterkombinationen berücksichtigen; in der Aktivitätsanalyse sind die Veränderungen auf bestimmte Geradenabschnitte mit einer begrenzten Zahl von Grenzraten der Substitution beschränkt, während die Grenzrate der Substitution in der Marginalanalyse marginal und für stetige Veränderungen definiert ist.

Übungsaufgaben 19.6

1. Wie sind Güterkombinationen oberhalb OA_1 oder unterhalb OA_4 in Abb. 79 im Hinblick auf ihren Nutzen zu interpretieren?

2. Zeigen Sie, für den Fall zweier Güter, daß jede Kombination der ersten beiden Aktivitäten auf dem Einheitsniveau des Nutzens durch

$$x_1 = \mu a_{11} + (1-\mu)\, a_{12}, \quad x_2 = \mu a_{21} + (1-\mu)\, a_{22} \qquad (0 < \mu < 1)$$

gegeben ist. Weisen Sie nach, daß eine infinitesimale Veränderung durch Änderung des Wertes von μ bestimmt wird, so daß sich $-\frac{dx_1}{dx_2} = \frac{a_{11}-a_{12}}{a_{22}-a_{21}} =$ Grenzrate der Substitution zwischen x_1 und x_2 für die beiden Aktivitäten ergibt. Erklären Sie diese Zusammenhänge an Hand von Abb. 79.

3. Schreiben Sie die $3 \times n$ Matrix der Inputkoeffizienten für 3 Güter und s Aktivitäten. Fertigen Sie eine dreidimensionale Darstellung des Indifferenzsystems an und zeigen Sie, daß ein Indifferenzgebilde (z. B. das für das Einheitsniveau des Nutzens) aus einer Menge von Flächenabschnitten besteht, die jeweils durch drei Punkte von n möglichen $P_1 P_2 \ldots P_n$ gebildet werden. Zeigen Sie ferner, daß das ganze Indifferenzsystem definiert und begrenzt wird durch das Innere eines Kegels, der aus Strahlen aus 0 gebildet wird. Erläutern Sie das unter Verwendung von konvexen Kegeln.

4. Wenn es sich — wie in der vorangehenden Aufgabe — um 3 Güter handelt, zeigen Sie, daß Punkte (und Aktivitäten) des Indifferenzsystems so geordnet sind, daß die Entscheidung für eine Aktivität, für zwei benachbarte oder für drei benachbarte Aktivitäten fallen muß, weil alle anderen Kombinationen zu geringerwertigen Resultaten führen. Weisen Sie nach, daß es auch hier nur eine endliche Zahl von unterschiedlichen Grenzraten der Substitution gibt.

19.7 Produktionstechnik und Bedürfnisstruktur in einem Linearen Programm

Betrachtet werden eine Unternehmung und die Verbraucher, die als Käufer der Produkte auftreten. Die Unternehmung stellt m Produkte mit k festen Faktoreinsatzmengen und einer aus n Basisprozessen bestehenden Produktionstechnik her. Dem Verbraucher stehen h Basisaktivitäten zur Verfügung, wobei in jeder Aktivität die m Produkte in festen Proportionen vorkommen. Diese Daten bestimmen eine *Technologie-Bedürfnis-Matrix,* die von der Ordnung $(k + m) \times (n + h)$ ist:

$\mathbf{A} = [a_{rs}] \quad r = 1, 2, \ldots, k$	für Faktoren
$= k+1, k+2, \ldots, k+m$	für Produkte
$s = 1, 2, \ldots, n$	für Produktionsprozesse
$= n+1, n+2, \ldots, n+h$	für Verbrauchsaktivitäten

Die Koeffizienten a_{rs} sind für Einsatzmengen positiv, für Produktmengen negativ.

Die linke Seite der Matrix $\mathbf{A}$ bezeichnet die Produktionstechnik der Unternehmung ($s = 1, 2, \ldots, n$), die rechte die Bedürfnisstruktur der Verbraucher ($s = n+1,\ n+2, \ldots, n+h$). Der obere Teil von $\mathbf{A}$ besteht aus Zeilen für Faktoren; in dem Teil der Matrix, der die Bedürfnisstruktur zum Ausdruck bringt, treten Nullen auf, weil anzunehmen ist, daß kein Faktor um seiner selbst willen nachgefragt wird ($r = 1, 2, \ldots, k$). Der untere Teil der Matrix **A** weist Zeilen für Produkte auf, hauptsächlich negative Elemente in dem Teil der Matrix, der sich auf die Produktionstechnik bezieht, und nur positive Elemente (oder Nullen) in dem Teil, der die Bedürfnisstruktur bezeichnet ($r = k + 1, k + 2, \ldots, k + m$).

Die übrigen Daten des Problems sind *erstens* die beschränkten Faktormengen, die den Unternehmungen zur Verfügung stehen, und *zweitens* die Nuazenniveaus der verschiedenen Verbrauchsaktivitäten, und zwar für jedes beliebige Einheitsniveau. Auf Grund dieser Angaben sind zwei Vektoren festgelegt:

$$\mathbf{b} = \{b_1\, b_2 \, \ldots \, b_k \quad 0 \;\; 0 \; \ldots \; 0\ \} \text{ von der Ordnung } k + m$$
$$\text{und } \mathbf{c} = \{0 \;\; 0 \; \ldots \; 0 \quad c_1\, c_2 \, \ldots \, c_h\} \text{ von der Ordnung } n + h$$

worin die Elemente des Vektor b die Faktorbeschränkung und die des Vektors c die Nutzenniveaus bezeichnen. Man beachte, daß die *Produktbeschränkungen* alle Null sind; alle Produkte werden verbraucht. Entsprechend sind die Nutzenniveaus für alle Produktionsprozesse Null; die Produktion ist nicht Selbstzweck. Die Daten des Problems sind folglich

Technologie — Bedürfnisstruktur:	Faktoren:
$\mathbf{A} = [a_{rs}]$	$\mathbf{b}$
Nutzen: $\mathbf{c}'$	

Ein Spezialfall, der jedoch für viele Zwecke hinreichend allgemein ist, ist geeignet, den Problemansatz zu verdeutlichen. Es handelt sich um zwei Produkte, und es stehen drei Produktionsprozesse und drei Verbrauchsaktivitäten zur Verfügung. Die Daten werden folgendermaßen angeordnet:

	Produktion			Verbrauch			Faktoren
Technologie — Bedürfnisstruktur:	a_{11}	a_{12}	a_{13}	0	0	0	b_1
	a_{21}	a_{22}	a_{23}	0	0	0	b_2
	$-a_{31}$	$-a_{32}$	$-a_{33}$	a_{34}	a_{35}	a_{36}	0
	$-a_{41}$	$-a_{42}$	$-a_{43}$	a_{44}	a_{45}	a_{46}	0
Nutzen:	0	0	0	c_1	c_2	c_3	

Werden die Werte der a_{rs}, b_r und c_s als gegeben (und üblicherweise positiv) angenommen, dann können die Einheiten für die Prozesse oder Aktivitäten und für die Güter so gewählt werden, daß (z. B.) alle b_r

und c_s zur Einheit werden; dabei bleibt noch genügend Spielraum, um ein Element in jeder der ersten drei Spalten und in jeder der letzten beiden Zeilen ± 1 zu setzen. Setzt man die b_r und c_s gleich der Einheit, so spricht man von der *Normierung* der entsprechenden Zeilen und Spalten.

Zur Vervollständigung des linearen Programms und seines dualen wird der Vektor $\boldsymbol{\lambda}$ von der Ordnung $(n + h)$ für die variablen Aktivitätsniveaus und $\mathbf{p}$ von der Ordnung $(k + m)$ für die entsprechenden Preise geschrieben. Das lineare Programm besteht nun darin, das Nutzenniveau, d. h. $z = \mathbf{c}' \boldsymbol{\lambda}$ zu maximieren. Es sind nicht-negative $\boldsymbol{\lambda}$ zu bestimmen, so daß der

$$\left.\begin{array}{ll} \text{Nutzen} & z = \mathbf{c}' \boldsymbol{\lambda} = \max! \\ \text{unter der Nebenbedingung} & \mathbf{A}\boldsymbol{\lambda} \leqslant \mathbf{b} \end{array}\right\} \tag{1}$$

Die ersten k der $(k + m)$ Nebenbedingungen bringen die Faktorbeschränkungen zum Ausdruck. Die letzten m Nebenbedingungen sind Gleichungen auf deren rechten Seiten Nullen stehen (auf Grund der Definition von $\mathbf{b}$); sie verlangen, daß alle hergestellten Güter auch verbraucht werden.

Das duale Programm besteht darin, nicht-negative $\mathbf{p}$ zu bestimmen, so daß die

$$\left.\begin{array}{ll} \text{Kosten} & \zeta = \mathbf{b}' \mathbf{p} = \min! \\ \text{unter der Nebenbedingung} & \mathbf{A}' \mathbf{p} \geqslant \mathbf{c} \end{array}\right\} \tag{2}$$

Die zu minimierende Variable ζ stellt die Kosten der konstanten Faktoren zu Verrechnungspreisen dar. Die ersten n der $(n + h)$ Nebenbedingungen bringen zum Ausdruck, daß die Kosten in jedem Produktionsprozeß mindestens gleich den Erlösen sind (nicht-positive Gewinne). Die übrigen Nebenbedingungen besagen, daß die Produktionspreise so bemessen sind, daß das Nutzenniveau jeder Verbrauchsaktivität gleich dem Wert der verbrauchten Gütermengen ist.

Dieses lineare Programm, das Produktionstechnik und Bedürfnisstruktur berücksichtigt, ist eine Erweiterung des Produktionsmodells, das in Abschnitt 18.8 behandelt wurde. Dieses Modell kann nun als Spezialfall von (1) und (2) mit nur einer Verbrauchsaktivität betrachtet werden, d. h. unter der Annahme, daß die Produkte in festen Proportionen verbraucht werden müssen. Die beschriebene Erweiterung kann jede Menge von Verbrauchsaktivitäten berücksichtigen und damit auch Substitutionsbeziehungen zwischen Gütern in der Produktion wie im Verbrauch.

Die allgemeinen Bemerkungen in Abschnitt 18.8 sind hier mit gewissen Erweiterungen ebenfalls anwendbar. Wir nehmen an, daß in dem linearen Programm (1) alle nicht verwendbaren Aktivitäten oder Prozesse eliminiert werden, so daß n Produktionsprozesse und h Verbrauchsaktivitäten eingesetzt werden. Man kann $h \leqslant m$ setzen; es ist nicht erforderlich, mehr Verbrauchsaktivitäten zu verwenden als Produkte zum Verbrauchen verfügbar sind. Dann bestimmen die m Gleichungen der Nebenbedingungen von (1) $(m-h)$ der Prozeßniveaus $\lambda_1, \lambda_2, \ldots, \lambda_n$ und die h Verbrauchsaktivitätenniveaus, die in z als die übrigen $(n-m+h)$ Prozeßniveaus auftreten. Die k Ungleichungen in (1) berücksichtigen nur die Prozeßniveaus $\lambda_1, \lambda_2, \ldots, \lambda_n$ und verringern sich somit auf $(n-m+h)$ Ungleichungen. Will man z maximieren, so ist es möglich, durch entsprechende Wahl der Variablen λ $(n-m+h)$ Ungleichungen zu Gleichungen werden zu lassen. Im allgemeinen sind deshalb $(n-m+h)$ der k Faktoren knapp, um $(m-h)$ geringer als die Zahl der verwendeten Produktionsprozesse; der Unterschied ist auf die Beschränkungen des Verbrauchs zurückzuführen, die dadurch entstehen, daß h Gruppen fester Mengenverhältnisse (verwendete Verbrauchsaktivitäten) aus m Gütern zu berücksichtigen sind. Dieses Ergebnis, das immer Ausnahmen in sog. entarteten Fällen aufweist, entspricht den früher abgeleiteten Resultaten (vgl. 18.8).

Eine zweckmäßige Form dieses Ergebnisses erhält man, indem die Lösung der Technik-Bedürfnis-Matrix so reduziert wird, daß alle Faktoren, die nicht knapp sind, und alle Prozesse oder Aktivitäten, die nicht verwendet werden, eliminiert werden. Die Anzahl der knappen Faktoren $(n-m+h)$ vermehrt um die Zahl der Produkte m ergibt die Anzahl der Zeilen $(n+h)$ der reduzierten Matrix. Das ist gleichzeitig auch die Zahl der Spalten, d. h. der verwendeten Prozesse n und der Verbrauchsaktivitäten h. Die *reduzierte Technologie-Bedürfnis-Matrix ist folglich quadratisch.*

Die Verrechnungspreise in (2) erfüllen den üblichen Zweck; ein Faktor ist frei, wenn sein Preis Null ist, und alle eingesetzten Prozesse haben einen Gewinn von Null (im Gegensatz zu nicht-positiven Gewinnen). Die Spalten der Technik-Bedürfnis-Matrix $\mathbf{A}$ können mit $\boldsymbol{\lambda}$, die Zeilen mit $\mathbf{p}$ multipliziert werden; auf diese Weise erhält man die *Transaktionsmatrix*

$$\mathbf{V} = [v_{rs}] \ ,$$

die ebenso wie die reduzierte Matrix $\mathbf{A}$ quadratisch ist. Sind nämlich die p Null, so werden Zeilen eliminiert (nicht knappe Faktoren), sind die λ Null, so verschwinden Spalten (nicht eingesetzte Prozesse oder Aktivitäten) der ursprünglichen Matrix $\mathbf{A}$. Auf Grund der Nebenbedingungen in (1) ergeben die Zeilensummen von $\mathbf{V}$ die Werte der festen Faktorbeschränkungen und Nullen für Produkte. Auf Grund der Nebenbedingungen in (2) ergeben die Spaltensummen von **V** Nullen für die Produktionsprozesse (Gewinne gleich Null) und die Nutzenniveaus der Verbrauchsaktivitäten.

Ferner sind die Verhältnisse der durch (2) bestimmten Preise gleich den verschiedenen Substitutionsraten der Güter. Es gibt drei Arten von Substitutionsraten in der Produktion (wie in 18.8) und es tritt hier noch eine weitere hinzu, die der Substitution zwischen Verbrauchsgütern. Das Verhältnis zweier Produktionspreise ist gleich der Substitutionsrate zwischen den beiden Gütern in der Produktion und im Verbrauch.

Mit Hilfe des linearen Programms (1) und des dualen (2) können die Produktion, der Verbrauch und die Verrechnungspreise durch die gegebenen Größen bestimmt werden: durch die Technologie-Bedürfnis-Matrix **A**, die Produktionsfaktoren **b** und das Indifferenzsystem der Verbraucher **c**. Die Lösung ändert sich mit den Daten. Eine solche Änderung kann durch eine Vielzahl von Möglichkeiten eintreten; die in 18.6 beschriebene Methode der Systematisierung von Datenänderungen ist hier wiederum nützlich. Wird eine der Faktoreinsatzmengen (z. B. b_1) im Verhältnis k vermehrt, so kann dieselbe Wirkung erreicht werden, wenn man alle Elemente der ersten Zeile von **A** im Verhältnis $\frac{1}{k}$ vermindert. Was die Lösung nach den Aktivitätsniveaus und den Verrechnungspreisen betrifft, so besteht kein Unterschied zwischen einer Zunahme der verfügbaren Menge eines Faktors und einer Verringerung der eingesetzten Menge des Faktors in jedem Produktionsprozeß (pro Produkteinheit). Entsprechend gilt, daß bei einer Änderung der Bedürfnisstruktur, die die Erhöhung eines Nutzenniveaus (z. B. c_1) im Verhältnis k zur Folge hat, dieselbe Wirkung eintritt wie bei der Verringerung aller Elemente einer Spalte (für die erste Verbrauchsaktivität) von **A** im Verhältnis $\frac{1}{k}$. Werden nun *alle* Faktoren und *alle* Nutzenniveaus im Verhältnis k vermehrt, was gleichbedeutend ist mit einer Abnahme *aller* Elemente in **A** im Verhältnis $\frac{1}{k}$, dann folgt aus (1) und (2), daß *alle* Aktivitätsniveaus und *alle* Preise ebenso im Verhältnis k zunehmen.

Aus diesem Grunde ist es zweckmäßig, alle Datenänderungen mit Hilfe der Technologie-Bedürfnis-Matrix **A** auszudrücken. Eine proportionale Veränderung in einer Zeile von **A** entspricht einer Änderung der Faktormengen; eine entsprechende Veränderung in einer Spalte von **A** stellt eine Änderung in den Bedürfnissen der Verbraucher dar. Zu erklären bleibt eine Veränderung der relativen Größe der Elemente in Zeilen oder Spalten von **A**. Man kann eine solche Änderung per definitionem als Veränderung der Produktionstechnik oder der Bedürfnisstruktur schreiben.

Steht auf diese Weise die Matrix **A** im Mittelpunkt der Betrachtung, so können die Einheiten der k Faktoren so gewählt werden, daß die Faktoren in den Einheitsmengen verfügbar sind, d. h. daß **b** aus k Einheitswerten und m Nullen besteht. Ähnlich können die Einheitsniveaus der Verbrauchsaktivitäten so gewählt werden, daß **c** aus n Nullen und h Einheitselementen besteht. Das ist die *normierte* Form des Problems.

Komparativ-statische Probleme treten in folgender Form auf: Wie ändern sich Produktion, Verbrauch und Verrechnungspreise bei gegebenen Veränderungen der Nutzenniveaus, der Produktionstechnik und der Bedürfnisstruktur? Sind das lineare Programm (1) und das duale (2) normiert, so lassen sich alle komparativ-statischen Probleme auf die Analyse der Wirkungen zurückführen, die aus verschiedenen Änderungen in der Matrix **A** resultieren.

Die Beispiele in folgendem Abschnitt sollen zeigen, wie die numerische Lösung für ein gegebenes Linear-Programm gefunden werden kann. Daneben wird an ihnen die Behandlung komparativ-statischer Probleme gezeigt. Die allgemeine Formulierung des Programmierungsproblems läßt so viele Variationen zu, daß eine umfassende Darstellung und die Antwort auf alle komparativ-statischen Probleme nahezu unmöglich sind. Einige Vereinfachungen sind erforderlich, wie beispielsweise in Übungsaufgabe 2. In den folgenden Beispielen wird vereinfacht, indem nur eine kleine Anzahl von Faktoren und Produkten von Produktionsprozessen und Verbrauchsaktivitäten berücksichtigt wird und numerische Werte für die Technik-Bedürfnis-Daten angenommen werden.

Übungsaufgaben 19.7

1. Erklären Sie das lineare Programm (1) für den Fall, daß die oben rechts stehenden Elemente der Matrix **A** (die ersten k Zeilen, die letzten h Spalten) von Null verschieden sind; für den Fall, daß der Vektor **b** nur von Null verschiedene Elemente aufweist; für den Fall, daß der Vektor **c** nur von Null verschiedene Elemente aufweist.

2. Das lineare Programm (1) ist sehr umfassend, besonders, wenn es wie in der vorangehenden Aufgabe erweitert wird. Betrachten Sie die folgenden Vereinfachungen und vergleichen Sie sie:
   - (i) Es gibt nur eine Verbrauchsaktivität, d. h. ein zusammengefaßtes Verbrauchsgut.
   - (ii) Es gibt nur einen festen Produktionsfaktor, z. B. Arbeit oder Kredit.
   - (iii) Jedes Produkt ist niemals Einsatz- und Ausstoßmenge nur eines Produktionsprozesses; in jedem Produktionsprozeß wird nur ein Produkt hergestellt.

3. Zeigen Sie, daß die Beispiele (i) und (ii) in der vorigen Übungsaufgabe eine duale Beziehung aufweisen und daß bei (i) das Nutzenmaximum, bei (ii) das Kostenminimum gesucht wird.

4. Zeigen Sie, daß im Beispiel (iii) in Aufgabe 2 die Zahl (n) der Produkte und die der Prozesse gleich ist und die Möglichkeit besteht, daß links unten in der Matrix **A** die negative Einheitsmatrix ($-\mathbf{I}$) von der Ordnung $n \times n$ erscheint. Zeigen Sie, daß die Vereinfachung im dualen Programm darin besteht, daß die Nebenbedingungen die Form besitzen: Kosten pro Einheit = Produktionspreis für eingesetzte Prozesse und Kosten pro Einheit > Produktionspreis für andere Prozesse.

5. Wählen Sie die Zahl der Faktoren und der Verbrauchsaktivitäten gleich groß (m), wobei **A** rechts oben eine negative Einheitsmatrix ($-\mathbf{I}$) von der Ordnung $m \times m$ aufweist. Erklären Sie diesen Fall, und setzen Sie ihn in Beziehung zum Modell einer geschlossenen Wirtschaft, in der Arbeitsleistungen als Produkte bei Aktivitäten auftreten, die Verbrauchsgüter als Faktoreinsatzmengen verwendet werden.

19.8 Beispiele

Die wesentlichen Beispiele, die beschrieben werden, um die Lösung eines linearen Programms mit Produktionstechnik und Bedürfnisstruktur zu erläutern, sind Erweiterungen der in 18.8 verwendeten Beispiele. Ein weiteres Beispiel, das noch einfacher ist, wird in Übungsaufgabe 1 dargestellt. Obgleich als Anwendungsbereiche wiederum Landwirtschaft und Fischerei gewählt werden, ist das Verfahren ebensogut auf industrielle Produktionsprozesse anwendbar.

Beispiel (a): Es werden Getreide und Schweine produziert; dabei werden Produktionsfaktoren in festen Proportionen verwendet. Die Produkte werden von den Verbrauchern in verschiedenen Verhältnissen nachgefragt. Die Daten sind in der folgenden Technik - Bedürfnis - Matrix und den folgenden Bedingungen angegeben:

Technologie - Bedürfnisstruktur: Faktoren:

$$\begin{bmatrix} 50 & 25 & 0 & 0 \\ 5 & 50 & 0 & 0 \\ \frac{1}{2} & -1 & 1 & 2 \\ -1 & 0 & 1 & \frac{1}{2} \end{bmatrix} \qquad \begin{matrix} 50 & \text{Arbeitermonate} \\ 52\frac{1}{2} & \text{Hektar} \\ 0 & \\ 0 & \end{matrix}$$

Nutzen: $\quad 0 \quad 0 \quad 1 \quad 1$

Das lineare Programm besteht darin, nicht-negative λ so zu bestimmen, daß der

Nutzen $\qquad z = \lambda_3 + \lambda_4 = \max!$

unter den Nebenbedingungen

$$\left.\begin{aligned} 50\,\lambda_1 + 25\,\lambda_2 &\leqslant 50 \\ 5\,\lambda_1 + 50\,\lambda_2 &\leqslant 52\frac{1}{2} \end{aligned}\right\} \quad (1)$$

$$\left.\begin{aligned} -\frac{1}{2}\lambda_1 + \quad \lambda_2 &= \lambda_3 + 2\,\lambda_4 \\ \lambda_1 \qquad &= \lambda_3 + \frac{1}{2}\,\lambda_4 \end{aligned}\right\} \quad (2)$$

Die Verbrauchskombinationen entsprechen dem Fall der rechtwinkligen Hyperbel in Abb. 79. Jedes Indifferenzgebilde besteht aus einem Geradenabschnitt, und es gibt nur eine Substitutionsrate:

$$\frac{2-1}{1-\frac{1}{2}} = 2 ,$$

d. h. 200 t Getreide gleichen einen Verlust von 100 Schweinen aus.

Die Nebenbedingungen des linearen Programms zerfallen in zwei Teile (1) und (2), die leicht zu lösen sind. Die Gleichungen (2) ergeben

$$\lambda_3 = \frac{3}{2}\lambda_1 - \frac{1}{3}\lambda_2 \quad \text{und} \quad \lambda_4 = \frac{2}{3}\lambda_2 - \lambda_1 \tag{3}$$

Die Bedingung für das Maximum kann mit Hilfe von λ_1 und λ_2 angegeben werden:

$$z = \frac{1}{2}\lambda_1 + \frac{1}{3}\lambda_2 = \max! \tag{4}$$

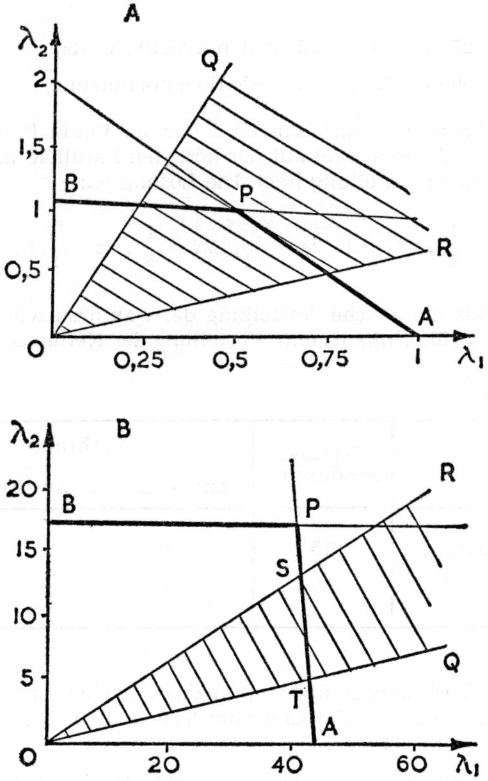

Abb. 80

Es sind nur die λ_1 und λ_2 zulässig, für die $\lambda_3 \geqslant 0$ und $\lambda_4 \geqslant 0$, so daß aus (3) folgt:

$$\frac{\lambda_2}{\lambda_1} \leqslant \frac{9}{2} \quad \text{und} \quad \frac{\lambda_2}{\lambda_1} \geqslant \frac{2}{3}$$

und der Punkt mit den Koordinaten (λ_1, λ_2) in Abb. 80 a in der Ebene $0\,\lambda_1\,\lambda_2$ zwischen den Geraden

$$OQ: \frac{\lambda_2}{\lambda_1} = \frac{9}{2} \qquad OR: \frac{\lambda_2}{\lambda_1} = \frac{2}{3}$$

liegen muß. OQ entspricht $\lambda_3 = 0$, die erste nicht eingesetzte Verbrauchsaktivität; entsprechendes gilt für OR. Zwischen diesen Geraden wird eine Schar von Parallelen mit $\frac{1}{2}\lambda_1 + \frac{1}{3}\lambda_2 = \text{const.}$ gezeichnet; nach (4) besteht das Problem darin, unter den gegebenen Bedingungen die höchste Parallele zu erreichen.

Die Nebenbedingungen (1) sind die üblichen; sie bringen die Auswirkungen der beschränkten Faktormengen (Arbeit bzw. Boden) zum Ausdruck. Der Punkt mit den Koordinaten (λ_1, λ_2) muß in der Fläche $OAPB$ in Abb. 80 a liegen, wo

AP: $50\,\lambda_1 + 25\,\lambda_2 = 50$ (für vollen Arbeitseinsatz)

BP: $5\,\lambda_1 + 50\,\lambda_2 = 52^1/_2$ (für volle Bodenbenutzung)

Die Lösung des linearen Programms ist daher der Punkt P, der Schnittpunkt der Geraden AP und BP ist und auf der höchsten Parallele innerhalb der zulässigen Flächen der Darstellung liegt. Die Lösung ist:

$$\lambda_1 = \frac{1}{2}, \quad \lambda_2 = 1, \quad \lambda_3 = \frac{5}{12}, \quad \lambda_4 = \frac{1}{6}, \quad z = \frac{7}{12}\,(\text{max!})$$

Zufällig ergibt das die gleiche Aufteilung der Faktoren wie in Bsp. (a), Abschnitt 18.5, und darüber hinaus eine Verteilung der Nettoproduktion nach folgendem Schema.

	Netto-Produktion	Verbrauch	
		Erste Aktivität	Zweite Aktivität
Getreide (t)	75	42	33
Schweine (Stck.)	50	42	8

Die Gruppe der Verbraucher übernimmt das Angebot zum Teil in gleichen Proportionen (42 t und 42 Stck.) und zum Teil in den gegebenen ungleichen Proportionen (33 t und 8 Stck.).

Hier handelt es sich um ein Beispiel, in dem die Matrix in der Lösung die Ordnung 4×4 beibehält. Es gibt andere Fälle, in denen die Matrix auf die Ordnung 3×3 reduziert wird; es ist dann nur ein Faktor knapp, und es wird nur eine Verbrauchsaktivität eingesetzt. Die Lösung ist dann gegeben durch den Schnitt von *OQ* oder *OR* mit *AP* oder *BP*. Solche Fälle werden in Übungsaufgaben 2 und 3 erläutert.

Beispiel (b): Frischer Fisch, Räucherfisch und Brennholz werden mit einem einzigen festen Faktor (Arbeit) gewonnen und in festen Proportionen nach folgendem Schema nachgefragt:

Technologie — Bedürfnisstruktur:							Faktoren:
Arbeit	Arbeitermonate	7	1	$\frac{1}{4}$	0	0	300
Frischer Fisch	t	−1	2	0	4	0	0
Räucherfisch	t	0	−1	0	0	2	0
Brennholz	t	0	3	−1	1	1	0
	Nutzen:	0	0	0	1	1	

Das lineare Programm besteht darin, $z = \lambda_4 + \lambda_5$ unter den Nebenbedingungen

$$7\,\lambda_1 + \lambda_2 + \frac{1}{4}\lambda_3 \leqslant 300 \tag{5}$$

$$-\lambda_1 + 2\,\lambda_2 + 4\,\lambda_4 = 0, \quad -\lambda_2 + 2\,\lambda_5 = 0 \quad \text{und} \quad 3\,\lambda_2 - \lambda_3 + \lambda_4 + \lambda_5 = 0 \tag{6}$$

zu maximieren.

Die Gleichungen (6) ergeben:

$$\lambda_4 = \frac{1}{4}\lambda_1 - \frac{1}{2}\lambda_2\,; \quad \lambda_5 = \frac{1}{2}\lambda_2\,; \quad \text{so daß } z = \frac{1}{4}\lambda_1$$

und

$$\lambda_3 = 3\,\lambda_2 + \frac{1}{4}\lambda_1$$

Als Bedingung hat daher das Maximum von λ_1 zu gelten, vorausgesetzt, daß $\lambda_1 \geqslant 2\,\lambda_2$ und $\lambda_2 \geqslant 0$ (λ_4 und λ_5 nicht negativ). Wird λ_3 in (5) ersetzt, so erhält man:

$$\frac{113}{16}\lambda_1 + \frac{7}{4}\lambda_2 \leqslant 300\,.$$

Da λ_1 zum Maximum werden soll, ist die Lösung $\lambda_2 = 0$ und $\lambda_1 = \frac{4800}{113}$; die Bedingungen $\lambda_1 \geqslant 2\,\lambda_2$ und $\lambda_2 \geqslant 0$ sind erfüllt. Die übrigen λ können dann aus den obenstehenden Gleichungen bestimmt werden; auf diese Weise erhält man die vollständige Lösung:

$$\lambda_1 = 42{,}5 \quad \lambda_2 = 0 \quad \lambda_3 = 10{,}6 \quad \lambda_4 = 10{,}6 \quad \lambda_5 = 0$$

Die ursprüngliche Technologie-Bedürfnis-Matrix ist von der Ordnung 4×5, so daß man zur Lösung nur dann eine quadratische Matrix erhält, wenn (mindestens) ein Prozeß oder eine Aktivität nicht eingesetzt wird. Die tatsächliche Lösung darüber hinaus; es fallen zwei Spalten aus, ein Prozeß ($\lambda_2 = 0$) und eine Verbrauchsaktivität ($\lambda_5 = 0$). Damit entfällt auch ein Gut (Räucherfisch), da es nicht hergestellt wird. Die quadratische Matrix, die man so erhält, ist von der Ordnung 3×3, und als Lösung ergibt sich:

	Produktion		Verbrauch (Erste Aktivität)
	Erste Prozeß	Dritter Prozeß	
Frischer Fisch t	42,5	—	42,5
Brennholz t	—	10,6	10,6
Arbeitskräfte Arbeitermonate	297,4	2,6	—

Beispiel (c): Das Problem des vorangehenden Beispiels kann variiert werden, indem man den Produktionsprozeß für Brennholz herausläßt und statt dessen annimmt, daß Brennholz (wie Arbeit) in gegebener Menge zur Verfügung steht. Man hat dann folgendes Schema:

Technologie — Bedürfnisstruktur:						Faktoren:
Arbeit	Arbeitermonate	7	1	0	0	300
Brennholz	t	0	3	0	0	b
Frischer Fisch	t	−1	2	1	3	0
Räucherfisch	t	0	−1	1	$\frac{1}{2}$	0
	Nutzen:	0	0	1	1	

b ist hier eine Konstante (gegebene Menge des Faktors Brennholz), dem man verschiedene Werte geben kann, um die Wirkungen auf die Lösung zu untersuchen. Die Matrix ist jetzt quadratisch; es ist deshalb für die Lösung zu erwarten, daß entweder alle Prozesse und Aktivitäten eingesetzt werden und beide Faktoren knapp sind, oder daß nur eine Aktivität eingesetzt wird und nur ein Faktor knapp ist.

Das lineare Programm besteht nun darin, nicht-negative λ zu finden, so daß $z = \lambda_3 + \lambda_4$ ein Maximum wird, und zwar unter den Nebenbedingungen:

$$7\lambda_1 + \lambda_2 \leqslant 300 \quad \text{und} \quad 3\lambda_2 \leqslant b \tag{7}$$

$$-\lambda_1 + 2\lambda_2 + \lambda_3 + 3\lambda_4 = 0 \quad \text{und} \quad -\lambda_2 + \lambda_3 + \frac{1}{2}\lambda_4 = 0 \tag{8}$$

Aus (8) erhält man $\lambda_3 = \frac{1}{5}(8\lambda_2 - \lambda_1)$; $\lambda_4 = \frac{2}{5}(\lambda_1 - 3\lambda_2)$; und $z = \frac{1}{5}(\lambda_1 + 2\lambda_2)$.

Die Bedingung für das Maximum ist, daß die Lösung der höchste Punkt auf den Parallelen ($\lambda_1 + 2\lambda_2 = \text{const.}$) innerhalb des Kegels OQR ist, wobei OQ gleich $\lambda_2 = {}^1/_8\,\lambda_1$ (für $\lambda_3 = 0$) und OR gleich $\lambda_2 = {}^1/_3\,\lambda_1$ (für $\lambda_4 = 0$) ist, wie in Abb.80 b dargestellt. Auf Grund von (7) müssen die Lösungen für λ_1 und λ_2 entsprechend den Faktorenbeschränkungen in der Fläche $OAPB$ liegen, wo AP die Gerade $7\lambda_1 + \lambda_2 = 300$ und BP die Parallele zu $O\lambda_1$ mit der Ordinate $OB = \frac{1}{3}b$ ist. Der Punkt S hat die Koordinaten $\lambda_1 = \frac{450}{11}$, $\lambda_2 = \frac{150}{11}$; der Punkt T hat die Koordinaten $\lambda_1 = \frac{800}{19}$, $\lambda_2 = \frac{150}{11}$. Aus Abb. 80 b geht hervor, daß sich die Lösung folgendermaßen mit b verändert:

(i) $b > \frac{450}{11}$; Lösung in S: $\lambda_1 = \frac{450}{11}$, $\lambda_2 = \frac{150}{11}$; $\lambda_3 = \frac{150}{11}$; $\lambda_4 = 0$.

(ii) $\frac{300}{19} < b < \frac{450}{11}$; Lösung in P (zwischen S und T):

$$\lambda_1 = \frac{1}{21}(900 - b), \quad \lambda_2 = \frac{1}{3}b, \quad \lambda_3 = \frac{1}{35}(19\,b - 300), \quad \lambda_4 = \frac{4}{105}(450 - 11\,b)$$

(iii) $b < \frac{300}{19}$; Lösung in T: $\lambda_1 = \frac{800}{19}$, $\lambda_2 = \frac{100}{19}$, $\lambda_3 = 0$, $\lambda_4 = \frac{200}{19}$.

Im Fall (i) ist Brennholz nicht knapp und wird nicht voll eingesetzt, d. h. es wird nur eine Verbrauchsaktivität (λ_3) eingesetzt und nur ein Faktor (Arbeit) ist knapp; beide Güter werden hergestellt, allerdings mit einem gewissen Schwergewicht auf Räucherfisch. Im Fall (iii) ist die Situation ähnlich, nur ist Brennholz knapp, der Faktor Arbeit überhaupt nicht beschäftigt, und es wird die Verbrauchsaktivität eingesetzt, die mehr frischen Fisch als Räucherfisch nachfragt. Der weniger extreme Fall (ii) ist der, in dem beide Faktoren knapp sind und beide Verbrauchsaktivitäten eingesetzt werden.

Um die komparativ-statische Methode anhand des Beispiels (a) zu üben, benutze man zur Kennzeichnung die technologischen (Input-Output) Beziehungen und der Bedürfnisstruktur Parameter an Stelle numerischer Werte:

Technologie — Bedürfnisstruktur:					Faktoren:
Arbeit	a_{11}	a_{12}	0	0	1
Boden	a_{21}	a_{22}	0	0	1
Getreide	$\frac{1}{2}$	-1	1	α	0
Schweine	-1	0	1	β	0
Nutzen:	0	0	1	1	

Die vier a sind alle positiv und $\alpha > 1, \beta < 1$. Diese Parameter können verändert werden und die Wirkung auf die Lösung des Problems ist bestimmbar.

Die Matrix ist normiert. Die Einheiten für Arbeit und Boden werden je nach den verfügbaren Mengen festgelegt. Die Einheiten für Getreide und Schweine werden so gewählt, daß je eine Einheit von beiden zum ersten Verbrauchskoeffizienten zusammengefaßt wird. Die Einheitsniveaus der beiden Produktionsprozesse werden so festgelegt, daß eine Einheit jedes Gutes (Schweine bzw. Getreide) als Produktionsergebnis gilt. Die Einheitsniveaus der Verbrauchsaktivitäten werden so gewählt, daß jedem die Nutzeneinheit zugeordnet werden kann.

Keine Beachtung wird Veränderungen im Ergebnis der Produktion geschenkt; diese Beziehungen werden numerisch festgelegt, und zwar durch die Untermatrix der Elemente $\begin{bmatrix} \frac{1}{2} & -1 \\ -1 & 0 \end{bmatrix}$. Das geschieht, um die Aufmerksamkeit auf Veränderungen verschiedener Faktoren und der Bedürfnisse zu konzentrieren, die mit den Elementen a bzw. α und β bezeichnet werden. Werden z. B. a_{11} und a_{12} im gleichen Verhältnis vermindert, dann kann man daraus die Wirkung einer Erhöhung der verfügbaren Menge des Faktors Arbeit ablesen. Wird andererseits das Verhältnis von a_{11} zu a_{12} verändert, dann ist die untersuchte Wirkung die einer Veränderung der Arbeitsproduktivität in den beiden Produktionsprozessen.

Beispiel (d): Das lineare Programm mit den obengenannten Daten besteht darin, nicht-negative λ zu bestimmen, so daß

$$z = \lambda_3 + \lambda_4 = \max!$$

unter den Nebenbedingungen

$$a_{11}\lambda_1 + a_{12}\lambda_2 \leqslant 1 \qquad a_{21}\lambda_1 + a_{22}\lambda_2 \leqslant 1$$

$$\frac{1}{2}\lambda_1 - \lambda_2 + \lambda_3 + \alpha\lambda_4 = 0 \qquad -\lambda_1\lambda + \lambda_3 + \beta\lambda_4 = 0$$

Die Lösung ist aus einer graphischen Darstellung wie Abb. 80 a zu ersehen, wo

AP: $a_{11}\lambda_1 + a_{12}\lambda_2 = 1$ für vollen Einsatz des Faktors Arbeit

BP: $a_{21}\lambda_1 + a_{22}\lambda_2 = 1$ für vollen Einsatz des Faktors Boden

P: $\lambda_1 = \dfrac{a_{22} - a_{12}}{A}, \quad \lambda_2 = \dfrac{a_{11} - a_{21}}{A}$

für vollen Einsatz der Faktoren Arbeit und Boden

OQ: $\dfrac{\lambda_2}{\lambda_1} = \dfrac{\alpha}{\beta} + \dfrac{1}{2}$ für $\lambda_3 = 0$

OR: $\dfrac{\lambda_2}{\lambda_1} = \dfrac{3}{2}$ für $\lambda_4 = 0$

Die Parallelen (für $z = \max.$) haben die Steigung

$$-\frac{\alpha + \frac{1}{2}\beta - \frac{3}{2}}{1-\beta}$$

Dabei ist $A = \begin{vmatrix} a_{11} & a_{12} \\ a_{21} & a_{22} \end{vmatrix} = a_{11}\,a_{22} - a_{12}\,a_{21}$, und die Reihenfolge der Faktoren wird so bestimmt (wie stets möglich), daß $A > 0$, d. h.

$$\frac{a_{11}}{a_{12}} > \frac{a_{21}}{a_{22}} \quad \text{und} \quad \frac{a_{11}}{a_{21}} > \frac{a_{12}}{a_{22}}$$

Die Lösung ist durch den Punkt P gegeben, wo beide Faktoren voll beschäftigt und alle vier Prozesse und Aktivitäten eingesetzt werden, vorausgesetzt, daß die folgenden Bedingungen erfüllt sind:

$$\left.\begin{array}{ll} P \text{ im positiven Quadranten:} & \dfrac{a_{11}}{a_{21}} > 1 > \dfrac{a_{12}}{a_{22}} \\[2ex] P \text{ zwischen } OQ \text{ und } OR\text{:} & \dfrac{\alpha}{\beta} + \dfrac{1}{2} > \dfrac{a_{11} - a_{21}}{a_{22} - a_{12}} > \dfrac{3}{2} \\[2ex] \begin{array}{l}\text{Steigung der Parallelen} \\ \text{zwischen } AP \text{ und } BP\text{:}\end{array} & \dfrac{a_{11}}{a_{12}} > \dfrac{\alpha + \frac{1}{2}\beta - \frac{3}{2}}{1-\beta} > \dfrac{a_{21}}{a_{22}} \end{array}\right\} \qquad (9)$$

Ist eine dieser Bedingungen nicht erfüllt, dann ist die Lösung durch den Schnitt von OQ oder OR mit AP oder BP gegeben; für den Schnittpunkt der Geraden OR und BP gibt das z. B.

$$\lambda_1 = \frac{2}{2\,a_{21} + 3\,a_{22}}\,, \quad \lambda_2 = \frac{3}{2\,a_{21} + 3\,a_{22}}$$

In diesem Fall ist nur ein Faktor knapp und nur eine Verbrauchsaktivität wird eingesetzt, d. h. Boden ist in dem beschriebenen Beispiel knapp und der Verbrauch ist im Verhältnis 1 : 1 festgelegt.

Das duale Programm besteht darin, nicht-negative p zu bestimmen, so daß

$$\zeta = p_1 + p_2 = \min!$$

unter den Nebenbedingungen

$$a_{11}\,p_1 + a_{21}\,p_2 \geqslant p_4 - \frac{1}{2}\,p_3 \qquad a_{12}\,p_1 + a_{22}\,p_2 \geqslant p_3$$

$$p_3 + p_4 = 1 \qquad \alpha\,p_3 + \beta\,p_4 = 1$$

Sind die Bedingungen (9) erfüllt, so sind die Werte von λ_1 und λ_2 die für P angegebenen und die p alle positiv:

$$\left.\begin{aligned} \lambda_1 &= \frac{a_{22}-a_{12}}{A} & \lambda_2 &= \frac{a_{11}-a_{21}}{A} \\ p_1 &= \frac{\left(\alpha+\frac{1}{2}\beta-\frac{3}{2}\right)a_{22}-(1-\beta)\,a_{21}}{(\alpha-\beta)\,A} & p_2 &= \frac{(1-\beta)\,a_{11}-\left(\alpha+\frac{1}{2}\beta-\frac{3}{2}\right)a_{12}}{(\alpha-\beta)\,A} \\ p_3 &= \frac{1-\beta}{\alpha-\beta} & p_4 &= \frac{\alpha-1}{\alpha-\beta} \end{aligned}\right\} \quad (10)$$

Aus (10) können alle Eigenschaften der Lösung bestimmt werden, z. B. die Verbrauchsniveaus λ_3 und λ_4, das Nutzenmaximum z, das Kostenminimum ζ, die produzierten Mengen der beiden Güter usw. Von Interesse sind noch die Substitutionsraten:

$$\frac{p_3}{p_4} = \frac{1-\beta}{\alpha-1} = \text{Substitutionsrate zwischen Verbrauchsgüter}$$

$$\frac{p_1}{p_2} = \frac{\left(\alpha+\frac{1}{2}\beta-\frac{3}{2}\right)a_{22}-(1-\beta)\,a_{21}}{(1-\beta)\,a_{11}-\left(a+\frac{1}{2}\beta-\frac{3}{2}\right)a_{12}} = \text{Substitutionsrate zwischen Faktoren}$$

$$\frac{p_1}{p_3} = \frac{1}{A}\left(\frac{a+\frac{1}{2}\beta-\frac{3}{2}}{1-\beta}\,a_{22}-a_{21}\right) = \text{Arbeitsproduktivität in der Getreideerzeugung}$$

und entsprechend für die anderen Produktivitäten.

Ausgangspunkt für weitere Überlegungen ist eine Lösung (10), wobei Vollbeschäftigung aller Faktoren angenommen wird. Aus (10) kann man nun die Wirkung jeder Veränderung der a, α und β ersehen, nur ist dabei zu beachten, daß jede Verletzung von (9) zur Folge hat, daß ein Faktor unbeschäftigt ist und eine Verbrauchsaktivität nicht eingesetzt wird. Wir betrachten aus der Reihe der möglichen Veränderungen die beiden folgenden.

Zunahme der verfügbaren Mengen des Faktors Arbeit, d. h. proportionale Verringerung von a_{11} und a_{12}. Die direkte Wirkung auf Grund von (10) ist eine Zunahme von λ_1 und eine Abnahme von λ_2, d. h. die Produktion von Schweinen (λ_1) steigt und die von Getreide ($\lambda_2 - \frac{1}{2}\lambda_1$) nimmt ab. Die Zunahme kann so weit gehen, bis die mittlere der Bedingungen (9) (später auch die erste) nicht mehr erfüllt ist. Ist das der Fall, dann ist $\lambda_2 = \frac{3}{2}\lambda_1$, und die Produktionsmengen von Getreide und Schweinen sind gleich. Eine weitere Vermehrung der verfügbaren Mengen des Faktors Arbeit läßt die Produktionsmenge unverändert; der Faktor Arbeit wird nicht mehr eingesetzt, und der Verbrauch liegt im Verhältnis 1 : 1 fest. Mit Hilfe von Abb. 80 a läßt sich dieser

Tatbestand folgendermaßen ausdrücken: OQR liegt fest, P hat sich jedoch verändert und liegt unterhalb OR.

Änderung der Bedürfnisse, und zwar so, daß der Nutzen der Kombination $\alpha : \beta$ steigt. Das entspricht einem proportionalen Sinken von α und β, und die Substitutionsrate $\frac{1-\beta}{\alpha-1}$ steigt. Die direkte Wirkung auf Grund von (10) ist keine Änderung von λ_1 und λ_2 und damit der Produktionsmengen von Getreide und Schweinen. Die Änderung der Bedürfnisse hat keinen Einfluß auf die Produktion. Ihre Wirkung muß man in den Preisen und dem realisierten Nutzenmaximum (und Kostenminimum) suchen. Aus (10) ergibt sich wiederum, daß p_3 im Verhältnis zu p_4 steigt, und zwar entsprechend der Substitutionsrate, d. h. Getreide wird teurer, da die Kombination $\alpha : \beta$ ($\alpha > 1$, $\beta < 1$) stärker nachgefragt wird. Weiterhin nimmt p_1 im Verhältnis zu p_2 ab und der Faktor Boden (der bei der Getreideproduktion stark benötigt wird) steigt im Preis. Sinken die Werte von α und β erheblich, dann ist die letzte der Bedingungen (9) nicht mehr erfüllt. Ist das der Fall, dann sinkt λ_1 und λ_2 steigt, so daß $\frac{\lambda_2}{\lambda_1} = \frac{\alpha}{\beta} + \frac{1}{2}$; der Faktor Arbeit wird nicht voll eingesetzt, und der Verbrauch liegt im bevorzugten Verhältnis $\alpha : \beta$ fest. Der Preis p_1 des Faktors Arbeit fällt auf Null. In Abb. 80 a bedeutet das, daß P und die Geraden OQ und OR festliegen, nur der Wert für die Steigung der Geraden im Maximum von z nimmt ab; ist diese Steigung nicht größer als die von BP, verlagert sich die Lösung von P zum Schnittpunkt von OQ und BP.

Übungsaufgaben 19.8

1. Bestimmen Sie das Nutzenmaximum in dem linearen Programm mit folgenden Daten:

Technologie-Bedürfnisstruktur					Faktoren:
Arbeit	25	10	0	0	50 Arbeitermonate
Land	50	100	0	0	260 Hektar
Weizen	−1	0	1	2	0
Heu	0	−1	1	$\frac{1}{2}$	0
Nutzen:	0	0	1	1	

Die Einheiten für Weizen und Heu sind 100 t. Zeigen Sie, daß nur der Faktor Arbeit knapp ist und daß die erste Verbrauchsaktivität eingesetzt wird. Wie klein muß die verfügbare Menge des Faktors Boden sein, damit der Faktor Boden knapp wird?

2. Setzen Sie in der vorigen Aufgabe als verfügbare Faktoren 30 Arbeitermonate und 75 Hektar. Lösen Sie das Programm und zeigen Sie, daß nur ein Faktor knapp ist. Was kann über die eingesetzten Verbrauchsaktivitäten gesagt werden?

3. Schreiben Sie den linken unteren Teil der Matrix in Bsp. (a) in der Form $\begin{bmatrix} 1 & \alpha \\ 1 & \beta \end{bmatrix}$, worin $\alpha > 1$, $\beta < 1$. Geben Sie die Lösung als Funktion von α und β

an. Zeigen Sie anhand Abb. 80 a, daß der Punkt P nur dann innerhalb des Kegels OQR liegt (beide Faktoren sind knapp, beide Verbrauchsaktivitäten werden eingesetzt), wenn $\frac{\alpha}{\beta} > \frac{3}{2}$. Weisen Sie nach, daß aus diesem Grunde nur ein Faktor knapp ist, wenn $\frac{\alpha}{\beta} < \frac{3}{2}$. Vgl. Bsp. (d).

4. Formulieren Sie das duale Programm für Bsp. (a) und ermitteln Sie die Lösung: $p_1 : p_2 : p_3 : p_4 = 28 : 5 : 950 : 1\,900$.

5. Formulieren Sie und lösen Sie das duale Programm für Bsp. (c), zuerst mit $b = 45$ t, dann mit $b = 30$ t. Erklären Sie die gefundenen Preisverhältnisse durch Substitutionsverhältnisse.

6. a_{21} und a_{22} in Bsp. (d) sollen proportional abnehmen; untersuchen Sie die Wirkung einer Erhöhung der verfügbaren Menge des Faktors Boden.

7. Welche Bedeutung und welche Wirkungen haben in Bsp. (d):
   (i) proportionale Zunahme von a_{11} und a_{21}
   (ii) proportionale Zunahme von a_{12} und a_{22}
   (iii) Änderungen der relativen Größe von a_{11} und a_{12}
   (iv) Änderungen der relativen Größe von α und β?

Literatur

Alchian (A. A.) (1953): „The Meaning of Utility Measurement", *American Economic Review*, **43**, 26 - 50.

Cameron (B.) (1954): *The Determination of Production* (Cambridge, 1954).

Corlett (W. J.) und *Newman* (P. K.) (1952): „A Note on Revealed Preference and the Transitivity Condition", *Review of Economic Studies*, **20**, 156 - 58.

Dorfman (R.), *Samuelson* (P. A.) und *Solow* (R. M.) (1958): *Linear Programming and Economic Analysis* (McGraw-Hill, 1958), Chapter 14 and Appendix A.

Ellsberg (D.) (1954): „Classic and Current Notions of ‚Measurable Utility'", *Economic Journal*, **64**, 528 - 56.

Georgescu-Roegen (N.) (1936): „The Pure Theory of Consumer's Behavior", *Quarterly Journal of Economics*, **50**, 545 - 93.

Herstein (I. N.) und *Milner* (J.) (1953): „An Axiomatic Approach to Measurable Utility", *Econometrica*, **21**, 291 - 97.

Hicks (J. R.) und *Allen* (R. G. D.) (1934): „A Reconsideration of the Theory of Value", *Economica*, **1**, 52 - 76 and 196 - 219.

Hicks (J. R.) (1939, 1946): *Value and Capital* (Oxford, First Ed. 1939, Second Ed. 1946), Chapters I - III and Appendix.

Hicks (J. R.) (1956): *A Revision of Demand Theory* (Oxford, 1956).

Houthakker (H. S.) (1950): „Revealed Preference and the Utility Function", *Economica*, **17**, 159 - 74.

Makower (Helen) (1957): *Activity Analysis and the Theory of Economic Equilibrium* (Macmillan, 1957).

Marschak (J.) (1950): „Rational Behaviour, Uncertain Prospects, and Measurable Utility", *Econometrica*, **18**, 111 - 41.

Marschak (J.) (1951): „Why ‚Should' Statisticians and Businessmen Maximise ‚Moral Expectation'", in *Second Berkeley Symposium on Mathematical Statistics and Probability* (California, 1951).

Marschak (J.) (1954): „Scaling of Utilities and Probabilities", in Shubik (M.) (Editor): *Readings in Game Theory and Political Behaviour* (Doubleday, 1954).

Morishima (M.) (1952): „Consumer's Behaviour and Liquidity Preference", *Econometrica,* **20,** 223 - 46.

Morton (G.) (1950): *Food Consumption Levels — Some International Comparisons* (London Ph. D. thesis, unpublished).

Mosak (J. L.) (1952): „On the Interpretation of the Fundamental Equation of Value Theory", in Lange (O.), McIntyre (F.) and Yntema (T. O.) (Editors): *Studies in Mathematical Economics and Econometrics* (Chicago, 1952).

Mosteller (F.) und *Nogee* (P.) (1951): „An Experimental Measurement of Utility", *Journal of Political Economy,* **59,** 371 - 404.

Neumann (J. von) und *Morgenstern* (O.) (1947): *Theory of Games and Economic Behaviour* (Princeton, Second Ed. 1947).

Ozga (S. A.) (1956): „Measurable Utility and Probability", *Economic Journal,* **66,** 419 - 30.

Ramsey (F. P.) (1926): „Truth and Probability", paper written in 1926 and published in *The Foundations of Mathematics* (Ed. by R. B. Braithwaite, Kegan Paul, 1931), 156 - 98.

Robertson (D. H.) (1951): „Utility and All That", *Manchester School* (1951), 111 - 42.

Robertson (D. H.) (1954): „Utility and All What?" *Economic Journal,* **64,** 665 - 78.

Samuelson (P. A.) (1948): „Consumption Theory in Terms of Revealed Preference", *Economica,* **15,** 243 - 53.

Samuelson (P. A.) (1950): „The Problem of Integrability in Utility Theory", *Economica,* **17,** 355 - 85.

Samuelson (P. A.) (1952): „Probability, Utility, and the Independence Axiom", *Econometrica,* **20,** 670 - 78.

Savage (L. J.) (1954): *The Foundations of Statistics* (Wiley, 1954).

Slutsky (E.) (1915): „Sulla teoria del Bilancio del Consumatore", *Giornale del Economisti,* **51,** 1 - 26.

Kapitel 20

Das Aggregationsproblem

20.1 Problemstellung

Ökonomische Modelle müssen auf empirisch gegebene Daten bezogen sein, wenn sie explikativen und prognostischen Wert haben sollen. Bei dem gegenwärtigen Stand der Rechenverfahren dürfen in ihnen nur relativ wenig Aggregate wie etwa Volkseinkommen, Konsum oder Investition, ferner Inputs und Outputs in Gestalt größerer Faktor- und Produktmengen vorkommen. Dies gilt sicherlich für gesamtwirtschaftliche Modelle, etwa das der Hicksschen Konjunkturtheorie (Kapitel 7) oder für Leontiefs Input-Output-Modell (Kapitel 11). Gleichfalls trifft es für die Modelle wie die Linearplanung zu, die man auf Vorgänge in einer ganzen Industrie oder einem Großkonzern anwenden kann. In den meisten Fällen muß also ein Modell auf einige wenige Makrorelationen zwischen einigen wenigen Makrovariablen begrenzt bleiben.

Makroökonomische Modelle lassen sich, wie in den ersten Kapiteln dieses Buches, unter der Annahme einführen, daß aggregierte Variable zumindest annäherungsweise direkt und einfach aufeinander bezogen sind. Kein Ökonom aber kann sich damit zufrieden geben, denn er weiß, daß diese Beziehungen zwischen den Aggregaten das Ergebnis einer Vielzahl von Entscheidungen der Konsumenten und Unternehmer sind. Nicht mehr als natürlich ist dann der Wunsch, hinter die Makrorelationen zurückzugehen und zu untersuchen, wie individuelle Entscheidungen zu stabilen Relationen zwischen den Aggregaten führen — sofern dies überhaupt zutrifft.

Damit hat sich das Bild dann völlig verändert. Jedes wirtschaftstheoretische Modell wird in der Sprache der Mikroökonomie formuliert, d. h. also, Grundlage sind die Entscheidungen, die von individuellen Konsumenten oder Unternehmungen getroffen werden; die makroökonomischen Relationen sind dann abgeleitete Gebilde. Also müssen die Mikrorelationen mit Hilfe der Aggregation explizit auf die Makrorelationen übertragen werden. Diese Übertragung kann nun, was auch meistens der Fall ist, recht ungenau sein. Ist beispielsweise die individuelle Nachfrage nach Tee eine Funktion des Konsumenteneinkommen, des Teepreises und der Preis vieler verwandter Güter, so kann man in Analogie dazu festsetzen, daß die Marktnachfrage nach Tee in der gleichen Art eine Funktion des Volkseinkommens, des Teepreises und eines allgemeinen Preisindexes ist. Oder es kommen in der Art der Übertragung feinere (ökonomische und statistische) Überlegungen zum Zuge. Das Modell beruht dann zwar auf einer *ökonomischen* Theorie in der Form vieler Mikrorelationen zwischen Mikrovariablen, findet seinen Ausdruck aber in einer *ökonomisch-statistischen* Konstruktion von Makrorelationen zwischen aggregierten Variablen. Die Aggregationsmethode selbst spielt nicht nur in der Wirtschaftstheorie eine Rolle, sondern ist auch für die statistischen Methoden zur Verarbeitung der verfügbaren Daten von großer Bedeutung.

Damit ergibt sich ein ganzes Bündel von Fragen. Wie muß die Aggregation aussehen? Möglich wäre in dem Beispiel mit der Marktnachfrage nach Tee eine Aggregation über eine Konsumentengruppe, über eine Reihe von Teesorten wie auch über die Zeit, die notwendig wäre, um von dem „Tag" der individuellen Entscheidung zu den Monaten oder Vierteljahren als empirisch gegebenen Daten zu kommen. Entscheidend dafür könnte die Gestalt der zugrundeliegenden ökonomischen Theorie sein; ist im Hinblick auf die individuellen Preis-Nachfrage-Funktionen die Preiselastizität für Tee konstant, so könnte man für die Marktnachfrage auch eine konstante Preis-Elastizität annehmen. In welcher Weise ist der (statische) Koeffizient einer Makrorelation auf die entsprechenden (ökonomischen) Koeffizienten der zugrunde liegenden Makrorelation bezogen? Man könnte sich beispielsweise die Preiselastizität am Markt für Tee als den Durchschnitt der verschiedenen individuellen Preiselastizitäten vorstellen. Entspricht dies den Verhältnissen und, wenn ja, welche Art von Durchschnitt käme für den aggregierten Koeffizienten in Frage? Solche Fragen sind natürlich für die ökonomische Modellbildung von grundlegender Bedeutung. Sie wurden zwar in der Vergangenheit von Ökonomen wie etwa Tinbergen (1939, 1951) gewürdigt, doch eigentlich systematisch erforscht wurden sie erst in jüngster Zeit. Der Grund ist auch leicht einzusehen. Es handelt sich weder um primär ökonomische noch um statistische Fragen. Der Ökonom kommt nirgends ohne die Hilfestellung der Statistik aus; der Statistiker hält dann eine geringe Menge von Antworten bereit, muß aber vom Ökonomen in größerem Umfange informiert werden als in anderen Bereichen. Auf Teilgebieten wurde bereits einige Arbeit geleistet, denkt man etwa an die ökonomische Grundlage für die Indexzahlen der „Lebenshaltungskosten". Doch blieben die grundsätzlichen Fragen unbeantwortet; das zeigt auch hier der Mangel einer systematischen Behandlung der Indexzahlen, sowohl in den Arbeiten über Grundsätze der Wirtschaftstheorie wie auch in der statistischen Theorie.

Die Literatur über die Aggregationstheorie ist mager. So ziemlich die erste ernsthafte Erörterung erschien in einer Artikelserie von Klein und anderen Autoren in *Econometrica* 1946. Beträchtliches Interesse für das Problem besteht offensichtlich unter den französischen Ökonometrikern; siehe Nataf (1948) und Roy (1952). Die erste systematische Behandlung findet sich jedoch in einer Monographie von Theil (1954). Diese Darstellung gründet sich weitgehend auf diese Pionierarbeit von Theil.

Das Problem wird hier nur für den einen Fall untersucht, daß eine einzelne makroökonomische Relation durch Aggregation aus einer Menge von Mikrorelationen abgeleitet wird. Die Schwierigkeiten, die entstehen, wenn ein ganzes System aufeinander bezogener Makrogleichungen aus Mikrorelationen hergeleitet wird, sind von Theil (1954) untersucht worden; dies soll hier nicht aufgegriffen werden. Doch auch im einfachen Fall stellt das Problem eine ernsthafte ökonomische Aufgabe dar — es geht weder um rein mathematische Wirtschaftstheorie noch darum, lediglich einen statistischen Signifikanztest hinzuzufügen. Wir könnten die Erörterung auch tatsächlich aus der vorliegenden Arbeit ausklammern — denn mit der Technik der Ökonometrie beschäftigen wir uns nicht — doch ist das Aggregationsproblem von grundlegendem Interesse. Somit sind wir wieder da, wo wir angefangen haben.

Man betrachte zunächst die Frage der *Konsistenz* zwischen den drei Elementen des Problems: Mikrorelationen, Aggregation der Variablen und Makrorelation. Einmal kann man, wie Klein (1946), gewisse durch die Wirtschaftstheorie vorgegebene Mikrorelationen und eine Makrorelation genau entsprechender Form als gegeben ansehen. Es fragt sich, welche Aggregation von den Mikro- zu den Makrovariablen diesem Ansatz entspricht. Bei *der Methode (i)* der nachfolgenden Analyse wird der Versuch unternommen, ein angemessenes Aggregationsverfahren zu finden.

Man kann aber das Konsistenzproblem auch so anpacken, daß man, wie offenbar bei May (1946, 1967), die Mikrorelation und die Form der Aggregation als gegeben annimmt. Die Frage ist dann, ob sich zwischen den Aggregaten eine exakte Makrorelation angeben läßt und, falls ja, welche Form diese annimmt. Doch ergeben sich, wenn man dieser Methode folgt, bald Schwierigkeiten. Theil (1954) zeigt, daß sich nicht unter allen Umständen Konsistenz erreichen läßt; tatsächlich kann man es im Normalfall noch einmal erwarten. Somit entschließt er sich, die Forderung nach Konsistenz fallen zu lassen, und wendet stattdessen nach seiner „Analogiemethode" ein statistisches Kriterium an. Dann lautet die Frage, ob es bei gegebenen Mikrorelationen und gegebener Aggregationsmethode zweckmäßig ist, mit statistischen Methoden eine Mikrorelation bestimmter Form dem System anzupassen. Dies ist die *Methode (ii)* der unten durchgeführten Analyse.

Wir erinnern noch einmal daran, daß sich die Methode (i) auf die Frage der *Konsistenz* einer exakten Makrorelation mit gegebenen Mikrorelationen konzentriert, wenn die Aggregation in geeigneter Weise gewählt wird. Auf der anderen Seite liegt die Grundlage der Methode (ii) darin, daß man eine Makrorelation den gegebenen Mikrorelationen auf *statistische Weise anpaßt.*

Die Analyse vereinfacht sich, wenn man die Mikrorelationen der zugrundeliegenden Theorie als linear annimmt und auch die Makrorelation (die entweder angenommen oder zum Zwecke der statistischen Anpassung betrachtet wird) auf eine lineare Form begrenzt. Dies kann man nun entweder als bedeutsamen Fall ansehen oder als die Möglichkeit für ein bequemes Annäherungsverfahren bei nur kleinen Veränderungen der Variablen. Hinzukommt, daß die Analyse auf den Fall *linearer Aggregation* begrenzt ist, d. h. die Makrovariablen sind lineare Aggregate der Mikrovariablen. Die Aggregate sind möglicherweise gewichtet (im statistischen Sinne), doch stecken in ihnen die Mikrovariablen nur in linearer Form. In der Analyse geht es also, kurz gesagt, um die Übertragung linearer Mikrorelationen in eine lineare Makrorelation mit Hilfe linearer Aggregate.

Übungsaufgaben 20.1

1. Zeigen Sie, daß sich die Konsistenzfrage für den Fall, daß drei Elemente gegeben sind, auch noch auf eine dritte Weise betrachten läßt, nämlich derart, daß man annimmt, eine gegebene Makrorelation gelte zwischen spezifizierten Aggregaten, und sich dann fragt, welche Mikrorelation damit konsistent sind.
2. Legen Sie dar, daß diese dritte Betrachtungsweise bei einer empirischen Methode angebracht ist, in der man behauptet, gewisse Aggregate seien in bestimmter Weise aufeinander bezogen. Wie paßt die Mikroökonomie in dieses Bild?

20.2 Ein einfaches Beispiel: Aggregation über einzelne Personen

Die Nachfrage eines einzelnen Konsumenten nach einem Gut (etwa nach Tee) wird in der Mikrotheorie als eine (lineare) Funktion einer Anzahl von Variablen wiedergegeben: das Einkommen der Person, der Teepreis und die Preise aller verwandten Güter. Gefordert ist die Aufstellung einer Nachfragerelation auf dem Markt für Tee, wobei der Markt aus n einzelnen Konsumenten besteht. Bei allen Aggregationsproblemen muß man sich unbedingt gleich am Anfang im klaren darüber sein, auf welche Weise die Mikrovariablen und -relationen zu den entsprechenden Makrovariablen und -relationen „verdichtet" werden sollen. Hier gibt es nun n Mikrorelationen bezüglich der Nachfrage, nämlich für jeden Konsumenten am Markt jeweils eine; diese sind zu einer einzigen Makrorelation der Marktnachfrage zu „verdichten". Zu sehen, wie nun die Variablen zu behandeln sind, ist schon weniger leicht. Nimmt man an, daß die gleichen Preise von allen Konsumenten bezahlt werden, so gibt es hier nichts zu „verdichten"; die gemeinsamen Preise lassen sich leicht behandeln (siehe Aufg. 1 und 2 unten). Übrig bleiben solche Variablen wie das Familieneinkommen, dessen Größe und Zusammensetzung von Konsument zu Konsument variiert. Eben diese Mikrovariablen müssen nun durch aggregierte Variablen ersetzt werden: Gesamteinkommen und Bevölkerung und Indikatoren ihrer Verteilung. Im folgenden Beispiel nehmen wir an, daß nur das Einkommen von Konsument zu Konsument variiert.

Es gibt n lineare Nachfragefunktionen, für jeden Konsumenten jeweils eine:

$$y_s = a_s \mu_s + k_s \qquad (s = 1, 2, \ldots, n) \tag{1}$$

wobei y_s die Nachfrage nach Tee der s-ten Person bedeutet, wenn ihr Einkommen μ_s ist. Die Parameter a_s und k_s entsprechen der Steigung bzw. dem Anfangspunkt der Mikrorelation, wenn man sie graphisch als eine gerade Linie darstellt. Der Parameter a_s verdient besonderes Interesse; er stellt den Grenzhang zum Teeverbrauch der Person dar.

Soviel sei zu den Mikrorelationen gesagt; sie ergeben sich aus der zugrundeliegenden mikroökonomischen Werttheorie. Alles weitere hängt davon ab, welche Aggregationsmethode man anwendet.

Methode (i). Wir nehmen an, daß die Makrorelation eine lineare Abhängigkeit der aggregierten Nachfrage y von dem aggregierten Einkommen μ darstellt:

$$y = a\mu + k$$

wobei a und k die entsprechenden Makroparameter für die Steigung bzw. den Anfangspunkt sind. Es fragt sich nun, wie die Aggregation vorzunehmen ist. Mit y ergeben sich keine Schwierigkeiten; die aggregierte Nachfrage beträgt $y = \sum_s y_s$. Das eigentliche Problem betrifft die n Mikrovariablen des individuellen Einkommens; diese sind (irgendwie) in eine einzige Makrovariable des Gesamteinkommens zu aggregieren. Die Summierung von (1) ergibt:

$$y = \sum_s a_s \mu_s + \sum_s k_s$$

Damit ist etwas Selbstverständliches gesagt, daß nämlich die Gesamtnachfrage von *allen* individuellen Einkommen abhängt. Eine „Verdichtung" von μ_s in μ liegt bis dahin noch nicht vor. Nun gibt es genau eine Aggregation, mit der man die erforderliche „Verdichtung" erreicht. Es gelte $\bar{a} = \frac{1}{n} \sum_s a_s$ für den Mittelwert der Mikrosteigungen, d. h. für den durchschnittlichen Grenzhang zum Teekonsum für alle Einzelpersonen. Nun sei die Aggregation der individuellen Einkommen als $y = \frac{1}{\bar{a}} \sum a_s \mu_s$ definiert, d. h. als die Summe der individuellen Einkommen, die jeweils mit dem individuellen Grenzhang zum Verbrauch a_s gewichtet sind. Dann gilt:

$$\left.\begin{aligned} &y = a\mu + k \\ &\text{wobei} \quad a = \bar{a} = \frac{1}{n}\sum_s a_s \quad \text{und} \quad k = \sum_s k_s \\ &\text{unter der Voraussetzung, daß} \\ &\mu = \frac{1}{\bar{a}}\sum_s a_s \mu_s \end{aligned}\right\} \tag{2}$$

Die erste Gleichung ist die genaue lineare Makrorelation für die Gesamtnachfrage nach Tee, die aus den n Mikrorelationen (1) gewonnen wurde.

Die Interpretation von (2) ist einfach; als Makrorelation trifft sie genau das Verlangte. Die Makrosteigung a, der aggregierte Grenzhang zum Verbrauch, ist der Durchschnitt der individuellen Mikrosteigungen oder Grenzneigungen zum Verbrauch. Der Makro-Anfangspunkt k ist die Summe der individuellen Mikro-Anfangspunkte k_s. Schwierig an (2) ist, daß die Gewichtung der Einkommen mit den individuellen Grenzneigungen zum Verbrauch keine „natürliche" Aggregation bedeutet. Ein größeres Gewicht erhalten diejenigen Konsumenten am Markt, die bei einer Einkommenssteigerung ihre Ausgabensumme am meisten erhöhen. Noch mehr verwirrt an dieser gewichteten Aggregation, daß das Aggregat μ speziell für das betrachtete Gut (Tee) gilt. Das „richtige" aggregierte Einkommen bei einem anderen Gut (etwa Zucker oder Seife) ist anders, da auch die als Gewichte benutzten Grenzneigungen anders sind. Streng theoretisch gibt es genau so viele aggregierte Einkommen μ, wie es Güter gibt. Praktisch braucht der Fall aber nicht so ungünstig zu liegen, da die Bewegungen der verschiedenen Größen (etwa über die Zeit) wahrscheinlich in Zusammenhang stehen.

Methode (ii). Wir nehmen eine einfache Aggregation an:

$$y = \sum_s y_s \qquad \text{und} \qquad \mu = \sum_s \mu_s$$

Nun fragt sich, ob sich eine lineare Makrorelation zwischen y und μ überhaupt angeben läßt und, falls ja, wie die Parameter aussehen. Eins ist sofort klar: Es wäre reiner Zufall, wenn sich eine genaue lineare

Relation zwischen y und μ aus den Mikrorelationen (1) ableiten ließe. Die gesuchte Mikrorelation ist nicht exakt, sondern hat nur statistische Gültigkeit; folglich muß sie sich auch auf eine bestimmte zeitliche Periode (etwa $t = 1, 2, \ldots, T$) und nicht einfach auf einen einzelnen Zeitpunkt beziehen. Der Verlauf von y_s und μ_s über die Zeit muß gegeben sein, folglich auch der Verlauf der Aggregate y und μ. Es gibt eine Reihe von Punkten (y, μ), die über die Zeit gegeben sind; und es läßt sich mit Hilfe eines statistischen Verfahrens, etwa dem der Methode der kleinsten Quadrate, diese Reihe durch eine lineare Relation $y = a\mu + k + u$ wiedergegeben (hierbei ist u Rest- oder Streuungswert). Mehr läßt sich nicht erreichen.

Die lineare Relation findet man mit Hilfe der Methode der kleinsten Quadrate nur indirekt. Für die betrachtete zeitliche Periode ($t = 1, 2, \ldots T$) untersuche man, wie Änderungen in einem individuellen Einkommen auf Änderungen im Aggregateinkommen $\mu = \sum_s \mu_s$ bezogen sind. Diese Beziehung sei in der Form einer Regressionsgleichung ausgedrückt, die sich aus der Methode der kleinsten Quadrate ergibt:

$$\mu_s = A_s \mu + K_s + u_s$$

wobei A_s und K_s Koeffizienten sind, die man bei der Schätzung gefunden hat; sie sind vom zeitlichen Verlauf von u_s und μ abhängig. Da $\sum_s \mu_s = \mu$ gilt, folgt, daß $\sum_s A_s = 1$ und $\sum_s K_s = 0$. Die Restgröße u_s ist im Durchschnitt Null, ihre Varianz ist minimiert und in Korrelation zu μ steht sie auch nicht; in diesem Zusammenhang aber interessiert nur, daß über die betrachtete Periode hinweg der Durchschnitt von u_s Null ist. Durch Summierung von (1) und Substitution für μ_s ergibt sich:

$$\begin{aligned} y &= \sum_s a_s (A_s \mu + K_s + \mu_s) + \sum_s k_s \\ &= (\sum_s a_s A_s) \mu + (\sum_s k_s + \sum_s a_s K_s) + (\sum_s a_s \mu_s) \end{aligned}$$

Diese Beziehung hat die erforderliche Form $y = a\mu + k + u$. Folglich ergibt sich mit

$$\left.\begin{array}{llll} & y = a\mu + k + u & & \\ \text{wobei} & a = \sum_s a_s A_s & \text{und} & k = \sum_s k_s + \sum_s a_s K_s \\ \text{und} & \sum_s A_s = 1 & \text{und} & \sum_s K_s = 0 \end{array}\right\} \quad (3)$$

die statistische Makrorelation für die Gesamtnachfrage nach Tee, wenn man für die Nachfrage (y) und das Einkommen (μ) eine einfache Aggregation annimmt. Die Rest- oder Streuungsgröße u wird im Durchschnitt über die betrachtete Zeitperiode Null.

Das Ergebnis (3) läßt sich mit der möglichen Erwartung vergleichen — und auch mit dem, was wir an Hand der ersten Methode erreicht haben. Wendet man die einfache Aggregation an, so merkt man, daß die aggregierte Nachfragerelation im allgemeinen fehlt. Nicht nur, daß sie weniger exakte als vielmehr statistische Form hat; auch ihre Koeffizienten sind nicht so, wie man es „natürlicherweise" erwarten sollte. Gleichheit würde man erreichen, wenn sich $a = \bar{a} = \frac{1}{n} \sum_s a_s$ und $k = \sum_s k_s$ ergäbe. In der Tat ist die Makrosteigung a der gewichtete Durchschnitt der Mikrosteigungen a_s, und die Gewichte (A_s) hängen vom zeitlichen Verlauf der Variablen ab. Der Grenzhang zum Konsum im Aggregat ist nicht das einfache Mittel der individuellen Grenzneigungen; es ist ein gewogener Durchschnitt, dessen Gewichte sich von Periode zu Periode ändern. Der Ordinatenschnittpunkt k der Makrorelation wird, was noch ungünstiger ist, sowohl von den Ordinatenschnittpunkten als auch von den Steigungen der Mikrorelation beeinflußt.

Einfache Aggregate bringen natürlich eine *Aggregationsverzerrung* in die Makrorelation für die Gesamtnachfrage. Dies ist ganz unabhängig von der statistischen Verzerrung (bias) der Schätzung in der betrachteten Periode. Es ist nützlich, diese Verzerrung explizit darzustellen. Man erkennt sie in der Korrelation (über alle Einzelpersonen am Markt) zwischen den Grenzneigungen a_s und den Koeffizienten (A_s oder K_s) in der Regression des individuellen Einkommens μ_s bezüglich des Aggregationseinkommens μ. Die Kovarianzen sind:

$$\text{Cov}\ (a_s A_s) = \frac{1}{n} \sum_s (a_s - \bar{a}) \left(A_s - \frac{1}{n}\right) \qquad \left(\text{da das Mittel von } A_s = \frac{1}{n} \sum_s A_s = \frac{1}{n}\right)$$

$$= \frac{1}{n} \sum_s a_s A_s - \frac{1}{u} \bar{a} \qquad \left(\text{da } \frac{1}{n} \sum_s a_s = \bar{a},\ \sum_s A_s = 1\right)$$

$$\text{und}\quad \text{Cov}\ (a_s K_s) = \frac{1}{n} \sum_s (a_s - \bar{a})\, K_s \qquad \left(\text{da das Mittel von } K_s = \frac{1}{n} \sum_s K_s = 0\right)$$

$$= \frac{1}{n} \sum_s a_s K_s \qquad \left(\text{da } \frac{1}{n} \sum_s K_s = 0\right)$$

Folglich lassen sich die Makroparameter von (3) in der Form ausdrücken:

$$\left.\begin{aligned} a &= \sum_s a_s A_s = \bar{a} + n\ \text{Cov}\ (a_s A_s) \\ k &= \sum_s k_s + \sum_s a_s K_s = \sum_s k_s + n\ \text{Cov}\ (a_s K_s) \end{aligned}\right\} \qquad (4)$$

Die Ergebnisse (4) zeigen, wie wegen der Aggregationsverzerrung am Markt Makrosteigung und Makroanfangspunkt der Gesamtnachfrage von den „natürlichen" Werten $\bar{a}$ bzw. $\sum_s k_s$ abweichen können. Man betrachte diejenigen Personen am Markt mit einem hohen Grenzhang zum Teekonsum ($a_s > \bar{a}$). Angenommen, für die gleichen Konsumenten hätten die individuellen Einkommen die Tendenz, schnell zu wachsen, wenn das Gesamteinkommen über die Zeit wächst. Dann kann $A_s > 0$ recht groß sein. Unter diesen Bedingungen besteht zwischen a_s und A_s eine positive Korrelation und es gilt Cov $(a_s A_s) > 0$ und $a > \bar{a}$. Die Makrosteigung der Gesamtnachfrage nach Tee ist größer als erwartet, d. h. größer als der Durchschnitt der einzelnen Mikrosteigungen. Es kann also im Aggregat einen Grenzhang zum Konsum geben, der größer ist als der entsprechende Durchschnitt für die einzelnen Konsumenten.

Im ganzen sind also nach der Methode (i) die Makroparameter a und k stets „richtig" ($a = \bar{a}, k = \sum_s k_s$); die Aggregation der Einkommen ist derart gewichtet, daß dieses Ergebnis herauskommt. Andererseits wäre es nach der einfachen Aggregation der Methode (ii) nur ein Zufall der Statistik, wenn die Makro-Parameter „richtig" wären.

Übungsaufgaben 20.2

1. Die individuellen Nachfragerelationen für Tee seien

$$y_s = a_s \mu_s + b_s p + k_s \qquad (s = 1, 2, \ldots n)$$

wobei p der Teepreis ist, der für alle Konsumenten gleich ist. Zeigen Sie nach der Methode (i), daß $y = a\mu + bp + k$ die exakte Makrorelation ist, wenn μ, wie oben im Text definiert ist, und daß: $a = \bar{a}$; $b = n\bar{b}$; $k = \sum_s k_s$

2. Zeigen Sie unter Benutzung der Methode (ii) für das Problem der vorhergehenden Aufgabe, daß Methode und Ergebnisse des Textes sich anwenden lassen, vorausgesetzt, daß die Makrorelation

$$(y - bp) = a\mu + k + u$$

(bei einfacher Aggregation) den n Mikrorelationen, geschrieben in der Form $(y_s - b_s p) = a_s \mu_s + k_s$, angepaßt ist. Interpretieren Sie das Ergebnis.

3. Ein Industriezweig mit n Unternehmungen produziert ein einzelnes Gut; die Mikrotheorie bestimmt die Nachfrage der s-ten Unternehmung nach einem Faktor (etwa Arbeit) als $y_s = a_s x_s + k_s$ $(s = 1, 2, \ldots n)$, wobei x_s der Output der Unternehmung ist. Zeigen Sie, wie man die Makrorelation $y = ax + k$ für den Industriezweig erhalten kann. Zeigen Sie ferner, wie sich der Faktorpreis, der für alle Unternehmungen gleich ist, in die Analyse einbeziehen läßt.

20.3 Ein einfaches Beispiel: Aggregation über Güter

Wiederum benutzen wir die Mikro-Werttheorie, doch soll jetzt die Nachfragemenge einer Einzelperson nach m Gütern zur Gesamtnachfrage nach dieser Gütergruppe aggregiert werden. Es handele sich um die Getränkegruppe, die aus den verschiedenen Sorten Tee, Kaffee, Kakao und alkoholfreien Getränken bestehe; die Gruppe kann auch noch umfangreicher sein, und z. B. den Konsum aller Nahrungsmittel oder aller Güter umfassen. Da in jeder Nachfragerelation das gleiche Konsumenteneinkommen auftritt (und sich leicht behandeln läßt, siehe Aufgabe 2 unten), so sind die Variablen, auf die wir uns konzentrieren und die es zu aggregieren gilt, die Güterpreise. Es gibt m Mikrorelationen (die individuellen Nachfragemengen nach den verschiedenen Gütern), die zu einer Makrorelation für die Gesamtnachfrage zu „verdichten" sind. Es gibt m Preisvariable, jeweils für ein Gut, diese sind zu „verdichten" indem man den Durchschnitt bildet oder sie in einem einzigen Gruppenpreis aggregiert. Das folgende Beispiel ist insofern vereinfacht, als wir annehmen, daß in jeder Mikrorelation nur ein Güterpreis vorkommt (nämlich der für das nachgefragte Gut) anstelle der gesamten Menge der Preise.

Es gibt m lineare Nachfragerelationen, jeweils eine für jedes Gut:

$$y_r = b_r p_r + k_r \qquad (r = 1, 2, \ldots m) \tag{1}$$

wobei y_r die individuelle Nachfrage nach dem r-ten Gut (etwa nach einer Teesorte) bedeutet, wenn der Preis des Gutes p_r beträgt. Die Parameter b_r und k_r stellen jeweils Steigung und Ordinatenabschnitt der Relation dar, die sich graphisch als gerade Linie wiedergeben läßt. Die Grenzwirkung des Preises auf die Nachfrage wird aus dem Koeffizienten b ersichtlich; es würde die Preiselastizität darstellen, wenn man y_r und p_r logarithmisch gemessen hätte.

Die m Werte y_r sind zur Gesamtnachfrage y zu aggregieren, desgleichen die m Werte p_r in einen aggregierten oder durchschnittlichen Preis p für alle Güter. Falls sich mit den Maßeinheiten keine Schwierigkeiten ergeben, lassen sich y_r und p_r für verschiedene Güter addieren. Dies ist etwa bei verschiedenen Teesorten der Fall; die Gesamtnachfrage nach Tee (in Pfd.) und der Durchschnittspreis für Tee (in DM pro Pfd.) sind für eine Makrorelation brauchbare Variable. Man erhält dann genau die gleichen Ergebnisse wie vorher, d. h. die Ergebnisse (2) von 20.2 oben für die entsprechend gewichtete Aggregation der Preise nach der Methode (i) und die Ergebnisse (3) und (4) für die einfache Aggregation nach der Methode (ii). Die Aggregationen über Güter und über Einzelpersonen sind formal gesehen gleichwertige Prozesse. Nur in der Deutung und praktischen Anwendung unterscheiden sie sich.

Ist die Gütergruppe ein „gemischter Warenkorb", so sind die Gütereinheiten und Preise nicht homogen und lassen sich folglich auch nicht addieren. Die Schwierigkeit, die dann durch die Anwendung der üblichen

Indexziffer-Technik überwunden werden kann, ist weitgehend praktischer Art. Jedoch empfiehlt sich zur Verallgemeinerung eine ziemlich selbstverständliche Erweiterung der Ergebnisse, die sich in diesem Zusammenhang hier am besten einschieben läßt.

Grundsätzlich verfährt man beim Aufbau der Indexzahlen für Mengen (und Preise) so, daß man jede Menge (oder Preise) auf eine Basis, einen Bezugwert bezieht. Für das r-te Gut gilt:

$$\text{relative Menge} = \frac{y_r}{y_{r0}} \qquad \text{relativer Preis} = \frac{p_r}{p_{r0}}$$

Aus diesen Größen lassen sich, so wie sie sind, mit oder ohne Gewichtung Durchschnitte bilden. Benutzt man den Index nach Laspeyres (mit gewichteter Basis), so gilt:

$$\left.\begin{aligned} y &= \frac{\sum\limits_r w_{r0} \dfrac{y_r}{y_{r0}}}{\sum\limits_r w_{r0}} = \frac{\sum\limits_r p_{r0}\, y_r}{\sum\limits_r p_{r0}\, y_{r0}} \\ p &= \frac{\sum\limits_r w_{r0} \dfrac{p_r}{p_{r0}}}{\sum\limits_r w_{r0}} = \frac{\sum\limits_r p_r\, y_{r0}}{\sum\limits_r p_{r0}\, y_{r0}} \end{aligned}\right\} \tag{2}$$

wobei die Gewichte $w_{r0} = p_{r0}\, y_{r0}$ aus den Basiswerten stammen. Hier lassen sich y und p als einfache Aggregation für nicht-homogene Güter betrachten; sie ersetzen $y = \sum\limits_r y_r$ und $p = \sum\limits_r p_r$ des homogenen Falls.

Die Mikrorelationen (1) lassen sich neu formulieren:

$$\frac{y_r}{y_{r0}} = b_r \frac{p_r}{p_{r0}} + k_r \qquad (r = 1, 2, \ldots m) \tag{3}$$

wobei b_r als Preiselastizität der Nachfrage an der Basis oder am Bezugspunkt (siehe Aufg. 3 unten) zu interpretieren ist. Gesucht ist nun eine Konstruktion, um aus den m Mikrorelationen (3) mit Hilfe der gewogenen Durchschnitte nach (2) eine einzige Makrorelation der Form

$$y = bp + k$$

zu erhalten. Die Ergebnisse (2) und (3) von 20.2 oben lassen sich unmittelbar anwenden, wenn man nur die Variablen transformiert:

$$y_r' = \left(\frac{w_{r0}}{\sum\limits_r w_{r0}}\right) \frac{y_r}{y_{r0}} \quad \text{und} \quad p_r' = \left(\frac{w_{r0}}{\sum\limits_r w_{r0}}\right) \frac{p_r}{p_{r0}}$$

Die Mikrorelationen (3) lauten dann:

$$y_r' = b_r p_r' + k_r', \quad \text{wobei} \quad k_r' = \left(\frac{w_{r0}}{\sum\limits_r w_{r0}} \right) k_r \ ,$$

und nach der einfachen Aggregation (2) ergibt sich:

$$p = \sum_r y_r' \quad \text{und} \quad p = \sum_r p_r'$$

Wir sehen aus der Methode (i), daß man nur dann eine genaue Makrorelation $y = bp + k$ erhält, wenn p nicht die einfache Laspeyressche Form (2) hat, sondern zusätzlich zu den Standardgewichten (w_{r0}) noch mit den Preiselastizitäten b_r gewichtet ist. Nach der Methode (ii) haben wir als Ergebnis der einfachen (Laspeyresschen) Durchschnittsbildung, daß sich eine Makrorelation $y = bp + k$ nur durch statistische Anpassung über eine Periode gewinnen läßt und daß auch dann die Parameter b und k durch die Aggregation einen bias aufweisen.

Die Verallgemeinerung, die sich aus dieser Anlehnung an die praktischen Indexziffern-Verfahren ergibt, besteht darin, daß wir eine einfache Aggregation (z. B. $p = \sum\limits_r p_r$) durch eine Aggregation mit festen Gewichten ersetzen können.

$$y = \sum_r w_r p_r \ ,$$

wobei die Gewichte w_r ($r = 1, 2, \ldots, m$) fest vorgegeben sind. Dazu muß man lediglich die Variablen transformieren:

$$p_r' = w_r p_r$$

Die Mikrorelationen $y_r = \dfrac{b_r}{w_r} \; p'_r + k_r$ ($r = 1, 2, \ldots, m$) sind dann mit Hilfe von $p = \sum\limits_r p'_r$ zu aggregieren. Diesen Prozeß haben wir bereits anhand der Methode (ii) betrachtet.

Übungsaufgaben 20.3

1. Bilden Sie die Mikrorelationen $y_r = b_r p_r + k_r$, wobei y_r der Logarithmus der Nachfrage nach dem r-ten Gut und p_r der Logarithmus seines Preises ist. Der Parameter b_r ist dann die Preiselastizität der Nachfrage. Zeigen Sie, daß die einfache Aggregation und eine angepaßte Makrorelation $y = bp + k$ sich wie im Text dargestellt, anwenden lassen, mit der Ausnahme, daß p der m-fache Logarithmus des geometrischen Preismittels ist und Ähnliches für y gilt. Deuten Sie b.

2. Zeigen Sie, daß sich für die aggregierte Nachfrage die Makrorelation $y = a\mu + bp + k$ aus den Mikrorelationen $y_r = a_r \mu + b_r p_r + k_r$ ableiten

läßt, wobei μ das Konsumenteneinkommen ist. Deuten Sie $a = ma$ unter Verwendung des Begriffes „Grenzhang zum Verbrauch".

3. Die Mikrorelationen haben die Form (3) oben. Leiten Sie ab, daß die Preiselastizität der Nachfrage mit dem Preis variiert und daß am Basispunkt (Preis p_{r0}; Menge y_{r0}) ihr Wert b_r beträgt.

4. Zur Produktion eines gegebenen Outputs setzt eine Unternehmung m Inputs (Produktionsfaktoren) ein. Die Nachfrage nach dem r-ten Input lautet $y_r = b_r p_r + k_r$, wenn der Inputpreis p_r ist ($r = 1, 2, \ldots m$). Zeigen Sie, daß sich eine Makrorelation $y = bp + k$ ableiten läßt, in der y der Gesamtinput der Unternehmung und p ein durchschnittlicher Inputpreis ist.

20.4 Widersprüche zwischen Mikro- und Makrorelationen

Die Folgen der Verwendung einer einfachen Aggregation sollen hier an Hand des Beispiels einer Aggregation über Einzelpersonen (20.2 oben) aufgezeigt werden. Die Ergebnisse bei einer Aggregation über Güter lauten ähnlich. Die n Mikrorelationen $y_s = a_s \mu_s + k_s$ ($s = 1, 2, \ldots, n$) werden in eine einzige Makrorelation der Form $y = a\mu + k + u$ aggregiert ($y = \sum_s y_s$, $\mu = \sum_s \mu_s$); sie werden auf statistischem Wege für eine Periode angepaßt. Zunächst ist μ_s über die Zeit mit μ durch eine Regressionsgleichung verknüpft:

$$\mu_s = A_s \mu + K_s + u_s \qquad (\sum_s A_s = 1 \; , \quad \sum_s K_s = 0) \tag{1}$$

Die Makroparameter sind dann:

$$\left.\begin{aligned} a &= \sum_s a_s A_s = \bar{a} + n \text{ Cov } (a_s A_s) \\ k &= \sum_s k + \sum_s a_s K_s = \sum_s k_s + n \text{ Cov } (a_s K_s) \end{aligned}\right\} \tag{2}$$

In ihnen stecken nicht nur die Mikroparameter a_s und k_s, sondern auch die Koeffizienten A_s und K_s; sie entstehen, wenn man die Regressionsgleichungen an den Verlauf der Variablen über eine Periode angleicht.

Bei der Benutzung einer solchen Makrorelation entsteht eine doppelte Schwierigkeit. Zunächst stimmt es nicht, daß ein Makroparameter nur von den *entsprechenden* Mikroparametern abhängt. Aus (2) ersieht man, daß k zwar von den entsprechenden k_s abhängt, jedoch ebenso von den nicht entsprechenden a_s der Mikrorelationen. Nur zufälligerweise hängt in diesem Beispiel a lediglich von a_s ab; für die komplizierten Fälle, die wir später betrachten, trifft dies nicht zu. Zweitens besteht über die Regressionskoeffizienten A_s und K_s aus (1) ein Einfluß des zeitlichen Verlaufs der Variablen auf die Makroparameter. Ändert sich die Periode oder bewegen sich die Variablen in verschiedener Richtung, so nehmen auch die Makroparameter im allgemeinen verschiedene Werte an. Dies ist in den Ausdrücken (2) für die Aggregationsverzerrung zusammengefaßt.

Es ist zu erwarten, daß diese Schwierigkeiten zu Widersprüchen führen, wenn Mikro- und Makrorelationen zu Vorausschätzungen verwendet werden. Darauf müssen wir nun eingehen. μ_s wachse um $\Delta\mu_s$ an ($s = 1, 2, \ldots, n$), wodurch ein aggregierter Anstieg von $\Delta\mu = \sum_s \Delta\mu_s$ in μ entsteht. Dann kann man auf zwei Wegen die Wirkung auf die aggregierte Nachfrage $y = \sum_s \mu_s$ verfolgen. Der eine führt über die Mikrorelationen:

$$\Delta_1 y = \sum_s \Delta y_s = \sum_s a_s \Delta\mu_s \tag{3}$$

Der andere führt über die Makrorelation (ohne Berücksichtigung des Restgliedes):

$$\Delta_2 y = a\Delta\mu = a \sum_s \Delta\mu_s \tag{4}$$

Im allgemeinen sind (3) und (4) nicht gleich, sondern widersprechen sich.

Dies kommt zum Teil daher, daß a und folglich auch $\Delta_2 y$ von Bewegungen in der betrachteten Periode abhängen — während $\Delta_1 y$ von solchen Bewegungen ziemlich unabhängig ist. Selbst wenn alle a_s (und damit $\Delta_1 y$) fest sind, können unterschiedliche Einkommensbewegungen über die Zeit a und das mit Hilfe einer Makrorelation vorausgeschätzte $\Delta_2 y$ verändern. Diese Lage müssen wir nun noch etwas näher untersuchen. Wir betrachten den wichtigen Einzelfall, in dem sich jedes μ_s entweder genau oder annäherungsweise proportional zu μ verändert. Im selben Verhältnis, wie jedes aggregierte Einkommen steigt oder fällt, verändert sich auch jedes individuelle Einkommen (wiewohl sich die Proportion von Person zu Person variieren darf). Folglich legen in der Regressionsgleichung (1) $K_s = 0$ und $A_s \neq 0$ die Proportion für die s-te Person fest. Bildet man den Durchschnitt über die betrachtete Periode, so wird die Proportion für die s-te Person durch (1) wiedergegeben:

$$A_s = \frac{\bar{\mu}_s}{\bar{\mu}} \qquad \text{(da der Mittelwert von } u_s = 0\text{)} .$$

Das Verhältnis, in dem sich das Einzeleinkommen ändert (im Verhältnis zum aggregierten Einkommen), wird durch das individuelle Durchschnittseinkommen $\bar{\mu}_s$ in der Periode festgelegt; aus (2) ergibt sich:

$$a = \frac{1}{\bar{\mu}} \sum_s a_s \bar{\mu}_s \tag{5}$$

Der Periodeneffekt selbst wirkt auf a nur über die Durchschnittseinkommen, ein Ergebnis, das durchaus vernünftig erscheint. In dem Maße wie die Abstufung der Personen von reich bis arm bestehen bleibt, hat auch die gewählte Periode nur geringen Einfluß auf den aggregierten Grenzhang zum Konsum a. Der Schätzwert für a, der im Wege der Aggregation aus den individuellen Grenzneigungen gewonnen wird, gibt den Reichen ein größeres Gewicht als den Armen.

Weiterhin sei unterstellt, daß die angenommenen Zuwächse in den individuellen Einkommen proportional zum individuellen Einkommensniveau sind, was auch einleuchtend ist. Folglich:

$$\frac{\Delta \mu_s}{\bar{\mu}_s} = \frac{\Delta \mu}{\bar{\mu}} \qquad (s = 1, 2, \ldots n)$$

und nach (3), (4) und (5):

$$\Delta_1 y = \frac{\Delta \mu}{\bar{\mu}} \sum_s a_s \bar{\mu}_s = a \Delta \mu = \Delta_2 y$$

Ein Widerspruch besteht nicht. Der betrachtete Fall scheint in weitem Maße die Schwierigkeiten zu vermeiden, die sich aus der Verwendung einer vorherbestimmten Aggregation ergeben. Die Frage verlagert sich dann auf folgendes: Haben die individuellen Einkommen in der Tat die Tendenz, sich über die Zeit proportional zum aggregierten Einkommen zu entwickeln? Zumindest annäherungsweise sieht es in beständigen Zeiten so aus. Einen „vernünftigen" Grenzhang zum Konsum im Aggregat erhält man nach (5); die Grenzneigungen der Einzelpersonen werden mit ihrem Durchschnittseinkommen gewichtet.

Offensichtlich aber sind die Einkommen in einem Boom ungleichmäßiger als in einer Depression verteilt (im ersten Fall sind die Reichen relativ reicher); diese Ansicht vertritt auch Theil (1954), S. 24 - 25. In diesem Falle bewegen sich die individuellen Einkommen nicht proportional zu dem aggregierten Einkommen; bei einem Boom wachsen die Einkommen der Reichen stärker als die der Armen. Die Annahme $K_s = 0$ trifft nicht zu. In der Tat muß der Ausdruck:

$$\frac{\mu_s}{\mu} = A_s + \frac{K_s}{\mu}$$

mit μ wachsen, wenn die s-te Einzelperson reich ist, und abnehmen, wenn diese arm ist. Folglich gilt $K_s < 0$ für die Reichen und $K_s > 0$ für die Armen. Bildet man den Durchschnitt der Relation $\mu_s = A_s \bar{\mu} + K_s + u_s$ über die Periode für eine reiche Person ($K_s < 0$), so folgt daraus, daß $\bar{\mu}_s < A_s \bar{\mu}$, d. h. daß das in (2) oben wiedergegebene Gewicht von a_s in a lautet:

$$A_s > \frac{\bar{\mu}_s}{\bar{\mu}}$$

Die Makroverbrauchsneigung wird auf doppelte Weise von den Grenzneigungen reicher Einzelpersonen bestimmt — erstens, weil ihre Durchschnittseinkommen hoch sind und zweitens weil ihre Einkommen über die Zeit stärker variieren.

Andererseits kann das Einkommen anderer Personen (z. B. von Rentnern) unverändert bleiben, auch wenn die Einkommen anderer Leute steigen oder fallen. Für solche Personen ist nicht K_s sondern A_s gleich Null. Ihre Grenzneigungen zum Konsum haben überhaupt keinen Einfluß auf die Grenzneigung im Aggregat. Betrachtet man weiterhin Real- (und nicht Geld-)einkommen, so können die Werte von A_s für Rentner negativ sein. Die „Gewichte" in der aggregierten Grenzneigung von (2) haben die ungewöhnliche Eigenschaft, daß sie auch negativ sein können. In dem Ausmaß, wie negative „Gewichte" vorkommen, kann die aggregierte Grenzneigung nicht nur vom Mittelwert der individuellen Neigungen abweichen — sie kann tatsächlich auch größer oder kleiner als jede beliebige individuelle Neigung sein.

Wenden wir uns einem weiteren Widerspruch zu, der zwischen $\Delta_1 y$ und $\Delta_2 y$ in (3) und (4) auftreten kann. $\Delta \mu_s$ kann auf jede beliebige Art über Einzelpersonen verteilt sein, nur muß $\sum\limits_s \Delta \mu_s = \Delta \mu$ gelten. Folglich kann auch $\Delta_1 y$ auf jede Art variieren, auch wenn $\Delta \mu$ und $\Delta_2 y$ festliegen. Nur unter sehr speziellen Bedingungen kann es passieren, daß sich kein Widerspruch ergibt, unabhängig von der Verteilung eines gegebenen Einkommenszuwachses. Man könnte annehmen, daß Cov $(a_s A_s)$ = Cov $(a_s K_s) = 0$ die Schwierigkeiten beseitigt, weil dann a und k ihre „besten" Werte $\bar{a}$ und $k = \sum\limits_s k_s$ annehmen. Dies ist jedoch nicht der Fall, da eine zusätzliche Bedingung (daß nämlich der Einkommenszuwachs gleichmäßig über alle Personen verteilt ist) immer noch erforderlich ist, um einen Widerspruch zu vermeiden. Siehe Aufg. 2 und 3 unten.

Handelt es sich allerdings um die einfache Aggregation, so ist die Bedingung zur Vermeidung jeden Widerspruchs in der Tat sehr scharf. Zwischen der Makrorelation und den Mikrorelationen besteht bei beliebiger Verteilung eines Einkommenszuwachses kein Widerspruch dann und nur dann, wenn:

$$a_s = \bar{a} \quad \text{für alle} \quad s = 1, 2, \ldots n \ ,$$

d. h. wenn alle Personen die gleiche Grenzneigung zum Verbrauch haben. Der Beweis für dieses Ergebnis verläuft wie folgt: Ist erstens $a_s = \bar{a}$ für alle s, dann gilt Cov $(a_s A_s) = 0$; der Makroparameter a ist nach (2) ebenfalls gleich $\bar{a}$. Folglich sind sowohl $\Delta_1 y$ als auch $\Delta_2 y$ gleich $\bar{a} \Delta \mu$; ein Widerspruch besteht nicht. Besteht ein Widerspruch, so gilt zweitens $\sum\limits_s a_s \Delta \mu_s = a \sum\limits_s \Delta \mu_s$, egal wie die $\Delta \mu_s$ verteilt sind. Es sei $\Delta \mu_1 = -\Delta \mu_2 \neq 0$ und $\Delta \mu_s = 0$ $(s > 2)$. In diesem Fall lautet die Bedingung:

$$(a_1 - a_2)\, \Delta \mu_1 = 0 \,, \quad \text{d. h. } a_1 = a_2$$

In ähnlicher Weise sind alle anderen a_s einander gleich, d. h. $a_s = \bar{a}$ für alle s. Damit ist der Beweis vollständig.

Mit diesem Ergebnis scheint man nicht sehr weit kommen zu können: In einem Makromodell mit einfachen Aggregaten läßt sich ein Widerspruch dann und nur dann vermeiden, wenn für jede Einzelperson der Grenzhang zum Konsum gleich ist. Doch die eigentlich wesentliche Konsequenz dieses Ergebnisses muß erst noch abgeleitet werden. Angenommen, die Einkommen müßten nicht auf die einfache Art (ohne Gewichtung) aggregiert werden, sondern man könnte geeignete im voraus festgelegte Gewichte zuhilfe nehmen. Dann läßt sich ein Widerspruch im Makromodell durch die entsprechende Auswahl der Gewichte stets vermeiden. Es gelte $\mu = \sum_s w_s \mu_s$ für die festen Gewichte w_s. Wie am Ende von 20.3 oben transformiere man die Variablen für die Einkommen:

$$\mu'_s = w_s \mu_s \quad (s = 1, 2, \ldots n)$$

so daß sich für die Mikrorelationen

$$y_s = \frac{a_s}{w_s} \mu'_s + K_s$$

durch einfache Aggregation $y = a\mu + k$ ergibt; hierbei ist $\mu = \sum_s \mu'_s = \sum w_s \mu_s$. Dann und nur dann liegt kein Widerspruch vor, wenn

$$\frac{a_s}{w_s} = \text{konstant} \qquad (\text{für alle } s = 1, 2, \ldots n)$$

Die Gewichte w_s müssen zu a_s proportional sein. Sie lassen sich in der Form schreiben:

$$w_s = \frac{a_s}{\bar{a}} \qquad \left(\bar{a} = \frac{1}{n} \sum_s a_s\right),$$

so daß sich für den Makroparameter ergibt: $a = \frac{1}{n} \sum_s \frac{a_s}{w_s} = \bar{a}$. Folglich ist zur Vermeidung eines Widerspruches als Aggregation mit festen Gewichten folgender Ausdruck anzuwenden:

$$\mu = \frac{1}{\bar{a}} \sum_s a_s \mu_s \tag{6}$$

und die Makrorelation lautet dann, wie verlangt, $y = \bar{a}\mu + \sum_s k_s$.

Eine Aggregation in der Form (6) wird von Theil (1954) als *vollkommene Aggregation* bezeichnet. In ihr wird die einzige Gewichtung verwendet, die in der Prognose jeden Widerspruch zwischen der (statistischen) Makrorelation und den individuellen Mikrorelationen vermeidet.

Die Makrorelation hat auch die gewünschten Eigenschaften, z. B. ist die aggregierte Grenzneigung zum Verbrauch gleich dem Mittelwert der individuellen Grenzneigungen.

Am Ende kommen wir also wieder auf das Ergebnis nach der Methode (i) zurück. Wir haben nunmehr festgestellt, daß die besondere Aggregation (6) eine genaue Makrorelation ergibt; man kommt auch gar nicht um diese Form herum, wenn sich im Makromodell kein Widerspruch ergeben soll. Wenn es sich dabei auch nicht um eine „natürliche" Aggregation handelt, so ist sie doch die einzige, die unter allen Umständen ein Makromodell ohne Widersprüche ergibt.

Für diesen einfachen Fall, daß die individuellen Nachfragemengen nach einem Gut in eine einzige Relation zwischen der Gesamtnachfrage und dem Einkommen aggregiert werden sollen, lassen sich die Ergebnisse in folgender Form ausdrücken und interpretieren:

(i) *Man erhält durch Aggregation der Einkommen eine genaue Gesamtnachfragerelation, wenn die Gewichte den individuellen Grenzneigungen zum Konsum proportional sind;*

(ii) *bei einer einfachen Aggregation wird die Gesamtnachfragerelation statistisch bestimmt; ihre Parameter hängen im allgemeinen von der Bewegung der Einkommen über die betrachtete Periode ab;*

(iii) *bei einfacher Aggregation gibt es nur dann niemals in der Vorhersage einen Widerspruch zwischen der individuellen und der Gesamtnachfragerelation, wenn alle individuellen Grenzneigungen zum Konsum einander gleich sind;*

(iv) *ein System mit fester Gewichtung im aggregierten Einkommen führt in der Vorhersage nur dann zu keinem Widerspruch, wenn wie in* (i) *die Gewichte den individuellen Grenzneigungen zum Konsum proportional sind.*

Die vollkommene Aggregation der Einkommen, mit der jeder Widerspruch vermieden wird, macht eine Gewichtung mit den Grenzneigungen zum Konsum notwendig; es liegt also ein Gewichtungssystem vor, das von Gut zu Gut variiert. Der Nachdruck liegt hier auf der Tatsache, daß ein Widerspruch in der Vorhersage *niemals* auftritt. Unter gewissen Umständen liefert die Makrorelation, auch bei einfacher Aggregation, die gleiche Vorhersage, zumindest annäherungsweise, wie die individuellen Mikrorelationen.

Übungsaufgaben 20.4

1. Die Nachfrage nach einem Produktionsfaktor von Seiten eines Industriezweiges mit n Unternehmungen, deren Outputs verschieden sind, erhält man wie in 20.2 Aufg. 3 oben. Zeigen Sie, daß das Modell in seinem Wesen frei von Widerspruch ist, wenn der Output einer jeden Unternehmung die Tendenz hat, über die Zeit proportional zum Output des Industriezweiges zu variieren. Ist diese Situation wahrscheinlich?

2. Im Beispiel des Textes sei Cov $(a_s A_s) = 0$, so daß $a = \bar{a}$. Zeigen Sie, daß $\Delta_1 y = \Delta_2 y$, nur wenn $\sum\limits_s a_s \Delta\mu_s = \frac{1}{n} \sum\limits_s a_s \sum\limits_s \Delta\mu_s$, d. h. nur, wenn alle $\Delta\mu_s$ einander gleich sind.

3. Geben Sie die Umkehrung der vorhergehenden Aufgabe an, d. h. es sei $\Delta\mu_s = \frac{1}{n} \Delta\mu$ (für alle s) und zeigen Sie, daß $\Delta_1 y = \Delta_2 y$, wenn Cov $(a_s A_s) = 0$.

4. Zeigen Sie, daß die Bedingung $a_s = \bar{a}$ (für alle s) zwingender ist als Cov $(a_s A_s) = 0$, indem man beweist, daß zwar Cov $(a_s A_s) = 0$, wenn $a_s = \bar{a}$, dies aber nicht umgekehrt gilt.

5. Zeigen Sie, daß bei der vollkommenen Aggregation der Einkommen einige individuelle Einkommen im aggregierten Einkommen *negativ* auftreten können, z. B. wenn ein und dasselbe Gut für den einen Konsumenten inferior, für den anderen superior ist.

20.5 Erweiterung der einfachen Beispiele

Die Beispiele in 20.2 und 20.3 oben sind deswegen so einfach, weil *erstens* nur eine unabhängige Variable (Einkommen oder Preis) in jeder Mikrorelation auftritt und *zweitens,* weil keine unabhängige Variable in mehr als einer Mikrorelation auftritt. Diese Beschränkungen wollen wir nun fallenlassen, die erste in diesem Abschnitt, die zweite in den beiden folgenden Abschnitten. Jede Mikrorelation und die aus ihnen gebildete einzige Makrorelation enthalten nun mehrere unabhängige Variable; damit werden verschiedene indirekte Wirkungen, die wir bisher ausgelassen haben, wichtig.

Angenommen, die einzelnen Konsumenten seien Familien von variierender Größe und die Familiengröße ließe sich, was die Nachfrage nach einem gegebenen Gut betrifft, durch ein einziges Maß darstellen (etwa durch irgendeine Äquivalenzskala). Es sei

$$y_s = a_s \mu_s + b_s \nu_s + k_s \qquad (s = 1, 2, \ldots n) \tag{1}$$

die Nachfrage des s-ten Konsumenten, wenn sein Einkommen μ_s und seine Familiengröße ν_s beträgt. Eine Makrorelation $y = a\mu + b\nu + k$ werde gesucht, in der μ irgendein aggregiertes Einkommen und ν irgendein Maß der Gesamtbevölkerung ist.

Methode (i). Wir nehmen an, die Summierung der Gleichungen (1):

$$y = \sum_s y_s = \sum_s a_s \mu_s + \sum_s b_s \nu_s + \sum_s k_s$$

führe zu einer genauen Makrorelation; das impliziert, daß μ und ν beides gewichtete Aggregate der bereits betrachteten Form seien. Tatsächlich gilt:

$$\left.\begin{array}{l} y = a\mu + b\nu + k \\ \text{wobei} \quad a = \bar{a} = \frac{1}{n}\sum_s a_s \,; \quad b = \bar{b} = \frac{1}{n}\sum_s b_s \,; \quad k = \sum_s k_s \\ \text{unter der Voraussetzung, daß} \\ \mu = \frac{1}{\bar{a}}\sum_s a_s \mu_s \quad \text{und} \quad \nu = \frac{1}{\bar{b}}\sum_s b_s \nu_s \end{array}\right\} \quad (2)$$

(2) ist dann die genaue Makrorelation, die sich aus den Mikrorelationen (1) gewinnen läßt.

Methode (ii). Mit Hilfe einfacher Aggregation ergibt sich: $y = \sum_s y_s$, $\mu = \sum_s \mu_s$ und $\nu = \sum_s \nu_s$. Es ist eine statistische Makrorelation $y = a\mu + b\nu + k + u$ für eine Zeitperiode anzupassen, in welcher der Verlauf von y_s, μ_s und ν_s und folglich auch von y, μ und ν vorgegeben ist. Man bilde die Regressionsgleichungen

$$\left.\begin{array}{l} \mu_s = A_{as}\mu + B_{as}\nu + K_{as} + u_s \\ \nu_s = A_{bs}\mu + B_{bs}\nu + K_{bs} + v_s \end{array}\right\} \quad (3)$$

wobei $\sum_s A_{as} = \sum_s B_{bs} = 1$ und $\sum_s A_{bs} = \sum_s B_{as} = \sum_s K_{as} = \sum_s K_{bs} = 0$.

Die sechs Regressionskoeffizienten hängen von den Bewegungen der Variablen über die Zeit ab. Man substituiert (3) in (1), summiert über alle s und erhält somit die statistische Makrorelation bei einfacher Aggregation:

$$\left.\begin{array}{l} y = a\mu + b\nu + k + u \\ \text{wobei} \\ a = \sum_s a_s A_{as} + \sum_s b_s A_{bs} = \bar{a} + n \operatorname{Cov}(a_s A_{as}) + n \operatorname{Cov}(b_s A_{bs}) \\ b = \sum_s a_s B_{as} + \sum_s b_s B_{bs} = \bar{b} + n \operatorname{Cov}(a_s B_{as}) + n \operatorname{Cov}(b_s B_{bs}) \\ k = \sum_s k_s + \sum_s a_s K_{as} + \sum_s b_s K_{bs} = \sum_s k_s + n \operatorname{Cov}(a_s K_{as}) + n \operatorname{Cov}(b_s K_{bs}) \end{array}\right\} \quad (24)$$

Hierbei ist u ein Zufallsglied, dessen Mittelwert Null ist; eine Korrelation mit μ und ν über die Zeit besteht nicht. Die Kovarianzausdrücke auf der rechten Seite von (4) stellen die *Aggregationsverzerrung* in den Makroparametern dar. Abgeleitet werden sie genau wie zuvor (siehe Aufg. 1 unten).

Das alles ist schon bekannt. Die Aggregation nach der Methode (i) ist zwar einfach, jedoch nicht „natürlich". Die statistischen Makroparameter nach der Methode (ii) hängen von den Mikroparametern wie auch von der „historischen Entwicklung“ in der besonderen jeweils ausgewählten Periode ab. Bei der letztgenannten Methode entstehen Widersprüche im allgemeinen bei der Prognose. Manchmal kann man Widersprüche auch vernachlässigen, z. B wenn die individuellen Einkommen die Tendenz haben, sich proportional zu dem aggregierten Einkommen zu entwickeln und die individuelle Familiengröße sich im gleichen Verhältnis wie die Gesamtbevölkerung ändert. Doch lassen sich die Widersprüche in allen Fällen nur vermeiden, wenn man μ und ν als gewichtete Aggregate betrachtet, deren Gewichte durch (2) wiedergegeben sind; für beide Variablen müssen wir also *vollkommene Aggregation* annehmen.

Eine neue Eigenart stellen die indirekten Beziehungen in den angepaßten Makroparametern von (4) dar. Der Grenzhang zum Verbrauch a hängt nicht nur von den individuellen Grenzneigungen (a_s), sondern auch vom Einfluß der Familiengröße (b_s) bei der individuellen Nachfrage ab. Der Überschneidungseffekt zeigt sich in dem Ausdruck

$$\sum_s b_s A_{bs} = n \operatorname{Cov} (b_s A_{bs})$$

in (4). Die Gewichte von b_s ergeben in ihrer Summe Null ($\sum_s A_{bs} = 0$), und man könnte vermuten, die indirekten Wirkungen seien immer gering. Das ist aber keineswegs der Fall. Ergeben sich positive Werte des Regressionskoeffizienten A_{bs} für Familien mit einem großen b_s, und ein negatives A_{bs} bei einem kleinen b_s, so können die indirekten Beziehungen bedeutend sein.

Dieses Ergebnis läßt sich leicht für ein System von Mikrorelationen der Gestalt

$$y_s = a_s x_{1s} + b_s x_{2s} + c_s x_{3s} + \ldots + k_s \qquad (s = 1, 2, \ldots n)$$

verallgemeinern, deren Aggregat lautet:

$$y = ax_1 + bx_2 + cx_3 + \ldots + k$$

Die Aggregation läßt sich einfach durchführen; man muß nur für die y wie auch für jedes x die Reihe der n Gleichungen aufsummieren. Der Aggregationsprozeß bringt dann genau die gleichen Ergebnisse wie in (2), (3) und (4) oben, nur daß jeweils mehr Ausdrücke vorkommen. Besonders zeigt eine Reihe von Ausdrücken in (4), wie sich die indirekte Wirkung eines Parameters auf einen anderen auswirkt. Dies ist der Fall, den Theil (1954) in seinem Theorem 1 betrachtet. In den folgenden Übungsaufgaben wird dies erläutert.

Übungsaufgaben 20.5

1. Ermitteln Sie die Ausdrücke für die Aggregationsverzerrung in (4) durch den Nachweis, daß

$$\text{Cov}\,(a_s A_{as}) = \frac{1}{n}\sum_s a_s A_{as} - \frac{1}{n}\bar{a} \quad \text{und} \quad \text{Cov}\,(b_s A_{bs}) = \frac{1}{n}\sum_s b_s A_{bs}$$

2. $y_s = a_s \mu_s + b_s \lambda_s + c_s \nu_s + k_s$ sei die Nachfrage einer Familie von λ_s Erwachsenen, ν_s Kindern und einem Einkommen von μ_s; zeigen Sie, wie sich eine Gesamtnachfragerelation $y = a\mu + b\lambda + c\nu + k$ ableiten läßt. Deuten Sie das Ergebnis.

3. Einige Güter sind in einer Gruppe zusammengefaßt, $(r = 1, 2, \ldots n)$, andere stehen außerhalb. Untersuchen Sie, ob es richtig ist, die Nachfragemengen einer Einzelperson $y_r = a_r p_r + b_r q_r + k_r$ $(r = 1, 2, \ldots n)$ zu $y = ap + bq + k$ zu aggregieren, wobei p ein Preisindex für die Gütergruppe (aus p_r, $r = 1, 2, \ldots n$) und q ein Preisindex einer anderen Gütergruppe ist (aus q_r, $r = 1, 2, \ldots n$).

4. Zeigen Sie, wie sich das Ergebnis von 20.2 Aufg. 3 über die Nachfrage eines Industriezweiges nach Arbeit zu dem Fall erweitern läßt, daß der Industriezweig (und die aus ihm bestehenden Unternehmungen) mehr als ein Produkt herstellt.

5. Untersuchen Sie, wie sich das Ergebnis (4) vereinfacht, wenn $\text{Cov}\,(b_s A_{bs}) = \text{Cov}\,(a_s B_{as}) = 0$; führen Sie die Untersuchungen im Sinne von 20.4 oben. Betrachten Sie im besonderen den Fall, daß die Regressionsgleichungen (3) die einfache Form $\mu_s = A_{as}\,\mu + u_s$ und $\nu_s = B_{bs}\,\nu + v_s$ haben.

20.6 Summierung über Einzelpersonen und über Güter

Wir lassen jetzt auch die zweite Beschränkung (20.5 oben) fallen. Es handelt sich dabei um die Annahme, daß keine unabhängige Variable in mehr als einer Mikrorelation auftritt. Wie schwerwiegend diese Beschränkung ist, erkennt man daran, daß in der Mikrotheorie im allgemeinen die Nachfrage einer Einzelperson nach einem Gut in Abhängigkeit von den Preisen vieler Güter wiedergegeben wird; oder man stellt die Nachfrage einer Unternehmung nach einem Faktor als abhängig von den Preisen vieler Faktoren dar. Kurz gesagt erscheint also der Preis eines Gutes (Faktors) grundsätzlich in einer Reihe von Relationen über die Güter-(Faktor)nachfrage.

Die folgenden Beispiele zeigen, wie wichtig es bei Aggregationsproblemen ist, die Relationen und Variablen so darzustellen, daß der „Verdichtungsprozeß“, also die „Verdichtung“ der Mikrorelationen in die Makrorelation, offensichtlich wird; im besonderen muß deutlich werden, für welche Mikrovariablen das Aggregat oder der Durchschnitt gebildet werden und welche verschiedenen Makrovariablen dabei entstehen. Wir bringen zunächst zwei Beispiele, die einen Zwischenfall darstellen. Das dritte Beispiel ist schon nützlicher und bringt eine doppelte Summierung über Einzelpersonen und über Güter. Dieses Beispiel führt uns dann zum allgemeinen Fall, der im folgenden Abschnitt behandelt werden soll.

Beispiel (a): Individuelle Nachfrage nach einer Gruppe von Gütern.

Der in 20.3 betrachtete Fall war deswegen einfach, weil wir jede Nachfrage nach einem Gut als nur vom Preis des betreffenden Gutes abhängig betrachtet haben; alle indirekten Beziehungen bei gegenseitiger Einwirkung, die in der Mikro-Werttheorie so bedeutsam waren, hatten wir ausgeschaltet. Diese indirekten Wirkungen wollen wir nun miteinbeziehen. Die individuelle Nachfrage nach dem r-ten Gut lautet:

$$\begin{aligned} y_r = \ & b_{r1} p_1 + k_r \qquad (r = 1, 2, \ldots m) \\ & + b_{r2} p_2 \\ & + \ldots \\ & + br_m p_m \end{aligned} \tag{1}$$

Es gibt m solcher Mikrorelationen und jede enthält die Gesamtmenge der m Güterpreise (wiewohl einige b Null sein können, wenn die Güter in keiner Beziehung zueinander stehen). Die Ausdrücke für die Preise in (1) erscheinen in einer Spalte, um den Aggregationsprozeß zu verdeutlichen. Die einzelne Mikrorelation, die individuelle Nachfrage nach der Gütergruppe, lautet:

$$y = bp + k$$

wobei $y = \sum_s y_r$ und wobei p irgendein Durchschnitt von $p_1, p_2, \ldots p_m$ ist. Hierin stecken allerdings zwei ganz verschiedene Summen; $y = \sum_{r=1}^{m} y_r$ erfaßt alle m Mikrogleichungen (1), während $p = \sum_{\varrho=1}^{m} p_\varrho$ (oder irgendein ähnlicher gewichteter Ausdruck) sich auf jede Mikrorelation einzeln bezieht. Deswegen steckt in dem Makroparameter b (der die Preiselastizität wiedergibt), eine doppelte Summierung, die sich aus den Mikroparametern $b_{r\varrho}$ für r und $\varrho = 1, 2, \ldots m$ ergeben muß. Diese Summierung läßt sich dann betrachten als die Reduktion einer quadratischen Matrix der Ordnung $m \times m$ auf einen einzigen Wert:

$$\mathbf{b} = [b_{r\varrho}] = \begin{bmatrix} b_{11} & b_{21} & \ldots & b_{m1} \\ b_{12} & b_{22} & \ldots & b_{m2} \\ \ldots & \ldots & \ldots & \ldots \\ b_{1m} & b_{2m} & & b_{mm} \end{bmatrix}$$

Dieser bildet den Durchschnitt nicht nur der Preiseffekte für m verschiedene Güter, sondern auch aller indirekten Wirkungen zwischen den Güterpreisen in jeder individuellen Nachfragerelation. In der Matrix **b** lassen sich die Mikroparameter auf sehr bequeme Art anordnen. Jeweils eine Spalte von **b** bringt die Parameter für die Nachfrage nach einem Gut, während in den Zeilen von **b** entsprechende Parameter von einer Nachfragerelation zur andern stehen.

Beispiel (b): Die Nachfrage einer Unternehmung nach einer Gruppe von Inputs.

Eine gegebene Firma verarbeitet m Inputs (Faktoren) zur Produktion von k Produkten. Die Nachfrage der Unternehmung y_r nach einem Input hängt von *allen* Outputs x_q ($q = 1, 2, \ldots k$) und *allen* Inputpreisen p_r ($r = 1, 2, \ldots m$) ab:

$$\begin{aligned} y_r = \; & a_{r1} x_1 + b_{r1} p_1 + k_r \qquad (r = 1, 2, \ldots m) \qquad (2) \\ & + a_{r2} x_2 + b_{r2} p_2 \\ & + \ldots \quad + \ldots \\ & + a_{rk} x_k + \ldots \\ & \qquad\quad + b_{rm} p_m \end{aligned}$$

Diese m Mikrorelationen sind zur Makrorelation zu aggregieren:

$$y = ax + bp + k$$

wobei y der Gesamtinput der Unternehmung, x irgendein Mengenindex für den Output und p irgendein Preisindex der Inputs ist. Hierin stecken folgende Summierungen: $y = \sum_{r=1}^{m} y_r$ über m Mikrorelationen, $x = \sum_{q=1}^{k} x_q$ (oder irgendeine gewichtete Form) über k Outputvariable in jeder Mikrorelation und $p = \sum_{\varrho=1}^{m} p_\varrho$ (oder irgendeine gewichtete Form) über m Preisvariable in jeder Mikrorelation. Der Makroparameter a, der die Wirkung des Outputs auf die Nachfrage nach Inputs angibt, ist ein einzelner Wert, der der rechteckigen Matrix der Mikroparameter von der Ordnung $k \times m$ entspricht (man könnte auch erwarten, daß er daraus abgeleitet ist):

$$\mathbf{a} = [a_{rq}] = \begin{bmatrix} a_{11} & a_{21} & \ldots & a_{m1} \\ a_{12} & a_{22} & \ldots & a_{m2} \\ \ldots & \ldots & \ldots & \ldots \\ a_{1k} & a_{2k} & \ldots & a_{mk} \end{bmatrix}$$

Der Makroparameter entspricht einer quadratischen ($m \times m$) Matrix **b**, die genau die gleiche Form wie in Bsp. (a) hat. Jede Mikrorelation liefert eine Spalte für **a** und eine Spalte für **b**.

Beispiel (c): Die Marktnachfrage nach einer Gruppe von Gütern.

Als Erweiterung des Beispiels (a) führe man in jede Nachfragerelation das individuelle Einkommen ein (für jedes Gut das gleiche Einkommen) und aggregiere dann über die n Einzelpersonen ($s = 1, 2, \ldots n$) am Markt wie auch für die m Güter ($r = 1, 2, \ldots m$). Die Mikrorelationen betreffen dann $m \times n$ Nachfragerelationen (m Güter, n Einzelpersonen):

$$\begin{aligned} y_{rs} = \; & a_{rs}\, \mu_s + {}_{rs}b_1\, p_1 + k_{rs} \qquad (3) \\ & + {}_{rs}b_2\, p_2 \qquad (s = 1, 2, \ldots n) \\ & + \ldots \\ & + {}_{rs}b_m\, p_m \end{aligned}$$

Die einzelne Makrorelation für die Marktnachfrage lautet dann:

$$y = a\mu + bp + k$$

Zur Nachfrageaggregation bedarf es nun einer doppelten Summierung, also $y = \sum_r \sum_s y_{rs}$. Jede der Makrovariablen μ und p entsteht durch jeweils eine Summierung: $\mu = \sum_s \mu_s$ über n Einzelpersonen und $p = \sum_\varrho p_\varrho$ über m Güter. Um zu zeigen, welche Mikroparameter den Makroparametern entsprechen, ersetze man die doppelte Summierung über r und s durch eine einzige Summation, deren Subskript über 1, 2, ... bis $m \times n$ reicht (d. h. sowohl die Zahl der Einzelpersonen wie die Zahl der Güter durchläuft). Die $m \times n$ Mikrorelationen (3) werden durch das Subskript i beschrieben. Dann entspricht der Parameter a einem Zeilenvektor von $m \times n$ Mikroparametern: $\mathbf{a} = (a_i)$. Die Elemente von **a** stellen die Grenzneigungen zum Verbrauch der m Güter seitens der n Einzelpersonen dar. Der Parameter b entspricht einer rechteckigen Matrix von Mikroparametern; ihre Ordnung ist m mal $m \times n$: $\mathbf{b} = ({}_ib_\varrho)$ für $i = 1, 2, \ldots, m \times n$ und $\varrho = 1, 2, \ldots m$. Jede Mikrorelation (3) liefert für **b** eine Spalte von m Elementen.

Die Keynessche Konsumfunktion, wie sie in einfachen dynamischen Makromodellen verwendet wird, läßt sich folgendermaßen schreiben:

$$y = a\mu + \gamma$$

wobei y der Gesamtkonsum und μ irgendein aggregiertes Einkommen ist. Wir betrachten nun die gewöhnliche lineare Form ohne Lags, die man als die Vereinfachung einer noch allgemeineren Form ansehen kann:

$$y = a\mu + bp + k \qquad (4)$$

hierbei ist p, das als gegeben betrachtet wird, irgendein Preisindex für Konsumgüter. Soll (4) auf der Grundlage der entsprechenden Mikrotheorie der Konsumentenentscheidungen aufgebaut werden, so trifft das Beispiel (c) oben zu; (4) stellt dann die Makrorelation dar, die aus den $m \times n$ Mikrorelationen (3) gewonnen wurden.

Dies scheint als Basis für eine Konsumfunktion durchaus hinreichend zu sein — solange man nicht die Ergebnisse, soweit sie in diesem Kapitel bereits entwickelt wurden, berücksichtigt (in 20,7 unten werden sie noch erweitert). Bei einfacher Aggregation ($\mu = \sum_s \mu_s$ und $p = \sum_p p_p$ oder der entsprechende Index von Laspeyres) stellt (4) eine statistische Relation dar, und in den Parametern (a, b, k) kommen sowohl die indirekten Wirkungen zum Ausdruck wie auch der Einfluß der zeitlichen Entwicklung von persönlichen Einkommen und Preisen. Im allgemeinen besteht auch für die Vorhersage von y ein Widerspruch zwischen dem Gebrauch von (3) und (4). Eine einfache Aggregation, in der (4) ihre „beste" Form annimmt (a ist dabei der durchschnittliche Grenzhang zum Konsum), ist nur dann frei von allem Widerspruch, wenn alle entsprechenden Mikroparameter gleich sind. Das bedeutet, daß in (4) grundsätzlich jeder den gleichen Grenzhang zum Konsum haben muß. Oder man muß, alternativ, besondere Bedingungen für die Periode annehmen, etwa, daß sich jedes Einkommen über die Zeit proportional zum Volkseinkommen bewegt. Gibt man andererseits die einfache Aggregation auf und läßt irgendeine Summierung über μ und p mit jeweils festen Gewichten zu, dann kommt man auf der Suche nach einer vollkommenen Aggregation zu einer Gewichtung mit Mikroparametern; z. B. wird dann μ mit den individuellen Grenzneigungen zum Konsum gewichtet.

Es ist also eben nicht zulässig, (4) als das Ergebnis einfacher Aggregation anzusehen. Entweder ignoriert man die Mikrotheorie und betrachtet die Konsumfunktion (4) als die grundlegende Konstruktion oder, alternativ, man bleibt bei der Mikrotheorie und läßt eine Makrorelation wie (4) nur als grobe Annäherung zu, bzw. duldet sie als Gebilde, das unter besonderen Bedingungen während eines ganz bestimmten zeitlichen Versionen zulässig ist. Beide Versionen gehen dem Ökonomen gegen den Strich. Er wünscht sich einfache Makrorelationen, die auf der Mikrotheorie sicher aufgebaut sind.

Übungsaufgaben 20.6

1. Zeigen Sie, daß sich die Konstruktion im Bsp. (a) auf die Nachfrage einer einzelnen Unternehmung nach einer Gruppe von Inputs (Faktoren) anwenden läßt. Vergleichen Sie und geben Sie eine Gegenüberstellung mit 20.3. Aufg. 4 und mit Bsp. (b) oben.

2. Zeigen Sie, daß sich Bsp. (b) für die Nachfrage einer Person mit k verschiedenen Einkommensquellen nach einer Gruppe von Gütern verwenden läßt.

3. In Bsp. (b) nehme man an, y_r $(r = 1, 2, \ldots m)$ entspreche einer Gruppe von Inputs (nicht allen Inputs) und hänge zusätzlich zu den bereits erwähnten Variablen von den Preisen p_s' $(s = 1, 2, \ldots n)$ anderer Inputs ab. Erläutern Sie die Aggregation

$$y = ax + bp + cp' + k$$

und interpretieren Sie diese Makrorelation.

4. Stellen Sie das Aggregationsproblem für die Nachfrage eines Industriezweiges nach einer Gruppe von m Inputs dar $(r = 1, 2, \ldots m)$, wobei der Industriezweig aus n Unternehmungen $(s = 1, 2, \ldots n)$ besteht. Angenommen, jede Unternehmung produziere ein und dasselbe Produkt; zeigen Sie, daß dann das Problem dem Bsp. (c) oben ähnlich ist. Erweitern Sie die Aufgabe zu einem Beispiel mit k Produkten, in dem die Makrorelation lautet: $y = a_1 x_1 + a_2 x_2 + \ldots + a_k x_k + bp + \text{const.}$ Läßt sich das noch weiter auf die Form $y = ax + bp + \text{const.}$ reduzieren?

20.7 Der allgemeine Fall: Eine einzige Makrorelation

Die Mikrorelationen seien für jedes Glied einer Gruppe von Personen oder Gütern oder auch für beide gegeben. Daraus soll durch Aggregation eine einzige Makrorelation gewonnen werden. Alle Relationen sind linear: Lags oder Aggregationen über die Zeit seien nicht vorgesehen. Das Subskript i bezeichne eine einzelne Mikrorelation, so daß $\sum_i$ die erforderliche Aggregation über die Mikrorelation darstellt. Im allgemeinen stellt $\sum_i$ eine doppelte Summe dar, z. B. über m Güter und n Personen. Das Problem liegt nun darin, wie die Mikrovariablen auf die Makrovariablen in der Makrorelation reduziert werden sollen; es geht also um die Ableitung der entsprechenden Makroparameter. Das Bsp. (c) aus 20.6 erläutert den Fall und legt eine bestimmte Schreibweise nahe.

Die Mikrorelationen seien bei verschiedenen Werten von i:

$$\begin{aligned} y_i = \; & {}_ia_{11}\,x_{11} + {}_ia_{21}\,x_{21} + \ldots + {}_ia_{m1}\,x_{m1} + k_i \\ & + {}_ia_{12}\,x_{12} + {}_ia_{22}\,x_{22} + \ldots + {}_ia_{m2}\,x_{m2} \\ & + \ldots \\ & + {}_ia_{1n}\,x_{1n} + {}_ia_{2n}\,x_{2n} + \ldots + {}_ia_{mn}\,x_{mn} \end{aligned}$$

d. h.
$$y_i = \sum_{r=1}^{m} \sum_{s=1}^{n} {}_ia_{rs}\,x_{rs} + k_i \tag{1}$$

Es gibt $m \times n$ Mikrovariable (x_{rs}), die im allgemeinen sämtlich in jeder Mikrorelation auftreten. Von einer Konstanten (k_i) abgesehen, hat jede Mikrorelation eine entsprechende Anzahl von Mikroparametern (${}_ia_{rs}$). Tritt irgendeine Mikrovariable in einer Mikrorelation nicht auf, so ist der entsprechende Mikroparameter gleich Null; doch darf man für den allgemeinen Fall eine solche Annahme nicht treffen.

Ziel der Aggregation ist es also, eine einzelne Makrorelation abzuleiten:

$$y = a_1\,x_1 + a_2\,x_2 + \ldots + a_m\,x_m + k = \sum_{r=1}^{m} a_r\,x_r + k \tag{2}$$

Summiert wird wie folgt: Zunächst bildet man $y = \sum_i y_i$ über alle Mikrorelationen, wobei im allgemeinen eine doppelte Summierung erforderlich wird. Dann lauten für jedes r ($r = 1, 2, \ldots, m$) die Makrovariablen: $x_r = \sum_{s=1}^{n} x_{rs}$; hier ergibt sich eine einfache Summierung über jeweils eine Spalte in jeder Mikrorelation (1).

Kritisch wird das Verfahren erst bei der Frage, wie die m Makroparameter a_r in (2) aus dem Komplex der Mikroparameter ${}_ia_{rs}$ in (1) abzuleiten sind. Doch stellt sich heraus, daß man diesen Komplex von Mikroparametern beträchtlich vereinfachen kann. In den Ergebnissen, die es abzuleiten gilt, erscheint nämlich ${}_i a_{rs}$ niemals in dieser Form selbst, sondern nur in der Summe $\sum_i {}_i a_{rs}$; man gewinnt sie, indem man in jeder Mikrorelation die an gleicher Stelle stehenden Mikroparameter herausgreift und dann über alle Mikrorelationen summiert. Folglich kann man für jeweils eine Mikrovariable x_{rs} einen *abgeleiteten Mikroparameter* definieren:

$$a_{rs} = \sum_i {}_i a_{rs} \qquad (r = 1, 2, \ldots m; \; s = 1, 2, \ldots n)$$

Der Makroparameter a_r (der Koeffizient von x_r) hat eine einfache Menge *entsprechender* abgeleiteter Mikroparameter, die zusammen einen Spaltenvektor bilden:

$$\mathbf{a}_r = \{a_{rs}\} = \begin{bmatrix} a_{r1} \\ a_{r2} \\ \cdots \\ a_{rn} \end{bmatrix}$$

Jede Mikrorelation (1) liefert eine Spalte für eine n-zeilige Matrix von Mikroparametern:

$$[{}_i a_{rs}] = \begin{bmatrix} {}_1 a_{r1} & {}_2 a_{r1} & \cdots \\ {}_1 a_{r2} & {}_2 a_{r2} & \cdots \\ \cdots & \cdots & \cdots \\ {}_1 a_{rn} & {}_2 a_{rn} & \cdots \end{bmatrix}$$

Summiert man diese Matrix über die Zeilen, so ergibt sich $\mathbf{a}_r$. Zu wünschen wäre bei dieser Aggregation, daß der Makroparameter a_r nur von den entsprechenden Mikroparametern abhängt, die in $\mathbf{a}_r$ zusammengefaßt sind. Dies ist jedoch eine Forderung die, wie wir sehen werden, sich nicht immer realisieren läßt.

In der Ableitung von (2) aus (1) ergibt sich nach der *Methode (i)* durch Summation von (1):

$$y = \sum_i y_i = \sum_{r=1}^{m} \sum_{s=1}^{n} a_{rs} \, x_{rs} + \sum_i k_i$$

Dieser Ausdruck ist gleichbedeutend mit (2), vorausgesetzt, daß die Aggregation lautet:

$$x_r = \frac{1}{\bar{a}_r} \sum_s a_{rs} \, x_{rs} \qquad \text{wobei} \qquad \bar{a}_r = \frac{1}{n} \sum_s a_{rs} \tag{3}$$

die Makroparameter sind dann:

$$a_r = \bar{a}_r = \frac{1}{n} \sum_s a_{rs} \qquad \text{und} \qquad k = \sum k_i \tag{4}$$

(3) wie auch (4) gelten für alle r ($r = 1, 2, \ldots, m$). Um die Makrovariable x_r in (3) zu erhalten, werden die Mikrovariablen, proportional zu den *entsprechenden* (abgeleiteten) Mikroparametern wie in $\mathbf{a}_r$ gewichtet. Die Gewichtung variiert natürlich von Parameter zu Parameter; es gibt genau so viele Gewichtungssysteme, wie es Makroparameter in der Makrorelation (2) gibt. Der durch (4) gegebene Makroparameter a_r hat die gewünschte Form; er entsteht aus den entsprechenden (abgeleiteten) Mikroparametern $\mathbf{a}_r$ und ist in der Tat das einfache Mittel der n Elemente von $\mathbf{a}_r$.

Bei der *Methode (ii)* wird die einfache Aggregation oder irgendeine Form von Aggregation mit festen Gewichten angewandt. Hat man nicht gerade die besondere Aggregation (3) im voraus ausgesucht, so läßt sich die Makrorelation (2) nur durch statistische Anpassung über die Zeit gewinnen. Alle Mikrovariablen erscheinen in Zeitreihen, weshalb das Ergebnis im allgemeinen auch von ihrem zeitlichen Verlauf abhängt. Die Technik ist dann dieselbe wie zuvor. Formal begründet wurde sie durch Theil (1954), allerdings in einem weiteren Rahmen als hier. Man bildet die Regressionsgleichungen

$$\left.\begin{aligned} & x_{rs} = {}_1A_{rs}\, x_1 + {}_2A_{rs}\, x_2 + \ldots + {}_mA_{rs}\, x_m + K_{rs} + u_{rs} \\ & \qquad\qquad (r = 1, 2, \ldots m; \quad s = 1, 2, \ldots n) \\ \text{wobei} \quad & \sum_{s=1}^{n} {}_\varrho A_{rs} = 1 \quad (\varrho = r) \qquad \text{und} \sum_{s=1}^{n} K_{rs} = 0 \\ & \qquad\quad\; = 0 \quad (\varrho \neq r) \end{aligned}\right\} \tag{5}$$

Die Koeffizienten (A und K) in (5) hängen alle von den zugrundeliegenden Zeitreihen ab. Die statistisch angepaßten Makroparameter von (2) lauten dann:

$$\left.\begin{aligned} a_r &= \sum_{\varrho=1}^{m} \sum_{s=1}^{n} a_{\varrho s}\, {}_rA_{\varrho s} \qquad (r = 1, 2, \ldots m) \\ k &= \sum_i k_i + \sum_{r=1}^{m} \sum_{s=1}^{n} a_{rs} K_{rs} \end{aligned}\right\} \tag{6}$$

Das Ergebnis bietet nach den einfachen Fällen (20.5 oben) wenig Neues, nur daß sich hier für Überschneidungseffekte vielfältige Möglichkeiten ergeben. Ferner läßt sich prüfen, wieweit die Werte, die man für die Makroparameter in (6) gefunden hat, den gestellten Anforderungen entsprechen. In zweierlei Hinsicht lassen sie zu wünschen übrig. Zunächst sollte sich a_r nur aus den *entsprechenden* Mikroparametern von $\mathbf{a}_r$ ergeben; tatsächlich kommen aber im allgemeinen alle Mikroparameter vor, nicht nur die entsprechenden, sondern auch die nichtentsprechenden. Zweitens hängt a_r von der jeweiligen zugrundeliegenden und geschätzten Zeitreihe ab; dies zeigt sich darin, daß in a_r auch die in (5) gegebenen Regressionskoeffizienten (die A) auftreten.

Aus eben diesen Gründen stehen die Ergebnisse, die eine Vorhersage aufgrund der statistischen Makrorelation (2) liefern, zu den Ergebnissen aufgrund der Mikrorelationen (1) im allgemeinen Widerspruch. Nur unter besonderen Bedingungen läßt sich ein Widerspruch vermeiden, etwa wenn der zeitliche Verlauf der Variablen eine bestimmte Form annimmt. Doch fällt jede Art von Widerspruch dann und nur dann weg, wenn $a_{rs} = \bar{a}_r$ (für alle s) für jedes $r = 1, 2, \ldots, m$. Das aber bedeutet eine Gewichtung der Aggregate nach dem System (3), also eine Aggregation, wie wir sie in der Methode (i) für eine exakte Makrorelation der gewünschten Form gefunden haben. Eine *vollkommene Aggregation* hat das Gewichtungssystem (3). Sie hat die doppelte Eigenschaft, erstens eine genaue und passende Makrorelation zu liefern und zweitens die einzige Aggregation mit fester Gewichtung zu sein, die im Makromodell jeden Widerspruch vermeidet.

Übungsaufgaben 20.7

1. Zeigen Sie, daß sich die Makrorelationen (1) so formulieren lassen, daß die unterschiedlichen Mikrovariablen x_r Summen einer unterschiedlichen Anzahl (n_r) von Mikrovariablen sind und sie dann lauten:

$$y_i = \sum_{r=1}^{m} \sum_{s=1}^{n_r} {}_i a_{rs}\, x_{rs} + k_i$$

Zeigen Sie gleichfalls, daß die Beziehung (1) aus dem Text immer noch den allgemeinen Fall darstellt, wo $n = \max n_r$ und in dem Scheinvariable (Koeffizienten Null) benutzt werden, um die Spalten auszufüllen.

2. Stellen Sie die Beispiele (a) und (b) aus 20.6 als Sonderfälle des hier vorgeführten allgemeinen Falles dar. Was bedeutet das Subskript i in diesen Fällen?

3. Eine Gruppe von m Bäckern ($r = 1, 2, \ldots m$) versorgt n Konsumenten ($s = 1, 2, \ldots n$) mit Brot. Der r-te Bäcker setzt einen Preis p_r; das Einkommen des s-ten Konsumenten ist u_s. Zeigen Sie, wie sich die Mikronachfragerelationen nach Brot

$$y_{rs} = a_{rs}\,\mu_s + \sum_{\varrho=1}^{m} {}_{rs}b_\varrho\, p_\varrho + k_{rs}$$

zur Gesamtnachfrage nach Brot aggregieren lassen: $y = a\mu + bp + k$, worin $y = \sum_r \sum_s y_{rs}$, $\mu = \sum_s \mu_s$, $p = \sum_\varrho p_\varrho$. Vergleichen Sie das Ergebnis mit 20.6, Bsp. (c).

4. Zeigen Sie, daß das Bsp. (c) aus 20.6 und das Problem der vorhergehenden Aufgabe Sonderfälle des allgemeinen Falles sind; schreiben Sie zu dem Zweck die Mikrorelationen von Bsp. (c) in der Form:

$$\begin{aligned} y_i = \; & {}_ia_1\,\mu_1 + {}_ib_1\,p_1 + k_i \qquad (i = 1, 2, \ldots m \times n) \\ & + {}_ia_2\,\mu_2 + {}_ib_2\,p_2 \\ & + \ldots \\ & + {}_ia_n\,\mu_n + {}_ib_m\,p_m \end{aligned}$$

Zeigen Sie, daß nur einer der Koeffizienten ${}_ia_s$ $(s = 1, 2, \ldots n)$ von Null verschieden ist. Welcher Koeffizient ist dies und welche Bedeutung hat er?

5. Bringen Sie das Bsp. (c) in die Form der vorhergehenden Aufgabe, wenden Sie die einfache Aggregation an und benutzen Sie (5) und (6) oben, um die Makroparameter von $y = a\mu + bp + k$ zu gewinnen. Untersuchen Sie, wie der Grenzhang zum Konsum im Aggregat von den individuellen Preiselastizitäten abhängt.

6. Untersuchen Sie in der vorhergehenden Aufgabe auch noch Luxusgüter und notwendige Güter. Ist das r-te Gut ein Luxusgut, so sei $k_{rs} < 0$ und die Konstante in der Regressionsgleichung für p_r gleichfalls negativ (da p_r bei einem Boom wahrscheinlich schnell wächst). Leiten Sie ab, daß die Luxusgüter in dem Makroparameter k wahrscheinlich ein Extragewicht haben und daß die Gütergruppe wahrscheinlich als „Luxus" erscheint.

20.8 Die Wohlfahrtsökonomie

Probleme einer Aggregation der Konsumnachfrage über Personen, Güter oder über beides muß man sorgfältig von dem Problemkreis trennen, der in der Wohlfahrtsökonomie behandelt wird. Aus der obigen Untersuchung geht klar hervor, daß man die aggregierte Nachfrage erst dann erhält, *nachdem* jeder Konsument seine Entscheidung getroffen hat (z. B. seinen Nutzen maximiert hat). Wenngleich die Verteilung der Konsumenteneinkommen nicht ohne Bedeutung ist, so geht die Frage doch nicht darum, die Nutzenniveaus verschiedener Konsumenten zu vergleichen. In der Wohlfahrtsökonomie jedoch sollen individuelle Nutzenniveaus in gewisser Weise aggregiert und miteinander verglichen werden, *bevor* eine optimale Situation gesucht wird (z. B. ein Maximum an sozialer Wohlfahrt). Eine kurze Betrachtung dieser zweiten Art von Aggregationsproblemen rundet das Kapitel auf zweckmäßige Weise ab. Die Betrachtung ist zum Teil deswegen kurz gehalten, weil die Literatur zu diesem Problem recht umfangreich ist — wir bringen am Ende eine kurze Zusammenstellung — zum Teil aber auch deswegen, weil die Mathematik nur eine relativ geringe Rolle bei der Behandlung des Problems spielt.

Die Wohfahrtsökonomie unterscheidet sich von der Analyse der Konsumentennachfrage auch insofern, als man keine Annahmen über irgendwelche Marktbedingungen trifft. Beispielsweise nimmt man nicht an, es bestehe vollkommene Konkurrenz zwischen den Konsumenten, was bedeuten würde, daß die Marktpreise als Parameter angesehen werden können. Im Gegenteil gehört es zu den Zielobjektsetzungen der Wohlfahrtsökonomie, zu erkennen, ob und in welchem Sinne die vollkommene Konkurrenz als (sozial) optimaler Zustand angesehen werden kann. Im weiteren Verlauf betrachtet man dann die optimalen Bedingungen etwa der Einkommensverteilung, der Besteuerung oder der Zollpolitik (so etwa Hotelling, 1938).

Die einfachste und direkteste Methode könnte man darin erblicken, daß man explizite die Annahme trifft, der individuelle Nutzen sei meßbar (kardinal); dann braucht man nur noch die Nutzen aller Personen zu addieren. Zusätzlich kann man noch entsprechend gewichten, wiewohl alle Personen gleich sein mögen, da einige doch gleicher sind als andere. Folglich läßt sich eine Funktion für die soziale Wohlfahrt bilden $W = \sum_i w_i U_i$, in welcher der Nutzen U_i der i-ten Person das Gewicht w_i erhält. W ist dann eine Funktion aller Inputs und Outputs, welche hier Mengen an Konsumgütern und Dienstleistungen bedeuten. Das (soziale) Optimum ist durch die Maximierung von W unter den gegebenen Nebenbedingungen des Problems zu suchen.

Dem stehen aber zwei Dinge entgegen. Zunächst kann man, wie wir in 19.5 oben gesehen haben, den individuellen Nutzen nur in Situationen, die mit einem Risiko behaftet sind, als meßbar (bis auf eine Lineartransformation) ansehen. Zweitens hat, was noch wichtiger ist, eine Aggregation von Nutzenniveaus auch dann keinen Sinn, wenn man der Einfachheit halber von kardinalem Nutzen ausgeht. Wie Kennedy (1954) und auch andere betont haben, ist der Nutzen unteilbar — denn zwei Nutzen lassen sich nicht addieren und ergeben auch keinen dritten Nutzen. Siehe Aufg. 1 und 2 unten.

Erkennt man solche Einwände an, so bleibt als wesentliche Frage, wie man die Addition von Nutzenniveaus in einer wohlfahrtsökonomischen Analyse vermeiden kann. Dazu gibt es mindestens zwei Möglichkeiten. Einmal kann man die Zahl der in einer Wirtschaft möglichen Situationen festlegen und annehmen, daß jedes Glied der Gesellschaft diese Situationen nach seinen eigenen Präferenzen ordnen kann (etwa durch eine ordinale Nutzenfunktion); schließlich kann man dann nach einem demokratischen Wahlsystem die verschiedenen Präferenzordnungen auf eine einzige Präferenzordnung der Gemeinschaft reduzieren. Die nach der Präferenzordnung der Gemeinschaft wertvollste Lage ist dann im sozialen Sinne optimal.

Die Schwierigkeit liegt hier in der wohlbekannten Tatsache, daß, wenn auch jedes Glied eines Vereins oder einer Gemeinschaft sich „rational“ oder „konsistent“ verhält, dasselbe noch nicht notwendig für

Entscheidungen der Mehrheit der Fall zu sein braucht. Und hier liegt nicht nur eine ausgefallene Möglichkeit. Man betrachte drei Personen (1, 2, 3), die jeweils drei Situationen (A, B, C) gegenüberstehen. Angenommen, jede Person findet für die Situation eine konsistente Ordnung:

Person	*Präferenzordnung*
1	A, B, C
2	B, C, A
3	C, A, B

Konsistenz bedeutet hier einfach, daß, wenn A vor B und B vor C gewählt wird, dann auch A vor C gewählt werden muß. Anschließend legen die Personen als dreiköpfiger Verein ihre soziale Präferenzordnung nach dem Majoritätsprinzip fest, indem sie der Reihe nach jeweils ein Paar zweier Situationen vornehmen:

	Personen	
Vergleich der Situationen	*dafür*	*dagegen*
A vor B	1, 3	2
B vor C	1, 2	3
C vor A	2, 3	1

Folglich sind die sozialen Präferenzen inkonsistent; der dreiköpfige Verein verhält sich „irrational", wenn er C vor A wählt, zugleich aber eine Präferenz für A vor B vor C bekundet. In der Tat entsteht genau diese Situation, wenn beispielsweise ein amerikanischer Staat eine Wahl nach sozialem Gesichtspunkt entscheiden möchte (etwa nach dem Motto „Eier und Schinken"), dann aber einen Gouverneur genau gegen diesen Vorsatz wählt und umgekehrt.

Hier liegt offensichtlich ein Interessenkonflikt vor, der einem Konflikt ähnelt, wie wir ihn in der Spieltheorie behandelt haben (Kapitel 15 oben). Dies legt die Vermutung nahe, daß das Problem der Wohlfahrtsökonomie durch Anwendung der Spieltheorie gelöst werden könnte, worauf Arrow (1951) hingewiesen hat.

Auf andere Weise, in Anlehnung in Bergson (1938) und Lange (1942), nähert sich Samuelson (1947) der Wohlfahrtsökonomie. Zunächst geht er nach dem äußerst einfachen Prinzip vor, daß mehr stets besser ist als weniger. Für die Produktionstheorie ergibt sich daraus eine Transformationsrelation (Produktionsfunktion) zwischen Inputs und Outputs; in der Mikrotheorie über Angebot und Nachfrage wird dann jede Grenzrate der Substitution oder jedes Verhältnis zweier Grenznutzen der entsprechenden Transformationsrate in der Produktionsfunktion gleichgesetzt. Als Ergebnis erhält man ein System von Gleichungen, deren Anzahl der Zahl der Variablen um $(k-1)$ zurückbleibt; hierbei ist k die Anzahl der Personen. Siehe Aufg. 5, 6 und 7 unten.

Als nächstes bildet man die noch fehlenden $(k-1)$ Gleichungen auf Grund gesonderter Betrachtung der sozialen Wohlfahrt. Kaldor (1939) und Hicks (1939) möchten allein nach dem Prinzip verfahren, daß eine Verbesserung nur dann vorliege, wenn bei einer Veränderung jemand gewinnen kann, ohne daß ein anderer etwas verliert, vorausgesetzt, daß Kompensationszahlungen zulässig sind. Samuelson (1947) sucht jedoch nach einer *Funktion der sozialen Wohlfahrt* in Form einer Vektorfunktion von k individuellen Nutzenfunktionen:

$$W = W(U_1, U_2, \ldots U_k)$$

Ähnlich wie die individuellen Nutzenfunktionen U_i ($i = 1, 2, \ldots, k$) hat auch W ordinalen Charakter; es wird also eine *konsistente* soziale Rangordnung aller möglichen Situationen festgelegt. Nach Samuelsons Beschreibung charakterisiert W nun eine „bestimmte ethische Anschauung — die eines wohlwollenden Despoten, eines völligen Egoisten oder der Gesamtheit aller gutwilligen Menschen ..." (S. 221). W erfordert eine Reihe häufig getroffener Annahmen. Beispielsweise muß jedes U_i einzig vom Güterkonsum der Person selbst und von ihrem Angebot an Dienstleistungen abhängen; hingegen müssen Prestigeausgaben, nur um mit dem Nachbar Schritt halten zu können, ausscheiden.

Die erforderlichen $(k-1)$ Gleichungen findet man aufgrund des Umstandes, daß W ein Maximum ist, welches den Beschränkungen unterliegt, die sich aus dem Rest des Systems ergeben (siehe Aufg. 8 unten). Um ein Optimum in der Wohlfahrtsökonomie zu ermöglichen, muß W nur eine gegebene, wenngleich immer noch ordinale Funktion sein (d. h. bis auf eine monoton wachsende Transformation definiert sein). Die einzelnen U_i brauchen *nicht notwendigerweise* als gleich oder vergleichbar angesehen zu werden und schon gar nicht zu irgendeinem Gebilde wie etwa $W = \sum_i w_i U_i$ addiert oder aggregiert zu werden. Der Wohlfahrtsökonom muß kein Utilitarist sein, doch besteht im Rahmen des Systems die Möglichkeit dazu.

Übungsaufgaben 20.8

1. Der kardinale Nutzen ist bis auf eine Lineartransformation meßbar, also $U = \alpha u + \beta$; hierbei ist u ein Maß und α und β sind beliebige Konstanten. Zeigen Sie, daß sich der Einfluß von β dadurch eliminieren läßt, daß man nur Nutzenzuwächse addiert. Wie steht es mit den Nutzeneinheiten, die durch a bestimmt werden? Wie ist demgegenüber die Lage, wenn man Temperaturen mißt?
2. Statt einzelne Nutzenbeträge in der Form $\sum_i U_1$ zu addieren, versuche man U_i als Komponente eines Vektors zu betrachten und dann die Nutzenbeiträge wie mechanische Kräfte „zusammenzusetzen". Erhält man damit eine brauchbare Konzeption der sozialen Wohlfahrt W? (siehe Lange [1942]).

3. Zeigen Sie, daß sich die Inkonsistenz des Abstimmungsprozesses in einem Verein (obiges Beispiel) auch noch auf andere Weise betrachten läßt: eine konsistente Rangordnung in der Gesellschaft läßt sich erreichen, wenn auch der Verein mit dem Vergleich von jeweils zwei Paaren der drei Situationen begnügt (denn eine dritte „Wahl" kann Inkonsistenz herbeiführen); jedoch können unterschiedliche Paare dann unterschiedliche Rangordnungen bedingen.

4. Zeigen Sie für das einfache Abstimmungsbeispiel, daß die Inkonsistenz deswegen entsteht, weil jede Situation für eine Person einmal an erster und für eine andere an letzter Stelle steht, die Präferenzordnungen also ein „Lateinisches Quadrat" bilden. Bilden Sie noch ein solches Beispiel.

5. Betrachten Sie k Personen ($i = 1, 2, \ldots k$) und m Güter ($r = 1, 2, \ldots m$), die Inputs oder Outputs sein können. $X_r = \sum_i x_{ir}$ sei der gesamte Output (bei negativem Vorzeichen Input); hierbei sei x_{ir} der Betrag für die i-te Person. Zeigen Sie, daß sich aus den technischen Produktionsbedingungen folgendes ergibt (nach dem Prinzip, daß mehr besser als weniger ist);

$$f(X_1, X_2, \ldots, X_m) = 0$$

6. Im Problem der vorhergehenden Aufgabe sei der individuelle (ordinale) Nutzen $U_i = U_i(x_{i1}, x_{i2}, \ldots x_{im})$; zeigen Sie, daß nach dem gleichen Prinzip, daß mehr besser als weniger ist, folgendes gilt:

$$\frac{\partial U_i}{\partial x_{ir}} : \frac{\partial U_i}{\partial x_{is}} = \frac{\partial f}{\partial X_r} : \frac{\partial f}{\partial X_s} \quad \begin{array}{l} \text{für } i = 1, 2, \ldots k \\ \text{und } r, s = 1, 2, \ldots m \ (r \neq s) \end{array}$$

7. Die Zahl der Variablen x_{ir} in der vorhergehenden Aufgabe ist km. Zeigen Sie, daß es $k(m-1)$ unabhängige Gleichungen nach Aufg. 6 und eine unabhängige Gleichung nach Aufg. 5 gibt, d. h. $(k-1)$ weniger als km.

8. Für den Fall, daß sich die Nebenbedingungen der vorhergehenden Aufgabe auf $F(U_1, U_2, \ldots u_k) = 0$ reduzieren lassen, ist zu zeigen, daß die Funktion $W = W(U_1, U_2, \ldots U_k) = \max!$ genau $(k-1)$ unabhängige Gleichungen liefert:

$$\frac{\partial W}{\partial U_i} : \frac{\partial W}{\partial U_j} = \frac{\partial F}{\partial U_i} : \frac{\partial F}{\partial U_j} \qquad (i, j = 1, 2, \ldots k, \quad i \neq j) \; .$$

Der Ausdruck $\frac{\partial W}{\partial U_i}$ wird von Lange (1942) als *„marginal social significance"* der i-ten Person bezeichnet.

Literatur

Aggregationstheorie

Klein (L. R.) (1946a): „Macroeconomics and the Theory of Rational Behavior", Econometrica, **14,** 93 - 108.

Klein (L. R.) (1946b): „Remarks on the Theory of Aggregation", Econometrica, **14,** 303 - 12.

May (K.) (1946): „The Aggregation Problem for a One-Industry Model", Econometrica, **14,** 285 - 98.

May (K.) (1947): „Technological Change and Aggregation“, Econometrica, **51** 51 - 63.

Nataf (A.) (1948): „Sur la Possibilité de Construction de Certains Macromodèles“, Econometrica, **16**, 232 - 44.

Roy (R.) (1952): „Les Élasticités de la Demande relative aux Biens de Consummations et aux Groups de Biens“, Econometrica, **20**, 391 - 405.

Shou Shan Pu (1946): „A Note on Macroeconomics“, Econometrica, **14**, 299 - 302.

Theil (H.) (1954): Linear Aggregation of Economic Relations (North-Holland, Amsterdam, 1954).

Tinbergen (J.) (1939): Statistical Testing of Business Cycle Theories (Geneva, 1939).

Tinbergen (J.) (1951): Econometrics (Allen and Unwin, 1951), Kapitel 2.

Wolff (P. de) (1941): „Income Elasticity of Demand, a Micro-Economic and a Macro-Economic Interpretation“, Economic Journal, **51**, 140 - 45.

Wohlfahrtsökonomie

Arrow (K. J.) (1951): Social Choice and Individual Values (Wiley, 1951).

Baumol (W. J.) (1952): Welfare Economics and the Theory of the State (Longmans, 1952).

Bergson (A.) (1938): „A Reformulation of Certain Aspects of Welfare Economics“, Quarterly Journal of Economics, **52**, 310 - 34.

Dorfman (R.), *Samuelson* (P. A.) und *Solow* (R. M.) (1958): Linear Programming and Economic Analysis (McGraw-Hill, 1958), Chapter 14.

Hicks (J. R.) (1939): „The Foundation of Welfare Economics“, Economic Journal, **49**, 696 - 712.

Hotelling (H.) (1938): „The General Welfare in Relation to Problems of Taxation and of Railway and Utility Rates“, Econometrica, **6**, 242 - 69.

Kaldor (N.) (1939): „Welfare Propositions in Economics“, Economic Journal, **49**, 549 - 52.

Kennedy (C.) (1954): „Concerning Utility“, Economica, **21**, 7 - 20.

Lange (O.) (1942): „The Foundations of Welfare Economics“, Econometrica, **10**, 215 - 28.

Little (I. M. D.) (1950): A Critique of Welfare Economics (Oxford, 1950).

Samuelson (P. A.) (1947): Foundations of Economic Analysis (Harvard, 1947), Kapitel VIII.

Scitovsky (T.) (1914): „A Note on Welfare Propositions in Economics“, Review of Economic Studies, **9**, 77 - 88.

Theil (H.) (1954): „Models and Welfare Maximisation“, Weltwirtschaftliches Archiv, **72**, 60 - 81.

Anhang A:

Die Algebra der Operatoren und der linearen Systeme

1. Die Methodik in der Operatorenberechnung

Ein bekannter Kunstgriff in der angewandten Mathematik ist die Verwendung von Operatoren, eine Methode, bei der es im wesentlichen auf das Praktische ankommt; und darin, daß die Methode brauchbar ist, liegt auch ihre Rechtfertigung. Der Grundgedanke ist der, daß ein Symbol, mit dessen Hilfe eine bestimmte Operation mit einer Variablen angezeigt werden sollte, sich von dieser Variablen trennen läßt und so behandelt werden kann, als sei es selbst ein algebraischer Wert. Beispielsweise bezeichnet Dy das Ergebnis einer Differentiation der Variablen y nach einer unabhängigen Variablen x, d. h. $Dy = \frac{dy}{dx}$. In der Operatorenberechnung wird Dy dann als D mal y aufgefaßt; D wird also abgetrennt und als algebraische Größe behandelt. Dabei kommt es auf die Betrachtungsweise an, ob solche Symbole wie D den üblichen algebraischen Regeln genügen, was praktisch auch der Fall ist, wenn man gewisse Einschränkungen macht und in der Anwendung vorsichtig ist.

Operatoren finden sich in unserem Text in mehreren Zusammenhängen. Man wendet sie zur Lösung von Differential- und Differenzengleichungen an (5.5 und 6.5); besondere Bedeutung kommt ihnen in der Untersuchung verteilter Lags zu (1.9, 5.8 und 8.7). Am meisten werden sie jedoch in der Behandlung der Regelungs-Systeme (Kapitel 9) gebraucht; die Grundlage bilden komplexe Zahlen oder Vektoren, die sinusförmige Bewegungen darstellen (4.9 und 5.9).

Zu den benutzten Operationen gehören in der Hauptsache D für die Differentiation und D^{-1} für den inversen Prozeß der unbestimmten Integration. Zusätzlich treten E und E^{-1} für die entsprechenden Veränderungsoperationen auf, wie sie etwa in Differenzengleichungen verwendet werden, wie auch Δ oder ∇ für Differenzen selbst. Im folgenden sollen diese Operatoren kurz behandelt werden.

2. Die Operatoren D und D^{-1}

Die Funktion $y = y(x)$ sei gegeben und habe Ableitungen jeder beliebigen Ordnung. Für die erste Ableitung $\frac{dy}{dx} = \frac{d}{dx}\, y(x)$ empfiehlt es sich, den Operator $\frac{d}{dx}$ für die Differentiation mit Hilfe des Symbols D zu schreiben und dann D so zu betrachten, als sei es von y trennbar. Die Operation läßt sich wiederholen:

$$\frac{dy}{dx} = Dy$$

$$\frac{d^2 y}{dx^2} = \frac{d}{dx}\left(\frac{dy}{dx}\right) = D\,(Dy) = D^2 y$$

$$\frac{d^3 y}{dx^3} = \frac{d}{dx}\left(\frac{d^2 y}{dx^2}\right) = D\,(D^2 y) = D^3 y$$

....

$$\frac{d^n y}{dx^n} = \frac{d}{dx}\left(\frac{d^{n-1} y}{dx^{n-1}}\right) = D\,(D^{n-1} y) = D^n y \qquad (n \text{ positive ganze Zahlen.})$$

Bis hierhin geht es nur um die Schreibweise, um eine Art Kurzschrift. Beispielsweise wird die Gleichung $\frac{d^2y}{dx} - y = \sin \omega x$ in der Form $D^2 y - y = \sin \omega x$ geschrieben. Es fragt sich nun, ob die linke Seite der Gleichung, wenn man D einmal als trennbar betrachtet, sich in der Form

$$D^2 y - y = (D^2 - 1)\, y = (D - 1)\,(D + 1)\, y$$

schreiben läßt. Ist dies der Fall, so fragt sich weiterhin, ob man mit dieser Schreibweise weiterkommt. Beide Fragen lassen sich bejahen.

Wesentlich ist, daß jeder beliebige Ausdruck mit D, der von seiner zugehörigen Variablen y getrennt ist, nach den Regeln der Algebra (13.1 oben) behandelt werden kann. Die Einschränkungen liegen darin, daß nur Polynomialausdrücke mit ganzzahligen positiven Potenzen von D zulässig sind — die gewissen Lockerungen, die später noch zu erörtern sind, unterliegen — und daß eine Variable oder eine Menge von Variablen als weiteres Glied an den Ausdruck mit „angehängt" werden muß, um ihm irgendeine Bedeutung zu geben. Zunächst seien folgende Regeln betrachtet:

Kommutatives Gesetz:	$a + b = b + a$	$ab = ba$
Assoziatives Gesetz:	$a + (b + c) = (a + b) + c$	$a\,(ab) = (ab)\,c$
Distributives Gesetz:	$a\,(b + c) = ab + ac$	

Sie alle gelten für positive ganzzahlige Potenzen von D. Z. B.:

$$D^2 + D = D + D^2\,, \text{ da } \quad (D^2 + D)\, y = \frac{d^2 y}{dx^2} + \frac{dy}{dx} = \frac{dy}{dx} + \frac{d^2 y}{dx^2} = (D + D^2)\, y$$

$$D\,(D^2) = D^2\,(D) \quad , \text{ da } \quad D\,(D^2)\, y = \frac{d}{dx}\left(\frac{d^2 y}{dx^2}\right) = \frac{d^3 y}{dx^3} = \frac{d^2}{dx^2}\left(\frac{dy}{dx}\right) = D^2\,(D)\, y$$

$$D\,(D + 1) = D^2 + D\,, \text{ da } \quad D\,(D + 1)\, y = \frac{d}{dx}\left(\frac{dy}{dx} + y\right) = \frac{d^2 y}{dx^2} + \frac{dy}{dx} = (D^2 + D)\, y$$

Jedoch ist sorgfältig darauf zu achten, daß solche Regeln nur auf das Symbol selbst angewandt werden; für D und y zusammen gelten sie nicht, z. B.:

$$D^2 y \neq DyD \neq yD^2 \ ,$$

da dem zweiten und dem dritten Ausdruck keine Bedeutung zukommt. Wird ein Ausdruck mit D geschrieben, so muß ihm stets die eine oder andere Variable folgen. Abgesehen von der Manipulation mit D selbst, lassen sich einige Operationen durchführen. Z. B.:

$$D\,(y + z) = Dy + Dz \qquad (y \text{ und } z \text{ sind zwei Variable})$$

$$D\,(ay) \quad = aDy \qquad (y \text{ ist eine Variable, } a \text{ eine Konstante})$$

Als nächstes betrachten wir die Frage, ob ein Einheitselement und ein inverser oder reziproker Prozeß existieren, mit dem wir zu der üblichen Inversen-Regel der Algebra kämen: $a^{-1} = \frac{1}{a}$. Das Einheitselement ist einfach $D = 1$; wenn $D = 1$ so gilt $Dy = y$, und $D = 1$ beinhaltet keine Veränderung von y. Das Inverse von D, oder D^{-1}, sei jetzt als unbestimmtes Integral definiert:

$$D^{-1}\,y = \int y\,dx$$

Daraus folgt, da die Integration der inverse Prozeß zur Differentiation ist, daß $D^{-1} = \frac{1}{D}$, d. h., daß $DD^{-1} = 1$. Denn

$$DD^{-1}\,y = D\,(\int y\,dx) = \frac{d}{dx}\,(\int y\,dx) = y$$

und somit $$DD^{-1} = 1$$

Eine ganze Reihe negativer ganzzahliger Potenzen von D folgt aus einer wiederholten Integration:

$$D^{-2} = \int (\int y\,dx)\,dx, \quad D^{-3} = \int \left\{ \int (\int y\,dx)\,dx \right\} dx, \text{ usw.}$$

Die oben angegebene algebraischen Regeln lassen sich so ausweiten, daß positive wie auch negative ganzzahlige Potenzen von D möglich werden; zum Beispiel:

$$D^{-1}\,(D^2 + 1) = \frac{D^2 + 1}{D} = D + \frac{1}{D} = D + D^{-1}$$

$$D^{-1}\,(D^2 + 1)\,y = \int \left(\frac{d^2 y}{dx^2} + y \right) dx = \frac{dy}{dx} + \int y\,dx = (D + D^{-1})\,y \ .$$

Dies ist die Grundlage für die Algebra des Operators D und seiner Inversen D^{-1}. Nur ganzzahlige Potenzen von D sind zulässig, doch ist dies ausreichend für die aufeinanderfolgende Differentiation und Integration einer beliebigen Variablen y.

3. Einige Ergebnisse für D

Der Ausdruck für irgendeine Folge von Differentiationen oder Integration einer Variablen y lautet $F(D)\,y$, wobei $F(D)$ irgendein Polynom mit (positiven oder negativen) ganzzahligen Potenzen von D bezeichnet. Man sieht jedoch leicht, daß sich $F(D)$ auch deuten läßt, wenn es das Verhältnis zweier solcher Polynome ist. y und z seien zwei solche Variable, daß für $F_1(D)$ und $F_2(D)$ gilt:

$$F_1(D)\,y = F_2(D)\,z$$

Dann gilt:

$$z = \frac{F_1(D)}{F_2(D)}\,y\ ;$$

wendet man $F_2(D)$ auf z an, so ergibt sich $F_2(D)\,\frac{F_1(D)}{F_2(D)}\,y = F_1(D)\,y$ wie gefordert.

In der Praxis erscheint y in den allermeisten Fällen als Polynomial-, Exponential- und Kreisfunktion. Nun ist es nützlich, sogar wesentlich, daß man einige Formeln hat, um mit $F(D)\,y$ umzugehen, wobei $F(D)$ das Verhältnis der Polynome und y eine der besonderen Funktionen ist. Diese sind unten angegeben und erläutert; wir beginnen mit der Exponentialform, die sich als einfachste erweist.

(i) *Exponentialfunktion.* Das Hauptergebnis lautet:

$$F(D)\,e^{\alpha x} = F(\alpha)\,e^{\alpha x} \tag{1}$$

und allgemeiner, für eine beliebige Funktion y:

$$F(D)\,y e^{\alpha x} = e^{\alpha x}\,F(D+\alpha)\,y \tag{2}$$

Beispiel (a)

$$(D^2-1)\,e^{\alpha x} = (\alpha^2-1)\,e^{\alpha x}\ ,$$

da

$$(D^2-1)\,e^{\alpha x} = \frac{d^2}{dx^2}\,e^{\alpha x} - e^{\alpha x} = \alpha^2\,e^{\alpha x} - e^{\alpha x} = (\alpha^2-1)\,e^{\alpha x}\ .$$

Beispiel (b)

$$\frac{1}{D^2-1}\,e^{\alpha x} = \frac{e^{\alpha x}}{\alpha^2-1},$$

dies bedeutet, daß $(D^2-1)\frac{e^{\alpha x}}{\alpha^2-1} = e^{\alpha x}$, wie bereits nachgeprüft wurde.

Beispiel (c)

$$(D^2-1)\,y e^{\alpha x} = e^{\alpha x}\,\{(D+\alpha)^2-1\}\,y = e^{\alpha x}\,(D^2+2\,\alpha D+\alpha^2-1)\,y\ ,$$

da
$$(D^2-1)\, y e^{\alpha x} = \frac{d^2}{dx^2}(y e^{\alpha x}) - y e^{\alpha x}$$
$$= \frac{d}{dx}\left(e^{\alpha x}\frac{dy}{dx} + \alpha e^{\alpha x} y\right) - y e^{\alpha x}$$
$$= e^{\alpha x}\frac{d^2 y}{dx^2} + \alpha e^{\alpha x}\frac{dy}{dx} + \alpha e^{\alpha x}\frac{dy}{dx} + \alpha^2 e^{\alpha x} y - e^{\alpha x} y$$
$$= e^{\alpha x}(D^2 + 2\alpha D + \alpha^2 - 1)\, y$$

(ii) *Polynome.* Die Berechnung von $F(D)\,y$, worin y ein Polynom in x bedeutet, ist so lange in jedem Fall schlüssig, wie $F(D)$ ein Polynom in D ist. Ist $F(D)$ das Verhältnis von Polynomen, so wird die Sache schwieriger. Der Trick besteht nun darin, daß man $F(D)$ in der Form von Partialbrüchen ausdrückt und dann jeweils in aufsteigenden Potenzen von D erweitert. Diese Methode funktioniert, da alle höheren Ableitungen für ein Polynom in x verschwinden, d. h. jede Erweiterung hat tatsächlich nur eine endliche Anzahl von Ausdrücken. Zum Beispiel:

Beispiel (d) $(D^2-1)(ax^2+bx+c) = \frac{d^2}{dx^2}(ax^2+bx+c) - (ax^2+bx+c)$
$$= -(ax^2+bx+c-2a)$$

Beispiel (e) $\frac{1}{D^2-1}(ax^2+bx+c)$

Hier ist
$$\frac{1}{D^2-1} = \frac{1}{2}\left(\frac{1}{D-1} - \frac{1}{D+1}\right) = -\frac{1}{2}(1-D)^{-1} - \frac{1}{2}(1+D)^{-1}$$
$$= -\frac{1}{2}(1 + D + D^2 + \ldots + 1 - D + D^2 - \ldots)$$
$$= -(1 + D^2 + \ldots)$$

Folglich:
$$\frac{1}{D^2-1}(ax^2+bx+c) = -(1+D^2+\ldots)(ax^2+bx+c)$$
$$= -(ax^2+bx+c) - 2a$$
$$= -(ax^2+bx+c+2a)$$

Zur Kontrolle: Das Resultat beinhaltet, daß
$$(D^2-1)\{-(ax^2+bx+c+2a)\} = ax^2+bx+c\ ,$$
was aber nach dem vorhergehenden Ergebnis der Fall ist.

Beispiel (f) $\frac{D-1}{D(D+1)}(2x-3)$

Hier ist

$$\frac{D-1}{D(D+1)} = \frac{2}{D+1} - \frac{1}{D} = 2(1+D)^{-1} - D^{-1} = 2(1-D+D^2-\ldots) - D^{-1}\,.$$

Folglich ist

$$\begin{aligned}\frac{D-1}{D(D+1)}(2x+3) &= 2(1-D+D^2-\ldots)(2x+3) - \int (2x+3)\,dx \\ &= 2(2x+3-2) - (x^2+3x) \\ &= 2+x-x^2\,.\end{aligned}$$

(iii) *Kreisfunktionen.* Die Hauptergebnisse lauten:

$$\left.\begin{aligned} F(D^2)\sin\omega x &= F(-\omega^2)\sin\omega x \\ F(D^2)\cos\omega x &= F(-\omega^2)\cos\omega x \end{aligned}\right\} \qquad (3)$$

Sie gelten dann und nur dann, wenn F geradzahlige Potenzen von D enthält. Tritt im Zähler von D eine ungerade Potenz von D auf, so läßt sie sich direkt auf $\sin \omega x$ oder $\cos \omega x$ anwenden. Tritt jedoch eine ungerade Potenz im Nenner auf, so läßt sie sich durch einen Kunstgriff, der in Bsp. (i) unten erläutert ist, in den Zähler bringen. Die folgenden Beispiele veranschaulichen dies:

Beispiel (g) $(D^2+1)\cos\omega x = (1-\omega^2)\cos\omega x$

da
$$\begin{aligned}(D^2+1)\cos\omega x &= \frac{d^2}{dx^2}\cos\omega x + \cos\omega x = \frac{d}{dx}(-\omega\sin\omega x) + \cos\omega x \\ &= -\omega^2\cos\omega x + \cos\omega x \\ &= (1-\omega^2)\cos\omega x\,.\end{aligned}$$

Beispiel (h)
$$\frac{1}{D^2+1}\sin\omega x = \frac{\sin\omega x}{1-\omega^2}$$

Damit ist gesagt, daß $(D^2+1)\left(\frac{\sin\omega x}{1-\omega^2}\right) = \sin\omega x$, was sich leicht nachprüfen läßt.

Beispiel (i)
$$\begin{aligned}\frac{2D+1}{D(D+1)}\cos\omega x &= \left(\frac{1}{D} + \frac{1}{D+1}\right)\cos\omega x \\ &= D^{-1}\cos\omega x + \frac{D-1}{D^2-1}\cos\omega x \\ &= \int \cos\omega x\,dx + (D-1)\left(-\frac{\cos\omega x}{1+\omega^2}\right) \\ &= \frac{1}{\omega}\sin\omega x + \frac{\omega\sin\omega x}{1+\omega^2} + \frac{\cos\omega x}{1+\omega^2}\,.\end{aligned}$$

Folglich ist
$$\frac{2D+1}{D(D+1)}\cos\omega x = \frac{\sin\omega x}{\omega} + \frac{\cos\omega x + \omega\sin\omega x}{1+\omega^2}$$

Dies läßt sich nachprüfen, indem man zeigt, daß $(2\,D + 1) \cos \omega x$ mit $D\,(D + 1)$ auf die gegebene Lösung angewendet gleich ist.

4. Die Lösung von Differentialgleichungen

Die lineare Differentialgleichung mit konstanten Koeffizienten läßt sich in der allgemeinen Form so schreiben:

$$a_0 \frac{d^n y}{dx^n} + a_1 \frac{d^{n-1} y}{dx^{n-1}} + \ldots + a_{n-1} \frac{dy}{dx} + a_n y = f(x)$$

oder als:

$$F(D)\, y = f(x) \; ,$$

wobei

$$F(D) = a_0 D^n + a_1 D^{n-1} + \ldots + a_{n-1} D + a_n$$
$$= a_0 (D - p_1)(D - p_2) \ldots (D - p_n) \; .$$

Hierbei sind die n Wurzeln von $F(p) = 0$ die reellen oder komplexen Zahlen $p_1, p_2, \ldots, p_n$.

Man nehme an, $y = e^{px}$ sei eine Lösung der homogenen Form $F(D)\, y = 0$. Da:

$$F(D)\, y = F(p)\, e^{px}$$

nach (1) oben gilt, liefert jedes p, durch das $F(p) = 0$ wird, eine Lösung $y = e^{px}$. Die Werte von p lauten folglich $p_1, p_2, \ldots p_n$, und die Komplementärfunktion lautet:

$$y = \sum_{r=1}^{n} A_r\, e^{p_r x}$$

für beliebige Konstante $A_1, A_2, \ldots A_r$. Zu beachten ist, daß bei $y = e^{px}$ der Operator $D = p$ ist.

Es muß nun noch ein Partikularintegral gefunden werden, d. h. irgendeine Lösung für $F(D)\, y = f(x)$. Eine solche Lösung ergibt sich durch die Berechnung von:

$$y = \frac{1}{F(D)} f(x)$$

Sind in $f(x)$ Exponential-, Polynom- oder Kreisfunktionen enthalten, so kann man mit Hilfe der oben gewonnenen Ergebnisse, besonders mit (1), (2) und (3) das Partikularintegral erhalten. Andernfalls muß man weitere Kunstgriffe zuhilfe nehmen oder die Lösung durch Probieren zu gewinnen suchen. Zwei Beispiele veranschaulichen das:

Beispiel (a) $\quad \dfrac{d^2 y}{dx^2} - y = \sin \omega x$, d. h. $(D^2 - 1)\, y = \sin \omega x$

Die komplementäre Funktion ergibt sich durch die Lösung von:

$$F(p) = p^2-1 = (p-1)(p+1) = 0$$

und sie lautet: $y = A_1 e^x + A_2 e^{-x}$ (A_1 und A_2 beliebig).

Das Partikularintegral lautet:

$$y = \frac{1}{D^2-1} \sin \omega x = -\frac{\sin \omega x}{1+\omega^2}, \quad \text{aus (3) oben.}$$

Die vollständige Lösung heißt dann:

$$y = A_1 e^x + A_2 e^{-x} - \frac{\sin \omega x}{1+\omega^2}$$

Beispiel (b). Hier folgt die Differentialgleichung für Y mit einem Lag, und zwar einem stetig verteilten (exponentiellen) Lag abhängig von Z, mit der Reaktionsgeschwindigkeit λ, wenn Z in einer gegebenen Sinusschwingung variiert. (5.8 oben):

$$(D+\lambda)\,Y = \lambda Z \quad \text{mit} \quad Z = e^{\alpha t}\cos \omega t$$

Die komplementäre Funktion lautet $Y = Ae^{-\lambda t}$ (A beliebig)

Das Partikularintegral lautet:

$$Y = \frac{\lambda}{D+\lambda}(e^{\alpha t}\cos \omega t) = e^{\alpha t}\frac{\lambda}{D+\alpha+\lambda}(\cos \omega t) \quad \text{aus (2) oben}$$

$$= \lambda e^{\alpha t}\frac{D-(\alpha+\lambda)}{D^2-(\alpha+\lambda)^2}(\cos \omega t)$$

$$= -\frac{\lambda e^{\alpha t}}{\omega^2+(\alpha+\lambda)^2}\{D-(\alpha+\lambda)\}(\cos \omega t) \text{ aus (3) oben}$$

$$= \frac{\lambda e^{\alpha t}}{\omega^2+(\alpha+\lambda)^2}\{(\alpha+\lambda)\cos \omega t + \omega \sin \omega t\}$$

$$= \varrho e^{\alpha t}\cos(\omega t-\varphi)$$

$$\text{mit} \quad \varrho = \frac{\lambda}{\sqrt{(\lambda+\alpha)^2+\omega^2}} \quad \text{und} \quad \operatorname{tg}\varphi = \frac{\omega}{\lambda+\alpha}$$

Die vollständige Lösung heißt dann:

$$Y = Ae^{-\lambda t} + \varrho e^{\alpha t}\cos(\omega t-\varphi)$$

Ist $Y = 0$, $t = 0$, so ist die Konstante A gegeben:

$$A = -\varrho \cos \varphi$$

$$\text{und} \quad Y = \varrho e^{\alpha t}\cos(\omega t-\varphi) - \varrho \cos \varphi\, e^{-\lambda t}$$

5. Die Operatoren E und E^{-1}

Die Funktion y ist nunmehr für eine diskrete Folge $x = 0, 1, 2, \ldots$ in der Form:

$$y_0, y_1, y_2, \ldots y_x \ldots.$$

gegeben. Der Veränderungsoperator E bestimmt den Prozeß, wie man von y_x zu y_{x+1} gelangt:

$$y_{x+1} = E y_x$$

und seine Inverse E^{-1} bestimmt den umgekehrten Prozeß:

$$y_{x-1} = E^{-1} y_x$$

Nun läßt sich jede beliebige positive oder negative ganzzahlige Potenz von E gewinnen, z. B.

$$y_{x+2} = E y_{x+1} = E(E y_x) = E^2 y_x$$
$$y_{x-2} = E^{-1} y_{x-1} = E^{-1}(E^{-1} y_x) = E^{-2} y_x$$

Allgemein: $y_{x+n} = E^n y_x$ (n als positive oder negative ganze Zahl).

Der Operator E und seine Inverse E^{-1} genügen den Regeln der Algebra in genau der gleichen Weise wie D und D^{-1}. Zum Beispiel:

$$E(E^2) = E^2(E) = E^3, \quad \text{da} \quad E(E^2)\, y_x = E y_{x+2} = y_{x+3} = E^3 y_x,$$
$$\text{und} \quad E^2(E)\, y_x = E^2 y_{x+1} = y_{x+3} = E^3 y_x$$

$$E(E+1) = E^2 + E, \quad \text{da} \quad E(E+1)\, y_x = E(y_{x+1} + y_x) = y_{x+2} + y_{x+1} = (E^2 + E)\, y_x.$$

$$EE^{-1} = 1, \quad \text{da} \quad EE^{-1} y_x = E y_{x-1} = y_x.$$

Man betrachte $F(E)\, y_x$, wobei $F(E)$ entweder ein Polynom in E oder ein Verhältnis solcher Polynome darstellt. Es gibt bestimmte Ergebnisse für $F(E)\, y_x$, wenn y_x besondere Formen annimmt. Die einfachste Form ist $y_x = \alpha^x$; sie entspricht in der Periodenanalyse der Exponentialfunktion, die sich mit Hilfe des Operators D in der stetigen Analyse sehr leicht behandeln läßt. Die Ergebnisse lauten:

$$\left.\begin{aligned} F(E)\alpha^x &= F(\alpha)\, \alpha^x \\ \text{und} \quad F(E)\, y_x \alpha^x &= \alpha^x F(\alpha E)\, y_x \end{aligned}\right\} \qquad (4)$$

Zum Beispiel:

Beispiel (a)

$$(E^2 - 1)\, \alpha^x = (\alpha^2 - 1)\, \alpha^x,$$

da $\quad (E^2 - 1)\, \alpha^x = E^2 \alpha^x - \alpha^x = \alpha^{x+2} - \alpha^x = (\alpha^2 - 1)\, \alpha^x.$

Beispiel (b)

$$\frac{1}{E^2-1}\,\alpha^x = \frac{\alpha^x}{\alpha^2-1};$$

damit ist gesagt, daß $(E^2-1)\left(\frac{\alpha^x}{\alpha^2-1}\right) = \alpha^x$, was sich leicht nachprüfen läßt.

Beispiel (c)

$$(E^2-1)\,y_x\,\alpha^x = \alpha^x\,(\alpha^2 E^2-1)\,y_x$$

da

$$\begin{aligned}(E^2-1)\,y_x\,\alpha^x &= E^2\,y_x\,\alpha^x - y_x\,\alpha^x\\ &= y_{x+2}\,\alpha^{x+2} - y_x\,\alpha^x\\ &= \alpha^x\,(\alpha^2\,E^2\,y_x - y^x)\\ &= \alpha^x\,(\alpha^2\,E^2-1)\,y_x\end{aligned}$$

Hat y_x die Form eines Polynoms in x, so behandelt man es, was den Veränderungsoperator betrifft, am besten so, daß die Ausdrücke im Polynom in folgender Form geschrieben werden:

$$x^{(n)} = x\,(x-1)\,(x-2)\,\ldots\,(x-n+1)\;;$$

dies ist besser als die Form von Potenzen x^n. Das Hauptergebnis lautet:

$$Ex^{(n)} = (x+1)\,x^{(n-1)}$$

Denn:

$$\begin{aligned}Ex^{(n)} &= Ex\,(x-1)\,(x-2)\,\ldots\,(x-n+1)\\ &= (x+1)\,x\,(x-1)\,\ldots\,(x-n+2)\\ &= (x+1)\,x^{(n-1)}\end{aligned}$$

Der Veränderungsoperator E steht im engen Zusammenhang mit dem Operator Δ, wie er in dem bekannten Prozeß der Differenzenbildung verwendet wird; er läßt sich auch durch diesen Operator ersetzen. Diesem Gedanken müssen wir nachgehen, bevor wir uns der Anwendung auf Differenzengleichungen zuwenden.

6. Der Operator Δ

Die gleiche Funktion sei für eine diskrete Folge y_x für $x = 0, 1, 2, \ldots$ gegeben. Fortlaufende Differenzen, von x aus nach vorne gerechnet, seien so bezeichnet:

$$\begin{aligned}\Delta y_x &= y_{x+1} - y_x\\ \Delta^2 y_x &= \Delta\,(\Delta y_x) = \Delta y_{x+1} - \Delta y_x = y_{x+2} - 2y_{x+1} + y_x\\ \Delta^3 y_x &= \Delta\,(\Delta^2 y_x) = \Delta^2 y_{x+1} - \Delta^2 y_x = y_{x+3} - 3\,y_{x+2} + 3\,y_{x+1} - y_x \quad \text{usw.}\end{aligned}$$

Im allgemeinen gelte bei einer beliebigen positiven ganzen Zahl n $\Delta^n y_x = \Delta (\Delta^{n-1} y_x)$; folglich:

$$\Delta^n y_x = y_{x+n} - \binom{n}{1} y_{x+n-1} + \binom{n}{2} y_{x+n-2} - \binom{n}{3} y_{x+n-3} + \ldots + (-1)^n y_x ,$$

wobei die Koeffizienten

$$\binom{n}{r} = \frac{n!}{r!\,(n-r)!}$$

nach dem Binomialsatz gebildet werden. Der Differenzenoperator Δ ist dann in der gleichen Weise wie D oder E den Regeln der Algebra unterworfen. Zum Beispiel:

$$\Delta (\Delta + 1) = \Delta^2 + \Delta$$

denn:

$$\Delta (\Delta + 1) y_x = \Delta (\Delta y_x + y_x) = \Delta (y_{x+1}) = y_{x+2} - y_{x+1}$$

und

$$(\Delta^2 + \Delta) y_x = \Delta^2 y_x + \Delta y_x = y_{x+2} - 2 y_{x+1} + y_x + y_{x+1} - y_x = y_{x+2} - y_{x+1}$$

Die Verbindung zwischen den Operatoren E und Δ ist einfach. Es ist

$$\Delta y_x = y_{x+1} - y_x = E y_x - y_x = (E-1) y_x$$

und umgeformt:

$$E y_x = y_{x+1} = \Delta y_x + y_x = (\Delta + 1) y_x$$

Folglich ist der Zusammenhang:

$$E - \Delta = 1$$

d. h.

$$E = \Delta + 1 \quad \text{und} \quad \Delta = E - 1$$

Daher ist der Übergang von E zu Δ und umgekehrt stets möglich. Hier lassen sich einige Beispiele geben:

$$E^2 y_x = (\Delta + 1)^2 y_x = \Delta^2 y_x + 2 \Delta y_x + y_x$$
$$\Delta^2 y_x = (E-1)^2 y_x = E^2 y_x - 2 E y_x + y_x$$
$$E (E + 1) y_x = (\Delta + 1)(\Delta + 2) y_x = \Delta^2 y_x + 3 \Delta y_x + 2 y_x$$

Jedes Paar dieser gleichwertigen Ausdrücke läßt sich auch mit Hilfe der Folge der y darstellen. Das erste Paare ist gleich y_{x+2}, das zweite gleich $(y_{x+2} - 2 y_{x+1} + y_x)$ und das dritte gleich $(y_{x+2} + y_{x+1})$. Stellt allgemein $F(E) y_x$ das Ergebnis einer Folge von Veränderungsoperatoren bezüglich y_x dar, dann läßt sich das gleiche Ergebnis als Differenzenausdruck $F(\Delta + 1) y_x$ wiedergeben. Ganz ähnlich entsprechen einander die Ausdrücke $F(\Delta) y_x$ und $F(E-1) y_x$.

Manchmal bildet man auch die Differenzen nach rückwärts; diesen Prozeß gibt der Operator ∇ an:

$$\nabla y_x = y_{x-1} - y_x$$

$$\nabla^2 y_x = \nabla(\nabla y_x) = y_{x-2} - 2\, y_{x-1} + y_x \quad \text{usw.}$$

Selbstverständlich gibt es eine Beziehung zwischen ∇ und dem inversen Veränderungsoperator E^{-1}. Und zwar handelt es sich um die gleiche Relation zwischen Δ und E:

$$\nabla y_x = y_{x-1} - y_x = (E^{-1} - 1)\, y_x$$

und deshalb

$$E^{-1} - \nabla = 1$$

d. h.

$$E^{-1} = \nabla + 1 \quad \text{und} \quad \nabla = E^{-1} - 1$$

Da E und E^{-1} zueinander invers sind ($EE^{-1} = 1$), läßt sich auch eine Beziehung zwischen Δ und ∇ ableiten:

$$\begin{aligned} 1 = EE^{-1} &= (\Delta + 1)(\nabla + 1) \\ &= E(\nabla + 1) \\ &= (\Delta + 1)\, E^{-1} \end{aligned}$$

Aus diesen Beziehungen folgt, daß $(\Delta + 1)$ und $(\nabla + 1)$ zueinander invers sind, wie auch, daß $\nabla = -\Delta E^{-1}$ und daß $\Delta = -E\nabla$.

7. Die Lösung einer Differenzengleichung

Die lineare Differenzengleichung, in der die Koeffizienten konstant und die Werte der unabhängigen Variablen äquidistant sind, läßt sich in dieser Weise schreiben:

$$a_0\, y_{x+n} + a_1\, y_{x+n-1} + \ldots + a_{n-1}\, y_{x+1} + a_n\, y_x = \varphi(x)$$

d. h.

$$F(E)\, y_x = \varphi(x)$$

wobei

$$\begin{aligned} F(E) &= a_0 E^n + a_1 E^{n-1} + \ldots + a_{n-1} E + a_n \\ &= a_0 (E - p_1)(E - p_2) \ldots (E - p_n) \end{aligned}$$

Wiederum sind $p_1, p_2 \ldots, p_n$ die n reellen oder komplexen Wurzeln von $F(p) = 0$.

Die Differenzengleichung läßt sich aber auch in der Form aufeinander folgender Differenzen ausdrücken, also mit Hilfe von $\Delta y_x, \Delta^2 y_x, \ldots$. Dann läßt sich auch diese zweite Form mit Hilfe von Operatoren sofort hinschreiben; es gilt, da $E = \Delta + 1$:

$$F(\Delta + 1)\, y_x = \varphi(x)$$

Die komplementäre Funktion gewinnt man, indem man $y_x = p^x$ als Lösung der homogenen Gleichung $F(E)\, y_x = 0$ annimmt. Nach (4) oben gilt in diesem Fall:

$$F(E)\, y_x = F(p)\, p^x$$

Folglich ergibt jedes p, durch das $F(p) = 0$ wird, eine Lösung in der Form $y_x = p^x$. Die komplementäre Funktion lautet:

$$y = \sum_{r=1}^{n} A_r\, p_r{}^x$$

wobei die Konstanten $A_1, A_2, \ldots, A_n$ beliebig sind.

Das Partikularintegral ist irgendeine Lösung von $F(E)\, y_x = \varphi(x)$, d. h.

$$y_x = \frac{1}{F(E)}\, \varphi(x) \tag{5}$$

Dieser Ausdruck ist durch irgendeinen brauchbaren Kunstgriff auszurechnen, ganz ähnlich wie bei einer Differentialgleichung.

Die gleiche Differenzengleichung wie in 6.5 oben läßt sich formulieren, wenn sich y_x rückwärts statt vorwärts entwickelt:

$$a_0\, y_x + a_1\, y_{x-1} + \ldots + a_{n-1}\, y_{x-n+1} + a_n\, y_{x-n} = f(x)$$

wobei

$$f(x) = \varphi(x-n) = E^{-n}\, \varphi(x)$$

Die Gleichung lautet dann:

$$(a_0 + a_1\, E^{-1} + \ldots + a_{n-1}\, E^{-(n-1)} + a_n\, E^{-n})\, y_x = f(x)$$

d. h.

$$E^{-n}\, F(E)\, y_x = f(x)$$

Dann lautet das Partikularintegral:

$$y_x = \frac{E^n}{F(E)}\, f(x) \tag{6}$$

Da $f(x) = E^{-n}\, \varphi(x)$, sind die Formen (5) und (6) gleichwertig.

Für die Auswertung von (5) und (6) ergibt sich als einfachster Fall, daß $f(x)$ oder $\varphi(x)$ aus einer Potenz der Form α^x besteht; die Ergebnisse (4) oben gelten dann sofort. Der nächste einfachste Fall wären Potenzen von x, also $x, x^2, x^3, \ldots$, in der Funktion $f(x)$ oder $\varphi(x)$. Der Trick liegt dann im Übergang von F zu Δ; man bildet $E = \Delta + 1$ und setzt:

$$\frac{1}{F(E)} = \frac{1}{F(\Delta + 1)}$$

anschließend erweitert man diese Form partieller Brüche nach aufsteigenden Potenzen von Δ. Die Differenzen von $x, x^2, x^3, \ldots$ sind einfach. Zum Beispiel:

$$\Delta x = 1 \quad \text{und} \quad \Delta^2 x = \Delta^3 x = \ldots = 0$$

$$\Delta x^2 = 2x + 1, \quad \Delta^2 x^2 = 2 \quad \text{und} \quad \Delta^3 x^2 = \ldots = 0$$

usw. Diese Erweiterungsmethode wird eben dadurch zulässig, daß alle höheren Differenzen verschwinden. Zwei Beispiele, die zur Erläuterung der praktischen Technik ausreichen, sind in 6.5 oben wiedergegeben.

8. Lineare Gleichungen und Transformationen

Die einfachste aller Gleichungen ist die *lineare (algebraische) Gleichung*; man gewinnt sie, indem man ein Polynom ersten Grades in den entsprechenden Variablen gleich Null setzt. Ein Charakteristikum solcher linearen Gleichungen liegt darin, daß sie *eindeutige Lösungen* haben, die nur gewissen Beschränkungen bezüglich der Koeffizienten der Gleichungen unterliegen. Eine einzelne lineare Gleichung hat für eine der Variablen in der Gleichung eine eindeutige Lösung (als Ausdruck der anderen Variablen). Ein System linearer Gleichungen, dessen Koeffizienten die Gleichungen konsistent und unabhängig machen, hat eine eindeutige Lösung für eine Menge von Variablen, deren Anzahl der Zahl der Gleichungen entspricht (14.2 oben).

Die gleiche Eigenschaft der Eindeutigkeit gilt für *lineare (algebraische) Transformationen.* Für eine lineare Umformung von einer Variablen x in eine Variable y gilt: $y = ax + b$. Darin stecken die beiden noch einfacheren Beziehungen, die gleichsam kombiniert werden, nämlich die *Proportionalität* ($y = ax$) und die *Verschiebung* ($y = x + b$). Die Umformung läßt sich eindeutig invertieren, so daß sich x als Ausdruck von y ergibt, unter der Bedingung allerdings, daß $a \neq 0$. Auch eine lineare Transformation läßt sich *eindeutig invertieren;* das führt zu einem System von Gleichungen zwischen zwei Mengen von Variablen, die ihrerseits wiederum nur gewissen Einschränkungen bezüglich der Koeffizienten des Systems unterworfen sind (14.3 oben).

Lineare Gleichungen und Transformationen haben ein weiteres Charakteristikum; sie besitzen verschiedene *additive Eigenschaften.* Dies läßt sich anhand des Ausdruckes

$$ax + by + c = 0 \tag{7}$$

erläutern; es handelt sich dabei um eine einzelne Gleichung (oder Umformung) mit zwei Variablen. Wird (7) durch zwei Wertepaare erfüllt, (x_1, y_1) und (x_2, y_2), dann folgt daraus durch Substitution in (7), daß

$$x = A_1 x_1 + A_2 x_2 \ ; \quad y = A_1 y_1 + A_2 y_2 \tag{8}$$

auch die Gleichung für beliebige Konstanten A_1 und A_2 erfüllen. Sind also, geometrisch gesprochen, die zwei Punkte $P_1 (x_1, y_1)$ und $P_2 (x_2, y_2)$ auf der Geraden (7) gegeben, so ergibt sich jeder andere Punkt auf der Geraden durch die Beziehung (8).

Dieser Gedankengang läßt sich unmittelbar auch auf eine *lineare (gewöhnliche) Differentialgleichung* anwenden, wie sie in 5.1 definiert ist. Ihre allgemeine Form entspricht der Beziehung (7) mit einer Reihe von Variablen, nämlich Y und seine aufeinanderfolgenden Ableitungen $\frac{dY}{dx}$ $\frac{d^2 Y}{dx^2}$ . . . . In den Koeffizienten der Gleichung kann die unabhängige Variable x stecken; aber nur Y und seine Ableitungen sind linear aufeinander bezogen, nicht x. In einem gewissen Sinne hat eine lineare Differentialgleichung eine *eindeutige Lösung*. Hat die Gleichung die Ordnung n und sind Y und die ersten $(n-1)$ Ableitungen angegeben, (etwa für $x = 0$), dann gibt es eine und nur eine Lösung für Y als Ausdruck von x.

Ein ebenso wichtiges Charakteristikum, wodurch sich Differentialgleichungen linearen Typs von anderen Typen unterscheiden, ist die *Eigenschaft der Additivität*. Sind nach den Regeln von 5.2 $y_1 (x)$ und $y_2 (x)$ zwei Lösungen der homogenen Form der linearen Differentialgleichung, dann ist $A_1 y_1 (x) + A_2 y_2 (x)$ bei beliebigen Konstanten A_1 und A_2 gleichfalls eine Lösung. Ist weiterhin $\bar{Y} (x)$ irgendeine Lösung der vollständigen Differentialgleichung, so lautet die allgemeine Lösung:

$$Y = \bar{Y} (x) + A_1 y_1 (x) + A_2 y_2 (x) + \ldots$$

dabei ist die Zahl der Ausdrücke mit Konstanten gleich der Ordnung der Gleichung. Die Eigenschaft der Additivität ist ganz offensichtlich.

Noch eine weitere Gruppe von Transformationen läßt sich als linear beschreiben; das Schulbeispiel dazu ist die *Laplace-Transformation*. Wiederum besteht in beiden Richtungen eine eindeutige Beziehung, und die Eigenschaft der Additivität gilt auch. Für die Laplace-Transformation gilt:

$$\bar{y} (p) = \int_0^\infty e^{-pt} y (t) \, dt \tag{9}$$

unter der Annahme, daß das Integral existiert, gibt es ein eindeutiges $\bar{y} (p)$ bei gegebenem $y (t)$ und umgekehrt (5.6 oben). Die Eigenschaft der Additivität bedeutet hier: $\bar{y}_1 (p)$ sei die Laplace-Transformation von $y_1 (t)$ und $\bar{y}_2 (p)$ die von $y_2 (t)$; dann ist $A_1 \bar{y}_1 (p) + A_2 \bar{y}_2 (p)$ die Laplace-Transformation von $A_1 y_1 (t) + A_2 y_2 (t)$ für beliebige Konstanten A_1 und A_2. Dies folgt unmittelbar aus der Definition (9).

Es ist darauf zu achten (siehe 5.7), daß die lineare Laplace-Transformation Ableitungen umkehrt und folglich Differentialgleichungen in rein algebraische Ausdrücke umwandelt. Genügt $y(t)$ einer linearen Differentialgleichung mit konstanten Koeffizienten, so wird $\bar{y}(p)$ als algebraischer Ausdruck in p wiedergegeben; gewöhnlich handelt es sich dabei um das Verhältnis zweier Polynome in p. Die Lösung der Differentialgleichung ist dann eine Sache der Algebra; zusätzliche Regeln liegen fest, um sich zwischen einer Funktion und ihrer Laplace-Transformation hin- und herbewegen zu können.

Ähnliche Eigenschaften gelten für lineare Differenzengleichungen und ihre Transformationen, die man zu ihrer Behandlung entworfen hat. Man betrachte die erzeugende Funktion aus 6.8.: $\bar{Y}(s) = \sum_{x=0}^{\infty} {}_x s^x$, welche die Folge Y_x $(x = 0, 1, 2, \ldots)$ in die Funktion einer Variablen s transformiert. Die Transformation ist linear, eindeutig und additiv. Ist $\bar{Y}_1(s)$ die erzeugende Funktion der Folge Y_{1x}, und $\bar{Y}_2(s)$ die der Folge Y_{2x}, so ist $A_1 \bar{Y}_1(s) + A_2 \bar{Y}_2(s)$ die erzeugende Funktion der Folge $(A_1 Y_{1x} + A_2 Y_{2x})$ für beliebige Konstanten A_1 und A_2.

9. Lineare Modelle

Ein Modell oder System umfasse eine Menge von Relationen zwischen den Variablen $Y, Z, \ldots$ des Modells. Ist das Modell linear, so haben bei zeitlicher Veränderung in Form einer Sinusschwingung alle Variablen des Modells die *gleiche* Dämpfung und die gleiche Frequenz. Andererseits unterscheiden sich Amplitude und Phase von einer Variablen zur anderen, je nachdem, was durch die äußeren Bedingungen festgelegt ist. Eine Veränderung in Form einer Sinusschwingung, die durch den Realteil von $Ae^{i\varepsilon} e^{pt}$ dargestellt wird, durchläuft das System ohne Veränderung der Dämpfung und der Frequenz $(p = \alpha + i\omega)$, doch verändern sich Amplitude und Phase (durch A und ε gegeben) von einer Variablen zur anderen.

Wie unten vorgeführt werden soll, bedeutet ein Wechsel in Amplitude und Phase eine Kombination der Relation Proportionalität der Amplitude und Verschiebung der Phase. Hier zeigt sich eine Parallele zu der linearen Transformation der einfachen algebraischen Form. Weiterhin hat, nach den Ergebnissen von 4.9, ein lineares Modell die Eigenschaft der Additivität, nämlich daß sich mehrere Variable des Systems addieren lassen, so daß sich eine weitere Variable mit gleicher Dämpfung und Frequenz ergibt, d. h. eine weitere, im Rahmen des Modells konsistente Variable. Das sind etwa die Gründe, weshalb man ein solches Modell als linear bezeichnen kann.

Man betrachte eine Relation des Modells, in der Y als Output in Relation zu Z als Input gesetzt wird. Die Definition für die Reaktion von Y auf Z kann verschiedene Ableitungen und Integrale, auch alle Arten von Lags und Delays zum Inhalt haben, wobei aber alle die Bedingung für ein lineares Modell unangetastet lassen. Die Reaktion läßt sich in rein algebraischer Form unter Zuhilfenahme von Operatoren ausdrükken. Gilt für die betreffende Veränderung in Form einer Sinusschwingung $p = \alpha + i\omega$, so setze man den „Delay ϑ“ gleich $e^{-p\vartheta}$ und $D = p$ für Ableitungen und Integrale (4.9 oben). Die Reaktion von Y auf Z ergibt sich dann als

$$Y = F(p)\,Z$$

wobei $F(p)$ die Transferfunktion bedeutet, die von dem gewählten p abhängt. Ist weiterhin die zeitliche Form der Reaktionen von Y auf eine Veränderung in Höhe eines Einheitsschrittes in Z gleich $f(t)$, so ist $F(p)$ die Laplace-Transformation von $f(t)$ (siehe 9.3 oben).

Der Wert von $F(p)$ bei beliebig gegebenem p ist eine komplexe Zahl oder ein Vektor, der sich in der Form $\varrho e^{i\vartheta}$ schreiben läßt. Die Veränderung in der Amplitude der Variation von Z zu Y wird durch p bestimmt; die Phasenverschiebung durch φ. Y und Z sind derart aufeinander bezogen, daß, wenn eine sinusförmige Variation mit gegebener Dämpfung und Frequenz sich von Z nach Y überträgt, diese dann eine *proportionale* Veränderung in der Amplitude und eine *Verschiebung* in der Phase mitmacht, die jeweils durch ϱ und φ bestimmt werden.

Die Linearität des Modells läßt sich sowohl an erzwungenen wie auch an freien Schwingungen des Systems ersehen. Unterliegt ein Input Z einer (von außen) gegebenen Schwingung, so unterliegt eine andere, von Z abhängige Variable Y einer erzwungenen Schwingung gleicher Dämpfung und Frequenz, die sich nur in Amplitude und Phase unterscheidet. Also hängt alles algebraisch von der Transferfunktion $F(p) = \varrho e^{i\vartheta}$ (bei gegebenem p) ab. Während beispielsweise Dämpfung und Frequenz in den Schwingungen von Y und Z genau gleich sein müssen, so kann es doch passieren, daß (bei großem ϱ) die Amplitude von Y in solch einem Maße anschwillt, daß sich Resonanz ergibt.

Die Struktur des linearen Modells fixiert Dämpfung und Frequenz einer jeden freien Schwingung, d. h. einer Schwingung, die innerhalb des Gesamtmodells aus sich selbst heraus entsteht. Die Festlegung von $p = \alpha + i\omega$ für die freien Schwingungen ist eine Sache der Algebra. Es sei $F(p) = 1$, wobei $F(p)$ die Rückkoppelungs-Transferfunktion des Modells ist. Ist $p = \alpha + i\omega$ irgendeine algebraische Lösung, so ist α die Dämpfung und ω die Frequenz einer möglichen freien Schwingung, die allen Variablen des Modells gemeinsam ist. Amplitude und Phase einer Variablen müssen dann noch durch äußere Bedingungen festgelegt werden.

Auf diesen Umständen beruht also die Einfachheit des linearen Modells. Wird beispielsweise eine Variable gedämpft, so werden es alle anderen auch — doch ergibt sich die Amplitude einer jeden Variablen aus äußeren Umständen. Eben dieser Umstand zeigt auch den Mangel an „Realität" eines linearen Modells als eines Ausdrucks ökonomischer Relationen. Nur durch Zufall kann ein lineares Modell Schwingungen aufzeigen, die weder explodieren noch zusammenschrumpfen (genau bei $\alpha = 0$); auch findet sich in einem linearen Modell keine Erklärung, warum die Amplitude einer Schwingung gerade das ist, was sie ist.

Sehr einfache Eigenschaften findet man für lineare Modelle der Periodenanalyse, in denen Differenzengleichungen anstelle von Differentialgleichungen auftreten. Dies Problem läßt sich auf ein algebraisches Problem reduzieren, wenn man den Verschiebungsoperator E anstelle des Differentialoperators D einsetzt.

Anhang B:

Mengen, Gruppen und Vektorräume

1. Grundbegriffe der modernen Algebra

Wir haben uns im Text auf grundlegende Begriffe und Ergebnisse der modernen Algebra bezogen. Für diesen hochentwickelten Zweig der Mathematik sind Abstraktion und strenge Herleitung auf axiomatischer Grundlage charakteristisch. Gerade auf Grund dieser Eigenschaften müßte sie für die ökonomische Theorie eigentlich von beträchtlichem Interesse sein, da doch hier versucht wird, den Aufbau einer Wirtschaftstheorie nach axiomatischer Methode zu vollziehen. Betrachtet man gerade die Axiomatik einer Theorie, so wird deutlich, daß die Menge der zugrunde liegenden Axiome sowohl konsistent als auch unabhängig sein muß. Kein Axiom darf einem anderen widersprechen, und kein Axiom darf sich aus einem anderen ergeben. Ist das erreicht, so verläuft die Entwicklung mit Hilfe einer Reihe von Operationsregeln: die Axiome und Eigenschaften, die sich daraus ableiten lassen. Man darf sie beide nicht durcheinander bringen; die Axiome liefern genau das, was man als Ausgangsbasis braucht, und nicht mehr — die Regeln sind dann die Anweisung für bestimmte Operationen, wenn die Basis einmal festgelegt ist.

Dieser Anhang kann, will er kurz sein, nur eine begrenzte Zielsetzung haben. Zu den Zielen gehört, die wichtigsten algebraischen Begriffe zu definieren und zu zeigen, was von der Sprache des Mathematikers jeweils brauchbar ist, sowie eine Vorstellung zu vermitteln, welchen Gesichtspunkten eine strenge Ableitung folgen muß. Wir wollen nicht versuchen, das Thema vollständig zu behandeln; es bedarf einiger Einschränkungen, wenn man die moderne Algebra mit der uns vertrauten in Beziehung bringen will. Manchmal muß man das Pferd beim Schwanze aufzäumen, etwa wenn man die Verfahrensregeln zuerst niederlegt und erst später alles Überflüssige ausschaltet, so daß sich eine konsistente und unabhängige Menge von Axiomen ergibt. Doch sollte für den interessierten Leser der Gedankengang einer strengen Entwicklung immerhin so klar sein, daß er ihn in der Literatur weiter verfolgen kann. Eine kurze und ziemlich einfache Übersicht findet sich bei Littlewood (1949); eine umfassendere, aber immer noch ziemlich geschlossene Behandlung bei Birkhoff und MacLane (1941, 1953). Eine Darstellung für Fortgeschrittene, die starke Konzentration erfordert, ist die von van der Waerden (1937 - 40, 1949 - 50). Bei Courant und Robbins (1941), Murdoch (1957) und Papandreou (1958) finden sich einige Teile der modernen Algebra, die aus einer besonderen Sicht heraus behandelt werden; das gleiche gilt für das ausgezeichnete, wenn auch etwas schwierige Buch von Thrall und Tornheim (1957).

Noch ein Wort zur Warnung: Die moderne Algebra hat deshalb einen so komplexen Charakter, weil sie sich mit einer unendlichen Menge von Objekten befaßt. Daraus läßt sich nicht nur der interessante Inhalt des Gegenstandes sondern auch der Umfang ihres Anwendungsbereiches erklären. Die endliche Mathematik ist relativ einfach, wie es die elegante Darstellung von Kemeny, Snell und Thompson (1957) bezeugen kann. Aber damit nicht genug. Die Zahlensysteme, wie das der reellen und komplexen Variablen, sind in der Mathematik unbegrenzt. Dies gilt auch für den einfachsten Fall, die Menge der natürlichen Zahlen oder die positiven ganzen Zahlen.

Darüber hinaus hat sich gezeigt, daß sich auch für einige abgelegene und scheinbar seltsame Gebiete der Algebra sehr praktische Anwendungsmöglichkeiten bieten. Die Boolsche Algebra der Mengen und Klassen und die Algebra der Mengen zweier Elemente (0 und 1, oder einer geraden und einer ungeraden Zahl) sind zwar reichlich abstrakt — doch in der Schaltalgebra wie bei der Entwicklung und Programmierung elektronischer Rechenautomaten finden sie ihre Anwendung.

Literatur

Birkhoff (G.) und *MacLane* (S.) (1941, 1953): A Survey of Modern Algebra (Macmillan, New York, First Ed. 1941, Revised Ed. 1953).

Courant (R.) und *Robbins* (H.) (1941): What is Mathematics? (Oxford, 1941).

Kemeny (J. G.), *Snell* (J. L.) und *Thompson* (G. L.) (1957): Introduction to Finite Mathematics (Prentice-Hall, 1957).

Littlewood (D. E.) 1949): The Skeleton Key of Mathematics (Hutchinson University Library, 1949).

Murdoch (D. C.) (1957): Linear Algebra for Undergraduates (Wiley, 1957).

Papandreou (A. G.) (1958): Economics as a Science (Lippincott, 1958).

Thrall (R. M.) und *Tornheim* (L.) (1957): Vector Spaces and Matrices (Wiley, 1957).

van der Waerden (B. L.) (1937 - 40, 1949 - 50): Modern Algebra (Frederick Ungar, zwei Bände 1949 - 50), Englische Übersetzung der zweiten (1937 - 40) deutschen Auflage.

2. Mengen und Boolsche Algebra

Der grundlegende Begriff der gesamten Mathematik und tatsächlich auch der Logik ist die *Menge* als eine Zusammenfassung beliebiger wohldefinierter Objekte, der Anzahl nach endlich oder unendlich. Die Objekte sind die *Elemente* der Menge. Oft hat eine Menge Zahlen als Elemente, — Mengen natürlicher Zahlen, ganzer Zahlen (positiver, negativer und die Zahl Null), rationeller, reeller und komplexer Zahlen. Die axiomatischen Grundlagen und die Eigenschaften dieser Zahlensysteme der Mathematik werden hier als gegeben angenommen. Doch das ist keineswegs alles. Es gibt Mengen anderer Objekte, beispielsweise von Polynomen, Transformationen oder (wie ein Beispiel unten zeigt) von ganz alltäglichen „Objekten". Es gibt auch Mengen von Mengen. In der Tat werden sie oft gebraucht; da eine Matrix eine geordnete Menge von Elementen ist (im typischen Fall von reellen Zahlen), so stellt eine Menge von Matrizen eine Menge von Mengen dar.

Eine Menge umfaßt „wohldefinierte" Elemente; hierüber muß man also eine genaue Angabe machen; man erreicht das (i) durch Aufzählen der Elemente, und/oder (ii) durch eine allgemeine Beschreibung aller Elemente. Nach der üblichen *Schreibweise* bedeutet:

$$A = \{\text{Aufzählung}\} = \{a \mid a \text{ ist } Q\}$$

— wobei „a ist Q" eine Beschreibung ist —

ist eine Menge A, und $a \in A$ bedeutet „Element a gehört zur Menge A". Weiterhin besagt die Schreibweise $A \subseteq B$, daß A in dem Sinne eine *Untermenge* von B ist, daß $a \in A$ auch $a \in B$ impliziert. Zulässig ist, daß $A \subseteq B$ und $B \subseteq A$; das bedeutet, daß $A = B$ und die beiden Mengen genau die gleichen Elemente enthalten. Schließlich bezeichnet $A \subset B$ die Menge A als *eigentliche Untermenge* von B, so daß A in dem Sinne in B enthalten ist, daß $A \subseteq B$, aber $A \neq B$.

Beispiel (a) $J = \{\ldots -2, -1, 0, 1, 2, \ldots\} = \{a \mid a \text{ ist eine ganze Zahl}\}$ mit einer Reihe von Untermengen, die sowohl unendlich sein können wie etwa

$$N = \{1, 2, 3, \ldots\} = \{a \mid a \text{ ist eine positive ganze Zahl}\}$$

und endlich wie in den folgenden Fällen:

$$S_1 = \{1, 2, 3, 4\} = \{a \mid a \text{ ist eine positive ganze Zahl kleiner als } 5\}$$

$$S_2 = \{2, 3, 5, 7,\} = \{a \mid a \text{ ist eine positive Primzahl kleiner als } 10\}$$

Beispiel (b) Eine Menge bestehe aus 12 Mitgliedern einer bestimmten Familie aus drei Generationen, wie in dem Stammbaum der Abb. 81 dargestellt. Als Schreibweise wählen wir hierbei: G für den Großvater, für die verheirateten Söhne und Töchter S und D, für die unverheirateten Σ und Δ, für verheiratete Enkel und Enkelinnen s und d, für die unverheirateten σ und δ. Zusätzlich bezeichnet das Subskriptum 1 den Gatten oder die Gattin (sofern vorhanden) der entsprechenden Person.

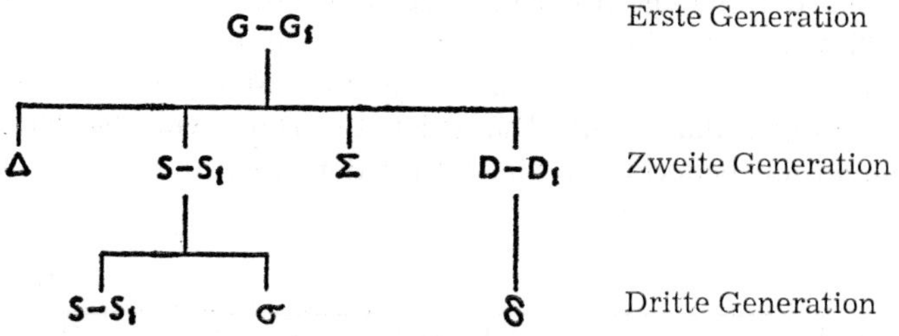

Abb. 81

Die *Mengenlehre* beschäftigt sich mit Beziehungen zwischen Mengen, die aus einer gegebenen Gesamtmenge von Elementen ausgesondert sind. Zwei Sonderfälle dienen zur *Begrenzung* — die *leere Menge* φ, die aus keinem Element besteht und die *Allmenge* U, die alle in Betracht gezogenen Elemente enthält. Die Mengenlehre beschäftigt sich dann mit Untermengen von U einschließlich der Grenzfälle φ und U selbst:

$$\varphi \subseteq A \subseteq U \qquad \text{für eine beliebige Menge } A.$$

Nun werden zwei Operationen mit Mengen definiert. Jede bezieht sich auf zwei Mengen A und B; es gibt also nur „binäre" Operationen:

Definition: Die *Vereinigung* von A und B, als $A \cup B$ geschrieben, ist die Menge der und nur der Elemente, die entweder in A, oder in B oder in beiden sind. Der *Durchschnitt* von A und B, als $A \cap B$ geschrieben, ist die Menge der und nur der Elemente, die sowohl in A als auch in B sind.

Die folgen Eigenschaften oder *Operationsregeln* gelten für Mengen A, B, C ...

Regel	Vereinigung ($\cup$)	Durchschnitt ($\cap$)
Verknüpfung	(1a) Wenn A u. B Mengen von U sind, so ist $A \cup B$	(1b) Wenn A u. B Mengen von U sind, so ist $A \cap B$
Gleichmächtigkeit ...	(2a) $A \cup A = A$	(2b) $A \cap A = A$
Assoziativität	(3a) $A \cup (B \cup C) = (A \cup B) \cup C$	(3b) $A \cap (B \cap C) = (A \cap B) \cap C$
Kommutativität	(4a) $A \cup B = B \cup A$	(4b) $A \cap B = B \cap A$
Begrenzung	(5a) $A \cup \varphi = A$	(5b) $A \cap U = A$
	(6a) $A \cup U = U$	(6b) $A \cap \varphi = \varphi$
Distributivität*	$\cap$ über $\cup$: (7a) $A \cap (B \cup C) = (A \cap B) \cup (A \cap C)$	
	$\cup$ über $\cap$: (7b) $A \cup (B \cap C) = (A \cup B) \cap (A \cup C)$	

* Auf Grund der kommutativen Regeln impliziert (7a) daß $(A \cup B) \cap C = (A \cap C) \cup (B \cup C)$ und entsprechend für (7b).

Die Gültigkeit dieser Regeln wird mit Hilfe der sog. „Venn Diagramme" (in Abb. 82) veranschaulicht. Der Einfachheit halber sei U die Menge aller Punkte innerhalb eines Quadrates, und die Mengen A, B, C werden durch Kreise darin dargestellt. Damit ist $A \cup B$ das von den Kreisen A und B gemeinsam bedeckte Gebiet (Teil I der Abb.) und

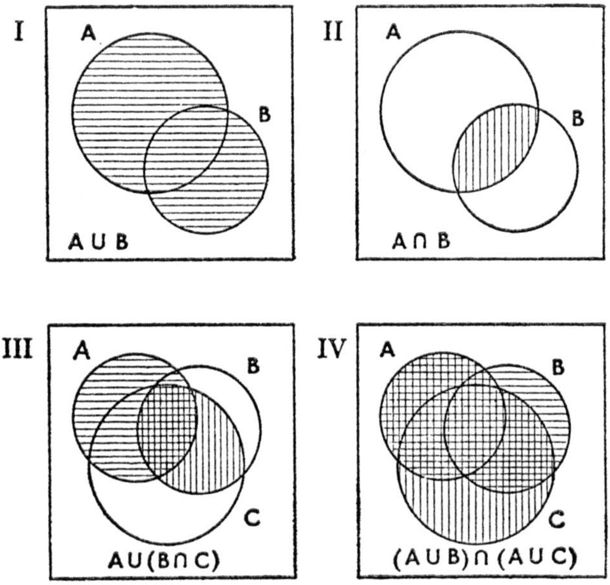

Abb. 82

$A \cap B$ das Gebiet, das beiden Kreisen gemeinsam ist (Teil II). Zur Veranschaulichung wähle man Regel (7b); dann ist $A \cup (B \cap C)$ das gesamte in Teil III schraffierte Gebiet; und $(A \cup B) \cap (A \cup C)$ ist das kreuzweise schraffierte Gebiet in Teil IV. Beide sind gleich.

Nun wollen wir eine „unäre" Operation definieren, die sich auf eine Menge A bezieht:

Definition: Die *Komplementärmenge* von A, A' geschrieben, ist die Menge der und nur der Elemente, die *nicht* in A sind.

Die folgenden *Operationsregeln* ergeben sich; sie können wiederum an Hand der Venn-Diagramme veranschaulicht werden:

Regel	Vereinigung (∪)	Durchschnitt (∩)
Komplementär-mengen	(8a) $A \cup A' = U$ (9a) $(A \cup B)' = A' \cup B'$	(8b) $A \cap A' = \varphi$ (9b) $(A \cap B)' = A' \cap B'$
Umkehrung	(10) $(A')' = A$	

Ein weiteres Beispiel aus der Mengenlehre: Die Relation $\subseteq$ führt noch zu weiteren Ergebnissen, wie etwa folgenden: wenn $A \cap B = \varphi$, dann ist $A \subseteq B'$. Jede der beiden Behauptungen bedeutet, daß die Mengen A und B *disjunkt* sind, also keine Elemente gemeinsam haben. Hier braucht die Theorie nicht weiter entwickelt zu werden.

Eine Eigenart der Mengenlehre ist immerhin so beachtlich, daß wir sie gesondert erwähnen müssen, nämlich die *Dualität*. Vertauscht man in irgendeiner Regel oben die Operationen $\cup$ und $\cap$ wie auch die Begrenzungen φ und U, so erhält man als Ergebnis eine der übrigen Regeln. Die Regeln treten als duale Paare auf, so wie wir sie auch oben in der Tabelle zusammengestellt haben. In der Mengenlehre gibt es neun solcher *Paare* von Regeln und eine zehnte Regel, die symmetrisch ist.

Daß die Dualität eine so beachtliche Eigenart ist, erkennt man bei einem Vergleich mit den Regeln der elementaren Algebra. Der größte Teil der Regeln für Mengen entspricht den vertrauten Regeln, etwa wenn man die Vereinigung oder logische Summe mit $+$, den Durchschnitt oder das logische Produkt mit $\times$ und φ und U als 0 und 1 schreibt. Beispielsweise wird (3a) $A + (B + C) = (A + B) + C$ und (5b) wird $A \times 1 = A$. Die Regeln über Gleichmächtigkeit weichen von den gewohnten Regeln ab: $A + A = A$ und nicht $2A$; $A \times A = A$ und nicht A^2. Eine ebenso bezeichnende Abweichung liegt im folgenden: Die beiden (dualen) distributiven Regeln werden zu:

$$A \times (B + C) = A \times B + A \times C \quad \text{und} \quad A + B \times C = (A + B)(A + C) \;;$$

davon trifft in der elementaren Algebra die erste zu, die zweite aber *nicht*. Wo die Mengenlehre von der elementaren Algebra abweicht, da ist nun in der Tat die Mengenlehre einfacher (keine Vielfachen und Potenzen) und auch symmetrischer (die Dualität fehlt niemals).

Zur Verallgemeinerung betrachte man eine beliebige Menge von Objekten $A, B, C, \ldots$, für die die Relation $\subseteq$ und die Begrenzung φ und U definiert ist. Die Operation $A \cup B$, $A \cap B$ und A' seien so definiert, daß die Regelpaare 1 - 9 und die Regel 10 gelten. Dann ist die Algebra der Menge eine *Boolsche Algebra*. Die Algebra aller Untermengen einer gegebenen Allmenge ist eine Boolsche Algebra. Dies gilt auch für andere

Dinge, z. B. für die Klassenlogik. In der Boolschen Algebra geht es einfach um die Verknüpfungen „und“, „oder“ und „nicht“, was hier seinen Ausdruck in den Begriffen Durchschnitts-, Vereinigungs- und Komplementärmenge findet.

3. Relationen: Funktionen, Abbildungen, Transformationen

Man betrachte zwei Mengen X und Y; $x \in X$ und $y \in Y$ seien beliebige Elemente.

Definition: Das *Cartesische Produkt* ist die Menge aller geordneten Paare (x, y):

$$X.Y = \{(x, y) \mid x \in X \quad \text{und} \quad y \in Y\}$$

Die Anordnung ist wesentlich: $X . Y$ und $Y . X$ sind verschieden. Sind X und Y jeweils die Mengen aller reellen Zahlen, dann wird die Menge $X . Y$ durch alle Punkte im zweidimensionalen Cartesischen Raum (einer Ebene) dargestellt, bezogen auf zwei feste Achsen Ox und Oy, die rechtwinklig aufeinanderstehen.

Definition: Eine *Relation* R zwischen der Menge X und der Menge Y ist eine beliebige echte Untermenge von $X . Y$, d. h. eine echte Untermenge der Menge aller geordneten Paare (x, y).

Eine Relation läßt sich definieren durch Aufzählung und/oder die allgemeine Beschreibung:

$$R = \{(x, y) \mid x \in X, \quad y \in Y, \quad yRx\}$$

wobei yRx die Relation beschreibt. Zwei Beispiele zur Erläuterung:

Beispiel (a): X und Y sind Mengen reeller Zahlen und $X.Y$ läßt sich als Punktmenge in einer Ebene vorstellen. Man betrachte die beiden Relationen:

$$R_1 = \{(x, y) \mid x \in X,\ y \in Y,\ y = x\}; \quad R_2 = \{(x, y) \mid x \in X,\ y \in Y,\ y \leqslant x\}$$

R_1 wird durch diejenige Untermenge von $X.Y$ beschrieben, die durch die Eigenschaft „y hat den gleichen Wert wie x“ bestimmt ist; sie kann durch die 45°-Linie durch 0 veranschaulicht werden. R_2 ist eine Untermenge, die so definiert ist, daß „y nicht größer als x“ ist; man kann sie sich vorstellen als die Menge aller Punkte auf oder unterhalb der 45°-Linie durch 0, also eine Relation zwischen x und y ähnlich wie R_1.

Beispiel (b): Eine ganze Reihe von Relationen läßt sich für die Menge von 12 Familienmitgliedern aus Bsp. (b) Abschnitt 2 oben definieren. Es handelt sich um algebraische Relationen — und um tatsächliche familiäre Verwandtschaftsverhältnisse. Im folgenden zwei Beispiele. Wenn

$$X = \{G, S, \Sigma, D_1, s, \sigma\} \quad \text{und} \quad Y = \{G_1, \Delta, S_1, D, s_1, \delta\},$$

also die sechs Männer bzw. die sechs Frauen in der Menge, so kann man schreiben:

$R_1 = \{(x, y) \mid x \in X,\ y \in Y,\ y \text{ ist die Frau von } x\} = \{(G, G_1)\ (S, S_1)\ (D_1, D)\ (s, s_1)\}$

Hier hat X.Y 36 Paare. R greift die Menge von vier verheirateten Paaren heraus. Im andern Fall sei X und Y wiederum die gesamte Menge der 12 Mitglieder, und es läßt sich schreiben

$$R_2 = \{(x, y) \mid x \in X,\ y \in Y,\ y \text{ ist aus derselben Generation wie } x\}.$$

Hier hat X.Y 144 Paare. R_2 ist eine Untermenge und umfaßt die 56 Paare der gleichen Generation.

Eine Relation schreiben wir jetzt einfach als yRx, lies „y steht in der Relation R zu x". Nicht jedem x in X muß ein y zugeordnet sein, und diejenige Untermenge von X, der y-Werte zugeordnet sind, heißt der *Definitionsbereich* der Relation. Ebenso braucht nicht jedes y in Y einem X zugeordnet sein; die y-Werte, die einem x aus X zugeordnet sind, bilden eine Untermenge, die als *Wertebereich* der Relation bezeichnet wird. Weiterhin ist mit yRx noch nicht gesagt, daß es zu jedem x im Wertebereich nur ein y gibt — es können ebensogut viele sein. Gibt es jedoch nur ein y für jedes x, so ist die Relation eine Funktion. Beispielsweise ist $y = x$ eine funktionale Relation, $y \leqslant x$ aber nicht. Funktionen können analytisch sein, müssen es aber nicht, $y = x$ ist es, doch ist die Relation „y = Frau von x" eine Funktion, die ausschließlich für monogame Verhältnisse besteht.

Definition: Eine *funktionale Relation* yFx zwischen der Menge X und der Menge Y ist dann gegeben, wenn ein $y \in Y$ für ein gegebenes $x \in X$ existiert und y eindeutig ist. Die Funktion ist über dem *Definitionsbereich* definiert

$$\{x \mid \text{es gibt ein } y \text{ so, daß } yFx\}$$

und der *Wertebereich* der Funktion ist

$$\{y \mid \text{es gibt ein } x \text{ so, daß } yFx\}.$$

Wir benutzen jetzt den kürzeren Begriff „Funktion" anstelle von „funktionaler Relation" und ersetzen yFx durch die vertraute Schreibweise $y = F(x)$. Streng genommen ist eine Funktion eine Menge geordneter Paare: $\{(x, y) \mid x \in X, y \in Y, y = F(x)\}$; doch genügt im allgemeinen $y = F(x)$. Die hier definierten Funktionen sind, wie man meist sagt, einwertig; jedoch lassen sich auch mehrwertige Funktionen in ihre einwertigen Bestandteile aufspalten, so daß unsere Darstellung auch hier anwendbar ist.

Ohne größeren Verlust an Allgemeinheit läßt sich hier X als der Definitionsbereich der Funktion $y = F(x)$ auffassen. Dann ist $y = F(x)$ über X definiert und hat als Wertebereiche eine Untermenge von Y. Zu jeden $x \in X$ gibt es ein eindeutiges $y = F(x)$ im Wertebereich. Das Gegenteil trifft nicht zu: Zu jedem y im Wertebereich $y = F(x)$ gibt es mindestens ein (nicht notwendigerweise nur ein) x in X. Beispielsweise definiere man $y_1 = 2x$ und $y_2 = x^2$ für den Definitionsbereich X aller reellen Zahlen. Der Wertebereich von y_1 ist die Menge aller reellen Zahlen, und für jedes y_1 gibt es jeweils nur ein x. Doch ist der Wertebereich von y_2 die Menge aller nicht-negativen reellen Zahlen und für jedes positive y_2 gibt es jeweils zwei x in X.

Der Funktionsbegriff läßt sich auch noch von einem anderen Gesichtspunkt aus betrachten und durch eine zweite, mehr „geometrische" Formulierung beschreiben:

Definition: Die Funktion $y = F(x)$, die über X definiert ist und als Wertebereich eine Untermenge von Y hat, stellt eine *Abbildung* der Menge X in die Menge Y dar, was wir mit $X \underset{F}{\rightarrow} Y$ bezeichnen; zu jedem $x \in X$ gibt es bezüglich F ein eindeutiges *Bild* $y \in Y$.

Abbildung bedeutet zwar das gleiche wie Funktion, ist jedoch häufig der zweckmäßigere Begriff. Der Grund liegt darin: Obwohl eine Funktion für beliebige Mengen definiert werden kann, benutzt man den Begriff doch gewöhnlich nur im Zusammenhang mit Mengen von Zahlen. Für den Begriff der Abbildung, die zwischen Mengen beliebiger Art bestehen kann, etwa zwischen Punkten im zweidimensionalen und Punkten im dreidimensionalen Raum oder aus einer Menge ganzer Zahlen in eine Menge von Polynomen mit ganzzahligen Koeffizienten, gibt es eine solche Assoziation nicht. Mit $F(x)$ wird lediglich irgendeine *Regel* festgelegt, nach der man von $x \in X$ zu seinem Bild $y \in Y$ gelangen kann.

Bei einer Abbildung F von Y müssen wir drei Unterscheidungen treffen;

(i) Während x über die Gesamtheit von Y variiert, kann sein Bild y bezüglich F sehr wohl nur über einer *echten* Untermenge von Y variieren — es handelt sich dann allgemein um eine Abbildung *in* Y. Im Sonderfall, wenn der Wertebereich die *Gesamtheit* von Y ist, handelt es sich um eine Abbildung *auf* Y.

(ii) Während jedes x in X ein eindeutiges Bild y hat, läßt sich nur sagen, daß zumindest ein x ein gegebenes y als Bild hat. Es kann durchaus viele solche x geben; die Abbildung ist dann im allgemeinen *mehreindeutig*. Im Sonderfall, wenn y jeweils nur Bild eines x ist, wird die Abbildung als *eineindeutig* bezeichnet.

(iii) Die Mengen X und Y sind im allgemeinen verschieden. Im Sonderfall, wenn die Mengen gleich sind, handelt es sich um eine Abbildung von X *in oder auf sich selbst*.

Beispiel (c): Man betrachte die beiden Abbildungen: $F_1(x) = 2x$ und $F_2(x) = x^2$. Ist X die Menge der positiven ganzen Zahlen, so ist sowohl F_1 als F_2 eine *eineindeutige* Abbildung von X *in* sich selbst. Ist X jedoch die Menge aller reellen Zahlen, dann ist F_1 eine *eineindeutige* Abbildung von X *auf* sich selbst, während F_2 eine *zwei-eindeutige* Abbildung von X in sich selbst ist. F_2 bildet X auf die Menge der nicht-negativen reellen Zahlen ab.

Beispiel (d): Man betrachte die Abbildung $F(x)$ = Frau von x für die Menge X aller verheirateten Männer (nicht Witwer) in einer monogam veranlagten Gesellschaft. Ist Y die Menge aller Frauen dieser Gesellschaft, so ist F eine *eineindeutige* Abbildung von X in Y. Ist Y die Menge aller verheirateten Frauen (nicht Witwen), dann bildet F X *auf* Y ab. Nicht möglich ist es für F, X in sich selbst abzubilden. Ändert man die Ehegewohnheiten der Gesellschaft, dann muß auch F anders interpretiert werden. Hat eine Frau mehrere Männer, so ist die Abbildung *mehreindeutig*. Herrscht Polygamie, so gibt es überhaupt keine Abbildung, da bezüglich F das Bild eines Mannes (Frau) nicht eindeutig ist.

Beispiel (e): Die Unterscheidung zwischen Abbildung „in“ und „auf“ kann man fallen lassen, wenn man sich auf den Wertebereich der Abbildung beschränkt. Dies geschieht oft. Doch ist die Unterscheidung wichtig, wie sich leicht erläutern läßt. A sei die Menge $\{a\}$ aller reellen Zahlen und P die Menge aller Polynome mit reellen Koeffizienten

$$(a_0 + a_1 x + a_2 x^2 + \ldots)$$

Dann läßt sich A *in* P abbilden, indem man $F(a)$ als das Polynom auffaßt, in dem der erste Koeffizient a und die andern gleich Null sind. Diese besondere Abbildung dient dazu, um reelle Zahlen mit den konstanten Ausdrücken in Polynomen mit reellen Koeffizienten zu identifizieren.

Beispiel (f): Mit der Abbildung einer *endlichen* Menge in sich selbst läßt sich leicht umgehen. Man betrachte $X = \{0, 1, 2, 3, 4\}$ und bilde X in sich selbst ab mit Hilfe von $F(x)$ = Rest bei Division von x durch 2. Diese Abbildung ist *mehreindeutig* und *in* X, da 0, 2, 4 als Bild alle 0 und 1, 3 als Bild 1 haben. Man sieht jedoch leicht, daß jede Abbildung von X *auf* sich selbst *eineindeutig* und somit eine Permutation der Menge sein muß.

Es gibt noch einen anderen Weg, wie man eine funktionale Relation oder Abbildung ausdrücken und interpretieren kann. Sind zwei Mengen X und Y gegeben, so überführt $F(x) = y$ ein Element von X in ein Element y von Y. Dies ist eine *Transformation* F der Menge X in die Menge Y. Hierbei ist nichts neu; nur die Ausdrucksweise ist anders.

Ein letzter Hinweis noch auf die Bedeutung einer *umkehrbar eindeutigen Abbildung*. Ist $y = F(x)$ eineindeutig, dann existiert eine einwertige inverse Funktion, die sich so schreiben läßt: $x = F^{-1}(y)$. Die Abbildung $X \underset{F}{\rightarrow} Y$ läßt sich umkehren in $X \underset{F^{-1}}{\leftarrow} Y$. Beide zusammen lassen sich als $X \underset{F}{\longleftrightarrow} Y$ darstellen. Die Transformation $F(x) = y$, die x in y überführt, läßt sich in $F^{-1}(y) = x$ umkehren, womit y wieder in x überführt wird.

4. Äquivalenz: Homomorphismus und Isomorphismus

Die Äquivalenz-Relation in einer gegebenen Menge S ist eine spezielle, jedoch sehr wichtige Relation. Die allgemeine Definition lautet:

Definition: yRx ist eine *Äquivalenz-Relation* in einer Menge S, wenn die Regeln

(1) *Reflexivität:* xRx

(2) *Symmetrie:* wenn yRx, dann xRy

(3) *Transitivität:* wenn zRy und yRx, dann zRx

für jedes beliebige x, y und z in S erfüllt sind.

Diese Regeln sind die Grundlage zu allen Äquivalenzbegriffen der Logik und Mathematik. Sie gelten für Gleichheit ($=$), lassen sich aber auch in sehr viel größeren Rahmen anwenden*. Im besonderen dient eine Äquivalenzrelation dazu, eine Menge in eine Reihe disjunkter Untermengen zu unterteilen, die jeweils äquivalente Elemente enthalten.

Ist eine Äquivalenzrelation yRx für x und $y \in S$ gegeben, so wird S in disjunkte Untermengen S_i ($i = 1, 2, 3 \ldots$) so aufgeteilt, daß x und y zur gleichen Untermenge S_i gehören, wenn und nur wenn yRx.

Dieser Prozeß der Aufteilung verläuft genau so, wie er für ein spezielles Beispiel in 13.8 oben beschrieben wurde. Die Untermengen von S heißen *Äquivalenzklassen;* alle äquivalenten (oder kongruenten) Glieder von S gehören in die gleiche Äquivalenzklasse. Für viele Zwecke reicht es aus, alle Elemente von S_i durch ein bestimmtes Element x_i, das man nach Zweckmäßigkeitsgründen ausgesucht hat, darzustellen. Dieses repräsentative x_i der Äquivalenzklasse S_i bezeichnet man als *kanonische Form von* S_i.

Beispiel (a): Man betrachte die Relation „y stammt aus der gleichen Generation wie x“ in der Menge der Familienmitglieder von Bsp. (b), Abschnitt 2 oben. Es läßt sich leicht nachprüfen, daß es sich um eine Äquivalenzrelation handelt, denn alle drei Regeln sind erfüllt. Damit kann die Gesamtmenge in drei Untermengen aufgeteilt werden:

$$\{G, G_1\} \quad \{\Delta, S, S_1, \Sigma, D, D_1\} \quad \{s, s_1, \sigma, \delta\}$$

---

* Äquivalenzrelationen sollen im Gegensatz zu anderen Relationen gesehen werden; beispielsweise zu solchen, die eine Art Anordnung der Elemente von S zum Inhalt haben. Eine *partielle Ordnung* von S (Relation $\leqslant$) liegt vor, wenn

(1) Reflexivität: $x \leqslant x$

(2) Antisymmetrie: wenn $x \leqslant y$ und $y \leqslant x$, dann $x = y$

neben der üblichen Transitivitätsbedingung (3) bestehen. Beispiele sind: die „kleiner als oder gleich“-Relationen zwischen Zahlen; die Relation ($\subseteq$) zwischen Mengen. Eine strengere Relation ($<$) der *linearen Ordnung* liegt vor, wenn

Antisymmetrie: wenn $y < x$, dann $x \not< y$

neben der Transitivitätsbedingung besteht.

Jede Untermenge enthält äquivalente Personen (aus der gleichen Generation). Repräsentative Glieder lassen sich auswählen, z. B. die „ältesten" männlichen Mitglieder G, S und s.

$X = \{x_1, x_2, x_3, \ldots\}$ sei eine Menge, in der irgendeine bestimmte Eigenschaft definiert ist. Die Eigenschaft kann in einer Ordnung der Elemente von X bestehen oder auch darin, daß das Produkt zweier Elemente von X gleichfalls zu X gehört. $Y = \{y_1, y_2, y_3 \ldots\}$ sei eine andere Menge, für die die gleiche Eigenschaft gilt.

Definition: Ein *Homomorphismus* von X in Y ist eine Abbildung $X \underset{F}{\rightarrow} Y$, die die definierte Eigenschaft erhält, d. h. gilt die Eigenschaft für $x_1, x_2, \ldots$ von X, so gilt sie auch für die Bilder $y_1, y_2, \ldots$ in Y. Die Abbildung ist ein *Isomorphismus* von X auf Y für den Sonderfall, daß F eineindeutig ist und X auf Y abbildet.

Man beachte, daß die Abbildung selbst und nicht das Paar der beiden Mengen als Homomorphismus oder Isomorphismus bezeichnet wird. Sind jedoch X und Y durch einen Homomorphismus aufeinander bezogen, so ist Y das *homomorphe Bild* von X und Y ist *homomorph* mit X. Im Fall einer symmetrischen (eineindeutigen) Abbildung eines Isomorphismus reicht es, wenn man sagt, die Mengen sind *isomorph*.

Was bereits über Abbildungen gesagt wurde, gilt im gleichen Maße auch für den Homomorphismus. Der Homomorphismus kann mehreindeutig oder eineindeutig sein; er kann für die Abbildung einer Menge „in" oder „auf" eine andere gelten; er kann verschiedene Mengen aufeinander oder eine Menge auf sich selbst abbilden*. Neu daran ist nur, daß ein Homomorphismus eine einmal definierte Eigenschaft erhält, wenn Elemente von X in ihre Bilder in Y überführt werden. Zur Verdeutlichung betrachten wir zwei Beispiele:

(i) Die für X und Y definierte Eigenschaft sei „kleiner als", so daß für den Homomorphismus $X \underset{F}{\rightarrow} Y$ gefordert werden muß: wenn $x_1 \rightarrow y_1$ und $x_2 \rightarrow y_2$, so impliziert $x_1 < x_2$ auch $y_1 < y_2$. Dies läßt sich noch kürzer so schreiben:

$$\text{wenn} \quad x_1 < x_2, \quad \text{dann} \quad F(x_1) < F(x_2)$$

---

* Für die verschiedenen Arten des Homomorphismus benutzt man mitunter auch verschiedene Namen. In einer einigermaßen vollständigen Zusammenstellung müßte enthalten sein: Monomorphismus für eine eineindeutige Abbildung von X in Y; Epimorphismus für eine mehreindeutige Abbildung von X auf Y; Isomorphismus für eine eindeutige Abbildung von X auf Y; Endomorphismus für eine mehreindeutige Abbildung von X in X; Automorphismus für eine eineindeutige Abbildung von X auf X.

(ii) Als Eigenschaft seien Produkte in X und Y so definiert, daß für den Homomorphismus $X \rightarrow Y$ gefordert wird: wenn $x_1 \rightarrow y_1$ und $x_2 \rightarrow y_2$, dann $x_1 x x_2 \rightarrow y_1 \times y_2$

Kürzer:

$$F(x_1 \times x_2) = F(x_1) \times F(x_2)$$

Der wichtigste Fall, daß Mengen X und Y isomorph sind, schließt zugleich ein, daß sich X und Y nicht „wesentlich" unterscheiden, und zwar in dem Sinne, daß für sie die gleichen algebraischen Regeln gelten, soweit es um die definierten Eigenschaften geht (die ja im Isomorphismus erhalten bleiben). Die Elemente von X und Y können verschiedene Beziehungen tragen, und sie können auch verschieden gebraucht und interpretiert werden. Algebraisch verhalten sie sich jedoch gleichartig. Aus diesem Grund kann man für einen Isomorphismus zwischen den Mengen X und Y zweckmäßigerweise die Schreibweise $X \cong Y$ anwenden. Ebenso lassen sich die Mengen als „äquivalent bis auf einen Isomorphismus" beschreiben. Man betrachte eine Reihe von Temperaturen, X sei die Menge der Temperaturmaße, gemessen in Grad Celsius, Y die entsprechende Menge, gemessen in Grad Fahrenheit. Dann gilt $X \cong Y$, äquivalent bis zu einem Isomorphismus, d. h. vom Nullpunkt und der Einheit abgesehen.

Das folgende Beispiel erläutert, wie sich sehr verschiedene Mengen in ein homomorphes oder isomorphes Verhältnis bringen lassen; Voraussetzung ist nur, daß die betreffenden Eigenschaften, — hier Addition und Multiplikation — in geeigneter Weise definiert sind:

Beispiel (b): In der Menge $J = \{\ldots -2, -1, 0, 1, 2, \ldots\}$ aller ganzen Zahlen betrachte man yRx als „x und y haben bei der Division durch 2 den gleichen Rest". Es handelt sich um eine Äquivalenzrelation, welche J in zwei Äquivalenzklassen teilt:

$J_0 \,(\text{mod } 2) = \{\ldots -4, -2, 0, 2, 4, \ldots\}$ die Menge gerader ganzer Zahlen
$J_1 \,(\text{mod } 2) = \{\ldots -3, -1, 1, 3, 5, \ldots\}$ die Menge ungerader ganzer Zahlen

Zwei ganze Zahlen sind *kongruent (modulo 2)*, wenn sie in der gleichen Äquivalenzklasse stehen, d. h. wenn sie beide gerade oder ungerade sind und bei Division den gleichen Rest ergeben. Der Ausdruck „modulo 2" gibt diese bestimmte Relation wieder. Das repräsentative Glied von J_0 ist 0; von J_1 ist es 1. In jedem Fall ist der Rest nach einer Division durch 2 in der Untermenge gleich.

Die Summe (das Produkt) zweier Äquivalenzklassen wird nunmehr definiert als die Menge aller ganzen Zahlen, die man durch die Addition (Multiplikation) einer ganzen Zahl der einen Klasse und einer ganzen Zahl der anderen Klasse erhält. Man prüft leicht nach, daß die Summe selbst wieder eine Äquivalenzklasse ist:

$$J_0 + J_0 = J_0; \quad J_0 + J_1 = J_1; \quad J_1 + J_1 = J_0$$

Entsprechendes gilt für das Produkt von Äquivalenzklassen:

$$J_0 \times J_0 = J_0; \quad J_0 \times J_1 = J_0; \quad J_1 \times J_1 = J_1$$

Man betrachte die Abbildung $J \underset{H}{\rightarrow} \{J_0, J_1\}$, wobei H jede gerade ganze Zahl von J in das Element J_0 und jede ungerade Zahl in das Element J_1 überführt. Die Abbildung erhält die Summen und Produkte, was sich an Beispielen nachprüfen läßt:

Da $2 \rightarrow J_0$ und $3 \rightarrow J_1$

ist $2 + 3 = 5 \rightarrow J_1 = J_0 + J_1$

und $2 \times 3 = 6 \rightarrow J_0 = J_0 \times J_1$

Somit ist H ein Homomorphismus, der sowohl Summen wie auch Produkte enthält. Nun betrachte man die Menge $\{0, 1\}$ (mod. 2), die aus zwei Elementen besteht, den repräsentativen Gliedern von J_0 und J_1. Man einige sich darauf, kongruente ganze Zahlen (mod. 2) als gleich anzusehen und sie bei der Addition und Multiplikation durch den Wert zu ersetzen, der nach einer Division durch 2 als Rest bleibt (0 oder 1). Dann lassen sich Summen und Produkte in der Menge (0, 1) *definieren*, z. B. $1 + 1 = 2$ wird durch 0 ersetzt. Man betrachte die Abbildung $\{J_0, J_1\} \underset{I}{\longleftrightarrow} \{0, 1\}$, wobei I hier J_0 in 0 und J_1 in 1 überführt. Dies ist ein Isomorphismus, da es sich um eine eineindeutige Abbildung „auf" eine Menge handelt und dabei Summen und Produkte erhalten bleiben. Zum Beispiel:

$$J_1 + J_1 = J_0 \rightarrow 0 = 1 + 1 \quad \text{und} \quad J_1 \times J_1 = J_1 \rightarrow 1 = 1 \times 1$$

Somit hat die unendliche Menge J ein homomorphes Bild, nämlich die endliche Menge $\{J_0, J_1\}$, die aus nur zwei Elementen besteht (jedes eine Untermenge), und diese ist wiederum isomorph mit der Menge $\{0, 1\}$ zweier ganzer Zahlen (mod. 2).

Dieses Beispiel läßt sich in leichtverständlicher Form verallgemeinern. m sei eine gegebene positive ganze Zahl. Die Äquivalenzrelation „x und y haben nach einer Division durch m den gleichen Rest", teilt J, die Menge aller ganzen Zahlen, in m Äquivalenzklassen J_r (mod. m) auf; $r = 0, 1, 2, \ldots (m-1)$. Hier umfaßt J_0 0 und alle (positiven und negativen) Vielfachen von m; J_1 erhält man, indem man zu jedem Glied von J_0 1 addiert, J_2, indem man 2 zu jedem Glied von J_0 addiert, usw. Zwei ganze Zahlen sind kongruent (modulo m), wenn sie in der gleichen Äquivalenzklasse J_r stehen, d. h. wenn sie den gleichen Rest r nach einer Division durch m haben. Die repräsentativen Glieder der Äquivalenzklassen sind $0, 1, 2, \ldots, (m-1)$, d. h. der für jeden Fall gemeinsame Rest.

Summen und Produkte von Äquivalenzklassen sind also *definiert*:

$$J_r + J_s = \{j_r + j_s \mid j_r \in J_r, j_s \in J_s\} \ ; \quad J_r \times J_s = \{j_r \times j_s \mid j_r \in J_r, j_s \in J_s\}$$

Als Summe erhält man diejenige Menge ganzer Zahlen, die sich nach der Addition einer ganzen Zahl aus J_r zu einer ganzen Zahl aus J_s ergeben; entsprechendes gilt für das Produkt. Dividiert man jetzt durch m, so bleibt bei der ganzen Zahl j_r der Rest r, bei j_s der Rest s. Somit läßt sich für beliebige Vielfache p und q schreiben:

$$j_r = pm + r; \quad j_s = qm + s; \quad \text{und} \quad j_r + j_s = (p + q)\, m + (r + s)$$

Also hat $j_r + j_s$ den Rest $(r + s)$ oder $(r + s - m)$, wenn man durch m dividiert; die beiden ganzen Zahlen der Summe sind jedoch ausgewählt*. Folglich ist $J_r + J_s$ die Äquivalenzklasse, die $(r + s)$ enthält, und man schreibt $J_{(r+s)}$. Genauso ist $J_r \times J_s$ die Äquivalenzklasse $J_{(rs)}$, die $(r \times s)$ enthält. Die Definition ist so gewählt, daß — wie verlangt — die Summe oder das Produkt zweier Äquivalenzklassen selbst wieder eine Äquivalenzklasse ist.

Hiernach läßt sich das Ergebnis des Beispiels (für mod 2) ohne weiteres zum folgenden Ergebnis über Kongruenz (mod m) verallgemeinern.

$$J \underset{H}{\longrightarrow} \{J_0, J_1, J_2, \ldots J_{m-1}\} \underset{I}{\longleftrightarrow} \{0, 1, 2, \ldots (m-1)\} \pmod{m}$$

wobei H ein Homorphismus und I ein Isomorphismus ist; beide erhalten Summen und Produkte. Addition und Multiplikation in der Menge von m ganzen Zahlen (mod m) verlaufen vereinbarungsgemäß so, daß alle ganzen Zahlen durch den Rest ersetzt werden, der nach einer Division durch m verbleibt. Diese endliche Menge von m Gliedern ist isomorph (d. h. algebraisch gleichwertig) mit der Menge von m Untermengen J_r. Umgekehrt ist sie ebenso das homomorphe Bild der gesamten (unendlichen) Menge der ganzen Zahlen. Zu all diesen Ergebnissen kommt man, wenn man bei einer Teilung J (mod 2) repräsentative ganze Zahlen herausgreift.

5. Binäre und andere Operationen

Etwas müssen wir natürlich noch über die Operationen sagen, die mit den Elementen einer Menge durchgeführt werden. In Abschnitt 2 oben wurde eine Menge von Untermengen $A, B, C, \ldots$ betrachtet, deren Elemente verschiedenen Operationen unterworfen waren. Dabei handelt es sich um die unäre Operation, der Bestimmung einer Komplementärmenge A' zu einer gegebenen Untermenge A sowie die binären Operationen, die Vereinigung (logische Summe) und den Durchschnitt (logisches Produkt) zweier Untermengen. Weiter wurde in Abschnitt 4 oben eine neue Art von Summe (oder Produkt) zweier Mengen definiert, nämlich die Menge aller Summen (oder Produkte) zweier Elemente, von denen jeweils eins aus jeder der beiden gegebenen Menge herausgegriffen wurde:

$$A + B = \{(a + b) \mid a \in A, b \in B\} \quad \text{und} \quad A \times B = \{(a \times b) \mid a \in A, b \in B\}$$

Nunmehr wird eine systematische Behandlung im Sinne von 13.1 oben erforderlich.

---

* Da $0 \leqslant r, s < m$, ist $0 \leqslant (r + s) < 2m$.

Die Menge $S = \{a, b, c, \ldots\}$ ist gegeben; die Elemente können beliebig sein. Eine *unäre, in S geschlossene Operation* ist eine Regel, die angibt, wie ein beliebiges Element aus S in ein anderes Element aus S zu überführen ist. Es handelt sich um eine Abbildung von S in sich selbst. Über diese Art von Operationen braucht im allgemeinen weiter nichts gesagt zu werden. Eine *binäre Operation* ist eine Kombinations-Regel für zwei Elemente von S, die geordnet sind (Summe oder Produkt als typischer Fall). Ist eine binäre Operation mit 2 Elementen in *S abgeschlossen,* so ergibt sich ein weiteres Element aus S; es handelt sich um eine Abbildung des Cartesischen Produkts $S \times S$ in S. Dieser Art Operation müssen wir hier weiter nachgehen. Doch sind die Möglichkeiten noch nicht erschöpft. Angesichts der Tatsache, daß die Elemente von S recht komplizierte Gebilde sein können, könnte man mit ihnen alle Arten von Operationen durchführen. In der Tat ist eine dieser Operationen — die der skalaren Multiplikation — wesentlich für die Entwicklung von Vektoren und Matrizen (13.1 oben).

In jedem Fall muß man für eine Operation eine explizite *Definition* geben, entweder, indem man alle Möglichkeiten aufzählt, oder indem man eine allgemeine Beschreibung gibt, etwa mit Hilfe anderer Operationen. Additions- und Multiplikationstabellen, wie sie in 13.1 oben aufgestellt wurden, sind Beispiele für die Aufzählungsmethode.

Um die Allgemeingültigkeit aufrechtzuerhalten, soll eine binäre Operation nunmehr mit dem neutralen Symbol $*$ gekennzeichnet werden. Zwei Elemente a und b aus S werden so kombiniert, daß sich $a * b$ ergibt. Um den Vorgang zu verstehen, substituiere man einfach $*$ durch $+$ oder $\times$. Die gewünschten Eigenschaften einer binären Operation sind dann:

(1) *Verknüpfung:* $a * b \in S$

(2) *Assoziativ:* $a * (b * c) = (a * b) * c$

(3) *Kommutativ:* $a * b = b * a$

(4) *Einheitselement:* Es gib ein eindeutiges Einheitselement ($e \in s$), so daß $a * e = e * a = a$ für jedes $a \in s$.

(5) *Inverse:* Es gibt ein eindeutiges Inverses von a ($a^{-1} \in s$), so daß $a * a^{-1} = a^{-1} * a = e$ für jedes $a \in s$.

Gelten diese Eigenschaften (vielleicht mit Ausnahme der Kommutativ-Eigenschaft), so folgt daraus, daß*:

(5′) *Kürzung:* wenn $a * b = a * c$, dann $b = c$

---

* Denn: $a * b = a * c$ impliziert $a^{-1} * (a * b) = a^{-1} * (a * c)$ da a^{-1} existiert.

d. h. $(a^{-1} * a) * b = (a^{-1} * a) * c$ aus (2)

d. h. $e * b = e * c$ aus (5)

d. h. $b = c$ aus (4)

Die Umkehrung gilt nicht. Ersetzt man in der Aufzählung die Eigenschaft (5) durch (5′) so folgt daraus nicht, daß auch (5) gilt. Dafür liefert die Menge der ganzen Zahlen ein Beispiel. Somit ist (5′) eine schwächere Form von (5).

Sind zwei binäre Operationen $*$ und o in S definiert, so können bei jeder Operation für sich die oben aufgezählten Eigenschaften zutreffen. Man braucht weitere Eigenschaften, wenn man die beiden Operationen zueinander in Beziehung setzen will;

Distributiv:

$*$ über o $\quad a * (b \circ c) = (a * b) \circ (a * c)$ und $(a \circ b) * c = (a * c) \circ (b * c)$

o über $*$ $\quad a \circ (b * c) = (a \circ b) * (a \circ c)$ und $(a * b) \circ c = (a \circ c) * (b \circ c)$

Es gibt zwei Distributiveigenschaften; die eine ist, wie in der Boolschen Algebra (Abschnitt 2 oben), das Dual der anderen.

Nunmehr lasse man die Annahme fallen, eine binäre Operation sei ein neutrales $*$. In den meisten Fällen heißt sie $+$ oder $\times$; zweckmäßig definierte Summen oder Produkte existieren in S. Die aufgezählten Eigenschaften gelten für Summen und Produkte von Zahlen (rationalen, reellen oder komplexen), allerdings mit Vorbehalt und einer Ausnahme. Der Vorbehalt liegt darin, daß bei der Bildung von reziproken Werten $a = 0$ ausgeschlossen werden muß. Die Ausnahme besteht darin, daß im Gegensatz zur Boolschen Algebra, nur eine der Distributiveigenschaften gilt, die für $\times$ oder für $+$. Somit erhält man die Operationsregeln der Tabelle 1A in 13.1; sie gelten alle für rationale, reelle und komplexe Zahlen. Für andere Mengen besteht das Ziel darin, Summen oder Produkte so zu definieren, daß möglichst viele der Operationsregeln gültig sind.

Es handelt sich um Operationsregeln, nicht um axiomatische Regeln. Sie werden nicht nach einem „ökonomischen Prinzip" zusammengestellt in dem Sinne etwa, daß einige Regeln überflüssig und aus anderen ableitbar wären. Bei einer strengeren Methode wird eine konsistente und unabhängige Menge von Axiomen festgelegt, alle überflüssigen Regeln — auch solche, die zur Entwicklung des speziellen Systems nicht herangezogen zu werden brauchen — müssen zunächst ausgeschieden werden. Ein einfaches Beispiel erläutert das:

Beispiel (a): Der zweite Teil der Distributivregel folgt aus dem ersten Teil und aus der Kommutativregel für die Multiplikation. Der erste Teil der Distributivregel besagt:

$$c \times (a + b) = c \times a + c \times b$$

Also $\quad (a + b) \times c = a \times c + b \times c$

nach der Kommutativregel. Dies ist der zweite Teil der Distributivregel.

Bei der Multiplikation ergeben sich Schwierigkeiten im Umgang mit der Null, die sich eigentlich auf die Addition bezieht. Als Hinweis auf die Schwierigkeiten wollen wir erwähnen, daß $a = 0$ bei der Inversenbildung ausfallen muß. Doch ist das nicht alles. Man betrachte nur die Menge S im Hinblick auf die Regeln für Inversenbildung und Kürzung bei Produkten. Angenommen, alle anderen Regeln über Summen und Produkte gelten für S mit der Ausnahme, daß sie bezüglich der Multiplikation nicht kommutativ zu sein brauchen; die Regeln sind in Tabelle 1A in Abschnitt 13.1 aufgezählt. Zunächst ergibt sich:

$$a \times b + 0 = a \times b = a \times (b + 0) = a \times b + a \times 0$$

durch Anwendung von (A4) und (D). Folglich $0 = a \times 0$ nach (A5′). Entsprechend $0 = 0 \times a$. Also

$$a \times 0 = 0 \times a = 0 \tag{1}$$

Gilt die Kürzungsregel für Produkte nicht, setze man $c = 0$ in (M5′):

$$\text{wenn } a \times b = a \times 0 \quad (a \neq 0), \text{ dann } b = 0$$
$$\text{d. h. wenn } a \times b = 0 \quad (a \neq 0), \text{ dann } b = 0 \text{ nach (1)}$$

Die Kürzungsregel impliziert also das Ergebnis, das sich in zwei gleichwertigen Formen wiedergeben läßt:

$$\left.\begin{array}{l}\text{wenn } a \times b = 0, \text{ dann entweder } a = 0 \text{ oder } b = 0\\ \text{wenn } a \neq 0 \text{ und } b \neq 0, \text{dann } a \times b \neq 0\end{array}\right\} \tag{2}$$

Gilt andererseits die Kürzungsregel nicht, so stimmt das Ergebnis (2) möglicherweise nicht. Dies sind die Möglichkeiten:

(i): S hat reziproke Werte, die Regeln (M5) und (M5′) gelten und (2) gilt auch. Niemals kann in S die Multiplikation zweier von Null verschiedener Glieder Null ergeben. Beispiel: die Menge der rationalen Zahlen.

(ii) S hat nicht für alle Glieder reziproke Werte (M5 gilt nicht) jedoch gilt die Kürzungsregel (M5′). Folglich gilt auch (2). Obgleich es nicht für alle Elemente aus S reziproke Werte gibt, so ist es doch eine Menge *ohne Nullteiler,* d. h. eine solche Menge, in der die Multiplikation von Null verschiedenen Elementen nicht Null ergibt. Beispiel: die Menge der ganzen Zahlen.

(iii) S hat weder reziproke Werte für alle Glieder noch ist die Kürzungsregel erfüllt (weder M5 noch M5′ gelten). Das Ergebnis (2) stimmt möglicherweise nicht. Hier ist S eine Menge *mit Nullteiler,* d. h. hier kann die Multiplikation von von Null verschiedenen Elementen Null ergeben. Beispiel: Gewisse Mengen von Matrizen.

Beispiel (b): Der Menge $J = \{\ldots -2, -1, 0, 1, 2, \ldots\}$ fehlen reziproke Werte, es gibt auch keine Nullteiler. Nun betrachte man die Produkte in der Menge der ganzen Zahlen; modulo m. Dies sind die Multiplikationstabellen für $m = 3$ und $m = 4$:

$m = 3$	0	1	2
0	0	0	0
1	0	1	2
2	0	2	1

$m = 4$	0	1	2	3
0	0	0	0	0
1	0	1	2	3
2	0	2	0	2
3	0	3	2	1

Der Fall $m = 3$: Die Menge $\{0, 1, 2\}$ (mod 3) hat für ihre beiden von Null verschiedenen Glieder reziproke Werte. Aus der Multiplikationstabelle ergibt sich $1 \times 1 = 2 \times 2 = 1$; 1 ist der reziproke Wert seiner selbst, ebenso 2. Die Menge erfüllt die Regeln über Invertierbarkeit und Kürzung ($M5$ und $M5'$) — sogar noch besser als J selbst.

Der Fall $m = 4$: Der Menge $\{0, 1, 2, 3\}$ (mod 4) fehlt der reziproke Wert für das Element 2. Nach der Multiplikationstabelle gibt es kein a, für das $2 \times a = 1$. Die Kürzungsregel gilt auch nicht, und es gibt Nullteiler. Auf Grund der Tabelle ist $2 \times 2 = 0$, und 2 ist ein Nullteiler. Diese Eigentümlichkeit entsteht, weil 4 keine Primzahl ist, d. h. $2 \times 2 = 4$ wird durch Null ersetzt (mod 4).

Mit der letzten Bemerkung wird in der Tat ein allgemeines Ergebnis für die Multiplikation ganzer Zahlen angegeben:

Menge	Invertierbarkeitsregel	Kürzungsregel
Alle ganzen Zahlen	Nein	Ja
Ganze Zahlen (mod m):		
m Primzahl	Ja	Ja
m keine Primzahl	Nein	Nein

Am günstigsten verhält sich die Menge der ganzen Zahlen modulo m, wobei m eine Primzahl ist.

6. Gruppen

Die Menge ist der grundlegende Begriff für Logik und Mathematik. Doch haben die Mengen der Mathematik im allgemeinen die Struktur einer „Gruppe". Die Definition ist einfach und auch allgemein:

Definition: Eine Menge $G = \{a, b, c, \ldots\}$ von Elementen beliebiger Art, in der eine binäre Operation $*$ definiert ist, ist eine *Gruppe*, wenn gilt:

Verknüpfung:	$a * b \in G$
Assoziativität:	$a * (b * c) = (a * b) * c$
Einheitselement:	Es gibt ein Einheitselement ($e \in G$), so daß $e * a = a$ für jedes $a \in G$
Invertierbarkeit:	Es gibt ein inverses Element von a ($a^{-1} \in G$), so daß $a^{-1} * a = e$ für jedes $a \in G$

Dies ist eine streng axiomatische Definition, zu deren weiterem Aufbau sich durch verzwickte aber nicht schwierige Beweise noch deduzieren läßt, daß

(i) e eindeutig ist und $a * e = a \ (= e * a)$

(ii) a^{-1} eindeutig ist und $a * a^{-1} = e \ (= a^{-1} * a)$

(iii) wenn $a * b = a * c$, dann ist $b = c$

Folglich gelten in einer Gruppe alle gewünschten Operationsregeln, *ausgenommen* die Kommutativregel. Die Elemente von G sind im allgemeinen nur in Sonderfällen wie e und a oder a und a^{-1} kommutativ. Eine Gruppe, in der für alle Elemente auch die Kommutativregel gilt, heißt *kommutative Gruppe*. In der Praxis ist die Operation $*$ entweder $+$ oder $\times$. Bei der Operation $+$ gilt die Kommutativregel gewöhnlich. Gruppen, die bezüglich der Addition kommutativ sind, kann man auch kurz als *additive Gruppen* bezeichnen. Hierfür gelten alle Regeln (M1 - 5). Bei der Operation $\times$ ist die Kommutativregel oft nicht erfüllt, z. B. bei der Gruppe der nicht-singulären Matrizen. Für kommutative Gruppen gelten alle Regeln (M1 - 5), für nicht-kommutative Gruppen alle mit der Ausnahme (M3).

Die folgenden Beispiele erläutern, daß eine Gruppe aus Elementen verschiedener Art bestehen kann und daß sie sehr wohl auch nur ganz wenige Elemente umfassen kann:

Beispiel (a): Die Menge der ganzen Zahlen J ist eine additive Gruppe, wobei die Operation innerhalb der Gruppe die übliche arithmetische Addition ist. Die Menge J erscheint in anderem Licht, wenn es sich bei der Operation um die Multiplikation handelt. In der Tat ist diese Menge bezüglich der Multiplikation *keine* Gruppe; sie hat ein Einheitselement (1), jedoch hat kein anderes Element reziproken Wert (ein Inverses).

Beispiel (b): Die Menge der ganzen Zahlen mudolo m ist eine additive Gruppe; die Addition geschieht hier mod m. Der negative Wert eines jeden Elementes r ist $(m-r)$, da diese beiden Werte sich zu m addieren, was durch 0 (mod m) ersetzt wird. Ist m eine *Primzahl,* so ist die Menge bezüglich der Gruppenoperation Multiplikation (mod m) ebenfalls eine kommutative Gruppe. Doch muß hier das Element 0 aus der Gruppe ausgeschlossen werden. Das Einheitselement ist 1 und alle anderen Elemente haben reziproke Werte. Ist m *keine Primzahl*, so ist diese Menge bezüglich der Multiplikation keine Gruppe, da reziproke Werte fehlen. Dies wird, wie in Bsp. (b) Abschnitt 5 oben, anhand der Mengen $\{0, 1, 2\}$ (mod 3) und $\{0, 1, 2, 3\}$ (mod 4) erläutert. Die erste Gruppe hat drei Elemente; außerdem gibt es die Menge $\{0, 1\}$ (mod 2) als eine Gruppe, die nur zwei Elemente hat.

Beispiel (c): F sei eine Abbildung (Transformation) von X in Y und G eine Abbildung von Y in Z. Wendet man die beiden Abbildungen der Reihe nach an, zuerst F, dann G, so ergibt sich eine Abbildung von X in Z:

$$F(x) = y \quad \text{und} \quad G(y) = z \quad \text{ergeben} \quad G(F(x)) = z$$

Diese Abbildung sei als das Produkt GF *definiert*. Nun betrachte man die Menge aller Abbildungen $F, G, H, \ldots$ von X auf sich selbst, die eineindeutig sind. Damit ist GF gleichfalls eine eineindeutige Abbildung von X auf sich selbst (Verknüpfung). Auch drei Abbildungen lassen sich der Reihe nach anwenden; $H(GF)$ und $(HG)F$ ergeben die gleiche Produktabbildungen (assoziativ). Andererseits sind FG und GF beide Produktabbildungen, doch brauchen sie nicht dasselbe Ergebnis zu liefern (nicht-kommutativ). Es gibt eine Identitätsabbildung $I(x) = x$, die die Elemente von X unverändert läßt; weiterhin ist das Produkt IF die gleiche Abbildung wie F selbst (Einheitselement). Da schließlich die Abbildungen auch eineindeutig sind, gibt es auch eine inverse Abbildung F^{-1}, die die Wirkungen von F rückgängig macht, d. h. $F^{-1}(F(x)) = x$ oder $F^{-1}F = I$ (Invertierbarkeit). Folglich ist die Menge aller eineindeutigen Abbildungen (Transformationen) einer Menge X auf sich selbst bezüglich der Operation Multiplikation eine nicht kommutative Gruppe; dabei wird das Produkt als die Anwendung zweier aufeinanderfolgender Abbildungen definiert. Der Begriff der Gruppe wurde historisch zuerst für Transformation entwickelt. Man beachte außerdem, daß, wenn X eine endliche Menge ist, *alle* Transformationen von X auf sich selbst eineindeutig sind und eine Gruppe bilden; es handelt sich dabei um die Gruppe der Permutationen in der Menge X.

Eine Gruppe G hat alle Arten von Untermengen; es fragt sich nun, ob eine gegebene Untermenge selbst die Eigenschaften einer Gruppe hat; ist das der Fall, so ist sie eine Untergruppe.

Definition: Die Untermenge K einer Gruppe G, die selbst den Bedingungen einer Gruppe genügt, wird als *Untergruppe* von G bezeichnet. Dazu ist hinreichend: (1) daß, wenn $a, b, \in K$, dann auch $a * b \in K$ und (2) daß, wenn $a \in K$, dann auch $a^{-1} \in K$.

Der Beweis für die angeführten hinreichenden Bedingungen, ist leicht zu führen. Sie fassen in diesem Fall alle vier Bedingungen für eine Gruppe zusammen. Angenommen (1) und (2) gelten. (1) ist die Verknüpfung, die auch bei zweimaliger Anwendung gilt: wenn a, b und $c \in K$, so gilt das auch für $a * (b * c)$ und $(a * b) * c$. Darüber hinaus führen diese beiden Möglichkeiten in G zum gleichen Ergebnis und folglich auch in K (Assoziativität). Ist weiterhin $a \in K$, so bedeutet (2), daß auch $a^{1-} \in K$ und (1), daß $a^{1-} * a \in K$. Doch gilt $a^{-1} * a = e$, so daß $e \in K$. Dies zeigt zusammen mit der Tatsache $a^{-1} \in K$, daß die Regeln über Einheitselement und Invertierbarkeit für K gelten. Folglich ist K eine Gruppe, eine Untergruppe von G.

Als Korollar kann man folglich festhalten:

Eine Untergruppe K von G muß das Einheitselement $\{e\}$ von G enthalten, das gleichzeitig Einheitselement von K ist. G hat zumindest eine Untergruppe, nämlich $\{e\}$.

Bei einer Untergruppe $\{e\}$ mit nur einem Element muß man nur beachten, daß $e * e = e$, so daß e das Einheitselement und sein eignes Inverses ist.

Nach den Definitionen von Abschnitt **4** oben schreibe man nun einen Gruppenhomomorphismus $G \underset{F}{\rightarrow} G_1$ als Abbildung F einer Gruppe G in eine andere Gruppe G_1, womit die Gruppenoperation von G auf G_1 übertragen wird: wenn $a \underset{F}{\rightarrow} a_1$ und $b \rightarrow b_1$, dann $a * b \rightarrow a_1 * b_1$ bezüglich F*. Der Homomorphismus überführt auch das Einheitselement von G in dasjenige von G_1, ein Inverses von G in ein Inverses von G_1 und eine Untergruppe von G in eine Untergruppe von G_1. Im Spezialfall einer eindeutigen Abbildung von G auf G_1 wird die Abbildung als *Gruppenisomorphismus* bezeichnet.

Ein Hauptergebnis in der Gruppentheorie ist ein „Abbildungstheorem", womit zwei Dinge erreicht werden: einmal die Teilung einer Gruppe, und zum anderen dient es dazu, aus einer alten Gruppe eine neue Gruppe zu bilden, wobei eine in die andere abgebildet wird. Das Ergebnis wird hier für den Sonderfall einer *kommutativen Gruppe* G bezüglich der Operation $*$ entwickelt; letztere kann $+$ oder $\times$ sein*.

G hat wenigstens eine Untergruppe, gewöhnlich aber viele. K sei nun irgendeine gegebene Untergruppe von G. Angenommen, es gelte $x^{-1} * y \in K$ für bestimmte x und $y \in G$, so daß damit eine Relation yRx

---

* Noch besser: Gibt es einen Homomorphismus einer Gruppe G in eine *Menge* G_1, dann läßt sich zeigen, daß G_1 gleichfalls eine *Gruppe* ist, d. h. das homomorphe Bild einer Gruppe ist eine andere Gruppe.

* Es gilt im wesentlichen das gleiche Theorem, wenn G nicht kommutativ ist. Der Unterschied ist nur, daß es nicht für jede Untergruppe von G gilt, sondern nur für eine besondere Art von Untergruppen, die *normalen Untergruppen* (Normalteiler). Eine Untergruppe K ist normal, wenn aus $k \in K$ auch $x * k * x^{-1} \in K$ für alle $x \in G$ folgt. Ist x gegeben, so ist das Element $x * k * x^{-1}$ das *Konjugierte* von k; eine normale Untergruppe ist also so gebaut, daß alle Konjugierten eines Elements aus K ebenso in K sind. Die Schwierigkeit besteht nicht, wenn K kommutativ ist, da $x * k * x^{-1} = x * x^{-1} * k = e * k = k$ und jedes Element mit seinem Konjugierten zusammenfällt. Man achte darauf, daß $x * k * x^{-1}$ in der Addition $x + k + (-x)$ und in der Multiplikation $x \times k \times \frac{1}{x}$ bedeutet.

in G definiert ist. Man wird leicht feststellen, daß yRx eine Äquivalenzrelation ist, die folglich G in disjunkte Untermengen teilt. Man kann mit $e \in K$ beginnen und in die erste Untermenge alle y legen, für die yRe, d. h. $e^{-1} * y \in K$. Da e sein eigenes Inverses ist, gilt: $e^{-1} * y = e * y = y$. Folglich ist $y \in K$ und die erste Untermenge K selbst. Nun betrachte man x_1 in G, doch nicht in K, und bilde die zweite Untermenge aus allen $y_1 \in G$ in der Art, daß $y_1 R x_1$, d. h. $x_1{}^{-1} * y_1 \in K$ oder $x_1{}^{-1} * y_1 = k$ für ein beliebiges Element k aus K. Folglich:

$$y_1 = e * y_1 = (x_1 * x_1^{-1}) * y_1 = x_1 * (x_1^{-1} * y_1) = x_1 * k$$

Die zweite Untermenge ist $\{x_1 * k\}$, wobei k den Bereich von K durchläuft. Als nächstes betrachte man x_2 in G, doch in keiner der beiden ersten Untermengen, und als dritte Untermenge findet man in ähnlicher Weise $\{x_2 * k\}$, wobei k den Bereich von K durchläuft. Der Prozeß setzt sich fort, bis G völlig aufgeteilt ist.

Folglich läßt sich G in die Untermengen aufteilen:

$$K = \{e * k\} \; ; \quad S_1 = \{x_1 * k\} \; ; \quad S_2 = \{x_2 * k\} \; ; \; \ldots$$

wobei k den Bereich von K durchläuft und x_i $(i = 1, 2, 3, \ldots)$ ein Element von G ist, das vor der Bildung von S_i nicht auch in den Untermengen ist. Die repräsentativen Elemente sind $e, x_1, x_2 \ldots$. Die Untermengen heißen *Komengen* von K; eine typische Komenge wird mit $x * K = \{x * k\}$ bezeichnet. Man beachte, daß K eine Komenge seiner selbst ist, da $K = e * K = \{e * k\}$. G wird also in eine Menge von Komengen von K geteilt:

$$K = e * K \; ; \quad x_1 * K \; ; \quad x_2 * K \; ; \; \ldots \tag{1}$$

Die Interpretation dieser Teilung variiert mit der Gruppenoperation:

(i) Die Operation $+$. Die Relation $y\,R\,x$ ist $(-x) + y \in K$ für $x, y \in G$. Da G kommutativ ist, gilt $(-x) + y = y + (-x) = y - x$. Die Relation besagt, daß die Differenz $(y - x) \in K$. Die Komenge $x * K$ ist $x + K = \{(x + k)\}$, wobei k den Bereich von K durchläuft. Um also eine Komenge zu bekommen, addiere man einfach ein festes Element x (nicht in K) zu jedem Elemente von K. Bei der Teilung von G unterscheidet sich eine Untermenge von der anderen nur durch das eine feste Element, das zu jedem anderen addiert wurde.

(ii) Die Operation $\times$. Die Relation ist $x^{-1} \times y \in K$ für $x, y \in G$. Da G kommutativ ist, gilt $x^{-1} \times y = y \times x^{-1} = y$ dividiert durch x. Die Relation besagt, daß das Verhältnis $y/x \in K$. Die Komenge $x * K$ ist $xK = \{x \times k\}$, wobei k den Bereich von K durchläuft. Die Untermengen bei der Teilung von G unterscheiden sich nur darin, daß die Elemente der einen Untermenge ein konstantes Vielfaches der Elemente der anderen sind.

Man kann die Gruppenoperation per definitionem so erweitern, daß sie auch auf Komengen paßt. In der Addition seien $x_1 + K$ und $x_2 + K$ zwei Komengen; man greife aus jeder ein Element heraus (a_1 und a_2) und definiere die Summen der Komengen als die Menge $\{(a_1 + a_2) \mid a_1 \in x_1 + K, a_2 \in x_2 + K\}$. Nun gilt $a_1 = x_1 + k_1$ und $a_2 = x_2 + k_2$ für beliebige $k_1, k_2 \in K$. Folglich ist $a_1 + a_2 = (x_1 + x_2) + k$, wobei $k = k_1 + k_2 \in K$, da K eine Untergruppe ist. Somit durchläuft $(a_1 + a_2)$ die Komenge $(x_1 + x_2) + K$. Für das Produkt zweier Komengen als einer weiteren Komenge gibt es eine ähnliche Definition. Folglich:

$$(x_1 + K) + (x_2 + K) = (x_1 + x_2) + K \quad \text{und} \quad (x_1 K) \times (x_2 K) = (x_1 x_2) K$$

d. h.
$$(x_1 * K) * (x_2 * K) = (x_1 * x_2) * K \tag{2}$$

Von der Menge der Komengen (1) läßt sich zeigen, daß sie bezüglich der gleichen Gruppenoperation $*$ wie in G eine Gruppe ist, wobei die Operation auf Komengen wie in (2) anwendbar ist. Dabei kommt es darauf an, die Veraussetzungen für eine Gruppe nacheinander zu überprüfen. Beispielsweise ist die als Einheitselement fungierende Komenge $K = e * K$, da:

$$(e * K) * (x * K) = (e * x) * K = x * K$$

Entsprechend ist $(x^{-1} * K)$ die inverse Komenge zu $(x * K)$. Die Gruppe der Komengen von K heißt *Faktorgruppe* von G (mod K) und wird geschrieben als G/K.

Der letzte Schritt besteht nun darin, eine Beziehung zwischen der ursprünglichen Gruppe G und der Faktorgruppe G/K sowie der Gruppe der repräsentativen Elemente herzustellen, aus denen G/K besteht und die in (1) angegeben sind. Diese letzte Gruppe läßt sich schreiben als $G_1 = \{e, x_1, x_2, \ldots\}$. Das Ergebnis (2) zeigt, wie sich die Gruppenoperation $*$ auf die Elemente der Gruppe G/K und auf die von G_1 anwenden läßt. Man betrachte die Abbildung $G \underset{H}{\rightarrow} G/K$, wobei H jedes Element von G in diejenige Komenge versetzt, zu der es gehört, d. h. $H(x) = x * K$. Auf Grund von (2) ist H ein Homomorphismus, der die Gruppenoperation $*$ erhält. Weiterhin gibt es eine Abbildung $G/K \underset{I}{\longleftrightarrow} G_1$, wobei I jede Komenge von G/K in ihr repräsentatives Element in G_1 überführt. Dies ist ein Isomorphismus, der gleichfalls die Gruppenoperation erhält.

Nunmehr haben wir folgendes *Abbildungstheorem* gewonnen. Ist G eine gegebene kommutative Gruppe und K irgendeine Untergruppe von G, dann läßt sich eine neue, mit G homomorphe Gruppe G/K konstruieren; dies ist die Faktorgruppe, die K und alle ihre Komengen (eine

Teilung von G) umfaßt. Ebenso läßt sich die Gruppe interpretieren $G_1 = \{e, x_1, x_2 \ldots\}$, die aus repräsentativen Elementen von K und ihren Komengen besteht. Die Beziehungen lassen sich so zusammenfassen:

$$G \underset{H}{\longrightarrow} G/K \underset{I}{\longleftrightarrow} G_1$$

dabei ist H ein Homomorphismus und I ein Isomorphismus und beide erhalten die Gruppenoperation.

Beispiel (d): Bezüglich der Operation *Addition* allein – die Multiplikation wird vorläufig nicht berücksichtigt — kann man die in Abschnitt 4 oben erhaltenen Ergebnisse für ganze Zahlen auch noch unter dem Gesichtspunkt betrachten, daß ganze Zahlen eine additive Gruppe bilden. Die Menge der ganzen Zahlen J, eine additive Gruppe, hat eine additive Untergruppe in der Form der Menge J_0 (mod m), die 0 und alle Vielfachen von m umfaßt. Daß J_0 (mod m) selbst eine Gruppe ist, läßt sich leicht nachprüfen. Zu jedem Glied von J_0 addiere man 1, und man erhält die Komenge $(1 + J_0)$; dies ist dann in der Tat J_1 (mod m). In ähnlicher Weise sind $J_2, J_3, \ldots, J_{m-1}$ (alle mod m) die Komengen $(2 + J_0)$, $(3 + J_0)$, $\ldots$, $(m-1 + J_0)$. Folglich ist bei der Teilung von J die Menge der Komengen $\{J_0, J_1, \ldots, J_{m-1}\}$ die Faktorgruppe. Diese Gruppe ist isomorph mit der Gruppe der repräsentativen Elemente $\{0, 1, \ldots, m-1\}$, den ganzen Zahlen (mod m). Das Abbildungstheorem besagt dann einfach, daß J homomorph mit jeder dieser beiden Gruppen von m Elementen ist.

Als einfachstes Beispiel betrachte man den Fall $m = 2$. J_0 (mod 2) ist die Menge aller geraden ganzen Zahlen; bezüglich der Addition ist sie eine Untergruppe der Gruppe J aller ganzen Zahlen. Es gibt nur eine Komenge, die man erhält, indem man zu jedem Glied von J_0 1 addiert; auf diese Weise erhält man J_1 (mod 2), die Menge aller ungeraden ganzen Zahlen. Man beachte, daß J_1 selbst noch keine Gruppe ist — die Addition zweier ungerader Zahlen ist keine ungerade Zahl —, sondern nur die Komenge der Untergruppe J_0. J ist homomorph mit der Gruppe $\{J_0, J_1\}$ und mit der Gruppe $\{0, 1\}$ (mod 2); beide haben nur jeweils zwei Elemente.

Beispiel (e): Die Menge $\{e, a, a^2 \ldots, a^{n-1}\}$ wird durch ein einziges Element a erzeugt, von dem wir annehmen, es gelte $a^0 = e$ und $a^n = e$. Sie genügt den Bedingungen einer bezüglich der Operation Multiplikation kommutativen Gruppe; ihr Einheitselement ist e; sie wird als *zyklische Gruppe* bezeichnet. Ein Beispiel ist die Gruppe von vier Elementen $G = \{1, i, -1, -i\} = \{1, i, i^2, i^3\}$, wobei $i^2 = -1$ und $i^4 = 1$. Mit Hilfe von G kann man das Abbildungstheorem in seiner allgemeinen Anwendung auf zyklische Gruppen erläutern.

$K = \{1, -1\}$ ist eine Untergruppe von G, in der 1 das Einheitselement und -1 der reziproke Wert ist. Die einzige Komenge von K ist $iK = \{i, -i\}$, die man aus einer Multiplikation von K mit i erhält. Das Abbildungstheorem lautet:

$$G = \{1, i, i^2, i^3\} \underset{H}{\longrightarrow} \{K, iK\} \underset{I}{\longleftrightarrow} \{-1, i\} = G_1$$

wobei H ein Homomorphismus und I ein Isomorphismus ist; beide erhalten die Produkte. Zu beachten ist, daß von den beiden Elementen von G_1 -1 das repräsentative Element von K und i das der Komenge iK ist. G wird in zwei Untermengen aufgeteilt, wobei eine neue Gruppe G_1 entsteht, das homomorphe Bild von G. Die neue Gruppe ist, wie die alte, zyklisch. Die ursprüngliche

Gruppe ist zyklisch in i, in ihr ist 1 das Einheitselement und $i^4 = 1$. Die neue Gruppe G_1 hat nur zwei Elemente, sie ist zyklisch in i, -1 ist das Einheitselement und $i^2 = -1$.

7. Körper und Ringe

Die Elemente einer Gruppe unterliegen nur einer einzigen binären Operation, die im allgemeinen *entweder* die Addition *oder* die Multiplikation ist. Die Gruppentheorie genügt (z. B.) für die Algebra solcher Mengen, in denen nur Produkte definiert sind, wie etwa für die Mengen von Abbildungen oder Transformationen. Doch der größte Teil der Algebra beschäftigt sich mit Gebilden, die zwei oder mehr Operationen unterworfen sind. Dies gilt es auf der Grundlage einer erweiterten Gruppentheorie zu entwickeln. Dabei werden zwei Richtungen verfolgt, wobei jede bei der additiven Gruppe beginnt, einer Menge von Elementen also, die der Addition unterliegen. Bei der einen Richtung unserer Überlegungen kommt eine Produktoperation hinzu, bei der anderen die skalare Multiplikation. Im ersten Fall ist der Begriff des Körpers von Nutzen:

Definition: Eine Menge F von Elementen $a, b, c, \ldots$ beliebiger Art, in der zwei binäre Operationen (Summen und Produkte) definiert sind, ist ein Körper, wenn die Elemente bezüglich der Addition eine kommutative Gruppe (F +) und wenn die von Null verschiedenen Elemente bezüglich der Multiplikation eine weitere kommutative Gruppe (F ×) bilden und wenn außerdem die Distributivregel gilt:

$$a\,(b + c) = ab + ac$$

Ein Körper faßt also, kurz gesagt, zwei kommutative Gruppen zusammen, die eine betrifft die Summen, die andere die Produkte, und setzt die beiden Gruppen in Beziehung zueinander durch die Distributivregel. Praktisch ist ein Körper also eine Menge, die allen Operationsregeln (A1 - 5, M1 - 5 und D) genügt. Das Einheitselement ist für die Addition 0, für die Multiplikation 1. Wo keine Verwechslungsmöglichkeit besteht, soll in Zukunft das Zeichen × bei den Produkten wegfallen.

Ein Körper ist in der Tat eine ganz besondere Menge, die eine ganze Reihe von Regeln erfüllt. Es gibt andere Mengen, auch mit Summen von Produkten, die zwar einen großen Teil, doch nicht alle Regeln erfüllen: Beispiele sind die Mengen der ganzen Zahlen, die Mengen der quadratischen Matrizen. Hier wird nun der weitere Begriff des Ringes eingeführt:

Definition: Eine Menge R von Elementen $a, b, c \ldots$ beliebiger Art, in der zwei binäre Operationen (Summen oder Produkte) definiert sind, ist ein *Ring*, wenn die Elemente bezüglich der Addition eine kommutative Gruppe $(R\ +)$ bilden und die von Null verschiedenen Elemente $(R\ \times)$ bezüglich der Multiplikation zwei Bedingungen erfüllen.

Verknüpfung: $ab \in R$ und Assoziativregel: $a\,(bc) = (ab)\,c$ als Minimum, und wenn die Distributivregel gilt:

$$a\,(b + c) = ab + ac \quad \text{und} \quad (a + b)\,c = ac + bc$$

Von den Operationsregeln gelten (A1 - 5) und (D), doch werden für einen Ring nur (M1) und (M2) angegeben; die anderen (M3 - 5) sind fakultativ. Man beachte, daß beide Teile der Distributivregel als Postulate aufgeführt werden müssen; und zwar deswegen, weil $(R\ \times)$ nicht als kommutativ angenommen wird.

Das folgende Beispiel zeigt, wie mannigfaltig der Begriff des Ringes ist.

Beispiel (a): Man betrachte die Boolsche Algebra einer Menge von Untermengen (Abschnitt 2 oben). Die Regeln der Algebra, in der die Vereinigung als $+$, der Durchschnitt als $\times$ geschrieben wird, sind bekannt — allerdings nur zum Teil. Lassen sie sich noch verbessern? Die Antwort lautet ja, — wenn die Summen neu definiert werden. Man setze $A + B$ nicht als die Vereinigung von A und B, sondern als diese Vereinigung, *vermindert* um den Durchschnitt von A und B. Die Summe ist dann die gestrichelte Fläche in Abb. 83 I; sie tritt an die Stelle derjenigen in Abb. 82 I. Mit dieser Interpretation von $A + B$ und des Durchschnitts, den wir immer noch gleich $A \times B$ setzen, läßt sich leicht nachprüfen, daß die Menge $A, B, C \ldots$ alle Bedingungen eines Ringes erfüllt. Abb. 83 II veranschaulicht z. B. daß die Assoziativregel für die Addition gilt.

Der Ring wird als Boolscher Ring bezeichnet; er ist bezüglich der Addition wie auch der Multiplikation kommutativ. Neben den bekannten hat der Ring noch eine Reihe reichlich seltsamer Eigenschaften. Die Einheitselemente sind die *Grenzen*, φ für Null und U für die Einheit. Da $A + A = \varphi$, ist die Menge A stets ihr eignes Inverses. Reziproke Werte fehlen im Ring, und für Produkte gilt die Kürzungsregel nicht. Er hat in der Tat auch Nullteiler; $A \times B = \varphi$ impliziert auch, daß A und B disjunkt sind, so daß beliebige disjunkte Mengen, die leere Menge φ als Nullteiler haben.

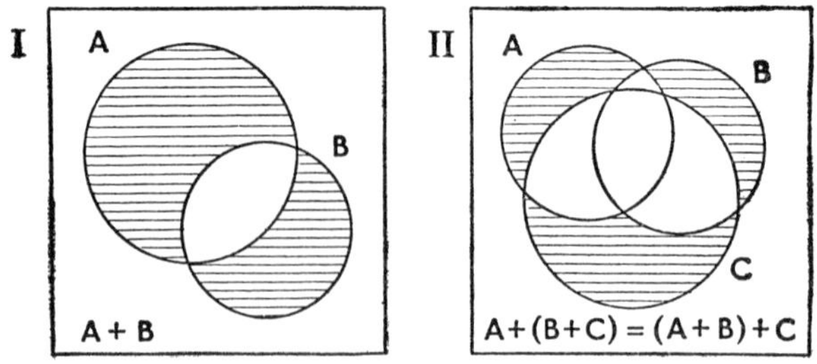

Abb. 83

Ein *Körper* ist insofern ein Sonderfall eines Ringes, als alle fakultativen Regeln (M3 - 5) gelten. Ein ganzzahliger Bereich ist ein weiterer Sonderfall, in dem die Regeln fast, doch nicht ganz erfüllt sind. Ein ganzzahliger Bereich ist ein Ring, für den die Regeln (M3), (M4) und die schwächere Form (M5) gelten, d. h. $(R \times)$ ist kommutativ, hat ein Einzelelement und keine Nullteiler. Was einem ganzzahligen Bereich fehlt, sind reziproke Werte für alle Elemente. Die Menge der ganzen Zahlen ist das Schulbeispiel eines ganzzahligen Bereichs. Ein weiteres Beispiel ist die Menge der Polynome, deren Koeffizienten ganzzahlig oder rational sind.

Der Begriff des Gruppenhomomorphismus läßt sich zum Begriff des *Ringhomomorphismus* $R \underset{F}{\rightarrow} R_1$ erweitern. Hier ist F eine Abbildung des Ringes R in den Ring R_1, durch die Summen wie auch Produkte erhalten bleiben. Ein *Ringisomorphismus* ist gegeben, wenn F eindeutig und eine Abbildung von R auf R_1 ist. *Das Abbildungstheorem* für Gruppen läßt sich auf folgende Weise für Ringe erweitern. R sei ein kommutativer Ring (M3) und habe bezüglich der Multiplikation ein Einheitselement (M4). Dies ist praktisch der wichtigste Fall — er umfaßt die ganzzahligen Bereiche wie auch Körper — allerdings ließe sich das Ergebnis noch etwas weiter verallgemeinern. Das grundlegende System bezieht sich auf den Ring, der bezüglich der Addition als kommutative Gruppe betrachtet wird $(R +)$. K sei eine Untermenge von R, die eine additive Untergruppe ist. Dann wird R durch das Abbildungstheorem für Gruppen zerlegt.

$$R \underset{H}{\longrightarrow} R/K \underset{I}{\longleftrightarrow} R_1 \tag{1}$$

Alle drei Mengen in (1) sind additive Gruppen; die Abbildung H ist ein Gruppenhomomorphismus und I ein Gruppenisomorphismus und beide erhalten Summen. R/K ist die Menge der additiven Komenge $(x + K)$, und R_1 ist die Menge ihrer repräsentativen Elemente. Nun betrachte man Produkte in R wie auch in den beiden anderen Mengen von (1). Wir *nehmen* an, K habe eine weitere Eigenschaft: wenn $k \in K$, dann gelte auch $rk \in K$, wobei r den Bereich von R durchläuft. K wird dann als *Ideal* von R bezeichnet, dabei handelt es sich um eine additive Untergruppe von R derart, daß alle Vielfachen eines Elements von K gleichfalls zu K gehören. Dann läßt sich ableiten, daß das Ergebnis (1) mit genau *den gleichen Mengen* und genau *den gleichen Abbildungen* sowohl für Produkte als auch für Summen gilt. Die Mengen sind alles Ringe; von den Abbildungen ist H ein Ringhomomorphismus und I ein Ringisomorphismus.

Das Ergebnis soll hier nicht formal bewiesen werden, doch läßt es sich an J, der Menge aller ganzen Zahlen erläutern. J ist für Summen und

Produkte ein Ring (ganzzahliger Bereich). Die Überlegungen in Abschnitt 4 oben, die unter dem Gesichtspunkt der Addition in Bsp. (d), Abschnitt 6 oben betrachtet wurden, lassen sich nun vervollständigen. Es gibt eine Teilung für J:

$$J \underset{H}{\longrightarrow} \{J_0, J_1, J_2, \ldots J_{m-1}\} \underset{I}{\longleftrightarrow} \{0, 1, 2, \ldots m-1\} \pmod{m} \tag{2}$$

Hierbei ist H ein Homomorphismus und I ein Isomorphismus; beide erhalten Summen und Produkte; sie sind wie in Abschnitt **4** oben entsprechend definiert. Hier ist

$$J_0 = \{\ldots -2m, -m, 0, m, 2m, \ldots\}$$

eine additive Untergruppe von J, die die Eigenschaft hat, daß sie alle Vielfachen eines gegebenen Elementes enthält. Folglich ist J_0 ein Ideal des Ringes J. Alle Mengen in (2) sind Ringe, die durch Ringhomomorphismen verbunden sind. Obwohl wir (2) direkt abgeleitet haben, ist es doch eigentlich ein Sonderfall des Ergebnisses (1).

Mit Hilfe des Abbildungstheorems wird aus einem alten Ring ein neuer Ring R_1 konstruiert. Wünschenswert wäre es, wenn mit Hilfe der Konstruktion ein *Ring* in einen *Körper* umgewandelt werden könnte. Dies läßt sich nun sogar auf mehr als eine Weise durchführen, was sich anhand des Ringes (ganzzahligen Bereichs) der ganzen Zahlen erläutern läßt. Wenn man „Verhältnisse" ganzer Zahlen in geeigneter Weise definiert, so läßt sich dieser Ring in den Körper der rationalen Zahlen umwandeln. Eine andere Art Körper erhält man aus dem Abbildungsergebnis (2). Zunächst zeigt (2), daß die endliche Menge ganzer Zahlen (mod m) ein *Ring* ist, den man als homomorphes Bild aus dem Ring der ganzen Zahlen erhält. Zweitens zeigen die Ergebnisse von Bsp. (b) in Abschnitt 5, daß die Menge der ganzen Zahlen (mod m) unter der Voraussetzung, daß m eine *Primzahl* ist, einen *Körper* darstellt. Folglich hat der Ring (ganzzahliger Bereich) von ganzen Zahlen eine Reihe endlicher Körper als homomorphe Bilder:

$$\{0, 1\} \pmod 2; \ \{0, 1, 2\} \pmod 3; \ \{0, 1, 2, 3, 4\} \pmod 5; \ \ldots$$

und allgemein: $\{0, 1, 2, \ldots, p-1\} \pmod p$, wobei p eine Primzahl ist.

Beispiel (b): a und b seien beliebige Elemente des Körpers der ganzen Zahlen (mod p), wobei p eine Primzahl ist. Man betrachte die Fälle der kleineren Primzahlen

$p = 2$: $(a + b)^2 = a^2 + 2ab + b^2 = a^2 + b^2$ da $2 \equiv 0 \pmod 2$

$p = 3$: $(a + b)^3 = a^3 + 3a^2b + 3ab^2 + b^3 = a^3 + b^3$ da $3 \equiv 0 \pmod 3$

$p = 5$: $(a + b)^5 = a^5 + 5a^4b + 10a^3b^2 + 10a^2b^3 + 5ab^4 + b^5 = a^5 + b^5$

da 5 und $10 \equiv 0 \pmod 5$

Erweitert man mit Hilfe des Binominalsatzes, so hat allgemein die Menge der ganzen Zahlen (mod p) mit p als Primzahl die interessanteste Eigenschaft: $(a + b)^p = a^p + b^p$.

8. Vektorräume

Ein Körper ist eine ganz besondere Menge von Elementen, die alle gewünschten Eigenschaften für Summen und Produkte erfüllt. Die üblichen Zahlensysteme (rationale, reelle oder komplexe Zahlen) sind Körper, und als solche werden sie auch im folgenden angesehen. Betrachtet man Mengen mit komplizierteren Elementen (z. B. Polynomen oder Matrizen), so kann man nicht einfach erwarten, daß diese Körper sind, obwohl sie für Summen und Produkte durchaus Ringe sein können. Das zweite Verfahren (wie in Abschnitt 7 oben angeführt) erschließt ein ergiebiges Gebiet. Wiederum gehen wir aus von einer Menge von Elementen, die eine additive Gruppe bilden; auch wird wieder eine zweite Operation zur Ergänzung der Addition definiert. Die zweite Operation ist die Multiplikation irgendeines Elements aus der Menge, jetzt aber nicht mit einem anderen Element dieser Menge, sondern mit einem Skalar aus einer besonderen Menge skalarer Elemente. Die Hauptmenge besteht aus Elementen beliebiger Art, die wir jetzt als *Vektoren* bezeichnen. Die Untermenge ist ein Körper, im typischen Fall ein Körper der rationalen, reellen oder komplexen Zahlen. Die folgende Definition für einen Vektorraum über einem Körper ist zwar eine abstrakte, wenn auch nicht ganz allgemeine Formulierung. Die angegebenen Regeln sind die aus Tabelle 1 in 13.1.

Definition: V ist eine Menge von Elementen $a, b, c \ldots$ beliebiger Art, in der die binäre Operation Addition definiert ist. F ist ein Körper von Skalaren $\lambda, \mu, \nu, \ldots$ derart, daß das Produkt $\lambda \cdot a$ eines beliebigen Elements a aus V mit einem beliebigen Skalar λ aus F in V definiert ist. Dann ist V ein *Vektorraum über dem Körper F* und enthält *Vektoren,* wenn V eine additive Gruppe (Regeln A1 - 5) ist und die skalare Multiplikation den Regeln (S1 - 5) genügt.

Man beachte, daß die Mengen V und F völlig verschieden sind. Es ist keinesfalls erforderlich, daß V die Menge F enthält. Folglich gibt es auch zwei unterschiedliche Nullelemente: den Nullvektor 0 aus V, der in den Regeln (A1 - 5) auftritt und den Nullwert 0 aus F, der unter den Skalaren $\lambda, \mu, \nu, \ldots$ auftritt. Das gleiche Symbol wird verwendet; aus dem Zusammenhang wird klar, welches Nullelement gemeint ist.

Als äußerst wichtig erweist sich ein Sonderfall eines Vektorraumes. Man schreibe $a = (a_1, a_2, \ldots, a_n)$ als n-Tupel skalarer Komponenten aus dem Körper F und betrachte bei gegebenem n die Menge S aller solcher

n-Tupel, wenn die Komponenten den Bereich von F durchlaufen. In S definiere man die Addition und die skalare Multiplikation mit λ aus F:

$$a + b = (a_1 + b_1, a_2 + b_2, \ldots, a_n + b_n) \text{ und } \lambda \cdot a = (\lambda a_1, \lambda a_2, \ldots, \lambda a_n)$$

in beiden Fällen handelt es sich um ein weiteres n-Tupel aus S. Man wird leicht feststellen, daß die Regeln (A1 - 5) und (S1 - 5) erfüllt sind, so daß S ein Vektorraum über F ist. S wird als n-dimensionaler *Cartesischer Raum* über F bezeichnet und als $V_n(F)$ geschrieben. Stammen weiterhin die Komponenten a aus dem Körper der reellen Zahlen und hat jedes a eine Länge $|a| = \sqrt{(a_1^2 + a_2^2 + \ldots + a_n^2)}$, so wird S als n-dimensionaler *Euklidischer Raum* über F bezeichnet und $E_n(F)$ geschrieben.

Die Grundkonstruktion in einem Vektorraum ist die Linearkombination von Vektoren, d. h. die Summe von Vielfachen der Vektoren. Hierbei werden die beiden Operationen Addition und skalare Multiplikation verwendet. $S_n = \{v_1, v_2, \ldots, v_n\}$ sei eine beliebige Untermenge von n Vektoren in V über F. Nun kann man Skalare $\lambda_1, \lambda_2, \ldots, \lambda_n$ aus F auswählen und die *Linearkombination* von S_n schreiben:

$$v = \sum_{r=1}^{n} \lambda_r v_r = \lambda_1 v_1 + \lambda_2 v_2 + \ldots + \lambda_n v_n$$

Dann ist v selbst ein Vektor in V. Einige, ja sogar alle λ können Null sein. So ist etwa v_r eine Linearkombination von S_n (alle λ gleich Null, außer $\lambda_r = 1$), und auch der Nullvektor ist eine Linearkombination von S_n (alle λ Null).

Die Menge S_n ist *linear unabhängig,* wenn *keine* Menge $\lambda_1, \lambda_2, \ldots, \lambda_n$ so existiert, daß $\sum_{r=1}^{n} \lambda_r v_r = 0$. In diesem Falle ist kein einziger Vektor von S_n eine Linearkombination der anderen Vektoren von S_n. Umgekehrt, wenn S_n nicht linear unabhängig ist, dann ist mindestens ein Vektor von S_n eine Linearkombination aus anderen Vektoren von S_n. Der Beweis dieser Behauptungen ist einfach. Zunächst nehme man an, daß, wenn S_n linear unabhängig ist, v_1 (z. B.) eine Linearkombination der anderen Vektoren wäre: $v_1 = \sum_{r=2}^{n} \lambda_r v_r$. Dann ist $\sum_{r=1}^{n} \lambda_r v_r = 0$, wobei $\lambda_1 = -1$. Das ist aber ein Widerspruch. Zweitens gilt, daß, wenn S_n nicht linear unabhängig ist, $\sum_{r=1}^{n} \lambda_r v_r = 0$, wobei die λ beliebig, doch nicht alle gleich Null sind. Angenommen $\lambda_1 \neq 0$. Dann gilt $v_1 = \sum_{r=2}^{n} \left(\frac{\lambda_r}{\lambda_1}\right) v_r$, und v_1 wäre eine Linearkombination der anderen Vektoren von S_n.

Im Vektorraum V über F bestimme man eine Untermenge $S_n = \{v_1, v_2, \ldots, v_n\}$ so, daß *alle* Vektoren von V Linearkombinationen von S_n sind. Gibt es keine solche Menge S_n, dann sagt man, V sei, ungeachtet der Größe von n, von *unendlicher Dimension.* Unendliche Vektorräume sind von Interesse; der Vektorraum von Polynomen etwa ist ein solcher Raum. Doch konzentrieren wir uns hier auf endliche Vektorräume. Gibt es eine solche Untermenge S_n, daß alle Vektoren von V Linearkombinationen von S_n sind, dann ist V von *endlicher Dimension* und wird durch die Menge der Vektoren S_n *aufgespannt.*

Definition: Die Menge $S_n = \{v_1, v_2, \ldots, v_n\}$ *spannt* den Vektorraum V über F auf, wenn jeder Vektor v von V eine Linearkombination von S_n ist:

$$v = \sum_{r=1}^{n} \lambda_r v_r \quad \text{für } \lambda_1, \lambda_2, \ldots, \lambda_n \text{ in } F$$

Mengen S_n können V bei verschiedenen ganzzahligen n aufspannen. Man greife den *kleinsten* ganzzahligen Wert heraus und bezeichne ihn mit m. Dann sagt man, V sei *m-dimensional.*

Nun sei $S_k = \{v_1, v_2, \ldots, v_k\}$ eine beliebige Menge von k Vektoren, in einem Vektorraum V der Dimension m. Es läßt sich zeigen, daß*:

(i) wenn $k < m$, V nicht durch S_k aufgespannt werden kann; d. h. eine Menge von weniger als m Vektoren kann linear unabhängig sein, kann aber einen m-dimensionalen Vektorraum nicht aufspannen.

(ii) wenn $k > m$, S_k dann nicht linear unabhängig sein kann; d. h. eine Menge von mehr als m Vektoren kann den Raum aufspannen, kann aber nicht linear unabhängig in einem m-dimensionalen Vektorraum sein.

(iii) wenn $k = m$, S_k dann auch linear unabhängig ist, wenn diese Menge V aufspannt; umgekehrt gilt, wenn S_k linear unabhängig ist, so spannt sie auch V auf.

Eine Menge von Vektoren, die linear unabhängig ist *und* V aufspannt, wird als *Basis* von V bezeichnet. Folglich muß nach den obigen Ergebnissen eine Basis von V aus genau m Vektoren bestehen, wobei m die Dimension von V ist. Drückt man einen Vektor v aus V als Linearkombination der Basis (die V aufspannt) aus, so sind die skalaren Koeffizienten *eindeutig.* Denn, angenommen, die Basis $\{v_1, v_2, \ldots, v_m\}$ sei derart, daß $v = \sum_{r=1}^{m} \lambda_r v_r = \sum_{r=1}^{m} \mu_r v_r$, dann gilt $\sum_{r=1}^{m} (\lambda_r - \mu_r) v_r = 0$. Das ist aber nur möglich, wenn $\lambda_r = \mu_r$, da die Basis linear unabhängig ist.

Wir fassen zusammen:

Eine Basis $S_m = \{v_1, v_2, \ldots, v_m\}$ eines m-dimensionalen Vektorraumes V über F ist eine Menge von m linear unabhängigen Vektoren, die V

* Die Ergebnisse sind hinreichend schlüssig, doch nur (i) folgt unmittelbar aus der Definition der Dimension. Der Beweis für (ii) ist verzwickt und soll hier ausgelassen werden. Gilt aber (ii), so folgt (iii) unmittelbar.

aufspannen; jeder beliebige Vektor v aus V läßt sich eindeutig als Linearkombination der Basis ausdrücken:

$$v = \sum_{r=1}^{m} \lambda_r v_r \text{ für die Einheit } \lambda_1, \lambda_2, \ldots, \lambda_m \text{ in } F \tag{1}$$

Charakteristisch für die Basis von V ist, daß sie die *kleinste* aller Mengen ist, die V aufspannen, und die *größte* aller Mengen, die in V linear unabhängig sind. Aber es gibt nicht nur eine Basis; in der Tat können (und das geschieht auch gewöhnlich) viele Mengen von m Vektoren als Basis von V dienen.

V sei ein m-dimensionaler Vektorraum. Ein *Unterraum* W von der Dimension $n \leqslant m$ ist eine Untermenge von Vektoren aus V, welches selbst ein Vektorraum ist. W ist nicht eine beliebige Untermenge, sondern eine besondere Untermenge, die selbst wieder die Bedingungen für einen Vektorraum erfüllt. Es läßt sich leicht zeigen, daß es hierfür ausreicht, wenn Summen und skalare Produkte in W geschlossen sind. Ein Unterraum läßt sich wie folgt erzeugen. Man betrachte irgendeine linear unabhängige Menge S_k von k ($k \leq m$) Vektoren in V. Man nehme zu S_k alle Vektoren aus V, die Linearkombinationen von S_k sind. Das Ergebnis ist dann ein Unterraum W. Denn: Wenn $v = \sum_{r=1}^{n} \lambda_r v_r$ und $v' = \sum_{r=1}^{n} \lambda_r' v_r$ zwei solcher Vektoren in W sind und μ ein beliebiger Skalar ist, dann gilt:

$$v + v' = \sum_{r=1}^{k} (\lambda_r + \lambda_r') v_r \text{ und } \mu \cdot v = \sum_{r=1}^{k} (\mu \lambda_r) v_r \tag{2}$$

und beides sind Linearkombinationen von S_k, d. h. W ist geschlossen.

Beispiel (a): $V_3(F)$ ist der Vektorraum aller $a = (a_1, a_2, a_3)$, deren Komponenten dem Skalarkörper F entnommen sind. Man betrachte die Untermenge S_3 von drei Vektoren:

$$\varepsilon_1 = (1, 0, 0); \; \varepsilon_2 = (0, 1, 0); \; \varepsilon_3 = (0, 0, 1)$$

S_3 ist linear unabhängig, da $\lambda_1 \varepsilon_1 + \lambda_2 \varepsilon_2 + \lambda_3 \varepsilon_3 = (\lambda_1, \lambda_2, \lambda_3) = 0$ nur dann gilt, wenn alle λ Null sind. Jeder andere Vektor a ist eine Linearkombination von S_3, da $(a_1, a_2, a_3) = a_1 \varepsilon_1 + a_2 \varepsilon_2 + a_3 \varepsilon_3$. Folglich ist $V_3(F)$ dreidimensional und S_3 ist eine Basis. Es gibt auch andere Basen, z. B. die Untermenge der drei Vektoren $(1, 1, 0)$, $(1, -1, 0)$ und $(0, 0, 1)$, für die gilt:

$$(a_1, a_2, a_3) = \frac{1}{2}(a_1 + a_2)(1, 1, 0) + \frac{1}{2}(a_1 - a_2)(1, -1, 0) + a_3 (0, 0, 1)$$

Es gibt verschiedene zweidimensionale Unterräume von $V_3(F)$, deren Basis jeweils aus zwei Vektoren besteht. Beispielsweise bilden die Vektoren $(a_1, a_2, 0)$ einen Unterraum; eine Basis ist das Vektorpaar ε_1 und ε_2. Dies läßt sich alles auch geometrisch darstellen; die Vektoren von $V_3(F)$ sind

Punkte im dreidimensionalen Raum und die Vektoren eines zweidimensionalen Unterraumes sind Punkte einer Ebene im Raum.

Allgemein ist der Cartesische Raum $V_n(F)$ aus n-Tupeln $a = (a_1, a_2, a_3, \ldots)$ von Komponenten aus dem skalaren Körper F ein besonderer n-dimensionaler Vektorraum. Eine Basis ist $S_n = \{\varepsilon_1, \varepsilon_2, \ldots, \varepsilon_n\}$, wobei $\varepsilon_r = (\delta_{r1}, \delta_{r2}, \ldots, \delta_{rn})$; δ_{rs} bezeichnet das Kronecker-Symbol. Andere linear unabhängige Mengen von n Vektoren können in gleicher Weise als Basis für $V_n(F)$ dienen. Weiterhin hat $V_n(F)$ verschiedene m-dimensionale Unterräume, deren Basis aus m linear unabhängigen Vektoren besteht ($m \leqslant n$). Die Bedeutung von $V_n(F)$ wird in dem folgenden Ergebnis zusammengefaßt:

Ein beliebiger n-dimensionaler Vektorraum V über F ist mit $V_n(F)$ isomorph, wobei der Isomorphismus sowohl die Addition wie auch die skalare Multiplikation erhält.

Beweis: Es sei $S_n = \{v_1, v_2, \ldots, v_n\}$ eine Basis für V. Folglich gilt (1), d. h. jeder Vektor v aus V entspricht einem n-Tupel $(\lambda_1, \lambda_2, \ldots, \lambda_n)$ von $V_n(F)$ und umgekehrt. Es gilt eine eineindeutige Abbildung von V auf $V_n(F)$:

$$v \longleftrightarrow \lambda = (\lambda_1, \lambda_2, \ldots, \lambda_n)$$

Sind weiterhin v und v' zwei Vektoren in V und ist μ ein Skalar, dann gilt:

$$\text{wenn } v \longleftrightarrow \lambda \text{ und } v' \longleftrightarrow \lambda', \text{ dann } v + v' \longleftrightarrow \lambda + \lambda' \text{ und } \mu \cdot v \longleftrightarrow \mu \cdot \lambda$$

auf Grund von (2) oben; die Abbildung ist also ein Isomorphismus.

Folglich ist auch ein endlicher n-dimensionaler Vektorraum mit $V_n(F)$ algebraisch gleichwertig. Darüber hinaus sind Addition und skalare Multiplikation in $V_n(F)$ Operationen, die ausschließlich mit den Skalaren aus F vorgenommen werden. Folglich ist *jeder* beliebige Vektorraum nur durch seine Dimension und die Skalare aus F bestimmt.

Die Vektoren in Kapitel 12 des Textes bilden einen Sonderfall der hier definierten Vektorräume. Zunächst sind sie n-Tupel im Cartesischen Raum $V_n(F)$ von endlicher Dimension. Auf Grund des letzten Ergebnisses bedeutet das keine ernsthafte Beschränkung. Zweitens wird F als Körper der reellen Zahlen und nicht als Körper schlechthin aufgefaßt. Und drittens wird als Basis von $V_n(F)$ nur die eine Möglichkeit benutzt: $\{\epsilon_1, \epsilon_2, \ldots, \epsilon_n\}$. Schließlich wird, soweit notwendig, angenommen, daß Vektoren auch eine Länge haben und somit im Euklidischen Raum $E_n(F)$ liegen. Auf diese Weise läßt sich jeder Vektor von n-Tupeln

$$a = (a_1, a_2, \ldots, a_n)$$

als Punkt mit den Koordinaten $(a_1, a_2, \ldots, a_n)$ im gewöhnlichen geometrischen Raum darstellen; dabei sind die Koordinaten auf feste

Achsen bezogen, die im rechten Winkel aufeinanderstehen. Der Übergang von einer Basis zur anderen entspricht einer Koordinatentransformation.

Beispiel (b): Als Variante eines Vektorraumes betrachte man lediglich die Operation Linearkombination selbst ohne die davon zu trennenden Operationen der Addition und der skalaren Multiplikation. S sei eine Menge $\{A, B, C \ldots\}$ (z. B. Güterkombination des Konsumenten), in der eine *konvexe Linearkombination* definiert und geschlossen ist:

$$\mu A + (1-\mu) B \in S \text{ für einen Skalar } \mu \ (0 \leqslant \mu \leqslant 1)$$

Die Skalare μ stammen aus der Menge Σ der reellen Zahlen im geschlossenen Intervall (0, 1). Für irgendwelche μ und ν in Σ nehmen wir folgende Regeln als gültig an:

(i) $\mu A + (1-\mu) B = (1-\mu) B + \mu A$

(ii) Wenn $C = \nu A + (1-\nu) B$, dann $\mu C + (1-\mu) B = \mu\nu A + (1-\mu\nu) B$

Hierbei ist (1) eine Assoziativregel; (ii) besagt: wenn C eine Kombination von A und B ist, dann ist eine Kombination von C mit B eine „Produkt"-Kombination von A mit B. Folgendes Ergebnis können wir festhalten:

Gibt es in S eine starke Relation für lineare Ordnung ($>$), so daß stets eine der Relationen $A > B$, $A = B$, $B > A$ gilt und die Transitivitätsbedingung erfüllt ist, und ist weiterhin die Ordnung derart, daß

(1) wenn $A > B$, dann $A > \mu A + (1-\mu) B > B$ für alle $\mu \in \Sigma$

(2) wenn $A > B > C$, existiert $\mu \in \Sigma$ und $\nu \in \Sigma$, so daß

$$\mu A + (1-\mu) C > B > \nu A + (1-\nu) C$$

dann gibt es auch eine reelle Funktion u, die über S eindeutig bis auf eine Lineartransformation definiert ist, so daß

(a) wenn $A > B$, dann ist $u(A) > u(B)$

(b) wenn A und B beliebige Elemente von S sind, dann ist $u\{\mu A + (1-\mu) B\}$ $= \mu u(A) + (1-\mu) u(B)$ für alle $\mu \in \Sigma$

Dieses Ergebnis haben von Neumann und Morgenstern für den meßbaren Nutzen bei Ungewißheit bewiesen. Man kann das Ergebnis variieren und von der „Präferenz- oder Indifferenz"-Ordnung ($\geqslant$) ausgehen anstatt von der strengeren „Präferenz"-Ordnung ($>$) siehe 19.5 oben.

An dieser Stelle können wir noch einmal den Begriff des Vektorraumes erweitern. A sei eine Menge von Elementen $a, b, c, \ldots$ beliebiger Art und F ein Körper von Skalaren $\lambda, \mu, \nu, \ldots$.

Definition: Ist A ein Vektorraum über F und hat A auch noch die Struktur eines Ringes für die in A definierte Operation einer Multiplikation, so ist A eine *lineare Algebra* über F.

Die Menge $(A\ +)$ ist eine additive Gruppe, da A ein Vektorraum ist. Neu ist, daß $(A\ \times)$ mit Hilfe der Mindestanforderungen für einen Ring definiert wird, d. h. Produkte in A sind geschlossen, assoziativ und distributiv. Andere Regeln über das Produkt (kommutativ, Einheitselement, Inverses) sind fakultativ. Sind sie in die Struktur des Ringes mit aufgenommen, dann ist die lineare Algebra so aufgebaut, daß sie das gesamte System der Operationsregeln von 13.1 oben erfüllt. Eine lineare Algebra betrifft eine sehr spezielle Menge von Elementen, für die ein sehr umfassendes System von Regeln gilt — Regeln über Summen und Produkte aus den Elementen der linearen Algebra und Regeln über die Multiplikation dieser Elemente mit Skalaren eines anderen Körpers.

9. Matrizen und Lineartransformationen

Der Begriff *Transformation* ist nur eine andere Bezeichnung für die Abbildung einer Menge in eine andere, wie in Abschnitt **3** gezeigt wurde. Wichtig ist die *Lineartransformation* mit ihren zwei speziellen Eigentümlichkeiten: sie ist eine Abbildung eines Vektorraumes in einen anderen, und sie erhält die Operationen Addition und skalare Multiplikation. In Vektorräumen ist dann der Begriff des Homomorphismus angebracht. Die Bedingung, daß Addition und skalare Multiplikation erhalten bleiben, ist gleichbedeutend mit der Eigenschaft, daß Linearkombinationen durch die Abbildung übertragen werden. Damit ergibt sich die

Definition: Sind $V = \{v_1, v_2, \ldots\}$ und $V' = \{v_1', v_2', \ldots\}$ zwei Vektorräume über einem Körper von Skalaren $F = \{\lambda_1, \lambda_2, \ldots\}$, dann ist eine *Lineartransformation* von V in V' eine Abbildung, die eine Linearkombination von Vektoren in V in die gleiche Linearkombination von Vektoren in V' überträgt:

$$\sum_{r=1}^{k} \lambda_r v_r \longrightarrow \sum_{r=1}^{k} \lambda_r v'_r$$

wobei $v_r \to v_r$ und λ_r ein beliebiger Skalar ist ($r = 1, 2, \ldots k$).

Diese Definition ist allgemein wie auch abstrakt gehalten. Sie muß spezifiziert und in anschaulichere Begriffe übersetzt werden.

V und V' sollen die endlichen Dimensionen n bzw. m haben. Man kann sie durch ihre isomorphen Bilder, die Cartesischen Räume $V_n(F)$ und $V_m(F)$ ersetzen. $x = (x_1, x_2, \ldots x_n)$ sei ein n-Tupel von $V_n(F)$ und $y = (y_1, y_2, \ldots y_m)$ ein m-Tupel von $V_m(F)$. Eine Lineartransformation T ordnet also dem n-Tupel x das m-Tupel y zu: $x \underset{T}{\to} y$.

$\{\varepsilon_1, \varepsilon_2, \ldots, \varepsilon_n\}$ sei nun die Basis von $V_n(F)$ und $\{\varepsilon_1, \varepsilon_2, \ldots, \varepsilon_m\}$ die Basis von $V_m(F)$. Die Bilder der n Vektoren $\{\varepsilon_1, \varepsilon_2, \ldots, \varepsilon_n\}$ von $V_n(F)$

sind bei der Transformation T bestimmte Vektoren von $V_m(F)$, nämlich:

$$\begin{aligned}\varepsilon_1 &\longrightarrow (a_{11}, a_{21}, \ldots, a_{m1})\\ \varepsilon_2 &\longrightarrow (a_{12}, a_{22}, \ldots, a_{m2})\\ &\ldots\ldots\ldots\ldots\\ \varepsilon_n &\longrightarrow (a_{1n}, a_{2n}, \ldots, a_{mn})\end{aligned}$$

wobei a_{rs} ($r = 1, 2, \ldots m$ und $s = 1, 2, \ldots n$) genau $m \times n$ feste Skalare aus F sind, die sich aus T und der betreffenden Wahl der Basen für die beiden Vektorräume ergeben. Nun läßt sich jeder dieser Vektoren in $V_m(F)$ mit Hilfe der Basis dieses Vektorraumes schreiben. Zum Beispiel:

$$(a_{11}, a_{21}, \ldots, a_{m1}) = a_{11}\,\varepsilon_1 + a_{21}\,\varepsilon_2 + \ldots + a_{m1}\,\varepsilon_m$$

Allgemein:
$$\varepsilon_s \rightarrow \sum_{r=1}^{m} a_{rs}\,\varepsilon_r \; (s = 1, 2, \ldots, n)$$

so daß
$$x = \sum_{s=1}^{n} x_s\,\varepsilon_s \rightarrow \sum_{s=1}^{n} x_s \left(\sum_{r=1}^{m} a_{rs}\,\varepsilon_r\right) = \sum_{r=1}^{m} \left(\sum_{s=1}^{n} a_{rs}\,x_s\right) \varepsilon_r$$

aber
$$x \rightarrow y = \sum_{r=1}^{m} y_r\,\varepsilon_r$$

wobei
$$\sum_{r=1}^{m} y_r\,\varepsilon_r = \sum_{r=1}^{m} \left(\sum_{s=1}^{n} a_{rs}\,x_s\right) \varepsilon_r$$

d. h. die Lineartransformation T, bezogen auf die gewählten Basen, lautet:

$$y_r = \sum_{s=1}^{n} a_{rs}\,x_s \; (r = 1, 2, \ldots, m)$$
$$\mathbf{y} = \mathbf{A}\mathbf{x}$$

wobei $\mathbf{x}$ von der Ordnung $n \times 1$ der Spaltenvektor $(x_1, x_2, \ldots, x_n)$, $\mathbf{y}$ von der Ordnung $m \times 1$ der Spaltenvektor $(y_1\, y_2, \ldots, y_m)$ und $\mathbf{A}$ von der Ordnung $m \times n$ die Matrix der gegebenen Skalare (a_{rs}) ist.

Wir schließen daraus, daß sich jede beliebige Lineartransformation T aus $V_n(F)$ in $V_m(F)$ mit den gegebenen Basen $\varepsilon_1, \varepsilon_2, \ldots, \varepsilon_n$ und $\varepsilon_1, \varepsilon_2, \ldots, \varepsilon_m$ durch eine Matrix $\mathbf{A} = [a_{rs}]$ von $m \times n$ Skalaren aus F ersetzen läßt. Die Menge aller Lineartransformationen T aus $V_n(F)$ in $V_m(F)$ ist isomorph mit der Menge aller $m \times n$ Matrizen $\mathbf{A}$, deren Elemente in F liegen*. Folglich ist es algebraisch belanglos, ob wir die Menge der Lineartransformationen T oder die Menge der $m \times n$ Matrizen $\mathbf{A}$ be-

* Wählt man verschiedene Basen, so tritt die Lineartransformation T als $\mathbf{y} = \mathbf{B}\mathbf{x}$ statt $\mathbf{y} = \mathbf{A}\mathbf{x}$ auf; dabei ist $\mathbf{B} = \mathbf{PAQ}$ eine mit $\mathbf{A}$ äquivalente Matrix. Die Matrizen $\mathbf{P}$ der Ordnung $m \times m$ und $\mathbf{Q}$ der Ordnung $(n \times n)$ werden durch die jeweils angenommenen Wechsel der Basis bestimmt.

trachten. Im allgemeinen ist es bequemer, mit Matrizen zu arbeiten und die Menge S_{mn} aller Matrizen gegebener Ordnung $m \times n$ wie in 13.8 oben zu betrachten.

Die Matrizenaddition in der Menge S_{mn} genügt allen Regeln (A1 - 5), S_{mn} ist also eine additive Gruppe. Weiterhin genügt die Multiplikation von Matrizen aus S_{mn} mit Skalaren aus F den Regeln (S1 - 5), S_{mn} ist also ein Vektorraum über F. In diesem Sinne sind Matrizen erweiterte Vektoren. Tatsächlich läßt sich ein Vektor $(y_1, y_2, \ldots, y_m)$ als Spaltenvektor $\mathbf{y}$ schreiben, d. h. als Matrix der Ordnung $m \times 1$ in der Menge S_{m1}. Es gibt eine wichtige Äquivalenzrelation in der Menge S_{mn}, die zur Zerlegung der Menge in Äquivalenzklassen S_0, S_1, S_2 ... dient. Äquivalente Matrizen haben den gleichen Rang; die Äquivalenzklasse S_r umfaßt alle Matrizen der Ordnung $m \times n$ und vom Rang r (13.8 oben). Soweit etwa kann man bei rechteckigen Matrizen der Ordnung $m \times n$ $(m \neq n)$ gehen. Es lassen sich in S_{mn} $(m \neq n)$ keine Produkte definieren. Matrizen lassen sich nur multiplizieren, wenn sie verkettet sind, z. B. läßt sich eine Matrix aus der Menge S_{mk} mit einer Matrix aus einer anderen Menge S_{kn} multiplizieren. Produkte *innerhalb* einer Menge von Matrizen bestimmter Ordnung existieren *nur*, wenn die Matrizen quadratisch sind.

Man betrachte die Menge S_{nn} aller *quadratischen Matrizen* einer gegebenen Ordnung $n \times n$. Die entsprechende Menge der Lineartransformationen T enthält dann alle Fälle, in denen der Vektorraum $V_n(F)$ in sich selbst abgebildet wird. Die Menge S_{nn} ist noch ein Vektorraum; doch ist sie auch bezüglich der Operation Multiplikation geschlossen und hat deshalb die Struktur eines Ringes. Es gelten die Regeln (M1), (M2) und (M4), das Einheitselement ist die Einheitsmatrix $\mathbf{I}$ der Ordnung $n \times n$. Im allgemeinen erfüllt die Menge weder die Kommutativregel (M3) noch die Invertierbarkeitsregel (M5), ja nicht einmal die schwächere Form, die Kürzungsregel (A5'). Nullteiler kann es in S_{nn} geben; die Multiplikation zweier von Null verschiedener quadratischer Matrizen kann eine Nullmatrix ergeben (siehe 13.4, (v), oben). In jedem Fall hat aber S_{nn} genügend Eigenschaften, um als Ring gelten zu können. Betrachtet man nur Addition und Multiplikation, so ist S_{nn} ein nicht kommutativer Ring mit Nullteilern. Bezieht man die skalare Multiplikation mit ein, so ist S_{nn} eine lineare Algebra; so gesehen läßt sich die Menge als *vollständige Matrix-Algebra* beschreiben und mit $M_n(F)$ bezeichnen.

Schließlich betrachte man eine noch engere Menge von Matrizen L_n, die alle *nicht-singulären Matrizen* der Ordnung $n \times n$ enthält. Die entsprechende Menge aller Lineartransformationen T umfaßt dann alle *eineindeutigen* Abbildungen des Vektorraumes $V_n(F)$ *auf* sich selbst. Für Produkte ist L_n eine nicht kommutative Gruppe, da alle Regeln (M1 - 5), mit Ausnahme der Kommutativregel (M3), gelten. Im einzelnen hat eine nicht-singuläre Matrix $\mathbf{A}$ eine Inverse $\mathbf{A}^{-1}$; die entsprechende Lineartransformation $x \underset{T}{\rightarrow} y$ hat eine inverse Transformation $y \underset{T^{-1}}{\rightarrow} x$; beide sind eineindeutige Abbildungen einer Menge bzw. Transformation auf die andere. Die Gruppe L_n der nicht-singulären Matrizen von der Ordnung $n \times n$ und die Gruppen der eineindeutigen Lineartransformationen werden als *vollständige lineare Gruppen* bezeichnet.

Diese Menge ist aber bezüglich der Addition *nicht* geschlossen — ein Verlust, der zum Teil den Gewinn wieder ausgleicht, daß in L_n die Produkte einer größeren Menge von Regeln unterliegen. Die Addition zweier nicht-singulärer Matrizen kann sehr wohl eine singuläre Matrix ergeben. Folglich ist L_n nur bezüglich der Multiplikation, nicht aber bezüglich der Addition eine Gruppe; sie ist kein Vektorraum und keine lineare Algebra über dem Körper F. Die Analyse nicht-singulärer Matrizen muß sich also auf die Produktoperation beschränken.

Die Gruppe L_n hat eine Reihe von Untergruppen, deren jede das Einheitselement I enthalten muß. Eine dieser Untergruppen besteht aus allen *orthogonalen Matrizen* der Ordnung $n \times n$ (13.9 oben). $\mathbf{A}$ ist dann und nur dann orthogonal, wenn $\mathbf{A}^{-1} = \mathbf{A}'$. Daraus folgt, daß das Produkt $\mathbf{AB}$ orthogonal ist, wenn $\mathbf{A}$ und $\mathbf{B}$ orthogonal sind. Denn:

$$(\mathbf{AB})^{-1} = \mathbf{B}^{-1}\,\mathbf{A}^{-1} = \mathbf{B}'\,\mathbf{A}' = (\mathbf{AB})'$$

Weiterhin gilt, daß $\mathbf{A}^{-1}$ orthogonal ist, wenn $\mathbf{A}$ orthogonal ist, da $(\mathbf{A}^{-1})' = (\mathbf{A}')^{-1} = (\mathbf{A}^{-1})^{-1}$. Folglich ist die Menge der orthogonalen Matrizen (gegebener Ordnung) für Produkte geschlossen und enthält reziproke Elemente; sie erfüllt die Bedingungen einer Untergruppe (Abschnitt **6** oben). Die entsprechende Untergruppe orthogonaler Transformation ist diejenige, die sich auf die Koordinatendrehung im Euklidischen Raum bezieht, wobei Entfernungen und Winkel erhalten bleiben.

Eine weitere Untergruppe enthält alle Permutationsmatrizen der Ordnung $n \times n$ (13.7 oben). Definitionsgemäß ist die Inverse einer Permutationsmatrix wie auch das Produkt zweier beliebiger Permutationsmatrizen ebenfalls eine Permutationsmatrix. Diese Untergruppe ist isomorph mit der Gruppe der Permutationen einer endlichen Menge von n Elementen $(1, 2, \ldots, n)$.

10. Polynome

Im Text, besonders in Abschnitt 4.6, wurden die Polynome etwas von oben herab behandelt. Es ist alles andere als einfach, das Thema exakt aber auch einigermaßen einfach zu entwickeln, und zwar deswegen, weil es für die Algebra grundlegende Bedeutung hat und außerordentlich weit verzweigt ist.

Zwei generelle Anwendungsmöglichkeiten für Polynome wurden im Text des öfteren erläutert. Erstens treten in der elementaren Algebra Bestimmungsgleichungen auf, etwa in der Form $\frac{1}{2} x^2 + \frac{7}{4} x - 1 = 0$. Hier ist x ein fester, jedoch *unbekannter* Wert; das Problem besteht darin, ihn zu finden $\left(\text{in diesem Fall } \frac{1}{2} \text{ oder } -4\right)$. Zweitens kommen in der Analysis *Funktionsgleichungen* mit Polynomen oder dem Verhältnis von Polynomen vor, etwa $y = (x-1) / (x^2 + x + 1)$. Hier ist x eine Variable und zwar die unabhängige Variable der Funktion.

Das ist mittlerweile so bekannt, daß es sehr einfach ist, von der einen Anwendungsmöglichkeit zur anderen überzuwechseln — obwohl hier eine echte Gefahr der Verwirrung besteht. Eine Möglichkeit, die beiden Anwendungsgebiete in Übereinstimmung zu bringen, wollen wir an Hand der folgenden allgemeinen quadratischen Gleichung erläutern. x sei eine Variable, so daß die Polynom*funktion* $y = ax^2 + bx + c$ gilt. Dann habe das Polynom die Wurzel α, einen festen Wert, wenn $a\alpha^2 + b\alpha + c = 0$. Diese Gleichung kann man schreiben, da sowohl $a\alpha^2 + b\alpha + c$ als auch Null feste Werte sind.

Soweit wird die Variable x oder die Wurzel α eines Polynoms hervorgehoben. Wie steht es aber mit den Koeffizienten des Polynoms? Sie können wie in $\frac{1}{2} x^2 + \frac{7}{4} x - 1$ bestimmte Werte annehmen, oder aber wie in $ax^2 + bx + c$ bloße Parameter sein. Gewöhnlich handelt es sich um ganzzahlige oder rationale „Werte“, manchmal aber auch um reelle oder sogar komplexe Zahlen. Sehen wir einmal von dem Fall ganzzahliger Koeffizienten ab, so lassen sich die Koeffizienten als Skalare aus dem Körper F betrachten, der im typischen Fall dann der Körper der rationalen Zahlen ist. So gesehen ist der allgemeine quadratische Ausdruck $ax^2 + bx + c$ eine Menge (a, b, c) von Skalaren aus F, deren Elemente durch Potenzen von x $(x^2, x, 1)$ einen besonderen „Stellenwert“ bekommen.

Beispiel (a): Einige besondere quadratische Ausdrücke erläutern das:

(i) $\frac{1}{2} x^2 + \frac{7}{4} x - 1$ mit den Wurzeln $\frac{1}{2}$ und -4

(ii) $x^2 - 2$ mit den Wurzeln $\pm \sqrt{2}$

(iii) $4x^2 - 8x + 13$ mit den Wurzeln $1 \pm \frac{3}{2} i$.

Hier lassen sich zwei Feststellungen treffen. Zunächst handelt es sich um Polynome mit rationalen Koeffizienten; jedes Polynom läßt sich als (rationales) Vielfaches eines ähnlichen Polynoms schreiben, dessen erster Koeffizient 1 ist; der erste Koeffizient läßt sich also „aussondern“. Beispielsweise lautet dann (i) $\frac{1}{2}\left(x^2+\frac{7}{2}x-2\right)$ und (iii) $4\left(x^2-2x+\frac{13}{4}\right)$. Zweitens können die Wurzeln rational, reell, irrational oder komplex sein, obwohl die Koeffizienten der Polynome rational sind. Um mit Sicherheit zwei Wurzeln für einen quadratischen Ausdruck zu bekommen, müssen wir über den Körper der rationalen Zahlen hinausgehen.

Im folgenden wollen wir Polynome mit rationalen Koeffizienten betrachten, also Polynome über einem Körper F von rationalen Zahlen*. Je nach Zweckmäßigkeit wird das Polynom mit einem ersten Koeffizienten, etwa 1, geschrieben. Wir wollen nun zeigen, daß ein Polynom vom Grad n genau n Wurzeln hat, die jedoch in dem umfassenderen Körper der komplexen Zahlen liegen. Dies ist der „Fundamentalsatz der Algebra"; dorthin kommen wir über eine Reihe von Hilfssätzen, die selbst nicht ohne Interesse sind.

Zunächst müssen wir ein Polynom so definieren, daß wir in keiner Weise den Kern der Frage umgehen, was x darstellt. Wir sehen x einfach als *undefiniert* oder *indeterminiert* an. Wir können es einmal als Element zur Bezeichnung des „Stellenwerts" betrachten. Parallel dazu steht die Definition einer komplexen Zahl $a + bi$, wobei i, das später als $i^2 = -1$ definiert werden soll, einen „Stellenwert" angibt, durch den das geordnete Paar (a, b) getrennt wird. Daraus folgt die

Definition: Ein *Polynom* mit Koeffizienten aus dem Körper F ist eine Folge von Elementen $(f_0, f_1, f_2, \ldots)$ von F mit einer endlichen Anzahl von Null verschiedener Ausdrücke:

$$f_n \neq 0 \text{ für beliebiges ganzzahliges } n \text{ und}$$

$$f_m = 0 \text{ für alle } m > n.$$

Wenn die f den Bereich von F durchlaufen, so lassen sich in der Menge der Polynome bei beliebigen ganzzahligen n Summen und Produkte *definieren:*

$$(f_0, f_1, f_2, \ldots) + (g_0, g_1, g_2, \ldots) = (f_0 + g_0, f_1 + g_1, f_2 + g_2, \ldots) \tag{1}$$

und $$(f_0, f_1, f_2, \ldots) \times (g_0, g_1, g_2, \ldots) = (h_0, h_1, h_2, \ldots)$$

wobei $$h_m = f_0\, g_m + f_1\, g_{m-1} + \ldots + f_m\, g_0 \tag{2}$$

Diese Definitionen sind willkürlich; sie geben genau das wieder, was bei einer Addition oder Multiplikation von Polynomen in der elementaren Algebra mit den Koeffizienten geschieht. Aus (1) sieht man, daß die Menge der Polynome eine additive Gruppe mit dem Nullelement

* Das ist praktisch der übliche Fall. Doch zum größten Teil gelten die gegewonnenen Ergebnisse für jeden Körper F. Auch gilt das endgültige „fundamentale Theorem" für Polynome, deren Koeffizienten in einem beliebigen Zahlenkörper liegen (rationaler, reeller oder komplexer Zahlen).

(0, 0, 0 ...) bildet; die Regeln (A1 - 5) gelten. Aus (2) erkennt man, daß das Einheitselement der Menge (1, 0, 0 ...) ist und daß die Regeln (D) und (M1 - 4) gelten. Sind schließlich in (2) nicht alle f und alle g Null, dann sind auch nicht alle h Null, d. h. ein Produkt zweier von Null verschiedener Polynome ist wieder ein von Null verschiedenes Polynom. Die Menge hat keine Nullteiler. Folglich bilden die Polynome einen Ring, einen *vollständigen Bereich,* in dem reziproke Werte fehlen.

Nun führe man das *unbestimmte* x als besonderes Polynom ein (0, 1, 0, ...). Durch wiederholte Anwendung von (2) ergibt sich

$$x = (0, 1, 0, \ldots); \; x^2 = (0, 0, 1, 0, \ldots); \; x^3 = (0, 0, 0, 1, 0 \ldots); \tag{3}$$

Als eine letzte Konvention läßt sich das Polynom (f, 0, 0 ...) als ein Element f von F bezeichnen; in strenger Formulierung ist die Untermenge (f, 0, 0, ...) von Polynomen (für $f \in F$) mit F isomorph. Aus (1), (2) und (3) ergibt sich:

$$\begin{aligned}(f_0, f_1, f_2, \ldots) &= (f_0, 0, 0, \ldots) + (0, f_1, 0 \ldots) + (0, 0, f_2, \ldots) + \ldots \\ &= (f_0, 0, 0, \ldots) + (f_1, 0, 0, \ldots)(0, 1, 0, \ldots) + (f_2, 0, 0, \ldots)(0, 0, 1, 0, \ldots) + \ldots \\ &= f_0 + f_1 x + f_2 x^2 + \ldots\end{aligned}$$

Wir einigen uns folglich auf folgende Schreibweise für ein Polynom n-ten Grades:

$$f(x) = f_0 + f_1 x + f_2 x^2 + \ldots + f_n x^n \quad (f_n \neq 0) \tag{4}$$

und bezeichnen den Ring (vollständigen Bereich) von Polynomen mit $f(x)$, die Koeffizienten, die aus dem Körper F stammen, mit $F(x)$. Man beachte, daß sich die besonderen Polynome $f(x) = f_0 = \text{const.}$ als Elemente von F ergeben. Da weiterhin F ein Körper ist, in dem Division möglich ist, läßt sich f_n aus dem Polynom (4) ausscheiden, indem man alle Koeffizienten durch f_n dividiert. In den meisten Fällen, etwa bei den Faktoren oder Wurzeln, läßt sich dieses konstante Vielfache vernachlässigen. Das allgemeine Polynom läßt sich dann mit $f_n = 1$ und bei umgekehrter Reihenfolge der Ausdrücke so schreiben:

$$f(x) = x^n + f_{n-1} x^{n-1} + \ldots + f_1 x + f_0 \tag{5}$$

Auf Grund der Konventionen sind x und seine Potenzen selbst wieder Polynome: $f(x) = x$ oder x^2 oder x^3 .... Sonst ist x unbestimmt. Doch läßt sich etwas Grundlegendes sagen: Summen und Produkte sind in (1) und (2) so definiert, daß sich die Polynome (4) bezüglich der Addition und Multiplikation genau so wie in der elementaren Algebra behandeln lassen. Setzt man für x in (4) ein Element $a \in F$, so erhält man $f(a)$ als ein weiteres Element von F; das gleiche gilt, wenn $a \in F_1$, wobei F_1 ein beliebiger größerer Körper ist, der F enthält. Setzt man für x „numerische Werte“ ein, so überträgt sich das auch auf Summen und Produkte von Polynomen. Ist also das Polynom $f(x)$ über dem Körper der *rationalen Zahlen* definiert (d. h. sind seine Koeffizienten rational), dann läßt sich $y = f(x)$ als eine Funktion über dem Körper der *reellen Zahlen* schreiben; $f(\alpha)$ läßt sich dann gleich Null setzen, wenn man eine Wurzel α im Körper der *komplexen Zahlen* bestimmen kann.

Schließlich definieren wir noch für beliebige $a \in F$ die skalare Multiplikation:

$$af(x) = a(f_0 + f_1 x + f_2 x^2 + \dots) = (af_0) + (af_1) x + (af_2) x^2 + \dots$$

Dann gelten die Regeln (S1 - 5). Wir sehen also, daß Polynome $f(x)$ alle Operationsregeln erfüllen, allerdings mit der einen Ausnahme, daß reziproke Werte fehlen.

Somit ist $F(x)$ für Summen und Produkte ein *Ring* (vollständiger Bereich) und ein *Vektorraum* für Summen und skalare Multiplikation — und zwar ein Vektorraum unbestimmter Dimension mit der Basis $(1, x, x^2, \dots)$. $F(x)$ ist also, kurz gesagt, ein Beispiel für eine *lineare Algebra*. Die eine Schwäche läßt sich sogar beheben. Genau wie sich ein vollständiger Bereich ganzer Zahlen durch entsprechende Definition der Brüche zum Körper der rationalen Zahlen erweitern läßt, so läßt sich auch der vollständige Bereich $F(x)$ der Polynome $f(x)$ zum *Körper* der rationalen Brüche $\{f(x)/g(x)\}$ erweitern, wobei $f(x)$ und $g(x)$ in $F(x)$ sind.

Wir müssen nun die *Faktorisierung* als eine Eigenschaft von Polynomen entwickeln; daraus ergeben sich dann die *Wurzeln* der Polynome. Richtungweisend ist dabei, daß sich Polynome etwa wie ganze Zahlen verhalten. Jedes bildet einen vollständigen Bereich, in dem nur reziproke Werte fehlen. Diese Parallele zwischen den ganzen Zahlen und den Polynomen ist also in der Tat unverkennbar.

Sind m und n ganze Zahlen ($m > n$), so kennt man folgende Divisionsprozesse. Man dividiere m durch n, so daß man eine ganze Zahl q_1 und einen Rest r_1 ($< n$) erhält: $m = q_1 n + r_1$. Ist $r_1 \neq 0$, so dividiere man n durch r_1 und man erhält $n = q_2 r_1 + r_2$. Dies geht so weiter, bis der Rest Null ist, was früher oder später der Fall sein muß:

$$m = q_1 n + r_1 \,; \quad n = q_2 r_1 + r_2 \,; \quad r_1 = q_3 r_2 + r_3 \,; \quad \dots \quad r_{k-2} = q_k r_{k-1} + r_k$$

schließlich erhält man $r_{k-1} = q_{k+1} r_k$. Dann ist r_k der GGT (größte gemeinsame Teiler) von m und n. Arbeitet man sich vom Ergebnis her durch die Division hindurch, so zeigt sich:

$$\begin{aligned} r_k = r_{k-2} - q_k r_{k-1} &= r_{k-2} - q_k(-q_{k-1} r_{k-2} + r_{k-3}) \\ &= -q_k r_{k-3} + (1 + q_k q_{k-1}) r_{k-2} = \dots \\ &= (\text{ganze Zahl})\, m + (\text{ganze Zahl})\, n \text{ eventuell} \end{aligned}$$

Ist c der GGT von m und n, dann existieren ganze Zahlen λ und μ, so daß

$$c = \lambda m + \mu n \tag{6}$$

Dieser Prozeß einer wiederholten Division, der zu (6) führt, wird oft als *Divisionsalgorithmus* oder Euklidischer Algorithmus bezeichnet, wobei „Algorithmus" einfach „Rechenregel" bedeutet.

Man definiere eine ganzzahlige *Primzahl* als positive ganze Zahl $p > 1$, die keine anderen Teiler als 1 und p selbst hat. Dann lautet das *Fundamentaltheorem der Arithmetik:*

Jede positive ganze Zahl $n > 1$ läßt sich eindeutig in ein Produkt von Primzahlen zerlegen: $n = p_1 p_2 \ldots p_i$ für positive ganze Zahlen i.

Eine negative ganze Zahl wird dabei so gehandhabt, daß ihr entsprechender positiver Wert mit (-1) multipliziert wird. Der Beweis des Theorems lautet wie folgt:

Zunächst mit Hilfssatz: Läßt sich ein Produkt $m_1 \times m_2$ durch eine Primzahl p dividieren, so lassen sich entweder m_1 oder m_2 oder beide durch p dividieren. Denn wenn sich m_1 nicht durch p dividieren läßt, so ist ihr GGT 1 und auf Grund von (6) ergibt sich

$$\lambda p + \mu m_1 = 1 \quad \text{für einige ganze Zahlen } \lambda \text{ und } \mu$$

$$\text{und so} \quad \lambda p m_2 + \mu m_1 m_2 = m_2$$

Doch pm_2 läßt sich durch p dividieren und $m_1 m_2$ auch; m_2 muß sich also durch p dividieren lassen. Folglich gilt der Hilfssatz.

Zweitens läßt sich eine gegebene ganze Zahl n mit Sicherheit so lange in Faktoren zerlegen, bis nur noch Primzahlen auftreten; wir müssen zeigen, daß die Zerlegung in Faktoren eindeutig ist. Angenommen:

$$n = p_1 p_2 \ldots p_i = q_1 q_2 \ldots q_j \quad \text{(die } p \text{ und } q \text{ sind Primzahlen)}$$

Dann läßt sich n und also auch $q_1 q_2 \ldots q_j$ durch q_1 dividieren. Auf Grund des Hilfssatzes läßt sich eines der q, das (durch Umstellung) auch als q_1 aufgefaßt werden kann, durch p_1 teilen. Da p_1 und q_1 Primzahlen sind, läßt sich q_1 durch p_1 nur dann dividieren, wenn $p_1 = q_1$. Dieser Prozeß geht mit $p_2 p_3 \ldots p_i = q_2 q_3 \ldots q_j$ so weiter ($p_1 = q_1$ kürzen sich weg); jedes p läßt sich so lange als q darstellen, bis alle Werte berücksichtigt wurden. Folglich ist $i = j$ und die p und q stellen die gleiche Menge Primzahlen dar. Damit ist das Theorem bewiesen.

Beispiel (b): Für $m = 105$ und $n = 12$ lautet der Divisionsalgorithmus:

$$105 = 8 \times 12 + 9\,; \quad 12 = 1 \times 9 + 3\,; \quad 9 = 3 \times 3$$

der *GGT* ist somit 3. Weiterhin: $3 = (-1)\,105 + 9 \times 12$ und in (6) sind in diesem Fall $\lambda = -1$ und $\mu = 9$. Schließlich lautet noch die eindeutige Zerlegung in Faktoren $105 = 7 \times 5 \times 3$ und $12 = 3 \times 2 \times 2$; der *GGT* ist wiederum 3.

Die Entwicklung für die ganzen Zahlen läßt sich fast Wort für Wort für die Polynome wiederholen. Sind $f(x)$ vom Grad m und $g(x)$ vom Grad n zwei Polynome der Form (5) und gilt $m < n$, dann beginnt der Divisionsalgorithmus mit $f(x) = q_1(x)\,g(x) + r_1(x)$, wobei $f(x)$, durch $g(x)$ dividiert, das Polynom $q_1(x)$ und den Rest $r_1(x)$ vom Grade $< n$ ergibt. Der letzte Rest ist dann der GGT von $f(x)$ und $g(x)$. Ist $c(x)$ der GGT, dann existieren Polynome $\varphi(x)$ und $\psi(x)$, so daß

$$c(x) = \varphi(x)\,f(x) + \psi(x)\,g(x) \tag{7}$$

Bei entsprechender Anwendung von (5) haben alle Polynome eine 1 als ersten Koeffizienten; dadurch wird im folgenden eine präzise Formulierung der Definition und des Ergebnisses ermöglicht.

Wir wählen die Definition so, daß ein Polynom $p(x)$ aus $F(x)$ im Körper F *nicht reduzierbar* ist, wenn es einen positiven Grad ($n \geqslant 1$) und in F keine anderen Teiler als 1 und $p(x)$ selbst hat. Daraus folgt, genau wie für die ganzen Zahlen, folgendes Ergebnis aus (7):

Jedes Polynom positiven Grades $f(x)$ läßt sich eindeutig in ein Produkt aus nicht reduzierbaren Polynomen zerlegen.

$$f(x) = p_1(x)\,p_2(x)\,\ldots\,p_i(x) \text{ für positive ganze Zahlen } i$$

Hat das Polynom die Form (4), so müssen konstante Faktoren auftreten.

Beispiel (c): Für $f(x) = x^4 - 2x^3 + 2x^2 - 2x + 1$ und $g(x) = x^3 + x^2 + x + 1$ besteht der Divisionsalgorithmus aus zwei Schritten:

$$x^4 - 2x^3 + 2x^2 - 2x + 1 = (x-3)(x^3 + x^2 + x + 1) + 4(x^2 + 1)$$

und
$$x^3 + x^2 + x + 1 = (x + 1)(x^2 + 1)$$

Der *GGT* ist $(x^2 + 1)$, wie man ebenfalls aus der eindeutigen Zerlegung in Faktoren erkennt:

$$f(x) = (x-1)(x-1)(x^2 + 1) \quad \text{und} \quad g(x) = (x + 1)(x^2 + 1)$$

Für die Wurzeln eines Polynoms ergibt sich folgendes einfaches Ergebnis:

Das Polynom $f(x)$ hat eine Wurzes α dann und nur dann, wenn $f(x)$ einen linearen Faktor $(x-\alpha)$ hat.

Zerlegt man $f(x)$ eindeutig in ein nicht reduzierbares Produkt von Faktoren $p(x)$, so können einige der $p(x)$ die lineare Form $(x-\alpha)$ haben und somit Wurzeln für $f(x)$ ergeben. Doch gilt dies für alle $p(x)$ so lange nicht, wie wir uns (wie hier der Fall) auf die rationalen Zahlen beschränken. Es gibt andere nicht reduzierbare Polynome wie etwa (x^2-2) und $(x^2 + 1)$. Wir müssen also versuchen, über den Körper der rationalen Zahlen hinauszukommen; wir greifen einen bereits gegebenen Hinweis auf und müssen somit den Körper der rationalen Zahlen in einen weiter gefaßten Über-Körper aufgehen lassen.

Ein guter Teil der Theorie der Körper ist wie eine „chinesische Schachtel“. Ein gegebener Körper F enthält Unterkörper, d. h. Untermengen, die selbst wieder Körper sind. Stets gibt es einen kleinsten Unterkörper, Primkörper genannt, der keine weiteren Unterkörper hat*. Umgekehrt läßt sich auch ein gegebener Körper F, ob Primkörper oder nicht, in einen größeren Körper einbetten — in Erweiterungskörper oder Überkörper. Beispielsweise ist im Körper der reellen Zahlen die Menge der rationalen Zahlen ein Primkörper; selbst aber ist er wieder in einem Überkörper, der Menge der komplexen Zahlen enthalten.

Man betrachte einen Körper F und ein nicht dazu gehöriges Element x beliebiger Art. Die Menge aller Elemente F *plus* x allein ist im allgemeinen nicht groß genug, um einen Körper oder auch nur einen Ring zu bilden. Damit sich ein Ring ergeben kann, müssen weitere Elemente hinzukommen — nämlich Summen, Differenzen und Produkte (doch keine Quotienten) von x und Elementen von F. Den so erhaltenen Ring bezeichnet man mit $F[x]$; er läßt sich ableiten, indem man das einzelne Element x und F zu einem Ring vereint. Das allgemeine Element in $F[x]$ ist offenbar $(f_0 + f_1 x + f_2 x^2 + \ldots)$, also ein Polynom, dessen Koeffizienten in F liegen. Folglich ist der Ring der Polynome $F[x]$ die *Vereinigung* von x und F zu einem Ring. Nun gehe man einen Schritt weiter und bilde aus der Menge F plus x einen Körper, in dem man alle rationalen Kombinationen (Summen, Differenzen, Produkte *und* Quotienten) von x und Elementen aus F hinzufügt. *Vereinigt* man x mit F auf diese Weise zu einem Körper, so wird das neue Gebilde als $F(x)$ bezeichnet. Man sieht leicht, daß das allgemeine Element von $F(x)$ die Form $f(x)/g(x)$ hat, wobei $f(x)$ und $g(x)$ Polynome in $F(x)$ sind. Somit ist $F(x)$ der Körper der rationalen Brüche.

Man betrachte den Fall, daß ein Überkörper F_2 entsteht, indem man i ($i^2 = -1$) mit dem Körper F_1 der reellen Zahlen zu einem neuen Körper vereinigt. Ein beliebiges Element von F_2 wird wie folgt beschrieben: Setzt man $i^2 = -1$, so ergibt sich nach entsprechender Anordnung:

$$\frac{f_0 + f_1 i + f_2 i^2 + \ldots}{g_0 + g_1 i + g_2 i^2 + \ldots} = \frac{a_0 + a_1 i}{b_0 + b_1 i} \quad \begin{array}{l}\text{durch Substitution } i^2 = -1\\ \text{und durch Zusammenfassung}\end{array}$$

$$= \frac{(a_0 + a_1 i)(b_0 - b_1 i)}{(b_0 + b_1 i)(b_0 - b_1 i)} = \frac{a_0 b_0 + a_1 b_1}{b_0^2 + b_1^2} + \frac{a_1 b_0 - a_0 b_1}{b_0^2 + b_1^2}\, i$$

* Ist P ein Primkörper eines gegebenen Körpers F, so hat man als grundlegenden Satz, daß P entweder mit dem unendlichen Körper der rationalen Zahlen *oder* dem endlichen Körper der ganzen Zahlen, mod p für irgendeine Primzahl p, isomorph (wesentlich gleich) ist. Im ersten Fall sagt man, F habe die *Charakteristik* 0; der Körper der komplexen Zahlen wäre ein Beispiel dafür. Im letzten Fall hat F die *Charakteristik* p; das Besondere ist, daß sich dann $1 + 1 + 1 \ldots$ (p mal) $= 0$ ergibt, wobei 0 und 1 die Einheitselemente von F sind.

für reelle Zahlen a_0, a_1, b_0, b_1. Folglich hat das allgemeine Element die Form $(a + ib)$, wobei a und b den Körper der reellen Zahlen durchlaufen. Der Überkörper F_2 ist der Körper der reellen Zahlen — der sich durch Hinzufügen des einzelnen Elements i ergibt.

Nun folgt unmittelbar die Anwendung auf Wurzeln von Polynomen. Der Ring $F(x)$ der Polynome $f(x)$ hat Koeffizienten, die im Körper F der rationalen Zahlen liegen. Zu den nicht reduzierbaren $f(x)$ gehören Gebilde wie etwa (x^2-2), die reelle, doch irrationale Wurzeln haben. Erweitert man F zum Überkörper F_1 der reellen Zahlen, dann lassen sich solche $f(x)$, die in F nicht mehr weiter reduzierbar sind, in F_1 dann doch noch weiter reduzieren. In F_1 gibt es jedoch immer noch nicht reduzierbare $f(x)$, z. B. $(x^2 + 1)$. Jetzt läßt sich aber zeigen, daß ein weiterer Schritt schon genügt. Man vereinige das Element i mit F_1 so, daß sich der Überkörper F_2 der komplexen Zahlen ergibt. Hier ist i die Wurzel des besonderen Polynoms $(x^2 + 1)$, das auch in F oder F_1 sich nicht mehr reduzieren läßt, wohl aber in F_2, nämlich zu $(x + i)(x-i)$. Als endgültiges Ergebnis erhalten wir, daß F_2 *alle* Wurzeln *aller* Polynome $f(x)$ enthält.

Der *Fundamentalsatz der Algebra* lautet dann:

Ist $f(x) = x^n + f_{n-1} x^{n-1} + \ldots + f_1 x + f_0$ *ein beliebiges Polynom n-ten Grades mit rationalen Koeffizienten, so gilt* $f(\alpha) = 0$ *für komplexes* α.

Das interessanteste an diesem Theorem liegt offensichtlich darin, daß es sich rein algebraisch nicht mehr beweisen läßt. Alle verfügbaren Beweise enthalten topologische Begriffe; siehe Courant und Robbins (1941), S. 101 - 3 und 269 - 71. Im folgenden soll der Beweis kurz skizziert werden, allerdings ohne Einzelheiten der Topologie. $\alpha = r(\cos\vartheta + i \sin\vartheta)$ sei eine beliebige komplexe Zahl, so daß $f(\alpha)$ ebenfalls eine komplexe Zahl ist. Sie sei $\beta = p(\cos\varphi + i \sin\varphi)$. In einem Argand-Diagramm ist α ein Punkt P mit den Polar-Koordinaten (r, ϑ) und β ein Punkt Q (p, φ). Die stetige Funktion $\beta = f(\alpha)$ bildet P in Q ab. P beschreibe einen Kreis vom Radius r (wobei ϑ variiert). Dann beschreibt Q irgendeine stetige Kurve in dem Diagramm; m sei die Zahl der Drehungen entgegen dem Uhrzeigersinn um 0. Doch hängt m von r ab (d. h. von dem Kreis, den man für P gewählt hat) und muß stetig mit r variieren; m (r) ist also eine stetige Funktion. P und Q sind einzelne Punkte, wenn $r = 0$, d. h. $m(0) = 0$. Es läßt sich zeigen, daß m eine positive ganze Zahl wird, wenn r einen großen Wert annimmt; in der Tat gilt $m(r) \to n$, wenn $r \to \infty$. Die Kurve, die von dem Punkt Q beschrieben wird und die sich mit wachsendem r ständig verändert, beginnt als einzelner Punkt $(r = 0)$ und endet mit der Umkreisung von 0 $(r = \infty)$. Irgendwann muß er durch 0 hindurchgehen $(\beta = 0)$. Wenn dies der Fall ist, gilt $f(\alpha) = 0$, wobei α eine komplexe Wurzel von $f(x)$ ist.

Der Rest läßt sich leicht entwickeln. Angenommen, α_1 sei eine komplexe Wurzel von $f(x)$, so daß $f(x) = (x-\alpha_1)\, g(x)$ für irgendein $g(x)$, ein Polynom $(n-1)$-ten Grades. Angenommen, α_2 sei eine komplexe Wurzel von $g(x)$, so daß $(x-\alpha_2)$ ein Faktor von $g(x)$ und somit von $f(x)$ ist. Fährt man so fort, so erhält man schließlich:

$$f(x) = (x-\alpha_1)(x-\alpha_2)\ \ldots\ (x-\alpha_n) \tag{8}$$

$f(x)$ hat dann genau n Wurzeln $\alpha_1, \alpha_2, \ldots\ \alpha_n$ im komplexen Körper. $\alpha = a + ib$ sei eine Wurzel. Ist $b = 0$, so ist die Wurzel reell; anderenfalls sind sowohl α und sein konjugierter Wert $\alpha' = a-ib$ Wurzeln. Man betrachte die Abbildung einer komplexen Zahl auf ihren konjugierten Wert und wende sie auf beiden Seiten von (8) an. Da $f(x)$ reelle (rationale) Koeffizienten hat, ändert sich nichts; auf der anderen Seite wird jedes α in α' überführt. Folglich gilt:

$$f(x) = (x-\alpha'_1)(x-\alpha'_2)\ \ldots\ (x-\alpha'_n)$$

d. h. die α' stellen einfach eine andere Anordnung der α dar und die konjugierten Werte irgendwelcher (nicht reeller) Wurzeln sind gleichfalls Wurzeln.

Das endgültige Ergebnis läßt sich jetzt einfach formulieren: Ein Polynom n-ten Grades mit rationalen Koeffizienten hat genau n Wurzeln im komplexen Körper. Einige oder auch alle Wurzeln können reell sein. Andere Wurzeln treten in konjugiert komplexen Paaren auf.

Anhang C:

Übungsaufgaben: Lösungen und Hinweise

1.2 (S. 7)

1. Man erhält $\alpha = \bar{X} - a\bar{P}$, $\beta = \bar{X} - b\bar{P}$ und substituiert in (2). $\bar{X}$ und $\bar{P}$ müssen positiv sein; folglich ist $-\frac{b\alpha}{(-a)} < \beta < \alpha$.

2. Lösung: $p_t = p_0\, c^t$ mit $c = \frac{(-b)}{(-a)} > 0$. Es ist der Fall $(-b) > (-a)$ vom Fall $(-b) < (-a)$ zu unterscheiden.

3. Modell wie im Text, wobei a und b ausgetauscht werden; die Lösung $p_t = p_0 \left(\frac{1}{c}\right)^t$ hat einen gedämpften Verlauf, wenn S steiler als D ist.

4. Man substituiert $P_t = \lambda_0 + \lambda_1 t$ in (5) und findet λ_0 und λ_1, indem man den Koeffizienten von t und den konstanten Ausdruck jeweils Null setzt.

1.3 (S. 9)

1. Schreiben Sie $c = \frac{(-b)-(-a)}{(-a_1)}$ und bestimmen Sie das Vorzeichen.

2. Die Differentialgleichung lautet: $\frac{dp}{dt} = \gamma p$ mit $\gamma = \frac{a-b}{b}$. Berüchsichtigen Sie bei der Interpretation dieses Falles einen Lag (vom stetigen exponentiellen Typ) auf der Nachfrageseite wie in 1.9, Aufg. 2.

3. Die Differentialgleichung lautet: $\frac{dp}{dt} = \gamma p$ mit $\gamma = \frac{b_0 - a_0}{a_1 - b_1}$. Die Koeffizienten a_1 und b_1 beziehen sich auf die Reaktionsgeschwindigkeit von Nachfrage und Angebot.

1.6 (S. 17)

1. $p_t = 0, 1, -\frac{3}{8}, -\frac{15}{64}, \frac{117}{512}, \ldots$ Hier ist D steiler als S; die Preisabweichungen weisen eine gedämpfte Schwingung auf, die langsam gegen Null konvergiert.

2. $p_t = 0, 1, -\frac{9}{8}, \frac{105}{64}, -\frac{1161}{512}, \ldots$ Die Schwingung ist alternierend und explosiv.

1.7 (S. 23)

1. $(b-a) > 0$, wenn $(-b) < (-a)$ wie im Text. Wenn $(-b) > (-a)$, dann $(b-a) < 0$ und $c > 1$ für alle positiven λ, somit liegt ein explosiver Fall vor.

3. $\lambda = 0$ ergibt p_t = konstant ohne Rücksicht auf die Lagerbestände. In *I* ist $p_t = p_{t-1}$. In *II* ist $p_t = 2\,p_{t-1} - p_{t-2}$. Beide ergeben $p_t = p_0$, wenn die Anfangspreise $p_0 = p_1$ sind. $\lambda \to \infty$ ergibt $p_{t-1} = c p_{t-2}$ in beiden Fällen (wobei der Koeffizient von $1/\lambda$ gleich Null gesetzt ist), somit liegt das einfache Cobweb vor.

4. Fast das gleiche wie Modell I, siehe Aufg. 1 oben.

6. $\lambda = 0$ ergibt $p(t)$ = konstant. In III ist $\frac{dp}{dt} = 0$. In IV ist $\frac{d^2 p}{dt^2} = 0$ mit $\frac{dp}{dt} = 0$ als Anfangsbedingung. $\lambda \to \infty$ ergibt eine Differentialgleichung wie in Modell von 1.3 oben. Vergleichen Sie mit dem Periodenfall von Aufg. 2 und 3 oben.

1.9 (S. 35)

1. Setzen Sie $Y = 0$ in $\frac{dY}{dt} = -\frac{1}{T}(Y - Z_0)$ und zeigen Sie, daß die Tangente *OA* ist.

2. Setzen Sie Nachfrage und Angebot gleich, also $(D + \lambda)(\alpha + aP) = \lambda(\beta + bP)$ und so weiter. Gleichung (1) von 1.3 oben folgt mit $a = a_0$ und $\lambda = a_0/a_1$.

4. Y ist durch
$$\frac{d^2 Y}{dt^2} + 4\lambda \frac{dY}{dt} + 4\lambda^2 Y = 4\lambda^2 Z_0 \quad \text{mit} \quad Y = \frac{dY}{dt} = 0 \quad \text{bei} \quad t = 0 \quad \text{gegeben. Die}$$
Lösung (5.8 unten) lautet: $Y = \{1 - (1 + 2\lambda t)\, e^{-2\lambda t}\} Z_0$ ist eine Kurve wie (iii) in Abb. 3, tangiert aber *Ot* in *O*.

5. Beachten Sie, daß das Integral von (8) eine Summe aus zwei Teilen ist; in einem gilt $Z(t-\tau) = Z_0\ (\tau \leqslant t)$; im anderen gilt $Z(t-\tau) = 0\ (\tau > t)$.

2.2 (S. 46)

1. Substituieren Sie in $Y - C = I$ und $L = M$ und lösen Sie nach Y und i auf.

2. Differenzieren Sie Y und i nach β und nehmen Sie das Verhältnis der Ableitungen. Klassischer Fall: $\lambda_2 = 0$; Keynesscher Spezialfall: $\lambda_1 = 0$.

2.4 (S. 51)

1. Sparen ex ante $= Y_{t-1} - C(Y_{t-1}) \neq Y_t - C(Y_{t-1}) = I(i_t)$.

2. Sparen und Investieren ex ante gleich, nicht ex post.

4. Stabilitätsbedingung: *SI* steiler als *LM* oder
$$\frac{1-c}{(-b)} > \frac{\lambda_1}{(-\lambda_2)}.$$

2.6 (S. 58)

1. Taylor-Entwicklung von $C(Y)$, wenn $(Y - Y_0)$ klein ist:
$$C(Y) = C(Y_0) + \left(\frac{dC}{dY}\right)_0 (Y - Y_0) + \frac{1}{2}\left(\frac{d^2 C}{dY^2}\right)_0 (Y - Y_0)^2 + \dots$$
Substituieren Sie in $Y - C(Y) = A$ und beachten Sie $Y_0 - C(Y_0) = A_0$.

2.7 (S. 64)

2. $(Y_t - Y_{t-1})$ ist der Einkommenslag: Einkommen abzüglich der Konsumausgaben $Y_{t-1} - C(Y_{t-1})$ ist gleich geplantes Sparen.

3. Die Steigung von OS ist $\frac{1}{s}$; sie wird kleiner mit steigendem s.

4. Der lineare Fall: $\frac{dY}{dt} + (1-c)\,Y = A$ mit $\overline{Y} = \frac{A}{1-c}$ als Partikularlösung.

   Somit gilt für $y = Y - \overline{Y}$: $\frac{dy}{dt} + (1-c)\,y = 0$, das ergibt $y =$ Konstante $\times\, e^{-(1-c)t}$.

3.3 (S. 83)

1. Schreiben Sie in (ii) $Z = Y - \frac{a_0}{1-c}$ und behandeln Sie (1) entsprechend.

3. Schreiben Sie $Z = Y - \frac{a_0}{1-c}$; $\frac{dZ}{dt} = \frac{dY}{dt}$. Folglich ist (1) äquivalent mit (4): $\frac{dZ}{dt} = \varrho\left(Z - \frac{A_0}{s}\,e^{rt}\right)$.

5. Trendverlauf: $\overline{Y} = \overline{Y}_0\, e^{rt}$. Mit $y = Y - \overline{Y}$ ergibt (4) $y = y_0\, e^{\varrho t}$ wie im Text. Die proportionalen Abweichungen sind $\eta = \frac{Y - \overline{Y}}{\overline{Y}}$, somit ergibt (4) $\eta = \eta_0\, e^{(\varrho - r)t}$. Die erste Abweichung wird graphisch über einer steigenden Trendkurve in natürlichem Maßstab dargestellt; die zweite über einer Trendgeraden in halblogarithmischem Maßstab.

3.4 (S. 87)

3. Der exponentielle Lag ist $\frac{dY}{dt} = -\varkappa\,(Y - Z)$ mit $\varkappa = \lambda s$ und $Z = \frac{A}{s}$.

5. Beachten Sie, daß OA die Tangente an die Kurve (iii) im Punkte O ist; 1.9, Aufg. 1 oben.

3.5 (S. 89)

2. Für $t = 0$ gilt gewöhnlich $\frac{d^2 Y}{dt^2} = (\varkappa v - s)\,\lambda^2 A > 0$. Somit ist der Pfad von Y tangential zu Ot aber konvex in Bezug auf O.

4. $\frac{d^3 Y}{dt^3} + a\,\frac{d^2 Y}{dt^2} + b\,\frac{dY}{dt} + cY = \varkappa\lambda\gamma A$, wobei

$$a = \varkappa + \lambda + \gamma - \varkappa\lambda v;\quad b = \gamma\,(\varkappa + \lambda s) + \varkappa\lambda\,(1 - \gamma v);\quad c = \varkappa\lambda\gamma s$$

   Dieses erhält man aus (4), wenn $\gamma \to \infty$ geht (kein Konsumlag).

3.6 (S. 96)

1. Die Bedingung für den realisierten Investitionsplan lautet: (a) Periodenmodell, keine Lags (diese Aufgabe): $sY_t = v\,(Y_t - Y_{t-1})$. (b) Periodenmodell mit Lags (3.6 oben): $sY_{t-1} = v\,(Y_t - Y_{t-1})$. (c) Stetiges Modell, keine Lags

(3.3 oben): $sY = v\frac{dY}{dt}$. Es gibt in jedem Fall eine gleichgewichtige Wachstumsrate.

2. Bei $v < s$ ist die gleichgewichtige Wachstumsrate in (a) von Aufg. 1 $\varrho' = 1/\left(\frac{v}{s} - 1\right) < 0$; vergleichen Sie dies mit $\varrho = \frac{s}{v} > 1$ in (b) und (c).

3.7 (S. 101)

2. Setzen Sie in (4) $c_2 = 0$, $s = 1 - c = 0$. $Z_t = vZ_{t-1} + A$ hat die Lösung $Z_t = \frac{A}{1-v} + \text{Konstante} \times v^t \to \frac{A}{1-v}$ $(v < 1)$. Das *Wachstum* des Einkommens besitzt ein Gleichgewicht, nicht die *Höhe*. Beachten Sie, daß die Größe des statistischen Multiplikators $\left(\frac{A}{s}\right)$ nicht definiert ist, wenn $s = 0$ ist.
3. Hier ergibt sich das gleiche Ergebnis mit einem v, das auf $(v - c_2)$ reduziert ist, solange wie $v > c_2$ gilt. Bei $v < c_2$ alterniert Z_t.

3.8 (S. 104)

1. Setzen Sie $v - c_2 > (1 + \sqrt{s})^2$. Ein positiver Wert von c_2 macht den kritischen Wert von v einfach größer.
2. Wenn $s = 0$ ist, so ist eine Wurzel von $R = 0$ Null und die andere positiv, wenn $v - c_2 > 1$. Die Kurve von Abb. 8 geht durch den Nullpunkt.

3.9 (S. 108)

2. $R = s > 0$ bei $r = 0$; $R \to \pm\infty$, da $r \to \pm\infty$. Somit schneidet die Kurve Or einmal links von O. Wenn sie Or wiederum schneidet, dann gibt es zwei Schnittpunkte, entweder *beide* links oder *beide* rechts von O. Daraus ergeben sich drei Möglichkeiten.

4.2 (S. 115)

2. Die Werte sind die gleichen abgesehen von den Vorzeichen:

x	$\frac{\pi}{3}$	$\frac{2\pi}{3}$	$\frac{4\pi}{3}$	$\frac{5\pi}{3}$	$\frac{7\pi}{3}$
$\sin x$	+	+	−	−	+
$\cos x$	+	−	−	+	+
$\operatorname{tg} x$	+	−	+	−	+

3. Bei gegebenem $\cos x$ (Abb. 10 b) gibt es zwei x im Bereich $0 \leqslant x < 2\pi$, der eine ergibt für $\sin x$ +, der andere −. Ähnliches gilt für $\operatorname{tg} x$. Bei $\cos x = \frac{1}{2}$ ist $x = \frac{\pi}{3}$ oder $\frac{5\pi}{3}$; die Vorzeichen für $\sin x$ und $\operatorname{tg} x$ wie in Aufg. 2.
4. Probe:

$$\sin 0 = \sin x \cos x - \sin x \cos x = 0$$

$$\cos 0 = \sin^2 x + \cos^2 x = 1$$

6.

$$\frac{d}{dx}\left(\frac{\sin x}{\cos x}\right) = \frac{\sin^2 x + \cos^2 x}{\cos^2 x} = \frac{1}{\cos^2 x} \to \infty \text{ da } x \to \frac{\pi}{2}.$$

4.3 (S. 123)

3. Aus (1): $(x_2 + x_1, y_2 + y_1) = (x_1 + x_2, y_1 + y_2)$.

   Aus (4): $(x_2 x_1 - y_2 y_1, x_2 y_1 + x_1 y_2) = (x_1 x_2 - y_1 y_2, x_1 y_2 + x_2 y_1)$.

4. Es sei $z = (x, y)$: $z_1 = z z_2 = (x x_2 - y y_2, x y_2 + x_2 y)$, d. h., $x_1 = x x_2 - y y_2$ und $y_1 = x y_2 + x_2 y$. Das löse man nach x und y auf.

5. $\frac{x_1 + i y_1}{x_2 + i y_2} = \frac{(x_1 + i y_1)(x_2 - i y_2)}{x_2^2 + y_2^2} = \text{etc.}$, indem Sie Zähler und Nenner mit $(x_2 - i y_2)$ multiplizieren.

6. Zeigen Sie, daß das Quadrat der rechten Seite der Wurzel $(x + iy)^2$ ist.

4.4 (S. 128)

1. Beachten Sie: $e^0 = 1$
2. $OB' = e^{3/2\, i\pi}$ und $e^{2\, i\pi} = OA$
3. Multiplizieren Sie $(\cos x + i \sin x)$ mit $(\cos x - i \sin x)$. Dann multiplizieren Sie $e^x = \cosh x + \sinh x$ und $e^{-x} = \cosh x - \sinh x$.
4. $2 \cos\left(\frac{\pi}{2} - x\right) = e^{i\left(\frac{\pi}{2} - x\right)} + e^{-i\left(\frac{\pi}{2} - x\right)} = i\,(e^{-ix} - e^{ix}) = \text{etc.}$

4.5 (S. 132)

3. $\text{Quotient} = \frac{r(\cos\vartheta + i \sin\vartheta)}{r(\cos\vartheta - i\sin\vartheta)} = \frac{(\cos\vartheta + i\sin\vartheta)^2}{(\cos\vartheta - i\sin\vartheta)(\cos\vartheta + i\sin\vartheta)}$ usw. unter Berücksichtigung von $\cos^2\vartheta + \sin^2\vartheta = 1$, $\cos^2\vartheta - \sin^2\vartheta = \cos 2\vartheta$ und $2\sin\vartheta\cos\vartheta = \sin 2\vartheta$.
4. $x^2 + y^2 = (x + iy)(x - iy) = (y + ix)(y - ix)$.
5. Verwenden Sie $\cos 2\vartheta = \cos^2\vartheta - \sin^2\vartheta$; $\sin 2\vartheta = 2\sin\vartheta\cos\vartheta$

4.6 (S. 139)

3. Der typische Fall: $f(x)$ hat ein Maximum oder Minimum zwischen a und b, d. h. ein $f'(x) = 0$. Allgemein liegt eine ungerade Zahl von Maxima oder Minima mit einem Wendepunkt bei $f'(x) = f''(x) = 0$ vor, der als zusammenfallende Wurzel von $f'(x) = 0$ gezählt wird. Wenn $f'(x) = 0$ reelle Wurzeln bei $x_1, x_2, \ldots, x_{n-1}$ in aufsteigender Ordnung hat und wenn $f(x)$ im Vorzeichen in der Folge $f(-\infty), f(x_1), f(x_2), \ldots, f(x_{n-1}), f(\infty)$ alterniert, dann hat $f(x) = 0$ n reelle Wurzeln getrennt durch $x_1, x_2, \ldots, x_{n-1}$.
4. Hier ist $f'(x) = 0$ bei $x = \pm 1$. Vorzeichen:

x	$-\infty$	-1	$+1$	$+\infty$
$f(x)$	$-ve$	$(k+2)$	$(k-2)$	$+ve$

   Somit liegen drei reelle und ungleiche Wurzeln vor, wenn $-2 < k < 2$ ist.

5. Bei $a_n > 0$ ist die Zahl der Vorzeichenwechsel gerade. Es ergibt sich aus der graphischen Betrachtung, daß die Zahl der positiven Wurzeln von $f(x) = 0$ gerade ist. Ähnliches gilt, wenn $a_n < 0$. Nunmehr muß noch gezeigt werden, daß die Zahl der positiven Wurzeln nicht größer k ist. Für den Beweis siehe Durell und Robson (1937), die von dem Ergebnis ausgehen, daß wenn $f(x)$ k Vorzeichenwechsel hat, dann hat $(x-a)f(x)$ $(k+1)$ Vorzeichenwechsel für $a > 0$.

4.7 (S. 146)

1. Abb. 10 zeigt, daß $\sin x$ gegenüber $\cos x$ um $\frac{\pi}{2}$ verschoben ist.

2. $\cos\left(\omega x - \frac{\pi}{4}\right) = \cos \omega x \cos \frac{\pi}{4} + \sin \omega x \sin \frac{\pi}{4} = \frac{1}{\sqrt{2}} (\cos \omega x + \sin \omega x)$, das ergibt sich auch durch die Formel (4.2 oben), da $\cos 45° = \sin 45° = \frac{1}{\sqrt{2}}$ ist.

3. Abb. 10: $y = A \operatorname{tg} (\omega t + \varepsilon)$ schneidet Ot, wenn $\omega t + \varepsilon = n\pi$ (n ganzzahlig). Somit ist die Periode von $\frac{\pi}{\omega}$ und die Phase durch den Schnittpunkt bei $t = -\frac{\varepsilon}{\omega}$ gegeben.

4.9 (S. 158)

1. Verwenden Sie die Formel $\cos(x + \pi) = \cos(x - \pi) = -\cos x$ für jedes x.

4. $\frac{dy}{dt} = \varrho A e^{\alpha t} \cos(\omega t + \varepsilon + \eta)$.

   $\frac{d}{dt} y(t - \vartheta) = \varrho (A e^{-\alpha\vartheta}) e^{\alpha t} \cos(\omega t + \varepsilon + \eta - \omega\vartheta) =$ Realteil von $pe^{-p\vartheta} z$.

   Setzen Sie $\alpha = 0$, $\vartheta = \frac{\pi}{2\omega}$; somit gilt $\varrho = \omega$, $\eta = \frac{\pi}{2}$ und $\frac{d}{dt} y\left(t - \frac{\pi}{2\omega}\right) = \omega A \cos(\omega t + \varepsilon)$.

5. $Ae^{\nu\varepsilon} = (\Sigma A_n) e^{i\varepsilon}$, wobei ε die gemeinsame Phase ist. Also ist $A = \Sigma A_n$. Hier weisen OP_1 und OP_2 (Abb. 18) in *dieselbe* Richtung und somit auch OP; alle sinusförmigen Schwingungen mit gleicher Phase und Amplitude werden einfach addiert.

6. Aus der Additionsformel (4.2 oben) ergibt sich

$$\cos x + \cos y = 2 \cos \frac{x-y}{2} \cos \frac{x+y}{2} \text{ für alle } x \text{ und } y.$$

   Folglich: $y = 2 A e^{\alpha t} \cos \frac{\pi}{4} \cos\left(\omega t + \varepsilon + \frac{\pi}{4}\right) =$ etc. $\left(\cos \frac{\pi}{4} = \frac{1}{\sqrt{2}}\right)$.

   Im anderen Fall: $y = 2 A e^{\alpha t} \cos \frac{\pi}{2} \cos\left(\omega t + \varepsilon + \frac{\pi}{2}\right) = 0$ $\left(\cos \frac{\pi}{2} = 0\right)$.

   In Abb. 18 haben OP_1 und OP_2 die gleiche Länge und stehen rechtwinklig zueinander (erster Fall) oder weisen in die entgegengesetze Richtung (zweiter Fall).

5.1 (S. 162)

2. Hier ist x ein Vielfaches von $\frac{1}{n}$ und Y_x ergibt sich durch Induktion: wenn

$$Y_x = Y_0\left(1+\frac{r}{n}\right)^{nx}, \text{ dann } Y_{x+\frac{1}{n}} = Y_x\left(1+\frac{r}{n}\right) = Y_0\left(1+\frac{r}{n}\right)^{n\left(x+\frac{1}{n}\right)}.$$

Wenn $n \to \infty$, beachten Sie: $\left(1+\frac{r}{n}\right)^{\frac{n}{r}} \to e$.

5.3 (S. 173)

1. $\frac{d}{dx}\left(\frac{a^x}{\log a}\right) = a^x$ für $a \neq 1$; daraus dann die Lösung. Wenn $a = 1$, dann lautet die Differentialgleichung $\frac{dY}{dx} = 1$, so daß $Y = x + A$ ist.

3. Verwenden Sie die Formel $\sin(ax+b) = \cos\left(ax+b-\frac{\pi}{2}\right)$; $\cos(ax+b) = -\sin\left(ax+b-\frac{\pi}{2}\right)$.

6. Komplementärfunktion von Aufgabe 5. Prüfen Sie die Partikularintegrale: (i) $Y = x$ und (ii) $Y = \sin x$. Die Lösungen stellen eine stetige Näherung an (i) einen konstant wachsenden Trend und (ii) einen oszillatorischem Trend dar.

7. Der Trend ist $Y = \int f(x)\,dx$ als Partikularpfad von Y. Die Abweichung vom Trend ist konstant.

5.4 (S. 180)

2. Komplementäre Funktionen von Aufgabe 1. Prüfen Sie die Partikularintegrale: $Y = x$ und $Y = e^{-x}$.

3. $y = (A_1 + A_2 x)\,e^{-x}$ mit $A_1 = A_2 = 1$ aus den Anfangsbedingungen.

4. Komplementärfunktion wie in Aufgabe 3; prüfen Sie $Y = x(1-e^{-x})$ als Partikularintegral, und ermitteln Sie die Konstanten aus den Anfangsbedingungen.

5. Die Differentialgleichungen lauten: $\frac{d^2 y}{dx^2} \pm 2\frac{dy}{dx} + 2y = 0$.

6. $A = 1$, $\varepsilon = 0$; es gilt das gleiche für beide Anfangsbedingungen, da mit (i) folgt, daß $Y = \frac{\pi}{2}$ bei $x = \frac{\pi}{2}$ ist.

7. Setzen Sie $y = ue^{-\frac{1}{2}ax}$ in (6) ein; somit ist $\frac{d^2 u}{dx^2} = 0$, das ergibt $u = A_1 + A_2 x$.

8. Bei $(-a) < (-b)$, lautet die Hilfsgleichung $q^2 = \lambda(a-b) > 0$; das ist der explosive Fall wie in Aufgabe 1 oben. Für $(-a) = (-b)$ ist $\frac{d^2 p}{dt^2} = 0$ und $p = A_1 + A_2 t$.

9. Schwingungen liegen nur vor, wenn $\lambda < \frac{4}{a^2}(b-a)$ ist. Die rechte Seite der Gleichung ist hier positiv ($a < 0$, $b > 0$) aber sie kann ganz klein sein, z. B. wenn a numerisch groß ist.

5.5 (S. 187)

2. Setzen Sie $\frac{dy}{dx} = z(x)$ in die linke Seite von (i) ein und bestimmen Sie die linke Seite von (ii). Damit ist $y = \int z(x)\, dx + A$.
3. Die Substitution in (8) ergibt eine lineare Gleichung in x, die für alle x gelten muß; Sie erhalten a und b, indem Sie die Koeffizienten von x und die konstanten Glieder jeweils gleich 0 setzen.
4. Die Hilfsgleichung ist kubisch mit $(p-1)$ als Faktor; e^x dominiert, d. h. y hat ein stetiges und oszillatorisches explosives Element.

5.6 (S. 194)

2. Ersetzen Sie in der Formel für „die partielle Integration" aus Aufgabe 1 y durch y' und durch y''.
4. Es ergibt sich eine „partielle Integration". Eliminieren Sie einen der folgenden Ausdrücke $\int e^{-pt} \sin \omega t\, dt$ und $\int e^{-pt} \cos \omega t\, dt$ und ermitteln Sie den anderen.
7. Jede Variable kann in einem bestimmten Integral erscheinen, so daß

$\bar{y}(p) = \int_0^\infty e^{-p\tau} y(\tau)\, d\tau$ und somit $\bar{y}\left(\frac{p}{\omega}\right) = \int_0^\infty e^{-\frac{\varrho\tau}{\omega}} y(\tau)\, d\tau$ ist.

5.7 (S. 200)

2. $-A_1 = A_2 = \frac{1}{2}$.
3. Hilfsgleichungen: (i) $(p+1)^2\,\bar{y}(p) = \frac{2p+1}{p^2}$

$$\text{(ii)}\quad (p+1)^2\,\bar{y}(p) = -\frac{p^3+2p^2-2p-1}{p^2}.$$

Zerlegen Sie in (i) $\frac{2p+1}{p^2(p+1)^2}$ in Partialbrüche und verwenden Sie die Standardform, um von $y(p)$ zu $y(t)$ zu kommen. Ähnliches tun Sie für (ii).

4. Hilfsgleichung: $\left\{\left(p+\frac{1}{2}\right)^2 + 1\right\} \bar{y}(p) = \frac{4p+5}{4p^2} + p + \frac{3}{2}$.

Die Lösung lautet dann $y = t + e^{-t/2} \cos t$.

5.8 (S. 206)

1. $(D^3 + 9\lambda D^2 + 27\lambda^2 D + 27\lambda^3)\, Y = 27\lambda^3 Z$; die Hilfsgleichung hat drei gleiche Wurzeln (-3λ). Prüfen Sie $Y = (A + Bt + Ct^2)\, e^{-3\lambda t}$; das Partikularintegral ist $Y = Z_0$. A, B und C erhalten Sie aus den Anfangsbedingungen.

2. Die Hilfsgleichung hat zwei Wurzeln $(-\lambda_1)$ und $(-\lambda_2)$. Verwenden Sie für die Lösung die Anfangsbedingungen:

$$Y = \left(1 + \frac{\lambda_2}{\lambda_1 - \lambda_2} e^{-\lambda_1 t} + \frac{\lambda_1}{\lambda_2 - \lambda_1} e^{-\lambda_2 t}\right) Z_0 \,.$$

3. (a) $Y = \left(\frac{n\lambda}{D + n\lambda}\right)^n Z$; (b) $Y = \frac{\lambda_1 \lambda_2 \ldots \lambda_n}{(D + \lambda_1)(D + \lambda_2) \ldots (D + \lambda_n)} Z$.

5.9 (S. 211)

2. Ersetzen Sie zwei Ausdrücke in (4):

$$\bar{y}(p) = \frac{A_1}{p - p_1} + \frac{A_2}{(p - p_1)^2} + \ldots$$

Das ergibt:

$$y(t) = (A_1 + A_2 t) e^{p_1 t} + \ldots$$

Das gleiche machen Sie mit den beiden gleichen Paaren der konjugiert komplexen Wurzel. Resonanz mit einem explosiven Element wie $(A_1 + A_2 t)$ liegt vor, wenn Eigenschwingung und erzwungene Schwingung zusammenfallen.

3. Die Lösung lautet: $y = \frac{\cos \omega t}{1 - \omega^2} + A \cos (t - \varepsilon)$, also erzwungene Schwingung plus Eigenschwingung. Resonanz ergibt sich bei $\omega \to 1$ und $y \to \infty$.

6.1 (S. 216)

3.
$$\begin{array}{rccccccc} y_x = & 1 & -1 & & 1 & & -1 \ldots \\ \Delta y_x = & & -2 & & 2 & -2 & \ldots \\ \Delta^2 y_x = & & & 4 & -4 & & \ldots \end{array}$$

4. $\Delta y_x = y_{x+1} - y_x$; $\Delta^2 y_x = y_{x+2} - 2 y_{x+1} + y_x$;

$$\Delta^3 y_x = y_{x+3} - 3 y_{x+2} + 3 y_{x+1} - y_x \,.$$

$$y_{x+1} = \Delta y_x + y_x \,; \quad y_{x+2} = \Delta^2 y_x + 2 \Delta y_x + y_x \,;$$

$$y_{x+3} = \Delta^3 y_x + 3 \Delta^2 y_x + 3 \Delta y_x + y_x \,.$$

6.2 (S. 222)

2. Die allgemeine Lösung lautet: $y_x = y_0 (\frac{1}{2})^x$

3. $y_2 = y_1 - y_0$; $y_3 = -y_0$; $y_4 = -y_1$; $y_5 = -(y_1 - y_0)$; $y_6 = y_0$.
Jeder Kreislauf wiederholt sich in 6 Intervallen.

6.3 (S. 226)

3. Die Additionsformel ergibt $(\sin x - \sin y)$ wie in 4.9, Aufgabe 6. Somit:

$$\Delta (\sin ax) = \sin (ax + a) - \sin ax = \text{etc.}$$

5. $Y_{x+1} = Y_x + (x + 1)^2$ ergibt ΔY_x. Verwenden Sie das Ergebnis von Aufgabe 4.

7. Prüfen Sie $Y_x = \mu \alpha^x$ für das Partikularintegral und zeigen Sie, daß $\mu = \frac{\alpha}{\alpha - a}$. Der Fall $\alpha = a$ ist ein Beispiel für Resonanz.

8. Prüfen Sie $Y_x = \mu_1 x + \mu_2$ als Partikularintegral. Bestimmen Sie die Konstanten μ_1 und μ_2 so, daß die Gleichung für alle x $(= 0, 1, 2, \ldots)$ gültig ist.

6.4 (S. 232)

1. Die Hilfsgleichung ergibt $\lambda_1 = \frac{1}{2}$, $\lambda_2 = (-1)\frac{1}{2}$.
2. Hier ist $\lambda_1 = a$, $\lambda_2 = (-1)\,a$; die Schwingung ist gedämpft für $a < 1$.
3. Die Wurzeln der Hilfsgleichung lauten: (i) $\frac{1}{2}$ und 2; stetig und explosiv; (ii) $\frac{1}{2}$ und $\frac{1}{2}$; stetig und gedämpft; (iii) $\frac{1}{2}$ und $\frac{1}{4}$; stetig und gedämpft.
4. Die Lösung lautet: $y = Ar^x \cos(\vartheta x - \varepsilon)$, wobei $r = \frac{1}{\sqrt{2}}$ und $\operatorname{tg} \vartheta = 1$ ist. $\vartheta = \frac{\pi}{4}$, die Periode ist 8. Die zweite Gleichung lautet ähnlich; $\vartheta = \frac{3\pi}{4}$ die Periode ist $\frac{8}{3}$.
6. Schwingungen mit konstanter Amplitude $(r = 1)$ liegen vor, wenn $a^2 < 4$ ist. y_x alterniert (zwei reelle und *negative* Werte von λ) für $a^2 > 4$.
7. Prüfen Sie die Partikularintegrale: (i) $\overline{Y} = \mu\alpha^x$; (ii) $\overline{Y} = \mu x + \nu$.
8. Bei $\lambda = 0$ ist $b = 0$, und die Gleichung ist von erster Ordnung. Bei $\lambda = 1$ ist ein Ausdruck in (5) eine additive Konstante.
9. Die Hilfsgleichung $\lambda^2 - \alpha\lambda - \beta = 0$ ergibt Schwingungen bei $\alpha^2 + 4\beta < 0$.
10. Hier liegt eine Gleichung erster Ordnung mit der Lösung $u_t = u_0\,\alpha^t$ vor.
11. Die Hilfsgleichung lautet $\lambda^2 - (a + b)\,\lambda + b = 0$. Es liegen Schwingungen vor, wenn $a^2 + 2\,(a-2)\,b + b^2 < 0$ ist. Im Orcutt-Fall ist $a = 1$.

6.5 (S. 238)

1. Die Hilfsgleichung hat die Wurzel $\lambda = 1$. Der Unterschied liegt in den konstanten Termen. Sie sind entweder stetig oder alternierend.
3. Prüfen Sie $\overline{Y} = \mu x$ und lösen Sie nach μ auf. Versuchen Sie es mit $\overline{Y} = \mu x^2$ im anderen Fall.
4. Verwenden Sie $x^{(2)} = x\,(x-1)$ und nicht x^2 (siehe 6.3 oben). Erweitern Sie das Problem durch die Verwendung von $x^{(3)}, x^{(4)}, \ldots$.
6. Gehen Sie wie in 6.4 (zweiter Fall) vor.

6.6 (S. 244)

2. Die Hilfsgleichung lautet: $\lambda^2 - c\,(1-\varrho)\,\lambda + c\,\varrho = 0$ mit $c = \frac{(-b)}{(-a)} < 1$. Für $\varrho = 0$: $p_t = p_0\,c^t$ wie im einfachen Cobweb. Für $\varrho = 1$: $p_t = c^{\frac{1}{2}t}\,\{A_1 + (-1)^t A_2\}$ liegt eine gedämpfte Alternierung vor.
3. $\lambda > \frac{4}{b-a}$ ergibt $c > -1$ und $\mu_1 = c - \sqrt{c^2-1} < -1$ dominiert. Somit ist p_t alternierend und explosiv. $b - a < 0$ wenn $(-b) > (-a)$, also S fallend und steiler als D ist. Dieser Fall ist nicht realistisch.

4. Das Modell II von 1.7, Aufgabe 2 hat die Hilfsgleichung $\mu_2 - (2 + \lambda a)\,\mu + (1 + \lambda b) = 0$ mit dem oszillatorischen Fall wenn $0 < \lambda < \frac{4\,(b-a)}{a^2}$ ist.

6.7 (S. 251)

1. Der Fall der Verzögerung um zwei Perioden ist equivalent einem einzigen Lag.
2. Der dominierende Ausdruck ist $y_t \rightarrow$ konstant (festgelegt durch die Anfangsbedingungen). Prüfen Sie: *jedes* konstante Y_t befriedigt die Gleichung und die Ersparnisse sind Null.
3. λ_1 ist ein positiver Bruch und der Ausdruck $y_t = A_1\,\lambda_1{}^t$ dominiert, d. h., das Vorzeichen von A_1 legt fest, ob $y_t \rightarrow 0$ über positive oder negative Werte geht. $(-\lambda_2)$ ist positiv und im allgemeinen klein, so daß das Vorzeichen von y_1 wichtiger ist als das von y_0.

7.1 (S. 259)

1. $R > 0$ für alle r wenn $R = 0$ komplexe Wurzeln hat; $R > 0$ für alle positiven r wenn $R = 0$ zwei reelle negative Wurzeln hat. Der schwierige Fall ist $R = 0$ mit zwei positiven Wurzeln; hier ergibt ein r, das kleiner als die kleinere der Wurzeln ist, noch ein $R > 0$.
2. (i) $0{,}5 < v < 2{,}5$, (ii) $0{,}7 < v < 1{,}5$
3. Ja.
4. Schwingungen liegen vor, wenn $1 - \sqrt{s} < \sqrt{w} < 1 + \sqrt{s}$ also $\sqrt{s} > 1 - \sqrt{w}$ (oder $\sqrt{w} - 1$) ist. Somit muß $s > (1 - \sqrt{w})^2$ für Schwingungen sein, z. B. $s > 0{,}018$ für $w = 0{,}75$.

7.2 (S. 263)

1. $y_t = A_1\,(0{,}96)^t + A_2\,(-0{,}01)^t \rightarrow 0$ langsam.
3. Die Hilfsgleichung hat als reelle Wurzeln 1 und w.
4. Die Hilfsgleichung hat zwei gleiche (reelle) Wurzeln.
6. Hier liegen reguläre Schwingungen in y_t vor: Abweichungen vom Trend der konstanten Amplitude; in η_t: prozentuale Abweichung vom Trend der konstanten Amplitude (d. h., die tatsächlichen Abweichungen steigen in der Amplitude mit dem Trend).

7.5 (S. 272)

2. $s > \frac{k}{1+k}$
3. Produktion für das Lager, Ersatz für das Lager war vorher eingestellt worden. Die Hilfsgleichung hat die Wurzeln $c \pm i\sqrt{c\,(1-c)}$; $r = \sqrt{c} < 1$.
4. Schreiben Sie $Y_t = C_t + I_t, Y_{t-1} = C_{t-1} + I_{t-1}$ und somit $(Y_t - Y_{t-1})$ als Ausdrücke von Y und R. Dann eliminieren Sie $(R_t - R_{t-1})$.

7.8 (S. 284)

1. Periode $= \frac{2\pi}{\vartheta} = 4$; Dämpfung $= r = \sqrt{-w}$. Sie stellt gewöhnlich einen kleinen Bruch dar, wenn v nicht sehr schwach und der verzögerte Konsum wichtig ist.
2. Die Kurve von $f(\lambda)$ hat ihr Maximum *unterhalb* $O\lambda$.

7.9 (S. 289)

Schreiben Sie $\frac{d}{d\lambda} g(\lambda) = 0$. Bei $w_2 < 0$ sind Maximum und Minimum vertauscht.

4. $\lambda = 1$ ergibt eine additive Konstante in y_t. Andere Wurzeln sind $\lambda = \frac{1}{2}(w_1 \pm \sqrt{w_1^2 + 4 w_2})$. Somit schwingt y_t bei $w_1 < 2\sqrt{w_2}$.
5. Die Hilfsgleichung für z_t ist $\lambda_t - w_1 \lambda - w_2 = 0$ wie in Aufgabe 4. Die additive Konstante von Aufgabe 4 verschwindet, wenn die Differenz z_t genommen wird.
7. Für $w_1 > 0$, $w_2 > 0$ entspricht die Kurve von $f(\lambda)$ der Gleichung (3) von 6.7 oben (siehe Abb. 20); die Kurve von $g(\lambda)$ ist eine Hyperbel wie Abb. 25.

8.2 (S. 300)

2. Für $K < \bar{K}$ liegt der Anfangspunkt zwischen A und B (bei kleinerem Defizit) oder links von A (bei größerem Defizit). Der erste Schritt erfolgt nach B, dann im Kreise $BCDA$ . . . .
3. Die autonomen Ausgaben (Konsum, Investitionen) können in den Ausdruck für den technologischen Fortschritt eingehen.

8.5 (S. 314)

1. Wenn $b = a + k =$ klein ist, so ist $\log b$ negativ und zahlenmäßig groß. Somit ist $A > 1$; es existieren zwei reelle Wurzeln (Abb. 31).
2. Abb. 32 (für $A > 1$) zeigt, daß das kleinste $\omega > 2\pi$ ist.
3. $A = 0{,}405$ ($\log 1{,}1 = 0{,}095$). Für ω siehe Abb. 32.
4. $A = 0{,}857$ ($\log 0{,}7 = -0{,}357$). Für kleinere ω siehe Aufgabe 3.

8.6 (S. 317)

2. $P = \lambda Y + \mu$ für konstantes λ und μ. (1) lautet: $\lambda Y + \mu = \frac{I + A}{1 - c}$.

   (4) lautet $B = a(1-c)(\lambda Y + \mu) + \ldots$.

   (5) ist bis auf die Konstanten unverändert.

3. Wenn φ der durchschnittliche Lag ist, dann ergibt die Gewichtung mit c

$$Y(t-\varphi) = \frac{Y(t) - cY(t-\psi)}{1-c}.$$

Dann ergibt (1) $Y(t) = \frac{I(t+\varphi) + A}{1-c}$.

Somit wird die unmittelbar vor (5) notierte Gleichung zu:

$I(t+\vartheta) = \ldots$ Ausdruck in $I(t+\vartheta)$, d. h.,

$I(t+\vartheta-\varphi) = \ldots$ Ausdruck in $I(t)$. Der Lag in (5) wird von ϑ auf $\vartheta-\varphi$ reduziert.

8.7 (S. 325)

1. (3) kann in folgender Form geschrieben werden

$$\frac{1}{\lambda} D^2 Y + \left(s + \frac{\varkappa}{\lambda} - \varkappa v\right) DY + \varkappa s Y = (D+\varkappa) A .$$

Bei $\lambda \to \infty$ und A kontant ist $DY - \varrho Y = -\varrho \frac{A}{s}$ mit der angegebenen Lösung.

2. Verwandeln Sie das Bogenmaß in Grad und setzen Sie $A = -1$. Verwenden Sie $\sin(x - 90^\circ) = -\cos x$.
3. Setzen Sie in (4) $p_1, p_2 = 0{,}2 \pm i\, 0{,}98$

8.9 (S. 339)

5. $D^3 Y + 18 D^2 Y + 48 DY + 288 Y = 64 (D+2) A$ mit einem stetigen Niveau von Y bei $\frac{4A}{9}$ wie in Beispiel (a).

Die Wurzeln von $p^3 + 18 p^2 + 48 p + 288 = 0$ ergeben sich graphisch zu:

$p = -16{,}13; -0{,}935 \pm i\, 4{,}12$. $Y(t)$ hat einen stark gedämpften stetigen Term und eine schwächer gedämpfte Schwingung ($\alpha = -0{,}935$) von der Periode $\frac{2\pi}{4{,}12} = 1{,}5$. Die Schwingungen sind schwächer gedämpft als in Beispiel (a).

6. $D^4 Y + 18 D^3 Y + 48 D^2 Y + 288 DY + 256 Y = 64 D (D+2) A$ mit einem stetigen Niveau von Y bei 0 wie in Beispiel (b). Die Wurzeln sind: $p = -1$, $-16{,}06$, $-047 \pm i\, 3{,}96$. $Y(t)$ hat zwei gedämpfte stetige Terme und eine schwache gedämpfte Schwingung ($\alpha = -0{,}47$) von der Periode $\frac{2\pi}{3{,}96} = 1{,}6$. Die Schwingung ist schwächer gedämpft als in Beispiel (b).

9.3 (S. 353)

1. Für $\varrho = \frac{1}{\sqrt{\alpha^2 + \omega^2}}$ und $tg\,\varphi = \frac{\omega}{\alpha}$ ist $Y = \int_0^\infty A e^{\alpha t} \cos(\omega t + \varepsilon)\, dt$

$$= \text{Realteil von } \varrho e^{-i\varphi} Z = \frac{1}{p} Z .$$

Es wird partiell integriert (wie in 4.9 oben).

2. $f(t) = Y'(t) = \frac{1}{p_1 - p_2} (e^{p_1 t} + e^{p_2 t})$ mit der Laplace Transformation:

$$F(p) = \frac{1}{p_1 - p_2} \left(\frac{1}{p - p_1} + \frac{1}{p - p_2} \right) \frac{1}{p^2 + ap + b}$$

wie sich aus der Beziehung $D = p$ ergibt.

3. Ein Fall von Resonanz.

4. $F(p) = \frac{1}{(p+1)^2} = \frac{1}{(1+i\,\omega)^2}$
für $p = i\,\omega$ ($\alpha = 0$). Somit haben wir den geometrischen Ort für den Punkt mit den Koordinaten $\frac{1-\omega^2}{(1+\omega^2)^2}$ und $-\frac{2\,\omega}{(1+\omega^2)^2}$. Da ω variiert, kann man (iii) aus Abb. 39 ermitteln.

6. $Y = \frac{1}{2T} \int\limits_{t-2T}^{t} Z\,dt$. Setzen Sie $Z = A \cos(\omega t + \varepsilon)$ und integrieren Sie.

9.4 (S. 363)

1. Die Schleife mit einem Multiplikator ohne Lag hat die Übertragungsfunktion $F_1(p) = c$.
3. An der gegebenen Stelle ist $F(p)$ unterschiedlich entsprechend der Schleife, für die es berechnet wird. Aber $F(p) = 1$ ergibt dieselbe Gleichung; hier $F_1(p) + F_2(p) = 1$ erhält man im Text und in dieser Aufgabe.

9.5 (S. 368)

1. Eine kubische Gleichung für p kann nicht mehr als ein konjugiert komplexes Paar von Wurzeln haben, also höchstens eine oszillatorische Lösung aufweisen.
2. Für zwei oszillatorische Lösungen muß wenigstens eine Gleichung vierter Ordnung für p vorliegen.

9.7 (S. 375)

1. $\frac{F_1(p)}{1-F_2(p)} \neq \frac{F_2(p)}{1-F_1(p)}$, aber man erhält das gleiche p, wenn man beide Ausdrücke gleich 1 setzt (siehe 9.4, Aufgabe 3).
2. (1) hat mit $(v-g)$ als Stärke des Akzelerators den Koeffizienten $\frac{v}{s} - \frac{g}{s} = k - k'$ anstelle von k. (2) wird zu $\alpha = 2(k-k'-1)$, $\omega = 2\sqrt{(k-k')(2-k-k')}$ und ist äquivalent zu (4).

10.1 (S. 385)

1. Die Gleichungen (i) ergeben
$$x_i = (b_i\,p - h_i)\,\frac{\bar{x}_i\,p + \bar{y}_i}{P_i}\;;\quad y_i = (a_i - h_i\,p)\,\frac{\bar{x}_i\,p + \bar{y}_i}{P_i}$$
mit $P_i = a_i - 2\,h_i\,p + b_i\,p^2$ ($i = 1, 2$).
2. Die erste Gleichung von (ii) ergibt bei Substitution des Ergebnisses von Aufgabe 1:
$$\frac{(b_1\,p - h_1)(\bar{x}_1\,p + \bar{y}_1)}{P_1} + \frac{(b_2\,p - h_2)(\bar{x}_2\,p + \bar{y}_2)}{P_2} = \bar{x}_1 + \bar{x}_2$$

Die andere Gleichung ist automatisch erfüllt. Da P_1 und P_2 quadratisch sind, scheint eine Gleichung vierter Ordnung für p vorzuliegen. Es hat sich jedoch gezeigt, daß der Ausdruck mit p^4 Null und der mit p^3 im allgemeinen nicht Null ist, d. h., die Gleichung ist kubisch. Das Produkt der Wurzeln ist gleich

$$= -\frac{\text{konstantes Glied}}{\text{Koeffizient von } p^3} = \frac{a_1 a_2 (\bar{x}_1 + \bar{x}_2) + a_2 h_1 \bar{y}_1 + a_1 h_2 \bar{y}_2}{h_1 b_2 \bar{x}_1 + h_2 b_1 \bar{x}_2 + b_1 b_2 (\bar{y}_1 + \bar{y}_2)} > 0$$

wenn a_1, a_2, b_1, b_2 negativ h_1 und h_2 klein sind. Wenigstens ein p ist > 0.

10.2 (S. 388)

2. Ein $Y_t = 0$, eine Gleichung in (iii) verschwindet, d. h., man hat eine Gleichung und eine Variable weniger; das ist mit dem Gleichgewicht verträglich.

3. p_u und Y_u erscheinen *nur* in zwei zusätzlichen Gleichungen, welche dazu dienen, sie festzulegen indem man die p's und Y's von den andern Gleichungen substituiert.

10.3 (S. 391)

3. (ii) (a) ergibt $-xp_x = -yp_y = ap_x p_y$; (ii) (b) ergibt $xy = az$. Somit ist $z = ap_x p_y$.

4. Das erste Wirtschaftssubjekt ($u_1 = a_1 x_1^2 + 2 h_1 x_1 z_1 + b_1 z_1^2$) hat die Nachfrage

$$x_1 = (b_1 p_x - h_1) \frac{R + p_x \bar{x}}{P_1}; \; y_1 = 0; \; z_1 = (a_1 - h_1 p_x) \frac{R + p_x \bar{x}}{P_1}$$

mit $P_1 = a_1 - 2 h_1 p_x + b_1 p_x^2$. Ähnliches gilt für das zweite Wirtschaftssubjekt:

$$x_2 = 0; \; y_2 = (b_2 p_y - h_2) \frac{p_y \bar{y}}{P_2}; \; z_2 = (a_2 - h_2 p_y) \frac{p_y \bar{y}}{P_2}$$

Die Marktbedingungen ($x = x_1 - \bar{x}$, $y = y_2 - \bar{y}$) sind zwei Gleichungen in p.

5. Die Gleichungen (ii) sind: $\dfrac{y}{p_x} = \dfrac{x}{p_y} = -2\,az$ und $xy = az^2$.

Somit ist $p_x p_y = \dfrac{1}{4\,a}$; $-xp_x = -yp_y = \dfrac{1}{2} z$ und $R = xp_x + yp_y + z = 0$.

10.5 (S. 399)

1. Schreiben Sie

$$\frac{d}{dp_1}(Y_1 - X_1) = a_{11} + a_{12} \frac{dp_2}{dp_1} + a_{13} \frac{dp_3}{dp_1} > 0$$

$$\frac{d}{dp_1}(Y_2 - X_2) = a_{21} + a_{22} \frac{dp_2}{dp_1} + a_{23} \frac{dp_3}{dp_1} = 0$$

$$\frac{d}{dp_1}(Y_3 - X_3) = a_{31} + a_{32} \frac{dp_2}{dp_1} + a_{33} \frac{dp_3}{dp_1} = 0$$

Ermitteln Sie $\dfrac{dp_2}{dp_1}$ und $\dfrac{dp_3}{dp_1}$ aus den Gleichungen; substituieren Sie, so daß Sie $\frac{d}{dp_1}(Y_1 - X_1)$ als Verhältnis von

$$\begin{vmatrix} a_{11} & a_{12} & a_{13} \\ a_{21} & a_{22} & a_{23} \\ a_{31} & a_{32} & a_{33} \end{vmatrix} \quad zu \quad \begin{vmatrix} a_{22} & a_{23} \\ a_{32} & a_{33} \end{vmatrix}$$

erhalten. Die zweite Determinante ist positiv.

3. Die Verhältnisse der Determinanten sind positiv, jedoch nicht notwendigerweise die Determinanten selbst, wie sich zwangsläufig aus

$$\frac{d}{dp_1}(Y_1 - X_1) > 0$$

ergibt.

10.6 (S. 403)

2. Es ist einfacher, Determinanten zu benutzen (12.9 und 14.2 unten). Wenn $A = |a_{rs}|$ und A_{rs} der Ko-Faktor ist, dann ist

$$\frac{dp_1}{d\alpha} = -\frac{\partial}{\partial\alpha}(Y_1 - X_1)\frac{A_{11}}{A};\ \frac{dp_2}{d\alpha} = -\frac{\partial}{\partial\alpha}(Y_1 - X_1)\frac{A_{12}}{A};\ \text{etc.}$$

Wenn $\frac{\partial}{\partial\alpha}(Y_1 - X_1) > 0$ und $A_{11} > 0$, $A > 0$ (Hicksche Stabilität) gegeben ist, dann ist $\frac{dp_1}{d\alpha} < 0$, und $\frac{dp_2}{d\alpha}$ hat das Vorzeichen von $(-A_{12})$.

3. Vernachlässigen Sie a_{23} und a_{31} und nehmen Sie $a_{33} > 0$ an (Stabilität); somit hat $\frac{dp_2}{d\alpha}$ das Vorzeichen von a_{21}. Wenn jedoch a_{23} und a_{31} groß und vom gleichen Vorzeichen sind, dann kann $\frac{dp_2}{d\alpha}$ negativ sein, sogar wenn a_{21} positiv ist. Ähnliches ergibt sich, wenn a_{23} und a_{31} von entgegengesetzten Vorzeichen sind und a_{21} negativ ist.

10.8 (S. 414)

1. $y_1 = \frac{a_1 a_2}{a}$, $y = \frac{(\lambda a_1)(\lambda a_2)}{a} = \lambda^2 y_1$

2. $y_1 = \sqrt{\frac{a_1 a_2}{a}}$, $y = \sqrt{\frac{(\lambda a_1)(\lambda a_2)}{a}} = \lambda y_1$

3. Wenn f homogen vom Grade r: $f(\lambda x_1, \lambda x_2, \ldots, \lambda x_m, \lambda y_1, \lambda y_2, \ldots, \lambda y_n) = \lambda^r f = 0$. Dann ist jede einzelne Variable eine lineare homogene Funktion der anderen.

11.3 (S. 425)

1. Zeigen Sie, daß $c_1 = \frac{1}{k}\sqrt{\frac{p_2}{p_1}}$, $c_2 = \frac{1}{k}\sqrt{\frac{p_1}{p_2}}$.

2. Bei linearhomogenen Produktionsfunktionen sind alle Isoproduktkurven ähnlich radial von 0 aus (siehe 10.7 oben).

3. (i) sind Beziehungen zwischen Outputs und Endnachfragen; (ii) impliziert, daß gegebene Preise und Löhne verträglich mit den technischen Bedingungen der Produktion sein müssen.

11.5 (S. 429)

1. Die rechte Seite ist der Wert des Outputs, der an die anderen Industrien geht, siehe den gesamten Output an Industrien von Tabelle 1.
2. Verwenden Sie die Gesamtgrößen von Tabelle 1.
3. Die Spalten addieren sich zu Null.

11.6 (S. 433)

1. $X_1 = \dfrac{x_1 + a_{12}\,x_2}{1-a_{12}\,a_{21}}$; $X_2 = \dfrac{a_{12}\,x_1 + x_2}{1-a_{12}\,a_{21}}$; ähnliches für p_1 und p_2.
2. $A = \begin{vmatrix} 1 & -a_{12} \\ -a_{21} & 1 \end{vmatrix} = 1-a_{12}\,a_{21},\ A_{11} = 1,\ A_{12} = a_{21},$ etc.

   Siehe Aufgabe 1.
3. Verwenden Sie die Regeln (12.9 unten) für die Multiplikation von Zeilen und Spalten einer Determinante mit einem konstanten Vielfachen (hier Preise).
4. Warenpreis: Lohnrate = Anstieg der Beschäftigung: Anstieg der Endnachfrage.

11.7 (S. 437)

1. Versuchen Sie Paare von Gleichungen für beliebige X_1 und X_2, X_3 zu lösen. Die Ergebnisse sind nicht verträglich, es sei denn die Determinante von der dritten Ordnung ist Null. Wenn die Determinanten von der zweiten Ordnung auch Null sind, so ist X_1 und X_2 unbestimmt.
2. Die Matrix addiert sich senkrecht und waagerecht zu Null.
3. Aus (i) ergibt sich $\Sigma\,\alpha_{rs}\,V_s = 0$, d. h., die Matrix addiert sich waagerecht zu Null, wenn die Spalten mit $V_1, V_2, \ldots$ multipliziert werden.

11.9 (S. 446)

2. Für (4): $A_1 = \dfrac{k_2\,X_{10}-X_{20}}{k_2-k_1}$, $A_2 = \dfrac{k_1\,X_{10}-X_{20}}{k_1-k_2}$

   Ähnlich für (7) mit $k_1 = \dfrac{1}{a_{12}}$, $k_2 = k$.
3. $1-a_{12}\,a_{21} = 0$ ist eine Bedingung für ein homogenes (geschlossenes) System, sonst nicht. Setzen Sie $1-a_{12}\,a_{21} = 0$, d. h., $a_{12} = \dfrac{1}{a_{21}}$, so daß $B_1-a_{12}\,B_2 = c_1$ und $B_1-a_{12}\,B_2 = -\dfrac{c_2}{a_{21}}$. Somit ist nur $B_1 : B_2$ gegeben, vorausgesetzt, daß $c_1 = \dfrac{-c_2}{a_{21}}$.
4. Prüfen Sie $X_1 = B_1 + B_{11}\,t$, $X_2 = B_2 + B_{22}\,t$ und bestimmen Sie die B.

6. Prüfen Sie $X_1 = B_{11}\, e^{\mu_1 t} + B_{12}\, e^{\mu_2 t}$, $X_2 = B_{21}\, e^{\mu_1 t} + B_{22}\, e^{\mu_2 t}$ und bestimmen Sie die B.

8. $a_{12} = a_{21} = 0$: Produktion der Güter ohne Inputs.
   $b_{11} = b_{22} = 0$: keine Lager für Güter in der Produktion.
   $b_{12} \neq 0$, $b_{21} \neq 0$: das Lager für ein benötigtes Gut ist in der Produktion von anderen.

12.4 (S. 460)

1. $(2, 2, 2) > (1, 1, 1)$. Andere Beziehung $\geqslant$.
2. $\mathbf{p} \geqslant \mathbf{0}$; Nichtnegative Preise, wenigstens einer positiv. Kein $\mathbf{p} \geqslant \mathbf{0}$, das erlaubt alle Preise zu eliminieren.
3. OP und OP' haben die gleiche Länge und sind entgegengesetzt gerichtet, d. h., sie ergänzen sich zu Null. Wenn OP $\mathbf{a}$ ist, dann ist OP' $(-\mathbf{a})$.

12.5 (S. 467)

1. Nach der elementaren Koordinatengeometrie hat $A_1 A_2$ die Gleichung $x_1 + x_2 = 1$. Der Punkt (x_1, x_2) liegt auf der Geraden zwischen A_1 und A_2 wenn $x_2 = 1 - x_1$ wobei $0 \leqslant x_1 \leqslant 1$. Das Ergebnis folgt, indem man schreibt $x_1 = \mu$ $(0 \leqslant \mu \leqslant 1)$.
2. P hat die Koordinaten $x_1 = \mu x_1^{(1)} + (1-\mu)\, x_1^{(2)}$, $x_2 = \mu x_2^{(1)} + (1-\mu)\, x_2^{(2)}$.

   Somit: $PP_1^2 = (1-\mu)^2 \{(x_1^{(1)} - x_1^{(2)})^2 + (x_2^{(1)} - x_2^{(2)})^2\}$

   $PP_2^2 = \mu^2 \{(x_1^{(1)} - x_1^{(2)})^2 + (x_2^{(1)} - x_2^{(2)})^2\}$,

   d. h. $P_2 P : PP_1 = \mu : (1-\mu)$.

12.6 (S. 473)

1. (a) Diagonal und Skalar (siehe Aufgabe 2); (b) Symmetrisch, man erhält sie durch vertauschen der Zeilen aus $\mathbf{I}$ (siehe Aufgabe 3); (c) schiefsymmetrisch; (d) orthogonal, zur Transformation müssen die Achsen um 45° gedreht werden.

5.
$$\begin{bmatrix} a_1 & a_2 & b_1 & b_2 & b_3 \\ 1 & 0 & 0 & 0 & 0 \\ 0 & 1 & 0 & 0 & 0 \end{bmatrix}$$

   $\mathbf{I}$ ist von der Ordnung 2, $\mathbf{0}$ ist von der Ordnung 2×3.

12.8 (S. 480)

5. Sondern Sie die Koeffizienten von y_t in der Doppelsumme

$$\sum_{s=1}^{n} \sum_{t=1}^{n} a_{rs}\, b_{st}\, y_t \quad \text{aus.}$$

12.9 (S. 484)

1. (a) 8; (b) -1; (c) 0; (d) 1.
3. Determinante $= 1 - 3\,a^2 + 2\,a^3 = (1 + 2\,a)\,(1-a)^2 = 0$

   wenn $a = -\dfrac{1}{2}$ oder 1.

4. Setzen Sie $a = b$ und zeigen Sie, daß die Determinante Null ist. Somit ist $(a-b)$ ein Faktor.

9. Wenn $\mathbf{A}$ symmetrisch ist, so ist es auch $[A_{rs}]$; $|A_{rs}| = A^2$ nur bei der dritten Ordnung.

10. Verwenden Sie die Eigenschaften (ii) und (vi) oben.

13.1 (S. 491)

1. $\frac{p_1}{q_1} + \frac{p_2}{q_2} = \frac{p_1 q_2 + p_2 q_1}{q_1 q_2}$ = rational; ähnliches gilt für die anderen Prozesse.

2. (a) die Division fehlt; (b) die Division fehlt, und es ist keine Einheit da; (c) Addition, Subtraktion und Division fehlen.

3. Ohne das Kommutativgesetz ist $a(b+c) = ab + ac$ und $(b+c)a = ba + ca \neq ab + ac$.

4. Die Summen und Produkte zweier solcher Zahlen sind Zahlen der gleichen Form; ähnliches gilt für Subtraktion und Division.

13.2 (S. 495)

1. $\mathbf{xA}$ ist nicht definiert; kein inneres Produkt.

3. $\mathbf{AB}$ ist nicht definiert.

4. $\mathbf{BA}$ ist nicht definiert.

13.3 (S. 499)

4. $\mathbf{A}+\mathbf{B} = 10\begin{bmatrix} 1 & 1 & 1 \\ 1 & 1 & 1 \\ 1 & 1 & 1 \end{bmatrix}$ und $\mathbf{A}-\mathbf{B} = 2\begin{bmatrix} -4 & -3 & -2 \\ -1 & 0 & 1 \\ 2 & 3 & 4 \end{bmatrix}$

5. $\lambda = p$: $p\mathbf{A} = \mathbf{A} + \mathbf{A} + \ldots$ (p-Ausdrücke); $\lambda = \frac{p}{q}$: $q\left(\frac{p}{q}\mathbf{A}\right) = p\mathbf{A}$, etc.

13.4 (S. 507)

2. $\mathbf{BA}$ ist nicht definiert $(m \neq n)$.

3. $(\mathbf{B}+\mathbf{C})\,\mathbf{A} = \mathbf{BA} + \mathbf{CA}$ $\mathbf{BA} \neq \mathbf{AB}$, $\mathbf{CA} \neq \mathbf{AC}$ (außer in Spezialfällen).

4. Man erhält $\mathbf{AC}, \mathbf{AD}, \mathbf{BA}, \mathbf{CD}, \mathbf{DB}$; z. B.

$$\mathbf{AC} = \begin{bmatrix} -3 & -3 & -3 \\ 8 & 10 & 12 \end{bmatrix}; \quad \mathbf{DB} = \begin{bmatrix} 34 & 40 \\ 71 & 86 \\ 94 & 118 \end{bmatrix}$$

5. $\mathbf{CDB} = \begin{bmatrix} 458 & 566 \\ 1055 & 1298 \\ 1652 & 2030 \end{bmatrix}$

6. $\mathbf{ACDB} = \begin{bmatrix} -597 & -732 \\ 2110 & 2596 \end{bmatrix}$

dies erhält man durch Multiplikation von **A** mit **CDB** aus Aufgabe 5 oder durch Multiplikation von **AC** und **DB** aus Aufgabe 4. Man kann zwar schreiben **CDBA** und **DBAC**, aber nicht **CDAB.**

9. $\mathbf{B}^2 = \begin{bmatrix} 0 & 0 & 1 \\ 0 & 0 & 0 \\ 0 & 0 & 0 \end{bmatrix}$

Dann multiplizieren Sie wiederum mit **B**, um zu zeigen, daß $\mathbf{B}^3 = 0$.

10. $\mathbf{C} = a^2 b \begin{bmatrix} 1 & \left(\frac{1}{a^2} + \frac{1}{b}\right) \\ 0 & 1 \end{bmatrix}$; $\mathbf{C}^n = a^{2n} b^n \begin{bmatrix} 1 & n\left(\frac{1}{a^2} + \frac{1}{b}\right) \\ 0 & 1 \end{bmatrix}$.

11. $(\mathbf{A} + \mathbf{B})^2 = (\mathbf{A} + \mathbf{B})(\mathbf{A} + \mathbf{B}) = \mathbf{A}(\mathbf{A} + \mathbf{B}) + \mathbf{B}(\mathbf{A} + \mathbf{B}) =$

$$\mathbf{A}^2 + \mathbf{AB} + \mathbf{BA} + \mathbf{B}^2$$

13. Verwenden Sie die Bezeichnungsweise für zerlegte Matrizen, 12.6 (viii) oben; prüfen Sie, daß Produkte wie $\mathbf{x}'\beta$ zulässig sind; formen Sie **AB** zu einer 3×3-Matrix in zerlegter Form um: $\left[\begin{array}{c|cc} * & * & * \\ \hline * & * & * \\ * & * & * \end{array}\right]$

13.5 (S. 510)

1. Es ist (iii) zu beweisen: (rp)-tes Element in $\mathbf{B}' = b_{pr}$
(ps)-tes Element in $\mathbf{A}' = a_{sp}$
$\therefore$ (rs)-tes Element in $\mathbf{B}'\mathbf{A}' = \sum_p b_{pr} a_{sp} =$ (rs)-tes Element in $(\mathbf{AB})'$.

3. $\mathbf{AA}' = \begin{bmatrix} 14 & 32 & 50 \\ 32 & 77 & 122 \\ 50 & 122 & 194 \end{bmatrix}$ = Symmetrische Matrix.

13.6 (S. 515)

1. $\mathbf{xy}' = [(x_r y_s)]$ ist von der Ordnung $n \times n$; $\mathbf{yx}'$ ist die Transponierte. Ja: $\mathbf{xy}'$ und $\mathbf{yx}'$ sind von der Ordnung $n \times m$ oder $m \times n$.

2. $\mathbf{xx}' = [(x_r x_s)]$ ist symmetrisch, von der Ordnung $n \times n$.

3. Z. B. $\mathbf{x}'\mathbf{C} = [14 \quad 16 \quad 17]$;
dann $\mathbf{x}'\mathbf{Cy} = 28$.

4. $\mathbf{x}'\mathbf{Ax} = \sum_r \sum_s a_{rs} x_r x_s$; $\mathbf{x}'\mathbf{Ix} = \sum_r x_r^2$.

5. $\{1\}\ (1) = \begin{bmatrix} 1 & 1 & \dots & 1 \\ 1 & 1 & \dots & 1 \\ \dots & \dots & \dots & \dots \\ 1 & 1 & \dots & 1 \end{bmatrix}$; $(1)\ \{1\} = n$ (Skalar)

$(1)\ \mathbf{I}\ \{1\} = (1)\ \{1\} = n$; sehen Sie auch $\mathbf{x}'\mathbf{Ix}$ von Beisp. 4.

6. $\bar{\boldsymbol{\lambda}}\mathbf{x} = \begin{bmatrix} (\lambda_1 x_1) \\ (\lambda_2 x_2) \\ \dots\dots \end{bmatrix}$; $\mathbf{x}'\bar{\boldsymbol{\lambda}} = [(\lambda_1 x_1)\ (\lambda_2 x_2)\ \dots]$; $\boldsymbol{\lambda}'\mathbf{x} = \mathbf{x}'\boldsymbol{\lambda} = \sum_r \lambda_r x_r$,

das ist die Summe der Elemente in $\bar{\boldsymbol{\lambda}}\mathbf{x}$ und in $\mathbf{x}'\bar{\boldsymbol{\lambda}}$.

7. $\bar{\lambda}$ muß von der Ordnung $m \times m$ in $\bar{\lambda}\mathbf{A}$ sein und von der Ordnung $n \times n$ in $\mathbf{A}\bar{\lambda}$.

8. Die Ordnung von $\mathbf{I}$ ist 1, n und 1 entsprechend.

13.7 (S. 522)

1. $\mathbf{AB} = \begin{bmatrix} 5 & 4 \\ -1 & 1 \end{bmatrix}$; $\mathbf{BA} = \begin{bmatrix} 3 & 3 \\ 0 & 3 \end{bmatrix}$; $\mathbf{AC} = \mathbf{CA} = \begin{bmatrix} 3 & 0 \\ 0 & 3 \end{bmatrix}$.

   Alle Determinanten $= 9$.

3. $\mathbf{B}^{-1} = \begin{bmatrix} 1 & -a & -b \\ 0 & 1 & 0 \\ 0 & 0 & 1 \end{bmatrix}$.

4. Schreiben Sie $\mathbf{A}^{-1} = \mathbf{IA}^{-1} = \mathbf{BAA}^{-1} =$ etc.

13.8 (S. 529)

2. *Erstens:* (Zweite Zeile – erste Zeile) und (dritte Zeile $- \frac{3}{2}$ erste Zeile).

   Zweitens. $\frac{1}{4}$ erste Zeile.

3. Jede reduzierte sich zu: $\begin{bmatrix} 1 & 0 & 0 \\ 0 & 0 & 0 \\ 0 & 0 & 0 \end{bmatrix}$.

4. Bei elementaren Operationen ergibt sich wenigstens ein Element, das nicht Null ist, *außer,* wenn man von $\mathbf{0}$ beginnt.

5. Greifen Sie ein Element das nicht Null ist und das dazugehörige negative Element heraus; bestimmen Sie eine Untermatrix $\begin{bmatrix} 0 & a \\ -a & 0 \end{bmatrix}$ mit dem Wert der Determinante $= a^2 \neq 0$.

13.9 (S. 537)

1. Ziehen Sie die erste Spalte von jeder der beiden anderen ab, um aus $\mathbf{A\,I}$ zu erhalten; und dann aus $\mathbf{I\,A}^{-1}$.

2. $\mathbf{0} = \mathbf{A}^{-1}\mathbf{0} = \mathbf{A}^{-1}\mathbf{AB} = \mathbf{IB} = \mathbf{B}$, wenn $\mathbf{A}$ nichtsingulär. In ähnlicher Weise ergibt sich $\mathbf{A} = \mathbf{0}$, wenn $\mathbf{B}$ nichtsingulär. Wenn jedoch $\mathbf{A}$ und $\mathbf{B}$ singulär sind, kann $\mathbf{AB}$ Null sein, auch wenn weder $\mathbf{A}$ noch $\mathbf{B}$ Null ist.

3. $\mathbf{AA}' = \begin{bmatrix} \cos\vartheta & \sin\vartheta \\ -\sin\vartheta & \cos\vartheta \end{bmatrix} \begin{bmatrix} \cos\vartheta & -\sin\vartheta \\ \sin\vartheta & \cos\vartheta \end{bmatrix} = \mathbf{I}$.

4. $\mathbf{AA}' = \mathbf{BB}' = \mathbf{I}$.

7. $\begin{bmatrix} \frac{1}{\sqrt{2}} & \frac{1}{\sqrt{2}} \\ -\frac{1}{\sqrt{2}} & \frac{1}{\sqrt{2}} \end{bmatrix}$ ist orthogonal; ihre Transponierte und ihre Inverse sind die gleiche Matrix.

8. $\mathbf{A}_\pi$ erhält man durch *dieselbe* Umformung der Zeilen und Spalten, so daß die Elemente der Hauptdiagonale von $\mathbf{A}$ die Hauptdiagonale von $\mathbf{A}_\pi$ bleiben und die Elemente außerhalb der Hauptdiagonalen auch außerhalb bleiben.

14.1 (S. 545)

1. Hier liegen zusammengesetzte Vektoren wie in Abb. 47 vor, verwenden Sie die Methode von Abb. 50.
2. Zeigen Sie zunächst, daß der Rang 3 ist; dann die lineare Abhängigkeit.
3. Der Rang ist 2. Die Transponierte hat ebenfalls den Rang 2, aber zwei abhängige Zeilen und eine abhängige Spalte.
4. Verwenden Sie $\mathbf{H}_{(rs)}$ von 13.4.

14.2 (S. 553)

1. Nur $x_2 = 0$ ist konsistent mit den Gleichungen.
2. Erstes Gleichungssystem: die Matrix ist vom Range 3 und $m\ (=3) < n\ (=4)$. Eine Lösung existiert: $x_1 = -2\,x_3$, $x_2 = x_4 = 0$ (x_3 gegeben). Es steht im Gegensatz zu Beispiel (b). Zweites Gleichungssystem: die Matrix ist vom Range 3 und $m\ (=4) > n\ (=3)$. Keine Lösung. Die letzte Gleichung ist inkonsistent, vergleichen Sie Beispiel (a).
4. Schreiben Sie die Matrix $\mathbf{A}^{-1}$ aus, so daß sie als ein Ausdruck der Adjunkten von A definitionsgemäß dasteht.
5. Eine Lösung existiert nur, wenn $a + b + c = 0$. Ersetzen Sie $c = -(a + b)$ und lösen Sie die Gleichung.
6. Die dritte Gleichung ist dieselbe wie die erste; lassen Sie eine fallen, dann ergibt sich: $x_3 = 1$, $x_1 + 2\,x_2 + 1 = 0$. (a) Die Lösung wechselt in Werten, ansonsten liegt die gleiche Form vor. (b) Die erweiterte Matrix hat den Rang 3, keine Lösung; die dritte Gleichung ist mit der ersten nicht verträglich.
7. Wenn man die erste Gleichung von Aufgabe 6 fallen läßt, ändert das nicht die Lösung; die Aufgabe ergibt hier zwei Gleichungen.
8. Lassen Sie die erste oder die dritte Gleichung fallen und Sie erhalten ein nichtsinguläres System. Verwenden Sie die Lösung von Aufgabe 6 in einer besonderen Gleichung ($x_1 + x_2 + x_3 = 1$), um $x_1 = 1$, $x_2 = -1$, $x_3 = 1$ zu erhalten.

14.3 (S. 562)

3. Eliminieren Sie y_1 oder y_3; diese beiden Gleichungen stehen in der Beziehung $y_1 = 2\,y_3$.
4. $$\mathbf{z} = \begin{bmatrix} \frac{1}{2} & \frac{1}{2} & 0 \\ 1 & 1 & 1 \end{bmatrix} \begin{bmatrix} -1 & 1 & 1 \\ 1 & -1 & 1 \\ 1 & 1 & -1 \end{bmatrix} \mathbf{x} = \begin{bmatrix} 0 & 0 & 1 \\ 1 & 1 & 1 \end{bmatrix} \mathbf{x},$$

d. h. $z_1 = x_3$, $z_2 = x_1 + x_2 + x_3$.

14.4 (S. 568)

1. $\lambda = 0$ und 2; $\lambda = 1$ und $1 \pm \frac{1}{\sqrt{2}}$.
3. p_1 = Summe der Determinanten von erster Ordnung von $\mathbf{A}$ (Hauptdiagonale); p_2 = Summe der Determinanten von zweiter Ordnung desselben Typs.

4. Es ist die Transponierte von $\mathbf{A}\,(\mathbf{A}-\lambda\mathbf{I})' = (\mathbf{A}-\lambda\mathbf{I})\,\mathbf{A}' = -\frac{1}{\lambda}\left(\mathbf{A}'-\frac{1}{\lambda}\mathbf{I}\right)$.

Somit $$-\frac{1}{\lambda}\mathbf{A}\,(\mathbf{A}-\lambda\mathbf{I})' = \left(\mathbf{A}'-\frac{1}{\lambda}\mathbf{I}\right)' = \mathbf{A}-\frac{1}{\lambda}\mathbf{I}$$

14.5 (S. 577)

2. $Q = (x_1-x_2)^2 = 2\,y_1{}^2$.

3. Die Matrix $\begin{bmatrix} 0 & 1 \\ 1 & 0 \end{bmatrix}$ ist nichtsingulär.

4. $\begin{bmatrix} 1 & 0 & -\frac{1}{2} \\ 0 & 1 & -\frac{1}{2} \\ -\frac{1}{2} & -\frac{1}{2} & 1 \end{bmatrix}$ hat positive charakteristische Wurzeln 1 und $1 \pm \frac{1}{\sqrt{2}}$ (14.4, Aufgabe 1).

5. Summe der Wurzeln $= p_1$; Summe von Produkten von Paaren der Wurzeln $= p_2$; Produkt der Wurzeln $= p_3$. Alle p positiv, wenn die Wurzeln positiv und umgekehrt. Dann drücken Sie die p aus wie in 14.4, Aufgabe 3.

14.6 (S. 582)

1., 2. Siehe 14.4, Aufgabe 3 und 14.5, Aufgabe 5.

14.7 (S. 584)

1. Wenden Sie die Cramersche Regel an, 14.2 oben.
2. $\mathbf{p}'\,\mathbf{A} = \mathbf{w}'$ mit der Inversen $\mathbf{p}' = \mathbf{w}'\,\mathbf{A}^{-1}$ als Zeilenvektor oder $\mathbf{A}'\,\mathbf{p} = \mathbf{w}$ mit der Inversen $\mathbf{p} = (\mathbf{A}^{-1})'\,\mathbf{w}$ als Spaltenvektor.

4. Die Summe der r-ten Zeile von $\mathbf{U} = \sum_s \omega_s\,x_s\frac{A_{sr}}{A} = w_r\,X_r =$ Wertschöpfung (r-te Industrie). Siehe Aufgabe 1. Ähnliches für die Summe der s-ten Spalten von $\mathbf{U} = p_s\,x_s =$ Wert der Gesamtausgaben. Gesamte Transaktionen $= \sum_r w_r\,X_r = \sum_s p_s\,x_s =$ Volkseinkommen.

14.8 (S. 588)

2. Zeigen Sie, daß $v_{rs} = p_r\,x_{rs} = p_r\,a_{rs}\,X_s$, das ($rs$)-te Element in $\bar{\mathbf{p}}\mathbf{A}\bar{\mathbf{x}}$ ist. Erste Bedingung: durch $\mathbf{V}$ wird die Zeilensumme Null, d. h., $\bar{\mathbf{p}}\mathbf{A}\bar{\mathbf{x}}\,\{1\} = \mathbf{0}$. Vorher multiplizieren Sie mit $\bar{\mathbf{p}}^{-1}$, um $\mathbf{AX} = \mathbf{0}$ zu erhalten. Die zweite Bedingung ergibt sich ähnlich von (1) $\bar{\mathbf{p}}\mathbf{A}\bar{\mathbf{x}} = \mathbf{0}$, das hinterher mit $\bar{\mathbf{x}}^{-1}$ multipliziert wird.
3. $\mathbf{A}+\mathbf{B}$ hat Null-Elemente in der letzten Spalte (n-te). Verwenden Sie die Matrixschreibweise, und addieren Sie $\mathbf{BX}$ zu jeder Seite von $\mathbf{AX} = \mathbf{0}$.

14.9 (S. 592)

1. Wenn $|\mathbf{A}| = 0$, ist es unbedeutend, ob eine Zeile von $\mathbf{A}$ mit ihrer zugehörigen Adjunkte oder mit einer Adjunkte einer anderen Zeile multipliziert wird; das Ergebnis ist in jedem Falle Null (Expansionsregel, 12.9 oben).

4. Prüfen Sie $\mathbf{X} = \mathbf{C}$, wobei $\mathbf{C}$ ein Vektor, der noch zu bestimmen ist. Dann zeigen Sie $\mathbf{C} = \mathbf{A}^{-1}\mathbf{c}$.

5. Das Partikularintegral ist $\mathbf{X}_t = \mathbf{X}$ (konstant über die Zeit), wobei $\mathbf{X}$: $\mathbf{X} = \mathbf{CX} + \mathbf{K}$, d. h., $\mathbf{X} = (\mathbf{I}-\mathbf{C})^{-1}\mathbf{K}$. Das ist der letzte Output, wenn der Verlauf gedämpft ist.

15.2 (S. 600)

5. Beachten Sie, daß die Verhältnisse $n:1$ (durch die n) in der Hauptdiagonale erscheinen; die anderen Elemente (-1) stellen Wettverluste dar.

6. Jeder Spieler hat neun Strategien: (1, 1) (2, 1) (3, 1) (1, 2) (2, 2) (3, 2) (1, 3) (2, 3) (3, 3). Die 9×9 Auszahlungsmatrix ist

$$\begin{bmatrix} 0 & -3 & -4 & 2 \ldots \\ 3 & 0 & 0 & 0 \ldots \\ \ldots & \ldots & \ldots & \ldots \end{bmatrix}$$

15.3 (S. 604)

1. $E = 4\left(x - \frac{1}{2}\right)\left(y - \frac{1}{2}\right)$. Vergleichen Sie Beispiel (a) mit den umgekehrten Spielern.

2. Zeigen Sie für a, α, β positiv, daß $a_{22} < a_{21} < a_{11}$ und $a_{22} < a_{12} < a_{11}$.

3. Die reinen Strategien $x = 1$, $y = 1$ haben

$$E(1, 1) = a(\alpha + 1)(\beta + 1) + b > 0\ ; \quad \text{etc.}$$

4. Die Wetten stehen 2 : 1. $E = \frac{7}{2}\left(x - \frac{4}{7}\right)\left(y - \frac{4}{7}\right) - \frac{1}{7}$.
Der letzte Ausdruck in E ist negativ, was sichert, daß der Buchmacher gewinnt (siehe 15.5 unten), z. B. prüfen Sie $x = \frac{1}{2}$, $y = \frac{1}{2}$, und zeigen Sie $E < 0$.

5. $E = 100\,y$, wenn $x = 0$; $E = 1$, wenn $x = 1$. Für gleiche Verluste: 1 % Wahrscheinlichkeit für Feuer.

6. $\mathbf{A} = [a_{rs}]$ für $r = 1, 2$; $s = 1, 2 \ldots n$. $E(x, s) = xa_{1s} + (1-x)\,a_{2s}$. In dem Fall von 15.2, Beispiel (g) ist

$E(x, s) = 7x - 4 \quad (s = 1);\quad 9x-5 \quad (s = 2);\quad 5-9x \quad (s = 3);$
$\qquad 6-11x \quad (s = 4)$.

15.4 (S. 611)

1. Lösung: Auszahlung 1 an A; erste Strategie für A, zweite für B.

2. Wenn der Wetter auf ein Pferd setzt, kann das Rennen ihm immer Verlust bringen.

4. A spielt die erste oder dritte, B spielt die erste Strategie, die Auszahlung 1 geht an A. Wenn B die zweite Strategie spielen sollte, so gewinnt A (Auszahlung 3 anstatt 2), indem er die dritte Strategie spielt, die „bessere optimale“.

6. Die Oberfläche hat einen Sattelpunkt in $P\left(\frac{1}{2}, \frac{1}{2}\right)$, gegenüber Abb. 52 a sind jedoch die Linien AA' und BB' vertauscht. E hat das falsche Vorzeichen für den Spieler A, aber das richtige für den Spieler B.

15.5 (S. 616)

1. E ist (3) von 15.3.
2. $E = (3\,x - 2)\,(2\,y - 1) + 1$; der Wert des Spieles $= 1$.
3. $x^* = 0$, $\frac{1}{2} \leqslant y^* \leqslant 1$; der Wert des Spieles $= 1$. Wenn A wild spielt (und überhaupt die erste Strategie spielt), gewinnt er gegen B, wenn dieser sich auf die erste Strategie konzentriert ($y^* = 1$), welches das „beste Optimum" ist.
4. Es sei $a_2 > a_1$ (oder es seien die Spalten in A vertauscht).

$$E = a - (a_2 - a_1)\,x\left(y + \frac{a - a_2}{a_2 - a_1}\right)$$

Wenn $a > a_2 > a_1 : x^* = 0 \quad 0 \leqslant y^* \leqslant 1 \qquad E = a$

Wenn $a_2 > a > a_1 : x^* = 0 \quad \frac{a_2 - a}{a_2 - a_1} \leqslant y^* \leqslant 1 \qquad E = a$

Wenn $a_2 > a_1 > a : x^* = y^* = 1 \qquad E = a_1$

15.6 (S. 622)

2. $x^* = \frac{2}{3}$, $y^* = \frac{1}{2}$, $E = 1$ wie Beispiel (c).
4. $x^* = 0$, $\frac{1}{2} \leqslant y^* \leqslant 1$, $E = 1$
5. Zeichnen Sie $B_1 B_1'$ $(E = 2 - y)$; $B_2 B_2'$ $(E = -y)$; $B_3 B_3'$ $(E = 3 - 2\,y)$. Schließen Sie $B_2 B_2'$ aus, d. h. A spielt nicht die zweite Strategie. Dann ergibt sich aus $B_1 B_1'$ und $B_3 B_3'$ $y^* = 1$. Aus der Zeichnung ergibt sich mit der reduzierten Matrix $\begin{bmatrix} 1 & 2 \\ 1 & 3 \end{bmatrix}$ für A: $0 \leqslant x^* \leqslant 1$, $E = 1$.
6. Die Zeichnung für A ergibt vier Geraden in der Ebene OEx. Aus der ersten und vierten Linie ergibt sich $x^* = \frac{5}{9}$, $E = -\frac{1}{9}$. Jedoch liegen die Geraden so dicht um $x = \frac{1}{2}$ herum, daß das Spiel von B nur eine Angelegenheit der feinen Unterscheidung ist.

15.7 (S. 630)

1. Der Vektor $(x, 1 - x)$ für $0 \leqslant x \leqslant 1$ ist ein Geradensegment $A_1 A_2$ (12.5 oben). In einem $2 \times n$-Spiel ist die Wahl von A durch die Variable x, nicht durch den Vektor $\mathbf{x}$ bestimmt.
2. Die Ebene ist $x_1 + x_2 + x_3 = 1$, d. h., $x_3 = 1 - x_1 - x_2$. Für die Seite $A_1 A_2$ $(x_3 = 0)$ ist $x\,(x_1, 1 - x_1, 0)$ und A mischt nur die erste und zweite Strategie.

3., 4. Wenn $\mathbf{x}^{(1)}$ und $\mathbf{x}^{(2)}$ (1) befriedigen, so befriedigen sie auch $\mathbf{x}$. Wenn P_1 und P_2 in $A_1 A_2 A_3$ sind, so ist P der Mittelpunkt (Abb. 59). Allgemein, jede konvexe Linearkombination von Punkten in X liegt ebenfalls in X.

7. Verwenden Sie die Eigenschaft (i). Wenn ein Spiel zwei Werte, v_1 und v_2, besitzt, verwenden Sie $c = \frac{v_1}{v_2}$. $\mathbf{A}$ und $c\mathbf{A}$ haben denselben Wert, so daß $c = 1$.

15.8 (S. 638)

2. Die erste Zeile ist überflüssig, sie wird durch die anderen zwei dominiert. Die erste Spalte ist überflüssig, es dominiert die letzte.

3. $\begin{bmatrix} 6 & 9 & 3 \\ 9 & 15 & 0 \\ 9 & 5 & 8 \end{bmatrix}$ hat den Wert $\frac{20}{3}$.

4. Aus $\begin{bmatrix} -2 & 0 & 0 \\ 0 & -2 & 0 \\ 0 & 0 & -2 \end{bmatrix}$

folgt der Wert $v = -\frac{2}{3}$. Eigenschaft (ii) (b) ergibt $-2\,x_1 \geqslant -\frac{2}{3}$ etc. Betrachten Sie alle Gleichheitszeichen: $x_1 = x_2 = x_3 = \frac{1}{3}$ (und ähnliches für alle y).
Das ursprüngliche Spiel: die Lösung hat gleiche Häufigkeiten des Spieles und den Wert $\frac{1}{3}$.

6. Reduzieren Sie die Matrix auf $\begin{bmatrix} 2 & 2 \\ 1 & 6 \\ 5 & 0 \end{bmatrix}$ mit dem Wert $2\,(v + 1)$; bestimmen Sie $y^* = \frac{3}{5}$ graphisch. Das Optimum für A ist $\left(0 \;\frac{1}{2}\; \frac{1}{2}\right)$, nachdem die erste Strategie eliminiert worden ist.

7. Zeilenminima: -3, 0, -4. Spaltenmaxima: 3, 3, 0, 1. Somit sind die reinen Strategien (die zweite für A, die dritte für B) und das Spiel fair.

8. Es liegen vier Sattelpunkte $\left(\text{Wert} = \frac{1}{2}\right)$ vor. Jede Kombination der ersten und dritten Strategie für A und der zweiten und vierten für B stellt eine Lösung dar. Sie ist fair, wenn A Kompensationszahlungen von $\frac{1}{2}$ an B leistet.

15.9 (S. 645)

1. Siehe Beispiel (a) oben. Es läßt sich $\left(\frac{1}{4}, \frac{1}{4}, \frac{1}{4}, \frac{1}{4}\right)$ vorschlagen als das Optimum jedes Spielers, Wert $= \frac{5}{2}$. Prüfen Sie das, indem Sie B's Spiel von $\left(\frac{1}{4}, \frac{1}{4}, \frac{1}{4}, \frac{1}{4}\right)$ für jede der reinen Strategien von A anwenden.

4. Der Wert des Spieles $= 0$. Prüfen Sie die vorgeschlagene optimale Strategie für B bei jeder reinen Strategie von A (wie in Aufgabe 1 oben); es ergibt sich $v = 0$ für die dritte, fünfte und siebente Strategie, das sind die von A verwendeten.

5. Beziehungen:

$$\begin{aligned} x_1 + x_2 + x_3 &= 1 & y_1 + y_2 + y_3 &= 1 \\ 40\,x_1 + 150\,x_3 &\geqslant v & 40\,y_1 + 30\,y_2 + 20\,y_3 &\leqslant v \\ 30\,x_1 + 100\,x_2 + 50\,x_3 &\geqslant v & 100\,y_2 + 250\,y_3 &\leqslant v \\ 20\,x_1 + 250\,x_2 - 50\,x_3 &\geqslant v & 150\,y_1 + 50\,y_2 - 50\,y_3 &\leqslant v \end{aligned}$$

Mit Erfolg kann man versuchen:
$$20\,x_1 + 250\,x_2 - 50\,x_3 > v \quad (y_3 = 0)$$
$$40\,y_1 + 30\,y_2 + 20\,y_3 < v \quad (x_1 = 0)$$

Die optimale Strategie lautet: $\left(0, \frac{1}{2}, \frac{1}{2}\right)$ und $\left(\frac{1}{4}, \frac{3}{4}, 0\right)$; $v = 75$.

6. Zeichnen Sie die drei Geraden $E = 150\,(1-x)$; $E = 50\,(x+1)$; $E = 50\,(6\,x-1)$ und Sie erhalten $x = \frac{1}{2}$ und $E = 75$.

7. Prüfen Sie $v = 0$ und das Spiel von $A\left(\frac{1}{4}, \frac{1}{4}, \frac{1}{4}, \frac{1}{4}\right)$ bei jeder der reinen Strategien von B und zeigen Sie, daß das Ergebnis für jeden Null ist.

8. Z. B. A spielt (1, 1), B spielt (2, 1) mit der Auszahlung, welches die Hälfte der Summe von 3 (H bei I) und 0 (T bei I) ist.

9. $A\,(x, y) = -1\;(x = y = 0)$; $\quad = 1\;(x = 1,\ y = 0)$; $\quad = 1\;(x = 0,\ y = 1)$; und $= -1\;(x = y = 1)$. Dies ergibt eine Matrix.

16.1 (S. 650)

1. (a) die Steigung der parallelen (konstante Kosten-)Linien $= -\frac{1}{4} =$ Steigung BP. Die optimalen Käufe: jeder Punkt auf PB. (b) die Steigung der parallelen Linien ist numerisch $= \frac{1}{5} <$ Steigung PB. Das Optimum liegt bei B.

2. (a) die parallelen (konstanten Kosten-)Linien sind $x_1 + 2\,x_2 =$ konstant, gleich ob der Käsepreis 12 d. oder der Brotpreis 10½ d. ist. Ähnliches gilt für (b).

5. Fügen Sie eine neue Zeile zu der Tafel der Daten: Kohlehydrate (50 g) 5 1 8 Fügen Sie zu (1) eine weitere Nebenbedingung hinzu: $5\,x_1 + x_2 \geqslant 8$ und entsprechend eine dritte Linie in der Abb. 60. Das schraffierte Feld liegt oberhalb und rechts von allen drei Linien. P ist noch Lösung.

6. Fügen Sie eine weitere Spalte zu der Tafel der Daten für X_3 hinzu: 18
2
3

Das Problem lautet dann: $z = 6\,x_1 + 21\,x_2 + 18\,x_3 =$ min! unter den Nebenbedingungen $x_1 + 2\,x_2 + 2\,x_3 \geqslant 3$ und $x_1 + 4\,x_2 + 3\,x_3 \geqslant 4$. Das erfordert drei Dimensionen für die graphische Lösung.

7. Die Antwort auf die Frage am Ende der Aufgabe hängt davon ab, ob die Schiffe teilweise beladen werden können oder nicht; es ist auch möglich, wenn das Problem verallgemeinert werden kann.

8. Eine der vier Nebenbedingungen folgt aus den anderen, da $a_1 + a_2 = b_1 + b_2$.

16.2 (S. 655)

1. Zeichnen Sie die Geraden $\xi_1 + \xi_2 = 6$, $2\,\xi_1 + 4\,\xi_2 = 21$ in $O\xi_1\,\xi_2$; die zulässigen Lösungen liegen *unterhalb* und *links* von den Geraden, und das Optimum ist die *maximale* Lage der parallelen Geraden $3\,\xi_1 + 4\,\xi_2 =$ konstant. Die Lösung, der Schnittpunkt der Geraden, ist $\xi_1 = \frac{3}{2}$, $\xi_2 = \frac{9}{2}$, $\zeta = 22\frac{1}{2}$.

2. Z. B. 16.1, Aufgabe 1 (a) hat $\xi_1 + \xi_2 = 6$, $2\,\xi_1 + 4\,\xi_2 = 24$ und $3\,\xi_1 + 4\,\xi_2 =$ max! Die zweite Linie liegt höher. Sie schneidet die erste in $O\xi_2$ und ergibt somit $\xi_1 = 0$, $\xi_2 = 6$, $\zeta = 24$. Sie gilt für jede Diät $(0-\frac{1}{2}$ Pfund Käse, 4 - 2 Pfund Brot) mit 4 Proteineinheiten zu 6 d. Die Kalorienbeschränkungen sind immer mehr als erfüllt, und es gibt somit keine Preise für Kalorien.

3. Das duale Programm lautet $\zeta = 3\,\xi_1 + 4\,\xi_2 =$ max! unter den Nebenbedingungen $\xi_1 + \xi_2 \leqslant 6$; $2\,\xi_1 + 4\,\xi_2 \leqslant 21$ und $2\,\xi_1 + 3\,\xi_2 \leqslant 18$. Graphisch ergeben die drei Geraden dieselbe Lösung wie in Aufgabe 1.

4. Das duale Programm lautet: $\zeta = 3\,\xi_1 + 4\,\xi_2 + 8\,\xi_3 =$ max! unter den Nebenbedingungen $\xi_1 + \xi_2 + 5\,\xi_3 \leqslant 6$ und $2\,\xi_1 + 4\,\xi_2 + \xi_3 \leqslant 21$. Die Darstellung erfordert drei Dimensionen wie in 16.1, Aufgabe 6.

5. Interpretieren Sie ξ_1 und ξ_2 in Zeiteinheiten für beladene Schiffe (bzw. für unbeladene Schiffe).

16.3 (S. 659)

1. Das duale Programm lautet $\zeta = b_1\,\xi_1 + b_2\,\xi_2 + b_3\,\xi_3 =$ max! Unter den Nebenbedingungen $a_{11}\,\xi_1 + a_{21}\,\xi_2 + a_{31}\,\xi_3 \leqslant p_1$ und $a_{12}\,\xi_1 + a_{22}\,\xi_2 + a_{32}\,\xi_3 \leqslant p_2$. Das Problem hat drei zweidimensionale Nebenbedingungen; das duale Programm hat zwei dreidimensionale Nebenbedingungen.

2. $$\text{Matrix} = \begin{bmatrix} 0 & 0 & a_{11} & a_{21} & a_{31} & -p_1 \\ 0 & 0 & a_{12} & a_{22} & a_{32} & -p_2 \\ -a_{11} & -a_{12} & 0 & 0 & 0 & b_1 \\ -a_{21} & -a_{22} & 0 & 0 & 0 & b_2 \\ -a_{31} & -a_{32} & 0 & 0 & 0 & b_3 \\ p_1 & p_2 & -b_1 & -b_2 & -b_3 & 0 \end{bmatrix}$$

3. $$\text{Spielmatrix} = \begin{bmatrix} 0 & 0 & 1 & 1 & 5 & -6 \\ 0 & 0 & 2 & 4 & 1 & -21 \\ -1 & -2 & 0 & 0 & 0 & 3 \\ -1 & -4 & 0 & 0 & 0 & 4 \\ -5 & -1 & 0 & 0 & 0 & 8 \\ 6 & 21 & -3 & -4 & -8 & 0 \end{bmatrix}. \quad \text{Optimum} \left(\frac{4}{19}, \frac{1}{19}, \frac{3}{19}, \frac{9}{19}, 0, \frac{2}{19}\right)$$

Das lineare Programm von 16.1, Aufgabe 5 hat $x_1 = 2$, $x_2 = \frac{1}{2}$.

Das duale Programm von 16.2, Aufgabe 4 ergibt $\xi_1 = \frac{3}{2}$, $\xi_2 = \frac{9}{2}$, $\zeta_3 = 0$.

4. $z = p_1 x_1 + p_2 x_2 + p_3 x_3 = \min!$ $\zeta = b_1 \xi_1 + b_2 \xi_2 = \max!$

$a_{11} x_1 + a_{12} x_2 + a_{13} x_3 \geqslant b_1$ $a_{11} \xi_1 + a_{21} \xi_2 \leqslant p_1$

$a_{21} x_1 + a_{22} x_2 + a_{23} x_3 \geqslant b_2$ $a_{12} \xi_1 + a_{22} \xi_2 \leqslant p_2$

$a_{13} \xi_1 + a_{23} \xi_2 \leqslant p_3$

$$\text{Matrix} = \begin{bmatrix} 0 & 0 & 0 & a_{11} & a_{21} & -p_1 \\ 0 & 0 & 0 & a_{12} & a_{22} & -p_2 \\ 0 & 0 & 0 & a_{13} & a_{23} & -p_3 \\ -a_{11} & -a_{12} & -a_{13} & 0 & 0 & b_1 \\ -a_{21} & -a_{22} & -a_{23} & 0 & 0 & b_2 \\ p_1 & p_2 & p_3 & -b_1 & -b_2 & 0 \end{bmatrix}$$

16.6 (S. 669)

1. $\zeta = b_1 \mu_1 + b_2 \mu_2 = \max!$ unter den Nebenbedingungen

$a_{11} \mu_1 + a_{21} \mu_2 + \mu_3 = p_1$

$a_{12} \mu_1 + a_{22} \mu_2 + \mu_4 = p_2$.

2. Es liegen M Schlupfvariable in $n = M + N$ vor; $m = M$ Ungleichungen werden zu Gleichungen.

3. Im dualen Programm liegen N Schlupfvariable in Gruppen von $n' = M + N$ vor. Sie verwandeln $m' = N$ Ungleichungen in Gleichungen. Das primale und duale Programm haben dieselbe Zahl von Variablen ($M + N$). Es liegen M Gleichungen (und M ist auch die Zahl der Schlupfvariablen) für das primale Programm und N für das duale vor.

16.9 (S. 681)

2. $\lambda_1 \begin{bmatrix} 1 \\ 0 \end{bmatrix} + \lambda_2 \begin{bmatrix} 1 \\ 4 \end{bmatrix} = \begin{bmatrix} (\lambda_1 + \lambda_2) \\ 4 \lambda_2 \end{bmatrix}$. Somit $\lambda_1 + \lambda_2 = x_1$ und $4 \lambda_2 = x_2$

3. Im letzten Abschnitt des Simplextableaus ist die $\boldsymbol{\lambda}$ Spalte $\left(2, \frac{1}{2}\right)$ und die Zeile für $\mathbf{c}_s - z_s$ lautet $\left(0, 0, -\frac{3}{2}, -\frac{9}{2}\right)$,

4. Das duale Programm ist leichter: $\zeta = 3 \lambda_1 + 4 \lambda_2 + 8 \lambda_3 = \max!$ unter den Nebenbedingungen $\lambda_1 + \lambda_2 + 5 \lambda_3 + \lambda_4 = 6$ und $2 \lambda_1 + 4 \lambda_2 + \lambda_3 + \lambda_5 = 21$

Die Beschränkungen stellen einen zweidimensionalen Raum dar

$$\begin{bmatrix} 1 & 1 & 5 & 1 & 0 & 6 \\ 2 & 4 & 1 & 0 & 1 & 21 \end{bmatrix}$$

Beginnen Sie mit $\mathbf{p}^{(4)}$ und $\mathbf{p}^{(5)}$ mit den Gewichten 6 und 21. Enden Sie mit:

$\lambda_1 = \frac{3}{2}$, $\lambda_2 = \frac{9}{2}$, $\lambda_3 = \lambda_4 = \lambda_5 = 0$

Somit: $\xi_1 = \frac{3}{2}$, $\xi_2 = \frac{9}{2}$, $\xi_3 = 0$ (16.2, Aufgabe 4).

Für das Programm selber ist die letzte Zeile für $\mathbf{c}_s - z_s$: $\left(0, 0, 0, -2, -\frac{1}{2}\right)$;

somit $x_1 = 2$, $x_2 = \frac{1}{2}$.

5. Eliminieren Sie $\mathbf{p}^{(4)} = \begin{bmatrix} 0 \\ 0 \end{bmatrix}$. Dann ist jedes *Paar* von $\begin{bmatrix} 1 & 1 & 0 \\ 1 & 0 & 1 \end{bmatrix}$ linear abhängig; auch $\begin{bmatrix} b_1 \\ b_2 \end{bmatrix}$ mit jedem der anderen, vorausgesetzt $b_1 \neq 0$, $b_2 \neq 0$, $b_1 \neq b_2$.

6. Unbegrenzte Zahl von Lösungen: $x_2 = 10 - x_1$ und $x_3 = 20 - x_1$ für jedes x_1 $(0 \leqslant x_1 \leqslant 10)$. Das duale Programm lautet $\zeta = 10\,\xi_1 + 20\,\xi_2 = \max!$ unter den Nebenbedingungen $\xi_1 + \xi_2 = 1$, $\xi_1 = \frac{1}{2}$, $\xi_2 = \frac{1}{2}$. Damit liegt ξ_1 und ξ_2 mit $\frac{1}{2}$ und ζ mit 15 fest. Die Lösungsmethoden versagen (unnötigerweise).

7. $z = 3\,x_{11} + 2\,x_{12} + 5\,x_{21} + 4\,x_{22} = \min!$; $x_{11} + x_{12} = 2$; $x_{11} + x_{21} = 6$ und $x_{12} + x_{22} = 6$. Setzen Sie $x_{11} = \lambda$. Somit: $x_{12} = 2 - \lambda$, $x_{21} = 6 - \lambda$, $x_{22} = 4 + \lambda$, $z = 50$, unabhängig von λ. Unbegrenzte Zahl von Lösungen $(0 \leqslant \lambda \leqslant 2)$. Die Simplexmethode versagt (unnötigerweise).

17.2 (S. 690)

4. Z. B. $x_2 = -\lambda_1 + 2\,\lambda_2 + \lambda_3 = 1 - 2\,\lambda_1 + \lambda_2$ (λ_1 und λ_2 positive Brüche). Outputs liegen vor, wenn $\lambda_2 > (2\,\lambda_1 - 1)$.

17.5 (S. 705)

1. Vergleichen Sie Abb. 65 mit Abb. 61. Aktivitäten liegen im Kegel (A) zwischen $OA^{(2)}$ und der Vertikalen: beide Güter sind Inputs (kein Output).

8. Der Punkt $A^{(1)}$ liegt höher und wenigstens soweit rechts wie die anderen, d. h., mit dem Einheitsinput „Arbeit“ kann man mehr x_2 von der ersten Aktivität erhalten, wobei x_1 nicht geopfert werden braucht.

17.6 (S. 713)

1. $OA^{(1)}\,A^{(2)}$ und $OA^{(1)}\,A^{(3)}$ sind effizient.

2. Nur $OA^{(1)}\,A^{(2)}$ ist effizient.

3. $\mathbf{p}_1 = (1, 0, 2)$ ist eine Normale zu $OA^{(1)}\,A^{(2)}$.
   $\mathbf{p}_2 = (-1, 2, 2)$ ist eine Normale zu $OA^{(1)}\,A^{(3)}$.
   Ein positiver Vektor $\mathbf{p}$, z. B. $\mathbf{p} = \left(\frac{1}{2}, \frac{1}{2}, 2\right)$ liegt zwischen $\mathbf{p}_1$ und $\mathbf{p}_2$.

4. In Abb. 62 ist wie dargestellt $OA^{(1)}\,A^{(2)}$ effizient. Wenn $A^{(2)}$ links von $A^{(1)}$ liegt, dann ist nur $OA^{(1)}$ effizient.

17.7 (S. 717)

2. Für $OA^{(1)}\,A^{(2)}$: $2\,p_1 + 2\,p_2 - p_3 = 0$, es ergibt sich $p_1 : p_2 : p_3 = 2 : 1 : 6$.
   $3\,p_1 - p_3 = 0$, $p_1 + 3\,p_2 - p_3 = 0$
   Ähnliches gilt für $OA^{(1)}\,A^{(3)}$: $p_1 : p_2 : p_3 = 1 : 1 : 4$.

3. Siehe 17.6, Aufgabe 3.

17.8 (S. 723)

3. Die effiziente Allokation liegt an einem Punkt wie C in Abb. 68, jedoch liegt er zwischen $A^{(2)}$ und $A^{(3)}$ und zwischen $B^{(2)}$ und $B^{(3)}$, d. h., auf einer Facette $OA^{(2)} A^{(3)}$ wo $x_2 = x_3 = -1$ und beide Faktoren bis zu ihren Begrenzungen verwendet werden.

18.1 (S. 738)

2. Schreiben Sie (4): $f = y$; $p_1 = \lambda f_1$; $p_2 = \lambda f_2$.
Differenzieren Sie diese Gleichung nach y, dabei beachten Sie, daß λ (genauso wie x_1 und x_2) mit y variiert. Dann ergibt sich:

$$\frac{\partial C}{\partial y} = p_1 \frac{\partial x_1}{\partial y} + p_2 \frac{\partial x_2}{\partial y} = \lambda \left(f_1 \frac{\partial x_1}{\partial y} + f_2 \frac{\partial x_2}{\partial y} \right) = \lambda \ .$$

5. Setzen Sie in $y = f_1 x_1 + f_2 x_2$ (Eulersches Theorem) $f_1 = \frac{1}{\lambda} p_1$ und $f_2 = \frac{1}{\lambda} p_2$.
Beachten Sie, daß $\frac{\partial C}{\partial y} = \lambda$, Aufgabe 2 oben.

18.2 (S. 744)

1. Die Ableitungen von $\varphi(f)$ sind $\varphi'(f) f_r$ und $\varphi'(f) f_{rs} + \varphi''(f) f_r f_s$. Die Verhältnisse der ersten Ableitung sind gegeben als $f_1 : f_2 : \ldots$. Setzen Sie in F ein, teilen Sie jede Zeile (nach der ersten) in zwei Teile und eine von ihnen (die proportional zur ersten Zeile ist) ergibt eine Determinante mit dem Wert Null. Sodann hat F nur ein Vielfaches $\{\varphi'(f)\}^{n+1}$.

3. $C = \sum p_r x_r = \max!$ für $f(x_1, x_2, \ldots x_n, y) = 0$. Suchen Sie das Maximum von $z = C - \lambda f$ für die Variablen x bei gegebenen p und y. $\frac{\partial z}{\partial x_r} = 0$ ergibt $p_r = \lambda f_r$ welches das gleiche, jedoch nur für Faktoren wie (1) ist.

4. Die Analyse und die Ergebnisse ergeben sich ähnlich wie im Text Gleichung (3).

18.5 (S. 763)

1. Setzen Sie $\lambda_3 = 0$ und ziehen Sie AP und BP ab von $100\,\lambda_1 + 25\,\lambda_2 = 150$ und $10\,\lambda_1 + 50\,\lambda_2 = 12\frac{1}{2}$. Diese Gleichungen schneiden sich *unterhalb* $O\lambda_1$.
Die Lösung ist auf das Gebiet unter der ersten Geraden beschränkt, d. h. wo sie $O\lambda_1$ ($\lambda_1 = 1{,}5$, $\lambda_2 = 0$) schneidet.

3. $\mathbf{A} = \begin{bmatrix} 200 & 25 & 60 \\ 20 & 50 & 48 \end{bmatrix}$ $\begin{matrix} 50 \text{ Arbeitermonate} \\ 52\frac{1}{2} \text{Hektar} \end{matrix}$

£ 1000 2 2 2

Abb. 72 a zeigt nun Orte konstanter Produktion mit zwei effizienten Abschnitten $P_1 P_2 P_3$ und Q zwischen OA_2 und OA_3. Da OA_3 verwendet wird, werden Schweine produziert. Abb. 72 b hat mit $\lambda_1 = 0$ zwei Linien:

$50\,\lambda_2 + 48\,\lambda_3 = 52\frac{1}{2}$ und $25\,\lambda_2 + 60\,\lambda_3 = 50$, so daß $\lambda_2 = \frac{5}{12}$, $\lambda_3 = \frac{95}{144}$.

4. Variieren Sie die Konstanten auf der rechten Seite der zweiten Gleichung von Aufgabe 3 (Abb. 72b). Wenn 40 Hektar eingesetzt werden, ist $\lambda_2 = 0$ und nur der dritte Prozeß wird verwendet. Wenn 100 Hektar eingesetzt werden, so ist $\lambda_3 = 0$ und der zweite Prozeß wird verwendet.

5. Die Lösung liegt bei Q_1 von Abb. 72a; es wird nur der erste Prozeß, jedoch beide Faktoren voll eingesetzt.

6. Beachten Sie: eine Schlupfvariable (die die dritte Nebenbedingung in eine Gleichung verwandelt) hat den Wert $2\frac{1}{2}$.

7. Der erste Prozeß wird um 100 Pfund vermehrt, der zweite vermindert:

	Erste	Zweite	Gesamt
Arbeit (Arbeitermonate)	$+ 2\frac{1}{2}$	$-\frac{1}{2}$	$+ 2$
Land (in Hektar)	$+ 5$	$- 10$	$- 5$

Das Verhältnis ist 2 : 5 wie die Preise.

8. Zwei knappe Faktoren und zwei verwendete Prozesse liegen vor, wenn das Verhältnis von Land (Hektar) zu Arbeit (Arbeitermonate) zwischen 125 : 4 und 50 : 25 liegt. Andernfalls wird nur der A_3 Prozeß (Arbeit knapp) eingesetzt, wenn mehr Land verwendet wird und ähnliches gilt, wenn weniger Land verwendet wird. Ausnahme: das Verhältnis Land zu Arbeit ist genau 125 : 4 oder 100 : 5 oder 50 : 25 (degenerierter Fall).

18.6 (S. 770)

1. Die Erlöseinheit beträgt 1 Pfund. $\mathbf{A} = (a_{11}\, a_{12} \ldots)$ (Zeilenvektor). Das Problem lautet: maximiere $z = \sum_s \lambda_s$ für $\sum_s a_{1s} \lambda_s \leqslant b$.

   Die Lösung lautet: a_{1m} ist das Minimum der Zeilen von $\mathbf{A}$, $\lambda_m = \frac{b}{a_{1m}}$, die anderen λ sind Null.

2. $$\mathbf{A} = \begin{bmatrix} 12\frac{1}{2} & 10 \\ 25 & 100 \end{bmatrix} \begin{matrix} 50 \text{ Arbeitermonate. Lösung: } \lambda_1 = 2,\ \lambda_2 = 2{,}4 \\ 260 \text{ Hektar} \end{matrix}$$

   £ 1000 1 1

   Bei voller Faktorausnutzung ergibt sich ein Output von 200 t Weizen und 240 t Heu. Wenn die Preise $10\,p$ Pfund für Weizen und 10 Pfund für Heu sind, dann

$$\mathbf{A} = \begin{bmatrix} \frac{25}{p} & 10 \\ \frac{50}{p} & 100 \end{bmatrix}$$

Weizen wird nur produziert ($\lambda_2 = 0$), wenn die Steigung $AP \leqslant 1$ (Abb. 72b), d. h., $p \geqslant 2{,}5$ (Weizenpreis 25 Pfund pro Tonne). Entsprechend wird nur Heu produziert, wenn der Preis 5 Pfund pro Tonne beträgt.

3. Wenn $\pi_2 \geqq \frac{5}{2}\pi_1$, dann ergeben sich zwei Geraden

$$50\,p_1 + 5\,p_2 = \pi_2 - \frac{1}{2}\pi_1 \quad \text{und} \quad 25\,p_1 + 50\,p_2 = \pi_1$$

sie schneiden sich unter Op_1. Bei einer Lösung $p_2 = 0$ wird Land nicht voll ausgenutzt und nur Schweine produziert. Ähnliches ergibt sich für $\pi_2 \leqslant \frac{3}{5}\pi_1$, dann wird bei der Lösung $p_1 = 0$ Arbeit nicht voll ausgenutzt und nur Korn produziert.

18.7 (S. 776)

1. $\mathbf{A} = \begin{bmatrix} 10 & 12 \\ 5 & 2 \end{bmatrix}$ $\begin{matrix} 100 \text{ Arbeitskräfte} \\ 60 \text{ Maschinen} \end{matrix}$

£ 6500 1 1

$z = \lambda_1 + \lambda_2 = \max!$ unter den Nebenbedingungen $10\,\lambda_1 + 12\,\lambda_2 \leqslant 100$
$5\,\lambda_1 + 2\,\lambda_2 \leqslant 60$

Die graphische Lösung ergibt: $\lambda_1 = 10$, $\lambda_2 = 0$.

2. Bei einer Zinsrate von 6 % verbleiben diskontierte Erträge $\left(£\frac{7.040}{1{,}06} = £\,6.640\right)$ die unter den Kosten der zusätzlich aufgenommenen Faktoren liegen. Wenn der Zinssatz $100\,r$ % ist, geht man zu langen Prozessen über, wenn $\frac{7.040}{1+r} \geqslant 6.500$ ist, d. h., die Zinsrate $\leqslant 8{,}3$ %. Man nimmt zusätzliche Faktoren auf, wenn $\frac{7.040}{1+r} \geqslant 6.700$, d. h., die Zinsrate $\leqslant 5{,}1$ %.

3. Die Zeile für die Kosten zusätzlich aufgenommener Faktoren:
(0 0 0 0 6.500 6.600 6.500 6.600)
Jede zusätzliche Aufnahme von Faktoren wirkt sich auf die A nicht auf die B aus. Ein Produktpreis, der um 10 % wächst, wirkt sich auf A_1 aus und damit werden zusätzliche Prozesse, wie die ursprünglichen aufgenommen.

4. Verändern Sie in Aufgabe 1 die zweite Nebenbedingung zu $5\,\lambda_1 + 2\,\lambda_2 \leqslant 50$. Zeigen Sie, daß die Maschinen voll ausgenutzt sind, obwohl wiederum $\lambda_1 = 10$ und $\lambda_2 = 0$. Das duale Programm lautet: $\zeta = 100\,p_1 + 50\,p_2 = \min$ unter den Nebenbedingungen $10\,p_1 + 5\,p_2 \geqslant 1$, $12\,p_1 + 2\,p_2 \geqslant 1$. Die Lösung lautet: $p_1 = \frac{3}{40}$, $p_2 = \frac{1}{20}$.

5. Die Preisverhältnisse des dualen Programms (Aufgabe 4) ergeben:
Arbeitsproduktivität zu Maschinen $p_1 : p_2 = \frac{3}{40} : \frac{1}{20} = 1{,}5$.

Im ursprünglichen Problem ist Arbeit relativ unterbewertet und darum geht man zu arbeitsintensiven Prozessen über. Das Umgekehrte liegt im Fall der Aufgabe 3 oben vor.

18.8 (S. 784)

1. $$\mathbf{A} = \left[\begin{array}{rrr|l} 25 & 10 & 0 & 50 \text{ Arbeitermonate} \\ 50 & 100 & 0 & 260 \text{ Hektar} \\ -1 & 0 & 1 & 0 \\ -0 & -1 & c & 0 \end{array}\right]$$

Punkt P: $\lambda_1 = 1{,}2$, $\lambda_2 = 2$, d. h. $\dfrac{\lambda_2}{\lambda_1} = \dfrac{5}{3}$ (wie in Abb. 74). Andere Nebenbedingungen $(-\lambda_1 + \lambda_3 = 0$ und $-\lambda_2 + c\lambda_3 = 0)$ ergeben $\dfrac{\lambda_2}{\lambda_1} = c$ und das maximale $\lambda_1 = \lambda_3$ ist gesucht. Es liegt die Situation von Abb. 74 (Land ungenutzt, der Preis vom Land gleich Null) vor, wenn $c < \dfrac{5}{3}$.

2. Ein zufälliger Fall liegt vor, wo OQ mit OP (Abb. 74) zusammenfällt.
4. Die Substitutionsrate $= p_2 : p_3 = 28 : 63$.
   Die Arbeitsproduktivität $= p_1 : p_2 = 4 : 28 = 0{,}14\, t$ von frischen Fischen pro Arbeitermonat und ähnliches ergibt sich für Räucherfisch.

19.1 (S. 795)

2. $\varphi(u) = \dfrac{1}{2} u^2$; $\varphi'(u) = u$; $\varphi''(u) = 1$. Für zwei Güter:

$$\varphi = \begin{vmatrix} 0 & uu_1 & uu_2 \\ uu_1 & uu_{11} + u_1^2 & uu_{12} + u_1 u_2 \\ uu_2 & uu_{21} + u_1 u_2 & uu_{22} + u_2^2 \end{vmatrix} = u_3 \begin{vmatrix} 0 & u_1 & u_2 \\ u_1 & u_{11} + \dfrac{u_1^2}{u} & u_{12} + \dfrac{u_1 u_2}{u} \\ u_2 & u_{21} + \dfrac{u_1 u_2}{u} & u_{22} + \dfrac{u_2^2}{u} \end{vmatrix} = u^3 U$$

alle Determinanten sind Null (die Spalten stehen im Verhältnis zueinander).

3. Hier ergibt sich das gleiche wie in Aufgabe 2, jedoch mit

$$\varphi(u) = \log u\,; \quad \varphi'(u) = \frac{1}{u}\,; \quad \varphi''(u) = -\frac{1}{u^2}.$$

19.2 (S. 798)

1. $x_1 = \dfrac{M}{P}(a_{22}\, p_1 - a_{12}\, p_2)$; $x_2 = \dfrac{M}{P}(a_{11}\, p_2 - a_{12}\, p_1)$; $\lambda = \dfrac{M}{P}(a_{11}\, a_{22} - a_{12}^2)$

   wobei $P = a_{22}\, p_1^2 - 2\, a_{12}\, p_1\, p_2 + a_{11}\, p_2^2$

   Differenzieren Sie x_1 und x_2:

$$\frac{\partial x_1}{\partial p_1} = -\frac{M}{P^2}\{p_2^2\,(a_{11}\, a_{22} - a_{12}^2) + (a_{22}\, p_1 - a_{12}\, p_2)^2\}$$

Dann ist $\frac{\partial x_1}{\partial p_1} < 0$ sicher, wenn $a_{11}\, a_{22} > a_{12}{}^2$.

2. P ergibt sich wie in der Lösung von Aufgabe 1. Aus der ersten Bedingung (3) oben:

$$U = \begin{vmatrix} 0 & u_1 & u_2 \\ u_1 & u_{11} & u_{12} \\ u_2 & u_{21} & u_{22} \end{vmatrix} = \lambda^2 \begin{vmatrix} 0 & p_1 & p_2 \\ p_1 & a_{11} & a_{12} \\ p_2 & a_{21} & a_{22} \end{vmatrix} = -\lambda^2 P > 0$$

Somit ist $P < 0$ und aus den Ergebnissen der quadratischen Form a_{11} (und a_{22}) < 0 und $a_{11}\, a_{22} > a_{12}{}^2$. Beachten Sie: unter diesen Bedingungen sind u_1, u_2 und λ negativ (siehe Aufgabe 1), d. h., „der marginale Nutzen" ist negativ.

3. Verwenden Sie das Ergebnis (5) von 19.1 oben.

19.3 (S. 803)

2. Aus (8) und (9) ergibt sich, daß drei Güter verwendet werden: $X_{12}\, p_2 + X_{13}\, p_3 > 0$; $X_{12}\, p_1 + X_{23}\, p_3 > 0$ und $X_{13}\, p_1 + X_{23}\, p_2 > 0$. Nicht mehr als eines von X_{12}, X_{23}, X_{13} ist negativ; nicht mehr als ein Paar der Güter ist komplementär.

4. Nehmen Sie ein fallendes p_1 und ein festes p_2. Da p_1 an einen kritischen Wert $\left(p_1 = \frac{a_{21}}{a_{22}}\, p_2\right)$ herankommt, gehen die Käufe von P zu B in Abb. 60 (d. h., $\bar{x}_2$ wird Null) über. Das bedeutet eine Substitution des ersten zum zweiten. Andernfalls sind die Käufe in ihrer Menge fest.

19.4 (S. 808)

1. $$\frac{d}{dx_1}\left(-\frac{dx_2}{dx_1}\right) = \frac{\partial}{\partial x_1}\left(\frac{u_1}{u_2}\right) + \frac{\partial}{\partial x_2}\left(\frac{u_1}{u_2}\right)\frac{dx_2}{dx_1} = -\frac{1}{u^3}\begin{vmatrix} 0 & u_1 & u_2 \\ u_1 & u_{11} & u_{12} \\ u_2 & u_{21} & u_{22} \end{vmatrix} < 0$$

Die Indifferenzkurve ist rechts weniger steil, d. h., sie ist konvex zu 0.

3. $\left(-\frac{\partial x_1}{\partial p}\right)$ und $\frac{\partial x_1}{\partial M}$ ist negativ: x_1 *fällt* für fallende Preise (längs der Strecke PC) und für wachsendes Einkommen (längs der Strecke PB), d. h. die rückwärtigen Punkte steigen bei P. Die Indifferenzkurven müssen dicht zusammenliegen und steil für kleine x_1 sein und weit auseinandergezogen und flach für große x_1.

19.6 (S. 821)

1. Oberhalb von OA_1: x_2 stellt eine überflüssige Beschränkung dar oder aber x_1 ist zu klein.

2. $dx_1 = (a_{11} - a_{12})\, d\mu$ und $dx_2 = -(a_{22} - a_{21})\, d\mu$.

   Somit ergibt sich $\left(-\frac{dx_1}{dx_2}\right)$ aus der Steigung von $P_1\, P_2$ in Abb. 79.

4. Es liegt eine begrenzte Zahl von Flächensegmenten vor, die jede nur eine Steigung (Substitutionsrate) für ein gegebenes Paar von Gütern besitzt.

19.7 (S. 827)

1. Einige Faktoren werden direkt verbraucht (sie gehören also zur Endnachfrage); einige Produkte werden nicht vollständig verbraucht, für sie gibt es einen Mindestlagerbestand; einige Produktionsprozesse besitzen einen „Nutzen“ in sich selbst.

2. (i) wie 18.8 oben: der maximale Nutzen ergibt sich aus einer Konsumaktivität; (ii) wie 18.8, Beispiel (b) oben, jedoch mit verschiedenen Konsumaktivitäten: das duale Programm ergibt die minimalen Kosten des einzelnen Faktors; (iii) A hat in der unteren linken Hälfte eine Hauptdiagonale von (-1) und ansonsten Null-Werte.

19.8 (S. 837)

1. Aus der Zeichnung (Abb. 80a) ergibt sich:

$z = \frac{1}{3}(\lambda_1 + 2\lambda_2) = \max!$

$AP \quad 25\lambda_1 + 10\lambda_2 = 50$ (Arbeit wird voll verwendet)

$BP \quad 50\lambda_1 + 100\lambda_2 = 260$ (Land wird voll verwendet)

$OQ \quad \lambda_2 = \lambda_1$ ($\lambda_4 = 0$, nur das erste Konsumverhältnis wird verwendet)

$OR \quad \lambda_2 = \frac{1}{4}\lambda_1$ ($\lambda_3 = 0$, nur das zweite Konsumverhältnis wird verwendet)

Die Lösung lautet: $\lambda_1 = \lambda_2 = \lambda_3 = \frac{10}{7}$, $\lambda_4 = 0$, wobei AP OQ schneidet. Somit ist nur die Arbeit voll ausgenutzt und nur das erste Konsumverhältnis wird verwendet. Vergleiche 18.8, Aufgabe 1. Wenn $\frac{1500}{7} = 214$ Hektar oder weniger, Land auch knapp.

2. P fällt unterhalb OR (Abb. 80a); Land ist knapp, Arbeit unterbeschäftigt. BP liegt parallel zu der Geraden für $z =$ konstant und die λ sind unbestimmbar in den Bereichen: $\frac{1}{4} \leqslant \frac{\lambda_2}{\lambda_1} \leqslant 1$, $\lambda_3 \geqslant 0$, $\lambda_4 \geqslant 0$.

5. Für $b = 45$ ist $p_1 : p_2 : p_3 : p_4 = 1 : 0 : 7 : 15$ (wobei der Maßstab bei $p_3 + p_4 = 1$ gesetzt werden muß). Bei $b = 30$ ist $p_1 = \frac{1}{7} p_3$ und $p_2 = \frac{1}{21}(7p_4 - 15p_3)$; wenn $p_3 + p_4 = 1$ und $3p_3 + \frac{1}{2}p_4 = 1$ ebenfalls verwendet werden, dann ist $p_1 : p_2 : p_3 : p_4 = 3 : 13 : 21 : 84$.

6. λ_1 fällt relativ gegenüber λ_2 bis $\frac{\lambda_2}{\lambda_1} = \frac{\alpha}{\beta} + \frac{1}{2}$. Danach wird nur das Verhältnis $\alpha : \beta$ verwendet und Land bleibt ungenutzt. P wandert oberhalb OQ (Abb. 80a).

7. (i) und (ii): angemessene Abnahme der Produktivität von Land und Arbeit in dem ersten (zweiten) Produktionsprozeß. (iii): relativer Wechsel in der Arbeitsproduktivität zwischen zwei Prozessen. (iv): Wechsel in der Struktur des Geschmackes. Analysieren Sie die Wirkung wie im Text und in Aufgabe 6.

20. 1 (S. 843)

2. Siehe Theil (1954), S. 5 - 6.

20.2 (S. 848)

3. Mit der Methode (i) ergibt sich, $a = \bar{a} = \frac{1}{n} \sum_s a_s$ und $k = \sum_s k_s$, vorausgesetzt, daß $x = \frac{1}{\bar{a}} \sum_s a_s x_s$ = gewichtetes Mittel des Output der Unternehmungen, wobei die Gewichte der Grenzneigung, die Faktoren zu verwenden, gleich sind.

20.3 (S. 851)

1. b ist die aggregierte Preiselastizität, wobei aber in den Preisindex die geometrischen Mittel eingehen.
2. Wie 20.2, Aufgabe 1 und 2. Die Grenzneigung, die Gütergruppe zu verbrauchen, ist die Summe der Grenzneigungen, die wesentlichen Güter zu konsumieren.
3. $\frac{p_r}{y_r} \frac{dy_r}{dp_r} = b_r \frac{p_r}{p_{r0}} \Big/ \frac{y_r}{y_{r0}} = b_r$ am Basispunkt

20.4 (S. 857)

1. Siehe den Beweis für das Gegenteil angegeben bei Theil (1954), S. 25.
3. $\Delta_1 y = \left(\frac{1}{n} \sum_s a_s\right) \Delta\mu = \bar{a}\, \Delta\mu$; $\Delta_2 y = a\, \Delta\mu$.
   Sie sind gleich, wenn $a = \bar{a}$, d. h., wenn Cov $(a_s A_s) = 0$.
4. Cov $(a_s A_s) = 0$, wenn a_s = konstant, aber auch unter anderen Umständen.

20.5 (S. 861)

1. Verwenden Sie $\sum_s A_{as} = 1$, $\sum_s A_{bs} = 0$.
3. Der Index q deckt die Güterpreise innerhalb und außerhalb der Gruppe; nur außerhalb der Preise, wenn die Gruppe Güter einschließt, zwischen denen keine Beziehungen bestehen.
5. a hängt nur von a_s und b nur von b_s ab; es ist möglich, den Widerspruch in dem besonderen angegebenen Fall zu vermeiden, wenn der Einkommensanstieg proportional den Mittel der Einkommen ist.

20.6 (S. 865)

1. Nehmen Sie an, daß die Firma einen einzigen (gegebenen) Output hat.
2. Nehmen Sie x_q $(q = 1, 2, \ldots k)$ als die Einkommen aus verschiedenen Quellen.
4. Siehe auch Beispiel (b), erweitert durch die Summierung über die Unternehmungen.

20.7 (S. 869)

2. $i = 1, 2, \ldots, m$ über die Güter oder Inputs.
3. Siehe Theil (1954), S. 29.
4. Wenn y_i zum r-ten Gut und s-ten Konsumenten gehört, dann ist ${}_ia_s \neq 0$ seine Grenzneigung das Gut zu verbrauchen.

20.8 (S. 873)

5. Interpretieren Sie die Bedingung als $X_1 = \max!$ für gegebenes X_r ($r = 2, 3, \ldots, m$).
6. Die Bedingung lautet: $U_i = \max!$ für $f(X_1 X_2, \ldots, X_m) = 0$.
7. Für jedes i sind die Bedingungen aus Aufgabe 6:
$$\frac{\partial U_i}{\partial x_{i1}} : \frac{\partial U_i}{\partial x_{i2}} = \frac{\partial f}{\partial X_1} : \frac{\partial f}{\partial X_2},$$
ähnliches gilt für andere Paare von Gütern. Es gibt nur $(m-1)$ unabhängige Verhältnisse; andere folgen. Prüfen Sie das Ergebnis für 3 und 4 Güter.
8. Es gibt nur $(k-1)$ unabhängige Gleichungen wie in Aufgabe 7.

Stichwortverzeichnis

Autorenverzeichnis